云南小康年鉴

YUNNAN WELL-OFF SOCIETY
YEARBOOK
2007

云南省地方志编纂委员会　编纂

云南出版集团公司
云南人民出版社

云南小康年鉴 2007

图书在版编目（CIP）数据

云南小康年鉴．2007/ 云南省地方志编纂委员会编纂．
昆明：云南人民出版社，2007.12
ISBN 978-7-222-05310-6

Ⅰ.云… Ⅱ.云… Ⅲ.小康—建设—云南省—2007—年鉴
Ⅳ.F127.74-54
中国版本图书馆CIP数据核字（2007）第205363号

责任编辑：陈粤梅　郑灵琳
装帧设计：昆明雅昌图文信息技术有限公司
责任校对：李红菊　刘建军　代燕春　宣　勤
责任印刷：段金华

云南小康年鉴（2007）

云南省地方志编纂委员会　编纂

丁绍祥　总编

出　版　云南出版集团公司　云南人民出版社
发　行　云南人民出版社
社　址　昆明市环城西路609号
邮　编　650034
网　址　www.ynpph.com.cn
E-mail　rmszbs@public.km.yn.cn
开　本　889×1194　1/16
印　张　31.75
版　次　2007年12月第1版第1次印刷
印　数　1-3000册
印　刷　昆明富新春彩色印务有限公司
书　号　ISBN 978-7-222-05310-6
定　价　380.00元（含光盘）

YUNNAN WELL-OF SOCILTY YEARBOOK

云南省地方志编纂委员会

主 任

秦光荣　　云南省人民政府省长

副主任

梁公卿　　省人大常委会副主任
高　峰　　副省长
孟继尧　　省政协常务副主席
吴光范　　原省人大常委会副主任
刘廷贵　　省军区副司令员
丁绍祥　　省政府秘书长
纳　麒　　省社科院院长
杨福泉　　省社科院副院长兼省地方志办公室主任

专职副主任

李一是　　省地方志办公室常务副主任

委 员

卫　星　　省政府副秘书长
和段琪　　省发展改革委主任
刘绍忠　　省经委主任
何天淳　　省教育厅厅长
龙　江　　省科技厅厅长
格桑顿珠　省民委主任
朱建义　　省公安厅副厅长
夜礼斌　　省民政厅厅长
陈秋生　　省财政厅厅长
解　毅　　省人事厅厅长
冯志成　　省建设厅厅长
杨光成　　省交通厅厅长
段兴祥　　省农业厅厅长
孙小虹　　省商务厅厅长
黄　峻　　省文化厅厅长
李灿光　　省统计局局长
张德文　　省新闻出版局局长
杨汝鉴　　省档案局局长
杨小平　　人民银行昆明中心支行行长
向　剑　　省通信管理局局长

《云南小康年鉴》编辑人员

撰稿人名单

YEARBOOK
YUNNAN WELL-OF SOCILTY

总撰稿人名单（按A～Z排列）：

付旭东　龚金科　何志伟　姜　莉　蒋国安　李发登　李亚平
陆　浩　马颖生　马子凡　庞　云　司忠诚　宋　予　谭粤红
汤长平　王文福　杨光彦　杨树高　张方元　赵秀元　周国星

撰稿人名单（按A～Z排列）：

班路元　蔡　昆　蔡　玲　蔡寿福　曹大成　曹新富　常娅玲
陈利君　陈兴年　陈永剑　陈永建　程晓云　戴美政　刀云丽
邓永平　丁　良　丁雪梅　董定有　董清强　董绍才　窦正旺
段绍友　樊联奎　方起勇　方玉红　蜂志明　付状明　甘德跃
高邦云　葛　琪　耿文江　古仕林　顾　群　管　霏　管晓方
郭　锟　郭耀华　郭志明　海成强　何承荣　何春城　何　萍
何文忠　侯佳艳　侯建华　胡劲松　胡梦雄　胡荣莉　胡四开
胡延军　黄恒蛟　黄勤昌　黄同英　黄　增　蒋水建　蒋学平
蒋育科　金文明　金跃前　靳锡祥　孔庆律　赖俊芬　雷银凤
李朝阳　李海荣　李鸿雁　李嘉龙　李林骏　李　宁　李巧梅
李绍贤　李松发　李泰清　李万辉　李　祥　李晓燕　李　莹
李玉生　李　钊　李志诚　廖　立　廖　严　林国灶　刘昌芬
刘朝兰　刘凤琼　刘光权　刘满佳　刘仁健　刘仕荣　刘世生
刘水云　刘万品　刘晓苹　刘余武　柳石英　柳式骞　六茸农布
鲁自雄　陆　浩　陆永奎　罗朝良　罗桂莲　罗文福　吕汇慧
吕江红　马才国　马　娜　马义民　马永飞　马玉蓉　马　智
毛锐锋　胡光健　缪　琨　牛永德　潘建祥　庞亚萍　邱开乾
邱廷清　取　品　邵泽祖　松云青　宋　予　孙　瑞　孙向阳
孙稚泳　汤长平　唐建梅　唐荣华　唐　陶　陶明贵　汪　俊
王常海　王恩泽　王　芬　王　舸　王洪新　王　俊　王开林
王　磊　王丽达　王丽萍　王明云　王　强　王邱华　王士录
王文松　王晓虹　王晓静　王　颖　王永胜　王　尊　吴国春
吴佳梅　吴立群　吴美菊　吴　萍　吴　珊　吴　文　吴焰红
吴永华　吴志存　夏光柱　向仕学　谢泽力　邢谷登　熊　颖
熊云川　徐　猛　许元国　薛　帆　晏　江　晏　铃　晏　权
杨　峰　杨国梁　杨国培　杨　坤　杨　炼　杨　明　杨淑勇
杨树星　杨文葛　杨习跃　杨　艳　杨　漾　杨云伟　杨泽红
杨之宏　叶泽峰　矣德忠　尹华峰　鱼　波　于建明　余立言
岳　华　詹应泽　詹应璋　湛　玮　张炳志　张　纯　张存浥
张德荣　张洪芬　张红梅　张红云　张焕明　张　晶　张　坤
张丽华　张　敏　张明金　张晓改　张孝和　张　鑫　张雪英
张亚伟　张艳华　张一洪　张宜莉　张永香　张玉宇　张正新
赵林平　赵秀元　赵杨斌　赵　毅　郑灵琳　郑清江　郑晓莹
钟履山　仲志刚　周国星　邹　瑾　周能汉　周　颜　周智荣
周自慧　朱红久　朱瑞东　朱溪江　朱应旭　资云华　字应军

《云南小康年鉴》协办单位

红塔烟草（集团）有限责任公司
云南机场集团公司
民主建国会云南省委员会
中国储备粮管理总公司云南分公司
云南煤炭工业局
昆明市人民政府
大理白族自治州人民政府
保山市人民政府
楚雄彝族自治州人民政府
德宏傣族景颇族自治州人民政府
文山州麻栗坡县人民政府
安宁市县街镇人民政府

特邀编委

红塔烟草（集团）有限责任公司党委书记、董事长	柳万东
云南机场集团公司总经理	刘　明
昆明市人民政府市长	张祖林
大理白族自治州人民政府州长	何金平
保山市人民政府市长	李正阳
楚雄彝族自治州人民政府州长	杨红卫
德宏傣族景颇族自治州人民政府州长	孟必光

2006年11月12日，中国共产党云南省第八次代表大会在昆召开

中共云南省第八次代表大会新当选的省委常委

2006年1月16日，云南省第十届人民代表大会第四次会议召开

2006年11月6日，省十届人大常委会第二十五次会议决定秦光荣为云南省代理省长

YUNNAN WELL-OF SOCILTY
YEARBOOK 2007

2006年1月14日，云南省政协九届四次会议召开

2006年6月10日，全省扶贫开发工作会议召开

2006年3月2日，云南省委、省政府召开云南省加强公益性文化事业建设工作会议

2006年7月17日，云南省首届“兴滇人才奖”表彰大会召开

2006年6月5日，第三届泛珠三角区域合作与发展论坛在滇开幕

2006年1月18日，全省人口资源环境工作座谈会召开

2006年9月12日，省委书记白恩培看望省中医院百岁老教授巍述徵

通达壮观的昆安高速公路

云南电网公司直升机巡线工作在全省全面展开，利用直升机进行巡线，效率质量明显提高。图为直升机在500千伏罗平变巡线

国内首座钢结构混凝土叠合梁悬索桥——云南澜沧江特大桥

大棚蔬菜规范化生产基地

日处理污水8万吨的曲靖市污水处理厂

云南省最大城市立交桥——朱家村立交桥

中国昆明国际文化旅游节

村务公开

哈尼族妇女学驾驶

YEARBOOK

YUNNAN WELL-OF SOCILTY

潞西市三台山德昂族乡的1043名小学生享受到了“三免一补”教育，全乡儿童入学巩固率提高到98%以上

捐款献爱心

驻滇某部帮助驻地兴办教育、培养人才，先后与紫溪镇、中山镇、大过口乡等地8所中小学校结成共建对子，多次被云南省评为“双拥模范先进单位”

2006年，云南省全部免除农村义务教育阶段学生学杂费，继续对贫困家庭学生免费提供课本并补助寄宿制学生生活费，同学们欣喜领到免费教科书

2006年8月17日，第十二届全省运动会在蒙自开幕

垛木房前的彝族姑娘

新农村建设试点——澜沧拉祜族自治县布朗乡富本村南角河哈尼寨

乡村集市

冬季到昆明看海鸥

斗牛比赛

佤山舂米

矿产资源丰富的“三江并流”地区

李文昌

云南省地质矿产勘查开发局总工程师，省地质调查院常务副院长。20多年来，一直从事普查找矿、矿床勘查、地质科学研究、技术创新工作，创造性地提出“多岛弧盆成矿论”和“陆内转换成矿论”理论、成矿理论突破和方法技术创新。10年间，在“三江”云南段发现12个大型、超大型矿床，找矿效率名列全国前茅，获2005年度国家科技进步一等奖。主持完成《云南省优势和重要矿产资源勘查选区研究》等多项重大科研项目，先后获得省部级科技成果，一等奖4项、二等奖2项；国土资源、矿产资源、规划优秀成果一等奖2项、二等奖1项。2006年，获“李四光地质科学奖”，被中组部、中宣部、人事部、科技部联合授予全国杰出专业技术人才称号。

2007 年度人物

李怀秀 李怀福

彝族，云南石屏人。在全国第十一届青歌赛上，姐弟一曲原汁原味的《海菜腔》，引发中国音乐界在音乐理论、音乐审美标准方面如何看待民间音乐的争论。此后，全国第十二届青年歌手电视大赛正式将原生态演唱列为比赛项目，开创了民间原生态演唱法的先河。2006年7月27日，在CCTV第十二届全国青年歌手电视大奖赛原生态唱法个人单项决赛中，李怀秀、李怀福姐弟获原生态唱法金奖，实现云南青歌赛选手零的突破。

编辑说明

一、《云南小康年鉴》（2007）是云南省地方志编纂委员会主办的大型省级年度性地方资料文献。2005年创刊，一年一册，赓续出版，形成系列。

二、《云南小康年鉴》（2007）主要记述反映2006年1月1日至12月31日云南省全面建设小康社会的社会、经济、文化、生活的最新发展变化情况。

三、《云南小康年鉴》（2007）继续坚持“贴近社会、贴近生活、贴近人民群众”的办刊宗旨，力求“资料性、实用性、可读性”的统一，是主要面向各级党政领导和广大人民群众的大众年鉴。

四、《云南小康年鉴》（2007）框架结构，基本按照“省、州、县”三个层面来进行设置，分别由“小康论坛（专文）、年度要闻、年度人物、省情概览、统计资料、新农村建设、新型工业化、支柱产业、西部大开发、国际大通道建设、城市化建设、生态建设与保护、对外开放、民族文化大省建设、民族、社会生活、州县小康进程、附录、索引”等栏目组成。

五、为满足不同层次的需求，《云南小康年鉴》（2007）按照“固定栏目”与“非固定栏目”两种形式进行设置。固定栏目常年基本保持不变，立足于反映宏（中）观、综合情况；非固定栏目则内容相对灵活，目的是为了更好地反映出各地建设小康进程中的年度特色和地方特点。

六、《云南小康年鉴》（2007）体裁，主要是专文、条目、表格和图片。其中，条目是基本记述单元。条目标题，用【】加以区别。

七、《云南小康年鉴》（2007）资料，主要来自省内各级地方志机构。统计资料数据，主要来自于省级统计部门。由于行业与地区统计口径方面的原因，可能仍会出现个别数据不一致的现象，请读者在检索使用时加以注意。

八、《云南小康年鉴》（2007）中使用的度、量、衡，一律使用国家法定计量单位。

九、为方便国内外读者查阅检索使用，《云南小康年鉴》（2007）除专门设置中英文对照目录外，还在卷末设置了主题索引。索引以主题词首字的汉语拼音声母，按照AZ音序的顺序排列。主题词所在页码，用数字表示，如“175、219、422”等。版面分栏排版，左、中、右栏，分别以a、b、c栏予以区别，便于对主题词所在位置进行具体标注，如“175a、219c、422b”等。

十、《云南小康年鉴》（2007）存在的不足与有待改进之处，敬请各界人士批评指正。

目　　录
CONTENTS

社会科学

Social Science

文化艺术

Culture and Art

广播电视

Broadcast and T.V.

新闻出版

News Reports and Publication

卫生
Health

体育
Sports

民 族
Nation alities

民族事务
Nationality Affairs

民族区域自治
Regional Autonomy of Minority Nationalities

民族习俗与民族节庆
National Customs and Festival

社会生活
Social Life

劳动与社会保障
Labor and Social Security

物价
Price

兴边富民工程
The Engineering of Thriving Border Areas and Enriching People

社会救助
Social Aids

扶贫开发
Poverty Relief and Exploitation

附 录
Appendix

索 引
Index

小康论坛

积极发展云南特色现代农业 扎实推进社会主义新农村建设

中共云南省委副书记　李纪恒

一、准确把握农业农村形势，坚持把解决好“三农”问题作为全省工作的重中之重

2006年，是云南省推进社会主义新农村建设的开局之年。省委、省政府认真贯彻中央加强“三农”工作的方针政策，以推进社会主义新农村建设为总抓手，加大对农业农村的投入，强化各项支农惠农政策，克服了多种自然灾害的不利影响，全省新农村建设起步稳、进展顺、开局好，呈现出“一个稳定增加、六个快速增长、六个扎实推进”的良好态势。“一个稳定增加”，就是粮食作物播种面积和产量稳定增加，种植面积增加0.4%达到6 404万亩，产量增加1.7%达到1 540万吨，继续巩固和确保了粮食安全。“六个快速增长”，就是农业总产值和增加值快速增长，分别增长8.5%和6.8%，达到1 211亿元和751亿元，为近年来最快的一年；财政对“三农”投入快速增长，各级投入293亿元，增幅首次高于全省财政经常性收入增长幅度；畜牧业快速增长，肉类产量增长7%达到321万吨，品种、品质进一步优化；林业快速增长，造林面积完成计划的132%，林产业规模迅速扩大；农村二、三产业快速增长，乡镇企业发展步伐明显加快，农村经济发展的质量和效益稳步提升；农民人均纯收入快速增长，实际增长7.5%，人均年增长首次突破200元。“六个扎实推进”，就是农业结构调整扎实推进，农业产业化经营步伐加快，各类龙头企业、农民专业合作经济组织发展成效显著，农业科技研究和应用推广迈出新步伐；农业基础设施和生态建设扎实推进，农田水利和交通、通信、能源等基础设施和生态建设得到加强，重点实施了500个新农村建设试点村的村容村貌整治，带动

了全省5 000多个自然村的建设，农业设施装备水平和农民生活条件有新改善；以农村税费改革为重点的农村综合改革扎实推进，全面取消了农业税，乡镇撤并按计划进行，县乡财政体制、集体林权制度改革试点等取得新进展；农村社会事业发展扎实推进，财政对公共事业投入大幅度增加，农村教育、文化、卫生等社会事业发展出现新亮点；农村劳动力转移扎实推进，农民工资性收入增长较快，就业和增收渠道有新拓展；扶贫攻坚扎实推进，新解决了50万贫困人口的温饱问题，贫困地区特别是边疆民族地区面貌呈现新变化。全省农业农村工作取得的这些显著成绩，是党中央加强"三农"工作新举措推动的结果，是经济社会宏观环境带动和长期积蓄内在力量驱动的结果，是省委、省政府不断加大农业农村工作力度的结果，更是全省广大干部群众共同努力的结果。

当前，在多种有利因素的共同作用下，全省农业农村已经和正在发生重大而深刻的变化，呈现出一系列积极而明显的趋势：一是农业的多种功能开始凸显，基础地位和战略意义更加重要。农业的功能不断拓展、效用不断延伸、内涵不断丰富，食品保障、原料供给、就业增收等功能强化，生态保护、观光休闲、文化传承等功能彰显，展示出巨大的发展潜力和广阔的前景。二是对"三农"的认识不断深化，工作力度逐渐加大。各级党委政府把解决好"三农"问题作为全省工作重中之重的认识更加统一，统筹城乡经济社会发展的自觉性更加坚定，各项支农惠农政策更加完善，全社会关注农业、关心农村、关爱农民的氛围更加浓厚。三是农业农村经济结构调整继续深入，生产经营方式逐渐转变。特色优势产业迅速发展，区域布局不断优化，产业化经营规模和水平不断提高，非农产业、非公经济、非农就业比重不断上升，农产品贸易不断扩大，农业对内对外开放步伐加快。四是以工哺农、以城带乡条件初步具备，农业农村发展的外部环境更加优化。全省经济实力和财政收入迈上新的台阶，城镇对农村的带动作用明显加强，工业对农村的反哺力度不断加大，逐步缩小城乡差距、推进城乡一体化发展的条件基本成熟。五是农村社会结构快速变动，乡村治理方式发生明显变化。农村人口向城镇流动和就地转移速度加快，乡村人口结构出现新的变动趋势；乡镇政府职能开始转变，公共服务职能进一步强化；村民自治制度继续完善，村务公开普遍实行。六是农民思想观念发生重大变化，建设新农村热情普遍高涨。在社会主义市场经济的背景下，农民的商品意识、市场意识、竞争意识和进取观念日益强化，加快致富速度、提高致富进程已成为广大农民的迫切愿望。这些变化，促进了发展思路调整、政策措施更新、工作方式转变和农村经济社会发展，标志着全省进入了农业农村工作力度最大，农业农村发展最快，农民群众受益最多的历史时期。

在看到成绩和有利因素的同时，我们也要清醒地认识到，全省农业农村发展还面临着很多困难和挑战。主要体现在：一是农民收入水平还不高不稳。农民人均纯收入低，仅为全国平均水平的63%；城乡居民收入之比为4.47：1，差距较大的状况仍未根本改变；县（区、市）之间发展不平衡矛盾突出，农民人均纯收入最低与最高的相差5.9倍；农民收入稳定增长的长效机制尚未建立，保持农民持续增收的难度较大。二是农业生产方式比较粗放。传统的生产方式占主导地位，种养技术与国内先进水平相比仍有较大差距，农业产业化经营和标准化生产水平不高，农产品加工程度低，农业发展仍处于"小、散、弱、差"的状况。三是农业综合生产能力还不高。农业设施装备水平依然落后，农田水利等基础设施相对薄弱，病险水库多、防洪能力低、乡村道路差等问题突出，农业发展尚未摆脱主要靠天吃饭的被动局面。四是农村社会事业和公共基础设施仍比较落后。占总人口70%的农村居民仅享用不到20%的医疗卫生资源，城乡社会保障覆盖率之比高达22：1，农村文化体育事业仍很落后，公共服务滞后、城乡反差较大的矛盾仍很突出。五是农民科技文化素质总体偏低。农村居民受教育程度普遍不高，转移就业技能较差，出现"种地只能粗放经营，打工只能卖苦力"的现象，培养新型农民的任务还很艰巨。这一切表明，全省农业仍是弱质的产业，农民仍是弱势的群体，农村社会发展仍存在许多深层次矛盾和问题，农业农村工作仍处在艰难的爬坡过坎阶段。

做好2007年的农业农村工作，我们必须始终坚持解决好"三农"问题是全省工作重中之重的战略思想丝毫不能动摇，促进农业稳定发展、农民持续增收的重要任务丝毫不能放松，支农惠农的政策力度丝毫不能减弱，扎实推进新农村建设的各项工作丝毫不能松懈，继续保持清醒的头脑，客观分析农业农村的新情况，科学把握农村经济社会发展规律，准确认识有利条件和不利因素，紧紧抓住当前农业农村发展的大好时机，趋利避害，与时俱进地做好“三农”工作，因势利导推动传统农业向现代农业转变，顺势而为推进社会主义新农村建设。2007年，全省农业农村工作的总体要求是：以邓小平理论和“三个代表”重要思想为指导，全面落实科学发展观，坚持工业反哺农业、城市支持农村和“多予、少取、放活”的方针，以扎实推进社会主义新农村建设为总抓手，积极发展云南特色现代农业，切实加大对农业农村的投入，转变农业增长方式，提高农业设施装备水平，强化农村公共服务，深化农村各项改革，加大扶贫开发力度，促进粮食稳定发展、农业效益不断增加、农民收入持续增长、农村更加和谐，实现农村经济社会又好又快地发展。通过努力，力争粮食总产量达到1 548万吨，农业总产值和农业增加值达到1 300亿元和790亿元，农业基础设施明显改善，农村公共事业加快发展，解决和巩固50万贫困人口的温饱，农民人均纯收入达到2 450元，确保社会主义新农村建设取得新进展。

二、积极发展云南特色现代农业，促进农业又好又快发展

促进农村社会和谐，首先要发展农村生产力。推进新农村建设，首要任务是建设现代农业。中央作出积极发展现代农业、加快推进社会主义新农村建设的重大决策，充分体现了落实科学发展观、构建社会主义和谐社会的要求，既与近几年中央加强“三农”工作的战略思想一脉相承，又与前三年中央1号文件有机衔接（2004年中央1号文件以促进农民增收为主题，抓住了“三农”工作的核心问题；2005年中央1号文件以提高农业综合生产能力为主题，抓住了农业生产力发展的关键问题；2006年中央1号文件以推进新农村建设为主题，抓住了农村全面建设小康社会的根本问题；2007年中央1号文件以发展现代农业为主题，则抓住了新农村建设的首要问题），是当前和今后一个时期我们党指导农业农村工作的重要指针。回良玉副总理在中央农村工作会上的讲话中明确指出，发展现代农业，是以科学发展观指导农业工作的客观要求，是推进社会主义新农村建设的重要内容，是保障粮食安全、促进农民增收的迫切需要，是提高我国农业国际竞争力的根本出路，是持续推进工业化、城镇化的重要条件。发展现代农业总的思路和目标是：用现代物质条件装备农业，用现代科学技术改造农业，用现代产业体系提升农业，用现代经营形式推进农业，用现代发展理念引领农业，用培养新型农民发展农业，提高农业水利化、机械化和信息化水平，提高土地产出率、资源利用率和农业劳动生产率，提高农业素质、效益和竞争力。

发展现代农业是一项长期而艰巨的任务，是一项复杂的系统工程。建设现代农业的过程，就是改造传统农业、不断发展农村生产力的过程，就是转变农业增长方式、促进农业又好又快发展的过程。云南是一个城乡二元经济结构十分突出的省份，是一个城乡之间、地区之间发展不平衡的省份，是一个贫困面大、贫困程度深的省份，是一个农业生产水平低、科技含量低、比较效益低的省份，是受市场、资金、技术、人才多种制约的省份。要解决这些深层次矛盾和问题，必须坚持以科学发展观为统领，转变传统农业增长方式，把发展现代农业作为全省新农村建设的着力点，作为农民持续增收的立足点，作为构建新型工农城乡关系的切入点，作为全面加快现代化建设的支撑点，使各地新农村建设更加紧密地围绕农业发展、农村繁荣、农民增收这个中心，把大家的注意力引导到发展生产上来，加快实现从传统农业向现代农业的跨越、从农业弱省向农业强省的跨越。因此，我们必须按照中央的要求，从基本省情出发，遵循客观规律，有重点、有计划、有步骤地扎实推进，努力走出一条具有云南特色的现代农业发展之路。《中共云南省委、云南省人民政府关于贯彻〈中共中央国务院关于积极发展现代农业扎实推进社会主义新农村建设的若干意见〉的实施意见（讨论稿）》，根据中央发展现代农业的总体思路和目标，提出了当前及今后一段时期全省发展现代农业的六个方面的重要举措。一是建立“五大机制”。健全对“三农”投入的稳定增长机制、建立以工哺农以城带乡的长效机制、完善农业直接补贴政策机制、创新金融投入机制、建立和完善社会广泛参与机制，切实加大对“三农”的投入力度。二是加强“五大建设”。加强农田水利、农村清洁能源、乡村基础设施、新型农用生产资料生产和推广工程、农业可持续发展能力建设，提高现代农业的设施装备水平，改善农民的生产生活条件。三是建设“五大产业”。发展壮大特色种植业、生态养殖业、林产业、农产品加工业和旅游业，促进农业结构不断优化升级，完善现代农业经营体系，提高农业农村经济的综合效益和竞争力。四是推进“五大创新”。创新农业科技研发体制和机制、创新农业科技成果转化和应用机制、创新农业信息化体系、创新农村劳动力培养途径、创新农村社会事业发展方式，不断强化现代农业的科技和人力资源支撑。五是建设“五大体系”。建立和完善农产品市场网络体系、农产品品牌体系、多元化市场服务体系、农产品质量安全监管体系和全方位对内对外开放体系，构建现代农业的流通网络。六是深化“三大改革”。重点深化农村综合、集体林权和农垦管理体制三大改革，增强发展活力。这些具体措施，充分体现了云南特点，符合云南实际，切实反映了在当前宏观经济形势趋好，财政收入增长较快，工业反哺农业、城市支持农村能力增强的大背景下，省委、省政府动员更多的力量、更多的投入和更多的资源加大支农惠农强农工作力度，实实在在为农民办实事的责任和使命。省委、省政府有这个信心和决心，通过现代农业这个平台，努力推进农业农村又好又快发展。

需要特别强调的是，发展现代农业，扎实推进社会主义新农村建设，是中央根据我国农业农村发展正在由传统向现代加快转型的客观现实，顺应我国经济社会发展的客观趋势，作出的重大决策和战略部署，完全符合云南的实际。有的同志认为，发展现代农业是沿海发达地区的事情，云南经济落后、产业发展缓慢，既没有条件、更没有财力发展现代农业。这种看法是不正确的。事实上，现代农业不是某种单一的产业形态和产业体系，而是一种发展方式，其特点集中体现为：突破传统农业增长方式的局限，努力实现农业又好又快发展；突破城乡界限，努力实现城乡经济社会一体化发展；突破部门分割、管理交叉、服务落后的局限，努力实现建立全方位、权责一致、上下贯通的管理和服务体系；突破封闭低效的局限，努力实现农产品优势区域布局。发展现代农业，有利于改变农业基础不牢、后劲不足的基本状况，有利于改变农业主要靠天吃饭基本格局，有利于改变农民就业门路不多、增收困难的基本局面，有利于改变城乡经济社会发展失衡、差距拉大的基本态势。发展现代农业带给农民的是实实在在的好处，是翻天覆地的变化：通过加大对农业的投入力度，让农民在生产、生活、教育、医疗、就业等方面得实惠；通过高度重视并切实抓好粮食生产，让种粮农民得实惠；通过加快构筑现代农业产业体系，让农民在产业发展中获得实惠；通过大力加强市场体系建设，让农民在市场发展中得实惠。任何地区，不管是发达地区还是落后地区，只要从当地实际出发，根据自身的资源禀赋特点和发展水平，选准突破口，把握关键点，努力走出一条顺应客观规律、符合当地实际的发展道路，推进现代农业建设就一定可以大有作为。经济条件较差的地区，要切实转变农业增长方式，推进传统农业向现代农业转变，积极发展高产、优质、高效、生态、安全农业，构建现代农业产业体系；转移农村富余劳动力，逐步减少农村劳动力在农业中的就业比重，增强农业和农村经济发展的活力。经济发展已有一定基础的地区，要积极拓展农业发展领域和农业功能，延伸农业产业链条，积极培育龙头企业，大力发展农业产业化经营；开拓农产品市场，完善农产品市场体系，搞活农产品流通；拓宽农村社会化服务领域，提高农产品质量安全水平，促进农业产业稳定发展和农民收入持续增长。经济比较发达的地区，要切实加强农业自主创新能力建设，积极创建农业品牌，努力实现产供销一条龙、贸工农一体化，大力开拓农产品国际国内市场，不断增强农业和农村经济发展能力和竞争力。因此，云南在发展现代农业的过程中，要坚持政府引导、市场化运作，不搞行政命令；坚持因地制宜、多种模式并举，不强求一律；坚持突出重点、整体推进，不滥铺摊子；坚持立足现实、循序渐进，不搞突击冒进；坚持科学规划、注重实效，不搞形式主义，确保现代农业建设取得实效。

三、扎扎实实打基础，着力推动新农村建设取得新突破

2007年，是推进社会主义新农村建设重要的一年。我们必须按照中央的要求，结合云南实际，从最基础、最关键的环节着手，扎扎实实抓好基础产业、基础设施、基本素质、基本保障、基本队伍建设，一年一年打基础，扎扎实实抓推进，务求取得实实在在的效果。一要抓好基础产业，也就是特色产业、特色经济。建设新农村，经济是基础，产业是支撑。要从各地的实际出发，理清发展思路，大力培育能够促进农民增收的特色产业和优势产业。每个乡镇、村都要重点抓好1～2个能促进农民发展致富的特色产业，形成“一村一品、一乡一业”的产业发展格局，夯实新农村建设的经济基础。二要抓好基础设施。建设新农村的载体和落脚点是农村，最终要归结为农村面貌的改善。要从农民需求最急迫、受益最直接的水利、能源、道路、广播电视和通讯等方面入手，科学规划，集中力量，加大投入，稳步推进，不断提高农业现代设施装备水平。三要抓好基本素质。建设新农村，农民是主体，农民素质的高低决定着农村经济社会发展的速度和质量。要采取强有力的措施，构筑多层次、全方位的教育培训体系，不断提高农民的文化素质、科技素质、思想道德素质、法律素质和健康素质，培养出千千万万有文化、讲道德、懂技术、会经营、守法纪的高素质新型农民。四要抓好基本保障。民主法治和农村社会保障体系是保障农民切身利益、缩小城乡差别的重要措施，也是建设新农村的重要内容。要认真抓好依法治村、民主治村、村务公开工作，引导和帮助农民依法制定完善村规民约，大力推进农村基层民主政治建设。要积极探索建立多层次的农村社会保障体系，让广大农民群众共享医疗、教育、文化等公共事业发展的成果，从而实现农民有法律保障，群众有医疗保障，困难农户有生活保障，军烈属有救助保障，老年人有养老保障，构筑起维护农民利益的“安全网”。五要抓好基本队伍建设。俗话说：“火车跑得快，全靠车头带”、“大雁高飞头雁带”、“帮钱帮物不如帮建个好支部”。要坚持不懈地抓好农村基层党组织建设，不断提高农村党员队伍的素质，增强党组织的凝聚力和战斗力。要坚持不懈地抓好乡镇、建制村干部队伍建设，努力培养造就一支具有强大凝聚力、创造力和战斗力，永远不走的基层干部队伍。要特别注重选好配强村党组织领导班子，特别是提高村党支部书记、村委会主任的素质，为建设新农村提供强有力的组织保障。

今后，全省新农村建设要努力在以下六个方面取得新突破：

（一）*统筹城乡协调发展，在增加“三农”投入上取得新突破。*积极发展现代农业、扎实推进新农村建设，关键在投入。从某种意义上说，投入的大小，决定着农业农村发展和建设速度的快慢。当前，要紧紧抓住全省经济发展较快和财政增收较多的时机，千方百计加大对农业农村的投入力度。一要加大财政支出结构的调整力度。切实把基础设施建设和社会事业发展的重点转向农村，切实做到财政新增教育、卫生、文化等事业经费和固定资产投资增量主要用于农村，确保2007年财政支农投入、国家固定资产投资、土地出让收入用于农村建设的增量继续高于上年。二要积极探索建立工业反哺农业、城市支持农村的有效机制。认真总结省内外成功的经验和做法，探索用规范的方式筹措专项资金，用于生态建设、水源工程建设和农村生产发展的基础设施建设，拓宽和完善以工哺农的支持政策和融资渠道。三要加大农村金融改革步伐。充分发挥商业性金融、政策性金融、合作性金融和其他金融组织的作用，大力推进农村金融产品和服务创新，加强对农村的金融服务；积极探索发展农业保险，尽快启动在贫困地区开展多种所有制金融组织的试点工作。四要建立和完善社会参与机制。完善农村“一事一议”筹资筹劳办法，引导农民增加生产投入；综合运用税收、参股、贴息、担保等手段，鼓励和引导社会力量参与建设现代农业。五要加大项目资金整合的力度。以新农村建设为平台，加大各部门各渠道支农资金的整合力度，确保农业农村工作重点的资金投入。

（二）*积极推进经济结构调整，在构建现代农业产业体系上取得新突破。*近年来，全省农村经济发展、产业建设虽然取得了显著成效，但由于基础差、底子薄，农业农村经济仍然是全省经济中的最薄弱环节。要以产业增效、农民增收为核心，因地制宜，发挥优势，突出特色，开发农业多种功能，构建现代产业体系，提升农业农村经济的整体素质、效益和竞争力。一要抓思路。当前，要紧紧抓住全省茶叶、蔗糖、花卉、核桃、橡胶等优势农产品价格持续上涨，蔬菜、蚕桑、药材、咖啡等发展势头较好的大好机遇，积极把握市场发展趋势，一个产业一个产业地深入调研分析，提出提升产业的发展思路和战略举措。二要抓特色。要在保证粮食稳定增产的基础上，进一步巩固提升传统优势产业，大力发展新兴特色产业，把生态养殖业和林产业培育成我省农业农村经济发展和农民增收新的增长点，抓好优势农产品精深加工，大力发展劳务经济。三要抓规模。要突出产业化经营这个重点，加速培育一批关联度大、科技含量高、带动能力强的龙头企业，建设规模化、集约化的特色农产品商品基地，形成一批优质特色农产品产业群、产业带，引进大企业、大集团开发全省农业，大力发展各种合作经济组织，提高农民的组织化程度。四要抓市场。要集中力量建设一批规模大、辐射带动能力强的农产品专业批发市场，积极发展现代流通方式，发挥供销社和其他流通主体在农产品购销中的作用，落实鲜活农产品运输绿色通道政策，搞好无公害农产品产地认定、认证，建立农产品质量标准体系，培育一批知名度高、带动力强、辐射面广的安全优质农产品品牌，促进县域经济发展。

（三）*加强农村基础设施建设，在提高农业设施装备水平上取得新突破。*提高农业农村基础设施装备既是现代农业的重要标志，也是全省农业发展中亟待加强的薄弱环节。要从农业需求最急迫、农村覆盖面最大、农民受益最直接的项目入手，加大投入，加快基础设施建设，切实提高农业的设施装备水平，夯实发展基础。要加大农田水利设施建设。争取新开工建设一批大项目，已开工的要加快建设进度，继续加大山区“五小水利”工程、中低产田改造、烟水配套工程、优势农产品基地水利配套设施、坡改梯及农村中小河流治理工程建设力度，全面完成新增100万亩高产稳产农田、100万亩基本农田建设任务。要加强乡村基础设施建设。抓好农村公路建设，改善公路的通达条件；高度重视农村饮用水安全和饮用水源地保护，力争年内新解决农村100万人饮水安全问题；推进农村电网改造和无电地区电力建设，积极争取实施西部电网改造工程；组织实施好省级500个新农村建设试点村的村容村貌整治工程，带动全省1万个自然村建设清洁家园。要高度重视农业可持续发展能力建设。切实抓好林业生态建设，继续实施好退耕还林、天然林保护、重点防护林工程等，加大水土流失综合治理；大力开展农村清洁能源建设，新建农村沼气池20万口，完成农村节柴改灶10万户，支持规模畜禽养殖场建设大中型沼气工程；鼓励和支持发展循环农业，加强农业面源污染防治，重点做好化肥农药、畜禽养殖业、农村工业等农业投入品和生产行业的污染防治，努力克服环境资源压力对全省农业发展的制约。

（四）*抓住技术和人才两个关键环节，在科技进步和人力资源支撑上取得新突破。*全省人多耕地少，水资源匮乏，发展现代农业、推进新农村建设，一靠科技、二靠人才。要加快农业科技创新。加大农业科技研发投入，深化农业科研体制改革，围绕全省的农业优势产业，组织科研院所和科技人员攻关，一项一项地研究，一批一批地推广，打造一批技术领先、品质优良、效益突出和市场竞争力强的农业优势产业，提高科技对农业增长的贡献率。要加快农业科技成果转化应用。深化农技推广体系改革，积极探索农业科技人员和科技成果进村入户的有效机制和办法，形成以技术指导员为纽带、示范户为核心、农业新闻媒介为载体、连接周边农户的技术传播网络；培育科技大户，实施种养业良种工程，加快普及先进实用种养技术；以县、乡为重点，多形式、多层次、多渠道地开展农民科技培训，提高农业科技的转化率、入户率。要大力提高农村劳动者素质。整合教育资源，加快发展农村职业技术教育和农村成人教育，加强现代农业生产知识和转岗就业技能培训，积极发展种养专业大户、农民专业合作组织、龙头企业和集体经济组织等经营主体，大力培养一大批科技明白人、流通经纪人和致富带头人，大力培养有文化、懂技术、会经营的新型农民，造就建设现代农业的人才队伍。

（五）*增强发展活力，在深化改革、扩大开放上取得新突破。*改革开放是发展现代农业、推进新农村建设的根本动力。要深化农村综合改革。积极推进乡镇机构改革，科学界定乡镇政府职能，改革和整合乡镇事业站所，精简富余人员；加快农村义务教育体制改革，以边疆、民族、贫困山区为重点，建立和完善农村义务教育管理体制，保障办学经费，合理优化配置教育资源，提高教育质量；深化县乡财政管理体制改革，按照事权和财权相匹配的原则，明确各级政府在农村公共支出中的责任，加大转移支付力度，进一步完善省以下财政管理体制；努力做好乡村债务化解工作。要深化集体林权制度改革。坚持以“兴林富民”为目标，在总结9个试点县经验的基础上，今年全面推开集体林权制度改革，再用若干年的时间，基本建立起现代林业产权制度；积极推进和完善配套改革，探索建立林业产业要素市场、社会化服务体系和森林管护体系。要深化农垦体制改革。通过建立新型农垦管理体制，充分发挥农垦资源、产业、规模、科技和组织等优势，进一步加快农垦经济发展，全面推动云南农垦“二次创业”。同时，要继续推进农村金融体制改革、土地征用制度改革、水权转让制度和水价形成机制改革、畜牧兽医管理体制改革、种养管理体制改革等，增强农业农村发展的活力。要加大农业对内对外开放。加大农业招商引资力度，加强农业先进适用技术的引进管理和技术人才交流。紧紧抓住西部大开发、中国—东盟自由贸易区进程加快以及泛珠三角区域合作、大湄公河次区域合作深入推进等历史机遇，发挥区位优势，坚持“引进来”和“走出去”并举，开拓国际国内市场，拓展发展空间，全面提升农业农村对外开放水平。

（六）切实解决好事关农民切身利益的问题，在构建和谐农村上取得新突破。群众利益无小事，解决好农民群众最关心、最直接、最现实的利益问题，是推进“三农”工作的着力点。要加快发展农村卫生事业。以乡镇卫生院为重点，建立健全三级医疗卫生服务网络和医疗救助体系，巩固和发展新型农村合作医疗制度，今年要实现新型农村合作医疗制度覆盖全省129个县（市、区），缓解农民看病难、看病贵的问题。要加强农村社会保障体系建设。加大投入，逐步建立农村最低生活保障制度，力争年内解决农村特困群众最低生活保障问题；坚持分类指导、分步实施，探索建立“个人缴费、集体补助、政府补贴”三方筹资机制，建立农村养老保险制度，重点解决农村困难群体参保问题，努力扩大覆盖面。要搞好开发式扶贫。实行整村推进扶贫方式，完善扶贫机制，尽快出台省级机关企事业单位定点挂钩扶贫责任制度，确保各项扶贫措施进乡、入村、到户，提高扶贫开发实效。要积极开展平安和谐农村创建活动。建立健全正确处理人民内部矛盾的工作机制，拓展农村社情民意表达渠道，建立农村社会矛盾纠纷排查机制，加强农村信访工作，运用多种手段主动化解矛盾，力争把问题和矛盾解决在基层，消除在萌芽状态。加强农村社会治安综合治理，推进农村治安防控体系建设，预防和打击违法犯罪，营造安全文明和谐的社会环境。

四、切实加强党对“三农”工作的领导，确保新农村建设取得新进展

（一）加强党对“三农”工作的领导。各级党委、政府要把解决好“三农”问题作为全部工作的重中之重，坚持统筹城乡发展，以工促农、以城带乡方针，把农业和农村工作放在全省经济社会发展的大局中去部署，把思想认识和行动统一到省委的要求上来，狠抓工作落实。各级党政主要领导要亲自抓“三农”工作，州市县主要领导要把主要精力放在“三农”工作上，党委换届后，领导岗位设置发生较大变化，无论怎么变化，都必须有负责同志分管“三农”工作。要重视发挥“三农”工作综合机构的作用。最近，省委对省农村工作领导小组成员单位进行了充实，省农村工作领导小组办公室内设处室和人员配备也有所增加，就是顺应形势发展要求，强化“三农”工作领导的具体举措。各州市县要根据本地实际，相应调整充实各级农村工作领导小组机构，切实加强各级农村工作领导小组办公室建设。各级农村工作领导小组办公室要强化对农村改革发展中重大问题的调查研究、检查督促、综合协调和指导服务职能。要加强“三农”工作的督查落实力度。省委督查室要加强对省委、省政府发展现代农业、推进新农村建设工作部署的督促检查，对工作表现突出的单位和个人要给予表彰奖励，对落实不力、工作不到位的要批评教育。

（二）加强农村基层组织建设。“基础不牢，地动山摇”。农村基层组织是党在农村全部工作和战斗力的基础。要把“三级联创”作为加强农村基层组织建设的重要活动来抓，深入开展农村党的建设“三级联创”活动，巩固提高先进性教育活动成果，打造“云岭先锋”党建品牌，不断提高农村基层党组织的创造力、凝聚力、战斗力。要把抓好队伍建设作为加强和改进基层组织建设的关键来抓，选好配强乡村党组织领导班子，努力培养事业心强、能干事、公道正派的带头人。要积极推进农村党员干部现代远程教育工程，提高基层干部的综合素质和服务能力。要加强农村基层党风廉政建设。要高度重视并认真做好村级组织换届选举工作，积极推进村党组织书记兼任村民委员会主任和村“两委”成员交叉任职。要加强以村党组织为核心的村级组织配套建设，进一步完善村务公开和民主议事制度，有序推进村民自治，建立充满活力的村民自治机制，充分发挥村民自治组织和农村共青团、妇联组织的重要作用。要加快建立基层干部激励保障制度，组织落实好从优秀村干部中考录乡镇公务员、选任乡镇领导干部的工作。要积极选拔大中专毕业生到乡村任职，改善农村基层干部队伍结构。要关心村干部的工作和生活，合理提高他们的待遇和保障水平，激发他们干事创业的积极性和主动性。要大力推进村级组织活动场所建设，不断壮大农村集体经济，切实解决农村基层组织和农民群众活动无阵地、无场所、无经费的问题。

（三）加大合力兴农力度。各级涉农部门要树立大局观念，增强主动服务意识，不断提高驾驭农村工作的本领，提高工作的科学性、预见性和有效性，在领导精力、力量配备、规划制订、资金投入等方面，更多地向农村倾斜。涉农部门之间要加强沟通、协调，建立统一、协调、高效的工作机制，切实形成齐抓共管、合力推进“三农”工作的局面。要按照市场化运作的方式，深入开展村企对接，促进产业联动，引导资金、技术、人才等生产要素向农村聚集，动员全社会重视农村、支持农业、关心农民，鼓励各行各业参与社会主义新农村建设。要深化行政审批制度改革，进一步减少和规范行政审批事项，全面清理针对农村的各种行政事业性收费，为项目和投资者、为群众和基层提供方便、快捷、优质服务。要充分利用报刊、广播电台、电视台、网站等媒体，大力宣传现代农业和新农村建设的重大意义、指导思想、方针政策、目标任务、工作成效和典型经验，积极引导农民群众发扬自力更生、艰苦奋斗的优良传统，用自己勤劳的双手建设美好家园，创造幸福生活。

（四）切实转变工作作风。发展现代农业，推进新农村建设的主战场在农村，服务对象主要是农民。各级党委、政府和各级领导干部要从思想上端正对农民的认识，从感情上密切与农民的联系，真情关爱农民，真心帮助农民，真诚对待农民。要大力弘扬求真务实精神，大兴求真务实之风，深入到农民群众中，想农民之所想，急农民之所急，办农民之所盼，不仅“身入”农村，而且“心入”农村，讲实话、办实事、求实效，不图虚名，不务虚功，不做表面文章，杜绝劳民伤财的“形象工程”、“政绩工程”，让农民群众真正享受到现代农业发展和新农村建设的成果，感受到党和政府的温暖。

为积极发展现代农业、扎实推进社会主义新农村建设，省委、省政府出台了许多支农惠农的政策措施，加大了为农民办实事的工作力度，“三农”工作有许多亮点：一是派出新农村建设工作队。为加强对新农村建设工作的指导，省委决定从2007年起，向全省13 500多个建制村各派驻一名社会主义新农村建设工作指导员，并以乡镇为单位，组成1 312支新农村建设工作队。一年一轮换，时间暂定5年。二是加大“三农”资金投入力度。在确保财政支农投入、国家固定资产投资、土地出让收入用于农村建设的增量继续高于上年的基础上，千方百计加大“三农”资金投入力度。特别是积极探索用规范的方式筹措以工哺农、以城带乡专项资金，用于生态建设、水源工程建设和农村生产发展的基础设施建设。三是围绕农民群众最关心、最直接、最切身的利益问题，为农民办一批实事。主要有：今年实现新农合制度覆盖全省129个县（市、区）；建立农村低保制度，力争年内解决农村特困群众低保问题；加强农村公路建设，今年完成10 000公里；“十一五”期间将安排专项资金38.5亿元用于全省农村公路建设，到2010年基本实现所有具备条件的乡镇、建制村通公路；投入10亿元建设一批农田水利设施；加强农村电网改造；集中力量建设一批农产品专业批发市场；积极推进农村能源和饮水安全、村容村貌整治、农村民居地震安全工程、农村中小学校舍排危和寄宿制学校建设等工作。四是实施边疆“五难”攻坚惠民工程。今明两年重点解决25个边境县、3个藏区县和民族“直过区”农民群众读书难、看病难、看电视听广播难、看戏难、学科技难问题。目标是确保这些地区农村每一个适龄儿童都能够上学，每一个行政村有一个卫生室，20户以上通电自然村实现广播电视“村村通”工程，每一个村有一支群众文艺队伍，每一个行政村有一名科技辅导员，实现《云南日报》等党报党刊在边境地区、“直过区”和藏区行政村的全覆盖。五是加大从农村基层干部招录公务员力度。省委决定，从今年起，每年划出一定数量的公务员指标，定向考录优秀村（社区）党组织书记、村民（社区居民）委员会主任进入乡镇公务员队伍。2007年计划考录250名，预计上半年完成录用工作。特别优秀的村（社区）党组织书记、村民（社区居民）委员会主任录取为公务员后，可以直接提拔为乡镇领导干部。六是加大农村改革力度。扎实推进农村综合改革，全面推开集体林权制度改革，突出抓好农垦体制改革。七是加大扶贫开发力度。完善省级领导包县、州市领导联乡包村、县级领导联村包户、党员干部结对帮扶和省级机关企事业单位单位包乡镇、州市县机关企事业单位包村的定点挂钩扶贫责任制度，形成扶贫工作长效机制。

以科学发展观为统领
推动地方经济建设又好又快发展

云南省财政厅厅长　陈秋生

一、“十五”时期我省财政支持地方经济建设的简要回顾

（一）创新融资体制，拓宽融资渠道

1.搭建融资平台。根据省委、省政府的统一部署，按照政府引导、市场运作、社会资本参与的原则，在不增加财政支出的情况下，通过盘活国家投入基本建设存量资产和投入少量现金入股的方式，支持组建一批专业投资公司，创建了以政府为引导、适应市场经济要求的融资平台。几年来，全省相继成立10个专业投资公司，并通过实施股权融资、银行借款、借款担保等多种方式，拓宽融资渠道，每年增加投资近100亿元，有效缓解全省建设资金不足的问题，有力支持了全省经济建设。

2.创新支持方式。对于市场机制能够发挥作用，符合国家和我省确定的产业发展方向，需要政府鼓励和引导社会投资的经营性项目，采取财政贴息方式，发挥财政资金“四两拔千斤”的乘数效应，引导银行贷款和社会资金加大对社会急需的基础设施建设的投入，始终保持全省投资拉动社会经济增长的态势，从而促进全省经济发展的活力不减。据统计，2003～2006年，省级共安排财政贴息资金17.3亿元，占省本级预算内建设资金投入78.53亿元的22%，相应带动银行和社会资金投入近800亿元，有力地促进了全省固定资产投资的快速增长。

3.政府信用融资。为保证省委、省政府确定的全省重大建设项目的资金需要，解决重大项目资本金缺口较大的问题，根据财政收入增长情况和省政府的统一部署，通过省政府与国家开发银行签订信用合作协议，成立省政府办公厅、省发改委、省财政厅、省审计厅、国家开发银行共同组成的政府信用合作工作办公室，并制定了“云南省信用合作资金管理办法”。从2003年实施政府信用以来，共融资131.23亿元，其中：基础工业产业项目资本金78.53亿元、非经营性项目建设资金52.7亿元。政府信用是全省投融资体制改革的大胆尝试，通过政府信用对公司的长期借款，转化为公司对外投资的项目资本金，一方面放大和吸引社会投资支持经济建设，另一方面缓解了财政“吃饭”与“建设”的矛盾，充分发挥了财政在支持经济发展中的重要作用。

（二）创新管理制度，规范管理行为

1.创新管理制度。按照省委、省政府对全省经济建设的总体部署，针对财政经建管理存在的突出问题，从制度建设入手，制定出台《云南省关于基本建设项目贷款贴息资金管理办法》、《云南省探矿权采矿权使用费和价款收缴使用管理暂行办法》、《云南省省级政府基本建设偿债资金管理办法》、《云南省国债资金转贷承诺管理办法》等一批支持和规范经济建设财务及资金管理的制度办法，促进财政经建工作的规范化、制度化。

2.实行粮食直补政策。2004～2006年，通过盘活粮食风险基金，全省拿出2.1亿元对种粮农民进行直补；同期，全省下达退耕还林、退牧还草粮食折现补助资金36.5亿元，对退耕还林、退牧还草农户进行直补。粮食直补取消了对粮食流通环节的大量补贴，形成了对粮食企业改革的“倒逼机制”，充分调动种粮农民的积极性，既增加种粮农民收入，又促进粮食企业深化改革、走向市场。

3.制定办公楼装修标准。针对省级机关办公楼装修改造无规范统一的标准，单位之间攀比严重，涉及金额大，报批程序不严格，财政部门长期以来难以科学审核及合理安排装修资金等问题，通过专业测算分析，分部造价多方案比较，大胆采用环保、经济和新型安全的装修材料，制定了办公楼装修改造单位造价标准。其中：一级办公用房标准较省发改委和建设厅提出的标准每平方米低150元；二级办公用房低250元；三级办公用房低300元，这一方案得到省委、省政府的认可，并以省委、省政府办公厅文件出台该管理办法。办公楼装修标准出台后，省财政厅在对6家省级机关办公楼装修改造经费审核中，一次性节约经费1 198万元，初步改变财政经建面对热点难点问题长期被动的局面，规范财政资金管理，有效节约财政支出。

4.建立专家决策制度。对专业技术和科技含量较高的项目安排，采用专家评审决策制度。2001～2006年，全省通过专家评审安排土地整理项目383个，概算总资金25亿元，其中上报争取财政部支持的土地整理项目124个，概算总资金11亿元，中央安排资金11亿元。同时，产业科研成果转化项目、中小企业服务体系项目、循环经济示范项目等，也都通过专家评审制度排序、择优、申请中央安排。与传统行政审批项目方式相比，有效提高项目决策的科学性、资金分配的公平性和争取中央更大支持的有效性。

（三）创新管理方法，提高管理效率

1.盘活存量资产。一是认真清理省财政历年投入昆明掌鸠河引水供水工程项目资金4.39亿元，并转增为省开发投资公司的实收资本。通过转增公司实收资本，一方面，使省开发投资公司获得优良资产，增强了公司实力；另一方面，省开发投资公司承担项目国债转贷投入2.2亿元的还本付息及项目筹资投入2.26亿元的任务，实现省政府确定的公益性项目资本化运作的目标，同时，增加省财政的融资渠道，减轻还贷压力。二是对6件已建成水利工程省级以上投资的水利资产2.03亿元及水利系统二期农网改造投资1.73亿元的公益性存量资产进行清理，拟建议省政府作为注册资本金转省水利水电投资有限公司，达到盘活存量资产、搭建融资平台、保证资产增值及筹集水利建设资金的目的。三是将省政府历年投入铁路建设以及小湾电站、景洪电站、糯扎渡电站等5个项目建设并委托省投资公司代管的79 578万元资金，清理核实后转增为公司实收资本金，增强了省投资公司的实力和再融资能力。四是清理省信息办等单位历年结余资金和利息收入1 332万元，设立专账核算，专项用于信息化建设，盘活存量资金，提高了财政资金的使用效率。

2.争取中央支持。一是加大项目前期经费投入，强化项目专家论证，做好项目储备，做实项目申报的前期准备工作；二是报请省政府同意，建立争取中央资金激励机制，鼓励多渠道争取国家支持；三是加强请示汇报，及时向财政部反映我省情况，争取中央资金加快拨付下达进度。几年来，共争取中央支持全省经济建设专项资金280多亿元。

3.完善“两权”管理。为把我省的资源优势转化为经济优势，做大财政“蛋糕”，2003年，向省政府上报《关于尽快出台我省探矿权采矿权使用费和价款征收使用管理办法的建议》。省政府对此十分重视，经过多次征求意见和反复论证，2004年下发《云南省探矿权采矿权使用费和价款管理规定》。2005年，省财政厅会同省国土资源厅下发《云南省探矿权采矿权使用费和价款收缴使用暂行办法》，明确省、州（市）、县的分配使用比例，有效调动了各级政府的积极性。2005年，探矿权采矿权使用费和价款转增国家资本金等共计72 155万元；2005～2006年，省级实际收取探矿权采矿权使用费和价款共计20 593万元。

4.推进电子政务。为适应政府信息化管理，提高行政效率，在省政府统一领导下，会同相关部门按照“统一领导、统一规划、统一技术标准、统一系统平台、统一组织实施”的原则，规范项目申报程序、完善资金管理办法，节约信息化建设资金累计达43 208.25万元。

5.围绕全省经济社会发展的重点、难点、热点开展财政经建和评审工作。一是积极支持环保部门落实环境保护基本国策，发展循环经济，倡导生态文明，建设资源节约型和环境友好型社会，切实改变“先污染后治理、边治理边破坏”的状况。二是积极支持建设部门实施民心工程。各级财政部门积极配合建议部门开展清理拖欠工程款工作，截至2006年6月30日，全省清理工程款61.72亿元，清欠率达到97.49%。同时，从2005年开始，省财政每年安排5 000万元补助资金，建设20万平方米廉租房，向城镇低收入家庭提供社会保障住房。三是实施粮食储备，确保粮食安全。1998年，省政府重新核定全省建立8亿千克储备粮食，各级财政部门采取积极措施，认真贯彻国家粮食储备战略，目前，全省粮食储备达到9.8亿千克，有力保障了社会稳定。

（四）创新评审监管机制，强化财政监管职能

一是财政评审机制逐步建立健全。6年来，全省财政评审机构从无到有，评审队伍由小到大，评审业务稳步扩展，评审成果逐步成为各级财政部门和主管部门加强财政资金管理和科学决策的重要依据，并发展成为社会各界认可的监管机构。目前，全省已成立各级财政评审机构34个，有14个州（市）财政部门成立评审中心或评审科，并健全了工作制度，形成了规范、有效的财政评审工作机制，为强化财政监管职能奠定了重要基础。二是财政评审工作成效显著。各级财政评审机构充分发挥专业技术优势，先后对中央和地方868个项目进行评审，涉及资金397亿元，审减资金23.1亿元，其中评审省级基建项目137个，审减资金5.1亿元，收回省级财政资金7 050.66万元；为改进和加强财政支出预算管理，先后对省级基本支出数据、省级管理的中专学校生均经费和地矿部门基本支出预算等进行专项核查，共核查出多报、重报和人员、车辆“吃空额”等不应财政支出的资金3 683.43万元；实施交通系统投资体制改革，对省属收费公路资产和债务进行专项核查评估。通过建立评审机构和开展评审工作，不仅强化财政监管，而且为国家节约大量资金，使部门使用财政资金时有了“约束感”，增强管好用好财政资金的自觉性。三是全省财政评审业务稳步拓展。近几年，财政评审在做好财政投资基本建设项目评审的同时，紧紧围绕财政中心工作，积极探索财政支出绩效评价、部门项目支出预算评审、财政专项资金核查等业务工作，并取得了很好的成效。省财政投资评审中心研究制定《云南财政支出基本建设项目绩效评价工作指南》，对财政部门有效开展绩效评价工作有很强的指导作用，研究成果获云南省科技进步二等奖。

二、新形势下财政支持地方经济建设的主要任务

（一）坚持“一个中心”。以科学发展为中心，将财政管理工作从“一要吃饭，二要建设”的“两位一体”，向“一要吃饭，二要建设，三要科学发展”的“三位一体”转变。按照“增收一块，争取一块，盘活一块，监管一块”的思路，努力为经济建设开辟新的资金来源。“增收一块”，就是直接增加财政税费收入。进一步完善非税收入的征收管理机制和办法，强化交通、国土、质监、环保等经建归口部门非税收入的征管工作，做到应收尽收。“争取一块”，就是要认真研究中央的投资政策，加大项目前期工作，用好的项目和投资方案，争取中央对我省的更大支持。“盘活一块”，就是要盘活财政投资存量、部门结余存量和粮食风险基金存量。“监管一块”，就是要细化财政支出预算管理，运用项目评审的“倒逼机制”，挤出部门编制预算的水分，进一步提高财政资金的使用效率。

（二）运用“两大手段”。一是运用好财政政策手段。主要是通过制定和整合财政政策，解决影响经济发展的薄弱环节，优化经济发展环境，调动全社会各方面的积极性，最大程度地放大财政政策效应。二是运用好财政资金手段。进一步减少对经济建设的分散支持，有效整合财政性资金，重点用于公共财政的投资范围，更多关注民生。同时，充分利用财政贴息资金等间接支持手段，发挥“四两拨千斤”的作用，引导、吸引和聚合社会资金投向政府鼓励投资的领域。

（三）突出“三个重点”。一是更加突出三农问题。重点要切实转到管好用好支农专项资金上，包括交通部门用于新农村公路建设的资金，环保部门用于农村面源污染、防治河道整治、水源地保护的

资金，建设部门用于农村民居地震安全工程补助的资金，国土部门用于新增建设用地的资金，种粮农民直接补贴资金和移民管理部门水库建设移民扶持资金等。二是更加突出体制、机制改革创新。第一，按照“依法决策、科学决策、民主决策”的目标要求，创新决策机制，努力形成“发展与改革部门制定规划，行业主管部门确定项目，财政部门安排资金”的独立负责和相互制约的管理机制。第二，总量控制年度基本建设投资规模，将所有基建项目，特别是省委、省政府要求安排的基建项目纳入省发改委年度基本建设盘子，确保省委、省政府重大建设项目的资金投入。三是更加突出发挥市场机制作用。进一步深化政府投融资体制改革，充分发挥市场对资源配置的基础性作用，严格公共财政支出范围。重点是改革投入范围、投入方式、审批制度等。对政府投资的收益性项目和公益性项目实行分类管理，既要做好“加法”，也要做好“减法”，最大限度地发挥财政资金的引导作用和乘数效应。

（四）实现“四个转变”。一是由单一的财政经建和评审业务工作观向财政经济综合工作观转变。二是由传统的财务管理理念向适应市场经济的新理念转变。财政经建工作的对象已由具体的企业转向宏观的行业产业、转向国民经济的整体运行，这就需要充分发挥市场机制的作用，促进经济建设实现健康快速发展。三是由被动埋单向主动服务的转变。应主动研究具有全局性和前瞻性的重大问题，提出切实可行的政策建议供省委、省政府决策，确保省委、省政府重大决策目标的实现。四是由事后评审向事前、事中评审转变。

（五）力争“五项突破”。一是力争国土资源有偿使用有新突破。根据省国土资源厅测算，按目前探明矿种保有储量估算，可增加财政收入442亿元，按30年和省30%、州市20%、县50%的分成比例计算，每年可增加省级财政收入14.7亿元，但目前实现的收入仅4～5亿元左右。为此，我们要进一步建立完善资源有偿使用的财政政策，在资源优势转化为经济和财政优势方面取得突破。二是力争水资源有偿使用有新突破。要以全省水利建设动员大会为契机，探索建立水权市场，使水价改革成为缓解财政资金供求矛盾、促进财政增收的新亮点。三是力争排污费征收有新突破。认真贯彻执行好《云南省排污征收管理考核暂行办法》，对完成年度计划的单位和部门进行考核和奖励。四是力争盘活存量资产有新突破。要积极研究盘活政府资金投入存量和省级高校、医疗卫生机构实施迁建部分存量资产，使存量资产按照市场经济规则发挥更大的作用。五是力争管理机制有新突破。针对财政经建管理的难点和弱点，创建财政经建行政监管和财政评审专业技术优势互补、互为促进的新型管理机制。

（六）抓好“六项工作”。一是抓好宏观政策研究。通过财政投资合理调节和引导，使经济增长的数量与质量、速度与效益更加协调，促进经济健康持续发展。通过储备粮吞吐轮换，调控粮食市场，避免谷贱伤农。基本管理思路是“动态储备、政府采购、挂牌销售”。通过宏观政策研究，提出促进经济增长方式转变的政策建议。二是抓好制度建设。重点完善《固定资产贷款贴息办法》、《省级储备粮食管理办法》、《云南非税收入用于基本建设管理办法》、《云南排污费征收管理工作考核奖励暂行办法》、《云南省大中型水库移民后期扶持资金管理办法》；尽快出台《云南农村民居地震安全工程资金管理办法》、《云南水利建设专项贷款资金管理暂行办法》、《云南省国外找矿专项资金管理暂行办法》。积极支持项目招投标制、工程监理制，试点代建制。三是抓好粮食工作。在继续抓好粮食储备管理工作的同时，重视抓好种粮农户直补资金兑付工作，各州市、县（市、区）要通过调整粮食风险基金支出结构，确保粮食风险基金规模的50%用于对种粮农民直补。四是抓好政务网络建设。要用好三块资金，即中国农民补贴网专项资金、云南政务网专项资金、云南金财工程网专项资金。建好三个网，即建好中国农民补贴网、云南政务网、云南金财工程网。五是抓好财政评审监管。基本思路是“融入其中，事前监督”。财政监管新机制的主要任务是“四先四后”，即预算编制“先评审、后编制”，资金支付“先评审、后拨付”，项目采购“先评审、后招标”，决算报表“先评审、后批复”。六是抓好信息宣传。要密切跟踪党委、政府关心的热点、焦点与难点问题，多形式地反映研究成果和工作成效，为更好地开展财政经建和评审工作创造良好的舆论环境。

充分发挥民政在构建社会主义和谐社会伟大进程中不可替代的重要基础作用

云南省民政厅厅长 夜礼斌

一、近年来云南省民政事业的主要成就

十六大以来，特别是“十一五”以来，在省委、省政府的正确领导和民政部的指导帮助下，全省各级民政部门始终以邓小平理论和“三个代表”重要思想为指导，以科学发展观为统领，认真贯彻落实党的十六大和十六届各次全会及省第八次党代会精神，紧紧围绕全省经济社会发展全局，始终坚持以民为本、为民解困、为民服务的核心理念，充分发挥民政部门维护稳定、促进和谐的核心作用，在为人民群众排忧解难、调节利益关系、促进社会公平、维护社会稳定等方面作出了积极贡献。民政部门在社会建设和社会管理中的作用可以综合概括为三大方面：即维护基本人权、调节社会关系和管理社会事务。

（一）维护基本人权。首先是维护人的基本生存权，其次是维护基层群众的基本政治权利

1.在维护基本生存权方面，进一步健全和完善了城乡一体化的社会救助体系

一是自然灾害紧急救援能力不断增强。经过几年的探索，云南省已基本建立了“党政主导、分级负责、民政牵头、部门协同、社会参与”的救灾工作机制，建立健全了救灾预案、灾情信息、物资储备、救灾资金保障、灾后重建管理、社会捐助六大体系，构建了快速反应、部门联动、社会动员三种机制，在抢险救灾、灾民转移安置、灾区群众生活安排、灾后恢复重建等各项工作中成效显著。2002年以来共投入救灾资金19.56亿元，救助灾民3 494.65万人次，恢复重建倒损民房47.37万间，募集捐款26 980万元，衣被2 711.7万件。

二是全面建立和实施城乡居民最低生活保障制度。云南省从1997年开始逐步建立和实施了城市低保制度，经过共同努力，顺利实现了动态管理下的应保尽保、按标施保。全省城市低保人数从2000年的不足12万人增加到目前的74万多人，年发放保障金从2000年的8 650万元增加到2006年的71 948万元，有效地保障了城市特困居民的基本生活。根据中央有关精神和云南省实际，省委、省政府决定从2007年起，在全省全面建立和实施农村最低生活保障制度，把农村228.4万绝对贫困人口全部纳入保障范围，从2007年1月起发放保障金。省政府共筹集资金8亿多元，确保了农村最低生活保障制度落到实处。目前，绝大部分地区已经开始发放保障金。全省城市低保标准为月人均140～210元，月平均救助水平为90元；农村低保标准为年人均693～960元，月平均补助水平为30元。

三是积极做好农村五保对象的供养救助工作。认真贯彻落实《农村五保供养工作条例》，省财政按每人每月60元的标准对农村五保对象实施补助供养，仅2006年就下拨补助资金1.03亿元。为切实提高农村五保对象集中供养水平，省政府决定从2007年起用5年时间，按照省和州县各承担50%的比例筹资8亿多元，新建和改扩建一批农村敬老院，增加床位10万张，将五保对象集中供养率由4.7%提高到45%左右。目前已启动了第一批20所县（市）中心敬老院（省级补助2 310万元）的项目建设。

四是着力推进专项社会救助工作。在重点做好生活救助的同时，各地积极探索，不断拓展社会救助领域。2003年以来，云南省先后出台《关于实施农村医疗救助的意见》、《云南省农村医疗救助暂行办法》，先后投入资金1亿多元，在资助农村特困群众、农村低保对象参加新型农村合作医疗的基础上，对近7万人次的农村贫困群众实施了二次救助。2005年，在28个县（市、区）开展了城市医疗救助试点工作，共筹集资金7 000多万元，对5万多人次的城市特困群众进行了救助。

2．在维护人们的基本政治权利方面，充分发挥城乡基层自治组织协调利益、化解矛盾、排忧解难的作用，增强基层社会管理和服务的合力

村民自治方面：2002年以来，省民政厅两次与中欧村务管理培训项目办公室合作，投入经费733.6万元，举办28期村民自治和村务管理培训班，培训各类人员3 790人，并创造了极具云南特色的村委会干部互动式培训模式，有力地推动了村民自治和村务公开民主管理的顺利进行。2006年，省民政厅积极配合省委组织部，各级共投入1.723亿元解决了2 615个村级组织无活动场所问题。省财政安排经费将农村原大队一级离职半脱产干部的生活补助标准每人每月提高了50元，现补助标准最低为128元/月、最高为145元/月；将村两委干部的生活补助标准每人每月提高了100元，现补助标准最低为400元/月、最高为800元/月。中央和省级按照各承担50%的比例，对建国前入党的农村老党员，根据党龄的长短分别发放了每人每月50元至150元的生活补助。截至2007年6月底，全省已顺利完成了三届村委会换届选举工作，现有村委会12 889个，村民小组161 552个，自然村131 037个。

社区建设方面，2002年，在总结试点成功经验的基础上，全面启动了全省社区建设工作。各地科学合理地划分社区，积极探索社区居民直选、户代表选举等民主选举途径，进一步提高了社区民主选举的制度化、规范化程度，初步建立起社区居委会"自我教育、自我管理、自我服务、自我监督"的工作机制，在全省的城市改革、发展、稳定中发挥了重要作用。2006年，省民政厅对城市社区建设进行了不同层面的多次深入调研，形成了一批有助于今后推进工作的成果。2007年6月9日，省委、省政府召开全省社区建设工作会议，并拟定《中共云南省委云南省人民政府关于推进和谐社区建设的若干意见》，已经省委第16次常委会讨论通过将于近期下发。2002年以来，全省各级财政共投入社区建设资金8 700多万元，不断改善社区基础设施和办公条件。目前，全省共有社区居委会1 074个，社区管辖总人口1 312.9万人，占全省总人口的29.5%，其中流动人口达136万人。

（二）调节社会关系：一是调节政府与社会组织之间的关系，二是调节军地之间的关系，三是调节中高收入者与弱势群体之间的关系

1．在调节政府与社会组织关系方面，不断加强和改进对社会组织的管理和监督，充分发挥其提供服务、反映诉求和规范行为的作用

经过不断探索，云南省已经形成了一套适合省情、行之有效的民间组织管理体制，其核心内容是：归口登记、双重负责、分级管理。目前，云南省民间组织呈现健康发展态势。截至2006年底，全省共有民间组织8 249个（与2002年的5 281个相比增长1.6倍），其中社会团体6 173个，基金会20个，民办非企业单位2 056个。仅2006年登记成立的民间组织就达1 448个，比上年增长20.5%。另外，还有境外在滇非政府组织270多个，数量之多在全国位居第一。其业务范围涉及教育、科技、文化、卫生、环保、公益、慈善等社会生活的方方面面，初步形成了层次不同，区域有别的发展格局。

2．在调节军地关系方面，进一步完善配套政策和服务机制，扎实推进双拥优抚安置工作

双拥工作：近年来，省民政部门提出"党政主导、军地协同、按级负责、民政牵头、社会参与"的

双拥工作新机制，并在实践中不断予以健全和完善。一是领导体制不断健全，工作机制日益完善，进一步强化了各级双拥办组织机构建设。二是拥军优属成效显著。2002年以来，全省共投入国防和部队基础设施建设经费5亿多元，帮助驻滇部队有效解决了一些实际困难。2007年，省民政厅与省教育厅及省军区等四个军级单位积极响应省委、省政府"云南边疆解'五难'惠民工程"，共筹资400万元在福贡、沧源、勐腊、屏边4个边境贫困县援建了4所"双拥希望小学"。三是双拥模范城（县）创建活动又有新突破。2004年全国拥军优属拥政爱民工作会议上，云南省的昆明、玉溪等8个市、县被命名为全国双拥模范城（县）。经过努力，2007年即将举行的新一轮全国双拥模范城命名表彰中，云南省在原基础上总体名额增加了2个，原来仅有的2个地级市现增加到4个（昆明、玉溪、曲靖、临沧），增加了2个县（蒙自、麻栗坡）。

优抚工作：紧紧围绕优抚对象的生活、医疗、住房等困难，深入贯彻落实新颁布的《军人抚恤优待条例》，制定和完善相应的配套政策。根据国家有关精神，并经省民政厅积极争取，将全省伤残人员、三属、定期定量补助人员等10万名优抚对象的生活补助，根据不同级别在原标准基础上分别最低增加了240元/年、最高增加了3 360元/年，年需资金4 785.5万元全部由中央财政承担。2002年至今年上半年，全省共下拨抚恤事业经费83 750万元。今年7月，根据中央"6·21"会议精神，对上述人员将再次提高补助待遇，全年将增加生活补助7 066.4万元全部由中央财政承担；在此基础上，省委、省政府又专门召开会议对在农村的和在城镇无工作单位且家庭生活困难的部分参战人员20多万人按新规定每人每月补助100元，共需资金2.577亿元由中央财政承担80%、省级财政承担20%，有效地化解了不稳定因素。

退役士兵安置工作：十六大以来，为适应社会主义市场经济体制的要求，云南省积极对退役士兵安置工作进行改革，引入市场竞争机制，实行"双考"安置、扶持就业与鼓励自谋职业相结合的办法，制定完善了一系列安置政策，已连续4年在全国率先完成了退役士兵接收安置任务，多次得到民政部及总参谋部、总政治部的肯定和表彰。2003年以来，全省接收安置退役士兵57 000多人，其中回农村安置率100%，城镇安置率达99.36%；共为10 000多名符合城镇安置条件的退役士兵安排了就业；为7 000多名自谋职业的退役士兵足额兑现了一次性自谋职业补助金2亿多元（人均标准2万多元）；城镇退役士兵全部参加了不少于20天的技能培训，农村退役士兵培训率达60%以上，自谋职业的城镇退役士兵就业率达95%以上。同时，今年省财政决定将退役士兵培训纳入就业政策扶持范围，不分城乡统一按照每人750元的标准补助培训经费，从2008年起将基本建立起退役士兵城乡一体化的培训格局。

3. 在调节中高收入者与弱势群体关系方面，不断加大福彩发行和发展慈善事业力度，大力推进社会福利社会化进程。

一是社会福利事业发展较快，老年人、残疾人和孤儿的生活福利得到进一步改善。从2001～2004年共投资2.82亿元实施"星光计划"，大力发展社区老年福利服务机构，建成"星光老年之家"477个，动员社会力量兴办老年福利机构60所；认真贯彻《老年人权益保障法》和新修订的《云南省老年人保障条例》，妥善处理涉老问题，较好地维护了老年人的合法权益；农村家庭赡养、土地保障和社会扶持相结合的养老保障体制初步形成，受益的老年人数量不断增多。认真执行国家对福利企业的扶持保障政策，加强规范管理，严格审批程序和年审制度，2002年以来新增社会福利企业106家，安置残疾人职工增加了9 438人。认真组织实施残疾孤儿手术康复"明天计划"，截至2007年6月，共成功实施残疾孤儿手术1 476例，投入经费2 220.94万元，比原定731名的三年总体目标超额完成了745例；多方筹资近2 000万元，积极开展艾滋病致孤儿童救助安置工作，启动实施儿童福利机构设施建设"蓝天计划"，使一大批孤残儿童得到及时救助。

二是福利彩票发行成效显著。云南省从1988年开始发行福利彩票，2002～2007年9月30日，累计总销量达到49.9892亿元，共筹集社会福利公益金17.4400亿元。特别是2006年销售14.9057亿元（比2002年2.7173亿元增长了507%，比2005年增长41.3%），再创发行新高，共筹集公益金5.2122亿元，其中上缴中央2.6050亿元、省及州市县留成2.6072亿元，为社会提供了5 000多个就业岗位。2007年以来福利彩票发行工作在高起点上高位运行，截至9月30日，全省共销售13.4786亿元，比上年同期的10.5704亿元增长27.5%，对于发展云南省社会福利、社保和公益事业将起到巨大的支撑作用。

三是大力发展慈善事业。在新的历史条件下，慈善事业在培育和谐精神、强化和谐意识、建设和谐文化中的积极作用越来越突出。改革开放以来，云南省慈善事业得到了恢复和发展。十六大以来，我们充分发挥民政部门在推进慈善事业中的综合协调作用，将大中型国有企业、民营企业的法人吸收到慈善组织中来，充分发挥他们爱心慈善的领头表率作用，并支持开展形式多样、行之有效的慈善活动，为促进社会公平构建"第三次分配"方式。

（三）管理社会事务：即不断提高区划地名、殡葬管理等专项社会事务管理服务水平，填补其他部门难以实施管理的空白

1．区划地名方面：十六大以来，全面完成了省县乡三级行政区域界线勘定任务，彻底结束了行政区域界线模糊不清的历史；完成了丽江、思茅、临沧等最后3个地区的撤地设市工作，在全省取消了地区建制，理顺了地方行政管理关系；积极稳妥地开展了行政区划调整工作，完成了昆明市市辖区调整、红河州等政府驻地迁移和乡镇撤并工作，共减少乡镇247个，占1997年全省乡镇总数的16.4%，超额完成省委、省政府提出的减少乡镇数15%的工作任务。截至目前，全省共有1 368个乡镇（含56个街道办事处），进一步优化了行政区划设置；完成了思茅市更名为普洱市、中甸县更名为香格里拉县及部分乡镇的更名工作，启动了地名公共服务工程，各地地名服务管理水平进一步提高。

2．殡葬改革方面：十六大以来，各地进一步加强了对殡葬改革工作的领导，采取有力措施，加大工作力度，殡葬改革取得了新的进展。一是火化率得到明显提高，由2002年的8.2%提高到2006年的10.7%。二是逐步走上了法制化的轨道。2003年颁布实施《云南省殡葬管理条例》后，省政府办公厅下发了《关于加强云南省殡葬改革工作的通知》，转发了省省民政厅等5个部门《关于进一步加强公墓管理的意见的通知》等文件，各州市也制定颁布了相应的办法、规定和实施细则。三是殡葬基础设施建设得到较快发展。根据2004年制定的《云南省县级火葬设施建设规划》，2005年省级共投入1 100万元，新建了7个县级殡仪馆，目前已全部投入使用。2006年省级共投入经费4 482.3万元，用于18个县级殡仪馆的新建和部分老殡仪馆的改扩建。2007年省级公益金投资安排了2 380万元用于12个县级殡仪馆的建设，目前正在建设中。此外，婚姻登记、儿童收养、难民安置等工作也取得了明显成效。

二、充分认识新时期民政工作所面临的形势及存在的主要困难和问题

（一）关于民政工作的发展趋势

新时期民政工作发展趋势主要体现在以下五个方面：一是民政工作职能，将在社会管理和公共服务中进一步得到加强，管理范围由社会领域向经济领域不断延伸，管理层次由社会事务向意识形态方面不断提升；二是民政工作对象，将由特定目标群体逐步向社会公众拓展，重点救助对象正由城市向农村拓展，民政工作的社会性、对象多元性的特点越来越凸显；三是民政工作功能，将在发挥社会救助"兜底"保障的同时，逐步向提升社会公共福利水平延伸；四是民政工作方式，将由临时性、分散性、救急性逐步向整体制度安排、规范管理的目标迈进；五是民政工作机制，将由政府主导型逐步向政府主导与社会参与相结合方向发展。这种发展趋势决定着民政工作的发展动力、发展方向和发展目标，决定着民政干部的思维方式、工作举措和价值取向。同时，这种趋势既是民政工作发展的必然，也是一个渐进过程，需要用创新思想，用改革的办法解决前进中遇到的新情况、新问题，用不懈的努力，推动民政事业适应和顺应时代的要求。

（二）关于当前存在的主要困难和问题

1．经费投入还不适应民政事业发展的需要。近几年，随着党中央、国务院及省委、省政府对民生问题的关注，民政资金有了较大幅度增长，做好民政工作的资金支撑力日益增强。但同时由于民政工作范围不断拓宽，职能不断延伸，民政服务对象日益增多，民政资金与现实需要仍然差距很大。总的来看，是政府财政主渠道投入还不足，还未建立起稳定的、同经济发展水平同步增长的财政投入机制。

2．民政工作力量特别是基层民政力量还十分薄弱。近年来，随着民政工作内容的不断拓展，民政工作任务越来越繁重。而民政工作的对象主要在基层，工作任务的落实也主要在基层。目前云南省各乡镇大多仅有一名民政助理员，但却承担着城市低保、五保供养、城乡医疗救助、优抚等对象的救助及抗灾救灾、婚姻登记、社区建设、村民自治、老龄等几十项工作任务。特别是2007年起在全省已全面实施农村低保制度，仅此一项工作对象就增加228.4万人，工作面广、程序多，需要投入大量的人力和物力。而目前基层民政队伍人员少、条件差、资金匮乏的状况，与日益繁重的工作任务完全不相适应，并已成为影响工作开展的突出问题之一。

3．政策法规建设还不能适应法制民政的需要。一是政策制定法规出台滞后，给一些工作带来被动。如在政府机构改革、户籍改革和企业用工自主等新的形势下，退役士兵仍然实行按计划指令性安置，安置任务重与安置渠道窄的矛盾十分突出。二是执法依据刚性不足，约束力不强。如现行《殡葬管理条例》对拒不火化和入棺安葬的，只有一条掘坟火化硬性规定，再没有其他处罚措施；对火化后不入公墓、火化后仍入棺土葬的，缺乏执法依据。现在很多民营资本进入殡葬行业，如何规范经营和行业管理，防止过头的商业倾向，杜绝炒买炒卖墓穴，也缺乏执法依据。再如对拒不年检年审的民间组织，由于有工商部门的登记，民间组织照常开展业务活动，民政部门没有具体的执法措施等。三是法规不完善，存在立法空白点。比如社会救助、农村社区建设、慈善工作、境外非政府组织在华活动管理、社会工作者的培养使用等方面没有出台法规，直接影响到这些工作的开展。

4．工作机制和工作方法还不能适应新的形势。随着经济市场化程度的不断提高，户籍制度、劳动人事制度和城市管理等改革不断深化，民政现行的管理体制和工作方法还不能适应新的形势和任务。从工作机制和方式上看，民政部门转变职能、协调各方、提高效能还不够，工作不落实、不规范、不协调的问题还不同程度地存在。从工作手段上讲，办公自动化和信息化水平不高。有的基层民政部门特别是乡镇、街道和社区居委会尚不具备对民政对象进行信息化管理的条件。一些基层民政部门和民政事业单位办公条件和服务设施老化，工作手段处于原始状态。

三、新时期民政工作要着力解决好的主要问题

（一）要将政府转变职能的重点放在加强各项民政工作之上，为履行好政府公共服务、社会管理的职能，充分发挥好民政维护社会稳定、促进社会和谐的作用

在发展市场经济的条件下，政府要全面履行职能，在继续搞好经济调节、加强市场监管的同时，应更加注重履行社会管理和公共服务职能，把更多的精力和资源放在社会管理上，切实解决政府职能“缺位”、“越位”和“错位”的问题，促进政府社会管理和公共服务职能的完善。民政部门作为主管社会救助和社会行政事务的职能部门，在社会管理和社会建设中具有不可替代的重要基础作用。各级政府应按照六中全会决定的要求，在坚持以经济建设为中心的同时，把构建和谐社会摆在更加突出的地位，在关注经济发展、基础设施和城市建设的同时，更加关注社会建设和管理，关注民生民权民利问题，重点加强民政工作，充分发挥好民政维护社会稳定、促进社会和谐的作用，更快更好地促进社会公平。

（二）要建立和完善“党政主导、民政牵头、部门协同、社会参与”的工作机制

坚持党政主导，就是要坚决服从党委政府的重大决策，不折不扣地贯彻落实同级党委政府作出的决策、决定、指示。同时，要向党委政府多反映汇报民政事业的重要性，依靠党委政府的大力支持，努力使民政工作成为地方各级党委政府的中心工作和重要工作之一。坚持民政牵头，就是要对事关民政事业发展的大事，勇于负责、敢于牵头、勇担重任，努力为党委政府分忧解愁，为民政工作争取更多有利的发展机遇和条件。坚持部门协同，就是在各有关部门积极发挥部门优势、协助做好民政工作的基础上，要与外单位外部门多沟通、多协调，在人力、物力、财力上争取政府平行部门的大力支持，形成精诚协作、相互配合、各方支援的良好部门关系，充分发挥各有关部门促进民政事业发展的重要作用。坚持社会参与，就是要重视调动各类企业、社会团体、基金会、民办非企业单位、普通公民和其他社会力量在发展社会福利事业中的积极性，重视发挥城乡各类社区组织在社会管理和公共服务方面的重要作用，努

力构建社会事业全民动员、全社会参与的社会动员网络。

（三）要切实解决民政资金投入不足的问题

切实保证民政事业发展所需的资金，是完善公共财政制度的重要内容。要按照党的十六届六中全会关于“健全公共财政体制，调整财政收支结构、把更多财政资金投向公共服务领域”的要求，将民政事业经费列入财政预算，在坚持公共财政主渠道、充分落实好各级财政配套投入资金的前提下，利用好发行福利彩票、接收社会捐赠、慈善总会等社会筹资平台，及时合理安排好城乡低保、救灾救济、农村五保供养、优抚安置和社会福利等专项资金，并建立稳定的、同经济发展水平同步增长的财政投入机制，以切实保障弱势群体、特困群众和优抚对象的生活权益。

（四）不断健全法律法规及努力提高依法行政的能力

建立和谐社会客观上要求民政工作主流化，这就需要将民政工作的主体内容法制化、制度化。因此，要根据市场经济体制和新形势发展的要求，及时修改完善已有法律法规，研究制定新的政策法规，以指导规范民政工作。在完善法规方面，凡是有全国性规范文件的要尽快出台云南省的实施办法；属全国性法律需修订的，要积极调研并提出切合实际的修改意见。同时，要加大民政法制宣传和执法工作人员的培训力度，不断提高民政系统广大干部职工学法、用法、执法的能力，全面提高依法行政水平，使各项民政法规得以正确、有效的贯彻执行，积极营造与建设法治民政相适应的内部环境。

（五）要不断加强基层民政力量及民政干部队伍建设

应按照转变政府职能、构建和谐社会的要求，结合乡镇撤并及乡镇机构改革的实际，进一步充实和加强基层乡镇民政工作力量，以切实解决基层民政工作力量严重不足的问题。同时，各级民政部门要切实加强理论和政策的学习研究和教育培训，不断提高民政干部职工尤其是领导干部管理社会事务、协调利益关系、开展群众工作、激发社会创造活力、处理人民内部矛盾、维护社会稳定的本领，确保中央及省委、省政府的方针政策和工作部署落到实处。要按照党的十六届六中全会关于建设宏大的社会工作人才队伍的要求，有计划、有步骤地在社会福利、社会救助、社区建设、残障康复、公益类民间组织和家庭生活服务等领域设置社会工作岗位，大力推进社会工作队伍向职业化方向发展。

坚持科学发展观
全面推进边疆民族地区小康社会建设

德宏傣族景颇族自治州人民政府州长　孟必光

德宏傣族景颇族自治州位于云南省西部，高黎贡山南麓，历来为祖国西南边陲门户，南部、西部和西北部与缅甸接壤，国境线长503.8千米，是中国和云南省通往东南亚、南亚的交通枢纽重地。全州辖瑞丽、潞西2市和陇川、盈江、梁河3县，总面积11 526平方千米。德宏是祖国的西南边疆少数民族自治州，居住着傣、景颇、阿昌、傈僳等民族，是全国傣、景颇、阿昌、傈僳族的主要聚居地。2006年底全州总人口116.50万人，其中少数民族人口占总人口的49.74%。全州为南亚热带季风气候，雨量充沛，干湿分明，日照充足。

由于历史的原因，在漫长的历史发展进程中，德宏州社会经济文化发育程度相对滞后。中华人民共和国成立之前，州内仍处于封建领主统治的社会发展阶段，社会经济文化处于较低发展水平。建国后，由于受左倾思潮影响，全州长期处于封闭状态，严重影响了社会经济文化的发展。改革开放以来，在中央和省委、省政府的正确领导下，德宏州获得了千年难遇的发展机会，从对外开放的末端变成前沿，各项事业都得到了长足的发展，全州社会经济文化发生了翻天覆地的巨大深刻变化。

2003年4月，德宏州委、州政府以党的十六大精神为指导，紧紧围绕省委、省政府的工作部署和要求，正确把握发展机遇，树立和落实科学的发展观，结合德宏实际，认真组织实施“十五”计划提出的各项目标任务，与全国全省同步全面建设小康社会的奋斗目标，提出“努力实现国民经济持续快速协调健康发展和社会全面进步，推动全州各项工作一年一个新气象，三年大变样”的工作要求。2004年，州委、州政府又围绕全面建设小康社会的目标，提出“外贸兴州、旅游活州、工业富州、农业强州”的发展思路。围绕这一思路，实施“科教兴州、大通道、绿色品牌、建设美好家园”四大战略，打造“亚热带特色生态州、绿色经济发达州、连接‘两亚’桥梁州、珍宝荟萃神奇州、民族风情文化州”五大品牌，落实好深化改革、扩大开放、加强基础、调整结构、建立支柱、打造品牌、优化环境、营造氛围、培育市场、造就人才十项措施，决心把德宏建设成经济繁荣、结构合理，民族团结、边防巩固，环境优美、秩序良好的模范少数民族自治州。

一、坚持科学发展观，努力实现国民经济又好又快发展

经过多年的努力奋斗，州委、州人民政府坚持科学发展观，按照“发展是第一要务”的宗旨，带领全州各族人民，同心同德，开拓进取，聚精会神搞建设，一心一意谋发展，圆满完成或超额完成了各项计划的目标和任务。

经济实力显著增强。2006年，全州实现生产总值70.35亿元，完成年计划的106.6%，按可比价计算比上年增长12.5%，比2002年增长44.5%，年均递增9.6%。其中：第一产业增加值22.05亿元，完成年计划的107.6%，增长9.5%，比2002年增长30.2%，年均递增6.8 %；第二产业增加值18.7亿元，完成年计划的113.3%，增长25.8%，比2002年增长100.5%，年均递增19%；第三产业增加值29.6亿元，完成年计划的102.1%，增长8.4%，比2002年增长33.1%，年均递增7.4%。2006年和2007年1～9月GDP呈两位数增长，充分说明全州国民经济已从强基础阶段步入较快发展的时期，也为今后的快速发展打下了一个坚实的基础。2007年1～9月，全州实现生产总值49.29亿元，同比增长13.6%。农林牧渔业总产值完成14.03亿元，增长9.7%；完成工业总产值36.28亿元，增长23.8%；完成固定资产投资总额38.75亿元，增长44.1%；完成进出口总额3.8亿美元，增长19.7%；实现旅游业总收入22.12亿元，增长12.6%；实现财政总收入9.8亿元，增长45.2%，其中一般预算收入5.8亿元，增长47.2%；城镇居民人均可支配收入7 649元，增长14.9%；农村居民人均现金收入1 820元，增长20.3%。全州经济在去年两位数增长的基础上，继续保持了平稳、较快增长的良好势头，全年GDP增长12%的目标有望实现。

“三农”地位进一步增强，农业和农村经济持续发展。州委、州政府高度重视“三农”工作，更加关注农村，支持农业，关心农民，始终把调整农业产业结构、增加农民收入、保护和合理利用农业资源作为全州农业和农村工作的出发点和落脚点，政策向农业和农村倾斜，随着新农村建设的不断深入，农村基础设施和农业环境不断改善，农业实现较快发展，农村发生明显变化，农民收入逐年增加，为农业和农村经济持续稳定发展提供了良好的环境和条件。2006年，全州完成农业总产值31.33亿元，比2002年增长28.6%，年均增长6.5%；农村居民人均纯收入1 687元，比上年增加182元，增长12.1%，比2002年增长33.4%，年均递增 7.5%。农村居民收入的增幅首次高于城镇居民。

工业经济持速发展。全州紧紧围绕“工业富州”的发展战略，始终抓住产业结构调整这一主线，以行业整合为重点推进国有企业改革，调整工业结构，加强企业内部管理，优化资源配置，使全州工业生产能力、生产规模大大提高，改革促进了工业发展。2006年，全州现价工业总产值达37.33亿元，与2002年相比，增长71.1%，年均增长14.4% 。

外贸进出口保持高增长。2006年，外经贸进出口总额42 616万美元，比2002年增长110.8%，年均递增20.5%。外经贸进出口总值实现连续、快速增长，成为拉动德宏经济发展的亮点,对外经济贸易已成为全州经济社会发展的重要支柱产业。

旅游业得到长足发展。州委、州政府着眼全省旅游发展大势，结合州情，提出了“旅游活州”的发展思路，出台了《中共德宏州委德宏州人民政府关于进一步加快旅游业发展的决定》和《实施办法》两个里程碑式的重要文件，积极发展旅游产业。特别是2006年省政府滇西旅游边境现场办公会之后，全州上下认真贯彻落实会议精神，进一步明确加快旅游发展的目标、任务和重点，紧紧围绕旅游“二次创业”的目标，抓住工作重点，整合各方面力量，加大对基础设施和旅游开发建设的投入，积极拓宽合作领域，加快推进旅游市场开拓促销和旅游产品的开发，加大旅游行业管理力度，提升旅游服务质量，有效地推动了全州旅游“二次创业”的深入发展。通过全州上下的共同努力，到2006年，成功创建了瑞丽、潞西两个中国优秀旅游城市、6个国家A级旅游景区点（4A级3个、2A级2个、1A级1个）；瑞丽大等喊傣寨被评定为全国首批农业旅游示范点，畹町镇被评为云南十大名镇之一，陇川章凤镇和瑞丽姐相乡被列为全省旅游小镇，瑞丽市还被评为云南最具魅力的旅游城市。目前，全州共有国际国内旅行社21家，星级宾馆酒店36家，旅游直接间接从业人员达到万余人，旅游产业结构正向着日趋合理的方向发展。旅游业已成为德宏国民经济新的增长点和全面建设小康社会的重要内容。2006年，旅游接待总人数299.59万人次，比上年同期增长2.6%；实现旅游业总收入27.9亿元，同期增长3.9%，比2002年增长107.4%，年均递增20%。

财政收入持续快速增长，金融运行良好。2006年，全州财政总收入完成9.13亿元，比上年增加1.83亿元,增长25%，比2002年增长121.1%，年均递增21.9%。其中，地方一般预算收入完成5.36亿元，比上年增加1.3亿元,增长32.1%；比2002年增长104.6%，年均递增19.6%。全州金融机构各项存款余额127.5亿元，较年初增长18.4%；各项贷款余额73.2亿元，比年初增长22.1%；金融机构累计净投放现金12.3亿元，同比增长44.6%；全年累计发放支农再贷款5 000万元，支农再贷款余额为5 100万元。

深化国有企业改革取得显著成效。如期完成全州深化国企改革任务，使全州的经济结构和产业结构得到优化调整，并取得可喜成绩：一是基本完成放开放活中小国有企业工作任务。全州149户国有企业完成改制141户，改制面达95%，在改革中多渠道妥善分流安置17 985名职工，综合安置率为91%，支付的改制成本5.11亿元。此外，在基本完成放开放活中小国有企业改革的同时，还完成了42户集体企业和36户供销企业的改制工作。二是国有经济和企业实力得到增强。已完成改制的企业资产负债率大幅下降，国有企业亏损额及亏损面得到有效降低，2005年全州国有工业企业亏损总额229万元、亏损面42.1%，与2002年相比，减亏14 233万元，亏损面下降31.7个百分点，企业综合实力和竞争力得到增强。三是行业整合取得显著成效，优质资源正向优势企业集中，糖业和电力行业整合，使全州国企改革取得突破性进展。通对全州制糖、电力、粮食、锡业、制药等行业进行整合，极大地提高了产业集中度，企业规模效益逐步显现出来，并带动一批大项目建设。糖业整合成功地引进云南英茂集团公司、云南力量生物制品有限责任公司，对全州的9个糖厂10条生产线进行整合，经过两年的运转，现已初见成效，企业偿还债务意识增加、偿债能力增强，资产负债率大幅下降了45个百分点以上，企业实现了扭亏为盈，利润大幅度增加，员工收入增加和福利改善，促进了社会稳定。德宏电力股份有限公司通过拍卖电站深化改革后，使企业资产增值1.94亿元，并实现了“厂网分开，竞价上网，优化资产，整体置换，人随事走”的目标，同时引入一批电力投资及战略合作伙伴，促进了全州的电力开发，带动了电冶业的发展。粮食流通体制改革不断深化，进行粮食经营主体多元化改革，形成以国有独资或国有控股公司为主，多种所有制企业和多家企业竞争发展的新格局；建立全州粮食系统扭亏增盈目标责任制和考核体系，实行风险抵押，一次性以奖代补政策，调动了各方面的积极性，全州国有粮食企业实现扭亏为盈。四是全面完成分离地方国有大中型企业办社会的工作。对全州地方企业所办的3所医院（卫生所）及8所中小学校，全部进行分离和移交，移交后的医院和学校运转正常。五是积极推动价格听证公示制度，探索水价、电价的改革工作，并取得初步成效。

农村改革稳步推进。农村税费改革试点工作取得阶段性成果，取消农业特产税，农业税率降低了一个百分点，减负率达69.7%，人均减负36.42元，亩均减负22.4元，实现了“村村减负，户户受益”；争取到上级农村税费改革转移支付资金9 220万元，缓解了财政支出压力，促进了农村各项事业的健康稳步发展；兑现330万元粮食直补资金；及时将退耕还林粮食补助折现资金3 270万元兑付给农民，初步建立起直接服务农民的财政管理体系；启动全州深化农村信用社改革试点工作；供销社改革取得实质性进展。

加大招商引资工作力度，固定资产投资增幅较大。州委、州政府十分重视招商引资工作，谋求大招商、大建设、大发展。全州重大项目招商引资，如几个大的水电站建设项目、芒市花园小区、芒市五星级宾馆、芒市广场、芒市华丰国际商城等重点工程项目的招商引资，都做到以感情招商，真诚招商，取得突出效果。仅2006年以来，全州76个招商引资项目，实际到位资金就达13.47亿元。其中，当年新增招商引资项目35项，项目协议资金45 880万元，新增项目实际到位资金11 550万元。瑞丽市邦达木业有限公司、瑞丽美格塑料技术开发有限公司等5个外资项目，2006年底到位资金约800万美元。全州各族群众期盼已久的龙江水电站枢纽工程，于2006年11月28日隆重开工。弄另电站、大盈江梯级电站等一批通过招商引资建设的重点工程，进展顺利。

2006年，全州固定资产投资总额完成42.02亿元，比上年同期增长18.3%，比2002年的11.93亿元增长2.5倍，4年年均增长36.4%，继续保持快速增长的势头。

二、统筹协调发展，推进社会进步，努力构建和谐德宏

在全面建设小康社会历史新阶段，州委、州政府提出了工作的总体思路，以邓小平理论和“三个代表”重要思想为指导，全面落实科学发展观，着力调整经济结构和转变增长方式，着力加强资源节约和环境保护，着力推进改革开放和自主创新，着力促进社会发展和解决民生问题，以构建和谐德宏为目标，以解决民生问题为重点，进一步打牢基础、调整结构、培育支柱、突出特色、统筹发展、促进和谐，努力保持国民经济又好又快发展的良好势头，加快“十一五”规划的实施进程，统筹协调发展，推进社会进步，努力构建和谐德宏。

有效控制人口过快增长势头。认真开展“三结合”工作，全面推行农业人口独生子女家庭“奖优免补”政策，加强县、乡两级计划生育服务网点建设，促进计划生育事业的发展。几年间共投入资金20余万元，全州84%的乡镇建立计划生育服务所，实现了县级计划生育机构建成率100%的目标。2006年人口总数控制在116.5万人，全州人口出生率可控制在14.31‰以内，人口自然增长率控制在7.97‰。

教育事业稳步发展。通过巩固、提高“两基”成果，扩大高中办学规模，整合、优化教育资源，扎实推进素质教育，进一步提高教育质量和办学效益，全州教育由规模数量逐渐向规模效益发展，民族教育体系进一步完善，成为全州教育改革与发展最快的时期。几年来，通过对中小学生通过实施“三免费”和“两免一补”工程，民族寄宿制中小学、半寄宿制高小生活补助范围逐年扩大。通过实施边境、少数民族、贫困地区义务教育救助工程等有效措施，使全州的“两基”得到加强和巩固。

公共卫生体系建设进一步加强。以国家2003年防治“非典”、大力加强卫生防疫体系建设为契机，抓好“疾病预防控制体系”、“突发公共医疗救治体系”和“农村卫生服务体系”的建设，投资948万元，完成州疾控中心、瑞丽、潞西市疾控中心的新建和盈江县疾控中心业务用房的改造。投资4500万元的德宏州医疗集团外科住院大楼的建设即将完工。在抓好在建项目的同时，积极做好五县（市）医院、妇幼保健院和农村卫生服务体系国债项目前期工作。

社会保障制度逐步得到加强。2006年，享受城市居民社会最低生活保障补助人员达397 387人次，是2002年200 872人次的近2倍。城市最低生活保障覆盖面逐年扩大，全州达到最低城市生活保障线的居民做到应保尽保，切实保障这部分弱势群体的生活，践行了构建和谐社会的发展思路，为全州经济社会协调发展起到了积极的作用。2006年，参加社会养老保险达36 710人，比2002年增加5 600人，养老金做到按时足额发放，社会发放率达100%；参加城镇职工基本医疗保险人员达9万人，比2002年增加2.2万人；参加工伤保险人员达5万人，比2002年增加2.3万人；参加生育保险人员达4.9万人，比2002年增加2.2万人。努力开发就业岗位，为71 487人次提供就业登记、指导、介绍服务，组织开展就业培训1 750人次，使464人次下岗人员实现了再就业，并组织劳务输出10 466人。全州各县市区城镇均建立社区服务中心，社区功能不断完善和提高，有8 989名企业退休人员实现社会化管理，管理率达95%。随着社会保险覆盖面逐年扩大，现就业工程的实施，社区建设稳步推进，社会保障体系不断完善，为全州经济社会发展提供了良好的社会保障。

文化、体育、广播电视事业发展的内在活力增强。继续实施好贫困县“两馆一站”、“千里边疆文化长廊”基层文化二期建设。2003～2005年，共争取到文化建设项目13项，中央和省补资金共273万元。投资2 040万元，完成了德宏州民族影剧院、潞西、梁河、盈江两县一市图书馆、瑞丽市文化中心、德宏歌舞团、畹町图书馆及6个乡镇文化站的改造，总竣工面积12 673.8平方米。加快实施文化产业的发展，傣剧《南西拉》等一批剧目分别在省和国家获群众文化作品奖，其中：省级6项，国家9项。启动芒市体育运动中心的建设，目前正在进行紧张的施工，为2008年全省第七届农运会的召开创造条件，打下基础。全面启动广播电视“村村通”工程，使广播覆盖率由2002年的91.46%提高到92.3%,电视覆盖率由94.1%提高到94.26%。文化体制改革积极推进，文化、体育、广播电视事业发展的内在活力增强；残疾人事业进一步发展，基本满足残疾人“四位一体”功能需求。

机构改革顺利开展。顺利完成行政机构改革工作，涉及部门职能得到转换，机构运转正常，工作效率提高，人员平稳调整。在广泛深入调研和充分论证的基础上，完成了乡镇撤并工作，全州64个乡镇数撤并为50个，撤并率为21.9%。各项社会事业改革取得实质性进展。以聘用和岗位管理制度为重点的事业单位改革任务基本完成，初步建立起按需设岗，按岗竞聘的用人机制。全州862个事业单位，各类从业人员21 544人，已有861个单位完成了聘用制改革，完成率达99%，20 914人签订聘用合同书，占总人数的97%；另有12个处级、10个科级事业单位进行合并重组；改革社会保险费征收办法，全面启动“五险统征”工作。2004年，全面启动由地方税务部门统一征收社会保险费工作，全州共征收社会保险费10 266.3万元，扩大了养老保险、失业保险的覆盖面，使社会保险惠及更多的弱势群体，促进社会和谐、稳定，为下一步经济社会的持续健康发展提供坚实的基础。

着力抓好城市规划和基础设施建设重点工程。一是抓了州府芒市和瑞丽市的城市规划修编，完善了城市规划蓝图；二是强力推进基础设施重点工程建设，保证了芒市会堂、芒市广场、州府芒市市区的“三线入地”和街道改扩建工程、中缅友谊馆、芒市五星级宾馆、芒市华丰国际商城、芒市花园小区、等一批重点工程按期竣工投入使用；三是通过多方努力，促成芒市体育运动中心开工建设，目前，该工程进展顺利；四是突出抓好麻栗坝水库建设、两江流域防洪治理等重点水利工程；五是进一步抓好交通建设，盈江至那邦公路、遮章公路等重点工程进展顺利，龙瑞高速公路、大瑞铁路、芒市机场改扩建工程等前期工作准备充分；六是能源建设成效显著，全州在建电站42座，2006年有12座水电站建成并投产发电，新增装机22.89万千瓦；全州现有水电站76座，总装机容量达55万千瓦，基础设施“瓶颈”制约进一步得到缓解。

积极做好禁毒和防治艾滋病工作。围绕州委、州政府关于打一场深入持久的禁毒防艾人民战争的工作部署，进一步把毒品和艾滋病危害作为重要的州情来认识，把禁毒和防治艾滋病工作作为重要议事日程，摆到十分突出的位置，紧紧抓住国家把德宏列入全国艾滋病防治重点地区的契机，积极组织人力、物力、财力，从政府的角度尽一切努力打好禁毒和防治艾滋病人民战争。全州的禁毒防艾工作取得阶段性成果，工作进一步深入，成效更加明显。

加强精神文明和民主法制建设，努力维护社会稳定。始终坚持正确处理改革、发展、稳定的关系，坚持“两手抓，两手都要硬”的方针，不断加强社会主义精神文明和民主法制建设。自觉接受人大的法律监督和工作监督，认真执行人大的各项决议，定期不定期地向人大常委会报告工作；重视民主协商，主动接受人民政协的民主监督；悉心听取人民群众和社会各方面对政府工作的意见和建议，努力做到民主决策、科学决策、依法行政，依法治州的大环境进一步形成。进一步加强政法工作，加大社会治安综合治理力度，重视和加强信访工作，妥善处理人民内部矛盾，努力解决好人民群众迫切需要解决的困难和问题，维护好社会稳定。每年认真抓好10件实事的落实。

三、回顾与展望

在中央和省委、省政府的正确领导下，面对各种复杂的国内外形势和频繁的自然灾害，州委、州人民政府率领全州各族干部群众，以邓小平理论和“三个代表”重要思想、科学发展观为指导，全面组织实施经济、社会发展的目标任务，取得了可喜的成绩和良好的发展局面。

回顾过去，经过长期的艰苦奋斗，德宏的发展思路、发展战略进一步趋于成熟，全州呈现出经济发展、社会进步、民族团结、边防巩固、人民生活不断改善的良好发展态势，为德宏今后的发展奠定坚实的基础，将对德宏“十一五”乃至更长时间的发展产生深远的影响。

展望未来，德宏州的发展前景将更加美好。随着实施州委、州政府提出的“外贸兴州、旅游活州、工业富州、农业强州”的发展思路和“科教兴州、大通道、绿色品牌、建设美好家园”四大战略，打造“亚热带特色生态州、绿色经济发达州、连接‘两亚’桥梁州、珍宝荟萃神奇州、民族风情文化州”五大品牌，落实好深化改革、扩大开放、加强基础、调整结构、建立支柱、打造品牌、优化环境、营造氛围、培育市场、造就人才十项措施。特别是国家实施南向战略，德宏的区位优势将得到进一步发挥，正一步步成为全省乃至西南地区通往南亚、东南亚的重要通道和桥头堡。通过广泛宣传和招商引资，德宏对内对外开放进一步扩大，将带来前所未有的招商引资热潮。随着全州基础设施建设进一步加快，电力产业的迅猛崛起，以及以大通道建设为重点项目的开展实施，如即将实施的大瑞铁路、龙瑞高速公路、中缅输油管道等重大工程的开工建设，全州的基础设施“瓶颈制约”将得到根本性消除。通过认真实施“七彩云南保护行动” ，走循环经济发展道路，坚定不移走科技含量高、经济效益好、资源消耗低、环境污染少、人力资源优势得到充分发挥的新型工业化发展路子，把推进循环经济作为指导工业经济发展的一个基本原则，使其贯穿于企业生产过程的始终，实现人与自然、经济与环境的和谐发展，将逐步成为现实。同时，以城市和县城建设为中心，带动小城镇、新农村建设发展，积极扶持和发展重点小城镇、重点村庄，使城镇功能进一步完善，城镇实力进一步增强，城镇面貌明显改观，为全州经济社会发展提供良好的基础支撑。

在总结回顾过去所取得的成绩的同时，也要清醒地认识到，虽然全州经济建设和社会各项事业都取得显著成绩，但从总体上看，德宏州地处边疆少数民族地区，仍处于社会主义初级阶段的低层次，与发达地区相比还存在许多不足：

一是改革总体进程滞后，对外开放水平不高，体制机制问题仍然是阻碍发展的根本性因素。二是农村贫困面大，农民增收难，城乡、山坝差距大，新农村建设任重道远。山区与坝区、经济与社会发展不够协调，就业形势严峻，社会管理和维护稳定的难度加大。三是财政收支矛盾突出，近年虽然有较大幅度增长，但基数小、绝对数少，建设资金缺乏。四是受国内外政策因素的影响，外经贸形势不容乐观，旅游二次创业任务艰巨。五是资源环境约束与经济结构调整压力增加，企业技术进步与创新能力弱，科技创新能力不足，资源、环境、人才、劳动者素质等对发展的约束日益明显。产业结构不合理，主导产业集中度不高、战略支撑作用不强，影响了经济竞争力的提高。六是加快发展与国家宏观调控，严格控制建设用地规模的矛盾更加突出。城市化水平低，城乡二元结构矛盾突出，制约了“三农”问题的解决，阻碍了工业集约化和服务业水平的提高，也使地方财政和居民收入增长受到影响。七是禁毒防艾任务仍然艰巨。八是干部的工作作风与新形势的要求还有差距，政府管理方式、干部队伍素质和谋划发展的能力与新形势的要求还不适应等等。

这些不足或问题，有待于在今后的发展中，逐步加以解决。

回顾过去，在中央和省委、省政府的正确领导下，德宏州在全面建设小康社会进程中，取得辉煌成绩，获得许多宝贵的经验；展望未来，随着国家西部大开发战略部署的落实，云南省建设通往东南亚、南亚国际大通道发展战略的逐步实施，全州将迎来千年难遇的发展机遇。德宏州116万各族人民，将满怀信心，高举中国特色社会主义的伟大旗帜，坚持科学发展观，在全面建设小康社会的道路上，做出更加优异的成绩，构建和谐的边疆民族自治州。

年 度 要 闻

1月

1日

省环保局自本日起，对全省州市所在地的9个重点城市环境空气质量实现日报，对其他16个城市环境空气质量实现周报，对全省9大高原湖泊的水质情况实现月报。实现环境空气质量日报的9个重点城市是：昆明、曲靖、玉溪、昭通、丽江、楚雄、蒙自、景洪和大理。

8日

《云南日报》报道，云南通往东盟陆路主通道之一的昆（明）—（打）洛公路连接中缅边境的末尾路段——佛双桥至打洛二级公路工程开工建设。该公路全长66千米，总投资4.74亿元，预计2008年4月建成通车。

12日

《云南日报》报道，寻甸县青年农民刘兆祥研制的“环保型低消耗发电装置”获国家知识产权局专利证书。

14日

省政协九届四次会议在昆明国际会展中心开幕，19日闭幕。会议审议通过了《政协云南省第九届委员会常务委员会工作报告》和常委会提案工作情况报告，列席省十届人大四次会议并协商讨论了《云南省政府工作报告》、《云南省国民经济和社会发展第十一个五年规划纲要》（草案）等。会议增补王学鸿等17人为省政协九届委员会常务委员。

15日

香港—丽江首次直航开通，每周航班为星期二、五、日，可当天往返香港、丽江。国家海关总署已将丽江机场列入国家口岸建设项目“十一五”规划。

16日

省十届人大四次会议在昆明开幕，21日闭幕，收到议案85件。会议通过了《云南省第十届人民代表大会第四次会议关于云南省人民政府工作报告的决议》、《关于云南省国民经济和社会发展第十一个五年规划纲要的决议》、《关于云南省2005年国民经济和社会发展计划执行情况与2006年国民经济和社会发展计划的决议》、《关于云南省2005年地方财政预算执行情况和2006年省级财政预算的决议》、《关于云南省人民代表大会常务委员会工作报告的决议》等。会议选出云南省第十届人民代表大会常务委员会委员林文兰、高祖兴。

云南首批廉租房正式入住，98户开远市城镇困难居民喜迁新居。

截至本日，云南省政府投资项目工程款38.45亿元，已清还37.74亿元，清欠率98.15%（全国工程款平均清欠率89.96%）。云南省16个州市清欠率均超过全国平均水平。

18日

全省人口资源环境工作座谈会在昆明举行。

23日

《云南日报》报道，经中老两国政府正式批准，云南中寮矿业开发投资有限公司投资为老挝培养第一代化工工人。经多方考察，挑选的11名老挝青年已送往昆明盐矿进行全面培训，他们将成为中老两国人民友谊和合作的使者。

中国第一个布朗族生态博物馆在勐海县西定乡章朗村开馆。博物馆包括章朗古寨、龙山森林、古佛寺、布朗族文化交流展示中心、象顶塔等主体内容。

24日

云南省急救中心/云南省紧急医疗救援中心落成暨乔迁典礼在昆明高新技术产业开发区举行。该中心建设项目是云南省应对突发公共卫生事件医疗救治体系的重要项目，总投资2730万元。

26日

《云南日报》报道，在北京召开的全国维护妇女儿童权益工作会议暨“维权贡献奖”表彰会上，昆明市西山区人民检察院侦查监督科副科长杨竹芳被评为“全国维护妇女儿童权益先进个人”，荣获“全国维护妇女儿童权益贡献奖”。

27日

省政府发出《关于坚决关闭不具备安全生产条件煤矿矿井的紧急通知》，对全省关闭不具备安全生产条件矿井工作进行部署。《通知》指出，各级人民政府主要负责人是关闭工作的第一责任人。

29日

《云南日报》报道，昆明市医疗废物处理处置中心建设项目在富民县罗免乡奠基。此举将填补云南省没有医疗废物无害化处理处置环保基地的空白。该中心投资3 600余万元，设计规模为年处理处置医疗废物5 000吨，可承担昆明市辖区范围内所有医院、卫生部门和医疗教育机构所产生的医疗废物的收集、运输和处置，达到无害化和欧洲排放标准。

《云南日报》报道，云南省首家集商标注册及专利申请为一体的知识产权代理机构——云南祥和知识产权管理服务公司成立。

《云南日报》报道，云南省电信有限公司传输、语音、数据互联网已覆盖全省所有州、市、县、乡镇和大部分行政村。普通电话用户突破550万户，宽带互联网用户突破50万户。

《云南日报》报道，木康公安边防检查站被中央精神文明建设指导委员会评为首批“全国文明单位”。该站2001年曾被国务院、中央军委授予“缉毒先锋站”荣誉称号。

《云南日报》报道，由中央宣传部，中央文明办、国家广电总局组织的“电视进万家活动”走进云南，一万台彩色电视机被分送到迪庆藏族自治州、怒江傈僳族自治州和德宏傣族景颇族自治州贫困群众家中，上万户贫困家庭在春节前看上了电视。

2月

3日

《云南日报》报道，“万里长江第一港”的云南水富港列为国家水运重点建设工程。

在国家禁毒委、公安部、海关总署统一指挥协调下，昆明海关缉私警察联合泰国警方以及台湾地区警方彻底铲除了一个以台湾人钟万亿为首的特大国际贩毒集团。至此，昆明海关联合泰国警方以及台湾地区警方先后破获走私毒品案件3起，总计缴获毒品海洛因57.4千克，手枪一支及子弹22发，并分别在大陆及台湾地区和泰国抓获犯罪嫌疑人多名。

6日

建设部正式命名全国31个城市为“国家园林城市”，云南省工业城市安宁榜上有名，成为省内第一个国家园林城市。

8日

首趟老挝万象—昆明的国际空调卧铺班车抵达昆明。9日，驶离昆明返回老挝万象，标志着这条停运3年的国际班车线路重新开通。2002年中老两国交通部门达成运输协议，同年4月29日万象—昆明对开班车首次开通，为硬座旅游客车，行程11天，但只在昆明单方面向万象发车，老挝方面无对开单位，无法组客，导致客源不足，该国际班车停开。

11日

“全国高职高专创新教育重点基地”授牌仪式在昆明冶金高等专科学校举行。该校是全国第一所获此荣誉的高职院校。

14日

《云南日报》报道，云南省与四川资阳机车车辆厂合作为越南建立铁路内燃机车生产线和内燃机车生产合作项目。该项目已被越南列为国家重点投资建设的重大科技工业项目。中国造内燃机车已成为越南铁路运输主力机型，云南河口成为中国内燃机车出口最大基地，累计实现创汇近4000多万美元。

云南大学和孟加拉国南北大学共同创办的孔子学院在孟加拉国首都达卡中孟友谊会议中心举行挂牌仪式。南北大学孔子学院是南亚地区惟一一所孔子学院。25日，孔子学院汉语班在孟加拉国首都达卡市南北大学校内开学。

15日

《云南日报》报道，云南省森林覆盖率居全国第二位，全省林业用地面积36 371.4万亩，占全省国土面积的61.54%。

16日

蒙自成为云贵川首个国家卫生县城，全国爱卫会办公室在蒙自举行授牌仪式。

中越两国交通部在越南老街省正式签署《中越两国共建红河大桥协定》及议定书。大桥全长295米，其中中方境内桥长147.5米，估算投资6 190万元，其中中方投资暂定为3 650万元。

云南省首例心肺联合移植手术获成功，昆医附一院患者50岁的余海燕康复出院。作为全国第14例成功病例，该手术创造了国内同类手术受体患者最高年龄的纪录。

国内首个流动人员生殖健康项目在昆明市西山区启动。

17日

“中国昆明‘人鸟和谐’国际论坛”在昆明新南疆酒店举行。论坛由昆明市政府、中国鸟类学会和省环保局主办，是昆明市纪念海鸥进昆20周年庆祝活动中的一项重要内容。

19日

由中国—欧盟村务管理培训项目办公室与云南省民政厅联合举办的“云南省村委会女主任培训班”在昆明开班，来自全省各地的102名女“村官”参加培训。该项目自2002年在云南省启动以来已先后投资600多万元，举办了29期培训班，对4000多名“村官”进行了培训，其中，举办了2期女“村官”培训班。

20日

18～20日，经国家质量监督检疫检验总局、中国实验国家认可委员会专家审查，设在昆明的国家热带农副产品质量监督检验中心通过验收，成为云南省第一个国家级食品安全检验机构。

22日

第一届云南人口奖颁奖。该奖为常设的个人终身荣誉奖。刀林荫、宋嘉林、李培、李华松、李桂芳、罗崇敏、柳彬、黄如论、彭林、熊晶等10人被授予首届云南人口奖。

23日

新华社电，永德大雪山入选国家级自然保护区。该保护区地处澜沧江、怒江两大水系，保存着中国仅存的豚鹿种群以及黑冠长臂猿的最大种群。

25日

由云南大东生物制药集团公司

研发投资、被国家发改委列为“云南绿色生物制药产业示范工程”的大蒜素项目在陆良竣工投产。该生产线是国内首条采用世界尖端超临界萃取技术的大蒜素生产线，填补了此项技术的国内空白。

28日

《云南日报》报道，2005年冬至2006年春，是云南自上世纪90年代以来连续出现的第13个暖冬。

3月

2日

云南省加强公益性文化事业建设工作会议在昆明召开。会议提出，在深化文化体制改革、繁荣发展社会主义文化的进程中，要把公益性文化事业建设放到与文化产业发展同等重要的位置上，像近3年来抓文化产业的发展一样，高度重视公益性文化事业建设。省委副书记丹增作了题为《怎样加快云南公益性文化事业发展》的讲话。这次会议是云南文化建设史上的一次重要会议。

7日

《云南日报》报道，全国秸秆养殖十佳示范县评选结果揭晓，会泽县是云南省惟一获此殊荣的县。秸秆养殖是发展农村循环经济和建设节约型农业的重要组成部分。

9日

云南首届“兴滇人才奖”评选工作启动。该奖项由省委、省政府设立，3年评选一次，是云南省表彰奖励各类优秀人才的最高奖项。

16日

西双版纳热带花卉园评为国家4A级旅游景区挂牌匾。该园位于景洪市，是目前中国规模最大、品种最多的热带花卉公园。

18日

《云南日报》报道，昆明滇虹药业有限公司“康王”商标被认定为“中国驰名商标”。这是云南省继“红塔山”、“红河”、“云烟”、“云南白药”之后的第五个驰名商标，滇虹药业成为全省首家获此殊荣的民营企业。

19日

《云南日报》报道，云南省社会科学院与大理学院联合创办的中国第一所专门面向南亚地区、培养多学科高级人才的学校——大理学院南亚学院成立。该学院的成立，结束了中国高校没有一所专门面向南亚地区吸引和培养各类高级人才的历史，对推进云南与南亚各国开展全方位合作具有深远的影响。

26日

建设部公布数字化城市管理第二批试点城市（城区）名单，17个城市（城区）入围，云南昆明市、安宁市名列其中。

27日

中国规模最大、较为完整的国家级不同民族规模化永生细胞血库在位于昆明的中国医学科学院医学生物学研究所建成运行。该细胞库已经为国内多家相关单位提供了细胞株和DNA，也将为几百年后研究各民族的基因提供样本。

《云南日报》报道，河口瑶族自治县与越南老街市结为友好城市。

28日

云南省与国家开发银行举行座谈并签署《开发性金融合作协议》。

31日

全国信访干部先进事迹报告会在昆明举行。

4月

3日

云南省城市建设研究中心成立。该中心由省建设厅和云南大学联合成立，是云南省首家对城市建设与管理进行科学研究的机构。

6日

《云南日报》报道，第十届云南图书奖评选揭晓，77种图书获奖。云南图书奖每两年评选一次。

思小高速公路通车，思茅到小勐养行车时间由4小时减为1.5小时。思小公路2003年开工建设，是昆曼国际大通道的重要路段，全长97.7千米，概算总投资39.95亿元，是中国首条穿越热带雨林的高速公路，也是云南省首条对货车按总量进行计重收费的高速公路。

9日

《云南日报》报道，220千伏对越送电工程桥头堡——新桥变电站110千伏先期工程“新桥开关站”正式投入运行。新桥开关站位于红河南岸金平县勐桥乡茅草坪村前沿，是中国迄今为止最大的跨国电力外送工程，始建于2005年5月23日。

13日

四川、云南两省在2006中国国内旅游交易会上签订了“旅游交流与合作协议书”，双方确定以云南大理、丽江、迪庆和四川康巴、甘孜等为始末端的数条跨省旅游路线统一使用“香格里拉之旅”的名称。

15日

中国赴黎巴嫩维和工兵营第二梯队97名官兵乘坐联合国包机从昆明启程奔赴黎巴嫩任务区。此工兵营由驻滇某集团军组建而成。

18日

云南省文学艺术“四个一批”人才表彰会在云南电视台演播厅举行，300余位被授予“云南文学艺术卓越贡献奖”、“云南文学艺术成就奖”、“云南文学艺术贡献奖”、“云南文学艺术新人奖”和“繁荣云南文学艺术特别贡献”荣誉称号的老、中、青文艺人才受表彰。这是新中国成立以来云南省文艺界规模最大的一次表彰活动。

西部12省区市政协文化体制改革与文化产业发展研讨会在昆举行。

21日

云南省与柬埔寨暹粒省在昆明就加强合作与交流并缔结友好省关系举行了工作会谈并签署友好省关系协议书。云南省与暹粒省自2003年开始友好交往以来，双方已达成在农业、旅游、文化、教育、经贸、矿产及农机具制造等领域进行交流与合作的共识。

25日

第七届全国残疾人运动会自行车比赛暨2006年全国残疾人自行车锦标赛在昆明呈贡县体育训练基地

自行车赛场揭开战幕。第七届全国残运会定于2007年5月12～20日在昆明市（玉溪设分会场）举行，这是全国残运会第一次在西部地区举办，同时也是2008年北京残奥会开幕前举办的最后一次全国残运会。自行车比赛是第七届全国残运会提前进行的第一个竞赛项目。

27日

云南省“云岭优秀职工”表彰会在昆明召开。云南建水锰矿有限责任公司生产技术部主任解明安等107人荣获云南省“云岭优秀职工”荣誉称号和云南省“五一劳动奖章”。大会还代表中华全国总工会表彰了云南省9家荣获“全国五一劳动奖状”的集体和20名荣获“全国五一劳动奖章”的个人。

28日

云南首次百家企业进怒江开发扶贫行动启动。这次活动由省扶贫办、云南日报报业集团、怒江傈僳族自治州州委、州政府，云南民营科技实业家协会等共同发起举办，以开发怒江资源、实现企业发展、带动怒江经济社会进步，实现双赢为目标。红塔集团、红云集团、云南铜业、昆钢集团、云天化集团、昆百大、中国电信、昆明铁路运输公司、神农集团等百余家大企业走进怒江、认识怒江、开发怒江。

29日

云南省首趟化肥专列启运，昆明铁路局白塔村站化肥战略装车点正式投入运行。

30日

世界首条采用生茶、低温、膜过滤及冷罐装工艺的茶饮料生产线——云南澜沧江啤酒集团年产10万吨原生茶饮料生产线在云县建成投产。云南澜沧江原生茶饮料已通过国家绿色食品A级认证和有机茶饮料生产认证。

5月

1日

由临沧机场与云南英安航空公司合作的云南省第一条旅游观光航线开通。该航线由临沧机场起飞，观市容市貌后，沿澜沧江超低空飞行，观大朝山、漫湾两大电站，至永德大雪山返回临沧机场。

经国务院批准，从5月1日开始，在江西省南昌市、湖南省长沙市、广西壮族自治区南宁市、海南省海口市、贵州省贵阳市和云南省昆明市办理居民个人赴港澳地区旅游业务。

3日

《云南日报》报道，燕京华侨大学校长华生教授捐资30万元，用于保护云南纳板河流域国家级自然保护区。华生教授是一名归侨，也是中国著名经济学家、国家级有突出贡献的专家，一直以来特别关注并积极参与环境保护工作，尤其对云南生态环境保护情有独钟。

4日

《云南日报》报道，昆明旅游又一黄金通道——九（乡）石（林）阿（庐古洞）旅游专线初步贯通。九石阿公路建设项目是省委、省政府规划建设旅游大省、经济强省宏伟蓝图的主要组成部分，是连接九乡、石林和阿庐古洞三个风景区的一条主要旅游专线。

8日

新加坡泛联国际运输集团与云南信亿进出口贸易公司签署合作协议，双方在昆明高新区保税仓库合资成立一家物流公司，由新加坡泛联集团控股70%。这是国际物流企业首次进入云南。

11日

世界银行下属的国际金融公司（IFC）与云南中大盐津发电公司在杭州签署投资协议。这是IFC首度向中国清洁能源项目发放贷款，也是IFC首度在云南投资项目。

11～15日，中共中央总书记、国家主席、中央军委主席胡锦涛和随行的中共中央政治局候补委员、中央书记处书记、中央办公厅主任王刚，在云南省委书记白恩培、省长徐荣凯等陪同下，先后到西双版纳、思茅、昆明等地，深入民族村寨、田间地头、企业车间和科研院所，就落实科学发展观、构建社会主义和谐社会等进行调查研究。胡锦涛强调，必须全面落实科学发展观，把经济社会发展切实转入以人为本、全面协调可持续发展的轨道，高度重视解决好人民群众最关心、最直接、最现实的利益问题，促进社会和谐，促进各民族共同团结奋斗，共同繁荣发展。考察期间，胡锦涛接见了驻昆明部队师以上领导干部。

13日

《云南日报》报道，国家统计局和有色行业权威机构统计数据显示，云南铜业（集团）有限公司白银产量已排全国第一，黄金产量居全国第九。

15日

全国首家文化产业学院——云南文化产业学院在云南师范大学商学院挂牌成立。该学院旨在开展培训和学历教育，培养适应云南文化产业发展需要的管理人才和从业人员。省委副书记丹增任名誉院长，省委常委、省委宣传部部长晏友琼和副省长刘平任名誉副院长。

省政府公布全省首批非物质文化遗产保护名录共147项，包含有：濒危语言文字、口述文学、音乐、舞蹈、美术、戏剧、曲艺、工艺、习俗、传统文化保护区、民族民间传统文化之乡11大类。

16日

省委召开领导干部大会，传达学习贯彻胡锦涛总书记在滇考察重要讲话精神。胡锦涛对加快云南经济社会发展提出四点要求：继续实施西部大开发战略，促进经济社会又快又好发展；扎实推进社会主义和谐社会建设，保持社会安定和谐；进一步做好民族工作，促进各民族共同团结奋斗、共同繁荣发展；加强和改进党的建设，保持和发展党的先进性。

19日

19～29日，第十一世班禅额尔德尼·确吉杰布到云南省参观学习并举行佛事活动，为藏区僧俗群众摸顶赐福，接受云南省宗教界代表拜见。他表示，一定要完成“爱国爱教、护国利民”的重任，为民族团结、祖国繁荣作出应有的贡献。

20日

CCTV第十二届全国青年歌手大奖赛团体决赛中，云南代表队名列综合排名第三名，获团体决赛银奖。云南代表队是排在前六位的获奖单位中惟一一个以省为单位选送的参赛队。

23～26日

建设部和国家旅游局在大理、丽江召开全国旅游小城镇发展工作会议，贯彻落实中央关于建设社会主义新农村的战略部署；总结交流以城镇体系规划、风景名胜区规划和小城镇规划为先导，依托当地的历史文化遗产和自然遗产等资源，促进旅游与小城镇协调发展的经验，统一思想，提高认识，在有条件的地区积极发展旅游小城镇。

6月

4日

第三届泛珠三角区域经贸合作洽谈会“澳门经贸代表团合作项目签约仪式”在昆明举行。澳门特别行政区行政长官、特区政府代表团团长何厚铧，中共云南省委书记、省人大常委会主任白恩培等出席签约仪式。

滇港两地物流及旅游合作谅解备忘录签署仪式在昆明举行。香港特别行政区行政长官、特区政府代表团团长曾荫权，云南省省长徐荣凯、常务副省长秦光荣等出席签署仪式。

5日

第三届泛珠三角区域合作与发展论坛在珠江之源曲靖开幕。6日，经贸洽谈会和2006年中国昆明进出口商品交易会在昆明开幕。以珠江水系为纽带的泛珠三角区域，涵盖福建、江西、湖南、广东、广西、海南、四川、贵州、云南九省区和香港、澳门特别行政区，面积占全国的21%，人口和经济总量均占全国的1/3。云南位于珠江源头，积极参与搭建论坛与洽谈会两大平台，在环境保护、劳务输出、旅游、能源、经贸等区域合作领域取得了积极进展。10日，泛珠三角区域经贸合作洽谈会和昆明进出口商品交易会圆满落幕，两会签约项目1 019个，金额达1 981.7亿元，其中云南签约项目297项，协议金额1 065.3亿元，居11省区之首。

由中国国际贸易促进委员会、云南省人民政府主办的昆明国际贸易促进论坛在昆明举办。会议积极探讨如何加强泛珠三角区域与东盟以及南亚国家贸促机构以及企业之间的经贸合作。

14日

中越五省市经济协商会第二次会议在蒙自举行。会议提出，全面深化互利双赢合作，共同建设昆河经济走廊。

国家“十五”规划中12个重大专项之一的“高纯砷新材料系列产品产业化示范工程”在云锡集团通过验收，正式生产。该工程已成为国内砷产品产量最大、产品质量最高，生产工艺和检测设备最先进、环保设施齐备的砷化工中心，砷物料处理工艺、资源综合利用技术达国内先进水平。

16日

中越红河公路大桥施工进场仪式分别在中国河口、越南老街举行。随着中国—东盟自由贸易区的建设和大湄公河次区域经济合作机制的启动，中国河口与越南老街之间的进出口贸易以年均30%的速度递增。作为昆河经济走廊的一个重要连接点，红河公路大桥的修建对促进两国经贸合作交流有重要意义。

云南财贸学院更名为云南财经大学揭牌仪式举行，该校成为云南省又一所本科大学。

27日

省委召开纪念中共云南地方组织建立80周年座谈会。

7月

1日

云南省庆祝中国共产党成立85周年暨总结保持共产党员先进性教育活动大会在昆明举行。云南省于2005年1月至2006年6月组织全省12万个党组织、189万名党员分三批开展了保持共产党员先进性教育活动。

2日

《云南日报》报道，由国家林业局绿色碳基金在全国实施的第一个试点示范碳汇项目在临沧市启动。碳汇是指森林吸收并储存二氧化碳的多少（或能力）。5月，碳基金曾组织派人到临沧境内进行实地考察，决定在该市实施1万亩的膏桐造林计划。

4日

云南省首届“兴滇人才奖”表彰大会在昆明举行。省委、省政府对在全省经济社会发展中有重大创新或做出重大贡献的专业技术人才、企业经营管理人才、民族民间文化人才、技能人才及农村实用人才进行表彰奖励，这是云南省奖励人才的最高奖项。荣获首届“兴滇人才奖”的10位获奖者是：云南农业大学校长、教授朱有勇，云南大学研究员侯先光，丽江市华坪县民族中学教师张桂梅，昆明医学院第二附属医院教授蓝瑚，云南铜业（集团）有限公司董事长、总经理邹韶禄，昆明滇虹药业集团有限公司总经理郭振宇，云南师范大学学生王晓福，《云南映象》总编导兼艺术总监杨丽萍，文山州西畴县兴街镇克广村村民小组长陆会芳，昆明力神重工有限公司高级技师耿家盛。

7日

中国民主同盟云南省委员会和云南省政协文史委员会在昆明举行座谈会，纪念李公朴、闻一多殉难60周年。

11日

云南纪念第二届中国“航海日”在昆明举行庆典仪式。作为2006年全国航海日活动的重点省份，云南举行了“十佳船长”评选及郑和故乡青年向上海主会场献旗等一系列活动。

首届郑和文化节在郑和故里昆明晋宁县拉开帷幕。晋宁县将恢复成立郑和研究会，邀请国际国内有关专家到晋宁举办郑和文化研究活动，出版发行4册《郑和故里文化丛书》。

14日

由省委宣传部、省文明办、省教育厅等十余家单位主办的2006年云南省大中专学生志愿者“三下乡”暨“万名大中学生宣传禁毒防艾进万村”社会实践活动出征仪式在云南财经大学举行。此次“三下乡”活动以“禁毒防艾、健康生活，建设社会主义新农村”为主题，活动时间为一个月，覆盖全省1.35万个行政村，志愿者人数达10万余人。

17日

聂耳逝世71周年纪念日。中央电视台、中国音乐家协会、云南聂耳音乐基金会、玉溪市人民政府共同在玉溪举办“聂耳故乡，全国歌手唱云南暨中央电视台《欢乐中国行》大型广场文艺晚会”，同时举办相关系列活动。

18日

全球从事热带生物学研究与保护最大、最具影响力的专业学会——“热带生物学与保护协会”2006年年会在昆明召开。来自43个国家和地区的320名代表在为期3天的会议中，围绕“热带生物学面对变化中的热带生态系统的需要”主题，探讨全世界热带、亚热带地区生物学和生态学热点问题。“热带生物学与保护协会”成立于1963年，此次年会是该协会在中国召开的首次年会，由中科院西双版纳热带植物园主办。

第二届云南民族民间文化博览会、首届中国彝族文化展演会暨2006中国楚雄彝族火把节开幕式在楚雄市举行。

19日

《云南日报》报道，昆明钢铁股份有限公司等25家主要用能企业与省政府签订《节能降耗目标责任书》，“十一五”期间将完成节能199.18万吨标煤。这是我省首次与重点耗能大户签订节能责任书。

21日

交通部向晋宁县赠送船模仪式在郑和公园举行，交通部与云南省交通厅签署了为郑和故乡培养远洋船员的协议。协议商定，“十一五”期间，交通部委托大连海事大学、上海海事大学每年为郑和家乡培养10名远洋船员，学员在校期间的学习和生活费用由交通部全额资助。晋宁县向交通部赠送了古滇贮贝器两件。12月28日，“交通部为郑和家乡培养远洋船员项目启动仪式”在北京举行。

27日

在CCTV第十二届全国青年歌手电视大奖赛原生态唱法个人单项决赛中，云南选手李怀秀、李怀福姐弟获金奖。此届青歌赛中，云南参赛选手香格里拉组合获银奖，王红星获美声唱法铜奖、新稻子组合获组合演唱铜奖、茸芭莘那获民族唱法个人单项决赛铜奖。

29日

国内以建设小康社会为中心内容的第一部大型年鉴——《云南小康年鉴》（2005创刊号）在昆明首发。省委书记白恩培致贺辞，省长徐荣凯为《云南小康年鉴》撰写发刊词。该年鉴开了国内小康年鉴编纂之先河，成为国内外读者了解云南全面建设小康社会进程的一扇窗口。

8月

4日

《云南日报》报道，经过5年群力攻关，由省农科院承担的省科技攻关项目——“杂交玉米专用优质高产抗病新组合选育及配套技术研究与开发示范”在杂交玉米选育上取得突破。该项目除在国内首次对优质蛋白玉米外来种质和全国温带种质进行杂种优势群的划分外，还在国际上首次建立了温热玉米种质统一的分类系统，对拓宽中国玉米种质库、解决中国玉米种质遗传基础狭窄的问题具有重大意义。

《云南日报》报道，云南铜业（集团）有限公司在2006年中国企业500强排位榜上跃居第209位（2005年为第297位，前进了88位）。该公司还列中国制造业500强第99名，中国有色冶金及压延加工业第4名，排名均比上年有大幅提升。

5日

《云南日报》报道，云南各高校招收的以东南亚、南亚为主的外国留学生人数已突破5 000人，云南成为全国面向东盟最大的人才培养和培训基地。

8日

以“青年、旅游、人文”为主题的2006中国云南“中国—东盟青年抚仙湖论坛”在玉溪举行。9日，参加论坛的中外青年代表齐聚玉溪大河畔，携手共植“中国—东盟青年友好纪念林”并为纪念林揭牌。

10日

《云南日报》报道，国内首座钢结构混凝土叠合梁悬索桥——云南澜沧江特大桥建成通车。该桥位于国道214线祥云至临沧公路，大桥全长716米，主跨380米，桥面宽12.4米，是云南单跨最大的索悬桥，有“云南第一跨”之称。

13日

《云南日报》报道，富宁县剥隘镇甲村村委会坡芽村发现以81幅图案记录81首壮族情歌的古老歌书。专家认为，这一发现填补了壮族没有古老文字的空白，是与东巴文化交相辉映的宝贵民族文化资源，具有很高价值。该书已被前来考察的中国民族古文字研究会副会长、中央民族大学中国少数民族研究中心副主任黄建明研究员等命名为《中国富宁壮族坡芽歌书》

17日

云南省第十二届运动会在蒙自开幕，25日闭幕。来自16个州市代表团的3 039名运动员参加了青少年组19个项目的比赛、近90个代表团（队）的1 229名运动员参与了成年组13个项目的角逐。1人次超1项世界纪录、平1项世界纪录，41人次超30项省纪录，11人次超9项省青年纪录，3人次超2项省少年纪录。第十三届省运会将于2010年在文山举行。

23日

首届亚太华商论坛在昆明举行。滇渝川黔领导及亚太华商代表分别发表专题演讲。

24日

“第四届东盟华商投资西南项目推介会”在昆明国际会展中心举行。推介会共签订36个项目，签约金额达17.3亿美元。其中云南省与华商企业签约27项，金额约9亿美元。

第二届云南省滇剧花灯艺术周在玉溪聂耳剧院内开幕。艺术周专设“繁荣发展地方戏剧理论研讨会”和“繁荣发展滇剧、花灯艺术座谈会”两个高规格论坛，特邀文化部艺术司、中国剧协、中国艺术研究院以及上海、浙江、江苏、福建和云南知名剧作家、评论家座谈研讨，为云南地方戏曲艺术献计献策。艺术周精品集锦汇报演出于9月1日在云南艺术剧院举行。

25日

云南首次举行的国际性观鸟干事教育与交流活动在昆明卧云山开幕，中外鸟类专家汇集昆明，围绕中国观鸟事业发展和环境教育为中心开展培训和交流。

26日

省政府境外罂粟替代发展动员大会在昆明结束。会议提出，加快推进境外罂粟替代种植、发展替代产业，实现境外罂粟禁种除源，为打好禁毒防艾人民战争作贡献。

27日

云南十大名片、“红云杯”云南十大名镇评选活动在昆明世博花园酒店举行颁奖典礼。云南十大名片为：元谋人，春城，聂耳，云南白药，丽江，云烟，石林，普洱茶，红塔山，过桥米线。云南十大名镇为：腾冲和顺镇，大理喜洲镇，建水临安镇，丽江束河古镇，孟连娜允古镇，昆明官渡古镇，瑞丽畹町镇，玉溪大营街，禄丰黑井古镇，鹤庆新华村。

28日

云南“彭年光明行动”启动仪式在昆明金马碧鸡广场举行，为贫困白内障患者免费实施复明手术。副省长高峰代表省政府向著名企业家、慈善家、香港余氏慈善基金会主席余彭年先生和“彭年光明行动”医疗队的专家表示感谢。“彭年光明行动”启动两年多时间来，已在内蒙古、西藏等9省区开展工作。云南“彭年光明行动”计划完成1万例白内障复明手术，第一期在楚雄和大理实施1 250例。

29日

来自昆明鸟协的专家就前往俄罗斯贝加尔湖以及中国黑龙江省兴凯湖对红嘴鸥繁殖地进行科研考察的工作情况向省、市科协以及社会各界进行工作汇报。此次考察填补了云南省鸟类专家在红嘴鸥研究方面的一项空白，并为市民认识和保护红嘴鸥发挥了积极作用。

30日

文山普者黑机场通航，开通南宁—文山—昆明往返航线。机场自2004年4月开工建设。

本月

1～8月，云南铜业（集团）有限公司实现销售收入182.8亿元，利税20.65亿元，提前16个月完成三年倍增目标，在中国企业500强排名也由297名上升到203名。云南省从2005年开始全面实施三年工业倍增计划，其中要求省属10大骨干企业集团以2004年销售收入为基数，奋战三年实现销售收入翻一番的倍增目标。

1～8月，全省劳务输出96.7万人，超额完成省政府2006年新增转移50万人的劳务输出目标。2006年以来，云南省把做好农村劳动力转移工作作为促进农民增收的重要工作，加大了对农村劳动力转移就业工作的资金投入。

9月

1日

《云南日报》报道，在国家建设部发布的首批中国自然与文化双遗产预备名录中，“大理风景名胜区——苍山自然与南诏文化遗存”榜上有名，云南省仅此一处。

2台具有国际领先水平的自助值机柜台在昆明巫家坝国际机场正式投入使用。至此，昆明机场成为国内首家可以为昆明始发的全部航空公司提供符合国际航协（IATA）CUSS标准自助服务的机场。

2日

西双版纳金孔雀集团下属的天达航运公司开通了云南景洪港至泰国清盛港定期对开客运航班，国内外游客一日游四国的愿望成为现实。云南景洪港至泰国清盛港全长340千米，被世界旅游组织的权威专家称之为亚洲大陆上最具魅力的世界级黄金旅游线。

5日

被称为云南最有价值信用卡的“长城·春城晚报联名卡”（NEW卡）在昆明首发，这是云南省首张银联标准联名信用卡。该卡的发行同时标志着云南都市类第一品牌报——《春城晚报》全面进入增值服务时代。

6日

由中国广播电视协会和云南人民广播电台主办，云南人民广播电台承办的“广播百年——中国·云南广播节”在云南省科技馆开幕。云南人民广播电台作为全国首家省级电台实施了频率类型化改版改革取得成功并获得可持续发展，显示出中国广播业的发展活力和节目市场的繁荣。

首届全国网络媒体云南行启动仪式在云南白药集团股份有限公司举行，来自全国65家网站的88名编辑记者在为期9天的时间里，赴云南省玉溪、红河、曲靖、楚雄、大理、保山、德宏7个州市进行采访报道。

“2006中国名牌产品”在北京揭晓，昆百大珠宝上榜中国名牌行列。昆百大珠宝先后荣获“中国十佳珠宝优秀企业”、“国家检测质量十佳放心推荐品牌”、“中国珠宝驰名品牌”殊荣。昆百大珠宝占据了云南70%以上的市场份额。

7日

2006中国昆明国际花卉展在昆明开幕，来自12个国家和地区以及国内12个省份的中外花商，以花为媒寻求交流合作共谋发展的商机。近5年来，云南花卉产业保持了年均20%的高速增长态势，初步形成了集花卉生产、加工、运输、营销、科研和配套设施为一体的产业体系。云南花卉远销日本、韩国、美国以及香港等35个国家和地区。

国家科技部组织国内知名水稻专家和当地农业主管部门领导，对南京农业大学等在云南永胜县涛源乡实施的水稻新品种“协优107”精确定量栽培超高产试验项目现场验收。按照国家标准折算实际亩产1 287千克，创造了世界水稻高产最高纪录。“协优107”是在国家“863”专项资金资助下选育而成并通过国家审定的超级杂交水稻新品种。

8日

云南省第一条双线自闭电气化铁路曲靖至吴官田段开通运营，标志着沾昆二线建设取得阶段性重要成果。贵昆铁路是中国“八纵八横”铁路网中沪昆通道的重要组成部分，增建沾昆二线被国家列为实施西部大开发战略和实现铁路跨越式发展的重点工程，对促进西南地区经济发展有着极其重要的意义。

11日

云南省妇女第九次代表大会在昆明开幕。省八届妇联主席胡有兰代表省妇联第八届执委会作题为《立足科学发展，促进社会和谐，团结动员全省各族各界妇女为全面建设小康社会而努力奋斗》的工作报告。大会表彰了50名新农村建设女带头人、150名云南省“三八”红旗手、100个“三八”红旗集体和93名关心支持妇女儿童事业的领导干部。大会于13日闭幕，选举产生了云南省妇联第九届执行委员会并选举产生了第九届常委、主席、副主席。胡有兰当选为主席，和红梅、孙耕耘、李毅、陈洁当选为副主席，马晓佳等25人当选为省妇联常委。

13日

云南省农村民居防震保安试点启动仪式在嵩明县杨林镇张官营村举行。省委、省政府决定在2006年开展10个自然村试点工作的基础上，从2007年开始，用10年时间对全省急需抗震加固的100万户农村民居，分期分批组织加固改造或重建，全面提高农村民居抗震防灾能力，最大限度减少地震灾害可能带来的损失。

15日

CCTV《梦想中国》大型演唱会上，云南选手熊汝霖成为2006年度总冠军，摘取了金碟大奖。

16日

云南省第八届少数民族传统体育运动会开幕式在昭通市元宝山体育场举行。23日闭幕。全省各州市和云南民族大学共17个代表团的2 000多名少数民族运动员，以及包括汉族在内的32个民族教练员、裁判员等共4 000多人参加，是云南省历史上比赛项目最多、参赛范围最广、赛事规模最大、竞技表演水平较高的一次民族运动会。第九届民运会2010年在普洱（思茅）举行。

22日

首届中国云南普洱茶国际博览交易会在昆明开幕。来自全国各地及马来西亚、新加坡等国家和地区的1 000多家海内外参展商和数千名来宾参加，为期5天。这次博览会是云南首次由省政府主办的高规格、大规模的普洱茶博览交易会，是云南建设绿色经济强省、做强做大特色优势产业、促进农民增收、建设社会主义新农村和加快经济社会发展的一个重要举措。

23日

第四届中国曲艺“牡丹奖”颁奖晚会上，云南省曲艺家协会报送的傣族花腰傣铓鼓说唱《花腰女》喜获“牡丹奖”节目奖。“牡丹奖”是经中央宣传部批准设立的全国13个文艺奖项之一，是中国曲艺界最高奖。

25日

云南省“十一五”重点文化产业项目之一的中国禄丰侏罗纪世界公园一期工程正式开工，计划于2008年建成正式对外开放。禄丰县是迄今世界上发现恐龙化石最丰富、最完整、最古老的地区之一。禄丰恐龙化石产地已成功申报为国家级地质公园。

全国少数民族文艺会演闭幕，云南省民族歌舞《舞彩云》获最高奖项——“第三届全国少数民族文艺会演大奖”。此外，云南参演节目《跳菜》、《孔雀》、《花倮韵》以及海菜腔《金鸟银鸟飞起来》获优秀节目奖；杨洲、洪红、和金花、李怀秀、钱学涛获优秀演员奖；罗霞、谢军获优秀新人奖；云南省代表团获组织奖。

28日

第二届昆明国际农业博览会在昆明国际会展中心开幕，10月3日闭幕。越南、泰国、新加坡、韩国、新西兰等11个国家和云南13个州市及有关单位等近1 000家参展参会，展位达1 306个，展品近万种，参会人数近20万人，国外参会客商约300余人。展会现场签订商品贸易协议324项，协议金额近14亿元。专场签约和展馆贸易共签订项目406个，项目投资与商品贸易额约48亿元，展馆农产品现场销售金额达1 200万元。农博会还组织了国际物流论坛等多项活动，成为“开放的窗口、商家的市场、专家的论坛、农民的课堂”。

29日

云南大学与印度高等教育代表团在丽江举行文化合作签约仪式，双方决定在云南大学丽江旅游文化学院建立中国第一家“中印文化交流学院”。学院在梵文、佛教和印度历史文化教学及研究方面开展合作交流。

30日

云南普米族青年歌手茸芭莘那获央视著名栏目“星光大道”2006年度总冠军，并直接入选2007年中央电视台春节联欢晚会。

本月

至9月末，云南省实际利用外资数达2.99亿美元，提前3个月超额完成省政府年初下达的全年确保实现实际利用外资2.28亿美元的目标任务，同比增幅达131%。

至9月末，云南冶金集团实现销售收入101.37亿元，提前15个月完成3年倍增计划，成为云南省第2家提前实现倍增的大型工业企业，也是全省第四家销售收入超百亿企业。

至9月末，云南冶金集团累计

实现进出口总额5.16亿美元，提前超额完成省政府年初下达的全年实现进出口总额比上年增长12%责任目标，成为云南省第2家进出口总额突破5亿美元的大企业集团。

10月

3日

从泰国清盛港启航的“天达”2号游轮驶抵澜沧江景洪港，顺利完成澜沧江—湄公河定期客轮正式开通后的首次往返航班。

4日

中国国民党荣誉主席连战率参访团抵达昆明，开始对云南的参观访问。中共云南省委书记白恩培会见并宴请连战一行，双方就增进滇台两地交流合作与友好往来进行亲切交谈。连战说，云南有丰富的资源和良好发展环境，他愿意引荐更多的台商来了解云南、投资云南。

10日

云南省首次哲学社会科学表彰大会在昆明举行，41个先进集体和152名先进个人受表彰。

12日

来自世界22个国家和地区的300多名远程教育专家齐聚昆明，参加由云南广播电视大学承办的亚洲开放大学协会（AAOU）第20届年会。亚洲开放大学协会1987年成立，致力于促进远程开放教育在亚洲地区的全面发展，并为终身教育和全民教育而努力，已拥有来自亚、非、欧、美洲的67所成员院校和正式、非正式会员。云南省远程教育始于20世纪50年代初的函授教育，1979年云南广播电视大学建立以来得到迅速发展。云南广播电视大学是国内成功申办此年会的第四所开放大学。

14日

第七届全国残疾人运动会射箭、轮椅击剑、轮椅网球和聋人篮球四项比赛提前在昆明海埂体育训练基地开幕。七届残运会定于2007年5月在昆明市（玉溪市设分会场）举办，其中自行车比赛已于2006年4月在昆明结束。

16日

《云南日报》报道，云南省非物质文化遗产保护学术研讨会在昆明举行。2005年，中国非物质文化遗产保护工程启动，云南省被列为首批综合试点省份。经过两年努力，云南共形成8 589项县区级保护名录、3173项州市级保护名录、147项省级保护名录和34项国家级保护名录，初步建立起四级非物质文化遗产保护名录体系。

20日

宁蒗彝族自治县成立50周年。

21日

《云南日报》报道，云铜集团销售收入继8月份超过上年全年并提前16个月实现三年倍增目标后，于9月底突破200亿元，达211.62亿元，成为云南省省属工业企业首家销售收入过200亿元的企业。

22～25日，“2006中国云南国际民间工艺高层论坛暨民族民间工艺品博览会”在云南省博物馆和省图书馆举行。美国、加拿大、英国、日本、韩国、德国等17个国家和地区的300多位艺术家、工艺美术家、专家学者、生产厂商及企业代表和相关研究机构负责人参与。

27日

云南省东南亚南亚研究院在昆明正式挂牌成立。

第十三届中国广告节在昆明国际会展中心开幕，为期3天。超过1 500家国内广告、传媒界单位和企业参展。

28日

国家林业局宣布正式启动全国林业示范自然保护区建设工程。同日，福建武夷山、江西鄱阳湖、湖北神农架、广东内伶仃福田、云南西双版纳、青海可可西里、新疆哈纳斯、西藏珠峰等51个首批国家级示范自然保护区正式挂牌。

29日

《云南日报》报道，腾冲县荣获“中国优秀旅游名县”荣誉称号。此次评选活动由中国旅游经济研究中心、中国营销学会、国际旅游促进会、世界自助旅行者协会共同举办。

30日

省政府举行2006年外国专家“彩云奖”颁奖大会，对在云南省经济社会发展中作出贡献的10位外国专家进行表彰。“彩云奖”是云南省表彰在农业、工业、科技、文化、教育等领域作出突出贡献的外国专家的最高荣誉奖项。

大型原生态民族音乐集锦《云岭天籁》在云南省歌舞剧院公演。这是云南省委、省政府继《云南映象》之后，倾力打造的又一云南舞台精品和创新力作，涵盖了15个云南少数民族的23首原生态或用原生态元素创作的各民族民歌。

本月

至10月末，云铜集团完成进出口额12亿美元，提前超额完成集团全年外贸进出口任务，与上年同期相比增长100%，名列西部地区11个省、市、自治区进出口企业贸易额第一。

11月

3日

联合国教科文组织在法国巴黎举行国际扫盲奖颁奖仪式。云南省扫除文盲协调办公室荣获联合国教科文组织设立的“国际阅读协会扫盲荣誉奖”。2006年全国仅有云南获奖。

4日

《云南日报》报道，云南省最大的人工湿地在石屏县异龙湖城河边基本建成。异龙湖城河污染控制湿地面积有63亩，建成后将控制和减少50%的污染物进入异龙湖。

由云南日报报业集团主办、春城晚报承办的“首届云南文化产业十大杰出企业（项目）、云南文化产业十大杰出企业家（创意人）”评选活动在昆明揭晓。云南映象文化产业发展有限公司杨丽萍和荆林获“云南省文化产业特别杰出奖”，大理旅游集团、昆明国际印刷包装城等10家企业获“云南省文化产业十大杰出企业（项目）”，李麟、刘湘云等10人获“云南文化产业十大杰出企业家（创意人）”。

省十届人大常委会第二十五次会议决定秦光荣为云南省代理省长，任命罗正富为副省长。

6日

由世界大学校长协会主办、云南民族大学承办的世界大学校长协会执行委员会会议在昆明召开，来自世界15个国家和地区的20所大学校长及来宾一行30余人参加。世界大学校长协会于1964年在英国伦敦成立，是世界性高等院校行政首长的联合会，已吸收100多个国家的600多所大学作为会员。中国加入协会的会员有中国人民大学、大连理工大学等。云南民族大学成为新会员，是云南省惟一一家加入这一协会的高校。

8日

“实践八号”返回式卫星搭载云南物种交接仪式在昆明举行，14个品种、总重量为161.05克的植物种子顺利返回搭载单位。这标志着云南对生物资源优良品种培育和开发有重要意义的航天育种技术有了新发展。9月9日发射升空的“实践八号”育种卫星，是世界上第一颗专门用于航天育种试验和研究的返回式卫星。航天育种技术是培育优良物种的途径之一，云南省太空搭载已有8次，共105种，总重量756.178克。

9日

红塔烟草（集团）有限公司创业50周年。

12日

中国共产党云南省第八次代表大会在昆明国际会展中心开幕。白恩培代表中共云南省第七届委员会作了《立足以人为本，坚持科学发展，为建设富裕开放和谐云南而奋斗》的工作报告，秦光荣主持大会。会议于16日闭幕。会议通过了关于七届省委工作报告和省纪委工作报告的决议，白恩培主持闭幕式并发表重要讲话。会议选举产生省委常委、书记、副书记，白恩培当选为省委书记，秦光荣、李纪恒当选为省委副书记。

18日

云南文化赴京宣传系列活动在北京天桥剧院开幕，20日落幕。《云岭天籁》演出取得圆满成功。国内外嘉宾高度评价《云岭天籁》是一台具有国际水准的精彩演出。

25日

由全国妇联、卫生部、国务院防艾办共同发起的“‘12·1’关注孤儿万户爱心家庭公益行动”启动仪式在昆明举行。全国妇联向云南捐赠艾滋病致孤儿童救助金30万元，中国妇女发展基金会捐“母亲健康快车”20辆、母亲水窖修建款70万元，中国儿童少年基金会捐赠价值220.5万元的儿童营养食品和学习用品。

2006中国播音主持界最高奖项——金话筒奖颁奖仪式在天津中华剧院举行，云南人民广播电台音乐之声主持人容雨捧得广播播音员主持人“金话筒”，实现了云南广播界金话筒奖零的突破。金话筒奖由中国广播电视学会节目主持人委员会于1993年创立，是广播电视节目主持人的最高荣誉，每两年评选一次，已举办了六届。

26日

位于滇、川两省交界的向家坝水电站开工建设。向家坝水电站经历了40多年的勘测规划，2002年经国务院批准立项，2004年开始筹建施工，整体规模仅次于三峡电站和溪洛渡电站，设计装机容量600万千瓦。

30日

全国爱卫会在个旧市举行国家卫生城市授牌仪式。经过国家专家组考核验收，个旧市被全国爱卫会命名为“国家卫生城市”，成为云南省首个、云贵川3省第二个国家卫生城市。

“国家汽车整车出口基地企业”揭牌仪式在一汽红塔云南汽车制造有限公司举行。国家商务部、国家发改委授予一汽红塔公司“国家汽车整车出口基地企业”殊荣。至此，一汽红塔公司是云南省惟一一家获此殊荣和认定的汽车企业。此次出口美国的343辆幸福使者是一汽红塔公司继2006年6月向美国出口60辆之后，中国最大的一个电动汽车出口项目。这批电动汽车完全实现了无污染，在国内属首创，技术上处于国内领先水平。

云南电网累计完成售电量502亿度，突破500亿度大关。

云南省对外贸易额达56.79亿美元，同比增长32%，高于全国平均增长水平7.7个百分点。

12月

10日

峨山彝族自治县成立55周年。

中缅电力合作项目——瑞丽江一级电站成功截流。该电站是中国第一个境外水电建设项目，位于缅甸北部，装机容量6×10万千瓦。电站投产后由合资公司运营40年后移交缅甸联邦政府。

11日

2006云南优质生态农产品推介展在上海展览中心落幕。为期3天，实现签约成交金额21.8亿元，比上年的15亿元有较大幅度增长。

16日

中缅两国边民联欢大会50周年纪念活动在德宏傣族景颇族自治州首府芒市举行。

18日

云南省政府与中国华能集团在昆明就推进云南澜沧江水电开发等达成共识并签署会谈纪要。华能集团积极参与支持云南社会主义新农村建设，启动澜沧江“百千万工程”云南行动计划，投入7 000多万元支持流域地区经济社会发展。

石林彝族自治县成立50周年。

19日

云南至广东±800千伏特高压直流输电工程（云广直流工程）开工仪式在禄丰县举行，将建成世界上第一条电力“超级高速公路”。该工程线路全长1 446千米，总投资168.8亿元，2010年全部建成投运后，云电送粤交直流输电通道的送电能力将达到800万千瓦。该工程不仅是中国在建的单条输电容量最大的工程之一，同时也是“十一五”“云电送粤”的主要通道。

20日

第二届中国—南亚商务论坛在昆明开幕。本次论坛的主题是“相互开放、务实合作，互利共赢、和谐发展”。这是继2004年底在昆明召开的首次中国—南亚商务论坛之后，又一次在昆明举办的中国—南亚经贸盛会。

21日

《云南日报》报道，年关临近，云南省为在外地打工农民工设立的“银行卡特色服务通道”正式开通。农民工在打工所在地使用“银联卡”存入现金后，可以在家乡的农村信用社任何一个网点提取现金或查询。此举解除了外出务工农民返乡携带现金风险大、汇款不方便等难题。云南为全国第二批推广农民工银行卡特色服务省市之一。

21日

由中国青年报社主办的“2006年中国青年喜爱的旅游目的地评选活动”在北京人民大会堂举行颁奖仪式，昆明、丽江市和丽江、香格里拉景区进入前10名。

22日

第二届中国十大杰出母亲评选揭晓，玉溪市红塔区北城镇北城居委会主任王秀珍榜上有名。

24日

省委、省政府在昆明召开2005年度云南省科学技术奖励大会，表彰奖励为云南科技、经济和社会发展作出突出贡献的科技人员。244个项目和个人分别被授予突出贡献奖及自然科学类、技术发明类、科技进步类一、二、三等奖。一批工作在科研、生产一线的科技人员获得总额944万元的奖金。其中，中科院院士、中科院昆明动物研究所所长张亚平获得突出贡献奖300万元，成为云南省第四位获此殊荣的科学家。普拉塞·陶依尔公司获得国际科技合作类奖。

原创芭蕾舞剧《小河淌水》继在北京、杭州、上海等成功演出后，又在云南大剧院首演。该剧由中国剧作家编写剧本，俄罗斯功勋艺术家、俄籍华裔作曲家左贞观作曲，国际一流芭蕾舞大师、芭蕾舞王子戈尔杰耶夫担任编导，由俄罗斯国家芭蕾舞团演出，创造了跨时空的艺术经典。

28日

高海高速公路及国道东绕城高速公路试通车。高海公路是“十一五”期间云南省、市政府投资兴建的重点工程建设项目之一，也是现代新昆明建设“一湖四环”中环湖公路的西段，是一条集“旅游、景观、环保”于一体的高速公路。工程于2004年4月正式开工，双向6车道设计，全长31.6千米。两条高速公路的建成，对缓解昆明入城交通、过境交通及昆明东西出入拥堵等起到重要作用。

29日

《云南日报》报道，云南省第一台500千瓦煤矿瓦斯节能发电机组在威信县花家坝煤矿建成并成功并网发电，标志着云南在煤矿安全治理开发和技术节能方面迈出了可喜一步。

30日

《云南日报》报道，第七届“云南十大杰出青年”评选在昆明揭晓。马玉行、王晓福、冯咏梅、江涛、李云锁、李连鑫、肖国华、柳清菊、高显培、詹显亚获“云南十大杰出青年”称号。

31日

“七彩云南·魅力中国”央视元旦双语晚会在云南民族村举行。

本年

云南省全年财政总收入完成887亿元，新增120亿元；一般预算支出完成892亿元，增支126亿元；总收入、一般预算收入、一般预算支出比2000年翻了一番。

云南省招商引资大幅增长，全年度省外入滇企业年缴税收逾80亿元，提供就业岗位150余万个。

全省对外贸易进出口总额62.3亿美元，比2005年净增14.9亿美元，增速31.4%，比全国平均增速高7.6个百分点，增幅列全国第9。贸易额列全国各省区第21位，为有史最高。

云南环保工作取得重大进展。2006年半数以上主要城市空气环境质量达二级标准；九大高原湖泊流域内日处理污水70万吨、处理垃圾2 050吨；累计造林4 000多万亩、治理水土流失面积1.2万平方千米。

云南国税超额完成全年任务。2006年税收收入592.42亿元，同比增长15.62%。

云南省公路开发投资公司所属12条高速公路累计完成投资216.8亿元，占年度计划的101.6%，圆满完成2006年度公路建设投资任务。

从2006年起，云南省每年安排一定资金，针对影响全省农产品质量安全的农药和兽药残留超标问题，陆续在省内相关农产品批发（交易）市场建设检测实验室，并配备快速检测仪器及配套设备，让城乡居民吃上“放心菜、放心肉”。

世界著名品牌大会对中国600多个城市进行全面评估，对候选城市从生活特色、历史特色、生态特色和生产特色4个方面展开综合评审，评选出2006年度中国特色魅力城市200强，其中云南昆明、曲靖、玉溪、昭通、大理和个旧六城市榜上有名。

2006中国品牌建设高峰会暨首届中国十大领袖品牌十大首席品牌官评选活动中，云南腾冲和顺古镇被评选为首届中国十大旅游领袖品牌第一名，柏联董事长刘湘云被评选为首届十大首席品牌官，柏联SPA温泉被评选为首届中国最具竞争力综合性温泉旅游品牌。

在中央电视台举办的“CCTV2006年度中国魅力城市”评比中，丽江市成功入选中国魅力城市。

石林旅游业实现双增长，全年接待游客同比增长6.8%，旅游经济总收入同比增长30%。石林风景区是昆明市旅游“二次创业”重点建设的6大精品项目之一。

由昆明诺仕达企业集团潜心打造的“七彩云南”品牌荣获2006年中国名牌称号，并荣登中国珠宝首饰品牌榜首。“七彩云南”是国家工商总局登记注册的国内首个翡翠玉石商标，先后被评为“中国珠宝玉石首饰行业放心示范店”、“中国珠宝首饰行业驰名品牌。

省情概览

主　　编　郑灵琳
责任编辑　刘建军　杨　静

综　　述

云南简称“云”或“滇”，素有“彩云之南”之美誉，是人类的起源地之一。云南地处中国西南边陲，位于北纬 21°8′32″～29°15′8″和东经 97°31′39″～106°11′47″之间，北回归线横贯南部，属低纬度内陆地区。东部与贵州省、广西壮族自治区为邻，北部同四川省相连，西北隅紧倚西藏自治区，西部同缅甸接壤，南同老挝、越南毗邻。全境东西最大横距 864.9 千米，南北最大纵距 990 千米，总面积 39.4 万平方千米，占全国陆地总面积的 4.1%，居全国第 8 位。全省山区、半山区面积占 94%，耕地面积 420 万公顷。平均海拔 2 000 米左右，最高海拔 6 740米，最低海拔 76.4 米。

云南自古就是中国连接东南亚各国的陆路通道。全省有 8 个州市共 25 个县（市）与缅甸、老挝、越南 3 个国家的 6 个省（邦）、32 个县（市、镇）接壤，国境线长达 4 060 千米，其中：中缅边界 1 997 千米，中老边界 710 千米，中越边界 1 353 千米。与泰国、柬埔寨、孟加拉、印度等国相距不远。

2006 年，云南省设有 8 个省辖市，8 个民族自治州，9 个州（市）辖市，79 个县，29 个民族自治县，12 个市辖区。省政府驻昆明市五华山。

云南是一个高原山区省，属青藏高原南延部分。地形以元江谷地和云岭山脉南段的宽谷为界，分为东西两部。东部为滇东、滇中高原，是云贵高原的组成部分，平均海拔 2 000米左右。西部为横断山脉纵谷区，高山深谷相间，相对高差较大，地势险峻。全省地势从西北向东南倾斜，海拔相差很大，全省最高点滇藏交界的德钦县怒山山脉梅里雪山主峰卡瓦格博峰海拔 6 740 米，最低点在与越南交界的河口瑶族自治县境内南溪河与元江汇合处，海拔仅为 76.4 米，高低相差 6 663.6米。

云南水系比较发达，河流湖泊众多，有大小河流 600 多条，重要河流 180 多条，分别属于伊洛瓦底江、怒江、澜沧江、金沙江、红河和珠江六大水系。云南河流大都是六大水系的水源头和上游，除金沙江、珠江外，均为跨国界河流。具有开发航运价值的主要河流有 63 条。澜沧江—湄公河航运的改善开通，结束了澜沧江—湄公河不能通航的历史，跨国航运快速发展。全省有高原湖泊 40 多个，多数在高原区内，湖泊水面积约 1 100 平方千米。滇池为全省最大湖泊，面积 300 平方千米；洱海次之，面积约 250 平方千米。抚仙湖深度全省第一，最深处 150 多米；泸沽湖次之，最深处约 90 多米。

云南地处低纬度高原高海拔地区，地理位置特殊。冬季受干燥的大陆季风控制，夏季盛行湿润的海洋季风。由于地形地貌复杂，全省气候类型丰富多样，有的地区长冬无夏，春秋较短；有的地区终年如夏，遇雨成秋；有的地区四季如春，遇雨成冬。全省各地年平均湿度基本呈现由北向南递增，南北气温相差 19℃左右。受冬夏两季不同大气环流控制和影响，降水充足，干湿季节分明，5～10 月为雨季，尤其集中在 6、7、8 三个月，11 月至次年 4 月为旱季。云南因气候、地质、地形的相互作用，形成了省内分布最广、最重要的红土壤资源，故云南有“红土高原”、“红土地”之称。由于气候类型的多样化，造就了繁多的生物种类，故有“植物王国”、“药物宝库”、“香料之乡”、“天然花园”之称。同时动物种类全国之冠，又有“动物王国”之称。云南矿产资源丰富，矿产种类最为齐全，储量大、分布广，素有“有色金属王国”之称。2006 年底，全省各类矿山 8 217个，各类矿产143种。云南能源资源优势得天独厚，尤其是水能资源和煤炭资源储量丰富，水能资源理论蕴藏量超过1亿千瓦，可开发的水能资源装机容量9 795万千瓦，居全国第2位。全省煤炭保有储量267.89亿吨，居全国第8位。

2006年末，全省总人口4 483万人，比上年末增加32.6万人，出生率13.2‰，死亡率6.3‰，人口自然增长率6.9‰。其中，少数民族1 494.89万人，占总人口的33.59%。云南是一个多民族省份，也是一个少数民族大省，少数民族人口仅次于广西壮族自治区，居全国第2位。除汉族外，人口在5 000人以上并有一定聚居区域的民族，有彝族、白族、哈尼族、壮族、傣族、苗族、傈僳族、回族、拉祜族、佤族、纳西族、瑶族、景颇族、藏族、布朗族、布依族、阿昌族、普米族、蒙古族、怒族、基诺族、德昂族、水族、满族、独龙族，共25个。世居少数民族种类居全国第一位。在世居少数民族中，白族、哈尼族、傣族、傈僳族、拉祜族、佤族、纳西族、景颇族、布朗族、阿昌族、普米族、怒族、基诺族、德昂族、独龙族共15个民族为云南特有少数民族。另外，还有16个少数民族跨境而居，是全国跨境民族最多的省区。云南少数民族分布多样，既有一定的聚居区，又杂居于其他民族中，多居住在边疆和山区。云南各族人民世代和睦相处，安居乐业，在漫长的历史进程中，云南各民族创造了丰富多彩，独具特色的民族文化，如古滇文化，南诏大理文化，纳西族东巴文化，傣族贝叶文化，彝族太阳历文化，哈尼族梯田文化等，在国内外均有较大影响。众多民族，多样歌舞，多种民俗，多彩服饰，构成多姿多彩的民族风情，为云南增添神密色彩。

2006年，全省以加快发展为主题，经济结构调整为主线，改革开放和科技进步为动力，提高人民生活水平为根本出发点，围绕建设绿色经济强省、民族文化大省和连接东南亚、南亚国际大通道三大目标，实施可持续发展、科教兴滇、城镇化和全方位开放四大战略，培育和壮大烟草、生物资源开发创新、旅游、电力和矿产五大支柱产业，统筹兼顾协调，推进经济持续、快速、健康发展和社会全面进步。

在经济发展上，扭转经济增速连续多年下滑的不利局面，成功实现全省经济止跌、回升、快速发展，国民经济发展呈现出又好又快发展的良好势头。

2006年，全省完成生产总值（GDP）4 001.87亿元，比上年增长11.9%，增速比上年加快2.9个百分点。其中：第一产业增加值751.15亿元，增长6.8%，拉动GDP增长1.3个百分点；第二产业完成增加值1 710.19亿元，增长16.9%，拉动GDP增长7个百分点；第三产业完成增加值1 540.53亿元，增长9.1%，拉动GDP增长3.6个百分点。三次产业结构由上年的19.3∶41.2∶39.5调整为18.8∶42.7∶38.5。人均GDP达到8 961元，按年末汇率折算人均1 148美元，比上年增长11.1%，跃上人均1 000美元的新台阶。

全省农业经济有新的发展，农业内部结构不断优化。农业增加值751.2亿元，增长6.8%；农牧渔业总产值完成1 211亿元，比上年同期增长8.5%；粮食作物播种面积426.97万公顷，比上年增长0.4%；全年粮食总产量1 542.21万吨，比上年增加27.28万吨，同比增长1.8%。

2006年，全省工业经济呈现多年来难得的增速快、效益好的良好格局。全部工业增加值完成1 406.95亿元，比上年增长16.5%，拉动GDP增长5.6个百分点，对GDP增长的贡献率为47%，是支撑和带动云南经济增长的重要动力。

全省非公经济户数86.6万户，同比增长105；非公经济完成增加值1 461亿元，同比增长20.2%。个私企业从业人员274.8万人，比上年同期增加20.8万人，增长8%，其中安置下岗人员3万人。

2006年，全省社会固定资产投资完成2 220.5亿元，比2005年增加465亿元，同比增长26.5%，投资规模列全国第22位，西部地区第6位，投资增速列全国第12位，西部地区第5位。

全省城乡居民收入稳步提高，消费品市场稳中趋旺。2006年云南社会消费品零售总额为1 188.88亿元，比上年增长14.9%，增幅比上年提高1.9个百分点。全省县及县以下实现消费品零售额537.83亿元，比上年增长14.5%；城市实现消费品零售额651.05亿元，增长15.3。城乡增速差距只有0.8个百分点，农村市场增长速度基本实现了与城市同步。全省住宿、餐饮业实现消费品零售额178.71亿元，同比增长15%，拉动全省社会消费，零售总额增长2.2个百分点。2006年云南居民消费价格总水平（CPI）比上年上涨1.9%，高于上年涨幅0.5个百分点，保持较低水平。

城乡居民生活水平继续提高。全省城镇居民人均可支配收入10 070元，扣除价格因素，比上年实际增长6.7%；城镇居民人均消费支出7 379.81元，比上年增长5.5%。全省职工年平均工资18 711元，比上年增长15.9%。农民人均纯收入2 250.5元，比上年实际增长7.5%；农民人均生活消费支出2 195.6元，比上年增长22.7%。城镇居民家庭恩格尔系数为42%，农村居民家庭恩格尔系数为49%。

金融运行平稳有序，全省财政总收入完成887亿元，比上年增加120.6亿元，同比增长16%；地方财政一般预算收入完成379.9亿元，比上年增长21.5；全省地方一般预算支出完成893.5亿元，比上年增长17%。年末金融机构人民币各项存款余额6 131.25亿元，增加985.5亿元，增长19.3%。其中城乡居民储蓄存款余额2 854.86亿元，增加423.6亿元。

全省外贸进出口总额首次突破60亿美元，完成62.3亿美元，比上年增长31.4%。净增10.2亿美元。全年交通运输完成货物周转量

592.21亿吨千米，比上年增长5.4%；旅客周转量362.4亿人千米，比上年增长9.2%；全省邮电业务总量351亿元，比上年增长33.7%，固定电话普及率达14.48部/百人。固定电话新增用户46.5万户，达644.23万户，比上年增长7.8%；移动电话新增用户169.23万户，达到1 068.07万户，增长20.4%。全省接待海外入境旅客394.44万人次，比上年增长13.5%。旅游外汇收入6.58亿美元，比上年增长24.7%。接待国内旅游者7 721.3万人次，比上年增长12.5%；旅游总收入499.78亿元，比上年增长16.7%。

2006年，全省各种艺术表演团体106个，文化馆148个，图书馆149个，博物馆32个；全省广播、电视人口覆盖率分别为92%和93.7%。中、短波广播发射台和转播台57座，广播电台15座，电视台16座，有线电视用户364万户。全省卫生机构10 020个，医院649个；拥有床位数11.05万张；卫生技术人员12.1万人，其中医生5.65万人。疾病预防控制机构150个，妇幼保健院148个。全省小学1.87万所，在校生452.26万人；普通中学2 257所，在校生244.7万人；普通高校50所，在校生28.42万人；小学、初中适龄人口入学率分别达到96.5%和82.9%，全省扫盲工作获联合国教科文组织“国际阅读协会扫盲荣誉奖”。

年末全省就业人员2 503万人，比上年增加41.7万人。全省城镇实有登记失业人数13.79万人，城镇登记失业率4.3%。全年领取《再就业优惠证》的下岗失业人员实现就业12.26万人。全省参加基本养老保险人数267.42万人，其中职工183.63万人，离退休人员83.79万人。参加基本医疗保险人数331.59万人。企业离退休人员按时领到基本养老金比例为100%。全省享受城市最低生活保障的居民74.3万人，享受农村最低生活保障的农民7.8万人。

全省交通以昆明为中心，向外辐射路网规模不断扩大。昆明铁路局现有准轨、米轨铁路17条，其中3条准轨电气化铁路干线（贵昆、成昆、南昆）；6条准轨铁路支线（羊场、东川、盘西，昆阳、安宁、东王）；3条地方合资铁路（昆玉、滇西、水红）；2条米轨铁路干线（昆河、蒙宝线）；支线3条（昆石，昆小，草官）。线路总长2 976.5千米，营运里程1 925千米，设置198个车站。旅客发送1 838.4万人，货物运输完成5 541.8万吨。

2006年，云南已形成以昆明巫家坝国际机场为枢纽中心和西双版纳、丽江、大理、德宏芒市、迪庆香格里拉、保山、思茅、昭通、临沧、文山10个支线机场的机场网络群，覆盖全省70%的行政州市。全年旅客吞吐量1 896万余人次，排名全国第4位。其中，昆明机场全国排名第7位，跻身世界机场百强排名90位。云南各机场始发航线总数210余条。其中，昆明机场开通航线180余条，是连接省内，辐射国内大中城市，面向东南亚、南亚、欧亚的国家航线网络，并形成以昆明为枢纽的机场群。

年底，全省公路通车总里程19.85万千米。其中高速公路1 549千米，高等级公路5 525千米，初步实现了以省会昆明为中心的200千米范围内干线公路高等级化目标。全省农村公路通车里程17.3万千米。云南省具有开发航运价值的主要河流63条，全省水运正在走向区域合作、多国联合开发。计划总投资1.4亿元的金沙江水富港扩建已开工建设。

云南是全国的“口岸大省”，在漫长的边境线上分布着20个国家级和省级一类、二类口岸，对外通道90多条，在内引外联中发挥着重要作用。云南不仅从陆上沟通太平洋和印度洋，还连接着中国、东南亚、南亚三大市场，对促进区域内经济发展和文化交流起着重要作用。云南与东盟众多国家山水相连、交往密切，是全国“走出去”与“请进来”的最前沿和关节点。

2006年，中国—东盟自由贸易正建设稳步向前，继中国—东盟自由贸易区全面降税实施后，已对3 408种产品削减了进口关税。充分发挥云南毗邻周边国家的优势，抓住中国—东盟自由贸易区建设机遇中快速推进全省与东盟国家的经贸合作，已成为云南省外向型经济发展中保持健康、快速发展的一个有力支撑点。对东盟的双边贸易额达到21.7亿美元，出口贸易快速增长，展示出很好的发展势头。

澜沧江—湄公河发源于青藏高原，全长4 880千米，素有“东方多瑙河”的美称，云南抓住发展机遇，采取一系列措施推进大通道建设，水陆空全面迈进，澜沧江—湄公河航道已成为中国—东盟自由贸易区建设中发挥着重大作用的水运“黄金大通道”。

2006年，云南与东亚出现快速发展势头，贸易额2.16亿美元。云南是临近南亚国家的前沿地区，拥有面向南亚开放最优越的环境条件，充分发挥地缘优势，加强与南亚7国的贸易交往，南亚国家巨大的市场潜力和增长空间势必将成为云南对外贸易上新台阶的重要增长点。

中共云南省委书记　白恩培
省人大常委会主任　白恩培
省人民政府省长　徐荣凯（～2006年11月）
代省长　秦光荣（2006年11月～）
省政协主席　杨崇汇

（李海荣）

云南省全面建设小康社会监测指标体系

全面建设小康社会的奋斗目标，集中体现了“三个代表”重要思想的精髓，符合以人为本，全面、协调、可持续的科学发展观，符合中国国情和时代发展要求，符合广大人民群众的根本利益和共同愿望，受到了全国人民的坚决拥护和热烈响应，具有深远的历史意义和伟大的现实意义。

研究建立云南省全面建设小康社会统计监测指标体系，是云南全面建设小康社会伟大事业的一项非常重要的基础工作，也是统计改革与统计建设的一项重要内容。

一、全面建设小康社会的内涵

（一）全面建设小康社会的“六个更加”

党的十六大报告中明确指出：“我们要在本世纪头20年，集中力量，全面建设惠及十几亿人口的更高水平的小康社会，使经济更加发展、民主更加健全、科教更加进步、文化更加繁荣、社会更加和谐、人民生活更加殷实”。这是关于全面建设小康社会内涵的集中表述，并取得了全国人民最广泛的共识。

（二）全面建设小康社会的“四大目标”

十六大报告进一步提出了关于全面建设小康社会的“四大目标”：

第一，在优化结构和提高效益的基础上，国内生产总值到2020年力争比2000年翻两番，综合国力和国际竞争力明显增强。基本实现工业化，建成完善的社会主义市场经济体制和更具活力、更加开放的经济体系。城镇人口的比重较大幅度提高，工农差别、城乡差别和地区差别扩大的趋势逐步扭转。社会保障体系比较健全，社会就业比较充分，家庭财产普遍增加，人民过上更加富足的生活。

第二，社会主义民主更加完善，社会主义法制更加完备，依法治国基本方略得到全面落实，人民的政治、经济和文化权益得到切实尊重和保障。基层民主更加健全，社会秩序良好，人民安居乐业。

第三，全民族的思想道德素质、科学文化素质和健康素质明显提高，形成比较完善的现代国民教育体系、科技和文化创新体系、全民健身和医疗卫生体系。人民享有接受良好教育的机会，基本普及高中阶段教育，消除文盲。形成全民学习、终身学习的学习型社会，促进人的全面发展。

第四，可持续发展能力不断增强，生态环境得到改善，资源利用效率显著提高，促进人与自然的和谐，推动整个社会走上生产发展、生活富裕、生态良好的文明发展道路。

二、全面建设小康社会的战略目标和蓝图

中国实现全面建设小康社会的战略目标和蓝图是：21世纪第一个10年实现国民生产总值比2000年翻一番，使人民的小康生活更加宽裕，形成比较完善的社会主义市场经济体制；再经过10年努力，到建党100年时，使国民经济更加发展，各项制度更加完善，到21世纪中叶，新中国成立100年时，基本实现现代化，建成富强民主文明的社会主义国家。党的十五届五中全会进一步提出，从新世纪开始，全国将进入全面建设小康社会、加快推进社会主义现代化的新的发展阶段。在党的十六大上，江泽民深刻阐述了全面建设小康社会的奋斗目标。全面建设小康社会是实现现代化建设第三步战略目标必经的承上启下的发展阶段，也是完善社会主义市场经济体制和扩大对外开放的关键阶段，经过这个阶段的建设，再继续奋斗几十年，到本世纪中叶基本实现现代化，把中国建成富强民主文明的社会主义国家。

三、确定全面建设小康社会新统计监测指标体系的主要原则

（一）必须全面贯彻党的十六大精神

十六大报告关于全面建设小康社会的论述，集中了全党和全国人民的智慧，取得了最广泛的共识，对“全面建设小康社会”内涵的理解和确认应当以此为依据。全面建设小康社会指标体系必须能够反映十六大报告所确定的“全面建设小康社会”的主要内容和基本特征。

（二）必须立足当前，着眼未来，具有连续性和前瞻性

全面建设小康社会是全国2020年的奋斗目标，实现现代化是2050年的奋斗目标，而总体小康则是发展的基础，是奋斗的起点。在选择监测指标及其数量界限时，既要兼顾三者的连续性，又要充分考虑它们不同的内涵，重点在于要充分体现全面建设小康社会“水平更高、发展更科学、更和谐”的要求。

（三）必须把握宏观，兼顾微观，具有代表性和易感知性

指标的选择应当既能够代表全面建设小康社会目标所包含的主要内容及其主要方面，但又不能过细、过繁、过滥；既要看得见、摸得着、容易感觉得到，又要具有比较强的代表性；既要力求全面，又要简洁易行；既不能以偏盖全，又不能无所不包。

（四）必须兼顾科学性与可行性

最理想的当然是所选择的指标既具有既科学性又具有可行性，但实际情况往往是一些指标比较科学、严谨，但数据来源缺乏，或者数据的可靠性比较差，从而缺乏可行性；同时，现成的数据成千上万，但真正符合本指标体系要求的、科学的指标并不多，需要仔细甄别、选择，甚至创造。

（五）必须具有一致性与可比性

整个指标体系是一个完整的系统，指标之间的关系必须协调一致，不能相互矛盾；同时，要尽可能努力做到横向地区可比、纵向历史可比以及国内外可比。

（六）必须恰当处理指标的独立性与相关性以及稳定性与敏感性的关系

指标之间完全的独立性是不可能的，但应当具有相对的独立性，尽量避免高度相关指标的堆积；既要考虑指标的稳定性，也要考虑其敏感性，对于一些反映比较迟钝而又必需的指标，应当进行敏感化处理。这是设计统计综合评价指标体系的一般规范要求。

（七）必须尽可能选择客观指标和最终成果指标

全面建设小康社会指标体系作为一种成果性评价体系，其目的在于反映经济社会发展的最终结果。一般情况下，要尽可能选择最终成果指标，而不选择动因性、措施性和对策性指标；同时，为了避免人为因素的干扰，一般要尽可能选择具有客观性的指标。

（八）必须遵循有限目标原则

首先，全面建设小康社会是一项伟大的系统工程，可以从各个方面、各个角度进行研究，而对全面建设小康社会指标体系的研究，仅仅是从统计监测的角度来观测和反映全面建设小康社会的进程，不可能涉及全面建设小康社会的所有问题；其次，只能就全面建设小康社会最主要的方面设置指标，加以定量分析，而不可能面面俱到；第三，指标体系的选择应当建立在现有的基本统计制度的基础上，而尽量避免另辟溪径，重起炉灶；第四，时代的发展日新月异，对今后几十年的发展趋势进行预测具有很大的不确定性。随着对未来认识的加深以及基本统计制度的充实，应当为今后该指标体系的进一步完善预留足够的空间。

四、全面建设小康社会统计监测指标体系

（一）全面建设小康社会统计指标体系的基本框架

根据国家有关研究成果，遵循上述8项原则，对各个预选指标进行反复讨论，分析判断，初步选择了经济发展、社会和谐、生活质量、民主法制、科教文卫、资源环境等6大部分的25项指标，构成了云南全面建设小康社会统计监测指标体系的总体框架。下一阶段，将根据联合国千年发展目标的本地化要求，充分考虑云南的具体省情和经济社会发展的特点，做进一步的深入研究，在确保数据来源的可靠性、客观性和可操作性的前提下，力争做到联合国千年发展目标与云南全面建设小康社会统计监测指标体系的有效衔接和高度融合，逐步健全和完善云南全面建设小康社会统计监测指标体系。

1. 经济发展

包括人均国内生产总值、第三产业比重、城镇人口比重和城镇调查失业率4项指标，分别从经济增长、产业结构、人口结构和就业状况等4个方面反映经济发展的状况。

2. 社会和谐

包括基尼系数、城乡居民收入比、地区经济发展差异系数、基本社会保障覆盖率、高中阶段毕业生性别比5项指标，分别从收入差距、城乡差距、地区差距、社会保障和性别差别等5个方面反映社会和谐的状况。

3. 生活质量

包括居民人均可支配收入、恩格尔系数、人均住房使用面积、民用载客汽车拥有量和居民人均生活用电量5项指标，分别从收入水平、消费结构、住房情况、出行情况以及生活用电等5个方面反映居民生活质量的状况。

4. 民主法制

包括公民自身民主权利满意度和社会安全指数2项指标，以反映社会主义民主与法制状况。

5. 科教文卫

包括R&D经费支出占GDP的比重、平均受教育年限、家用电脑拥有量、5岁以下儿童死亡率和平均预期寿命5项指标，分别从科技、教育、文化、卫生及健康等5个方面反映全国人民的思想道德素质、科学文化素质和健康素质状况。

6. 资源环境

包括万元GDP综合能耗、万元GDP用水量、常用耕地面积指数和环境质量指数等4项指标，分别从资源利用效率和环境质量等方面反映可持续发展状况。

（二）全面建设小康社会统计监测指标体系，详见下表：

全面建设小康社会统计监测指标体系

指标体系	监测指标	单位
一、经济发展	1. 人均国内生产总值	元
	2. 第三产业比重	%
	3. 城镇人口比重	%
	4. 城镇调查失业率	%
二、社会和谐	5. 基尼系数	—
	6. 城乡居民收入比	以农为1
	7. 地区经济发展差异系数	%
	8. 基本社会保障覆盖率	%
	9. 高中阶段毕业生性别比	女生=100

续表

指标体系	监测指标	单位
三、生活质量	10. 居民人均可支配收入	元
	11. 恩格尔系数	%
	12. 人均住房使用面积	平方米
	13. 民用载客汽车拥有量	辆/千人
	14. 居民人均生活用电量	千瓦小时
四、民主法制	15. 公民自身民主权利满意度	%
	16. 社会安全指数	%
五、科教文卫	17. R&D 经费支出占 GDP 的比重	%
	18. 平均受教育年限	年
	19. 家用电脑拥有量	台/百户
	20.5 岁以下儿童死亡率	‰
	21. 平均预期寿命	岁
六、资源环境	22. 万元 GDP 综合能耗	吨标准煤
	23. 万元 GDP 用水量	立方米
	24. 常用耕地面积指数	%
	25. 环境质量指数	%

（陆　浩　李朝阳　王　舸　马玉蓉）

财政保障

【概述】　2006 年，全省各级财政部门以科学发展观为统领，坚持以人为本，不断改革创新，努力增加财政收入，严格依法理财，圆满完成财政收支任务，有力地促进全省经济和社会事业的协调健康发展，为云南与全国同步实现小康水平打下坚实基础。全年，全省财政总收入 887 亿元，比上年增加 120 亿元，增长 16.0%。其中，地方一般预算收入 379.9 亿元，比上年增加 67 亿元，增长 21.5%；全省地方一般预算支出 893.5 亿元，增加 127.2 亿元，增长 17.0%。

【财政收入增加】　2006 年，全省各级财政部门，采取积极措施增加财政收入。一是促进税收稳定增长。各级财政部门抓住全省经济稳定发展的时机，克服取消农业税、调整个人所得税起征点等减收因素的影响，积极培植税源，调动各方面的积极性，巩固增收基础。争取中央在取消烟叶农特税后开征烟叶税，保持了烟草产业发展与财政增收政策的连续性。严肃税收征收纪律，全面清理各项税收优惠政策，及时取消到期的减免税政策，努力做到应收尽收，保持了税收稳定增长的势头。全省税收收入完成 299 亿元，比上年增长 21.4%。其中：增值税、营业税、企业所得税和个人所得税等主要税种增长 25.7%，占全部增收额的 64.9%，成为促进地方财政收入增长的主要力量。二是规范非税收入管理。继续深化“收支两条线”管理改革，构建与公共财政体制相适应的非税收入管理体系，积极筹建云南省非税收入管理局，努力挖掘财政增收潜力，将国有资本收益、水资源费、行政事业性收费、罚没收入等政府非税收入及时足额收缴入库。开征地方教育附加，拓展基础教育资金来源渠道。进一步完善探矿权与采矿权使用费和价款政策，促进国有资源的合理开发利用。全省非税收入已占地方财政一般预算收入的 21%。三是积极争取中央支持。通过积极汇报反映和信息沟通，争取中央财政对云南省的支持。2006 年，通过增加一般性转移支付，调整全省民族地区转移支付政策，调整机关事业单位工资转移支付补助，延长天保工程转移支付补助等，中央财政对云南省的资金支持比上年增加 63 亿元。省级财政在合理运用外国政府贷款、赠款和国际金融组织贷款的同时，全部收回 2005 年度国际金融组织贷款项目到期债务 2 亿元，并争取到财政部减免全省 2005 年度中央专项借款本金 2.4 亿元，以及农村教育、卫生、扶贫项目世行贷款利息8 800万元，减轻了全省的还款压力。由于调控得当、增收措施有力，全省地方财政一般预算收入保持了加速增长的良好态势，实现了“十一五”的开门红，为落实省委、省政府重大战略举措提供了更加有力的资金保障。

【促进经济加快发展】　2006 年，全

云南省政府收支分类改革动员布置会　　　　（省财政厅　提供）

省加大资金投入，支持经济、社会全面发展。一是大力支持基础设施和重点项目建设。全省财政预算内经济建设支出完成169.2亿元，比上年增长13.3%，有力地支持了能源、交通、生态、水利、城镇发展等重大基础设施建设，进一步改善了全省经济和社会发展的基础条件。支持组建云南省公路开发投资公司，深化公路投融资体制改革。支持组建云南省再担保公司，进一步完善全省中小企业信用担保体系。通过搭建融资平台、财政贴息和盘活存量资产等措施，积极筹集经济建设资金，加大对公益型基础设施建设等社会经济发展薄弱环节的投入。二是积极推进企业改革与发展。省财政拨付2.6亿元，专项用于全省国有企业分离办社会职能，并筹集安排9 025万元，用于补助312户国有企业5 896名退休教师待遇差，基本完成国有企业分离办社会职能资金的兑现工作。安排企业技改财政贴息资金2亿元，吸引银行贷款71亿元，支持121户企业进行技术改造和产品换代升级。安排非公经济发展专项资金8 000万元，支持非公经济发展。安排新型工业化发展资金1亿元，支持30个省级重点工业园区和8个特色产业园区的基础设施建设。支持烟草系统重组整合，妥善处理好企业改革过程中的利益调整关系，推动烟草产业做大做强。三是积极支持县域经济发展。省财政对47个试点县2005年上划中央“两税”和地方财政一般预算收入完成情况以及财政收支平衡、财政供养人员控制情况等进行考核，兑现财政目标责任考核奖励资金近3亿元，并对10强县和20个先进县进行了奖励。积极筹集支持县域经济发展资金，安排扶持资金1.35亿元，对试点县及非试点县的261个项目进行重点扶持，支持县域经济加快发展。四是改善农村金融发展环境。研究支持农村信用社改革和发展的意见，取消对农村信用社存款开户的限制，支持贫困地区农村信用社网点和安全防护措施建设，向财政部争取了亏损农村信用社保值储蓄贴补息资金1 527万元。开展清收机关事业单位及国家公职人员拖欠农村信用社贷款工作，全省收回拖欠贷款本息6.9亿元，清欠率67%，为切实防范和化解农村信用社金融风险，改善农村信用环境发挥了积极作用。

【推进新农村建设】　2006年，全省把社会主义新农村建设作为重点。一是稳步推进农村综合改革试点。全面取消农业税，进一步减轻农民负担3 700万元。稳步推进乡镇机构改革，全省共撤并减少乡镇257个，减幅达16.4%，完成了省委、省政府提出的改革目标；农村义务教育管理体制改革不断加快，经费保障机制逐步建立；在83个县开展乡镇财政预算管理方式改革试点，建立了对村组干部和村级公用经费的补助机制，农村基层运转保障水平不断提高。全面启动全省国有农场税费改革。及时下达农村税费改革转移支付资金24.5亿元，保障农村公共支出需要，促进了农村各项社会事业发展。二是大幅增加财政支农投入。全省财政支农支出完成103.3亿元，比上年增长14.6%，重点支持农田水利基础设施建设、村容村貌整治、农业科技推广、优势特色产业发展、农村集体经济发展、农村劳动力培训、退耕还林及天保工程等项目的实施。投入农业综合开发财政资金3.9亿元，重点加强中低产田改造和改善生态环境等基础设施建设，扶持了一批农业龙头企业，发展了一批高产优质农业示范项目。安排财政扶贫资金15.6亿元，重点支持4 000个村的整村推进、20万农村劳动力转移培训、10万户茅草房改造等任务，农村基本生活条件得到改善，扶贫攻坚取得明显成效。三是认真落实对农民的直补政策。省财政安排1.1亿元，对70个县种粮农民实施粮食直补和良种补贴；筹措2 300万元，对63个县实施农机具购置补贴，落实兑现退耕还林补贴13.7亿元；筹集资金2.5亿元，实施农资综合补贴，2 450万农民受益。四是开展财政支农资金整合试点。启动了华坪、泸西、西畴3个县的支农资金整合试点，探索建立各级支农资金整合协调机制，以农业产业发展规划和扶贫规划为基础，以县级为平台，以主导产业、重点项目和重点区域为纽带，上下联动、部门配合，统筹安排各级各部门的支农资金，集中投入，提高了支农资金综合效益。

【规范收入分配秩序】　2006年，

一是做好公务员工资制度改革工作。切实贯彻落实中央和省委、省政府关于公务员工资制度改革的部署，及时做好相关数据的测算和核对工作，积极争取中央支持兑现改革资金，建立统一的职务与级别相结合的公务员工资制度。认真开展机关事业单位津贴补贴的清理和规范工作，经过努力，编制了全省和省直机关公务员规范津贴补贴方案，经省委、省政府批准上报国务院。完善艰苦边远地区津贴制度，筹集46.9亿元，为2006年收入分配制度改革政策的兑现提供了资金保障。二是提高部分社保对象的收入水平。不折不扣地执行好中央解决部分社会群体和人员的待遇政策，提高企业离退休人员基本养老金、优抚对象等人员标准及城市最低生活保障补助水平，全省出台了提高最低工资标准、失业保险金标准、农村五保户供养水平、原大队一级部分离职半脱产干部、村干部岗位补贴以及20世纪60年代精减退职老职工生活救济等多项政策，将调整社保待遇的资金落实到位，让广大人民群众分享到改革开放、经济发展的成果。三是完善相关社会群体的补贴机制。成品油价格形成机制改革后，及时建立对部分社会弱势群体和公益事业的财政补贴机制，筹措资金3.9亿元，落实城市公共汽车燃油补贴、渔民和渔业企业石油价格补贴、种粮农民农业生产资料增支综合补贴、国有林业企业和林场苗圃石油价格补贴、农村道路客运燃油补贴，维护部分社会相关群体的利益，保障有关公共事业的正常运转。基本完成在昆省级离退休人员住房补贴发放，全面启动在昆省级单位在职职工住房补贴的发放工作。

【加快社会事业发展】 2006年，全省加大对社会事业发展的投入，促进和谐社会的发展。一是支持教育事业发展。全省安排教育支出150亿元，比上年增长22.8%，确保了“两基”攻坚、“两免一补”、农村寄宿制学校建设、高校调整和重点学科建设等重大项目的实施。推进农村义务教育经费保障机制改革，大幅度增加农村义务教育经费投入，专项保障经费比上年增加10亿元，将农村义务教育纳入了公共财政保障范围。省级筹措9.3亿元资金，对600万农村义务教育阶段学生免除学杂费，向260万名学生提供免费教科书，向120万名寄宿制贫困学生提供生活补助，提高了农村中小学校公用经费保障水平。新增安排省政府高等教育和职业教育贫困学生助学金，推进了高等院校贫困学生助学贷款工作。二是支持社会保障体系建设。全省筹措安排社会保障补助资金34亿元，增长18%。其中，养老保险补助资金23.9亿元，确保了企业离退休人员基本养老金的按时足额发放；就业补助经费3.6亿元，促进了下岗失业人员再就业。省级财政筹措资金6.1亿元，实现了74万低保对象的应保尽保；全省安排资金1.2亿元，对107万农村贫困人口实施救助；筹措资金1亿元，将全省14.3万名农村“五保户”全部纳入财政供养，并提高了补助标准；全省及时筹措自然灾害生活救助补助资金3.1亿元，保障了灾区群众的基本生活。三是完善公共卫生投入机制。安排医疗卫生支出56.9亿元，增长26.9%。完成了305所乡镇卫生院改造，新建464所村卫生室，进一步完善医疗服务和公共卫生体系；省级筹集补助资金4.48亿元，使1 400多万人参加了新型农村合作医疗，占全省农业人口的40%，缓解了“看病难、看病贵”问题；安排资金2 180万元，顺利开展了城市医疗救助制度试点；安排专项资金5.2亿元，有力地支持了禁毒和防治艾滋病人民战争的开展。四是支持科技创新。建立财政科技投入的稳定增长机制，安排科技支出11亿元，增长9%。以科技创新为重点，大力调整科技经费使用方向，着力推进技术进步和自主创新能力建设，开展“科技富民兴县”工作，启动“科技进村入户”试点，实施“科普惠农兴村”计划，持续推进农村科技进步和农业综合生产能力提高。五是支持文化事业发展。安排文体广播和计划生育经费24亿元，增长16.8%。投入5 000万元实施农村基层公益性文化事业建设工程，开展边疆民族地区群众免费看电影活动，稳步推进广播电视“村村通”和“西新”工程，支持省博物馆和民族大剧院等重大项目建设，落实农村人口独生子女家庭“奖优免补”政策，促进社会文化事业稳步协调发展。

【提高公共服务能力】 2006年，省财政厅开展公共服务能力建设，采取了一系列措施：一是调整完善财政管理体制。全省实施新一轮财政管理体制，进一步合理划分和规范政府间的财权事权，明确各级政府帮助基层缓解财政困难的支出责任。同时，加强对县乡财政收支管理的监督，促进各级政府狠抓增收节支，逐步改善了全省县乡财政状况。二是增加省对下的一般性转移支付。省级财政进一步完善对下转移支付办法，新的转移支付办法实现由“养人”到“办事”的转变，并引入支出成本差异系数等新的计算方法，使转移支付办法更为科学、合理和公平。同时，加大转移支付补助力度，2006年共安排省对下一般性转移支付资金26.4亿元，比上年增加9.2亿元，增幅达41.7%。三是加大“四奖两补”政策的实施力度。在对各地缓解县乡财政困难工作实绩和工作成效考核的基础上，核定省对各州（市）县的“四奖两补”资金5.3亿元，调动了增收节支的积极性。四是支持基层政权建设。针对部分地方基层政权工作条件较差的状况，省财政加大投入，改善基层办公和政法部门的执法条件，支持村级组织活动场所建设，促进基层政权建设。新设立边境地区转移支付资金，支持边境县各项边境事务及社会事业发展。

（朱瑞东）

云南省全面建设小康社会进程概览

【概述】 2006年，全省各级党委、政府以科学发展观统领经济社会发展全局，按照中央宏观调控的决策和部署，紧紧围绕构建社会主义和谐社会的战略目标，突出加快发展这一主题，积极推进全面建设小康社会进程，全省经济发展取得了多年来难得的好成效，国民经济呈现出发展快、运行稳、效益好、后劲足的特点，各项社会事业发展取得重大进步，较好地完成了年初省人代会确定的经济社会发展主要目标。

2006年，全省生产总值（GDP）完成4001.87亿元，按可比价格计算，比上年增长11.9%，增速比上年加快2.9个百分点。其中：第一产业增加值751.15亿元，增长6.8%；第二产业增加值1 710.19亿元，增长16.9%；第三产业增加值1 540.53亿元，增长9.1%。第一、第二和第三产业增加值占全省生产总值的比重分别为18.8%、42.7%和38.5%。人均GDP为8 961元，跃上人均1 000美元新台阶，比上年增长11.1%。非公有制经济增加值1 460.68亿元，占全省生产总值的比重达36.5%，比上年提高1.5个百分点。(见图1)

2001～2006年生产总值及其增长速度（图1）

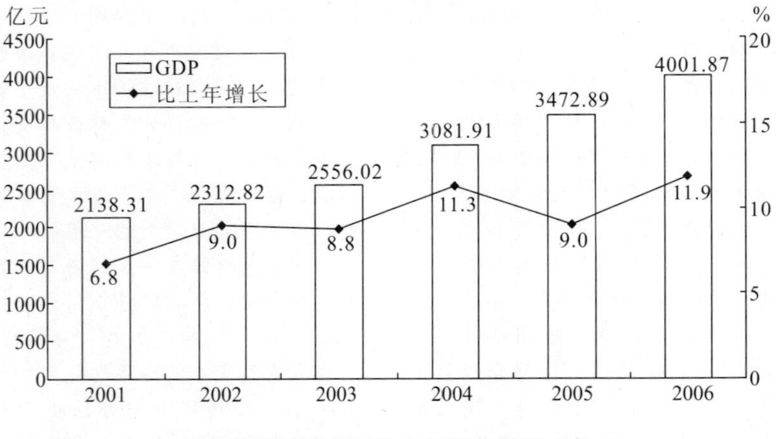

2006年，全省财政总收入完成887亿元，比上年增长16.0%。地方财政一般预算收入完成379.9亿元，比上年增长21.5%，其中增值税完成67.5亿元，增长20.5%；营业税89.5亿元，增长32.3%；企业所得税41.3亿元，增长23.7%。全省地方一般预算支出完成893.5亿元，比上年增长17.0%。

全省积极推进城市化战略，城市化进程进一步加快。2006年末，全省城市化水平达30.5%，比上年提高1个百分点。居民消费价格比上年上涨1.9%。其中服务价格上涨4.9%，商品零售价格上涨0.8%，工业品出厂价格上涨4.6%，原材料、燃料、动力购进价格上涨7.6%，固定资产投资价格上涨1.8%，农业生产资料价格上涨2.8%。

2006年居民消费价格比上年涨跌幅度（表1）

单位：%

指　标	全　省	城　市	农　村
居民消费价格	1.9	1.9	1.8
食　品	2.4	2.1	2.8
其中：粮食	1.5	1.4	1.5
烟酒及用品	1.6	2.3	0.8
衣　着	-3.0	-5.2	0.6
家庭设备用品及服务	0.2	0.4	-0.1
医疗保健及个人用品	5.3	6.8	2.4
交通和通信	0.2	-0.2	1.1
娱乐教育文化用品及服务	-0.8	0.3	-2.8
居　住	7.1	7.2	7.0

【农业生产】 2006年，全省粮食生产再上新台阶，总产达1542.21万吨，比上年增长1.8%，实现了从2003年以来连续4年增产的可喜成就。畜牧业、渔业生产全面丰收。全省肉类总产量达322.05万吨，比上年增长7.3%。

【工业生产】 2006年，全省全部工业完成增加值1 406.95亿元，比上年增长16.5%，其中规模以上工业完成增加值1 240.36亿元，增长17.8%。在规模以上工业中，轻工业增加值598.51亿元，比上年增长9.6%；重工业增加值641.85亿元，增长27.1%。

工业企业经济效益保持较好水平。全省规模以上工业经济效益综合指数为243.17，比上年提高24.68个百分点。全年实现利税786.24亿元，比上年增长24.1%；实现利润

300.23亿元，比上年增长39.1%。

2006年，全省建筑业稳步发展，企业经济效益有所提高。2006年，全省建筑业完成增加值303.24亿元，比上年增长18.9%。全省具有资质的建筑业企业完成总产值652.08亿元，比上年增长21.0%；建筑业企业实现利润14亿元，增长5.2%；建筑业企业房屋建筑施工面积5081.16万平方米，增长10.8%；竣工面积2 698.26万平方米，增长9.4%。

【固定资产投资】 2006年，全社会固定资产投资规模达到2 220.5亿元，比上年增长26.5%。其中，城镇固定资产投资完成1924.06亿元，增长27.0%。

在城镇固定资产投资中，国有及国有控股单位投资1 306.87亿元，比上年增长25.4%。第一产业投资32.13亿元，增长25.2%；第二产业投资749.32亿元，增长23.7%；第三产业投资1 142.61亿元，增长29.3%。

重点行业和重大项目投资带动作用明显。全省电力工业投资446.09亿元，增长38.3%；公路建设投资345.67亿元，增长17.7%；水利环境和公共设施管理164.03亿元，增长41%。

【房地产业开发】 2006年，全省房地产业开发投资完成314.64亿元，比上年增长34.6%，其中商品住宅投资229.51亿元，增长37.3%。全省商品房屋施工面积3 220.68万平方米，增长18.5%；竣工面积856.56万平方米，增长35.9%。商品房屋销售建筑面积1 561.73万平方米，增长15.8%；商品房屋销售额366.31亿元，增长23.6%。

【社会消费品市场】 2006年，全省社会消费品零售总额完成1 188.88亿元，比上年增长14.9%。分城乡看，城市实现消费品零售额651.05亿元，增长15.3%；农村（县及县以下）实现消费品零售额537.83亿元，增长14.5%。分行业看，批发和零售业零售额949.8亿元，增长15.3%；住宿和餐饮业零售额178.71亿元，增长15.0%；其他行业零售额60.36亿元，增长9.5%。

在限额以上批发和零售业零售额中，汽车类零售额比上年增长24.6%，石油及制品类增长37.8%，文化办公用品类增长10.3%，书报杂志类增长15.7%，通讯器材类增长39.3%，家用电器和音像器材类增长36.3%，日用品类增长18.7%，家具类增长6.5%，食品、饮料、烟酒类增长14.7%，服装类增长19.6%，化妆品类增长16.5%，金银珠宝类增长55.2%。

【对外贸易和引进外资】 2006年，全省外贸进出口总额完成62.3亿美元，增长31.4%。其中，出口完成33.9亿美元，比上年增长28.4%；进口完成28.4亿美元，增长35.1%。全年对亚洲出口26.6亿美元，增长27.7%；对欧盟出口3.37亿美元，增长13.3%；对东盟出口16.42亿美元，增长49.0%；对非洲出口0.4亿美元，增长1.3%。

全年共批准利用外资项目204个，合同外资7.98亿美元，分别比上年增长34.2%和82.9%；实际外商直接投资3.02亿美元，比上年增长74.2%。

【交通运输】 2006年，全省交通运输邮电仓储业增加值为179.09亿元，比上年增长2.4%。全年各种运输方式完成货物周转量692.21亿吨千米，比上年增长5.4%。其中，铁路277.21亿吨千米，增长2.5%；公路409.46亿吨千米，增长7.2%；航空1.32亿吨千米，增长7.3%；水运4.22亿吨千米，增长44.0%。旅客周转量362.4亿人千米，比上年增长9.2%。其中，铁路47.22亿人千米，增长15.0%；公路247.71亿人千米，增长6.2%；航空66.3亿人千米，增长17.6%；水运1.17亿人千米，增长11.4%。

【邮电通信业】 2006年，全省邮电业务总量351亿元，比上年增长33.7%；其中邮政业务总量9.9亿元，增长15.4%；电信业务总量340.77亿元，增长29.3%。全省年末局用交换机总容量为424.2万门，比上年增长1.6%；其中本年新增局用交换机6.5万门。固定电话普及率达14.48部/百人。年末全省固定电话新增用户46.5万户，达644.23万户，比上年增长7.8%；移动电话新增用户169.23万户，达到1 068.07万户，增长20.4%。

【旅游业】 2006年，全省接待海外入境游客394.44万人次，比上年增长13.5%。在入境游客中，过夜游客181万人次，增长20.4%。国际旅游外汇收入6.58亿美元，增长24.7%。全年接待国内旅游者7721.3万人次，增长12.5%；全省实现旅游业总收入499.78亿元，增长16.7%。

【金融保险】 2006年末，全省金融机构人民币存款余额达6 131.25亿元，比年初增加985.5亿元，增长19.3%，其中城乡居民储蓄存款余额2 854.86亿元，比年初增加423.6亿元。年末全省金融机构人民币各项贷款余额达4 803.51亿元，比年初增加814.8亿元，增长20.4%。其中短期贷款余额1 881.7亿元，比年初增加249.11亿元；中长期贷款余额2 735.61亿元，比年初增加531.96亿元。

2006年，全省各种保费收入95.29亿元，比上年增长17.6%。其中：财产险保费收入35.23亿元，增长21.3%；寿险保费收入48亿元，增长13.4%；意外伤害险保费收入5.12亿元，增长14.1%；健康险保费收入6.93亿元，增长34.1%。全年保险赔付额28.9亿元，比上年增长20.3%。其中：财产险赔付额17.24亿元，增长17.3%；寿险赔付额6.32亿元，增长30.3%；健康险赔付额3.41亿元，增长15.9%；意外伤害险陪付额1.92亿元，增长26.7%。

2001～2006 年工业增加值及其增长速度（图 2）

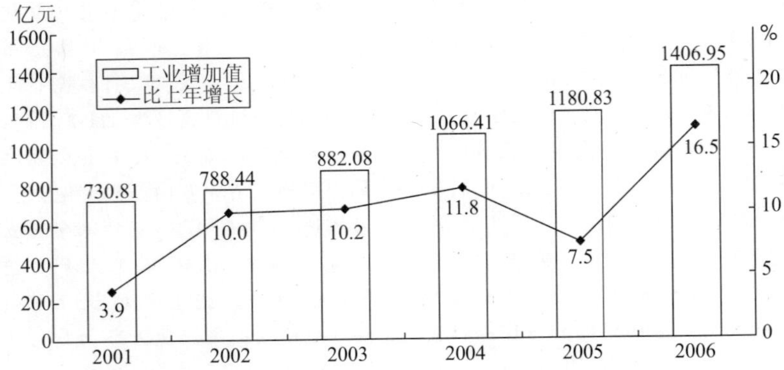

2006 年主要农产品产量及其增长速度（表 2）

单位：万吨

产品名称	产量	比上年增长%
粮食	1542.21	1.8
油料	39.01	7.7
甘蔗	1678.73	18.6
烤烟	75.78	－2.0
蔬菜	1033.78	6.5
水果	162.56	19.0
茶叶	13.82	19.2
橡胶	26.42	9.9
肉类总产量	322.05	7.3
牛奶	36.4	17.8
水产品产量	29.24	22.6

2006 年主要工业产品产量及其增长速度（表 3）

产品名称	单位	2006 年	比上年增长%
原煤	万吨	7339.08	13.6
发电量	亿千瓦小时	753.64	20.7
其中：水电	亿千瓦小时	355.72	1.9
火电	亿千瓦小时	397.91	44.7
铁矿石原矿量	万吨	1515.38	54.0
粗钢	万吨	635.38	23.8
钢材	万吨	588.06	20.8
十种有色金属	万吨	207.33	40.6
硫酸（折 100%）	万吨	694.78	15.0
烧碱（折 100%）	万吨	8.26	53.3
化肥（折 100%）	万吨	305.04	14.7
卷烟	万箱	648.10	2.6
成品糖	万吨	140.31	－8.6
精制茶叶	万吨	9.16	51.7
纱	万吨	1.22	－14.9
布	万米	1002.25	－27.7
化学医药	吨	1493.79	54.7
中成药	吨	11446.02	13.1
自来水生产量	万吨	56703.87	3.5
机制纸及纸板	万吨	33.26	15.1
水泥	万吨	3305.97	16.7
平板玻璃	万重量箱	302.50	12.0
人造板	万立方米	78.79	1.4
发电设备	万千瓦	78.98	20.6
变压器	万千伏安	1132.7	27.8
汽车	万辆	3.75	－40.4

【资本市场】 2006 年，云南省又有世博股份、云南盐化两家公司成功上市，云南企业通过证券市场发行、配售股票共筹集资金 109.01 亿元，比上年增加 21.92 亿元。至 2006 年末，全省共有上市公司 24 家，总股份达 66.79 亿股；总市值为 724.88 亿元，比上年增加 404.44 亿元；全年共发行企业可转换债券 4.1 亿元。

【教育事业】 截至 2006 年，全省普通高等学校有 50 所，招生 9.56 万人，比上年增长 13.1%；在校学生 28.42 万人，增长 11.6%；毕业生 6.36 万人，增长 33.2%。各类中等职业教育招生 12.87 万人，在校生 32.52 万人，毕业生 8.87 万人。普通高中招生 20.47 万人，在校生 54.54 万人，毕业生 12.77 万人。初中招生 65.57 万人，在校生 190.16 万人，毕业生 63.52 万人。普通小学招生 76.03 万人，在校生 452.26 万人，毕业生 68.69 万人。幼儿园在园幼儿 82.38 万人。小学学龄儿童入学率达 96.6%，小学毕业生升学率达 96.3%。全年扫除文盲 13.3 万人。全省人口平均受教育年限为 6.76 年。全面落实“两免一补”政策，投入经费 15.53 亿元，享受免杂费、免教科书费的学生分别达到 601 万人和 261 万人，小学、初中辍学率分别比上年下降 0.61 个和 0.79 个百分点。

【科技发展】 2006 年，全省获得省部级以上科技成果 626 项，其中：基础理论成果 34 项，应用技术成果 540 项，软科学成果 52 项。已建立国家级高新技术开发区 1 个，省级高新技术开发区 3 个。专利申请 3 085件，获专利授权1 637件；签订技术合同 920 项，成交金额达 8.27 亿元。全省科学研究与试验发展（R&D）经费支出 23.15 亿元，增长 13.0%，占 GDP 的比重达 0.58%，比上年提高 0.17 个百分点。6 项高技术产业项目建议书已经国家批准；“生物多样性可持续利用——昆明生物产业基地”等已被纳入国家生物产业基地优先布局和重点发展规划。

【文化事业】 至2006年末，全省各种艺术表演团体106个，文化馆148个，公共图书馆149个，博物馆32个。全省广播、电视人口覆盖率分别达到92.0%和93.7%。中、短波广播发射台和转播台57座，广播电台15座，电视台16座，有线电视用户364万户。文化产业蓬勃发展，云南选手和表演团体在2006年先后夺得中央电视台“梦想中国”节目总冠军、中央电视台著名栏目“星光大道”总冠军、第十二届CCTV全国青年歌手电视大奖赛“原生态”演唱金奖、第三届全国少数民族文艺会演大奖。

【卫生事业】 2006年，全省有卫生机构10 020个，医院649个，卫生机构拥有床位数11.05万张，卫生技术人员12.1万人，其中医生5.65万人。疾病预防控制机构150个，卫生技术人员6 028人；专科防治机构31个，卫生技术人员581人；妇幼保健院（所、站）148个，卫生技术人员4 758人。农村有医疗点的村占总村数的比重为98.5%。乡村医生和卫生员3.55万人。全省147个疾病预防控制体系建设项目全部开工建设，农村卫生服务体系项目竣工455个，新型农村合作医疗试点县由20个增加到52个，参合农民达到1 400多万人。

【体育事业】 2006年全民健身运动蓬勃开展，竞技体育取得新突破。云南运动员在国际比赛中获金、银、铜牌11枚；全国比赛获金、银、铜牌40枚。

【环境保护和生态建设】 2006年末，全省环境保护系统有人员3 886人，各级环境监测站97个，环境监测人员1 110人。全年完成限期治理项目611个，项目总投资4.02亿元；烟尘控制区22个，环境噪声达标区33个。工业废水排放达标率为82%，工业固体废物结合利用率36.2%，分别比上年提高1个和1.2个百分点。全年二氧化硫排放总量55.1万吨，化学需氧量排放总量29.5万吨，分别比上年增长5.6%和3.5%。

全年共完成人工造林204.24万亩，飞播造林32.16万亩。本年新增封山育林面积167.15万亩，年末实有封山育林面积达3 182.65万亩。全省森林覆盖率达到49.9%。全年完成水土流失治理面积2 400平方千米；九大高原湖泊污染治理重点建设项目有序开展，水质恶化趋势得到初步遏制。

自然保护区建设稳步推进。2006年末全省共有自然保护区198个，其中国家级自然保护区16个，省级自然保护区52个。自然保护区面积354.95万公顷，其中国家级自然保护区面积142.04万公顷，省级自然保护区面积123.01万公顷。列入国家一类重点保护野生动物有43种；列入国家二类重点保护野生动物有156种。列入国家一、二级重点保护植物有144种，其中列入一级保护植物有38种。

全年水资源总量1 811.32亿立方米，比上年减少1.9%；人均水资源4 055立方米，减少2.6%。全年平均降水量936毫米，减少34.3%。年末全省大型水库蓄水总量26.21亿立方米，比上年末增加1.22亿立方米。全年总用水量146.28亿立方米，比上年减少0.5%。其中，生活用水增长0.1%，工业用水减少0.8%，农业用水增长0.1%。万元生产总值用水量365.5立方米，比上年下降13.6%；万元工业增加值用水量135.5立方米，下降15.6%。全省人均用水量为327.5立方米，比上年下降1.1%。

【安全生产】 2006年，生产安全事故死亡3 592人，比上年下降7.8%。亿元GDP生产安全事故死亡人数为0.9人，下降18.2%；工

2001～2006年全社会固定资产投资及其增长速度（图3）

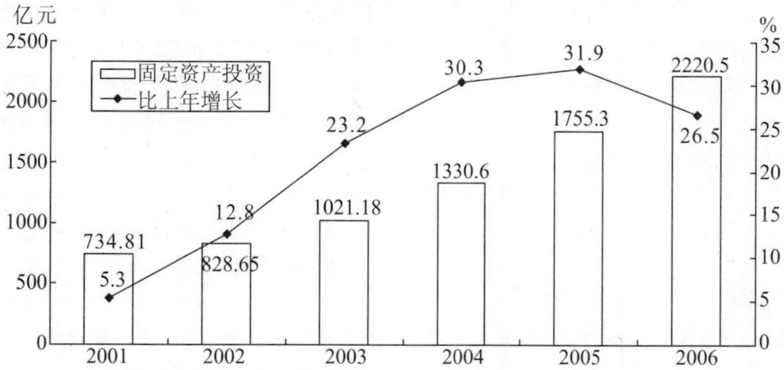

2001～2006年社会消费品零售总额及其增长速度（图4）

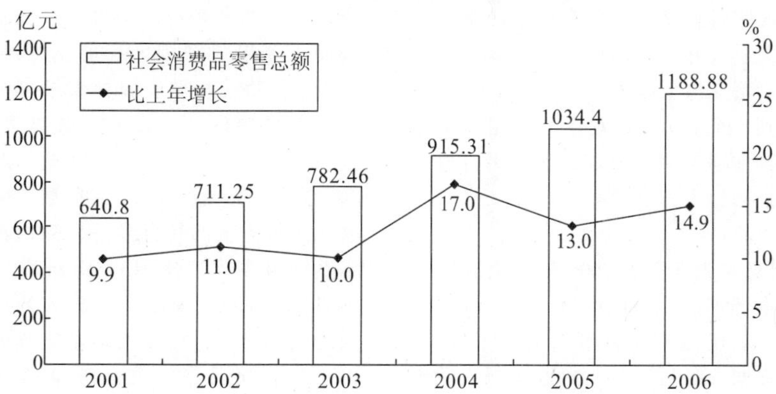

矿商贸企业就业人员生产安全事故10万人死亡人数为9.7人，下降3.6%；煤矿百万吨死亡人数为3.9人，下降0.2%。全年共发生道路交通事故6420起，造成2627人死亡、7960人受伤，直接财产损失2743万元；道路交通万车死亡人数为7.2人，下降18.4%。

【控制人口增长】 2006年，全省人口出生率为13.2‰，死亡率为6.3‰，自然增长率为6.9‰，比上年下降1.07个千分点。年末全省总人口为4483万人，比上年末增加32.6万人，其中：城镇人口1367.3万人，乡村人口3115.7万人。

【劳动就业和再就业工作】 2006年末，全省就业人员2503万人，比上年末增加41.7万人。其中农村就业人员2072.6万人，增加21.7万人；城镇就业人员430.4万人，增加20万人。第一产业就业人员1715万人，增加5.8万人；第二产业就业人员259万人，增加13.9万人；第三产业就业人员529万人，增加22万人。全年领取《再就业优惠证》的下岗失业人员实现就业12.26万人。城镇新增就业人数20.7万人。年末全省城镇实有登记失业人数13.79万人，城镇登记失业率4.3%。

【城乡居民生活】 2006年，全省城镇居民人均可支配收入为10070元，扣除价格上涨因素，比上年实际增长6.7%；城镇居民人均消费性支出7379.81元，比上年增长5.5%。全省职工年平均工资18711元，比上年增长15.9%。农民人均纯收入达到2250.5元，扣除价格上涨因素，实际增长7.5%；农民人均生活消费支出2195.6元，增长22.7%。城镇居民家庭恩格尔系数为42%，农村居民家庭恩格尔系数为49%。

【城镇居民消费】 2006年，全省城镇居民家庭自行车拥有量减少11%，而摩托车、家用汽车上升32%和9%。录放像机拥有量减少2%，同期影碟机、组合音响、家用电脑和摄像机分别上升3%、3%、10%、16%。2006年城镇居民移动电话拥有量上升18%，普通电话拥有量则与上年持平。移动电话代替普通电话的趋势加快。受投影彩电、液晶和等离子彩电等新产品的刺激，全省城镇居民彩电更新换代的速度加快，彩电购买量上升了13%，彩电拥有量上升3%，一家有两台以上彩电越来越普遍。

城镇居民的消费热点转向交通、通讯、娱乐、旅游、体育保健方面。从八大类消费支出来看，衣着、家庭设备用品及服务、交通通信等保持较快的增长水平。衣着支出继续上扬，2006年达到人均745元，增长16%；家庭设备用品及服务增长15%，达到335元；交通增长较快，增长36%，达到531元。一部分城镇居民的生活质量提高很快。交通工具一直是消费增长的一个热点，2005年每千户新买家用汽车6辆，2006年每千户新买家用汽车8.4辆，交通工具购买支出增长73%，达到人均260元，相应的维修、税费和车辆保险支出都大幅上升。文化娱乐服务上升8%，与此相关的交通费（不含自驾车）、旅馆住宿费上升19%和50%。另外，美容费和理发洗澡费也分别上升16%和19%。

城镇居民用于社保的支出已成为家庭支出主要构成部分。2006年城镇居民社保支出达到人均669元，比上年上升9%，在一定程度上缓解了百姓在住房、医疗、失业等方面的后顾之忧。大众构建和谐社会关爱友好意识增强。全省城镇居民捐赠支出大幅上升达31%，人均达到546元，慈善观念和捐赠意识被越来越多的人提起，普通老百姓的捐赠行为越来越多。

【惠农政策】 2006年，全省继续推行一系列惠民政策，有力地促进了农民生产积极性，增加了收入。据调查资料显示：2006年全省除全面减除农业税外，农民转移性收入的增加，农民人均仅退耕还林还草补贴就达23.2元。另外，农民人均获得的救济金、抚恤金、报销医疗费、无偿扶贫或扶持款、保险得到赔款比上年增加7.6元。仅以上几项惠农政策就让农民人均实际得到40.6元，同比增加13.6元，增长50.6%，增加额占全部纯收入增加额的6.5%。

2006年，全省农民人均工资性纯收入为441.8元，比上年增加93.5元，增长26.9%，工资性纯收入增加对全年纯收入增加的贡献率到达44.8%，对农民纯收入增长的贡献日益增强。其中，人均在本乡地域内劳动得到收入为287.3元，增长21.5%；人均外出从业得到的收入为79.5元，增长59.6%。在外出从业收入中，人均在乡外县内从业得到收入增长22.4%；在县外省内从业得到收入增长60.5%；人均在省外国内从业得到的收入是上年的2倍。

2006年，全省农民家庭经营纯收入人均为1631.6元，比上年增加101.5元，增长6.6%，增幅回落2.6个百分点。农民家庭经营纯收入增加额占全部纯收入增加额的48.6%，对农民纯收入增长的贡献仍居主要地位。在农民家庭经营纯收入中：人均第一产业纯收入为1476.4元，比上年增加92.8元，增长6.7%，增加额占农民家庭经营纯收入增加额的91.4%；人均非农产业纯收入为155.2元，比上年增加8.7元，增长5.9%；增加额占农民家庭经营纯收入增加额的8.6%。

特色优势产业的强劲发展成为农民增收的新来源。2006年，全省发展以茶叶、甘蔗、蔬菜、花卉、橡胶、核桃、板栗、园林水果等为主的农村特色经济发展成效显著。全省农民人均从茶叶、甘蔗、蔬菜、花卉、橡胶、核桃、板栗、园林水果等为主的特色经济得到的收入为690.5元，比上年同期增长28.3%，占农民家庭经营收入的比重为23.4%。其中，人均茶叶收入83.2元，增长39.1%；蔬菜收入258.5元，增长5.9%；花卉园艺收入35.2元，增长3.4%；园林水果收入41.4元，增长41.4%；橡胶、核桃、板栗等采集林产品收入222.1元，增长83.5%。产量和价格同时上涨的双向拉动，使云南农村的特色经济朝着有利于农民增收的方向发展。

【扶贫攻坚】 2006年，全省认真落实各项扶贫措施，多方筹集资金，认真解决农村贫困人口问题。按当年人均纯收入低于693元的农村绝对贫困标准，年末农村绝对贫困人口为228.4万人，比上年净减少20万人；按当年人均纯收入693~958元的低收入贫困标准，年末农村低收入人口为442.4万人，比上年净减少47万人。

【社会福利事业】 2006年，全省有各类收养性社会福利单位床位1.69万张，全年收养0.88万人。全省得到最低生活保障人数82.1万人。城镇建设各种社区服务设施219个。全年销售社会福利彩票14.8亿元，筹集社会福利资金4.4亿元，接受社会捐赠4 925万元。

【社会保障】 2006年末，年末全省参加基本养老保险人数267.42万人，其中职工183.63万人，离退休人员83.79万人。企业退休人员实行社会化管理率达到99.2%。全省参加失业保险人数为189.36万人，救助失业人员12.9万人。全省参加基本医疗保险人数为331.59万人。企业离退休人员按时领到基本养老金比例为100%。全省参加农村养老保险的人数为137.78万人，比上年末增加2万人；新型农村合作医疗参合率为85.15%，比上年增加3.75个百分点。全省享受城市最低生活保障的居民为74.3万人，比上年增加4.6万人；享受农村最低生活保障的农民7.8万人，比上年增加5.2万人。

（陆 浩 李朝阳 王 舸 马玉蓉 王晓虹 张宜莉）

【全省市场呈现五大亮点】 2006年全省消费品市场持续活跃，生产资料销售快速增长。全年实现社会消费品零售总额1188.88亿元，比上年增长14.9%，比全国平均增幅高1.5个百分点左右；全省限额以上批发零售业生产资料销售额达到1533亿元，同比增长29.3%。其特点：一是吃穿用商品销售呈两位数增长。2006年全省社会消费品零售总额的环比增幅和增量均为近年来最好水平，14.9%的增幅比2005年13%的增幅提高1.9%的增幅比上年13%的增幅提高1.9%个百分点，比“十五”平均水平高3.5个百分点；155亿元的增量比“十五”平均增量多65亿元。全省限额以上批发零售企业大类商品销售活跃，列入统计的14类消费品销售额共实现804.82亿元，比上年增长18.0%，其中吃、穿、用商品销售分别增长16.1%、14.3%和24.6%，家用电器和音像器材类增长46.4%、汽车类增长37.6%、文化办公用品类增长29.8%。二是生产资料销售对市场发展的贡献高于消费品。受投资需求和房地产业快增长的影响，2006年生产资料销售呈高速增长的态势，生产资料价格也有不同程度上涨。1~11月全省原材料、燃料及动力购进价格上涨7.4%，工业品出厂价格上涨4.5%，居住类价格上涨7.1%。全年限额以上批发零售业生产资料销售额实现1 533亿元，比上年增长29.3%，高于消费品类销售额增幅11.3个百分点。其中煤炭及制品类增长26.6%、石油及制品类增长70.6%、金属材料类增长57.6%、机电产品及设备类增长17.2%。从全省限额以上批发零售业商品销售情况看，生产资料类销售对商品市场的拉动作用继续高于消费品类，生产资料类和消费品类销售对限额以上商品市场的贡献率分别达73.9%和26.1%，分别拉动限额以上市场增长18.6个百分点和6.6个百分点。三是农村市场出现起色，城乡增速差距缩小。2006年，全省县及县以下实现消费品零售额537.83亿元，比上年增长14.5%；城市实现消费品零售额651.05亿元，增长15.3%，城乡增速差距只有0.8个百分点，比“十五”期间缩小1.6个百分点。云南农村市场在经历了多年缓慢增长之后，近三年达到了10%以上的增幅，2006年农村市场增长速度基本实现了与城市同步。这主要得益于农村居民即期收入和预期收入的增加和农村消费环境的改善。同时说明，收入水平一直较低的农村居民在收入增长的情况下，消费倾向明显增强，农村市场蕴藏着巨大的消费潜力。四是住宿餐饮消费成为活跃市场的重要因素。2006年云南旅游业和服务业的快速发展进一步带动了住宿餐饮市场的兴旺。全省住宿餐饮业实现消费品零售额178.71亿元，同比增长15.0%，拉动全省社会消费品零售总额增长2.2个百分点。星级住宿业和限额以上餐饮业实现营业额38.77亿元，同比增长10.2%，其中星级住宿业营业额增长10.7%，限额以上餐饮业营业额增长8.9%；住宿餐饮业客房收入和餐费收入分别增长11.8%和11.1%。五是国有经济发展呈现稳中有升的良好态势。近几年，在全省流通领域开展的国有企业改革改制工作，不仅推动了全省个体私营经济健康发展，同时增强了国有经济实力和市场竞争力。在经历了企业数量的减少、规模的重组和效益的提高之后，全省国有及国有控股经济步入了良性发展的轨道。2006年，全省国有及国有控股经济实现消费品零售额131.74亿元，同比增长12.8%，与个体私营经济15.5%的增幅基本同步，一改2002年以来国有经济零售额下降的局面。

（郑灵琳）

气候评价

【气候特点】　2006年，云南省气候的主要特点：

（1）年平均气温大部地区偏高，其中滇中、滇南、滇东南、滇东北等地偏高1℃以上。全省站点年平均气温17.2℃，距平值0.8℃，为近30年的最高年。全省气温时空变化除5月偏低外，其余时段大都偏高，1月、2月、3月、8月、10月、11月尤为突出，累计共有78站次月平均气温突破历史同期最高纪录（1月15站、2月16站、3月1站、8月8站、10月27站、11月11站），“暖冬”明显。

（2）2006年云南省年降水量分布特点由南向北递减。最大降水区位于滇南的江城一带，降水量为2 000毫米以上。次之为滇西南的西盟、滇西北的贡山一带，降水量为1 400～1 800毫米。降水量最少的地区位于大理东部的宾川、昆明北部的东川和滇西北的香格里拉一带，降水量少于600毫米，其余地区多为600～1 400毫米。与常年相比，除滇南和滇西南的部分地区偏多外，其余大部地区大都正常至偏少，其中滇西、滇西北、滇东南等地偏少1～3成。全省年平均降水量996毫米，为近10年的第2个少降水年。全省大部地区雨季于5月上旬至中旬开始，较常年同期偏早；雨季结束期，滇中以南以东大部地区及滇西北于9月下旬结束（偏早），其余地区至10月下旬基本结束（正常至偏晚）。全省降水的时空分布除4月、5月、7月、10月偏多外，其余时段大都偏少。与常年同期相比，1月全省大部地区降水量偏少8成以上；2月降水量除昭通市、迪庆州、怒江州大部、大理州大部、保山市北部、德宏州北部、曲靖市中部和北部、西双版纳州南部、丽江市南部、昆明市北部正常至偏多外，其余大部地区偏少5～9成；3月降水量除曲靖市南部、昭通市西北部和南部、西双版纳州西部正常至偏多外，其余大部地区偏少5～9成；4月降水量除滇西北、滇东北、滇东偏少外，其余大部地区正常至偏多，其中滇中等地偏多5成以上；5月降水量除滇东北、滇东南正常至偏少外，其余大部地区正常至偏多，其中滇西、滇西南等地偏多8成以上；6月滇东、滇东南及滇中、滇东北的部分地区降水量偏多3～8成，滇西、滇西南等地偏少3～5成；7月降水量除滇东、滇东南及滇西的部分地区偏少外，其余地区大都正常至偏多，其中西双版纳州南部、昭通市北部等地偏多3～5成；8月降水量除滇南、滇东南的部分地区正常至偏多外（其中勐腊月降水量达545毫米，突破历史同期最多纪录），其余地区大都偏少3成以上，其中大关、永仁、元谋、姚安、武定、巍山、陇川、嵩明、江川、禄丰、宁蒗等11个站8月月降水量突破历史同期最少纪录；9月降水量除滇东北正常至偏多外，其余地区大都偏少3～5成；10月降水量除滇西北大部及滇西的部分地区正常至偏少外，其余地区大都偏多5成以上，其中玉溪市、红河州大部、临沧市南部等地偏多1～2倍；11月全省降水量除滇西北北部及昭通市大部正常至偏多外，其余地区大都偏少5成以上，其中绥江只有微量降水，突破历史同期最少纪录（1992年的2.2毫米）；12月全省降水量除滇南、滇东南、滇西及滇西北的部分地区偏少5成以上外，其余地区正常至偏多，其中丽江市大部及楚雄州的部分地区偏多1～3倍。

（3）年日照时数分布特点以滇西北东部和滇西为高值中心向周围递减，最多和次多区域位于滇西北东部的华坪和滇西的腾冲一带，最少和次少区域位于滇东北的盐津和滇东南的广南一带。与常年相比，除楚雄州大部、文山州北部、德宏州东南部等地偏少外，其余大部地区偏多，其中西双版纳州、保山市、曲靖市等地偏多200～300小时，全省站点平均年日照时数2 121.9小时，比30年平均偏多3.7%，为近30年的第7个多日照年、近10年第3个多日照年。日照除5月、9月、10月、12月偏少外，其余时段大都偏多。

【气象灾害】　2006年，云南省主要气象灾害是雪灾、旱灾、大风冰雹、雷击、洪涝及强降水引发滑坡、泥石流灾害。其中干旱、洪涝、滑坡、泥石流最为突出；其次是强对流天气引发的大风、冰雹、雷击等。全省因气象灾害造成2 103.1万人受灾，死亡385人，死亡大牲畜1.5万头（匹）。损坏房屋15.9万间，倒塌5.5万间。直接经济损失72.3亿元，其中农业经济损失53.6亿元。灾害所造成的经济损失较上年有所减少，但造成的人员伤亡较上年增加5成多。

（1）雪灾、低温冷害

2月16～17日，受强冷空气的影响，滇西北、滇西和滇东北出现了一次强降雨、降雪天气过程，怒江州、昭通市出现雪灾；2月27日至3月2日，云南省哀牢山及以东以北地区出现了大范围降温天气，其中有9个站的最低气温降至0℃以下，迪庆州、昭通市、曲靖市北部出现了小到中雪天气，造成雪灾；5月中旬，昭通市、宣威市、会泽县局部地区出现了罕见的5月雪灾。雪灾造成全省36.0万人受灾，死亡1人，紧急转移安置0.6万人损坏房屋0.4万间，倒塌0.02万间，农作物受灾3.3千公顷，绝收1.4千公顷，直接经济损失4 475.3万元，其中农业直接经济损失3 894.5万元。

4月上旬和5月上中旬，昭通市、大理州北部、迪庆州、曲靖市、昆明市、玉溪市北部、红河州北部出现低温、霜冻灾害。特别是

5月11～17日，滇中及以东以北地区出现了罕见的“5月低温”，全省77%的站点48小时最高气温降幅大于10℃，其中48%的站点降温幅度为13～21.6℃，全省最低气温48小时平均降幅为7.8℃，马龙、宣威、会泽、太华山、德钦、中甸6站点最低气温仅有1.0～4.5℃。此次降温创近30以来全省5月中旬历史同期日最低气温新纪录，造成部分地区已栽种的一季中稻和部分幼苗期的玉米生长受阻，出现“僵苗”现象。低温、霜冻灾害造成全省133.8万人受灾，农作物受灾16.7千公顷，绝收12.4千公顷，直接经济损失3.69亿元，其中农业直接经济损失3.43亿元。

9月4～17日，全省大部地区持续阴雨寡照，昭通、曲靖、昆明、大理、楚雄、玉溪、文山、红河、思茅等州市日平均最高气温24小时降幅达6～12℃，全省站点平均降水日数为7.8天，其中滇中以西以北大部地区及滇东北持续阴雨日数≥8天，出现了秋季连阴雨。9月28日至10月7日，滇西、滇西北及滇东北部分地区持续阴雨达9～10天，出现了秋季连阴雨。两次范围较大的“秋季连阴雨”，造成滇中地区大春作物的收晒入仓出现困难。滇中以北及较高海拔地区水稻、玉米光合作用效率降低，干物质积累不足，结实率和千粒重下降，影响产量形成。

（2）旱灾

1月至4月19日，云南省大部地区降水稀少，大部地区的累积降水量在50毫米以下，有58站在25毫米以下，其中有22站在10毫米以下。降水偏少50%以上的有79站（占全省的64%），其中偏少80%的站为27站（占全省的22%），造成13个州市出现冬春连旱，昆明、玉溪、楚雄、丽江、临沧、思茅等州市的干旱最为严重。

7月21日至9月30日，全省平均降水量为281毫米，打破了历史同期最少纪录，大部地区的降水为偏少至特少，其中有76站降水特少，占全省总站数的61%，主要分布在滇中、滇东、滇南、滇西、滇西北。全省大部出现了严重夏季干旱，滇中以东以北的丽江市、昭通市、楚雄州北部、昆明市北部、曲靖市北部受旱严重。

冬春连旱和夏旱造成全省782.8万人受灾，210.1万人饮水困难，农作物受灾731.6千公顷，绝收97.9千公顷，直接经济损失33亿余元，其中农业经济损失24.68亿元。

（3）洪涝

2006年5～10月，云南省共出现大雨961站次，暴雨238站次，大暴雨20站次，与多年同期平均值相比，虽然大雨偏少52站次，但是暴雨多18站次、大暴雨多13站次，且相对集中于部分地区和部分时段，如7月、8月、10月的大暴雨均多达5～8站次，分布区域多在昭通、红河、思茅、西双版纳、昆明、楚雄、临沧等州市，所引发的洪涝也最为突出，昭通市永善、巧家、镇雄、威信、鲁甸、盐津和红河州金平、蒙自等县因灾造成的人员伤亡和财产损失最重。暴雨洪涝造成全省528.4万人受灾，死亡160人，紧急转移安置7.8万人，损坏房屋5.6万间，倒塌3.3万间，农作物受灾210.8千公顷，绝收56.9千公顷，直接经济损失20.44亿元，其中农业直接经济损失12.89亿元。

（4）大风、冰雹、雷击

2006年春夏，云南省强对流天气频繁，大风、冰雹、雷击灾害出现频率高、影响范围广。7～8月中旬大风、冰雹造成滇中地区的烤烟等农作物受灾严重。全省因大风、冰雹和雷击灾害造成489.3万人受灾，死亡118人，其中雷击致死84人，且一次死亡3人以上的群死群伤现象明显增加，伤亡较重的地区是红河州以及楚雄州大姚县、保山市腾冲县、临沧市凤庆县。损坏房屋7.4万间，倒塌0.9万间；农作物受灾233.2千公顷，绝收49.5千公顷；死亡大牲畜0.5万头。直接经济损失11.86亿元，其中农业直接经济损失10.61万元。灾害损失较2005年偏重。

（5）滑坡、泥石流、坍塌

2006年汛期，滇东北、滇东南、滇西南等地因强降水引发发生了大面积的滑坡、泥石流灾害，其中昭通市、临沧市、思茅市、怒江州灾情较重。全省23.8万人受灾，106人死亡；房屋受损2.5万间，倒塌1.2万间；农作物受灾11.9千公顷，绝收4.5千公顷。造成直接经济损失1.94亿元，其中农业直接经济损失7 340.5万元。

（林国灶）

统 计 资 料

主　　编　张　春
责任编辑　杨　静

2000～2006 云南省年国民经济和社会发展主要指标

指　标	单位	2000 年	2001 年	2002 年	2003 年	2004 年	2005 年	2006 年
人口与就业								
年末总人口	万人	4 240.80	4 287.40	4 333.10	4 375.60	4 415.20	4 450.40	4 483.0
城镇人口	万人	990.60	1 066.00	1 127.00	1 163.90	1 240.70	1 312.90	1 367.3
乡村人口	万人	3 250.20	3 221.40	3 206.10	3 211.7	3 174.50	3 137.50	3 115.7
城镇人口所占比重	%	23.40	24.90	26.00	26.60	28.10	29.50	30.5
人口自然增长率	‰	11.48	10.94	10.60	9.80	9.00	7.97	6.90
年末就业人员数	万人	2 295.40	2 322.50	2 341.30	2 353.30	2 401.40	2 461.30	
第一产业	万人	1 695.90	1 710.40	1 715.80	1 709.30	1 711.90	1 709.20	
第二产业	万人	210.40	207.90	206.50	209.90	218.40	245.10	
第三产业	万人	389.20	404.20	419.00	434.10	471.10	507.00	
第三产业就业人员所占比重	%	17.00	17.40	17.90	18.40	19.60	20.60	
职工人数	万人	273.38	261.61	249.25	244.01	235.43	235.71	247.98
城镇登记失业人数	万人	6.77	8.00	9.80	12.12	11.95	12.97	13.79
城镇登记失业率	%	2.60	3.30	4.00	4.10	4.30	4.20	4.28
国民经济核算								
生产总值（当年价）	亿元	1 955.09	2 074.71	2 232.32	2 465.29	3 081.90	3 472.89	4 006.72
第一产业	亿元	436.26	450.54	470.50	502.84	593.60	669.81	749.81
第二产业	亿元	843.24	881.49	951.48	1 069.29	1 281.60	1 432.76	1 712.60
# 工业	亿元	697.69	723.98	780.33	872.14	1 066.40	1 180.83	1 408.76
第三产业	亿元	675.59	742.68	810.34	893.16	1 206.70	1 370.32	1 544.31
人均生产总值	元	4 637.00	4 866.00	5 179.00	5 662.00	7 012.00	7 835.00	8 970.00
生产总值指数	上年＝100	107.10	106.50	108.20	108.60	111.80	109.00	111.9
人均生产总值指数	上年＝100	105.90	105.30	107.00	107.50	110.80	108.10	111.0

续表

指　标	单位	2000 年	2001 年	2002 年	2003 年	2004 年	2005 年	2006 年
第三产业增加值比重	%	34.60	35.80	36.30	36.20	39.20	39.50	38.5
固定资产投资								
全社会固定资产投资	亿元	697.94	734.81	828.65	1 021.18	1 330.60	1 755.30	2 220.45
#房地产开发	亿元	83.23	87.98	96.72	114.97	169.56	246.91	332.15
#国有经济	亿元	466.20	490.41	522.34	544.48	617.34	815.27	1 067.49
集体经济	亿元	47.44	42.44	53.36	54.89	58.04	79.47	136.81
个体经济	亿元	110.02	128.16	135.85	197.93	278.78	240.58	377.03
财政								
财政总收入	亿元	433.16	432.61	466.02	510.00	666.30	766.40	887.00
地方财政收入	亿元	180.75	191.28	206.76	229.00	263.36	312.65	379.97
地方财政支出	亿元	414.11	496.43	526.89	587.35	663.64	766.31	893.58
人均地方财政收入	元	429.00	449.00	480.00	526.00	599.00	705.00	857.00
物价								
居民消费价格指数	上年＝100	97.90	99.10	99.80	101.20	106.00	101.40	101.9
商品零售价格指数	上年＝100	97.60	98.40	98.10	99.90	104.70	100.10	100.8
农业								
乡村就业人员	万人	1 948.91	1 971.02	1 990.44	2 002.71	2 029.99	2 050.93	
#农林牧渔业就业人员	万人	1 674.25	1 689.43	1 696.05	1 690.22	1 693.73	1 690.14	
常用耕地面积	千公顷			4 140.80	4 057.60	4 179.30	4 191.80	4 200.2
农林牧渔业总产值（当年价）	亿元	680.86	703.53	737.55	799.33	965.22	1 068.58	1 209.76
农林牧渔业总产值指数	上年＝100	106.50	103.60	104.60	106.60	106.80	106.90	108.4
主要农产品产量								
粮食	万吨	1 467.80	1 486.30	1 424.74	1 471.01	1 509.50	1 514.93	1 542.21
油料	万吨	26.98	27.35	27.52	29.70	33.41	36.22	39.01
甘蔗	万吨	1 420.29	1 481.10	1 733.36	1 694.96	1 688.49	1 415.50	1 678.73
烤烟	万吨	64.61	60.08	66.15	63.68	69.24	77.22	75.78
水果	万吨	76.95	79.29	85.63	96.53	115.52	136.63	162.56
茶叶	万吨	7.94	8.07	8.36	8.59	9.51	11.59	13.82
猪牛羊肉	万吨	191.51	203.84	218.73	234.53	257.10	277.32	296.13
水产品	万吨	16.62	18.02	19.26	20.43	22.05	23.85	29.24
工业								
全部工业总产值（当年价）	亿元	1 589.36	1 675.11	1 850.46	2 176.40	2 479.07	3 249.84	4 110.24
轻工业产值	亿元	802.70	863.76	954.27	1 014.71	917.21	1 120.47	1 269.63
重工业产值	亿元	786.66	811.35	896.19	1 161.69	1 561.86	2 129.37	2 840.61
全部工业总产值指数	上年＝100	108.10	107.00	109.50	114.80	115.30	117.10	122.0
规模以上工业增加值(当年价)	亿元	531.47	582.14	651.38	734.34	881.28	998.83	1 271.5
主要工业产品产量								

续表

指　标	单位	2000 年	2001 年	2002 年	2003 年	2004 年	2005 年	2006 年
布	万米	5 855.00	4 896.00	4 162.00	2 628.00	2 111.00	1 385.00	1002.00
机制纸及纸板	万吨	22.32	22.80	22.86	26.30	26.03	28.88	33.26
糖	万吨	152.25	125.49	146.98	191.12	195.26	153.57	140.31
卷烟	万箱	612.77	599.49	610.31	614.70	621.38	631.47	648.10
钢	万吨	189.41	222.02	274.74	294.75	349.31	513.41	635.38
成品钢材	万吨	183.71	186.20	210.34	286.54	350.55	486.93	588.06
原煤	万吨	2 216.00	2 394.00	3 066.00	4 060.00	5 317.00	6 462.00	7 339.00
发电量	亿千瓦小时	317.46	359.53	426.99	474.80	543.78	624.20	753.64
农用化肥	万吨	197.22	208.66	240.03	260.58	262.67	265.84	305.04
水泥	万吨	1 642.80	1 640.86	1 841.04	2 052.79	2 312.63	2 832.62	3 305.97
汽车	万辆	2.21	2.69	3.86	4.42	5.12	6.29	3.75
运输邮电								
公路通车里程	万千米	16.36	16.40	16.49	16.61	16.71	19.45	19.85
#高速公路	千米	517.00	517.00	746.00	1 064.00	1 291.00	1 421.00	
货运周转量	亿吨千米	479.52	517.31	551.15	595.88	628.39	656.49	692.21
旅客周转量	亿人千米	237.94	304.20	281.52	263.45	317.76	331.60	362.4
邮电业务总量	亿元	99.07	100.96	126.66	159.97	211.87	272.16	373.58
本地固定电话用户数	万户	288.90	359.90	437.20	483.20	547.40	597.70	644.23
移动电话用户数	万户	200.90	338.50	502.30	628.30	732.40	898.80	1 068.07
国内贸易								
社会消费品零售总额	亿元	583.17	640.80	711.25	782.46	915.31	1 034.40	1 188.88
对外贸易								
进出口总额	亿美元	18.13	19.89	22.26	26.68	37.48	47.38	62.32
出口	亿美元	11.75	12.44	14.30	16.77	22.39	26.41	33.91
进口	亿美元	6.38	7.45	7.97	9.91	15.09	20.97	28.40
旅游								
入境旅游人数	万人次	100.11	113.13	130.36	100.01	110.10	150.28	181.00
旅游外汇收入	亿美元	3.39	3.67	4.19	3.40	4.22	5.28	6.58
国内旅游人数	万人次	3 841.00	4 579.00	5 110.00	5 168.00	6 011.00	6 861.00	7 721.00
国内旅游收入	亿元	183.19	226.36	255.00	278.31	334.08	386.15	447.10
金融								
金融机构人民币存款余额	亿元	2 465.68	2 779.71	3 121.28	3 747.46	4 404.36	5 140.50	6 131.25
#居民储蓄存款余额	亿元	1 138.22	1 298.53	1 500.24	1 766.51	2 052.12	2 430.28	2 854.86
金融机构人民币贷款余额	亿元	1 987.83	2 173.45	2 418.48	2 955.57	3 398.29	3 987.58	4 803.51
人均居民储蓄存款余额	元	2 684.00	3 029.00	3 462.00	4 037.00	4 648.00	5 461.00	6 391.00
教育、文化、卫生								
普通高等学校在校学生数	万人	9.04	11.90	14.34	17.53	21.63	25.47	26.81

续表

指　标	单位	2000 年	2001 年	2002 年	2003 年	2004 年	2005 年	2006 年
普通中学在校学生数	万人	185.97	200.46	215.14	228.46	235.06	238.88	244.70
小学在校学生数	万人	472.06	460.50	450.93	441.88	440.65	441.23	452.26
小学学龄儿童入学率	%	99.02	99.37	99.58	96.14	96.15	96.30	96.57
初中学龄人口入学率	%	72.09	70.01	72.79	76.82	78.83	80.53	82.88
每万人口在校大学生数	人	21.32	27.76	33.26	40.25	45.63	52.36	60.02
公共图书馆	个	148.00	147.00	148.00	149.00	149.00	149.00	149.00
广播覆盖率	%	87.45	88.98	89.85	90.35	90.67	91.00	92.00
电视覆盖率	%	89.00	90.54	91.16	91.71	92.32	92.60	93.70
卫生机构数	个	13 356.00	12 552.00	8 541.00	9 804.00	9 436.00	10 110.00	10020
# 医院、卫生院	个	2 123.00	2 076.00	2 073.00	2 060.00	2 079.00	2 131.00	
卫生机构床位数	万张	9.75	9.98	9.66	9.84	10.22	10.70	11.05
# 医院、卫生院	万张	8.90	9.10	8.90	9.10	9.54	9.88	
卫生机构人员数	万人	15.16	14.98	13.32	13.40	13.67	14.22	14.56
# 卫生技术人员	万人	12.41	12.30	10.97	11.17	11.39	11.84	12.14
每千人拥有医院卫生院床位数	张	2.10	2.12	2.05	2.08	2.16	2.22	
环境保护								
烟尘控制区	个	25.00			22.00	13.00	18.00	22
工业废水排放达标率	%	46.26	65.10	65.84	69.75	74.73	80.96	89.16
工业固体废物综合利用率	%	35.49	32.05	32.39	39.84	40.07	35.00	41.0
自然保护区数	个	121.00		157.00	186.00	193.00	198.00	198
自然保护区面积	万公顷	242.32		298.70	340.55	347.33	354.95	354.95
人民生活								
职工年平均工资	元	9 231.00	10 537.00	11 987.00	12 870.00	14 581.00	16 140.00	18711
城镇居民人均可支配收入	元	6 324.64	6 797.71	7 240.62	7 643.57	8 870.88	9 265.90	10069.89
城镇居民人均生活消费性支出	元	5 185.31	5 252.60	5 828.06	6 023.56	6 837.01	6 996.90	7379.81
# 食品支出	元	2 091.70	2 105.66	2 423.43	2 506.62	2 895.60	2 997.06	3102.46
农村居民人均纯收入	元	1 478.60	1 533.76	1 608.77	1 697.12	1 864.19	2 041.79	2250.46
农村居民人均生活费支出	元	1 270.83	1 422.85	1 381.54	1 405.70	1 569.98	1 789.00	2195.64
# 食品支出	元	749.22	811.71	772.61	744.58	847.24	975.72	1071.13
城镇居民家庭恩格尔系数	%	40.34	40.09	41.58	41.61	42.35	42.83	42.04
农村居民家庭恩格尔系数	%	58.96	57.05	55.92	52.97	53.97	54.54	48.78

（制表人：陆　浩　李朝阳　王　舸　马玉蓉　王晓虹　张宜莉）

2006年全国各省、市、自治区财政收入

地区	收入合计	增值税	营业税	企业所得税	企业所得税退税	个人所得税
地方合计	183 035 800	31 963 804	49 681 725	21 824 991	- 18 221	9 815 402
北京	11 171 514	1 177 984	4 609 912	2 138 573		1 022 754
天津	4 170 479	806 681	1 159 176	534 939	- 2 976	212 141
河北	6 205 340	1 405 500	1 336 099	663 664	0	293 536
山西	5 833 752	1 188 365	744 806	527 204	0	156 988
内蒙古	3 433 774	594 813	888 508	272 831	- 1	120 836
辽宁	8 176 718	1 244 029	2 053 699	739 961	- 1 018	356 348
吉林	2 452 045	429 738	596 923	178 791	0	117 041
黑龙江	3 868 440	1 031 951	732 253	237 909	- 123	160 201
上海	15 760 742	2 702 130	5 586 744	2 714 672	- 8 393	1 310 730
江苏	16 566 820	3 294 346	4 318 092	2 208 691	0	817 307
浙江	12 982 044	2 486 339	3 868 717	2 042 473	- 166	809 783
安徽	4 280 265	691 811	1 025 791	410 851	- 1 043	139 687
福建	5 411 707	878 301	1 576 820	712 277	0	334 377
江西	3 055 214	411 759	755 107	246 651	0	123 580
山东	13 562 526	2 428 345	2 717 252	1 482 753	0	458 361
河南	6 791 715	1 058 397	1 433 424	702 140	- 846	240 540
湖北	4 760 823	778 051	1 152 962	475 696	- 96	195 529
湖南	4 779 274	692 813	1 158 144	300 567	- 1 117	202 224
广东	21 794 608	3 979 834	6 617 029	2 974 640	0	1 569 193
广西	3 425 788	469 098	810 494	234 998	- 210	147 318
海南	818 139	104 951	287 308	57 109		39 644
重庆	3 177 165	387 112	858 695	171 603	- 123	122 390
四川	6 075 850	847 362	1 786 426	543 877	- 146	268 400
贵州	2 268 157	381 878	557 303	214 095	- 800	110 417
云南	3 799 702	675 019	894 891	413 009	0	144 562
西藏	145 607	15 065	51 077	8 747	0	4 466
陕西	3 624 805	730 518	879 989	341 000	- 639	132 886
甘肃	1 412 152	314 071	372 674	106 902	- 293	57 884
青海	422 437	97 547	112 690	36 066	0	14 567
宁夏	613 570	110 274	188 223	32 246	- 229	24 599
新疆	2 194 628	549 722	550 497	100 056	- 2	107 113

注：1. 本表数据为预算执行数。

2. 本表数据为地方财政本级收入，不含财政部调整数。

2006 年全国各省、市、自治区财政支出

地区	支出合计	基本建设	企业挖潜改造资金	地质勘探费	科技三项费用	流动资金
地方合计	304 313 277	29 068 577	9 515 068	1 038 708	3 608 616	9 346
北京	12 968 389	993 036	516 313	13 994	112 209	0
天津	5 431 219	832 874	346 945	16 862	149 692	
河北	11 803 590	689 620	193 756	35 817	88 627	0
山西	9 155 698	547 333	16 511	25 223	55 715	651
内蒙古	8 121 330	1 253 030	240 095	16 811	45 414	0
辽宁	14 227 471	1 372 691	384 943	37 903	291 249	0
吉林	7 183 588	590 955	107 318	49 891	56 101	0
黑龙江	9 685 255	555 760	345 387	19 478	86 529	
上海	17 955 660	3 955 840	2 502 021	2 057	42 634	0
江苏	20 132 502	1 818 912	717 206	34 818	392 960	0
浙江	14 718 593	1 001 210	552 198	34 615	415 202	0
安徽	9 402 329	976 248	322 134	51 503	51 699	0
福建	7 286 973	555 755	226 137	16 820	96 134	521
江西	6 964 361	488 715	166 598	72 051	31 732	0
山东	18 334 400	821 963	748 249	35 346	276 583	4 031
河南	14 400 878	1 192 268	447 541	29 551	116 451	
湖北	10 470 041	511 554	136 444	19 892	99 706	22
湖南	10 645 177	726 660	159 927	78 701	104 357	0
广东	25 533 399	2 726 869	279 731	35 159	625 003	181
广西	7 295 172	621 530	150 485	35 361	44 712	0
海南	1 745 366	187 708	4 294	3 611	10 212	
重庆	5 942 543	746 977	129 649	7 903	61 033	0
四川	13 473 951	1 150 322	341 384	63 637	83 336	3 640
贵州	6 106 411	419 335	57 401	41 184	43 847	0
云南	8 935 821	860 634	119 060	32 432	63 474	300
西藏	2 001 969	585 771	2 775	16 392	5 483	0
陕西	8 241 805	723 240	152 544	61 405	65 049	0
甘肃	5 285 946	590 842	39 495	58 365	31 430	0
青海	2 146 628	363 827	19 957	21 036	8 896	0
宁夏	1 932 089	389 413	40 952	14 941	10 802	0
新疆	6 784 723	817 685	47 618	55 949	42 345	0

注：本表数据为预算执行数。

2006 年全国各省、市、自治区收入法地区生产总值

单位：亿元

地区		地区生产总值			
		劳动者报酬	生产税净额	固定资产折旧	营业盈余
北京	7 870.28	3 496.57	1 161.55	1 251.09	1 961.07
天津	4 359.15	1 383.36	775.09	595.09	1 605.61
河北	11 660.43	4 510.24	1 524.09	1 491.98	4 134.12
山西	4 752.54	1 716.84	720.21	698.24	1 617.25
内蒙古	4 791.48	1 951.94	550.42	701.28	1 587.84
辽宁	9 251.15	3 930.66	1 502.03	1 490.67	2 327.79
吉林	4 275.12	1 849.35	601.28	766.42	1 058.07
黑龙江	6 188.90	2 210.63	795.94	809.93	2 372.40
上海	10 366.37	3 756.56	1 623.36	1 730.51	3 255.94
江苏	21 645.08	8 805.23	3 328.41	3 232.53	6 278.91
浙江	15 742.51	6 345.74	2 284.55	2 191.19	4 921.03
安徽	6 148.73	2 755.92	874.88	811.63	1 706.30
福建	7 614.55	3 343.63	1 006.47	1 002.02	2 262.43
江西	4 670.53	2 099.33	597.38	541.90	1 431.92
山东	22 077.36	7 599.29	3 118.80	3 271.02	8 088.25
河南	12 495.97	5 227.84	1 499.87	1 339.45	4 428.81
湖北	7 581.32	3 143.27	1 095.62	1 172.59	2 169.84
湖南	7 568.89	3 533.65	993.47	990.76	2 051.01
广东	26 204.47	10 139.03	3 715.41	4 146.68	8 203.34
广西	4 828.51	2 202.71	526.07	522.95	1 576.79
海南	1 052.85	502.66	121.10	162.54	266.56
重庆	3 491.57	1 639.05	478.59	436.48	937.45
四川	8 637.81	3 925.83	1 029.32	1 469.67	2 212.99
贵州	2 282.00	1 019.87	348.03	346.98	567.12
云南	4 006.72	1 778.26	854.60	577.08	796.78
西藏	291.01	153.71	19.57	63.28	54.45
陕西	4 523.74	1 752.40	694.20	762.31	1 314.83
甘肃	2 276.70	1 055.14	343.67	385.60	492.29
青海	641.58	296.48	80.39	121.36	143.35
宁夏	710.76	339.07	94.98	133.65	143.06
新疆	3 045.26	1 358.57	367.31	424.96	894.42

注：本表按当年价格计算。

2006 年全国各省、市、自治区支出法地区生产总值

单位：亿元

地区		支出法地区生产总值（亿元）			资本形成率（投资率）（%）	最终消费率（消费率）（%）
		最终消费支出	资本形成总额	货物和服务净流出		
北京	7 870.28	4205.16	3970.92	－305.80	50.5	53.4
天津	4 359.15	1763.14	2 364.41	231.60	54.2	40.4
河北	11 660.43	4987.29	5 505.80	1 167.34	47.2	42.8
山西	4 785.93	2251.87	2 594.56	－60.50	54.2	47.1
内蒙古	4 791.48	2096.17	3 466.11	－770.80	72.3	43.7
辽宁	9 251.15	4126.50	5 003.32	121.33	54.1	44.6
吉林	4 964.86	2137.57	2 874.27	－46.98	57.9	43.1
黑龙江	6 188.90	2961.21	2 334.84	892.85	37.7	47.8
上海	10 366.37	5079.76	4 762.86	523.75	45.9	49.0
江苏	21 645.08	9005.61	10 673.86	1 965.61	49.3	41.6
浙江	15 742.51	7435.94	7 297.05	1 009.52	46.4	47.2
安徽	6 148.73	3384.94	2 786.53	－22.74	45.3	55.1
福建	7 749.62	3765.94	3 637.46	346.22	46.9	48.6
江西	4 674.88	2372.91	2 355.02	－53.05	50.4	50.8
山东	22 077.36	9 515.68	10 838.69	1 722.99	49.1	43.1
河南	12 495.97	6 209.92	6 343.94	－57.89	50.8	49.7
湖北	7 581.32	4 297.71	3 591.39	－307.78	47.4	56.7
湖南	7 568.89	4 612.97	3 216.69	－260.77	42.5	60.9
广东	26 204.47	12 892.81	9 621.48	3 690.18	36.7	49.2
广西	4 828.51	2 803.20	2 259.82	－234.51	46.8	58.1
海南	1 052.85	547.33	497.36	8.16	47.2	52.0
重庆	3 566.78	2 046.98	2 206.79	－686.99	61.9	57.4
四川	8 637.81	4 824.88	4 150.62	－337.69	48.1	55.9
贵州	2 282.00	1 824.79	1 174.77	－717.56	51.5	80.0
云南	4 006.72	2 615.77	2 386.22	－995.27	59.6	65.3
西藏	291.01	149.97	241.22	－100.18	82.9	51.5
陕西	4 523.74	1 871.51	2 798.67	－146.44	61.9	41.4
甘肃	2 276.70	1 387.87	1 090.73	－201.90	47.9	61.0
青海	641.58	423.49	427.63	－209.54	66.7	66.0
宁夏	710.76	454.61	528.47	－272.32	74.4	64.0
新疆	3 045.26	1 584.53	1 932.64	－471.91	63.5	52.0

注：本表按当年价格计算

2006 年全国各省、市、自治区城镇居民家庭平均每人全年消费性支出

地区	恩格尔系数	消费性支出	食品	粮食	淀粉及薯类	干豆类及豆制品	油脂类	肉禽及制品
全国	35.78	8 696.55	3 111.92	246.46	23.86	38.32	87.05	545.64
北京	30.76	14 825.41	4 560.52	259.48	34.59	44.18	97.01	631.25
天津	34.89	10 548.05	3 680.22	247.29	29.50	31.40	98.36	514.20
河北	33.94	7 343.49	2 492.26	221.30	24.31	31.52	108.35	381.51
山西	31.41	7 170.94	2 252.50	278.66	36.92	32.86	58.28	289.33
内蒙古	30.31	7 666.61	2 323.55	261.07	21.05	21.50	54.38	371.25
辽宁	38.84	7 987.49	3 102.13	294.32	41.09	44.94	97.16	474.51
吉林	33.42	7 352.64	2 457.21	234.11	32.36	39.78	66.69	402.42
黑龙江	33.29	6 655.43	2 215.68	255.09	30.58	33.04	66.69	365.97
上海	35.56	14 761.75	5 248.95	272.05	30.27	65.68	84.37	684.17
江苏	35.96	9 628.59	3 462.66	235.12	28.08	53.85	77.02	600.64
浙江	32.91	13 348.51	4 393.40	243.70	21.59	51.51	77.88	549.40
安徽	42.38	7 294.73	3 091.28	243.78	17.25	40.80	92.15	548.93
福建	39.30	9 807.71	3 854.26	312.79	21.89	44.67	88.46	772.80
江西	39.68	6 645.54	2 636.93	233.66	10.58	45.12	117.75	530.69
山东	32.02	8 468.40	2 711.65	223.57	23.64	33.23	69.02	422.44
河南	33.14	6 685.18	2 215.32	236.70	26.43	32.86	69.38	362.51
湖北	38.78	7 397.32	2 868.39	226.07	16.74	42.37	107.74	473.15
湖南	34.90	8 169.30	2 850.94	247.07	12.88	45.15	111.42	569.94
广东	36.23	12 432.22	4 503.86	284.50	16.64	31.03	103.39	1 013.76
广西	42.07	6 791.95	2 857.40	230.27	15.83	36.34	87.03	870.56
海南	43.47	7 126.78	3 097.71	192.93	11.98	18.36	87.74	823.87
重庆	36.34	9 398.69	3 415.92	212.43	30.11	39.18	95.87	634.93
四川	37.72	7 524.81	2 838.22	223.16	23.55	33.62	102.17	601.84
贵州	38.68	6 848.39	2 649.02	214.72	11.68	30.14	82.46	536.59
云南	42.04	7 379.81	3 102.46	253.76	17.19	32.84	43.50	497.35
西藏	50.19	6 192.57	3 107.90	317.87	29.79	6.98	95.58	722.54
陕西	34.28	7 553.28	2 588.91	248.14	28.26	38.77	77.38	323.42
甘肃	34.53	6 974.21	2 408.37	224.90	21.39	22.83	82.55	327.49
青海	36.24	6 530.11	2 366.42	246.14	17.86	19.03	59.98	430.84
宁夏	33.93	7 205.57	2 444.98	243.36	30.08	28.87	79.98	370.83
新疆	35.47	6 730.01	2 386.97	256.71	22.96	25.16	76.01	436.73

2006 年全国各省、市、自治区城镇居民平均每人全年家庭收入来源

本表绝对数按当年价格计算，指数按可比　　　　单位：亿元

地区	可支配收入	总收入				
			工薪收入	经营净收入	财产性收入	转移性收入
全国	11 759.45	12 719.19	8 766.96	809.56	244.01	2 898.66
北京	19 977.52	22 417.16	16 284.17	236.37	270.52	5 626.09
天津	14 283.09	15 476.04	9 259.72	742.97	165.05	5 308.30
河北	10 304.56	10 887.19	7 065.29	779.27	113.49	2 929.14
山西	10 027.70	10 793.89	7 877.30	377.03	159.43	2 380.14
内蒙古	10 357.99	10 811.87	7 552.68	955.60	209.77	2 093.82
辽宁	10 369.61	11 230.03	6 611.44	688.16	146.49	3 783.94
吉林	9 775.07	10 245.28	6 576.52	786.22	117.26	2765.28
黑龙江	9 182.31	9 721.90	6 028.06	1 032.13	99.33	2 562.37
上海	20 667.91	22 808.57	16 016.40	958.50	300.26	5 533.42
江苏	14 084.26	15 248.66	9 501.35	1 259.84	259.57	4 227.90
浙江	18 265.10	19 954.03	13 015.77	2 172.13	888.78	3 877.35
安徽	9 771.05	10 574.51	7 430.86	680.25	148.27	2 315.13
福建	13 753.28	15 102.39	10 164.49	956.46	508.74	3 472.69
江西	9 551.12	10 014.61	6 897.94	653.39	106.95	2 356.34
山东	12 192.24	13 222.85	10 442.06	558.18	220.66	2 001.96
河南	9 810.26	10 339.20	6 861.49	770.40	129.72	2 577.60
湖北	9 802.65	10 533.34	7 573.56	486.90	122.79	2 350.08
湖南	10 504.67	11 146.07	7 401.73	929.83	287.22	2 527.30
广东	16 015.58	17 725.56	13 031.33	1 339.38	565.47	2 789.37
广西	9 898.75	10 624.30	7 419.40	890.81	189.81	2 124.28
海南	9 395.13	10 081.70	6 954.45	727.12	231.24	2168.90
重庆	11 569.74	12 548.91	9 266.42	525.23	192.87	2 564.39
四川	9 350.11	10 117.00	6 675.99	644.00	260.22	2 536.79
贵州	9 116.61	9 439.31	6 507.12	886.32	120.92	1 924.96
云南	10 069.89	10 848.10	6 881.39	536.72	467.25	2 962.74
西藏	8 941.08	9 540.86	7 512.25	389.88	217.95	1 420.78
陕西	9 267.70	9 938.19	6 958.23	309.04	175.41	2 495.52
甘肃	8 920.59	9 586.46	7 008.40	403.57	32.14	2 142.35
青海	9 000.35	9 803.13	6 316.64	564.08	62.93	2 859.48
宁夏	9 177.26	10 002.03	6 450.79	978.99	89.19	2 483.06
新疆	8 871.27	9 689.07	7 490.69	594.81	58.39	1 545.18

2006 年全国各省、市、自治区地区生产总值

地区	地区生产总值	第一产业	第二产业			第三产业
				工业	建筑业	
北京	7 870.28	98.04	2 191.43	1 821.86	369.57	5 580.81
天津	4 359.15	118.23	2 488.29	2 292.73	195.56	1 752.63
河北	11 660.43	1 606.48	6 115.01	5 490.54	624.47	3 938.94
山西	4 752.54	276.77	2 748.33	2 485.06	263.27	1 727.44
内蒙古	4 791.48	649.62	2 327.44	1 978.19	349.24	1 814.42
辽宁	9 251.15	976.37	4 729.50	4 175.33	554.17	3 545.28
吉林	4 275.12	672.76	1 915.29	1 659.29	256.00	1 687.07
黑龙江	6 188.90	737.59	3 365.31	3 049.04	316.27	2 086.00
上海	10 366.37	93.80	5 028.37	4 670.11	358.26	5 244.20
江苏	21 645.08	1 545.01	12 250.84	11 110.24	1 140.60	7 849.23
浙江	15 742.51	925.10	8 509.57	7 590.57	919.00	6 307.85
安徽	6 148.73	1 028.66	2 648.13	2 190.18	457.95	2 471.94
福建	7 614.55	896.17	3 743.71	3 311.59	432.12	2 974.67
江西	4 670.53	786.14	2 320.74	1 806.15	514.59	1 563.65
山东	22 077.36	2 138.90	12 751.20	11 555.99	1 195.21	7 187.26
河南	12 495.97	2 049.92	6 724.61	6 031.21	693.40	3 721.44
湖北	7 581.32	1 140.41	3 365.08	2 929.19	435.89	3 075.83
湖南	7 568.89	1 332.23	3 151.70	2 694.11	457.59	3 084.96
广东	26 204.47	1 577.12	13 431.82	12 500.22	931.60	11 195.53
广西	4 828.51	1 032.47	1 878.56	1 592.33	286.23	1 917.47
海南	1 052.85	344.48	287.86	217.55	70.31	420.51
重庆	3 491.57	425.81	1 500.97	1 234.12	266.85	1 564.79
四川	8 637.81	1 595.48	3 775.19	3 144.72	630.47	3 267.14
贵州	2 282.00	393.17	980.78	855.56	125.22	908.05
云南	4 006.72	749.81	1 712.60	1 408.76	303.84	1 544.31
西藏	291.01	50.90	80.10	21.71	58.39	160.01
陕西	4 523.74	488.48	2 440.50	2 094.02	346.48	1 594.76
甘肃	2 276.70	333.35	1 043.19	868.13	175.06	900.16
青海	641.58	69.64	331.16	265.12	66.04	240.78
宁夏	710.76	79.54	349.83	289.33	60.50	281.39
新疆	3 045.26	527.80	1 459.30	1 241.33	217.97	1 058.16

续表

地区	地区生产总值					
	第三产业					
	交通运输、仓储和邮政业	批发和零售业	住宿和餐饮业	金融业	房地产业	其他服务业
北京	458.29	751.91	219.61	974.06	559.82	2 617.12
天津	252.86	468.12	79.41	186.87	160.72	604.65
河北	971.50	661.21	121.96	279.72	354.60	1 549.95
山西	383.38	295.61	112.95	138.26	118.06	679.18
内蒙古	426.16	390.90	170.03	87.81	122.32	617.20
辽宁	565.67	952.66	202.99	250.13	294.70	1 279.13
吉林	236.82	402.37	97.39	100.75	131.01	718.73
黑龙江	325.08	460.90	116.00	67.74	195.24	921.04
上海	669.01	929.16	194.08	825.20	688.10	1 938.65
江苏	928.41	2028.80	362.14	723.79	914.78	2 891.31
浙江	630.94	1435.97	253.89	846.63	807.52	2 332.90
安徽	409.64	449.63	112.17	130.25	247.76	1 122.50
福建	537.11	667.79	127.70	229.65	415.10	997.32
江西	306.14	326.58	76.43	76.13	171.06	607.31
山东	1 212.33	1 611.66	530.36	576.69	779.70	2 476.51
河南	739.29	682.40	377.94	219.72	348.70	1 353.39
湖北	425.37	649.37	179.51	174.99	264.73	1 381.86
湖南	426.09	558.88	151.39	184.70	268.52	1 495.38
广东	1 113.77	2 542.45	613.68	932.39	1784.68	4 208.55
广西	261.14	439.39	129.18	110.20	192.20	785.37
海南	73.81	104.10	30.67	13.76	34.41	163.76
重庆	259.59	314.33	77.24	106.56	158.20	648.87
四川	451.19	541.68	259.18	299.49	336.18	1 379.42
贵州	134.63	148.10	45.53	83.21	87.00	409.58
云南	175.98	306.20	80.87	144.03	168.64	668.59
西藏	13.62	24.08	15.34	4.30	11.76	90.91
陕西	281.54	337.60	87.11	114.67	117.34	656.50
甘肃	169.58	145.89	59.56	50.51	73.21	401.41
青海	35.27	38.90	11.13	22.67	15.86	116.95
宁夏	50.46	39.69	13.04	35.93	24.70	117.57
新疆	165.60	163.15	51.77	99.25	68.90	509.49

续表

地区	构成（地区生产总值=100）			指数（上年=100）				人均地区生产总值（元）
	第一产业	第二产业	第三产业	地区生产总值	第一产业	第二产业	第三产业	
北京	1.3	27.8	70.9	112.8	100.6	110.5	114.1	50467
天津	2.7	57.1	40.2	114.5	103.3	117.7	111.1	41 163
河北	13.8	52.4	33.8	113.4	105.0	115.1	114.3	16 962
山西	5.8	57.8	36.4	111.8	105.1	115.4	107.6	14 123
内蒙古	13.6	48.6	37.8	118.7	105.6	125.7	115.8	20 053
辽宁	10.6	51.1	38.3	113.8	106.9	118.6	110.0	21 788
吉林	15.7	44.8	39.5	115.0	104.2	117.0	117.4	15 720
黑龙江	11.9	54.4	33.7	112.1	108.5	112.9	112.4	16 195
上海	0.9	48.5	50.6	112.0	100.8	112.3	112.0	57 695
江苏	7.1	56.6	36.3	114.9	105.0	116.0	115.5	28 814
浙江	5.9	54.0	40.1	113.9	103.2	114.3	115.2	31 874
安徽	16.7	43.1	40.2	112.8	106.4	117.3	110.9	10 055
福建	11.8	49.1	39.1	114.8	102.5	117.0	116.0	21 471
江西	16.8	49.7	33.5	112.3	106.5	116.3	109.9	10 798
山东	9.7	57.7	32.6	114.8	105.2	116.7	114.5	23 794
河南	16.4	53.8	29.8	114.4	107.3	117.7	112.9	13 313
湖北	15.0	44.4	40.6	113.2	105.1	115.9	113.7	13 296
湖南	17.6	41.6	40.8	112.2	104.8	116.5	111.7	11 950
广东	6.0	51.3	42.7	114.6	104.2	116.9	113.4	28 332
广西	21.4	38.9	39.7	113.6	106.5	119.3	112.2	10 296
海南	32.7	27.4	39.9	112.5	109.1	119.8	111.0	12 654
重庆	12.2	43.0	44.8	112.2	94.5	116.9	114.0	12 457
四川	18.5	43.7	37.8	113.3	102.6	120.0	111.8	10 546
贵州	17.2	43.0	39.8	111.6	104.6	114.2	112.3	5 787
云南	18.7	42.8	38.5	111.9	106.8	117.0	109.2	8 970
西藏	17.5	27.5	55.0	113.3	103.1	123.0	112.4	10 430
陕西	10.8	53.9	35.3	112.8	107.4	114.3	112.4	12 138
甘肃	14.7	45.8	39.5	111.5	105.2	114.2	111.1	8 757
青海	10.9	51.6	37.5	112.2	103.5	115.8	110.5	11 762
宁夏	11.2	49.2	39.6	112.7	106.2	117.7	109.1	11 847
新疆	17.3	48.0	34.7	111.0	105.7	111.2	113.6	15 000

2006 年全国各省、市、自治区全部国有及规模以上非国有工业企业主要指标

单位：亿元

地区	企业单位数（个数）	工业总产值	工业增加值	资产总计	流动资产总计	流动资产年平均余额
北京	6 400	8 210.00	1 840.21	14 244.40	4 594.98	4 319.91
天津	6 301	8 527.70	2 443.84	7 129.02	3 646.97	3 425.59
河北	10 634	13 489.80	3 880.22	11 250.95	4 763.83	4 470.92
山西	4 668	5 902.84	2 148.41	8 865.50	3 458.51	3 230.11
内蒙古	3 075	4 140.05	1 778.17	5 605.92	1 864.67	1 748.69
辽宁	14 754	14 167.95	4 141.22	14 140.89	6 476.86	6 044.27
吉林	3 249	4 752.72	1 514.36	5 449.59	1 993.84	1 884.02
黑龙江	2 956	5 440.17	2 564.28	5 690.43	2 339.02	2 341.80
上海	14 404	18 573.13	4 833.88	17 926.10	9 283.69	8 712.15
江苏	36 319	41 410.40	10 309.22	30 500.98	16 238.01	15 136.91
浙江	45 686	29 129.94	5 993.00	24 895.59	13 379.78	12 653.24
安徽	6 523	5 915.59	1 885.64	6 234.68	2 548.94	2 424.23
福建	13 755	10 005.08	2 847.81	8 168.75	4 111.21	3 852.73
江西	5 333	4 245.49	1 288.09	3 671.41	1 621.39	1 494.83
山东	31 936	38 780.10	11 493.87	26 475.35	11 543.73	11 201.60
河南	11 895	13 889.77	4 603.78	11 026.18	4 528.04	4 340.51
湖北	7 546	7 454.07	2 392.22	9 694.56	3 340.85	3 200.61
湖南	8 999	6 131.18	2 089.06	5 582.18	2 127.03	2 039.00
广东	3 7494	4 4674.75	11 780.89	33 869.53	18 130.86	17 553.00
广西	4 051	3 356.76	1 074.80	3 504.89	1 427.32	1 344.44
海南	595	640.26	190.25	961.15	339.33	303.31
重庆	3 208	3 213.45	935.64	3 603.06	1 627.86	1 538.65
四川	8 995	7 934.41	2 786.55	9 182.08	3 890.88	3 677.97
贵州	2 594	2 066.77	747.38	3 214.39	1 138.92	1 045.08
云南	2 602	3 393.09	1 271.50	4 808.98	2 119.58	1 947.40
西藏	204	33.33	18.87	119.87	36.02	31.76
陕西	3 375	4 442.81	1 831.00	6 130.02	2 514.54	2 300.32
甘肃	1 733	2 483.56	707.63	3 211.31	1 228.57	1 156.92
青海	435	640.66	259.62	1 382.70	414.70	381.75
宁夏	761	859.70	264.54	1 299.05	516.84	487.64
新疆	1 481	2 683.44	1 159.79	3 375.02	1 063.37	996.82

2006年全国各省、市、自治区各地区居民消费价格分类指数

（上年 = 100）

地区	总指数	食品	#粮食	#油脂	#肉禽及其制品	#蛋	#水产品
北京	100.9	102.8	101.6	101.5	99.4	99.7	101.9
天津	101.5	102.7	103.7	97.6	96.6	95.5	103.7
河北	101.7	103.2	103.0	98.5	95.8	94.6	101.7
山西	102.0	103.0	101.3	99.6	95.0	94.8	97.5
内蒙古	101.5	102.6	102.5	98.8	97.2	98.2	100.0
辽宁	101.2	102.4	102.6	99.9	96.5	91.8	99.4
吉林	101.4	102.4	104.4	100.6	95.6	98.1	96.6
黑龙江	101.9	103.0	104.9	99.3	96.2	96.9	102.6
上海	101.2	102.5	101.9	97.6	100.6	95.4	102.0
江苏	101.6	102.6	103.5	98.1	96.3	95.2	103.8
浙江	101.1	101.9	103.6	99.1	95.7	94.8	102.5
安徽	101.2	101.6	103.1	97.7	95.8	95.4	97.0
福建	100.8	102.0	104.4	98.8	97.2	95.2	102.2
江西	101.2	101.1	100.9	97.9	94.4	97.1	97.2
山东	101.0	102.1	102.8	99.5	95.8	95.7	103.4
河南	101.3	101.7	101.7	99.9	96.3	96.1	99.7
湖北	101.6	102.0	105.1	96.9	97.2	96.4	96.5
湖南	101.4	101.4	100.9	96.0	96.6	99.1	97.7
广东	101.8	102.4	101.8	100.1	97.8	97.9	101.9
广西	101.3	101.9	101.0	101.1	95.8	98.7	101.4
海南	101.5	102.3	102.1	100.1	98.6	98.2	105.2
重庆	102.4	103.1	101.3	98.8	99.6	97.7	98.7
四川	102.3	102.9	101.5	96.6	100.6	95.8	100.5
贵州	101.7	103.4	102.9	96.6	99.9	94.7	103.3
云南	101.9	102.4	101.5	97.3	98.5	97.4	96.3
西藏	102.0	102.9	97.3	100.7	102.7	101.6	103.6
陕西	101.5	102.9	103.2	99.3	97.2	96.6	99.8
甘肃	101.3	103.7	103.4	98.9	98.4	95.4	100.3
青海	101.6	102.9	104.6	96.2	96.0	96.2	101.7
宁夏	101.9	103.9	101.7	98.7	97.5	93.6	97.0
新疆	101.3	102.4	102.0	97.9	97.9	93.1	98.6

2006 年全国各省、市、自治区各地区按经营单位所在地分货物进出口总额

单位：万美元

地区	2005			2006		
	进出口	出口	进口	进出口	出口	进口
全国	14 2190 617	76 195 341	65 995 276	176 039 647	96 893 560	79 146 087
北京	12 550 643	3 086 590	9 464 052	15 803 663	3 795 398	12 008 265
天津	5 327 680	2 738 088	2 589 592	6 446 194	3 349 078	3 097 116
河北	1 607 035	1 092 430	514 605	1 853 088	1 283 400	569 688
山西	554 565	352 849	201 716	662 710	413 963	248 747
内蒙古	487 625	177 362	310 263	596 082	214 050	382 032
辽宁	4 101 327	2 343 832	1 757 494	4 839 024	2 831 942	2 007 083
吉林	652 772	246 616	406 157	791 404	299 665	491 739
黑龙江	956 602	606 944	349 658	1 285 655	843 595	442 060
上海	18 633 674	9 071 752	9 561 922	22 752 420	11 358 927	11 393 493
江苏	22 792 276	12 296 671	10 495 605	28 397 838	16 040 962	12 356 876
浙江	10 738 966	7 680 245	3 058 721	13 914 161	10 089 056	3 825 105
安徽	911 939	518 850	393 088	1 224 514	683 775	540 739
福建	5 441 119	3 484 187	1 956 932	6 265 963	4 126 174	2 139 789
江西	406 461	243 934	162 527	619 486	375 302	244 185
山东	7 673 587	4 612 289	3 061 298	9 521 381	5 859 834	3 661 548
河南	772 492	508 753	263 739	979 457	663 440	316 016
湖北	905 475	442 868	462 607	1 176 219	626 063	550 157
湖南	600 019	374 714	225 305	735 226	509 182	226 043
广东	42 796 497	23 815 883	18 980 614	52 719 910	30 194 643	22 525 267
广西	518 150	287 663	230 487	666 756	359 297	307 459
海南	254 234	102 254	151 979	284 621	137 562	147 059
重庆	429 284	252 058	177 226	546 968	335 102	211 866
四川	790 196	470 161	320 036	1 102 082	662 412	439 670
贵州	140 357	85 894	54 463	161 771	103 843	57 928
云南	474 344	264 173	210 172	622 484	339 149	283 334
西藏	20 547	16 538	4 009	32 838	22 222	10 616
陕西	457 687	307 689	149 998	536 029	362 961	173 068
甘肃	263 027	109 100	153 928	382 493	150 960	231 533
青海	41 331	32 320	9 011	65 172	53 420	11 752
宁夏	96 657	68 742	27 915	143 713	94 262	49 450
新疆	794 049	503 892	290 157	910 327	713 923	196 404

2006 年全国各省、市、自治区社会消费品零售总额

单位：亿元

地区	社会消费品零售总额	按销售单位所在地分			按行业分		
		市	县	县以下	批发和零售业	住宿和餐饮业	其他
北京	3 275.2	2 831.4	26.2	417.7	2 865.6	362.4	47.3
天津	1 356.8	1 275.4	44.3	37.1	1 143.0	210.0	3.8
河北	3 397.4	1 612.1	680.1	1 105.2	2 913.1	419.4	64.9
山西	1 613.4	1 038.6	307.8	267.1	1 358.2	191.3	63.9
内蒙古	1 595.3	1 080.6	326.3	188.4	1 263.8	284.3	47.2
辽宁	3 434.6	2 872.5	163.9	398.2	2 870.3	513.0	51.4
吉林	1 675.8	1 304.1	127.5	244.3	1 440.1	230.1	5.7
黑龙江	1 997.7	1 524.7	237.8	235.2	1 718.6	241.2	37.9
上海	3 360.4	2 938.7	23.9	397.8	2 896.3	452.2	12.0
江苏	6 623.2	4 822.9	413.5	1 386.8	5 815.8	746.5	60.9
浙江	5 325.3	3 519.0	519.4	1 286.9	4 658.8	609.9	56.7
安徽	2 029.4	1 106.2	406.3	516.9	1 719.5	283.8	26.1
福建	2 704.2	1 743.2	306.2	654.8	2 324.3	329.7	50.2
江西	1 428.0	748.9	312.6	366.5	1 262.7	149.1	16.2
山东	7 122.5	4 534.0	788.4	1 800.2	6 000.1	887.2	235.3
河南	3 880.5	2 119.9	753.6	1 007.0	3 221.6	588.7	70.2
湖北	3 412.0	2 395.6	321.0	695.4	2 783.2	455.7	173.1
湖南	2 834.2	1 630.3	480.3	723.5	2 386.6	404.3	43.3
广东	9 118.1	6 472.5	383.3	2 262.3	7 642.3	1 321.1	154.6
广西	1 600.8	943.8	280.1	376.9	1 380.2	192.3	28.4
海南	308.3	221.1	22.5	64.7	241.1	55.3	11.8
重庆	1 403.6	833.8	187.2	382.5	1 196.4	194.3	12.9
四川	3 421.6	1 651.3	604.4	1 166.0	2 676.9	625.5	119.2
贵州	689.8	411.5	130.7	147.6	601.7	76.1	12.0
云南	1 188.9	651.1	275.4	262.4	949.8	178.7	60.4
西藏	89.7	43.8	35.6	10.3	71.6	15.8	2.3
陕西	1 522.0	992.8	272.2	257.0	1 326.7	165.5	29.8
甘肃	717.5	462.5	114.5	140.5	579.0	116.0	22.4
青海	180.1	122.8	37.7	19.6	146.0	30.3	3.9
宁夏	199.0	148.4	25.5	25.1	162.9	32.8	3.3
新疆	727.6	509.2	106.9	111.5	577.8	110.7	39.1

2006 年全国各省、市、自治区主要农产品人均占有量

单位：千克

地区	粮食	棉花	油料	猪牛羊肉	水产品	牛奶	# 梨	# 葡萄	# 香蕉
北京	70	0.1	1.4	23.0	4.0	39.7	15.4	4.7	0.0
天津	136	10.3	1.1	43.6	32.5	64.5	2.6	10.4	0.0
河北	393	9.1	21.9	69.5	15.7	59.3	333.5	87.8	0.0
山西	319	3.5	5.7	19.6	1.3	24.1	18.4	9.2	0.0
内蒙古	713		48.9	89.8	3.6	363.4	7.9	3.5	0.0
辽宁	406		9.0	58.3	103.6	22.1	70.5	58.7	0.0
吉林	1000	0.1	21.5	63.1	4.8	12.7	13.8	11.1	0.0
黑龙江	876		16.5	38.2	12.3	120.5	4.9	2.3	0.0
上海	62	0.1	3.0	9.4	21.6	12.3	3.2	3.4	0.0
江苏	405	5.1	29.0	32.2	53.9	7.8	61.4	20.8	0.0
浙江	179	0.5	9.6	27.3	98.3	5.2	33.0	23.8	0.0
安徽	468	6.7	42.8	45.6	30.5	2.1	80.4	17.5	0.0
福建	198		7.6	39.8	169.2	4.82	15.2	8.5	85.1
江西	429	2.2	18.0	45.7	41.7	3.2	8.1	0.4	0.0
山东	436	11.0	38.6	53.7	80.4	23.3	110.3	84.5	0.0
河南	534	8.8	51.1	67.2	6.5	15.7	69.6	40.5	0.0
湖北	388	7.9	49.1	48.5	58.1	2.4	51.8	7.4	0.0
湖南	427	3.9	23.6	76.0	29.2	1.1	11.8	6.0	0.0
广东	150		8.4	28.9	78.3	1.3	4.4	0.0	335.3
广西	312		13.7	46.9	63.2	1.3	13.6	13.7	124.3
海南	223		10.8	53.5	199.5	0.1	0.0	0.0	108.6
重庆	325		14.4	54.4	8.1	3.0	17.2	1.9	0.2
四川	353	0.2	26.5	72.3	13.2	7.6	74.6	17.1	1.9
贵州	300		23.9	42.9	3.0	1.1	13.9	2.3	0.9
云南	345		8.7	66.3	6.5	8.1	21.7	9.0	33.8
西藏	331		19.6	81.4	0.2	77.3	0.1		0.0
陕西	292	2.3	11.9	24.3	2.1	34.2	65.0	16.8	0.0
甘肃	311	4.9	18.8	31.8	0.6	13.8	31.5	9.0	0.0
青海	162		48.6	48.3	0.4	43.6	0.5		0.0
宁夏	518		17.4	39.8	11.2	107.9	0.9	6.5	0.0
新疆	444	107.8	16.2	65.9	4.2	88.6	43.5	150.2	0.0

2006 年全国各省、市、自治区各地区农村居民家庭平均每人生活消费现金支出

单位：元

地区	恩格尔系数	生活消费支出合计	食品	衣着	居住	家庭设备及服务
全国	34.59	2 415.47	835.48	167.34	438.31	126.07
北京	32.32	5 681.09	1 836.31	451.63	859.33	303.46
天津	34.75	3 261.91	1 133.62	265.16	664.43	122.41
河北	30.54	2 246.29	685.98	167.75	512.50	115.82
山西	32.31	2 039.80	659.02	227.43	300.56	98.26
内蒙古	30.52	2 378.60	726.06	184.07	316.74	97.95
辽宁	31.61	2 740.97	866.55	242.96	479.84	112.15
吉林	34.12	2 398.45	818.37	189.90	306.94	105.11
黑龙江	31.61	2 365.23	747.54	198.85	483.31	79.26
上海	36.18	7 807.08	2 824.99	417.57	1 657.68	481.04
江苏	35.08	3 658.19	1 283.17	222.59	610.53	199.48
浙江	34.39	5 819.70	2 001.40	368.52	1 182.44	288.02
安徽	34.02	2 050.09	697.37	138.18	355.93	116.76
福建	40.71	3 217.66	1 310.07	213.26	504.67	167.33
江西	36.82	2 111.73	777.45	130.06	344.34	105.68
山东	31.96	2 867.30	916.49	197.11	548.00	158.71
河南	31.81	1 875.98	596.73	159.46	405.70	104.75
湖北	32.71	2 099.64	686.75	144.26	340.37	134.17
湖南	37.55	2 444.90	918.18	137.66	398.01	129.51
广东	43.80	3 421.56	1 498.49	151.11	558.80	148.10
广西	39.22	1 917.97	752.23	79.91	372.76	110.09
海南	43.67	1 759.26	768.24	75.15	202.27	87.85
重庆	36.10	1 600.58	577.76	113.27	223.51	117.24
四川	37.21	1 816.09	675.71	132.85	292.49	112.21
贵州	33.64	1 167.92	392.85	88.56	253.00	64.91
云南	33.23	1 597.26	530.84	93.61	378.06	83.75
西藏	34.87	1 435.41	500.57	175.18	384.06	117.00
陕西	31.58	1 938.60	612.12	138.33	336.57	94.88
甘肃	27.91	1 365.33	381.12	97.23	247.41	77.78
青海	27.18	1 657.87	450.66	160.51	348.33	90.12
宁夏	28.71	1 824.87	523.86	159.10	397.84	104.32
新疆	29.15	1 696.40	494.47	182.85	358.29	70.79

2006年全国各省、市、自治区按来源分农村居民家庭人均纯收入

单位：元

地区	纯收入	工资性收入	家庭经营纯收入	财产性收入	转移性收入
全国	3 587.04	1 374.80	1 930.96	100.50	180.78
北京	8 275.47	5 047.39	1 957.09	678.81	592.19
天津	6 227.94	3 247.92	2 707.35	126.37	146.29
河北	3 801.82	1 514.68	2 039.64	107.72	139.78
山西	3 180.92	1 374.34	1 622.86	74.51	109.21
内蒙古	3 341.88	590.70	2 406.21	84.81	260.16
辽宁	4 090.40	1 499.47	2 210.84	141.80	238.30
吉林	3 641.13	605.11	2 556.70	187.74	291.58
黑龙江	3 552.43	654.86	2 521.51	145.69	230.38
上海	9 138.65	6 685.98	767.71	558.17	1126.80
江苏	5 813.23	3 104.77	2 271.37	178.51	258.58
浙江	7 334.81	3 575.14	3 084.28	311.60	363.80
安徽	2 969.08	1 184.11	1 617.76	52.78	114.43
福建	4 834.75	1 855.53	2 481.62	113.52	384.09
江西	3 459.53	1 441.34	1 863.50	35.13	119.57
山东	4 368.33	1 671.54	2 409.78	127.60	159.40
河南	3 261.03	1 022.74	2 108.26	40.37	89.66
湖北	3 419.35	1 199.16	2 095.15	25.91	99.13
湖南	3 389.62	1 449.65	1 743.39	42.49	154.09
广东	5 079.78	2 906.15	1 693.64	220.87	259.12
广西	2 770.48	974.32	1 705.75	22.45	69.96
海南	3 255.53	555.72	2 486.94	49.44	163.43
重庆	2 873.83	1 309.91	1 349.57	27.29	187.07
四川	3 002.38	1 219.51	1 586.54	52.84	143.50
贵州	1 984.62	715.49	1 112.81	36.93	119.38
云南	2 250.46	441.81	1 631.60	82.19	94.85
西藏	2 434.96	568.39	1 410.51	156.00	300.06
陕西	2 260.19	848.26	1 219.33	52.56	140.04
甘肃	2 134.05	637.37	1 291.85	52.56	152.27
青海	2 358.37	653.30	1 374.36	100.66	230.05
宁夏	2 760.14	823.09	1 662.07	53.35	221.63
新疆	2 737.28	254.07	2 323.01	58.69	101.51

2006 年全国各省、市、自治区农、林、牧、渔业总产值及指数

本表绝对数按当年价格计算，指数按可比价格计算。

地区	绝对数（亿元）					指数（上年=100）				
	农林牧渔业总产值	# 农业	# 林业	# 牧业	# 渔业	农林牧渔业总产值	# 农业	# 林业	# 牧业	# 渔业
北京	270.0	109.3	14.8	123.6	9.8	101.2	107.5	105.1	94.2	100.4
天津	271.0	105.4	2.0	104.2	38.7	103.5	104.0	104.6	102.9	104.8
河北	2 771.8	1 394.7	44.3	1 136.8	86.9	105.5	106.0	92.8	104.9	108.3
山西	512.4	304.0	15.3	150.4	3.5	105.7	107.0	89.5	103.4	113.9
内蒙古	1 085.9	532.4	41.8	487.3	8.3	106.8	105.9	96.3	108.6	105.4
辽宁	1 841.3	715.1	52.3	654.6	366.4	107.0	103.6	110.1	108.5	108.6
吉林	1 155.5	597.0	44.3	483.5	17.0	107.5	109.6	98.1	105.1	114.0
黑龙江	1 387.7	787.4	68.0	480.7	30.1	106.4	106.5	101.0	106.9	108.4
上海	237.0	120.0	10.4	46.3	55.3	100.7	103.2	93.9	92.5	105.8
江苏	2 707.1	1 389.6	54.2	571.4	552.2	104.9	105.4	115.7	101.2	106.8
浙江	1 514.6	712.5	86.0	287.3	403.5	103.5	104.6	105.5	101.5	102.6
安徽	1 779.9	905.6	88.4	540.4	191.1	106.5	108.7	107.3	103.0	106.7
福建	1 496.4	628.7	105.8	279.7	463.4	103.0	102.6	104.9	102.1	103.4
江西	1 228.3	556.9	104.6	368.2	178.7	106.1	105.4	118.3	103.1	107.4
山东	4 056.6	2 221.4	65.5	1 160.4	537.7	105.2	105.4	110.7	104.4	103.9
河南	3 589.7	1 996.2	94.9	1 299.1	44.0	107.4	108.1	107.7	106.6	119.0
湖北	1 871.0	1 018.8	40.5	523.8	259.8	104.9	105.6	99.5	103.3	105.7
湖南	2 131.9	1 023.5	112.5	808.3	150.5	104.9	105.5	106.1	103.4	108.1
广东	2 678.3	1 261.1	67.6	656.8	570.4	104.0	103.6	95.0	103.1	106.0
广西	1 648.1	829.4	79.7	564.5	153.6	107.3	106.1	121.6	107.8	105.6
海南	543.9	214.6	70.5	99.3	148.3	109.4	111.1	104.7	107.1	110.8
重庆	637.2	341.0	22.3	240.3	21.9	96.1	94.2	99.1	98.9	88.3
四川	2 602.1	1 075.1	76.7	1 317.4	87.2	103.7	98.8	107.3	107.1	109.1
贵州	610.6	354.6	25.8	207.6	12.4	104.8	102.4	104.4	108.2	119.8
云南	1 209.8	630.2	142.6	362.9	26.3	108.4	107.8	113.2	107.4	117.1
西藏	70.0	31.8	2.8	33.0	0.2	100.8	120.8		107.6	
陕西	818.7	531.6	28.9	221.9	5.6	107.3	107.9	102.3	106.8	111.5
甘肃	561.4	395.4	15.0	135.6	1.2	104.6	103.6	85.6	109.0	105.3
青海	100.6	38.1	2.0	56.3	0.1	103.7	96.6	113.7	108.6	168.1
宁夏	152.2	89.2	5.0	49.4	4.4	106.8	106.4	90.3	108.2	114.1
新疆	883.5	638.6	17.2	189.1	4.7	107.5	107.6	106.6	107.8	106.0

2006年全国各省、市、自治区人口数和出生率、死亡率、自然增长率

全国数据未包括香港、澳门特别行政区和台湾省的人口数据。

地区	总人口（年末）（万人）	出生率（‰）	死亡率（‰）	自然增长率（‰）
全国	131 448	12.09	6.81	5.28
北京	1 581	6.26	4.97	1.29
天津	1 075	7.67	6.07	1.60
河北	6 898	12.82	6.59	6.23
山西	3 375	11.48	5.73	5.75
内蒙古	2 397	9.87	5.91	3.96
辽宁	4 271	6.40	5.30	1.10
吉林	27 23	7.67	5.00	2.67
黑龙江	3 823	7.57	5.18	2.39
上海	1 815	7.47	5.89	1.58
江苏	7 550	9.36	7.08	2.28
浙江	4 980	10.29	5.42	4.87
安徽	6 110	12.60	6.30	6.30
福建	3 558	12.00	5.75	6.25
江西	4 339	13.80	6.01	7.79
山东	9 309	11.60	6.10	5.50
河南	9 392	11.59	6.27	5.32
湖北	5 693	9.08	5.95	3.13
湖南	6 342	11.92	6.73	5.19
广东	9 304	11.78	4.49	7.29
广西	4 719	14.44	6.10	8.34
海南	836	14.59	5.73	8.86
重庆	2 808	9.90	6.50	3.40
四川	8 169	9.14	6.28	2.86
贵州	3 757	13.97	6.71	7.26
云南	4 483	13.20	6.30	6.90
西藏	281	17.40	5.70	11.70
陕西	3 735	10.19	6.15	4.04
甘肃	2 606	12.86	6.62	6.24
青海	548	15.24	6.27	8.97
宁夏	604	15.53	4.84	10.69
新疆	2 050	15.79	5.03	10.76

注：1. 本表数据根据2006年人口变动情况抽样调查数据推算。

2. 全国总人口包括现役军人数，分地区数字中未包括。

3. 全国总人口根据2006年人口变动情况抽样误差和调查误差进行了修正，分地区人口未作修正（下表同）。

2006 年全国各省、市、自治区各地区人口的城乡构成

单位：万人

地区	总人口（年末）	城镇人口		乡村人口	
		人口数	比重（%）	人口数	比重（%）
全国	131 448	57 706	43.90	73 742	56.10
北京	1 581	1 333	84.33	248	15.67
天津	1 075	814	75.73	261	24.27
河北	6 898	2 652	38.44	4 246	61.56
山西	3 375	1 452	43.01	1 923	56.99
内蒙古	2 397	1 166	48.64	1 231	51.36
辽宁	4 271	2 519	58.99	1 752	41.01
吉林	2 723	1 442	52.97	1 281	47.03
黑龙江	3 823	2 045	53.50	1 778	46.50
上海	1 815	1 610	88.70	205	11.30
江苏	7 550	3 918	51.90	3 632	48.10
浙江	4 980	2 814	56.50	2 166	43.50
安徽	6 110	2267	37.10	3 843	62.90
福建	3 558	1 708	48.00	1 850	52.00
江西	4 339	1 678	38.68	2 661	61.32
山东	9 309	4 291	46.10	5 018	53.90
河南	9 392	3 050	32.47	6 342	67.53
湖北	5 693	2 494	43.80	3 199	56.20
湖南	6 342	2 455	38.71	3 887	61.29
广东	9 304	5 862	63.00	3 442	37.00
广西	4 719	1 635	34.64	3 084	65.36
海南	836	385	46.10	451	53.90
重庆	2 808	1 311	46.70	1 497	53.30
四川	8 169	2 802	34.30	5 367	65.70
贵州	3 757	1 032	27.46	2 725	72.54
云南	4 483	1 367	30.50	3 116	69.50
西藏	281	79	28.21	202	71.79
陕西	3 735	1 461	39.12	2 274	60.88
甘肃	2 606	810	31.09	1 796	68.91
青海	548	215	39.26	333	60.74
宁夏	604	260	43.00	344	57.00
新疆	2 050	778	37.94	1 272	62.06

注：本表数据根据 2006 年人口变动情况抽样调查数据推算。

2006年全国各省、市、自治区各地区全社会固定资产投资资金来源

单位：亿元

地区	本年资金来源小计	国家预算内资金	国内贷款	利用外资	自筹资金	其他资金
北京	4 846.6	105.4	1 316.3	76.2	1 523.4	1 825.4
天津	2 282.6	22.8	527.8	153.0	1 181.9	397.3
河北	5 661.1	98.8	638.0	77.0	4 247.0	600.3
山西	2 353.4	81.8	474.0	29.2	1 504.4	263.9
内蒙古	3 293.5	149.2	400.9	21.8	2 514.2	207.3
辽宁	6 026.8	271.5	742.5	132.4	4 184.7	695.6
吉林	2 576.8	83.0	264.9	60.1	1 852.6	316.1
黑龙江	2 261.1	119.6	222.5	30.3	1 560.4	328.2
上海	4 922.3	74.3	1 157.0	270.4	2 241.9	1 178.7
江苏	10 775.4	66.6	1 445.2	874.8	6 797.5	1 591.4
浙江	8 446.1	130.4	1 564.6	387.5	4 795.7	1 567.9
安徽	3 705.5	181.1	618.1	58.8	2 311.1	536.4
福建	3 425.9	140.8	763.6	143.8	1 585.7	791.9
江西	2 742.0	202.9	327.6	95.5	1 721.2	394.8
山东	11 500.0	207.5	1 206.7	483.4	8 333.1	1 269.3
河南	6 310.7	124.8	705.3	77.4	4 647.4	755.8
湖北	3 578.1	295.3	681.7	69.3	2 055.8	475.9
湖南	3 403.0	133.2	524.1	94.4	2 169.0	482.2
广东	9 138.2	105.3	1 647.4	865.5	4 595.5	1 924.5
广西	2 273.4	144.6	395.4	49.3	1 213.4	470.7
海南	445.3	32.3	96.6	67.6	171.9	76.9
重庆	2 594.0	137.9	679.4	28.1	1 123.8	624.7
四川	4 778.4	151.0	784.6	80.0	2 976.1	786.7
贵州	1 286.1	60.6	336.7	14.4	696.1	178.3
云南	2 180.3	164.0	625.9	18.4	1 009.4	362.6
西藏	243.7	108.3	4.7	0.0	67.1	63.6
陕西	2 541.2	217.6	502.4	24.2	1 464.0	333.0
甘肃	1 010.9	97.9	185.6	15.3	557.8	154.3
青海	390.1	59.1	66.3	2.0	179.4	83.2
宁夏	454.6	45.7	91.0	8.9	238.4	70.6
新疆	1 577.4	211.9	185.5	8.9	925.1	246.1
不分地区	1 932.8	646.7	408.3	16.3	631.5	230.0

（省统计局）

新 农 村 建 设

主　　编　陈天武
责任编辑　李红菊

综　述

【新农村建设总体部署】 2006年2月，在全省农村工作会议上，省委、省政府对全省推进社会主义新农村建设作出总体部署：牢固树立和全面落实科学发展观，遵循工业反哺农业、城市支持农村和“多予少取放活”的基本方针，按照新农村建设的总要求，坚持“六个必须”，以“四村”建设为目标，围绕“六新任务”，实施“十大建设工程”，完善“六大支撑体系”，强化“六大统筹措施”。

1. 坚持“六个必须”。就是必须坚持以发展农村经济为中心、以农民增收为核心，必须坚持农村基本经营制度，必须坚持以人为本，必须坚持科学规划，必须坚持发挥各方面积极性，必须坚持实事求是稳步推进。这是全省建设社会主义新农村必须遵循的指导原则，是制定政策和措施的依据，也是工作中的行为准则。

2. 以“四村”建设为目标。建设小康、文明、生态、和谐的社会主义新农村，是全面建设小康社会在全省要达到的重要目标。这是省委、省政府在总结了全省一些州市成功经验的基础上提出来的。“四村”是相互联系的一个整体，缺一不可。2006年，全省全面启动新农村建设，从全省30户以上的13万个自然村中，重点选择5万个不同类型的村，分3个层次整村推进。其中5 000个典型示范村，1.5万个条件一般的重点推进村，3万个扶贫攻坚村，其他8万个村也要通过新农村建设使面貌明显改变。

3. 围绕“六新任务”。“十一五”期间，全省推进社会主义新农村建设的主要任务是：形成产业发展新格局，是首要任务；实现农民生活新提高，是根本目的；构建公共服务新体系，是主要途径；建设乡村新面貌，是关键环节；塑造文明新风尚，是重要内容；健全管理民主新体制，是有力保障。这六个方面基本涵盖了中央“五句话”的要求，是云南省推进社会主义新农村建设的主要任务。

4. 实施“十大建设工程”。“十一五”期间，针对云南农业农村中存在的突出问题，把工作任务项目化，实施产业支撑打造工程、农民增收促进工程、扶贫开发攻坚工程、农村基础设施夯实工程、生态环境保护工程、社会事业发展工程、乡风文明建设工程、村容村貌整治工程、管理民主推进工程、和谐平安创建工程。这是“十一五”期间全省新农村建设的重点工作。

5. 完善“六大支撑体系”。为确保全省新农村建设的顺利推进，需要建立强有力的保障支撑体系，完善农业科技创新和推广体系、农村新型社会化服务体系、农村现代流通体系、农业现代经营体系、农村新型社会保障体系、农村基层组织保障体系。这“六大支撑体系”，既是为实现“十大”工程的保障，其本身也是新农村需要的建设内容。

6. 强化“六大统筹措施”。按照统筹城乡发展的要求，进一步稳定、完善和强化对农业的扶持政策，积极探索工业反哺农业、城市支持农村的新途径和新举措，统筹城乡建设规划，统筹国民收入分配，统筹城乡发展措施，统筹农村各项改革，统筹城乡区域布局，统筹城乡工作机制。

【新农村建设基本态势】 2006年，全省新农村建设取得明显成效，一个“农民主体、政府主导、社会主动”的新农村建设热潮正在形成。主要特点：

1. 思想认识不断深化，组织领导得到加强。各级各部门高度重视，组织开展了不同形式的学习，深入基层调查研究，以统一思想、提高认识；各级都在原农村工作领导小组的基础上进一步调整充实成员，健全领导班子，增加了领导小组成员单位和办公室力量；全省召开了不类型的专题会议，制定和实施了各具特色的政策措施，并逐步落实；州市县党委、政府和有关职能部门把建设社会主义新农村作为重中之重，紧密结合实际，加大了组织实施力度。

2. 规划试点逐步展开，进展顺利、总体健康。全省始终把规划放在统揽全局的重要位置，从抓好规划入手，围绕全省新农村建设总体部署，由省委农村工作领导小组办公室牵头，组织有关部门，研究制定全省社会主义新农村建设规划纲要，将工作任务进一步明确化、具体化和责任化。各地也出台和正在制定规划和纲要，并选择了一批不同类型的村庄进行试点。据初步统计，全省16个州市目前已有不同类型、有代表性的5 000个自然村开展了试点，实践中涌现出许多各具特色的成功范例。

3. 投入力度明显加大，多渠道投资格局初步凸现。省委、省政府认真落实中央加大对农业农村投入的方针政策，千方百计增加投入。2006年，中央、省、地、县财政投入全省“三农”资金达293.6亿元，比上年增长10.8%。10月末农信社发放农业贷款余额337亿元，比年初净增58亿元，社会和民间资金投入也相应增多。水利和扶贫资金分别增加2 000万元和6 000万元，安排5 000万元村容村貌整治专项资金，新增2.1亿元用于新型合作医疗提高标准和扩大补助面，新增1亿元用于农村特困户救助和提高五保户供养标准，中央和省直接补贴农民农工近20亿元，安排配套专项资金建设2 615个村级组织活动场所。

4. 各项改革逐步深化，机制创新取得明显实效。全省农村以税费改革为重点的农村综合改革继续推进，农民负担减轻。围绕深化乡镇机构改革，切实转变乡镇政府职能，乡镇领导方式、工作机制逐渐发生转变。在全省开展了集体林权改革试点工作，通过改革，调动山区农民造林、育林、护林、用林的积极性，促进生态建设和林产业发展，使林业资源得到合理开发利用，为山区农民增加收入开辟一条重要途径。

5. 发动群众广泛深入，推进效果初步显现。各地结合第三批保持共产党员先进性教育活动，一些州市抽出干部，组成宣讲团、工作组，分赴乡村宣传会议精神和新农村建设的科学内涵、总体要求、战略重点；举办培训班，加强对广大农村基层干部的学习培训，统一思想认识，集思广益，群策群力，增强推进新农村建设的信心；在电视、广播、报纸开辟专栏，广泛开展社会主义新农村建设大讨论和建言献策活动。通过广泛宣传，使广大干部群众认清当前新农村建设面临的新形势和新任务，增强了建设新农村的信心和决心。

【农业农村发展】 2006年，按照党中央、国务院关于推进社会主义新农村建设的总体部署，全省进一步强化各项支农惠农政策，切实加大投入力度和工作力度，农业农村经济发展成效显著，新农村建设起步良好。一是农业农村经济发展态势喜人。农业总产值达到1 211亿元，增长8.5%；农业增加值完成751亿元，增长6.8%，增速高于全国1.8个百分点，排全国第5位，增速是近16年来最快的一年；农民人均纯收入2 250.5元，实际增长7.5%，高于上年1个百分点，高于城市居民0.8个百分点；粮食总产量1 542.2万吨，创历史新高，同比增加27.3万吨。二是特色优势产业快速发展。全省粮、经、其他的比例为67:26:7，优质粮、马铃薯、蔬菜、甘蔗、花卉、咖啡等种植面积突破5 000万亩，比上年增加600万亩，同比增长13.6%；以茶叶、橡胶、核桃、板栗为主要树种的特色经济林面积达3 000多万亩，同比增长20%。农产品加工产值达到450亿元，增长14.5%；农产品出口创汇突破5.5亿美元，增长14.3%。全年累计外出务工3个月以上的农民570万人，同比新增78万人，增长15%；实现农村劳动力转移就业收入142亿元，增长31%。三是农业基础设施和生态环境建设得到加强。“润滇工程”开工建设的21件大中型水库已有14件大坝封顶，完成了59件中型病险水库的除险加固，建成山区“五小水利”工程23万件，建成不同标准的高稳产农田和基本农田200万亩，解决了102万农村人口的饮水困难和饮水安全问题，新增中小水电装机150万千瓦；共完成营造林430.7万亩，完成天然林管护1.88亿多亩，新建农村沼气池22.5万户，改灶11.6万户；改建农村公路4 000千米，建成117个农村客运站，改造农村渡口28座，乡镇公路、行政村公路通达率分别达到92.7%和55.5%。四是新农村建设及各项社会事业稳步推进。省级在生产发展的基础上实施了500个新农村建设村容村貌整治试点工程，16个州市结合实际，突出特色，在有代表性的1 697个自然村开展了综合试点，对发展生产较好的3 926个自然村开展单项村容村貌整治工作。全省年末绝对贫困人口和低收入人口比上年分别净减少20万人和47万人。同时全省农村教育、文化、科技、卫生、计划生育等各项社会事业也有了新推进。

新农村建设中存在的困难和问题是：基数低、基础差、底子薄，农民收入低、贫困面大、贫困程度深以及农民整体素质偏低，云南与全国相比仍存在着较大差距，甚至有些指标的差距还在进一步拉大，发展现代农业，建设社会主义新农村的任务显得更加艰巨。

【新农村建设整体推进】 2006年，全省社会主义新农村建设取得积极进展，积累了可行的经验，主要是：

1. 在理念和思路上取得突破。为适应新形势的需要，各级党委政府转变传统的思维方式，以全新的理念推进社会主义新农村建设。跳出以往单纯就农业抓农业、就农村建农村的思维方式，把农业发展放到整个国民经济大格局中来谋划、以城乡一体化发展的思维经营农村，一切推进新农村建设的发展思路、政策措施，都要按照城乡统筹发展的要求去思考、去制定、去实施，探索推进城乡一体化发展建设新农村的路子。跳出以往单纯依靠农村的自身发展和农民自身的力量的传统思维方式。不仅依靠农村自身的力量，更要加大工业和城市对农业农村的支持力度，动员全社会力量关心、支持、参与社会主义新农村建设，按照工业反哺农业、城市支持农村的战略要求整体思考、整体推进。跳出以往单纯把推进新农村建设作为农村发展奋斗目标的传统思维定式。不仅要把推动社会主义新农村建设作为农村的发展方向和目标，更要作为事关整个经济社会现代化建设大局的关键环节和战略措施，作为城乡全面建设小康社会的突破口和切入点去统筹规划、统筹推进。跳出简单统一的思维定式坚持分类指导推进新农村建设。推进新农村建设必须坚持从实际出发，尊重自然规律、经济规律和社会发展规律，进行分类指导。充分考虑区域类型、自然条件、民族特点、人口规模和经济社会发展水平诸多方面，进一步细分类型、细化指导措施，因地制宜地确定目标和任务，提高指导的针对性和有效性，积极探索各具特色的发展路子。

2. 在探索建立以工促农、以城带乡的长效机制上取得突破。一是调整国民收入分配结构、预算内固定资产投资和信贷投入结构。重点是扩大公共财政覆盖农村的范围，加大对“三农”的扶持力度。通过税收的调节作用，在国民收入分配中进行调整，大幅度增加农业投入。二是努力消除妨碍城乡发展的体制性障碍。重点是加快户籍制度改革，放宽农民进城居住和定居的条件，消除农村劳动力转移就业的制度障碍，统一城乡劳动力市场，建立城乡劳动者平等就业制度；着力培育城乡统一的要素市场，推进土地征用、劳动就业、资本市场改革；大力发展农村社会保障事业，逐步建立起医疗、养老和低保救助体系。三是发挥城市经济的带动作用。实施多元化城市发展战略，加快城市发展。制定并落实优惠政策措施，支持条件较好的工业企业以一定的形式支持农业农村发展；加大城市人才、智力资源对农村发展的支持，加大城市科技、教育、医疗等方面对农民的服务；引导城市要素资源“下乡”，促进农产品和劳动力“进城”。

3. 在拓宽推进新农村建设的筹资渠道上取得突破。总结各地的成功经验，通过整合财力，加大投入；政府引导，社会筹资；政府支持，各方捐助；政府补助为辅，群众自筹为主；部门支持，对口帮扶；企业包村，整体推进；银农合作、扩大小额信贷规模和范围，扩大开放、引资建设等等，增加新农村建设的投入。

4. 在统筹农村各项改革上取得突破。在长期稳定和不断完善农村基本经营制度的基础上，进一步深化改革、创新体制、活化机制，为新农村建设提供体制保障和发展动力。深入推进“三项改革”。统筹抓好乡镇机构、农村义务教育、县乡财政体制改革。积极稳妥地推进乡镇机构改革，科学界定乡镇政府职能，合理调整乡镇机构设置，提高社会管理和公共服务水平。着力抓好乡镇政府职能的转变，从乡镇一级政府实际出发，切实加强农村的社会管理和公共服务。县乡财政管理体制改革，要围绕进一步增强基层财力、明晰财权事权关系、强化支出管理来推进。深化集体林权制度改革。加快集体林权制度改革，进一步理顺林业生产关系。从2006年起，用3年左右的时间，基本完成全省深化集体林权制度及其配套改革任务，因地制宜将林地使用权、林木所有权和经营权逐步落实到户、联户、林场或其他经营实体，实现“山有其主，主有其权，权有其责，责有其利”的目标，建立起“产权归属清晰，经营主体到位，责权划分明确，利益保障严格，流转顺畅规范，监管服务有效”的现代林业产权制度；建立起初步适应林业产业发展需要的要素市场，形成社会化服务体系和有效的森林管护体系；建立起政企分开、政资分开、政事分开、政府与中介组织分开，社会管理和公共服务职能强，行政审批环节少，规范运行的林业行政管理体制。加快农村金融制度创新。加快推进农村金融改革。积极引导银行、信用社、保险资金和社会资金投向农业农村，着力构建功能完善、分工合理、产权明晰、监管有力的农村金融体系，建立多元投融资机制，推进金融服务“三农”。巩固和发展农村信用社改革试点成果，进一步完善治理结构和运行机制，充分发挥农村信用社支持“三农”的作用。支持在县域内设立多种所有制社区金融机构，培育小额信贷组织，发展农户资金互助组织，尽快落实发展农村多种所有制金融组织、建立多种抵押担保形式和发展农业保险等政策规定。统筹推进农村其他改革。深化农村土地征收征用制度改革、粮食流通体制改革、国有农场税费改革、水价改革和深化水利工程管理体制改革，认真落实发展壮大村级集体经济的各项政策措施，积极稳妥地推进农村社区股份合作制改革。

（晏 铃 谢泽力）

农　业

【概述】 2006年，是社会主义新农村建设的开局之年。全省农业系统认真贯彻落实中央和省委、省政府关于“三农”工作的决策部署，以科学发展观为统领，努力探索用工业理念谋划农业发展的途径，狠抓粮食生产不放松，加快发展优势特色产业，大力发展农村劳务经济，千方百计增加农民收入，农业农村经济发展克服了频繁发生的严重自然灾害的不利影响，保持了快速健康发展的良好势头，取得了喜人成绩。

2006年，全省乡镇个数1 256个，减少3.1%；村委会个数1.29万个，减少0.9%。农村户数886.6万户，增长1.1%；乡村人口数3 600.19万人，增长0.9%；乡村劳动力2 190.54万人，增长1.4%；乡村从业人员2 084.48万人，增长1.6%。绝对贫困人口228.4万人，减少8.1%；低收入人口442.4万人，减少9.6%；耕地总资源6 077.80千公顷，减少0.3%；常用耕地4 200.18千公顷，增加0.2%；水田1 338.44千公顷，减少1.2%。有效灌溉面积150.24万公顷，增长1.1%。化肥施用量（折纯）148.36万吨，增长4.0%。

全省农林牧渔业固定资产投资完成66.43亿元，增长25.5%。全年农林牧渔业总产值（现价）完成1 209.76亿元，同比增长8.4%。其中：种植业产值630.19亿元，增长7.8%；畜牧业产值362.90亿元，增长7.4%；渔业产值26.30亿元，增长17.1%。农业增加值完成751.15亿元，增长6.8%，增速高于全国1.8个百分点，增长速度是近16年来最快的一年。

【农村居民生活】 2006年，农村居民人均总收入3 593.60元，增长13%；人均工资性收入441.81元，增长26.8%；人均家庭经营收入2 952.55元，增长11.3%；人均现金总收入2 664.77元，增长22.5%；农民人均纯收入2 250.5元，比上年净增208.7元，是云南解放以来农民增收额超过200元的第三个年份。扣除物价上涨因素实际增长7.5%，增幅高于上年1个百分点，高于全国0.1个百分点，高于城镇居民0.8个百分点，增速为近10年来的最高。农民人均总支出3 686.88元，增长22.2%；人均生活消费支出2 195.64元，增长22.7%。其中食品支出1 071.13元，增长9.8%；农村居民家庭恩格尔系数为48.8%，减少5.7百分点；人均生产费用支出1 208.10元，增长19%。农村居民平均每人居住面积25.79平方米，增长2.2%。

【惠农政策】 2006年，全省继续实施了粮食直补和粮食作物良种补贴，省级补贴资金1.1亿元；实施2 300万元的农机购置补贴，增加1 200万元；中央支持实施了2.48亿元的化肥、农膜和柴油等生产资料增支补贴；中央安排天然橡胶良种补贴665.6万元，奶牛良种补贴210万元。

【农业科技】 全年全省共推广杂交稻、杂交玉米和脱毒马铃薯136.67万公顷，增加9.33万公顷；推广超级稻10.68万公顷；推广水稻旱育稀植、玉米地膜覆盖和马铃薯丰产栽培99.67万公顷，增加10.6万公顷；推广测土配方施肥110.27万公顷，增加40.4万公顷，项目区亩均节本增效25元左右。畜牧业完成猪杂交改良配种348万窝，增长4.0%；全省生猪良种覆盖率维持在80%左右；完成大牲畜改良57.23万头，增长24.7%；推广良种蜂27.6万箱；推广良种禽达6 601.82万羽，规模化养禽基本实现了良种化；推广农田种草3.47万公顷。配合饲料入户率约20%左右，农作物秸秆处理利用率达19.5%、饲用率近30%。全省生猪、肉牛、肉羊的出栏率分别为111.9%、29.8%、67.6%。稻田养鱼面积达10.27万公顷。科技入户工程项目县由上年的29个增加到36个县。通过实施“绿色证书工程”和“新型农民科技培训工程”培训农民21万人，通过开通“农业科技直通车”培训农民24万人，通过“一事一训”方式培训农民122万人。

【农业结构调整】 2006年，全省在稳定粮食种植面积确保粮食稳定增产的情况下，粮经种植比例由上年的70.3%：29.7%调到69.5%：30.5%，优质粮种植面积迅速扩大到144万公顷，增长23%。冬季农业开发113.96万公顷，增长18.5%。重点特色优势作物发展势头强劲，茶园年末实有面积24.75万公顷，增长13.3%；甘蔗面积达28.72万公顷，增长12.6%；橡胶面积达33.4万公顷，增长11.74%；蔬菜面积52.3万公顷，增长6.3%；马铃薯面积53.99万公顷，增长8.46%；咖啡年末实有种植面积1.84万公顷，增长7%；花卉种植面积达到2万公顷，增长25%。畜牧业养殖结构进一步优化，草食畜肉产量的增幅明显高于猪肉产量的增幅，牛肉产量24.17万吨，羊肉产量11.37万吨，分别增长9.9%和9.6%，增幅分别比猪肉高出3.53和3.26个百分点。渔业养殖结构进一步优化，稻田养鱼面积达10.27万公顷，名特优水产品养殖品种达50多个，产量达7万吨。

【种植业生产】 全年粮食生产再上新台阶，总面积达426.97万公顷，增长0.4%；总产量1 542.20万吨，增长1.8%，创历史最高水平，连续3年达到300亿斤以上。农产品产量全面增长，油料产量39.01万吨，增长7.7%；蔬菜产量1 031.63万吨，增长6.26%；水果产量162.56万吨，增长19.0%；茶叶产量13.82万吨，增长19.2%；甘蔗产量1 678.73万吨，增长18.6%；鲜切花产量39.9亿枝，增长10.8%。人均占有粮食、油料、蔬菜、水果、茶叶和甘蔗达344千克、8.7千克、230.1千克、36.26千克、3.08千克、374.46千克，分别增长1.1%、6.9%、5.5%、18.1%、18.4%、17.7%。

【养殖业生产】 全年肉类总产量达322.05万吨，增长7.3%；禽蛋产量20.54万吨、增长8.2%；奶类产量38.75万吨，增长18.6%，其中牛奶产量36.4万吨，增长17.8%；大牲畜年末存栏962.05万头，增长2.6%；生猪年末存栏2 618.20万头，增长0.9%；羊年末存栏937.50万头，增长2.8%。肉猪出栏2 902.51万头，增长5.1%；肉牛出栏226.30万头，增长9.1%；家禽出栏1.39亿只，增长10.5%。人均占有肉类、奶类和蛋类达71.84千克、8.64千克和4.58千克，分别增长7.7%、19.0%和8.5%。水产品产量29.24万吨，增长22.6%，全省人均占有水产品6.52千克，增长20.7%。

【农业基础设施建设】 全年建成山区“五小水利”工程23万件，同比增加10%；建成不同标准的高稳产农田13.33万公顷，解决了102万农村人口的饮水困难和饮水安全问题。新完成退牧还草任务6.67万公顷。启动了29个县区动物卫生监督所、49个动物防疫监督检查站和330个乡镇畜牧兽医站的建设。新建成83个县农产品中心市场的检验检测实验室和85个农产品批发（交易）市场的信息发布系统。全省新建农村沼气池22.47万户，改灶11.6万户，分别完成全年计划的112.5%和232%。农村户用沼气池累计建设172.5万口。

【农村劳务经济】 年内，省政府把“培训100万进城务工人员，新增转移50万人”列入为民办好的十件实事之一，各地各有关部门认真组织实施中央“阳光工程”和省“百万民工培训工程”，进一步提高了农村劳务输出的组织化程度。全年全省共培训农村劳动力100万人，新增转移78万人、增长15%，完成年初计划任务的156%，累计外出务工3个月以上的农民达到570万人，实现农村劳动力转移就业收入142亿元。

【农业产业化经营】 2006年，全省96家省级以上重点龙头企业产值突破100亿元，实现销售收入135亿元，分别增长22%和17%；上缴税金达3亿元，带动农户260万户、基地55万公顷，分别增长18%和6%；养殖规模584万头、只，较上年同期增长10%。除烟草外主要农产品加工产值达到450亿元，增长12.9%。全省种植业订单农业面积达117.47万公顷，同比增加4.47万公顷，占总播面积的19.1%。全省农民专业合作组织已达2 576个，成员总数62.9万人，带动农户106.1万户，参加农民专业合作组织的成员人均增收74.6元。

【农产品质量安全】 年内，全省认真贯彻执行省政府《关于加快推进农业标准化工作的意见》，积极实施农业部提出的“无公害农产品行动计划”和省政府提出的“食品放心”工程。2006年全省共有55家单位通过无公害农产品产地认证，认定面积4.83万公顷；55家单位生产的117个产品通过无公害产品的认证，认证面积5.22万公顷，产量91.4万吨；82个产品通过绿色食品认证，产地监测面积1.53万公顷，产量22.82吨；13家企业23个产品通过有机食品认证，认证面积13.5万公顷，产量2.18万吨。至2006年底，全省“三品”认证累计数达815个。

【农业对外开放】 2006年，通过精心举办和组团参加各种展会，共完成现场成交及签约金额110多亿元。据海关统计，全省农产品出口47.56万吨，创汇金额达5.49亿美元，同比分别增长13.9%和14.3%，创汇金额占全省出口商品总额的16.2%。其中：烟草、茶叶、咖啡、果仁、香料油和果蔬原汁出口创汇2亿美元、1 948万美元、3 228万美元、2 648万美元、1 600万美元和215万美元，分别增长7.7%、12%、102%、42.3%、30.7%和65.4%；鲜切花出口创汇达1 215万美元的历史新高，同比增长82.2%；蔬菜出口18.72万吨，增长15.3%，创汇额达1.4亿美元。

【农业机械化】 2006年，全省农业机械总动力达1 755.38万千瓦，增长5.4%。拥有拖拉机32.74万台，其中，大中型拖拉机4.86万台，小型拖拉机27.88万台，联合收割机达到1 570台，农用排灌动力116.81万千瓦，农副产品加工动力机械299万千瓦，小型拖拉机配套农机具达到20.06万部，大中型拖拉机配套农机具达到1.23万部。全省耕耙播收作业面积达到了115.3万公顷，机械灌溉31.8万公顷，机械植保25.1万公顷。全省农机跨区作业签订作业订单309份，完成跨区作业6.02万公顷，实现作业收入3 778万元。

【农业信息化】 2006年末，全省16个州市农业部门都建立了门户网站和局域网，全省农业网站数量达到166个，其中独立网站61个，托管网站194个，分别比上年增加5个和14个。全省农业信息化建设工作机构已达461个，专职工作人员637人，农村信息员数量达4 797人。其中：农业部认证的信息员2 216个。农业信息服务工作已经延伸到全省605个农业产业化龙头企业、397个农村合作中介组织、1 682个农业生产经营大户、590个行政村和1 180个农村经纪人。全省达到“六个一”（一间房子、一套设备、一条上网电话专线、一至二名专职或兼职人员、一套组织或队伍网络、一套管理和服务制度）要求的乡镇有404个，占全省乡镇总数的

28.7%。2006年度全省省市县三级农业信息网访问量达1 914万人次，发布各类农资、农产品及种养殖技术等农业信息27.8万条，各乡镇农业信息综合服务站农业信息咨询人数达40.7万人。通过农业信息网络牵线搭桥，全省促成农产品交易1 657个，交易量47.2万吨，交易额6.1亿元。农业信息促成合作项目91个，项目总投资4.5亿元，引入资金3.1亿元。

【农村改革】 2006年，通过制定和实施《农村土地承包法》，进一步依法稳定和完善了农村土地承包关系。通过全面取消农业税和加大农民负担监管制度建设，进一步减轻了农民负担3 700万元。全省85个县开展了"乡财县管乡用"改革试点，实行"乡财县管乡用"的乡镇达到966个，占全省乡镇数的70%。省级安排2 000万元专项扶持200个"空壳村"、"薄弱村"，促进了农村集体经济的发展和集体经济组织作用的发挥。启动10个县（市、区）化债试点和开展40个乡镇农村财务规范化管理示范推广，进一步推动了村组债务化解和村集体财务管理。兽医管理体制和种业管理体制改革取得阶段性进展，基层农技推广体系改革准备工作扎实推进。

【动物疫病防控】 2006年，全省进一步加强对动物防疫工作的领导，调整充实了省防治重大动物疫病指挥部人员，制定和完善了重大动物疫情应急预案，编制了《云南省动物防疫体系建设规划》，进一步全面防堵境外疫情；突出免疫工作，构建动物防疫屏障；加强常规疫病和专项病的防治；强化疫情监测与预警。全省边境乡镇设立防堵卡（点）321个，春秋两季集中免疫和平时补免全年禽流感免疫共1.84亿羽，免疫密度91%。边境地区、老疫区、规模养禽场等重点区域的免疫密度达100%。全年共进行猪瘟免疫注射3 122.89万头，猪瘟等常规疫病的免疫密度常年保持在95%以上。成功防堵了禽流感、口蹄疫等境外动物疫情，确保了省内未出现重大动物疫病的暴发和流行，得到国家有关部门和省委省政府的高度评价。

【新农村建设】 年内，在突出抓好生产发展、农民增收的同时，省政府把在500个自然村开展村容村貌整治试点工程列为"十件实事"之一。根据省委、省政府和农业部的工作部署，省农业厅及时成立推进新农村建设的领导小组和办公室，开展全省农村基层情况的摸底调查，初步摸清全省自然村基本情况，并对全省13万个自然村的基本情况进行全面统计。对各州市贯彻落实中央一号文件和省委农村工作会议精神情况，推进新农村建设所采取的措施和主要做法、存在困难和问题等情况作深入调研。通过开展"千村万户"入户问卷调查，广泛征求推进新农村建设的意见和建议。按农业部部署，启动曲靖市麒麟区茨营村省部共建社会主义新农村建设示范村建设。农业厅牵头实施完成了500个村的村容村貌整治试点工程，在省级试点工程的带动下，16个州市结合实际，突出特色，在有代表性的1 697个自然村开展综合试点，单项开展村容村貌整治的自然村有3 926个。500个省级试点村共新建村庄道路220.77千米，道路修缮硬化494.67千米，兴建支砌排灌沟渠127.35立方千米，新建完善人畜饮水管道348.36千米，修建垃圾收集点556个，修建公厕515座，建设沼气池4 475个，危房改造3 789幢，村庄绿化植树15.8万株和种植花草104.93平方千米，安装村庄公共照明灯具1 738盏。

【农业法制】 2006年，根据省人大立法规划和省政府立法要求，草拟《云南省农业机械管理条例》、《云南省实施〈中华人民共和国渔业法〉办法》和《云南省农村集体资产和财务管理条例》征求意见稿，深入开展《云南省种子管理条例》的咨询、论证和报审。根据农业部"五五"普法和省委依法治省"二五"普法要求，全省共举办法制培训班26次，举办专题讲座10多次，培训4 000多人；开展法律咨询服务1 360多次，发放宣传资料5万多份，近6万人次接受服务。省农业厅印发《云南省农业厅执法责任制》和《执法责任追究制》，进一步明确了执法职责。全省农业系统成立综合执法机构46个（经编委批准的43个），配备综合执法人员603名，综合执法领域从种植领域向农、牧、渔、农机领域逐步整合，由兼职向专职，由"业余执法"向"专业水准"过渡，执法体制逐步顺畅，农业行政执法的公正性、权威性得以增强，力度得到加大。按照《农业部关于印发2006年全国农资打假专项治理行动实施方案的通知》要求，全省农业系统会同工商、公安、技术监督等部门反复开展打假联合行动和"六查三整顿"活动，依法整治种子、农药、兽药、农机、农膜、肥料、种畜禽、饲料、水产苗种等农资市场秩序。全省各地还结合春耕备耕重要农时，组织开展"放心农资下乡进村宣传活动周"，增强农民维权意识，提高农民科学选择、使用农资水平。

（刘余武　王　磊）

水　利

【概述】　2006年，全省共完成水利水电建设投资73.5亿元，比上年增加6.9亿元，增长10.4%。其中：争取中央投资8.41亿元，州市县自筹资金5.37亿元。全省新增30座大中小型水库，新增5亿立方米水库库容和2.5亿立方米供水能力，新增有效灌溉面积40万亩，新建不同标准高稳产农田和基本农田200万亩，解决了102万农村人口的饮水安全问题，治理水土流失面积2 445平方千米，新增农村水电装机容量175万千瓦。

2006年，中央安排云南水利基本建设投资8.18亿元，比上年的5.17元增加3.01亿元，其中：中央国债4.08亿元，中央预算内资金4.1亿元。含大中型水库2.85亿元，病险水库9 150万元，江河、界河治理1 600万元，饮水安全项目3.29亿元，大型灌区与节水3 600万元，水土保持1 470万元，农村电气化和小水电代燃料项目540万元，水利血防工作4 108万元。

【水利建设】　截至2006年末，全省水利建设取得长足进步，主要表现在：一是"润滇工程"稳步推进。绿春黄连山等14件中型水库大坝封顶，部分工程已开始蓄水发挥效益，东川坝塘水库引水工程全线贯通并提前向东川再就业特区供水，陇川麻栗坝、宁浪木底箐、牟定龙虎等水库建设进展顺利，双江南等水库施工安全度汛。同时，"九五"结转的14件中型水库建设基本收尾，大部分已下闸蓄水，发挥效益。"十五"结转的玉溪星云湖—抚仙湖出流改道工程、通海杞麓湖调蓄水隧洞工程和红河俄垤水库二期工程正紧锣密鼓建设。二是病险水库除险加固工程快步实施。全省共有71件中型病险水库和125件小（一）型病险水库列入中央第一、第二批规划，项目总件数占全国的11.9%。中央累计下达云南病险水库除险加固投资14.7亿元，占全国下达总投资的9.8%。其中：中型病险水库已下达计划64件，完工59件，竣工验收44件；小（一）型病险水库已下达计划37件，完工16件，竣工验收13件，病险水库除险加固步伐明显加快，水库工程效益显著发挥。三是农村饮水安全工程大步推进。2006年农村饮水安全项目总投资达5亿多元，解决了102万农村人口的饮水安全问题，超额完成省政府承诺为民办理"十件实事"之一、解决80万农村人口饮水安全问题的目标任务，基本解决了血吸虫疫区和人口较少民族群众的饮水安全问题。同时，深入贯彻落实中央和省委、省政府领导对抗灾救灾工作的批示精神，及时安排大关、盐津震损饮水工程修复项目资金计划，确保灾民饮水安全，把党和政府对灾区群众的关怀和温暖送到每个灾民身边。四是农村水利工程大力拓展。19个小型农田水利"民办公助"项目和26个新农村建设水利示范点项目初见成效；继续开展了7个大型灌区节水续建配套工程建设，推进了10个灌区末级渠系改造和农业用水计量收费试点，完成11个大型灌区自开工建设以来的阶段性省级验收工作，组织开展全省现状农业灌溉水利用率测算分析，启动全省灌溉试验站试点工作。五是水土保持工程顺利开展。"长治"工程进展顺利，"珠治"二期工程顺利启动，中日JICA小江项目规划任务圆满完成，世行贷款项目正式启动。蒙自等5县生态修复试点取得较好成效，松华坝水库面源污染防治试点取得阶段性成果，盘龙等3县区生态清洁型小流域开始实施。完成了水土保持监测网络和信息系统一期工程建设以及全省土壤侵蚀遥感调查工作，开展建立以"3S"技术为核心的水土保持信息数据库的准备工作。六是农村水电工程规范发展。完成"十五"水电农村电气化建设和6个小水电代燃料试点县（市）的省级验收工作。启动了"十一五"电气化建设项目。组织开展红河、香格里拉等县的扩大小水电代燃料试点工作。组建临沧市配电网公司。水利系统负责的县城电网改造工程建设任务基本完成，完善西部地区农网改造顺利实施。

【抗旱防洪】　2006年，全省组织713万人次投入抗旱，安排抗旱资金1.5亿元，实现抗旱浇灌面积409万亩，临时解决315万人、208万头大牲畜饮水困难，抗旱减灾效益23亿元。全省汛期组织370万人次投入防汛抢险，安排防汛资金1.3亿元，挽回粮食损失近5万吨，防汛减灾效益26亿元。全省水利系统库塘蓄水68亿立方米，超过历史最高水平，为确保全省城乡生产、生活和生态用水安全奠定了坚实基础。

【水利改革】　2006年，全省水利改革进一步深化。一是水价改革不断深化。狠抓水利工程资产划分、成本测算、资产价值重估等基础工作，基本完成小（一）型以上水库、0.3立方米/秒以上引水工程的资产划分和供水成本测算。建立水价改革工作定期检查通报制度，加强上下信息沟通和交流。改版升级水价核算软件。广泛推行价格听证会、专家论证、集体审议等制度。全省已有374个水管单位开展水价改革，其中189个水管单位执行新的水价，132个水管单位已上报水价改革方案，53个水管单位已完成水价改革方案。一些州市以城市生活用水及工业用水价格达到核定水价和供水成本为改革重点，在非农供水水价方面取得突破，全省非农供水平均水价达到每立方米0.37元，占核定供水成本82%左右；农业供水水价实收率由上年的50%提高到57%。水价对促进节约用水的杠杆作用得到一定发挥，全省水价改革和节水改造后的水管单位年增加直接经济效益2 300万元，节约用水近1亿立方米。同时，进一步加强水资源费的征收管理工作。在金沙江、澜沧江径流量偏少的情况下，2006年全省共征收水资源费2.54亿元，比上年增加29%。二是水管体制改革基本完成。经过3年时间的连续攻坚，全省16个州（市）、129个县（市区）和纳入改革的451个水管单位改革工作全部通过省级验收，实现了省委、省政府提出的用3年时间基本完成国有水管单位管理体制改革的目标任务，成为全国第一个基本完成国有水管单位管理体制改革任务的省份。思茅、临沧、曲靖、红河、楚雄、昆明等6个州市被评为省级优秀。451个水管单位共核定编制7 623个，实际到位6 269人，占核定编制数的82%，1 097个公益性管理人员经费已落实财政供养，准公益性单位5 063人由各级财政实行差额补助。三是水利投融资改革取得突破。成立省水利水电投资有限公司，构建了省级水利投融资平台。省政府《关于进一步加快农田水利建设的意见》，明确了各有关部门在高稳产农田和基本农田建设中的职责任务，从机制上解决资金分散、重复投资等弊病。省政府办公厅转发省发改委、省水利厅《关于加快水源工程建设与改革的指导意见》，严格区分水源工程建设的公益性和经营性两类投资，明确省州市投资分摊比例。"两个意见"的实施，起到了整合资金、提高效益的双轮驱动作用，为充分调动各级各部门和社会各界兴修水利的积极性和创造性提供了有力保障。同时，各地进一步推进小型水利工程产权制度改革，以产权换资金，以存量换增量，盘活水利工程资产，拓宽投入渠道，调动地方、集体和个人投资办水利的积极性，形成多渠道、多层次、多元化投资办水利的新机制。并且大力推进农民用水户参与管理，积极探索农村水利建设管理新模式，全省在稳步试点的基础上，已组建用水户协会839个，有效地促进了长期以来农村水利管理主体缺位、责权利界定不清、投工投资积极性不高、运行效率较低等问题的解决。

【水资源节约保护】 2006年，省水利厅首次发布《云南省用水定额地方标准》，为实行计划用水、节约用水，建设节水型社会奠定基础。组织编制《云南省"十一五"节水型社会建设规划》，提出全省"十一五"节水型社会建设的工作目标和重点。深入开展沾益、永仁两个省级节水型社会建设和元谋县水权水市场试点，启动曲靖市国家级节水型社会建设试点。认真贯彻《云南省水功能区划》，积极开展地下水功能区划工作。完成全省入河排污口普查登记。加强了城乡饮用水水源地保护，开展县级以上城市饮用水安全现状调查评价。加强江河湖泊水质监测，定期向社会发布《云南省重要城市主要供水水源地水质状况月报》、《云南省主要江河湖库水质通报》和全省水资源公报。

【水库移民后期扶持工作】 2006年，核定全省水库移民后期扶持总人数32.19万人，其中水利工程171件涉及移民18.91万人，并补充核定小型水利水电工程农村现状移民13.8万人，组织起草《云南省完善大中型水库（水利）移民后期扶持政策实施方案》、《云南省大中型水库农村移民后期扶持人口核定登记办法》，开展曲靖市独木和宣威市羊过水两个水库水利工程移民后期扶持试点工作。

【水利规划编制】 2006年，省水利厅补充完善《云南省水利发展"十一五"规划》、《云南省"十一五"中型水库建设规划》，并组织完成《牛栏江流域水资源综合利用规划报告》等一批中小流域（河流）规划的审查审批。《云南省水资源综合利用规划》编制积极推进，《云南省城市饮用水水源地安全保障规划》按期完成，积极配合长江委、珠江委开展金沙江、珠江以及西南诸河流域综合规划编制工作。楚雄青山嘴水库、迪庆小中甸水库、曲靖市阿岗水库等重点工程和病险水库除险加固、农村饮水安全、水利血防等项目前期工作进展顺利。

（杨峰）

新型工业化

主　　编　李红菊
责任编辑　刘建军　侯焕媛

工业经济

【概述】　2006年，全省工业系统以科学发展观统领，工业经济呈现出增长快、运行稳、后劲足的态势，实现了"十一五"的良好开局。

全年，全部工业完成增加值1 406.9亿元，增长16.5%，增速超过全国4个百分点。其中，规模以上工业实现增加值1 240.4亿元，增长17.8%，增速同比加快9.4个百分点，比全国平均水平高1.2个百分点，居全国第24位，是5年来增长最快的一年。规模以上工业主营业务收入3 278亿元，增长28.5%；利润总额300亿元，增长39.1%，总量居全国第19位：工业经济效益综合指数为243.2，同比提高24.7点，居全国第4位。2006年，大企业（集团）销售收入"倍增行动"目标提前一年完成，云南前10户地方工业企业（集团）销售收入首次超过千亿元，达到1 024亿元，昆钢、云铜、云冶、云天化4个集团实现销售收入超过百亿元，其中，云铜集团销售收入跨过300亿元台阶。全部工业增加值占全省生产总值比重达到35.2%，比上年提高1.2个百分点，拉动GDP增长5.6个百分点，对全省GDP增长贡献率达到47%；全部工业上缴税收约占财政总收入的63%，工业发展达到一个新水平。

【工业结构调整】　2006年，全省采取积极有效措施，大力推进工业经济结构调整。出台结构调整目录和行业准入条件等产业政策，在加快发展先进生产能力的同时，各地加大力度淘汰落后生产能力，一些严重污染环境的铁合金炉、电石炉、水泥立窑被拆除，2000吨以下的黄磷装置已全部淘汰。一是烟草、能源、冶金、化工、建材、机械和农产品加工等传统产业进一步发展壮大，光电子、生物医药、绿色食品等新兴产业正成为新的经济增长点。二是重工业快速发展，首次超过轻工业。2006年，尽管受缺电等不利因素影响，重工业仍保持了两位数的增长，全年规模以上重工业完成增加值641.9亿元，增长27.1%，增幅比轻工业高17.5个百分点，比全国平均水平快9.2个百分点。规模以上工业中，重工业增加值所占比重首次超过轻工业，达到51.7%，比上年提高4.2个百分点，标志着全省工业经济结构调整取得重大突破。三是非烟工业快速发展，所占比重进一步提高。规模以上非烟工业实现增加值757.2亿元，增长24.7%，占全省规模以上工业增加值的比重达到61%，比上年提高5.0个百分点。四是矿产业增加值占全省生产总值的比重达到10%以上，成为全省继烟草、旅游后的又一个支柱产业。

【重点行业和骨干企业发展】　2006年，全省有色、卷烟、电力、化工、建材、机械6个行业共实现增加值增量201.31亿元，占规模以上工业增加值增量的83.3%。其中，有色行业累计完成增加值191.84亿元，同比增加92.77亿元；卷烟完成增加值483.2亿元，增加42.79亿元；电力完成增加值160.85亿元，增加31.63亿元；化工81.12亿元，增加15.81亿元；建材36.25亿元，增加11.44亿元；机械45.04亿元，增加6.87亿元。

【县域工业发展】　2006年，省委、省政府召开加快中小企业暨非公有制经济发展大会，有力地促进了全省中小企业、非公经济和乡镇企业的发展。全省非公经济实现增加值1 461亿元，增长20.2%，占全省生产总值的比重达到37%左右；上缴税金147.6亿元，同比增长45.5%。个私经济从业人员274.8万人，增长8%。全省乡镇企业实现增加值730.5亿元，增长20.0%；现价总产值、营业收入、利润总额和上缴税金同比分别增长18.3%、15.1%、23.7%和21.4%；乡镇企业增加值占全省生产总值的比重达到18.3%，实缴税金相当于全省地方财政一般预算收入的24.1%，年末从业人员占全省已转移农村劳动力的70%，农民人均从乡镇企业得到的工资性收入占全省农民人均纯收入的30.4%，支付支农建农补农资金2.8亿元，为上年的2.4倍，乡镇企业在全省社会主义新农村建设中的作用日益增强。县域工业发展加快，40个工业强县（市）完成工业增加值、销售收入、工业投资分别增长22.5%、28.2%和24.5%。

【工业投资】 2006年，全省工业投资继续保持快速增长，投资结构进一步优化，光电子、冶金、建材等重点行业投资增长较快。全省工业投资继上年突破600亿元的基础上又逼近800亿元的台阶，增长24%。重点项目建设进展顺利，昆明光电子基地一期工程、冶金集团曲靖有色基地、云南盐化股份“双十”工程等项目建成投产，昆钢焦化制气工程、天安化工50万吨合成氨、三环中化120万吨磷铵等项目有序推进，云内动力工业园、云白药整体搬迁工程等项目开始启动。省技改贴息专项资金共扶持86项重点技改项目、25项煤炭安全示范改造项目、10项技术创新能力建设项目。新增省认定企业技术中心19家，全省获省级以上认定的企业技术中心累计已达59家，其中获国家级认定9家。

【节能降耗】 2006年，省人大审议通过《云南省清洁生产促进条例》，省政府召开全省发展循环经济暨节能工作会，出台《关于贯彻国务院加强节能工作决定的实施意见》、《关于加快工业循环经济发展的意见》等政策文件，工业循环经济和节能降耗的政策法规体系进一步建立健全，工业节能降耗、资源综合利用、清洁生产等工作不断推进。年内，科学确定了第一批循环经济试点企业和园区，大力扶持一批工业循环经济重点项目，全面启动161户重点用能单位的节能监察（测）工作，组织开展全国“千家企业节能行动”中全省25家企业的节能行动，积极推广资源节约和综合利用的先进实用技术、工艺及设备，有效促进产品能耗和物耗水平不断降低。全省万元GDP能耗1.7吨标煤，同比下降2%；万元工业增加值能耗3.44吨标煤，下降3%；万元工业增加值用水量减少1立方米，工业固体废弃物综合利用率比上年提高1.2%，认定资源综合利用企业353户，累计达627户。清洁生产加快推进，推行清洁生产的企业达到266户，审核验收清洁生产企业34户。

【工业园区建设】 2006年，全省重点规划建设的30个工业园区和8个特色产业园区在基础设施建设、招商引资工作、项目投资及服务环境优化等方面取得重大突破，项目和产业聚集成效明显。全年，共安排重点工业园区和特色产业园区新型工业化专项资金1.14亿元，支持54个建设项目；新入园企业238户，完成投资额60.7亿元。30个重点工业园区完成工业总产值、工业增加值、销售收入、税收、利润，分别同比增长31.1%、31.0%、30.6%、24.0%、42.8%，就业同比增长18.2%。电子信息制造、机械制造、钢铁、有色、化工、建材、制药、农特产品加工等优势产业开始在园区集聚。

【经济运行调控】 2006年，进一步加强了工业经济运行监测和协调，切实做好电煤供应、电力生产、重要物资运输、企业融资协调等工作，有效保障了工业经济平稳运行。深入部分州（市）面向企业召开金融产品推介会，采取来煤加工、有序用电、差别电价、黔电黔煤入滇、五保四压、提高装卸车作业效率，合理控制出省煤炭、焦炭、磷矿石、金属矿、非金属矿、生铁六类大宗资源性物资运量等一系列政策措施，在电煤供需紧张和铁路运力缺口较大的情况下，保障了全省工业经济的平稳增长。全年原煤产量达到7 339.08万吨，增长13.6%；发电量753.64亿千瓦时，增长20.7%；铁路外运物资2 723.5万吨，增长3.2%。全省已有14个州市经委（含个旧市、大理市）建立经济运行监测系统，省、州（市）两级监测的规模以上工业企业超过1 000户。

【困难和问题】 2006年，全省工业经济发展的主要问题是：工业结构性矛盾依然突出，资源粗加工型产业比重过大，精深加工能力不足，新兴产业和高新技术产业发展缓慢，结构调整的任务十分艰巨；煤电油运“瓶颈”制约依然突出，煤炭电力供应形势严峻，铁路运力紧张成为全省工业发展最大的“瓶颈”，运量快速增长与运力供给不足的矛盾进一步加剧，短期内难以解决；发展与节能的矛盾进一步凸显，实现工业节能目标的压力较大等。

（王洪新）

非公经济

【概述】 2006年，全省非公经济共有86.6万户（含个体工商户下同），比上年同期增长10%；上缴税金147.6亿元，增长45.5%；实现消费品零售额983.9亿元，增长17%，占全省消费品零售总额的83%；个私从业人员274.8万人，增长8%；完成增加值1461亿元，增长20.2%，占全省生产总值的36.5%。

2006年，非公经济继续成为全省经济增长的亮点，全省非公经济完成增加值1461亿元，比年初预期目标增加41亿元，同比增长20.2%，高于全省8.3个百分点，占全省GDP的37%左右，拉动国民经济增长4.5个百分点。其中：非公工业增加值486亿元，比上年同期增长21.2%，增速高于全省4.2个百分点，占全省规模以上工业增加值的39.1%。实现“两个突破”：一是民间投资突破1000亿元。云南经济发展属于典型的投资拉动型省份，民间投资的快速发展对拉动全省经济增长具有关键性作用。2006年全省民间投资为1174.4亿元，比上年同期增长24.9%，国有经济投资与民间投资在全省的比重由2000年的73.3:26.7调整为48:52。二是全省非公经济注册资金突破2000亿元。2006年，全省非公经济注册资金为2124.9亿元，增长22.5%。其中：个体工商户注册资金176.9亿元，增长25.3%；私营企业注册资金1482亿元，增长33.6%；三资企业注册资金466亿元，增长21.6%。

2006年，全省非公经济呈现四个发展：一是非公经济在规模化、集约化方面有新发展。全省非公经济在“十五”期间快速健康发展的基础上，已从数量扩展型逐渐向质量效益转变。2006年，全省私营企业注册资金在100～500万元的有1.28万户，比上年同期增加1342户，500～1000万元的有3708户，增加745户，1000万元～1亿元的有2902户，增加892户，亿元以上的有46户，增加6户。二是非公经济在产业结构优化方面有新发展。2006年，全省非公经济产业结构进一步优化，三次产业结构由上年的21.7:36.3:42调整为21.8:36.9:41.3，即：一产完成非公经济增加值163.7亿元，比上年同期增长13.3%；二产完成非公经济增加值631.67亿元，增长23.3%；三产完成非公经济增加值665.5亿元，增长19.2%。三是非公经济在促进城乡就业再就业方面有新发展。2006年，全省个私从业人员274.8万人，比上年同期增加20.8万人，增长8%，占全省企业从业人员的89%，其中：安置下岗从业人员3万人。四是非公企业在推进科技创新方面有新发展。2006年，全省列入国家科技部统计的民营科技企业达2960户，比上年同期增长15%：从业人员13万人，增长15.2%；已确定的59户省级企业技术研发中心中，非公企业技术研发中心有32户，占全部的54.2%。非公经济逐渐由传统的餐饮服务等第三产业向特色产业和高新产业等新兴产业方向发展。

2006年，全省原材料、燃料及动力购进价格同比上涨7.6%。由于原材料、能源、动力、劳动力成本不断上升，市场竞争加剧，企业减利增亏因素增多，利润空间进一步压缩。全省非公经济进出口同比增长速度由2004年的61%、2005年的40%下降至27%。2006年全省民间投资同比增速由2004年的57.2%、2005年的43.3%下降至24.9%。

2006年，全省非公经济在发展中仍存在一些制约发展的突出问题：法规政策落实不到位，发展障碍尚未清除；国家宏观调控政策趋紧使非公企业发展难度加大；产业结构调整任重道远；人才、资金、土地等瓶颈制约问题依然突出。

【全省中小企业暨非公有制经济工作会议】 10月17～18日，根据省领导指示和省非公经济领导小组第十三次会议的部署，为认真贯彻党的十六大以来的方针政策，总结“十五”期间非公经济发展，大力表彰加强中小企业和优秀中小企业家，全面部署中小企业和非公经济发展工作，全省中小企业暨非公经济工作会议昆明召开。省委、省政府主要领导分别在会上作了重要讲话，云南电视台进行现场直播，省内各新闻媒体对会议也作了宣传报道。会议取得了圆满成功，进一步营造了良好发展氛围。

【完善政策体系】 2005年，国务院出台《关于鼓励支持和引导个体私营等非公有制经济发展的若干意见》，这是国家对非公经济第一个政策性文件，也是促进非公有制经济发展的一个重要里程碑。围绕进一步营造良好环境，促进全省非公有制经济又好又快发展，按照省领导的要求，省非公办牵头组织贯彻国发3号文件的起草小组。通过清理政策文件，认真调查研究，完善政策措施，从放宽市场准入、鼓励积极创新、加大扶持力度、强化服务以及解决制约中小企业和非公经济发展的瓶颈问题等方面研究提出30条具体贯彻意见，即《中共云南省委、云南省人民政府关于贯彻〈国务院关于鼓励支持和引导个体私营等非公有制经济发展的若干意见〉的实施意见》。至年末，省委、省政府已审定批准并下发贯彻执行，为进一步推动中小企业和非公经济在“十一五”期间加快发展提供有力的政策支撑。

【“中小企业成长工程”启动】 年内，《2006年全省中小企业和非公经济发展工作指导意见》出台，同时认真研究起草了《关于实施“中小企业成长工程”的意见》，力求在"十一五"期间，把"中小企业成长工程"做为工作主线，着力做好开展"创办小企业，开发新岗位"活动，积极推进中小企业成长计划的实施，促进中小企业集群发展，推动中小企业自主创新，支持中小企业做大做强，提高中小企业的整体素质和管理水平，加快推进中小企业信息化建设，支持中小企业"走出去"拓展国内外市场等主要任务，切实推进全省中小非公企业进一步提高整体素质和增强市场竞争能力。

【非公经济重点项目扶持】 2006年，按照《云南省非公有制经济专项资金管理办法》的规定，全省通过对16个州市上报的124个项目进行认真的筛选和审核，提出扶持重点项目21个，总计安排扶持资金2 130万元。年内，各类专项扶持资金1 432.9万元，其中，直接用于对企业贷款贴息和无偿资助的专项资金有12项，共800万元；申请到国家发改委对云南银河培训补助费56万元；申请到国家发改委对全省中小企业融资担保补助费130万元；申请到国家财政部对全省中小企业融资担保信用网络及中小企业信息网络建设补助费370万元；获得上海中小企业服务中心用于滇沪合作中小企业培训的补助费14万元。

【企业对外交流合作】 2006年5月，组织全省10户中小企业参加"第四届APEC中小企业技术交流暨展览会"，参展期间，7个产品达成13个投资协议，协议金额约1.43亿。9月中旬，组织包括食品、医药等行业的26户企业参加"第三届中国中小企业博览会暨中意中小企业博览会"，使全省参展企业获取了相关领域的前沿技术和有价值的商业信息，为非公企业积极开拓国内国外两个市场，开展对外交流与合作，搭建了良好的发展平台。

【非公企业维权保护】 2006年，省非公经济投诉中心受理各类投诉案件（含电话投诉）102件。其中昆明地区20件、大理6件、红河7件、昭通8件、曲靖8件、楚雄6件、玉溪8件、保山6件、西双版纳5件、思茅6件，其他地州共22件。这些投诉案件涉及投诉执法部门"三乱"或执法不公的20件，涉及控告政府部门不依法行政、不遵守市场规则的18件，要求调解矛盾解决困难问题的21件。受理的投诉案件移交执法部门处理的24件，转办、督办的37件，直接处理的和解答维权咨询的共41件。

（王洪新）

乡镇企业

【概述】 2006年，全省乡镇企业呈现稳步快速发展、效益提高、贡献增大的良好格局。乡镇企业达89.3万户，从业人员380.0万人，比上年增加21.8万人，增长6.1%；完成增加值730亿元，增长20.0%；实现营业收入3 807.2亿元，增长15.1%；完成总产值3 033.8亿元，增长18.3%；实缴税金91.5亿元，增长21.4%；完成出口交货值48.1亿元，增长37.0%；完成固定资产投资180亿元，增长10.5%；乡镇企业资产总额2 091.6亿元，增长22.4%，资产负债率为40.1%。乡镇企业提供劳动者报酬243.7亿元，增长14.7%；全省农民人均从乡镇企业得到的工资性收入684元，比上年增加88元，占全省农民人均纯收入的30.4%。

2006年，全省乡镇企业产业结构出现"一减两增"的趋势，即减少了与城市企业的趋同性，增加了与小城镇产业发育的关联性，增加了与农业产业发展的关联性。一、二、三产业的比重由上年的1.3∶51.3∶47.4调整为1.3∶55.0∶43.7，第二产业比重继续提高，其中工业比重比上年提高了3.5个百分点。

【乡镇工业企业】 2006年，全省乡镇工业企业数为13.0万户，从业人员132.3万人，实现增加值336.2亿元，比上年增长39.9%，高于全省乡镇企业增加值增幅9.9个百分点，占全省乡镇企业增加值的46.0%，提高了3.5个百分点；完成工业总产值148.6亿元，增长23.3%；实现销售产值141.5亿元，增长20.7%；产品销售率达97.3%；实现利润总额114.0亿元，增长49.0%；上缴税金54.2亿元，增长38.0%；发放职工劳动报酬94.8亿元，增长18.55%。

2006年，规模以上工业企业达1 805户，比上年增加176户；实现增加值183.3亿元，比上年增长51.1%；占全部乡镇工业的54.5%，比全省规模以上工业17.8%的增幅高33.3个百分点；实现利润60.0亿元，上交税金38.7亿元，发放劳动者报酬33.7亿元，分别占全部乡镇工业的52.6%、71.3%和35.5%。对乡镇企业整体发展起到显著的支撑作用。

【农产品加工业】 2006年，全省乡镇企业农产品加工企业（烟草除外）达到7万户，占全省乡镇工业企业总数的54.0%，比上年增加1.5个百分点；从业人员32.5万人，比上年增长6.0%，占全省乡镇工业企业从业人员的24.8%；实现增加值63.4亿元，同比增长17.6%。农产品加工骨干企业规模日益壮大，规模以上农产品加工企业数达285户，增长24.5%；完成增加值23.2亿元，增长20.1%。农产品加工业主要产品产量大幅上升，精制茶9.2万吨，增长51.7%。其中普洱茶产量达到8万吨，增长54%；软饮料93.3万吨，增长38.0%；丝1 792.4吨，增长21.5%；食用植物油14.2万吨，增长35.9%；乳制品5.8万吨，增长14.6%。农产品加工转化率达到35%。

【外经外贸】 2006年，全省乡镇企业出口企业产数达172户，全年实现出口产品交货值48.1亿元，增长37%。出口产品从过去以矿产品、化工原料为主，增加到食品、矿产、化工、机械、轻工、纺织、服装和工艺品等具特色、有优势、多门类的产品，出口产品结构进一步优化。一些具有产品优势和技术优势的乡镇企业已经走出国门，到境外办企业，开始直接参与国际竞争。西双版纳州的27户企业到缅甸、老挝等周边国家发展天然橡胶20多万亩，建设了橡胶加工厂2个。文山华博贸易有限责任公司等6户企业被评为2006年全国乡镇企业实施“走出去”战略先进企业。云南依玛中大食品有限公司等6户企业被认定为2006年全国水产品加工业出口示范企业。

【转移培训人员】 2006年，全省乡镇企业“蓝色证书”培训取得新的进展，共开展蓝色证书培训73.7万人，其中定向转移培训9.2万人，岗前培训11.5万人，在岗培训52.6万人；各类短期培训班5503期，培训人数47万人。完成职业技能培训4.79万人，其中3.98万人通过职业技能鉴定。学历教育毕业4 363人，还有3 706人在读，从业人员中具有中专以上文化程度的人员已达32.2万人，累计有15.1万人取得初、中、高级职称，分别比上年增长17.1%和34.2%。2006年全省乡镇企业投入培训资金7 761万元。

【资金投入】 2006年，全省乡镇企业完成固定资产投资180.0亿元，比上年增加17亿，增长10.4%。其中，企业自筹资金122.7亿元，同比增长15.4%，占投资额的68.2%，提高3.0个百分点；金融机构贷款21.9亿元，增长8.2%，占投资额的13.2%，下降0.2个百分点；引进资金21.0亿元，增长15.4%，占投资额的11.7%，提高0.5个百分点。

【名牌战略】 2006年，乡镇企业名牌战略与诚信建设取得新进展。云南大山饮品有限公司的“大山”牌矿泉水、昆明七彩云南实业股份有限公司的“七彩云南”牌珠宝首饰获得2006年中国名牌产品称号，实现了全省乡镇企业产品“中国名牌”零的突破。25个乡镇企业产品被评为2006年云南省名牌产品，全省乡镇企业名牌产品累计已达52个。昆明晨农绿色产品有限公司等19户企业被农业部确定为全国乡镇企业创名牌重点企业。乡镇企业依法经营、诚实守信的意识进一步增强。云南孟连县勐马橡胶有限责任公司等4户企业被农业部评为2006年全国诚信守法乡镇企业，云南云安集团股份有限公司等14产企业通过全国诚信守法乡镇企业复评，树立了新时期乡镇企业新形象。

【区域经济】 2006年，全省乡镇企业营业收入10亿元以上的县（市、区）达89个，比上年增加23个，占全省129个县市区的70.6%，比上年提高19.4个百分点。其中，乡镇企业营业收入50亿元以上的县（市、区）达18个。全省乡镇企业营业收入5亿元以上的乡镇有164个，比上年增加40个；营业收入1亿元以上的村达452个，比上年增加92个。

（蔡昆）

循环经济

【发展循环经济专题调研】 2006年9月，省委、省政府就全省发展循环经济进行调研并召开座谈会，进一步明确云南发展循环经济的思路、目标、工作重点、主要任务和措施。在全省发展循环经济暨节能工作会议上，省政府将云南省“十一五”期间单位GDP能耗降低目标从12%调整为17%，与6个行业节能主管部门、16个州市及11户企业（集团）签订节能目标责任书。12月，省政府又召开全省发展循环经济电视电话会议，进一步部署全省近期发展循环经济的各项工作。

【编制《循环经济与云南产业发展》】 2006年，省发展改革委组织省内5家院校、科研单位在北京有关院士、专家指导下完成钢铁与有色、化工、农林和生物资源、电力和服务业五大领域发展循环经济研究。综合报告成果在“省委省政府发展循环经济专题调研座谈会”上，得到省主要领导的充分肯定。汇编出版的《循环经济与云南产业发展》，得到省有关领导和业内专家的好评。同时，完成《云南省矿井水利用规划》和《云南省“十一五”节水型社会建设规划》的编制工作。

【全省首批20个循环经济试点】 年内，继云南驰宏锌锗股份公司被国家六部委确认为全国首批“国家级循环经济试点单位”后，经省政府同意，省发展改革委与省环保局、经委、财政厅共同开展全省首批20个循环经济试点工作，共选取11家重点企业，1家再生资源回收利用中心、3个产业园区和2个城市，以及省政府原定的开远工业、洱源农业、丘北普者黑旅游等单位开展循环经济试点，以推进全省循环经济工作的健康发展。

【节能降耗】 2006年，省委、省政府把节能降耗作为循环经济的重要内容。一是中共云南省委办公厅印发《云南省州市党政领导班子和领导干部综合考核评价试行办法》，将单位GDP能耗指标纳入各级党政领导班子和领导干部综合考核评价的18项指标之一。二是省发展改革委与省统计局建立全省GDP能耗指标公报制度。三是省政府成立由省政府主要领导牵头的省节能领导小组。四是省发展改革委、经委等围绕国家下达云南能耗下降17%的总目标，对各州市、重点行业和企业能耗下降目标进行分解，并确定全省重点节能降耗企业。

【发展循环经济项目实施】 2006年，根据全省发展循环经济的总体要求，省发改委上报的云铜股份余热发电、祥云飞龙铅锌冶炼、玉溪大红山铜矿开发等资源综合利用和全省节能中心能力建设等项目得到国家发展改革委批准，并获国债支持。年内，省发展改革委在省预算内安排昆钢节能、玉溪洲际龙源公司生产生态建材等10多个资源节约和发展循环经济项目，共安排资金3 000多万元。

【培养循环经济人才工作启动】 2006年，省发展改革委与省化工协会组织召开全省化工行业发展循环经济交流会，通过《云南省化学工业加快发展循环经济“十一五”行动纲领》。根据省委组织部、省人才工作领导小组要求，组织开展了培养和造就一批适应循环经济发展的人才工作调研和方案制定。拟通过试点示范，采取自主培养、大力引进、项目聚才、发挥特长等措施，培养和造就一批发展循环经济的各类人才。

【循环经济工作推进】 2006年，各州市政府对省政府发展循环经济的重要文件及时进行转发贯彻，曲靖等州市还结合实际提出了本地的具体意见。全省在编制“十一五”规划中，将发展循环经济作为一项重要内容。曲靖、保山、红河、临沧等地均成立以政府分管领导为组长的发展循环经济领导小组暨办公室，大理、德宏州政府的主要领导担任领导小组组长。曲靖、玉溪、安宁、开远、华坪等市县就本地发展循环经济超前编制规划，组织实施。

年内，省经委在工业领域认真抓好清洁生产、资源综合利用和节能降耗等循环经济工作，制定加快工业企业节约能源行动计划，编制云南省主要工业产品能耗限额，制定100项能耗限额指标。省环保局授予29家企业“清洁生产审核试点企业”称号，完成14家污染严重企业清洁生产强制审核验收。省建设厅制定《建设领域资源节约工作的若干意见》，提出20条有针对性的政策和措施。省农业厅将建设农村沼气、发展生态农业、进行无公害生产和开展农村秸秆化试验作为农业领域发展循环经济的重要内容认真抓。

【企业循环经济】 2006年，云南驰宏锌锗股份有限公司实施以“深部资源综合开发利用、环保节能技术改造”、“环保节能配套5万t/a电锌技术改造”，提升工艺装备和技术水平，被国家列为首批循环经济试点。云铝公司推进技术创新，使原铝交电单耗达到13 300kWh/t·Al以下，创造了全国最好指标和世界一流水平，被命名为“国家环境友好企业”。祥云飞龙公司研发的“氧化锌矿浸出工艺”、“硫化锌精矿焙砂与氧化锌矿联合浸出”工艺获国家发明专利；对铅锌冶炼固体废渣中的有价金属元素进行综合回收，共回收银、铅、锌、铟、镉等10多种元素，生产废水全部循环利用。

（省发改委环境资源处）

安全生产

【概述】 2006年，是实施“十一五”规划的第一年。全省安全生产工作在省委、省政府领导和各地区、部门、单位的共同努力下，全面贯彻“安全第一、预防为主、综合治理”方针，紧紧围绕安全生产指标控制这个中心，突出安全生产法治，健全安全生产责任制，完善安全生产监管体制，强化企业安全生产基础管理，提高全社会安全意识，全省安全生产形势总体稳定。与2005年比较，全省各类生产安全事故死亡3 592人，下降7.83%；工矿商贸事故死亡465人，下降5.30%；道路交通事故死亡2 627人，下降9.45%；火灾事故死亡84人，下降6.67%；铁路路外事故死亡103人，下降20.77%；煤矿事故死亡299人，上升12.83%；水上交通事故死亡13人，上升62.5%；渔业船舶事故死亡1人，持平。

【安全生产控制指标纳入“十一五”规划】 2006年，全省增加了铁路事故死亡人数考核指标，下达了亿元GDP死亡率、煤矿百万吨死亡率、道路交通万车死亡率、工矿商贸企业十万从业人员死亡率4项相对控制指标。全省将安全生产纳入了州（市）政府政绩考核，亿元GDP死亡率纳入了全省国民经济与社会发展第十一个五年规划中的约束性指标。

【安全生产控制指标】 2006年，与国务院安委会下达全省的控制考核指标比较，工矿商贸、煤矿、道路交通、火灾事故死亡人数比控制考核指标总数低271人。其中，工矿商贸低16人，煤矿低6人，道路交通低229人，火灾低6人。全省亿元GDP死亡率0.95，同比下降0.17；煤矿百万吨死亡率3.84，同比下降0.26；道路交通万车死亡率7.22，同比下降1.63；工矿商贸企业十万从业人员死亡率10.15，同比上升1.39。

【安全生产状况】 2006年，全省除昭通市、德宏州事故死亡人数同比上升外，其他14个州（市）同比均有不同程度的下降。工矿商贸领域安全生产走势平稳，不仅事故总量同比下降，未突破控制考核指标，而且全年无一次死亡10人以上事故，是多年来没有过的好情况。

【学校安全专项督查】 1月6～9日，国家安全生产监督管理总局、公安部消防局、教育部组成的联合检查组，对全省学校安全工作进行了督查。检查组通过听取学校安全工作汇报、现场实地检查、查阅资料档案、与安全管理干部和师生交谈等方式，重点检查了云南财经大学、昆明理工大学、昆明冶金高等专科学校和昆明市富民县一中、大营小学、永定中学、南营小学、西核小学及罗免小学等6所寄宿制中小学校。

【安全生产行政许可】 截至2006年底，全省颁发了非煤矿山安全生产许可证4 964个，危险化学品安全生产许可证457个，危化品经营许可证2 317个，危化品包装物容器定点生产证书42个，烟花爆竹安全生产许可证25个。

【安全生产困难和问题】 2006年，全省安全生产形势依然严峻：一是安全生产基础薄弱。一些从业人员尤其是建筑、矿山行业中的大批农民工缺乏基本操作技能和安全常识；多数企业安全管理基础不牢、风险抵押金缴存意识不强，安全保障程度低、事故赔偿能力弱；道路交通安全条件差，全省公路通车里程16万多千米，低等级公路占98%，机动车保有量220多万辆，加上59万多辆拖拉机以及270多万名驾驶员和近60万名操作手，人多、车多、路况差。二是事故隐患多。道路交通隐患流动性强，拖拉机、电动三轮车运营载客问题严重；煤矿隐患集中，"一通三防"和私挖滥采问题突出；非煤矿山隐患人，全省4 513个露天采石场中的80%以上是高陡边坡，42座100万立方米以上尾矿库中的20%是病库、险库；火灾隐患分布广，部分企业和公众聚集场所消防通道不畅，灭火设备、设施不足。三是拖拉机违章载人与农民出行难、外来施工单位大量涌入与属地监管难、农村劳动力大量转移到城镇与就业培训工作滞后、煤电油运供需紧张与生产安全保障程度低等深层次矛盾突出。

（唐陶）

云南省十大地方工业企业（集团）简介

【云铜集团】 云铜集团成立于1996年，是一个以铜为主，跨地区、跨行业，资产多元化、产品多样化，集采、冶、科、工、贸为一体的特大型企业集团。拥有19个系列、180余种产品。2003年企业获全国"五一"劳动奖状，2004年主产品"铁峰"版高纯阴极铜荣获"中国名牌"称号，2005年被评为"中国理财名企"和"云南最具影响力的企业"。2006年，云铜集团在中国企业500强排203位、中国制造业百强排99位、中国企业效益200佳排126位、中国企业纳税200佳排192位。铜产量居世界第19位、中国第3位。作为云南省政府重点扶持做大做强的50户重点企业之一，云南铜业（集团）有限公司2006年销售收入突破300亿元，独占云南省属工业企业销售收入鳌头，成为云南工业企业的排头兵。

【昆钢集团】 昆明钢铁集团公司成立于1939年2月，是全国520户重点国有企业，也是云南省政府重点支持的10户工业企业之一。具备年产550万吨钢综合生产能力。集钢铁冶金、机械制造、建筑安装、耐火材料、建材、运输、商贸、进出口、工程设计、园林绿化等为一体的大型企业集团。1997年通过ISO9002标准质量体系认证，曾荣获"全国50家用户满意企业"、"全国执行法定计量单位先进集体"、"产品实物质量和售后服务双十佳企业"等称号；"昆钢牌"钢材产品在云南及周边省份享有较高声誉和较强的市场竞争力，产品销往省内外，部分产品出口日本、韩国、印尼、泰国、缅甸等国家。2006年昆钢全面完成了省政府下达的各项考核指标，实现工业增加值30亿元，实现销售收入约165亿元、利税14亿元、利润3亿元。

【云冶集团】 云南冶金集团坚持以高新技术改造传统有色金属产业，对集团的产业技术结构实施战略性调整，努力带动生产发展，提高整体素质和竞争力。云南冶金集团的铝、铅、锌、锗生产工艺技术及装备均达到国内领先、国际先进水平，生产规模、资源利用、环境保护、能耗物耗水平位居全国同行业前列。2006年9月30日，云南冶金集团总公司已实现销售收入101.34亿元，在2004年46.54亿元的基础上翻了一番，提前15个月完成3年倍增计划，成为我省提前实现倍增目标，销售收入超百亿元的国有大型工业企业。

【云天化集团】 云天化集团是以云天化集团有限责任公司为母公司、控股（全资）一批生产经营型子公司的产业集团。形成了“以肥为主，相关多元”的产业发展格局，以高浓度氮肥和高浓度磷复肥为核心业务，拥有化肥、有机化工、玻纤新材料、盐及盐化工、磷化工和磷矿采选六大产业和六大系列产品。集团拥有3家上市公司，主要产品均通过ISO900和ISO14000认证。2005年，集团名列中国石油和化工行业销售收入和综合效益百强企业前十强，中国最大500家企业集团第230位，中国企业集团竞争力500强第197位。2006年，云天化集团实现销售收入140亿元，提前一年完成“倍增计划”任务。

【云锡集团】 云南锡业集团是有着120多年悠久历史的世界著名的锡生产加工企业，世界最大的锡生产加工基地，在全球锡行业中排名第一，也是世界锡生产企业中产业链最长最完整的企业，是中国锡工业的龙头骨干企业，世界最大的锡材加工中心、世界最大的锡化工中心，拥有世界级的稀贵金属研发中心。2006年实现销售收入突破90亿元、利税9.1亿元，分别比2004年增长2.2倍、1.9倍。

【云煤化集团】 云南煤化工集团有限公司是由原云南石油化工集团有限公司和原云南东源煤业集团有限公司整合重组而组建的以煤化工为主的大型企业集团。集团以洁净煤产业为主业，拥有煤炭采掘加工及综合利用、煤电铝、炼焦及焦油化工、新型煤化工、煤炭高新技术等上下游产品，拥有从资源控制到资源加工能力、具有完善的煤化工、煤电、电铝等上下游产业链。2006年9月，煤化集团进入了中国企业500强行列。

【德钢公司】 云南德胜钢铁公司是四川德胜集团收购原楚雄州禄丰钢铁厂成立的。公司主要生产热轧带肋钢筋、圆钢、高速线材钢铁产品和冶金焦炭、粗苯等化工产品。“德威”牌系列产品荣获“国家免检产品”和“云南名牌产品”。公司是我省重点扶持的“10户地方工业企业”、“10户民营工业企业”，实现循环经济的重点企业之一。2002年以来公司4连续年名列全国私营企业百强纳税前10位，被评为“全国劳动和社会保障先进民营企业”。2006年，公司铁、钢产量首次突破100万吨大关，销售收入破30亿元，钢产量较2004年同比增长119.4%，销售收入增长97.4%。

【云白药集团】 云南白药1993年上市前，年销售只有4000多万元，1996年组建集团时，产值也未过亿元。省委、省政府提出倍增计划以来，公司抓住这一契机，通过一系列制度创新和企业再造，着力培育和提升企业的核心竞争力。销售收入较3年前翻了1.4番，税后净利润翻了1.4番。云南白药在各项评选中，荣获了中国上市公司最具影响国企业、最佳绩效公司等荣誉。2006年，云南白药集团扬威沪深两市，成为市值“10年增长10倍”全国第一股。以白药膏、白药创可贴为代表的透皮产品和以云南白药牙膏为代表的药化药妆产品这两翼，获得巨大成功，两翼产品销售连年翻番。集团总体销售收入2004年为10多亿元，2006年超过30亿元。

【金鼎锌业公司】 云南金鼎锌业有限公司是为了规模化开发世界级的兰坪铅锌矿，在原云南兰坪有色金属有限责任公司的基础上引进四川宏达集团作为引资开发合作伙伴，以增资扩股的方式于2003年7月组建成立的。公司积极推进兰坪大矿开发的进程。2004年3月23日破土动工，2005年6月29日建成投产，建设工期仅为18个月，创造了同行业建设史上少有的好成绩。同时，推进企业改革和机制转换。公司生产的锌锭已取得ISO9001:2000质量体系认证。

【飞龙公司】 祥云飞龙实业有限责任公司始创于1995年，是一家集铅锌采、选、冶为一体的综合型有色金属民营企业，已跻身于全国民营企业500强，并荣获“云南省中小企业暨非公有制经济优强企业”、、“云南省劳动关系和谐企业”、“全国诚信守法乡镇企业”、“全国乡镇企业创名牌重点企业”等荣誉称号。2006年公司实现销售收入25亿元，与2004年的7.1亿元相比增长率为248.81%；缴纳税金1.8亿元，与2004年4161万元相比增长率为332.59%；发放工人工资9 566万元，与2004年的3 927万元相比增长率为143.6%；实现利润32 000万元，与2004年的8 022万元相比增长率为298.9%。

（郑灵琳）

支 柱 产 业

主　　编　陈天武
责任编辑　代燕春

综　　述

2006年，全省支柱产业保持不同程度的增长。其中制糖、烟草制品业、化学原料及化学制品制造业、医药制造业、有色金属冶炼及压延加工业、电力、热力的生产和供应业完成工业增加值912.24亿元，占规模以上工业73.5%。轻工业在烟草行业生产运行保持平稳，效益大幅提高的推动下，增速比上年提高3.8个百分点。非烟工业所占比重上升为61%，烟草工业完成工业增加值占规模以上的39%，比上年下降4.2个百分点。

2006年，全省烟草产业按照“做精、做强、做大品牌，做实、做强、做大企业”的思路，继续推进行业整合，充分发挥云南原料、品牌、技术装备的优势，继续开展省际间的联合并购、重组。全年烤烟产量75.78万吨，比上年回落2%；生产卷烟648.1万箱，增长2.6%。云南卷烟生产占全国的比重16%，排名全国第一；烟草利税达507亿元，再创历史新高。

2006年，以水电为重点的电力产业实现6个20%以上的增长。全省电力装机规模、发电量、电力工业投资、云电送广东规模、云电外送规模和电力工业增加值分别比上年增长39.3%、20.5%、37.1%、70.3%、129%和49%。全省新增电力装机规模523万千瓦，电力总装机达到1 853万千瓦。全省累计年发电量达到753.6亿千瓦时，增长20.7%；全省新增水电装机163万千瓦，水电装机规模达到1 023万千瓦；在建装机2 108万千瓦，是全国水电在建装机7 675万千瓦的27.4%。

2006年，全省以有色金属、磷化工为重点的矿业长足发展。斗南10万吨锰铁、祥云飞龙8万吨电铅、华联锢锌日采选2 000吨、富瑞一期等一系列重大项目建成投产。云铜集团羊拉铜矿开发项目、昆钢大红山铁矿400万吨采选及管道输送项目进展顺利。2006年，云南铜业集团实现销售收入303.6亿元，实现利税33亿元。云南铜业、云南冶金、云南锡业三大集团占全省有色金属产量的60%；矿业增加值突破400亿元，占生产总值比重的10%。

年内，全省加快建设磷复肥基地，做强磷复肥，做大磷化工。推进“矿肥结合”“矿化结合”，成立云天化国际化工股份有限公司，拥有高浓度磷复肥年产能力达到420万吨，基本控制了全省高浓度磷肥生产能力，居亚洲第一、世界第三。云南省磷肥已能控制全国磷肥产销和价格，提高了与国外产品的抗衡能力，增强了行业竞争力。云天化集团天安50万吨/年合成氨项目、富瑞二期“836”工程、沾化50万吨/年合成氨项目、大维焦化公司200万吨焦化、云南南磷集团“双十”项目、宣威磷电一体化在建项目工程建设进展顺利；解化集团15万吨二甲醚配套30万吨甲醇项目、云南磷化集团新增200万吨中低品位磷矿采选项目，将为优化全省工业结构，促进工业快速增长发挥重要作用。

2006年，云南生物产业形成一批市场竞争力的药品品种：云南白药系列、三七及其系列制剂、灯盏花系列产品、排毒养颜胶囊、天麻系列、康王牌皮肤用药系列、抗生素制剂等；以三七、灯盏花、工业用麻、印楝等的种植、开发、生产形成有优势的特色产业，建立了“农户＋基地＋企业”的产业模式。形成了一批龙头企业和骨干企业，如云药集团、云白药集团、盘龙云海、滇虹药业等。以云南白药新区产业基地建设为契机，扩大全省医药工业规模与影响。成功争取将“生物多样性可持续利用——昆明生物产业基地”纳入了国家生物产业基地优先布局和重点发展规划，促进全省现代生物产业的聚集式发展。全年鲜切花产量39.9亿支，比上年增长10.8%；药材产量3.9万吨，增长3.6%。

2006年，云南推行旅游业“二次创业”显出成效。成功举办2006中国昆明国际文化旅游节，30个重点旅游招商推介项目前期进展顺利。全年接待海外入境游客394.44万人次，比上年增长13.5%。国际旅游外汇收入6.58亿美元，增长24.7%。全年接待国内旅游者7 721.3万人次，增长12.5%；全省实现旅游业总收入499.78亿元，增长16.7%。

（省发改委综合处）

烟　草

【概述】　2006年，全省烟草公司系统以科学发展观统揽全局，牢固树立和认真实践行业共同价值观，认真贯彻落实国家局宏观调控的各项措施，烟叶生产继续保持平稳发展，卷烟销量和效益明显增长，专卖管理力度不断加大，体制改革有序进行，内部监管得到加强，市场秩序良好，进出口业务得到拓展，全系统效益水平再创历史新高，经济运行继续保持了良好发展态势。全系统累计实现税利104.7亿元，其中实现税金42.05亿元，实现利润62.64亿元，分别比上年增长16.21%、7.89%和22.55%。出口烟叶104.6万担，同比增长9%；全年创汇1.3亿美元，增长15.2%。抓好生产经营的同时，贯彻安全生产责任制，狠抓各项安全生产措施落实，加强经常性检查，安全生产实现了“五个为零”的目标，被省政府评为安全生产先进单位。

【烟叶生产销售和基本烟田建设】　2006年，全省烟叶生产“双控”政策得到严格贯彻执行。全省共收购烤烟1 479.3万担，收购金额79.8亿元，收购均价10.8元/千克，实现烟叶税17.6亿元。烟叶生产先进实用技术得到有效落实。培育高茎壮苗、深耕深翻高起垄、适时揭膜培土、适时封顶合理留叶等实用技术措施得到较好落实，烟叶生产整体水平进一步提高。育苗、整地、施肥、防治病虫害、烘烤等专业化服务得到加强，优质烟示范和新品种选育取得新的进展。全面推行“聚约式”收购模式和二次密码验级入库，烟叶生产组织管理模式有所创新。烟叶质量特色及市场竞争优势得到巩固。通过几年的努力，全省烟叶的内在化学成分更趋合理，致香物质成分明显提高，风格特色更加鲜明，部分替代进口烟叶已接近或达到国外先进水平。烟叶收购效率和等级合格率进一步提高，经国家局质检组检查，全省烟叶收购综合等级合格率为82.5%。工业企业对工商交接等级质量和烟叶质量反映良好。烟叶基础设施建设取得明显成效。2006年度，全省规划烟叶生产基础设施建设项目19.75万件，预计受益面积达178万亩，受益农户52.8万户，总投资约14.9亿元，其中烟草行业补贴资金10.66亿元。截至年末，已完成烟水工程项目18.2万件，占计划的98.6%，预计2007年移栽前，烟水工程将全部完工并投入使用。制定完善了《云南省烤房建设规划》，加大了烤房的改建和完善提升力度，组织开展对烤房的研究和选型推广工作。烟叶基层建设得到加强。结合烟区布局，认真规划建设基层站，基层站由原来的2 239个调整为1 774个。进一步完善了烟叶基层体制机制，加强培训，努力提高基层人员素质，加大技术服务和科技推广力度，全面推广了国家局烟叶信息管理基础软件，基本保证了烟叶收购的需要，基层站的综合性职能得到较好发挥。

【省内卷烟销售】　2006年，全省卷烟网建得到整体推进，卷烟销售工作再上新台阶，实现了分拣配送

高度关注原料基地　　（云南中烟工业公司　提供）

到户和每个州市一个呼叫中心电话订货的方式，整合统一了全省卷烟销售网络模式，有效解决了全省网建起步晚、发展不平衡的问题。注重品牌培育，积极加强货源组织，销量和效益稳步增长。加强与工业企业的协调、合作，研究实施合理的投放策略，以品牌为中心共同维护和培育卷烟市场。通过加强促销、推广和引导消费等工作，克服了工业品牌整合带来的困难，稳定了市场。针对农村市场低档烟供应不足的问题，努力扩大货源供应渠道，主动与省内外工业企业洽谈采购低档卷烟，提高合同履约率，基本保证了市场需求。全年累计销售卷烟135.6万箱，同比增长5%；实现利润19.24亿元，增长23.65%。

【烟草专卖管理】 2006年，省烟草专卖局（公司）认真贯彻落实《关于办理涉烟刑事案件适用法律若干问题的意见》，促成了《涉烟刑事案件证据参考标准》和《关于充分运用劳动教养措施惩处涉烟违法犯罪活动的意见》出台，使打击涉烟违法犯罪活动有了更加有力的法律依据。全省共破获制售假烟网络18个，其中代号为“0601”、“0602”特大网络案的破获使打网络工作取得重大突破。在全省范围内开展了4次“风暴”打假打私专项行动。全年共出动打假打私人员24.1万人次，查办假冒卷烟案件6 389起，各类走私涉烟案件1 009起，查获假冒卷烟4.02万件，走私烟5 620件，各种制假设备290台（套），刑拘566人，逮捕291人，判刑137人。切实加强了内部专卖管理监督。加大了对商业企业、卷烟工业企业和烟机辅料企业的监督管理力度，重点开展了全省55个单位内部专卖管理监督检查的自查、复查和重点抽查工作。加强了准运证管理，以及涉烟原辅材料等专卖品的管理监督。扎实开展烟叶合同、收购、经营等专项检查，确保了烟叶工作顺利开展。高度重视和加强专卖基础工作。修订了《云南省专卖管理组织机构、岗位设置指导意见》，统一了各级专卖局的组织机构、职能职责、任职资格等条件。开展了专卖“四定”工作的调研和试点。健全机构，成立了铁路、民航专卖分局。加强制度建设，制定了办案经费补助、案件价格鉴定、罚没烟叶和涉烟废弃原料等管理规定。举办多期培训，统一全省的专卖举报电话，完成了专卖管理信息系统一期项目的建设。

（杨漾）

【云南中烟工业公司】 云南中烟工业公司成立于2003年7月2日，2004年1月1日正式运作。按照国家烟草专卖局实行工商体制改革的要求，将原云南省烟草专卖局（公司）分设为工业、商业两个平级的独立法人单位。工业即为云南中烟工业公司，是集卷烟生产、销售（含出口）、卷烟配套物资供应、烟机制造与零配件生产经营、科研、教育以及多元化经营等为一体的目前全国最大的省级工业公司。下属有红塔集团、红云集团、红河集团及玉溪、昆明、红河、曲靖、楚雄、昭通、大理、会泽、春城、乌兰浩特、新疆等11个卷烟生产点。此外，红塔集团还控股红塔辽宁烟草有限责任公司、海南红塔卷烟有限责任公司，参股吉林烟草工业有限责任公司；红云集团还控股山西昆明烟草有限责任公司，参股内蒙古昆明卷烟有限责任公司。云南中烟工业公司还包括云南中烟物资（集团）有限公司、云南烟草科学研究院、云南烟草教育培训中心、云南烟草兴云投资股份有限公司、云南烟草国际有限公司等单位。云南中烟工业公司受中国烟草总公司委托，对云南烟草工业系统国有资产行使出资人权利，经营管理国有资产，承担保值增值责任。

云南中烟工业公司拥有较庞大的产业规模体系，形成了国际一流的技术装备水平。截至2005年底，公司资产总额达673亿元，公司具有卷烟生产能力1 100万箱。拥有国家级技术中心2个，博士后流动工作站1个；职工2.76万人，大专以上学历占31%，72%的管理人才具有大专以上学历。

2006年，全公司产销卷烟达635万箱，出口13万箱。3年实现了税利从330亿元到417亿元的跨越，对云南经济社会的发展做出了积极的贡献。

【企业改革重组】 云南中烟工业公司成立以来，紧紧围绕“深化改

云南中烟工业公司召开年度工作会

（云南中烟工业公司　提供）

革，推动重组，走向联合，共同发展”的行业改革主要任务，稳步推进企业组织结构的调整。2004 年 9 月 10 日，云南中烟工业公司“九变四”战略重组揭牌仪式顺利举行，玉溪、昆明、红河、曲靖、楚雄、昭通、大理、会泽、春城 9 家卷烟工业企业整合为红塔、昆明、红河、曲靖 4 家骨干企业。2005 年 11 月 8 日，在行业内率先试行母子公司体制改革试点，按现代产权制度和现代企业制度的要求，昆明卷烟厂与曲靖卷烟厂正式改制成立红云烟草（集团）有限责任公司，完善了企业法人治理结构，逐步实现由工厂制向公司制的转变，为行业工业企业体制改革进行了有益的探索，“四变三”战略把云南烟草工业的联合重组推向了一个更高层次和更高水平。3 月 31 日，红塔集团召开调整完善法人治理结构大会，标志着按照新的《公司法》和现代企业制度的要求，调整完善法人治理结构后的红塔集团迈入了新的征程。2007 年 5 月 8 日，红河卷烟总厂改制成立红河集团。至此，云南中烟工业公司下属企业全面完成了法人治理结构的构建，在内部建立健全和科学规范董事会、监事会和管理层的运行机制，逐步建立起权责明确、精简高效、运转协调的管理机制。

【知名品牌】 至 2006 年末，云南中烟工业公司拥有多个全国知名品牌：“红塔山”、“玉溪”、“云烟”、“红河”、“红梅”、“石林”、“阿诗玛”、“恭贺新禧”、“小熊猫”、“吉庆”、“国宾”、“美登”、“蝴蝶泉”、“红山茶”、“春城”、“香格里拉”、“茶花”、“龙泉”、“钓鱼台”、“福”等 20 多个牌号。在 2007 年 6 月，“红塔山”、“云烟”、“红河”和“石林”等 4 个品牌在第四届世界品牌大会暨中国 500 最具价值品牌发布大会上进入《中国 500 最具价值品牌》排行榜。其中“红塔山”品牌以 439 亿元的品牌价值位列烟草行业之首，总排名是第 14 位；“云烟”品牌以 210 亿元的品牌价值位列烟草行业次席，总排名第 35 位；“红河”品牌位总排名第 65 位，位居烟草行业第 6 位，品牌价值 94 亿元；“石林”品牌以 28 亿元的品牌价值位居烟草行业第 11 位，总排名第 240 位。

【打造重点卷烟品牌】 “十一五”时期，云南中烟工业公司的中心工作是打造重点卷烟品牌，提升整体竞争实力，确保云南烟草工业可持续发展与和谐发展。其中品牌整合、打造竞争力强的重点卷烟品牌是最核心的工作目标。经过努力，要使“云烟”成为年创税利过百亿元的品牌，“红山茶”成为年销量上百万箱的品牌。公司根据中国烟草发展趋势和自身实际，拟定了“十一五”卷烟品牌发展战略，确定了主要卷烟品牌为：“玉溪”、“红塔山”、“红梅”、“云烟”、“红山茶”、“红河”。2006 年，“玉溪”品牌产销将突破 20 万箱，成为云南历史上第一个年销量超过 20 万箱的一类烟品牌；“红塔山”品牌产销将突破 60 万箱；“红梅”品牌将突破 170 万箱。红云集团完成“云烟”品牌销量 70 万箱，实现税利 90 亿元以上；“红山茶”品牌实现销量 60 万箱，为下步实现云烟单品牌创利超 100 亿元和红山茶品牌销量过百万箱的“双百目标”的实现打下了坚实的基础。“红河”品牌全年实现销量 150 万箱以上。“十一五”期间，云南烟草工业将实现年创税利 440 亿的目标任务。

【科技项目研究开发】 年内，云南中烟工业公司积极组织一批重大科技项目的研究开发与集成推广，取得一定突破。云南烟草科学研究院牵头实施的多项技术成果已进入实施阶段。卷烟企业实施的特色工艺研究与设备的技术改造，为实现卷烟产品的精细化加工奠定了基础。瑞升公司开发的造纸法薄片投放市场后，已经进入省内外十几家卷烟企业的产品配方。利用生物技术从天然植物中研究提取了十多种用于卷烟降刺、保润、改善吸味的添加物，已在省内部分品牌中应用。通过“三纸一棒”、卷烟配方、香精香料、特色加工工艺的技术集成、造纸法再造烟叶等方面的研究和应用推广，有效地稳定和提高了产品质量，为产品精细化加工探索了新路。努力在卷烟企业推广省外烟叶使用的研究，同时积极探索烟梗处理的新工艺，提高烟梗的使用价值，在不影响卷烟吸味基础上，提高梗丝参兑比例，有效地节约了烟叶资源，提高了经济效益。

云南中烟工业公司与外商交流合作　（云南中烟工业公司　提供）

云南中烟工业公司向云南省民政厅捐赠救灾款仪式

（云南中烟工业公司　提供）

【适用性烤烟选育】　2006年，公司努力做好省内外烟叶基地建设，实施烟叶品种差异化战略。经过云南烟草工商双方的共同努力成立的云南适用性烤烟选育领导小组和相关工作机构通过努力工作，在严格遵守国家的法律法规和相关政策措施的前提下，积极开展引育结合的烤烟新品种栽培、工业论证工作，精心选择种植区域，逐步扩大"美引品种"烤烟的栽种范围。同时加强烟叶技术推广队伍建设，对烟叶分级技术人员进行了岗位培训和持证上岗。

【产品获奖】　"十五"时期，全省卷烟平均焦油含量比"九五"约下降2mg/支，万元产值耗能比"九五"约下降10千克；相继开发出一批科技含量高、风格突出、受市场欢迎的产品：印象云烟、红河V8、软珍云烟、软玉溪、人为峰红塔山、新势力红塔山等；全系统共有123项科技成果通过省级公司组织的鉴定和验收，14项科技成果通过国家局和省科技厅组织的鉴定。有122项荣获省级公司科技进步奖，39项荣获省部级科技进步奖，其中一等奖3项、二等奖7项、三等奖29项。

【经营管理】　云南中烟工业公司自成立以来，不断加强内部管理。通过推行全面预算管理，加强审计监督，切实抓好资金监管，降低资金使用成本。初步形成分级管理、权责明确的财务管理和审计监督的制度体系，进一步规范了生产经营行为，有效地促进了云南烟草工业内部管理水平的提高。云南中烟工业公司按照国家局的部署和要求，抓好《建立健全教育、制度、监督并重的惩治和预防腐败体系实施纲要》的贯彻落实，认真开展整顿规范和加强内部管理监督工作，在全系统内构建自下而上的惩防体系，建立健全权力运行的制约机制，对违规违纪行为进行严肃查处，保障了经济运行的健康发展。

云南烟草工业按照"国家利益至上、消费者利益至上"行业共同价值观的要求，积极处理好内部关系及与外部的关系，树立起对国家、对公众负责任的形象，努力构建和谐烟草。同时注重职业安全健康管理体系的建设，全系统《职业安全健康管理体系》（OSHMS18000）的咨询与认证工作正在稳步推进，"三标一体"（ISO9000质量保证体系、ISO14000环境管理体系和OSHMS18000）的咨询与认证工作在有条件的企业推行。"十五"期间，全系统涌现出全国劳模2人，荣获全国五一劳动奖章3人，云南省劳模9人，全国烟草行业劳模4人，全国技术能手1人，行业技术能手15人，系统技术能手34人。

（晏江）

红塔集团

【概述】　红塔集团是一个以烟草为主业，跨地区、跨行业、跨所有制经营的大型国际集团公司。卷烟生产能力年均达300多万箱，总资产526.39亿元，净资产446.9亿元，年销售收入279.97亿元，实现税利197.11亿元。三大主力品牌"玉溪"、"红塔山"、"红梅"荣膺"中国名牌"，在中国烟草行业16个"中国名牌"中独占3个，红塔集团成为中国目前惟一一家有3个品牌列入"中国名牌"的烟草集团公司。截至2006年，红塔集团以母子公司形式，拥有云南省内的玉溪、楚雄、大理3个卷烟厂；以股份制形式，控股省外海南红塔公司、红塔辽宁公司，参股吉林烟草工业有限责任公司，共有8个卷烟生产点，并下辖红塔烟叶、红塔物资、红塔投资3个专业公司。

2006年，红塔集团销售卷烟356.2万箱，完成销售收入292.9亿元，实现税利211.6亿元。其中："玉溪"品牌销量突破20万箱，达21.77万箱，增幅28.74%；"红塔山"品牌销量62.44万箱，增幅71.44%；"红梅"品牌销量171.17万箱，增幅36.74%，创历史新高。同时，红塔集团确立了以"加快发展步伐，全面提升水平，增强软硬实力，构建和谐红塔"为总体战略思路，调整确立"做精做强'玉溪'，做强做大'红塔山'，做实做稳'红梅'"的品牌发展战略，以品牌整合为核心，带动资源全面整合，提升品牌竞争力和企业适应市场的能力，品牌整合取得突破性进展，主力品牌销量、品牌集中度明显提高，红塔集团呈现持续、健康、和谐发展的良好局面。

【红塔集团创业50周年庆典活动】 10月16日至11月17日，红塔集团隆重举行创业50周年庆典活动。相继组织了企业家红塔论坛、红塔国际化论坛、《红塔集团志》首发式、职工接力赛跑、职工趣味运动会、灯展及狮灯、龙灯、腰鼓表演、职工拔河比赛、文艺晚会、庆典座谈会、方阵队表演、雕塑揭幕仪式、植树活动、庆典纪念大会等系列庆典活动。

【红塔三大品牌】 2006年，红塔集团面对形势的严峻性和发展的紧迫性，统一思想，大力推进"做精'玉溪'，做强'红塔山'，做大'红梅'"品牌发展战略，统一制定品牌整合发展规划和主力品牌年度增长目标，进一步完善品牌生产管理体系和质量保证体系，保证品牌许可生产的均质性；明确产品定位，建立合理的梯次化价格体系，突出主力品牌和主导规格，加强老产品维护和新产品培育；加强渠道建设，在不同层面举行"红塔品牌·市场恳谈会"，强化品牌战略的宣传推广，构建工商共育品牌机制；以"红梅（顺）"整合集团低档卷烟为突破口，品牌整合平稳顺利推进。"宝石"、"美登"、"桂花"、"宝岛"、"沈阳"等品牌圆满完成护卫任务；以品牌管理为主线，优化业务流程，进一步构建营销研发协调运行机制。

全年"玉溪"、"红塔山"、"红梅"三大主力品牌全年共计销售255.38万箱，同比增长76.87万箱，增幅43%；品牌集中度为74.47%，同比提高20.14%。其中："红塔山"全年销量62.44万箱，增幅71.44%；"玉溪"全年销量突破20万箱，达21.77万箱，增幅28.74%；"红梅"全年销量171.17万箱，增幅36.74%。三大主力品牌占省外全资、控股烟草企业产量比例分别达到：长春卷烟厂51.39%，同比提高23.7%；红塔辽宁60.03%，同比提高24.72%；海南红塔79.24%，同比提高24.66%。

全年出口卷烟7.72万箱，同比增长3.35万箱，增幅76.66%。其中混合型卷烟"马宝"全年销量4.96万箱，成为中国卷烟出口较大品牌。

【"红塔山"首次输入成员企业生产】 6月，"红梅（顺）"相继在长春卷烟厂和红塔辽宁烟草有限责任公司、海南红塔卷烟有限责任公司开始生产，整合后的"红梅（顺）"生产计划量为16.2万箱。6月12日，集团输出的"红塔山（经典1956）"开始在红塔辽宁公司沈阳卷烟厂顺利加工生产。两个规格牌号的产品加工总量为1万箱。集团重点品牌"红塔山"首次输入成员企业加工生产，是集团实施品牌扩张，做强"红塔山"品牌所作出的重大战略决策。为确保"红塔山"品牌在沈阳卷烟厂加工生产的内在品质，加工方式由集团制丝、沈阳卷烟厂进行卷包（成型）生产，销售方式属地销售。

【红塔烟草进出口贸易】 2006年，红塔集团商品进出口总值8 624万美元，比上年增加584万美元，同比增长7.64%。其中，商品进口总值2 472万美元，比上年减少596万美元，下降19.43%；商品出口总值6 152万美元，比上年增加1 180万美元，增长23.73%。

全年出口卷烟7.81万箱，比上年增长78.75%。其中"玉溪"出口1.43万箱，"红塔山"出口7 219箱，"MARBLE"（马宝）出口4.95万箱。出口创汇4 607万美元，增长28.87%。出口烤烟5 747吨，比上年同期吨减少12.87%；出口创汇1 295万美元，增长1.01%。出口烟丝1 129吨，比上年增长73.16%；出口创汇189万美元，增长85.29%。全年完成出口创汇6 091万元。

【多元化投资】 2006年，云南红塔集团有限责任公司继续开展多元化发展。公司投资经营以参股、控股、联合、独资、融资等经营形式涉足能源、交通、轻工、化工、医药、机电、建材、金融、旅游等领域。已形成能源交通、烟草配套、建材、金融证券及保险、酒店房地产五大产业支柱，构建了跨地区、跨行业、跨所有制经营格局。在国家大型基础设施建设方面，公司持续参与大型水电站、中型火电站、小型水电站及昆玉高速公路、澜沧江流域开发、"西电东输"等西部大开发基础建设投资。在烟草工业配套产业方面，先后与德国、新加坡、泰国、澳大利亚等国及香港特别行政区企业合作，引入资金、技术、装备和管理技术，与内地相关企业联合，投资兴建了卷烟辅料配套产业，其产品包括生产高档卷烟需要的白卡纸、水松纸、卷烟纸、铝箔纸等，部分产品替代进口。传统行业方面，公司投资的水泥生产企业，在云南省同行业中，其生产规模及产销量最大，经济效益最好；投资生产的"红塔"牌木地板系列产品曾获国际金奖，并大量出口；投资生产的系列轻型卡车受到用户的广泛好评并出口东南亚各国。金融、保险、证券行业方面，公司持有"交通"、"华夏"、"光大"、"广发"、"昆商"等银行及太平洋保险公司、华泰保险公司、国信证券公司、红塔证券公司的股份，在国家融资体制改革实践中做了有益探索。酒店、物业、房地产行业方面，公司先后参与了昆明世界园艺博览园、上海红塔大酒店等多项服务设施投资建设，展现了红塔集团社会效益至上的国有大型企业风范。

2006年，按照行业多元化工作会议精神，对多元化实行归口管理，为保证国有资产真实可靠，"先瘦身，再强身"，确保国有资产保值增值。集团对多元化投资进行了全面"清产核资"和"清理登记"，进一步规范投资决策程序，严控新增投资项目，全年多元化投资收益8.11亿元，增幅41.44%。

【卷烟生产】 2006年，红塔集团立足"以主业为主，提质创新，增强企业核心竞争力"的工作思路，积极适应“按订单组织生产”要求，以市场为中心，一切围绕市场干，严格执行生产计划，生产柔性化水平不断提高。红塔集团省内3厂、省外全资、控股烟草企业全年卷烟总产量354.91万箱（含出口烟7.7万箱），同比增长10.48万箱，增幅3.04%；总销售量356.19万箱（含出口烟7.85万箱），增长10.45万箱，增幅3.02%；库存1.49万箱，减少2.03万箱，减幅57.66%；实现税利211.63亿元，增长13.14亿元，增幅6.62%。

红塔集团省内3厂全年产量270.77万箱（含出口烟7.57万箱），同比增长7.22万箱，增幅2.74%；销售量272.26万箱（含出口烟7.72万箱），增长7.45万箱，增幅2.81%；总部和省内3厂实现税利183.78亿元，增长8.73亿元，增幅4.99%。其中，实现税金150.43亿元，增长19.88亿元；增幅15.23%；实现利润33.35亿元，减少11.15亿元，减幅25.05%。

红塔集团省外全资、控股烟草企业，长春卷烟厂生产卷烟23.2万箱，与上年持平；销售卷烟23.37万箱，增幅1.92%；实现税利7.27亿元，增幅12.15%。红塔辽宁烟草有限责任公司生产卷烟47.8万箱，增幅4.08%；销售卷烟47.87万箱，增幅4.13%；实现税利16.95亿元，增幅16.23%。海南红塔卷烟有限责任公司生产卷烟13.1万箱，增幅11.02%；销售卷烟12.75万箱，增幅5.63%；实现税利3.93亿元，增幅30.65%。

【公益事业】 2006年，红塔集团向公益事业捐款1 108.43万元。其中：资助教育事业金额216万元，救济贫困捐款68.43万元，资助体育文化事业706万元，支持促进社会发展和进步的其他社会公共活动118万元。

（邹瑾）

电 力

【概述】 2006年，面对电网建设项目大幅增加、电网规模快速扩张、发供电量大幅增长，一线基建、生产运行人员长时期、大负荷、高强度工作的困难局面，云南电力企业全体员工坚持为云南服务，用科学发展观统揽工作全局的指导思想，团结拼搏，克服困难，全面完成了电力生产、电力供应、电网建设的各项工作任务，保证了云南省社会经济发展和工农业生产的电力供应。

2006年，全省完成售电量540.35亿千瓦时，同比增长24.96%。其中省内售电量完成425.48亿千瓦时，外送电量114.88亿千瓦时，实现主营业务收入232.99亿元，利税总额23.13亿元（其中税金19.3亿元，利润3.83亿元）。

【电网管理】 2006年，为克服电力供应短缺矛盾，努力做好电力供应，云南电网公司加强厂网协调，合理安排检修，优化调度方案，提高现有发电装机的利用效率，并且在南方电网公司大力支持和协调下，向贵州购电7.78亿千瓦时。“云电送粤”电量107.27亿千瓦时，同比增长62.96%；向越南送电7.61亿千瓦时，增长132.6%。截至2006年底，累计对越送电11.37亿千瓦时，实现电费收入4 941.91万美元。

2006年，云南电网公司完成售电量540.35亿千瓦时，完成固定资产投资74.92亿元，利润总额3.83亿元，资产负债率70.42%，应收电费余额3.47亿元，综合线损率6.41%。

截至2006年年底，云南电网公司共有500千伏变电站10座，变电容量1 050万千伏安；220千伏变电站59座，变电容量1 604万千伏安；110千伏变电站181座，变电容量892.7万千伏安。500千伏线路24条，总长度3 142.9千米；220千伏

向家坝水电站开工典礼　　（云南电网公司　提供）

线路147条，总长度6 957.49千米；110千伏线路总长9.67.24千米。

云南电网公司推行发电侧优化调度方式，合理安排机组检修，完善应急预案，出台电煤预警办法，落实“来煤加工”、煤电挂钩等政策，努力增加电力供应量。在用电侧做深做细需求侧管理，落实梯次计划用电方案和负荷侧应急备用方案，引导客户错峰让峰，在短期电力富余时向广东增送低谷电2.13亿千瓦时，实现了汛期不弃水。积极向南方电网公司汇报，南方电网公司充分发挥大平台优势，优化送电曲线，调减云电送粤计划电量10.1亿千瓦时，及时协调贵州向云南送电7.78亿千瓦时。在总体缺电率与上年相当的情况下，云南统调电网全年拉闸限电2 317条次，同比减少了66.6%。上年10月起，实现了省内不拉闸限电的目标，最大限度地满足了云南经济社会发展对电力的需求。云南统调电网日发电量18次创新高，突破2亿千瓦时；发电负荷18次创新高，突破1 000万千瓦；省内供电量33次创新高，最高达到1.51亿千瓦时。

租用直升机巡线2 316千米，发现缺陷345处，消除重大缺陷76处。建成全国目前数字化程度最高的示范变电站，开发生产管理信息系统和风险防范管理体系。实施雷电定位系统二期工程。云南电网公司科技成果获省部级及以上科技进步奖7项，其中“实用化超导电缆系统的研制和应用”获中国电力科学技术奖一等奖，这是南方电网公司首次获得该奖项。

2006年，云南电网全年电网运行总体平稳，未发生人身死亡事故，未发生特大电网、设备事故，未发生本企业有责任的重大电网、设备事故，未发生重大施工机械设备损坏事故，未发生重大火灾事故，未发生负同等及以上责任的生产性重大交通事故，未发生因违反调度纪律造成的事故。

【发电企业】 2006年，全省新投产发电装机容量492万千瓦，其中水电120万千瓦，火电372万千瓦。截至2006年末，全省装机容量为1 812.7万千瓦，其中水电970.5万千瓦，火电842.2万千瓦，水、火电比例为53∶47。云南电网公司省调直调发电厂46座，其中水电厂36座，火电厂10座，省调直调装机容量1 318.75万千瓦，其中水电装机545.25万千瓦，火电装机773.5万千瓦。

2006年，全省完成发电量753.64亿千瓦时，增长20.7%。其中水电355.72亿千瓦时，增长2.00%；火电397.91亿千瓦时，增长44.20%。云南电网公司统调电网发电量575.4亿千瓦时，增长26.40%。其中水电203.52亿千瓦时，减少3.12%；火电371.89亿千瓦时，增长51.69%。完成售电量540.35亿千瓦时，增长24.96%。其中，省内售电量425.48亿千瓦时，增长16.2%；西电东送电量107.27亿千瓦时，增长62.96%；向越南送电7.61亿千瓦时。

【电力建设】 2006年，云南电力建设取得前所未有的发展速度，在建电源装机超过2 300万千瓦，全省新增装机容量达到593万千瓦，相当于现有装机的45%，是云南电网历史上发电装机投产最多的年份。2006年110千伏及以上新增变电容量596.6万千伏安、线路2 917.39千米；500千伏投产变电站3座，线路1 026.65千米；220千伏投产变电站15座（扩建3座），线路1 258.6千米；110千伏投产变电站16座（扩建4座），线路632.14千米。

全年云南电网公司完成固定资产投资74.92亿元，完成公司年度计划的99.92%。电网建设投资完成62.8万元，全额完成年度计划，较上年同期增长61.03%。其中500千伏工程完成20.20亿元、220千伏工程完成24.96亿元、110千伏工程完成9.63亿元、35千伏及以下电网建设与改造完成8.01亿元。

全省220千伏及以上主干电网覆盖了除迪庆州外的所有州（市），电网结构得到加强。全年投产110千伏及以上线路长度、变电容量分别为2005年的2.2倍和1.4倍。500千伏七罗第二回线路工程仅用半年时间就实现投产，创造了云南电网建设史上的新纪录。2006年9月26日投运了中越220千伏联网工程，形成了以两回220千伏、三回110千伏线路向越南送电的格局，最大送电能力达47.3万千瓦。220千伏对越南送电第二通道工程稳步推进。

全年完成农网工程投资8.01亿

电力员工为农村白族群众安装电表　　（云南电网公司　提供）

云南电网公司向云南省希望工程“爱心圆梦大学”行动捐款仪式

（云南电网公司　提供）

元，解决了3万户农村无电人口的用电问题。公司基建系统付出了艰苦的努力，建设分公司承担了大量的电网建设任务，完成投资35.3亿元。电力设计院完成了182项勘测设计任务。送变电工程公司完成了114个项目的施工，通过了中国工程建设社会信用AAA评估。火电建设公司完成210万千瓦的电源施工，实现“一年六投”。监理公司完成12个电源项目、36个变电站和2 974千米线路的监理任务。

优化配置建设资源，引进省外17家施工单位、6家设计单位参与云南电网建设。逐步建立工程建设诚信档案，进一步规范电网建设市场。完成110千伏变电站典型设计。相继在曲靖、红河、昆明等8个州（市）开通电网建设“绿色通道”，进一步改善了电网建设外部环境。曲靖供电局促成市政府出台了6项“绿色通道”制度文件。500千伏大理输变电工程被评为南方电网公司2006年度电网建设优质工程、中国电力建设企业协会2006年度电力优质工程。

【电价管理】　2006年，配合省政府相关部门出台差别电价、统调新投产水电机组试行丰枯电价等政策，优化了公司购售电结构。省内电价、西电东送电价和输配电价疏导方案通过国家发改委审批，省内平均电价加价3.16分/千瓦时，西电东送电价加价2分/千瓦时。云南居民电价调整听证会顺利通过听证程序，平均加价3.3分/千瓦时，有效缓解了公司的经营压力。

【次区域电力合作】　年内，与越南第一电力公司合资组建了越中电力投资公司，开发越南小中河水电项目。与云南华能澜沧江水电有限公司和云南省机械设备进出口公司组建了联合电力开发公司，对缅甸瑞丽江一级电站进行开发和经营管理，12月10日实现电站截流，首台机组将于2008年6月发电。与缅甸电力一部签署共同开发水电资源的合作意向书，并启动了南卡河、南垒河及萨尔温江上游流域联合踏勘。与泰国湄公学院联合开展区域能源规划与项目管理培训。

【无电人口通电工程】　2006年，云南电网公司通过完善西部农网工程和30万无电人口通电工程的实施，解决了3万户无电人口的用电问题。

12月26日，西双版纳景洪市陆拉村人口较少少数民族通电工程竣工投产，完成投资290万元，一户一表247户，解决了1 284人的用电问题，受到西双版纳州、新闻媒体和陆拉村群众的一致好评。

【电力扶贫】　云南电网公司对口帮扶西盟县实施“四个一”工程是云南省“兴滇富民”工程的内容之一。公司建设的3个项目，其中西盟县莫窝乡莫美希望小学，于2006年5月正式投入使用，110千伏西盟输变电工程和南康河二级水电站装机容量为2万千瓦工程，正在进行前期工作，已投资10.88万元，培训农村电工136人。

澜沧江水电有限公司制定了支持和参与社会主义新农村建设的实施意见、五年规划和年度工作计划，全年共投入资金400万元，完成16项基础设施建设，其中建设希望小学5所，附属设施改善2所，人畜饮水工程7项，公路修缮等2项；启动了澜沧江“百千万工程”云南行动计划，构建“和谐工区（电厂）”取得初步成效。

附表：1. 云南电网2006年度统调新投产机组

2.2006年电力建设投资完成情况表

（杨淑勇）

2006年云南电网统调新投产机组

序号	新投产发电机组	容量（MW）	计划投产日期	实际投产日期	机组类型	接入电网电压等级	控股单位
1	滇东电厂#1机组	600	3月	2006－2－23	火电	500kV	鲁能
2	大唐红河#1机组	300	3月	2006－6－3	火电	220kV	大唐国际
3	宣威#11机组	300	4月	2006－6－8	火电	500kV	国电
4	滇东电厂#2机组	600	9月	2006－7－17	火电	500kV	鲁能
5	大唐红河#2机组	300	7月	2006－8－28	火电	220kV	大唐国际
6	昆明二电厂#2机组	300	10月	2006－10－7	火电	220kV	华电
7	宣威#12机组	300	10月	2006－11－15	火电	500kV	国电
8	滇东电厂#3机组	600	12月	2006－11－17	火电	500kV	鲁能
9	小龙潭电厂#8机组	300	12月	2006－12－20	火电	500kV	国电
10	那兰#2机组	50	1月	2006－1－16	水电	110kV	大唐国际
11	大盈江三级#1机组	50	3月	2006－3－19	水电	220kV	德宏凯瑞
12	勐嘎河三级#2机组	14	3月	2006－3－7	水电	110kV	云南晶辉水电公司
13	勐嘎河三级#3机组	14	3月	2006－3－11	水电	110kV	云南晶辉水电公司
14	勐嘎河三级#1机组	14	3月	2006－3－12	水电	110kV	云南晶辉水电公司
15	柏香林#1机组	25	4月	2006－4－27	水电	110kV	滇能公司
16	天生桥#1机组	25	3月	2006－4－30	水电	110kV	滇能公司
17	那兰#1机组	50	5月	2006－6－1	水电	220kV	大唐国际
18	天生桥#2机组	25	3月	2006－6－18	水电	110kV	滇能公司
19	勐嘎河四级#1机组	20	6月	2006－6－17	水电	110kV	盈江明宇电力公司
20	勐嘎河四级#2机组	20	6月	2006－6－30	水电	110kV	盈江明宇电力公司
21	崖羊山#2机组	60	4月	2006－7－8	水电	220kV	大唐国际
22	雷打滩#3机组	36	7月	2006－7－17	水电	110kV	地方
23	大盈江三级#2机组	50	6月	2006－7－31	水电	220kV	德宏凯瑞
24	雷打滩#2机组	36	9月	2006－9－10	水电	110kV	地方
25	崖羊山#1机组	60	6月	2006－9－17	水电	220kV	大唐国际
26	冲江河#4机组	24	4月	2006－9－23	水电	110kV	国电
27	冲江河#5机组	24	9月	2006－9－23	水电	110kV	国电
28	柏香林#2机组	25	4月	2006－10－7	水电	110kV	滇能公司
29	象达#1机组	20	12月	2006－11－3	水电	110kV	苏帕河
30	象达#2机组	20	12月	2006－11－23	水电	110kV	苏帕河
	总计	4262	火电	3600	水电	662	

2006 年云南电网公司电网基建投资完成情况

计算单位:万元,万千瓦,万千伏安,千米

项目名称	在建规模		计划总投资	2006 年项目投资安排	2006 年资金到位							2006 年投资完成		已投产	
								银行贷款							
	变电	输电			1-12 月资金	占计划%	企业自有	开行贷款	农行贷款	国债转贷资金	其他贷款	1-12 月投资	占计划%	输电	变电
合　计	8386.21	1753.15	1783928	628000	644070	81	74872	90737	110768	-8618	369912	628000	100	2917.39	596.60
按电压等级分															
500 千伏工程	2231.14	675.00	598543	202000	188190	93	33271	90042	0	0	64877	202000	100	1026.65	300.00
220 千伏工程	4001.69	777.00	576331	249637	239472	95	31609	695	3000	0	204168	249637	100	1258.60	219.00
110 千伏工程	2153.38	301.15	235351	96260	93548	88	9991	0	13090	0	64067	96260	100	632.14	77.60
县级电网建设与改造工程(35KV 及以下工程)	0.00	0.00	189703	15103	26582	0	0	0	26582	0	0	15103	100	0.00	0.00
西部电网完善工程	0.00	0.00	184000	65000	96277		0	0	68096	-8618	36800	65000	100	0.00	0.00
具体项目如下(220kV 及以上):															
(一)500 千伏工程	2231.14	675.00	598543	202000	188190	93	33271	90042	0	0	64877	202000	100	1026.65	300.00
500 千伏大理送变电工程	264.00	75.00	64013	8513	6200	73	-3618	8818			1000	8513	100		
500 千伏厂口变扩建工程	60.00	75.00	23405	7500	3300	44	-13400	15900			800	7500	100		
500 千伏厂口变 220KV 接入系统工程														4.58	
500 千伏红河送变电工程	304.10	75.00	74800	40000	37000	93	0	37000				40000	100	304.11	75.00
500 千伏墨江送变电工程	257.00	225.00	86740	48000	48000	100	13240				34760	48000	100	256.96	150.00
500 千伏玉溪送变电工程	204.90	75.00	68120	38987	38490	99	7439	5734			25317	38987	100	70.96	75.00
滇东电厂 500 千伏送出工程	122.00		29215	4000	5000	125	2500	2500				4000	100	58.33	
宣威电厂七期 500 千伏送出工程	108.86		26160	15000	12000	80	5000	6100			900	15000	100	108.86	
500 千伏七甸-罗平第二回线路	161.89		35950	33000	33000	100	19920	13080				33000	100	161.89	
小龙潭电厂 500 千伏送出工程	29.38		7700	5000	4200	84	2100				2100	5000	100	29.38	
500 千伏和平(禄丰)输变电工程	480.00	150.00	125190	1000	1000	100	90	910				1000	100		
滇东二期电厂 500 千伏送出工程	196.00		46350	1000	0							1000	100		
巡检司电厂 500 千伏送出工程	43.00		10900	0	0							0		36.16	
(二)220 千伏工程	4001.69	777.00	576331	249637	239472	95	31609	695	3000	0	204168	249637	100	1258.60	219.00

续表

项目名称	在建规模		计划总投资	2006年项目投资安排	2006年资金到位							2006年投资完成		已投产	
								银行贷款							
	变电	输电			1－12月资金	占计划%	企业自有	开行贷款	农行贷款	国债转贷资金	其他贷款	1－12月投资	占计划%	输电	变电
220千伏红河开关站工程	109.58		14420	2320	1250	54		145			1105	2320	100		
220千伏九龙变二期增容工程		18.00	1717	717	717	100					717	717	100		
220千伏大屯送变电工程	4.70	36.00	7788	2088	1500	72					1500	2088	100		
220千伏盐津送变电工程	59.00	12.00	13900	5000	4200	80	400				3800	5000	100		
那兰电站220千伏送出工程	116.50		8130	4300	2800	65	－200				3000	4300	100		
220千伏镇雄送变电工程	104.13	12.00	12656	6256	3950	63	20				3930	6256	100	104.13	12.00
220千伏丽江送变电工程	156.23	15.00	24300	14000	16863	114	－687	550			17000	14000	100	156.23	15.00
220千伏抚仙送变电工程	18.00	36.00	9800	6912	5400	78	80				5320	6912	100		
220千伏嵩明送变电工程	6.30	36.00	11860	8000	7400	93	420				6980	8000	100	6.30	36.00
220千伏福贡送变电工程	129.50	18.00	17260	10000	10800	108	1060				9740	10000	100		
220千伏兰坪送变电工程	128.20	18.00	25200	15000	14000	93	2100				11900	15000	100	131.76	18.00
220千伏迪庆送变电工程	306.00	18.00	28840	17360	13900	80					13900	17360	100		
220千伏潞西送变电工程	305.00	18.00	30000	15000	16971	113	2200				14771	15000	100		
220千伏盈江送变电工程	146.87	18.00	17500	4862	3000	62			3000			4862	100	146.87	18.00
220千伏大盈江至盈江变线路	73.00		5040	600	0	0						600	100	73.39	
220千伏景洪变二期工程	2.60	12.00	2890	2500	2900	100	60				2840	1890	76	2.55	12.00
开远电厂220千伏接入工程	28.60		2922	1922	1921	100	60				1861	1922	100	28.62	
220千伏木乃河至墨江送电线工程	84.70		5723	3200	3200	100					3200	3810	119	84.71	
李仙江220千伏送出工程	397.00		39000	26000	26000	100	2680				23320	26000	100	28.07	
220千伏对越送电输变电工程	248.10	18.00	26500	22000	22000	100	7300				14700	22000	100	248.07	18.00
220千伏新平输变电工程	20.00	18.00	10400	6400	6400	100	2580				3820	6400	100	18.86	18.00
220千伏营上(富源)输变电工程	88.30	36.00	24000	13000	13000	100	4040				8960	13000	100	88.26	36.00
220千伏东那(景谷)输变电工程	76.00	15.00	11500	2000	2000	100	264				1736	2000	100		
220千伏官渡输变电工程	42.60	30.00	24500	2500	2500	100	1020				1480	2500	100		

续表

项目名称	在建规模		计划总投资	2006年项目投资安排	2006年资金到位							2006年投资完成		已投产	
								银行贷款							
	变电	输电			1－12月资金	占计划%	企业自有	开行贷款	农行贷款	国债转贷资金	其他贷款	1－12月投资	占计划%	输电	变电
220千伏权甫(安宁)输变电工程	43.00	36.00	14400	1800	1800	100	100				1700	1800	100		
220千伏竹林(石屏)输变电工程	88.00	18.00	12500	6000	6000	100	840				5160	6000	100		
220千伏杞麓(通海)输变电工程	125.00	36.00	19000	10000	10000	100	1800				8200	10000	100		
220千伏同乐(越州)输变电工程	13.20	18.00	10500	1000	1000	100	200				800	1000	100		
220千伏卡场(勐嘎)输变电工程	52.00	36.00	14000	3000	3100	103	354				2746	3000	100		
220千伏傣龙(槟榔江)输变电	24.00	36.00	11000	2000	2100	105	268				1832	2000	100		
220千伏弥勒变二期工程		18.00	1600	1000	1000	100					1000	1000	100		18.00
220千伏文山变二期工程	77.70	18.00	7300	5600	5600	100	720				4880	5600	100	77.70	18.00
220千伏禄丰变二期工程		18.00	2500	1000	1000	100	100				900	1000	100		
220千伏木乃河三期		6.00	1500	1000	1000	100	118				882	1000	100		
220千伏临沧变二期工程		9.00	600	600	600	100	82				518	600	100		
220千伏保山变二期工程		15.00	2000	1000	1000	100	200				800	1000	100		
220千伏金刀营变三期工程		18.00	2400	1000	1000	100					1000	1000	100		
220千伏祥云变二期工程	34.00	15.00	5900	1700	1700	100	240				1460	1700	100		
220千伏大关变二期工程	82.00	15.00	3500	2000	2000	100	360				1640	2000	100		
云鹏电站220千伏送出工程	58.00		4900	4000	4000	100	400				3600	4000	100	58.50	
220千伏秀溪(玉溪)输变电工程	123.00	36.00	18290	3000	3000	100	1240				1760	3000	100		
220千伏文山对越送电工程	294.00	30.00	33000	10000	10000	100	1190				8810	10000	100		
220千伏者虹二回送电线工程	63.00		4000	1000	800						800	1000			
泗南江(思茅)220千伏送出工程	65.00		4000	100	0							100			
220千伏新村变二期工程	50.00	15.00	6700	100	100						100	100			
220千伏草坝开关站工程	87.00		7045	700	0							700			
220千伏禄劝输变电工程(普渡河送出)	72.00		13850	100	0							100			

矿 业

【概述】 云南省处于扬子板块西缘，环太平洋成矿带与喜马拉雅成矿带的结合部位。独特的地质环境，造就了优越的成矿地质条件。云南省矿产资源丰富，是全国矿产种类最为齐全的省份之一，具有以下特点：

一是资源总量大、矿种多。铅、锌、锡及磷矿保有储量在全国具有绝对优势，特别是有色金属和磷资源优势，奠定了云南"有色金属王国"和"磷化工大省"的地位。但石油、天然气等能源矿产稀缺，铝土、铜、富铁矿等部分具有一定生产规模的资源，不能实现完全自给。

二是矿产资源配置组合关联度好。钢铁、有色金属、磷化工、建筑材料等资源丰富，矿产品种配套，基本自成体系，资源组合关联度较好，具有发展深加工的优势和潜力。加之云南水电潜能巨大（居全国第二位），具备了"矿电"结合发展的良好条件，对开发云南矿产资源、降低矿产品成本，提高矿产品竞争能力，促进矿业发展有着很重要的意义。

三是矿产资源相对集中。矿产种类和资源分布具有明显的区域性和成带性，如滇中和滇东，集中了全省绝大多数磷、铁、煤等矿产；锡、铅、锌、锑、汞等矿产主要分布于滇东南和滇西地区；金矿分布在鹤庆—镇沅—墨江—金平一带。

四是非金属矿质优，开采条件较好。探明的非金属矿，品位较高、储量较大、资源相对富集，多数具有良好的开采条件和开发价值，开发潜力巨大，是今后全省矿业的潜在增长点。现已形成了较为完整的矿产资源开发利用和加工体系，以有色金属和磷化工为代表的矿产资源产业已成为了全省国民经济和社会发展的支柱产业。

截至2006年底，全省共发现各类矿产143种。据国土资源部《全国矿产资源储量通报》统计，全省有61种固体矿产保有资源储量位居全国前10位，其中能源矿产1种，金属矿产29种，非金属矿产31种。位于第1～3位的矿产中，磷、铅、锌、锡、铜、铟、锗、镍、铂族金属、金银、钛铁矿是云南省既有资源优势，又有规模开发优势的矿产资源。

2006年底，全省有各类矿山企业8 217个，开发利用矿产92种，全年采掘业开采矿石量22 236.19万吨，其中，煤炭5 646.36万吨，铁矿石137 256万吨，磷矿石1 126.97万吨。

【经济指标】 2006年度，全省各类矿山企业工业总产值311.56亿元，较上年增加23.61亿元；矿产品销售收入为275.27亿元，较上年增加99.29亿元，增长31.86%；利润总额为50.98亿元。其中，能源矿产工业总产值89.28亿元，黑色金属矿产工业总产值24.84亿元，有色金属矿产工业总产值136.18亿元，贵金属矿产工业总产值7.05亿元，稀有、稀土和分散元素矿产工业总产值0.06亿元，冶金辅助原料矿产工业总产值2.88亿元，化工原料矿产工业总产值18.59亿元，建材及其他非金属矿产工业总产值31.24亿元，矿泉水地下水工业总产值1.44亿元。销售收入超过亿元的矿种有：煤、铁、锰、铜、铅、锌、锡、金、镍、钨、磷、盐矿、水泥及建筑用灰岩、建筑用砂岩、砖瓦用粘土、建筑用砂、地下热水、矿泉水。

全年全部工业完成增加值1 406.95亿元，比上年增长16.5%；其中，规模以上工业完成增加值1 240.36亿元，增长17.8%。在规模以上工业中，轻工业增加值598.51亿元，比上年增长9.6%；重工业增加值61.85亿元，增长27.1%。

主要能源、原材料生产快速增长。全年原煤产量7 339.08万吨，比上年增长13.6%；粗钢产量635.38万吨，增长23.8%；钢材产量588.06万吨，增长20.8%；十种有色金属产量207.33万吨，增长40.6%；水泥产量3 305.97万吨，增长16.7%。

矿业工业企业经济效益保持较好水平，全省规模以上工业经济效益综合指数为243.17，比上年提高24.68个百分点。全年实现利税786.24亿元，比上年增长24.1%；实现利润300.23亿元，比上年增长39.1%。

【矿业权管理】 2006年，省政府出台《云南省探矿权采矿权管理办法》、《云南省矿产资源有偿使用费征收和使用管理暂行规定》、《云南省矿山地质环境恢复治理保证金管理暂行办法》等4个文件。上述文件的出台，对于切实加强全省地质工作和矿业权管理具有重要意义。遏制了多年来因勘查登记门槛过低，造成矿产资源登记工作的混乱局面，为进一步充实和完善勘查登记和采矿登记工作起到积极作用。

截至2006年11月底，受理各类勘查登记项目744项，发证1 363项。其中：批准新立项目535项，延续登记项目758项，变更登记61项，保留登记9项。受理转让申请项目23项，批准32项。全省有效勘查许可证为3 222个。

受理各类采权矿登记项目1 200多项，发证950项。其中：颁发新建矿山采矿许可证83项，延续登记项目738项，变更登记129项，撤销项目1个。受理转让申请项目47项，批准47项。受理划定矿区范围申请125项，批准119项。全省采矿许可证为8 404个。

【地质勘查投入及成果】 2006年，全省投入矿产资源勘查资金保持快速增长，全年共投入资金达5.45亿元，较上年增长约15.82%。其中，中央财政投入5 710万元，地方财政投入约1 226万元，企事业单位共投入4.76亿元。全年完成主要工作量钻探12.98万米，坑探15.99万米，槽探109万米，浅井4.92万米。

截至2006年底，全省共发现各类矿产143种，其中查明资源储量的有86种。列入《云南省矿产储量表》的矿区数有1 776处，其中大型110处，中型262处，小型804处。

“三江”云南段找矿工作取得了重大突破，云南铜业集团投资勘探香格里拉普朗铜矿和德钦羊拉铜矿已完成首采区的勘探工作，香格里拉普朗铜矿提交资源储量铜177.48万吨、伴生金81 710千克、伴生银576.52吨；德钦羊拉铜矿累积探明资源储量铜32.52万吨、金1.13万千克，该地区已经成为全国一个新的有色金属、贵金属矿产资源基地。此外，国际矿业公司也不断加大在云南的勘查投入力度，已有50余家国际矿业公司在云南开展过矿产资源勘查工作，累积投入达1.67亿元，其中，加拿大西南金矿公司与省核工209队合资在东川播卡地区开展的金矿勘查项目，初步探获金资源储量108吨，取得了良好的找矿成果。

【整顿和规范矿产资源开发秩序】 年内，全省把整顿和规范工作作为经济工作中的大事，不断强化矿业违法案件查处、矿山秩序整顿、矿产资源整合、健全完善规章制度等重点工作，通过努力，基本完成了整顿和规范矿产资源开发秩序第一阶段工作任务，取得了阶段性成果。一是“六乱”蔓延的势头得到了有效遏制，矿产资源开发秩序明显好转。在整顿规范第一阶段，全省共取缔和查处无证非法采矿行为8 347起，追究刑事责任145人，注销吊销勘查许可证和采矿许可证1 148个，关闭私挖乱采、布局不合理等采矿点2 097个，遏制了各种矿业违法违规现象反弹的势头。二是各项规章制度进一步健全，市场在矿产资源配置中的作用不断增强。在整顿规范工作中，把建章立制、建立长效管理机制，作为行之有效的治本之策，出台了一系列管理规定和规范性文件，为促进矿政管理走上制度化、规范化的轨道奠定了基础。三是资源整合的规模效应逐步显化，矿业投资开发环境进一步改善。通过资源整合，实现了优势资源向优势企业集中，促进了矿业经济的发展。2005年，全省矿业企业增加值达291.94亿元，占全省GDP的8.4%。昆钢、云铜、云锡、冶金、金鼎锌业、云天化等矿业集团完成工业总产值达1 201亿元，占全省规模以上工业总产值的37.5%。同时，通过整顿规范，全省矿业投资开发环境进一步改善，为实施“走出去”战略，提高矿业对外开放水平提供了有利的条件。四是维护了群众利益，密切了党群干群关系。在整顿规范中，全省依法查处参与或变相参与办矿、入股分红的公职人员52名，清查处理了一批违法违规审批、滥用职权和失职渎职的当事人，广大群众和投资者的合法权益得到了保护，进一步密切了党群干群关系。

【矿业权市场】 年内，为规范全省矿业权出让、转让活动，建立由政府主导的统一、规范的矿业权有形市场，成立了云南省矿业权交易中心，通过充分发挥市场对矿业权配置的基础作用，规范矿业权取得和依法流转行为，切实维护矿产资源的国家所有者权益和矿业人的合法权益，为经济建设和发展服务，并逐步发展为面向全国和东南亚的国际矿业权交易中心。2006年，全省共出让采矿权150个，收取采矿权价款超过2 000万元，对符合招标拍卖挂牌出让的采矿权，实现了100%招标拍卖挂牌出让，采矿权价款征收创下历史最高水平。

（赵毅）

生物资源开发

【概述】 2006年，全省生物产业（不含烟草）实现工农业总产值1 637亿元，比上年增长12%；实现增加值889亿元，占全省GDP的22.2%；销售额达1 600亿元，利税达335亿元。全省生物产品出口实现较快增长，创汇达到6.5亿美元，比上年增长14.9%，其中：食用菌出口创汇9 100多万美元，鲜切花6 500多万美元，咖啡3 200多万美元，茶叶1 948万美元，蔬菜1.4亿美元，香料油1 600万美元，果蔬原汁215万美元，以天然药物为主的药品出口达到2 419万美元，松香2 700万美元，木材及制品5 194万美元。2006年，全省农民人均纯收入达到2 250元，70%左右来自于生物产业。全省96家省级以上重点龙头企业辐射农产260万户、基地825万亩，带动农民增收32亿元。随着近年农产品市场价格的上涨，农民从花卉、茶叶、咖啡、天然橡胶、马铃薯、中草药等优势特色农林产品中人均实现收入690多元。茶叶产业在普洱茶品牌效应的带动下，农民纯收入由上年的17亿元增加到23亿元，增幅达35.3%。临沧茶产业的发展，辐射带动了82.1%的农村人口种植生产茶叶；2006年茶农人均来自茶叶收入达307.5元，较上年增加94.5元。思茅市建设现代茶园83.9万亩，带动茶农110万人，实现人均收入782.5元，比上年增长39.43%。楚雄州依托龙头企业，栽培人工食用菌125万平方米，实现总产值9 400万元，增加农民收入4 192万元。至2006年底，全省以蔬菜、马铃薯、甘蔗、橡胶、水果、蚕桑、咖啡、花卉、中药材等为代表的特色优势农产品发展势头强劲，种植面积达到了3 300多万亩；以茶叶、核桃、板栗为主的特色经济林面积发展到1 500多万亩。生物产业已开始步入“提质增效，综合利用，全面发展”的新阶段，生物资源开发正由一枝独秀向集群发展、低度开发向深度加工、传统生产向现代产业、封闭运行向开放扩张转变。

【省委领导调研生物资源开发】 2006年3月20～22日，省委书记、省人大常委会主任白恩培到部分科研院所和生物资源开发企业，就更好更快发展生物支柱产业进行了专题调研。白恩培先后来到中科院昆明植物研究所、中国医学科学院生物研究所、云南沃森生物技术有限公司、中科院昆明动物研究所、云南红梨科技有限公司、昆明清源古尔蒙禽业有限公司等科研院所和企业，与科研人员交换意见，探讨提高科技自主创新科技成果产业化等问题。

22日上午，在昆明经济技术开发区召开的云南生物资源开发创新产业发展调研座谈会上，白恩培认真听取了大家的意见后讲话强调，加快生物产业发展，是贯彻落实科学发展观的必然要求，是加快云南发展的战略选择。做大做强生物产业，必须明确发展思路，坚持以市场为导向、以资源为依托、以人才为支撑、以效益为中心，坚持走“特色化、规模化、集约化、产业化”的发展道路，像当年发展“两烟”产业一样，努力实现云南生物资源大省向绿色经济强省的跨越。

【生物资源开发产业建设研究】 2006年，省生物资源开发创新办公室邀请了农业部政策法规司、国家扶贫发展中心、财政部农业司综合处、发改委年度计划处、发改委工业司轻纺处、科技部农村中心处、国务院发展中心农村部、国务院发展研究中心农村部研究室、中国农业大学食品学院、发改委宏观研究院、北京交通大学战略研究所、北京生态研究所等12个国家级相关部委和单位以及云南省政府研究室、云南省委政策研究室、省财政厅农财处、省审计厅农业处、省社科院产业处等5个省级部门的17位领导和专家，在北京召开云南生物资源开发创新产业发展座谈会。会议深入研讨“十一五”期间如何继续推进云南生物资源开发创新产业发展的问题。会议取得了很好的效果。另外，省生物资源开发创新办公室还多次组织和邀请北京相关院校的专家到云南调研和交流，开阔了省内从事生物资源开发创新工作人员的视野，同时也进一步扩大生物资源开发创新工作的影响力。

【生物资源开发管理】 2006年，省生物资源开发创新办公室草拟《云南省省级财政扶持生物资源开发创新专项资金管理暂行办法（草案）》。经充分征求相关部门意见，并积极与省财政厅协调达成一致后，以《云南省财政厅、云南省农业厅关于下发〈云南省省级财政扶持生物资源开发创新专项资金管理办法〉的请示》的形式上报省政府审批。本办法审批通过后，将进一步规范全省生物资源开发创新专项资金的使用和管理，对全省生物资源开发创新产业发展具有较强的导向作用，将更切实地促进生物产业又好又快发展。

根据《云南省省级财政扶持生物资源开发创新专项资金管理办法》，通过严格评审和筛选，按照科技成果转化、产品品牌及公共品牌培育、行业协会公益性服务、信息系统及统计体系建设、市场开拓等5个项目分类，省生物资源开发创新办公室选定113个项目作为2006年生物资源开发创新项目给予扶持。这些项目以产业划分，绿色食品项目有84个，扶持资金1 440万元，占项目总资金的62.61%；天然药物项目18个，扶持资金291万元，占项目总资金的12.65%；生物工业原料项目6个，扶持资金155万元，占项目总资金的6.74%；其他项目4个，扶持资金55万元，占项目总资金的2.39%。通过上述项目的开展，切实推进了全省生物资源开发创新产业的建设。

【组织企业开拓市场】 2006年，省生物资源开发创新办公室组织全省物资源开发相关企业参加各类展洽会3次，展示活动1次，总计组织243家（次）企业会展，实现签约金额达32.8亿元，现场销售金额404.6万元，有力地推动了全省企业的市场开拓能力的建设，为打造云南生物资源开发创新产业国际国内商务平台积累了经验。

2006年12月8～10日，由云南省人民政府主办，省农业厅主要承办，省商务厅、花产联、经合办、省政府驻沪办共同承办的“2006年云南优质生态农产品推介展”在上海展览中心成功举办。展会的主题是“绿色云南·生态产品”。展会主旨是提高云南优质生态农产品在国内国际市场上的知名度，扩大云南优质生态农产品市场份额，促进招商引资，增进与上海及周边省区在农产品加工和贸易方面的合作与交流，加快发展云南农产品加工业。整个推介会组织挑选了144家最具代表性的云南企业参展，实现签约成交金额21.8亿元人民币；展会共吸引了10余万人次到现场参观，其中各类专业客商6 509人；展品现场零售额达298.6万元，比上年增加173.33万元，增长138.4%。展会期间，还举办云南优质生态农产品推介会及签约仪式。推介会有近200名专业客商参加。签约对口企业有以色列的公司和香港、台湾、上海、浙江、江苏、河南、湖南、北京的企业。

【组织企业参加香港美食博览会】 2006年8月17～21日，省生物资源开发创新办公室以“绿色云南．生态食品”为主题，组织了近20家生物资源开发创新企业的120个品牌的产品参展，展品总重量逾4吨。

展会期间，云南企业现场零售额达106万港元，并与来自欧美、东南亚等30多个国家和地区的160多名经销商进行了实质性的商贸洽谈，签订购销合同及意向性协议金额2.1亿港元，合作内容涉及保健食品、名优绿色食品、特色农产品的精深加工、市场营销等。本届美食节云南展品的现场零售额是上年的230%，签订的购销合同及意向性协议金额是上年的140%，达到了预定目标。

【马来西亚、新加坡—中国云南农业招商引资洽谈会】 6月22～26日，由云南省人民政府主办，省农业厅承办，旨在进一步推动云南与马来西亚、新加坡在农产品生产、加工、贸易方面的交流与合作的“2006马来西亚、新加坡——中国云南农业招商引资洽谈会”在新加坡和马来西亚吉隆坡成功举办。本次洽谈会共计有省直有关部门和具有代表性的79家农业企业负责人共124人参加。洽谈会期间举办马来西亚吉隆坡新闻发布会、新加坡招商引资洽谈会、马来西亚招商引资洽谈会、中国云南与马来西亚农业合作会谈等重要活动。通过洽谈会，云南企业与新加坡和马来西亚的270余家企业进行了广泛洽谈与交流，实现签约金额1.12亿美元。其中，新加坡洽谈会现场签订合作协议4项，签约金额6 656万美元；马来西亚洽谈会现场签订合作协议8项，签约金额4 522万美元。另外，云南企业与新、马企业现场达成意向性合作协议金额6 618万美元。洽谈会期间，云南省政府代表团还与马来西亚农业部代表友好会谈，达成了以蔬菜、水果、花卉3个产业为重点，在种植、加工、流通3个领域开展合作的一致意向，并就双方合作条款签署谅解备忘录达成共识，洽谈会取得圆满成功。

【普洱茶文化展示活动】 9月起，由省农业厅主办，省生物资源开发创新办公室承办，为期两个半月的“魅力云南·陈香普洱”普洱茶文化展示活动在翠湖科技走廊举办。该活动把全省普洱茶的历史渊源、区域分布、制茶、保健功效、未来发展等通过图片、文字、实物等多种形式呈现给参观者，扩大了对普洱茶文化知识的普及宣传，对推动茶产业发展、做强做大茶产业起到了很好的促进作用。活动期间共计吸引10万余人次到活动区参观。

【普洱茶标准体系建设】 2005年6月，生物资源开发创新办公室开展普洱茶标准体系的建设工作。组织专家成立“标准编写组”，研究确定普洱茶综合标准编写方案，深入到全省普洱茶的主产区思茅市、西双版纳州、临沧市、大理州等4个州市12个县（区）的30余家生产企业调研，收集样品300个，整理、分类、抽样选出94个主体样品送省农科院质量检测中心监测，进行分析鉴定；委托临沧市双江勐库茶叶公司和思茅市王霞茶叶公司分别制作了普洱茶原料标准样和普洱茶散茶标准样；多次组织茶叶企业、有关专家、相关部门领导对普洱茶综合标准进行研讨，为科学、完善地制定普洱茶标准奠定了坚实基础；完成了向省质监局申请立项—审批立项—填报《云南省地方标准制定任务书》—起草标准—征求意见—形成送审稿上报等一系列工作，形成正式文件报省质监局审批。2006年7月13日，经云南省质量技术监督局组织审定后，以云南省地方标准批准发布公告2006年第2号，并报经国家质量监督检验检疫总局备案认可。云南省普洱茶综合标准包括：DB53/103－2006《普洱茶》、DB53/T171－2006《普洱茶产地环境条件》、DB53/T172－2006《普洱茶生产技术规程》、DB53/T173－2006《普洱茶加工技术规程》4个标准。DB53/103－2006《普洱茶》于2007年1月1日正式实施，其余3个标准于2006年10月1日起正式实施。

【重点产业科技攻关】 普洱茶是云南传统的特色名茶。但由于对普洱茶的相关科学研究较为薄弱，特别是在普洱茶形成机理、产业化加工关键工艺技术、功能性成分与生物活性物质及普洱茶特征性物质等方面的研究严重滞后，无法在质量安全控制与市场准入等方面迅速构建起规范的标准体系，导致云南普洱茶在生产上质量难以有效监控，技术监管与保护无科学依据，生产中和市场上出现了相对混乱的局面。为此，省生物资源开发创新办公室通过深入的前期调研和论证，提出了《普洱茶关键技术研究》项目，拟组织省内外科研力量，通过产学研紧密结合和联合攻关的形式，对普洱茶品质特征与指纹性物质、功能性成分和生物活性物质、品质控制与质量检验标准及方法、加工关键工艺技术与设备开发、安全性评价与控制技术等五方面开展系统研究。

2006年10月31日至11月1日，省生物资源开发创新办公室组织召开云南《普洱茶关键技术研究》项目专家咨询会。省政府黄毅秘书长对项目工作的开展提出了具体要求，中国工程院院士、中国茶叶研究所陈宗懋研究员，中国农业大学博士生导师胡小松教授、西南大学博士生导师刘勤晋教授、湖南农业大学博士生导师施兆鹏教授、云南普洱茶研究院院长邵宛芳教授、云南普洱茶学院蔡新教授、周红杰教授，中国科学院昆明植物研究所张颖君研究员、云南中医学院林青教授、中国茶叶研究所林智博士等参会专家围绕《普洱茶关键技术研究》项目总体方案框架和项目子课题的设置、技术路线以及经费预算等进行了充分的咨询和讨论，并达成共识，正式启动了项目。

（徐猛）

旅　　游

【概述】　2006年，云南省接待海外旅游者181.02万人次，比上年同期增长20.4%；接待港、澳、台游客69.8万人次，比上年同期增长37.9%，其中香港游客增幅高达58.9%；接待外国人游客111.2万人次，增长11.6%，其中亚洲游客增长11.5%，欧洲游客增长15.2%，美洲游客增长15.5%，大洋洲游客增长16.3%。实现旅游外汇收入6.58亿美元，比上年同期增长24.7%。全省共有10.3万人出境旅游；边境旅游接待了213.4万人次边境游客，增长8.2%。2006年，接待国内旅游者7 721.3万人次，比上年同期增长12.5%。其中过夜游客4 748.3万人次，增长15.6%；一日游游客2 973万人次，增长8.0%。国内旅游收入447.1亿元，比上年同期增长15.8%。2006年云南省旅游总收入达到499.78亿元，比上年同期增长16.7%。

2006年，全省年启动开发建设和进行改造提升的旅游项目达117个，投入建设资金总额达到66.8亿元。在30个旅游重大项目中，有25个项目完成单体或总体规划，对原有规划进行了修编，20个重大旅游项目已陆续开工建设或加快改造提升；同时还有一批新的重点旅游项目正在推进实施。在全省60个旅游小镇中，已有29旅游个小镇引进企业进入开发建设，其他31个旅游小镇也不同程度启动了建设，共吸引国内外资金12.28亿元投入开发建设。

年内，全省加大旅游招商引资力度，多方筹集旅游开发建设资金。其中，争取国债资金1 190万元和国家旅游发展资金1 500万元，省发改委社会发展资金8 000多万元，省旅游发展资金4 500万元，省财政厅资金1 500万元，省建设厅资金1 000万元，拉动各州市县也相应投入资金5.64亿元，国家、省、州（市）共投入旅游开发资金达7.26亿元。全省已成立的5家旅游投资公司也积极筹措资金，共投入旅游开发建设资金6.1亿元；吸引社会投入旅游景区和配套设施开发建设资金22.82亿元，吸引社会投入旅游小镇保护、开发和建设资金达12.28亿元；吸引省外企业投入旅游开发建设资金18.3亿元。全省共投入旅游开发建设实际到位资金达到66.8亿元，形成了大投入带动大开发、促进大发展的良好局面。

2006年，全省共组织了3次国际国内区域旅游合作会议，组织和参加近30次国际国内旅游合作会谈，签订14个旅游合作协议，重点搭建“9+2”旅游合作平台，卓有成效地开展滇港、滇澳旅游合作。积极推动“孟中印缅”旅游大通道建设，配合相关部门做好“昆明—加尔各答”汽车拉力赛的研究工作，举办老挝高级管理人员培训班，继续加强与越南的旅游合作并建立定期旅游合作会谈制度，争取亚行贷款支持云南GMS旅游合作项目的工作取得重大进展。积极参与西南六省区市经济合作及川滇藏大香格里拉旅游合作，继续推进滇沪、滇浙、滇粤旅游合作，积极促进旅游企业之间的合作与交流。

加强行业规范和管理，使全省旅游服务质量进一步提高，涌现出一大批优秀服务人员及先进工作者。2006年，有11名导游在全国导游大会上获得国家旅游局表彰，有4个旅游先进集体、5个劳模和先进工作者进入国家旅游局表彰候选之列。旅游全行业共举办培训班182期，培训各种层次、各类人员3.5万人次。随着旅游服务质量提高，旅游投诉明显下降，游客满意度明显提高。全年全省受理投诉597起，理赔金额45.1万元，全省旅游万人投诉率由上年的0.45进一步下降到2006年的0.08。

【旅游总收入】　2006年，全省旅游业总收入499.78亿元，比上年同期增长16.66%。云南省旅游总收入前5位的州、市是：昆明市155.74亿元，增长12.95%；大理州57.01亿元，增长15.58%；丽江市53.93亿元，增长34.84%；迪庆州33.61亿元，增长30.59%；德宏州28.51亿元，增长7.17%。

【国际旅游】　2006年，全省接待海外入境游客394.44万人次，增长13.48%。海外入境游客的构成是：外国人111.17万人次，增长11.56%；香港同胞30.73万人次，增长58.88%；澳门同胞4.25万人次，增长21.96%；台湾同胞34.84万人次，增长25.35%。

来滇外国人前10位客源国排序是：马来西亚11.27万人次，下降11.99%；日本10.85万人次，增长26.98%；韩国9.02万人次，增长17.43%；美国7.52万人次，增长19.46%；泰国7.2万人次，下降11.24%；新加坡66.1万人次，增长4.71%；法国4.54万人次，增长3.66%；澳大利亚3.14万人次，增长23.06%；德国2.95万人次，增长3.43%；荷兰2.43万人次，增长26.17%。旅游外汇收入合计6.58亿美元，增24.7%。

全省接待海外入境游客人数前5位的州市是：昆明市70.75万人次，增长1.58%；丽江市30.87万人次，增长68.85%；迪庆州30.8万人次，增长48.3%；大理州20.93万人次，增长20.34%；德宏州5.51万人次，增长15.26%。

旅游外汇收入前5位的州市是：昆明市1.9亿美元，增长10.03%；迪庆州1.38亿美元，增长40.64%；丽江市8 971.19万美元，增长81.90%；大理州5 705.76万美元，增长31.85%；德宏州2 182.51万美元，下降22.72%。

【国内旅游】　2006年，全省接待

国内旅游者7 721.30万人次，增长12.54%。其中：过夜游客4 748.32万人次，增长15.61%；一日游游客2 972.98万人次，增长7.96%。国内旅游收入447.10亿元，增长15.78%。其中：国内过夜游客收入365.43亿元，增长10.19%；国内一日游收入81.67亿元，增长49.82%。

接待国内游客人数前5位的州市是：昆明市2 169.12万人次，增长10.05%；大理州765.63万人次，增长12.94%；玉溪市640.53万人次，增长12.43%；红河州578.7万人次，增长27.77%；曲靖市522.26万人次，增长20.41%。

国内旅游收入前5位的州、市是：昆明市140.56亿元，增长13.28%；大理州52.45亿元，增长14.35%；丽江市46.76亿元，增长29.68%；西双版纳州26.17亿元，增长14.62%；德宏州23.82亿元，增长10.82%。

【入境一日游】 2006年，全省8个边境州市共接待口岸入境一日游游客213.44万人次，增长8.17%；创汇0.98亿美元，增长19.27%。

边境地区口岸入境一日游游客及外汇收入前5位的州市是：德宏州80.11万人次，下降6.29%；外汇收入3677.05万，增长3.32%。红河州60.9万人次，增长28.13%；外汇收入2 795.31万，增长41.27%。临沧市20.82万人次，增长6.17%；外汇收入955.64万，增长17.06%。文山州20.32万人次，增长97.86%；外汇收入932.69万元，增长118.15%。思茅市10.6万人次，下降25.87%；外汇收入486.54万美元，下降18.27%。

【假日旅游】 2006年，全省假日旅游发展红火，社会效益、经济效益实现“双赢”。1月29日至2月4日“春节”黄金周，全省共接待游客381.70万人次，比2005年“春节”黄金周增长4.77%。其中，接待过夜游游客100.15万人次，下降13.3%；接待一日游游客281.55万人次，增长13.18%。“春节”黄金周共实现旅游收入13.4亿元，增长8.36%。州市接待游客前4位：昆明120.73万人次，玉溪市50.88万人次，红河州39.59万人次，保山市27.19万人次。旅游收入前4位：昆明市4.04亿元，丽江市1.64亿元，保山市1.31亿元，大理州1.22亿元。全省主要旅游景区（点）7天内共接待游客80.55万人次，增长5.58%。罗平九龙瀑布接待游客最多，达9.94万人次。昆明石林、云南民族村、丽江玉龙雪山、丘北普者黑、泸西阿庐古洞接待游客均超过5.4万人次。黄金周期间，民航共投入航班3 363个架次，同比增加181个架次，其中新增航班20个架次；运送旅客38.29万人次，增送旅客5.1万人次。铁路共投入运力415个车次，增加4个车次；运送旅客26.17万人次，增送旅客0.14万人次。

5月1～7日，“五一”黄金周全省共接待游客326.89万人次，比2005年“五一”黄金周增长3.64%。其中，接待过夜游游客114.7万人次，接待一日游游客212.19万人次，同比分别增长6.45%和2.19%；全省实现旅游收入13.75亿元，同比增长19.05%。昆明、迪庆、西双版纳同比分别增长17.5%、29.7%和43.8%，临沧同比增幅达123.6%。主要旅游景区（点）7天内共接待游客73.79万人次，同比增长8.5%。其中玉溪抚仙湖接待游客最多，达11.78万人次。黄金周期间，民航共投入航班3732个架次，运送旅客37.4万人次，同比下降2.9%。铁路共投入运力408个车次，运送旅客37.43万人次，同比增送旅客10.6万人次。

10月1～7日“十一”黄金周，全省共接待游客279.56万人次，比上年“十一”黄金周增长1.7%。其中，接待过夜游游客110.28万人次，同比下降1.5%；接待一日游游客169.27万人次，同比增长3.8%。“十一”黄金周共实现旅游收入11.6亿元，同比增长6.0%。全省主要旅游景区（点）7天内共接待游客50.54万人次，同比下降2.8%。昆明世博园接待游客最多，达5.93万人次。昆明石林、云南民族村、丽江玉龙雪山、丘北普者黑接待游客均超过3.8万人次。黄金周期间，民航共投入航班4 098个架次，比上年“十一”黄金周增加856个架次，其中新增航班52个架次；运送旅客36.59万人次，比上年“十一”黄金周增送旅客2.97万人次。铁路共投入运力526个车次，运送旅客95.74万人次，同比增长20.0%。

2006年3个“黄金周”，全省累计接待游客988.15万人次，同比增长9.67%；旅游总收入38.75亿元，增长69.94%。

【旅游节庆与会展】 11月16～19日，2006中国国际旅游交易会在上海新国际博览中心举行。云南省16个州市旅游局和各地旅行社、酒店、景区景点等旅游企业共有500余人参加本届交易会。云南参展团认购的展台共95个，展场面积为846平方米，人员和展台规模均超过2004年的水平，展场面积也居各省区市的前列，仅次于东道主上海市。交易会期间，云南展团共发放各种宣传资料约37.8万份，协议签订组团人数约18.5万人次，签订意向性合同约822份，金额达3.1亿元；意向组团人数约9.5万人次，达成意向性协议约489份，金额达1.26亿元；接待客商及公众约3.5万人次。

5月1日，2006中国昆明国际文化旅游节昆明节庆活动开幕式暨花车巡游展演在东风广场举行。出席开幕式的主要领导和贵宾有：全国人大常委会副委员长李铁映、老挝副总理阿桑·劳里，国家旅游局副局长张希钦，中共云南省委书记白恩培、省长徐荣凯、省委副书记丹增，常务副省长秦光荣、省委宣传部部长晏友琼，副省长刘平，西藏自治区副主席甲热·洛桑丹增，国家环保总局副局长吴小青等。出席开幕式的还有：老挝、泰国、越南、缅甸等国家驻昆总领事，部分国际组织驻昆代表和昆明市国际友城的代表，中央和国家机关有关部、委领导，部分省、区、市领导，云南省部分老领导，省级各有关部门、省内各州市领导。昆明市市长王文涛主持开幕仪式，省委常委、昆明市委书记杨崇勇致欢迎辞，副省长刘平致开幕辞，全国人大常委会副委员长李铁映宣布——2006中国昆明国际文化旅游节昆明节庆活动开幕。云南省16个州市、12家企业和6个国际友好城市共34辆花车参加了大型巡游，其中6个国际友好城市是老挝万象、柬埔寨金边、马来西亚吉隆坡、越南老街、缅甸仰光和孟加拉达卡。巡游队伍贯穿昆明主要城市干道东风路。

5月1～7日，第七届中国赏石展暨国际赏石展在昆明国际会展中心新馆举行，共有62个参展团的3 442件观赏石参加了本次石展。经过各参展团初评推荐和评委的认真鉴评，共评出获奖作品1 336件，其中金奖100件，银奖261件，铜奖503件，优秀奖471件。

6月6～10日，第三届泛珠三角区域经贸洽谈会暨2006中国昆明进出口商品交易会在昆明国际会展中心举行。本届“洽谈会”云南展馆旅游展区共有20个展位，在为期5天的“洽谈会”和“昆交会”期间，共发放《云南旅游精品线路指南》1200本、《2006年云南旅游节庆活动指南》9 000份、《云南旅游图》1 600份、英文及日文折页1 000份。省旅游局还与香港各界签订了5个合作协议：与香港旅游发展局签订《旅游合作协议书》、与香港旅游业议会签订《关于加强滇港旅游市场管理合作协议》、与香港酒店业协会签订《合作备忘录》、与香港中文大学和香港理工大学签订《合作意向书》。

8月5～9日，首届“云南金曦旅游养老文化节”在云南科技馆举行。文化节期间举办了大型文艺汇演、大型公益书法、绘画、摄影艺术展以及养老健康咨询等系列活动。

9月28日，2006年中国红河建水建城1200年庆典暨孔子文化节在建水县城开幕。节庆期间举办与海峡两岸同步祭孔、开幕式暨建水建城1200年庆典仪式、大型歌舞晚会、滇南新工农业和旅游商品展、人才与劳务交流等5大主题活动。

10月27～29日，以“撞击、拓展、彰显”为主题的第十三届中国广告节在在昆明国际会展中心新馆举行。本届广告节在专业展览基础上，还特别增加地方特色产品馆——“云南印象馆”，以展示云南本地特色产品为主，集中展示名烟、名酒、精品普洱茶、云南山珍、珍贵宝石、中药材、旅游文化产品和特色食品等。

（于建明　程晓云）

【“十一五”云南14个重大旅游建设项目】 1. 大理古城的改造提升；2. 鸡足山景区；3. 苍洱旅游风景区；4. 大理地热国项目；5. 大理影视拍摄制作基地；6. 泸沽湖旅游景区；7. 丽江古城保护开发；8. 印象丽江项目；9. 玉龙雪山改造提升；10. 梅里雪山景区；11. 香格里拉国家公园系列景点；12. 香格里拉大峡谷；13. 怒江大峡谷国家公园系列景点；14. 老君山旅游景区。

（郑灵琳）

西部大开发

主　　编　袁丽萍
责任编辑　刘建军

综　　述

2006年，云南省西部大开发领导小组办公室认真贯彻落实国务院西部大开发工作会议精神，紧紧围绕《西部大开发“十一五”规划》，结合云南实际，以科学发展观统领全局，实现“十一五”良好开局。

全省铁路、公路、水运、民航重点基础设施工程建设力度加大，能源建设步伐加快，电力供应基本满足社会经济发展需要。“三江”干流水电在建的溪洛渡、小湾电站、漫湾二期建设进展顺利。新增有效灌溉面积40万亩。新建不同标准的高稳产农田和基本农田200万亩，解决了102万农村人口的饮水安全问题。超额完成省政府承诺为民办理的“十件实事”之一，基本解决了血吸虫疫区和人口较少民族群众的饮水安全问题。

全年全省实施退耕还林工程80万亩计划，下达退牧还草计划130万亩。新建农村户用沼气池突破20万户。以滇池为重点的九大高原湖泊水污染防治工作有序推进。云南省发展循环经济第一批企业、园区和城市20个试点启动。

2006年，云南卷烟的产量、质量、利税已跃居全国烟草行业榜首，成为云南最大的优势产业和财政的重要支柱。以有色金属和磷化工为主的矿产业在市场需求的强劲拉动下快速增长，全省规模以上重工业完成增加值641.85亿元，比上年增长27.1%，云南已成为全国重要的有色金属和磷化工基地。甘蔗、茶叶、橡胶、蔬菜、马铃薯、林产业等农业传统特色产业保持良好发展势头。旅游产品结构优化，以创建世界级旅游胜地为目标，着力抓好精品开发，全年实现旅游收入近500亿元。

2006年，全省新增3个县实现“普九”，使全省“普九”县达到115个，提前两年实现国家西部“两基”攻坚目标。云南省扫除文盲协调办公室荣获联合国教科文组织设立的“国际阅读协会扫盲荣誉奖”。全省新型农村合作医疗试点稳步扩展，已增至52个县，覆盖面占全省129个县（市、区）的40%。建成昆明等15个州市20个远程可视医疗骨干医院站点，91个县级远程医疗终端站。全省广播、电视覆盖率达92.0%和93.7%，全省公共图书馆149个，博物馆30个。《云岭天籁》等优秀文艺节目在北京公演，引起社会广泛好评。

全省外贸进出口总额首次突破60亿美元大关，达到62.3亿美元，比上年增长31.4%，创历史新高。澜沧江—湄公河次区域合作取得进展，中国向越南北部送电220千伏联网工程建成投产。2006年6月，第三届泛珠三角区域合作与发展论坛暨经贸洽谈会在昆成功举办，与泛珠三角区域联手开拓中国—东盟市场成为发展新亮点。全年利用省外资金375.29亿元，对外开放及合作领域向纵深发展。

2006年，中国—东盟自由贸易正建设稳步向前，继中国—东盟自由贸易区全面降税实施后，已对3 408种产品削减了进口关税。充分发挥云南毗邻周边国家的优势，抓住中国—东盟自由贸易区建设机遇中快速推进全省与东盟国家的经贸合作，已成为云南省外向型经济发展中保持健康、快速发展的一个有力支撑点。对东盟的双边贸易额达到21.7亿美元，出口贸易快速增长，展示出很好的发展势头。

2006年，云南与东亚出现快速发展势头，贸易额2.16亿美元。云南是临近南亚国家的前沿地区，拥有面向南亚开放最优越的环境条件，充分发挥地缘优势，加强与南亚7国的贸易交往，南亚国家巨大的市场潜力和增长空间势必将成为云南对外贸易上新台阶的重要增长点。

（省西开办）

设施和生态建设

【交通设施建设】 2006年，全省铁路建设完成投资43.31亿元，沾益—昆明铁路复线、大理—丽江铁路建设进展情况较好。公路建设完成投资336.57亿元，思茅—小勐养高速公路竣工试通车；国道昆明东连接线工程各标段路基基本进入收尾阶段；国道324线罗平江底至陆良召夸一级公路试通车；陆良西桥至石林高速公路试通车；龙潭—格勒—东川公路部分通车。续建项目保山—龙陵高速公路、罗村口—富宁高速公路、蒙自—新街高速公路等进展顺利。民航完成投资12亿元，文山民用机场正式通航。

【能源建设】 2006年，全省电力行业累计完成投资446.1亿元，比上年同期增长37.2%；煤炭工业累计完成投资25.1亿元，同比降低32.2%。全省发电量753.64亿千瓦时，增幅20.7%；全省全社会用电量642.5亿千瓦时，增幅15.3%；送广东107.3亿千瓦时，送越南7.6亿千瓦时。2006年新增装机523万千瓦，累计装机1 853万千瓦，增幅39.3%。

"三江"干流水电在建的溪洛渡、小湾电站、漫湾二期建设进展顺利，总装机600万千瓦的向家坝电站开工建设；中小水电2006年新开工装机规模为144万千瓦，在建规模540万千瓦。火电小龙潭电厂三期2×30万千瓦、滇东电厂一期3、4号机组2×60万千瓦通过国家核准。随着500千伏"三变五线"的竣工投产和"三变十三线"工程相继开工建设，云南电网迈入超高压大电网的行列，基本形成省内7个500千伏变电站、16条500千伏线路的主干网架；送电广东已形成2条500千伏线路和2条220千伏线路，送电越南已实现从红河至越南220千伏联网工程的正式投产；城网、农网改造工程收尾，第二批西部农网完善工程启动，无电地区通电工程前期改造进展顺利。生物质能产业发展开始规划；大理风电场项目进入核准程序；昆明东郊、西郊垃圾发电项目开工建设；输油管道及炼化项目前期工作正在推进。

【水利建设】 2006年，全省共完成水利水电建设投资73.5亿元，比上年增加6.9亿元，增长10.4%。全省新增30座大中小型水库，新增5亿立方米水库库容和2.5亿立方米供水能力，新增有效灌溉面积40万亩，新建不同标准的高稳产农田和基本农田200万亩，解决了102万农村人口的饮水安全问题。治理水土流失治理面积2 445平方千米，新增农村水电装机容量175万千瓦。"润滇工程"的麻栗坝水库主体工程已全部完工。20件中型水库中，宣威羊过水、文山暮底河、江城营盘山等17件工程年底可实现大坝封顶，部分水库已蓄水发挥效益。列入国家除险加固规划的71件中型病险水库已开工建设64件，32件完成竣工验收。新增有效灌溉面积40万亩、节水灌溉面积50万亩，水土流失治理面积2 400平方千米，新增及治理各类堤防长度50千米。国家农村饮水安全项目顺利进行，新增解决人畜饮水100万人，进一步夯实了我省经济社会又好又快发展的水利基础。

【生态建设】 2006年，全省共完成营造林任务404.14万公顷，其中天保工程完成营造林3.49万公顷，防护林工程3 420公顷，退耕还林9 025公顷。退牧还草工程进展顺利，2004年退牧还草任务顺利通过验收；2005年、2006年退牧还草任务进展顺利。农村沼气建设步伐加快，全省新建农村户用沼气池突破20万户，其中争取农村沼气国债项目7.7万户。通过"一池三改"建设，较好地保护和改善了生态环境。

以滇池为重点的九大高原水污染防治工作有序推进。滇池西岸截污治污工程完工，枧槽河综合整治主体工程完工；抚仙湖沿岸拆除建筑面积6.92万平米，达应拆除的90%；星云湖退塘还湖工程、出流改道水利主体工程基本完工；杞麓湖调蓄水渠道工程加快；全面实施洱海水污染防治的"六大工程"；加大泸沽湖水污染防治工程力度；异龙湖城市排污管网、入湖河道人工湿地建设进展顺利。

【节能降耗】 2006年，云南省发展循环经济第一批企业、园区和城市20个试点启动。全年万元生产总值能耗为1.7吨标准煤，比上年下降2%；万元工业增加值能耗为3.44吨标准煤，下降3%；万元生产总值用水量减少4立方米，万元工业增加值用水量减少1立方米；工业固体废弃物综合利用率较去年提高1.2%。

【产业结构调整】 全年全省工业经济总体运行情况良好，质量、速度、效益同步提高，为云南发挥优势特色产业，进一步调整产业结构奠定了基础。全省抓住重化工业发展的机遇，实现了以规划引导大项目、以项目带动大发展的设想。2006年全省规模以上工业完成增加值1 240.36亿元，比上年同期增长17.8%，增速比上年同期提高9.4个百分点。其中重工业在有色、化工行业快速增长的拉动下保持了较快增长，全省规模以上重工业完成增加值641.85亿元，比上年同期增长27.1%，成为推动工业增长的主要动力；规模以上轻工业完成增加值598.51亿元，比上年同期增长9.6%。

全省烟草工业继续保持平稳增长势头，卷烟产销量增加，经济效益增长，全年卷烟产量完成697.29万箱，增长2.7%，工业产销率达到100.08%，累计实现税利425.73亿元，同比增加22.16亿元，增幅5.49%。加大卷烟品牌整合步伐，使卷烟品牌进一步向优势品牌集中，产品市场竞争力进一步增强，主要品牌商业总销量同比增长31.58%。

甘蔗、茶叶、橡胶、蔬菜、马铃薯等农业传统特色产业保持良好发展势头；优质专用小麦、双低油菜、优质稻、优质专用玉米、优质双高甘蔗等优质农产品生产快速发展；畜禽存栏、畜产品产量持续稳定增长，优势产业带和规模化养殖逐步形成，畜牧业对农民增收的贡献不断增大，农民人均出售畜牧业产品现金收入达377.3元，占农民家庭经营收入的比重达31.3%。特色经济林产业持续增长，核桃、八角、咖啡、澳洲坚果、果梅、紫胶等特色经济林建设规模迅速扩大，品种由分散发展向优势产业和优势产区聚集，全省特色经济林面积达2 000万亩，产值近200亿元，占农业总产值的比重达16.7%。

以创建世界级旅游胜地为目标，加大旅游业投入，着力抓好精品开发，优化旅游产品结构，推出一批特色旅游项目，预计全年全省接待海外旅游者394.44万人次，同比增长13.5%；旅游外汇收入达到6.58亿美元，同比增长24.7%；接待国内旅游者7 721.3万人次，同比增长12.5%；国内旅游收入499.78亿元，同比增长16.7%；旅游业总收入499.78亿元，同比增长16.7%。按照加快建设民族文化大省的思路，整合文化资源，做大做强广播影视、出版、报业、文艺演出、文化娱乐等文化产业。

（省西开办）

县域经济

【概述】 2006年，全省县域经济47个试点县共完成全社会固定资产投资总额1 119.04亿元，比上年增长22.5%，占行政区划数38%，投资总额占全省50.4%。47个试点县完成地区生产总值2 519.0亿元，比上年增加345.3亿元，占全省生产总值的62.9%，增长率12.6%，比全省增幅高0.7个百分点，有30个试点县的GDP增长率高于全省，最高的香格里拉县达24.5%。财政总收入完成226亿元，比上年增收39.7亿元，增长21%，比全省高5.3个百分点。其中，地方财政收入完成117亿元，比上年增收21.7亿元，增长23%，比全省高2.4个百分点。农民人均纯收入达到2 685元，增长8.7%，超过全省平均水平2 250元的县有29个。

【县域经济试点】 2006年，全省试点县突出县域特色，遵循宜工则工、宜农则农、宜旅则旅的原则，认真组织实施县域经济发展规划，坚持以市场为导向，发挥比较优势，突出发展重点，涌现了云县、通海走农业产业化，宣威、富源、红塔区走新型工业化、农业产业化和城镇化，腾冲走“旅游兴县”特色发展路子的典型。每个县突出抓1~2个特色产业的发展格局逐步形成。通过实践，初步掌握了云南加快县域经济发展的一般规律，即：坚持农业产业化、工业化、城镇化、市场化、国际化，以非公经济为主的“一主五化”发展方针，突出一个好思路、一批好项目、一个好投融资平台、一套好政策措施的“四有”重点，抓好特色产业体系培育、城镇化发展、基础设施建设、社会事业发展、生态环境建设、科技服务体系建设、农村基层组织和专业经济合作组织建设“七项”工作，提高县乡干部的领导、发展、创新、执行“四个”方面的能力。通过试点带动全省县域经济大发展，初步形成“抓两头、带中间”的县域经济发展工作思路以及加快发展、竞相发展的良好局面。

（省发改委农经处）

社会事业

【科技创新】 2006年，全省加大创新能力基础设施建设，高新技术产业发展稳步。真空冶金国家工程实验室成为国家首批批准的3个试点工程实验室之一；“老挝钾盐开发5万吨/年优质氯化钾示范工程”获得国家批准；“云南麻风树生物能源原料高效生产基地建设及产业化示范工程”开始启动。昆明光电子产业基地以二代红外技术产业化为重点的一期项目8月正式建成投产；云南出口花卉产业化项目实施，对全省花卉产业的提质增效发挥重要作用。2006年，科技工作加大支持社会主义新农村建设力度，实施了农业科技入户、社会主义新农村科技示范、科技富民强县、科技特派员工作等系列工程。农业科技入户工作示范，安排省级科技三项费800万元，立项支持16个州（市）27个县（市），惠及农户14.41万户、42.32万人，扶持科技示范户4 000多户，辐射带动农户5

万户；启动8个社会主义新农村科技综合开发示范项目；启动实施16个省级科技富民专项试点县，其中腾冲、永胜、大关、新平、文山等7个县被列为国家科技富民强县的试点县；深化科技特派员制度试点工作，在全省12个县中开展科技特派员工作，组织100多名科技特派员参与示范工作。围绕推进“实施提升重点产业核心竞争力创新行动”、“实施加快高新技术产业发展创新行动”及“实施资源环境可持续发展创新行动”，重点推进一批对云南经济社会发展有战略性影响的项目，启动实施重大创新项目38项，总投入2.22亿元，其中安排科技经费3 035万元。

【教育扶持】 全年新增3个县实现“普九”，从而使全省“普九”县达到115个，提前两年实现国家西部“两基”攻坚目标。云南省扫除文盲协调办公室荣获联合国教科文组织设立的“国际阅读协会扫盲荣誉奖”。2006年推荐选拔“国贴”人选36人，“省突”109人，“省贴”100人，破格评审优秀中青年专家及职称人员120人，新增农科院、林科院2个博士后工作站，3人入选新世纪百千万人才工程。全省紧缺人才引进工程得到长足发展，从省外、国外引进各类人才43人，其中博士15人，硕士13人，高级职称的7人。顺利完成2006年“西部管理人才创新工程”各项培训、远程学习网的培训教育等工作，在全省范围选派34名科级以上在职人员参加国务院西部开发办组织的西部人才研修班培训。

【防病治病】 2006年，全省新型农村合作医疗试点稳步扩展，增至52个县，覆盖面占全省129个县（市、区）的40%；疾控体系基本建成，疾病预防控制成效显著；艾滋病防治工作取得新进展；城市医疗卫生体制改革工作有新成果，社区卫生、中医药工作取得新进步；全省参加城镇基本医疗保险人数329.59万人，同比增长4.2%；参加城镇生育保险人数157.85万人，同比增长3.3%。建成昆明等15个州市20个远程可视医疗骨干医院站点，91个县级远程医疗终端站。

【文化娱乐】 年内，广电、文化设施条件得到大力改善。全面完成50户以上已通电自然村广播电视“村村通”，全省广播、电视覆盖率达92.8%和93.7%，全省公共图书馆149个，博物馆30个；《云岭天籁》等优秀文艺节目在北京公演引起社会广泛好评。

【对内对外开放】 2006年，全省利用省外资金，实际到位375.29亿元。省外资金投资产业主要是电力资源开发、制造业及服务业，分别占总资金的64.91%、17.31%和6.81%。澜沧江—湄公河次区域合作取得进展，中国向越南北部送电220千伏联网工程建成投产。2006年6月，第三届泛珠三角区域合作与发展论坛暨经贸洽谈会在昆成功举办，共签订投资贸易合作项目297项，协议金额1 065.3亿元，与泛珠三角区域联手开拓中国—东盟市场成为发展新亮点。

（省西开办）

国际大通道建设

主　　编　李红菊
责任编辑　刘建军　侯焕媛

综　　述

2006年是“十一五”规划实施的开局之年，全省综合交通运输基础设施建设开局良好，铁路、公路建设保持快速发展势头，民航发展先导作用进一步凸现，水运补充作用显现，昆明轨道交通规划建设已经启动。全省交通基础设施建设完成投资391.75亿元，比上年同期的296.43亿元增长32.2%，比年度争取完成投资计划360亿元超额8.8%。

2006年，全省铁路进入大发展、快速发展时期。大理至丽江铁路、中越国际通道玉溪至蒙自铁路建设顺利；贵昆铁路沾益至六盘水复线、成昆铁路昆明至广通复线，大理至瑞丽铁路相继开工。中铁集装箱昆明物流中心竣工投产，昆明客运站改扩建工程完成投入使用，沾益至昆明增建二线建成通车。

2006年，全省铁路建设完成投资43.31亿元，比上年同期增长81.4%，完成年度确保完成计划的78.7%，完成年度争取完成计划的72.2%。在建项目建设进展顺利，大丽铁路完成13亿元、玉蒙铁路完成9.62亿元、沾昆二线完成15.43亿元、昆南集装箱中心站完成1.79亿元、小型项目完成0.47亿元、更新改造完成约3亿元。全省铁路网正在形成“六入滇、四出境”的发展态势。

至2006年，云南铁路通道情况：

——沪昆铁路。是国家一级电气化干线铁路，贵阳至昆明全长644千米，在云南境内长305千米，是云南省最繁忙的铁路干线。该铁路扩能改造已全面展开，沾益—昆明复线137千米，于2007年4月开通运营；沾益—六盘水复线云南省境内长143千米，于2006年11月27日举行建设动员大会，工期4年。

——成昆铁路。是国家一级电气化干线铁路，全长1 100千米，在云南境内长283千米。昆明—广通段扩能改造工程已于2006年11月27日举行建设动员大会，全长99千米，工期4年；攀枝花—广通段扩能改造规划“十一五”期内建设，云南省境内长约131千米，铁道部已经启动了前期研究工作。

——南昆铁路。是国家一级电气化干线铁路，全长899千米，在云南省境内长300千米。开通后经多次扩能改造，目前运输能力又近饱和，再次大规模扩能的前期工作已经启动。

——内昆铁路。内昆铁路经云南水富至昭通，全长360千米，云南省境内长219.6千米。

——中越国际铁路通道。国际通道路径：新加坡—泰国曼谷—柬埔寨金边—越南胡志明市—中国河口—昆明，运营长度约5 012千米。有昆河米轨铁路全长465千米，建成已近百年，运输能力、行车速度均很低，安全难以保证，客车已停开。国内新建准轨玉溪南—蒙自—河口铁路，全长284千米。其中玉蒙段141千米，已于2005年9月开工，计划2009年建成；蒙河段全长144千米，争取今年内开工。

2006年，全省公路建设完成固定资产投资336.57亿元，比上年同期增长28.29%。其中：重点公路建设项目完成271.74亿元，完成年度计划的104.02%，同比增长48.52%；路网改造完成52.05亿元，减少23.79%；县乡、通达工程、农村渡改桥完成10.55亿元，增长14.74%；汽车客货运站（含农村客运站）完成投资1.69亿元，增长14.27%。

2006年，全省重点建设公路项目建设情况：

——思茅至小勐养公路累计完成39.96亿元，占总投资的100%，完成9.41亿元，完成年度计划的100%，为上年同期完成投资

81.33%，2006年4月6日通车。

——水富至麻柳湾公路累计完成70.96亿元，占总投资的77.04%，完成39.8亿元，完成年度计划的132.66亿元，为上年同期完成投资的177.92%。

——保山至龙陵公路累计完成40.21亿元，占总投资的72.52%，完成18.08亿元，完成年度计划的100.45%，为上年同期完成投资的112.02%。

——昆明（大观）至安宁（和平村）公路累计完成24.5亿元，占总投资的87.18%，2006年完成12.57亿元，完成年度计划的104.71%，为上年同期完成投资的118.47%。

2006年，民航机场建设完成投资12亿元，比上年同期增长140.5%，是年度确保完成计划15亿元的80%、争取完成计划20亿元的60%。

——昆明新机场建设。加快推进征地拆迁工程，新机场飞行区东西两个实验区的基础工程；推进腾冲驼峰机场的建设，昆明巫家坝机场、大理、芒市、西双版纳、丽江、香格里拉等机场的改扩建工程建设正在实施。

（省发改委运输处）

公路·水运

【概述】 2006年是云南省高速公路建设10周年。至2006年底，全省高速公路里程已突破1 500千米，居西部地区前列。全省公路通车总里程达19.85万千米，其中高速公路1 549千米，高等级公路5 525千米。农村公路建设也取得了历史性的进展。公路运输已经基本上适应了国民经济的需要。特别是农村客货运输打开了新的局面。水运与航道建设进展甚速。

至2006年，云南国际大通道建设初具规模。有4条干线公路通向东南亚、南亚国家。一是中越公路通道。昆明—河内国际公路，规划全长664千米，其中云南境内约440千米。2006年，已完成云南境内段高速公路建设前期工作。二是中老泰公路通道。昆明—曼谷国际公路，规划全长1 818千米，云南境内约730千米，云南境内段小磨高速公路已完成计划投资65.67%。三是中缅公路通道。昆明—仰光国际公路，规划全长1 907千米，云南境内约757千米，保龙高速公路是该通道云南境内的最后路段，2006年已完成72.52%的计划投资，预计2007年竣工。四是经缅甸至南亚公路通道。昆明—吉大港国际公路，规划全长2 482千米，云南境内约720千米。至2006年底，云南境内路段已建成高速或高等级公路。

2006年，全省7条干线公路通向邻省。一是昆明至广西、广东的通道（国家高速公路网广州—昆明公路）。昆明至罗村口路段，规划全长663千米，其中：罗村口—富宁段2006年底已完成计划投资73.54%；富宁—广南段完成计划投资38.21%；广南—砚山段完成计划投资42.55%。二是昆明经黔西南至上海的通道（国家高速公路网上海—昆明公路）。云南境内昆明至胜境关全长210千米高速公路现已建成通车。三是昆明经黔西南至杭州的通道（国家高速公路网杭州—瑞丽公路）。云南境内全长约1 063千米，至2006年底，90%以上的路段已建成高速或高等级公路。四是昆明经黔南至汕头的通道（国家高速公路网汕头—昆明公路）。云南境内全长约278千米，至2006年底，其中江底—石林段高速公路工程已完成计划投资的73.31%。五是昆明经四川至重庆的通道（国家高速公路网重庆—昆明公路）。云南境内昆明至水富，规划全长547千米，至2006年底，该通道的昭待高速公路、水麻高速公路已分别完成计划投资的69.4%、77.04%，计划2007年底全线建成高速公路或高等级公路。六是昆明经四川至北京的通道（国家高速公路网北京—昆明公路。云南境内段全长约230千米，其中永元、元武高速公路已分别完成计划投资的64.1%、65.92%，计划2007年底全线建成高速或高等级公路。七是昆明至西藏的滇藏公路（国道214线）。云南境内路段，至2006年底，昆明至大理320千米已建高速公路，大理至松园桥（大理—丽江）228千米拟建高速公路，松园桥至中甸126千米已建成二级公路，中甸至隔界河286千米。现规划公路已履行报批手续，计划在“十一五”期改造为二级和三级公路。

【胡锦涛视察思小高速公路】 2006年5月3日，中共中央总书记、国家主席、中央军委主席胡锦涛全程视察思茅至小勐养高速公路。视察期间，总书记在野象谷服务区和思茅管理处听取了云南大通道和思小公路建设情况的汇报，并关切地询问了澜沧江—湄公河的通航情况，对思小高速公路人与自然和谐相处的建设理念给予充分肯定。总书记视察高速公路，在云南省历史上是第一次。

【水运重点项目建设】 2006年，全省水运基础设施重点项目建设取得较大进展。一是云南“北下长江”的出口港，计划总投资1.4亿元的金沙江水富港扩建工程已开工建设。二是计划总投资1.8亿元的右江—珠江水运通道富宁港航运枢纽工程完成前期准备，拟于2007年开工建设。三是计划投资1.6亿元的澜沧江景洪港勐罕码头作业区建设项目已完成前期审批工作，拟于

2007年开工建设。四是投资达3 000万元的大理港扩建工程已开工建设。

【交通对外合作】 2006年，云南在加快国际大通道建设的同时，推进交通对外合作及交通运输便利化的进程取得成效。一是开通3条中越国际道路客货运输线路。根据《中越汽车运输协定》，2006年6月，交通部批准开通3条国际道路运输线路：一是红河州蒙自县—屏边县—南溪镇—河口县—越南老街市—保安县—文盘县往返线路，全长301千米，中国境内180千米，越南境内121千米。二是红河州个旧市—蔓耗镇—河口县—越南老街市—保安县—文盘县往返线路，全长288千米，中国境内167千米，越南境内121千米。三是红河州个旧市—蔓耗镇—河口县—越南老街市—沙巴往返线路，全长203千米，中国境内167千米，越南境内36千米。四是有6条中老国际道路客货运输线路。至2006年末，经中老两国交通部批准的6条国际道路客货运输线路是：昆明—万象、昆明—琅勃拉邦；景洪—万象，景洪—琅勃拉邦；思茅—万象、思茅—丰沙里。五是澜沧江—湄公河国际航运进入良性循环。中老缅泰四国签订《澜沧江—湄公河通航协定》后，澜沧江—湄公河水上运输完成货运量39万吨，比上年增长30%，同时开通了冷藏集装箱和云南景洪—泰国清盛定班国际旅游客运。随着上湄公河航道的改善，跨国航运得到快速发展，运输船舶呈现大型化发展趋势。

【交通投资】 2006年，全省完成交通固定资产投资336.57亿元，比上年同期增长28.21%，占全省固定资产投资的15%。公路建设完成336.57亿元，比上年同期增长28.21%。其中，重点公路完成271.74亿元，路网改造完成52.05亿元，农村公路完成10.55亿元，汽车客运站（含农村客运站）建设完成1.69亿元，水运建设完成4 213万元。

2003～2006年，全省交通投资共完成909.58亿元，连续上了200亿、300亿两个台阶。交通规费征收在政策调整的情况下，仍实现了养路费两位数增长的目标。

【农村交通建设】 2006年，全省县道、乡道、村道普查工作顺利完成，并制定《云南省农村公路建设规划》，同时，实施农村公路建设目标责任制。全年农村公路建设投资完成32.04亿元，比上年同期增加48.06%，完成农村公路改造4 000多千米，新建农村客运站117个，改造农村渡口28道，行政村通公路率达55.45%。

是年12月，省政府召开全省农村公路建设暨农村客运发展工作会议，省委、省人大、省政协、省政府领导出席会议，省长秦光荣作重要讲话，副省长李新华主持会议。会议总结了丘北县“路、站、运一体化”，公路管养、运输安全整体推进的农村交通建设典型经验，表彰了农村公路建设先进集体。会议决定在全省推广丘北县发展农村交通的先进经验，并且选择20个县开展农村公路养护体制改革试点。会议的召开标志着全省农村交通事业发展进入了一个新的阶段。同时，省政府出台《关于进一步加快农村公路建设的若干意见》。玉溪等州市也相继出台了一系列加快农村交通建设的优惠政策，全省农村交通建设掀起新的高潮。

【运输保障能力】 2006年，全省交通系统认真贯彻全国公路养护管理工作会议精神，加强运输保障能力建设，取得较好成绩。一是公路养护管理。全省公路平均好路率达61.2%，比上年提高1.25个百分点，有效保障了公路畅通。二是加大对道路客运车辆结构调整力度，高档客车比例已占总量的7.5%，比上年提高了3个百分点。三是认真做好交通信息报送发布，进一步完善应急保障机制，加强运力调配，确保了道路畅通。四是进一步加强“绿色通道”管理，对整车鲜活农产品运输实行优惠政策，截止2006年11月30日，共运送鲜活农产品770万吨。五是围绕重点物资和应急物资运输，着力加强组织协调和完善应急预案，组织运力储备，煤炭、能源运输紧张局面得到缓解。初步建立起公路、水路运输应急保障体系。六是2006年省山洪、地震等灾害频发，广大交通干部职工深入抗灾抢险一线，抢通水毁公路，抢运救灾物资，为抢险救灾提供了有力的交通保障。全年共投入抗灾抢险物资约2 300万元。七是综合运用经济、法律手段治理超限超载运输，大力推行车辆计重收费，超限超载率呈继续下降的趋势。

全年全省公路、水路完成旅客周转量247.71亿人千米和1.2亿人千米，同比分别增长6.3%和11.5%；完成公路、水路货物周转量409.46亿吨千米和4.2亿吨千米，同比分别增长7.2%和43.5%。

【安全生产】 2006年，全省继续深入扎实抓好日常道路、水路运输管理和公路建设、养护施工安全监管工作。定期组织全行业开展安全大检查，圆满完成了春运和节假日期间的运输与安全生产工作任务。强化了全行业汛期安全生产工作。召开“全省渡口渡船安全专项整治电视电话会议”，开展全省渡口渡船安全专项整治和低质量船舶专项治理工作。针对全省特大道路交通事故高发的势头，与省公安厅联合召开“两厅预防道路交通事故工作协调会议”，就一些重大问题进行了紧急磋商并达成一致，省交通厅召开了预防道路交通事故电视电话会议，不断强化交通系统预防道路交通事故和黄金周运输与安全工作。进一步加强建章立制工作，制定了安全生产暗访制度，创新了安全临管的体制、机制、手段和方式，对发现的事故隐患及时进行了整改。

【交通科技创新】 年内，按照

"突出重点、加大推广、倾斜农村"的原则，结合交通建设、发展的实际需要，突出先进实用技术引进、科技成果和新材料的推广应用。下达科技项目计划2批共48项，安排项目补助经费2 640万元，其中农村公路建设实用技术研究项目补助经费占30.3%。并别加强厂新材料、新工艺、新技术在农村公路建设中的试验推广工作，根据不同地区的资源条件，组织实施了水泥混凝土预制块路面、火山块石路面、砖砌路面、力路利新材料路面等科技项目，为全省农村公路路面硬化提供了多种选择，有效降低农村公路建设成本。

【丘北"路站运"一体化建设】 截至2006年末，丘北县实行路、站、运、管、安全一体化成效显著。丘北全县公路通车里程为1 512.69千米，其中县道490.9千米，乡道458.8千米，100%的乡通了公路，50%通了油路，全县有乡道369千米，46%的村通公路，11%的村通油路。县内有客车530辆，比上年增加96辆。全县12个乡全部通客运班车，61%的村通客运班车。树皮乡小坝心是一个汉、彝、苗等民族聚居的行政村，11个村民小组，3 800多人。2005年上半年通车，2006年户均种植辣椒面积增加了1.5亩，有的户栽种面积多达20余亩，群众年人均收入达到1 200多元，种植辣椒大户大多成了万元户，种植三七面积增加200多亩。黎家庄行政村，有9个居民小组，3 570人，彝族占60%以上，其余是苗族、汉族。该村原为八道哨乡特困村之一。通公路后，烤烟种植面积由150亩增加到360亩，增加收入40万元。温浏乡坝达村位于云南与广西两省、丘北与西林、师宗、广南3县的交界。通公路前，县城至该村的交通要经过跨外州、县绕道80多千米。浏温至坝达35千米的公路修通后，中途羊街建起了集市，促进了片区经济文化交流。

【关累码头】 关累位于西双版纳东南，中国与老挝边境。原无村落，20多户边民散居在6千米以外山头上。1993年在此建设湄公河—澜沧江国际水运港口码头，僻壤迅速成为新镇。至2006年末，累计经此运输出口物资110多万吨，出入境人员36万人次。老、缅、泰等国及华南华东等省商贾云集，店铺栉次鳞比，邻近村寨先后脱贫。

【南永二级公路联通四县两省】 2006年9月，楚雄州经南华、姚安、大姚至永仁全长143.3千米的二级公路建成通车。比原线缩短25千米，减少行车时间约两小时。原线在历史上称川滇西路，是两省中部交通要道，现今国道主干线GZ40，GZ65，国道G320和G108的联接干线、贯穿云南四县，通往川中、川南，是楚雄彝族自治州自建及投资最大的一条高等级公路。

【高海高速路通车】 2006年12月27日，昆明高（峣）—海（口）双向6车道高速公路建成通车。全长32.4千米。该路是昆明经济风景旅游综合建设项目的组成部分。跨越河口的海口大桥长777米，为云南公路历史上首创的"钢筋混凝土中承式拱桥"、"隐盖梁"桥梁。

【金水河口岸】 金平瑶族、傣族自治县金水河镇为国家一类口岸，与越南马鹿塘口岸隔河相望。镇内一纵三横的街道及沿河大道的建设，促进了边贸发展，2006年金平县边贸总额达到4.97亿元。当地的植物装点街道，使小镇成为独具亚热带风光的边贸窗口。

【昆明交通集团办实事】 昆明交通运输集团有限公司将发展农村班车和城市公交车作为支持人民群众奔小康的大事。该公司在元谋、宜良、安宁、东川、嵩明、团结乡等地开行城市公交和农村班车达187辆。2006年昆明理工大学红十字会等社团组织为贫困地区募捐活动，该公司为10位扶贫学生代表提供昆明至六库往返路费，派车将10位大学生接到客运站乘坐长途客车，并由所属物流公司提供免费车辆运送捐赠物资。

【大理州农村公路建设】 至2006年末，全州110个乡镇中有56个乡镇通油路或水泥路，占乡镇总数的57%。全州1 076个行政村，有392个通弹石路，占行政村总数的36.43%。"扶贫攻坚乡"巍山县紫金乡有69个自然村，1 295人，没有修路前，当地的支柱产品泡核桃运不出去，黑山羊无买主，32条250千米乡村公路修通后，2006年农民人均收入从1 400元，比上年增加84元，同比增长6.38%；农村经济总收入3 270万元，增加10.8%；畜牧业总产值1 700万元，增长16%；泡核桃36万千克，产值889万元，人均679元。

（张坤　黄恒蛟　曹大成）

铁　　路

【概述】　昆明铁路局属国家铁路运输企业，管辖线路跨越云南、四川、贵州3省，主要负责管辖区域内的旅客乘降和货物运输组织工作。开行昆明直通北京、上海、广州、成都、重庆、厦门、南宁、南京西、贵阳、六盘水、攀枝花、大理、楚雄的旅客列车32对；开行直达越南海防的国际联运货物列车；负责货运“五定”班列、行包快运专列、集装箱专列、鲜活冷藏班列、大宗货物直达列车等货物运输组织工作。

昆明铁路局管辖准轨、米轨铁路线路17条，是全路18个铁路局中惟一准米轨并存的铁路局。管内线路总延长2 976.5千米，营业里程1 925千米，其中电气化铁路1 082.7千米。设置198个车站，其中：特等站1个，一等站1个，二等站8个，三等站12个，四、五等站176个。有各型机车404台，配属客车970辆，固定资产原值329.73亿元，名列“2006年中国企业500强排行榜”第352位。

【运输指标全面完成】　2006年，全局旅客发送完成1 838.4万人，超年度计划238.4万人，同比增运264万人，增长16.8%；货物发送完成5 541.8万吨，超年度计划81.8万吨，同比增运241.4万吨，增长4.6%；换算周转量完成327.8亿吨公里，超年度计划2.3亿吨公里，同比增加13.7亿吨公里，增长4.4%，各项运输任务全面完成。

【重点物资运输】　昆明铁路局以服从和服务于地方经济和社会发展为己任，调动一切运力资源，加大对重点物资和重点企业的运力倾斜，保证煤炭、石油、粮食、化肥等关系国计民生的重点物资及抢险救灾等应急物资的运输，为云南经济和社会的发展提供可靠运力支持。2006年，在全省运输需求满足率仅为18.9%的情况下，云南省重点企业的运输计划兑现率均达97.8%以上。

全年，完成出省物资运输2 723.5万吨，超年度计划423.5万吨，同比增运84.3万吨，增长3.2%，提前54天完成云南省政府下达的2 300万吨的出省物资运输任务，受到省政府的表彰奖励。

【果蔬外运】　年内，昆明铁路局积极支持云南绿色经济发展，对果蔬实行“四优先”和“一不限制”的运力倾斜政策，即：优先计划、优先配空、优先装车、优先挂运，不限制装车去向。按照“就近、方便”的原则，对果蔬运输实行“分产区、定装车站、定点划片”管理。协调地方政府在各州、市成立果蔬铁路外运协调小组，对本产区的果蔬装车量进行统计，及时向铁路提供运输需求信息，保证果蔬及时外运。

2006年，昆明局完成果蔬外运43.4万吨，同比增运5.2万吨，增长13.6%，其中蔬菜36.1万吨、瓜果7.3万吨，做到菜不烂地、货不压车、车不压站，为推进社会主义新农村建设做出积极贡献。

【外出劳务人员出行服务】　2006年8月24日～28日正值暑运高峰期间，云南省组织首批2000余名劳务人员赴上海集体外出劳务。在票额严重不足的情况下，昆明铁路局按照特事特办的原则，采取票额调整、加挂车辆、以硬卧代座等方式，全力满足集体外出务工人员的票额需求，保证集体外出务工人员1人1票。同时，在昆明站开辟专门候车区，加派候车室服务人员，指定专人进行服务；启用专门进站通道，专人引导进站上车，防止发生误乘、漏乘。列车添乘干部积极与地方政府带队领导协调联系，提供良好服务，确保外出务工人员集体顺利抵达。

【东川特区建设扶持】　2006年，按照省委、省政府推进昆明市东川区再就业特区建设的部署和要求，昆明铁路局加大对东川铁路支线设备整治和运营投入力度，提高线路设备质量，努力扩能增运，支持东川区再就业特区建设。2005年，昆明铁路局投资3 700万元整治东川铁路支线泥石流，并对51处危及运输安全的地段进行整治。2006年，又投资1 000万元，进一步改善设备质量，提高线路运输能力，列车开行速度由每小时40千米提高到60千米。增加列车对数和牵引定数，实行定点、定线、定车次、定装卸站，大力组织循环运输。对东川铁路支线实行不限制装车去向，满足东川地区物资外运需求，积极支持重点企业发展。2006年，东川铁路货物发送量达65.13万吨，比2002年12.3万吨增加52.83吨，增长4.3倍。

【地方企业铁路运输装御效率考核】
年内，昆明铁路局与云南省经委联合下发《关于对地方企业装卸车作业效率进行考核的通知》，决定自当年5月起对地方企业铁路运输装卸车作业效率进行考核，实行企业装车计划与装卸车作业效率挂钩。昆明铁路局与首批纳入考核的昆钢集团、云南三环化工股份公司等17家企业签订《云南省专用线（专用铁路）装卸车作业协议》，明确考核内容和考核方法，按月组织考核。

考核办法实施以来取得显著成效，纳入考核的17家专用线、专用铁路企业作业效率显著提高，5～12月货车平均完成停时6.8小时，较上年同期的9.4小时压缩28%。

【零担中转业务停办】　2006年，昆明铁路局与云南省经委联合出台

《云南省铁路零担整合和拼车、拼箱运输实施方案》，决定自4月份开始，停办准轨5个车站、米轨20个车站的零担业务（含1吨集装箱运输业务），组织拼车、拼箱、快运等现代物流方式，逐步实现零担运输组织方式的升级换代，使零担货物运输更加方便快捷，更好地满足市场需求。11月1日，昆明东站停止办理零担中转业务，至此，全局除昆明东站仅办理“一站直达”整零外，所有零担业务实现最终整合。停止办理零担中转业务后，笨零货物以整车方式运输，以拼车拼箱、行包运输和“一站直达”整零组织方式替代传统的零担运输组织方式。原零担货源运输由中铁集装箱运输有限责任公司昆明分公司、中铁快运公司昆明分公司和昆明局红河物流公司承担。此举是落实铁道部“两整合一建设”（小站整合、零担整合，战略装车点建设）要求，深入推进挖潜提效工作的一项重要举措。

【羊尾哨战略装车点投入运营】 11月28日，羊尾哨战略装车点建成并正式投入运营，首趟煤焦专列88317次驶往昆钢集团公司。羊尾哨战略装车点的建成，标志着昆明局11个战略装车点建设规划的正式实施。此装车点货场由昆明局多元企业与地方企业共同投资6 000万元建设，于2005年8月8日开工，2006年11月26日竣工，有2条货物线，设有货位82个，货物堆场面积3.32万平方米，可储煤10万吨以上。设计能力可满足年发运300万吨，具备整列联送、快速装车、整列到达条件。

【铁道部与云南省举行会谈】 12月4日，铁道部党组书记、部长刘志军与中共云南省委副书记、代省长秦光荣，就加快云南省“十一五”铁路建设举行会谈。云南省政府对昆明铁路局在确保重点物资运输，有效缓解铁路对云南经济的“瓶颈”制约作出的努力，给予充分肯定。并希望在2007年尽快开工建设纳入国家铁路网规划的建设项目，形成新的运输能力，服务云南经济发展。铁道部表示，要从根本上打通云南出省铁路运输“瓶颈”，必须抓紧规划、设计和修建高标准、大能力铁路通道，铁道部支持云南省在做好环保评估和土地预审的前提下，尽快开工大理至瑞丽铁路、蒙自至河口铁路。“十一五”期间，云南铁路建设将投资450～500亿元，新建铁路1 500千米。

【昆明站南站房全面建成】 2006年，昆明站南站房扩建工程正式启动，工程总投资1.41亿元，其中铁道部补助4 575万元，昆明铁路局承担车站改造及广场建设剩余投资，昆明市政府按协议承担南站房及南广场的征地拆迁工程及投资。昆明站南站房扩建工程在既有12道外侧预留13道，增建第六旅客站台，接建高架候车室5 245平方米，新建南站房1.15万平方米、地下出站厅2 212.8平方米、地道（含进出站地道和行包地道接长）166.40平方米、无柱雨棚1.03万平方米，站前广场1.32万平方米。2006年12月30日，扩建工程按照施工期1年的计划目标全面完成。昆明站南站房建成后，昆明站设有旅客站台6座，客车到发线10条，接发车能力达70对/日，可适应昆明市作为全国重点旅游城市客运增长的需求。

【中铁集装箱昆明物流中心开通运营】 11月4日，中铁集装箱运输有限责任公司昆明物流中心开通运营暨班列首发仪式在昆明呈贡举行，首列集装箱专列从昆明发往广州，中铁集装箱昆明物流中心建成并开通运营。中铁集装箱昆明物流中心由昆明局承建，是规划中的全国铁路18个集装箱网络中心站之一，也是我国目前惟一的纵列式铁路集装箱中心站。于2004年7月开工建设，2006年10月竣工通过验收，总投资5亿元，占地面积80万平方米，设计到发、中转运量33万个国际标准箱，预计2010年完成52万个国际标准箱。开通初期，开行昆明至广西防城港方向干散货箱循环班列、昆明至广州海铁联运箱班列、昆明至上海华东地区多式联运班列。该中心设有可移动的电气化接触网，可双向接发集装箱班列，实现集装箱列车整列到达、整列装卸、整列出发，整个过程不需要对列车进行分解编组，场区可基本实现无人操作，列车的到达出发以及运输组织都将通过计算机网络实现智能化作业。

【基本建设】 2006年，昆明铁路局基建投资计划完成37.5亿元，实际完成40.2516亿元，为铁道部下达计划的107%。其中，沾昆二线完成总投资15.43亿元（包括地方投资部分），中铁集装箱昆明物流中心完成总投资2.2亿元，大丽线完成总投资13亿元，玉蒙线完成总投资7.62亿元。

【沾六复线建设动员大会举行】 11月27日上午11时，沪昆铁路沾益—六盘水段复线建设动员大会在红土沟举行，沾六复线建设工程正式启动。沾六复线全长约217千米，建设等级为Ⅰ级，设计行车速度160km/h，建设总工期4年，建成后的输送能力将由现在的客车9对/日、货运1 587万吨提高到客车34对/日、货运5 781万吨。沾六复线建成后，沪昆铁路全线将成为复线电气化大能力通道，对进一步完善全国铁路网骨架、发挥总体运输能力，将起到极其重要的作用。

【昆广复线建设动员大会举行】 11月27日下午15时30分，成昆铁路昆明—广通段复线建设动员大会在青龙寺举行。昆广复线全长93.518千米，建设等级为Ⅰ级，设计行车速度160km/h，预留速度200km/h，建设总工期4年，建成后，输送能力至2020年客车将达到37对，货运达到2 860万吨。成昆铁路是西南地区南北向的主要干线之一，昆明—广通段为该条铁路南端客货运最繁忙的区段。复线建成后，云南西部地区路网运输能力将得到加强。

昆广复线工程也是中缅国际铁路通道的重要组成部分，该复线的建设将促进昆明至仰光的国际陆路大通道的早日形成。

【云南铁路博物馆被命名为全国青少年教育基地】 5月8日，云南铁路博物馆被共青团中央命名为第四批全国青少年教育基地。云南铁路博物馆设于昆明北站，于2004年12月28日落成开馆，馆内收藏和陈列9 593件具有珍贵价值的历史照片、文物、文献等，其中经云南省文物鉴定委员会鉴定为国家一级文物的有8件、二级文物10件、三级文物118件，突出展示云南窄轨铁路的百年沧桑和发展历程。

（吴立群）

民　　航

【概述】 2006年，云南机场集团下属昆明巫家坝国际机场和西双版纳、丽江、大理、德宏芒市、迪庆香格里拉、保山、思茅、昭通、临沧、文山10个支线机场。机场密度平均每10万平方千米约3个，是全国拥有机场数量较多、等级较高、航空资源富集、机场管理一体化的省份，已形成以昆明机场为枢纽中心、覆盖全省近70%的行政州市的机场网络群。

2006年，云南机场集团所属机场累计保障运输起降18.18万余架次、旅客吞吐量1 896万余人次、货邮吞吐量23.1万，同比增长分别为26.5%、24.3%、11.8%，生产规模排名全国第4位。其中，昆明机场旅客吞吐量再次突破千万达1 445万人次，全国机场排名第7位，跻身世界机场百强排名90位；西双版纳、丽江机场均突破150万人次，大理、德宏芒市、迪庆香格里拉机场旅客吞吐量突破30万人次，临沧、保山机场首次突破10万人次；文山机场自8月30日通航以来运行情况良好，8月30日～12月31日，共保障运输起降256架次、旅客吞吐量2.05万人次、货邮吞吐量1.553吨。集团公司连续3年实现整体赢利。

【安全保障】 2006年，云南机场集团坚持以“安全第一、预防为主”为指导方针，以构建平安、诚信、和谐机场格局为主线，以保障飞行安全、空防安全和航空地面安全为重点，《航空安全管理手册》、《空防安全管理手册》和《机场运行管理手册》3个手册全面运行；开展安全检查，推行航空保安审计工作；狠抓安全班组建设创建活动；规范应急救援管理，组织各类应急救援培训及演练活动，圆满完成春节、“五一”、“十一”3个黄金周、全国矿产资源工作会议、全国国土资源局长座谈会、两会代表抵离机场、“9＋2”会议、昆交会、“5.30”军运、广告节等重要活动的航空运输安全保障工作，实现了安全保障航空运输55周年的成绩。2006年共立刑事案件1 091起，破1 035起，抓获犯罪嫌疑人1 154人，其中破获毒品案件1 032起，缴获各类毒品358千克；查处治安行政案件2 358起，处罚2 382人次；完成等级警卫任务72起167架次；处理交通事故217起，查处交通违法4 583人次；处置不正常航班164起；查处非法干扰事件45起，查处非法入侵控制区10起；接受安检报警5 257起，查获各类违禁物品4 327件；完成隔离区背景调查5 284人。辖区内未发生重大治安灾害事故、火灾事故及其他严重危及机场治安稳定和航空安全的事件，云南各机场的治安秩序平稳、环境和谐。

【服务质量】 2006年，云南机场集团明确提出以服务促发展的思路，从建立服务质量监督体系入手，开展各类争先创优活动，加大服务设施设备投入，昆明机场全开放值机柜台、无行李柜台、自助值机服务正式启用，昆明机场地面服务有限公司正式成立运行，集团公司各相关支线机场开展联程中转业

云南机场发展高层论坛　　（云南机场集团　提供）

务，进一步改善了机场运行和地面保障服务工作水平。2006年集团公司航班放行正常率平均为95.69%，昆明机场为95.2%，均高于全国平均水平。机场集团连续两年受云南省政府表彰嘉奖，并经社会各界评选荣获“云南十大诚信企业”称号；昆明机场荣膺消费者满意十佳品牌、荣获“中国品牌企业500强”、“全国消费者满意首选品牌”、“中国自主创新最具影响力品牌”、“国际航协简化商务同心协作奖”等多个奖项，西双版纳机场荣获“支持地方发展贡献奖”殊荣，丽江机场、临沧机场荣获“云南省第三届工商企业诚信单位”称号。

【机场建设】 2006年，云南机场集团启动“5+1”机场改扩建工程，即对昆明巫家坝机场进行增容改造，对西双版纳、丽江、大理、德宏芒市、迪庆香格里拉5个机场进行改扩建，预计总投资约30亿元，前期工作进展顺利，各项工程施工将全面展开。同时，全省新机场建设也取得突破性进展，根据省民航工作领导小组第五次会议精神，省委、省政府成立昆明新机场建设指挥部；工程前期建设进展顺利，完成飞行区初勘、试验段详勘现场工作，确定新机场试验段岩土工程详勘监理单位，积极做好施工进场准备；进一步完善预可研报告；完成《昆明新机场空港物流、保税区建设规划——相关资料与初步工作计划》报告，制定空港物流、保税区规划项目工作任务书；积极推进昆明新机场飞行程序设计工作（项目于2007年1月经国务院、中央军委批准同意立项）。腾冲机场已于5月经国务院、中央军委批准同意建设，初审并修改完善了《云南腾冲驼峰机场建设工程可行性研究报告》，完成对腾冲机场总体规划及初步设计的预审查，开展试验段工程，积极推进征地、租地工作，各项工作有序推进。文山机场于3月建成并通过验收，8月30日正式通航，运行情况良好。

【航空市场开发】 2006年，云南机场集团顺利完成昆明机场空域容量评估工作，高峰小时流量由18架次增加到25架次，总量由324架次增加到450架次，空域容量增幅达38.9%。集团国内通航点为65个，国际通航点为29个，分别比上年增长10%、7%。集团公司新辟国际、国内航线21条，新增省内直飞航线3条及部分省内环飞航线，并首次开通了昆明至达卡的国际定期货运包机航线。云南各机场始发航线总数已达210余条，其中，昆明机场开通航线180余条，西双版纳机场12条（国际及地区航线2条），丽江机场12条，云南已初步形成以昆明为中心，连接省内与周边省际支线网络、辐射国内大中城市的干线网络、面向东南亚、南亚的国际及地区航线网络的3个轮辐式为主及城市对式结构互补的航线网络。2006年，机场集团引进迪斯米拉、蒲甘和吴哥3家国际航空公司，进入云南航空市场的国内外航空公司达27家。东航云南分公司分别在昆明机场和丽江机场设立基地，祥鹏航空公司和英安航空公司分别在大理机场和思茅机场设立基地。顺利实现了省内各机场经昆明中转前往国内各大中城市的联程中转航线航班，进一步完善了航线网络布局，并为昆明机场枢纽化建设奠定了基础。

繁忙的支线机场　　（云南机场集团　提供）

【基础设施建设】 2006年，集团公司结合民航总局安全专项整治要求，以安全保障项目和生产急需项目所需资金为重点，年度固定资产投资计划共安排项目238个，总投资约2.3亿元。完成昆明机场停机坪扩建民航专业部分工程并于春运前投入生产运行，完成昆明机场滑行道改造扩建工程及附属工程，进行机场南、北门道口改扩建，启动昆明机场增容改造项目，确定方案规划，修改完善可研代项目建议书。推进机场安全专项整治I类项目施工工作。完成德宏芒市机场通道设备防雷工程，积极推进丽江机场跑道道面灌浆工程。推进了大理、丽江、西双版纳机场改扩建及德宏芒市、迪庆香格里拉机场航站区改扩建项目的前期工作。启动各机场飞行程序优化项目及对改扩建中新飞行程序进行设计。

【科技创新】 2006年，云南机场通过数字化建设推进机场流程简化，通用自助值机柜台在昆明机场投入使用，有近2万名旅客使用该系统自助办理了值机手续，缩短航班办理值机手续的时间，方便了旅

云南省政府与民航总局签署《加快云南民航发展会谈纪要》

（云南机场集团　提供）

客，保证了航班的正点率。云南机场集团自主研发的民用机场安检信息管理系统已通过专家鉴定，处于国内领先水平，被云南省政府评省企业信息化示范工程。昆明机场建成的机位动态显示系统和集团公司的远程监控系统，融入了合约管理、资源管理、进程管理、收益管理四大管理理念，提高了机场的现代化管理水平，降低了运营成本，提高了效益。支线机场建设生产营运及航管信息系统在丽江和西双版纳机场成功应用，并将作为国内中小型机场生产营运系统的科研试点示范项目。云南机场集团公司加快信息化建设，以现代化的科技管理手段推动机场的快速发展。

【规范管理】　2006 年，为提升机场集团安全、质量、服务综合水平，实现机场管理与国际化标准接轨，集团公司按照“分步实施、稳步推进、逐步提高”的原则，统筹规划，突出重点，明确责任，完善措施，积极稳妥地推进“三标一体”（ISO9001、ISO14001、OHSAS18001 三个管理体系标准）贯标认证工作。此项工作于 2004 年启动，经过近两年的努力，2006 年 9 月份集团公司、昆明机场、西双版纳机场顺利通过 3 个标准的认证，并于 10 月份取得北京中大华远认证中心颁发的认证证书。2007 年，集团将在所属其他机场继续推广 3 个标准的贯标认证。通过“三标一体”认证工作，全面提高云南机场安全、管理和服务的信誉度。

2006 年云南民用机场业务量统计

机　场	运输起降			旅客吞吐量			货邮吞吐量		
	排名	架次	增长	排名	人次	增长	排名	吨数	增长
昆明机场	8	135 039	24.6%	7	14 448 653	22.3%	7	219 196.7	11.5%
西双版纳机场	41	15 602	36.6%	36	1 594 186	30.6%	45	6 264.9	－9.1%
丽江机场	42	15 431	35.2%	37	1 542 722	38.5%	67	1 125.7	85.8%
大理机场	63	4 210	18.6%	57	365 999	13.2%	81	401.0	－23.9%
德宏芒市机场	69	3 654	20.0%	59	355 900	17.0%	51	2 716.9	107.9%
迪庆香格里拉机场	67	3 894	36.5%	63	303 939	35.6%	73	541.6	98.1%
临沧机场	100	1 307	46.2%	84	118 174	50.9%	91	284.6	20.4%
保山机场	103	1 186	1.7%	88	109 894	23.2%	96	185.2	25.3%
昭通机场	117	703	40.0%	99	64 967	84.5%	94	235.9	229.0%
思茅机场	111	822	60.9%	102	58 739	29.3%	111	57.4	－22.8%
文山机场	133	256		132	20 541		130	1.55	
合计机场	182 104			18 983 714			231 011.45		

说明：

1. 排名指按照相关生产指标完成情况对应在全国 146 个机场中的排名；
2. 增长率为相应指标的同比增长情况；
3. 文山机场生产数据为 2006 年 8 月 30 日至 12 月 31 日运输生产数据。

（丁雪梅）

城市化建设

主　　编　杨　洪
责任编辑　代燕春

城市规划

【概述】 2006年，全省建设系统广大干部职工以科学发展观统领各项工作，使全省城乡建设事业继续保持稳步向前发展良好势头。至2006年底，全省的城镇化水平提高到30.5%，比上年提高1个百分点。

2006年，云南省城乡规划的龙头作用得到强化。按照省政府《关于进一步加强城乡规划管理工作的决定》的要求，各州市（县、区）加大了规划工作管理力度，将加强规划机构的建设摆在突出位置，强化规划编制、规划实施和规划监督各个环节，高度重视规划工作的氛围已经形成。

【全省城市规划工作会议】 3月21～22日，省建设厅在弥勒县召开全省城市规划工作会议，总结回顾城市规划“十五”工作成绩，研究讨论“十一五”发展蓝图，对2006年全省城市规划工作进行具体的安排和布置，并对2005年度优秀城市规划设计和城市测绘项目获奖单位和个人进行表彰。

【滇中城市群规划论坛】 3月31日，由云南省城乡规划建设领导小组办公室和云南省建设厅主办的首届滇中城市群规划论坛在昆明隆重召开。省政府有关领导和滇中昆明、玉溪、曲靖、楚雄4州市的领导以及省、州、市相关部门、单位的负责人和专家近200人出席了论坛。

【城市总体规划编制程序】 2006年1月，省建设厅下发《云南省建设厅关于进一步规范城乡总体规划审批工作的通知》，规定各地在修编城市总体规划前，必须对原总体规划实施情况进行评估，形成评估报告，上报原审批机关。审批机关要对评估报告进行审查，没有进行评估工作或评估报告未得到审批机关批准的城市，一律不得修编总体规划；城市总体规划纲要编制完成后，必须由省建设厅牵头，组织有关部门和专家进行审查，审查意见作为深化规划方案的指导性意见和核定城市总体规划人口及用地规模的重要依据。总体规划人口和用地规模未经审查和核定的，审批机关一律不得批准总体规划。文件下发后，组织召开了梁河、弥渡、洱源、腾冲、昌宁、施甸、龙陵、思茅、罗平、禄劝、石林、富民、盈江等县市总体规划（修编）纲要技术审查会，并依据审查意见核定了人口和用地规模。

【历史文化遗存保护】 年内，为保护好历史文化环境、优秀乡土建筑等文化遗产，下发《云南省建设厅贯彻落实国务院关于加强文化遗产保护的通知的意见》，组织有关专家和部门对巍山县东莲花村等15个村、镇、街道进行了列级审查，并经省人民政府2007年1月批准公布为云南省历史文化名镇、名村、历史文化街区。截至年末，全省共有国家历史文化名城5个，国家历史文化名镇名村2个，云南历史文化名城11个，云南历史文化名镇名村30个，云南历史文化街区1个。

【城市规划管理机构】 至2006年底，全省共成立规划局（含规划建设局）47个，其中州（市）一级成立规划局13个，保山市、迪庆州、西双版纳州正在积极筹备中；县（市）一级成立规划局34个。在已成立的规划局中，昆明市、丽江市、宜良县、晋宁县、安宁市、富源县、楚雄市、个旧市、石屏县、大理市、景洪市、玉龙县等12个县市成立政府单列的一级规划局。

城乡建设

【城市建设】 2006年1月10～11日，全省加快县城建设工作暨全省建设工作会议在昆明召开。会议对2006年的全省建设工作进行重点部署。省建设厅对1994年颁布实施的《云南省城市建设管理条例》进行修订，经省人大常委会审议通过，于2007年1月1日正式实施。同时，《云南省建设工程抗震设防管理条例》已提交省人大审议，《云南省历史文化名城保护条例》进入部门和专家论证程序。

【城市基础设施】 至2006年底，全省城市综合供水能力达到416.4万吨/日，用水普及率达91.66%；有污水处理厂38座，城市污水厂集中处理率达39.61%；建成无害化垃圾处理厂20座，无害化处理率达22.68%；城市燃气用气人口达530.75万人；拥有标准运营公共车7 569辆；建成区绿化覆盖率为19.3%，道路长度达到6 028千米。

【园林城市创建】 2006年，继安宁市成为全省第一个国家级园林城市后，玉溪市、景洪市经省政府审查同意，被命名全省第三批“云南省园林城市”。

【出租车管理】 5月，省政府成立省维护出租汽车行业稳定工作领导小组，并在省建设厅设立省城市出租汽车专项治理办公室；完成全省公共汽车、出租汽车行业情况的全面调查、调研和汇总。配合制定出台《云南省城市公共汽车燃油补贴办法》，形成《关于进一步规范出租汽车行业管理和开展打击黑车等非法营运专项治理工作实施意见》等指导性文件；开展打击“黑车”等非法运营专项整治行动，促进了出租汽车行业的稳定。

【建筑节能】 2006年，省建设厅组织完成75项建设新技术、新产品的推广应用工作。推进太阳能热利用与建筑结合一体化，全省太阳能热水器累计使用量约600余万平方米，相当于每年节约能源折64万吨标准煤。其中城市累计推广太阳能热水器453.52万平方米，普及率达25%左右，农村累计推广太阳能热水器98.48万平方米，解决了大约23万户农户的生活用热水问题。新型墙材推广应用率占墙材总产量的比例为25%，建筑面积近1 000万平方米。墙材革新使全省节约土地约4 785.5亩，节能折17.98万吨标准煤，减少废气排放0.38万吨，取得了较好的社会、经济和环保效益。

【建筑科技】 2006年，昆明捷程桩工有限责任公司的全套管灌注桩和钻孔咬合桩成套技术被评为云南省科学技术二等奖。云南普尔顿企业集团和昆明普力顿管业有限公司高密度聚乙烯（HDPE）中空结构壁缠绕管（市政排水、排污管）技术，对城市排水工程中新技术和新材料的推广应用起到促进作用。经有关部门的努力，通过了建设部组织的全国建筑节能检查工作。云南建工集团总公司等5个单位被评为全国“十五”建设科技工作先进集体，云南省设计院等10人被评为全国“十五”建设科技工作及建筑节能工作先进个人。

【抗震设防】 年内，云南省建筑工程抗震设防专项审查专家委员会对全省21项超规超限、生命线工程、新结构体系、较大恢复重建项目和加固改造工程进行了抗震设防专项审查，并针对问题提出审查意见，令其整改，使其建筑物达到国家的抗震设防要求。省政府对全省50个项目投入补助资金540万元，进行抗震加固，完成加固面积6.25万平方米，使全省部分机关办公楼、学校、医院等生命线工程得到加固，取得较好的经济效益和社会效益。

【破坏性地震应急预案】 6月27日，省建设厅印发《云南省建设系统破坏性地震应急预案》。各州、市建设部门认真学习、宣传，并于2006年10月前完成本单位地震应急预案的制定、修编，报同级人民政府和省建设厅。指导、督促所属各县（市）、区建设行政主管部门制定、修编本部门地震应急预案，并报同级人民政府和上级建设行政主管部门；依托本地工程质量监督、设计、施工及市政单位，抓紧本地区市政、房屋应急鉴定和抢险抢修专业技术队伍及应急机制的建设等各项工作。

【农村民居防震保安试点】 9月13日，省委、省政府在昆明召开云南省农村民居防震保安试点工作会议并举行试点启动仪式。省委书记、省人大常委会主任白恩培出席会议，省委副书记、常务副省长秦光荣和副省长孔垂柱在会上作了重要讲话。省建设厅（省抗震办）及时在小江断裂带地震重点监视防御区昆明、玉溪、曲靖、红河、昭通5个州市11个县的15个自然村铺开试点；出台《云南省农村民居防震保安试点实施方案》、《农村民居防震保安试点工作补助经费使用管理规定》。成立以8个成员单位、17个大学教授（高级工程师）组成的工程专家组，负责为全省农村民居建设的规划选址、设计施工等各个环节提供技术咨询和指导。12月15日，省建设厅在会泽县雨碌乡小铺村举办试点民居加固现场观摩和技术培训，以确保农村民居防震保安试点工作保质、保量地如期完成。

【村镇建设】 至2006年底，全省小城镇（不含城关镇）共有1 197个，其中建制镇468个，比上年增加16个；集镇729个，比上年减少

103个；村庄11.62万余个，其中村民委员会1.38万个。全省小城镇人口密度4 896人/平方千米，其中建制镇4 786人/平方千米；集镇5 006人/平方千米。全省村镇总人口3 202.86万人。全省小城镇建成区479.09万人，其中建制镇建成区307.13万人（含建成区暂住人口31.50万人），占总人口的9.59%，平均每镇0.66万人；集镇建成区171.96万人（含建成区暂住人口13.70万人），占总人口的5.37%，平均每镇0.24万人；村庄2 723.77万人（含建成区暂住人口38.78万人），占总人口的85.04%，平均每村234.34人。全省建制镇镇域面积14.74万平方千米，其中建成区面积575.90平方千米；集镇乡域面积20.2万平方千米，其中建成区面积316.12平方千米，村庄现状用地面积29.76万公顷，平均用地2.65公顷。全省村镇房屋竣工面积1 740.25万平方米，其中住宅1 184.67万平方米，占竣工总面积的68.07%；公共建筑竣工面积297.21万平方米，占竣工总面积的17.08%；生产性建筑竣工面积258.37万平方米，占竣工总面积的14.85%。全省小城镇住宅竣工面积413.60万平方米，其中建制镇住宅竣工面积247.01万平方米，占住宅竣工面积的20.85%；集镇住宅竣工面积166.59万平方米，占住宅竣工面积的14.06%。村庄住宅竣工面积771.07万平方米，占住宅竣工面积的65.09%。全省村镇实有房屋建筑面积10.61亿平方米，其中住宅9.4亿平方米，占总面积的88.64%；公共建筑实有面积7 239.46万平方米，占总面积的6.82%；生产性建筑实有面积4 815.19万平方米，占总面积的4.54%。建制镇住宅实有建筑面积8 200.89万平方米，占住宅总面积的8.72%；集镇住宅实有面积4 681.53万平方米，占住宅总面积的4.98%；村庄住宅实有面积8.12亿平方米，占住宅总面积的86.30%。建制镇住宅人均建筑面积29.80平方米，集镇住宅人均建筑面积29.62平方米，村镇住宅人均建筑面积30.26平方米。

【村镇供水】 至2006年底，全省小城镇用水普及率88.22%，其中建制镇90.56%，比上年提高1.26%；集镇85.87%，比上年提高9.56%。村庄用水普及率60.26%。全省小城镇建有公共供水设施6 536个，综合生产能力为44.13万立方米/日，其中建制镇有公共供水设施718个，综合生产能力65.46万立方米/日；集镇有公共供水设施5 818个，综合生产能力22.79万立方米/日。村庄有公共供水设施1.43万个，有公共供水的村庄2.1万个，比例为18.10%，综合生产能力81.68万立方米/日。全省小城镇有自建供水设施5 539个，综合生产能力为14.92万立方米/日，其中建制镇有自建供水设施3 751个，综合生产能力15.88万立方米/日；集镇有自建供水设施1 788个，综合生产能力13.95万立方米/日。村庄有自建供水设施64 924个，综合生产能力122.44立方米/日。全省小城镇年供水总量12.31亿立方米（其中年生活用水量1.34亿立方米，占年供水总量的10.85%；年生产用水量1.55亿立方米，占年供水总量的12.59%），供水管道1.45万千米，用水人口385.51万人，人均日生活用水量94.09升，其中建制镇年供水总量3.54亿立方米（其中年生活用水量8 821.75万立方米，占年供水总量的24.91%；年生产用水量1.12亿立方米，占年供水总量的31.72%），供水管道8 184千米，用水人口249.60万人，人均日生活用水量96.86升；集镇年供水总量8.76亿立方米，供水管道6 374千米，用水人口135.91万人，人均日生活用水量91.35升。村庄年总供水量25.1亿立方米，供水管道8.62万千米，用水人口1 618.10万人，人均日生活用水量84.51升。

2006年底，全省小城镇排水管道密度2.83千米/平方千米，其中建制镇3.29千米/平方千米，集镇2.36千米/平方千米。全村镇实有排水管道5 348.70千米。全省小城镇实有排水管道2 638千米，其中建制镇实有排水管道1 893千米，平均每镇4.04千米；集镇实有排水管道475千米，平均每镇1.02千米。村庄实有排水管道2 710.7千米，平均每村0.02千米。全省小城镇污水处理率1.37%，污水处理厂集中处理率0.18%，其中建制镇2.35%，污水处理厂集中处理率0.31%；集镇0.38%，污水处理厂集中处理率0.04%。全省小城镇建有污水处理厂28个；污水处理厂处理能力4万立方米/日；污水处理装置处理能力5.26万立方米/日；年污水处理总量404.44万立方米，其中污水处理厂集中处理量52.54万立方米。对污水进行处理的村庄有543个，比例为0.47%。

【村镇道路】 至2006年底，全省村镇实有道路5.7万千米，全省小城镇实有道路3 841.03千米，其中建制镇2 299.35千米，集镇1 541.68千米。全省小城镇人均道路面积5.99平方米，其中建制镇6.29平方米，集镇5.68平方米。村庄实有道路5.31万千米。全省村镇实有道路面积面积3.26万平方米。全省小城镇实有道路面积2 632.57万平方米，其中建制镇1 733.16万平方米，平均道路宽度7.54米；集镇899.41万平方米，平均道路宽度5.83米。村庄实有道路面积2.99亿平方米，平均道路宽度5.63米。全省村镇实有路灯6.03万盏。全省小城镇实有路灯4.24万盏，村庄实有路灯1.79盏。全省村镇实有桥梁9 930座。全省小城镇实有桥梁1 920座，其中建制镇实有1 143座，集镇实有777座。村庄实有桥梁8 010座。全省村庄实有防洪堤9 869.18千米。全省小城镇实有防洪堤3 852.61千米，其中建制镇实有904.82千米，集镇实有2 677.79千米，村庄实有6 286.57千米。全省与镇（乡）政府所在地通有公交车或客运班车的行政村有2 853个，比例为20.64%。

【村镇绿化与环卫】 2006年底，全省小城镇人均公园绿地面积2.03

平方米，其中建制镇2.34平方米，集镇1.72平方米。全省小城镇绿化覆盖率5.43%，其中建制镇5.41%，集镇5.44%。全省小城镇绿地率3.22%，其中建制镇3.20%，集镇3.24%。全省小城镇绿化覆盖面积为4 835.94万平方米；绿地面积2 869.63万平方米，其中公园绿地面积916.09万平方米。全省小城镇燃气普及率15.69%，其中建制镇17.02%，集镇14.36%。全省小城镇用气人口69.64万人，集中供热21.87万平方米。其中建制镇用气人口46.91万人，占用气人口总数的67.36%，集中供热20.87万平方米；集镇用气人口22.73万人，占用气人口总数的32.64%，集中供热1万平方米。全省小城镇生活垃圾处理率76.05%，无害化处理率2.89%，其中建制镇生活垃圾处理率79.33%，无害化处理率5.17%；集镇生活垃圾处理率72.77%，无害化处理率0.60%。2006年底止，全省小城镇生活垃圾年清运量161.57万吨；生活垃圾年处理量124.56万吨，其中无害化处理量5.84万吨；环卫专用车辆设备888辆。有垃圾集中堆放点的村庄9 274个，比例为7.98%；对垃圾进行处理的村庄5 077个，比例为4.37%。全省村镇有公共厕所1.39万座，其中建制镇1 971座，集镇1 682座，村庄1.02万座。

【村镇建设与管理】　2006年底，全省村镇建设完成投资共126.36亿元。其中住宅投资67.96亿元，占总投资的53.78%；公共建筑投资19.19亿元，占总投资的15.18%；生产性建筑投资16.7亿元，占总投资的13.22%；市政公用设施投资22.5亿元，占总投资的17.82%。全省建制镇市政公用建设固定资产完成投资16.76亿元，其中建制镇2006年新增固定资产9.5亿元。设有村镇建设管理机构的建制镇有357个，比率为71.54%，配备人员2 019人，其中专职人员975人。全省设有村镇建设管理机构的集镇有357个，比率为47.83%，配备人员1 532人，其中专职人员792人。曲靖市、文山州建设局单设村镇建设局（科级局）。

【村庄规划建设试点】　2006年，省建设厅按照省委、省取府的工作部署，以及统筹云南城乡发展实际需要，开展文山县开化镇新坪坝村城中村改造，丽江风景区内及其周边村庄区域规划建设，大理州小康村建设，沧源县、麒麟区县级推进村庄整治，昆明新机场搬迁移民新村建设，迪庆州藏族新民居，西双版纳新民居建设与传统民居改造等试点工作。

【旅游小城镇】　年内，云南旅游小镇按照“政府引导、企业参与、市场运作、群众受益、永续利用”的要求，结合各地资源条件、地理区位和市场发展潜力，全省首批选择的60个旅游小镇共吸引了国内外各类建设资金投资近40亿元。昆明鼎业集团、云南柏联集团、昆百大集团、云南省旅游投资有限公司等一批有实力的企业参与了旅游小镇的开发建设。2006年5月，建设部和国家旅游局在云南召开全国旅游小城镇发展工作会议，全省以规划为先导，依托当地历史文化遗产和风景名胜区资源，促进旅游与小城镇协调发展的经验得到了建设部和国家旅游局的肯定。

建筑业

【概述】　2006年，全省建筑业完成总产值689.1亿元，突破600亿元大关。截至12月31日，全省共有建筑施工、监理企业2 768家，建筑施工企业2 595家，施工总承包1 310家（其中特级2家，一级35家，二级306家，三级967家），专业承包企业1 186家（其中一级44家，二级341家，三级776家，不分等级25家）；劳务分包企业99家（其中一级16家，二级41家，不分等级42家）。工程建设监理公司73家（其中甲级12家，乙级173家，丙级88家）。

【建筑安全生产管理】　2006年，省建设厅按建设部要求，结合实际确立全省2006年建筑安全生产工作思路、目标和重点，召开州市及县区建设行政主管部门分管领导、建管、安监部门负责人参加的全省建筑安全生产工作暨建筑安全生产联络员会议；省属建筑施工企业主要负责人参加的安全生产工作会议和全省监理企业法人、技术负责人安全生产工作会议，研究出台了87个相关文件，明确责任、规范行为、强化措施，督促指导各级建设行政主管部门及其建筑安全监督机构依法履行安全监管职责，建立健全监管工作制度，层层落实主体监管责任。全面推进建筑施工安全文明生产标准化工作，消除事故隐患，遏制重大事故发生，组织开展以预防高处坠落事故为重点的建筑施工安全专项整治工作，两次派出督查组对重点州市进行督查。共培训考核施工企业的“三类人员”4.14万人，监理企业的监理人员4 047人，专职安全监理工程师1 809人。严肃查处违法违规责任主体及责任人，对发生事故的21家施工企业实施了暂扣安全生产许可证的行政处罚，吊销项目经理、专职安全考核证书3本。2006年，全省共发生属于统计范围的建筑安全事故33起，死亡40人。与上年相比，事故起数和死亡人数分别下降36.5%和25.9%，高坠事故死亡人数下降40%。

【招投标监管】 2006年，省建设厅对地级以上城市招标投标监管机构和交易中心全部实行机构分设、职能分离。在全省推行计算机辅助询评标系统和评标专家管理及抽取系统。调整和充实全省建设工程评标专家库，2006年新增专家418人。举办7期招标代理机构从业人员培训班，共有1 956人（次）参加培训。全年全省各级主管部门共受理招投标举报投诉34件，查处违法违规案件13件。至年底全省共有招标代理机构115家，其中甲级资质18家、乙级资质56家、暂定级41家。全省招标代理机构新审查认定33家（其中：甲级资质5家、乙级10家、暂定级18家），复审合格21家（其中：乙级1家、暂定级20家），复审降级1家（乙级降为暂定级），初审合格报请建设部对2家甲级招标代理机构进行资格认定。2006年，全省房屋建筑和市政基础设施工程共5 138项，投资总额231.56亿元；应招标工程3 351项，应招标工程招标率达100%；应公开招标工程2 380项，应公开招标工程公开招标率100%，共节约投资4.424亿元。

房地产

【概述】 2006年，省建设厅进一步加强和改善全省房地产宏观调控工作。全省共有101个城市完成住房建设规划编制工作，完成率达80%；住房供应结构调整初见成效，全省中小套型、中低价位普通商品住房供应增加，经济适用住房建设步伐加快；廉租住房制度建设稳步推进，住房保障力度进一步加大；房地产交易秩序专项整治工作取得阶段性成果，房地产市场秩序进一步规范；控制拆迁规模的要求得到较好落实，拆迁工作有序进行；金融、税收和土地等调控政策贯彻落实工作协同推进。

全省完成房地产开发投资314.64亿元，同比增长34.6%，投资规模首次突破300亿元大关。商品房竣工面积856.56万平方米，增长35.9%；商品住房竣工面积699.10万平方米，增长30.6%。商品房施工面积3 220.68万平方米，增长18.5%；商品住房施工面积2 730.28万平方米，增长18.9%，其中普通商品住房有效供给增加，占商品住房施工面积的比例达87.2%。商品房销售面积1 561.73万平方米，增长15.8%；销售额366.1亿元，增长23.6%。商品住房销售面积1 389.87万平方米，增长15%；销售额298.74亿元，增长22.5%。全省住房价格适中，保持基本稳定，其中昆明市房屋销售价格、新建商品住房价格和二手住房价格3项指数涨幅全年始终明显低于全国70个大中城市上涨水平。

2006年，全省建立房地产业业务信息化管理的市、县共有68个，建立商品房网上备案系统即房产信息网的城市有5个。全省维修基金软件在曲靖市和官渡区试运行，昆明市产权处、官渡、西山区完成数据交换、共享平台，完成预警预报系统和城房指数建设工作。同时官渡区房管局已将业务系统升级为基于B/S模式下的V3.0版管理系统。60%州市县覆盖了房产业务系统。

【廉租房制度】 2006年，省政府继续将10万平方米廉租住房建设作为省政府十件实事之一。省建设厅与省发展和改革委员会、省国土资源厅于4月联合下达了昆明、文山、思茅等11个州市廉租住房建设计划。省建设厅组织有关部门，先后到州市项目所在地进行现场检查，并根据检查情况调整建设计划，对实施不力的州市进行批评。至年末，通过努力，11个州市、30个城市的廉租房项目建设大部分进入收尾阶段。通过廉租住房建设工作，全省新增5 600多套廉租住房，加上原有的廉租住房，有3万多人纳入到住房保障体系中。

【拆迁管理】 5月，省建设厅会同省发改委、国土资源厅召开全省城市房屋拆迁计划的审查会，审定批准了全省16个州市269个项目共计361.24万平方米的拆迁计划，其拆迁规模基本上与2005年持平。全省各级建设（房地产）管理部门按照建设部的要求，普遍建立房屋拆迁听证制度，并认真组织实施，从而减少了盲目拆迁问题，最大限度地维护拆迁当事人的合法权益，保障建设项目的顺利进行。

【住房公积金】 截至2006年12月，全省住房公积金缴存人数达161万余人，比上年同期增长18.8%；住房公积金归集总额293.7亿元，增长35.7%；归集余额198.8亿元，增长32.8%；住房公积金个人贷款总额148.7亿元，增长52.8%；个人贷款余额83.9亿元，增长46.9%；存贷比稳步提高至42.2%，比上年提高10%。资产质量进一步提高，个人贷款逾期率降至0.45%。

（黄增）

生态建设与保护

主　　编　郭　刚
责任编辑　代燕春

生态建设

【概述】　2006年，全省林业工作者坚持用中央和省委关于加快林业发展的有关精神统一思想，把加速林业建设发展作为第一要务，按照“生态建设产业化、产业发展生态化”的发展思路，团结拼搏，迎难而上，经受了干旱、洪涝、森林火灾和危险性森林病虫害的严峻考验，圆满地完成了各项任务，取得了显著的成绩。

2006年，全省共完成营造林任务26.94万公顷（404.14万亩），为年计划任务的114.2%。其中，天然林保护工程：完成管护任务1 269.70万公顷（19 045.44万亩），为年计划的105.99%；完成公益林建设任务14.41万公顷（216.2万亩）。其中：人工造林19.8万亩，封山育林160.6万亩，飞播造林35.8万亩。退耕还林工程：兑现了补助资金7.85亿元。其中：粮食折现补助6.04亿元，教育等现金补助0.50亿元，种苗补助0.54亿元，粮食运费0.77亿元。对5.33万公顷（80万亩）退耕还林任务进行了分解落实。生物多样性保护工程：新建了1个国家级和1个省级自然保护区，新启动了7个保护区建设国债项目。全省林业部门管理的自然保护区已达145个，总面积达261.22万公顷，占全省国土面积的6.6%。农村能源建设工程：全省新建农村户用沼气池22.47万户，占年计划的112.4%；完成农村改灶11.6万户，占年计划数的232%。防护林工程：安排资金700万元，在玉溪、红河、思茅、文山、临沧等6个州市的9个县实施了防护林工程建设任务。全省完成防护林建设任务4 266.6公顷（6.4万亩）。全民义务植树活动：有1 728.48万人参加义务植树，新建义务植树基地234个，完成义务植树10 629万株，占年计划的132.9%。种苗工程：全省已完成145个种苗建设项目，有122个项目通过验收；营造良种示范林1 233.3公顷，生产林木种子11.78万千克。此外，林业血防工程已启动实施，林业碳汇项目也在有序推进。全省林业生态建设任务的普遍超额完成，巩固发展了全省“十五”以来的林业生态建设成果，进一步提升了全省的生态战略地

云南省环境状况新闻发布会　　（省环保局　提供）

位，为维护长江、珠江上游地区国土生态安全乃至保障东南亚地区生态安全做出了重大贡献，为省委、省政府推进生态立省战略提供了支撑条件。

2006年，全省各级林业部门营造了加速林业发展的良好环境。林业推进新农村建设工作广受关注。省林业厅成立新农村建设领导小组，提出5年（2006～2010年）推进计划和2006年度任务分解方案，明确了14个方面的具体目标任务和责任单位，林业德政工程深得民心。天然林保护、退耕还林等林业重点工程着力解决林农群众长远生计问题，农村沼气建设使全省700万农民群众受益，发展特色经济林成为山区建设新农村的一项主要内容；扩大林业开放促进了公众对林业的新认识；自身建设的加强，提升了林业外部形象。

【林业产业】 2006年，全省在林业产业规划编制、项目建设、政策扶持以及龙头企业建设等方面狠下功夫，促进了林业产业的发展。《云南省产业发展规划》已上报省政府，《云南省生物柴油原料种植基地规划》已上报国家林业局；编制红豆杉、核桃、竹子、石斛、印楝、松香等产业发展的专项产业规划。出台《2006年林业产业项目申报指南》、《林业产业资金和项目管理办法》，提出特色经济林、竹藤、工业原料林和低产林改造等项目的扶持内容，筛选一批项目进行重点扶持。全省完成以核桃为主的经济林种植面积9万公顷（135万亩），完成膏桐种植面积8 000公顷（12万亩），林业总产值达254亿元。

【集体林权制度改革】 2006年，全省深入开展集体林权制度改革的调研准备工作，省委、省政府出台《关于深化集体林权制度改革的决定》，明确开展集体林权制度改革的指导思想、总体目标、工作原则、改革范围、工作重点和保障措施；召开全省集体林权制度改革座谈会和电视电话会议，全面部署推进集体林权制度改革工作；成立由省委副书记李纪恒任组长，省政府副省长孔垂柱和省林业厅厅长白成亮为副组长的省深化集体林权制度改革领导小组；开展罗平、屏边、砚山、景谷、永平、腾冲、潞西、兰坪、云县等9个县的试点工作。通过试点县的积极探索，为林改营造了良好的舆论、社会氛围，为全省全面开展集体林权制度改革奠定了坚实的基础。

【森林资源保护】 2006年，省林业厅开展《云南省林地管理条列》（草案）的起草工作和《云南省天然湿地条列》的立法准备工作；开展第二批22个县市的林业综合行政执法试点工作；全年办理林业行政许可事项近千件。完成第二批48个县市的森林资源二类调查；整顿治理流通领域的秩序，加强乡镇林业站合格县建设，保持了木材出省运输办证和林政稽查执法的零差错率。认真实施非天保区中央生态效益补偿工作，开展省级生态效益补偿试点。全省森林公安机关开展“云岭行动”、“绿盾行动”，有效地打击了各类涉林违法犯罪活动。加强森林火灾案件查处，确保防火期的生态安全。扑救安宁“3.29”重大森林火灾，创造了主要依靠人力扑灭高山森林大火的卓越战绩。与上年相比，全省发生森林火灾次数下降9.5%，森林受害率上升21.6%，人员伤、亡率分别下降50%、55%。与上年相比，林业有害生物发生面积下降9.1%，防治率上升3.36%。全省野生动物疫源病监测体系不断完善，监测站点已达683个，各类珍稀濒危动植物得到有效保护。

【科技与人才工作】 2006年，省林业厅组织申报了一批林业科技成果并有多项获得省政府科技成果奖，推荐30多个省攻关研究林业科技项目。省林科院完成了69个科研项目，有11个项目结题验收；州市级科技建站率达100%，有各类示范基地152个；审（认）定12个林木品种，使全省林木良种达25个；申请注册的园艺植物新品种已达61个，授予注册登记保护品种达44个。人才队伍建设进一步加强。省林业职业技术学院连续3年招生工作大跨越，省林业技工学校毕业分配率达97.5%，省林业技能站开展技能培训和鉴定达4 923人次。

【林业16件实事】 2006年，为认真贯彻落实中央、省、国家林业局的一系列关于推进社会主义新农村建设的战略方针精神和要求，结合全省的林业工作实际，云南省林业厅出台《关于推进社会主义新农村建设的实施意见》。明确了林业在社会主义新农村建设中的指导思想、总体目标和具体要求。强调要加大林业基础设施建设，扩大林业投融资渠道，实施好林业在建项目，重点抓好16件实事：

1. 实施退耕还林工程，确保农户的长远利益。圆满完成国家下达的80万亩退耕还林任务，着力抓好退耕还林工程实施县的产业及示范带动工作；重点发展核桃、八角、竹子、膏桐等特色经济林60万亩，辐射带动退耕农户及周边区域，加快林业产业发展，促进退耕农户的增收。

2. 抓好天保工程建设，解决好资源保护和农民增收问题。在天保工程区聘用上万名农民护林员参与森林管护工作，在实施好天保工程管护项目的同时，解决这部分人的就业和待遇问题。

3. 实施防护林工程，加快农村防护林建设，建设农村绿色生态屏障。组织实施6.2万亩的防护林工程建设任务。

4. 推进全省干果基地和竹藤及珍贵用材林基地建设，增强农村发展后劲。具体完成省列干果基地建设25.8万亩，竹藤及珍贵用材林基地建设12.7万亩；低产林改造11.5万亩，短周期工业原料林造林8.8万亩。

5. 大力培植以膏桐为主要树种的林木生物质能源林。完成12个州市及29个县市区的膏桐种植20

万亩。

6. 加强林木种苗生产监管力度，规范种苗市场，提高良种壮苗使用苗率，确保林农利益。以良种建设为中心，严格执行种苗"两证一签"制度；继续抓好10个在建良种基地的管理工作；对膏桐和耐晚霜核桃优良林分布的调查和选优工作，续建和新建一批良种基地。

7. 加强森林防火能力建设，维护农民群众的生命和财产安全。完成4个州市及30个县的森林防火扑火物资储备；组建41支县级森林防火消防专业队；完成60个县森林火灾扑救装备购置；完成232个森林防火瞭望台及林火监测设备购置，提高全省森林防火监测预警机应急处理能力。

8. 加强森林病虫害监测与防治，加快监测体系建设，提高防治率，保护农民群众的林木资产。协调落实375万元监测与防治体系建设资金，建成一批林业有害生物灾害县级预警中心和监测站点；对一些重点风景名胜和生态脆弱区域开展前期工作，为第二期预防体系建设做准备。

9. 推进林业立法及配套制度建设，开展综合执法改革，为保护农民利益提供法律保障。开展《云南省林地管理办法》、《云南省湿地管理条列》的一系列前期准备工作。

10. 开展全省集体林权制度改革工作，保障农民合法权益。集中开展了9个县的改革试点工作。

11. 加大林业科技投入，加强林业技术培训，提高科技对林农增收的贡献率，加快林产品产业发展。组织筛选了10项林业科技实用技术推广示范项目；开展有针对性的林业技术培训10万人次；建立林业科技示范户1 000户；建立林业科技示范村20个。

12. 实施好农村能源建设工程，大力发展以沼气为主的农村清洁能源。兴建沼气20万户，农村受益人口90万；推广热效率30%以上的节柴灶5万户。

13. 大力促进野生动植物驯养繁殖产业和森林生态旅游产业，培育成新的特色产业，拓宽农民增收渠道。一是实行24小时值班制度和疫情日报和零报告制度；二是协调扩大野生动物肇事补偿资金的来源渠道和规模，争取每年省级赔偿经费达到1 000万元，并逐年增长；三是通过扩大人工繁殖与培育促进红豆杉、古茶树、石斛、松茸及野生食用菌，梅花鹿、雉类、野猪、猕猴等特色产品，增加山区农民收入门路；四是以12个国家级自然保护区和36个省级自然保护区的实验景观及生物资源为基础和龙头，启动和培育森林生态旅游产业，提高保护区和湿地周边农民的旅游收入。

14. 开展新林区建设，改善贫困国有林场的基础设施。重点帮助20个贫困国有林场开展以危旧住房改造、道路改扩建、饮水工程为主的基础设施建设。

15. 开展"创绿色家园建富裕新村"活动。启动10个村的创建工作。

16. 协调落实林业基地建设和林产业发展省级补助资金，确保农民涉林活动的直接收入。协调落实省财政安排的9 014万元，用于全省特色经济林、竹藤及珍贵用材林、低产林改造、林下资源开发、林化产业、生物质能源林、国有林产扶贫、现代林业产业研究、林业贷款贴息贷款项目。

【特色经济林产业】 "十五"时期，全省山区广大群众发展特色经济林果的积极性普遍高涨，特别是随着市场需求的持续增长，核桃、八角、橡胶、咖啡、芒果、澳洲坚果、果梅、紫胶等特色经济林，成了群众增收致富的摇钱树。"十五"末，农民年人均特色经济林收入340元，比"九五"末提高230元。部分地方山区群众人均特色经济林收入甚至超过全省平均水平的2倍以上。大理州2005年核桃总产值达5亿多元，仅核桃一项就使山区群众人均增收335元，部分核桃种植大户的收入已超过万元。漾濞县是国家林业局命名的"全国经济林核桃之乡"，全县泡核桃种植面积45万亩，核桃产量达6 000多吨，全县农民人均核桃收入达到800多元，约占全县农民人均纯收入的52%。宾川县拉乌乡总人口1万多人，人均拥有核桃8亩以上，农民人均年收入4 000多元，来自核桃的收入就达2 800元，占农民人均年收入的70%。文山富宁县八角产值达4 000多万元，占农业总产值的9.6%，农民人均八角收入达1 000多元。绿春县大水沟乡立足乡情，围绕"产业富乡"的建设目标，大力发展紫胶业，2005年农民人均紫胶收入达到200多元。特色经济林产业已经成为全省农民增加收入的一个重要渠道。

（刘昌芬）

生态保护

【概述】 2006年，全省各级环保部门以科学发展观为指导，认真贯彻落实国务院《关于落实科学发展观加强环境保护的决定》和第六次全国环境保护大会精神，按照全省第八次环境保护大会和出台的《中共云南省委、省政府关于加强环境保护的决定》部署和要求，坚持环境优先、生态立省思想，坚持把污染防治作为重中之重，抓住机遇，加强创新，重点突破，全面推进，强化监管，狠抓落实，取得了积极进展。一是加强了城镇集中式饮用水源地保护。省环保局启动全省16

个州市政府所在地及安宁、个旧、瑞丽等地的集中式饮用水源地环境保护规划的编制工作。组织开展全省城镇集中式饮用水源地情况调查。从267个水源地的调查情况看，水质达标的223个，占83.5%；已经设立水源地保护区的有105个，仅占39.3%；有84个排污口，分布在曲靖、昭通等7个州市的19个饮用水源地区域内，基本摸清了全省城镇集中式饮用水源地的环境状况。二是认真执行环境影响评价和“三同时”制度。2006年全省审批建设项目环境影响评价报告书、报告表、登记表共4 921项，组织建设项目环保竣工验收1 113项。继续开展全省环保专项整治行动。全省共出动环境监察人员2.4万多人次，检查各类企业8 274户，立案查处337户，已结案226户；6个省级挂牌督办的问题，大部分完成了整治任务。全年实施环境处罚案件2 277起。三是落实主要污染物总量控制制度，制定总量控制工作实施意见和总量减排指标分配方案，并层层分解落实总量控制指标。受省政府的委托，省环保局与16个州市政府和21户重点企业签订总量削减目标责任书。2006年云南省新投产火电机组脱硫涉及4家电厂、7台装置装机容量240万千瓦现役机组脱硫涉及2家电厂3台装置，装机容量30万千瓦；非电行业建成重点脱硫项目2个。共计削减SO_2约1万吨。总量控制和节能降耗、污染减排工作已在全省全面展开。四是开展对全省各级各类自然保护区现状调查。2006年全省有60个乡镇获云南省生态乡镇称号。2006年，全省环境保护直接投资54.07亿元，比上年增长10%，约占全省地区生产总值的1.35%。其中城市环境保护基础设施投资29.79亿元，工业污染治理投资24.28亿元。总体上看，全省环境质量状况保持稳定，部分区域环境质量有所改善。但是，环境形势依然严峻，2006年全省主要污染物减排计划指标没有完成；部分区域水资源短缺、水污染严重的状况仍然存在；重点地区和重点领域生态恶化的趋势没有得到有效的遏制，环境污染纠纷引发的群体性事件呈上升趋势；各级环保部门的能力建设和全社会的环保意识与新形势、新任务的要求还有较大的差距。

【环境质量】 2006年，在城市化和工业化进程加快，经济快速发展的形势下，全省环境质量状况保持稳定。全省河流总体水质为中度污染，75条主要河流的148个监测断面中，Ⅰ–Ⅱ类、Ⅲ类、Ⅳ类、Ⅴ类、劣Ⅴ类水质断面分别为23.7%、26.4%、24.3%、3.4%、22.2%。水环境功能达标的断面占58.1%。六大水系主要河流受污染程度由大到小排序依次为：珠江水系、金沙江水系、红河水系、澜沧江水系、怒江水系和伊洛瓦底江水系。

17个跨界、出境河流监测断面中，达到Ⅱ类标准水质优的断面占35.3%；达到Ⅲ类标准水质良好的断面占23.6%；达到Ⅳ类标准水质轻度污染的断面占17.6%；达到Ⅴ类标准水质中度污染的断面占5.9%；劣Ⅴ类标准水质重度污染的断面占17.6%。达到水环境功能要求的断面占58.8%。

全省开展水质监测的53个湖泊、水库中，Ⅰ–Ⅱ类、Ⅲ类、Ⅳ类、Ⅴ类、劣Ⅴ类水质分别为35.8%、32.1%、13.2%、3.8%、15.1%。九大高原湖泊中水质优及良好的有泸沽湖、抚仙湖、阳宗海、洱海、程海；水质受到中度、重度污染的是异龙湖、杞麓湖、星云湖、滇池外海、滇池草海，6个湖泊达不到水环境功能要求。

全省20个主要城市37个集中式饮用水源地中，能满足水源地水质标准要求的有28个，占75.7%；不能满足要求的9个，占24.3%。与上年相比，好转的有8个占21.6%；水质下降的有10个，占27.0%。主要城市集中式饮用水水源地水质基本保持稳定。

全省19个主要城市中，昆明、曲靖、玉溪、大理、景洪、个旧、楚雄、蒙自、丽江等9个开展空气自动监测，全年达到优于二级天数均大于85.0%。与上年相比，曲靖市环境空气质量好转，昆明市、河口县城的环境空气质量有所下降，其他城市基本保持稳定。

全省的酸雨频率由12.8%降为11.4%，出现酸雨的城市所占百分比由73.3%降至60%，酸雨控制区7城市监测到酸雨的城市为4个，比上年减少了3个。

全省新增省级自然保护区1个，晋升国家级自然保护区2个，全省

签订环境保护目标责任书　　（省环保局　提供）

共有自然保护区192个，其中国家级16个，省级46个，总面积336.0万公顷，占省国土面积的8.5%。

2006年云南省主要河流水质类别表

水系名称	Ⅰ类	Ⅱ类	Ⅲ类	Ⅳ类	Ⅴ类	劣Ⅴ类	合计
金沙江	1	4	10	11	0	12	38
珠　江	2	2	5	5	1	12	27
红　河	–	4	6	10	1	5	26
澜沧江	–	8	15	9	1	3	36
怒　江	1	5	1	1	2	1	11
伊洛瓦底江	1	7	2	–	–	–	10
小　计	5	30	39	36	5	33	148

注：按断面数统计。

2006年主要湖泊、水库类别统计

名称	个数	Ⅰ类	Ⅱ类	Ⅲ类	Ⅳ类	Ⅴ类	劣Ⅴ类	水环境功能达标
湖泊	32	2	10	13	6	1	–	17
水库	21	2	5	4	1	1	8	9
合计	53	4	15	17	7	2	8	26
比例（%）		7.5	28.3	32.1	13.2	3.8	15.1	49.1

2006年九大高原湖泊水质状况

湖泊名称	水域功能	水质综合评价	透明度（米）	营养状态指数	主要污染指标	污染程度
滇池草海	Ⅴ	>Ⅴ	0.60	77.1	氨氮、总磷、总氮	重度污染
滇池外海	Ⅴ	>Ⅴ	0.46	65.4	总氮	重度污染
阳宗海	Ⅱ	Ⅱ	4.21	30.6	–	优
洱海	Ⅱ	Ⅲ	1.73	42.5	总氮	良好
抚仙湖	Ⅰ	Ⅰ	6.08	18.8	–	优
星云湖	Ⅲ	>Ⅴ	0.94	62.5	总氮	重度污染
杞麓湖	Ⅲ	>Ⅴ	0.82	59.8	总氮	重度污染
程海	Ⅲ	Ⅱ	2.89	37.9	–	优
泸沽湖	Ⅰ	Ⅰ	10.91	15.0	–	优
异龙湖	Ⅲ	>Ⅴ	0.44m	64.0	总氮	重度污染

【九大高原湖泊污染治理】 2006年，认真执行九大高原湖泊“十一五”目标责任书，污染治理项目184项，完成7项，在建35项，开展前期工作82项，其中滇池完成1项，在建10项，开展前期工作30项；其他八湖完成6项，在建25项，开展前期工作52项，水污染防治工作稳步推进。2006年，九大高原水污染治理投资8.92亿元，其中滇池治理投资6.08亿元，其他八个湖泊治理投资2.84亿元。截至2006年底，九大高原湖泊水污染治理累计投资78.73亿元，其中滇池治理投资53.7亿元。

滇池治理项目完成了滇池西岸截污治污工程。加快了船房河、乌龙河、盘龙江中段综合治理和大清河综合整治配套泵站工程实施。滇池北岸水环境综合治理工程进展顺利，与日本国际协力银行签订转贷协议，完成项目工程初步设计以及第七污水厂、泵站建设用地范围内4.9万平方米的拆迁工作。

八大高原湖泊治理项目完成了阳宗海污染物总量调查与控制研究、阳宗海数字化水下地形测量项目，以及洱海流域挖色镇和喜洲周城村落污水处理、洱源县污水处理厂湿地建设、马甲邑永安江拦污闸建设，异龙湖水域边界界定工程。星云湖抚仙湖出流改道工程水利部分除九溪顶管段尚未贯通外，其余各标段均已贯通，正在进行遂洞永久砼浇灌，水质净化部分挺水植物带工程已完工，九溪人工湿地一期工程土建已完成，植物育苗600多万株，完成育苗总量的50%以上。

按照国家环保总局、云南省环境保护局、云南省发展和改革委员会的要求，九湖所在地5州（市）编制完成了九大高原湖泊水污染综合防治“十一五”规划。八湖水污染综合防治“十一五”规划省政府已批复，《滇池流域水污染综合防治“十一五”规划》已上报国家环保总局审定后报国务院批复。

依据九湖水污染综合防治“十一五”规划，结合九湖保护（管理）条例规定和各湖治理污染的实际情况，省政府与5州（市）政府、省级有关厅局签订了“十一五”九大高原湖泊水污染综合防治目标责任书，明确了湖泊保护目标和任务，对湖泊水质目标、主要污染物入湖总量控制目标，考核指标、主要任务等指标进行了量化，提出了考核要求，强化了政府和部门目标责任制，形成上下共担责任、共同努力的领导体制和管理体制。

2006年9月5日，省政府召开九大高原湖泊污染防治第七次领导小组会议，对“十一五”九大高原湖泊水污染综合防治工作提出了“把握三个层次、搞好三个结合、争取三个突破、实现三个转变”的总要求，即“三个层次”：着力保护抚仙湖、泸沽湖、阳宗海；稳定达标洱海、程海；加快治理滇池、星云湖、杞麓湖、异龙湖。“三个结合”：工程措施、生物措施与管理措施结合，单要素治理与多要素综合治理结合，区域治理与流域治理结合。“三个突破”：防治思路有所突破，污染治理市场化有所突破，湖泊环境监管有所突破。“三个转变”：从重经济增长轻环境保护转变为保护环境与经济增长并重，在保护环境中求发展；从环境保护滞后于经济发展转变为环境保护和经济发展同步，努力做到不欠新账，多还旧账，改变先污染后治理、边治理边破坏的状况；从主要用行政办法保护环境转变为综合运用法律、经济、技术和必要的行政办法解决环境问题。“十一五”期间，各级各有关部门将按照总体要求，遵循经济规律和自然规律，进一步加大九湖水污染综合防治力度，促进九湖流域经济社会的协调发展。

年内，大理、昆明、玉溪、红河相继召开会议，认真贯彻第七次领导小组会议精神，认真总结“十五”成绩和经验，增强九湖水污染综合防治的紧迫感和责任感；进一步明确思路，切实搞好规划，按照“四个三”的总要求，狠抓各项工作落实，确保“十一五”九湖水污染防治目标如期实现。大理州高度重视，主要领导亲自抓，深入调查研究，专题研究贯彻落实省九湖领导小组第七次会议精神，下发《中共大理州委、州人民政府关于加强“十一五”期间洱海流域水污染综合防治工作的意见》。省环保局、省九湖办在大理召开云南省九大高原湖泊环境监管现场会议，总结推广洱海、抚仙湖环境监督管理和综合整治的经验，

省人大审议通过了《程海保护条例》，省政府加快了《抚仙湖保护条例》的修订工作。省环境监察总队和昆明市、大理州、玉溪市、丽江市、红河州环境监察机构依据“一湖一法”，加大对九湖流域内的重点排污单位、新建项目、城市生活污水处理厂及生态保护的现场环境监察力度，出动环境人员2 909人次，检查排污单位951家，其中新建项目163家，查处各类违纪违规项目36起。省环境监察总队重点对昆明市第二、五污水处理厂，昆明市白水泥厂违规行为进行查处。昆明市对云南云溪植物制药有限公司未建污染治理设施进行严肃处理，对康园住宅小区、金色维也纳花园、昆明昆瑞食品有限公司、昆明东连接线采石厂、光明中西医医院、宜良温流水养鱼场、云南省水产技术推广站温流水养鱼场、昆明市水产科学研究所温流水养鱼场、云南恒阳实业有限公司温水养鱼场等未办理环保审批手续的新建项目进行处罚。玉溪市对星云湖抚仙湖出流改道顶管项目违规超标排放废水，云南江川实龙精细化工有限公司清理除尘水污泥时导致泥浆水外排和江川天宇包装有限公司、江川县宏丰砖厂未报环评手续擅自开工建设和以及江川县皇壮养殖厂超规模建设未重新报批环评手续等违反建设项目环评有关规定的新建项目进行处理处罚，并组织沿湖3县政府开展对抚仙湖月检，重点开展对沿湖餐馆、渔船、入湖河道、禁磷等进行督促检查。

【河流污染防治】 2006年，省环保部门组织完成全省主要出境河流的基本情况和各流域主要工业污染源情况调查。在妥善处理澜沧铅锌矿“8.17”严重水污染事件的基础上，召开边境8州市保障出境河流水环境安全座谈会，专题研究部署防范出境河流水环境污染事件工作。在全省范围内开展环境安全大检查，共排查1 251户企业，其中，存在环境污染事故隐患的企业201户。

【工业“三废”治理】 截至2006年底，全省工业废水达标排放量3.06万吨，全省共建成废水治理设施1 864套，废水处理设施处理能力达590.34万吨/日，工业废水重复利用率87.8%。全省工业废水治理投资1.8亿元，实施废水治理项目140个，完成133个，新增废水处理能力31.46万吨/日。工业废水排放达标率89.2%。

全年全省工业废气排放总量6 646.08亿标立方米。共建成废气治理设施4 391套，其中脱硫设施364套，废气治理设施处理能力达到1.59亿标立方米/时，其中脱硫设施脱硫能力达402.25吨/时。2006年全省二氧化硫去除量91.35万吨，烟尘去除量298.27万吨，工业粉尘去除量158.34万吨；工业烟尘和工业粉尘排放量分别比上年减少4.2%和4.8%。全省工业废气治理投资5.24亿元，治理废气项目325个，完成302个，新增废气处理能力692.69万标立方米/时。

国电小龙潭发电厂4号炉烟气脱硫工程通过省级验收，华电昆明发电厂2×100MW烟气脱硫工程、云南驰宏锌锗股份有限公司烟化炉及铜浮渣反射炉冶炼烟气非稳态二氧化硫治理与回收利用项目相继建成投入运行，3个重点治理项目的

建成，可形成3.38万吨/年的二氧化硫削减能力。

全省工业固体废物产生量5 972.37万吨，比上年增长28.1%；工业固体废物排放量99.56万吨，增长40.9%，其中：危险废物排放量0.45吨，增长80%。工业固体废弃物综合利用量2 463.17万吨，综合利用率41.0%，利用率比上年上升6个百分点，贮存量1 534.57万吨，处置量2 014.03万吨，排放量99.56万吨。全省工业固体废弃物污染治理投资9 944.2万元，完成治理项目30个，新增固体废弃物处理能力1.09万吨/日。

【城市环境综合整治】 2006年，全省清运垃圾473.5万吨/年，建成无害化垃圾处理厂26座，其中卫生填埋26座，无害化处理率达24.86%，形成无害化处理能力9 332吨/日；有23座垃圾处理场正在建设中，建成后将增加垃圾无害化处理能力5 194吨/日。

城市生活污水排放量4.62亿吨。全省建成的污水处理厂37座，城市污水厂集中处理率为38.73%，形成城市污水处理能力119.2万吨/日；在建项目13个，建成后污水处理能力可增加9.75万吨/日。

城市机动车管理与污染防治。全省机动车339.1万辆。汽车在用数124.18万辆，比上年增长10.42%。昆明市机动车71.56万辆，市区在用汽车数达40.4万辆，比上年增加14.50%，机动车排放污染逐渐加重。昆明市按《在用机动车环保定期检测工作规划》组织开展机动车环保定期检验委托认证工作，经云南省环保局核准，昆明市第一机动车安全检测站等14家机动车安检站取得云南省机动车环保定期检测资质，采用“双怠速”法对公共汽车和社会车辆尾气排放进行抽测。全年，昆明市全市机动车注册登记车辆数为71.57万辆，实施环保定期检验车辆57.09万辆(其中免检车辆15.76万辆)，环保定期检测率为79.78%。

城市“禁煤”、“禁白”、“烟控区”、噪声达标区建设。昆明、曲靖、个旧、丽江古城等城市继续开展城区禁煤。个旧市环保局联合有关部门加强市区“禁煤”工作管理，由市环保、城建、工商局联合对市区群众反映强烈的重点地段和饮食经营场所进行清理整治，共出动人员100人次，车辆23辆次，清查了354户饮食经营场所，强制拆除或没收燃煤灶具142台。丽江、迪庆在重点旅游景区开展“禁白”、“禁煤”初见成效。

全年全省累计建成烟控区22个，比上年新增4个（罗平县、蒙自县、大理市、翠云区），总面积达386.5平方千米；建成“环境噪声达标区”33个，比上年新增7个；新增面积61.4平方千米，总面积达263.4平方千米。

（王丽达）

对外开放

主　　编　陈天武
责任编辑　代燕春

综　　述

2006年，是云南省经济社会发展取得重大进展的一年，也是全省对外开放工作不断开拓新局面的一年。全省各级外事涉外部门以为国家利益服务，为全省经济社会发展服务，为全国面向东南亚、南亚开放服务为着力点，努力构建“大外事”工作格局，充分利用各种对外友好交往渠道，积极开展实质性交流与合作，全省对外开放事业取得了新的成绩。

2006年，省委、省人大常委会、省政府、省政协领导分别率团赴罗马尼亚、希腊、俄罗斯、摩尔多瓦、美国、加拿大、瑞典、印度、英国、德国、阿根廷、智利、意大利、捷克等国进行考察访问，进一步加强云南与有关国家的友好关系，开辟新的对外交往领域和合作空间，为全省引进发达国家的先进技术、设备和管理经验以及带动相关产业的发展拓宽新渠道，搭建新平台，提升了各地区、各部门的对外开放水平。全年，全省因公派出团组共计2 181批，1.6万人次。其中，商务类团组（经贸、劳务）2 334人次，占派出人次的25.2%；其他专业类团组（科技、文化、体育、会议、留学）2 165人次，占23.4%；考察类团组2 968人次，占32.1%；培训类团组1 264人次，占13.7%；友好访问类团组521人次，占5.6%，确保了“走出去”战略的实施。

全年共接待来滇访问的外国元首、政府首脑及政党、议会等重要代表团69批635人次（其中国宾级9批）；接待外国驻华使领馆官员8批70余人次。通过上述接待工作，较好地宣传了云南改革开放和经济社会发展取得的巨大成就，增进外宾对云南的了解，提升了云南的良好国际形象和国际知名度。

年内，利用民间对外友好交往和友城关系渠道，积极开展民间对外交往工作。全年主动邀请并接待来自美国等24个国家42个代表团395人次的民间友好代表团来云南访问、考察交流和商务洽谈，拓展民间对外交流空间，取得积极的宣传效果，有力地配合了中央的总体外交和全省的对外开放战略部署。

国际友好城市工作取得新突破。全年新缔结3对友好城市（云南省与柬埔寨暹粒省、大理州与意大利米尔迪拉市、红河州河口县与越南老街省老街市）。年末，全省友城数量达27对，友城已成为全省及有关地区增进对外交流、扩大对外合作的重要平台和宝贵资源。

2006年，昆—曼公路思小段高速公路正式开通。《大湄公河次区域客货便利运输协定》下的6国便利运输委员会会议审议通过相关文件内容并最终定稿，启动了交通、海关、检疫、移民4个分委会的工作。云南—泰北合作工作组第二次会议在泰国成功召开，会议对双方交往、双边经贸、交通、旅游、教育、友城、科教文卫合作以及工作机制建设等进展情况进行了认真回顾和总结，就如何进一步深化滇泰合作提出了实质性建议并载入《会议纪要》。云南—老北合作工作组第二次会议于2005年11月在昆明召开，签署了《会议纪要》，使双方合作更加规范化、制度化。2006年上半年，为落实会议成果，老方成立了能源与矿产开发合作小组、交通运输合作小组、投资与贸易合作小组、教育卫生科技及民族文化合作小组、农林合作小组、旅游合作小组和边境口岸管理合作小组等7个工作小组，分别由老中央有关部委的司长牵头，成员为有关部委司级负责和老北部各省有关部门负责人，各小组将拟定本组年度合作方案，并与云南方面就合作内容、机制与办法等进行协调，云南省也相应成立对口工作小组。孟中印缅

(BCIM)地区经济合作论坛第六次会议取得圆满成功，各方就进一步强化在经贸、公路交通、民航、旅游等领域的合作达成广泛共识，并增加了科技、教育、文化和社会领域的交流合作内容，签署该合作机制启动以来最高层次的会议文件——《德里声明》。中国云南与越南河内—老街—海防—广宁经济合作协商会第二次会议在蒙自成功举行，各方就加强合作进行了深入探讨，达成广泛共识，签署了《会议纪要》，深化和拓展了合作领域及内容。截至2006年底，云南省国际区域合作以积极参与大湄公河次区域（GMS）经济合作项目为标志，形成了以2个大多边（即大湄公河次区域经济合作、孟中印缅地区经济合作论坛），3个小多边（云南—老北、滇越五省区、云南—泰北），1个准多边（湄公学院）为主，以强化与湄委会、亚太经社理事会、东盟湄公河流域发展合作项目、泛珠三角区域经济合作论坛等区域合作组织关系为辅的格局，合作范围包括内地友邻省区、东盟10国和南亚3国，领域涵盖政治、经济、文化等方面，涉及交通、能源、电信、环保、人力资源开发、投资和贸易、旅游、农业等领域，成为国家与周边邻国政治经济互动的平台和云南省社会经济发展的助推器。

2006年，云南与周边国家的友好关系和经贸合作取得实质性进展，周边国家的领导人和重要外宾相继来云南参观访问，全省高层代表团先后出访周边国家；昆—曼公路建设、中寮钾盐矿试生产、柬埔寨水电站和综合市场建设、越南煤电合作项目、昆钢集团开发越南贵沙铁矿和与老挝矿业合作、云南电网公司对越220KV送电工程等项目取得了重大进展，云南对缅、老、越3国的进出口总额达12.68亿美元，同比增长27.9%。

中越陆地边界（云南段）勘界工作扎实推进。截至12月31日，中越陆地边界（云南段）共确定基本碑位413块，增设辅助界碑53块，竖立界碑388块（含40块辅碑）；精测界碑123块（含21块辅碑），勘定边界线385.56千米。

2006年，随着改革开放的进一步扩大，外国记者继续保持着对云南各方面的关注。云南借助外国新闻媒体，努力营造客观友善的外部舆论环境，突出重点，讲求实效，认真做好外国记者来滇采访工作。全年共接待来自美国、日本、英国、德国、法国、俄罗斯、巴西、澳大利亚、西班牙、芬兰、瑞典、摩尔多瓦、波兰、黑山、韩国、新加坡、泰国、越南等20多个国家的外国新闻媒体记者82批294人次，采访内容涉及云南经济社会发展、自然风光、少数民族风俗民情等多个方面。

至2006年底，老挝、缅甸、泰国、柬埔寨、马来西亚、越南6个国家先后在昆明设立总领事馆，为进一步加强云南与总领馆派遣国之间的友好交流与合作创造了良好的条件。

外国驻昆明总领事馆情况一览表

序号	馆名	馆址	开馆时间	时任总领事	到任时间	领区	备注
1	老挝人民民主共和国驻昆明总领事馆	东风东路96号茶花宾馆主楼一楼	1993.04.25	蓬沙瓦·普玛翁	2000.1	云南 广东 广西	第三任总领事
2	缅甸联邦驻昆明总领事馆	威远街166号龙园豪宅B503、A504	1993.09.01	吴苗丁	2005.8.14	云南 贵州 四川 重庆	第四任总领事
3	泰王国驻昆明总领事馆	东风东路145号昆明饭店南楼1楼	1994.07.01	克西·查派文	2003.6	云南 贵州 湖南	第五任总领事
4	柬埔寨王国驻昆明总领事馆	新迎路172号官房大酒店4楼	2004.02.23	蔡所昆	2004.2	云南 贵州 四川	第一任总领事
5	马来西亚驻昆明总领事馆	东风东路29号樱花酒店4楼	2004.03.00	阿约夫·巴奇	2004.3.8	云南 贵州 四川 广西 重庆	第一任总领事
6	越南社会主义共和国驻昆明总领事馆	佳华广场酒店C座2楼	2004.04.30	阮文同	2004.3	云南	第一任总领事

（王明云）

中国—东盟自由贸易区

【概述】 2006年，中国—东盟自由贸易区建设在稳步推进。继2005年7月20日中国—东盟自由贸易区全面降税实施后，中方对3 408种产品削减了进口关税，东盟对中国的关税也进行了相应的削减。10月30日，在广西南宁举行的中国—东盟对话关系纪念峰会上签署的《中国—东盟纪念峰会联合声明》，再一次重申决心按时于2010年建成中国—东盟自由贸易区，包括2010年与东盟6个老成员国、2015年与柬埔寨、老挝、缅甸和越南4个新成员国实现货物贸易自由化；努力尽快达成协议，逐步实现涵盖众多部门的服务贸易自由化，并在中国和东盟建立一个自由、便利、透明并具有竞争力的投资机制；建立中国—东盟贸易、投资和旅游促进中心；促进中小企业发展；加强能源合作；加强财政金融合作；深化旅游业合作；鼓励和支持次区域合作，包括在中国西南地区、东盟东部增长区、三河流域、印尼－马来西亚－泰国增长三角、大湄公河次区域经济合作以及包括建成泛亚铁路（新加坡—昆明）和其他地区在内的东盟湄公河流域开发。

2006年，为保证如期建成中国—东盟自由贸易区，中国与东盟之间开展了各种多层次的互动，积极推进双方经济的融合。5月29日，在柬埔寨暹粒市举行第12次中国—东盟高官磋商。中国外交部副部长武大伟、东盟10国外交部副部长和东盟秘书长王景荣出席会议。会议由武大伟和柬埔寨外交部国务秘书高金洪共同主持。本次高官磋商的重点是为中国—东盟纪念峰会做准备，并就中国—东盟关系及其未来发展和共同关心的国际和地区问题交换意见。5月17日，中国人民对外友好协会和中国东盟协会在北京召开中国—东盟民间友好组织大会，来自中国和东盟10国的民间友好组织就中国与东盟的民间合作进行广泛探讨。会上，签署并发表了《中国—东盟民间友好合作宣言》。6月6日，泛珠三角区域行政首长与东盟商务部级官员对话会在昆明召开，中国与东盟之间就加强海关合作，推动中国与东盟经贸合作和相互开放达成一致。

（王士录）

【2006云南与东盟十大新闻】

＊全国首套《东盟十国经贸法律指南系列丛书》在滇编撰完成。丛书共计650万字，21册。中国法制出版社将该书列入2006年国家级重点出版刊物，面向全国发行。

＊云铜集团在面向东盟，走向世界中年进出口额突破12亿美元。

＊玉溪市在抚仙湖建成中国—东盟青年友好交流大本营。8月7～10日，来自中国与东盟11国的青年汇集抚仙湖畔。论坛以“青年·旅游·人文”为主题，以经贸活动、旅游文化交流、科技合作为重点，通过了《共同愿景》。

＊中老缅泰四国澜—湄客运定期航班开通。从9月2日起，被称为亚洲大陆上最具魅力的世界级黄金旅游线——云南景洪港至泰国清盛港定期对开客运航班。大批国内外游客一日游四国的愿望成为现实。这标志着中国通往东南亚大市场的“黄金水路大通道”正式开通。

＊昆曼公路思小段建成中国首条绿色环保高等级公路。“思（茅）—小（勐养）高速公路”是中国惟一一条穿过国家级热带雨林自然保护区——西双版纳国家级自然保护区的高速公路。

＊中缅边民大联欢50周年纪念系列活动在德宏州芒市举行。12月16日，边民联欢。缅甸已成为云南最大的贸易伙伴。纪念活动还举行了中缅友谊树纪念碑揭碑、中缅友谊馆开馆、滇缅旅游文化合作论坛等活动。

＊连接东盟与中国被称为“黄金走廊”的泛亚铁路云南段，2006年全面进入建设阶段。泛亚铁路东线——中国至越南国际铁路中国境内段已开工，预计2010年左右全部建成，建成后将是中国连接东南亚地区的运输主动脉；泛亚铁路西线中国昆明至缅甸仰光国际铁路中国境内段现场初步勘测工作已完成。

＊12月18日，首个云南与泰国投资合建的工业园——景洪工业园区举行奠基仪式。景洪工业园区是云南规划建设的30个重点工业园区之一，也是西双版纳傣族自治州和景洪市积极参与澜沧江—湄公河次区域经济合作的重要举措。

＊10月27日，中国首个东南亚南亚研究院在昆明挂牌成立。研究院将建成国内一流、国际知名，具有重要影响的面向东南亚南亚的前沿性研究基地，为促进周边睦邻友好合作，扩大云南对外开放服务，为全面建设小康社会、和谐社会服务。

＊9月，中国高校首个东南亚南亚学院在昆明云南民族大学内创建。东南亚南亚学院的创建，为我国高等院校在开放的前沿阵地上加快培养具有本科四年制学历和较高水平的东南亚、南亚人才打开了一条人才通道。

（郑灵琳）

【东盟10国经济发展状况】 2006年，东盟经济增长势头加快，各国虽然受到汇率波动、利率上升、油价上涨及禽流感疫情等不确定因素的影响，但大多数国家经济状况运行良好。一季度，新加坡经济同比增长10.6%；马来西亚经济增长5.3%，高于上年第四季度的5.2%；泰国工业生产指数同比增长8.8%，高于上年第四季度的7.2%：柬埔寨经济增长率维持在6%左右。1～5月，越南工业总产值同比增长16.9%。而印尼则由于受国际油价和地震灾害的影响，1～5月的经济增长率仅为4.6%，增幅有所减缓。

东盟经济继续保持稳健增长，主要得益于中国经济发展对东盟经济的拉动和贸易出口量的增长。自1991年来，中国与东盟国家的双边贸易额以年均20%的速度递增，2006年1～4月，中国与东盟贸易总额达到470亿美元，同比增长了22%。内需的扩大和出口结构的改善，使得东盟的出口年增长率平均高达25%以上。2006年，泰国工业品出口额约达1 110亿美元，比上年的973.3亿美元增加14%。贸易出口的快速增长，成为拉动东盟经济增长的重要因素。总体上看，越南、老挝、柬埔寨等东盟新成员国，以及新加坡、马来西亚两个东盟老成员国发展相对较快，缅甸、菲律宾、印尼等国GDP增长率低。泰国由于政局动荡等原因，经济增速明显放慢。

2006年，东盟各国的主要经济指标如下：

新加坡：总人口440万人，国内生产总值1 334亿美元，GDP增长率8.2%；对外贸易总额5 296亿美元，其中出口2 835亿美元，进口2 461亿美元；外汇储备1 346亿美元，外债243亿美元。

马来西亚：总人口2 660万人，国内生产总1 503亿美元；外贸易总额2 893亿美元，其中出口1 598亿美元，进口1 295亿美元；外汇储备814亿美元，外债513亿美元。

泰国：总人口6 600万人，国内生产总值2 009亿美元，对外贸易总额2 419亿美元，其中出口1 228亿美元，进口1 191亿美元；外汇储备591亿美元，外债527亿美元。

菲律宾：总人口8 950万人，国内生产总值1 153亿美元；对外贸易总额929亿美元，其中出口442亿美元，进口487亿美元；外汇储备186亿美元，外债61亿美元。

印度尼西亚：总人口2.45亿人，国内生产总值3 519亿美元；对外贸易总额1 676亿美元，其中出口972亿美元，进口704亿美元；外汇储备375亿美元，外债1 288亿美元。

文莱：总人口38万人，国内生产总值165亿文莱元，对外贸易总额137亿文莱元，其中出口105亿文莱元，进口32亿文莱元。

越南：总人口8 530万人，国内生产总值621亿美元；对外贸易总额815亿美元，其中出口407亿美元，进口408亿美元；外汇储备113亿美元，外债218亿美元。

缅甸：总人口5 100万人，国内生产总值91亿美元；对外贸易总额76亿美元，其中出口55.57亿美元，进口20.57亿美元；外汇储备11亿美元，外债69亿美元。

柬埔寨：总人口1 440万人，国内生产总值66亿美元；对外贸易总额78亿美元，其中出口33.4亿美元，进口44.5亿美元；外汇储备10.2亿美元。

老挝：总人口610万人，国内生产总值34亿美元；对外贸易总额16亿美元，其中出口7亿美元，进口9.22亿美元；外汇储备2.23亿美元。

2006年，东盟10国的总人口约5.88亿人，国内生产总值约达1.03万亿美元；进出口总值约达1.42万亿美元，其中出口7 700亿美元，进口约6 500亿美元。

【中国与东盟双边贸易】 2006年，中国与东盟的双边贸易达1 608亿美元，同比增长23.4%。中国与东盟双方已互为第四大贸易伙伴。在东盟国家来华投资方面，截至2005年底，东盟对华累计投资近3万项，实际投入385亿美元。中国企业在东盟国家签订承包劳务合同稳定增长，截至2005年底，总金额达350亿美元，完成营业额232亿美元。

10月31～11月3日，第三届中国—东盟博览会在南宁举行。本届博览会贸易成交总额12.7亿美元，同比增长10.2%；签约国际经济合作项目132个，总投资58.5亿美元，同比增长10.5%。其中，签订中国对东盟投资合作项目40个，总投资25.6亿美元。马来西亚、越南分别使用独立展厅展示本国产品。

2006年10月6日，由中国商务部和印尼贸易部共同主办、印尼工商业会馆承办的“中国—印尼经贸合作研讨会暨企业家洽谈会”在印尼雅加达召开。10月28日，中国—印尼第二次能源论坛在上海举行。中共中央政治局常委、国务院副总理黄菊，印尼总统苏西洛出席了论坛并讲话，并出席《中国政府和印尼关于能源和矿产资源领域合作的谅解备忘录》签字仪式。

2006年，中新关系继续稳定发展，经贸合作不断跃上新台阶。双边贸易额达400多亿美元。10月30日，温家宝总理在南宁会见了前来出席中国—东盟对话关系纪念峰会的李显龙总理。

2006年10月30日，温家宝总理在南宁会见了前来出席中国—东盟对话关系纪念峰会的马来西亚总理巴达维。中方建议尽早启动《紧密经济伙伴关系协议》的可行性研究，全面推进双边经贸合作，推进能源合作。上海购买马来西亚国家石油公司液化天然气项目合同签署。

2006年，尽管泰国政局持续动乱，但两国之间的双边贸易在上年基础上又有新的增长。

2006年6月5日，中菲经贸合作论坛在马尼拉开幕，阿罗约总统等政府要员及中国商务部长薄熙来等出席开幕式。共同签署《关于中菲建立经贸合作伙伴关系的谅解备忘录》。10月30日，温家宝总理在南宁会见了阿罗约总统。菲方建议双方尽快商签全面经济伙伴关系协议，并希望扩大对华水果出口。

2006年，中国与文莱的经贸关系继续呈现活跃态势。1～8月，双边贸易额已达2.81亿美元，超过上年全年水平。

2006年，中越经贸合作继续保持了活跃势头。11月15～17日，胡锦涛主席应邀对越南进行国事访问并出席在河内举行的APEC领导人非正式会议。双方发表《中越联合公报》。双方签署《关于扩大和深化双边经济贸易合作的协定》，并一致同意尽快付诸实施，还签署《关于开展“两廊一圈”合作的谅解备忘录》和其他经济合作文件。中方统计，2005年两国贸易额82亿美元，增长21.6%，其中中方出口56.5亿美元，进口25.5亿美元。越方统计，2005年中国是越南第一大贸易伙伴、最大进口来源地和第三大出口市场。截至2006年9月底，中国企业在越累计签订承包工程合同额39.4亿美元，完成营业额16.3亿美元。截至9月底，中方对越累计实际投资金额2.6亿美元。

10月31日，温家宝总理在南宁会见前来出席中国—东盟对话关系纪念峰会的老挝总理布阿索内。11月19～20日，应朱马利·赛雅贡邀请，胡锦涛主席对老挝进行国事访问，双方发表了《联合公报》。还签署《中老两国政府经济技术合作协定》、《中国政府免除截至2004年底老挝政府对华到期无息贷款债务议定书》、《中国政府向老挝政府提供优惠贷款用于电子政务系统项目的框架协议》、《中国政府和老挝政府关于禁止非法贩运和滥用麻醉品和精神药物的合作协议》、《中老两国卫生部卫生合作谅解备忘录》等合作文件。中方统计，2005年中老双边贸易额为1.3亿美元，同比增长13.6%，其中中方出口1亿美元，进口0.3亿美元。为了促进中老贸易发展，中方于2004年和2005年分两批宣布对老挝总共330个产品实行单方面零关税待遇，并分别于2004年1月1日和2006年1月1日起施行。在投资方面，截至9月底，中国累计对老直接投资存量为5 586万美元；1～9月，中国对老直接投资新增2 299万美元。

4月7～8日，温家宝总理应邀访柬，双方一致同意要开拓新途径推动双边贸易持续增长，努力实现2010年两国贸易额达到10亿美元的目标。

中方在柬埔寨的许多在建项目进展顺利，此外又相继签订了一批新的合作协议。2月，投资2.8亿美元的甘寨水电站BOT项目正式签署合作协议。温总理访柬期间，双方签署了11项协议和谅解备忘录。

2006年，中缅两国之间继续从高层推动经贸关系的发展。梭温总理曾于年头和年尾先后两次访华，会见了中方高层。梭温访华期间，中缅之间共签署了8个文件，分别是：中缅两国政府间经济技术合作协议、中缅航空运输协议、中国铁道部向缅甸铁道部赠送火车客车箱协定、中国为湄公河信息高速公路项目提供贷款的协议、中国进出口银行向缅甸通讯公司提供3 150万美元贷款协议、化肥厂项目贷款协议、缅甸通讯公司与中兴公司签署建设缅甸通讯网络协议及邦朗水电站二期工程相关协议。

【云南与东盟双边贸易】 2006年，云南省与东盟尤其是GMS国家的经贸科技合作继续稳定发展。据海关统计，全年，云南省的进出口总额首次突破60亿美元，达62.3亿美元，其中，对东盟的双边贸易额达到21.7亿美元，与上年相比净增6.3亿美元，增幅高达40.6%，占2006年云南外贸总额的34.8%。

2006年1～10月，进出口总额为17.73亿美元，其中出口额13.1亿美元，进口4.64亿美元。按国别依次为：云南与缅甸的双边贸易额5.57亿美元，同比增长5.9%，其中，出口额3.98亿美元，同比增长21.9%；进口1.59亿美元，同比下降－20.3%。与越南的双边贸易额为4.01亿美元，同比增长51.1%，其中出口额2.99亿美元，同比增长33.1%；进口1.02亿美元，同比增长150.4%。与新加坡的双边贸易额3.77亿美元，同比增长333.5%，其中出口额3.47亿美元，同比增长354.5%%；进口2 991万美元，同比增长182.2%。与印度尼西亚的双边贸易额2.14亿美元，同比增长47%，其中出口额8 707万美元，同比增长9.8%；进口1.27亿美元，同比增长91.4%。与泰国的双边贸易额1.13亿美元，同比下降－3.1%，其中出口额9 851万美元，同比下降－6.9%；进口1 475万美元，同比增长32.6%。与老挝的双边贸易额5 248万美元，同比增长66.6%，其中出口额2 959万美元，同比增长38.2%；进口2 289万美元，同比增长26.6%。与马来西亚的双边贸易额3 309万美元，同比下降－3.1%，其中出口额2 637万美元，同比增长12.8%；进口672万美元，同比下降－37.7%。与菲律宾的双边贸易额2 183万美元，同比下降－31.8%，其中出口额2 076万美元，同比下降－32.5%；进口107万美元，同比下降－13.7%。与柬埔寨的双边贸易额325万美元，同比增长57.8%，其中，出口额325万美元，同比增长58.55%；进口为0，同比下降－100%。与文莱的双边贸易额1万美元，与上年持平。

【GMS合作】 2006年，云南作为中方参与GMS合作计划的具体执行者，认真贯彻落实相关计划，努力推进GMS合作。主要工作：

（1）“国际大通道”建设。一是确保泛亚铁路东线玉溪—蒙自段的施工进度和质量，做好西线大理—瑞丽铁路2006年开工的准备工作，中线玉溪—磨憨段争取“十一五”期间开工。二是协调老、缅、泰三方，尽早完成上湄公河航运《收费规则》国内的审批手续，争取在第六次联委会上签署。年内还实现了澜沧江—湄公河成品油试运输。

（2）口岸建设。积极推进口岸的规范化建设。在海关、检验检疫的信息化建设取得积极进展。河口口岸试行边民出入境“电子刷卡”；河口—老街“一站式检查”的实施也顺利进行。

（3）通信合作。依托“大湄公河信息高速公路”项目，积极推进建设中缅、中老、中越3条跨境陆路光缆建设。年内，国家信息产业部和中国电信集团公司已决定在昆明建设区域国际出口局。云南信息国际大通道建设取得重大突破，从国内信息的末端一跃成为国际通信前沿。

（4）能源开发合作。积极推进与次区域国家的水电开发合作，推进GMS次区域电力联网建设。其中，在云电送越、云电送泰等方面均取得新的进展。（王士录）

大湄公河次区域经济合作

【概述】 2006年，云南省在参与大湄公河次区域经济合作中继续遵循“与邻为善，以邻为伴”的外交方针和“睦邻、安邻、富邻”的周边外交政策，在大湄公河次区域合作和“10+1”框架下，努力将区位优势转变为发展优势，积极构建合作平台，务实推进中国参与大湄公河次区域合作《国家报告》所列九大重点领域合作项目的实施，与次区域国家之间的合作取得新进展。

2006年，云南省在大湄公河次区域合作框架下的云南—老北工作组、云南—泰北工作组、滇越五省市经济协商和中老缅泰四国航运联合委员会等合作机制运行良好。“云南—泰北工作组”、“滇越五省市经济协商会”第二次工作会议分别在泰国清迈和云南蒙自召开，就进一步深化双边的合作从多个领域提出实质性的建议，达成广泛共识。云南—老北九省合作机制项下成功组建了7个对口专业工作小组，合作机制不断制度化和规范化。

【交通运输】 2006年，从云南昆明通达缅甸、老挝和越南的干道公路基本建成。其中，中缅公路部分使用亚行贷款的保山至龙陵的高速公路即将建成通车；中老公路磨黑至思茅、小勐养至磨憨高速公路开工，预计分别于2010年和2008年底建成；中越公路新街至河口段高速公路将于2007年底通车。届时，从昆明至缅甸、老挝和越南边境的公路，均将成为高速公路。跨境公路方面，由云南省路桥公司承建的昆曼公路老挝段、中方段已于2006年6月建成通车；中越双方已同意在中国河口和越南老街之间建造第二座红河公路大桥。泛亚铁路东线玉溪至蒙自段建设进展顺利，将于2008年建成通车；西线大理至瑞丽段将争取尽快开工修建；中线已纳入国家路网建设规划。

2006年，湄公河航运国际货运量达50万吨，客运量达2万人次。运输成本比6年前下降三成。除传统货物外，增加了云南景洪—泰国清盛定班国际旅游客运和冷藏集装箱运输。

2006年6月，《大湄公河次区域便利货物及人员跨境运输协定》的20个附件及议定书签署实施。中越汽车运输，中方运输车辆持有效证件可在越南老街全境通行；开通了云南红河州至越南老街的3条国际公路客货运输线路。中老两国交通部批准了6条国际道路客货运输线路（昆明—万象、昆明—琅勃拉邦，景洪—万象、景洪—琅勃拉邦，思茅—万象、思茅—丰沙里）。

【电力】 2006年，云南省建成两回220千伏，三回110千伏对越输电线路，累计向越南送电量已突破10亿千瓦时。云南与泰国合作建设500千伏输电线路，力争在“十一五”末向泰国送电。云南与缅甸签署《合作开发境外电力资源意向书》，并就具体开发事宜达成共识；由云南和缅甸国家联合投资的缅甸最大的在建水电站——瑞丽江水电站成功截流。

【电信】 2006年，云南省配合中国电信完成中缅、中老和中越大容量光缆建设，标志着中国与相邻GMS国家信息高速公路的互连工作全面完成。昆明区域性国际电信出口局将在近期内建成并投入使用，为将来成为东南亚信息交换中心打下了网络基础。

【农业开发】 2006年，云南省与周边国家合作，相继开展橡胶、甘蔗、木薯、竹子等境外禁毒替代种植、加工为主的农业科技产业合作项目和种植、养殖技术推广合作项目，重点建设技术培训中心、苗木繁育中心及示范胶园基地。利用农业部亚洲区域合作专项基金与老挝、缅甸开展了跨国动物疫病监控合作项目。

【环境保护】 2006年，云南全面参与《湄公河次区域环境培训和机构强化项目》、《边远大湄公河次区域流域扶贫和环境管理项目》、《大湄公河次区域环境战略框架项目》、《湄公河次区域环境绩效评估》以及《大湄公河次区域核心环境项目可持续发展战略》等多个环境方面的项目。项目从专业培训、信息交流，逐渐发展到投资示范项目、政策绩效评估及生物多样性保护、可持续发展战略规划编制等。

【人文】 年内，为发挥云南在可再生能源开发利用领域的优势，推动成熟的太阳能、农村能源技术和产品向次区域国家转移和输出，促进澜沧江—湄公河次区域各国农村能源体系的建设，推动全省与GMS各国在艾滋病防控领域开展国际科技合作，构建云南省与GMS艾滋病疫情防治监测网络服务体系，云南省20所学校参加了在泰国、越南、老挝和柬埔寨举办的“2006云南教育展”活动，取得了圆满成功。

【贸易与投资】 年内，云南省对次区域五国贸易以及在五国的经济活动活跃，各项指标均呈现上扬态势。与缅甸、老挝和越南三邻国的沿线口岸运行良好，进出口货运量共计460万吨，同比增长6.6%；与包括次区域五国在内的东盟各国贸易额达21.7亿美元，同比增长40.6%，占云南省全年外贸总额的34.8%。其中，与缅甸贸易居首位，实现贸易额6.9亿美元。2006年云南省在毗邻各国的各项经济合同总额约为6亿美元，增长13%；完成营业额4亿美元，增长12%。在外投资额为8 700万美元，同比增长20%。

【禁毒】 2006年，在中国与东盟有关国家签署的一系列禁毒协议、禁毒行动计划和确立的禁毒合作伙伴关系的基础上，云南实施了绿色禁毒和罂粟替代种植计划，在积极帮助推动境外罂粟替代种植方面做了大量工作，禁毒替代发展项目已初见成效。在老挝、缅甸种植的橡胶已陆续投产，建成了一批橡胶加工厂和生产线，并建立了境外种苗基地。

【旅游】 2006年开始，全国列入"澜沧江—湄公河旅游基础设施开发"项目技术援助范围的各项相关工作正在进行。大湄公河黄金旅游线开始营运，昆明、石林、丽江、大理、西双版纳等列入"湄公河明珠"景点。由GMS旅游工作组主持的《GMS游发展战略》编制完成，云南省将牵头"金四角旅游区"和"香格里拉—腾冲—密支那旅游开发区"两个项目的建设。云南已成为中国与次区域国家间最便捷的旅游通道和重要的旅游目的地之一。

【矿产资源开发】 2006年，为鼓励企业积极"走出去"参与次区域国家的资源开发合作，云南省制定《关于支持境外矿产资源风险勘查开发的若干意见》。云南地勘单位和主要矿山企业在次区域国家均有合作项目，其中有的项目实施较好取得了重大进展，并列入财政部"走出去"资源勘查扶持项目。

【邮政】 3月，云南省邮政局与老挝国家邮政局签署了《中国国家邮政局和老挝国家邮政局关于开展业务合作的谅解备忘录》，就通过中老边境直接互换邮件、互为提供第三国邮件经转服务以及开展国际物流、国际汇兑、国际集邮文化交流等议题达成一致。至年末，省邮政局与老挝国家邮政局之间就如何通过中老边境开通国际邮路事宜进行具体磋商。

（省澜湄办）

中国—南亚区域合作

【概述】 2006年，南亚国家在世界局势相对稳定、世界经济快速发展的背景下，取得了显著成绩，经济增长率达8.1%，创历史新高。南亚7国中，只有尼泊尔受国内政局影响，经济发展相对较慢。

2006年，南亚国家与世界主要大国和周边国家交往频繁。印度继续与大国推进全方位的合作，外交成果丰硕。印美核协议的签署极大提高了印度的国际地位。印俄、印英、印法、印澳等关系不断发展。巴美以反恐为中心，加强与国际交往。巴印关系曾因孟买爆炸案一度回落，但双方保持了相当克制状态，使巴印关系很快恢复。孟加拉国、尼泊尔、斯里兰卡、不丹、马尔代夫加强与南亚区域内国家的合作，同时拓展南亚区域外国家的对外关系，使其对外关系日趋活跃和多元化。

2006年，南亚国家各项社会事业稳步发展。印度加强基础设施、农田水利、科技、教育、文化、卫生等建设。巴基斯坦地震灾后重建和恢复工作全面开展，并取得显著成绩，贫困率有所降低。孟加拉国扶贫成效显著，"小额贷款"创始人穆罕默德·尤努斯获得2006年度诺贝尔和平奖。尼泊尔因政局动荡和自然灾害的影响，社会发展较慢。斯里兰卡、不丹、马尔代夫在经济快速发展的推动下，社会事业取得许多新成就。

（陈利君）

【2006云南与南亚十大新闻】

*2月14日，云南大学与孟加拉国著名的南北大学共同创办的首所中国在南亚地区的孔子学院在达卡正式开学。9月7日，云南民族大学与斯里兰卡的凯拉尼亚大学达成协议并正式签订合同，共同在斯里兰卡首都建立首座孔子学院。两所学院的建立，标志着云南省与南亚地区的文化、教育及人才培养合作计划已全方位展开，走到合作的前列。

*3月30～31日，孟中印缅地区经济合作论坛召开。这是由云南主导推动的国际区域性合作机制，已顺利运行了七年，为孟中印缅毗邻地区的友好交流与合作打下了坚实的基础。

*10月12日至11月18日，云南"茶马古道国际文化之旅"抵达尼泊尔。此次考察活动由民间机构组织，行程达1.2万多千米，首次实现通过陆路途经云南和西藏最终到达尼泊尔的"走向南亚"之旅。

*11月22～23日，中国与印度签署《中印联合声明》。云南走向南亚的有关问题得到圆满解决。

*11月，云南山灞公司在印度创办首家滇印合资公司，全面营销云南省研发的具有自主知识产权、世界一流的远程医疗产品。12月29日，首批印度电子信息高级人才正式应聘到云南山灞公司工作，拉开了云南省与印度进行高科技产业合作的序幕。

*11月，云南省东南亚南亚研究院保山分院创办。同时挂牌成立了全国首个地州级的南亚研究所，显现了保山的前沿地位，扩大了云南的南亚研究力量。

*12月5～15日，云南青年代表团应邀访问印度受到热烈隆重欢迎。中国驻印度大使孙玉玺专门接见了代表团全体成员。

*12月19～20日，第二届中国—南亚商务论坛在昆明举办。中国与南亚各国工商界代表重点就中国与南亚企业如何实现企业活力与地

缘优势相结合、在制造业领域扩大双向投资进行了交流，并举行了对口业务洽谈。

＊12月27日，昆明至达卡国际定期航空货物运输包机航线正式开通。航线开通后，将为推动和促进云南与南亚地区商贸交流提供最便捷的空中运输通道。这是云南对外航空运输史上首次创举。

＊中国连接南亚的国际大通道——中国保山腾冲至缅甸密支那的腾密公路建设全面进入高潮，预计2007年底全线贯通。腾密公路是中印国际大通道上的重要路段，全部由中方投资建设。

（郑灵琳）

【南亚7国经济发展情况】 2006年，南亚7国经济快速发展，成为举世关注的地区。

印度：2005～2006年度印度人口为11.07亿人，经济增长率达8.4%。2006～2007年度经济增长率9.2%，成为世界经济增长速度最快的国家之一。国内生产总值达35.31亿卢比，农业、工业、服务业的比例为19.0∶27.4∶53.6。货物贸易总额超2 600亿美元，其中出口额为1 047.80亿美元，进口额为1 563.34亿美元，逆差515.54亿美元。年末外汇储备1 440亿美元。孟买股票指数SENSEX在2006年2月7日突破1万点大关。

巴基斯坦：人口为1.55亿人。2005～2006年经济增长率达6.6%，主要是由制造业和服务业拉动，其增长率分别达8.6%和8.8%。农业仅比上年度增长2.5%。对外贸易总额达451.7亿美元，其中出口额为165.8亿美元，进口额为285.9亿美元，逆差为120.1亿美元。外汇储备2006年7月15日达129.4亿美元。

孟加拉国：人口为1.4亿人。2005～2006年度经济增长率为6.7%，其中制造业增长10.5%，服务业增长6.5%。对外贸易总额达252.72亿美元，其中出口额为147.46亿美元，进口额为105.26亿美元。年度末外汇储备为34.84亿美元。当年度获得国际援助17.44亿美元。通货膨胀率2006年5月达7.6%。

尼泊尔：人口约2 500万人。2005～2006年度经济增长率仅为1.8%，主要是工业、旅游业下降较快。对外贸易总额超过30亿美元，逆差超过10亿美元。外国投资有所增加，外援继续下滑，财政赤字增加，物价指数上升，经济发展状况恶化。

斯里兰卡：人口约2 000万人。2006年经济增长率预计达7%，创28年以来最高纪录。2005年外贸总额达152.1亿美元，其中出口额为63.5亿美元，进口额为88.6亿美元，逆差为25.1亿美元。

不丹：人口约80万人。2005～2006年度经济增长率为6.1%。外贸总额为8亿美元，印度为不丹最大贸易伙伴，占其外贸总额的90%以上。

马尔代夫：人口约29万人。2006年经济增长率可达10%以上，其中旅游业、渔业、建筑业发展较快。对外贸易总额约10亿美元，逆差超过5亿美元。外汇储备约2亿美元。

【中国与南亚】 2006年，中国与南亚国家关系继续得到发展，尤其是经济关系迈上新台阶，双方贸易额达347.22亿美元。

中印关系迈出新步伐。2006年11月胡锦涛主席访问印度，双方签署《中印联合宣言》，提出“十项战略”，进一步充实了两国建立战略合作伙伴关系的内容。同时签署《中印关于促进和保护投资的协定》等13个文件。2006年双边贸易总额达248.61亿美元。

2006年是中巴建交55周年，两国高层实现互访。2月穆沙拉夫总统访问中国，双方签署了10多个合作文件。11月胡锦涛主席访巴，双方再次签署促进经贸、投资、经济技术合作等18项协议和文件。2006年中巴贸易额达52.47亿美元。

中孟、中尼、中斯、中不、中马关系得到巩固。2006年9月马尔代夫总统加尧姆访问中国，双方达成了广泛共识，同意发挥互补优势，扩大政治交往及加强各个领域的合作。2006年中孟贸易额为31.89亿美元，中尼为2.68亿美元，中斯为11.41亿美元，中不为16万美元，中马为1 600万美元。

【云南与南亚】 2006年，云南与南亚国家继续保持友好合作关系。2月，云南大学与孟加拉国南北大学在达卡共同创办孔子学院，这是中国在南亚地区创办的第一个孔子学院。2006年12月，昆明—达卡国际定期航空货物运输航线正式开通，这是昆明机场开通的第一条定期国际货物包机航线。2006年，云南与南亚国家的经贸合作领域拓宽，但贸易规模仍然偏小。全年云南与南亚的贸易额为2.16亿美元，占当年全省外贸总额的3.45%。其中出口额为1.39亿美元，比上年增长12.7%；进口额为0.77亿美元，比上年减少17.9%。印度和孟加拉国仍为云南在南亚地区最大的贸易伙伴，贸易额分别为1.4亿美元和0.65亿美元。在南亚7国中，云南只与印、孟、巴、斯、尼有贸易关系，与不丹、马尔代夫仍无贸易关系。云南与南亚国家贸易各经济类型中，国有企业占1.85亿美元，私营和外资企业分别为2 728万美元和264万美元。国有企业占云南与南亚国家的贸易总额超过85%。

云南省与南亚分国别贸易总值表

2006 年 1～12 月　　金额单位：万美元

国家（地区）	进出口	比重%	出口	进口	贸易差额	比上年增长（%）		
						进出口	出口	进口
全省总计	623 174	100.0	339 143	284 031	55 112	31.4	28.4	35.1
南亚合计	21 580	3.5	13 857	7 723	6 134	－0.6	12.7	－17.9
孟加拉	6 498	1.0	6 443	55	6 388	－12.3	－12.1	－28.6
不丹	0	0.0	0	0	0			
印度	14 069	2.3	6 451	7 618	－1 167	11.7	95.6	－18.0
马尔代夫	0	0.0	0	0	0			
尼泊尔	55	0.0	9	46	－37	37.5	200.0	24.3
巴基斯坦	283	0.0	283	0	283	－74.7	－74.7	
斯里兰卡	673	0.1	669	4	665	23.5	22.8	

【中巴签署自由贸易区协议】 2005 年 12 月 9 日，中国商务部长薄熙来与巴基斯坦商务部长胡马云在北京共同签署《中国—巴基斯坦自由贸易协定早期收获协议》，该协议于 2006 年 1 月 1 日起实施。根据协议，中方将向原产于巴方的 769 个 8 位税目的产品提供零关税待遇，主要涉及蔬菜、水果、石料、棉坯布和混纺布。同时，中方将享受巴方提供的 486 个 8 位税目产品的零关税待遇，主要涉及蔬菜、水果、石料、纺织机械和有机化工品。上述产品的关税将在两年内分 3 次降税，到 2008 年 1 月 1 日全部降为零。此外，从 2006 年 1 月 1 日起，中方将对原产巴方的1 671个 8 位税目产品实施优惠关税，平均优惠幅度为 27%；巴方将对原产于中国的 575 项 6 位税目产品实施优惠关税，平均优惠幅度为 22%。2006 年 11 月胡锦涛主席访问巴基斯坦期间，双方签署《中巴自由贸易协定》和《中巴经贸合作五年发展规划》，明确提出今后 5 年将双边贸易额提高到 150 亿美元以上的新目标。根据“协定”，中巴将分两个阶段对全部货物产品实施降税。第一阶段在协定生效后 5 年内，双方对各自税目总数 85%的产品按照不同的降税幅度实施降税，其中，36%的产品关税将在 3 年内降至零。第二阶段从协定生效第 6 年开始，双方对以往情况进行审评的基础上，对各自产品进一步实施降税。目标是在不太长的时间内，在照顾双方各自关注的基础上，使各自零关税产品占税号和贸易量的比例均达到 90%。中巴自由贸易协定是继中国—东盟自贸区货物贸易协议和中国—智利自贸协定之后中国对外签署的第三个自贸协定。它将为中巴双边贸易的发展打下良好基础，也为中巴战略合作伙伴关系注入了新内涵。

【印度决定修建缅印铁路】 据印度铁路运输局主席证实，印度决定修筑通过东北部与缅甸相连接的缅—印友谊铁路。一旦该计划付诸实施后，一条连接尼泊尔—印度—孟加拉国—缅甸—泰国、柬埔寨—越南—新加坡和中国云南的泛亚铁路的国际大通道将形成，这对云南扩大向南亚开放将产生重要影响。

【中印友好年】 2006 年是中印友好年，双方开展了 50 多项活动，平均一周一项，涉及政治、经济、文化、军事、科技、教育等多个领域。具体内容包括：印度文化部长访华，中国文化代表团访印，印度出资兴建的洛阳白马寺院西侧佛殿落成开光典礼，修复印度那烂陀玄奘纪念堂，互办电影节，在印度举办“陕西文化周”，印度传统舞蹈团访华，印度国防部长访华，双方军队进行反恐、反海盗等联合演习，在印度举办“中印高校合作研讨会”，在中国举办“印度实用技术展”和两国青年团互访等。这些活动对促进中印友好关系的发展产生重要作用。

【中印乃堆拉山口开放】 乃堆拉山口位于西藏亚东县与印度锡金段的交接处，海拔4 545米。乃堆拉山口开放后，拉萨经亚东至加尔各答等印度洋港口的距离由现在的 1.3 万多千米缩短为1 200千米左右。该口岸于 2006 年 7 月开放，印度的农产品如蔬菜、毛毯、茶叶、纺织品、烟草等将进入中国，中国的丝绸、羊毛、羊皮等将进入印度。初期每周开放 2 次，每次 4 小时。

【中国—南亚商务理事会成立】 12 月 19 日，中国—南亚商务理事会在昆明成立，并举行第一次会议。理事会由中国贸促会及其分支机构、40 多家对南亚感兴趣且资产良好的中国企业、研究机构和高等院校组成，中国贸促会会长万季飞担任主席。中国—南亚商务理事会是以帮助中国企业走向南亚市场为宗旨的非营利性商务合作机构。对外将充分利用贸促会与南亚联盟工商会及南亚各国工商会建立起的紧密合作关系，以理事会为平台开展对南亚的各项工作。对内利用贸促会联络、展览、会务、仲裁、法律、宣传等业务部门的优势，为理事单位和广大企业提供内容广泛的综合性服务，打造“一站式”服务平台。

【第二届中国—南亚商务论坛召开】 12月19～21日，中国有关部委领导、南亚各国驻华大使、工商界领袖、企业家等出席在昆明举办的第二届中国—南亚商务论坛。本届论坛的主题为“相互开放、务实合作、互利共赢、和谐发展。”

【印度建议成立“泛亚洲自由贸易区”】 2006年2月7日，印度总统卡拉姆访问韩国时提出建立“泛亚洲自由贸易区”，以加强亚洲国家间的经济贸易联系。印度希望与东亚的韩国、中国、日本及东盟成员共同成立“泛亚洲自由贸易区”，以实现亚太地区共同发展。韩印之间的自由贸易谈判将从2006年3月开始，2007年底前结束。印日、印中之间的自由贸易谈判正在实施。印度与东盟的自由贸易协议已签署，将于2012年建成。南亚自由贸易协定在2006年已获得所有成员国批准。

【亚太贸易协定】 《亚太贸易协定》的前身为《曼谷协定》，中国于2001年5月加入。2005年底在北京召开的《曼谷协定》正式更名为《亚太贸易协定》。2006年，《亚太贸易协定》的成员国包括中国、韩国、印度、斯里兰卡、孟加拉国和老挝六国。中国从2006年9月1日起对原产于韩国、印度、斯里兰卡、孟加拉国和老挝五国的1700多个税目商品实行降税，对原产于老挝、孟加拉国的部分商品实行特惠税率。与现有的《亚太贸易协定》关税减让相比，新一轮关税减让的商品范围和优惠幅度都有大幅扩大，这有利于中国及云南开拓南亚和东南亚市场，促进亚洲区域合作。

【云南省青年代表团访印】 12月5～15日，由云南省青年联合会及团省委组织的云南省青年代表团成功访问印度。在访印期间，云南省青年代表团考察了印度新德里、斋浦尔、阿格拉、加尔各答、孟买、班加罗尔六大城市，与印度尼赫鲁青年中心、印中友好协会、印度PHD商会、印度茶叶拍卖中心、孟买企业家俱乐部、孟买大学、班加罗尔商会等进行座谈。通过访问，建立起云南青年与印度青年的联系，对推动云南青年与印度青年的相互学习、相互交流、加深友谊、共谋合作发挥了积极作用。

【孟中印缅地区经济合作】 3月30～31日，在印度首都新德里召开了第六届孟中印缅（BCIM）地区经济合作国际会议。云南省副省长刘平率代表团参会。论坛主要讨论交通、贸易、旅游等领域的合作，同时，新提出科技、文化、教育、卫生等领域的合作。孟中印缅合作机制的建立，为云南加强与印度、孟加拉、缅甸的合作提供了平台，有利于云南扩大面向南亚及印度洋的开放。

【巴基斯坦海尔—鲁巴经济区揭牌】 巴基斯坦海尔—鲁巴经济区是中国商务部2006年确定的首批境外经济合作区之一，由中国海尔集团和巴基斯坦鲁巴集团合资建设，其生产基地设在巴基斯坦工商业城市拉合尔。11月26日中国国家主席胡锦涛、巴基斯坦总理阿齐兹等共同出席了海尔—鲁巴经济区的揭牌仪式。海尔—鲁巴经济区的建立，标志着中巴经济合作正向更广、更深的领域迈进，也为云南企业走向南亚提供新途径。

（陈利君）

对外贸易

【概述】 2006年，云南省进出口贸易额继续创下历史新高，连续登上50、55、60亿美元的台阶。据海关统计，全年全省进出口总额完成62.32亿美元，比上年的47.43亿美元增加14.89亿美元，增长31.39%。其中：出口33.91亿美元，比上年增长7.49亿美元，增长28.35%；进口28.4亿美元，比上年增加7.38亿美元，增长35.11%。

一般贸易进出口总值43.19亿美元，占全省进出口总额的69.31%，比上年增28.2%。其中：出口22.72亿美元，占全省出口总额的66.99%，比上年增24.1%；进口20.48亿美元，占全省进口总额的72.09%，比上年增33%。

加工贸易进出口11.36亿美元，占全省总额的18.23%，比上年增58.1%，其中：出口6.54亿美元，占全省总额的24.76%，比上年增长53.6%；进口4.82亿美元，占全省总额的22.92%，比上年增长64.6%。

边境小额贸易进出口总额达7.76亿美元，占全省进出口总额的12.46%，比上年增18.6%。其中：出口4.65亿美元，占全省出口总额的17.61%，比上年增20.6%；进口3.11亿美元，占全省进口总额的10.95%，比上年增15.6%。

【贸易伙伴】 2006年与云南省发生贸易的国家共计142个。下表分别为全省进出口的国别、地区及总值基本情况。

云南省进出口国别、地区总值基本情况表

项目	合计			出口			进口		
	本年累计	上年同期	较同期增减%	本年累计	上年同期	较同期增减%	本年累计	上年同期	较同期增减%
全省合计	62 3174	474 345	31.4	339 143	264 173	28.4	284 031	210 172	35.1
东盟	217 454	154 714	40.6	164 194	110 209	49	53 260	44 505	19.7
（比重%）	35	33		48	42		19	21	
欧盟	68 581	58 451	17.3	33 698	29 737	13.3	34 883	28 714	21.5
（比重%）	11	12		10	11		12	14	
亚洲	358 934	290 507	23.6	265 786	208 196	27.7	93 148	82 311	13.2
（比重%）	58	61		78	79		33	39	
非洲	16 881	17 246	-2.1	3 968	3 916	1.3	12 913	13 330	-3.1
（比重%）	3	4		1	1		5	6	
欧洲	73 175	61 616	18.8	36 407	30 964	17.6	36 768	30 652	20
（比重%）	12	13		11	12		13	15	
拉丁美洲	62 411	40 642	53.6	5 209	2 508	107.7	57 202	38 134	50
（比重%）	10	9		2	1		20	18	
北美洲	51 003	38 520	32.4	24 373	15 166	60.7	26 630	23 354	14
（比重%）	8	8		7	6		9	11	
大洋洲	60 768	25 814	135.4	3 400	3 423	-0.7	57 368	22 391	156.2
（比重%）	10	5		1	1		20	11	
南亚	21 580	21 704	-0.6	13 857	12 297	12.7	7 723	9 407	-17.9
阿富汗	2			2					
巴林	1	58	-98.3	1	33	-97		25	-100
孟加拉国	6 498	7 407	-12.3	6 443	7 330	-12.1	55	77	-28.6
文莱	1	2	-50	1	2	-50			
缅甸	69 208	63 149	9.6	52 113	41 047	27	17 095	22 102	-22.7
柬埔寨	351	323	8.7	351	322	9		1	-100
塞浦路斯	7	17	-58.8	7	17	-58.8			
朝鲜	28	181	-84.5	28	138	-79.7		43	-100
香港	37 560	34 070	10.2	36 504	32 820	11.2	1 056	1 250	-15.5
印度	14 069	12 591	11.7	6 451	3 298	95.6	7 618	9 293	-18
印度尼西亚	23 306	20 202	15.4	10 255	9 148	12.1	13 051	11 054	18.1
伊朗	6 334	3 627	74.6	1 696	2 820	-39.9	4 638	807	474.7
伊拉克	31	3	933.3	31	3	933.3			
以色列	2 200	1 920	14.6	1 070	865	23.7	1 130	1 055	7.1
日本	33 512	31 639	5.9	28 802	28 134	2.4	4 710	3 505	34.4
约旦	45	96	-53.1	45	96	-53.1			
科威特	1 081	1 387	-22.1	34	12	183.3	1 047	1 375	-23.9
老挝	6 932	4 216	64.4	3 469	2 877	20.6	3 463	1 339	158.6
黎巴嫩	120	112	7.1	120	112	7.1			
澳门	531	576	-7.8	531	576	-7.8			

续表

项目	合计			出口			进口		
	本年累计	上年同期	较同期增减%	本年累计	上年同期	较同期增减%	本年累计	上年同期	较同期增减%
马来西亚	4 134	4 338	-4.7	3 376	3 062	10.3	758	1 276	-40.6
马尔代夫	1	4	-75	1	4	-75			
蒙古	619	7	8742.9	26	7	271.4	593		
尼泊尔	55	40	37.5	9	3	200	46	37	24.3
阿曼	7	15	-53.3	7	15	-53.3			
巴基斯坦	283	1 118	-74.7	283	1 118	-74.7			
巴勒斯坦	2	1	100	2	1	100			
菲律宾	3 140	3 428	-8.4	2 925	3 273	-10.6	215	155	38.7
卡塔尔	53	272	-80.5	1			52	272	-80.9
沙特阿拉伯	2 307	2 313	-0.3	1 529	864	77	778	1 449	-46.3
新加坡	46 566	12 736	265.6	43 320	11 122	289.5	3 246	1 614	101.1
韩国	16 373	17 156	-4.6	9 594	11 052	-13.2	6 779	6 104	11.1
斯里兰卡	673	545	23.5	669	545	22.8	4		
叙利亚	131	192	-31.8	131	192	-31.8			
泰国	13 069	14 446	-9.5	10 919	12 952	-15.7	2 150	1 494	43.9
土耳其	2 854	1 319	116.4	629	737	-14.7	2 225	582	282.3
阿拉伯联合酋长国	5 127	4 183	22.6	1 149	1 094	5	3 978	3 089	28.8
也门共和国	37	65	-43.1	37	65	-43.1			
越南	50 745	31 874	59.2	37 463	26 404	41.9	13 282	5 470	142.8
台湾	5 968	6 885	-13.3	4 790	5 288	-9.4	1 178	1 597	-26.2
哈萨克斯坦	1 291	1 155	11.8	960	687	39.7	331	468	-29.3
吉尔吉斯	52	50	4	8	50	-84	44		
乌兹别克斯坦	546	13	4 100		13	-100	546		
阿尔及利亚	120	47	155.3	120	47	155.3			
安哥拉	10	179	-94.4	10	179	-94.4			
贝宁	340	135	151.9	340	135	151.9			
喀麦隆	27	16	68.8	27	16	68.8			
刚果	1 537	162	848.8	13	1	1 200	1 524	161	846.6
埃及	285	846	-66.3	285	846	-66.3			
赤道几内亚	5			5					
埃塞俄比亚	3						3		
加蓬		1	-100		1	-100			
冈比亚	287	299	-4	287	299	-4			
加纳	161	47	242.6	161	47	242.6			
几内亚	98	108	-9.3	98	108	-9.3			
科特迪瓦	82	180	-54.4	82	180	-54.4			
肯尼亚	76	103	-26.2	65	101	-35.6	11	2	450

续表

项目	合计			出口			进口		
	本年累计	上年同期	较同期增减%	本年累计	上年同期	较同期增减%	本年累计	上年同期	较同期增减%
利比里亚	27	10	170		10	-100	27		
利比亚	14	2	600	14	2	600			
马达加斯加	4	3	33.3	4	3	33.3			
马里		2	-100		2	-100			
毛里求斯	243	207	17.4	243	207	17.4			
摩洛哥	195	110	77.3	49	84	-41.7	146	26	461.5
莫桑比克	2	9	-77.8	2	9	-77.8			
纳米比亚	55	72	-23.6	55	72	-23.6			
尼日利亚	211	266	-20.7	210	225	-6.7	1	41	-97.6
卢旺达		22	-100					22	-100
塞内加尔	9			9					
塞拉利昂	4	18	-77.8	4	18	-77.8			
索马里	2	5	-60	2	5	-60			
南非	4 375	3 943	11	948	878	8	3 427	3 065	11.8
苏丹	221	206	7.3	221	206	7.3			
坦桑尼亚	7 754	10 053	-22.9	34	40	-15	7 720	10 013	-22.9
多哥	419	138	203.6	419	138	203.6			
突尼斯	131	1	13 000	131				1	-100
乌干达	126	53	137.7	79	53	49.1	47		
赞比亚	58	2	2 800	50	2	2 400	8		
津巴布韦	1			1					
比利时	7 775	4 680	66.1	6 789	4 397	54.4	986	283	248.4
丹麦	569	437	30.2	176	162	8.6	393	275	42.9
英国	4 274	2 911	46.8	2 554	1 824	40	1 720	1 087	58.2
德国	19 736	15 964	23.6	5 661	3 681	53.8	14 075	12 283	14.6
法国	3 795	3 885	-2.3	1 986	2 429	-18.2	1 809	1 456	24.2
爱尔兰	219	221	-0.9	219	210	4.3		11	-100
意大利	11 802	11 584	1.9	6 051	6 051		5 751	5 533	3.9
荷兰	8 403	9 564	-12.1	5 883	7 753	-24.1	2 520	1811	39.1
希腊	297	254	16.9	296	253	17	1	1	
葡萄牙	740	839	-11.8	736	448	64.3	4	391	-99
西班牙	3 431	1 388	147.2	1 495	1 131	32.2	1 936	257	653.3
奥地利	2 947	4 202	-29.9	12	17	-29.4	2 935	4 185	-29.9
保加利亚	573	56	923.2	560	55	918.2	13	1	1 200
芬兰	913	422	116.4	124	110	12.7	789	312	152.9
匈牙利	42	46	-8.7	40	45	-11.1	2	1	100
列支敦士登	3	6	-50				3	6	-50
马耳他	27	3	800	27	3	800			

续表

项目	合计			出口			进口		
	本年累计	上年同期	较同期增减%	本年累计	上年同期	较同期增减%	本年累计	上年同期	较同期增减%
挪威	147	256	-42.6	50	39	28.2	97	217	-55.3
波兰	610	698	-12.6	532	668	-20.4	78	30	160
罗马尼亚	827	524	57.8	720	72	900	107	452	-76.3
瑞典	1 784	786	127	86	143	-39.9	1 698	643	164.1
瑞士	1 405	1 263	11.2	113	56	101.8	1 292	1 207	7
爱沙尼亚	4	1	300	4	1	300			
拉脱维亚	25	68	-63.2	25	68	-63.2			
立陶宛	125	61	104.9	125	61	104.9			
白俄罗斯		30	-100					30	-100
俄罗斯联邦	1 168	759	53.9	868	738	17.6	300	21	1 328.6
乌克兰	476	285	67	403	283	42.4	73	2	3 550
南斯拉夫		3	-100		2	-100		1	-100
斯洛文尼亚	710	240	195.8	708	239	196.2	2	1	100
克罗地亚	1	1		1	1				
捷克	346	177	95.5	162	23	604.3	184	154	19.5
斯洛伐克		3	-100		3	-100			
阿根廷	4 089	1749	133.8	787	339	132.2	3 302	1 410	134.2
玻利维亚	1 284	1 025	25.3		101	-100	1 284	924	39
巴西	15 518	9 425	64.6	2 418	368	557.1	13 100	9 057	44.6
智利	16 197	14 069	15.1	449	450	-0.2	15 748	13 619	15.6
哥伦比亚	160	149	7.4	157	149	5.4	3		
哥斯达黎加	9	6	50	8	6	33.3	1		
古巴	1	3	-66.7	1	3	-66.7			
库腊索岛		18	-100					18	-100
多米尼加	1			1					
厄瓜多尔	10	39	-74.4	10	39	-74.4			
危地马拉	133	344	-61.3	50	4	1 150	83	340	-75.6
圭亚那		2	-100		2	-100			
牙买加	2 550	2 389	6.7	2			2 548	2 389	6.7
墨西哥	5 527	3 428	61.2	1 002	481	108.3	4 525	2 947	53.5
尼加拉瓜	15	189	-92.1	15	4	275		185	-100
巴拿马	148	384	-61.5	148	384	-61.5			
秘鲁	16 657	7 344	126.8	60	100	-40	16 597	7 244	129.1
波多黎各	9	5	80	9	5	80			
萨尔瓦多	4			4					
特立尼达	3			3					
乌拉圭	14	20	-30	2	20	-90	12		
委内瑞拉	61	53	15.1	61	53	15.1			

续表

项目	合计			出口			进口		
	本年累计	上年同期	较同期增减%	本年累计	上年同期	较同期增减%	本年累计	上年同期	较同期增减%
加拿大	16 686	14 251	17.1	2 662	1 847	44.1	14 024	12 404	13.1
美国	34 318	24 269	41.4	21 711	13 319	63	12 607	10 950	15.1
澳大利亚	59 999	25 373	136.5	2 669	3 041	-12.2	57 330	22 332	156.7
斐济	178	3	5 833.3	178	3	5 833.3			
新喀里多尼亚	4	6	-33.3	4	6	-33.3			
新西兰	299	319	-6.3	261	260	0.4	38	59	-35.6
新几内亚	286	112	155.4	286	112	155.4			
所罗门群岛	1			1					
萨摩亚		1	-100		1	-100			
其他国家	2						2		

云南出口的十大贸易伙伴依次是：缅甸、新加坡、越南、香港、日本、美国、泰国、印度尼西亚、韩国、比利时。进口的十大贸易伙伴依次是：澳大利亚、缅甸、秘鲁、智利、德国、加拿大、越南、巴西、印度尼西亚、美国。

出口上亿美元的产品有6个：有色金属8.7亿美元，比上年增长52.5%；高新产品6.65亿美元，增长42%；农产品5.5亿美元，增长14.28%；磷化工5.38亿美元，增长6.98%；机电产品4.49亿美元，增长29.4%；纺织品及服装1.67亿美元，增长23.31%。进口上亿美元的产品有3个：金属原材料16.31亿美元，增长59.67%；机电产品4.5亿美元，增长22.9%；非金属原材料2.81亿美元，增长3.02%

【利用外资】　2006年，云南省利用外资项目204个，比上年增加52个，增长34.21%；合同外资金额7.98亿美元，比上年增加3.61亿美元，增长82.83%；实际利用外资3.02亿美元，比上年增长1.29亿美元，增长74.24%；利用外资的总体规模有了大幅度的增长，利用外资达到全省历史最好水平。

2006年云南省利用外资情况表

单位：万美元

国别、地区	项目个数	合同外资	实际投资
总计	204	79 771	30 234
亚洲	123	37 026	12 734
香港	59	39 024	8 995
澳门	2	652	304
台湾	15	825	687
东南亚国家联盟	18	-5 381	1 172
文莱		143	3
印度尼西亚		-7 681	
马来西亚	5	-896	30
菲律宾	1	1	
新加坡	7	2 608	460
泰国	5	444	675
越南			4
孟加拉国	1	1	
缅甸	4	388	386
塞浦路斯			370

续表

国别、地区	项目个数	合同外资	实际投资
印度	2	8	
以色列	1	1	
日本	5	179	399
蒙古	1	1 007	
韩国	15	322	421
非洲	1	8 950	2 954
毛里求斯	1	8 950	2 954
纳米比亚		－4	
南非		4	
欧洲	16	3 129	2 904
欧洲联盟	14	3 011	2 543
比利时	2	1 009	1 017
丹麦	1	23	
英国	1	450	200
德国	2	20	
法国		47	51
爱尔兰			1
意大利	3	104	1
卢森堡	2	994	933
荷兰	2	164	296
西班牙	1	200	44
挪威		78	26
俄罗斯	2	40	4
捷克共和国			331
拉丁美洲	21	19 427	10 630
巴巴多斯			2 000
开曼群岛		－4	1 804
英属维尔京群岛	21	19 431	6 826
北美洲	41	9 660	911
加拿大	4	126	340
美国	37	10 126	571
百慕大		－592	
大洋洲	8	1 579	101
澳大利亚	5	409	27
新西兰	1	12	
萨摩亚	2	1 158	74

2006年，外商投资以并购的方式进入云南大项目的逐渐增多，并购项目实际利用外资1.6亿美元，占全省实际利用外资的51.2%。外商投资集中的行业是利润丰厚而稳定的资源性基础产业，占总额的33.43%；其次是对发展有刚性支撑作用的制造业的投资，占总额的27.45%，外资开始重视在云南发展制造业；另是对采矿业的投资，占总额的11.12%。总体来看，外商投资比较全面，对社会的均衡发展较为有利。

2006年云南外商投资企业分行业投资情况表

单位：万美元

行　　业	合　　计		
	项目个数	合同外资	实际投资
总　　计	204	79 771	30 234
农、林、牧、渔业	21	7 917	847
采矿业	9	2 392	3 363
制造业	60	28 233	8 302
电力、燃气及水的生产和供应业	10	18 488	10 106
建筑业	1	92	9
交通运输、仓储和邮政业	1	－1 243	500
信息传输、计算机服务和软件业	6	1 255	297
批发和零售业	13	2 249	85
住宿和餐饮业	14	5 009	626
房地产业	9	3 152	845
租赁和商务服务业	37	1 547	1 108
科学研究、技术服务和地质勘查业	5	2 750	904
水利、环境和公共设施管理业	3	3 302	37
居民服务和其他服务业	6	309	2 641
文化、体育和娱乐业	9	4 319	564

【对外经济技术合作】　2006年，全省共签订对外工程承包、劳务合作、设计咨询合同85份，合同金额6.03亿美元，同比增长13.1%；完成营业额4.33亿美元，同比增长12%，外派劳务人员1 893人。当年，云南新批境外投资企业34家，协议投资额8 752.67万美元，增长20%；实际投资4 364万美元，比上年增长110.62%；约有40家企业到缅甸、越南、老挝、柬埔寨、泰国、印尼、加拿大、日本、马来西亚、香港地区、德国、刚果投资，学习参与国际合作，主要的行业有：农业、林业、矿产、油气、电力、冶金加工、机械制造、交通运输、房屋建设、轻纺加工、化学工业、邮电通讯、医疗卫生、教育等领域。

【2006年中国昆明进出口商品交易会】　2006年中国昆明进出口商品交易会共有来自海外19个国家和地区的250多家企业及国内27个省区市的企业组团参展。共设展位1 474个，各方参会代表达1.1万多人，除文莱与柬埔寨外，东盟有8个国家均派出了高级别官员率团参会。会期共有10万余人次入馆参观、洽谈，创云南展会规模之最。

本届昆交会各项经贸成交累计达20.03亿美元，增长25.42%。其中，进出口成交额为9.68亿美元，增长3.86%。对东盟国家进出口成交额为4.07亿美元，占进出口成交总额的42.05%。协议外资项目33个，协议外资金额7.4亿美元，增长11.28%。对外经济技术合作签约项目6项，合同金额累计2.95亿美元。本届昆交会有以下特点：海外和省外企业已成为昆交会的参展主体，分别占参展企业总数和展位总数的61%、65%；参展知名企业、大集团企业增多，主体日益多元化，结构逐步优化，正加快向区域性和国际性展会迈进；经商务部批准，本届昆交会首次设立了“中国品牌馆”，集中展示国家重点培育和发展的出口名牌；设特装展位760多个，增幅达22.6%，总体布展达到历史最好水平。

（杨明）

商品出入境检验检疫

【概述】　2006年，云南检验检疫局系统共受理报检10.75万批次、货值33.09亿美元，同比增长13.44%。其中出境7.24万批、货值22.56亿美元，增长22.01%；入境3.51万批、货值10.53亿美元，减少1.4%；签发普惠制原产地证明书6 362份，签证金额2.94亿美元，分别增长20.20%和27.93%；签发一般原产地证明书3 225份，签证金额2.76万美元，分别减少20.17%和增长6.19%；签发中国－东盟优惠原产地证明书5 820份，签证金额4 372.61万美元，分别增长100.69%和58.28%；签发亚太贸易协定优惠原产地证明书 166 份，签证金额2 399.54万美元，分别增长7.9 倍和 30.63 倍；签发新增中国—智利自由贸易区原产地证明书 FORMF29 份，签证金额 130.97 万美元；金伯利进程证书 91 份，签证金额1 095.35万美元。全年签发各类证单 44.01 万份，检疫查验出入境人员 573.7 万人次，交通工具 35.2 万辆（架、艘、节）次。检出植物有害生物7 705次数，检出率 15.9%；完成外商投资财产鉴定 20 批，货值 542.51 万美元。出入境人员健康检查 4.6 万人次，其中检出 HIV 阳性 398 例。

【“一个窗口”服务】 2006 年，根据国家行政许可法的有关规定，在“一个窗口”实现了从审批、注册到报检业务咨询的一次性完成，为企业申请行政许可提供了方便、快捷、优质的服务。使检验检疫行政许可工作逐步走上制度化、规范化的轨道，初步收到了让“群众满意、企业满意、社会满意、政府满意”的社会效果。全年通过“一个窗口”共受理1 209份申请，补正告知 120 份，发证 949 份，接受咨询 2 000多人次。

【出口货物核放】 2006 年，全面推进检验检疫监管工作模式的改革，完善出口货物快速核放系统，企业从报检到取证仅需要半小时即可完成，全年完成快速核放1 242批次，货值 1.08 亿美元，企业真正享受到该系统带来的快捷高效服务，推进了“大通关”工程进程。至年末，植检处、机电处、化矿处、轻纺处等处室先后改革监管模式，对进出口企业逐步实行分类管理。并且还结合全省产业结构调整和经济发展形势，选定一部分企业作为新经济增长点重点帮扶对象，制定详尽的帮扶计划和措施，建立责任制度，从技术法规、人员培训、产品结构调整等方面开展重点帮扶，取得明显成效。

【花卉检疫电子监管】 2006 年，针对花卉出口的特点和不同国家的检验检疫要求，云南局加大科研攻关力度，研究解决熏蒸除害的技术难题，帮助企业建立符合国际标准的熏蒸库，在 15 家花卉企业开展 ISO9000 质量认证工作，并实行分类管理。在此基础上，云南局会同天津基弘电子有限公司联合开发花卉流程管理和熏蒸监管系统，在企业用户和检验检疫局用户之间设立花卉熏蒸实时检测系统和花卉熏蒸实时监管系统。该系统能对每批花卉的熏蒸时间、温度、药剂浓度等情况实行全程监控，避免了漏熏蒸、杀虫不彻底和质量受损的问题。该系统已在云花运销公司、昆明杨月季花卉公司运行，企业可在电脑上完成花卉的报检、过程管理、熏蒸受理、质量监控，每批花卉从报检到出证由过去的 4 小时缩短到了半小时又提高了工作效率，对花卉熏蒸试行电子监管取得初步成效。

【猪肉首次出口香港】 2006 年，云南首批冻猪分割肉成功出口港澳，云南局及时向该企业派出兽医，对出口香港猪肉的生产、加工、仓储、运输过程进行监督管理；主动与地方动物防疫部门联系协调，互通信息，为达到出口猪肉的“五个统一”，提出了企业如何自律、疫病防控监测、养殖基地建设、禁用药物、科学使用抗生素、卫生控制和增强自检自控能力等方面的具体要求，实现云南猪肉出口香港零的突破，创汇 800 万美元。

【查办违法案件】 2006 年，省局加大对违法检验检疫法律法规案件的查处力度，对涉嫌违反检验检疫法律法规的两家企业进行查处。3 月，对华能集团公司涉嫌进口旧凿岩机设备一事进行先期摸底调查。完成对昆明温德迷尔园艺有限公司进口旧机电设备涉嫌不如实申报案的调查和处罚工作，依据商检法实施条例规定，对昆明温德迷尔园艺有限公司实施涉案金额 15% 的罚款，共计1 647.38元。

【口岸执法】 2006 年，全局严格加强对国家严管商品的执法检查，共查获非法进口废物原料 955 吨。其中：废旧蓄电池 625 吨，矿渣 210 吨，废旧塑料 120 吨。同时，瑞丽局查处非法入境缅甸牛 4 起 62 头、境外疫区动物产品 4 起 72 吨，查获非法进口缅甸烟叶 2 车共 24 吨；河口局查获越南非法走私进境偶蹄类动物产品 4 批次，其中生牛角 3 批次、约 9.25 吨，盐渍生牛皮 1 批次、2.2 吨。

【认证监管】 2006 年，省局以科学发展观为指导，将认证监管工作纳入全局工作目标统一规划和管理，修订实施《云南出入境检验检疫局认证认可工作管理规定》和整理汇编《出口食品生产企业卫生注册登记参考资料》。全年共收到卫生注册登记行政许可申请 225 件，其中受理 204 件、撤回申请 21 件、批准发证 136 件、不予许可 1 件。对出口食品生产企业卫生选址设计审查 10 家/次。至年末，全局有出口食品注册企业 165 家，登记企业 111 家，共计 276 家，比上年增长 30%。对 105 家相关出口食品生产企业开展定期监管。受国家认监委委托，对河南、河北两省共 7 家出口食品企业开展对外注册考核推荐。年内对符合条件给予办理“3C”免办证明的共 19 份。共考核、发放（换发）机电产品有产企业临时出口质量许可证 18 份，陶瓷质量许可证 1 份。收到危包许可申请 39 件，代总局受理 37 件，撤回申请 2 件；经初审后上报国家质检总局审批 18 件，其中总局已批准发证 5 份。针对 4 家获 EMS 认证企业以及 3 家认证机构办事机构进行专项检查。全省共出动 155 人次就玩具实施“3C”认证进行广泛宣传。至年末，全省系统共有评审员（含主任评审员）113 名。

【食品农产品出口】 2006 年，省局加大宣传力度，促使企业提高食品安全意识，积极收集日本“肯定列表制度”和欧盟食品卫生新法规方面的内容和信息，认真加以分析研究，密切关注其新的动向，努力强化实验室技术装备，提升检测水平和能力。加强组织领导，及时成立残留监控工作领导小组办公室，认真开展各项相关工作，牵头成立全国出口松茸检验检疫工作协作组，参加全国出口坚果、茶叶、蘑菇3个检验检疫工作协作组，为保证和促进云南乃至全国相应农产品出口做出了贡献。加强与企业沟通，使迪庆松茸在日本市场创立“清晨松茸”品牌，单斤同等级产品高出10美元，全年出口创汇4 000万美元，获得了明显的经济社会效益，获得企业、地方政府和农民群众的好评。

【云花出口创汇】 2006年，全省花卉种植面积17万亩，总产值45亿元，其中鲜切花产量达35亿枝，占全国鲜切花总产量的50%左右，连续10年保持全国第一，出口创汇达5 000万美元。为确保百合种球能安全进口，进一步推动花卉产业的发展，积极与广东检验检疫局进行了协调，并达成了严格检疫、缩短滞港时间、加强后续监管、互通病虫疫情、促进花卉产业全面发展的意向，圆满解决了进境种球的滞港与检疫之间的矛盾。既执行了国家质检总局的要求，又最大限度地为全省种球进口争取了时间，确保了进口种球的检疫安全和种球质量，为全省百合切花出口创汇800～1 000万美元奠定了坚实的基础。

【境外重大动物疫病传入防范】 2006年，缅甸、越南等与云南省相邻的周边国家相继暴发口蹄疫、禽流感等重大动物疫情。针对境外疫情发展的态势，省局下发《关于做好当前重大动物疫病防控工作的紧急通知》要求各分支机构立即采取紧急措施。并及时转发国家质检总局《关于严防越南、缅甸口蹄疫传入我国的紧急通知》，及时派出重大动物疫病防控指导工作组，分别到西双版纳局、红河局、河口局、临沧局，对边境口岸动物疫病防控工作进行检查指导，有效防止境外重大动物疫情的传入。同时，购买防制高致病性禽流感药品及防护设备分发到各分支局、办事处用于重大动物疫病的防治工作；制定并向省政府上报《云南省进出境重大动物疫病应急处置预案》，及时准确的向质检总局上报云南境外发生重大动物疫情的3个疫情报告。同时，针对秋冬季节是云南周边国家各种重大动物疫病的高发时期，及时向各分支机构和办事处下发《关于做好当前重大动物疫病防控和继续加强打击动物产品非法入境工作的通知》，有效地防止境外重大动物疫病传入。

【艾滋病哨点监测】 年内，云南检验检疫局积极与云南省疾病控制机构建立工作协作机制，根据云南口岸出入境人员的人群分布特点，云南国际旅行卫生保健中心及瑞丽、勐腊、西双版纳出入境检验检疫局等4个单位正式加入云南省艾滋病监测哨点，分别对劳务输出人员、缅籍卡车司机及中国籍船员等3个人群开展艾滋病性病监测。4月，云南局举办艾滋病防治宣传教育咨询检测（VCT）培训班，启动哨点监测工作。云南国际旅行卫生保健中心及瑞丽监测哨点已圆满完成工作任务。

【重点人群HIV监测项目】 2006年，为贯彻中国CDC性病艾滋病预防控制中心与国家质检总局在签订《委托开展检验检疫系统重点口岸入境的重点人群HIV监测的协议》，云南局对参与该项目执行的临沧、思茅分支局实行了工作目标任务责任制，积极配合总局按质、按量、按时完成下达的艾滋病免费检测工作计划目标任务。至年末，此项工作已圆满完成，共对从云南临沧、思茅口岸入境的重点人员3 702人进行了艾滋病监测，检出HIV抗体阳性感染者42例，检出率为1.13%。

【缅方遣返人员传染病监测】 2006年，根据中国政府和缅甸政府达成的协议，局配合省政府接收缅甸政府遣返679名拘押在缅甸境内的非法出境的中国公民。作为云南省接收遣返领导小组成员单位，局及时制定《云南出入境口岸遣返回国人员卫生检疫工作方案》，并与省卫生厅建立起联动协调机制，圆满地完成了任务，得到省政府的肯定。这次共检出HIV初筛阳性8人，初筛阳性率1.31%；疟疾检出3例，检出率0.49%；梅毒检出5例，检出率0.82%；检出乙肝表面抗原阳性37例，检出率6.07%；发现精神分裂症1例；诊断皮肤病208例，占34.15%；共对728套衣服、609双鞋子进行了卫生消毒、杀虫、焚烧及1万多平方米的场地进行了卫生处理。

（邢谷登）

民族文化大省建设

主　　编　陈天武
责任编辑　刘建军

综　　述

【概述】　2006年，云南民族文化大省建设稳步推进。(1)群众文化活动方面：举办云南省春节文艺晚会、云南纪念红军长征胜利70周年群众歌舞大会及第二届云南滇剧花灯艺术周、第三届泛珠三角合作论坛文艺演出、省第八次党代会文艺演出等大型文艺活动，开展“全国著名作家写云南”、“全国著名画家画云南”、“全国著名歌手唱云南”系列活动；开展全省科技卫生文化“三下乡”集中示范活动，完成中宣部资助的200个“万村书库”工程的实施。(2)文艺创作方面：实施舞台艺术精品工程，创作并推出大型原生态民族音乐集《云岭天籁》并进京演出；支持民营文化企业与俄罗斯文艺家共同打造了原创芭蕾舞剧《小河淌水》；大型民族歌舞剧目《舞彩云》获得第三届全国少数民族文艺会演最高奖项“第三届全国少数民族文艺会演大奖”及11个单项奖，《太阳女》、《鼓舞七乡》、杂剧《放飞梦想——顶之技》、滇剧《童心劫》、花灯剧《石月亮》、大型舞剧《聂耳》等在全国重大比赛中获奖或获得好评；以《郑和史诗》为代表的一批优秀图书、以《茶马古道》为代表的一批电视艺术作品，产生良好的社会效益和经济效益。(3)文化事业建设全面推进：省委、省政府召开全省公益性文化事业建设大会，下发《关于加强公益性文化事业建设的若干意见》，制定《云南省公益性文化事业建设规划》，推进“兴边富民工程”文化建设项目；省博物馆、民族大剧院、话剧团、文化馆等重要文化基础设施建设取得新进展；农村电影“2131”工程共放映免费电影13.4万场，观众达3 676多万人次，全省农村电影放映行政村覆盖率达78%，临沧、思茅、曲靖、楚雄、红河等州市农村电影放映行政村实现了全覆盖；“村村通”广播电视建设工程全面达标，共完成国家下达的1.26万个新通电行政村和50个以上通电自然村的“村村通”建设任务，解决了近200万农村人口收听收看广播电视问题；文化信息资源共享工程累计已建成基层站点108个，禄丰、宾川、蒙自3县被列为全国文化信息资源共享工程试点县；文化遗产保护工程取得重大突破，颁布了省州县三级非物质文化遗产保护名录共8 587项（省级147项、州市级3173项，县级5267项），“泼水节”、“阿诗玛”等34项入选第一批国家非物质文化遗产名录，颁布《云南省历史文化名城保护条例》、《云南省建设工程文物保护规定》，开展了第六批省级重点文物保护单位“四有”工作，完成了省级文物保护单位（286项）记录档案工程信息化数据库的建立，44个文物保护项目入选第六批全国重点文物保护单位，使全省国家级文物保护单位增至76个；文化市场健康发展，出版、音像、网吧、演出、文化娱乐市场监管得到有效加强。(4)文化产业发展呈现新亮点：全省文化体制改革和文化产业发展试点工作目标管理任务全面完成，广播电视、文化娱乐、文艺演出、新闻出版行业主体的支撑作用显著增强，广电网络整合和数字化转换推进顺利，亚广影视传媒中心、中国云南影视产业实验区建设、印刷产业建设、图书发行、云南演艺集团和云南文物集团的组建等重点产业项目持续推进。(5)文艺人才队伍建设成效显著：制定实施《2006年云南省宣传文化系统“四个一批”人才工作实施方案》和《全省宣传文化系统“十一五”干部培训规划》；4月份隆重表彰了对全省文学艺术发展作出突出贡献的329名文学家、艺术家；启动了文化市场行政执法、文物行政执法、文化产业经营管理、新闻采编人员人才等多个培训班。

【文化及相关产业统计报告公布】

4月，《2005年云南省文化及相关产业发展报告》正式公布。《报告》全面分析了全省"十五"期间文化及相关产业发展状况。2001年云南文化及相关产业主营业务收入（未含个体经济）118.03亿元，2005年274.72亿元，增长1.33倍，年均增长23.52%；文化及相关产业增加值（含个体经济）由2001年的69.43亿元发展到2005年的183.58亿元，增长1.64倍，年均增长27.52%，高于同期GDP平均增长速度。

2001～2005年云南省文化及相关产业发展情况

单位：亿元

指　标	2001年	2002年	2003年	2004年	2005年
主营业务收入（未含个体）	118.03	128.65	174.00	196.24	274.72
增加值（含个体）	69.43	76.37	100.10	134.08	183.58

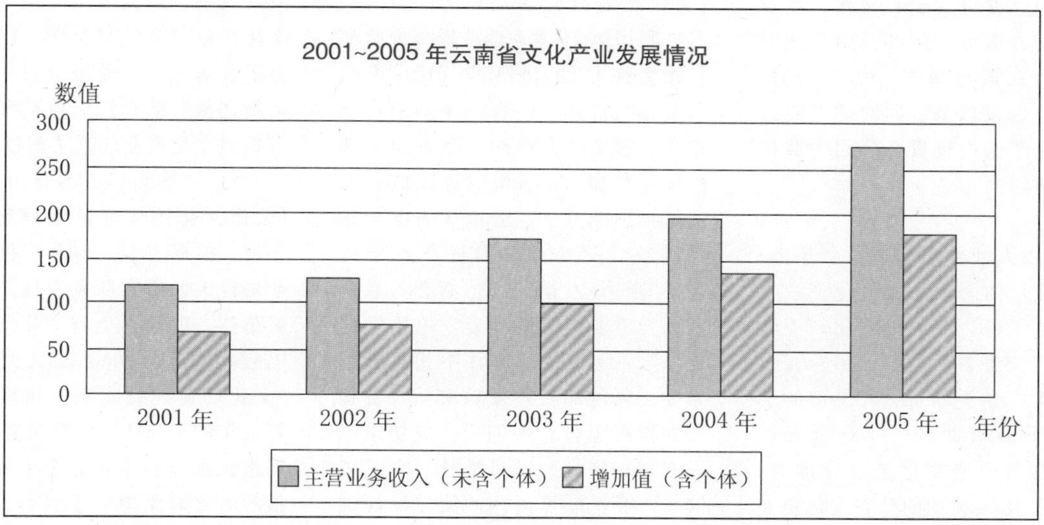

《报告》对2005年全省文化及相关产业总体状况作了说明。按照《云南省人民政府办公厅印发〈关于开展文化产业统计工作的意见〉的通知》、《云南省文化产业统计报表制度》及《云南省文化产业统计报表制度实施方案》统计范围和调查方法统计：2005年云南文化及相关产业实现主营业务收入274.72亿元（未含个体经济），比上年增长40.16%；营业利润8.89亿元，增长50.93%；增加值183.58亿元（含个体经济），增长36.57%，文化及相关产业从业人员33.01万人，其中，文化及相关产业法人单位和产业活动单位15.01万人，增长6.14%。文化及相关产业增加值占全省GDP的5.29%，成为云南经济新的增长亮点。

【全省文化体制改革工作会议】

2006年4月下旬，省委、省政府在大理召开全省文化体制改革工作会议并举办了第三期全省文化产业高级研修班。会议传达了全国文化体制改革工作会议精神。省委书记白恩培、副书记丹增，省委常委、宣传部长晏友琼，副省长刘平等领导出席并分别作重要讲话，提出了全省贯彻落实中央有关精神的方案和要求。同时，举办了第三期全省文化产业高级研修班，邀请了吴建民、齐勇峰、金元浦3位著名学者和湖南省委常委、宣传部长蒋建国分别就文化体制改革和文化产业发展进行专题辅导，对全省400多名州（市）、县（区、市）、省直相关部门的领导干部进行了培训。

【全省文化体制改革工作调研】

7～8月，省文产办牵头组织由省委宣传部、省文化厅、省广电局、省新闻出版局、出版集团、云南日报社、省发改委、国资委、财政厅、人事厅、国税局、地税局、劳保厅、国土资源厅、工商局、省社科院和云南文化产业研究院相关人员30多人组成的云南省文化体制改革工作调研组，对省级相关单位、部分试点州市县进行了为期两个月的调研，以掌握全省文化体制改革的总体情况、存在的主要问题，探索解决思路。在调研的基础上，拟定了《云南省深化文化体制改革实施方案》，进一步明确了改革的指导思想和目标、基本原则、主要任务，改革的对象、范围和要求，改革的方法步骤、组织领导和保障措施。并报省委、省政府同意，上报中央文化体制改革领导小组审批。

【构建文化产业可持续发展工作体系】 5月12日，依托云南大学成立了云南文化产业研究院，设立广播影视、新闻出版、休闲娱乐、民族民间工艺品、演出演艺、体育、会展文博、乡村文化等6个产业专业研究室。5月15日，依托云南师范大学商学院成立云南文化产业学院，着重为全省培养和输送文化产业经营管理、品牌策划、产业运作的实践人才。9月中旬，成立集全省文化产业资源展示、文化项目融资、文化产品交易、文化人才培养等多种功能为一体的云南文化产业推介中心，着重为全省文化产业发展提供中介服务。创办云南文化产业网站，在通过网络宣传的同时，提供信息咨询服务。同时建立以云南省文化产业投资责任公司为载体的投融资体系。

【文化产业人才发展培训】 年内，对从事文化体制改革和文化产业发展工作的干部，在云南文化产业学院举办有全省各县（区、市）宣传系统、文产办领导119人参加的文化产业干部培训班。针对全省国有、民营大中型文化企业管理者，举办了有46人参加的全省文化企业高级管理人员研讨班，着力进行发展文化产业、提高文化产业市场运作能力的培训。8月，在北京大学举办有州（市）宣传系统、文产办领导、省属大中型文化企业领导50多人参加的北京大学文化产业高级研修班（云南班）；为搞好全省文化体制改革和文化产业发展后续人才的培养，云南文化产业学院正式面向全省招收三年制文化产业管理、文化产业营销与策划专业专升本函授学员，对有志于文化体制改革和文化产业发展的后续人才进行学历培训。年底，与复旦大学、法国里尔大学合办的中法国际传媒管理专业硕士研究生班开始招生，共有42名相关领导干部和企业家、研究人员成为研究生班学员。

【文化产业推介活动】 2006年4月，利用第25届香港电影金像奖举行颁奖典礼及香港第27届国际电影节举办的机遇，由省委副书记丹增率队，省文产办组织，全省相关部门领导参加，在香港举办了以云南天然摄影图片展、云南优秀电影作品展映、发展云南影视产业研讨会、“新闻·友情”招待酒会等系列活动为主要内容的“云南电影宣传推介”系列活动。5月中旬，省委常委、宣传部长晏友琼率队，省文产办积极配合相关部门，成功组织了有现场展示、项目推介、文艺表演、产业论坛等内容的第二届深圳文化产业博览会“云南文化走向世界”宣传推介活动。6月，在第三届“珠洽会”及昆交会期间，省文产办布置了180多平方米的“文化云南”特展馆，从产业特色、合作优势、合作领域等方面，展示全省文化产业取得的巨大成就、丰富的文化资源优势与合作前景；印制《云南省加快文化产业发展的若干政策》、筛选173个项目编制成《云南文化产业投融资项目目册》在特展馆发放；同时，组织云南少数民族文化展演；组织文化产业专场推介会，宣传介绍云南文化产业发展的优势资源、良好环境和产业项目。11月，省文产办组织一批重点项目赴成都参加第二届西部文化产业博览会，重点宣传、展示和推介云南省丰富的文化资源优势和文化产业发展成就，加强云南与国内、国外文化产业的交流与合作。12月，举办了首届“云南动漫节暨中国原创动漫之旅”活动，对启动和推介全省新兴文化产业起到了积极作用。

【云南文化产业建设工程启动】 年内，根据省委、省政府把文化产业培育成云南省新兴支柱产业的决策精神，启动了全省文化产业建设工程。省文产办下发《关于做好“文化产业建设工程”培育对象推荐工作的通知》，在全省范围内认真组织推介和申报。至年末，对上报的培育对象进行了分类，遴选出文化产业项目72个、文化产业基地38个、文化产业集团13个、民营文化企业85个，并初步制定了相关的管理办法。

（省文产办）

教　育

【概述】 2006年，全省教育系统进一步树立和落实科学发展观，不断推进教育改革，各项工作取得了新成绩。全省“普九”总县数达到116个，人口覆盖率达88%；2个县通过省级“扫盲”验收，扫盲工作荣获联合国教科文组织“国际阅读协会扫盲荣誉奖”。农村义务教育阶段学生持续回流，初中适龄人口入学率上升2.53百分点，小学上升0.27个百分点，新增3个“普及实验教学”县。农村中小学现代远程教育工程项目覆盖率从上年的52%提高到2006年的73%；中小学计算机生机比由上年的55:1提高到2006年的50:1。完成省政府年初制定的排除80万平方米中小学危房和建设40万平方米农村寄宿制学校的“实事”计划。

高中阶段教育瓶颈制约进一步缓解，毛入学率由上年的33.66%提高到39.34%，在校生人数达87.06万人。全省中职学校招生14.82万人，比上年增加1.73万人，在校生达32.52万人（不含技校生）。

全年培训农民工530万人次，累计建成乡村成人文化技术学校1.21万所，教学点3.93万个。5万名脱盲和小学辍学农民进入成人小学学习，其中有4.9万人达到成人小学结业程度。农村实用技术培训人数、培训率居全国前列，受到教育部的好评。初中毕业生升学率首次突破50%大关，达53.1%；普通高中在校生突破50万人大关，达54.54万人，比2001年增加了1倍多。一级高完中达87所，比上年增加6所。高考报名人数达18.14万人，农村考生首次超过城镇考生，700分和600分以上考生比上年翻一番，实现了香港、澳门大学首次来滇招生。

2006年，全省普通高校由44所增加到50所，普通高等教育在校生28.42万人，在学研究生1.54万人，高等教育毛入学率由上年的12.65%提高到14%。35项成果获教育部“优秀成果奖”，高校申报教育厅科研基金项目1 816项，项目经费2 301万元，比上年的1 456项增长了24.7%，创历史新高。来滇长、短期留学生达4 569人，国家公派出国留学人员按期回归率达90%以上。

（蔡寿福）

【2006云南教育十件大事】

＊“普九”人口覆盖率达88%，全省已有119个县实现“普九”。

＊73%的农村中小学覆盖远程教育，全省农村中小学现代远程教育工程投入资金11 512万元，建成教学光盘播放点9 337个，卫星教学收视点8 184个，计算机教室1 029间。

＊全省一级高完中达87所，其中，一级一等高完中增至8所，一级二等高完中增至15所，一级三等高中增至64所。

＊4 196名“特岗教师”到岗，分布在全省50个县的408所学校。

＊600万农村中小学生免杂费，实施农村义务教育保障机制改革地区拨付资金达29 847.65万元，实现“两免一补”减轻学生家长经济负担82 924.19万元。

＊近6万高校贫困生获得资助，筹措资金17 678万元，其中包括国家奖金学、国家助学金、省政府奖学金、省政府助学金、社会及个人捐资助学、专业奖学金等。

＊高校获贷学生比例22.19%，居全国之首，全省5年累计已审批贷款合同4.82亿元，实现发放贷款金额4.02亿元，资助学生8.5万人，助学贷款成为高校帮困助学的主渠道。

＊高考报考考生突破18万人，其中，农村考生持续增长，达到117 604人，比2005年增加12 065人，增长11.43%，云南省基础教育以及农村普及九年义务教育成效显著。在考生增长的同时，全省高考成绩进一步提升。

＊高校申报科研基金项目1 816项，项目经费2 301万元，比2005年的1 456项增长了80.2%，又创历史新高。（10）为10万毕业生办理“两证”即就业《登记证》和《报到证》。

（郑灵琳）

【呈贡高校新校区建设启动】 1月，呈贡新城雨花片区实施的部分在昆高校建设项目，一期建设5所高校，规划用地5 459亩，按在校生6.4万人的规模一次性规划，总建筑面积182万平方米，概算资金约40亿元。按照规划，后续还将有5所高校进入呈贡校区，全部建成后，可容纳15万学生，基本满足全省“十一五”教育事业发展需要。

【农村义务教育经费保障机制改革】 1月，根据国务院从2006年开始实施农村义务教育经费保障机制改革的决定，全省于2006年始执行全部免除农村义务教育阶段学生学杂费、教科书费，发放寄宿生生活补助费等政策。

【六所学校实施改革】 2月，云南财贸学院更名为云南财经大学，由云南省政府负责管理，以全日制本科生教育为主，兼具培养研究生，学校近期发展规模为2万人；丽江教育学院改制为丽江师范高等专科学校，以实施高等专科教育为主，由省政府领导和管理，实行省、市共建，以丽江市政府管理为主，在校生规模暂定为3 500人；德宏教育学院改制为德宏师范高等专科学校，以实施高等专科教育为主，由省政府领导和管理，实行省、州共建，以德宏州政府管理为主，在校生规模暂定为3 000人；楚雄卫生学校升格为楚雄医药高等专科学校；曲靖卫生学校升格为曲靖医学高等专科学校；保山卫生学校升格为保山中医药高等专科学校；临沧教育学院改建临沧师范高等专科学校，筹建期为1年。

【崔运武、朱有勇获国家第二届高等学校教学名师奖】 9月10日，在教育部组织的第二届高校教学名师奖的评选中，全国共评出100名，云南大学崔运武、云南农业大学朱有勇两位教授名列其中。

【第三届泛珠三角教育合作与交流联席会议】 9月25日，第三届泛珠三角教育合作与交流联席会议在昆明召开。江西、湖南、广东、广西、海南、福建、四川、贵州、云南和香港、澳门特别行政区共11省区的教育厅负责人参加会议。此届会议的召开，进一步增强了与会者对泛珠三角区域教育交流与合作重要性的认识：各省区继续加大工作力度，以项目带动合作协议的开展。进一步健全区域教育交流与合作的机制和模式，使泛珠三角区域教育合作取得更大的发展。

【云南大学中国少数民族DNA库】 9月，除高山族外，全国已为54个少数民族建成了DNA基因库，云南大学建成的中国少数民族DNA库保存了超过8 000份的少数民族DNA样品，采集了除台湾外的全国所有省份，涵盖除高山族外的54个少数民族的DNA样本，是目前国内样品量最大、收集民族最齐全的基因库。

【推进教育改革与发展电视电话会议】 10月19日，省委、省政府召开全省推进教育改革与发展电视电话会议。会议总结了3年来全省加快教育改革发展工作，分析当前教育改革与发展面临的形势，研究和部署“十一五”及今年的教育改革发展工作。听取了曲靖、楚雄、玉溪3个州市领导交流推进教育改革与发展的做法与经验。省委副书记、省教育改革与发展领导小组组长丹增作了重要讲话。充分肯定了教育改革的成绩，并总结归纳出6条经验。

【扶持人口较少民族教育措施出台】

10月30日，省委高校工委书记、省教育厅厅长何天淳召集在昆本科高校书记、校长开会，传达5月胡锦涛总书记视察云南时要求加大对人口较少民族的扶持力度的指示。根据这一指示精神，云南采取了切实措施加以落实：一是将7个人口较少民族聚居地义务教育学校全部纳入农村义务教育经费保障机制改革范围，对4万多名学生全面实施“两免一补”；二是全省中等职业学校和县级职成教中心安排专项指标，面向7个人口较少民族招生，并对家庭困难学生给予生活补助，帮助他们掌握就业技能，脱贫致富；三是在普通高校招生录取中对7个人口较少民族予以特殊照顾，在确保高校育人质量的同时，保证每一个民族最少有20人就读高校民族预科；四是设置适合人口较少民族经济社会发展急需专业，对他们实行定向招生就业政策。

【全省教育改革与发展表彰大会】

11月1日，省委、省政府在昆明隆重召开全省教育改革与发展表彰大会，授予300名先进人物“云南省教育改革与发展优秀校长”、“云南省教育改革与发展优秀教师”、“云南省教育改革与发展优秀教育管理工作者”称号。省委书记白恩培在会上作了重要讲话。

【云南获国际阅读协会扫盲荣誉奖】

11月3日，联合国教科文组织扫盲奖国际评审委员会将国际阅读协会扫盲荣誉奖授予云南省扫除文盲协调办公室。云南省扫除文盲协调办公室主任、省教育厅厅长何天淳代表中国政府赴法国巴黎参加了颁奖仪式并应邀在会上发言。至2005年，全省累计扫除青壮年文盲484万人，其中扫除妇女文盲330万人，占扫盲总人口的68%。

【全省7县通过“普九”评估验收】

经省政府批准，2005年巧家、大关、元阳、宁蒗、兰坪、香格里拉和永德县7县通过“普九”评估验收；大关、永善、彝良、元阳、红河、宁蒗县6县通过“扫盲”验收。至此，全省普及九年义务教育的县（市、区）达到112个，人口覆盖率86%；扫除青壮年文盲的县（市、区）127个，全省青壮年文盲率降至5%以下，如期实现“十五”“两基”攻坚目标。

【“宏志班”取得优异成绩】 2006年，全省第二届高中“宏志班”150名受助学生在中央“西部开发助学工程”的资助下，顺利完成学业，在高考中取得了优异成绩，150名同学全部上线。高中“宏志班”开办于2002年，分别设在大理白族自治州民族中学、思茅市第一中学和昭通市第一中学，每班50名。每人每学年可获得中央“西部开发助学工程”2 000元的资助，直至高中毕业。至年末，全省已有700名品学兼优的初中生受资助。第二届“宏志班”的150名，高中三年，没有一人因贫穷或其他原因辍学，巩固率100%。受助学生大都来自少数民族地区的贫困家庭，有彝、白、傣、普米、壮、拉祜等民族。大理民中的2名学生分别被评为“省级优秀学生干部”及省“优秀团员”。思茅二中的3名学生入了党，昭通一中的“宏志班”获得2005年度省级优秀班集体奖。考入大学的部分优秀学生，将继续受到“西部开发助学工程”的资助。

【一级高完中达87所】 2006年，云南新增7所一级高（完）中，全省一级高完中达87所，比上年增加6所。其中，一级一等高完中增至8所，一级二等高完中增至15所，一级三等高完中增至64所。全省高中阶段教育毛入学率已由上年的33.66%提高到39.34%，在校生人数达87.06万人。

【农村基础教育发展态势良好】

2006年，全省义务教育阶段学生实现持续回流，因贫辍学学生首次出现减弱趋势。小学、初中适龄人口入学率分别达到96.5%和82.9%，比上年分别上升0.27和2.35个百分点；初中毕业生升学率比上年上升4.35个百分点，达到53.1%，首次突破50%大关；普通高中在校生首次突破50万人大关，达54.54万人，与2001年的26.5万人相比，在校生数5年翻了一番多；在2006年高考报考总人数中，农村考生人数首次超过城镇考生；高考成绩连续第3年创历史最好，首次实现了香港、澳门大学来滇招生。

（蔡寿福）

科学技术

【概述】 2006年，省委、省政府及时传达全国科技大会精神，对“十一五”科技工作进行了部署，下发中共云南省委、云南省人民政府《关于大力加强自主创新促进云南经济社会全面发展的决定》，并将任务分解工作方案和督办措施下发分解到各地、各部门，确保全省科技大会精神和《决定》落到实处。制定、出台了一系列政策措施，有力地促进了全省科技事业的发展。全省R&D经费支出占GDP的比例达0.58%，比上年增长0.17个百分点，丽江、西双版纳、迪庆等州市科技三项费的增长幅度超过30%。

2006年，省科技厅在全省组织自主创新宣讲活动。宣讲的主题是：提高自主创新能力、为建设创新型国家而努力奋斗。邀请科技部徐冠华部长为在昆副厅以上干部作了题为《新时期我国科技发展的战略与对策》的报告；承办了中科院“2006自主创新与建设创新型国家”在云南的巡讲活动，4名院士作了专题报告；组织云南籍和在滇工作的“两院”院士开展了“科技创新在云南”活动；举办保护知识产权宣传周和科技活动周，组织省内有关专家和领导赴州市进行自主创新宣讲，积极营造有利于自主创新的环境氛围。

2006年，“帮助部分有突出贡献科技人员解决住房困难”是当年省政府“十件实事”之一。省科技厅按照省政府的部署和任务安排，研究提出《关于帮助部分有突出贡献科技人员解决住房困难问题的方案》，经省政府审定后，根据方案组织开展了相关工作，完成了617名符合条件的科技人员的购房工作。在全省科技界乃至全社会引起强烈反响，进一步调动了科技人员的积极性。

【实施“两个一批”项目】 2006年，全省科技工作按照“突出重点，抓出亮点，遴选一批对全省经济社会发展有重大影响的重点企业和重大项目，集中力量，优化资源配置”的工作思路，突出以企业为技术创新主体、促进产学研结合，通过抓好一批对云南省经济社会有支撑作用的重大项目和一批创新型重点企业，提升云南省重点产业和重点企业的自主创新能力和竞争力。

2006年，省科技计划实施对云南经济社会发展有支撑作用的重大项目100多项，总投资6.4亿元，安排省科技经费1.1亿元，这批项目的实施着重解决全省农业、工业和社会发展领域的一些关键技术问题，预计每年新增产值162.54亿元，新增利税21.04亿元。在工业和高新技术产业发展方面，启动实施了43个重大项目，总投资4.27亿元，安排省科技经费5 915万元。

围绕实施“提高农业综合生产能力创新行动”，2006年实施项目34项，总投资7 179万元，省科技经费投入2 870万元。

围绕实施“资源环境可持续发展创新行动”、“社会发展领域创新行动”，2006年组织实施重大项目28项，总投资9482万元，省科技经费投入1410万元。

2006年，经省科技厅组织推荐，全省有两户企业被确定为国家级创新型试点企业。同时，省科技厅牵头制定并发布实施了《云南省创新型企业试点工作方案》，并确定23家首批云南省创新型试点企业并启动试点工作。

昆明船舶设备集团有限公司是全国首批创新型试点企业之一，自主研发的烟机成套设备国内市场占有率达60%以上，产品覆盖了90%的烟厂。云南省创新型试点企业之一的云南南天电子信息产业股份有限公司通过开发专业存折打印机、银行自助服务终端等具有自主知识产权的产品，成为全球第二大存折打印机厂商，国内市场占有率达50%以上。

【农业科技】 2006年，全省科技工作加强农业重大科技研究开发，支撑重要产业和技术领域发展，提高农业自主创新能力和农业科技整体发展水平，科技有效支撑了社会主义新农村建设。当年，省农科院、楚雄州政府联合在楚雄举办水稻、玉米新品种（系）现场展示及推介活动，展示水稻新品种49个、玉米新品种21个。“楚粳27”在2006年示范推广150万亩，平均亩产约700千克。烤烟新品种“云烟87”已累计推广1 500多万亩，占全省种烟面积的31%以上，占全国种烟面积的25%以上。

2006年围绕全省重要产业和区域支柱产业，以科技链支撑、优化和延伸产业链。围绕突出地方特色和区域优势，加强关键技术研究与集成示范，提升产业技术水平，促进区域优势和特色产业发展。全年安排省级科技经费800万元，立项支持16个州（市）27个县（市）开展农业科技入户工作示范，大力推广先进实用技术。项目共覆盖42个乡（镇）、151个行政村，辐射带动农户6.4万户、30.7万人。全年，示范区经济收入同比增长10.4%，农民人均纯收入同比增长16.3%。同时启动实施8个社会主义新农村科技综合开发示范项目。

【高新技术产业】 2006年，全省围绕信息技术及自动化、光电子技术及产品、先进制造及产品、生物医药等高新技术产业，实施新产品开发项目21项。昆明云内动力股份有限公司先后完成14个新产品的开发工作，获专利18项，累计实现销售收入20多亿元。围绕增强重点产业核心竞争力，推动产业结构调整升级，促进经济增长方式转变，组织实施5项应用高新技术提升传统产业项目。云铜集团通过“富氧顶吹铜熔池熔炼技术”等重大项目的实施，全面提升冶炼技术水平，跻身世界先进行列，粗铜生产能力为设计能力的159%，硫酸生产能力为设计能力的199%，新增产值80.2亿元，新增利税5.4亿元。

2006年，新认定省级高新技术企业35家，全省国家级重点高新技术企业达19家，省级高新技术企业309家，其中53家高新技术企业销售收入超亿元。2006年，纳入统计的全省191家高新技术企业实现总收入525亿元，工业总产值484亿元，同比增长25.8%和22.8%。昆明阳光数字技术股份有限公司、云南山灞图像传输科技有限公司、云南沃森生物技术有限公司等一批高新技术企业通过加强自主创新，形成了企业核心竞争力，企业得到快速发展，成为全省乃至全国同行业的“领头羊”。云南沃森生物技术有限公司作为生物制药领域专门从事人用疫苗类产品研发、生产和销售的高新技术企业，通过承担20余个科研计划项目，形成国内先进的疫苗研发技术平台，在结合疫苗的研究与开发方面处于国内领先，在研品种10余个，其中一类新药疫苗多个，预计5年内产值将达10亿元，10年内产值达20亿元。

2006年，全省高新技术产业开发区共实现工业总产值407.67亿元，同比增长42.4%；实现技工贸总收入543.35亿元，增长38.6%；实现工业增加值101.11亿元，增长46.3%；税收总额31.55亿元，增长23.8%；出口创汇5.55亿美元，增长34%。

【医药科技】 至2006年，全省已建立GAP中药材种植试验示范基地40个、面积4万亩，示范辐射面积20多万亩，三七、灯盏花两个品种通过国家GAP认证。年内，全省有16个新药、5个保健品获国家生产批文，19个新药项目已完成临床前实验研究。

组织启动了一批艾滋病防治的科研项目，“抗HIV药物开发关键技术研究”项目，申请国际专利1项、国内发明专利4项。全年有3个以天然药物为主的抗艾滋病药物完成临床前研究工作，其中2个已获国家临床批件。云南省艾滋病防治科技工作处于全国先进水平。以天然药物为主的抗艾滋病新药“复方三黄胶囊”，2005年获得国家食品药品监督管理局颁发“药物临床研究批件”，2006年在北京等地医院按GCP标准开展临床实验多例，进展顺利，预计2007年上半年完成全部临床实验研究后，即可申报中药6类新药证书。

【可持续发展】 2006年，高原湖泊治理与保护研究得到加强，“滇池水污染治理技术研究”项目，在农业面源污染控制和蓝藻水华污染控制方面取得了一系列科技成果。岩石边坡生态恢复及环境治理技术达到国内领先水平。

由云南省气象局承担的省科技攻关计划项目“滇中中尺度灾害性天气监测预警系统科学试验及应用研究”，从整体上提升了云南灾害性天气监测预警的能力和水平，该科技成果在2006年扑灭安宁森林大火实施的人工影响天气服务工作中发挥了重要作用。

2006年，云南省1个国家级和6个省级可持续发展实验区建设顺利，曲靖市麒麟区被科技部授予“国家可持续发展实验区先进集体”称号，全省有3人被科技部授予“国家可持续发展实验区先进个人”称号。

【科技管理机制创新】 10月11日，科技部和云南省人民政府在北京签订《工作会商制度议定书》，探索部省合作提高地方自主创新能力的新机制、新途径。当年共争取国家科技经费1.04亿元。

年内，按照体现政府目标、加强统筹协调的要求，以加强自主创新为核心，围绕实施五大创新行动和十个重大专项，促进科技资源向“两个一批”集中，设置了五大科技计划，分别是：科技创新强省计划、重点新产品开发计划、社会发展科技计划、科技条件平台建设计划、科技富民强县计划。创新科技计划管理运行机制，健全完善层级式、阶段式的科技计划管理运行模式。对省科技厅机关处室和直属单位的职能进行了调整。

整体进入大型企业集团的一批转制科研机构逐步发展成为产业、行业创新中心。云南省药物研究所成为云南省第一家通过GLP认证的机构。云南省轻工业科学研究所积极参与全省糖业整合，与临沧晶莹糖业集团有限公司合作成立了云南第一个省级糖业技术中心，通过了省经委的认证，同时开始民营化的产权制度改革。

在国内科技合作方面，省院省校科技合作的重点逐步从合作研究开发向引进省外先进技术成果在云南实现产业化转移。2006年省院省校科技合作专项计划安排项目49项，项目总投入4.2亿元，省科技经费3 000万元，自筹经费3.9亿元。在国际科技合作方面，围绕解决全省矿冶、能源、农林等重点产业结构调整、经济增长方式转变和人口健康、医药卫生、禁毒防艾等社会发展重点领域中的相关问题，安排省科技经费560万元。进一步拓展对东南亚、南亚的科技合作为重点，成功承办“中国—东盟科技合作联委会第四次会议”，先后与老挝北部9省、泰国北部及越南北部4省建立新的合作机制，并确定在农业、林业、能源和矿产资源开发、疾病预防控制等重点领域开展科技合作。

【科技成果】 2006年，全省有4项成果获国家科学技术奖，“线粒体基因组多样性与东亚人群历史的研究”获得国家自然科学二等奖，“富氧顶吹铜熔池熔炼技术”、“铁路线路大型养路机械成套装备技术与应用”、“中国橡胶树主栽区割胶技术体系改进及应用”获国家科技进步二等奖。云南省科学技术奖评出了突出贡献奖1名，一等奖12项，二等奖46项，三等奖172项。

【应用基础研究】 2006年，云南省应用基础研究计划共立项165项，投入省科技经费1 310万元，全省科研单位获得国家基础研究项目139项，总经费4 066万元，其中有4项重点项目，云南大学获得的国家基金重点项目是近10年来全省地方科研单位获得的惟一重点项目。应用基础研究所产生的成果共有59项获省部级以上科技奖励。从1993年开始编撰的《云南植物志》完成编研工作，是仅次于《中国植物志》的又一部植物学巨著。“中国不同民族永生细胞库的建立和中华民族遗传多样性的研究”成果具有重要的基础研究意义和实际应用价值，受到国际学术界的极大关注。

【人才队伍建设】 2006年，全省共有64人入选中青年学术技术带头人后备人才，37人入选技术创新人才，培育云南省药物研究所天然药物开发技术创新人才团队等省级科技创新团队4个。截至2006年，全省技术创新人才在培养期间共申请了54项发明专利，开发新产品339个，直接为企业创造经济效益94亿元，极大地提高了企业的自主创新能力。全省科技创新团队新增科研项目48项，发表论文251篇，SCI收录112篇。

【科技基础条件平台】 年内，强化科技基础条件平台建设顶层设计，《2006～2010云南省科技基础条件平台建设纲要》上报省政府审定，加紧编制《“十一五”云南省科技基础条件平台建设实施方案》。切实转变科技基础条件平台建设的思路和办法，突出科技链支撑产业链中的创新能力建设，强化人才、项目、基地相统筹，启动了一批科技基础条件平台建设项目。2006年，全省建成和认定的20个重点实验室、8个工程研究中心，获省科技成果奖6项，成果转化及示范推广35项，产生经济效益约16亿元。

【地方和行业科技】 2006年，各州市科技工作围绕区域经济社会发展的中心任务，不断提高自主创新能力，增强支撑和引领作用。昆明市提出了建设创新型城市的目标；昭通、思茅、临沧等市围绕天麻、茶叶、蔗糖等优势特色产业发展，加强科技创新，支撑区域经济增长；曲靖市提出“四个集成创新体系”的管理模式，科技特派员试点工作共形成龙头企业13家，安置农村劳动力2.28万人；玉溪市高新技术企业工业总产值达28.61亿元；楚雄州、大理州加大了知识产权工作力度，楚雄州专利申请量同比增长198%；德宏州、怒江州加强了实用技术培训，分别培训农民11万人次和16万人次；保山市实现了高新技术企业和技术创新人才零的突破；红河州元阳县被确定为少数民族地区绿色减贫项目全国3个示范点之一；“普洱林区现代林产业发展综合技术集成研究与示范”项目全面提升了思茅林产业的技术水平，促进产业迅速发展壮大，2006年，实现产值54亿元，山区农民增收1亿元；文山州通过“三七产业发展关键技术开发及集成示范”等重大项目的实施，支撑三七产业快速发展，2006年实现产值15亿元，为区域经济发展培育了支柱产业。

2006年，全省新启动实施16个省级科技富民强县专项试点县，投入省级科技经费1 110万元，带动地方投入1.5亿元。试点县以遴选的重点科技项目为载体，集成推广一批先进实用技术，发挥示范带动作用，培育、壮大县域优势特色产业，促进县域产业结构调整和经济增长方式转变，促进社会主义新农村建设。腾冲、永胜、大关、新平、文山等县被列为国家科技富民强县的试点县。

2006年，全省科技兴贸取得新突破，高新技术产品进出口总额突破10亿美元，其中，出口6.66亿美元，同比增长42%；全省企业专利授权量同比增长31.7%。两家企业技术中心通过了国家企业技术中心认定，新增2家国家级重点高新技术企业，国家级科技企业孵化器达到3家。

【知识产权保护】 2006年，启动云南省知识产权战略制定工作，在重点企业中遴选百户知识产权试点企业，资助企业创新成果申请专利，强化科技创新知识产权目标导向。全年全省专利申请量3 085件、同比增长21%；授权量1 637件，增长19%；发明专利申请量同比增长29%。专利申请量和授权量分别居全国第21位和20位。

（张红云）

社会科学

【概述】 2006年，是云南省社会科学院建院25周年。据不完全统计，一年来全院完成各类科研成果892项，其中出版著作76部、发表论文694篇，研究报告122篇，上报决策咨询报告60多份。围绕中心，突出重点，为省委、省政府提供决策咨询服务，写作宣传、研究论文、调研决策咨询报告80多篇，有多位专家举办了各种讲座100余场。年内，先后举行庆祝云南省社会科学院建院25周年暨云南省社科界2006年新春茶话会，“宏扬民族水文化、保护云南水环境——2006年‘世界水日’座谈会”，“社会主义荣辱观”学习动员暨党员表彰大会，“纪念艾思奇《大众哲学》发

表70周年暨科学发展观理论讨论会”，主办第三届泛珠三角经济区（9+2）社会科学院科研协作会议，达成并发表了“昆明共识”。与云南财经大学、云南大学、云南师范大学联合主办了首届“云南论坛”，以云南发展为主题，重点研讨云南经济社会发展面临的重大问题，以论坛形式发布最新研究成果，每年围绕一个主题举办一次会议。为服务云南面向东南亚、南亚开放的战略格局，成立了云南省东南亚南亚研究院，确定《东南亚企业景气及动态指数研究与监测》、《东南亚商道与商业城镇网络：历史过程与当代整合》、《南亚国家法律制度研究》、《东南亚国家文化事业与文化产业现状与云南开展东南亚文化合作机制研究》、《红河流域民族文化与生态环境保护研究》等5个课题。

进一步深化科研管理体制改革，建构起“院、所、工作室”三级科研组织体系，围绕科研工作室的建设，进行院、所（处）的管理职能和服务职能的调整，建立有利于科研工作室建设和运作的配套机制。对历年来立项的国家社科基金项目和省社科规划项目进行清理；编制《课题管理流程图》，进一步加强课题申报、评审、立项的规范性；进一步加强国家社科基金项目、省社科规划项目和院级项目科研课题经费管理，加强科研经费管理工作。下发和出台了《关于清理我院职工在境外基金会、国际组织（驻华机构）兼职的通知》和《关于加强我院科研人员申报、承担境外基金会、NGO组织项目的管理办法》。制订《云南省社会科学院科研激励方案（试行）》，对2005年符合条件的77项科研成果进行奖励。启动《云南省离退休专家学术研究文库》的评选、编辑、出版工作，组织出版了《云南省社会科学院离退休专家学术文库》（第一辑），全书共130余万字。进一步密切与各州市分院的联系，同意成立云南省社会科学院保山分院，同时下设云南省社会科学院保山分院南亚研究所。批准成立宁蒗县研究基地。

科研立项取得新的进展。国家社会科学基金项目、省社科规划项目获准立项项目数保持稳步前进，云南省东南亚南亚研究院首批重大项目获得立项启动。共获得国家社科基金项目立项课题6项，获得资助金额50余万元。组织申报2006年度云南省社科规划项目，获准立项课题8项，获得资助经费7.3万元。获得省委宣传部2006年第二批省级文化事业建设费项目2项，获得资助经费15万元。开展年度科研课题立项工作，经院学术委员会研究，最终31个课题获准立项，课题资助经费26万元，是全院历年来资助项目最多、资助金额最高的一年，尤其是青年项目的立项数更是达到了历史最高水平。

科研品牌突显，推出一批高质量的学术研究成果，规模效益和社会影响不断扩大。继续打造《云南蓝皮书》、《云南全面建设小康社会研究丛书》、《云南省社会科学院研究文库》等三大科研品牌。组织出版《2005－2006年云南蓝皮书》系列丛书，共10本，30余万字。组织出版《云南全面建设小康社会研究丛书》（2005辑），共8本。《云南省社会科学院研究文库》（2006年），共8本，包括：《云南少数民族（澜沧江流域）的文化与森林保护》、《制度创新与政府制度变迁中的政治文明建设》等。“云南民族志丛书”3本，“云南宗教史丛书”2本、《云南小康年鉴》1本。三大科研品牌推出后，得到了省委、省政府领导和社会各界的高度评价和肯定。

科研成果获得重大突破。副院长贺圣达研究员主持的国家社科基金项目《东南亚伊斯兰教与当代政治》鉴定等级为优秀，是自2004年以来云南省第一项被评为优秀的国家社科基金项目。东南亚所王士录研究员独立完成的《中国－东盟自由贸易区框架下云南与东盟的科技合作研究》，得到省政府领导的高度评价。副院长杨福泉研究员撰写的《纳西族文化史论》一书，出版后引起众多媒体的关注。东南亚所刘稚研究员撰写的《经济全球化区域一体化下的中越“两廊一圈”合作》，贺圣达研究员撰写的《当代东南亚伊斯兰教与政治发展》，王士录研究员撰写的《GMS经济合作的国际关系学意义解读》，孙建波博士撰写的《印美“民用核能合作协议“与印美关系的未来》，陈利君研究员撰写的《印度——正在崛起的生物技术大国》，郭穗彦副研究员撰写的《欲经：被误解的经典》，杨福泉研究员撰写的《“纳木依”与“纳”之族群关系考略》，郭家骥研究员撰写的《西双版纳傣族的水文化：传统与变迁》，杨晶研究实习员撰写的《“语内表现行为”与“偶序对”解释理论》等，分别发表于《当代亚太》、《南亚研究》、《民族研究》、《哲学动态》等重要刊物上。社科院学者撰写的20多篇决策咨询报告，被人民日报、新华社、全国社科规划办、云南日报等重要报刊社的内参刊载或转载，送党和国家领导人参阅、获得省领导的肯定批示。获得“兴滇人才”提名奖1项；16人分别被评为云南省有突出贡献的社会科学专家、哲学社会科学优秀专家、哲学社会科学优秀管理工作者和哲学社会科学先进管理工作者。

社科学术刊物出版质量不断提高。《云南社会科学》组织编发6期，刊登学术理论文章、调研报告、学术会议及学术活动综述等各类文章188篇，总字数180万。《云南社会科学》凭借其学术质量、编校质量和出版规范等优势，获得第二届云南省优秀期刊奖，并名列榜首。全年编发《云南社科动态》四期，约40万字。是惟一获得“全省连续性内部资料出版物优质产品”称号的社会科学研究动态类刊物。《云南社科动态》已成为中国国家图书馆基藏刊物，全国报刊索引系统收录刊物。编发《云南社科要报》12期，约10万字。编发《舆情信息》50余篇，约20万字，上报后有部分获得转载。编印《云南史志》6期，60多万字，为促进我省地方志编纂工作发展和地方志基础理论研究，发挥了积极作用。

在参加国际学术会议发表学术论文方面，杨福泉研究员撰写的《东巴教中反映的纳西族自然保护观》，作为联合国教科文组织埃及大会论文交流，并正式出版。杨福泉研究员撰写的《从丽江古城看遗产城市有形和无形文化的保护》，作为“第二届欧亚世界遗产城市国际会议”大会宣读论文，《中国青年报》对其主要观点进行了摘载。

咨政育人、服务社会方面取得重要成绩。院长纳麒教授在红河县作了题为《从国际关系与国内形势的视野看科学发展观的提出与和谐社会的构建》的学习贯彻省第八次党代会精神专题报告。郑海研究员也作了题为《关于红河县发展旅游业和文化产业的几点思考》的报告。受开远市委托，由纳麒院长主持，院部分专家参与的《开远市社会主义新农村发展规划》项目顺利通过专家评审。应武定县邀请，副院长杨福泉研究员、院长助理董棣研究员、行政处处长郑海研究员出席了“云南特色城市创建与武定发展论坛”，杨福泉副院长担任论坛主席。

国内外学术交流不断扩大，社科院学者160余人次参加了100多个国际国内学术会议；接待了30多批、80多人次国外专家、学者和政府官员的来访，其中包括1位大使、3位部级官员。接待了20多批、70多人次国内学者来访。

【“世界水日”座谈会】 2006年3月22日，“宏扬民族水文化、保护云南水环境——2006年‘世界水日’座谈会”在昆明召开。会议由云南省社会科学院主持，全省社科界、自然科学界的专家学者和省委宣传部理论处、西山区政府、昆明市滇管局、西山区滇管局等部门的领导共40余人出席会议，对云南小康建设、生态文化建设和水文化建设展开热烈座谈。

【美国著名人类学家孟彻理（Chas Mckhann）来昆作学术报告】 2006年6月20日，孟彻理（Chas Mckhann）教授在云南省社会科学院作了题为《从四川省木里县俄亚纳西族的丧葬仪式说起》的学术报告。来自云南省社会科学院、云南大学、云南民族大学、云南民族博物馆、丽江市志办的学者共70多人参加了报告会。孟彻理从民族志和象征分析等角度，在报告中详细讲述了他在俄亚大村碰到的一个历时5天的纳西丧礼的整个过程。与会人员和孟彻理先生就丧礼所用祭品的用途、象征意义、丧葬的忌禁习俗、火化后骨灰的处理、东巴所扮演的角色，与彝族丧礼送魂路线及其色彩、死者等级与丧葬仪式之关系等展开讨论。

【云南省东南亚南亚研究院成立】 10月27日，云南省东南亚南亚研究院正式授牌成立。省委副书记丹增出席成立庆典大会并讲话。省委常委、省委宣传部长晏友琼，省人大常委会副主任梁公卿、王义明，省政协副主席李先猷出席大会。其间，还举行了云南省社会科学院——泰国西北大学科学研究与人力资源开发中心揭牌、授牌仪式，云南省社会科学院与云南财经大学合作签字仪式，云南省社会科学院与大理学院共建南亚学院协议签字仪式。省委办公厅等30多家厅级单位的领导及来宾、泰国西北大学代表团、泰国等4家东南亚国家驻昆领事馆领事、10余家新闻媒体单位及社科院副处以上的干部共180余人出席庆典活动。

【省社科院宁蒗县研究基地挂牌】 10月23日，云南省社会科学院及宁蒗县委、县政府在宁蒗县隆重举行云南省社会科学院宁蒗县研究基地挂牌仪式，省社科院及宁蒗彝族自治县委，县人大、县政府、县政协和相关部门领导以及当地学术文化界人士参加了挂牌仪式。

【东南亚、南亚问题决策咨询研讨会】 11月3日，东南亚、南亚问题决策咨询研讨会在昆召开。该研讨会由新华社参考新闻编辑部、新华社世界问题研究中心和新华社云南分社联合主办。在昆东南亚、南亚研究的专家学者40余人参加会议。与会专家就东南亚当前特点、中国与东南亚关系特点、中国与东南亚关系发展中存在的问题、东盟与中国关系的新进展以及如何推进中国与东南亚合作、推进云南与东南亚、南亚文化交流与合作、云南的边疆安全与稳定、云南边疆地区全面小康建设问题等作了研讨。研讨会期间，贺圣达等一批专家被聘为新华社东南亚、南亚报道“特聘专家”。

【云南特色城市创建与武定发展论坛】 12月4日，武定县举办云南特色城市创建与武定发展论坛。该论坛立足武定与云南发展的实际，面向武定县100余位副科级以上干部，就区域经济发展、民族文化发展与保护、县域城镇建设与规划、区域旅游发展及小康社会建设等主题，多层次多视角地展开了演讲与交流。论坛由云南省社会科学院副院长杨福泉研究员担任主席并主持。中共云南省委原副书记、《求是》杂志原总编辑王天玺出席论坛。参加论坛的还有楚雄州人民政府、中共楚雄州委宣传部、清华大学、云南大学、云南社科院、云南省国土资源厅、云南城乡规划设计院等单位的领导和专家40余位，其中10余位领导和专家作了专题演讲。

【省社科院建院25周年庆祝大会】 1月13日，云南省社会科学院建院25周年庆祝大会暨省社科专家新春座谈会在昆召开。省委副书记丹增，省委常委、省委宣传部长晏友琼、省人大常委会副主任王义明、省政协副主席李先猷等省领导及全省社科专家代表及省社科院处以上干部、正高职专家200多人参加会议。会议由省委常委、省委宣传部长晏友琼主持。省社科院院长纳麒教授致辞，与会部分领导及专家先后发言。省委副书记丹增在会上作了重要讲话。

【第二届中国—南亚商务论坛】 12月19~21日，第二届中国—南亚商务论坛在昆明召开。论坛由中国国际贸易促进会、云南省人民政府、南亚区域合作联盟工商会联合主办，其宗旨是“相互开放、务实合作、互利共赢、和谐发展”。来自南亚国家和中国国内、云南省内代表共200多人参加了会议。论坛会上成立中国—南亚商务理事会，云南省东南亚南亚研究院和云南省社会科学院南亚研究所等当选为首批理事单位。

【赵俊臣获全国新农村建设杰出贡献人物称号】 9月23日，由农业部中国城乡桥杂志社、中国城乡发展专家指导委员会、全国涉农主流媒体联盟联合全国40多家媒体共同举办的全国城乡一体化暨新农村建设推进大会在北京人民大会堂开幕。来自全国各行各业，为新农村建设做出突出贡献的300多名优秀代表参加了大会。云南省社会科学院赵俊臣研究员被评为“全国新农村建设杰出贡献人物”受到表彰。

【联合国大学项目官员为YUEP项目进行评估】 7月2~9日，联合国大学高级项目官员梁络辉先生、泰国清迈大学教授Kanok先生组成评估组，对全球环境基金（GEF）及联合国开发计划署（UNDP）资助的“中国云南省多部门协作与地方参与山地生态系统生物多样性保护（YUEP）”项目，进行终期评估。评估组听取YUEP云南省项目办公室的汇报，收集了与YUEP项目有关的资料、成果。在YUEP省项目办工作人员的陪同下，评估组赴南涧县评估。评估组通过召开会议、实地考察，认为项目按计划完成了各方面工作，并完成了计划中没有列入的大量工作。据了解，该项目产生了较大影响，先后有10多个国际组织派代表来考察，中央电视台等几十家媒体刊载宣传了项目经验。

【“云南民族生态旅游研究”结项】 6月，“云南民族生态文化类型—生态旅游研究”结项。该课题是云南省社会科学院重点研究项目，由郭大烈研究员主持。课题组通过对文献资料、民族志资料进行系统的梳理和研究，提出了开展民族生态旅游的对策建议，提出要正确认识由于社会发展、经济开发、外来文化冲击影响、人口增长给自然生态带来的压力及各民族在新的情况下如何更新观念，实现平衡互动，以适应当代的生态旅游发展要求。

【泛珠三角经济区（9+2）社科院科研协作会议】 5月29日至6月3日，第三届泛珠三角经济区社会科学院科研协作会议在昆召开。会议由云南省社科院承办。广东、广西、贵州、湖南、江西、云南6省区社科院，广州、昆明两市社科院，以及香港大学、澳门基金会、澳门科技大学等单位的60余名专家学者出席会议。会议主题是“架设‘9+2’与‘10+1’合作金桥，加快泛珠与东盟的合作进程”。与会者就泛珠三角区域合作与东盟合作进行了广泛的交流和多角度、深层次的理论探讨，并在一些理论问题上形成了共识。

【“云南民族民间工艺技术研究”结项】 1月，“云南民族民间工艺技术”通过专家评审验收。该课题是国家社科基金项目，由云南省社科院原研究员李晓岑主持完成。课题鉴定专家认为，该课题对云南传统工艺进行了较全面的普查，提出对部分传统工艺进行改造，能够形成新的产业，如开发特色金属工艺、开发植物染色方法等，能够扩大对传统工艺产品的需求，增加产品的竞争力，在民族地区形成新的特色产业，对民族地区的现代化建设意义重大。课题组在两年的调研中，考察了云南省10多个州的100多个调查点，涉及近10个少数民族。该研究是一个多学科交叉的研究成果，在某种程度上，也是对科技人类学研究方法的初步尝试。

【《云南与巴蜀佛教研究论稿》出版】 7月出版，侯冲著，42万字。该书收录了作者1994~2005年撰写并发表的20余篇论文，包括南诏大理佛教、云南阿吒力教、大足石刻与宋代巴蜀佛教、元明云南佛教及佛教史志四大类。内容涉及佛教史、佛教经典、佛教历史文献、佛教艺术和佛教人物。

【《中国西南文化研究2006》出版】 12月，云南科技出版社出版，纳麒主编，20万字。该书为集体性的研究文集，共2册，收录了中国西南文化研究论文26篇。

【《云南省青少年犯罪研究获奖论文集》出版】 7月，云南民族出版社出版，李明朝主编，33.8万字。该书收录了2005年云南省青少年犯罪研究获奖学术论文50篇，其中一等奖5篇，二等奖20篇，三等奖25篇。

【《“三江”水能开发与环境保护》出版】 2月，社会科学文献出版社出版，冯建昆、何耀华主编，52.9万字。该书是中国西南民族研究学会和云南民族大学于2004年9~12月组织的关于云南怒江、澜沧江、金沙江水能资源开发与环境保护调研的重要成果，共包括41篇论文，其中有对云南三江水能资源开发保护进行综合研究7篇，对怒江水电开发与环境保护进行专项研究22篇，对金沙江水电开发与环境保护进行研究5篇，其他评论7篇。

【《勐傣西尼故 壮族文化概览》出版】 1月，云南美术出版社出版，戴光禄、何正廷编著，20万字。该书是“云南壮族文化丛书”之一种，从人类学、社会学、历史学、民族学等层面，对壮族文化作了全面、系统的深入分析和阐述。

【《走内源发展之路的叽拉》出版】 12月，云南民族出版社出版，郑宝华、欧丽、史岳灵著，24.3万字。该书是一项由云南省社会科学院社区发展研究中心和云南省社会科学院楚雄彝族文化研究所合作完成的研究成果。本项研究以历史为主线，从社会经济文化以及社区治理多个角度透视禄丰县叽拉村人民的生产生活变迁过程及各个时期的基本特征。同时，还依据内源发展的基本内涵，从生产组织、人民生活、传统文化、社区治理等方面揭示了叽拉的内组织资源状况。

【《元代大理段氏总管史》出版】11月，云南民族出版社出版，张锡禄著，30万字。该书是一部元代大理史研究专著，由10章构成。

【《省社科院离退休专家学术文库》（第一辑）出版】 11月，云南民族出版社出版，纳麒主编，134万字。该文库是云南省社会科学院专门为离退休专家编辑出版的社会科学研究文集丛书。第一辑共5本，包括：韩敬《马克思主义哲学与社会主义》、王松《论神话及其他》、龙永行《纵论历史风云》、王国祥《傣族历史文化求是录》、和钟华《阴阳相谐的追求——社会性别研究文选》。

【《云南农村发展的底层透视》出版】 1月，由中国书籍出版社出版，郑宝华著，26.1万字。该书共有8章，是“云南省社会科学院研究文库2006辑”之一种。

【《首届新平扬武彝族烟盒舞文化学术讨论会论文集》出版】 12月，云南民族出版社出版，李永祥主编，28万字。该书收录2005年在新平扬武召开的“首届中国彝族民间烟盒舞文化学术讨论会”上交流发表的学术论文31篇及“会议综述”1篇。文章内容涉及烟盒舞的起源、象征意义、艺术价值，烟盒舞的传承、保护及旅游开发，烟盒舞与其他舞蹈的关系，烟盒舞与地方经济发展、和谐社会建设和民族认同的关系等。

【《藏族志——聆听乡音》出版】 12月，云南大学出版社出版。副标题为《云南藏族的生活与文化》，章忠云著，33.8万字。该书是云南民族志丛书之一种。《云南民族志》丛书是云南省社会科学院重点项目，由26本民族志构成，每本约30万字。作者通过本书对1949年新中国成立以后云南藏族的社会生活与生活方式的描述，呈现云南藏族在文化上的包容性特征，让读者能够比较全面地了解云南的藏族。

【《在务实上着力》（第一册）出版】 10月，云南人民出版社出版，晏友琼著，35万字。全书由“理论工作篇”、“宣传舆论篇”、“文化发展篇”、“精神文明篇”、“队伍建设篇”构成。本书是作者2001年底至2005年初在报刊上发表的一些论文及部分工作讲话的汇编，是对这几年的宣传思想工作实践的较为全面、系统的回顾和总结。

【《文化慧眼读云南》出版】 8月，云南人民出版社出版，丹增编著，约50万字。本书由综合发展篇、文学创作篇、美术创作篇、舞蹈戏曲篇、广播影视篇、新闻出版篇以及文化产业篇8个篇章构成，每一篇章由“发展背景述略”、“近期大事纪录”和“国内名家评谈”3部分组成。

【《彝族志——血统与根》出版】 副标题《云南小凉山彝族的生活方式、社会结构与家支制度》一书，10月，云南大学出版社出版。郑成军著，34.8万字。该书是云南民族志丛书之一种，共8章。

【《西隆密林的苦聪——苦聪文化的碰撞与应变》出版】 9月，中国古籍出版社出版，杨万智、赵昆艳著，王正云审校，15万字。

【《云南小康社会建设中的文化研究》出版】 9月，中国书籍出版社出版，黄小军主编，24.5万字。该书是云南全面建设小康社会研究丛书之一种，共12章。

【《云南在泛珠三角区域与大湄公河次区域合作中的双向开放》出版】 12月，中国书籍出版社出版，陈铁军、刘稚等著，28.6万字。该书是云南全面建设小康社会研究丛书之一种，全书由上中下3篇15章组成。“上篇——泛珠三角区域与大湄公河次区域的合作”、“中篇——云南在两大区域合作中的对外开放”、下篇共5章组成。

【《中国少数民族大辞典·白族卷》出版】 10月，云南民族出版社出版，李缵绪主编，205.3万字。该书是中国少数民族大辞典大型系列丛书之一种，中国少数民族大辞典是国家民委批准立项编撰的重点图册，全国56个民族各一卷，由费孝通任总主编。该白族卷分社会、地理、思想、历史、宗教、风俗、工艺、文物、风景名胜、经济、科技、教育、文化艺术、医药卫生、体育、新闻出版、语言文字、文学、人物、典籍论著等20大类，收入辞目8643条，所收辞目，上不封顶，下至1995年，是一部集白族研究新见之大成的大型百科全书。

【《2005～2006云南民族地区发展报告》出版】 3月，云南大学出版社出版，郭家骥主编，21万字。该书是云南省社会科学院主编的《云南蓝皮书系列》丛书之一种。全书由总体报告、社会经济发展、民族文化、生态建设与保护及民族地区热点问题等5个栏目组成。

【《2005～2006云南社会形势分析与预测报告》出版】 4月，云南大学出版社出版，乔亨瑞主编，29万字。该书是云南省社会科学院主编的《云南蓝皮书系列》丛书之一种。全书主要包括“综合篇”、“专题篇”、“部门篇”、“阶层篇”及“调查篇”部分。

【《2005～2006云南农村发展报告》出版】 3月，云南大学出版社出版，赵鸭桥主编，27万字。该书是云南省社会科学院主编的《云南蓝皮书系列》丛书之一种。全书由“综合报告”、“专题报告”、“来自基层的声音”、“2005 年云南农村大事记”、“相关连接”等 5 部分组成。

【《2005～2006 云南经济发展报告》出版】 3 月，云南大学出版社出版，康云海主编，25 万字。该书是云南省社会科学院主编的《云南蓝皮书系列》丛书之一种。全书由“总报告”、“专项报告”、“热点研究”三部分组成。

【《2005～2006 南亚报告》出版】 4 月，云南大学出版社出版，卢晓昆主编，26 万字。该书是云南省社会科学院主编的“云南蓝皮书系列”丛书之一种。全书主要由“总报告”、“南亚国家报告”、“专题研究报告”、“南亚国家大事记”、“南亚国家主要经济社会指标”、“温家宝总理访问巴、孟、斯、印签署的重要文件”等部分组成。

【《2005～2006 云南文化发展蓝皮书》出版】 3 月，云南大学出版社出版，黄峻、纳麒主编，王亚南、王岭执行主编，37 万字。该书是云南省社会科学院主编的“云南蓝皮书系列”丛书之一种。全书主要包括：“宏观视域”、“年度特稿”、“区域发展”、“决策咨询”、“重要动向”、“专题思考”、“品牌研究”、“个案透视”、“技术分析”。

【《2005～2006 东南亚报告》出版】 3 月，云南大学出版社出版，王士录主编，24 万字。该书是云南省社会科学院主编的《云南蓝皮书系列》丛书之一种。

【《2005～2006 云南旅游发展报告》出版】 4 月，云南大学出版社出版，杨福泉、余繁、郑海主编，25 万字。该书是云南省社会科学院主编的“云南蓝皮书系列”丛书之一种。全书由 8 个栏目构成：“宏观视野”，“综合报告”，“专题报告”，“区域合作”，“州市报告”，“专家论坛”，“对策建议”，“其他”。

【《2004～2005 云南灾害与抗灾防灾报告》出版】 3 月，云南大学出版社出版，赵俊臣主编，20 万字。该书是云南省社会科学院主编的《云南蓝皮书系列》丛书之一种。全书主要包括“综合报告”、“专题报告”、“案例报告”、“附件”。

（杨炼）

【福贡、贡山怒族学会】 2006 年 4 月 25 日、10 月 5 日，福贡县怒族学会和贡山县怒族学会相继成立。怒族是全国 22 个人口较少的民族之一，是云南 16 个跨境而居的少数民族之一，也是最早居住在怒江、澜沧江流域的古老民族，在历史的漫长发展中创造了自己独特的文化体系。福贡县、贡山县处于“三江并流”世界自然遗产地区，越来越受到国内外的广泛关注。

怒族学会主要任务：1. 加强调查研究，做好资料收集的基础工作；2. 突出文化研究和交流；3. 发挥联谊作用，培育本民族科研人才队伍；4. 积极参与怒族地区经济和文化建设，促进当地经济社会发展方面发挥积极作用。

（孙瑞）

文化艺术

【概述】 2006 年是实施“十一五”规划的开局之年。一年来，全省文化工作始终坚持以邓小平理论和“三个代表”重要思想为指导，深入贯彻落实科学发展观，努力建设和谐文化，紧紧围绕省委、省政府和文化部提出的文化发展目标任务，突出重点、整体推进、狠抓落实，取得了明显成效。

年内，在继续推进省图书馆、省杂技团、昆明市电影公司、省电影公司等试点单位不断深化改革的同时，进一步调整结构、优化布局、重组资源，为下一步扩大改革试点打下了良好的基础。抓紧组建两个文化产业集团，努力打造全省文化产业强势企业。一是省杂技团、省演出公司、云南艺术剧院、圆通影剧院、省文化物资供应站的整合重组工作已基本完成，云南演艺集团的组建已进入实际操作阶段。二是以省文物总店为依托，组建云南文物产业集团的工作正在抓紧进行。

2006 年，全省继续组织实施舞台艺术精品工程，一批优秀剧目在全国获得大奖。民族歌舞《舞彩云》荣获“第三届全国少数民族文艺会演大奖”及 11 个单项奖；《太阳女》、《鼓舞七乡》分别荣获 2006 全国歌舞杂技主题晚会优秀剧目一等奖和三等奖；《放飞梦想－顶之技》荣获第五届全国青少年杂技比赛铜奖；赵力中美术作品入选“国家重大历史题材美术创作工程”；花灯剧《石月亮》、滇剧《童心劫》分别荣获全国地方戏优秀剧目评比展演二等奖和三等奖；玉溪市红塔区创作的大型舞剧《聂耳》荣获全国第四届歌剧舞剧音乐剧优秀剧目展演三等奖。先后完成了 2006 年云南省春节文艺晚会、2006 年中国昆明国际文化旅游节文艺演出、“四个一批”表彰大会文艺演出、云南省纪念红军长征胜利 70 周年群众歌咏大会、省第八次党代会和第三届泛珠三角区域经济合作论坛文艺演出等大型文化艺术活动；举办第二届云南省滇剧花灯艺术周活动、完成大型原生态音乐集《云岭天籁》的创作排练及赴京演出；举办全省新剧（节）目展演和青年演员比赛，省级直属院团和全省16个州（市）25个参演单位的16台剧（节）目参加展演，评出新剧（节）目综合类金奖3个、银奖4个、铜奖4个和各类单项奖，命名了第四批云南省青年表演艺术家和优秀青年演员。

【公益性文化事业建设扎实推进】

2006年，全省文化基础设施建设得到进一步加强。新建或改建了一批图书馆、文化馆、博物馆和文化站。对“兴边富民工程”文化建设项目进行安排部署，与25个边境县（市）政府签订了项目责任书。省级财政共下达文化建设资金4 730万元，补充下达了“兴边富民”文化建设工程2005年项目资金1 300万元。省博物馆新馆建设的项目建议书编制、项目立项、土地征用等工作已基本完成，外形方案征集、可研报告编制等前期工作正在抓紧进行；云南民族大剧院的建设用地已同省博物馆新馆建设项目一并征用；省话剧团迁建工作取得进展，选址已经确定；云南文化艺术职业学院文化教学楼已立项建设，国家补助资金已经到位。

2006年，全省农村电影“2131工程”免费放映电影13.4万场，观众达3 676.5万人次，全省农村电影放映行政村覆盖率达78%，是全省实施“2131工程”以来放映成绩最好的一年。临沧市、思茅市、曲靖市、楚雄州、红河州农村电影放映行政村覆盖率达100%，率先实现了“一村一月一场电影”的放映目标，全省622个电影放映单位3个月共为社区群众放映电影6 000多场，观众达270万人次。

文化信息资源共享工程加快推进。成立了文化信息资源共享工程云南省分中心，累计建成文化信息资源共享基层站点108个。禄丰县、宾川县、蒙自县等3个县被列为全国文化信息资源共享工程试点县。坚持“一手抓普及、一手抓提高”，社会文化活动日益丰富多彩，社区文艺蓬勃发展，群众文艺创作演出水平明显提高。成功举办云南省第五届民族民间歌舞乐展演，来自全省16个州市的19个民族、700多位艺人和演职人员参加，盛况空前，涌现出一批优秀节目，评选出“彩云奖”金奖12名。

【文化遗产保护工作取得重大进展】

2006年，完成全国文物保护单位维修7项，省级重点文物保护单位维修工程20余项。先后举办“走进古滇国”、“南诏大理国佛教文物展”、“金玉满堂”、“云南文物精品展”等具有地方民族特色的展览；制定下发《云南省文物博物馆事业“十一五”发展规划》和《云南省文物博物馆事业发展的若干意见》，启动了馆藏文物信息化管理工作，公布云南省第三批二、三级风险等级单位，开展第六批省级重点文物保护单位“四有”工作，完成省级文物保护单位（286项）记录档案信息化数据库的建立工作。考古发掘工作成绩明显。完成7条高速公路和高等级公路建设沿线、8个电站淹没区和玉溪—蒙自铁路沿线的考古调查和勘探；完成考古发掘工作7项，发掘面积17 000多平方米；对百色水利枢纽工程云南库区富宁县剥隘镇的文物建筑实施迁移，完成了全省第一个文物建筑大规模整体迁移保护工程。

文物立法和执法工作明显加强。颁布实施《云南省历史文化名城保护条例》、《云南省建设工程文物保护规定》。2006年，全省有44个文物保护项目入选第六批全国文物保护单位，至此，全省已有国家级文物保护单位76个。

2006年，省州县三级非物质文化遗产保护名录颁布。其中，县级人民政府颁布保护名录5 267项，州（市）人民政府颁布保护名录3 173项，省政府颁布保护名录147项。“泼水节”、“阿诗玛”等34项非物质文化遗产入选第一批国家非物质文化遗产名录。成立了云南省非物质文化遗产保护中心，为非物质文化遗产保护工作的深入开展提供了组织保障。

6月3日，全国第一个“文化遗产日”活动期间，开展“十五期间云南十大考古发现”评选活动，举办云南省非物质文化遗产保护成果展、海外回流文物展，召开全省文化遗产保护工作会议和云南省首届非物质文化遗产保护学术研讨会，表彰全省17个文物工作先进集体和40名文物工作先进个人，通过新闻媒体广泛宣传文物遗产知识和保护工作的意义，为文化遗产保护工作营造了良好的社会氛围。

（周颜）

【云南省第六批全国重点文物保护单位】

一、古遗址白羊村遗址（新石器时代·宾川县）　蛯岈图山城址（唐·巍山彝族回族自治县）

二、古墓葬

八塔台墓群（周至明·曲靖市）　营盘村墓群（明至清·永胜县）

三、古建筑

水目寺塔（唐至明·祥云县）　惠光寺塔和常乐寺塔（唐、清·昆明市）　佛图寺塔（唐·大理市）　大姚白塔（唐·大姚县）　曹溪寺（明至清·安宁市）　秀山古建筑群（元至民国·通海县）　指林寺大殿（元至清·建水县）　宝山石头城（元·玉龙纳西族自治县）　安宁文庙（元至明·安宁市）　州城文庙和武庙（明至清·宾川县）　真庆观古建筑群（明至清·昆明市）　黑龙潭古建筑群（明至清·丽江市）　龙华寺（明至清·姚安县）　保山玉皇阁（明·保山市）　朝阳楼（明·建水县）　西门街古建筑群（明·剑川县）　沙溪兴教寺（明至民国·剑川县）　金龙桥（清·丽江市）　勐连宣抚司署（清·孟连傣族拉祜族佤族自治县）　曼短佛寺（清·勐海县）　双龙桥（清·建水县）　长春洞（清·巍山彝族回族自治县）　寿国寺（清·维西傈僳族自治县）　会泽会馆（清·会泽县）

四、石窟寺及石刻

孟孝琚碑（汉·昭通市）　王仁求碑（唐·安宁市）　马哈只墓

碑（明·晋宁县）

五、近现代重要史迹及代表性建筑

五家寨铁路桥（清·屏边苗族自治县） 茨中教堂（清·德钦县） 石龙坝水电站（清·昆明市） 蒙自海关旧址（清至民国·蒙自县） 鸡街火车站（民国·个旧市） 企鹤楼（民国·石屏县） 陈氏宗祠（民国·石屏县） 和顺图书馆旧址（民国·腾冲县） 允燕塔（民国·盈江县） 国立西南联合大学旧址（近代·昆明市） 松山战役旧址（1944年·龙陵县） 抗战胜利纪念堂（民国·昆明市） 民族团结誓词碑（1951年·普洱哈尼族彝族自治县）

【云南省列入第一批国家级非物质文化遗产名录】

民间文学

遮帕麻和遮咪麻（梁河县） 牡帕密帕（思茅市） 四季生产调（红河哈尼族彝族自治州） 格萨（斯）尔（云南省等） 阿诗玛（石林彝族自治县）

民间音乐

傈僳族民歌（怒江傈僳族自治州、泸水县） 哈尼族多声部民歌（红河哈尼族彝族自治州） 彝族海菜腔（红河哈尼族彝族自治州）

民间舞蹈

锅庄舞（迪庆锅庄舞） （迪庆藏族自治州） 木鼓舞（沧源佤族木鼓舞） （沧源佤族自治县） 铜鼓舞（文山壮族、彝族铜鼓舞） （文山壮族苗族自治州） 傣族孔雀舞（瑞丽市） 傈僳族阿尺木刮（维西傈僳族自治县） 彝族葫芦笙舞（文山壮族苗族自治州） 彝族烟盒舞（红河哈尼族彝族自治州）

传统戏剧

花灯戏（玉溪花灯戏） （玉溪市） 傣剧（德宏傣族景颇族自治州）

曲艺

傣族章哈（西双版纳傣族自治州）

民间美术

纳西族东巴画（丽江市） 傣族剪纸（潞西市）

传统手工技艺

傣族慢轮制陶技艺（西双版纳傣族自治州） 白族扎染技艺（大理市） 苗族芦笙制作技艺（大关县） 阿昌族户撒刀锻制技艺（陇川县） 傣族、纳西族手工造纸技艺（临沧市 香格里拉县）

民俗

傣族泼水节（西双版纳傣族自治州） 火把节（彝族火把节） （楚雄彝族自治州） 景颇族目瑙纵歌（陇川县） 独龙族卡雀哇节（贡山独龙族怒族自治县） 怒族仙女节（贡山独龙族怒族自治县） 傈僳族刀杆节（泸水县） 白族绕三灵（大理白族自治州）

（编辑部 整理）

【文化市场繁荣有序】 年内，制定下发《云南省文化市场“十一五”发展纲要》，加强对文化市场的宏观管理，进一步明确全省文化市场“十一五”发展的指导思想、工作思路、总体目标、主要任务和措施要求。

2006年，在全省范围内开展文化市场“集中执法季行动”、“反盗版百日行动”、“阳光行动”，共出动行政执法人员1.8万人次，车辆3 067台次，检查音像单位12 801家次，查处违规经营单位550户。全省共检查音像经营单位44 293家次，收缴非法音像制品78.3万盘（片）及一批非法出版物，先后两次在全省各州市举行了非法音像制品公开销毁活动，共销毁非法音像制品152万盘（片），有力地打击了盗版音像制品等违法犯罪活动，在全社会进一步形成保护知识产权、打击侵权盗版、促进创新发展的良好氛围。

年内，制定下发《云南省文化厅关于巩固专项整治成果深化网吧管理工作的通知》，在对网吧违法经营活动继续保持高压态势的同时，对现有网吧进行重新审核，对经审核合格的网吧面向社会公示。在全省推行网吧管理义务监督员制度，有30多个县（市、区）建立了义务监督员队伍。2006年，全省共查处违规网吧经营户431家（次），取缔无证经营网吧12家，责令停业整顿的网吧有78家。

【文化产业发展态势良好】 2006年，成功举办“2006年国际民间工艺高层论坛暨民间工艺品博览会”，来自美国、德国、英国、日本、韩国等国20多个国家（地区）和全国8个省市以及港澳台的艺术家、专家学者、生产厂商、相关研究机构（组织）负责人等共400余人参会。成立旨在促进国际民间工艺美术、工艺行业交流和发展的“国际民间工艺联合会”，发表《昆明宣言》，通过“国际民间工艺联合会”章程草案，组织国际民间工艺大师作品精品展和工艺品展销，进场观众超过4万人次，现场零售成交额突破500万元。

云南中天文化发展有限公司被国家文化部命名为第二批国家文化产业示范基地，成为我省继云南映象文化产业发展有限公司、丽水金沙演艺有限公司之后的第三个国家文化产业示范基地。积极鼓励和引导非营利性民间文化组织的发展。2006年新审批成立文化类社会团体7个，文化类民办非企业单位3家。

【对外文化交流】 2006年，全省对外派出文化交流团/组30起、636人次，分别前往19个国家。接待外国文化艺术团组和人士32起，989人次，分别来自21个国家。派出赴港澳台文化交流团组和个人8起，173人次；接待7起，17人次。

【省京剧院入选国家重点京剧院团】 为了保护和扶持京剧艺术，文化部于2005年11月起分别对全国27个省、自治区、直辖市的37个京剧院团的剧目生产、队伍建设、演出经营、基础设备设施与经费及院团管理等方面进行了全面评估验收。2006年初，经专家组评估，包括云南省京剧院在内的11个院（团）被评为“国家重点京剧院团”。“国家重点京剧院团”实行以3年为周期的再评估、再验收的动态管理。

【第二届云南省滇剧花灯艺术周】 8月30日，由省委宣传部、省文化厅、省文联、云南聂耳音乐基金会和玉溪市委、市政府共同主办的第二届云南省滇剧花灯艺术周在玉溪聂耳剧院落下帷幕。本届艺术周共有12台剧（节）目、700多位演员参加演出，充分展现了滇剧、花灯艺术的独特魅力。艺术周期间，召开繁荣发展地方戏剧理论研讨会和繁荣发展滇剧花灯艺术座谈会，一批全国知名剧作家、评论家应邀参加研讨。活动结束后，于9月1日在云南艺术剧院举办“第二届云南省滇剧花灯艺术周精品集锦汇报演出”。

【《太阳女》等剧荣获全国优秀剧目展演奖】 9～10月，文化部、广州市政府主办的“2006全国主题歌舞、杂技主题晚会优秀剧目展演”中，楚雄州民族艺术剧院创作演出的《太阳女》荣获优秀剧目一等奖，并入选2007年在武汉举办的第八届中国艺术节；文山州民族歌舞团创作演出的《鼓舞七乡》荣获优秀剧目三等奖。

【《放飞梦想——顶之技》获奖】 10月，文化部主办的第五届全国青少年杂技比赛中，省杂技团参赛作品《放飞梦想——顶之技》夺得此次比赛的文华杂技节目创作铜奖、文华杂技节目表演奖、文华杂技节目技术指导奖。

【纪念红军长征胜利70周年群众歌咏大会】 10月18日，云南省隆重举行纪念红军长征胜利70周年群众歌咏大会——《金沙乌蒙颂红军》。歌咏大会由1个中心表演区和解放军方阵、少数民族方阵、老干部方阵、电力方阵、学生方阵、红云方阵组成，是一台规模宏大、群众性强、云南特色浓郁、气势磅礴的群众歌咏盛会。

【《云岭天籁》赴北京演出】 11月，由省委宣传部、省文化厅、红河州共同推出的大型原生态民族音乐集《云岭天籁》在北京大学百周年纪念礼堂、北京天桥剧场进行公演。该剧是云南精心打造的又一个原生态民族文化品牌，也是原生态民族音乐的荟萃集中和典型体现，展示了原生态民族音乐的独特形象、个性魅力以及在原生态民族音乐创作和表演上取得的丰硕成果。

【大型舞剧《聂耳》再次获奖】 11月，在全国第四届歌剧、舞剧、音乐剧优秀剧目展演中，玉溪市红塔区文工团创作演出的大型舞剧《聂耳》荣获三等奖。这是红塔区文工团继舞剧《白龙泉》2003年获全国第三届歌剧舞剧音乐剧优秀剧目展演三等奖后，作为惟一的县级剧团再次获此殊荣。

【《石月亮》等剧获全国展演奖】 11～12月，在文化部主办的“全国地方戏优秀剧目（南北片）评比展演”中，云南省花灯剧团参演的花灯剧《石月亮》荣获二等奖，云南省滇剧院的新编历史滇剧《童心劫》荣获三等奖。

【全省新剧（节）目展演暨青年演员大赛】 12月8～18日，由省文化厅主办“2006年云南省新剧（节）目展演暨青年演员大赛”在昆明举行。来自省级直属院团和全省16个州市县的25个参演单位的16台（剧）节目参加展演和比赛。经过角逐，白剧《白洁圣妃》、原生态情景歌舞《香巴拉》、话剧《陌生女人》获综合类金奖；交响风采《香格里拉》、歌舞诗《红河》、舞蹈诗《云茶飘香》和《古滇梦·花腰情》获综合类银奖；彝剧《疯娘》、舞蹈诗《凤舞佤山》、原创民族歌舞集《踏鼙》、话剧《墙倒》获综合类铜奖。同时，评出剧作奖、导演奖、音乐创作奖、舞台美术奖、表演奖等单项奖。

【全省青年表演艺术家和优秀青年演员命名】 12月，省文化厅作出《关于命名第四批云南省青年表演艺术家和优秀青年演员的决定》，一批在2006年云南省新剧（节）目展演暨青年演员比赛和近年来在全省全国各项重要舞台艺术活动中取得优秀成绩，并在广大人民群众中享有较高知名度的青年演员，被命名为云南省“青年表演艺术家”和“优秀青年演员”。此次被命名青年表演艺术家11名：万小散、王红星、王树萍、王砚辉、朱福、李红梅、李静、杨洲、欧阳丽梅、黄绍成、彭兵。命名优秀青年演员32名：马晓娟、王晓康、台光远、刘琼、何文婷、妥报勇、张继心、张楠、张薇薇、李飞、李怀秀、杞嵘、杨晗、杨瑜、杨延锋、辛苑、陈庆华、周翠、周霞、岩罕勒、罗霞、胡红、茸巴莘娜、赵毅霞、高少麟、夏嘉伟、崔文健、龚婷、董芸、鲁茸农布、熊汝霖、蔡琼娜。

【“三下乡”集中示范活动】 12月24日，云南省2006～2007年度文化科技卫生“三下乡”集中示范活动在楚雄州武定县举行。省委常委、省委宣传部部长张田欣，省人大常委会副主任梁公卿，15个省级部门的领导参加了示范活动。在集中示范活动上，15个省级部门共向武定县捐赠了137万元的资金和物资。

【云南美术作品入围国家重大历史题材美术创作工程】 2006年，由云南省推荐的赵力中创作的《战争中的国际协作》油画作品入围由文化部、财政部共同实施“国家重大历史题材美术创作工程”。全国共有127名（组）作者（创作负责人）入围国家重大历史题材美术创作工程初选。

（周颜）

【《舞彩云》荣获“全国少数民族文艺会演大奖”】 9月8～9日代表云南省赴京参加全国“第三届少数民族文艺会演”，以较高的艺术水准荣获“第三届全国少数民族文艺会演大奖”。其中，舞蹈节目《跳菜》、《孔雀》、《花倮韵》以及海菜腔《金鸟银鸟飞起来》获优秀节目奖；杨洲、洪红、和金花、李怀秀、钱学涛获优秀演员奖，罗霞、谢军获优秀新人奖，云南省代表团获组织奖。《舞彩云》由序、云中耘、云追月、云中花、云狂舞和尾声6部分组成，注重原创性与创新性相结合，突出“神奇、多彩、精美、和谐”的主题，荟萃了云南民族民间歌、舞、乐的经典作品与精彩样式，其中的彝族海菜腔、傈僳族民歌、傣族孔雀舞、佤族木鼓舞等20余个节目，均列入国务院首批公布的国家非物质文化遗产名录。

（吴萍）

【“兴边富民工程”文化建设项目工作会议】 为贯彻落实省政府关于实施“兴边富民工程”的部署，省文化厅于2006年10月16日在思茅市召开“落实兴边富民工程文化建设项目工作会议”，对“兴边富民工程”文化建设项目进行安排部署。全省边境地区8个州市文化局长，25个边境县（市）分管副县（市）长、文化局长等参加会议。会上，省文化厅与25个边境县（市）分管副县（市）长签订了项目责任书。

（杨习跃）

【全省民族民间歌舞乐展演】 2006年11月21～24日，由省文化厅、省民委共同主办的“云南省第五届民族民间歌、舞、乐展演”在昆举行。全省16个州市代表队的近800名演职人员参加展演，共演出节目60个。演出获得圆满成功，受到各届的关注和好评。共评出声乐节目金奖2个、银奖7个、铜奖11个；舞蹈节目特别奖1个、金奖7个、银奖9个、铜奖12个；器乐节目金奖3个、银奖3个、铜奖5个。11月23日，参加展演的7个州市代表队到昆明桃源广场和南屏步行街广场进行了社区演出，受到了当地群众的热烈欢迎。11月24日，获奖优秀节目组合成综合晚会，在云南艺术剧院进行公演。两年一届的云南省民族民间歌舞乐展演是省委、省政府批准的全省性群众文化活动，已成为全省各民族的一次盛会，成为全省展示非物质文化遗产保护成果的重要窗口和具有较大影响力的文化活动品牌。

（吴萍）

【中宣部领导视察省图书馆】 4月3日，中共中央政治局委员、书记处书记、中宣部部长刘云山和中宣部副部长欧阳坚一行到省图书馆视察。省委书记白恩培，省委副书记、省长徐荣凯，省委副书记丹增，省委常委、省委宣传部部长晏友琼等领导陪同视察。刘云山对省图书馆积极为盲人读者提供服务等做法给予了肯定。

【省图书馆联合参考咨询工作正式启动】 2006年9月，省图书馆正式加入“联合参考咨询网”，向社会提供网上参考咨询服务项目。这标志着省图书馆在依托因特网解答读者咨询方面迈出了重要一步，初步建立起了“以读者为中心”的网络服务机制。“联合参考咨询网”是在全国文化信息资源共享工程国家中心指导下，由广东省立中山图书馆牵头，云南、福建、广西、天津、长春、山东等12个省市的40个公共图书馆合作开展的公益性服务项目，其宗旨是以数字图书馆馆藏资源为基础，以因特网信息资源和各种信息搜手技术为依托，为社会提供免费的网上参考咨询和文献远程传递服务。

【西南地区州市图书馆联盟红河宣言】 11月14～15日，由红河州图书馆承办的西南地区州市图书馆协作网2006年年会在蒙自县召开。来自云南、重庆、四川、广西、贵州的部分州市级图书馆的代表出席会议。与会者通过学术讨论和交流，就建立西南地区公共图书馆联盟达成了共识，共同签署了旨在加强馆际交流与合作，实现资源共享，明确行动方向、战略、计划的“西南地区州市图书馆联盟红河宣言”。

【省图书馆荣获多项荣誉称号】 2006年，共青团云南省委授予省图书馆“云南省青年文明号”荣誉称号；省社科联授予省图书馆学会2004～2005年度“十佳学会”荣誉称号；省精神文明建设指导委员会授予省图书馆“云南省文明单位”荣誉称号等。

（李钊）

【富源大河旧石器遗址】 年内，省文物考古研究所主持发掘的富源大河旧石器遗址入选“2006年度中国十大考古发现”。这是继1992年江川李家山墓地和1999年官渡羊甫头遗址之后，云南考古发掘项目第三次获此殊荣。富源大河遗址的发现表明，旧石器时代中晚期的东西方文化联系发生于中国南方的时间早于中国北方，弥补了中国乃至东亚旧石器时期的考古空白，对研究史前时期的东西方文化关系具有十分重要意义。

（杨泽红）

【文物维修工程】 2006年，完成省级重点文物保护单位陆良大觉寺禅房维修工程、石羊孔庙修复工程、姚安龙华寺山门照壁修复工程、正续禅寺抢险加固工程等20余项维修工程。同时，完成了江川李家山古墓群、晋宁石寨山古墓群、大理喜洲白族民居建筑群、保山汉庄城址的保护规划编制工作。

（马永飞）

【2006中国博物馆建设论坛在昆举办】 7月，由省博物馆主办的“2006中国博物馆建设论坛”在昆明举办。来自北京国际友谊博物馆、中国人民革命军事博物馆、福建博物院、山西博物院、浙江省博物馆、安徽省博物馆等全国17个省市，以及来自美国芝加哥艺术博物馆的代表共50余人参加了论坛。与会代表围绕博物馆新馆建设中的经验教训、博物馆使用功能、展览陈列设计等方面的问题进行了交流和探讨。

（王永胜）

【非物质文化遗产保护学术研讨会】 10月14～15日，省文化厅在昆明召开“云南省首届非物质文化遗产保护学术研讨会”。省非物质文化遗产保护工程专家委员会、省非物质文化遗产保护中心、省文化馆以及省属各科研院所、高等院校和全省各州市县的120位代表出席研讨会。研讨会围绕非物质文化遗产保护这个主题，从学术层面到实践层面，对非物质文化遗产的基础理论研究、学科体系建设以及政策法规、领导体制、工作机制等进行了深入探讨，达成了多方面的共识。

（吴萍）

【“云南文物精品展”赴广州展出】 4～10月，以“苍山洱海滇池魂”为主题的“云南文物精品展”在广州展出。共展出200余件（套）文物精品，主要包括古滇国时期的各种文物、南诏大理国时期的佛教文物和云南明清时期的文物。此次展出从经济、生活、兵器、宗教、艺术等方面向人们展示了悠久神秘的云南古代历史和绚丽多彩的少数民族风情。展览共接待观众17万余人次，媒体报道超过百次。

（王永胜）

【经纪从业人员培训班】 2006年9月，受中国演出家协会委托，省文化厅举办云南省第四期经纪从业人员暨换证培训班，180名演出经纪从业人员参加培训。培训班邀请了省文化厅、省地税局、昆明市公安局等部门的有关人员及云南大学教授进行授课。培训结束时，参训人员参加了由中国演出家协会统一命题、阅卷的考试。对考试合格者，颁发了全国统一编号的在全国范围内具有效力的《演出经纪人职业资格证书》。

（湛玮）

【全国文化市场行政执法人员培训班在昆举办】 10月，文化部市场司在昆明举办全国文化市场行政执法人员培训班，来自全国30个省、市、区的文化市场管理部门、执法机构的150余人参加了培训。培训班聘请了有关部门领导和专家进行授课，广州、长沙、深圳的文化部门介绍了文化市场行政执法工作方面的经验。

【文化市场稽查配备执法用车】 11月20日，云南省文化市场行政执法用车发车仪式在昆明举行。在发车仪式上，省文化厅向16个州市及部分县区的36家文化稽查部门发放了执法用车和电脑设备。这是云南首次向基层文化市场稽查部门统一配发执法用车和计算机设备，对于进一步加强文化市场管理和提高文化稽查部门执法效能起到了有力的保障作用，受到了基层的欢迎。

（郑晓莹）

【国际民间工艺高层论坛暨民间工艺品博览会】 10月21～24日，由省文化厅、中国工艺美术学会、云南国际文化交流中心、云南省翰荣轩文化艺术博物馆共同主办的“2006国际民间工艺高层论坛暨民间工艺品博览会”在昆明成功举办。来自美国、加拿大、英国、日本、韩国、德国、丹麦、马来西亚、澳大利亚、格鲁吉亚、瑞典、法国、孟加拉国、挪威等20多个国家和地区，以及北京、上海、天津、河北、江苏、江西、浙江、福建、内蒙古和港澳台的400多名代表，出席了本次国际民间工艺高层论坛。论坛期间，与会代表就7个议题进行了深入探讨，发起成立旨在促进国际民间工艺美术、工艺行业交流和发展的“国际民间工艺联合会”，并发表了《昆明宣言》，通过了“国际民间工艺联合会”章程草案。“民间工艺博览会”走精品、高端路线，组织了高水准的“国际民间工艺大师作品精品展”和工艺品展销，吸引观众4万多人次，现场零售成交额突破500万元。

【非营利性民间文化组织】 2006年，省文化厅业务主管的非营利性民间文化组织数量明显增长。新审批成立云南省旅游文化研究会、云南省民俗摄影协会、云南省工艺美术行业协会、云南省收藏家协会、云南省国税系统书画摄影协会、云南管弦乐协会和云南省神州新民歌创作推广协会、云南省民间工艺协会、云南国防文化研究会等文化类社会团体9个，省文化厅业务主管的文化类社会团体总数达到15个。新审批成立文化类民办非企业单位4家，省文化厅业务主管的文化类民办非企业单位总数达到16家。

【云南酒歌大赛】 11月27～29日，由省文化厅主办，省文化馆、昆明东盛广告公司承办的“首届云南酒歌大赛”在昆明举行。来自全省16个州市的42个节目、21个民族的200多名选手参加了比赛。最终玉溪市代表队的《蹦木箸勒》、楚雄州代表队的《各升汁巴多》、临沧市代表队的《佤族贺新房酒歌》等8个节目荣获金奖；昭通市代表队的《苗家酒歌》、文山州代表队的《迎客酒歌》等6个节目获得传承奖。同时，组委会还颁发了14个银奖以及20个铜奖。11月29日晚，大赛组委会举行了颁奖晚会及酒歌激情广场演出。

（汪俊）

【对外文化交流】 2006年，云南省对外派出文化交流团组30起、636人次，分别出访日本、韩国、泰国、缅甸、越南、柬埔寨、新加坡、马来西亚、印度、孟加拉、埃及、英国、德国、法国、意大利、瑞典、美国、加拿大、新西兰等19个国家。其中，受国务院侨办和省政府委派，省侨办、省旅游局、省美术家协会、省摄影家协会、云南大学、昆明市民族歌舞剧院联合组团，赴美国举办“文化中国—七彩云南”大型系列文化活动；为庆祝中孟建交30周年，省文化厅与省外办、省新闻办、省杂技团联合组成友好艺术团访问孟加拉国；省滇剧院赴越南参加“顺化国际艺术节”演出；文山州民族歌舞团等应邀参加“越南第5届东北部民族文化节暨河江省建省115周年庆典”演出；

省侨办、保山市歌舞团赴新西兰参加中国总领事馆举办春节联欢演出；省博物馆赴美国参加合作研究；省考古研究所赴英国学习考察文物考古及博物馆事业；省图书馆赴英国、意大利、韩国学习考察公共图书馆事业。接待外国文化艺术团组和人士32起，989人次，分别来自21个国家。其中，省文化厅与省政府新闻办、省社科院、云南国际文化交流中心、云南民族博物馆联合举办了“2007年美国史密森—大湄公河次区域国家民间文化艺术节昆明筹备会议”；省图书馆、省关工委、云南大学与美国青树教育基金会联合举办“2006年信息技术与教育国际学术研讨会”；缅甸歌手及有关艺术团应邀前来德宏参加“中缅两国边民联欢大会50周年纪念活动”演出；老挝、缅甸、越南应邀派出艺术团前来西双版纳参加“澜沧江—湄公河边境经贸文化艺术节”演出；孟加拉国家歌舞团应邀前来昆明进行交流演出。

【接待国外文化团体】 2006年，全省接待了外国文化艺术团组和人士32起，989人次，分别来自日本、韩国、泰国、缅甸、老挝、越南、柬埔寨、马来西亚、菲律宾、孟加拉、德国、法国、瑞士、瑞典、丹麦、挪威、俄罗斯、格鲁吉亚，美国、加拿大、澳大利亚等21个国家。

邀请缅甸歌手及掸邦木姐市艺术团前来德宏参加“中缅两国边民联欢大会50周年纪念活动”演出；老挝琅勃拉邦艺术团、缅甸掸邦景栋艺术团、越南莱州省艺术团前来西双版纳参加“澜沧江—湄公河边境经贸文化艺术节”演出；孟加拉国家歌舞团前来昆明交流演出，共同构建睦邻、安邻、富邻的和平边境，推动中国—东盟自由贸易区的建立，促进我国与东南亚、南亚国家的共同发展。

云南省人民政府新闻办公室、省文化厅、省社会科学院、云南国际文化交流中心、云南民族博物馆联合举办了“2007年美国史密森—大湄公河次区域国家民间文化艺术节昆明筹备会议”，美国史密森学会、康涅狄格学院、洛克菲勒基金会、福特基金会、柬埔寨文化艺术部、老挝新闻文化部、泰国诗琳通公主人类学中心、越南文化通讯部都派出代表莅昆参会，就2007年6月共同在美国首都华盛顿举行“史密森—大湄公河次区域国家民间文化艺术节”达成共识，并落实了项目和经费，以促进世界的和平、发展、合作。

年内，经中共云南省委外宣办推荐促成，云南中威民族文化传播有限公司与俄罗斯国家芭蕾舞团合作，由中俄著名剧作家、音乐家、舞蹈家联手，共同将誉为“东方小夜曲”的云南民歌《小河淌水》创作为同名芭蕾舞剧，把云南民族民间的文学题材与俄罗斯风格的芭蕾舞艺术嫁接，用国际化的艺术语言演绎中华民族的经典，相继在北京、上海、浙江、云南巡回演出，受到广泛热烈的欢迎和赞誉。同时，中俄联合创作演出的芭蕾舞剧《小河淌水》还将作为外交部立项的2007年在俄罗斯举办“中国年”的重点项目，也将成为云南2007年对外文化交流的最大亮点之一。

【对港澳台文化交流】 2006年，全省共派出赴港澳台文化交流团组和个人7起，158人次。接待7起，17人次。其中，红河州建水彝族花灯剧团赴香港参加大埔各界庆祝国庆演出；云南民族村高原艺术团赴澳门参加“庆国庆，展现民族风情”系列活动演出；昆明市民族歌舞剧院赴澳门参加“月满照濠江”庆中秋系列活动演出；云南吉鑫艺术团第五次参加“澳门美食节”演出。云南映象文化产业发展公司代表参加文化部组团，赴台湾交流大陆发展文化产业的经验。云南省人民政府台湾事务办公室、新闻办公室、云南电视台、西双版纳州、州委统战部、州文体局、州歌舞团联合组团，应台湾威景文化事业有限公司邀请，赴台湾举办了“2006七彩云南·台湾再现”民族文化交流活动，通过民族歌舞和服饰表演、云南普洱茶展销推广、云南摄影展览等活动，在台北、新竹、桃园、高雄、台中、台东、花莲等县市广泛与台胞交流座谈，增进台胞对大陆、对云南的了解。文化部中华文化联谊会、云南省文化厅、文山州文化局、文山州民族歌舞团联合组团，应台湾传大艺术有限公司邀请，赴台北、中坜、台中、彰化、台南、新竹、嘉义等地演出了《云南风情》原生态歌、舞、乐晚会，展现云南各族人民生生不息、欣欣向荣的生活风貌。对台文化交流项目受到台湾同胞及当地媒体的热烈欢迎和高度赞誉，获得圆满成功。

（*顾群*）

广播电视

【概述】 2006年，全省有省州（市）县级广播电视播出机构151个，其中，省州（市）级广播电台16座（包括未单独设置的）计29套节目，电视台17座计41套节目；县级广播电视台119座（包括已批准建立正待完善或组建的县级广播电视台）。按新的统计口径，全省有1千瓦以上的中短波广播发射台57座，调频广播发射台199座，电视转播发射台140座，卫星地面收转站4.89万座，形成了城市和农村联通，卫星、无线、有线结合的多形式多层次的广播电视传输网络。

架起与百姓沟通的桥梁　　　　（省财政厅　提供）

全省广播人口覆盖率92.02%，电视人口覆盖率93.68%，比上年分别增加0.99%和1.05%。省电台和省电视台的节目通过卫星传送，可覆盖全省和全国部分省区和东南亚地区。全省有线广播电视传输网络干线网（按新的统计口径）总长4.46万千米，有线电视用户364万户。省电台现有新闻广播、民族语、国际、生活之声、音乐之声"青春100"、音乐之声"缤纷97"、交通之声、香格里拉之声、少儿娱乐调频（试播）共9套节目，全年播音5.22万小时（不含试播），日均播音142.92小时，比上年日均增加18.8小时。除汉语节目外，全省各级电台开办了藏语、西双版纳傣语、德宏傣语、拉祜语、景颇语、景颇载瓦语、傈僳语、苗语、壮语、瑶语、哈尼语、彝语、佤语共13种少数民族语言节目及越南语节目。全省州（市）级以上电台（含未独立设置的广播频率和独立设置的县级电台）全年播音18.03万小时（不含试播），日均播音493.9小时，比上年日均减少18.3小时。云南电视台现有卫视、都市、民族旅游、生活资讯、电影、新闻综合、猜猜少儿（试播）共7套节目，全年播出4.38万小时（不含试播），日均播出120小时，与上年相当。其中，云南卫视每日24小时播出。全省州（市）级以上电视台全年播出23.3万小时，日均播出638.43小时，比上年日均增加99.3小时。2006年，省广电系统全年创收7.4亿元，其中，省电视台创收首次突破4亿元，省电台创收比上年增长28%。

【广播电视宣传报道】　2006年，云南省广播电视系统对全国和云南"两会"，省电台、电视台精心策划，采用多种形式对"两会"进行全方位、多层面的报道，及时反映人大代表、政协委员积极参政议政的情况。"十五"成就和"十一五"展望宣传报道方面，省电台在《576早新闻》、《全省新闻联播》中开设"辉煌十五"专题，省电视台推出大型系列报道《云岭大地气象新》栏目，多次与州市台演播室连线同播，反映全省各地"十五"成就和"十一五"前景。胡锦涛总书记到云南视察后，两台广泛报道全省各地贯彻落实总书记讲话精神的情况。省第八次党代会召开时，两台开办《喜迎八次党代会》等专栏，进行全面深入报道宣传。其中，省电台的报道有900多条。对建党85周年、长征胜利70周年、共产党员先进性教育、社会主义荣辱观教育、民主评议行风、建设社会主义新农村、"泛珠三角"区域经贸合作洽谈会、昆交会、"防止艾滋、禁绝毒品"、安宁森林火灾等重大活动和突发事件，均作了全面生动的宣传报道。省电视台少儿频道试播顺利，省电台少儿频率节目影响日增。坚持推进广播电视节目的改革改版。省电台和中国广播电视协会联合举办的"广播百年/中国·云南广播节"系列活动，以"回眸与展望，让广播的历史告诉广播的未来"为主题，包括世界广播史展览、收音机收藏精品展、优秀广播节目暨广告作品展、"女性与广播"高层论坛、中国交通广播产业发展论坛、云南广播群成立签约、省电台大型直播团队成立、省电台主持人艺术团成立、省电台交通之声"爱心送考"全省联动签约仪式等多项活动。全年共播出新闻稿件2.4万多条（组），105件作品获国家和省级政府奖。省电视台卫视频道、公共频道改版后，频道进一步明确了定位，《今日话题》、《都市条形码》、《民生关注》、《走遍云南》等多个栏目改进或调整后，节目质量明显提高，各频道收视率都有较大提升。据央视索福瑞公司提供的数据，2006年云南卫视收视提升超过30%。其中，以关注民情、报道民生新闻为主旨的《都市条形码》收视率名列第一，被评为云南省广播电视政府奖"十佳栏目"。省电视台全年共录制建党85周大型晚会、红军长征胜利70周年大型演出等大型活动40台节目播出。在第12届全国青年歌手电视大奖赛中，云南电视台代表队获团体银奖、原生态演唱金奖，组合演唱银奖、铜奖，美声唱法、民族唱法铜奖的佳绩，创云南参赛以来最好成绩。

（戴美政　甘德跃　松云青）

【事业建设】　2006年，全省按时完成国家下达的1.29万个新通电行政村和50户以上通电自然村的建设任务，使近200万农村人口收听收看到广电节目。但扩大广播电视覆盖任务艰巨，全省仍有20户以上的广播电视盲点自然村7.18万个。“村村通”工程仅靠国家计划拨款，经费短缺，设备失修，工程完好率仅4/5。年内，云南电视台完成传输系统的数字化改造，实现全台节目播出数字化，并建成手机电视播出平台。8月，云南省“中央广播电视节目农村无线覆盖工程”顺利启动，分4期至2010年完成，是新一轮广播电视“村村通”工程建设的重要内容。同月，国家广电总局正式批复同意《云南省有线数字电视整体转换技术方案》。省政府即后下发通知，全省有线电视数字化整体转换工作分4个阶段将在10年内完成。

【云南电视台与州市台合作】 2006年，云南电视台与保山电视台、昭通电视台签署的战略合作协议开始实施，云南电视产业发展开始进行全省广电传媒集约化经营，建设全省统一的电视媒体市场，整合优化电视资源配置的创新探索。协议规定，在坚持“四个不变”（双方法人主体地位、喉舌功能、频道宣传权和管理权、行政机构人员身份均不变）的前提下，云南电视台全面负责合作方的经营业务，并为合作方的宣传业务提供帮助和指导，双方互利协同，共同发展。云南电视台对两家州市台的节目编排、栏目设置、频道定位等方面进行统一的设计和包装，并通过各种形式对两台人员进行业务培训，使对方的整体形象获得较大改变。通过集中人力财力精办节目，保山电视台的自办栏目从原来的8个缩减为6个，昭通电视台自办节目不规范、随意性较大的问题得以解决，两台播出节目也从原来每天8小时增加到18小时，较好地满足了当地观众的收视需要，在两地党委政府和广大受众中引起强烈反响。在云南电视台的指导下，两家州市台的观念更新，素质提高，节目质量和屏幕形象明显改观，广告经营也逐步迈入管理科学化、操作规范化、服务人性化的阶段。2006年，保山电视台广告创收374万，昭通电视台广告创收269万，均创历史最高水平。当年，云南电视台为两台各提供电视剧2 000多集、电影1 000多部，其中，80%以上是多轮重播剧目，为云南台增收130多万元。

（薛帆）

（本栏文稿除署名作者外，均由戴美政供撰）

新闻出版

【概述】 2006年，全省有出版物发行单位8 830个，销售收入38.5亿元，利润2.4亿元，从业人员5.4万余人。销售收入和利润比上年分别增长7.2%和6%。

全省有出版集团1家（云南出版集团公司），各类出版社14家，包括图书出版社8家，音像出版社4家，电子出版物出版单位2家。8家图书出版单位，职工660人，其中在编428人，正式聘用232人；正高职45人，副高职79人，中级职称105人，初级职称105人。图书音像出版社年出版图书音像2 471种，总印数1.74亿册、总印张106.85亿印张，比上年分别增长11.86%、29.85%、35.48%，全年完成销售收入5.26亿元，实现利润9 085万元。电子出版社出版电子出版物20种。

2006年，全省有报业集团1个，报刊189种，其中报纸63种，期刊126种。期刊总印数2 898万册，总印张17.32亿张，比上年分别增长25.57%，65.43%。

【图书出版管理】 年内，各图书出版单位，坚持正确的出版导向，出版发行了一大批优秀精品出版物。共出版发行《江泽民文选》20.5万套。12项图书、6项音像出版物、3项电子出版物选题入选新闻出版总署重点选题规划。共出版“八荣八耻”选题图书出版物83种，其中图书80种、画册（挂图）3种。晨光出版社、云南人民出版社、云南美术出版社出版的大型画册《郑和史诗》和云南教育出版社出版的《中国当代少数民族文学史论》获“首届中华优秀出版物（图书）奖”。云南人民电子音像出版社出版的《实战普洱茶》，获“首届中华优秀出版物（音像）提名奖”。

全省服务社会主义新农村建设图书、音像、电子出版物品种以每年20%的速度增长。全年向新闻出版总署报送服务“三农”优秀图书32种。云南科技出版社被评为“全国新闻出版行业服务社会主义新农村建设出版发行先进集体”，该社出版的《农村日用大全》被评为全国服务“三农”优秀图书，1名编辑被评为“全国新闻出版行业服务社会主义新农村建设先进个人”。云南民族出版社用12种民族文字编译出版《农村实用知识读本》第一辑。《云南省实施〈中华人民共和国民族区域自治法〉办法释义》、《民族理论与民族发展》、《云南民族自治地方“十五”经济社会发展文献》、《云南民族工作大事记》等图书，为宣传平等、团结、互助、和谐的社会主义民族政策，推动民族地区经济社会的发展，传承民族文化起到了积极作用。

（岳华）

【报刊出版管理】 2006年，全省有报业集团1家（云南日报报业集团），报刊189种，报纸63种，其中，综合类报纸32种（含少数民族文字版6种），行业专业类报纸25

种，生活服务类报纸2种，读者对象类报纸3种，文摘类报纸1种。报纸总印数5.33亿册，总印张231.64亿印张，比上年分别增长6.85%、27.39%。期刊126种，其中，党刊1种，社科、政治、经济、教育、学术理论类17种，综合文化生活类期刊20种，文学类期刊8种，外文4种，少数民族文字3种，自然科学期刊40种，高校学报33种。期刊总印数2 898万册，总印张17.32亿印张，比上年分别增长25.57%、65.43%。

省新闻出版局以年度核验为手段，对全省63种报纸、126种期刊和89家驻滇记者站（办事处）进行年度核验及规范。对建站规范、工作业绩好的83家驻滇记者站给予通过年检；撤消了6家记者站，1家报纸给予行政警告处分，予以缓验；1家期刊与外省出版社合作经营，未经行政管理部门批准，将编辑部移到省外，违反《期刊出版管理规定》，作暂缓核验处理；1家报纸因休刊超过180日仍不能正常出版，给予报批撤销报纸出版许可证。经过2006年年检和登记工作，全省登记在册的正式记者站共有90家，其中，中央党报1家，部委级报纸78家，省级报纸3家，杂志社5家，香港报纸3家，记者站结构趋于合理。

2006年4月，开展第二届全省优秀期刊奖评选活动。省内95种期刊参与评比，其中，社科期刊58种（含少数民族文版3种、外文版2种）、科技期刊37种。评选出本届优秀期刊奖16名、优秀期刊提名奖27名、优秀主编奖30名、优秀编辑奖81名、优秀栏目奖65名、优秀装帧奖23名。

（刘水云）

【印刷业发展及管理】 2006年，全省共有印刷企业4 650家，从业人员3.7万人。其中，出版物印刷企业114家，出版物排版、制版、装订专项企业18家，包装装潢印刷品印刷企业430家，其他印刷品印刷企业411家，三小印经营户3 679家。在印刷企业中，国有企业55家，民营企业4 595家。全年印刷业工业总资产67亿元，工业总产值47亿元，销售收入43亿元，利润7.98亿元，税金2.13亿元。

1～3月，对省管的193家出版物、53家大中型包装装璜印刷品和2家其他印刷品印刷企业进行年度检验工作。3月13～18日，组织60多名专家对全省书报刊和内部资料性出版物印刷产品进行印装质量检测认定。与上年度相比，优质产品增加192种，1 624.4印张。图书、教材优质品率平均上升了4个和5个百分点。

（胡延军）

【出版物发行】 2006年，全省共有出版物发行单位8 830家，销售收入达38.5亿元（含音像制品），利润2.47亿元，从业人员5.4万余人。销售收入和利润比上年分别增长7.2%和6%。出版物发行单位中有出版物总发行单位2家、全国连锁出版物经营总部1家、中外合资出版物零售单位1家、出版物批发单位110家、网上书店2家、读者俱乐部71家。图书发行单位中，国有单位320家、民营单位3 525家，民营单位占总发行单位的91%。

全省110家批发单位均实行了网上年检登记，合格率达95%，3家单位被缓期登记，1家单位受经济处罚。新知图书城有限责任公司在云南省建有22个直营连锁书城基础上，到四川成都、攀枝花及贵州遵义建立3个直营连锁分店。在“2006年度民营书业评选活动”中，昆明新知图书城有限责任公司获乡村贡献奖，昆明新知图书城购书中心获最佳书城奖。

【第三届泛珠三角出版论坛在昆举行】 9月12～13日，第三届泛珠三角出版论坛在昆明召开。共有来自9省区50余家出版单位、印刷企业的50多个项目在本届论坛上进行了推介、合作洽谈，涉及资金50多亿元。其中特大项目5个，涉及资金10亿多元。会上初步签约项目6个，资金近0.6亿元。

（何萍）

【版权贸易和版权管理】 年内，认真做好“4.26世界知识产权日”的宣传教育活动。为做好版权贸易服务工作，应出版社请求，进行版权贸易合同规范性审核，按规定对45种图书、1种软件、1种期刊引进版权合同进行了备案登记，尽量减少版权贸易合同执行中发生纠纷。为著作权人进行作品自愿登记81件。

7月15日至10月25日，在全省范围内深入开展“反盗版百日行动”。各级行政执法机关共检查经营单位55.7万户次，收缴各类非法出版物169万余册（盘），其中盗版音像和计算机软件制品、书刊114.7万余册（盘），行政处罚822起，其中交由司法机关实行刑事处罚19起，吊销许可证11起，为维护市场经济秩序，保护知识产权，净化文化市场，起到了重要作用。省版权局全年共鉴定涉嫌侵权盗版出版物45批。查处玉溪、大理、思茅和丽江等地的7起网络侵权案。

（张晶）

卫　生

【概述】　2006年，全省每千人口病床数由上年2.22张增加到2.28张，增长2.7%；每千人口卫生技术人员数由2.66人增加到2.69人，增长1.1%；病床使用率由74.7%提高到77.0%，提高2.3个百分点；乡镇卫生院病床使用率由37%提高到40%，提高3个百分点。农村卫生工作取得新成效，新型农村合作医疗试点取得突破。农村妇幼卫生工作成效明显。城镇传染病发病率由253.2/10万下降到239.5/10万，下降13.7个十万分点；艾滋病疫情掌握率由50%提高到61%；急性血吸虫感染病例由15例减少到2例；婴儿死亡率由21.5‰下降到16.8‰，下降4.7个千分点。

【农村卫生】　年内，全省调整新农合实施方案，全省新型农村合作医疗试点稳步扩大，落实补偿政策，52个新农合试点县参合农民不同程度受益；已确定新农合试点2007年在剩余的77个县全面铺开。全年共安排农村卫生服务体系建设项目340个，基本建设资金1.95亿元。农村妇幼卫生工作成效明显，超额完成孕产妇HIV筛查任务。

【城市卫生】　2006年，认真贯彻落实国务院《关于发展社区卫生服务的指导意见》，对云南省发展城市社区卫生服务工作有关问题进行专题调研，形成《云南省人民政府关于贯彻国务院〈关于发展社区卫生服务的指导意见〉的实施意见》（送审稿），实施了城市社区卫生能力建设和重点工作项目，城市社区卫生服务有新的发展。继续深化城市医疗卫生服务体制改革，接收了昆明铁路局原医疗单位离退休人员，国企自办医院分离工作取得阶段性成果。积极实施“远程可视医疗县县通”项目，全省111个远程可视医疗县县通项目站点的初验工作全部完成。无偿献血工作硕果累累，全省无偿献血率达95.96%。

【疾病预防控制】　年内，加强禽流感防控工作，在全省开展防控人感染高致病性禽流感工作监督检查，与湄公河流域疾病监测项目组织和美国RAND公司开展“禽流感防治桌面演练试验”，提升了禽流感防治能力。加大防艾工作宣传和监测检测力度，艾滋病干预工作的覆盖面、强度、频度和质量不断得到扩大和提升，治疗阻断稳步推进。完成全省血吸虫病流行地区基本情况调查；在全省范围内全面开展了一轮脊髓灰质炎疫苗应急扫荡免疫活动，在昆明举办4期结核病控制项目实验室质量控制培训班，在大理市举办TB/HIV双重感染试点启动培训班；发布实施《云南省突发公共卫生事件应急预案》和《云南省突发公共事件医疗卫生救援应急预案》，启动应急指挥系统项目建设一期工程，全省基本形成完整的卫生应急预案体系，及时有力地处置了200多起突发公共卫生事件。

【公共卫生和医疗服务体系建设】　年内，全省147个国债疾病预防控制体系建设项目完成。142个医疗救治体系建设项目已竣工132个，在建10个。752个农村卫生服务体系建设项目竣工455个，在建201个。卫生部的中西部卫生监督机构能力建设方案共安排全省县级卫生监督机构47家，州市级卫生监督机构5家，安排资金2 167万元。

【中医】　2006年，全省继续加强农村中医药工作，确定了首批云南省农村中医工作先进乡（镇）建设单位，2005年度农村中医药服务能力建设项目的设备招标工作正式启动。加大了社区卫生服务人员中医药知识培训力度，举办两期社区医生实用中西医知识培训班。继续加强重点专科专病建设，6个中医重点专科通过省级评审验收。完成“云南省中医名科”资格的评审工作。傣医医师资格考试（试点）工作顺利完成。中医药治疗艾滋病试点项目工作稳步发展。加强全省中医药系统信息化建设，全省中医医院基本情况实现了网络直报。

【业务培训】　2006年，举办3期“云南省病原微生物检测实验室生物安全能力建设及技术培训班”，在上海举办滇沪合作云南省卫生系统办公室主任和科教管理干部两个培训班，启动了全省卫生系统艾滋病全员培训工作。9月，在南昌召开的全国继续医学教育的研讨会上，云南省被评为全国继续医学教育先进省份之一。

【卫生法制教育与执法监督】　年内，完成《云南省艾滋病防治条例》立法工作及《殡葬管理条例（修订草案送审稿）》修订草案、《中华人民共和国食品安全法（征求意见稿）》等法律法规征求意见的论证工作。组织《中华人民共和国职业病防治法》宣传周活动和《中华人民共和国行政复议法》宣传活动，在厅机关组织3次法制讲座。继续加大节假日食品卫生监管力度，通过发布食品卫生安全预警公告、加强健康相关产品卫生监督抽检等措施，有效控制食物中毒事故和食品安全事件。打击非法行医“雷霆”行动、传染病防治执法检查和职业病防治工作取得明显成绩。

【人才队伍建设】　2006年，全省1 008人参加高职评审，887人通过。完成高层次人才享受政府购房补贴和工作经费资助申报评选。2003年选派到乡镇卫生院工作的100名大学毕业生，经考试、考核后按比例推荐收回20名安置在省级医疗卫生单位。面向社会公开招聘一批博士、硕士及大专以上毕业生。

【干部保健】 2006年，认真落实《关于进一步加强和改进全省干部保健工作的意见》，完成在职副省级以上领导干部配备保健医师工作。加强离退休人员管理工作和老干工作队伍建设，关心老干部的晚年生活，组织离退休管理干部的学习考察和工作经验交流活动，省卫生厅被省政府评为“全省老龄工作先进集体”。

【评审省级荣誉名中医和名中医】 2006年2月21日，云南省卫生厅制定下发《云南省中医名院、名科、名医评选办法（试行）》及《云南省名中医、荣誉名中医评选实施细则》，并组织了云南省名中医、荣誉名中医评选工作，经单位和行政管理部门推荐申报，云南省中医“三名”评选委员会评审并公示，云南省卫生厅授予熊辅信等14人云南省荣誉名中医、夏惠明等23人云南省名中医称号。

【药品采购】 4月10～12日，陈觉民厅长到宣威市调研群众“看病难、看病贵”问题并就药品集中统一采购提出要求：争取做到一统一、两同价、三确保、四满意。即统一集中采购；县、乡、村药品同价，医疗机构与市场药品同价；确保配送给医疗机构使用的药品种类达到国家规定用药目录的95%以上，且价格等于或低于省（市）统一招标采购价，确保配送药品质量100%符合国家GMP认证标准，确保药品供应单位供给的药品与医疗机构应付给供货单位的药品采购款按时足额到位；争取做到患者满意，医院满意，社会满意，政府满意。

【云南省艾滋病关爱中心建设工程开工】 5月26日，云南省艾滋病关爱中心/传染病专科医院建设工程正式开工，工程倍受省委、省政府和社会广泛关注。

（熊颖）

体　育

【概述】 2006年，全省体育行业认真贯彻中央建设社会主义新农村的要求，大力发展农村体育组织，培训骨干队伍，开展经常性体育活动，把全民健身服务体系覆盖到广大农村，启动“农民体育健身工程”，作为全省“十一五”期间农民健身工作的龙头。全省129个县（区、市）各安排了1个试点，先期投入104万元的器材及70万元的资金补助。“农民体育健身工程”将使广大农民能够享受到基本的体育服务，起到增强农民体质、促进农村三个文明建设的重要作用。

2006年，全省构建具有特色的全民健身体系取得明显成效。腾冲、会泽、江城、广南、禄丰、新平等县达标，获得“小康体育特色县”称号。“小康体育特色县”的创建从体系上进一步完善了全省全民健身体系建设，为全面建设小康社会做出积极贡献。

当年，云南运动员参加国内外重大比赛共获21个冠军、17个亚军、15个季军，5名运动员、教练员入选15届多哈亚运会中国代表团，1人获冠军。

【城市社区体育服务】 2006年，为全面贯彻国务院《关于加强和改进社区服务工作的意见》，落实《全民健身计划纲要》，坚持城市体育以社区为重点的要求，省体育局继续在全省开展“体育特色先进社区”的创建活动。截至2006年底，达到条件并获得命名的“体育特色先进社区”105个，占居委会社区总数的10.2%。年内，由中央文明办、国家体育总局、共青团中央和中央电视台共同主办的第二届全国“四进社区”优秀体育健身项目展

云南省第12届省运会在红河彝族哈尼族自治州隆重开幕

（省体育局　提供）

演活动在天津落下帷幕，云南选送的花腰傣健身操得到一致好评，获优秀节目奖。在表彰大会上，新平县五桂社区等5个社区被国家体育总局命名为“全国体育先进社区”称号。全省累计有19个社区获得该项荣誉。

【“全民健身周”活动】 2006年，在“生活奔小康，身体要健康”的口号号召下，围绕“健康快乐迎奥运”的主题，全省各地广泛开展“全民健身周”活动，进一步提高群众体育健身意识和体育法律观念。省体育局、昆明市、五华区联合举办大型“七彩翠湖”社区文化体育节暨省级“全民健身周”活动启动仪式，在省级的示范和带动下，各地结合实际开展各类群众体育健身活动并普及《云南省全民健身条例》等体育法律法规，引导群众科学锻炼。“全民健身周”期间，各类媒体进行相关报道460多篇、298次，粘贴各类标语、横幅2 600多条，形成了良好的全民健身宣传氛围。据不完全统计，全年各项全民健身活动达88项，参加活动的总人数达404.2万多人，为全省深入贯彻实施《全民健身计划纲要》，普及体育法律知识，宣传北京奥运会营造了良好的社会氛围。

【推广健身气功法】 年内，省体育局结合云南实际，制定《云南省健身气功管理暂行办法》。10月15日至11月30日，在全省各州市开展全国四种健身气功系列展示活动，举办全省健身气功管理干部培训班，达到了打击邪教、占领阵地的目的。全年全省已注册健身气功站点204个，习练群众近万人，四种新功法的推广工作在全省呈现出良好的发展局面。

【全省国民体质综合指数】 2006年9月，国家体育总局公布的《全国国民体质监测公报》显示，云南省国民体质综合指数为100.34，列全国第17位，西部12省（区、市）第2位。全省经常参加体育活动的人口占总人口36%以上，部分州市超过40%。表明全省多年来贯彻实施《全民健身计划纲要》，广泛开展全民健身活动，群众体育健身意识明显增强，取得良好成效。

【云南省第十二届运动会】 8月17～25日，由云南省体育局、云南省教育厅、云南省总工会联合主办、红河州人民政府承办的云南省第十二届运动会在红河州蒙自、个旧、开远和建水4个县市举行。本届省运会共有16个州市代表团的3 039名运动员参加了青少年组19个项目的比赛，90多个代表团（队）的1 229名运动员参加了成年组13个项目的比赛，是全省规模最大、项目最多的一届运动会。一批有潜力的后备人才脱颖而出，取得了一系列优秀运动成绩，有1人次超1项世界纪录，平1项世界纪录，41人次超30项省纪录，11人次超9项省青年纪录，3人次超2项省青少年纪录，为全省选拔优秀运动员参加2008年北京奥运会和2009年第十一届全国运动会打下了良好基础。

【体育彩票销售】 2006年，全省体育彩票销售取得跨越式发展，首次突破10亿元大关，达11.47亿元，增长44.82%，创造了历史最好成绩，被国家体育总局授予“2006年度全国体育彩票工作贡献奖”。

【“健康促小康”工程】 2006年，省体育局在2004年起全省实施“健康促小康”工程（简称“两康工程”）的基础上，继续积极推进。通过实施“两康工程”，逐步形成州（市）和县两级满足群众健身需求及体育事业发展的基本的体育设施。至2006年末，共安排项目12个，投入资金2 010万元，昭通市体育场在省第八届少数民族传统体育运动会投入使用。

（吕汇慧）

民　　族

主　　编　陈天武
责任编辑　李红菊

民族事务

【概述】　2006年，云南民族工作坚持以邓小平理论和“三个代表”重要思想为指导，以科学发展观统领民族工作全局，深入学习贯彻胡锦涛总书记、回良玉副总理视察云南时的重要讲话和中央、云南省民族工作会议精神，围绕各民族“共同团结奋斗、共同繁荣发展”的主题，认真贯彻落实《国务院实施〈民族区域自治法〉若干规定》和全省的实施《办法》、《中共云南省委、云南省人民政府关于进一步加强民族工作，加快少数民族和民族地区经济社会发展的决定》等党和国家的民族政策和法律法规，推进云南民族团结进步事业全面发展。

紧紧围绕构建社会主义和谐社会和加快民族地区社会主义新农村建设，认真落实国家和省对少数民族地区的各项优惠政策，坚持分类指导，因地因族举措，全面推进“兴边富民”、扶持人口较少民族发展、民族团结示范村建设等，促进少数民族和民族地区经济协调全面发展。2006年全省民族自治地方生产总值、全社会固定资产投资、地方财政收入、农民人均纯收入分别比上年增长13.2%、27.13%、21.7%和9.2%。

坚持“团结、教育、疏导、化解”的方针，正确处理两类不同性质的矛盾，通过完善民族团结目标管理责任制，加强民族政策宣传和民族团结教育活动，积极稳妥处理涉及民族关系的“热点”、“难点”问题，使各种矛盾纠纷解决在基层，化解在萌芽状态，全省没有发生因民族问题引发、影响全局的重大群体性事件，为实现“十一五”良好开局营造了团结和谐的社会环境。

突出抓好人才培养这个关键，进一步打牢民族教育基础，促进各项社会事业发展和社会进步。“两免一补”政策及提高寄宿制学生生活补助、分民族定向招生、大中专院校降分录取、人口较少民族和云南特有民族大中专班等特殊措施的实施，为民族教育和少数民族人才培养提供了政策保障，全省少数民族人才总数达27.3万人。

围绕建设民族文化大省的战略目标，大力弘扬优秀少数民族文化，推进民族文化的保护、传承和创新发展，民族古籍文物抢救整理、民族语言文字的研究和出版、民族文物的展览和交流、民族文化的宣传等成效显著。参加第三届全国少数民族文艺会演取得优异成绩，成功举办了省第八届少数民族传统体育运动会和省第五届民族民间歌舞乐展演等。

（董清强）

【省委民族工作领导小组（扩大）会议】　9月29日，省委民族工作领导小组（扩大）会议在昆明召开。会议传达学习了胡锦涛总书记关于民族工作的重要指示精神和全国“省部级领导干部民族工作专题研讨班”、“贯彻落实中央民族工作会议经验交流会”精神，检查和总结交流了全省民族工作会议以来各地、各部门的贯彻落实情况。省委常委、省委统战部部长罗正富传达了胡锦涛总书记关于民族工作的重要讲话和全国“两次”会议精神，并就贯彻落实问题提出了要求。副省长李汉柏就会议精神的贯彻落实作了安排部署。省民委主任、省委民族工作领导小组副组长格桑顿珠汇报了一年来贯彻全省民族工作会议精神情况。楚雄、昭通、红河、玉溪4个州市和省委组织部、省发展改革委、省教育厅、省财政厅4个省级部门在会上作了贯彻落实全省民族工作会议精神经验交流。省委民族工作领导小组成员单位、省直有关部门和16个州市有关领导出席了会议。

【全省民委工作会议】 2月24日，全省民委工作会议在昆明召开。副省长李汉柏、省政协副主席管国忠和16个州市分管民族工作的领导、省委民族工作领导小组成员单位以及省直有关部门的领导，16个州市民委（民宗局）和129个县（市、区）民委（民宗局）的负责人等400多人参加了会议。这次会议是继1998年之后规模最大的一次民委工作会议。会议回顾总结了“十五”期间全省民族工作和民委工作，对2006年民族工作作出了部署。会上，李汉柏副省长代表省委、省政府作了重要讲话，省民委格桑顿珠主任作了工作报告。

【胡锦涛视察云南少数民族地区】 5月11～15日，中共中央总书记胡锦涛在省委书记白恩培、省长徐荣凯和省民委格桑顿珠主任等的陪同下，到云南西双版纳、思茅等民族地区调研慰问。期间，胡锦涛总书记深入景洪市基诺山乡和嘎洒镇曼嘎村，向基诺族群众和傣族群众问寒问暖。胡锦涛总书记要求各级党委和政府加大对人口较少民族的扶持力度，促进人口较少民族改变落后面貌、过上富裕生活，真正使建设社会主义新农村成为惠及各族农民群众的民心工程。

【白恩培赴德宏州就边疆民族地区进行调研】 11月27～29日，省委书记白恩培在省民委主任格桑顿珠等省直有关部门领导的陪同下，到德宏州陇川县陇把镇曼崩村、景罕镇壮赛村等，就跨境少数民族生产生活问题进行调研。29日上午，白恩培书记在陇川县主持召开调研座谈会，听取德宏州、陇川县和省直有关部门的汇报，提出要认真贯彻胡锦涛总书记等中央领导同志就加快少数民族和民族地区经济社会发展的批示精神，采取切实有效措施，推进“兴边富民”行动，实施兴边富民工程，加快边境民族地区、人口较少民族地区的发展，限期解决跨境少数民族生产生活中存在的突出困难和问题。

【中央督查组赴云南督查民族工作】 10月18～25日，由中央办公厅、中央统战部、国家民委、国土资源部、交通部、卫生部组成的中办、国办联合督查组到云南省督促检查贯彻落实中发10号文件和中央民族工作会议精神的情况。督查组对全省进一步深入贯彻中央《决定》和民族工作会议精神提出了建议：一是把贯彻落实中发10号文件和民族工作会议精神进一步引向深入；二是进一步解决好边境少数民族特困户、“直过区”特困群众和人口较少民族生产生活中遇到的突出困难和问题；三是加大禁毒防艾工作力度，注意防止宗教渗透，进一步做好社会稳定工作；四是继续教育引导民族地区干部群众发扬自力更生、艰苦奋斗精神，增强自主创新、自我发展能力；五是重视关注绿春县城地质灾害隐患和山体滑坡问题。

【全国人大调研组赴云南就人口较少民族进行调研】 5月26日至6月5日，全国人大民族委员会主任委员多吉才让率调研组在云南对人口较少民族进行调研。调研组分3个小组分别到怒江州、丽江市、德宏州和西双版纳州对独龙族、怒族等7个人口较少民族经济社会发展情况进行专题调研，并就进一步做好民族工作提出要求：强调要认真抓好《中共中央、国务院关于进一步加强民族工作，加快少数民族和民族地区经济社会发展的决定》、《国务院实施〈中华人民共和国民族区域自治法〉若干规定》、全国《扶持人口较少民族发展规划（2005—2010年）》和即将制订出台的《“十一五”兴边富民规划》和《“十一五”少数民族事业发展规划》的贯彻落实；发扬自力更生，艰苦奋斗的精神；认真做好《中华人民共和国民族区域自治法》执法检查准备工作。

（马娜）

【民族工作调研情况】 2006年，全省组织完成了多项调研任务，主要有：10万人以下的云南7个较少特有少数民族经济社会发展问题调研、民族自治地方和边境民族地区调研、民族团结稳定工作调研、城市民族工作和民族乡工作调研、少数民族权益保障调研以及有关民族识别、少数民族合法权益保障、散杂居少数民族基本情况、清真食品管理、城市民族工作等内容的调研等。在调查研究的基础上，积极参与云南省国民经济和社会发展“十一五”规划研究。

（鱼波）

【全省培养选拔干部工作座谈会】 2月15日，全省培养选拔干部工作座谈会在昆明召开，省委常委、省委统战部部长罗正富和省委常委、省委组织部部长李江在会上作了重要讲话。会后制定了《关于做好“十一五”期间培养选拔干部工作的意见》，明确云南省民委“十一五”期间培养选拔干部工作的主要目标和任务是在人才总量上，力争实现人才占人才总量的30%，党政、专业技术和企业经验管理人才有较大幅度增加；实现省级机关、事业单位和群团组织的领导班子中至少配备1名少数民族干部；在省属国有企业领导班子中积极配备少数民族干部，并在少数民族干部培养、选拔、使用方面作了明确规定。

【民族理论研究】 7月10～14日，由云南省民委和中国民族理论学会共同主办、迪庆州政府承办的“两个共同”与加快民族地区发展专题研讨会在迪庆藏族自治州香格里拉县召开。中国民族理论学会、9个省区民委及18所大学的专家学者共73人参加了研讨会。研讨会围绕“两个共同”与加快民族地区发展这一主题，从理论与实践的结合上，对胡锦涛总书记提出的“共同团结奋斗、共同繁荣发展”主题的理论依据、科学内涵、指导意义等进行了深入研讨，对新世纪新阶段加快少数民族和民族地区经济社会全面发展，促进各民族共同繁荣发展提出了新思路和政策建议。会议共收到论文30多篇，其中研讨“两个共同”主题的达17篇。

（马娜）

【城市民族工作】 2006年，全省认真开展城市民族工作的调研，对城市民族工作的基本情况、贯彻《城市民族工作条例》和《云南省城市民族工作条例》的情况、存在的问题及意见和建议进行全面的收集和整理，形成了《关于尊重少数民族风俗习惯工作的调研报告》、《云南省城市民族工作情况报告》等。配合国家民委起草和修改国务院《清真食品管理条例》，提出了《关于修改国务院〈城市民族工作条例〉的意见》和《关于国务院〈清真食品管理条例〉的修改意见》上报国家民委。对于有关民族成分更改工作，省民委按国家和省的有关政策和规定，认真细致地加以解决，对不符合更改规定的给予耐心解释。同时，针对云南省民族识别遗留问题多的实际情况，做了大量的调查研究，并按国家的有关政策和规定作了妥善处理。

【民族关系协调】 2006年，省民委始终坚持“团结、教育、疏导、化解”的方针，不断加强和完善民族团结目标管理责任制、影响民族团结矛盾排查调处和涉及民族方面的群体性事件预案制度，妥善处理影响全省民族团结的问题。一是建立和健全全省民委系统民族团结进步目标，全年民族团结目标管理责任书签订到全省所有州（市）、县（市、区），并把1 330个乡镇、867个村（居）委员会、698个企业及农场、1 510个宗教活动场所，共11 443份，纳入民族团结目标管理责任制范围。二是加强影响民族团结的矛盾纠纷排查调处工作，下发了《关于在全省集中开展影响民族团结的矛盾纠纷排查调处的通知》，全年全省民委系统排查和调处影响民族团结的各类隐患和矛盾纠纷共224件。加强调查研究，把工作做在平时，加强沟通，理顺情绪，化解矛盾，有效维护了全省民族团结和边疆稳定。三是建立涉及民族方面的群体性事件预案制度，进一步增进民族团结，切实维护社会稳定。四是进一步加强民族团结宣传教育，始终把加强民族理论、民族政策、民族法律法规和民族基本知识的宣传教育作为民族团结工作的重要内容，开展民族团结进步事业宣传教育，使“三个离不开”的思想不断深入人心，在全社会营造了团结和谐的氛围。

（鱼波）

【民族团结进步活动及表彰】 2006年，全省各地认真总结民族团结进步事业取得的新成就、新经验，表彰了一大批民族团结进步模范集体和模范个人。全省16个州市和42个县（市、区）党委、政府隆重召开了民族团结进步表彰大会，共表彰了3 703个民族团结进步模范集体和模范个人。并深入总结各行各业、各族各界民族团结进步事业中做出的突出成绩，大力宣传先进典型事迹，广泛宣传马克思主义民族观、党的民族理论、民族政策和民族法律法规的宣传教育活动，采取召开座谈会、开设民族政策讲座、举办民族理论研讨班、编印教育教材和宣传材料以及“民族团结月”、“民族团结日”等活动，进一步推动会议精神的贯彻落实，营造“做民族工作光荣、讲民族团结高尚”，全社会关心支持民族工作，自觉维护民族团结的良好氛围。

（曹新富）

民族区域自治

【概述】 2006年，全省民族自治地方综合实力持续增强，实现地区生产总值1 527.69亿元，比上年增长13.2%，高于全省1.3个百分点。其中第一产业、第二产业、第三产业分别增长7.2%、21.0%、11.8%，第二产业的加速发展，有力的带动了地方经济发展。产业结构调整取得可喜进展，三大产业占地区生产总值比重由上年的27.44∶37.83∶34.73调整为26.20∶39.27∶34.53。

2006年，民族自治地方农业总产值为609.03亿元，比上年增长9.4%，高于全省1个百分点。在农业总产值中，农业为311.24亿元，增长8.2%；林业81.32亿元，增长14.6%；牧业184.53亿元，增长8.8%；渔业产值11.28亿元，增长15.8%；农林牧渔业服务业20.66亿元，增长9.8%，分别占农业总产值的比重为51.1%、13.35%、30.3%、1.85%、3.4%。养殖业（畜牧业和渔业）占农业总产值的比重为57.4%。农牧产品产量全面增长，完成粮食总产量749.95万吨，与上年同比增长2.64%，高于全省0.84个百分点。种植结构进一步调整，经济作物优势凸现，成为农民增收的主要来源之一。油料、甘蔗、烤烟、水果、茶叶产量分别比上年同期增长6.73%、17.03%、1.26%、30.47%、32.62%。

2006年，实现全部工业总产值1 267.75亿元，同比增长24.1%，高于全省2.1个百分点；国有及规模以上非国有工业总产值总计完成工业增加值971.84亿元，同比增长26.2%，其中轻工业增长5.9%、重工业增长36.0%；工业增加值完成396.15亿元，同比增长32.24%。工业销售产值完成951.97亿元，实现利润总额105.61亿元，同比增长83.43%。主要工业产品产量钢、铁、原煤、发电量、水泥分别比上年增长 20.98%、45.84%、10.49%、24.97%、17.76%。

2006年，实现财政总收入245.59亿元，比上年增长20.75%，国有及规模以上非国有工业上缴税金总额为153.26亿元，对其贡献率达62.4%。地方财政收入突破百亿元大关，实现101.15亿元，比上年增长21.7%；地方财政支出为334.27亿元，比上年增长28.23%；民族自治地方财政自给率为31.22%。全部金融机构各项存款1 750.57亿元，增长22.07%；全部金融机构各项贷款1 118.4亿元，增长17.66%；城乡储蓄存款年末余额1 010.02亿元，增长23.45%。金融业的快速发展，有力地支持了民族地区经济建设。

2006年，民族自治地方全社会固定资产投资总额833.12亿元，比上年增长27.13%，增幅比上年回落近19个百分点。公路线路里程总计比上年增加1.4万千米，其中等级公路增加2 149千米，高速公路增加87千米，交通“瓶颈”制约进一步缓解。农村固定资产投资完成96.15亿元，增长87.79%，农业基础设施条件有所改善。

2006年，民族自治地方消费品零售总额409.94亿元，比上年增长17.95%，高于全省3个百分点。其中批发和零售业311.18亿元，增长16.21%；住宿和餐饮业64.45亿元，比上年增长23.47%。民用汽车拥有量为79.95万辆，移动电话年末用户达448.72万户，城市和农村人均住房面积分别达28和25平方米。实现外贸进出口总额17.46亿美元，增长35.5%。其中，出口额12.01亿美元，增长31.97%；进口额5.45亿美元，增长44.09%。当年新签利用外资协议（合同）项目52个，本年实际利用外资额1.06亿美元。

全年接待国际游客141.53万人次，比上年增长21.55%；接待国内游客4 003.19万人次，增长20.86%。旅游总收入达到232.53亿元，增长21.43%。民族地区旅游业的快速发展，不仅带动了第三产业向前发展，旅游的人流带动了物流、资金流、信息流，初步形成一个立体的旅游经济。

【民族自治地方社会发展】 2006年，云南民族自治地方城市居民人均可支配收入9 355元，比上年同期增长9.2%；人均消费支出6 874元，增长5.93%；城市恩格尔系数（即居民家庭食品消费支出占家庭消费总支出的比重）39.29%，下降1.58个百分点。农民人均纯收入1 920元，增长7.44%；人均生活消费支出1 751元，增长14.42%；农村恩格尔系数46.03%，下降5.8个百分点。

2006年，全省民族自治地方共有各类文化机构537个。其中，文化馆298个，博物馆16个，公共图书馆82个，艺术表演团体73个，出版各类图书期刊127种共8 037万册，出版报纸17种2 833万份。年末共有卫生机构（含卫生室）5 814所，其中医院、卫生院1 101所；年末各类卫生技术人员4.22万人，其中，执业医生1.38万人；拥有医疗床位4.63万张，其中，医院床位3.36万张。教育投入不断加大，继续对边境一线、人口较少民族及藏区实行“两免一补”优惠政策，民族自治地方教育经费支出共计72.33亿元，比上年增长27.75%。教育投入的不断加大有力的促进了民族地区教育事业的发展。

2006年，全省民族自治地方公路线路里程总计13.29万千米，增长12.19%。其中，等级公路里程5.78万千米，增长3.86%；高速公路937千米，增长10.25%。全年完成邮电业务总量57.7亿元，增长19.4%。移动电话年末用户448.72万户，增长38.07%；国际互联网络用户33.35万户，增长21.4%；固定电话年末用户268.07万户，年末市话交换机总容量达325.51万门；年末市话用户达到211.61万户，增长11.7%。

2006年年末，全省民族自治地方就业人数1 230.66万人，增长2.91%。其中城镇就业增长4.64%，农村就业增长2.65%，第二产业就业人员增长3.71%。城镇居民最低生活保障支出3.19亿元，增长2.21%；农村居民最低生活保障支出4.84亿元，增长139.12%。

2006年，民族自治地方城镇人口达561.06万人，城市化率达26.1%，比上年增长2.6个百分点。在环境保护方面，整合山水资源优势，加强生态环境建设和环境保护，把经济发展和资源、环境保护结合起来，走可持续发展之路，促进生态环境与经济社会协调发展。工业废水排放达标率为74.56%，工业固体废物综合利用率为36.5%，比上年增加4.2个百分点；“三废”综合利用产品产值15.86亿元，比上年增长37.69个百分点；污染治理项目本年完成投资额6.23亿元，比上年增长49.87个百分点。

2006年是“十一五”开局之年，总的来看，民族自治地方国民经济和社会发展在速度和效益、数量和质量、规模和结构的统一上有所突破，但发展中依然存在一些困难和薄弱环节：一是经济结构尚需进一步优化，自主创新能力亟待加强；二是固定资产投入相对不足，“瓶颈”制约仍然突出；三是粗放型生产经营生产方式依然普遍，经济增长方式有待进一步转变；四是扶贫攻坚、社会保障、生态保护等任务十分艰巨。

（李鸿雁）

【少数民族发展资金使用情况】 2006年，全省安排少数民族发展资金8 000万元（其中，“扶持人口较少民族发展”补助资金5 050万元，“兴边富民行动试点”补助资金1 800万元，项目管理费120万元）。经认真审核，共安排下达项目506个，其中：扶持人口较少民族发展补助资金5 049万元，对246个人口较少民族聚居村进行整村推进扶持；安排6个兴边富民行动重点县每县300万元、共1 800万元试点补助资金，实施项目116个（其中整村推进76个）；安排“民族团结示范村”和“兴边富民示范村”建设资金843万元，实施了28个示范村建设项目。同时，2006年省级财政新设立省级少数民族发展资金1 600万元，共安排下达项目81个。其中：扶持人口较少民族发展补助资金1 000万元，对50个人口较少民族聚居村实施了整村推进扶持；“民族团结示范村”和“兴边富民示范村”扶持专项资金587万元，实施了25个示范村建设项目。

（郭锟）

【兴边富民行动】 2006年，继续将兴边富民作为省民委工作的一项重要内容，结合扶持人口较少民族发展，抓住机遇，创新思路，切实加大对边境地区的投入。全年省民委安排8个边境州市民族专项资金达10 160万元，实施各类项目510多个，其中，安排6个兴边富民行动重点县资金1 800万元（每县300万元），实施整村推进和培训等101个项目；安排边境民族工作专项经费1 000万元，实施基础设施、产业发展、科技培训和协调民族关系等项目110个；安排扶持人口较少民族发展等其他资金7 360万元，项目近300个。

【扶持人口较少民族发展情况】 2006年，中央将扶持人口较少民族发展工作列入政治局常委会工作要点。5月胡锦涛总书记到云南视察时就做好云南扶持人口较少民族发展作了重要指示。一是制定规划，全面动员，编制《云南省扶持人口较少民族发展规划（2006－2010年）》（以下简称《规划》）。二是多方筹资，加大投入，积极争取中央支持，加大对人口较少民族的扶持。2006年中央和省级专项扶持人口较少民族发展资金达19 974.4万元，其中：中央资金14 138万元、占70.78%；省级专项或配套5 325万元，占26.66%。上海对口帮扶511.4万元，占2.56%，在人口较少民族地区实施了交通、能源及生态建设、农田基本建设、人畜饮水、产业发展、教育文化卫生和科技培训等6 361个项目。三是以自然村为单位，实施整村推进，投入资金7 559万元，对370个人口较少民族聚居的自然村实施整村推进（每村投入20～30万元左右），其中，国家民委和财政部安排少数民族发展资金5 434万元，省民委和省财政厅安排省级少数民族发展资金1 000万元，省扶贫办安排扶贫资金675万元，上海对口帮扶德昂族资金450万元。四是以行政村为单位，改善基础条件，争取到“十一五”期间中央对云南扶持人口较少民族发展专项投资2.9亿元（每年5 800万元）。2006年，省发改委以行政村为单位，完成投资6 534.2万元（其中国家发展改革委下达5 800万元，省级配套734.2万元），扶持31个人口较少民族聚居行政村的农田基本建设、人畜饮水、沼气池建设、能源和社会事业等项目建设。五是形成合力，整体推进。按照《规划》确定的目标任务，省级有关部门根据各自职能，在政策、项目、资金方面加大对人口较少民族的扶持。六是对口帮扶，全面拓展。2006年上海援助德宏州德昂族发展资金511.426万元，实施了10个自然村整村推进和农村教育、劳务培训等61个项目。经过一年的工作，在人口较少民族聚居的175个行政村中，又有18个村修通了公路、3个村架通了电、20个村能够接收电视节目、20个村通了电话、34个村建盖了卫生室、41个村解决了安全饮用水，基本田地人均增加了0.3亩；农民人均纯收入达到1 006.37元，比上年增加140元；人均粮食占有量达350.92千克，比2005年增加12.83千克；有4844户住进了安居房，群众生产生活条件有了一定改善。

（陈永剑）

【民族贸易和民族特需商品定点生产优惠政策】 2006年，省民委、省财政厅制定《云南省省级扶持民族地区企业发展贷款财政贴息资金管理暂行办法》。落实安排300万元贴息资金，扶持32户企业，拉动2.1亿元信贷资金支持民贸和定点企业的发展；会同省财政厅组织上报国家2006年度民族贸易网点建设和民族用品企业技术改造专项贴息贷款项目，争取到贷款规模5 200万元，得到国家财政贴息资金424万元，是得到国家扶持最多的省份。

（杨之宏）

【“十一五”全省民族经济社会发展重点】 1月21日，云南省第十届人民代表大会第四次会议通过《云南省国民经济和社会发展第十一个五年规划纲要》的决议，《纲要》中提出了“十一五”时期加快全省民族地区经济社会发展的重点：1. 基础设施建设。民族地区基础设施投资增幅高于全省，逐步免除县乡配套资金。重点建设交通、水利、能源、信息、市政公用设施和关系少数民族群众生产生活的公用设施。以一个农村集贸市场、一条文明路或商贸街、一所设施完备的中心完小、一个卫生室、一个文化活动场所为主要内容的小集镇建设取得进展。解决民族地区90%以上自然村人畜饮水困难。推广沼气等清洁能源。2. 特色优势产业发展。扶持民族地区开发矿产、水能、民族文化等优势资源；完善科技推广体系，培育龙头企业，提高资源就地加工和增值的能力。支持和鼓励民族地区发展非公有制经济，加快民族地区经济发展。3. 少数民族群众脱贫。扶贫资金优先扶持民族地区。加大以工代赈、安居温饱、易地搬迁和劳务输出力度，加强高稳产农田建设和山区五小水利工程建设。到2010年，少数民族贫困群众有安居房、有基本农田地，生产生活条件明显改善。4. 民族地区社会发展。实施“农村寄宿制学校建设工程”、“农村中小学现代远程教育工程”。完善、新建民族自治县、边境县（市）民族中学，在所有2万人以上的民族乡和边境乡镇建设一所寄宿制初级中学；加强41所省定民族中小学建设。民族自治地方贫困县、边境贫困县、7个人口较少民族聚居区和民族乡卫生医疗设施实现房屋、设备、人员、技术四配套。免除民族自治地方医疗互助金。5. 民族团结示范村。每年选择100个左右少数民族聚居、民族关系协调任务较重的自然村（寨），集中力量进行帮扶，在促进民族团结，加快经济社会发展，改善村容村貌等方面起到示范作用。6. 民族文化抢救保护。重点对世居、特有少数民族的传统文化进行普查收集、归类整理、抢救保护，并采用现代化、信息化技术手段，建立民族文化资源库。7. 少数民族人才培养。在省属有关大专院校采取特殊办法，增加我省世居25个少数民族的在校学生。招录国家工作人员时向少数民族人才倾斜。每年从民族地区选派200名左右少数民族专业技术人才到省内外高等院校和科研院所学习培训。切实抓好民族院校和学科建设。8. 扶持人口较少民族村和“直过”民族村工程。以175个人口较少民族聚居村为重点，加快推进国家和省扶持人口较少民族发展规划。参照扶持人口较少民族发展政策，以647个“直过”民族村委会为重点，制定和实施扶持“直过”民族村发展规划。到2010年，人口较少民族村和“直过”民族村基本实现“四通五有三达到”（通路、通水、通电、通广播电视；有学校、有卫生室、有安全饮用水、有基本农田或牧场；人均纯收入、人均有粮、九年义务教育普及率达到国家扶贫纲要和“两基”攻坚计划要求）的目标。9. 藏区发展。落实中央决定，加快藏区经济社会发展。2010年藏区农牧民收入基本达到全国平均水平。

（马娜）

【少数民族教育】 2006年，全省各级各类普通学校少数民族在校生252.33万人，占全省在校生总数779.91万人的32.4%。少数民族学龄儿童入学率95.84%，比全省96.57%低1.34个百分点。全省小学辍学率为0.25%。全省初中阶段毛入学率95%，普通初中辍学率为1.64%，普通初中升学率53.09%；全省高中阶段毛入学率为39.34%。全省高等教育毛入学率14%。

【“两免一补”政策】 2006年，全省农村义务教育经费保障机制专项经费达16.5亿元，主要向山区、贫困地区、民族地区和边境一线倾斜。春季开学，全省共有618.85万名农村义务教育阶段的中小学生成为免除学杂费的受益者，比上年增加97 366人。仅此一项，中央和省级财政各安排专项资金37 036万余元和7 899万余元，各州市配套2 128万余元，使全省免除学杂费及提高公用经费的资金达到4.7亿余元，确保了政策的实施。另外，全省还为260万名农村义务教育阶段贫困学生提供全套免费教科书，为120万名农村义务教育阶段贫困学生发放了生活补助。中央及省级财政已安排农村义务教育阶段免除学杂费及提高公用经费资金4.49亿余元，比上年增加1 257万余元。

【人口较少民族寄宿生生活补助】 11月16日，省民委、省财政厅、省教育厅联合下发《关于下达2006年秋季人口较少民族农村义务教育阶段寄宿生生活费预算的通知》，全省人口较少民族农村义务教育阶段42 976名学生得到497万元的寄宿生生活补助。其中小学生29 291人、初中生13 685名。其补助范围为人口在10万人以下的布朗、普米、阿昌、怒、基诺、德昂、独龙族的农村义务教育阶段寄宿制学生，生均补助标准为每生每年250元。

（六茸农布）

【2008年人类学民族学世界大会筹备工作】 6月1～5日，2008年人类学民族学世界大会筹委会副主席、国家民委副主任杨健强等一行赴昆明实地考察大会会务工作，并召开昆明筹委会工作汇报会，研究大会会务筹备工作。昆明筹委会相关领导，云南省民委、省旅游局、昆明市政府、云南大学、滇池旅游度假区管委会等有关部门负责人参加了会议。杨健强强调2008年在昆明召开的第16届人类学与民族学世界大会是国际人类学与民族学联合会五年一度的国际性学术盛会，是人类学与民族学领域的奥林匹克大会，将进一步促进云南高校、科研单位学术研究和学科建设，促进云南旅游事业发展，提升云南省和昆明市的国际形象。

（马娜）

【云南省组团参加第三届全国少数民族文艺会演】 9月5～25日，第三届全国少数民族文艺会演在北京举行。云南代表团的民族歌舞《舞彩云》作为全国组委会指定的10台商演剧目和7台慰问演出节目之一，在北京世纪剧院举行了两场汇报演出，到北京平谷区进行了一场慰问演出。《舞彩云》也以精湛的艺术水准和浓郁的民族特色一举夺得本届文艺会演最高奖——“第三届全国少数民族文艺会演大奖”，并有4个节目获优秀节目奖，5人获优秀新人奖，2人获优秀新人奖，云南省代表团获组织奖，共计获得13个奖项。

（刘满佳）

【云南省第八届少数民族传统体育运动会】 9月16～23日，云南省第八届少数民族传统体育运动会在昭通市昭阳区举办。来自全省各州市及云南民族大学17个代表团的运动员、教练员及省内外观摩人员、工作人员共4 300多人参加了赛会。本届运动会竞赛项目方面共决出金牌116枚、银牌114枚、铜牌116枚；表演项目方面67个项目分获金奖20个，银奖27个，铜奖20个。17个代表团中有37个运动队、467名运动员、103名裁判员荣获体育道德风尚奖。同时表彰了对近年来为民族体育的发展作出贡献的27个先进集体和27名先进个人。本届民族运动会是我省历史上比赛项目最多、参赛范围最广、赛事规模最大、竞技表演水平最高、社会影响较广的一次民族体育盛会。

（吕江红）

【第三届海峡两岸少数民族欢度“三月三”节庆典活动在昆举行】 3月30日至4月4日，第三届海峡两岩少数民族欢度“三月三”节庆典活动暨第三届海峡两岸少数民族发展研讨会在昆明举行。31日，近千名海峡两岸各民族同胞欢聚在云南民族村，参加第二届海峡两岸少数民族“三月三”节庆活动联欢晚会。当天上午，还举办了第三届海峡两岸少数民族发展研讨会。台湾少数民族代表团以及国家民委、中华民族团结进步协会、国台办、云南省民委、云南省台办等相关单位110余人参加了研讨会。

【民族民间文化保护工作】 至2006年末，全省129个县公布了县级民族民间文化保护名录（以下简称目录）8 589个；16个州市公布了州市级名录3 173件；推荐了52个项目申请进入国家级非物质文化保护名录，有33个已通过国家级专家委员会评审。1月10日，经对各州市申报的1 700多个拟进入省级民族民间文化保护名录项目进行评审，有471项初获通过（另有735个项目涉及民族民间艺人命名，将单列解决）。项目涉及民族文化保护区、民族民间文化艺术之乡、曲艺、戏曲、建筑、习俗、音乐、舞蹈、语言文字、口述文学、美术、工艺等类别。至此，云南省已基本完成省、州、县三级民族民间文化保护名录体系建设。

【云南省第五届民族民间歌舞乐展演】 11月21～24日，由云南省文化厅、云南省民委联合主办，云南省文化馆承办的“云南省第五届民族民间歌舞乐展演”在昆明举行。来自全省16个州（市）的710多名各民族演员，奉献了19个民族的62个节目，充分展现3年来全省开展非物质文化遗产保护和民族民间传统文化普查的丰硕成果。

（刘满佳）

【亚洲博物馆馆长和人类学家论坛在昆举行】 9月18～22日，“亚洲博物馆馆长和人类学家论坛”在云南民族博物馆举行。来自越南、老挝、柬埔寨、新加坡、韩国、日本等国以及中国部分省（区、市）博物馆的馆长和相关文化机构的专家学者60余人，省内各大专院校、科研机构及博物馆系统的100余位专家出席了论坛。这次论坛由云南民族博物馆和越南民族学博物馆共同主办、美国洛克菲勒基金会协大力支持，旨在搭建亚洲博物馆馆际合作及人类学家交流的平台，从而共同推进文化的繁荣发展。会议确定了博物馆间的合作与交流、博物馆与非物质文化遗产保护和民族（民俗）博物馆的建设与发展议题，共收到33篇论文。同时，为本次论坛特别推出的“湄公河流域傣族纺织品展”吸引了观众的眼球，400余件各具特色的纺织品以及来自云南的8位傣族民间艺人的现场演示，再现了湄公河流域民族的生产生活风貌。

（李宁）

【民族自治地方庆典活动】 2006年，云南省有1个州、4个县举行逢10周年庆祝活动，全国人大民委、国家民委和省委、省人大、省政府、省政协发贺电。中央祝贺团、云南省祝贺团参加了庆祝活动。州县庆期间举行了庆祝大会、大型文艺演出、招商引资洽谈会、发展成就展等系列庆祝活动。各自治州、自治县成立以来，经济社会文化建设各项事业取得辉煌成就。

11月21～24日，大理白族自治州举行自治州成立50周年庆典活动。

10月1日，贡山独龙族怒族自治县成立50周年庆祝活动。

10月19～21日，宁蒗彝族自治县举行自治县成立50周年庆典活动。

11月8～10日巍山彝族回族自治县举办自治县成立50周年庆祝活动。

12月18日，石林彝族自治县举行自治县成立50周年庆典活动。

（马娜）

民族习俗与民族节庆

【元江民族民间文化】 元江哈尼族彝族傣族自治县位于云南省南部，地处元江中上游，是一个历史悠久、民族风情浓郁的地区，也是一个多民族聚集的地区。居住着哈尼族、彝族、傣族、白族、拉祜族、苗族、回族、汉族等民族。主体民族为哈尼族、彝族、傣族。

宗教 元江哈尼族、彝族、傣族信奉万物有灵，多神崇拜的原始宗教，但各有不同，各具特点。哈尼族主要表现为祖先崇拜、自然崇拜、动植物崇拜。夏历正月初一，是哈尼族祭祀祖先的日子。哈尼族各支系的创世祖先称呼不同，哈尼支系称“阿波仰者”；豪哈支系称“咪佣”、“塔泼和莫依”。各支系的宗族有各自的“宗祖”，每个家庭都有自己的“家祖”。一般以家庭为单位举行祭祀仪式。哈尼族的祭师称贝玛。自然崇拜主要以崇拜月神、星神、风神、雷神、土地神、树神、水神、火神等。彝族表现为自然崇拜、祖先崇拜、鬼神崇拜、灵物崇拜、图腾崇拜等形式。毕摩是彝族的祭师，通晓老彝文，掌握彝族的各种经书，有的还懂得天文、历法、医药以及本民族的历史和传统等。主要职能是主持丧葬、安灵、治病、合婚、占卜等。傣族崇拜的对象有天神、地神、龙树神、祖先的神灵。有自己的祭祀人员，男的称“波勐”，女的称“咪勐”。在傣族的原始宗教中，鬼无处不在，有各种各样的鬼。元江傣族不像西双版纳傣族那样信奉小乘佛教。

节日 哈尼族的民族节日有“十

月年"、"黄饭节"、"苦扎扎节"、"新谷酒节"、"三月节"。彝族的节日有"火把节"、"清明节"、"端午节"、"彝族年"，各支系还有自己独特的节日，如聂苏的"祭倮节"。元江傣族的节日多数与汉族差不多，较有民族特色的节日有"花街节"。

饮食　哈尼族的饮食以大米为主，兼食少量玉米、荞麦。蔬菜以青菜、白菜、豆类为主，嗜烟酒，喜吃酸辣，善做豆豉。逢年过节喜欢吃糯米饭。彝族以玉米、高粱、大米为主，蔬菜有青菜、白菜、山芋、瓜类为主，喜欢将红薯、玉米磨成面粉做成窝窝头或粑粑，爱好烟酒。傣族以大米、糯米为主，糯米制品较多。蔬菜品种丰富，喜欢将鲜肉制成酸肉，常备用。爱吃干黄鳝。

服饰　元江哈尼族、彝族、傣族的服饰都因各民族支系不同而异，因此，元江民族服饰丰富多彩、异彩纷呈。

建筑　建筑具有滇南特色，以土木结构、屋顶有平顶的"土掌房"为主。只有屋内布置和摆设略有不同。

民间艺术　元江县各民族的民间艺术内容丰富多彩。有世代相传的山歌、舞蹈、器乐艺术。哈尼族的酒歌、情歌、挽歌；彝族短调、长调；傣族的小调。在民间舞蹈中哈尼族的祭祀舞蹈"莫搓搓"、"阿腊搓"和彝族"三步弦"、"乐作"、"跳笙"最为有名。在元江的少数民族中，刺绣较为盛行的是彝族。元江傣族的傣锦早在元代、明代就被朝庭定为交纳的贡品。

民间文学　元江县各民族在其发展的历史进程中，创造了自己丰富的民间文学。诗歌、民谣、民间故事、谚语极为丰富。哈尼族、彝族、傣族都有自己的创世史诗、迁徙史诗和反映伦理道德、爱情生活的叙事长诗。如哈尼族糯美支系的"阿波仰者"，多塔支系的"俄垤美垤"、"塔泼莫依"。彝族聂苏支系的"吾查"、"美查"、"图纳传经"。傣放傣雅支系的爱情叙事长诗"南娥洛桑"。歌谣内容相当广泛，有习俗歌、情歌、生产歌、祭祀歌、劳动歌、婚嫁歌等等。

【昭通民族民间文化】　昭通是云南最早接受中原文化影响的地区，是滇文化的发祥地之一，因此历史上文化繁荣。昭通又是一个多民族聚居的地区，以汉族为主，兼有苗族、彝族、回族等少数民族。当地各民族都创造了自己独特的文化。例如汉族在城镇创造的市井文化，在坝区创造的水田农耕文化；彝族在半山区创造的农牧结合的山地文化；苗族在高山创造的山地游耕文化。长期的文化发展和各民族的文化交流，使种类繁多的文化形式在昭通都有较充分的表现。

昭通的文化特点可以归为：内容丰富、广纳博取、根植本土，并具有广泛的群众基础。昭通在接纳外来文化的过程中，积极创新，在戏剧、文学、曲艺等文化领域开拓进取，南北各种文化事象在这里扎根繁育，创造了具有地方特色的文化，涌现了大批文艺工作者、作家群和著名学者群，使昭通文化独具特色，形成自己鲜明的文化特点。

节日　苗族最盛大的节日是花山节，白苗和花苗举行的日期不同，白苗在每年农历正月初三至十五举行，花苗在五月初五或七月十三举行。彝族最主要的节日是农历六月二十四的火把节，有少部分汉族也过火把节。此外还有汉族的春节，农历二月初八"龙洞会"和农历十月初一为纪念耕牛诞生的"牛王节"。

戏剧　在昭通地区，戏种丰富，形式多样，人才辈出。有在汉族地区广泛流传的古老戏种——端公戏，又名傩戏，是中国古代百戏剧种之一。傩戏自明代传入昭通，到清末民初进入鼎盛时期；深受苗族喜爱的苗剧使用苗语和山歌曲调，音域宽广、高亢，旋律跳动较大，有芦笙舞的动作，具有鲜明的民族特色；在昭通广为流传的还有清代传入的花灯戏，到民国时期发展迅速，仅巧家县就有花灯班子26个。新中国成立后，成立了专业的花灯剧团，一方面广泛收集传统花灯剧目，一方面编排上演了许多新剧目，深受广大群众的喜爱；昭通滇剧主要流传于昭通、巧家、镇雄等县市。

曲艺　昭通曲艺门类丰富，虽多由外地传入，但逐渐本土化，具有浓厚的地方特色。如在农村盛行的昭通唱书；融进滇剧乐曲及民间小调的昭通杨琴；用传统花灯剧音乐和山歌演唱的单弦；用地方方言讲演的评书；此外，流传的曲艺还有四川清音、快板书、京韵大鼓、莲花闹、金钱板、花鼓、对口词等。

民族民间文学流传在昭通地区苗、彝、回、汉族群众中的神话、传说、故事、歌谣和谚语相当丰富，多为口头创作与传承。

工艺美术　民间工艺主要有蜡染、纺织、扎花、刺绣、剪纸、擦尔瓦制作等。其中苗族褶裙蜡染和披肩刺绣艳丽夺目、技艺精湛；彝族擦尔瓦（俗称"木子毡衣"）制作精巧，御寒防湿，别具特色。此外，在绘画、雕塑、书法和摄影方面都有广泛的群众基础，并涌现了许多画家、书法家和摄影家。

音乐　在音乐形式中最具特色的是劳动号子，其中以"船工号子"最著名，如《金江船工号子》、《船工号子》、《关河船工号子》；民歌在昭通分布广、数量大，演唱内容因地域、民族不同而异，属以物起兴、触景生情、即兴创作的产物。从乐器来看，分吹管乐器（竹笛、箫、口弦、唢呐、芦笙）、弦乐器（二胡、大筒筒、三弦、月琴）、打击乐器（大鼓、小鼓、堂鼓、板鼓、扁鼓、四筒鼓、大、小锣、铰子、大、小钹、劳钹、铙、镲等，以四筒鼓龙有特色，是汉族群众用作舞蹈伴奏的特有打击乐器）和一些民间自行选材的乐器，如牛角、河螺、树叶等。

舞蹈　舞蹈形式多样，有汉族的四筒鼓舞、牛灯舞、狮灯舞、龙灯舞、车车灯；彝族喀红贝、阿说喀、撒麻舞、种粘苕等；苗族芦笙舞。

（孙瑞）

认真贯彻落实科学发展观 促进云南煤炭工业安全发展

云南省煤炭资源丰富，储量大、分布广、煤种全、煤质好，预测煤炭资源总量约为691亿吨，探明储量252.87亿吨，保有总储量246.49亿吨。全省煤炭资源总量居全国第11位，已提交的煤炭资源储量居全国第9位。全省现有生产矿井1 596个，核定生产能力7 105万吨。全行业从业人员20余万人，农民工有15.6万人。

近年来，在云南省委、省政府的正确领导下，云南省煤炭工业以邓小平理论和“三个代表”重要思想为指导，全面贯彻落实科学发展观，坚持以发展为主题，结构调整为主线，走科技含量高、安全和经济效益好、资源利用效率高、生态环境明显改善的新型、可持续、健康发展道路，取得了较快的发展。煤炭产业已经成为云南省产值超百亿元的为数不多的几个大产业之一，对电力、冶金、化工、建材等耗煤产业的快速发展起到了重要支撑作用，为全省经济社会发展提供了重要的能源保障。自2001年以来，全省原煤、洗精煤、焦炭产量均保持了两位数的增长速度，基本实现了三年翻一番。其中：2001～2006年原煤产量分别为2 394.12、3 066.25、4 059.78、5 316.61、6 462.14、7 339.08万吨，年平均增幅为25.1%；洗精煤产量分别为212.72、245.82、260.29、326.35、488.10、683.23万吨，年平均增幅为26.3%；焦炭产量分别为444.02、532.33、659.67、904.24、1 213.72、1 233.67万吨，年平均增幅为22.7%。全省煤炭工业实现现价工业产值分别为29.44、40.49、56.48、94.54、151.86、193.48亿元，年平均增幅为45.7%；销售收入分别为29.37、40.33、55.79、89.81、150.34、190.77亿元，年平均增幅为45.4%；增加值分别为15.14、20.20、27.79、47.27、90.20、112.22亿元，年平均增幅为49.3%；利税总额分别为2.02、3.17、4.27、13.47、22.50、29.02亿元，年平均增幅为70.4%。

在煤炭产品产量快速增长的同时，全省煤矿安全生产总体呈现逐步好转的趋势。2001～2006年，全省煤矿分别死亡248、329、353、310、265、299人，原煤生产百万吨死亡率分别为10.36、10.73、8.70、5.83、4.10、4.07，年平均降幅为17%。

党中央、国务院一直高度重视安全生产工作，党的十六届五中全会提出了“安全发展”的理念，党的十六届六中全会把安全生产纳入社会主义和谐社会建设的重要内容。省第八次党代会提出了“立足以人为本，坚持科学发展，为建设富裕民主文明开放和谐的云南而奋斗”的总目标，把安全生产作为构建和谐云南的重要内容，强调要“切实加强安全生产，有效遏制重特大事故，保障人民群众的生命财产安全”。纵观几年来全省的煤矿安全生产工作，虽取得了一定成绩，但在思想认识、责任制落实、基础管理、长效机制等方面还存在不少问题，我们将始终坚持以科学发展观为指导，继续按照地勘先行、科学规划、资源整合、有序开发、优化结构、科技兴煤、综合利用、安全生产的工作方针，不断创新工作思路和方法，坚持不懈地抓好全省煤炭行业管理和煤矿安全监管工作，为“十一五”云南煤炭工业的新发展再创佳绩。

李新华副省长（右一）在李芳林主任、局长（左二）陪同下考察富源老厂白龙山矿区建设规划

云南省煤炭行业管理办公室（云南省煤炭工业局）主任、局长李芳林

全省煤炭工作会议

李芳林局长（右二）在基层检查指导工作

云南省煤炭行业管理办公室（云南省煤炭工业局）副主任、副局长王祥（左四）在基层检查指导工作

发挥职能　促和谐发展

民建云南省委

2002年以来，民建云南省委在中共云南省委的领导下，较好地完成了各项工作任务。

自身建设全面加强。每年确定一个中心学习主题，在全省各级组织和广大成员中兴起持续学习和培训活动，坚持传达学习中共中央及云南省委和民建中央有关文件精神，先后举办60余次各类学习活动，还结合纪念邓小平诞辰100周年、庆祝中华人民共和国成立55周年等大型活动，组织文艺专场演出和征文活动等，使广大成员进一步坚定了自觉接受中国共产党领导，坚持多党合作的政治制度，建设富裕民主文明开放和谐云南的理想、信念和追求。

履行职能成效显著。先后参加中共云南省委、省政府和省政协召开的协商会、座谈会和通报会等会议数十次，提出意见建议近千条，提交发言材料34篇；许多建议切合实际，受到中共云南省委、省政府的高度重视；认真开展调查研究，力求提出高质量的提案，承担并完成重点课题5个，完成自选课题10余个；共向省政协会议提交集体提案116件，不少提案受到省级领导高度重视，被省政协列为重点提案和优秀提案。

社会服务硕果累累。2004年

云南省副省长高峰当选为民建云南省第七届委员会主委

民建各级组织积极为边疆民族地区服务

11月，中国非公有制经济发展论坛在昆明举办，来自各地的民营企业家云集春城，找到众多商机，这是民建省委不断加强内外交流与合作，为全省发展建设添砖加瓦的积极成果；还参加主办“云南民建同力杯”西双版纳澜沧江公开水域游泳邀请赛，引来全国12个省区和澳门游泳总会等26支代表队的游泳健儿竞技边城，在2008年北京迎奥运的历史上写下浓墨重彩的一笔；与有关单位携手，主办“弘扬雷锋精神图片巡回展”，促进“八荣八耻”落实；与省科技厅协作，引进香根草种植项目，为全省生态环境保护和水土保持提供了生物治理的新选择；先后共筹集近千万元资金，开展救灾救济、捐资助学、医疗服务和项目扶贫等公益活动，建设希望小学10所，举办大型活动、实施扶贫等项目十多个，为数万群众提供了就业机会，为促进云南经济社会发展谱写了恢弘壮美的乐章。

2004年中国非公有制经济发展论坛在昆明召开

“云南民建同力杯”游泳邀请赛在西双版纳举行

云南省旅游产业发展大会现场

扎实推进旅游"二次创业" 再创云南旅游发展新辉煌

中国国际旅游交易会

云南旅游自1980年起步以来，经过20多年的开发建设和精心培育，实现了从"接待事业型"到"一般产业型"，再到"支柱产业型"的转变升级过程。作为云南旅游发展的主要职能部门，省旅游局历届班子成员带领全省旅游行业围绕省委、省政府提出的培育旅游支柱产业，建设旅游经济强省的战略决策，坚持以邓小平理论和"三个代表"重要思想为指导，认真贯彻落实科学发展观的要求，遵循旅游经济规律，面向蓬勃发展的国内外旅游市场，深入调查研究和分析云南的旅游资源、客源市场、产业基础、发展形势，依托特色旅游资源优势，凝聚全社会力量，使云南旅游高潮迭起，亮点频现，硕果累累。“十五”期间，取得了旅游总收入比“九五”翻一番、旅游创汇位居西部首位并名列全国前列的良好业绩。

随着国内外旅游业呈现出蓬勃发展的势头，云南省委、省政府审时度势，明确提出了用“大产业、大文化、大服务、大市场、大环境”的理念，来谋划、指导和组织旅游业又好又快地发展，进一步创新发展思路，采取有力措施，扎实推进云南旅游“二次创业”，努力创建国际旅游胜地，开创云南旅游产业发展新局面。

自2006年省委、省政府做出旅游“二次创业”发展的新战略决策以来，按照省委、省政府关于加快旅游“二次创业”的有关部署和要求，省旅游局班子成员带领全省旅游行业以科学发展观为指导，认真贯彻落实全省旅游产业发展大会和省政府旅游现场办公会会议精神，全力推进旅游“二次创业”，进一步创新旅游开发方式，积极实施旅游大项目带动大开发、促进大发展战略，以大思路、大品牌、大手笔的魄力推进全省旅游的开发和建设；创新市场促销机制，整合资源，联合促销，加强云南旅游整体形象的宣传促销，增强了云南旅游的吸引力，旅游市场开发成效显著；积极推进旅游行业整合，不断提高旅游企业的市场竞争力；大力推进国际、国内旅游区域经济合作，重点搭建了“9+2”旅游合作平台，积极促进旅游企业之间的合作与交流；加大了对《云南省旅游条例》实施情况的检查监督力度，出台并认真组织实施旅游局1、2、4、5号公告，加强对旅游市场检查，完善旅游价格管理，把旅游行业的信誉监督和失信惩戒机制落到实处，推进了全省依法行政、依法治旅的进程，塑造了“和谐云南，诚信旅游”的优质服务的新形象。

2007年全省共接待海外旅游者221.9万人次，实现旅游外汇收入达8.6亿美元，接待国内旅游者8 986.2人次，国内旅游收入494.7亿元，旅游总收入达559.2亿元，比2006年同期增长12.6%。旅游经济各项指标快速增长，旅游产业活力进一步增强，旅游“二次创业”稳步推进。

旅游业是云南的特色产业、支柱产业、朝阳产业和富民富省的产业。展望明天，在省委、省政府的正确领导下，在全省各地、各部门的共同努力下，在全省旅游行业广大干部职工的扎实工作下，云南旅游业必将是一个全面体现“以人为本”、可持续发展和不断创新的产业，云南旅游发展必将实现新的跨越，取得更大地发展，再创新的辉煌。

迪庆香格里拉纳帕海

罗平油菜花海

红塔集团 HONGTA GROUP

企业简介

红塔集团的前身是玉溪卷烟厂，创业于1956年。1959年，第一包“红塔山”问世。1995年9月，成立玉溪红塔烟草（集团）有限责任公司。2005年12月，玉溪红塔烟草（集团）有限责任公司更名为红塔烟草（集团）有限责任公司。2006年3月，红塔集团按现代企业制度进一步调整完善法人治理结构。

随着中国入世及国内烟草行业改革发展进程的加快，红塔集团积极参与联合重组，推进一体化战略。目前，红塔集团省内拥有三个生产点：玉溪卷烟厂、楚雄卷烟厂、大理卷烟厂；控股和参股省外企业有：海南红塔卷烟有限责任公司、红塔辽宁烟草有限责任公司（下辖营口卷烟厂、沈阳卷烟厂）、吉林烟草工业有限责任公司（下辖长春卷烟厂、延吉卷烟厂）。在成功涉足能源交通、金融、医药、水利、水电，以及轻工制造业等众多领域后，红塔集团已经形成了母分公司、母子公司及股份制公司等多种形式架构的跨地区、跨行业、跨所有制经营的大型国际化集团公司。

玉溪素有“云烟之乡”的美誉，滇中高原辽阔红壤特有的养分，年平均2 500小时的充沛日照，适量的雨水，使得这里具备出产世界一流优质烟草的自然条件。凭借得天独厚的自然环境，辅以科学无公害的培植方法，历经2年以上的自然醇化，以及世界高新烟草科技和一流卷烟加工设备的运用，红塔集团产品中的每一缕烟丝，都拥有了卓越的品质。

国内领先的技术研发中心

红塔集团三大主力品牌“玉溪”、“红塔山”、“红梅”在2005年被评为“中国名牌产品”，使得红塔集团成为中国目前唯一一家有三个品牌被列入“中国名牌”的卷烟生产企业。

近年来，红塔集团顺应行业改革和发展的需要，积极响应国家局“大企业、大品牌、大市场”的发展战略，通过构建和谐企业文化、实施新一轮大规模技改、深化内部体制机制改革、打造ERP信息管理平台、推行“三标一体”质量环境职业健康安全标准等一系列重大举措，集团呈现出持续、健康、和谐发展的良好局面。

2006年，红塔集团共销售卷烟356.2万箱，实现销售收入292.9亿元，实现税利211.6亿元。其中，“玉溪”品牌销售21.8万箱，增幅28.8%；“红塔山”品牌销售62.5万箱，增幅71.5%；“红梅”品牌销售171.2万箱，增幅36.7%，创历史新高。

2007年，红塔集团确立了“加快发展步伐，全面提升水平，增强软硬实力，构建和谐红塔”的战略发展思路，进一步调整和深化品牌发展战略，提出做精做强“玉溪”，做强做大“红塔山”，做实做稳“红梅”的品牌战略目标。通过“巩固高端、提升高档”，努力把“红塔山”

企业ERP工程小组成员

红塔研发人员工作场景

打造成为“行业标志性品牌”，全面提升品牌竞争力和企业适应市场的能力。

面对新的发展和挑战，红塔集团将以“中国烟草标志性企业”的更高目标和更高要求为指导，坚持科学发展观，努力实践“两个跨越”，积极践行“两个利益至上”行业价值观，工业返哺农业，企业反馈社会，以“天外有天”的境界，以“山高人为峰”企业核心理念，在实施“大企业、大品牌、大市场”发展道路中参与国际竞争，为中国烟草发展做出更大贡献。

得天独厚的优质原料基地

红塔山2007年销量过百万箱

2007年12月10日上午，2007年“红塔山”品牌第100万箱在红塔集团玉溪卷烟厂下线。“红塔山”品牌在经历了品牌诞生、高速发展之后，在新世纪初遇到了严峻的市场挑战和考验，“红塔山”品牌进入到艰难调整期。2005年开始，红塔集团牢牢抓住行业改革发展的契机，通过转变思想观念、完善体制机制、实施科技创新、确立新的品牌发展思路、构建工商协同营销等一系列改革发展措施，加快发展步伐，抓住了发展机遇。在红塔山原有规格基础上先后推出“红塔山·新势力”、“红塔山·人为峰”、“红塔山·经典1956”、“红塔山经典100”等卷烟新品，以其优质的产品质量、创新的包装设计和清香醇和的吸味特点，迅速赢得了消费者和经销商的青睐，形成一股强势的“红塔山”旋风。2005年，“红塔山”销量恢复至36万余箱；2006年销量实现60余万箱，增幅近70%；2007年，“红塔山”更表现出强劲的增长势头，全年实现销量超过100万箱，增幅近100%，创造了“红塔山”品牌超越100万箱新的历史记录。2005年9月，“红塔山”品牌被国家质量监督检验检疫总局再次授予“中国名牌”称号；2006年9月，“红塔山”被评为“中国烟草十大梦想品牌”；2007年6月，世界品牌实验室（WorldBrandLab）发布的2007年《中国500最具价值品牌》排行榜，“红塔山”品牌继2006年高居烟草行业品牌排名第一后，本年度以439.20亿元品牌价值再度蝉联中国烟草品牌排名第一；2007年9月，“红塔山”品牌荣膺第二届亚洲品牌盛典年度大奖；在同月公布的《2006年度中国纳税百强排行榜》中，红塔集团（含集团旗下全资、控股、参股企业）以总纳税178.53亿元，稳居中国烟草行业纳税首位。

现代化的卷烟生产系统

现代化的卷烟物流

紧张有序的物流线

自动化堆垛机械手

红塔中秋夜

红塔捐赠云南聂耳音乐基金会

独家冠名赞助2003红塔皇马中国行

红塔集团冠名阿诗玛小姐选美活动

红塔杯大学生创业计划大赛

红塔青年与学生联欢

捐资助学贡山一中

红塔希望小学的学生

捐资成立红塔希望小学

科学发展 统筹兼顾

云南机场集团再创新业绩

云南机场集团有限责任公司是经云南省人民政府批准，经营特种行业的具有公益性的产业实体，由云南省国有资产监督管理委员会、昆明市人民政府、云南省开发投资有限公司出资组建的省政府直属国有大型企业，负责昆明新机场建设和省内机场的安全运营管理。

生产效益平稳增长

2007年云南机场集团公司顺利完成整体改制，正式成立云南机场集团有限责任公司。一年来，集团公司坚持以科学发展观统领全局，认真贯彻落实省委、省政府和民航总局的工作部署及要求，认真履行省政府赋予的职责及任务，锐意进取、扎实苦干、勤奋工作，在安全生产、经济效益、服务质量、管理创新、改革发展等方面都取得了新的业绩。

2007年4月28日，集团公司荣获全国五一劳动奖状，图为省委副书记李纪恒同志与集团总经理刘明亲切握手

云南机场集团有限责任公司与英国奥雅纳公司在英国唐宁街签定昆明新机场航站楼设计方案

2007年12月16日，全省10个机场旅客吞吐量突破2 000万人次。航班起降架次、旅客吞吐量、货邮吞吐量同比增长分别为11.3%、11%和6.5%。昆明机场全年旅客吞吐量达1 600万人，在国际机场协会全球统计的排名将从91位上升至85位左右。全省机场业继续呈现良好的发展态势，机场集团生产效益稳步增长，将实现连续四年整体赢利。

安全管理更加完善

2007年，机场集团以构建平安、文明、和谐机场为主线，不断加强安全管理，严格工作流程，强化安全措施，保证了2007年安全工作态势稳定，没有发生事故和事故征候，圆满完成十七大、第七届全国残运会、黄金周等各类重要航空运输的安全保障工作，实现了机场集团全年安全生产目标。

企业形象得到认可

机场的快速发展对改善云南省交通状况、助推城市开放和文化交流、增加城市就业、保障社会稳定、促使资源增值、改变投资环境、促进社会经济特别是旅游业的发展发挥了积极作用，机场集团的工作也受到了各方面的充分肯定。2007年，丽江机场被民航总局精神文明建设委员会授予“全国文明机场”称号，西双版纳机场被云南省委、省政府授予“2006年至2008年文明单位”；机场集团也由于在技术创新、管理创新和体制创新中取得较好成绩，为推动云南经济建设和社会发展做出了积极贡献，于2007年4月荣获中华全国总工会授予的“全国五一劳动奖状”。

机场建设稳步推进

云南民航业的高速发展对机场的建设提出了更高的要求。为进一步提升现有机场运行保障能力，充分发挥机场集群效应，提升云南机场整体竞争力，“十一五”期间，云南机场集团启动“5＋1”机场改扩建工程，即对昆明巫家坝机场进行增容改造，对西双版纳、丽江、大理、德宏芒市、迪庆香格里拉五个机场进行改扩建，预计总投资约30亿元，前期工作进展顺利，各项工程施工全面展开。同时，全省新机场建设也取得突破性进展，昆明新机场工程前期建设进展顺利，积极做好施工进场准备；腾冲驼峰机场建设各项工作有序推进，预计2009年建成通航。2007年1月，昆明新机场建设动员大会顺利召开，全省通航运营机场总数达11个，机场密度平均每十万平方千米约3个，远高于全国1.4个的平均水平，是全国拥有机场数量较多、等级较高、航空资源富集、机场管理一体化的省份，已形成以昆明机场为枢纽中心、覆盖全省近70%的行政州市的机场网络群，为云南航空业的发展筑巢引凤搭建良好的平台。

航空市场日趋成熟

进入云南航空市场营运的国内外航空公司共有27家（国际航空公司11家），其中，除东航云南公司在昆明机场设立基地以外，祥鹏航空公司在大理机场设立了基地，英安航空公司在思茅机场设立了基地；截至目前，云南各机场始发航线总数已达210余条，其中，昆明机场开通航线180余条，西双版纳机场12条（国际及地区航线2条），丽江机场12条。云南已初步形成了以昆明为中心，连接省内与周边省际支线网络、辐射国内大中城市的干线网络、面向东南亚、南亚的国际及地区航线网络的3个轮辐式为主及城市对式结构互补的航线网络。

云南机场集团将继续以展示航空旅游第一形象、打造航空强省第一平台为使命，以构建面向东南亚、南亚、连接欧亚的国家门户枢纽，实现机场集群效应，成为国内先进、国际知名的机场集团为目标，坚持诚信为本、顾客为尊、安全为基、绩效为先、创新为魂，坚持走集约化经营、专业化管理、产业化发展的道路，为全面建设富裕、文明、开放、和谐云南，实现航空强省目标和构建新一代民航运输系统目标做出更大的贡献。

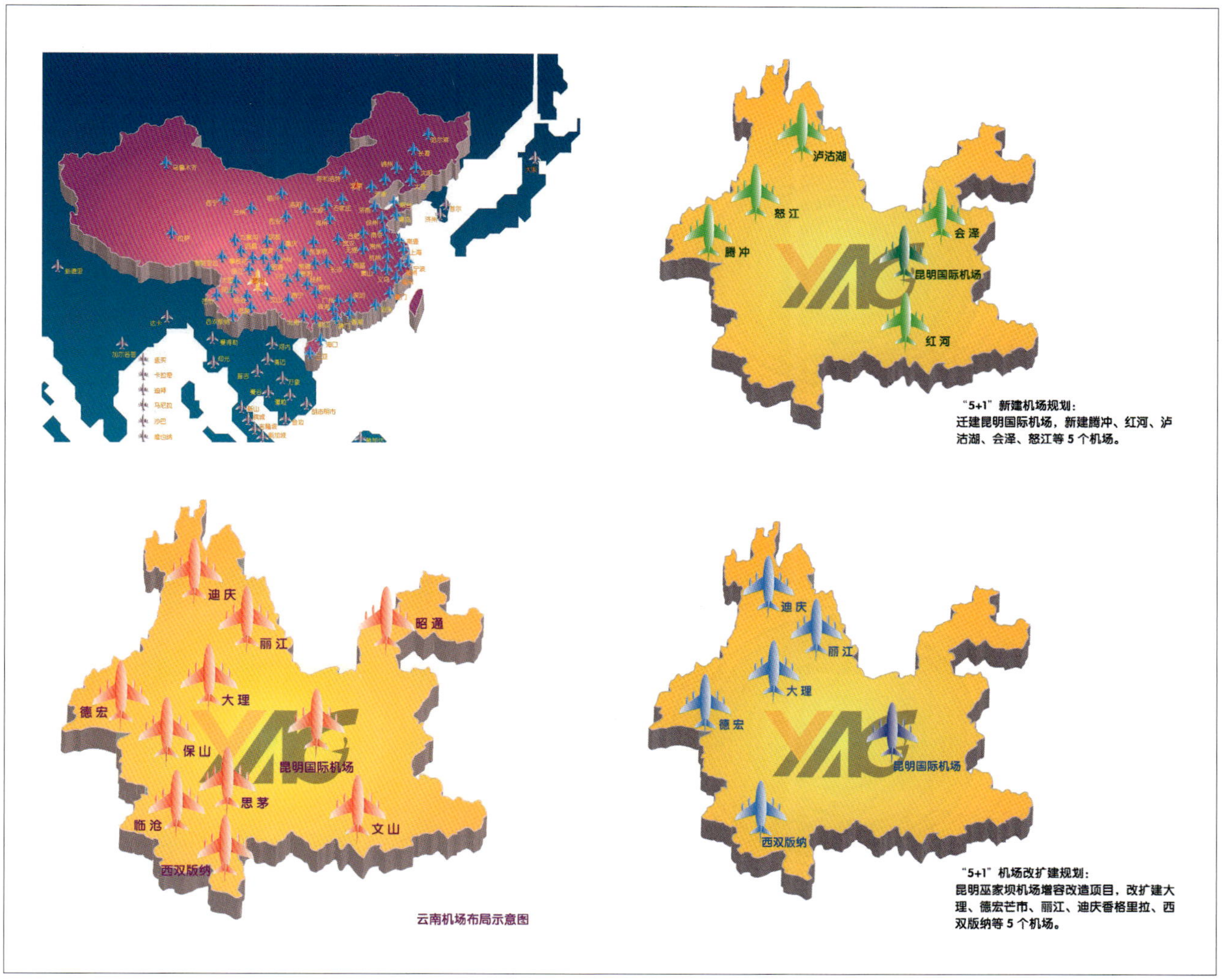

云南机场布局示意图

昆明巫家坝国际机场

昆明机场

昆明机场机坪

大理机场

大理机场

大理机场

大理机场、大理州人民政府、云南机场集团公司关于联合促销和增加大理航班航线签约仪式

丽江机场

丽江机场

丽江机场鸟瞰图

丽江机坪

保山机场

保山机场保障飞行安全

文山普者黑机场

文山机场

文山机场航站楼正面

文山机场航站楼

临沧机场

临沧机场首航典礼

临沧机场旅客吞吐量突破11万人次

德宏芒市机场

2006年12月10日祥鹏飞机到达芒市进行验证飞行

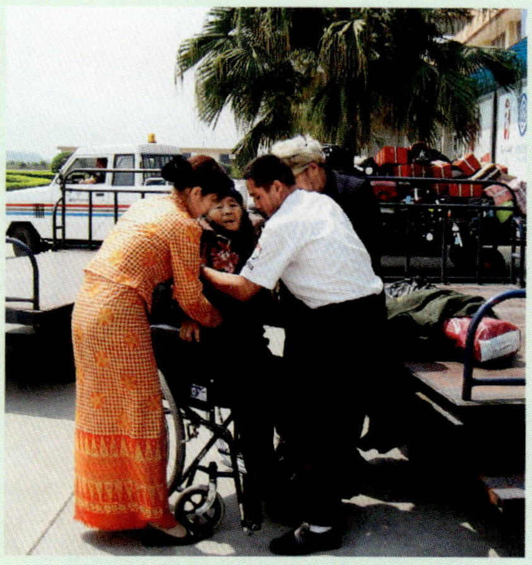

德宏芒市机场员工热心为旅客服务

祥鹏航空繁荣了德宏航空市场

西双版纳机场

军运

西双版纳机场优质服务乘机

西双版纳机场通过三标一体管理认证

西双版纳机场全景

思茅机场

思茅人民热情迎贵客

思茅机场鸟瞰图

思茅机场

迪庆香格里拉机场

深圳—香格里拉航线复飞庆典

香格里拉机场开通松茸直通关业务

昭 通 机 场

昭通机场

机场应急救援演练

昆明新机场

昆明新机场奠基

昆明新机场陆侧入口透视图

腾冲驼峰机场

奠基

腾冲机场建设

腾冲机场效果图

与时俱进 开拓创新
全面推进小康社会建设步伐

昆明市

昆明作为省会和中心城市，在云南经济社会发展全局中具有举足轻重的地位，担负着加快自身发展和带动全省发展的双重责任。为此，昆明市明确把建设现代新昆明作为全面建设小康社会的突破口，分阶段全面推进小康社会建设：第一步到2008年，全市生产总值比2000年翻一番，为现代新昆明建设打下坚实基础；第二步到2015年，全市生产总值比2008年再翻一番，初步建成现代新昆明，提前基本实现全面建设小康社会目标；第三步到2020年，工业化取得重大进展，城镇人口比重大幅提高，城乡区域发展差距缩小，全市人民过上更加富足生活，为在全省率先基本实现现代化打下坚实基础。

第一，经济平稳较快发展，综合实力进一步增强。“十五”期间，昆明市生产总值、地方财政收入、固定资产投资，年均分别增长10.2%、17.5%和15.4%。2006年，全市地区生产总值、地方财政收入分别达到1 203亿元和128.5亿元。坚持产业兴市、工业强市，贯彻落实省工业发展倍增计划，制定实施工业发展纲要，设立工业发展基金，构建六大产业片区，烟草、机电等支柱产业和生物医药、高新技术等新兴产业进一步发展壮大。围绕“居住、休闲、养生、体验”，在昆明启动实施旅游“二次创业”，旅游支柱产业作用逐步显现。2006年，接待海内外游客相当于’99世博会高峰期的2倍，达2 239.9万人次，旅游总收入156.4亿元。

第二，城市发展深入推进，新昆明建设取得阶段性成效。2003年，省委、省政府召开昆明城市规划与建设现场办公会，作出了建设“一湖四环”、“一湖四片”的现代新昆明战略决策。在现代新昆明建设推进实施中，围绕宜居城市建设，聚焦新城，改善主城，综合整治主城环境，

人民路

扎实推进新区开发建设。发挥规划龙头作用，确立规划立市，完成呈贡新区108平方千米内所有控制性详规及专项规划，编制主城250平方千米、55个片区控制性详规以及一批专项规划。组织实施交通环境、市容市貌和社会治安整治“三大战役”，新增城市道路面积660多万平方米，拆除违章建筑300多万平方米，建成绿地150多万平方米，通往呈贡新区的城市主干道昆洛路建成使用。

世纪金源

第三，加大滇池治理力度，加强生态环境保护建设。从1993年省政府滇池污染治理现场办公会议召开至“十五”末，滇池治理累计投入47.62亿元，滇池水体水质总体保持稳定。在滇池治理中，坚持把截污治污作为关键性措施，先后完成滇池西岸、盘龙江上段截污，完工大观河、采莲河、明通河等河道综合整治，全面开展点源、面源、内源污染治理，对沿湖企业严格实行限期治理、达标排放、排污口规范化整治，实施退塘还湖3.3平方千米，完成滇池湖滨带生态恢复与建设3.4平方千米。2007年4月，启动开工滇池北岸水环境综合治理工程，有效截留和处理污水，改善城市水环境和滇池水质。2006年，昆明城市环境综合排名进入全国重点城市前10名。

第四，经济社会协调发展，各项社会事业全面进步。“十五”期间，科技对经济增长的贡献率达到51.8%，全市每10万人专利拥有量位居西部城市前列。“两基”成果进一步巩固，高中阶段教育毛入学率达75%，优质普高招生占总数的46.8%。完成农村中小学危房改造34.5万平方米，新增寄宿制学校198所，收缩撤并一师一校点583个。完成1 100多座农村地区广播电视“村村通”建站任务，全市广播电视综合覆盖率96%。完成15个疾控中心项目建设，社区卫生服务机构发展到158个，覆盖人群170多万。推进新型农村合作医疗，86%的农民享受农村基本医疗保障。2007年，全市新型农村合作医疗参合人数达到270万人，参合率90.9%。

第五，各项改革不断深化，对外开放日益扩大。实施主城区划局部调整，拓展四城区发展空间，解决了20多年来阻碍困扰昆明发展的问题。完成前三年深化国企改革任务，企业改制面达93%，分离企业办学校151所、50张床位以上企业办医院27所。累计取消精简行政审批项目510项，向14个县（市）区下放市级经济社会和城市管理权限，41

项城市管理职能下放到主城四区。“十五”期间，累计批准设立外商投资企业363户，实际利用外资2.6亿美元，实施国内经济合作项目1 588项，实际引进市外到位资金330.8亿元。2006年，全市招商引资又取得新突破，实际利用外资2.09亿美元，引进市外到位资金232.9亿元。

第六，统筹区域协调发展，县域经济实力明显增强。把14个县（市）区划分为“三大板块”，分类指导，梯次推进。2006年，一、二、三板块生产总值分别增长12.8%、12%和28.9%；财政总收入分别增长23.2%、21.9%和65.1%。地方财政收入超亿元的县（市）区有13个，超5亿元的有5个，6个荣获全省十强县。制定出台支持北部五县区发展的优惠政策，每年投入1亿元资金支持北部五县区发展。东川再就业特区建设取得明显成效，2006年地区生产总值在全省县（市）区中由2003年的第86位跃升为第32位，地方财政收入增长4.1倍，城镇登记失业率下降16.2个百分点。

第七，人民生活持续改善，广大群众实惠较多。“十五”期间，全市城镇居民年人均可支配收入从7 563元增加到9 616元，农民年人均纯收入从2 220元增加到3 258元。农村和城市居民人均住房面积分别达到35.6平方米和22.5平方米。20.2万人实现再就业，城镇登记失业率连续五年控制在3%以内。转移农村富余劳动力25.5万人。完成91个安居温饱村建设，改造茅草房、杈杈房7 300多户，易地转移安置2 700多人，解决了13.8万绝对贫困人口的温饱问题，农村绝对贫困人口由“九五”末的25.4万人减少为11.6万人左右。2004年启动了廉租房建设工作，已建成廉租房4 455套。

2007年，省委、省政府第五次现代新昆明建设专题调研会提出，要把昆明建成体制健全、经济景气指数最高，全面协调、可持续发展最久，社会和谐、人居环境最好的省会城市之一。

一是更加解放思想，扩大改革开放。昆明要按照科学发展观和构建和谐社会的要求，进一步解放思想，加大改革开放力度，加快推进现代新昆明建设。

二是坚持民生优先，构建和谐社会。按照科学发展、社会和谐的要求，从人民群众最现实、最关心、最直接的利益问题入手，更加重视教育、卫生、公共安全、维护社会稳定等方面的问题，解决好就业、社会保障、困难群众住房等方面的突出问题，努力让现代新昆明建设成果更多地体现到改善民生上，努力使全体人民学有所教、劳有所得、病有所医、老有所养、住有所居。

三是加快经济发展，夯实物质基础。始终坚持发展第一要务，着力转变经济增长方式，努力促进全市经济又好又快发展。

四是统筹区域发展，促进城乡联动。针对全市区域发展不平衡、县域经济发展不足的实际，坚持科学统筹，切实把全市14个县（市）区纳入新昆明建设，并结合新农村建设，加大政策支持和指导力度，加快实施农村城市化、农业产业化、农民市民化、城乡政策一体化，进一步激活县域经济活力，促进城乡联动，区域共同发展。

五是打造宜居城市，提升城市形象。当前和今后一段时期，围绕创建国家园林城市、国家卫生城市、国家环保模范城市和全国文明城市，围绕“一湖四环”、“一湖四片”的城市发展格局，依托昆明独特的气候、阳光、生态、民族、文化等优势，强化规划引导，突出春城特色，传承历史文化，再造秀美“春城”城市新形象，把昆明打造为最适宜人居住的城市。

南屏步行街

东二环绿化带

新亚洲体育馆

朱家村立交桥效果图

保　山　市

李正阳市长

高黎贡山西坡

保山古称永昌，位于云南省西部，市府所在地距省会昆明496千米。外与缅甸山水相依，国境线长167.78千米，内与大理、临沧、怒江、德宏4州市毗邻。辖区内有隆阳、施甸、腾冲、龙陵、昌宁1区4县，总人口244.29万，有世居少数民族12个，少数民族人口23.8万人；有华侨、侨眷、归侨28.9万人，华侨分布在30多个国家和地区，是云南省著名的侨乡。

保山拥有国家一类开放口岸——猴桥，有省级口岸2个，边境通道30多条。历史上的南方古丝绸之路、抗战时期相继开通的滇缅公路和中印公路（又称史迪威公路）穿境而过，是历代中缅印陆路贸易的重要集散地。从昆明经腾冲进入缅甸，经过密支那抵达印度雷多仅1 220千米，是中国通向南亚最便捷、最安全、最经济的陆路国际大通道。腾冲至缅甸板瓦二级公路、腾冲至缅甸密支那二级公路已分别于2006年和2007年建成通车。随着保龙、保腾高速公路建成通车和腾冲驼峰机场的建成通航，保山面向南亚开放的优势将逐步凸现。

保山自然景观神奇秀美。国家级地质公园——腾冲火山热海是世界少见的火山地热伴生地，是理想的康体疗养、休闲度假之所。高黎贡山国家级自然保护区以“世界动植物南北交汇走廊”、“物种基因库”、“自然博物馆”的美誉名扬世界，已被联合国教科文组织批准为“世界生物圈保护区”。怒江大峡谷磅礴壮观、闻名于世；潞江坝富饶美丽；“神汤奇水”邦腊掌享誉海内外；国家级保护区北海湿地一派水泽风光；侨乡和顺魅力无限，是央视2005年度十大魅力名镇之首。腾冲被亚洲珠宝联合会授予“中国翡翠第一城”称号；高黎贡山被《中国国家地理》杂志评为“云南最美的地方”。保山气候温和，冬无严寒，夏无酷暑，年平均气温16℃，年均降雨量1 400毫米，森林覆盖率达47%，是最适宜人类居住的地方。

保山境内有丰富的资源可供开发利用。市内已探明矿产储量的有44种，水能理论蕴藏量1 024万千瓦，可开发利用822万千瓦。保山拥有两种资源、两个市场的比较优势，与缅甸及印度东部经济互补性强。全市优势产业初具规模：矿电、蔗糖、烟草、畜牧、林果、咖啡、茶叶已成为骨干产业。金属硅的年生产能力达

香料烟

烤烟国际合作大田

清凉山茶厂茶园

咖啡果

师专新校区艺术宫

到5万吨，电锌3万吨，蔗糖18.65万吨。烤烟80万担，香料烟11万担，是全国最大的晾晒烟基地，居世界第3位，烤烟、香料烟走俏国内外市场。保山小粒咖啡世界知名，腾越翡翠、龙陵黄龙玉、腾冲中成药独具特色。

中原汉文化、边地民族文化、东南亚、南亚及西洋文化等外来文化在保山大地交流碰撞，形成了保山极富特色的多元文化。哀牢文化、永昌文化、腾越文化、侨乡文化、民族民间文化绚丽多彩，水乳交融。保山、腾冲是省级历史文化名城，即将申报国家级历史文化名城；龙陵是全国文化先进县；和顺图书馆为全国藏书量最多的乡村图书馆。在深厚文化底蕴的熏陶下，保山名人辈出，明末三部尚书王宏祚、近代回民起义领袖杜文秀、当代马克思主义哲学家艾思奇、民国元老李根源、抗战时期爱国侨领梁金山等都出自保山。新中国成立以来，又诞生了中国首位女子乒乓球世界冠军邱钟惠，抗越自卫还击战英雄李成文。近年来，又涌现出央视感动中国十大杰出人物——缉毒英雄明正彬、印春荣。

中缅四号界桩

2006年，保山市全面贯彻落实科学发展观，经济社会发展取得新成绩，实现了“十一五”时期的良好开局。全年完成生产总值135.5亿元，比上年增长13.4%，增速位居全省第5位。三次产业结构比例调整为33.4∶27.4∶39.2。

农业总产值68亿元，比上年增8.7%。粮食总产创历史新高，达96.7万吨。烤烟、香料烟产业稳步发展，等级、质量、效益得到提高。茶叶、甘蔗、丝麻、咖啡、蔬菜、林业、畜牧业等各产业发展顺利。农业基础设施建设力度加大，扶贫攻坚成效显著。整合支农资金2亿多元投入新农村建设，农村面貌发生可喜变化。

工业总产值59亿元，增长20.1%。矿冶、建材、烟草加工、制茶等重点产业发展加快，效益大幅提高。工业投入力度加大，全年完成工业投资25.3亿元，增长1.03倍，重点工业项目建设进展顺利。非公有制企业发展加快，个体私营经济上缴税收5.8亿元，增长36.3%。

全社会固定资产投资79.4亿元，增长31.8%。保龙高速、槟榔江流域水电开发等重点工程进展顺利。腾冲机场建设获国家批准，保腾高速前期工作推进有力，大瑞铁路即将开工建设。城市基础设施建设得到加强，城镇化水平提高1.5个百分点，达到23.3%。

财政总收入突破15亿元，达到15.86亿元，增长28.8%，地方一般预算收入8.35亿元，增长27.9%。财政总支出29.86亿元，增长20.6%。农民人均纯收入2 052元，增长7.2%；城镇居民可支配收入9 768元，增长8.1%。消费品市场活跃，社会消费品零售总额41.2亿元，增长14.4%。

2007年，保山市将以邓小平理论和“三个代表”重要思想为指导，全面落实科学发展观，加快推进小康社会建设，强化基础设施建设，发展壮大支柱特色产业，突出新农村建设、工业、投资、旅游文化四大重点，努力实现国民经济又好又快发展。

人类发祥之地　彝族文化之乡

楚雄彝族自治州

在彩云之南的中部，有一个被称为"省垣门户"、"迤西咽喉"、"人类发祥之地"、"彝族歌舞之乡"的地方，便是神奇、美丽的楚雄彝族自治州。

楚雄彝族自治州位于滇中腹地，东靠昆明市，西接大理州，南连普洱市和玉溪市，北邻四川省攀枝花市和凉山彝族自治州，西北隔金沙江与丽江市相望。全州国土面积29 258平方千米，总人口258万人，少数民族人口85万人，占总人口的32.9%，其中彝族人口69万人，占总人口的26.7%。楚雄州是著名的"古生物之乡"和"人类发祥地"，1.8亿年前的禄丰恐龙化石、800万年前的禄丰腊玛古猿化石和170万年前的元谋人化石吸引着国内外有识之士慕名而来。这里资源丰富，文化多彩，民风淳朴，是一块充满生机与活力的绿色土地，也是令人向往的人类发祥地、彝族风情园、滇川大通道、绿色经济州。

云南楚雄青山嘴水库工程开工典礼

自1958年4月15日建立以来，楚雄彝族自治州各族人民在州委、州政府的正确领导下，意气风发，团结奋进，开创了经济、社会又快又好发展的可喜局面。经济综合实力显著增强，人民生活水平不断提高；交通、邮电、通信、电力等基础设施全面改善，文化事业日益繁荣，科技、教育、卫生等各项社会事业协调发展，社会保障体系进一步完善，环境污染防治和生态环境保护不断加强；"三区八大基地"

城市新貌

楚雄彝人古镇

彝山新农村

南（华）永（仁）公路江底河大桥

安（宁）楚（雄）高速公路

国家工业综合开发科技推广综合示范园区——元谋小孟岭

（天然药物产业园区、特色蔬菜种植园区、绿色食品加工园区和优质烟、优质米、中药材、畜禽、林果、茶桑、魔芋、水产基地）建设成效显著；“国宾”系列卷烟和“排毒养颜胶囊”等优质产品名扬全国；元谋冬早蔬菜远销全国各大中城市，是全国十大蔬菜基地之一；以“三古一彝”（古生物、古人类、古文化和彝族风情）为特征的文化旅游品位不断提升，以中国禄丰侏罗纪世界公园、中国彝族文化大观园、元谋东方人类祭祖坛文化工程为代表的文化旅游重点项目建设初见成效。2006年，全州生产总值达217.4亿元，人均GDP达1 081美元；财政总收入39.44亿元，农业总产值85.1亿元，工业总产值206.5亿元，全社会固定资产投资总额93.3亿元，社会消费品零售总额63.6亿元，外贸进出口总额5 247万美元，城镇居民人均可支配收入10 611元，农民人均纯收入2 385元。

“十一五”时期，楚雄彝族自治州将坚持科学的发展观，突出又好又快发展这一主题，加快经济体制和经济增长方式两个根本性转变，持续打好农业、交通、城镇建设三个发展基础，坚持实施科教人才、全方位开放、民族文化发展和可持续发展四大战略，集中力量建设烟草产业、天然药业、冶金化工业、绿色食品业和文化旅游业五大产业，努力把楚雄州建设成为经济特色显著、彝族文化荟萃、人与自然和谐、群众生活富裕，充满生机和活力的新型工业重镇、绿色经济强州和彝族文化名州，稳步推进全面建设小康社会的步伐。

峰峦叠嶂

国家级历史文化名镇黑井古镇老宅

楚雄医药工业园区

大理白族自治州

大理白族自治州地处云南省中部偏西地区，是全国唯一的白族自治州，地跨东经98°52′～101°03′，北纬24°41′～26°42′之间。全州国土总面积29 459平方千米，有白族、汉族、彝族、回族等13个世居民族，2006年末，全州总人口344.4万人，少数民族人口占49.22%，白族人口占1/3，辖12个县市（其中有3个民族自治县）、1个省级高新技术开发区、1个省级旅游度假区。大理州风光秀丽，气候宜人，空气清新，年均气温15℃，平均降雨量1 000毫米，冬无严寒，夏无酷暑，四季如春。

何金平州长到鹤庆县调研

——文化大理风光无限。大理历史悠久，远在新石器时代，就有白族、彝族等少数民族的先民在此繁衍生息，是云南古代文明的发祥地之一。秦纳版图，汉设郡县，唐宋时期，以洱海为中心先后兴起的南诏国和大理国相延515年，大理成为当时云南政治、经济、文化中心，大理国都城是当时世界14个大城市之一。1982年大理古城被国务院公布为全国首批历史文化名城之一，1994年巍山古城又被公布为全国第四批历史文化名城之一，全州各级重点文物保护单位多达266项，是全国30个少数民族自治州中文物古迹最多的自治州。大理文化灿烂，人文荟萃，素有“文献名邦”之称，被历史学家誉为“亚洲文化十字路口的古都”。这里有多元的民族宗教文化，有优美动人的神话传说，有独具一格的民族建筑艺术、雕刻艺术，有众多艺术价值较高的碑刻以及类型多样的古桥梁，有独特的白族民风民俗，有剑川木雕、鹤庆银铜器制品、白族扎染、大理石工艺品等琳琅满目的民族工艺，有“火把节”、“三月街”、“石宝山歌会”、“蝴蝶会”、“本主节”等丰富多彩的民族节庆活动，有大本曲、吹吹腔、南诏洞经古乐等多姿多彩民间文艺。目前，大理已拥有国家级历史文化名城、国家级风景名胜区、国家级自然保护区、中国优秀旅游城市、最佳中国魅力城市、国家地质公园六顶桂冠。2006年大理白族“绕三灵”、白族“扎染”被列为全国首批非物质文化遗产。

古城南门

——经济大理商机无限。大理旅游资源丰富。全州各具特色，富有吸引力的风景名胜区(点)达130

多处，是国内重要的游客集散地，是云南仅次于昆明的旅游热区。大理矿产资源丰富。处于金沙江、怒江成矿带区域，目前已发现金属矿20种，非金属矿25种以上，温、矿泉10余处，弥渡金宝山铂钯矿是全国第二大矿，大理石为独有资源，储量1.6亿立方米。大理生物资源丰富。素有“杜鹃花之乡”、“兰花之乡”、“茶花之乡”的美称，全州森林覆盖率达51.95%，是中国生物多样性最为富集的地区之一，全国优质烤烟生产区，云南省重要的粮食、烤烟、蔬菜、经济林果和畜牧业生产基地。大理水电资源丰富。著名的金沙江、澜沧江、怒江、红河纵贯全境，水能资源达1 000多万千瓦，在国家“西电东送”、云南省“云电外送”战略中占有十分重要的地位，境内装机135万千瓦的漫湾电站已建成投产，装机420万千瓦的小湾电站正在施工，装机180万千瓦的龙开口电站、装机210万千瓦的鲁地拉电站、装机220万千瓦的苗尾电站正在开展前期工作。大理区位优越，是古代“蜀身毒古道”和“茶马古道”的要冲，南方“古丝绸之路”的必经之地，现在已初步建成高速公路、铁路、航空相结合的立体交通网络，是云南北进川藏、南接东南亚、南亚的重要通道和交通枢纽。州府所在地大理市距省会昆明338千米，空中航线距离275千米，是云南省确定规划建设的滇西中心城市。大理投资环境一流。随着西部大开发的不断深入，大理建设滇西中心城市的推进，这里已成为祖国西南边陲一片投资的热土。全州逐步形成了行为规范、运转协调、公正透明、廉洁高效的外商投资管理体制和运转机制，“政府创造环境，企业创

洱海小普陀

大理地热国大滚锅

三塔倒影

云龙天然太极图

造财富”已成为全社会的共识。目前，已先后有新希望集团、娃哈哈集团、华港集团、万泰集团、香港兴杰集团、丹麦嘉士伯集团、新加坡三德集团、中建集团、上实集团、重庆力帆集团等知名大企业、大集团落户大理。还有不少国内外的大企业、大集团正纷至沓来，双赢两利，共谋发展。我们将坚定不移地执行国家实施西部大开发和省、州鼓励中外投资的各项优惠政策，围绕调整经济结构、培植支柱产业的目标要求，采取灵活多样的合作方式，以高效的行政服务，可靠的法制保障，优厚的政策环境，重点在高新技术产业、专业批发市场建设、旅游资源和生物资源开发、农业综合开发及基础设施建设等领域开辟和提供更多更广的投资合作机会。

——未来大理发展无限。2006年，在党中央、国务院和中共云南省委、省人民政府的正确领导下，州委、州人民政府坚持以邓小平理论和“三个代表”重要思想为指导，全面贯彻落实科学发展观，坚持以加快发展为第一要务，团结和带领全州各族人民，转变发展观念，创新发展模式，提高发展质量，增强发展后劲，全州完成生产总值275.28亿元，增长13.3%；实现财政总收入39.36亿元，增长18%；完成固定资产投资107.73亿元，增长30.1%；实现社会消费品零售总额71.83亿元，增长15.1%；实现外贸进出口4 663万美元，增长15.8%。农民人均纯收入2 431元，城镇居民人均可支配收入10 176元，分别增长8%和13.4%，各项社会事业快速发展，实现了“十一五”规划开好局、起好步的目标。在未来几年的发展中，

绕三灵

栽秧会

掐新娘

舞龙

苍山大树杜鹃

精品大理石

大理兰花

全州各族人民将在党的十七大精神的指引下，深入贯彻落实科学发展观，以实现又好又快发展为主题，紧紧围绕把工业建成富民强州的最大产业，把大理建设成为滇西现代化交通枢纽、全国著名的旅游胜地和经济建设、政治建设、文化建设、社会建设和党的建设搞得最好的民族自治州之一的战略目标，解放思想，创新务实，把思路项目化、项目数字化、措施具体化、效益最大化，在开拓创新中求发展，在狠抓落实中上台阶，全面推进经济社会协调发展，努力夺取全面建设小康社会的新胜利。

三月街开幕式

大理州建州50周年庆祝大会

——和谐大理魅力无限。在古代，以白族为代表的大理各族人民，与边疆各族及东南亚各国人民广泛交流，和睦相处，创造了光辉灿烂的南诏国、大理国历史文化，被誉为多元文化与自然和谐共荣的乐土。改革开放以来，特别是近年来，大理州按照党中央、国务院构建社会主义和谐社会的要求，努力建设社会主义民主，积极推进依法治州，统筹协调各种利益，促进社会公平正义，保障人民合法权益，实现了民族团结和睦、社会安宁稳定、人民安居乐业、山川更加秀美。在未来，大理州将按照“城在山水中、山水在城中”和天、地、山、水、人与自然和谐发展的理念，“不求最大，但求最美”，精心打造苍山、洱海、古城、水城、三塔、蝴蝶泉、民居、名花八张城市“名片”，努力把大理建成辐射面广、带动力强、吸引力大的滇西中心城市，全国著名的文化旅游特色浓郁的现代城市，世界上适宜人类居住和发展的城市，多元文化与自然和谐发展的典范。

“大理好风光，世界共分享”，我们热忱欢迎海内外的各界朋友到大理观光旅游、休闲度假、居住生活，热忱欢迎中外有识之士到大理投资兴业，大展宏图，共建富裕、民主、文明、开放、和谐新大理！

德宏傣族景颇族自治州

芒市城建展新姿

芒市三棵树风情街一角

自2003年以来，德宏州委、州政府提出了建设美好家园的构想。德宏州城建部门，以“高起点设计、高标准建设、高效能管理”为目标，相继建成了一批既融合德宏文化，又体现现代建筑风范的经典之作。芒市广场、中缅友谊纪念馆、芒市花园住宅小区、芒市宾馆、芒市会堂、三棵树芒市风情街、德宏华丰国际商场、芒市体育运动中心等标志性建筑物拔地而起，相互辉映，光彩照人，成为州府芒市的靓丽景观，优秀旅游城市潞西市的新亮点。

芒市老标志——三棵树

芒市会堂

新建的五星级芒市宾馆

中缅友谊纪念馆

芒市广场的泼水亭

中国第一塔——勐焕大金塔

德宏华丰国际商场

芒市广场的目瑙塔

德宏华丰国际商场

大力弘扬新时期老山精神　前赴后继共奔小康之路

开放的前沿 发展的热土 麻栗坡欢迎您！

国务院扶贫办主任范晓建（左一）深入麻栗坡县检查指导工作

原州委书记张田欣（左二）在南朵小康示范村与村民共话小康

麻栗坡县位于云南省文山壮族苗族自治州东南部的中越边境线上，与越南河江省的同文、安明、官坝、渭川、黄树皮、河江“五县一市”接壤，国境线长277千米。全县国土面积2 395平方千米，99.9%的面积为山区，属典型的喀斯特地貌，共有耕地面积28.7万亩，农民人均耕地1.13亩。县内居住着汉、壮、苗、瑶、彝、傣、蒙古、仡佬8个民族，总人口27.4万人，其中：农业人口25.2万人，少数民族人口10.9万人。

由于受战争等历史因素影响，麻栗坡县1993年才转入战后恢复建设，全县经济社会发展起步晚、底子薄，远远落后于全省、全州的平均水平。2006年，全县实现生产总值13.4亿元，实现农业总产值6.2亿元，完成财政总收入1.08亿元，地方财政一般预算收入5 519万元，农民人均产粮350千克，农民人均纯收入1 436元。按人均收入825元标准计算，全县仍有农村贫困人口11.41万人，占总人口的51.6%，其中人均收入625元以下的绝对贫困人口7.91万人，占贫困人口的56%。

在党中央、国务院和省、州党委政府的正确领导和各级各部门的支持帮助下，麻栗坡县牢牢把握“整村推进、产业开发、劳务输出、挂钩帮扶”四个重点，努力做到扶贫开发工作与社会主义新农村建设共同推进。从2001年以来，全县共投入各类扶贫资金2.88亿元，实施道路、教育、卫生、水利等各类扶贫项目251个，累计解决了11.3万贫困人口的温饱问题。特别是在整村推进扶贫开发社会主义新农村建设中，从2003年至今，全县共投入资金8 036万元，其中：重点村配套资金1 955万元，省级财政转移支付242万元，部队援建资金225万元，上海援建资金721万元，部门整合资金1 402万元，群众自筹和投工投劳折价3 489万元，其他资金112万元；建成小康示范村、温饱示范村142个，占全县建制村的7.4%；重点实施了外交部和上海挂钩帮扶温饱工程、卫生工程、希望工程、输电线路工程、爱心工程和培训项目等，受益面达全县11个乡镇93个村委会1 720个村民小组4万余户16.4万余人，有效解决了项目区基础设施建设滞后、生产生活环境恶劣和经济社会发展缓慢等问题。同时，所有已建成新农村均建立了文艺队、联防队、青年、民兵、计生协会“会员之家”、“妇女之家”，各套基层组织建设进一步健全完善并长期发挥了积极作用，项目村社会治安良好，社会秩序平安和谐，实现了“三个文明”大丰收。麻栗镇南朵村民小组被中央文明委授予2006年度全国创建文明村镇工作“先进村镇”荣誉称号。

猛硐乡野猪塘小康示范村业余文艺表演

小康示范村文艺汇演

在大力推进扶贫开发的实践中，我们的主要做法和经验：一是健全机构，完善机制，密切协作是做好扶贫工作的关键。始终坚持每村至少有1名处级领导挂钩联系，明确县级挂钩单位及责任，并抽调工作队员深入村寨开展工作，累计达1 000余人次。二是因地制宜，科学规划，规范建设是做好扶贫工作的前提。成立了新农村建设规划评审领导小组，并由农、林、水、牧等专业技术人员组成规划工作队，深入实地对项目进行详细规划。从2008年开始，全县将以每年建设80个新农村的速度继续开展整村推进扶贫开发项目建设。三是多管齐下，发展产业，打牢支撑是做好扶贫工作的重点。始终紧扣农民增收这个核心，加大贷款扶持和劳动力转移培训力度，积极做好种植业、养殖业、劳务输出“三篇文章”，努力培育后续财源，千方百计增加农民收入。“十五”期间，共举办劳务输出、种养业等各种培训1 088期8.7万余人次，组织农村富余劳动力转移和输出4.78余万人，投放专项扶贫贷款9 373万元扶持龙头企业17个，滚动发放扶贫小额信贷资金75万元，扶持3万户农户开展种养业解决温饱脱贫致富。四是积极争取，多方筹资，工业反哺农业是做好扶贫工作的有效途径。积极发扬“自力更生、艰苦奋斗”的老山精神，切实加大县级财政资金投入和部门资金整合力度。2003年以来，县级财政及县级各部门整合资金3 000多万元投入新农村建设，有效解决了项目村资金不足问题。同时，实施工业反哺农业，加快工业经济发展，引进有实力和社会责任感的企业参与麻栗坡县钨矿、铁矿等资源整合，积极筹措资金建设社会主义新农村。2006年引进县紫金钨业集团全额筹资250万元，重点扶持了10个新农村建设项目。随着全县经济社会的发展，工业反哺农业的力度将更大。五是加强宣传，广泛动员，群众参与是做好扶贫工作的基础。充分发挥广播、电视、报刊、板报等宣传媒体的舆论导向作用，采取多形式、多渠道、全方位宣传到村、到户，激发广大干部群众和社会各界参与帮扶开发的自觉性和主动性，调动其积极参与项目建设。六是强化监管，加强交流，突出成效是做好扶贫工作的保障。项目资金管理始终严格执行“三制度一公开”，所有项目资金全部实行回补报账制管理，所有工程物资实行专人管理及发放，避免了违纪违规现象的发生。

在下一步工作中，我们将认真贯彻落实党的十七大精神，在各级各部门的大力关心支持和帮助下，一如既往地按照建设社会主义新农村“生产发展、生活宽裕、乡风文明、村容整洁、管理民主”二十字方针要求，艰苦奋斗，后来居上，同步推进农村经济、政治、文化和社会建设，努力加快奔小康步伐！

南朵村荣获“全国创建文明村镇工作先进村镇”荣誉称号

扶贫开发易地搬迁安置

希望工程项目——麻栗镇老地房小学

老山第一村——猛硐乡小坪寨小康示范村

农民喜建新房

小康示范村电网改造

县城广场

安 宁 市 县 街 镇

领导班子

县街镇位于安宁市西南部，镇中心地处安宁市城效结合部，距安宁市区13千米，东接连然镇，西连易门县，北邻草铺镇，安八公路穿境而过，主要河流有鸣矣河、小漩河、梨子河、八街河。全镇行政区域266平方千米，辖鸣矣河、石庄、王家庄、下元良、县街、石江等10个村民委员会、55个自然村。辖区总人口26 507人，其中农业人口24 771人，全镇居住着汉、彝、回、苗等多个民族。全镇耕地面积1 629.75公顷。

2006年来，全镇农村经济总

集镇建设

新农村建设

群众文化

鸣矣河村委会

群众文化

收入达75 209万元，财政总收入达4 094万元。其中地方财政税收达2 014万元，安置农村富余劳动力4 800人，农民人均纯收入达4 068元。镇域内矿产资源十分丰富，主要矿藏资源有：磷矿(1.6亿吨)、硅矿、铁矿、石英砂、铝土、石灰石、耐火粘土等，全镇充分依托磷矿资源优势，形成以磷矿资源的开采，粗加工为主要经济发展主渠道，同时带动个体运输业的发展。农作物主要有稻谷、玉米、小麦、大麦和蚕豆。经济作物有蔬菜、烤烟、油菜、大豆、水果等。

目前，县街镇党委、政府已确定，按照"生产发展、生活宽裕、乡风文明、村容整洁、管理民主"的总要求，以推进"三个集中"和建设"小康村、文明村、生态村、和谐村"为目标，按照"做精一产业、做强二产业、做大三产业"的发展思路，认真落实"五个统筹"。着力实施"农业稳镇、工业强镇、环境立镇、科教兴镇"四大战略，进一巩固农业产业结构调整成果，营造和优化投资创业发展环境，支持搞好磷资源整合，加大招商引资力度，努力打造五金加工园区及农产品加工业，大力培育壮大汽车运输业、旅游业和餐饮业，从而促进县街镇经济社会协调、健康、可持续发展。

优质江梨

2004年8月4日召开昆明市烤烟现场会

大棚花卉

磷矿开采

中国储备粮管理总公司
云南分公司

中国储备粮管理总公司云南分公司是中国储备粮管理总公司的派出管理机构，于2006年4月开始组建，5月19日正式挂牌成立。云南分公司按照总公司授权委托，负责云南辖区中央储备粮经营管理、直属库管理和中央国债建设粮库资产的管理工作。

云南分公司的主要职责是：贯彻落实中国储备粮管理总公司制定的工作方针、政策和决定；负责制定分公司各项工作的实施方案和具体计划；根据总公司下达的计划和指令，负责中央储备粮的购销、储存、调运、轮换、进出口和信息统计等业务；协助总公司进行粮油科技项目的研究与开发，负责粮油科技成果的推广与应用；组织开展仓储、转运等社会化服务工作；负责提出直属库的仓储建设、设施维修、技术改造和项目投资建议并组织落实；负责拨付中央储备粮财政补贴；负责总公司所属国有资产和中央国债资金建设粮库资产的经营管理，承担国有资产的保值增值责任；负责审计、法律事务、党建、精神文明建设和其他日常监管工作；负责直属库的人、财、物管理等。

云南分公司成立以来，以高度的政治责任感和使命感，坚决贯彻执行《中央储备粮管理条例》，按照严格制度、严格管理、严格责任的要求，努力提高中央储备粮管理水平，确保中央储备粮数量真实、质量良好和储存安全，确保储得进、管得好、调得动、用得上。云南分公司在中储粮总公司的领导下，在中共云南省委、省人民政府的关怀指导下，在有关部门的支持配合下，锐意进取，扎实工作，始终以服从和服务于国家粮食宏观调控为己任，不断提升辖区内中央储备粮管理工作水平，不断开创中央储备粮管理工作的新局面，为维护农民利益，维护粮食市场稳定，维护国家粮食安全，促进云南省的社会经济又好又快发展做出应有的贡献。

分公司成立大会

粮食质量检验室

保管在仓内的中央储备粮

直属库一角

美丽的直属库

在传统与未来之间

我们心中的传统与创新

传统与创新，与其说是我们对自己专业的定义，不如说是每天困扰我们的问题。

关于印刷，传统是一种温情。这种温情来源于古人把絮、竹解构为纸，把陶、泥烧铸为字，文明的传播和记录，可以仰仗大自然的纤脉朴素地存在。而创新是一种割裂。对做事情的人而言，开拓进取几个字总是显得太空泛，设计和印刷最关键的是在对历史的掌控、对工艺的体察、对社会文化的持续关注中所需要的一种分寸感，作为企业，这种分寸感常常受到市场、效能、利润的影响，而我们始终坚持，而且至感重要。虽然传统与创新依然会是困扰我们的问题，但这种无解似乎正是其意义所在。创新，不仅是因为市场，也是兴趣，责任和目标。我们欣慰的是，从前所坚持和尝试的，渐渐得到越来越多客户的满意和支持，而正因为客户的信任厚爱和严格要求，才有了千锤百炼之后、日臻成熟的雅昌/富新春。现在想来，好像是一种无功利的功利，这种心境，让我们更加成熟和努力。

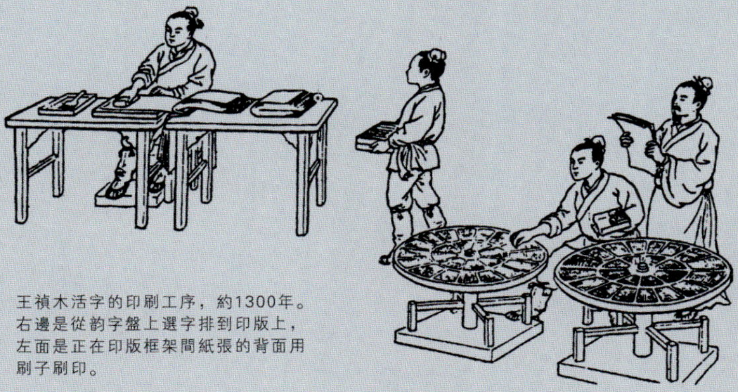

王禎木活字的印刷工序，約1300年。右邊是從韵字盤上選字排到印版上，左面是正在印版框架間紙張的背面用刷子刷印。

社　会　生　活

主　　编　李红菊
责任编辑　代燕春

劳动与社会保障

【概述】　2006年，云南省劳动和社会保障工作以科学发展观统领，构建平安和谐云南为目标，紧紧围绕经济社会发展，着眼于统筹城乡就业，加强技能人才培养，完善社会保障体系，维护劳动者合法权益，为“十一五”规划的开局之年奠定了良好开局。

2006年，全省城镇新增就业21万人，失业人员再就业12万人，特殊困难群体就业2万人；城镇登记失业率为4.3%，控制在4.6%的年度宏观调控目标之内。农村劳动力实现新增转移就业136万人，超过50万人的预定目标。全省就业服务机构为失业人员交纳社会保险费4 227万元，提供岗位补贴3 499万元，提供培训补贴2 096万元，帮助3万名失业人员实现了自主创业。全省为失业人员发放小额担保贷款总额首次突破4亿元。

2006年，是全省“三年十万”高技能人才培养计划的最后一年。经过3年努力，全省新培养高技能人才10.2万人，其中技师、高级技师达到1.08万人，圆满完成了“三年十万”高技能人才培养计划。省委、省政府对高技能人才耿家盛作为全省10名“兴滇人才奖”之一给予重奖，省政府对110名兴滇技能人才、兴滇技术能手、高技能人才培育先进单位和个人进行表彰，对3名有突出贡献的高技能人才发放政府特殊津贴，大大提高了高技能人才的社会地位。全省职业培训、鉴定机构按照“以鉴定强培训、以竞赛促培训”的思路，进一步完善制度，规范程序，实行标准化考核鉴定，共组织各类培训20.8万人次，超额完成年初预定的17万人的目标，鉴定合格取得职业资格证17.7万人次，突破了年初预定的16万人的目标。举办了10个行业、50个工种、38万人参赛的国家和省职业技能大赛，夺得全国第二届电子商务大赛“一金两银”及3项国家级竞赛优秀赛区的好成绩，有2100名竞赛优胜者破格取得高一级职业资格。各技工学校加快改革发展，创新办学思路，招生规模稳步扩大，2006年招生人数突破1.9万人，创全省技工学校招生历史新高。

2006年，全省参加企业职工基本养老、城镇职工基本医疗、城镇职工失业、工伤、生育保险的人数分别达到266万、330万、193万、173万、158万，全面完成了年度目标任务。通过争取中央转移支付的养老保险补助资金21.8亿元，省财政补助资金2.1亿元，全省83.28万名离退休人员按时足额领到基本养老金，12.5万名失业人员按时足额领到失业救济金。全省实行各种形式的社会化管理服务率达99%，纳入社区管理服务率达到48%。根据国务院统一部署，制定了《云南省人民政府关于完善企业职工基本养老保险制度的实施意见》，调整统一养老保险缴费标准和个人账户规模，完善基本养老金计发办法，调整企业离退休人员养老金待遇，规范企业年金方案与企业年金基金管理合同的报备。经积极与有关部门协商，报省政府批准，出台监狱企业和劳教企业职工参加养老保险、省属转制工程勘察设计单位退休人员企事业待遇差解决办法以及对城镇贫困残疾人个体工商户参加基本养老保险进行适当补贴的政策；制定农民工参加医疗保险办法，实施加强医疗保险定点零售药店和定点医疗机构管理的政策，进一步完善医疗保险定点医疗机构诚信等级评定制度。

2006年，全省原地方统筹企业养老保险缴费比例从22%统一下调到20%，一年为企业减轻负担2.6亿元；全省企业退休人员基本养老金月人均增加160元，企业离休人员月人均养老金增加410元。各类地区失业保险金标准和企业工伤职工伤残津贴、生活护理费及因工死亡职工供养亲属抚恤金标准得到提高；医保基金按规定为参保病人支付医疗费用34亿元，省直医保系统在部分州市新开通70个定点药店，为参保人员跨州市购药提供了便利，全省农民工参加工伤保险人数达到9万人，国有煤矿农民工参加工伤保险率达到94%，其他高风险企业达到49.5%。参加医疗保险人数达3.5万人。10个州市66个县开设了农民工工资保障金专户。

2006年，全省符合条件的低保对象由12万人增加到74万多人，年发放保障金由0.86亿元增加到7.2亿元，月保障标准最高达到210元，人均补差标准为90元。2006年底，全省农村绝对贫困人口为228.4万人，按照月人均补助30元计算，全省需要补助资金8.2亿元。

【城镇就业总量】 2006年，全省城乡就业人员2 503万人，比上年末增加41.7万人。其中：第一产业1 715万人，占68.5%；第二产业259万人，占10.3%；第三产业529万人，占21.2%。城镇单位就业人员259.22万人，比上年末增加12.19万人；城镇单位在岗职工247.98万人，比上年末增加12.27万人。全年城镇登记失业人数33.25万人，比上年增加1.85万人；实有城镇登记失业人数13.79万人，比上年末增加0.79万人；城镇登记失业率4.3%，与上年持平。全年各级劳动保障部门共向6.7万名符合条件的人员发放《再就业优惠证》，就业再就业资金使用总额达4.11亿元。全年领取《再就业优惠证》人员实现再就业12.26万人，其中特殊困难群体2.2万人，其中“4050”人员1.11万人。

【城乡统筹劳动力就业】 2006年末，全省求职登记76.08万人次，其中农村劳动力28.75万人次；招聘登记74.13万人次，比上年增加5.60%；介绍成功60.52万人次，比上年增加14.19%，其中农村劳动力23.19万人次；农村富余劳动力向城镇转移流动136万人次，其中省内流动97.92人次；省外流动38.08万人次。2006年5月，在深圳举行滇粤劳务合作协议签约仪式，全省近4万名农村富余劳动力陆续赴粤务工。

【技能人才培养】 全年全省各类职业培训机构共对46.16万人次进行了职业培训，比上年增长18.66%。其中：年末就业训练中心116个，全年开展职业培训15.43万人次；社会培训机构347个，全年开展职业培训25.31万人次；技校全年培训社会人员5.42万人次。在参加职业培训人员中，下岗失业人员参加再就业培训5.91万人次，参加创业培训1.29万人次；5.44万名城镇未能继续升学的初高中毕业生参加劳动预备制培训。全省有职业技能鉴定机构187个，比上年增加7个；职业技能鉴定考评人员4 246人，比上年增加578人。全年参加了职业技能鉴定21.05万人次，增长11.12%；获得职业资格证书17.7万人次，增长7.78%。其中获得初级职业资格证书4.78万人次，中级职业资格证书8.86万人次，高级职业资格证书3.52万人次，技师职业资格证书5 262人，高级技师职业资格证书68人。

【城镇基本养老保险】 2006年，全省参加基本养老保险人数267.42万人，比上年增加8.72万人。其中：参保职工183.63万人，参保离退休人员83.79万人。年内全省上调了企业离退休人员基本养老金，企业退休人员2005年月人均调整60元，2006年月人均调整100元；企业离休人员月人均调整410元。全省企业退休人员实行社会化管理服务人数为78.16万人，比上年增加3.86万人，社会化管理服务率达99.20%，比上年增加3.2个百分点，其中，企业退休人员社区管理服务率47.79%。全年当期收缴基本养老保险费66.44亿元，比上年增加7.74亿元；养老保险基金支出86.59亿元，增加16.49亿元。年末全省参加农村养老保险人数为139.25万人，增加1.45万人。有5.5万人领取了养老金，增加0.2万人。农村社会养老保险费收入0.32亿元，农村社会养老保险资金支出0.12亿元。

【城镇职工基本医疗保险】 年末，参加基本医疗保险人数331.54万人，比上年末增加10.84万人，增长3.38%。其中参保职工232.70万人，参保退休人员98.84万人，分别比上年末增加7.5万人和3.34万人；农民工参保人数5.57万人。全年基本医疗保险基金收入46.56亿元，增长31.15%，其中基本医疗保险费征缴收入42.79亿元。基本医疗保险基金支出37.50亿元，增长15.38%。

【城镇失业保险金领取】 2006年，全省从业人员参加失业保险182.96万人，比上年末增加0.16万人。全年享受省失业保险待遇12.9万人，比上年同期减少3.1万人；期末领取失业保险金6.4万人，比上年减少2.7万人。全年失业保险基金收入7.71亿元，比上年增加2.01亿元，其中失业保险费征缴收入7.22亿元，增加0.95亿元；基金支出2.98亿元，减少2.12亿元。

【工伤保险】 2006年，全省参加工伤保险173.85万人，比上年末增加6.95万人，增长4.16%，其中农民工参保10.07万人。工伤保险享受伤残和职业病0.78万人。工伤保险基金收入2.27亿元，比上年增加0.67亿元，其中工伤保险费征缴收入2.04亿元；基金支出1.11亿元，比上年增加0.41亿元。

【城镇职工生育保险】 年末，全省参加城镇生育保险职工159.51万人，比上年末增加3.41万人，增长2.18%。全年生育保险基金收入1.84亿元，其中生育保险费征缴收入1.74亿元；基金支出0.83亿元。

【职工工资】 全年城镇单位在岗职工平均工资1.87万元，比上年增长15.93%，扣除价格因素，实际增长13.88%。其中国有单位平均工资2万元，城镇集体单位1.22万元，其他单位1.64万元。

【最低工资标准及失业保险金标准】 2006年7月，省劳动和社会保障厅与省财政厅联合印发《关于提高我省失业保险金标准的意见》、省劳动和社会保障厅印发《关于调整云南省最低工资标准的意见》，决定从2006年7月1日起上调全省最低工资标准及失业保险金标准。全省新的月最低工资标准调高为：一类地区540元/月；二类地区480元/月；三类地区420元/月。新的小时最低工资标准调整为：一类地区5.0元/小时；二类地区4.4元/小时；三类地区3.9元/小时。全省新的失业保险金标准调高为：一类区一档329元/月、二档368元/月、三档408元/月；二类区一档284元/月、二档318元/月、三档352元/月；三类区一档245元/月、二档274元/月、三档304元/月。参加失业保险但本人不缴费的农民合同制工人，失业时按照一类区329元/月、二类区284元/月、三类区245元/月执行。

【企业职工工伤保险待遇标准】 2006年9月，云南省劳动和社会保障厅下发《关于调整企业职工工伤保险待遇的通知》，规定从2006年1月1日起，对2005年12月31日前按月领取伤残津贴、生活护理费、供养亲属抚恤金的一至六级工伤人员及供养亲属的伤残待遇进行调整：工伤1－4级伤残津贴，每人每月增加150元；生活护理费，每人每月增加80元；工亡职工供养亲属抚恤金，每人每月增加100元。

（孔庆律　郑清江　赵林平）

物　　价

【概述】 2006年，全省居民消费价格基本保持稳定，1～12月全省居民消费价格总水平累计上涨1.9%，略高于上年同期0.5个百分点，食品类、居住类和部分服务价格的上升是拉动居民消费价格上涨的主要因素，资源性产品价格改革也对物价产生了一定的影响；工业品出厂价格和原材料燃料动力购进价格双双走高，工业品出厂价格累计上涨4.6%，涨幅比上年同期高2.3个百分点，原材料燃料动力购进价格上涨7.6%，比上年同期高2.2个百分点；农业生产资料价格涨幅明显回落，累计上涨2.8%，比上年同期低3.1个百分点。2006年全省居民消费价格涨幅控制在2%以内，较好地完成了年初确定的3%的预期调控目标。

【物价上涨】 2006年，虽然居民消费价格运行平稳，但推动物价上涨的压力仍然存在。一是上游产品价格涨幅较大，给下游产品带来价格上涨压力。全省工业品出厂价格和原材料燃料动力购进价格涨幅高于2005年，也高于全国平均水平，且分月的同比涨幅不断扩大，工业品出厂价格同比涨幅1月份最低，上涨2.1%，11月份最高，上涨6.3%；原材料燃料动力购进价格涨幅1月份最低，上涨6.0%，12月份最高，上涨9.9%。据监测，2006年12月份，全省铜、锡、铅、锌平均价格分别为62 000、86 500、14 300、32 900元/吨，同比分别上涨57.8%、35.2%、54.6%、118.6%，93＃无铅汽油平均零售价格6 918元/吨，同比上涨15.8%。二是猪肉价格在经历长期低迷后，2006年下半年开始回升，在居民消费价格中，肉禽及其制品价格从8月份到12月份5个月的月环比连续上涨，据监测，至12月份，全省鲜猪后腿肉平均零售价格达15.2元/千克，同比上涨12.3%。三是由于预期全球粮食减产等原因，2006年10月份以后全国粮食、食用油价格出现上涨，受此影响，全省居民消费价格中，10～12月份粮食价格同比分别上涨1.2%、2.4%、3.4%；油脂价格同比分别上涨0.5%、5.6%、16.3%。据监测，2006年12月份全省地产一级粳米平均零售价格3.13元/千克，同比上涨4.0%；一级散装菜籽油平均零售价格9.26元/千克，同比上涨18.7%。

【物价改革】 2006年，全省物价改革、管理工作成效是：一是积极稳妥推进资源性产品价格改革，稳步推进水价改革、平稳出台成品油改革方案、适时疏导电价矛盾，省电网平均销售电价每千瓦时提高3.16分，推进50个县城乡用电同价工作。二是着力解决关系群众利益的热点问题。加强对粮食、肉禽蛋菜、煤炭、液化气、成品油、药品等重要商品节假日期间价格的监测、加强液化气价格管理、加强和改进教育收费管理、积极研究规范和调整经营性高速公路收费标准方案；继续降低药品价格，全省非营利性医疗机构药品流通加价差率从过去最高40%下调至2006年的10%（省级医疗机构加价水平为8%），处于全国最低水平，减轻患者负担2亿元。加强中小学教材价格管理，2006年秋季中小学教材价格平均降低7%左右，降价金额2 050万元。采取配套措施缓解价格上涨对低收入群体的影响。三是加强涉农价格和收费管理。继续加强粮食和化肥等价格的调控监管；从2006年春季学期开始，免收“一费制”中的杂费，从秋季学期起，取消所有代收费和服务性收费。四是加强价格监督检查，维护市场价格秩序。2006年紧紧围绕政府关注、群众关心、社会反映强烈的热点问题，在全省组织开展专项检查和查处商业促销和通信行业价格欺诈行为专项行动。全省各级价格主管部门共查处价格违法案件1 805件，查处价格违法所得金额8 189.33万元，实施经济制裁总金额7 703.99万元。五是提高依法治价水平。逐步建立、健全集体审价、政府价格决策听证、违法案件审理、成本监审等一系列规范政府价格行为的制度。六是加强价格基础工作。完善省市两级价格监测报告制度，成本调查和成本监审工作扎实推进，在全省范围内开展了涉烟违法犯罪案件物品价格鉴定工作，促进了行政执法和司法公正。

（省发改委价格监测中心）

兴边富民工程

【概述】 2006年，全省认真贯彻省委、省政府关于实施“兴边富民”工程的部署，努力推进工程实施。其主要任务是：2005～2007年在全省边境8州（市）25个边境县（市）实施“兴边富民三年行动计划”，办好30件惠民实事。由各级政府筹资50亿元，采取市场化运作方式吸引社会资本150亿元左右，建设一批基础设施、基础产业和特色产业方面的重大项目，促进边境地区经济社会持续快速健康协调发展。至2006年，25个边境县（市）实现生产总值362.46亿元，比2004年增加99.98亿元，有21个县（市）增速达12%以上，其中14个县（市）增速达到15%以上，增速最高的达40.2%；完成地方财政收入19.99亿元，比2004年增加7.21亿元，年均增长25.1%，有21个县（市）增速达到19%以上，其中13个县（市）增速达到25%以上，增速最高4个县的达40%以上；完成全社会固定资产投资247.65亿元，比2004年增加125.3亿元，年均增长42.2%，有15个县（市）增速达20%以上；农民人均纯收入由上年的1 313.68元增加到1485.05元，有15个县（市）增速达到11%，9个县（市）达到或超过全省平均水平。

【30件实事进展情况】 截至2006年，全省“兴边富民工程”30件实事累计投资35.65亿元（其中：中央资金投入13.4亿元，省级资金投入12.61亿元，地方自筹9.64亿元），其中：2006年30件实事投资14.41亿元（中央资金投入5.45亿元，省级资金投入6.67亿元，地方自筹2.29亿元），总体完成情况较好。具体进展：一是17件实事提前或超额完成“兴边富民工程”任务。广播电视村村通、茅草房和杈杈房改造、扶贫重点村整村推进工程、县城电网改造工程、农网改造工程、农村人饮安全工程、山区“五小”水利工程、边境地区农村能源建设、森林防火建设、自然保护区建设、乡镇卫生院基础设施建设、劳务输出、农村中小学危房改造、边境民族贫困乡扶贫开发、边境城镇和口岸基础设施建设、优势特色农业、工业经济项目等17件实事提前或超额完成了“兴边富民工程”三年行动计划目标，共计投资约21.7亿元，极大地改善了边境地区基础设施状况和人民群众生产生活条件。二是11件实事2005、2006年完成情况较好，有望在2007年完成“兴边富民工程”目标任务。通乡公路路面硬化、农村卫生室基础设施建设、国家民委和财政部“兴边富民行动”重点县建设、农村寄宿制学校建设、县城总规修编及小城镇建设、县乡文化基础设施建设、禁毒艾滋病预防项目建设、计划生育服务站达标建设、原战区恢复建设、中型和重点小（一）型病险水库除险加固建设工程、口岸联检设施建设等11件实事，共计投资13.2亿元，各省级责任部门和相关边境州（市）县政府落实建设资金，争取在2007年全面完成“兴边富民工程”目标任务。三是2件实事面临较大困难。沿边干线公路连接工程、界河治理2件实事建设规模大，投资大，筹措资金十分困难，而国家和省又没有专项建设资金，经有关单位积极争取，分别落实建设资金2 000万元和900万元，但要完成原定投资11.7亿元和1.74亿元的任务难度很大。全省各有关部门正进一步加快项目前期工作，多方争取和筹措建设资金。

【对口帮扶】 2006年，全年实施“兴边富民工程”中，按照省级企业、科研院所、金融机构3个单位共同对口帮扶1个县（市）的“3＋1”帮扶模式，绝大部分对口帮扶单位高度重视，建立以主要领导为领导小组组长的对口帮扶机构，深入到对口帮扶县（市）调研考察，了解情况。同时，充分发挥各自优势，认真履行对口帮扶工作职责，加大科技教育扶贫和资金投入力度，为边境地区经济社会发展出谋献策，为边疆人民办实事、办好事，受到当地群众的好评。

年内，省委党校、中科院昆明分院、云南大学等23家科研院所依托科技和人才优势，开展技术咨询、技术指导、技术培训和科技帮扶工作，千方百计筹措353万元资金；红云集团、云南煤化集团、云南冶金集团总公司等21家企业开展技术培训和农业科技推广，扶持优势产业发展，共投入资金6 255.83万元；国家开发银行云南省分行、中国建设银行股份有限公司云南省分行等多家金融机构发挥自身优势，累计投入信贷资金27.4亿元，向希望小学捐款154万元，捐书1 200册，赠送电脑23台，为提高边境县（市）经济社会发展水平、改善人民群众生产生活水平作出了贡献。

（省发改委　宋予）

社会救助

【概述】　2006年，全省民政工作紧紧围绕经济社会发展全局，始终坚持“以民为本、为民解困、为民服务”的民政工作理念，深化改革，各项民政事业取得了长足发展。城乡社会救助体系建设日趋完善。城乡社会救助工作制度建设力度加大，省级相继出台了《关于推进城乡社会救助体系建设的意见》、《关于进一步加强农村五保供养工作的通知》等4个文件，并坚持一手抓成果的巩固和扩展，一手抓薄弱环节和存在问题的解决，在城市低保、农村特困户救助、农村五保供养及城乡医疗救助等几项工作上都取得了较大进展，并呈现出良好的发展态势。进一步建立健全灾害救助制度，确保了受灾群众的基本生活和灾区稳定。

【救灾救济】　2006，全省建立了“党政主导，分级负责，民政牵头，部门协同，社会参与”的救灾工作机制。在进一步修订出台应急预案、完善救灾体系的基础上，扎实有效地实施了墨江5.0级地震和昭通盐津两次5.1级地震、干旱、洪涝、泥石流、滑坡等自然灾害的应急救助。切实加大救灾救济资金的争取和投入力度，努力募集社会救济资金和物资，为全省各州市县区民政局和4个省属救灾仓库配备150辆救灾专用车，大大提高了救灾快速反应能力。对灾区民房恢复重建实行项目管理，实施灾民救助卡制度。同时，积极做好春荒救济工作，分别派出4个工作组对全省春荒救助的各项工作进行检查落实，全省共发放救济卡61.95万本，救助196万人，有力地保障了灾民基本生活。推进了灾害救助工作的规范化发展。2006年共投入救灾救济资金2.58亿元（其中中央安排1.63亿元，省级安排9491.5万元），救济灾民86.8万户295万人，最大限度地减少了人员伤亡和灾害损失，确保了灾区人心安定、社会稳定。

【城市居民最低生活保障】　2006年7月，根据民政部、财政部提高城市居民最低生活保障补助水平的精神和省委、省政府的决定，全省将城市低保补助水平统一提高12元。为确保这项政策落实到位，省财政在年初预算安排1.5亿元保障资金的基础上，追加安排资金3 131万元，有力地保证了城市困难群众不因物价上涨等因素降低实际生活水平。截至2006年12月，全省共有保障对象74.33万人，当月发放保障金6 917.07万元，人均补助93.06元，1～12月累计发放保障金7.19亿元。

【农村五保供养】　2006年，省政府将农村五保供养工作列入了为民办好的“十件实事”之一，对五保供养对象按每人每年720元的标准进行补助，同时要求有条件的地方在此基础上提高供养标准。国务院新修订的《农村五保供养工作条例》出台后，省民政厅、省财政厅、省发展和改革委员会联合制定下发《关于进一步加强农村五保供养工作的通知》，明确资金来源以财政拨款为主，并对供养对象确定、申请审批程序、资金管理使用等方面做了规定和要求。全省纳入省级补助供养的农村五保供养对象14.3万人，省级下拨了五保供养补助资金1.03亿元，确保了五保供养待遇的全面落实。

【农村特困群众生活救助】　2006年，全省对农村除五保供养对象以外的107万特困户实施了农村特困群众定期定量生活救助。救助对象主要是因病、因残丧失劳动能力，或因其他特殊原因影响，造成生活常年贫困的农村困难家庭成员。救助标准为人均每月10元，所需资金由省和州（市）、县（市、区）各承担50%。为加强管理，省民政厅、财政厅出台《关于建立和完善农村特困群众生活救助制度的意见》，对救助工作进行了规范，并及时将省级承担的6 420万元救助资金下达各地，保障了这部分困难群众的基本生活。在此基础上，玉溪、大理、楚雄3州（市）和曲靖、昆明2市的部分县市建立了农村最低生活保障制度。

【城市医疗救助】　2006年，根据《关于建立城市医疗救助制度试点工作的实施意见》精神，在28个县（市、区）开展了城市医疗救助试点工作，对符合救助条件的特困居民实施大病救助。大病救助方式为：救助对象全年个人负担的医疗费用超过500元时，按当年发生医疗费实际个人负担部分的30%～50%给予补助，但全年累计救助额一般不得超过3 500～5 000元。此外，少数地方开展了日常救助，有条件的地方还设立了爱心药房等。28个试点县全年累计救助低保对象2.74万人次，支出资金722.58万元。试点工作的开展，为建立起管理制度化、操作规范化的城市医疗救助制度探索积累了经验。

【农村医疗救助】 年内，为进一步规范全省农村医疗救助工作，省民政厅、卫生厅、财政厅联合出台《云南省农村医疗救助暂行办法》，对救助对象、救助标准、审批程序以及救助资金的筹集管理等方面作了明确规定。同时，加强监督检查，重点检查救助政策的落实情况和专项资金的管理使用情况，纠正不规范做法，促进工作的健康发展，真正让农村困难群众受益，缓解农民看病难问题，减少“因病致贫”、“因病返贫”现象。全省全年共救助 101.4 万余人次，累计支出资金3 972.97万元。

【优抚】 2006 年，全省各级民政部门深入贯彻落实全国双拥优抚工作会议精神及新颁布的《军人抚恤优待条例》，制定和完善相应的配套政策，与省劳动和社会保障厅、财政厅等联合制定《云南省残疾军人医疗保障办法实施意见》即将下发。根据国家有关精神，并经省民政厅积极争取，将全省伤残人员、三属、定期定量补助人员等 10.73 万名优抚对象的生活补助，根据不同级别在原标准基础上分别最低增加了 240 元/年、最高增加了3 360元/年，年需资金4 785.5万元全部由中央财政承担。截至 2007 年 7 月，共下拨抚恤补助经费 2.08 亿元（中央 1.94 亿元，省1 401.3万元）。

【社会福利】 2006 年，各级民政部门围绕所承担的工作职能，通过推进社会福利社会化和大力推广社区服务，开辟了老年人福利服务事业的新领域，极大地促进了老年人社会福利事业的发展。利用民营资金建成一批服务质量好、设施配套齐全、管理科学规范的老年公寓，拓宽了养老服务的领域，为日益增长的社会养老服务需求提供更多选择，大大缓解了老年福利服务机构严重不足与老年福利服务需求日益增长的矛盾。在全面实施“残疾孤儿手术康复明天计划”第二个工作年度共为 474 名残疾孤儿实施了手术矫治。加大了对艾滋致孤儿童的救助力度，在德宏州的州县乡三级建起 14 所儿童福利指导中心（站）。为了切实改善残疾人生活状况，提高其社会地位，使其能平等地参与社会生活，全省 771 个福利企业，共安置残疾职工就业 2.36 万人。截至 2006 年 12 月底，全省共有国家办的城市社会福利机构 58 所，床位3 909张，收养对象2 900多人；社会力量创办的福利机构 60 家，拥有床位2 500多张，收养人数2 000余人。

【福利彩票发行】 2006 年，全省共销售福利彩票 14.91 亿元，比上年 10.55 亿元增 4.36 亿元，增幅达 41.3%；共筹集福彩公益金 5.22 亿元，为社会提供了4 500个左右的就业岗位；代扣代缴彩民中奖个人偶然所得税4 158万元。

（省民政厅）

扶贫开发

【概述】 2006 年是实施云南省“十一五”规划、贯彻全省扶贫开发工作会议的开局起步之年。全年中央财政扶贫资金在上年的基础上新增5 000万元，共投入扶贫资金 31.3 亿元。其中：财政扶贫资金中央投入 10.04 亿元（含以工代赈资金 2.7 亿元），省级新增6 000万元达 5.1 亿元，扶贫信贷资金 14.5 亿元，上海帮扶资金 1.16 亿元，利用外资 0.47 亿元。全面完成了整村推进和破烂茅草房改造两项“民心工程”，在整村推进、劳动力培训转移、产业扶贫、安居工程、社会扶贫等 5 项工作取得新的突破；在易地扶贫、外资扶贫、贫困地区社会事业扶贫、边境民族地区扶贫等 4 项扶贫措施上取得新进展；在项目资金管理、自身建设、调研督查、宣传信息等 4 个方面得到更进一步强化，完成解决和巩固 50 万贫困人口温饱的任务。

【贯彻全省扶贫开发工作会议精神】 2006 年，省委、省政府召开全省扶贫开发工作会议，出台《关于加快“十一五”时期农村扶贫开发进程的决定》，省委农村领导小组制发《关于实行分类指导加快农村“十一五”扶贫开发进程的意见》，总结“十五”并部署了“十一五”扶贫开发工作，表彰了“十五”扶贫先进集体和个人。会后，全省掀起学习贯彻宣传会议精神的高潮，资金投入力度显著增强。年内州市县区配套资金达 2.3 亿元。保山、昭通、大理、昆明、迪庆等州市党委政府分别召开扶贫会议，创造性地贯彻会议精神。

【五项工作】 2006 年，全省扶贫工作有新突破：一是整村推进取得新突破。省级投入 7.06 亿元实施4 004个村，州市筹资实施了1 308个，项目覆盖 16 个州市 123 个县5 312个贫困自然村。完成村内道路7 961千米，架设输电线路 477 千米，改造农田 41 万亩，建小型窖池 1.9 万个、沟渠1 022千米、沼气池 2.8 万口，实用技术培训 23 万人次。明显改善了贫困村的生产生活条件，贫困群众收入明显增加，村容村貌明显改观，群众面貌明显改变，切实增强了贫困村综合发展基础。二是贫困劳动力培训转移取得新突破。安排省级财政扶贫资金3 830万元，完成贫困劳动力转移培训 20 万多人。新认定省级培训示范基地 34 个，出台《云南省农村劳动力转移培训示范基地管理办法》，充分发挥1个国家级示范基地、84个省级示范基地的作用，完成了3.51万人职业技能证书培训任务。贫困劳动力转移培训，在扩展贫困群众的就业增收渠道上发挥了重要作用。三是产业扶贫取得新突破。安排省级以上产业和科技扶贫资金3 000万元，对26个产业扶贫项目和9个科技扶贫项目给予了扶持。全年发放小额信贷扶贫资金11.3亿元，比上年增长66%。小额信贷目前已累计发放44.1亿元，覆盖16个州市125个县9 958个村委会183.5万多贫困户。推荐信贷扶贫项目45个、资金2.99亿元，农行实际放贷3.2亿元。贫困地区共新增经济林果55.8万亩，新增经济作物31.9万亩，新增出栏大牲畜60余万头，产业扶贫对促进贫困地区农业产业化进程和产业结构的调整发挥了重要作用。四是安居工程建设取得新突破。投入3.68亿元的破烂茅草房改造工程，在春节前能全面完工。届时又将有11个州市、42个县、424个乡、2 599个行政村、15 062个村民小组、10.25万户特困农户结束住破烂茅草房的历史。五是社会扶贫取得新突破。加强了与各帮扶单位的协调服务，在昆明召开了中央定点扶贫上海对口帮扶座谈会，在北京召开了中央定点扶贫单位春节慰问座谈会，认真落实《沪滇"十一五"扶贫协作规划》，对省级单位定点扶贫绩效作了全面检查，向绝对贫困宣战行动的工作进展有序，营造了全社会扶贫济困的良好氛围。中央27个单位定点扶贫全省46个重点县，直接投入资金0.88亿元，帮助引进资金0.84亿元。上海市在全省5个州市投入对口帮扶资金1.16亿元，实施了163个白玉兰重点村、覆盖农户8 732户，援建54所希望小学、7个卫生室和红河、思茅劳动技能培训中心。省级207个单位定点帮扶80个重点县，直接投入资金0.83亿元，帮助引进资金0.61亿元，有1.2万多名党员干部结对帮扶4.6万贫困群众。

【四项扶贫措施】 2006年，全省大扶贫工作取得新进展。一是易地扶贫开发取得新进展。安排财政扶贫资金1亿元，按照就地、就近、小规模集中和插花安置为主的原则，转移安置2万人。项目实施有序，同时全面解决了州市易地搬迁遗留问题，绝大部分搬迁群众实现了搬得出、稳得住、能脱贫的目标。二是外资扶贫取得新进展。总投资达4.1亿元世行贷款四期扶贫项目，累计投资6 954.1万元，项目进展顺利，使昌宁等6个县、34个乡镇、187个村委会、38.2万人直接受益。同时，国际交流合作得到加强，成功筹备"第二届东盟与中日韩（10＋3）区域扶贫高层研讨会"考察组赴滇考察活动。三是贫困地区社会事业取得新进展。投入专项资金3 600万元，加大了贫困地区基础教育和职业教育力度。同时积极支持贫困农户参加农村新型合作医疗，新建卫生室282所，因病致贫返贫现象逐步减少。四是边境民族地区扶贫开发取得新进展。认真贯彻温家宝总理关于《云南镇沅苦聪人生活依然贫困》重要批示精神，采取超常规的帮扶措施，集中力量，整合资金，合力攻坚，投入苦聪人扶贫资金1.18亿元，其中财政扶贫资金3 202多万元，整合部门资金7 335多万元，社会帮扶资金1 227多万元和一批物资器材，实施54个村的整村推进和2 000人易地搬迁，使苦聪人村寨呈现跨越式发展喜人景象。认真落实"兴边富民工程"年度扶贫任务，投入2.1亿元财政扶贫资金对5.65万户破烂茅草房进行改造，投入1.31亿元财政扶贫资金实施873个村的整村推进。

【扶贫开发工作存在的困难和问题】

2006年省扶贫开发工作存在的困难和问题，主要是：

第一，大、深、高、散并存，扶贫攻坚难度越来越大。全省贫困人口数量庞大、贫困程度深的状况还没有从根本上得到改变。至2006年底，全省预计还有贫困人口682.8万，其中绝对贫困人口预计有233.4万，低收入人口449.4万，预计分别占全国的10%以上。73个国家重点县占全国的12.3%，还有7个省级重点县。全省贫困程度是全国贫困程度的3倍。返贫率"高"，"十五"期间每年平均有100多万人口因灾因病等因素返贫。贫困人口分布"散"，呈"大分散、小集中"，点片线并存。主要分布在条件更差、人口素质更低、经济社会发展落后的山区和少数民族地区、革命老区、原战区、边境一线，重点集居于全省13万个自然村的4万个相对贫困和3万个绝对贫困自然村中，扶贫攻坚的难度越来越大。

第二，人口较少民族和沿边跨境少数民族等特殊困难群体和特殊区域贫困问题突现，城乡和收入差距呈扩大趋势。人口较少民族有22.9万人，其中贫困人口占74.2%，基本处于整体贫困状况。沿边跨境少数民族有贫困人口49.19万人，贫困发生率高达48.9%。人口较少民族和沿边跨境少数民族贫困群众的贫困程度是全省平均贫困程度的3倍以上，是扶贫开发最难攻克的堡垒。25个边境县中有17个国家重点县，绝对贫困人口达59.9万。还有近70万特困群众基本丧失生存条件。

第三，扶贫投入与需求矛盾突出，资金管理需要更进一步加强。据国务院扶贫办测算，"九五"期间人均解决温饱的成本为2 005元，"十五"上升为2.19万元。另外，从全省整村推进的情况看，要真正做到山水林田路综合开发，教育卫生等社会事业同步推进，夯实基础产业、基础设施、基本素质、基本保障、基本队伍5个基础，每个贫困村需投入40万元左右。

第四，少数地区、一些部门对扶贫工作的认识不到位，办法不多、措施不力。

（王恩泽）

人口与计划生育

【概述】 2006年，全省全面完成年度人口控制计划。全年出生人口由上年的65.25万人减少到59万人，减少了6.25万人；出生率由上年的14.72‰下降到13.2‰，下降1.52个千分点；净增人口由上年的35.3万人减少到30.8万人，减少4.5万人；自然增长率由上年的7.97‰下降到6.9‰，下降1.07个千分点。死亡人口28.1万人，年末总人口4 482.93万人。

2006年度全省新办农业人口《独生子女父母光荣证》10.14万户，是全年计划数的126.7%。全省累计有46.9万户农业人口家庭自愿放弃再生育领取了《独生子女父母光荣证》。

2006年，省政府追加预算1 000万元，在25个试点县启动出生缺陷干预试点工作。工程实施3个多月以来，25个试点县婚前培训了7.57万人；孕前检查HIV抗体检测5 798人，查出阳性18人；乙肝检测5 786人，查出阳性435人；发放叶酸增补剂2.5万份，进一步增强了全民提高出生人口素质的意识，为从源头上有效阻断艾滋病、乙肝通过母婴传播和提高出生人口素质、降低出生缺陷起到了积极的作用。

年内，流动人口管理和服务工作进一步加强。全省流动人口计划生育管理人员达1.2万余人，各级流动人口计划生育工作经费投入近500万元，其中省级财政投入从上年的50万增加到2006年的200万；初步实现了流动人口信息的异地交流和共享，信息平台反馈率达60%以上，《流动人口婚育证明》查验率达73.74%。

2006年，全省进一步组织实施推广使用安全套预防艾滋病工程。专项经费由上年的16万元增加到200万元。组织省推广使用安全套防治艾滋病工程工作组成员单位对16个州、市进行了督导调研。在全国率先实现了宾馆、酒店100%摆放安全套或设置了安全套发售设施，为全省防治艾滋病、性病等做出了积极贡献。

2006年，中央财政补助云南省的计划生育经费达9 150万元，比上年增加2 170万元；计划生育服务站国债项目资金1 300万元，比上年增加700万元，两项共计投入1.04亿元，比上年增长37.8%。省级财政投入达1.5亿元，比上年增加1 000万元。以"兴边富民"工程为契机，以实施农村计划生育服务站国债建设项目为重点，完成了12个县级计划生育服务站和25个中心乡镇计划生育服务所的建设。

2006年，省政府修订出台《云南省独生子女父母光荣证管理办法》，省人口计生委积极主动配合省人大常委会进行《云南省人口与计划生育条例》"立法回头看"活动，积极争取省人大将《条例》修订工作列入2007年度立法计划。依法行政意识进一步加强，省《条例》的规定得到进一步落实。

年内，对外交流与合作进一步扩大，国际形象进一步提升。沾益县"联合国人口基金计划生育/生殖健康第六周期项目"正式启动；全球基金第四轮中国艾滋病项目对娱乐场所从业女性实施预防性病/艾滋病的综合干预项目在云南省3个县实施，并完成项目总结验收；日本援助罗平县"中西部生殖健康/计划生育家庭保健服务能力建设项目"接受了项目官员的考察；成功接待联合国人口基金驻华首席代表薄纳德博士一行赴云南考察联合国人口基金项目；筹办财政部、国家人口计生委在云南省召开全国农村部分计划生育家庭奖励扶助制度和"少生快富"工程全面实施工作会，全面介绍云南省人口计生工作取得的成绩和主要做法，赢得与会代表的广泛赞誉。

【传达学习中央《决定》】 2006年12月17日，《中共中央国务院关于全面加强人口和计划生育工作统筹解决人口问题的决定》颁布后，省人口和计划生育工作领导小组提高贯彻执行的自觉性，并协调省人口计生委及有关部门研究制订全省贯彻落实的《实施意见》。12月28日，组织召开全省人口和计划生育工作领导小组会议，29个成员单位的负责人在会上认真传达学习《决定》，研究云南省学习贯彻落实的措施，要求各成员单位认真履行职责，结合部门实际提出贯彻落实的具体意见，并决定迅速将中央《决定》精神传达到全省各级、各部门，同时抽调成员单位人员抓紧制定云南省的具体贯彻落实意见。

【"云南人口奖"颁奖】 2006年2月22日，首届"云南人口奖"颁奖仪式在昆明举行。国家人口计生委副主任赵白鸽、云南省副省长高峰等为10位获奖者颁奖。为表彰和奖励在云南省人口和计划生育事业中作出重大贡献的社会各界人士，经省政府批准设立"云南人口奖"。该奖为常设的个人终身荣誉奖，原则上每3年举办一届，每届奖励不超过10名，奖金每人2万元，每人只能获奖1次。经推荐、审查、初选、复选、表决、公示，刀林荫、宋嘉林、李培、李华松、李桂芳、罗崇敏、柳彬、黄如论、彭林、熊晶等10人被授予首届"云南人口奖"。

【"奖优免补"政策实施】 自2003年8月实施农业人口"奖优免补"政策以来，全省人口计生、财政、教育、邮政、监察、宣传等部门认真履行职责，兑现落实政策，使这一民心工程很快显现出六大效应：一是有效地降低了生育水平。从2003年"奖优免补"政策实施到2006年末，全省人口自然增长率由9.8‰下降到6.9‰，下降2.9个千分点；人口出生率由17‰下降到13.2‰，下降3.8个千分点。根据中国人口与发展研究中心的评估，其中有两个千分点是“奖优免补”政策的直接作用所致。二是促进了生育观念的更新。不少家庭已开始由注重数量型向素质型转变，少生优生、生男生女都一样等新型生育观念在农村悄然兴起。在农村新办《独生子女父母光荣证》的46.9万户中，有19.2万户是独女户，占40.9%；全省长效节育率从2002年83.33%提高到2006年85.68%；违法多生育由3.02万人减少到0.83万人，减少了2.19万人。三是加速了计划生育工作思路和方法的转变。由“惩罚多生”为主向“奖励少生”为主的方向转变；由“行政制约”为主向“利益导向、综合治理”为主的方向转变；由“管理一代人”向“服务三代人”转变；由“单纯的控制人口数量”向“既控制人口又高度重视人口素质和人口结构”的方向转变。四是增加农民收入。“奖优免补”政策实施以来，各级财政共有6.6亿元奖励资金直接兑现到农业人口家庭手中，按全省3 300万农业人口计算，直接提高农民人均纯收入20元。五是密切了党群干群关系。“奖优免补”政策集国家利益和群众利益为一体，充分体现了党和政府心系群众、执政为民的思想。2003年5月，国家“十五”人口计划中期评估，全省群众对计划生育优惠政策的满意率仅为23%，2006年5月，省委督察室对全省农民群众关于新农村建设的问卷调查，有95.54%的群众对“奖优免补”政策表示满意，在各项涉农政策中位列第一；2005年12月在省委组织开展的55个省级部门社会评议机关作风活动中，省人口计生委名列第八。六是树立了人口计生工作新形象。“奖优免补”政策的实施，得到了联合国人口基金等国际组织和国内外新闻媒体的充分肯定，树立了云南人口计生工作在国际国内的形象。

【出生缺陷干预试点启动】 2006年6月15日，云南省出生缺陷干预试点工作在昆明启动。25个县成为省政府确定的试点县，标志着云南省人口和计划生育工作，正式由“单纯的控制人口数量”向“既控制人口数量又高度重视人口素质和人口结构”的方向转变。云南是人口出生缺陷高发省份，每年出生缺陷约5万例，缺陷发生率约8%，远高于全国平均水平。实施试点工作，出生缺陷干预，有利于控制人口数量，提高人口素质，降低出生缺陷起到积极作用，为全面实施出生缺陷干预工作积累了经验。2006年省政府通过追加预算增加1 000万元，主要用于开展出生缺陷预防试点工作、免费药品的采购、宣传品的制作和人员培训。出生缺陷干预试点工作的主要内容包括：婚前培训、孕前检查（包括：艾滋病病毒(HIV)、乙肝血清原、梅毒血清原、风疹病毒检查、泌尿系统感染及特殊检查等）、叶酸增补、产前筛查以及必要的终止妊娠等。

（蔡玲）

妇女儿童权益保障

【概述】 2006年，全省各级妇联以组织妇女、引导妇女、服务妇女、维护妇女合法权益为根本任务，围绕中心，服务大局，充分发挥党和政府联系妇女群众的桥梁纽带和国家政权重要社会支柱作用，从“党政所急、妇女所需、妇联所能”的结合上找准工作的切入点和着力点，积极推动贯彻落实男女平等基本国策和全面实施云南省妇女儿童发展规划，深化“双学双比”、“巾帼建功”、“五好文明家庭”、“双合格”等主体活动，努力提高妇女素质，促进男女两性平等和谐发展，团结动员广大妇女为实现全省经济社会又好又快发展作贡献。全年招募巾帼志愿者4万多人，共组织输出女劳动力近10万余名，将巾帼社区文化项目实施县扩大到11个州市的14个县，帮助民族地区妇女开发乡村特色文化产业，带动8000余名妇女实现增收910万元。至年末，全省共建立妇女之家1.06万个，妇女科技营销协会749个，创建县以上“巾帼科技致富示范村”773个；培养妇女科技致富及发展文化产业带头人14万多名。

【农村家庭状况调研】 2006年，围绕全省建设小康村、文明村、生态村、和谐村的新农村“四村”建设目标，结合省情实际，各级妇联对全省农村家庭状况开展调研，分别对脱贫、贫困、有社会裂痕、有吸毒和艾滋病五类家庭进行调查。农村家庭有877.37万户，其中温饱家庭（按省统计局公布的指标人均年收入944元以上）占77.6%；低收入家庭（人均年收入944元以下）占22.4%；在低收入家庭中贫困家庭（人均年收入638元以下）占83.2%。有吸毒人员、艾滋病感染者/患者的家庭占农村家庭总数的0.7%；残疾人、遗孤遗老、单亲、留守、有社会裂痕等家庭占农村家庭总数的24.5%。在调研的基础上，省妇联提出把开展“拒绝毒品、抗击艾滋、建设家园、共创平安”活动作为妇联组织参与新农村建设和平安创建工作的切入点，为工作取得实效打下了坚实的基础。

【禁毒防艾主题活动】 2006年，全省各级妇联围绕“拒绝毒品、抗击艾滋、建设家园、共创平安”16字方针，进一步将工作重心下移，把着力点放到家庭，将维权、发展、组织建设、家庭美德建设、未成年人思想道德建设等工作贯穿于活动之中，发挥优势，整合资源，分类指导，典型示范，创造了一套立足家庭、项目带动、平安创建的工作模式。根据全省经济社会发展存在的地区差异，选择在德宏、红河、玉溪3个州市进行试点工作，分别在德宏和玉溪召开两次现场会。一年来，围绕主题活动的开展，各级妇联共举办以农村妇女为主要对象的科技文化法律和禁毒防艾知识培训班2 401期，受训人数25.8万多人；对360名吸毒和艾滋病家庭的贫困子女进行了救助和寄养关怀；发放宣传资料441万份；女性接受禁毒防艾知识宣传教育总人数达到926万；帮助建立妇女生产互助及禁毒防艾自治组织4 248个，成为活跃在"禁毒防艾"战线上的一支重要力量。

【实施"456工程"】 年内，各级妇联全面实施"456工程"，即：着力提高农村妇女"四种能力"——发展能力、参与能力、自我维权能力和拒毒防艾能力；开展"五送"行动——对脱贫家庭送信息和服务，对低收入及贫困家庭送科技和项目，对有社会裂痕家庭送法律和帮助，对有吸毒人员家庭送教育和健康，对有艾滋病感染者/患者的家庭送关爱和援助；采取"六种方式"——掀起一场学用科技和传播环保知识宣传热潮，实施一批脱贫致富项目，巩固建设一批功能完备的妇女之家，培养发展一批农村女科技致富带头人，支持组建一批家庭联谊会，培育树立一批妇女先进典型。通过"456工程"，进一步推进扶贫帮困、禁毒防艾宣传教育、妇女维权工作、妇女之家建设和文艺活动进社区，扩大"母亲水窖"、"春蕾计划"、"白玉兰远程教育"、"小额循环金扶贫"等受益面。

【依法维权】 2006年，为探索建立男女平等基本国策宣传长效机制，省妇联主要领导，为各级党政领导、少数民族干部和高校师生宣讲男女平等基本国策；全省各级妇联上下联动，通过举办专题讲座、播放公益广告，举办妇女发展成果展等多种形式，积极推进男女平等基本国策进党校、进高校、进社区。抓住国家"五五"普法开局之年的重要契机，推动将妇女权益保障法纳入省和各级政府的普法规划；加强源头参与，推动省人大将《云南省实施〈妇女权益保障法〉办法》列入2006年修法计划。省妇联与公安厅等4家单位联合，推动7个州市38个县"预防和遏制拐卖妇女儿童宣传教育示范村"工作深入开展；与国际劳工组织合作在10个县实施"湄公河次区域预防拐卖妇女儿童"项目，召开湄公河次区域预防拐卖妇女儿童项目云南省项目指导委员会经验交流推广会，经验和模式在国内其他项目省份和湄公河次区域国家推广。抓住各级党委换届契机，积极推荐优秀女干部；认真贯彻全国培养选拔女干部、发展女党员工作座谈会精神，与省委组织部联合开展全省培养选拔女干部、发展女党员工作情况调研，积极协助做好全省会议筹备工作。

【帮扶困难妇女儿童】 2006年，为切实帮助贫困妇女、儿童和家庭解决实际困难，在城乡妇女中实施妇女发展循环金、香港回归扶贫基金、母亲水窖、母亲沼气、小额信贷、农业科技推广项目等各类扶贫项目，资金达1445万元，受益妇女1万余人。继续深入实施"春蕾计划"，省儿基会多渠道筹集资金132.6万余元，新建春蕾学校3所，救助贫困女学生近千人。在7所高校实施"优秀贫困女大学生奖学金"共计70万元，救助了700名优秀贫困女大学生。争取"中英大龄女童项目"、"美国科技教育协会乡村教育项目"、"安利女童班项目"、"安康计划亲情图书站"等项目资金328.17万元，积极为贫困儿童办实事好事。精心组织由全国妇联、卫生部、国务院防艾办共同发起的"'12·1'关注孤儿万户爱心家庭公益行动"启动仪式，动员社会各界关注因艾滋病致孤儿童。启动仪式上，全国妇联向云南捐赠艾滋病致孤儿童救助金30万元，中国妇女发展基金会捐助"母亲健康快车"20辆、母亲水窖修建款70万元，中国儿童少年基金会捐赠价值220.5万元的儿童营养食品和学习用品。

【云南省妇女第九次代表大会】 9月11～13日，省妇女第九次代表大会在昆明召开。600名正式代表，20名特邀代表出席大会。全国妇联、省委、省人大、省政府、省政协、省军区领导，省、州、市厅级女领导和分管妇女工作的领导，省妇联历届老领导出席大会开幕式。全国妇联党组书记、副主席、书记处第一书记黄晴宜，省委书记、省人大常委会主任白恩培，省政府副省长高峰在会上作重要讲话。大会全面总结过去5年全省妇女运动的新发展和基本经验，科学规划了今后5年全省妇女事业发展的目标和全省各级妇联组织的主要任务，审议通过省妇联第八届执行委员会《工作报告》。大会选举产生省妇联第九届执行委员会和领导班子，选出执委75人，常委25人，选举胡有兰为省妇联第九届主席，和红梅、孙耕耘、李毅、陈洁为副主席。大会表彰了50名新农村建设女带头人、150名省"三八"红旗手、150个省"三八"红旗集体和93名关心支持妇女儿童事业的好领导。

【全国三八红旗手】 2006年2月，云南省27名妇女被全国妇联授予全国三八红旗手荣誉称号：

赵秀英　云南省政协港澳台侨和外事委员会副主任

李海燕　云南省家禽业协会会长、昆明华曦牧业集团有限公司副总裁

姚　红　云南省昭通市第一人民医院副院长

潘　镜　云南省曲靖市罗平县海丰银鱼有限公司总工程师、副总经理

杨　义　云南省玉溪市卫生局

局长

方彩文　云南省楚雄州双柏县大麦乡普龙完小校长

王建华　云南省红河州蒙自县环境卫生管理站站长

孙天竹　云南省文山州副州长、州妇女儿童工作委员会主任

王　春　云南省思茅市疾病预防控制中心性病、艾滋病科副科长

依香甩　云南省勐腊县勐满镇勐满村委会党总支书记

郑昆芳　云南省大理瑞鹤药业有限公司董事长

王静慧　云南省保山市隆阳区“好大一个家”餐厅经理

彭秀兰　云南省丽江市扶贫办主任

郭久兰　云南省德宏州盈江县弄璋镇南永村新寨农民

金木玲　云南省德宏州陇川县城子镇曼冒村委会上寨坝村民小组农民

舍付兰　云南省怒江傈僳族自治州水利局农水科科长

李学英　中国农业银行迪庆州分行文化路分理处营业员

杨学英　云南省临沧市凤庆县凤山镇等上村农民

刘一波　昆明医学院第一附属医院门诊部主任

刀玉琴　云南省德宏州潞西市公安局刑警大队副大队长

刘守兰　云南师范大学外语学院院长

董　薇　云南昆明钢铁集团有限责任公司动力能源分公司检修车间工人

白凤英　云南省建水县科学技术协会主席

尧蔚云　成都军区云南军事法院审判员

张琼昌　云南省文山州人大常委会副主任、州妇联主席

龚保仙　云南省德宏州梁河县芒东镇妇联主席

刘菊梅　云南省丘北县温浏乡下丁响村农民

【全国三八红旗集体】　2006年2月，全省25个单位（集体）被全国妇联授予全国三八红旗集体荣誉称号：

昆明公交集团有限责任公司71路巾帼示范岗

云南省昭通市妇联

云南省曲靖市妇联

云南省红塔集团工会女职工委员会

云南省楚雄彝族自治州人民医院

云南省红河州女领导干部联谊会

云南省文山州妇联

中国人民银行思茅市中心支行会计核算中心

云南省大理白族自治州农业科学研究所

云南省保山市妇联

云南移动通信有限责任公司丽江市分公司营业中心

云南省德宏州瑞丽市工商局女子巡查队

云南省临沧市妇幼保健院

云南省第一人民医院妇科

昆明世博园物业管理有限公司

云南省广播电视局总编室

云南省兰坪白族普米族自治县人民法院民事审判第一庭

云南省女检察官协会

云南省总工会女职工部

云南银监局国有商业银行监管二处

云南日报报业集团大观周刊总编室

云南省怒江州六库公路管理总段跃进桥管理站

成都军区昆明总医院护理部

武警云南省总队政治部文工团舞蹈队

武警云南省边防总队昆明边防检查站执勤业务二科

【王秀珍等获全国殊荣】　2006年11月，玉溪市红塔区北城镇北城居委会主任王秀珍被全国妇联、新华社、人民日报等17家单位联合表彰为第二届“中国十大杰出母亲”和“中国百名优秀母亲”；丽江市玉龙县第二中学总务主任吕剑春、红河州个旧市开源实业有限公司党支部书记李鹏焕、楚雄州武定县华兴实业有限公司狮山华兴苑度假山庄经理邵桂珍被表彰为“中国百名优秀母亲”。

（葛琪）

平安云南建设

【概述】　2006年，云南省深入贯彻党中央“科学发展观、构建社会主义和谐社会”重大战略思想，努力开展平安云南建设，呈现出既是经济快速发展的黄金期，又是各种社会矛盾凸显期。因人民内部矛盾引发的群体性事件持续上升，参与人数多、持续时间长、对抗程度加剧，还出现非政府组织插手利用的情况，成为影响全省社会稳定的重要因素；刑事案件仍在高位徘徊，特别是命案发案数仍居全国前列；毒品犯罪和毒品危害虽有减少，但贩毒方式和贩毒路线发生新变化，制造贩卖毒品从传统毒品向新型毒品转变，新型毒品的渗透危害程度有所加深，禁毒、戒毒形势仍然严峻；治安行政管理任务繁重，重点人口、流动人口和高危人群管理难度加大，维护社会稳定、平安云南建设的任务十分艰巨。全省公安机关以科学发展观为指导，按照构建社会主义和谐社会、建设“平安云南”的总要求，把是否有利于社会和谐稳定作为一切工作的出发点和落脚点。加强和改进维护社会政治稳定工作，最大限度地防范打击敌对势力的渗透破坏；加强和改进防范打击工作，最大限度地预防和减

少违法犯罪；加强和改进禁毒工作，最大限度地减少毒品危害；加强和改进社会管理工作，最大限度地实现管理与服务协调发展，为维护全省社会政治和治安稳定，促进经济社会全面协调发展，构建平安云南作出了新的贡献。

【爱民固边】 云南省地处中国西南边陲，与缅甸、老挝、越南毗邻，国境线长达4 060千米，有25个县（市）与缅甸、老挝、越南3个国家的32个县（市、镇）接壤。3月1日，云南省社会治安综合治理维护稳定委员会向边境各州（市）县党委、政府转发了总队“爱民固边”战略方案，把“爱民固边”战略纳入“平安云南”建设工程进行整体推进。各边境地区党委、政府把“爱民固边”战略纳入当地平安建设、经济社会发展和社会主义新农村建设规划。4个边境州（市）和大部分乡镇党委、政府领导担任“爱民固边”战略领导小组组长、副组长。各边防支队、边防检查站在实施爱民固边战略中，始终把群众工作这根红线贯穿全局，组织官兵学习少数民族语言、记民情日记，落实警民联系卡、服务承诺等便民利民措施，深入广泛开展“三访四见”活动，走村入户，深入田边地头、厂矿企业，进行爱民固边宣传，从群众最急切、最渴望、最需要办的事做起，尽心尽力为群众办实事、做好事，化解矛盾纠纷，积极消除社会不稳定因素，增强社会和谐基础。深受当地各级党委、政府和边疆各族人民群众的赞誉。

2006年，全省有走勤式、驻勤式和集中工作式三类警务室394个，划分警务区360个，覆盖80%边境一线村寨。建立完善边境治安“110”接处警快速反应机制，将边防派出所报警电话号码尾数变更为“110”，设立边境治安“110”报警点738个，方便了群众报警求助；完善所站队工作联动机制，在边防大队设立所站队警务联动指挥部，统一协调辖区内边防派出所、边境检查站、边防工作站、机动中队的警务联动和重大情况处置；完善军警民联防工作机制，与省军区制订《边境防卫执勤、边境治安管理协同配合工作制度》，加强与公安、安全及联检部门的沟通协调。组建102个边境联防中队，共1 903人，对851个治保会9 701名治保人员进行清理整顿和培训；完善“三检合一”工作机制。对边防检查站、边境检查站、边防工作站业务工作进行规范，维护了国家主权和口岸秩序，爱民固边战略取得良好效果。

【缉毒戒毒】 2006年，全省查破毒品犯罪案件1.07万起，抓获毒品犯罪嫌疑人1.29万名，缴获毒品10.15吨。成功抓获肖云春等35名列捕毒枭、毒贩、重大涉案在逃嫌疑人和一大批重大毒品犯罪嫌疑人，打掉了大批贩毒网络和贩毒团伙，减少了毒品对社会的危害。

年内，省政府确定改扩建的13个强制戒毒所工程建设进展顺利，陇川等10个强制戒毒所的主体工程建设基本完工，新增收戒容量1.14万个床位，全省强制戒毒所收戒容量增至3.2万个床位。各地、各部门紧紧围绕全员收戒吸毒人员的目标，积极开展吸毒人员动态管控机制建设，在基本摸清吸毒人员底数的基础上，组织开展收戒专项行动，基本实现在册吸毒人员全员收戒。

【禁毒宣传和毒品预防教育】 2006年，全省共开展各种大型禁毒宣传活动7 090场，毒品预防教育宣传活动1.29万次，发放禁毒宣传资料1 500余万份，展出禁毒宣传画4 968幅，禁毒展览馆接待观众达10万余人次，受教育人数共1 600万余人次；接待中外记者1 678人次，在中央、省、州（市）新闻媒体及禁毒网站刊播各类禁毒稿件1.4万篇（条）；举办各种禁毒宣传教育培训班1 207班次，培训人数达11.14余万人，培训禁毒志愿者师资骨干2.15万人，到年底已发展禁毒志愿者10.5万人。

禁毒宣传和毒品预防教育以在校中小学生为重点。在全省建立1 052所毒品预防教育示范学校、2 086个毒品预防教育示范点和100个村委会禁毒宣传教育点，禁毒宣传和毒品预防教育成效初步显现。

【刑事犯罪侦破】 2006年，全省共立各类刑事案件12.3万余起，同比上升0.5%；破获各类刑事案件6.3万余起，破案率为51.6%，破案数和破案率同比分别上升0.6%和0.1%。八类严重刑事案件立案1.8万余起，同比下降9.7%；破获1.2万余起，破案率为66.4%，同比下降0.7%。全省因刑事犯罪致死1 927人，平均每天死亡5.24人，同比下降10%。抓获刑事犯罪成员4万余人，协破外省区案件230起，破获年前案件1.7万余起，破省厅挂牌督办案件18起，14起一案致死3人以上命案全部告破。现行命案、两抢一盗、拐卖妇女儿童、涉枪涉爆、八类严重暴力犯罪案件和刑事犯罪致死人数同比下降；全省刑事案件破案数、破案率、现行命案破案率、抓逃数、刑事特情协破案件数上升；命案全破县上升6.3%；全省刑事立案数比上年同期回落5.9%，上升的趋势得到一定控制。全省打黑除恶专项斗争取得重大成果，侦破一批公安部挂牌、省厅督办的涉黑涉恶案件。全年全省共打掉恶势力犯罪团伙51个，破案730起，抓获犯罪嫌疑人684名；打击“两抢一盗”犯罪中破获了公安部、省厅督办的“玉溪红塔系列盗窃汽车案”、“保山隆阳区特大金银首饰被盗案”、“昆明市9·07特大入室盗窃案”等一批大要案件。有效控制多发性侵财犯罪的高发势头。全省共立“两抢一盗”案件9.73万起，同比下降1.1%；破案4.55万起，破案率为46.8%。抓获犯罪嫌疑人2.04万名。打击拐卖妇女儿童犯罪中侦破了公安部督办的昆明“8·01”拐卖妇女儿童案、省公安厅特别督办的“红河州系列杀人抢劫婴儿案”等一批恶性案件，全省拐卖妇女儿童案件立案211起，同比下降51.6%；破案184起，同比上升8.1%；解救被拐卖妇女110名、儿童149名；抓获犯罪嫌疑人399名，"破案追逃"中抓获在逃人员7 199人，同比上升12.8%；至年底全省有网上在逃犯罪嫌疑人5 613人，同比下降19.6%。

【经济犯罪侦破】 2006年，全省共受理各类经济犯罪案件2 994起，立案2 460起，破案2 179起，涉案总价值7.22亿元，挽回经济损失2.52亿元，抓获犯罪嫌疑人1 830名。与上年同期相比，受理数、立案数分别增加865起、723起，分别上升40.6%和41.6%；破案数增加588起上升37%；抓获犯罪嫌疑人数增加649名上升55%；涉案总价值略有减少；挽回经济损失增加4 219万元，上升20.1%。当年新列为公安部、省委、省厅挂牌督办案件24起（部督11起、省委督办3起、厅督10起）均已破获。

1～11月，全省共侦办涉烟违法犯罪案件328起，破案265起，抓获犯罪嫌疑人689人，协办和移送烟草专卖行政处罚4 283起。打掉大小制假贩假网络41个，捣毁制假窝点96个，缴获各类制假烟机设备115台，查获假、私、非卷烟2.8万件、卷烟商标标识1 997万张、滤嘴棒1782.7万支、卷烟盘纸93.8吨、烟丝230余吨、烟叶3 143.5吨以及卷烟锡箔纸、卷烟封签一批，案值超过1.2亿元，为发展地方经济做出了重大贡献。12月29日，在国家烟草专卖局、公安部联合召开的全国卷烟打假工作表彰会议上，公安厅经侦总队被评为先进集体。

【流动人口管理】 2006年，全省建立流动人口管理协调领导小组1 582个，落实管理人员5 924人，建立流动人口管理服务站点2 143个，聘请协管员、办证人员5 789人。各地结合本地实际，积极探索和推行物业小区式、旅店式、散居式、社区综合式等行之有效的管理模式。一些地方将单位保卫组织、基层治保会、保安组织和流动人口协管员进行整合，建立起以派出所社区民警为骨干，居（村）委会流动人口服务站点及协管员为依托的流动人口管理工作机制。一些地方通过采集流动人口基本信息并建档，逐步推行流动人口、出租房信息化管理措施，采取入户上门服务，注重日常管理，在发现线索、破获案件、追捕逃犯等方面发挥了重要作用。

【治安防控网络建设】 年内，全省有各类群防群治组织6.4万个47.5万人，其中：治保会1.7万个、治保小组5.8万个，治安联防队1.3万个13.9万余人，治安承包队3 475个1.9万余人，各种护村（路、厂、校、线）队2.3万多个15.1万余人。在交通沿线、重点集镇（地段）设立"乡村110"报警服务点2 947个。许多地方把城市下岗职工、享受最低生活保障人员组织起来，以派出所辖区或社区为单位开展巡逻防范，维护社区治安秩序，形成社区治安大家参与、维护的格局。普遍开展创建安全社区、无毒社区活动，共创建安全社区（村寨）13万余个，安全社区（村寨）覆盖率55.9%，社区群众安全感增强。

【公安交通管理】 2006年，全省发生列入统计的道路交通事故6 420起，2 627人死亡、7 960人受伤，直接财产损失2 743万元。同比事故起数减少450起，下降6.55%；死亡人数减少274人，下降9.45%；受伤人数增加411人，上升5.44%；直接财产损失减少759万元，下降21.67%。全省道路交通事故万车死亡率为7.22，同比减少1.63。实现了云南省自2000年以来万车死亡率连续6年下降。

2005年11月20日至2006年2月28日，全省公安交管部门组织开展"预防群死群伤特大交通事故百日竞赛活动"；7月26日至12月31日，在全省开展预防特大道路交通事故专项行动。全省共出动警力29.3万人次，出动警车11.8万辆次，查处客车超员违法行为3 853车次，行政拘留严重违法驾驶人员709人；设置测速点1 799处，查处超速违法行为8.08万起，吊销驾驶证46个，注销报废车9 677辆，监督销毁报废车900余辆，派出督导组1 257个，设置三级以下公路夜间禁行客车标志935块，在校园周边设置红绿灯187个，设置交通标志2 649个，施划交通标线61.2万米。有效地控制了重特大交通事故高发势头，减少了一般事故的发生。

【火灾预防与救援】 2006年，全省共发生火灾4 043起，死106人，伤70人，直接财产损失3 169.1万元，同比火灾起数下降3.9%，死人数下降0.9%，伤人数下降17.6%，直接财产损失下降3.8%。重特大火灾分布地区为：特大火灾昆明发生1起，死10人，伤2人，直接财产损失10.2万元。重大火灾全省发生10起，其中昆明发生3起，直接财产损失174.7万元；保山发生2起，死4人，直接财产损失77.7万元；玉溪发生1起，死3人，直接财产损失1.0万元；思茅发生2起，死3人，直接财产损失75.9万元；大理发生1起，直接财产损失55.5万元；丽江发生1起，直接财产损失66.7万元。全省消防部队共扑救火灾3 674起，出动人员3.44万人次、车辆6 404辆次，抢救受灾人员115人，抢救财产价值6 938.6万元。成功处置了昆明"3·29"森林火灾、曲靖陆良"10·01"井喷等重特大火灾事故。

以"平安云南·消防安全县（市、区）"创建活动为平台，强势开展了县、乡、社区、村和单位5个层次的示范建设，868个社区全部完成消防建设任务；开展"平安商（市）场"、"平安学校"等创建活动，有力提升了社会单位消防管理能力。82%的农村乡镇基本完成了消防建设任务，农村火灾占火灾总数比例由70%下降到了50%左右。深化消防宣传"四进"工作，组织了"云岭消防·世纪百年"119消防日系列活动，投资300万元建成云南消防教育馆；利用社会资源，筹建了全国首家青少年消防安全素质教育实践基地；与省教育厅联合举办了首届少年儿童消防安全知识竞赛和“云岭园丁·消防之旅”活动；加强消防安全培训教育，培训人员 1.7 万人。公安部“9·22”电视电话会议后，又集中开展以遏制重特大火灾事故为目标的“百日双防”活动，召开全省火灾隐患普查整治动员会和省属机关联络员会议，分阶段扎实推进火灾隐患普查，率先在全国成立依托中介组织的普查整治技术服务队、督导队，受到了社会单位的普遍好评。

（张明金）

精神文明建设

【云南 14 个全国文明村镇】 昆明市官渡区六甲乡福保村、丽江市古城区寨后上村、水富县花坛村、云县晓街乡月牙村、景谷县钟山乡江东村、曲靖市麒麟区珠街乡墩子村、宣威市祯祥村、保山市隆阳区板桥镇世科村、沾益县白水镇、玉溪市红塔区大营街镇、宜良县狗街镇、腾冲县腾越镇、鹤庆县云鹤镇、禄丰县金山镇。

【云南 26 个全国文明单位】 丽江黑白水电力股份有限公司、中国移动云南移动通信有限责任公司丽江分公司、昆明中铁大型养路机械集团有限公司、云南省送变电工程公司、云南电网公司滇西供电局、云南省鲁布革发电总厂、玉溪红塔烟草（集团）有限责任公司玉溪卷烟厂、云南电网公司楚雄供电局、云南省公安边防总队木康公安检查站、昆明市盘龙区人民检察院、临沧市临翔区地方税务局、昆明卷烟厂、昆明铁路局昆明客运段 T61/62 次京昆列车、云南华能漫湾发电厂、文山壮族苗族自治州气象局、云南铝业股份有限公司、玉溪市国家税务局、昭通市鲁甸县人民医院、曲靖市财政局、中华人民共和国盈江海关、西双版纳傣族自治州邮政局、云南省公路局开远公路管理总段、昆明市第三中学、大理白族自治州审计局、玉溪市人民医院、河口海关。

【云南 28 个全国创建文明村镇工作先进村镇】 巧家县金塘乡梨树村、彝良县龙街苗族彝族乡恒底村、富源县古敢水族乡洒交凼村、腾冲县滇滩镇西营村、牟定县凤屯乡大平地村、蒙自县草坝镇湾沟村、个旧市乍甸镇小甸头村、麻栗坡县麻栗镇南朵村、丘北县双龙营镇仙人洞村、新平县腰街镇上坝竜村、勐海县勐遮镇曼杭混村、勐腊县勐捧镇曼秀村、景洪市嘎酒镇曼养广村、泸水县鲁掌镇子克村、弥渡县新新胜村、盈江县芒允乡轩岗村、潞西市法帕镇拉老村、香格里拉县尼西乡汤满村、德钦县升平镇阿墩子村、凤庆县小湾镇箐中村、云县茶房乡大垭口村、丽江市古城区金山白族乡德为村、永胜县永北镇灵源村、马龙县纳章镇、楚雄市鹿城镇、马关县马白镇、大理市凤仪镇、弥勒县弥阳镇。

【云南 56 个全国精神文明建设工作先进单位】 丽江市古城区第一中学、云南省公路局丽江公路管理总段、玉溪第二职业高级中学、云南省玉溪市第一中学、大理白族自治州南涧彝族自治县公安局、云南电网公司曲靖供电局、大理白族自治州民族中学、保山市实验小学、云南省公路局大理公路管理总段、迪庆藏族自治州民族中学、玉溪市易门县人民检察院、大理白族自治州巍山彝族回族自治县工商行政管理局、楚雄师范学院、迪庆藏族自治州维西傈僳族自治县国家税务局、云南电网公司思茅供电局、云南省公路局芒市公路管理总段、思茅市澜沧县国家税务局、思茅市第二中学、楚雄彝族自治州国家税务局、昆明市嵩明县国家税务局、临沧市云县人民医院、楚雄新华书店有限公司、中国工商银行昭通市分行、中国农村银行昭通市分行、云南省农业科学院热区生态农业研究所、曲靖市会泽县国家税务局、云南省建水第一中学、保山市隆阳区人民检察院、楚雄彝族自治州地方税务局、中国移动云南移动通信有限责任公司文山壮族苗族自治州分公司、云南锡业股份有限公司、思茅市翠云区幼儿园、中国工商银行兰坪苗族普米族自治县支行、中国移动云南移动通信有限公司昭通市分公司、红河哈尼族彝族自治州财经学校、昭通交通规费征收稽查处、云南省农业科学院茶叶研究所、昆明焦化制气厂、中国国电集团公司小龙潭发电厂、保山市施甸县国家税务局、中国农业银行师宗县支行、文山壮族苗族自治州水务局、昆明市农业学校、文山壮族苗族自治州水务局、昆明市农业学校、文山壮族苗族自治州财政局、中国人民银行怒江傈僳族自治州中心支行、西双版纳傣族自治州新华书店有限公司、迪庆藏族自治州德钦县公安局、云南省公安边防总队怒江边防支队独龙江边防派出所、怒江傈僳族自治州福贡县公安局、昆明煤气（集团）控股有限公司、云南省水利水电勘测设计研究院、罗平县工商行政管理局、昆明铁路局昆明站、昆明铁路局昆明供电段、孟连海关、云南省腾冲县气象局。

【云南 3 名全国精神文明建设先进工作者】 许玉才　曲靖市麒麟区委书记；杨学恭（纳西族）　丽江黑白水电力股份有限公司党委书记；林世和　云南省送变电工程公司文明办主任。

（编辑部　整理）

特种资讯服务

【110 报警服务台建设】 2006 年，云南公安机关 110 建设在先进典型的示范推动下得到全面发展，16 个州市及 129 个县（市、区）级公安机关都建立 110 报警服务台或开通 110 报警电话，覆盖全省城乡的 110 接处警网络全面形成。

【“三台合一”特资服务】 年内，全省公安机关开展“三台合一”特资服务。即县、市公安机关 110、119、122“三台合一”。群众拨打任何一个号码，均由 110 报警服务台集中受理。“三台合一”也是为将来三号合一创造一个基本的条件。截至 2006 年 12 月，云南省“全台合一”工作进展顺利，全省 129 个县、市级公安机关中，需要实现“三台合一”的 124 个县、市级公安机关，已有 120 个完成“三台合一”工作（昆明市的五华区、盘龙区、西山区、官渡区，玉溪市的红塔区等 5 个区级公安机关，因实行州（市）、县（区）一级接处警，“三台合一”任务由州（市）级指挥中心完成），完成率为 96.8%。未实现“三台合一”的曲靖市麒麟区、楚雄州楚雄市、大理州大理市公安局，因原实行州（市）、县（区）一级接处警模式，“三台合一”任务由州（市）级指挥中心完成，现 3 区公安局也设立指挥中心接警。玉龙县公安局系丽江市区、县分设后新成立的县级公安机关，局机关办公楼正在建设中，预计 2007 年建成后完成“三台合一”。

至 2006 年，云南省公安机关推行 110、119、122“三台合一”。报警服务正逐步规范，接处警水平逐步提高，“三台合一”已显成效。切实做好省 110 公益宣传工作，让 110 成为公安机关在人民群众心目中最重要的特服号码。

【拨打 110 应注意的问题】 110 是政府开设的免费特服电话，是一种有限的社会公共资源。公民正确拨打 110，才能更好地维护自身权益。要实现正确快速报警，必须熟悉了解 110 的职责范围。110 报警服务台全天 24 小时受理群众电话报警、求助和投诉。其中，受理警情的范围是刑事案件、治安案（事）件，危及人身、财产安全或者社会治安秩序的群体性事件、自然灾害、治安灾害事故、其他需要公安机关处置与违法犯罪有关的报警。受理求助的范围是发生溺水、坠楼、自杀等状况需要公安机关紧急救助的；老人、儿童及智障人员、精神病患者等人员走失，需要公安机关在一定范围内帮助查找的；公民遇到危难处于孤立无援状态的；涉及水、电、气、热等公共设施出现险情，威胁公共安全、工作、学习秩序和自然人、法人及其他组织生命或者财产安全，需要公安机关先期紧急处置的；需要公安机关处理的其他紧急求助事项。受理投诉的范围是公安机关及其人民警察违反《中华人民共和国警察法》、《公安机关督察条例》等法律、法规和人民警察各项纪律规定，违法行使职权，不履行法定职责，不遵守各项执法、服务、组织、管理制度和职业道德的各种行为。

110 宣传活动

群众拨打 110 电话时，要注意的问题：一是要注意接警员提示的要点，讲明所报警情发生的地点、时间、目前状况；二是如实反映事件的实际情况，不夸大，不歪曲；三是尽量克服焦躁情绪，吐字清楚；四是 110 答复出警后，要在事发现场等候，主动与赶到的民警联系，详细介绍情况；五是积极协助警方开展调查工作。

（张明金）

州市县小康建设进程

和谐　小康　文明村镇

主　　编　郑灵琳
责任编辑　李海荣

【走向富裕的南朵村】　麻栗坡县红岩村民委员会南朵村，是一个壮族群众聚居的小山村，坐落在陡峭的大山中，距老山36千米。

过去的南朵村贫穷落后，住房低矮、简陋，喝的是细菌超标、浑浊不清的山沟水，山坡越挖越陡，耕地越种越瘦，水稻最高亩产仅200千克，玉米100千克。“花钱无来源，走路拄拐杖，出门两脚泥，粮食靠救济”，是当时南朵村的写照。人们常用边疆、民族、山区、贫困来形容这个小山村。如今，这个小山村依旧是边疆少数民族山区，但已经不再贫困。南朵村呈现的是群众生活富起来，环境好起来，村容美起来的一派新气象、新风貌。

南朵村的变化，得力于一个奋发有为、廉洁勤政、能力强、作风正，一心为群众的党支部。在党支部带领下，南朵村投工投劳8 768个，采集石料1 860立方米，河沙140多立方米。这些材料全部用在村内的厩厕改造，庭院美化和公共篮球场、娱乐室、科技活动室及村庄道路的整修中，解决了村民的活动难、学习难和村民子女上学难等问题。

村支部动员大家建沼气池，推广西红柿种植，并制定实施了一套发展计划。确定2名农业科技辅导员，引导群众开发种植养殖业；确定2名餐饮、旅游辅导员，引导部分农户投入餐饮、旅游服务的开发；确定2名劳务输出联络员，收集信息，组织富余劳动力参加技能培训和异地打工。

南朵村风味一条街去年赢利60多万元，方圆10多千米的人们经常来这里品尝壮家食品，这条风味食品街不仅当地有名，而且是南朵村村民增收的主要来源之一。

种植养殖业是南朵村传统产业，村党支部积极带领群众共同致富，采取科技培训，抓产业结构调整。大力推广黄牛冻精改良，生猪养殖，实现畜牧收入25万元；推广水稻、玉米规范化种植，亩产平均分别为800千克、400千克；发展冬早蔬菜，人均增收720元；积极引进桔子、甜柿、板栗等经济作物，预计三年后户均可增收1000余元。

2006年，南朵村村民居住环境明显改善，宽敞明亮，道路平整清爽，全村90多户壮族人家，9成是新房，人均住房面积60～100平方米，每个家庭在烧水煮饭时都用上了清洁的沼气，成了全省闻名的文明村、小康村。

【大变样中的姑娘寨】　文山县开化镇姑娘寨是一个苗族村寨，距县城10余千米，寨子里居住着苗、彝、壮、汉4个民族，以苗族为主。全寨192户人家818人。传说在清朝中后期，有一豪门大户的姑娘嫁到这里，并陪嫁大量财产，姑娘寨因此得名。

过去的姑娘寨，基础条件差，大家都穷，环境脏乱差突出，寨中道路一遇雨天泥泞烂滑，晴天灰土飞扬，苍蝇蚊子满天飞。由于路太烂，要想去别人家走一走，串门都要骑着牛去。过去，家家户户烧火做饭都用柴，烟熏火燎，时间又慢，苦不堪言。

2006年2月新农村建设启动后，姑娘寨抓住这一有利时机，克服基础设施条件差的困难，坚持大胆创新，迎难而上。在县、镇两级政府大力帮助下，姑娘寨制定了发展规划，并得到县信用社的支持，全村192户人家通过“五户联保”的形式，贷款160万元进行新农村建设。县交通、水务、电力等部门分别围绕村外道路建设解决人畜饮水困难、旱地水浇工程建设等，从资金、技术、人力上给予姑娘寨支持帮助。按照“精简选任，优上劣下”原则，从率先致富、敢挑重担的党员群众中培养选拔致富能力强、带富能力强的“双强型”党员担任村民小组长；把支部委员、三七种植能手推选为村寨党支部书记。在党支部带领下，以产业为支撑，招商引资，分别建起一个50亩的青蒿试验基地和一个200亩的三七GAP基地；引进新品种猪和冻精改良牛；推广青贮和混合饲料喂养，重点培育10户养猪大户，10户养牛大户，建一个年产60万只鸡的养鸡场。经过全村寨干部群众的艰苦努力，姑娘寨旧貌换新颜，铺上了平整的水泥路，建起了错落有致的白墙红砖青瓦房。村容村貌焕然一新，大大改变了过去畜粪乱堆、柴草乱放、垃圾乱倒的现象。村寨路边种树养花，居住环境大变样，与城里相比没什么两样。

全村有153户人家盖起崭新的砖瓦房；建起沼气池186口，家家用上沼气；修建村内水泥道路4.02千米；建设150口小水窖，铺设输水管道5.8千米，解决了饮水困难；建成18个垃圾池，改造厩舍100户，建成卫生厕所100户；建成卫生厨房100户；安装无线电话100多户；占地200平方米的科技活动室成了村民们进行实用技术培训的多功能活动场所；448平方米的篮球场和128平方米演出场地成为村民们的好去处；村卫生所1个；占地27平方米的卫生公厕1个。

群众生活富裕了，精神生活也得到充实。为了宣传社会主义新农村建设美好前景，姑娘寨组织两支业余文艺队，改变了过去寨子里一到晚上打麻将、喝酒的现象，树立了新风尚。茶余饭后，在明亮的星光下，村寨空地就聚满乡亲，大家吹起芦笙唱歌跳舞，风气变好了。

【富裕文明小山村——下雷窝】 元谋县能禹镇星火村委会有一个小山村——下雷窝，距县城以北5千米，共156户701人。过去村子里缺水，大家穷，经济发展缓慢，生产发展不起来，群众生活贫苦，人心涣散，群众没有积极性。整个村子全是凹凸不平的土路，简易的露天厕所到处可见，农家粪乱堆、柴草乱放，垃圾乱倒，一个村子乱七八糟、乌烟瘴气、臭气难闻，晴天灰尘满天飞，雨天泥滑路烂，雨水、废水、粪水、臭水遍地流淌。

在推进新农村建设、实施“云岭先峰”工程以来，下雷窝村党支部成为建设社会主义新农村的“领头羊”，村支部一班人带领全村群众勤劳致富，走科学种田，农业产业化和可持续发展道路。党员带头学习科技知识，带领群众依靠信息闯市场，全村经济迅速发展起来。同时，建立完善村财务管理制度，设立民主理财小组，实行帐务公开。重大问题集体讨论决定，定期公布集体收入情况，接受群众监督。这些举措受到群众好评。党支部还与困难群众结对帮扶，帮助贫穷群众脱贫致富。

党支部抓住元谋县建设全国无公害蔬菜示范县的机遇，引进农业先进技术，带领群众发展无公害蔬菜种植，引进樱桃番茄、龙眼、大青枣等新品种，推广樱桃番茄种植面积950多亩，获得较好经济效益。支部还对农业用水进行改革，成立灌区用水协会，建成9个坝塘，对水和坝塘实行有偿使用，既节约水又增加集体收入，解决用水纠纷。村集体每年出租集体经济田，坝塘养鱼，经济快速增长。

在村支部的带领下，村里先后投资110多万元，把1 200多米长的一条水泥路面与村子连接起来，总长2 220多米的水泥巷道一直修到各家门前。路好走，村民出行方便，雨天进村，脚上不沾泥。村前村尾，房前屋后，村间道路两旁种植3 000多株绿化树及各种鲜花，美化环境。家家户户建起沼气池，用上干净方便沼气，不仅保护森林，节省劳力，还改善环境卫生。建成4个卫生公厕，实现厩与住房分离，从根本上杜绝脏乱差现象，美化生活环境。投资12万元建盖瓷砖贴面三层楼文化室，向村民开放，提供村民学习文化和交流种植经验的场所。花园草坪和一排永久性棋牌桌，是村民休闲娱乐地方。投资15.8万元建盖村小学，把最好的房子让给学校。村里成立自己的花灯队，自编自演节目，唱遍村内村外及整个能禹镇，丰富精神生活、增添乐趣。

全村半数以上家庭有摩托；每家都装上固定电话，用上手机，村民在农田里就可以了解当日市场行情；家家都有电视机，有的还添置音响，。户均存款超过3万元。村里60岁以上老年人每月能领到60元生活补助费。每年考上大学的学生奖励1 000元。

下雷窝村多年来，没有人违法犯罪，没有邻里纠纷，没有人吵架闹事，全村人和睦相处，共谋发展，共奔小康，变成一个富裕、文明、和谐的新山村，被楚雄州委、州政府表彰为文明村。

【殷实和谐——海棠村】 保山市隆阳区海棠村，地处偏远的高寒山区，距离保山城20多千米，海拔2 350米，全村359户农家、1 540多名村民人均耕地不足1.2亩，人均林地却超过10亩。森林覆盖率超过80%。

海棠人爱山，爱栽树，村民的生存、发展都与山联系在一起，都与树木息息相关。在“山”的经营上，海棠人走出一条生态强村之路，依靠大山、林木，按照“生态——产业——新农村”的发展思路，走“生态建设产业化，产业发展生态化”的路子。

村党支部抓住建设社会主义新农村主题，依托山区资源优势，积极发展绿色经济，走出一条绿色强村之路，开创了独具特色的“海棠模式”：

林业经济——海棠人祖祖辈辈种树造林，满山森林，层次清晰，短、中、长期合理开伐，善于经营，每年木材收益100余万元。林下经济——山林承包后，村民精心栽树，荒山变绿，树下松茸、块菌丛生。全村收获季节年产松茸4 500千克，块菌万千克，收入150万元。仅此一项全村人均增收1 000元。地坎经济——每年2.5万千克核桃，1.6万千克花椒，全是空地、沟坎、地埂上长出来的。庭院经济——家家户户房前屋后果木片片，成熟季节优质水果效益可观。圈舍经济

——家家户户养猪养鸡，除供应保山城外，还利用冷凉气候腌制优质火腿，产生较好的经济效益。休闲经济——茂密的森林，空气清新，风景优美，6家乡村“农家乐”应运而生，招徕不少闲暇旅游者。海棠村财源多源化，产业生态化，发展持续化。海棠人逐渐富裕起来，年均纯收入达到2 600元。彩电、程控电话、手机、机动车等已成为村民的日常用品。完成改水、改电、改路、改厕、改厨、改畜圈和建园(果园、菜园、药园)、建家（家庭庭院建设)、建池（水池、沼气池)，建所、建校、建室“六改六建”工程，在“六改六建”中，群众自筹资金380多万元，投工投劳1.5万多个；在上级扶持下，村民每人集资65元建盖村小学教学大楼，把小学搬迁到更宽敞的地方。移动公司投入100万元资金，在村里建起一座基站，为村民获取信息提供条件。

除了生活殷实，和谐也是海棠村的一大特点。该村连续十几年未发生过刑事案件或盗伐森林事件，就连一名叫杨友兰家的两只羊撞进育林地，该老人还主动向村委会交了200元钱。

在建设和谐村寨中，村里还发挥了两个群体的作用。一是请9名见多识广、为人正直、德高望重的退休回乡老同志组成村事务协调小组，从事咨询、说服、协调工作；二是将村里思维活跃、交际广泛和信息灵通的一群人定为“知名人士”，邀请他们参加村务会议，献计献策。如今的海棠村，村民生活殷实，充满和谐。

【龙潭村由贫困走向富裕】 丽江市古城区七河乡龙潭村是一个边远贫困山村。全村256户1 100多人，7个村民小组，分散在各个山头。山头之间互不通公路，山区的土路道造成通往山外的18千米盘山路面晴通雨阻，行路难，阻碍着山村经济发展。在自然条件处于劣势的情况下，龙潭村一度显得束手无策，领导不力，集体观念淡薄，人心涣散，缺乏进取精神，没有致富信心，观望等待，总想着上级拨款，等、靠、要思想突出。这些陈旧观念，束缚着龙潭村人的思想。

要解决龙潭村的出路，必须从更新观念入手。在推进社会主义新农村建设中，村党支部一班人从一点一滴小事做起，引导党员和群众更新观念提高素质，转变陈旧观念，树立起脱贫致富，建设新农村的信心。

几年间，村党支部一班人带领村民先后修建6座石拱桥；为改变30年没有一点变化的小学校，筹集资金40万元，建盖教学大楼、篮球场、图书室，为适龄孩子上学营造优美的校园环境。还对17名家庭困难的学生进行补助共计2 300元，解决后顾之忧；组织群众投资投劳修建水泥村道，使村内道路平坦，3个山头的132户人家水泥路相通；争取资金22.8万元，把通往山外的公路铺成平整的沙石路，改善行路难。经过几年的建设，龙潭村家家户户用上干净清洁的沼气，架通自来水管道，点上了电灯，村里的24家贫困户由草房搬进新瓦房。有的群众说：“过去认为山区贫穷落后没有发展，只要大家心齐肯干，山区一样能过上好日子!”

烤烟是龙潭村的传统产业，前几年烤烟种植下滑走低，调整结构后，烤烟面积完成530亩，全村仅烤烟一项人均就增收630多元。引进推广白皮青蚕豆，种植370亩，每亩800多元，比种植传统小麦收入高出1倍，成为村民增收的新兴产业。引进的大蒜新品种，为群众增收开辟新的道路。养猪是群众增收的重要产业，全村人均出栏乳猪10头，收入1 000多元。

龙潭村从长远考虑，投资280万元，进行“坡改梯”和7千米长的水利配套工程、为龙潭村的发展注入新的后劲。近几年来，村里分别实施通水利民工程、通路便民工程、生态亮村工程，文化生活工程，有力地改善村内村外基础设施条件。村里还建起集贸市场，使龙潭村成为远近闻名的农副土特产品集散地和小商品交易中心。

（李海荣）

昆明市

主　　编　马颖生　袁丽萍
责任编辑　刘建军　张　春

【概述】 昆明市位于中国西南边陲，云南省的中部偏北。北纬24°23′，东经103°40′。东部与曲靖市马龙、陆良、沾益、会泽县，红河哈尼族彝族自治州的泸西县为邻；南边与红河州的弥勒县，玉溪市的华宁、澄江、江川县、红塔区、峨山县接壤；西侧与玉溪市的易门县，楚雄彝族自治州的禄丰、武定县毗邻；北面以金沙江为界，与四川省凉山彝族自治州的会东、会理县相望。最高点在北部禄劝县轿子山马鬃岭，海拔为4 247米，最低点在禄劝县普渡河与金沙江交汇处，海拔仅746米。辖区总面积为2.10万平方千米。2006年平均气温16.4℃，日照总时数2 271小时。年降雨量最多为昆明市989毫米，最少为东川区572毫米。主要气候灾害是1～2月"暖冬"气候特征明显；3月春旱偏重，森林火灾频发；主汛期降雨偏少；9月全区降雨偏少，出现夏秋连旱；10月出现连阴天气，雨季于10月中旬结束；11～12月全区气温偏高。辖五华、盘龙、官渡、西山、东川5区、安宁市、呈贡、晋宁、富民、宜良、嵩明县及石林彝族自治县、禄劝彝族苗族自治县、寻甸回族彝族自治县8个县，53个镇、53个乡（其中有7个民族乡）、30个街道办事处。年末常住人口615.20万人，其中非农业人口213.52万人，城镇化率为58.99%。少数民族75.96万人，占总人口的14.76%。人口自然增长率6.47‰。

2006年实现生产总值1 203.14亿元，增长12.3%，连续四年保持两位数增长，是近十年来增长最快的一年。其中第一产业实现增加值81.55亿元，增长4.5%，第二产业实现561.90亿元，增长15.7%，第三产业实现559.69亿元，增长10.2%。三次产业结构为6.8∶46.7∶46.5。人均生产达1.97万元。财政总收入248.75亿元，其中地方财政收入128.48亿元，地方财政支出159.40亿元。全社会固定资产投资完成654亿元，社会消费品零售总额484.20亿元。年末金融机构人民币各项存款余额3 032.71亿元，各项贷款余额2 229.43亿元。居民消费价格总指数101.6%。

2006年实现农林牧渔业总产值123.74亿元。其中，农业产值68.83亿元，粮食总产量113.17万吨。全市共解决11.7万农村人口的饮水困难和饮水安全问题。全年农村用电量达7.24亿千瓦小时，年末农业机械总动力250万千瓦特。

2006年完成工业增加值458.88亿元，增长15.6%，烟草、有色冶金、机电、医药、建材等重点行业呈现快速增长态势。规模以上工业实现销售产值1 277.84亿元，实现利税228.88亿元。全市建筑企业完成总产值423.91亿元，增加值103.02亿元。

全年共接待海内外游客2 239.87万人次，其中国内游客2 169.12万人次，海外游客70.75万人次，分别增长10.0%、1.6%；旅游总收入156.37亿元，旅游外汇收入1.90亿美元，分别增长12.9%和10.0%。

全年货运周转量175.28亿吨千米，旅客周转量155.22亿人千米，分别增长7.9%和17.3%。年末全市拥有机动车75.58万辆，增长11.0%，其中汽车拥有量39.30万辆。移动电话用户416.19万户，电话交换机容量187.09万门，全年累计订销报刊10 032.85万份，特快专递185.54万件。

年底全市新增参保人员2.3万人，参保总人数为77.4万人。

年末全市共有普通高等院校32所，招生6.73万人，在校生20.64万人，毕业生4.70万人。普通中学290所，招生9.10万人，在校生27.95万人，毕业生8.04万人。普通小学1 464所，招生9.10万人，在校生51.74万人，毕业生7.15万

昆明高新区2006年招商引资工作会议　　（昆明市志办　提供）

人。小学适龄儿童入学率99.26%，初中入学率达100%，高中阶段升学率为82.29%。高考上线率71.55%。全市有中小学教职工4.75万人。对义务教育阶段农村中小学生全面落实“两免一补”政策，全年享受免收学杂费学生52.5万人次，其中15.8万人享受了“两免一补”政策。

2006年昆明地区拥有各类卫生事业机构2 777个，其中有医院207个；床位有2.89万张，其中医院床位2.29万张，占总床位的79.3%。农村卫生院床位2 471张，占总床位的8.5%；医疗卫生机构总人数为4.22万人，其中卫技人员3.41万人，昆明地区各级种类医疗机构全年共诊疗1 695.13万人，其中214个医院共诊疗1 255.19万人。

中共市委书记　杨崇勇

市人大常委会主任　李　庄（~2006.2.）、李培山（2006.2.~）

市人民政府市长　王文涛

市政协主席　徐之信（~2006.2.）、田云翔（2006.2.~）

【城镇居民生活】 全市城镇居民年人均可支配收入首次突破万元，达1.07万元。全年人均消费支出为7 745.64元。用于食品的消费支出月人均为283.10元，增长6.3%，在外用餐支出月人均为76.90元，增长16.2%；用于衣着的消费支出61.01元，增长10.7%；用于家庭设备用品及服务的支出为24.94元，增长12.4%；居民家庭用于医疗保健类的支出为53.08元，下降10.3%；交通通讯支出83.24元，增长2.0%，年末平均每百户居民已拥有家用小汽车9.2辆，电动助力车14.2辆，移动电话143.1部，分别增长6.1%、27.0%和12.5%；文教娱乐的消费月人均为66.18元，增长3.7%；人均房屋使用面积24.52平方米，居住类消费支出60.98元，增长39.2%。

【低收入居民生活现状】 2006年城镇最低收入居民家庭的月人均可支配收入为277.34元，增长5.5%，其增幅与总体可支配收入增幅相比仍低6.5个百分点，消费性支出为274.13元，增长4.9%，其增幅与总体水平相比低2个百分点，收入与消费水平仅是平均水平的30%。从长期看，低收入居民家庭生活的改善比较缓慢。

【农村居民生活】 2006年农民人均纯收入达3 520元，增加272元，增长8.03%，扣除物价影响实际增长6.8%。年人均总收入达5 680.37元，增长5.2%，其收入主要由以下方面构成：工资性收入979.53元，增长12.8%；家庭经营收入4 085.31元，增长3.6%。在家庭生产经营活动中，第一产业收入3 247.91元，第二产业现金收入增长势头强劲，收入133.83元，增长89.1%。第三产业收入703.56元，增长3.1%；财产性人均收入405.71元，增长15.8%。在财产性收入中，集体分配股息和红利、租金及土地征用补偿仍然是农村居民的主要收入来源，分别增长27.9%、8.1%和48.7%。分县区看，财产性收入主要集中在官渡、呈贡、安宁和东川等县（市）区；转移性收入209.82元，增长15.1%。

农村居民消费结构及水平明显提高。农村居民家庭总支出6 121.90元，增长16.1%。其中现金支出5 445.57元，增长17.6%。现金支出结构呈现以下特点：第一产业生产费用支出下降，第二产业生产费用支出上升；农村居民生活消费占期内现金支出比重高达60.7%。用于食品方面的支出比重下降，而衣着、交通通讯、文化、医疗保健等方面的支出比重上升，农民人均税费支出20.87元，与上年基本持平；转移性支出160.78元，增长22.7%。主要是农村赠送亲友方面的费用增加。农村居民家庭生活质量改善。调查表明，百户农村居民家庭耐用消费品除黑白电视机和自行车呈逐年减少趋势外，其他家庭耐用消费品都呈逐年上升趋势。2006年农民人均住房面积增加到36.82平方米，钢筋混泥土住房面积占全部住房面积的比重高达51.8%，人均用于居住的消费支出达983.01元，增长1.3倍。

【社区卫生服务】 市政府把建立社区卫生服务体系纳入《昆明市国民经济和社会发展第十一个五年规划纲要》，出台了《昆明市发展城市社区卫生服务的实施意见》及5个相关配套文件，决定“十一五”期间，市、县（市）区财政每年安排960万元用于基础设施建设；800万元用于基本医疗卫生设备配置建设；800万元用于基本药剂师、预防保健人才岗位培训和专业技术技能培训。2006年全市新建24个社区卫生服务中心（站）、40个流动人口卫生服务站，这也是市政府为民办的10件实事之一。制定《昆明市社区卫生服务机构考核办法（试行）》，创新补偿机制，实行政府购买公共卫生服务，启动社区卫生服务机构药品集中采购、统一价格、统一配送。130名全科医师岗位培训，全部取得省级合格证；280名全科医生一年期的函授培训学习于2007年1月完成，341名社区护士完成了半年培训。至年底，全市社区卫生服务机构发展到170个，覆盖人口185.93万人，2 464名医务人员在社区开展卫生服务，14个县（市）区均建立社区卫生服务机构。全市社区卫生服务机构年门诊量215.7万人（次），平均诊费35.97元。

【新型农村合作医疗】 五华、盘龙、西山、官渡4区全部完成从乡统筹向区统筹过度的新农合管理。至年底，全市应参合农民人数为296.78万人，已参合269.96万人，平均参合率达到90.96%。其中经民政部门认定的4.70万名农村特困户、五保户全部由市、县两级民政部门代缴参合费，参合率为100%。自2005年11月启动新农合报销补偿到2006年11月底，14个县（市）区为参合农民门诊减免、住院报销74.75万人（次），减免报销金额8 334.17万元。市卫生局根据《昆明市新型农村合作医疗机构考评办法》，进一步加强对各级定点医疗机构服务行为和用药目录的规范管理和督促检查，共计审核定点医疗机构违规收费和不合理报销资金近10万元。县、乡、村三级定点医疗机构已全部做到现场减免，即付即补，方便了农民。

在新一轮农村初保自查自评工作中，五华、盘龙、东川、禄劝、寻甸5个县区达到基本合格县标准，其他9个县（市）区达到合格县标准。官渡、西山、安宁、呈贡、嵩明5个县（市）区率先在全省实现创建初保达标县的目标。市政府为民办实事之一的新建20个乡镇卫生院、200个村卫生室的建设任务全面完成。

【入滇河道及滇池水质状况】 大清河、采莲河、盘龙江、乌龙河、船房河、新运粮河及老运粮河等主要入滇池河道，2006年总体水质状况均为劣Ⅴ类。滇池草海水质总体劣于Ⅴ类水，综合营养状态指数为77.2，属重度富营养状态。主要监测指标中氨氮、总氮、总磷均超过Ⅴ类水标准，生化需氧量达到Ⅴ类水标准，高锰酸盐指数达到Ⅳ类水标准，其余指数均符合或好于Ⅳ类水标准。滇池外海水质总体劣于Ⅴ类水，综合营养状态65.4，属中度富营养状态。主要监测指标中总氮超过Ⅴ类水标准，总磷达到Ⅴ类水标准，其余指标均符合或好于Ⅳ类水标准。

【环境质量状况】 2006年6月5日，昆明市环保局发布《2005年昆明市环境善公报》。松华坝水库水质达标为98.09%；大河水库、自卫村水库、海源寺、白龙潭水质类别与上年无变化；柴河水库、宝象河水库水质类别较上年下降。阳宗海、清水海水质为ii类水，达到水环境功能要求。城市水域功能区水质达标率79.17%，较上年下降8.33个点。主城区环境空气质量优级天数17天，占4.7%；良好级天数346天，占94.8%；轻微污染天数2天，占0.5%。首要污染物为可吸入颗粒物，空气达标率99.5%，大气环境质量由三级上升为二级。建成区昼夜平均等效声级范围为36.5～59.9分贝。年平均等效声级为53.8分贝。与上年相比，主城区声环境质量较上年略有下降，5类功能区除二级区夜间超标外，其余均达到相应功能区要求；安宁市、寻甸、呈贡县的区域环境噪声平均等效级较上年下降，禄劝、嵩明、石林、宜良、晋宁、东川区较上年上升。工业企业废水排放总量为4 757.52万吨，较上年减少10.77%，倾泻需氧量（COD）排放量为3 307吨，较上年减少1.22%。主城区全年城市污水排放总量1.99亿吨，集中处理的城市污水总量为1.69亿吨，占污水排放总量的85%。

【轿子雪山景区正式营业】 4月30日，禄劝县轿子雪山旅游公路通车，风景区正式营业。该路通车后，从昆明出发4个小时的车程即可到达轿子雪山。轿子雪山是距离昆明市区最近的雪山，位于禄劝县转龙、乌蒙、雪山三个乡（镇），因山形似轿子而得名。主峰海拔4 000多米，是滇中第一高峰。在昆明市旅游产业二次创业中，轿子山作为“滇中第一山”世界级旅游精品的开发定位，将搭建起昆明“南有石林，北有轿子山”的旅游格局。轿子山正式对游客开放，对提升全省、全市旅游的档次和吸引力，尤其是对北部五县区的发展意义重大。

【2006中国昆明国际文化旅游节】 5月1日，由国家旅游局、云南省人民政府主办，昆明市人民政府和各州（市）人民政府共同承办的2006中国昆明国际文化旅游节开幕。全国人大常委会副委员长李铁映宣布开幕，省委常委、市委书记杨崇勇致欢迎辞，副省长刘平致开幕辞，市长王文涛主持开幕式。本届旅游节的指导思想是：以群众和旅游者广泛参与为基础，充分挖掘和弘扬民族传统文化，增强旅游活动的文化内涵，突出体现节庆活动的民族性、大众性、狂欢性，强化文化旅游节的国际性，高质量、高水平打造昆明旅游形象和民族文化旅游节庆品牌，增强昆明旅游目的地和旅游集散地的功能，推进区域经济发展，创建和谐社会。主题口号为：相约狂欢昆明体验七彩云南。5月1～7日主要活动内容是举办云南旅游形象大使评选、花车巡游展演、广场民族歌舞展演狂欢活动、七彩云南民族长街宴等系列活动。

【“昆明精神·巅峰”登山队成功登顶珠峰】 5月14日11时40分，“昆明精神·巅峰”登山队员金飞彪、金飞豹两兄弟成功登顶世界最高峰——珠穆朗玛峰。此系昆明人首次登上珠穆朗玛峰峰顶。这次登山活动于3月26日从昆明出发，4月6日抵达大本营。在进行为期40多天的高山体能训练之后，金氏兄弟于5月14日11时40分顺利登顶，在峰顶停留了约10分钟，并展示了国旗、奥运五环旗及“春融万物，和谐发展，敢为人先，追求卓越”的昆明精神横标。本此活动由昆明市委、市政府主办。金氏兄弟成功登顶珠峰实现了四项“第一”：云南人第一次登上珠峰；中国首次兄弟连手攀登世界最高峰；登山活动第一次与一座城市的精神相结合；人类第一次在珠峰展示奥运五环旗。

【第三届“泛珠会”暨2006“昆交会”】 6月6～10日，第三届泛珠三角区域经贸洽谈会暨2006中国昆明进出口商品交易会在昆明国际会展中心举办。本届“泛珠会”和“昆交会”展区面积1.70万平方米，共设828个展位。“昆交会”首次设立中国品牌馆，集中展示国家重点培育和发展的出口名牌。另外，来自海外19个国家和地区的200多家企业参加了本届“昆交会”。5天会期共签订投资贸易合作项目1 019项，协议金额1 981.7亿元。昆明市签约项目及金额实现重大突破，共签订利用内、外资项目112个，拟利用资金折合人民币700余亿元。其中，工业项目占43%，达48项。

进出口成交额1.22亿美元，首次突破1亿美元。其中，出口9 656万美元，进口2 553万美元，农副产品出口达2 315万美元。昆明招商引资工作呈现出几个特点：一是工业强市战略得到贯彻落实；二是投资热点、亮点纷呈，大项目明显增多；三是严格把关，内外资签约项目成熟度高。

【盘龙江中段治污工程启动】 6月8日，盘龙江中段水环境治理工程开工，市委书记杨崇勇宣布工程启动，市长王文涛、副市长李江出席开工仪式。盘龙江贯穿昆明主城，是昆明的母亲河和重要景观河，也是昆明主城的主要防洪河道。盘龙江经过多年整治，取得了一定效果，但污染问题仍然十分突出，为进一步改善盘龙江河道整体景观，结合“三创”工作，市委、市政府决定分段分期实施盘龙江水环境综合治理工程，先期进行中段治理，消除水体黑臭，改善沿岸环境，为市民创造良好的休闲场所。

【第二届昆明国际农业博览会】 9月28日至10月3日，以“绿色农业，创新发展”为主题的第二届昆明国际农业博览会在昆明国际会展中心召开。越南、新加坡、韩国、马来西亚、泰国、新西兰、缅甸等11个国家和中国港澳台地区近百家企业参展参会，国际展品展位达120个。云南玉溪、保山、曲靖等13个州市，昆明14个县（市）区，国内30余个城市的1 000余家企业参展参会。设标准展位1 306个，展位数超过上届农博会。麦德龙、家乐福、好又多、裕丰种业、新西兰皇家园艺研究所、北大荒米业、香港德恒投资集团有限公司等知名企业到会开展采购洽谈。中国农大、云南农大、云南农科院等农业科研单位，推出一批新的科技成果，并开展技术转让，使本次农博会成为高水平的农业展会。本次博览会共展出蔬菜瓜果类、园艺花卉类、农产品加工食品类、粮油食品类、畜产品类、生物资源及林产品类、茶叶类、海产品类、生产资料类等数十类近万个品种。专场签约和展馆贸易共签订项目406个，项目投资与商品贸易额约48亿元，展馆农产品现场销售金额达1 200万元。

【掌鸠河输水隧洞全线贯通】 11月28日，掌鸠河输水隧洞上公山隧洞胜利贯通，至此，掌鸠河引水供水工程输水全线16条隧洞全部贯通，进入最后收尾阶段。上公山隧洞全长1.39万米，是整个输水工程中最长、地质条件最复杂、施工难度最大的洞段。掌鸠河引水供水工程输水工程全长97.72千米，横跨禄劝、富民、五华、盘龙四县、区，其中86.2千米为隧洞。该工程具有承压输水、长距离、小洞径的特点。输水线大都在山地与沟谷相间中通过，高程为1 560米到2 560米，区内地质条件复杂，沿线通过61条宽度大于10米的断层，小断层不计其数，从2001年11月28日五老山隧洞开工到2006年11月28日上公山隧洞贯通，掌鸠河工程输水隧洞工程历时5年全部完工。

【高海高速公路通车】 12月28日，历时3年多的高海公路通车。高海公路是“十一五”期间省、市政府投资兴建的重点工程建设项目之一，也是现代新昆明建设“一湖四环”中环湖公路的西段。公路位于昆明市西山之麓，滇池之滨，起于高峣枢纽立交，止于海口镇，接安（宁）晋（宁）公路。主线路路基宽26米，为双向6车道高速公路；辅道路基宽12米（龙门村至海口为8.5米），为二级公路。现建成的高海高速公路主线长30.32千米，辅道长27.5千米，总投资26.8亿元。公路全线建设大桥（含特大桥）13座，长17.6千米，中桥2座，小桥28座，涵洞245道，通道35道，互通式立交3处，分离式立交5处，辅道平面交叉18处，人行天桥7座。建设绿地面积达100.5万平方米，建设路灯线30.23千米。高海公路是一条集“旅游、景观、环保”于一体的高速公路。

【昆明东绕城高速公路竣工】 国道昆明东绕城高速公路是昆明市第一条按照“BOT”方式建设的双向6车道高速公路，也是昆明市第一条由合资企业建设与管理的高速公路。概算总投资29.38亿元。工程于2004年4月正式开工，工程主线北起乌龙村北侧，连接昆曲高速公路，南止广卫村，连接广福路。按双向6车道标准设计，全长31.6千米，设计速度80千米/小时，最大纵坡5%。工程支线西起东二环路大树营立交，东止主线两面寺立交与新机场高速公路相接，与虹桥立交和东三环路相交，按城市Ⅰ级主干道标准设计，全长6.3千米，设计行车速度60千米/小时。这条高速公路的建成，对缓解昆明入城交通、过境交通等将起到重要作用。

（方玉红　宇应军）

盘龙区

【概述】 盘龙区位于昆明市主城区东北部，东、南面与官渡区相连，北接嵩明和富民两县，西临五华区。全区南北长30.9千米、东西宽21.4千米，辖区面积339.79平方千米，地势北、中部高，最高点海拔2 588.9米，最低点在得胜桥与盘龙江交汇处，海拔1 888米。建成区面积45.79平方千米；山区面积约292平方千米，约占全区总面积的86%，主要分布于松华、双龙两个乡。年平均气温14.7℃，年降雨量900～1 200毫米，全年气候温和，年温差较小，日温差较大，夏秋雨量充沛，冬春雨量不足。辖东华、拓东、鼓楼、联盟、龙泉、金辰、青云、茨坝8个街道办事处和双龙、松华两个乡，47个社区和16个村委会。2006年全区户籍人口41.08万人，常住人口64.49万人。户籍人口中，非农人口36.90万人，农业人口4.17万人；少数民族人口4.3万人，占10.46%。人口自然增长率1.80‰。

2006年，实现生产总值139.33亿元，人均GDP2.17万元，比上年增长14.3%。第三产业仍然是全区的支柱产业。完成工业总产值79.24亿元，增长18.58%。实现农林牧渔业总产值2.09亿元，农作物播种面积4 312.6公顷，粮食、蔬菜、花卉种植面积分别为2 311.3公顷、1 257.3公顷和82.4公顷。全年粮食产量1.02万吨，蔬菜产量4.65万吨，花卉产量1 138.9万枝。全年社会消费品零售总额94.24亿元，增长16.30%。实现财政总收入13.72亿元，同比增长30.2%。固定资产投资50.91亿元，增长20.70%。农村居民人均纯收入4 570元，增长7.07%；城镇居民人均可支配收入1.31万元，增长17.20%。荣获“云南省县域经济发展十强县”称号。

全区有各类学校178所，在校学生8.17万人，教职工3 289人。学龄儿童入学率99.99%；有文化馆、图书馆、青少年宫、体育馆各1个；医院41所，社区卫生服务中心、站45个，卫生院6个，病床4 023张，医护人员7 328人。

中共区委书记　杨　宁（女，~2006.3.）、吴长昆（2006.3.~）

区人大常委会主任　陈洪明

区人民政府区长　卢　彬(2006.2.~)

区政协主席　李如春

【惠民实事】　2006年，投入资金5 879.86万元，为群众办理8件实事。第一件，全面提高农村学校生平均公用经费，初中从每年150元提高到300元，小学从每年100元提高到200元；为全区教办学校配齐网络计算机室和多媒体教室，促进城乡学校均衡发展。第二件，新建10个村卫生室、4个社区卫生服务站，全面提高联盟、茨坝、龙泉、双龙、小河、双哨卫生院医疗设施设备及服务水平，为群众提供方便、平价、优质的卫生服务。第三件，完成县小路改造和昆明至轿子雪山公路盘龙段、龙波路（金安小区至司家营路段）、浑阿线（黑龙潭至落索坡路段）路面大修工程，提高道路通行能力。第四件，全面推行水源区农民液化气补助，补助标准从每户每月30元提高到40元，改善群众生产生活条件。第五件，新增城市绿地10万平方米，改善城市人居环境。第六件，全面建立社区、村委会劳动和社会保障工作平台，健全劳动和社会保障体系。第七件，开发提供有效就业岗位1万个，安置城镇新增就业人员8 000人，努力实现群众充分就业。第八件，推进平安盘龙创建工作，完成白龙派出所办公用房、昙华片区消防站和拓东、东华、龙泉、茨坝4个司法所规范化建设。

【“平安盘龙”创建工作通过省级考评验收】　自2005年开始的“平安盘龙”创建工作。重点抓好群众广泛参与、层层落实责任、加强基层基础工作3个重要环节，充分利用“打击、防范、教育、管理、建设、改造”等综合手段，全面落实各项工作措施，形成区委、区政府统一领导、各方联动，打防结合、预防为主，专群结合、依靠群众的“平安盘龙”创建工作格局，各项工作取得明显成效，2006年12月12日，由省委政法委副书记李定达率领的省平安创建考评验收小组对区创建工作进行考评验收。考评验收组听取了盘龙区平安创建工作汇报，深入社区、企事业单位实地查看有关创建工作情况。经过考评，创建工作通过省级考评验收，被省委、省政府命名为“平安区”。

【社会主义新农村“8项”建设】　明确建设社会主义新农村的工作思路，把工业与农业、城市与乡村、城镇居民与农村居民作为一个整体统筹规划，着力推进“试点建设、旅游小镇建设、产业建设、基础设施建设、农民素质建设、和谐社会建设、基层组织建设、工作机制建设”等8项建设。由于经济社会发展不平衡、农村经济基础和自然条件不尽相同，在推进城乡一体化进程中注重突出片区特色，实施分类指导。确定郊区农村、城郊结合部、松华坝水源保护区、建成区的“城中村”等4类情况推进社会主义新农村建设和城乡一体化进程。以整治村容村貌为切入点，以解决群众最迫切的困难为出发点，充分调动农民的积极性，切实发挥农民在新农村实践中的主体作用，建立上下联动的工作机制，形成全社会参与的氛围。推进野鸭湖旅游小镇、“春城蝴蝶谷”建设；完成城乡一体化5个试点村松华乡小河村、双龙乡乌龙村前卫屯组、双龙乡麦冲村、茨坝街道办事处蒜村、龙泉街道办事处落索坡村的建设规划及落索坡村、蒜村新村建设规划、双龙乡村镇规划和麦冲村乡村生态旅游总体规划，试点村村容村貌整治和基础设施建设初见成效。

【拓东“网格化”管理经验在全市推广】　2005年GMS会议后，拓东街道办事处为巩固城市管理成果，完善和建立城市管理长效机制，在全市率先实行城市网格化管理，将1.89平方千米的辖区按4个层级划分为1个一级网格、5个二级网格、53个三级网格和399个四级网格。一级网格由办事处党政领导为主要负责人，负责整个辖区的城管工作；二级网格以社区管辖范围来划分，负责城管工作的安排、落实和检查；三级网格由社区划分，网格内的社区工作者、城管协管员全力负责区域内的各种城管问题的处理和上报；四级网格是居民楼栋长、物管公司负责人，负责楼院内的环境、绿化、美化等项工作。实施“网格化”管理，提高了工作效率，小广告及占道经营和垃圾乱堆乱放的现象明显减少，辖区内环境卫生状况有了明显转变。拓东街道办事处“网格化”管理为做好城市管理工作探索了一条新途径。2006年9月15日，昆明四城区城管局和街道办事处的负责人到拓东街道办事处参观学习城市“网格化”管理经验。市政府决定推广拓东街道办事处“网格化”管理经验，在五华区护国街道办事处、盘龙区东华街道办事处、官渡区太和街道办事处、西山区金碧街道办事处开展城市“网格化”管理试点工作，并在试点基础上，在全市主城区推广，提高城市管理绩效，进一步建立和完善昆明城市管理的长效机制。

【社区实行“一委一站”管理新体制】 2005年5月，盘龙区在全省率先探索社区“一委一站”管理模式。将拓东和东华街道办事处作为社区管理体制改革试点，实行“一委一站”工作模式。把原来社区居委会“议行合一”改革成由居委会“议”事、社区工作站“行”事的“一委一站”式新体制，创造基层组织建设新经验。盘龙区社区建设“一委一站”新模式受到《人民日报》的关注，人民日报社记者专程到拓东街道办事处明通巷社区对“一委一站”工作进行调研及采访。一年多的运行中，“一委一站”运转正常，共有13家社区实行“一委一站”管理。2006年12月13日，盘龙区召开推进“一委一站”工作现场会，在全区所有社区推广“一委一站”管理经验，促进全区社区建设工作更上新的台阶。

【廉租房建设】 5月31日，在东三环路与寺瓦路交叉口北段举行廉租房建设工程奠基仪式。这是盘龙区委、区政府为解决城镇家庭“双困户”而投资建设的一项民心工程。经过半年的艰苦努力，完成福虹家园小区一期建设3个栋号7个单元153套，9 818.27平方米廉租住房建设任务，于12月31日竣工。廉租房建好后按照公开、公平、公正、透明的原则，通过社区、街道、区3级进行公示，切实解决盘龙区人均居住建筑面积10平方米以下的“双困户”家庭的困难问题。

【挂钩帮带扶贫】 禄劝县是盘龙区负责的帮带扶贫挂钩县。为做好对禄劝县的帮带扶贫工作，区农业、林业、水务、交通、民政等有关部门的工作人员与区有关领导一起到禄劝县进行调研，研究帮扶措施和确定帮扶内容。通过与禄劝县扶贫办共同深入调查研究，结合当地群众的生产生活需要，2006年投入帮扶资金50万元，从3个方面开展帮扶工作：组织实施“三个一百”工程，即开展助学活动、开展帮扶贫困到户、帮助贫困人口解决人畜饮水困难问题；改善贫困地区的交通状况，新建村级公路10千米，解决103户442人的交通困难；扶持农业产业化龙头企业，选择1户产品有市场、发展潜力大的农业产业化龙头企业进行扶持，增强企业的带动能力，提高效益。

【救助贫困学生】 在农村学校全面免杂费、书费的基础上，提高农村住宿中小学生的生活补助标准。对全寄宿符合“两免一补”政策的学生生活补助标准按478元/学年执行，半寄宿或走读的学生按初中250元/学年、小学150元/学年执行，并对城市贫困学生进行相应减免。2006年共拨出资金303.66万元，对松华和双龙两乡所有学校、部分涉农学校以及城市义务教育阶段贫困学生2.98万人次进行减免。同时，对高中阶段贫困学生和“三证”齐全、由教育主管部门安排入学的外来务工人员子女进行相应减免。2006年秋季学期对386名高中(含职高生)贫困学生免收学费18.27万元，1 245名高中贫困生享受生活补助51.59万元。截至12月12日，对3 179人外来务工子女免收借读费123.5万元。

【广播电视村村通工程】 2004～2005年度广播电视村村通工程自2005年10月开始，同年12月底顺利完成。提前半年完成昆明市下达的工程任务。此项工程覆盖双龙乡、松华乡新街村委会、茨坝街道办事处小空山等68个自然村，受益村民2 933人，基本解决了盘龙区偏远山村群众看不到电视，听不到广播的困难。到2006年经过11个月的使用维护，工程设施（设备）使用正常，达到建设标准，被评为昆明市先进集体。68个偏远山区自然村告别了看不到电视、听不到广播的历史。

（吴焰红）

五华区

【概述】 五华区位于昆明市西北部，是昆明市中心城区之一。东邻盘龙区，南、西南接西山区，西北，北连富民县，总面积397.86平方千米，区机关驻华山西路1号。下设护国、大观、华山、龙翔、莲华、红云、丰宁、黑林铺、普吉9个街道办事处，沙朗、厂口2个乡，93个社区（含16个“村改居”）。2006年末总人口66.38万人（户籍），农业人口5.17万人，占7.79%，少数民族9.51万人，占14.33%。人口自然增长率1.74‰，人口密度每平方千米1669人。

2006年实现地区生产总值337.71亿元，同比增长12.6%；一、二、三产业比调整为0.33∶59.06∶40.01，完成工业增加值181亿元，增长7%；非公企业工业总产值348.28亿元，占全区工业总产值的70.13%，农业总产值1.8亿元，完成财政总收入21.26亿元，增长15.13%，地方财政收入完成9.71亿元，增长23.24%。全年实现社会消费品零售总额160亿元，增长15.45%。城镇居民人年均可支配收入1.03万元，增长8.80%；农民人年均纯收入4 594元，增长8%。区域综合经济实力持续增强，被评为全省县域经济十强之首。农村合作医疗覆盖率100%，参合率达80%以上。

区有教师进修学校（科研中心）1所，公办中学16所，小学51所，幼儿园10所。在校学生8.82万人，教职工5 353人。文化馆1个，文化站11个，文化室78个，图书馆、青少年宫、体育馆各1个。医院4个，社区卫生服务中心47个，医务人员300余人。举办群众健身活动226项次，15.60人次参加。

中共区委书记 高劲松（～2006.3.）、罗建宾（2006.3.～）

区人大常委会主任 陈昆华

区人民政府区长 罗建宾（～2006.3.）、杨丽（女，2006.4.～代理区长）

区政协主席　段瑞珊（女）

【养老保险扩面】　全区参保单位2684家（含区级机关事业单位114家），参保在职人员4.26万人，离退休人员3.10万人，共7.36万人，超过7.05万人的指标；年内，为2.28万名灵活就业人员办理养老保险缴费手续，实际缴费人数达9.54万人，2006年，新增参保企业数为618家，新增参保人员5 069人。

【工伤生育保险扩面】　2006年，工伤保险参保人数4.16万人，年内，新增的618家工伤参保企业中，高风险企业有5家；新增的工伤参保人员5 069人员中，农民工有616人。生育保险参保人员为4.16万人。

【农村养老保险】　2006年，清理、核对、分类农村参保人员资料，召开五华区农村养老保险工作会，落实区委、区政府关于做好农村工作的批示，为参保的2.83万名农村人员更换养老保险手册；9月将5.42万元农村养老保险金按时足额发放到1 214名符合领取养老金条件的农民手中。

【医疗保险】　2006年10月31日，全区参保单位达2 417家，同比上升35%，参保人数达到18.67万人，上升5.1%，其中企业2 231家15.81万人，在职10.21万人，退休5.59万人，机关事业单位186家，1.41万人（在职9 697人，退休4 444人）；个人身份参保1.45万人，其中灵活就业人员参保1.32万人，自谋职业人员1 242人。缴费基数由2005年底1 397.36元/人上升为今年初1 523.76元/人，人均增加126.4元。截至10月底中心缴费基数为1 593元/人。

【创建“宁静小区”】　组织辖区各街道办事处开展创建“宁静小区”活动。在各街道办事处的大力倡导下，各物业公司积极参与，截至11月底，有16个物业公司报名参与创建活动。经区环保局核查及监测，对基本达标的9个小区上报市进行“宁静小区”考核。2006年12月13日，昆明市环保局组织省、市专家组对区丽阳星城、星光之约、恒安新邻居3个小区进行“宁静小区”考核，经实地考察，依据国家宁静小区标准，被评为“宁静小区”。

【构建外来务工人员教育服务管理体系】　制定《2006年五华区外来务工人员教育服务管理体系建设工作要点》整合、完善区级、街道（乡）和社区三级工作网络，分别成立领导机构和工作平台。摸清外来务工人员的所盼、所需、所求，根据外来务工人员年龄、知识结构状况、工作特点、工作环境、子女教育、生活保障、就业培训、维权服务、法律教育等各方面的内容，按照1%的外来务工人员比例设计针对外来务工人员的调查问卷4 000份，针对企业的调查问卷1 000份。建立健全外来务工人员劳动就业工作8大平台：即建立健全外来务工人员劳动就业工作平台、“大教育”平台、社会保障工作平台、医疗卫生服务工作平台、司法援助平台、群众工作平台、治安保障工作平台及输出、输入地工作联动平台，促进外来务工人员就业。人事劳动和社会保障局将1万名外来务工人员引导性培训工作层层分解，落实到街道、社区，截止8月，外来务工人员引导性培训5 839余人，占承诺数的59%；完成政府出资培训2 180人，占承诺数3 000人的72.7%；培训农村富余劳动力及失地农民697人。

【分配廉租住房】　执行国家建设部《城镇最低收入家庭廉租住房管理办法》和《昆明市2005年度城镇最低收入家庭廉租住房分配和管理工作实施意见》，建立和完善五华区城镇廉租住房保障制度，逐步解决区城镇“双困户”家庭的住房困难问题，做好市分配区廉租住房的实物配租和管理工作。各乡、街道办事处根据配租原则，对辖区内经审核、公示和复核准予登记的申请家庭，按照其住房困难程度，从最困难家庭起依次排序轮候，2006年廉租住房第一批179户入住。

【农村星级户管理】　沙朗乡545户“共产党员户”均实行星级管理，评出五星户9户，占挂牌户的1.65%；四星户164户，占挂牌户的30%；三星户242户，占挂牌户的44.4%；二星户71户，占挂牌户的13%；一星户59户，占挂牌户的10.8%；拟评“共产党员先锋户”9户，占挂牌户的1.6%。

【王丽萍荣获国家建设部“时传祥奖”】　6月16日五华区环卫处保洁员王丽萍荣获国家建设部颁发的2006年城市市容卫生“时传祥奖”。王丽萍1990年参加环卫工作以来，一直从事公厕保洁工作，多次被评为市、区级劳动模范。

【55万居民家门口看病】　2006年五华区已基本形成“区有临床指导中心，街道有社区卫生服务中心，居委会有社区卫生服务站”的社区卫生服务网络，覆盖人群54.9万人，覆盖率达90%以上，居民在家门口就可轻松看病就诊，据调查，2005年社区卫生服务综合满意度达90.46%。五华区明确提出：到2010年，社区居民步行10至15分钟就可以在社区卫生服务中心（站）得到所需要的良好的卫生服务。

【首家社区中医卫生服务中心】　大观地区为从根本上解决居民群众看病难、看病贵的问题，办事处将正在对外出租的铺面收回，免费提供出来并投资资金，按照一流的标准，与区人民医院合作，创办全省首家设在社区的以中医为特色的卫生服务中心。内设社区卫生服务办公室、预防保健部、基本医疗部和健康教育部，集预防、保健、医疗、健康教育、康复和计划生育技术服务“六位一体”功能于一体，重点对辖区5 545户1.6万人提供便捷的服务。2005年运行以来，重点突出中医服务，除发扬中医内、妇、儿科等方面的特色外，还开展针灸、理疗、推拿等深受群众欢迎的中医适宜技术。由于中医特有的治疗价格低廉的原因，人均诊疗费仅为28元。中心还对22名精神病患者实行社区康复和监管，每月深入社区开展健康咨询和讲座、免费测量血压，建立家庭健康档案，开设家庭病床，送医送药进家庭，组织残疾人到中心接受康复活动，体现了“小病在社区”的服务理念。中心是全国惟一一家设在社区的美沙酮替代疗法试点，在全国社区服务中是一个首创。现有6位患者在这里接受严格的戒毒治疗。社区特色卫生服务中心开设3个月来，社会效益和经济效益都得到充分体现。

【小型超市进农村】 五华区“万村千乡”市场工程正式启动，洪园颐竹公司在厂口乡大村开设小型超市，使超市第一次进入五华区农村。“万村千乡”市场工程是全国商务系统开拓农村市场的重要工程，五华区是国家商务部56个试点县（区）之一。承办企业洪园颐竹公司将继续拓展农村小超市的数量和覆盖范围，全面推进利民工程。

（李晓燕）

官渡区

【概述】 官渡区位于昆明市区东南部，是昆明市五区之一。东接宜良县，东南连呈贡县，南濒滇池，西南与西山区接界，与五华区在得胜桥处交界，北部与盘龙区相连，东北与嵩明县交界，全区总面积552.2平方千米，官渡区地处亚热带，属低纬高原季风温凉气候带。受季风及低纬高海拔地理位置的影响，冬春干燥、夏秋雨量集中，形成了干湿分明和冬无严寒、夏无酷暑、遇雨成冬的气候。年平均气温14.67℃，平均日照2 008～2 445小时，无霜期285天，平均降水量800～1 000毫米，一般年份1 000毫米左右。风向多为西南风，风力2～3级。区内交通发达，贵昆、南昆、昆玉铁路以及昆曲、昆玉、昆石三条高速公路经过境内；区乡公路里程分别达到39.6和162.6千米，实现了村村通公路；已经形成的城市道路——广福路、十里长街、昆洛公里、春城路、官南路与320国道纵横交错；昆明铁路客运南站、货运东站和多个汽车客货运交通枢纽，在南站和东站周边形成了大型的客货运集散地；境内东南部的巫家坝机场是国内最繁忙的机场之一。辖6个街道办事处，4个乡镇（包括1个民族乡）35个社区居民委员会，59个村民委员会。全区年末总人口48.8万人，其中：少数民族人口4.86万人，占总人口的10%，非农业人口32.3万人，人口自然增长率4.27‰。

2006年全区实现生产总值266.6亿元，比去年同期增长13.2%；第一产业增加值9.44亿元，降低0.3%；第二产业增加值102.53亿元，增长11.3%；第三产业增加值145.66亿元，增长15.5%，房地产开发完成投资49.1亿元。接待海内外游客184万人次，实现旅游总收入3.9亿元。全年引进项目297项，协议引进资金155亿元，到位119亿元，实际利用外资644万美元。完成外贸出口1.4亿美元。完成招商引资储备项目30项。全年新登记个体工商户7 789户，私营企业732户。完成工业总产值227.7亿元，增长18.8%；实现农林牧渔业总产值12.2亿元，增长2.5%；完成社会固定资产投资90.3亿元，增长26.3%；实现社会消费品零售总额79.4亿元，同比增长13.9%；完成邮电业务总量2.39亿元，财政总收入完成25.2亿元，增长29.5%，其中，地方财政收入完成11.6亿元，增长39.7%，财政支出12.6亿元，增长30.2%。年末各项存款余额达207.8亿元，贷款余额达101.4亿元，分别比年初增加38亿元、22亿元。全区综合经济实力进一步增强，城镇居民收入水平明显提高。2006年城镇居民人均可支配收入10 366元，增长17.2%；农村居民人均纯收入达5 376元，增长8.6%；进入云南省县城经济发展十强县（区）前三名。

全区有各类学校155所；在校学生9.5万人，其中，小学6.29万人，初中2.07万人，高中1.196万人，专业教师6 014人；义务教育阶段入学率达100%，中考及格率达71.7%，高考总上线率达74.3%。全区共有幼儿园74个，在园幼儿2.16万人，幼儿毛入园（班）率达84%。全区广播人口覆盖率、电视人口覆盖率、有线电视入户率均达到100%。新型农村合作医疗参合率达100%，补助标准提高到20元。在全省率先开展了城市合作医疗试点。完成了14个村卫生所、6个社区卫生服务中心（站）和10个流动人口社区卫生服务机构的新建、改造。区人民医院和区中医院整合工作顺利，年初已迁址原区委办公地。

中共区委书记　海文达
区人大常委会主任　余琼娴
区人民政府区长　保建彬
区政协主席　余超群

【宜居环境建设】 积极搭建投融资平台，多渠道筹资近20亿元，实施关上中心区一期排水管网改造、石虎关森林公园、官渡森林公园、官渡古镇、昆洛路入城段拓宽改造、广福路改扩建、廉租房建设等重点工程，启动了驼峰文化生态公园建设和西亮塘生态湿地公园规划工作。“创园”工作走在全市前列。下半年，石虎关森林公园、官渡森林公园一期建设全面完成；五甲塘、西亮塘生态湿地公园建设破土动工。拆除违章建筑4.2万平方米，完成昆明新机场试验段4 800亩征地拆迁。主城新植大树3 000棵。完成东南二环路、国贸路、塘双路、日新路、观景路以及大清河、枧槽河等绿化建设。城区新增绿地面积250万平方米。完成滇池面山绿化造林2 000亩。宝象河、枧槽河、大清河、金汁河结合整治工程完工。新昆洛路、东三环、国道东接线建成通车，垃圾焚烧发电项目和垃圾沼气发电项目前期工作进展顺利。“创卫”工作取得新成效。再获“云南省甲级卫生城市”荣誉称号。新建垃圾中转站9座、城市公厕35座。关上农贸市场成为全市首家标准化农贸市场。

【新农村建设】 从组织保障、人才培养、项目引进、产业培育四个方面入手，制定并实施了推进社会主义新农村建设的十大政策措施。累积投资9 000万元，选派93名优秀青年干部到区内各村（社区）挂职，协助“两委”工作。实施矣纳、沙井、淌水等三条公路道路硬化工作。完成各类水利工程14件，解决了425人、350头大牲畜的饮水困难。组织实施“一池三改”，新建沼气池100口，推广新型节能气化灶600台。培训农村富余劳动力6 781人，转移就业5 739人。在全省率先实行农村最低生活保障制度。把廉租房制度引入农村。

【社会保障】 就业和社会保障全面加强。城镇新增就业9 640人，城镇登记失业率3.3%。按时、足额发放基本养老金和失业保险金2.2亿元，低保金1 200万元。新建廉租房228套。

【环境保护】 开展环保宣传。全年展出展板345块次，发放资料4.30万份，举办6期培训、5期讲座，培训人数1.11万人次，1.21万余人受教育。开展专项整治。对水源区进行专项检查，出动执法人员208人次；对82家企业的污水、粉尘排放进行集中整治。开展绿色创建活动。突出抓好公共绿地、街头绿地、小区绿地建设，确保绿化面积占总用地面积的30%以上。2006年，建成区绿化覆盖率达35.5%；工业废水排放达标率95.5%；工业固体废物综合利用率100%；饮用水源水质达标率98%；城镇生活垃圾无害化处理率100%。

【精神文明建设】 认真学习贯彻“八荣八耻”社会主义荣辱观，深入组织实施《公民道德建设实施纲要》，创建各级文明单位（村、社区）138个，其中，市级以上文明单位（村、社区）95个。

（蒋水建）

西山区

【概述】 西山区位于昆明市主城西部，全区总面积791.14平方千米，人民政府驻秀苑路188号。2006年是西山区50多年来的又一个高温年，平均气温16.4℃，为历史记录的第三高值；平均降雨量989毫米，较常年偏少；总日照时数2 271小时；平均海拔2 200米。2006年，辖马街、金碧、永昌、前卫、福海、棕树营、西苑7个街道办事处，碧鸡、海口、团结3个镇。63个社区居委会，189个居民小组，35个村民委员会，295个村民小组。2006年末，常住人口68.49万人，其中户籍人口44.81万人，在户籍人口中，城镇人口34.48万人，占76.95%，农村人口10.33万人，占23.95%。全区有26种民族，少数民族6.61万人，占总人口数的15%。人口自然增长率2.3‰。

2006年是全面实施“十一五”规划的第一年，全年实现国内生产总值141.95亿元，同比增长11.3%。其中一产业完成增加值2.32亿元，二产业完成增加值45.88亿元，三产业完成增加值93.75亿元，分别比上年增长4.7%、4.6%、15.3%，人均国内生产总值2.1万元。三次产业结构比为1.6:32.3:66.1。“三、二、一”的产业发展格局进一步优化，第三产业在全区生产总值中的比重进一步增大。全年完成社会固定资产投资65.56亿元，同比增长22.3%，社会消费品零售总额实现73.53亿元，同比增长15.2%，实现工业总产值119.44亿元。其中轻工业25.55亿元，重工业93.89亿元。有非公企业2.35万个，从业人员14.66万人，完成增加值48.84亿元，占乡镇企业完成总量的96%，成为全区经济发展的重要支柱。全年完成粮食播种面积4 693.33公顷，总产2.58万吨，粮食平均亩产为366.17千克。大力推进农业结构调整，完成经济作物种植2 720公顷，烤烟种植400公顷，总产量957吨，收购烟叶2 500吨，收购总值达2 437.8万元，等级合格率达99.8%，为历年来最高的一年。种植花卉98.2公顷，产量96万枝，种植药材13公顷，产药材40吨。肉、奶、蛋总产1.86万吨，实现畜牧业产值1.3亿元。全区8户龙头企业运行态势良好，全年共完成产值4.13亿元，销售收入4.1亿元，上交税金807万元，带动农户2.79万户，户均增收726元。农村税减免率达100%。全区总体财政收入20.95亿元，比上年增长23.21%，地方财政收入完成9.11亿元，增长31.98%，城镇居民人均可支配收入达9 855元，同比增长11.59%，农民纯收入5 288元，同比增长6.23%。年末各项存款余额140.93亿元，比上年增长15.8%，其中储蓄存款76.13亿元，增长9.98%，各项贷款余额63.93亿元，增长16.97%。全区农村经济总收入达288.6亿元，实现农林渔业生产总值3.63亿元。按时足额发放2.5万名参统企业离退休人员养老金，社会化发放基本养老金1.94亿元，发放率100%；为11.5万人次支出低保金1461万元，为企业离退休人员发放养老保险金近2.5亿元。

全区有小学校123所，在校学生5.63万人，教职工1 789人，中学43所，在校学生2.42万人，专任教师1 279人。适龄儿童入学率100%；有文化馆、图书馆、电影院各1个，文化站9个；有公办医院卫生机构22个，民办19个，病床6 515张，医护人员5 858人。

中共区委书记　杨照辉

区人大常委会主任　李永芬（女，白族）

区人民政府区长　熊　晶（女）

区政协主席　赵洪义

【打造民营商贸品牌市场】 全区个体工商户达3.52万户，民营商贸业已成为全区商贸服务业的生力军，解决了一大批社会和富余人员的就业问题。螺蛳湾片区经济获得较快发展，片区面积已由原来的

1.82平方千米发展到3.88平方千米人口由7.62万人增至11.62万人。在构建主城核心商圈中，大商汇成为与螺蛳湾并列的又一个重心，它以大型商贸市场为中心，以物流及物流配送为手段，是集商贸物流、配套办公、民俗文化、展览展示、电子商务等诸多功能为一体的大规模、多主题、现代化的商贸项目。至2006年底，区内拥有商品市场商业网点达2.7万多，占昆明市的32%，从业人员超过23万人，占昆明市的45%。

【北师大昆明附属中学开学招生】

西山区依托北京师范大学的优质教育资源新建的北京师范大学昆明附属中学，于1月26日上午举行合作办学签字仪式暨二期工程奠基典礼。学校占地面积约210亩，总投资约1.2亿元，分三期进行建设。一期工程占地108亩，建成3幢教学楼、实验楼、运动场，南侧30亩规划为学校生活区，工程已于2006年6月底完工，首批被录取的524名学生于9月1日正式开学，并面向全国公开招聘57名优秀教师；二期建设项目将建设图书馆、艺术楼以及礼仪广场、行政楼、体育馆；三期建设项目将规划建设学校国际部。

【"促进流动人口生殖健康"项目正式启动】 2月16日，西山区促进流动人口生殖健康国际合作项目正式启动。该项目是联合国世界卫生组织在中国开展的第一个综合性的生殖健康项目，旨在探索流动人口计划生育管理与服务的有效途径，预计需要1年半左右时间。

【"三月三，耍西山"成为市级民族民间保护项目】 6月，西山区申报的"三月三，耍西山"民族民间文化品牌，被昆明市人民政府正式公布为市级民族民间保护项目，此为西山区丰富多彩的民族民间文化资源之一。

（罗桂莲）

东川区

【概述】 东川区位于昆明市最北端，东与会泽县相邻，南和寻甸县接壤，西同禄劝县毗邻，北连昭通市的巧家县，西北面与四川会东县隔金沙江相望。总面积1 858.79平方千米。区政府所在地铜都镇，海拔1 254米，距昆明125千米。年平均气温20.2℃，年降水量570.2毫米，年日照总数2 282.5小时。2006年，辖铜都、汤丹、拖布卡、因民、阿旺、乌龙、红土地镇和舍块乡，148个村民委员会、11个社区居民委员会。年末全区总人口9.05万户30.91万人，农业人口23.73万人，非农业人口7.18万人；少数民族2.11万人，占总人口的6.8%。有汉、彝、回、苗、布依5个世居民族。人口自然增长率7.95‰。

2006年，全区经济受特区企业生产和投资增长拉动，呈现高速增长态势，其中以第二产业增长最为明显。全年完成地区生产总值28.69亿元，按可比价格计算，比上年增长115%，其中第一产业2.47亿元，增长5%；第二产业21.42亿元，增长285%；第三产业4.8亿元，增长3.5%。三次产业结构为8.6:74.7:16.7。人均地区生产总值10 084元，首次突破1 000美元，达1 293美元。全年完成农业总产值4.15亿元，同比增长8%，其中畜牧业产值1.7亿元，增长7.6%，占农业总产值的40%。由于受干旱等自然灾害影响，粮食总产量6.48万吨，比上年下降3.5%；蔬菜产量5.04万吨，下降7.7%；肉类产量1.60万吨，增长10.7%。全年实现工业增加值21亿元，增长2.85倍；工业总产值84亿元，比上年增加60亿元。全区工业实现利税总额12.4亿元，增长3倍。全年实现财政总收入5.85亿元，增长1.75倍。地方财政收入2.32亿元，增长1.82倍。地方财政支出7.17亿元，增长36%。城市居民人均年可支配收入9 100元，增长9%，城镇登记失业率24%，比上年下降9个百分点；农村居民人均纯收入1 528元，增长10.1%。全年转移输出农村劳动力9 976人，新增转移收入6 000余万元。8 988户1.74万人低保对象实现"应保尽保"；新型农村合作医疗工作进展顺利，截止12月，应参合农民19.74万人，实际参合18.97万人，参合率96.12%。城乡居民储蓄存款21.37亿元，比上年增长45.8%。广播、电视人口覆盖率98%。

全区共有学校179所（点），在校学生4.23万人，教师2 716人；九年义务教育入学率小学为99.14%，初中101.35%；辍学率小学0.94%，初中2.46%；全年完成6个乡镇卫生院、32个村卫生室建设。

中共区委书记　高德明

区人大常委会主任　高德明（~2006.6）

区人大常委会代理主任　李兴芝（2006.6~）

区人民政府区长　田　文（2006.2~）

区政协党组书记　李旭东（2006.8.~）

【再就业特区建设取得新成就】 2006年，东川再就业特区招商引资工作有了新突破，取得新成绩。一是工业园区基础设施日趋完善，主次干道道路、供水、排水管网、110KV变电站工程完工，基本解决了入驻企业的用水、用电问题。二是利用昆交会、"珠洽会"等会展平台，广泛宣传东川再就业特区优惠政策，招商成果不断扩大。至年末，共接待前来洽谈投资的投资者2 000余起，确定项目174个，其中建成投产96个，在建39家，累计引进项目资金26.96亿元。比利时优美科公司入驻东川，实现外资引进新突破。

【综合经济实力跃居全省中上水平】 东川再就业特区成立后，由于实行了一系列特殊优惠政策，省、市、区共同努力，促进了经济超常规跨越式发展，综合经济实力已迈入全省中上水平。在全省129个县（市、区）中，地区生产总值由特区成立前（2003年）的86位上升到31位；人均地区生产总值由102位上升到24位；地方财政收入由76位上升到21位；人均地方财政收入由93位上升到13位；工业总产值由43位上升到12位。

【省再就业特区建设现场调研会】 7月3日，省委、省政府在东川召开再就业特区建设现场调研会，检查落实支持特区建设政策和事项落实情况，研究解决特区建设工作中遇到的困难和问题。省委书记、省人大常委会主任白恩培在会上作重要讲话。省委副书记、省长徐荣凯主持会议。会议听取东川区的工作汇报，对东川区提出的问题进行研究。会议要求各级、各部门要讲政治、顾大局，以高度负责的态度，认真贯彻执行省委、省政府的重大决策，大力支持东川再就业特区的建设，同时，根据新形势和情况，不断完善政策措施，推动再就业特区建设健康发展。省委副书记、常务副省长秦光荣，省委常委、昆明市委书记杨崇勇等省、市领导和省级有关部门、中央驻滇有关单位、省属有关企业及东川区的负责同志参加会议。

【城市人居环境改善】 2006年，完成商业网点和城市东片区、腊利片区控制性详细规划编制工作。完成市区南北向主干道凯通路改造，启动市区另一条东西向主干道古铜路和7条次干道的改造。四星级泰隆国际商务大酒店建成投入使用。金地商业大厦、四季红广场、蓝色经典、东方福源、玉美新城、金源康城、金水人家等房地产项目相继开工建设。一期448套“祥和家园”廉租房完工，二期1 451套工程启动，48套老年家庭式公寓接近尾声。实施城市美化、亮化工程，城市功能和人居环境得到改善。

【海峡两岸山地灾害学术研讨交流会在东川举行】 7月27～29日，由中科院水利部成都山地灾害与环境研究所、中国水土保持学会、中国水土保持学会泥石流滑坡专业委员会、中国地质学会地质灾害研究分会和东川区政府主办的“第五届海峡两岸山地灾害与环境保护学术研讨会”和“第六届全国泥石流学术交流会”在东川举行。来自海峡两岸有关部门、科研所和高等院校的泥石流防治专家、教授、学者150余人参加会议。会议就大陆和台湾当前泥石流研究与防治工作的新进展、新思路、新技术、新经验进行了广泛的研讨和交流。这次会议收到台湾代表论文30多篇、大陆代表论文68篇，研究成果将对两岸特别是对长江中上游地质环境治理保护产生重要影响。

【东川彝族神鼓舞再获佳绩】 由东川歌舞团编排的《彝族神鼓舞》继2005年荣获全国最高奖“山花奖”后，2006年又参加了多场国内、国际大型活动开幕式的演出，并代表云南省参加在北京举办的“锣鼓喧天庆七一”全国鼓舞邀请赛，荣获铜奖、优秀组织奖和有CCTV－3主持的舞蹈世界节目所颁发的“最具特色奖”，同时还参加“2008年奥运鼓动中国选拔赛”，被奥组委列为2008年北京奥运会开幕式演出系列入围节目。

【2006年中国东川泥石流汽车越野赛】 4月30日～5月2日，由中国汽车运动联合会、昆明市人民政府和云南省体育局主办，东川区人民政府、北京摩托运动发展公司和云南省群体中心承办的2006中国东川泥石流汽车越野赛在东川大白泥沟举行。来自全国各地（包括香港）16个越野汽车俱乐部87名车手参加了比赛。为配合汽车赛事，东川还举办了赛歌会、轿子山开山仪式、汽车结集赛、自行车接力赛等系列活动。汽车越野赛期间的各项活动共吸引了约7万人次游客云集东川，促进了旅游业发展。

（詹应璋）

安宁市

【概述】 安宁市位于云南省昆明市西南，是通往滇西8个地州，并经畹町直接与缅甸相连的交通重镇。东北与西山区相连，东南接晋宁县，西邻易门、禄丰县，总面积1 321平方千米，平均海拔1 800米，市府驻连然镇，距昆明32千米。2006年，年平均气温15.8℃，比上年下降了0.4℃；年降雨量877.4毫米，同比减少37.7毫米，下降4.1%；日照时间2 005.3小时，减少34.9小时，下降1.7%。辖8镇，有68个村民委员会，394个村民小组，15个社区居民委员会，42个居民小组。年末，全市总人口26.46万人，其中，非农业人口14.34万人，占总人口的54.2%；少数民族人口3.44万人，占总人口的17.0%。世居少数民族主要有白族，彝族、苗族、回族。人口自然增长率5.30‰。

2006年，全市实现生产总值（GDP）84.18亿元，比上年增长12.8%。人均生产总值（按户籍平均人口计算）达2.34万元，增长12.6%。第一产业实现增加值5.35亿元，增长6.1%；第二产业实现增加值50.93亿元，增长13.5%；第三产业实现增加值27.9亿元，增长12.9%。一、二、三产业比重为6.4:60.5:33.1。全市生产总值占昆明市的7%。非公经济实现增加值27.37亿元，占全部生产总值的32.5%。工农业总产值231亿元，增长9.2%。个私企业全年实现营业收64.96亿元，实现增加值18.19亿元，对GDP的贡献率为21.6%。全市完成工业总产值223.29亿元，比上年增长9.2%，实现工业增加值47.23亿元，增长16.4%；主要产品产量：钢334.1万吨，增长3.1%；钢材397.2万吨，增长6.2%；生铁354.3万吨，增长4.9%；焦炭146.9万吨，下降1.0%；化肥（折纯量）38.4万吨，增长17.8%；原盐36.7万吨；增长52.9%；磷矿石333.5万吨，增长

75.2%。实现农牧渔业增加值5.35亿元，增长6.5%；粮食产量达5.23万吨，增长6.8%；烤烟生产完成双控目标，烤烟产量达4 877吨，增长4.8%；蔬菜总产量达14.76万吨，增长1.8%；水果总产量1.49万吨。畜牧业产值达3.07亿元，占农林牧渔业总产值的39.9%，主要畜产品产量：猪、牛、羊肉产量达1.94万吨，增长11.3%；家禽出栏591.08万只，增长50.8%；禽蛋产量3 537吨、牛奶产量3 717吨，分别比上年下降0.2%和增长4.0%；年末，大牲畜存栏2.30万头，生猪存栏13.63万头，羊存栏3.10万只，分别下降0.2%和增长6.6%，下降7.5%；大牲畜出栏6 429头。实现消费品零售总额14.22亿元，增长14.0%；商品零售物价指数为99.7%；回落0.3个百分点。全市实现财政收入15.69亿元，增长14.6%；其中：地方财政收入7.49亿元，增长17.6%；地方财政支出10.65亿元，增长16.6%。年末金融机构各项存款余额90亿元；各项贷款余额70.63亿元，比年初增长16.5%；金融机构现金收入137.56亿元，现金支出147.21亿元。全市农民人均纯收入达4 058元，增长8.0%；农民人均储蓄存款余额为8 477元，增长34.7%，农民人均生活消费支出3 536元，增长7.3%。2006年人均居住面积达37平方米。

中共市委书记　吴勇刚(2006.1～4)、李　喜(2006.4～12)

市人大常委会主任　王文学

市人民政府市长　李　喜(2006.1～4)

市人民政府代理市长　王剑辉(2006.4～12)

市政协主席　张　毅

【交通运输及邮电业】　全市货运量达6 767万吨，货运周转量7.44亿吨，增长25.7%；客运量为5 358万人，增长17.6%；全市共有机动车辆4 269辆，增长7.0%，载客汽车1.38万辆，增长15.3%。全市实现邮电业务总量1.89亿元，增长65.0%；拥有固定电话6.84万部，增长1.2%；固定电话普及率25.8%，在网移动电话用户8 988户，增长1%，邮政系统全年订销报纸334万份，下降0.2%，订销杂志20.67万份，下降0.4%，办理函件53.72万份，增长41.0%。

【乡镇企业快速发展】　年内全市有乡镇企业6 875户，从业4.89万人，增长6.2%；实现营业收入82.38亿元，增长4.2%；实现增加值15.96亿元，增长15.7；实现利税8.15亿元，增长23.5%。

【企村结对扶贫】　2006年9月，启动企业与乡村共建新农村工作机制。昆钢集团有限责任公司、云南华电昆明发电有限公司、昆明正大有限公司等100个企业分别与鸣凤村、小李白村、草铺村等100个村结成帮扶对子，全面推进农村建设。

（张丽华）

呈贡县

【概述】　呈贡县位于滇东高原滇池盆地东部、省会昆明市东南面的滇池东岸，北与官渡区接壤，东和宜良、澄江2县毗邻，南与晋宁县交界，西隔滇池与昆明市西山区相望，东西最宽25.0千米，南北最长32.5千米，县境大部地区海拔1 900～2 100米，总面积461平方千米，属昆明市所辖的近郊县和现代新昆明呈贡新区。是享誉中外的滇中“花乡、菜乡、果乡”和中国花卉第一县。县城海拔1 906.6米，北距昆明12千米。2006年，全县平均气温16.0℃，比多年平均值偏高1.2℃，与上年持平，极端最高气温29.5℃，极端最低气温－1.0℃；年降雨量769毫米，接近历史平均值，比上年多102毫米；日照总时数为2 183.5小时，比历史平均值略偏少，比上年少44.9小时；全年无霜期340天。辖4乡3镇、36个社区居民委员会、29个村民委员会。年末全县共有5.59万户，总人口16.88万人，其中，非农业人口3.19万人，占总人口数的19.5%；少数民族人口6 677人，占总人口数的4.08%；人口密度每平方千米355人，人口自然增长率为3.98‰。

2006年，实现地区生产总值32.85亿元，增长15%；年内，全县小春播种面积完成1 445亩，总产量30.15万千克；大春粮食播种面积9 300亩，总产量393.1万千克。蔬菜播种面积15.3万亩，蔬菜上市总量3.44亿千克（其中外销2.97亿千克），实现总产值3.93亿元。

呈贡县城　（呈贡县志办　提供）

花卉种植面积2.48万亩，总产量14亿枝，实现产值2.84亿元。水果种植面积8万亩，总产量1 600万千克，产值3 250万元。年末实现生猪存栏2 500万头，出栏5.5万头；禽存栏170万羽，出栏170万羽；牛存栏1万头；肉类总产量7 700吨，奶类总产量1.5万吨，禽蛋总产量1.3万吨，畜牧业产值实现1.9亿元。引进项目19个，共引进内资30亿元、外资4 000万美元；全社会固定资产投资完成22.6亿元，增长35.3%。年末，全县金融机构各项存款余额58.26亿元，比上一年末增加21亿元，增长56.40%；贷款余额29.29亿元，增加14.18亿元，增长93.80%。地方财政收入实现3.01亿元，增长49.8%，成为云南省县域经济十强县之一。农民人均纯收入达到4794元，增长4.92%；城镇居民人均可支配收入实现1.11万元，增长13.66%。城镇居民人均住房面积34.2平方米；农村居民人均住房面积67平方米。全县广播人口覆盖率100%，电视人口覆盖率99%，有线电视覆盖率85%。年末，电信光缆已通达各行政村，实现了全县行政村村村通电话；电话交换机总容量为5.88万门，实占容量为2.78万门；“小灵通”网络已覆盖全县7个乡镇，接入容量为2.20万门，实占容量为1.50万门；全县各乡镇均可开通宽带业务(ADSL)，接入容量4 608门；全县电话普及率为22.2%。

全县共有职业高级中学1所，完全中学2所，初级中学5所，九年一贯制学校3所，完全小学41所，幼儿园22所，教职工1 622人。在校（园）学生（幼儿）总数为3.45万人，3 474名外地来呈贡务工人员子女。年内全县共投资578万元新建校舍6 339平方米、改造校舍220平方米。共有县级医疗机构3个，乡镇卫生院6个，村卫生室81个，医务人员438人，病床428张。年内，全县投入资金52万元，新建26个村卫生室（其中23个卫生所已建成投入使用）；全县7个乡镇的2.35万户共6.56人参加新型农村合作医疗，3 260名参合群众报销住院费213.32万元。

中共县委书记　赵德光（彝族）
县人大常委会主任　张宝华
县人民政府县长　张之亮
县政协主席　母开轩

【呈贡新区建设】　2006年，呈贡新区控制性详细规划和专项规划得到昆明市人民政府的正式批准；全长22.7千米的呈贡新区主干道建成投入使用；昆明铁路集装箱中心站建成并投入试运行；总建筑面积约41万平方米，主要由12个组团的建筑组成的市级行政中心迁建项目获得国务院批准并全面开工建设；第一批进入新区的云南师范大学、云南民族大学、云南中医学院、昆明医学院、昆明理工大学5所高校的50万平方米单体建筑开工建设；第二批进入呈贡新区的云南大学、云南艺术学院、云南电大、昆明学院、云南交通职业学院5所高校完成规划选址和项目用地报件工作；新区核心区的中庄路网、新潭路网、前新路网等40千米一期路网建设全面启动，二期路网完成设计审查和招投标工作；昆明经开区、高新区、滇池旅游度假区三个国家级开发区进驻新区开发建设的步伐加快，其中高新区组织实施的现代新昆明南城高新技术产业基地建设已举行启动仪式；新都物流中心、春城财富中心、昆三中、昆医附一院二部等建设项目进展顺利；“云铜”、“晨兴”、“卡特彼勒”、“成至”、“统一”等中外企业入驻新区；共组织上报审批呈贡新区各类项目用地2.95万亩，完成昆明理工大学等24个重点建设项目共1.96万亩的征地任务；投资9 500余万元，完成了2.4余千米的石龙公路改扩建工程；县城供水项目基本完工，电力、通讯、给排水等城市配套设施进一步完善；洛龙河改造工程、昆玉公路进入县城绿化景观建设项目顺利施工；投资1 200余万元，完成了兴呈路（昆洛公路县城呈贡宾馆至锦辉大酒店段840米道路）的大修改造；规划总用地面积402.45亩，建设教师住宅1 572套、新草房村安置房68户的职工住宅、园丁小区建设项目主体工程基本完工；县公安局、检察院、国税局等6个单位综合办公楼开工建设；融资4.04亿元，保证了七甸绿色产业基地、呈贡失地农民就业园等一批重点项目的建设，其中呈贡失地农民就业园已完成了3 958.2亩土地的转用地工作，引进昆明晨农公司、滇源经贸有限公司和旭龙公司进入园区示范带动发展现代农业，共使用失地农民9 008人次；七甸绿色产业基地已完成控制性详细规划，宽36米、长2 200米的园区道路基础设施建设已完成。

【改善生态环境】　年内，认真开展马郎项目区生态修复，完成溪沟整治210米，修建机耕路390米，建设小水窖20个，完成保土耕作773亩；完成水利工程建设项目688件，新增灌溉面积1 500亩，新增节水灌溉面积900亩，改善灌溉面积6 600亩，治理水土流失面积15平方千米，解决9 500人、1 620头大牲畜的饮水困难。年末，全县共有水库、小坝塘151座。完成人工造林4 430亩，育苗面积2 000亩，天保工程人工造林5 000亩。年末，全县森林覆盖率达到48.4%。

【道路通畅工程】　昆河、南昆铁路，昆洛、昆河2条国道，安石高等级公路，昆玉、昆石高速公路穿境而过。全县155个自然村实现了村村通公路，其中4乡3镇、62个村（居）委会、132个自然村实现了公路油路化，已形成以县城为中心，支干相连，村寨相通的公路网络。年内，完成了呈七公路、石龙公路、吴雨路路段的日常养护工作和路基换填工程；对全县的县级公路路基、路面、涵洞、水沟墙、档土墙等存在的病害进行修补养护。年末，全县境内拥有公路385.98千米。

【新农村建设开局良好】　召开全县新农村建设现场推进会，提出“举全县之力建设新农村”的要求。

在广泛调查研究的基础上，重点开展了柏枝营、庄子、秋木箐3个市级试点村和大湾、拖磨山、小哨箐、新草房4个县级试点村的新农村建设工作，制定试点工作方案，完成了五年发展规划。投资136.8万元，完成3.8千米村内道路硬化；新建生态卫生旱厕251座，公厕11座，新建垃圾池15个，清挖村内脏水沟3 000米，清理村内生活垃圾200吨，清除历年建筑沙石300吨；投入资金4.3万元，石灰涂白土房外墙3.5万平方米；投资2.5万元，新安装村内路灯40盏：完成了13户农户的“一池三改”，112户农民的普通灶改为节能灶。

【景区景点】 境内旅游资源丰富，主要有三台山公园、梁王山生态旅游区、七彩云南、昆明高尔夫俱乐部、果林水库等景区景点。其中，三台山公园座落于县城三台路，占地105亩，园内建有望海廊、观海楼，设有茶座及各类游乐设施，是呈贡第一个大众休闲公园和昆明地区观赏滇池全貌的最佳景点之一，年接待游客11万人次；梁王山生态旅游区位于呈贡县马金铺乡横冲水库，距昆玉高速马金铺下口8千米，是昆明至澄江抚仙湖的必经之道，该旅游区建有别墅、标准客房、蒙古包、溜索、游艇、卡拉OK等娱乐设施，能满足70～140人的住宿和餐饮需求；七彩云南位于昆安石公路旁，距昆明12千米，设有翡翠珠宝商城、工艺品馆、土特产品馆、云南名药馆、书画馆、4A级景点七彩云南孔雀园，能同时接待1 200人歌舞伴餐：昆明乡村高尔夫俱乐部位于呈贡县洛羊镇安石公路旁，占地1 300亩，建有18洞72杆的国际标准高尔夫球场及附属会所、餐厅、高尔夫练习场、高尔夫专卖店、客房等一系列配套设施。

【度假山庄】 境内建有云南伏象山庄、桃园垂钓山庄、呈贡福康白龙潭水上乐园、韶山冲休闲度假中心、晟泰养殖休闲中心等度假山庄。其中，云南伏象山庄位于呈贡县洛羊镇果林水库，建有标准间40间，大小会议室4间，可接待80人的会议和游客；桃园垂钓山庄位于呈贡县吴家营中庄，山庄有鱼塘170亩，建有标准间24间、普通间60间和能同时容纳160人就餐的餐厅：呈贡福康白龙潭水上乐园位于呈贡县吴家营乡白龙潭，占地108亩，建有3个大型餐厅和200多个床位的标准客房，是一个集住宿、餐饮、垂钓、游泳、会议、健身、娱乐为一体的度假山庄：韶山冲休闲度假中心位于呈贡县马金铺小营韶山水库，建有会议室、篮球场、垂钓场等娱乐设施，有标准间26间，餐厅能容纳100人就餐，是休闲、文学创作的理想之地：晟泰养殖休闲中心位于呈贡县马金铺乡化城办事处，占地400亩，有200亩的水面供垂钓，建有标准间20间，普通间3间，可同时容纳100人就餐。

【土特产品】 呈贡土特产品主要有宝珠梨、呈贡豌豆粉、七步场臭豆腐、呈贡卤腐。其中，宝珠梨是全国知名四大名梨之一，宝珠梨果形正园，皮色青翠，肉色雪白，细嫩多汁，味甜香醇，具有生津、消食、润肺、化痰、止咳之功，单果重一般为300～400克，每百克果内含糖13.5克，中秋前应市，储存可达5～6个月；呈贡豌豆粉几百年来形成了一套传统的制作、饮食工艺，它吃起来香得特别，辣得够味，酸得回甜，回味神秘，刺激食欲，呈贡豌豆粉在制作质量或味道上，数七甸村生产的为上品，而在佐料上却数吴家营一姓李家为最佳；七步场臭豆腐由于有天然优质的水源，再加上独特的制作工艺和本地产优质黄豆，所以不管蒸、炸，还是用青蒜炒，或者加新鲜菱瓜或加壮牛肉、壮羊肉，吃起来清新可口，香醇扑鼻；呈贡卤腐质细腻，色鲜晶莹，百食不厌，品种有菜叶卤腐、姜片卤腐、麻辣卤腐、油卤腐、纯味卤腐。

（唐荣华）

晋宁县

【概述】 晋宁县位于云南省中部，昆明市的西南部。是昆明通往滇南的南大门。县城昆阳镇海拔1 888.5米，距昆明60千米，常年平均气温14.7℃，年均降雨891.8毫米。2006年，全县辖3镇6乡，129个村委会、4个居民委员会。总面积1 230.86平方千米，耕地面积2.08万亩。年末总人口9.91万户，27.64万人，其中男性13.71万人，女性13.93万人，男女比例为49.6:50.4，农业人口22.42万人，非农业人口5.22万人，少数民族人口2.93万人，占总人口的10.6%，人口自然增长率为6.5‰。

2006年，国内生产总值完成27.3亿元（现价），比上年增长15%。其中：第一产业增长5.2%，第二产业增长24.9%，第三产业增长11.8%。一、二、三产业的比重由上年的28.3:38.5:33.2调整为26:41.7:32.3。完成固定资产投资7.3亿元，增长87.7%。社会消费品零售总额6.03亿元，增长14.2%。完成工业总产值41.2亿，增长20%，完成农业总产值10.95亿元，增长5.3%；乡镇企业完成增加值8.82亿元，增长14.9%，实缴税金1.51亿元，增长42.7%，完成非公经济增加值11.75亿元，占全县生产总值的比重提高到43%。全年完成社会消费品零售额6.03亿元，增长14.2%。外贸出口完成1 930万美元。全年接待国内外游客13.3万人次，总收入1 306.4万元，同比增长13.6%和22.1%。落实招商引资项目28个，其中：国内招商引资项目25个，实际到位资金3.2亿元，引进外资项目3个，实际利用外资200万美元，农业综合生产能力提高，产业化进程加快，农民收入增加，完成农业综合开发项目投资820.6万元，建有示范基地24处，建有农业协会8家，全年粮食播种面积22.4万亩，总产量7 401.7万千克。完成财政收入3.25亿元，增长41.6%。其中：地方财政收入完成

1.87亿元，增长39.4%；地方财政支出4.19亿元，增长47.8%。其中县级财政支出2.38亿元，乡级财政支出8 515万元。金融机构存款余额35.92亿元，比上年增长26.9%，贷款余额13.2亿元，增长27.15%，城乡居民储存余额20.53亿元，增长20%。城镇居民人均可支配收入为9 770元，增长6.5%，农民人均纯收入为3 390元，增长5%。提供有效就业岗位2 768个，实现城镇新增就业1 838人，共有123名失业人员实现再就业，同时，再就业培训1 095人。转移农村富余劳动力5 203人，1 984人到劳动市场求职，介绍成功1 398人。为635名失业人员办理养老保险，金额106.07万元，为574名失业人员代理医疗保险，金额106.95万元。全县领取低保人数1.31万户，2.79万人，累计发放低保金226.15万元，人均差补81元。全年共发放失业救济金257.44万元。为7 578名离退休人员按时足额发放养老金5 036万元，足额发放率和社会发放率100%。全县广播电视覆盖率100%，有线电视用户4.93万户。8个乡实现有线电视节目传输光缆大联网。

全县科技示范用户实用技术入户率达到100%，共有科技示范村29个，示范户4 323户，农村专业技术协会17个，会员1 355人。全县有各类学校（中小学、幼儿园）130所，教职工2 628人。九年义务教育普及率98.6%，适龄儿童入学率100%。全县有乡以上卫生机构27个，建成村卫生所2个，在建19个。全县合作医疗参合率达89.9%，累计报销医药费393.23万元，完成卫生所建设2个，在建14个。

中共县委书记　熊瑞丽（女，~2006.3.）、戚永宏（2006.3.~）

县人大常委会主任　李国祥

县人民政府县长　戚永宏（~2006.3.）、吕天云（代县长，2006.3.~）

县政协主席　李永安

【鲜切花种植】　鲜切花种植面积3.22万亩，产量13.58亿支，创产值3.83亿元。花农走上了规模化生产的路子，生产技术提高，产出的花卉品种繁多，销路畅通，发展各类花卉公司、企业和产销实体50余家，形成了全市最大的花卉生产基地。

【推广无公害蔬菜种植】　全县蔬菜种植面积13.5万亩，产值3.58亿元，生产向绿色食品、无公害蔬菜、精细蔬菜方向发展，并对全县65个菜区作抽样检测，合格率为97%。推广无公害蔬菜生产10.2万亩，生产无公害蔬菜18.9万吨，形成了一村一品的蔬菜种植样板7个。

【发展畜牧业】　全年出栏肉猪27.9万头，存栏15.9万头，出栏肉牛5 897头，出栏肉羊1.58万只，出栏肉禽250万只，家禽存栏90多万只。共防治高致病性禽流感禽类447.46万只，牲畜口蹄疫病强制免疫21.69万头（只），在全县8个活畜交易市场，5个生猪定点屠宰场，20个城镇和农村主要肉类集贸市场开展检疫监督，检疫率100%，县内全年未发生高致病性禽流感等重大动物疫情。奶牛存栏7 280头，产鲜奶2.18万吨，产值3.03亿元，占农业总产值的3.5%。实行集中饲养，统一管理，机械挤奶，成为了昆明市中小学生指定饮用奶的生产基地。建成了孙家坝、月表、绿源、联盟、观代、千里等奶牛合作社，完成了5个奶牛合作社的无公害产地认证。

【农村节能工程】　新建农村用户沼气池309口，全县累计建成农村户用沼气池1.71万口，推广节柴灶740眼，完成桔杆气化节柴灶改造5.13万眼，解决农户燃料问题，美化了环境，绿化了荒山。柴堆、草堆的消失，使得农村环境大为改观。

【天保工程】　实施天然林保护和退耕还林工程，全年植树造林1.22万亩，其中：滇池面山造林5 000亩，天保公益林建设项目5 000亩，植被恢复异地造林2 000亩，县级领导样板林200亩，协助省公安边防总队完成"军民共建林"100亩，全民义务植树75万株。农药防治华山松纯林6 200亩，防治云南松纯林5 156亩，虫口死亡率达80%以上。县境内森林覆盖率53.3%。

【农田水利建设】　完成农田水利建设工程181件，投入资金2 691万元，累计投入劳力4.72万个。累计完成工程量329万立方米。重点工程主要有双龙水库除险加固、益州水库建设和打黑二坝建设，城区自来水管网改造工程等。大春河水土保持科技示范园被列为水利部在全国重点推广的十个科技示范园区之一。新增灌溉面积0.24万亩，改善灌溉面积3.8万亩，水土流失治理面积30.84平方千米，新增节水灌溉面积0.16万亩。柴河、大河两座水库向昆明供自来水3 004.81万立方米。县城供水213万立方米，水质综合合格率为99%。

【招商引资】　落实招商引资项目28件。3个外资项目实际利用外资200万美元。落实国内招商引资项目25个。计划总投资15.99亿元，实际到位资金3.2亿元。在第三届泛珠三角区域经贸合作洽谈暨2006年昆明进出口商品交易会上，与国内外厂商签约投资项目8个。其中：外资项目5个，计划投资金额7 160万美元；内资项目3个，计划投资金额29.95亿元人民币，在"中国·晋宁首届郑和文化节"活动期间，签订项目11个。其中：外资项目1个，计划投资金额3 000万美元；内资项目10个，计划投资金额6.82亿元。

【旅游开发】　盘龙寺列为全市宗教文化重点主题公园项目和国家2A级景区初步申报。完成晋城古镇的全省旅游小镇的申报工作。"农家乐"旅游项目丰富，评定36家星级"农家乐"，并挂牌。晋城古镇和盘龙寺被列入昆明近郊精品旅游线路。全年接待国内外游客103.36万人次，旅游收入1 306.2万元。同比增长13.6%和22.1%。

【扶贫开发】 今年共解决人均纯收入在687元以下人口1 050人的温饱，巩固人均纯收入在687～942元之间人口2 050人的温饱，改善28个贫困村的基础设施和生产生活条件。在省级整村推进建设项目中，人畜饮水工程投入资金8.2万元，彻底解决了162人、42头大牲畜的饮水困难；乡村道路建设投入资金7万元，修缮改造进村道路2 000米；种植经济果林（甜龙竹）100亩，完成节能灶改造52眼。市级整村推进项目建设投入资金147.15万元，完成人畜饮水工程18件，解决21个自然村1 115户3 533人、1 528头大牲畜的饮水问题；投资85.2万元，完成村内道路建设工程10件，改善和解决38个村，143户1 795人的生产生活条件；投入资金59.23万元，完成农田水利建设工程3件，解决14个自然村655户1 965人的生产条件，改善灌溉面积2 100亩；投入资金173.1万元，利用荒山荒坡发展经济林木1 526亩。全年共发放小额扶贫贷款799万元，投向产业为种植业754万元，养殖业45万元。项目覆盖7个乡（镇）26个行政村3 120个小组，扶持农户1.56万户5.15万人。

【环境质量】 县城污水处理厂处理污水314.9万吨，污水收集量和出水量均达规定标准。严把建设项目审批关，全年申报项目74个，办理设立项目72个，环境影响评价执行率100%，"三同时"执行率100%，工业企业污染治理设施运转率99%，工业企业废水排放达标率95%，烟尘排放达标率100%，二氧化硫、粉尘排放达标率90%，工业废物处置率80%，环评执行率100%。开展地表水、饮用水、空气、降尘、降水、污染状况监测和环境噪声、工业企业废水，废气监测，共获得监测数据5 188个。

【首届"郑和文化节"】 7月11日至7月下旬，举办中国晋宁首届"郑和文化节"，省内外、国内外专家学者、友好人士参加了节庆活动。在活动期间，签订项目11个计划投资6.82亿元。

【第一届"古滇文化节"】 11月16日，举办第一届"古滇文化节"，市委、市政府领导莅临指导工作。文化节的成功举办，提升了晋宁的知名度，塑造了晋宁改革开放的新形象，达到了文化搭台、经济唱戏的目标，文化节活动期间，洽谈、签订一批建设投资项目，商贸活动十分火热。

（吴永华）

富民县

【概述】 富民县位于云南省中部，昆明市西北部，东与嵩明、寻甸县相邻，南靠五华区、西山区，西与楚雄州的禄丰、武定县接壤，北与禄劝县山水相连；辖区总面积993平方千米，耕地面积6 917公顷。108国道穿境而过，自古为川藏、滇北入重镇昆明之要津，素有"滇北锁钥"之称。县内最高海拔2 817米，最低海拔1 455米。县城永定镇，海拔1 692.7米，螳螂川把县城一分为二，是省内少有的江城古镇。是昆明的北大门，距昆明23千米，年平均气温15.8℃，年降雨量1 020毫米。年末辖永定、大营2镇和罗免、赤就、款庄、东村、散旦5乡73个村民委员会498个自然村，城南、城北、马街3个居民委员会。年末全县总人口14.27万人，其中：非农业人口1.89万人，占总人口的13.3%，农业人口12.38万人，占86.7%，少数民族人口2.14万人，占总人口数的13%，是一个以汉族人口居多的多民族聚居地，有汉、彝、苗、白、回等25个民族；人口密度为每平方米144人；人口自然增长率5.69‰。

2006年，全县完成国内生产总值14.08亿元，增长15.6%，是近十年来增长最快的一年，人均生产总值9 950元，比上年增长13.7%；一、二、三产业分别实现增加值2.49亿元、3.22亿元和2.95亿元，增长7.5%、18.4%和18.5%，一、二、三产业的比重为25∶44∶31，三次产业分别拉动GDP增长3.8、6.9和4.9个百分点；完成固定资产投资4.3亿元；完成工业总产值9.5亿元，比上年增长5.6%，完成农业总产值5.48亿元，增长7.53%，粮食作物播种面积17.33万亩，粮食总产量5.7万吨，减少1.7%；种植烤烟2万亩，完成烤烟收购5.2万担，上缴烟叶税656万元，烟农收入2 890万元，巩固提升板栗、茭瓜、葡萄等传统优势产业的效益和品质，蔬菜、花卉、林果等特色产业不断发展，三项产业实现产值4.41亿元。全县拥有农业机械总动力1.42亿千瓦，增长5.2%，拥有各型拖拉机1 060台，农用排灌动力机械823台，农副产品加工机械1 941台，农用载重汽车529辆。全县共有个体私营企业4 117户，从业人员145万人，注册资金11.93亿元，全年上缴国家税收8 381万元，占全县工商各税的79.9%，非公有制经济实现零售额3.23亿元，增长11.7%，所占份额达92%。实现财政总收入1.09亿元，增长24.3%，首次突破亿元大关。其中，地方财政收入6 092万元，增长37.8%，财政总支出2.50亿元，比上年增长23.6%；在岗职工人均年收入12 156元，城镇居民人均住房面积28平方米。城乡居民人均可支配收入9 312元；农民人均纯收入3 316元，增长7.25%；完成社会消费品零售总额3.51亿元，增长11.8%；年末全县金融机构存款余额13.8亿元，贷款余额9.12亿元，增长26.6%和32.47%。客货运汽车拥有量1 236辆，增长0.7%，其中客运汽车36辆，增长28.6%。

2006年全县普通中学在校学生6 817人，普通小学在校生1.22万人，小学入学率99.1%，初中学龄人口毛入学率102.41%，全县6 885名学生享受"两免一补"政策，在全市首家开通"富民县新型农村合作医疗网"，新型农村合作医疗参合人数 11.61 万人，总参合率 95.8%；年末，全县共有各类卫生机构 120 个，有床位 324 张，卫生技术员 583 人，其中执业医师和助理执业医师 160 人。年末全县广播人口覆盖率 100%，电视人口覆盖率 97.1%，有线电视入户率 85%。

中共县委书记　郭继先

县人大常委会主任　史家福

县人民政府县长　郭增敏

县政协主席　李永芳

【昆明农博会获奖】　组织县内 6 家龙头企业参加“第二届昆明农博会”，设展位 20 个，富民展区突出“一区两基地”主题，呈现“创意富民，休闲天地”特色，商品交易额达 10 万元，前来洽谈招商引资项目或单位 18 个，总签约金额达4 468万元，“滇丰牌”大树杨梅、净红鸵鸟系列产品获优质农产品金奖，“款庄牌”茭瓜获优质奖，富民展区获市委、市政府表彰的优秀布展奖。

【首届杨梅节】　县委、县政府重视特色农业的发展，为更好地宣传富民，让农民增收，以梅交友，以梅会友，4 月 24 日，首届杨梅节第一次动员大会在县农林局召开。4 月 27 日，成立杨梅节组委会，各项工作正式启动。5 月 20 日，富民县首届杨梅节在龙腾苑度假山庄隆重开幕，省、市、县区的领导和民众 1 200多人参加开幕式。5 月 20 ~ 27 日，首届杨梅节期间，成功举办了开幕式及文艺演出、杨梅品质评比、吃杨梅比赛、杨梅采摘活动、商品展销及项目展示、民族民间服饰及手工艺展、集邮展、农家乐厨艺比赛等一系列活动。此次杨梅节是富民县历史上最大的一次盛会，规模空前，喜气洋洋，人山人海，收到了较好的效果。

【制定养生基地建设方案】　按照“养生富民、健康天堂”的中心定位，年初县委、县政府提出将富民县建设成为中国云南首家养生基地建设试点县，并委托省人民政府研究室发展规划中心制定富民县养生基地建设方案，7 月 15 日，省政府政策研究室与富民县委、县政府联合召开的富民县养生基地建设专家评审会在省政府三楼会议室举行；7 月 19 日，省政府副秘书长、省政府研究室主任车志敏一行到富民县调研养生基地建设。同时，做好养生饮食文化相关工作。

【社会主义新农村建设启动】　按照“生产发展、生活富裕，乡风文明，村容整洁，管理民主”的总体要求，7 月 18 日，召开社会主义新农村建设试点工作会议，制定出台相关文件，确定新农村建设试点村 9 个，其中 4 个为市级试点村，5 个为县级试点村，即永定镇永一村、甸尾村、大营镇完家小村、小水井村，款庄乡多宜甲村，罗免乡则核村，赤就乡平地村，东村乡新庄村，散旦乡后箐村等 9 个试点村。建立了县级领导和县级机关单位联系挂钩试点村制度；根据各试点村自身优势，确定各试点村特色定位和发展目标；完成基础设施和农业产业结构调整；进行“一池三改”624 口，落实补助资金 127.8 万元，占任务数的 58.6%；每个村安排 2 万元资金进行村庄道路绿化，已完成规划；市县两级配套资金已经全部到位，并下拨各乡镇新农办，其他资金逐步到位，运行正常，部分资金正在兑现；做好新农村建设宣传培训，粘贴标语 18 条，出版宣传栏 36 期，新农办印发简报 11 期 946 份，乡镇印发简报、简讯 15 期 450 份，举办各种培训 36 期，举办新农村建设县、乡、村培训 300 余人次；试点村建设扎实推进，并取得阶段性成果。

【完善社会保障】　2006 年，享受城镇居民最低生活保障 764 户 985 人，全年发放保障金 126.9 万元，发放农村特困户救助款 40 余万元，使 841 户1 181人得到救助。救灾救济工作及时有效，全年发放救灾救济款 115 万元，救灾粮 30 吨，军用棉被1 000床，过冬衣物 10 车，恢复民房 97 户 366 人 295 间；为 832 名重点优扶对象发放优抚金 160 万元，发放无军籍职工生活补贴和离退休干部生活费 16 万元，安置退役士兵 9 人，发放自谋职业补助金 16.48 万元，待分配期间生活补助费6 588元，发放老年人走访慰问金 3 万元，发放军队离退休金 20 余万元。全年新增就业岗位 674 个，城镇登记失业率 3%，全县转移农村富余劳动力3 716人，发放农村小额扶贫贷款 400 户 400 万元；全县参加养老保险5 266人，其中农村参保3 219人；参加基本医疗保险8 856人，参加失业保险2 620人，提高县属国有企业退休职工医疗保险个人门诊费，对每月不足 40 元的 435 人进行了补助；安置大中专毕业生就业 64 人。

（吴佳梅）

宜良县

【概述】　宜良县位于云南省中部，昆明市东南，是昆明市的三个次级城市之一，东临陆良、石林县，南接弥勒，华宁县，西与呈贡、澄江县和官渡区毗连，北和马龙、嵩明县相连，总面积1 873平方千米。县城海拔1 536米，距省会昆明市 52 千米（昆石高速公路线），距国家级风景旅游区石林、九乡风景区分别为 24 千米和 43 千米。县城常年平均气温 16.3℃，年均降雨 912.2 毫米，年均相对湿度 75%。全县设 5 镇 4 乡，133 个村民委员会和 4 个社区居民委员会，906 个自然村。2006 年末，全县总人口 41.39 万人，其中非农业人口 4.40 万人，占总人口的 10.6%；少数民族人口 3.32 万人，占总人口的 8.02%。人口自然增长率 3.8‰。

2006 年，实现国内生产总值 51.80 亿元（现价，下同），比上年增长 12.1%，人均 1.25 万元；一、二、三产业分别完成增加值 16.16 亿元、15.02 亿元和 20.60 亿元，分别增长 9.3%，8.5% 和 17.1%。实现农业总产值 22.59 亿元，增长 9.1%。全县粮食总产 17.90 万吨，收购烟叶 1.56 万吨，油料总产 86.8

吨，水产品产量7 813吨，花卉种植面积739公顷；年末生猪存栏25.35万头，出栏52.60万头，商品鸭出栏1 258万只，肉类总产6.65万吨，禽蛋产量1 860吨。全年实现工业总产值34.48亿元，增长13.6%。支柱产业为：矿产业、电力、化工、建筑业、冶炼、加工业和旅游业。主要产品产量：原煤171.35万吨。全年完成建筑业务总产值7.29亿元，增长28.2%。乡镇企业营业额49.83亿元，比去年增长14.9%；土特名产以大米、烤鸭、板栗、香椿、宝洪茶、云参、洋葱、红枣、干巴菌最负盛名。全年财政总收入4.24亿元，增长15.4%，地方财政收入2.49亿元，增长13.2%；地方财政支出4.13亿元，增长41.4%。全县固定资产投资总额完成13.67亿元，增长122.6%；社会消费品零售总额8.84亿元，增长14.1%；年末金融机构各项存款余额44.99亿元，增长10.82%，各项贷款余额24.09亿元，增长14.66%；农民人均纯收入3 539元，增长7.0%。城镇居民人均居住面积24.0平方米，农村人均居住面积17.7平方米。全年完成货运量593.44万吨，增长51.39%，货运周转量3.58亿吨/千米，增长82.76%；年客运量425.96万人，增长0.06%，客运周转量13 021万人/千米，增长0.08%。县城开通四路公交车，城市出租车112辆。邮政业实现业务收入505.0万元，同比增长8.3%；电信业实现业务收入3 026万元。

全县有各类学校151所，在校学生5.89万人，教职工3 238人，学龄儿童入学率100%，辍学率小学0.16%，中学0.75%。有文化馆站10个，图书馆1个，医院、卫生院205所，病床1 214张，医护人员244人。全县已参加新型农村合作医疗人数达到32.47万人，参合率达89.86%，增长3.18%；全年全民义务植树93.9万株，全县森林覆盖率达46%。

中共县委书记　王路生（2006.6.～）、郭子贞（～2006.6.）

县人大常委会主任　祁文生

县人民政府县长　郭子贞（～2006.6.）、刘绍安（2006.6.～代理县长）

县政协主席　姜育文

【推进煤矿产业发展】　宜良县煤炭资源比较丰富，属于全国20个省8个重点产煤县之一。有褐煤、烟煤两煤种。褐煤已探明储量4.2亿吨，可采储量约1.2亿吨，已探明烟煤储量360万吨。2006年全县煤矿先后投入安全技措资金1 600多万元，从而推进了煤矿科技含量的提高。全县34个煤矿均具备“六证”经营管理，确保煤矿做到依法办矿、合法管矿。全县年生产销售原煤80多万吨，产值6 400多万元，税收500多万元，对经济和社会的协调发展做出了积极贡献。

【新农村建设试点见成效】　全县新农村建设试点工作从关系群众生产、生活急需解决的问题入手，取得显著成效。据统计，2006年，10个试点村农村经济总收入达1.44亿元，比去年增长6.7%；农民人均纯收入3 199元，增长87元；饲养生猪7 432头、奶牛221头、鸭子24.65万只。新农村建设项目总投资为1 339.4万元。建成砖混结构民房120套1.08万平方米，教师宿舍3套120平方米，综合文化服务中心8个5 500平方米，农业配套沟渠4 890米，硬化街道1.30万平方米，入村道路4条1 000余米，小水窖114座，沼气池116口，安装村内路灯149盏，公厕21个，农村卫生旱厕202个，另有汤池镇三营村的整村易地搬迁等多项建设正在实施。社会主义新农村建设，使生产、生活和基础设施条件有效改善，村容村貌明显好转。

【建盖廉租房】　2006年，全县完成6 546户低保无房户摸底调查及全县房租测算工作，由政府投资518万元建盖的廉租住房123套共计5 032平方米已竣工，将解决部分居民住房困难的问题。

【东城区改造工程】　2006年，宜良县东城区改造工程已完成投资6 045万元，其中：匡山街拆迁建设工程完成投资2 067万元，起春路建设工程完成投资2 377万元。

【九石阿公路宜良段竣工通车】　计划总投资3亿元的九石阿公路宜良段18千米已累计完成投资2.68亿元，年内，已完工通车投入使用。

【对外经济贸易发展迅速】　2006年，全县接谈国内外投资项目37项，已签约或有资金到位的项目有22项。其中：外资项目5项，意向协议投资为9 317.5万美元，合同利用外资为1.29亿元人民币，到位资金1.10亿元人民币；接转内资项目8项，到位资金10.88亿元人民币。总计到位资金11.99亿元人民币；其中市外到位资金11.57亿元，完成市政府下达目标任务的231.49%，同比增长166.45%，市内县外到位资金4 119万元，全面完成了市政府下达的目标任务。

【整合县域旅游资源】　经过多年的精心打造，春城湖畔度假村已经成为知名的康体度假旅游品牌；九乡风景区年接待国内外旅客60万人次，其中国外旅客近15万人次，在东南亚享有盛誉；柏联集团经过精心策划，成功开发SPA温泉度假旅游产品，一举成为国内知名的温泉度假旅游品牌。这些产品的成功开发，确立了宜良县旅游业在全省及全国旅游业中的地位，成为全县旅游业走精品化发展的典范。2006年，全县旅游共接待游客146.13万人次，经济总收入2.28亿元，增长21.6%；

【社会保障惠民】　2006年提供有效就业岗位1 029个，实现就业704人。培训农村劳动力8 823人，转移输出8 738人。截止2006年末，全县参加企业职工养老保险统筹的单位有190户，参保在职职工5 731人，离退休人员3 472人。1～12月收养老保险金2 518.57万元，收缴率为

99.41%，支付养老金2 991.23万元，确保养老金按时足额发放。全县参加农村养老保险的投保人数为6.96万人，累计农村保险费2 806万元，2006年全县达到领取养老金条件的人数为4 617人，兑付基金45.78万元。

【无公害鸭产业化开发】 "350万只无公害鸭产业化开发"项目的实施，探索出了科学养殖模式，促进了鸭产业的优化、升级，提高了科学养殖水平，打造了名优品牌，培育了龙头企业，推进了标准化、产业化发展，带动了全县鸭产业效益的快速提高，为全市、全省乃至全国无公害禽类生产起到了积极的示范带动作用。

【蔬菜生产质量提高】 2006年，全县抓好无公害蔬菜生产技术推广，在蔬菜种植上推广应用物理杀虫灯面积7 500亩。使用生物农药2.4万亩，其中："绿浪"2万亩"印素"1 000亩，"根腐消"1 000亩、"阿克泰"2 000亩。蔬菜产品自检合格率94.3%，比计划和去年均上升了4.3个百分点。农业部门分别于3月、6月两次抽检合格率达100%。

【加快水利工程建设】 2006年，全县农田水利基本建设计划722件，动工687件，完工666件，完成计划数的92.24%。完成投资2 546.18万元。主要效益：岁修渠道429.57千米；新增蓄水量23.48万立方米，年节水量7.26万立方米；新增灌溉面积6 680亩（其中：水田230亩，水浇地6 450亩）；新增节水灌溉面积1 800亩；改善灌溉面积3.99万亩；恢复灌溉面积250亩；改造中低产田180亩；解决和改善5 201户，1.82万人，4 684头大牲畜饮水困难。

【扩大招商引资】 营造和谐、宽松、优良投资环境，鼓励外商投资，促进招商引资工作再上新台阶。目前，县境内外投资企业38家。形成了越兴钢铁、巨利达钢铁、漳州达隆食品、川达食品、李子园牛奶食品、春城湖畔旅游置业、鑫丰旅游娱乐有限公司等一批重点外来投资企业，年创产值近6亿元，税收近4 000万元，吸纳从业人员近4 000人，为宜良的经济发展和社会进步作出了贡献。2006年到位内资8.65亿元人民币，其中市外到位资金8.41亿元，同比增长93.62%，内资指标完成情况较好。

【"万村千乡"流通网络工程】 作为国家商务部"万村千乡"市场工程体系，列为全省28个试点县之一，并作为昆明的示范县。按照主管部门的规范要求，已建成63个"农家店"，其中：乡级店14个、村级店49个，覆盖了9个乡镇、54个村委会，并已通过验收。

【环境保护监测】 2006年，在全省九大高原湖泊之一的阳宗海保护区建成了1 000个农村生态卫生旱厕；县城城区大气环境质量明显提高，全年良好以上等级天气达100%，比去年上升3.51%，全年空气质量日均值达一级天数为38天，上升18天；境内全年无酸雨出现；在阳宗海引洪渠摆衣河入海口处投资35万元新建成面积为0.2平方千米的浮岛湿地；县城城区声环境质量达综合Ⅱ类区标准；集中式饮用水源地水质达标率为100%；阳宗海水质已连续五年稳定保持在Ⅱ类；南盘江出境水质优于往年；全县工业废水排放达标率99.21%，工业固体废物综合处置利用率99.52%；工业废气排放达标率99.09%；全县环保投资指数高于去年。

（王颖）

嵩明县

【概述】 嵩明县位于云南省中部，昆明市东北部，东邻马龙县、西连富民及西山区，北靠寻甸县，东南与宜良县接壤。县境东西长62千米，南北宽39千米。总面积1 357.29平方千米，坝子面积414.6平方千米，占全县总面积的30.5%，系云南省第七大平坝。县城驻地嵩阳镇，海拔1 920米，距昆明市区43千米。2006年平均气温15.4℃，年降水量805.2毫米。辖5镇2乡106个村委会，806个村（居）民小组。2006年末总人口35.2万人，非农业人口3.64万人，少数民族人口2.45万人，占总人口的6.96%，其中回族1.6万人，苗族3345人，彝族3261人。人口自然增长率6.5‰。

2006年，全县生产总值23.64亿元，同比增长12.2%，其中一、二、三产业分别完成6.63亿元、10.36亿元和6.65亿元。农村经济总收入12.03亿元。全县粮食总产量14.21万吨，全县种植烤烟8.4万亩，烟叶收购1 175万千克，收购总值1.22亿元。种植雪莲果5 300亩，花卉1.28万亩，实现产值2.6亿元；蔬菜9.03万亩，总产量19.42万吨，产值1.34亿元。肉类总产3.56万吨，畜牧业产值3.6亿元，生猪存栏18.5万头，出栏30.4万头，水产品产量6 800吨。全县共引进项目129个，协议资金67.7亿元，实际到位资金7.29亿元，全社会固定资产投资10.16亿元。工业总产值完成30.04亿元，同比增长25.1%，其中乡镇工业，完成27.7亿元。经济开发区全年新建投产企业10个，到位资金2.61亿元，全年完成工业总值4.26亿元，实交税金1 906万元。财政收入1.35亿元，支出2.96亿元。社会消费品零售总额8.6亿元，增长12.2%，年末各项存款余额32.33亿元。增长19.04%，各项贷款15.19亿元，增幅4.27%。农民人年均经济收入3 222元，比上年增加216元。职工年平均工资1.45万元，有2 817人享受最低生活保障，电视覆盖率达98%，全县公路里程1 218.3千米，其中公路干线206.7千米，专用公路9.76千米，县乡公路673.81千米，全县道路硬化率20%，实现乡乡通柏油路，全县有移动基站53个，在网移动用户超过8万户，覆盖率75.6%。

全县有各类学校126所。九年

义务教育普及率99.5%，年末有文化馆、图书馆各1个，医疗卫生院、所211个。

中共县委书记　黄云波（～2006.4.）、李勇毅（2006.4.～）

县人大常委会主任　余荣明

县人民政府县长　李勇毅（～2006.4.）、吴军（2006.4.～代理县长）

县政协主席　杨秀松

【推广种植热带高山雪莲果】　雪莲果原产自南美洲的安第斯山，是当地印第安人的一种传统根茎食品。雪莲果天生娇贵，栽种不易，适生环境要求极为挑剔，需亚热带气候，无霜冻、湿度大、常年云雾缭绕的湿凉高山上生长。雪莲果是热带高山水果，长得像红薯，它的叶，秆果开出的花酷似向日葵，果肉吃起来口感像梨。汁多而晶莹剔透、香甜脆爽，且含有大量水溶性纤维，属低热食品，但其碳水化合物却并不为人体吸收。因此，很适合糖尿病人及减肥者食用。另外，雪莲果有促进消化、润肠通便，降火清毒，提高免疫力等作用。

2003年，嵩明县在四营罗荣庄、上马坊引种获得成功，2004年以昆明天诺投资管理有限公司为龙头在四营乡上马坊村示范种植280亩，平均亩产2.5吨，产值168万元；2005年，亩产值在4 000～6 000元之间，由于在整个生长过程中不能施化肥、农药和生长激素，对保护生态有很好的作用，故在水源区推广种植，雪莲果种植区域辐射到四营，小街、白邑、杨桥等乡镇，种植面积发展到1 000亩，产值600万元，全县种植有5 300多亩，产量1.2万吨，除蔬菜，花卉之外，雪莲果有望成为主导农产品。2006年6月兰茂文化艺术节期间，县人民政府向昆明市各县区贵宾馈赠雪莲果，《昆明日报》10月30日以《嵩明万吨雪莲果呼之欲出》作报道，更是名声大震。

【劳动就业】　2006年，发放《再就业优惠证》305本，累计发放2 828本，为失业人员提供就业岗位1 200个，为32名失业人员发放小额贷款30万元。通过积极的扶持政策，有90名下岗失业人员实现再就业。金瑞劳动保障事务代理所，免费为失业人员代缴养老、医疗保险2 035人次，代缴社会保险费380.15万元。开展农村劳动力培训，全年培训各类人员2 573人，其中1 007人培训后实现了就业。收集提供就业岗位2 860个，城镇新增就业人数1 698人。全年共输出农村劳动力8 242人，其中县内转移3 696人，省内外转移3 706人，省外输出835人，境外输出5人。

【扶贫】　年内省市扶贫办投入资金513万元，完成26个整村推进156件，县委、政府集中资金859万余元实施基础建设扶贫项目工程91件，群众自筹资金273.55万元，累计投入资金1 645.55万元、实施各类工程247件。建卫生室20个，整修乡村道路76.8千米，新建人饮工程46件，新增和改善田地9 785亩，扶持烤烟生产4 030亩，种植蔬菜5 509亩，竹子100亩，黑麦草54亩，雪莲果30亩，新建沼气池112口，卫生公厕14座，节能改灶2 155眼，帮助5户特困户新建住房5间150平方米，举办科技培训186期2.25万人次，在14个贫困村发放小额信贷金600.01万元。贫困地区小学儿童入学率100%，辍学率0.04%；初中毛入学率100.08%，辍学率0.85%，全县26个贫困村做到通简易公路，其中11个村村内通硬化道路；在2 108户8 273人贫困人口中，解决了2 094人的温饱、稳定提高了3 243人低收入人口的生活水平。

【农村养老保险】　2006年，农村养老保险统筹已达1.66万人，全年在册领取养老金人数868人，共发放养老金13.8万元。

（黄勤昌）

石林彝族自治县

【概述】　石林彝族自治县位于昆明市东南部，属昆明市所辖的远郊县。东、南与红河哈尼族彝族自治州泸西县、弥勒县接壤，北与曲靖市陆良县相邻，西和西北与宜良县毗连。县域面积1 725平方千米，其中山区半山区占69%，丘陵区15.2%，坝区14.7%，河谷区1.10%。2006年底，辖7镇1乡，88个村委会和4个社区居委会，459个村民小组和49个居民小组，387个自然村。县城鹿阜镇距昆明78千米，海拔1 679.8米。年内平均气温17.2℃，降雨量913.9毫米。年末全县人口23.69万人，其中非农业人口2.63万人，占总人口的11.10%；少数民族人口8.22万人，占总人口的34.69%；世居民族有汉、彝、回、壮等民族，其中彝族人口8.01万人，占少数民族人口的97.48%；人口自然增长率5.72‰。县境内有世界地质公园、国家级风景名胜区——石林风景区，有煤、磷、石材、石英砂、铁、铜、铅锌等矿产，出产烟叶、卤腐、圭山山羊、乳饼、民族刺绣、草编织物等名特产品。

2006年全县实现地区生产总值19亿元，比上年增长12.0%。其中：第一产业实现增加值5.55亿元，增长8.3%；第二产业实现增加值4.94亿元，增长13.3%；第三产业实现增加值8.52亿元，增长13.8%。一、二、三产业的比重为29∶26∶45。实现农业总产值9.74亿元，增长6.62%。工业生产总值15.36亿元，增长30.73%。财政收入2.32亿元，增长19%，其中地方财政收入1.32亿元，增长12%。城乡储蓄存款12.2亿元，增长18.74%。全县在岗职工年均工资1.28万元，增长12.63%。城镇居民人均可支配收入1.03万元，增长5.35%。农民人均纯收入达到3 339元，增长8.1%。固定电话新增867部，在网用户达2.19万部；小灵通新增291部，在网用户达3 891部；ADSL业务新增494部，在网用户达1 494部。2006年5月开通“致富通”（无线座机），至年底发展用户1 650户。中国移动石林公司净增用

石林县庆50周年演出　　（石林县志办　提供）

户1.1万户，在网用户达到7万余户；中国联通石林公司年内新增用户3 860户，在网用户突破2.3万户，年内完成10座“村村通”的安装调试工作，电视覆盖率98.5%，广播覆盖率98.5%。年内农村剩余劳动力转移6 099人，城镇新增就业人数850人。启动了农村特困居民最低生活保障，社会保险覆盖面进一步扩大，城镇登记失业率控制在2%以下。启动了城市低收入居民廉租房建设，实施扶贫“整村推进”，解决了2 080人绝对贫困人口的温饱问题和1.38万人的饮水困难。

全县有各类学校131所，在校学生4.79万人，专任教师2 451人。小学适龄儿童入学率99.05%，初中入学率99.09%。年末有文化馆、图书馆各1个，医院、卫生院所13个，病床649张，医护人员576人。新型农村合作医疗参合人员19.27万人，参合率达97%。

中共县委书记　柳文炜

县人大常委会主任　（缺）

县人民政府县长　李忠德(彝族)

县政协主席　周大民（彝族，～2006.4.）

【旅游经济快速增长】　旅游业是石林经济发展的生命线，是财政增长和农民增收的支柱产业。2006年石林旅游业的发展，按照“创建世界一流景区、打造国际旅游胜地”的要求，着力实施“12345”旅游国际化发展战略，实现游客人数和门票收入“双增长”，申报世界自然遗产和5A级景区创建国际、国内品牌的“双突破”。全年接待国内外游客240万人次，比上年增长9.1%；旅游直接收入2.6亿元，增长62.5%，旅游综合收入6.5亿元，增长30%。

【阿诗玛文化产业助推石林发展】

挖掘开发彝族传统文化，大力发展文化产业，是石林县开展文化石林建设的重要举措。2006年，抓住各种发展机遇，成功创作并在县庆50周年期间演出了大型原生态民族歌舞《阿诗玛秘地》和大型广场舞《辉煌石林》。彝族撒尼语叙事长诗《阿诗玛》成功申报为国家级非物质文化遗产，石林被评为“云南十大名片”之一、“昆明十大名片”之首。2006年文化产业增加值1.33亿元，占地区生产总值的7.01%。

【财政资金倾斜三农】　2006年，县财政各种资金用于“三农”支出达到1.35亿元，占全县财政总支出的37%，比上年提高10%。整合资金投资1 300万元，完成威黑灌区中低产田地改造工程等重点项目，解决了4个村委会7 587人、8 000亩耕地的饮用水困难。投入财政专项资金1 395万元，全面启动4个市级、5个县级、8个乡（镇）级新农村建设试点示范村建设。投入资金4 771万元，保持对农业基础设施建设、产业结构调整、农业产业化经营和农村劳动力转移输出的投入持续增长。安排专项资金100万元，认定扶持农业龙头企业23家，辐射带动农户1 824户，户均增加收入1 500元。投入财政资金360万元，支持“整村推进”扶贫工作，实施整村推进扶贫开发项目6个，进一步改善了贫困地区基本生产生活条件。及时兑现涉农粮食直补、良种补贴、农业生产资料增支补贴等各项补贴资金1 047.38万元。实施“生态美县”建设。安排专项资金1 070万元，支持“生态美县”建设规划和部分项目的建设实施。

【烤烟生产助推农民致富】　烤烟是石林农民增收和现金收入的主要来源。2006年，石林县建设烟水配套工程12件，改善和新增烤烟受益面积1.04万亩。全县发放各项生产扶持及考核资金4 877.53万元，兑现各种工作和奖励资金455.279万元。全县共完成烤烟育苗750亩，实施商品化育苗达100%，全县栽种烤烟11.88万亩，轮作面积达70%以上。全年收购烟叶1 560万千克，其中上中等烟分别占42.03%和56.35%，每千克收购价10.78元，烟叶收购总值达1.7亿余元，实现烟叶税近3 747万元。2006年，全县种烟农户3.28万户，占全县农村总户数的59.1%；不计各种补贴，种烟农户户均收入达5 175元。

【畜牧业为经济发展注入新活力】

2006年，以羊产业为重点的畜牧业稳步发展。全年畜牧业产值3.14亿元，占农林牧渔业总产值的32.24%，比上年增长6.19%。全年出栏猪21.1万头，增长10.85%；出栏牛8 038头，增长12.14%；出栏羊7.69万只，增长11.23%；出栏家禽82.97万只，增长18.9%；畜禽肉产量2.3万吨，禽蛋产量

1 227.8吨，牛奶产量 579.8 吨，羊奶产量 9476.1 吨。6 月 2 日，石林特产圭山山羊被农业部列入国家级畜禽遗传资源保护品种名录，为石林羊产业的发展创造了重要条件。

【农业产业结构调整迈出新步伐】 石林县在确保粮食安全的同时，进一步加大种植业结构调整的力度，以日本甜柿、优质红梨为主的种植结构调整成效显著。2006 年新发展甜柿种植6 300亩，超过甜柿引种 18 年来发展面积的总和；完成红梨新植和高接换种3 000亩；推广种植人参果6 000亩、高山雪莲果1 200亩、甜豌豆 1 万亩、洋蓟3 000亩、甜糯玉米1 500亩、尖椒 800 亩、青花1 100亩。争取农业产业化经营扶持项目 3 个，农业结构调整由单纯的种植面积和产品产量的平面调整逐步向种植、养殖、加工、贮藏、运销等深层次、立体式的全方位调整转变并迈出了实质性的步伐。水果产业成为农民增收新亮点，2006 年水果总产达 1.51 万吨，出口新西兰甜柿 50 吨，石林水果第一次走出国门，进入国际市场。蔬菜产业步入公司拉动、以销促产的阶段，全年共完成蔬菜种植 4.81 万亩，总产量 7.29 万吨，比上年增长 9%。年内引入省内外蔬菜营销公司 5 家，完成蔬菜订单生产 1.62 万亩，其中甜豌豆8 000亩、西兰花3 000亩、寸豆1 000亩。蔬菜外销量 3.57 万吨，其中尖椒、西葫芦、蜜本南瓜、甜玉米等品种实现外销量6 800吨。鲜切花产量 368 万支，增长 1.66%。

【城镇居民生活水平提高】 据统计部门抽样调查，2006 年，城镇居民家庭规模为每户 3 人，人均住房建筑面积 32.72 平方米，使用面积 24.58 平方米。饮水来源为自来水 20%、矿泉水 48%、纯净水 32%。燃料多使用液化石油气，比例为 94%，煤炭仅为 6%。通信设备拥有量较大，98% 的住户有电话。在家庭主要消费品拥有量上，成套家具、自行车、洗衣机、彩电、影碟机、电炊具、饮水机、移动电话、有线电视接入等已经基本普及，家用汽车、摩托车、钢琴、组合音响、摄像机、接入互联网计算机等正逐步进入普通家庭。人均可支配收入 1.03 万元，消费支出7 899.87元，社会保障支出 920.16 元。

【农村居民生活改善】 据统计部门抽样调查，2006 年农村居民家庭人口规模为 3.9 人，人均住房面积 32 平方米。农村住户用上了自来水的占 83.33%，燃料的使用按照用量大小，依次为柴草、煤炭、沼气和电力。人均使用耕地 3 亩，人均谷物产量1 163千克、薯类 66 千克、豆类 39 千克、油料 7 千克、烟草 142 千克、蔬菜 158 千克、水果 25 千克。人均经济总收入5 332元，其中工资性收入 608 元、家庭经营收入4 582元。人均总支出5 144元，其中生活消费支出2 898元、家庭经营费用支出1 757元、购置生产性固定资产支出 282 元。农民人均纯收入3 339元，其中工资性收入 608 元、家庭经营纯收入2 647元。在人均纯收入中，现金纯收入2 909元，占 87.1%；实物纯收入 429 元，占 12.9%。

（刘世生）

石林彝族原生态歌舞《阿诗玛秘地》　　（石林县志办　提供）

禄劝彝族苗族自治县

【概述】 禄劝彝族苗族自治县位于昆明市北部，东邻寻甸回族彝族自治县，南连富民县，西、西南同楚雄彝族自治州武定县毗邻，北界金沙江与四川省会理、会东两县相望。总面积4 228.5平方千米，山区面积 98.40%，坝区仅占 1.60%，属国家级贫困县。县城屏山镇，海拔1 679米。滇川公路 108 国道从这里穿过，距省会昆明市 72 千米。年均气温 15.60℃，年均降雨量 965.90 毫米。辖 3 镇 13 乡，192 个村民委员会、2 个社区居民委员会，2 588 个村（居）民小组，2 462 个自然村。2006 年末总人口 45.77 万人，其中非农业人口 2.68 万人，少数民族人口占 30.76%，有彝、苗、汉、傈僳、傣、壮、哈尼、回 8 个世居民族。人口自然增长率 4.27‰。

2006 年，全县生产总值由“九五”末 9.99 亿元增加到 18.09 亿元，增长 75.29%，年均增 11.90%。一、二、三产业比重由 53.20∶17.00∶29.80 调整到 40.71∶20.44∶38.85，其中，第一产业 7.36 亿元，比上年增长 3.20%；第二产业 3.69 亿元，增长 39.80%；第三产业 7.03 亿元，增长 14%。农业总产值 11.78 亿元，增长 3.22%。粮食总产1 7647.2万千克，增长 0.4%；种植烤烟 8.83 万亩，产量1 295.10万千克；畜牧业总

禄劝县云龙水库　　（禄劝县志办　提供）

产值（现价）5.96亿元，增长9%。工业总产值6.39亿元，增长39.90%；地方财政收入由“九五”末的5 557万元增加到1.06亿元，年均增长13.80%。农民人均经济纯收入1 779元，比上年增加147元，农民人均住房20.65平方米，粮食人均413千克。城乡居民储蓄存款余额9.82亿元，比年初增加1.67亿元，增长20.45%。职工年均工资16 485元，比上年增长9.06%。有975人享受最低生活保障。电视覆盖率达92%。全年客运量53.40万人次，客运周转量4 766万人/千米，完成货运量2 895万吨，货物周转量4 895万吨/千米。

全县共有各类学校375所，在校学生7.75万人，有教职工4 040人，初中毛入学率达108.77%，小学适龄儿童入学率达99.47%。有文化馆、图书馆和群娱馆各1个，医疗卫生院、所26个，床位865个。

中共县委书记　李树勇

县人大常委会主任　张本清（彝族）

县人民政府代理县长　王桂泽（彝族，～2006.2.）

县人民政府县长　王桂泽（彝族，2006.2.～）

县政协主席　何贵祥

【创作《雁落背工》获两大奖】　11月3日，省举办民族民间歌、舞、乐展演活动。禄劝组织创作喜庆调《雁落背工》参加展演，获云南省最高奖——彩云奖、昆明市政府奖——茶花奖。

【民族团结示范村创建】　群众利益无小事，维护人民群众的利益，把民族团结、社会稳定工作作为经济发展的基础抓紧抓好。11月中旬，创建皎西乡永善村委会赊拉村民族团结示范村，投入资金15万元，为赊拉村小组修路、建蓄水坝塘，示范带动当地各族人民共同团结进步，共同繁荣发展。

【转龙村科技开发示范村建设】　2006年，转龙村被省科技厅列为全省7个社会主义新农村科技综合开发示范村之一。在转龙村推广撒坝火腿及系列产品加工、优质饲料开发、猪种改良、卫生圈建设，改善村容村貌、加强基础设施建设，加快产业结构合理调整，促进农村经济持续健康的发展。年末，全村经济总收入1 006万元，粮食总产162.70万千克，人均占有粮食405千克，农民人均纯收入1 986元。

【撒坝火腿产业化发展】　招商引资，整合撒坝火腿资源，重新组织撒坝火腿无公害食品认证，推动撒坝火腿产业化发展。2006年，注册专门从事撒坝火腿开发的龙头企业6个，专业户47户，全年初加工撒坝火腿250万千克，产值5 800万元，深加工25万千克，加工企业和大户利润562万元，增加税收110万元。撒坝火腿加工带动了全县养猪业的发展，为禄劝培养了一批科技人才，解决了部分农村富余劳动力和下岗职工的就业问题。

【土鸡养殖】　土鸡开发采取“公司＋基地＋农户”的运作模式，通过育种选优，提纯地方乌骨鸡种质资源，推广生态养殖技术，培育养殖大户和加工企业。2006年，已发展养殖大户30户，其中，禄劝奇兴科技生态养殖公司建成50亩的土鸡生态养殖厂，已出售优质土鸡9万余只，提供优质脱温鸡苗5万羽，养殖产值270万元，企业利税35万元；禄劝茂源科技开发公司建成年产量30万千克的禄劝土鸡加工厂1个，已加工优质土鸡软包装旅游方便食品3.70万千克，并在昆明、禄劝、转龙开设专卖店，实现产值185万元，公司利税46.20万元。

【中蜂资源开发】　为开发禄劝中蜂资源，成立了中蜂养殖协会，已发展会员640人。建成年产量10万千克的禄劝康鸿食品公司蜂蜜加工厂1个，全年加工滇蜜牌软管蜂蜜系列产品2.10万千克。

【旅游景区开发】　年内，加强轿子山旅游基础设施建设。完成昆明黑龙潭至轿子山新山丫口150千米、禄劝县城至转龙集镇120千米油路铺筑工程，完成新山丫口至下坪子17千米景区水泥路面铺设，实现了从昆明至轿子山“多线入山”的目标。完成四方井游客服务中心及景区索道建设，投入资金730万元建成新山丫口临时停车场和景区大门，投资350万元建成景区5.90千米木栈道，并配置了休息观光点、旅游环保厕所、景区道路标志牌等配套设施。进一步发展红色旅游，编制《禄劝红色旅游发展规划》，加强金沙江皎平渡和普渡河铁索桥等革命纪念地的规划、开发、保护及维修。全年接待游客5.85万人次，实现旅游经济综合收入1 200万元。

【农村合作医疗】 县投入农村合作医疗工作经费40万元，全面开展农村合作医疗工作。全县共有农户10.4万户，有10.09万户参加合作医疗，参与率为96.29%。年内，农村人口门诊就医减免10.07万人次、减免金额197.78万元；住院报销补偿1.73万人次、补偿金额613.32万元。

【农村养老保险试点取得初步成效】 年内，制定《农村养老保险试点工作实施方案》，以屏山镇为试点推行农村养老保险工作。年末，有7人参保，缴纳保险费10.36万元。

【招商引资新格局】 抓住西部大开发、现代新昆明建设、北部五县区开发等一系列契机，不断改善和优化经济发展环境，营造良好的招商氛围。突出重点，抓住关键，采取切实有效的措施，积极开展招商，强化服务，狠抓落实，初步形成了以水电、矿产、旅游、房地产、农副产品等产业开发为主的全方位、多层次、宽领域的招商引资新格局。截止2006年12月31日，共引进在册登记的项目58个，协议资金74亿元，实际到位资金12.36亿元，其中，2006年引进项目20个，协议资金13.77亿元，实际完成投资6.13亿元。

【精神文明创建活动】 推进群众性精神文明创建活动的开展，努力提高公民文明素质和城乡文明程度。2006年，创建申报8个省级文明单位，1个省级文明村，14个市级文明单位，6个市级文明村，12个县级文明单位，2个文明村。推进农村精神文明建设，以建设“生产发展，生活富裕，乡风文明，村容整洁，管理民主”的社会主义新农村为目标，广泛开展“十星级文明户”、“文明生态村”、“文明小城镇”、“安全文明村”、“青年文明村”、“五好文明家庭”等创建活动。全县共有16个乡（镇），118个村委会，491个村民小组，4 284户村民参加创星、评星、护星活动，评选出星级文明户4 284户。

【完善社会保障】 进一步完善社会保障机制，扩大社会保险覆盖面，养老、工伤保险范围逐渐扩大，人员逐渐增多。年内，全县参加城镇职工基本养老保险的企业51户、1 847人；参加城镇职工基本医疗保险的单位87户、1.26万人；参加失业保险的企业116户、9 094人；参加生育保险的企业48户、1 847人；参加工伤保险的企业48户、1 802人。全年征收养老保险费983.10万元，征缴率102.60%；征收医疗保险费1 647.70万元，征缴率100%；征收失业保险费106.50万元，征缴率85.70%；征收工伤保险费28.80万元，征缴率105.10%，征收生育保险费25.70万元，征缴率95.90%。为1 290名企业退休人员发放养老金1 198万元；全年支付参保人员住院医疗费1 111.70万元；全县75名离休干部和53名二等乙级以上革命伤残军人医疗费用得到保障；为388名失业人员发放失业救济金、医疗补助金98.20万元，支付失业人员培训补助45.20万元；为24名职工支付工伤保险金21.23万元；为17名女工支付生育保险金9.95万元。

（张玉宇）

禄劝县轿子雪山游客中心 （禄劝县志办 提供）

寻甸回族彝族自治县

【概述】 寻甸回族彝族自治县位于云南省东北部、昆明市东部，东与曲靖市马龙县、沾益相邻，南接嵩明县，西与富民、禄劝县相接，北靠东川区、会泽县。总面积3 598平方千米，最高海拔3 294.8米，最低海拔1 480米，县城距昆明市区90千米。年平均气温为15.6℃，年降雨量为936.4毫米。全县辖16个乡镇，170个村委会，3个社区。2006年末全县户籍人口51.52万人。其中：非农业人口3.44万人；少数民族人口11.22万人，占总人口的21.78%。人口自然增长率4.1‰。

2006年，全县生产总值（GDP）完成20.29亿元，比上年增长14.2%。其中：第一产业完成增加值7.46亿元，增长4.6%，拉动GDP增长1.85个百分点；第二产业完成增加值4.64亿元，增长38.0%，拉动GDP增长7.06个百分点，其中工业实现增加值3.92亿元，增长39.5%，拉动GDP增长

6.11个百分点；第三产业完成增加值8.19亿元，增长12.8%，拉动GDP增长5.30个百分点。三次产业结构由上年的40.1:18.6:41.3调整为36.8:22.9:40.3。人均GDP 3 976元（按户籍人口计算），增长13.7%。非公经济创造增加值9.27亿元，占全县生产总值的比重达45.7%，比上年提高6.1个百分点。农林牧渔总产值完成11.75亿元，增长7.4%，其中，粮食总产达18.95万吨，比上年增加1 731.6吨，增长0.92%；烤烟1.57万吨，增长2.9%；畜牧业总产值完成5.41亿元，增长11.1%；肉类总产量达到6.21万吨，比上年增加6 511.9吨，增长11.7%，禽蛋产量达到4 152.5吨，增长14.3%；林业用地面积18.98万公顷，占全县土地面积的52.86%。全县森林覆盖率41.63%，其中，有林地覆盖率40.45%，国家特别规定灌木林覆盖率1.19%。工业完成总产值13.08亿元，增长30.2%；财政总收入1.85亿元，增长21%。农民人均经济收入达到2 096元，增长10.9%；农民人均生活消费支出1 662.6元，增长9.3%。城乡居民储蓄存款余额2 395万元，增长15.0%。全县享受城市最低生活保障的居民3 804人，增长11.2%；有7 000名特困群众纳入农村低保。全年电信业实现业务收入1 805万元，增长13.7%。固定电话用户2.79万户，增长8.2%。全年完成货运量413.9万吨，增长43.2%，完成货运周转量3.31亿吨/千米，增长59.7%。

全县共有各类学校419所，在校学生9.98万人，教职工4 495人。九年义务教育普及率99.82%，入学率达98.52%，辍学率2.6%。年末，有艺术表演团体1个，文化馆1个，图书馆1个，医疗卫生机构21个，其中医院、卫生院18个，疾病预防控制中心1个，妇幼保健院1个；病床床位506张，卫生技术人员620人。

中共县委书记　刘　荣（2006.4.～）

县人大常委会主任　张正良（彝族）

县人民政府县长　孔贵华（回族）

县政协党组书记　张国友（2006.3.～）

【加强农业基础设施建设】　农业农村基础设施建设进一步改善，新农村建设起步扎实。投资2 906.21万元，完成了113个自然村整村推进工程，受益农户7 940户32 160人；农田水利建设继续得到加强，投入农田水利建设资金2 518万元，完成各类水利工程487件，极大地改善了山区灌溉条件，为抗旱夺丰收奠定了基础。大力实施人畜饮水解困工作，解决了3.76万人和1.2万头大牲畜的饮水困难和饮水安全问题。

【社会保障扩面】　社会保障体系建设实现新的发展，覆盖范围进一步扩大，保障功能进一步增强。年末全县参加基本养老保险人数7 079人，其中职工5 468人，离退休人员1 611人；参加失业保险人数5 597人；参加基本医疗保险人数1.66万人；参加农村养老保险人数5 561人。全县享受城市最低生活保障的居民3 804人，比上年增长11.2%；2006年启动农村最低生活保障，将6 511户7 000名特困群众纳入农村低保。全县共有47.07万农民参加新型合作医疗，参合率达98.33%。

【扶贫攻坚】　2006年扶贫工作全面推进。一、整村推进。省、市批准实施126个自然村，项目工程建设698件，总投资3 008万元，其中：财政扶贫资金2 520万元，群众“三投”自筹488万元，直接受益1.15万户4.52万人。二、产业开发。总投入资金730.86万元，实施项目201件，其中：财政扶贫资金556.4万元，自筹174.46万元。三、劳务输出。完成劳务输出培训1.40万人，劳务输出1.25万人，其中：国外34人，省外1 702人，省内7 862人，县内2 861人。四、易地开发。总投资309.14万元，规划实施项目25件，其中：县财政投资244万元，群众自筹65.14万元。五、小额信贷。发放小额信贷1 300万元，获贷农户6 500户1.96万人，当年还贷率100%。六、社会扶贫。省级3家、市级49个单位先后到挂钩扶贫点380人次，共投入扶贫资金270万元。与此同时，官渡区下挂钩点26人次，帮扶示范小学投入资金100万元；县直机关下乡挂钩扶贫1 310人次，结队帮扶贫困户2 650户，投入资金94万元，捐物折款72万元。一年来，全县财政投入扶贫资金2 764万元，贫困人口由2005年末的22.3万人降至2006年末的18.8万人。其中：农民人均纯收入683元以下绝对贫困人口由4.3万人降至3.8万人，已实现0.5万人基本解决温饱；人均纯收入684～944元低收入相对贫困人口由18万人降至15万人，已实现3万人稳定解决温饱。

（李巧梅）

昆明市经济社会发展主要指标（表一）

地　区	年末总人口（万人）		城镇人口占总人口比重（%）		全社会就业人员（万人）		城镇登记失业率（%）	
	2005 年	2006 年	2005 年	2006 年	2005 年	2006 年	2005 年	2006 年
昆明市	608.57	615.2	57.90	59.01	325.42		2.45	2.67
五华区	89.09	87.8		96.07	12.12		2.90	3.65
盘龙区	63.47	64.5		93.18	24.39		2.46	2.32
官渡区	74.56	74.5		94.60	31.34		6.45	3.32
西山区	66.79	68.5		91.65	25.30		3.03	3.45
东川区	28.15	29.1		35.30	16.47		32.64	24.02
呈贡县	21.45	22.1		56.34	11.90		1.57	0.48
晋宁县	28.02	28.3		21.53	19.96		3.21	3.81
富民县	14.52	14.9		20.34	8.77		2.75	2.96
宜良县	40.96	41.6		23.60	27.23		2.44	2.64
石林县	23.49	23.9		26.70	14.42		3.27	1.48
嵩明县	33.97	34.4		19.10	19.89		0.07	2.05
禄劝县	43.07	43.9		7.95	25.86		1.98	2.92
寻甸县	49.76	50.3		14.70	30.40		3.97	3.76
安宁市	31.27	31.5		62.80	16.96		2.84	2.91

昆明市经济社会发展主要指标（表二）

地　区	地区生产总值（万元）		第一产业（万元）		第二产业（万元）		第三产业（万元）	
	2005 年	2006 年	2005 年	2006 年	2005 年	2006 年	2005 年	2006 年
昆明市	10 615 544	12 072 855	773 080	815 500	4 767 479	5 572 129	5 074 985	5 685 226
五华区	3 017 676	3 389 133	11 038	11 375	1 816 672	2 013 364	1 189 966	1 364 394
盘龙区	1 210 807	1 393 278	15 776	13 662	308 162	387 357	886 869	992 259
官渡区	2 335 588	2 666 370	90 767	94 386	913 626	1 025 335	1 331 195	1 546 649
西山区	1 247 272	1 419 482	23 489	23 229	426 707	458 753	797 076	937 500
东川区	113 014	281 405	22 749	24 842	43 897	206 877	46 368	49 686
呈贡县	293 285	342 805	63 863	74 336	129 369	151 253	100 053	117 216
晋宁县	237 287	294 359	67 243	72 779	91 335	136 811	78 709	84 769
富民县	120 469	140 937	31 928	34 287	51 736	63 054	36 805	43 596
宜良县	461 712	510 157	147 748	161 693	138 513	142 011	175 451	206 453
石林县	164 746	190 038	49 097	55 454	42 222	49 359	73 427	85 225
嵩明县	205 319	236 761	58 387	63 882	87 587	103 590	59 345	69 289
禄劝县	154 301	180 929	68 822	73 659	25 732	36 976	59 747	70 294
寻甸县	176 132	202 894	70 659	74 574	32 721	46 405	72 752	81 915
安宁市	750 259	841 806	49 115	53 550	457 206	509 300	243 938	278 956

昆明市经济社会发展主要指标（表三）

地 区	地区生产总值指数（上年＝100）		第三产业增加值比重（%）		人均地区生产总值（元）		全社会固定资产投资（万元）	
	2005 年	2006 年	2005 年	2006 年	2005 年	2006 年	2005 年	2006 年
昆明市	111.1	112.3	47.81	47.09	17 560	19 730	5 230 093	5 733 728
五华区	108.8	110.0	39.43	40.26	34 579	38 326	680 105	782 637
盘龙区	111.1	112.9	73.25	71.22	19 228	21 777	421 787	508 981
官渡区	111.1	113.2	57.00	58.01	31 592	35 781	714 977	1 062 716
西山区	111.0	111.3	63.91	66.05	18 675	20 986	536 176	655 555
东川区	114.6	211.4	41.03	17.66	3 718	9 687	86 773	122 563
呈贡县	114.2	113.2	34.11	34.19	13 711	15 761	169 818	316 010
晋宁县	111.7	116.9	33.17	28.80	8 563	10 461	38 243	86 781
富民县	109.5	115.7	30.55	30.93	8 648	9 575	39 313	46 828
宜良县	110.5	108.1	38.00	40.47	11 286	12 257	64 300	136 709
石林县	110.0	112.0	44.57	44.85	7 098	8 076	68 200	91 535
嵩明县	112.3	112.2	28.90	29.27	5 934	6 923	67 706	101 559
禄劝县	115.0	113.5	38.72	38.85	3 438	4 161	107 825	125 158
寻甸县	111.0	114.2	41.31	40.37	3 540	4 055	91 862	119 420
安宁市	105.1	112.8	32.51	33.14	23 939	26 801	452 068	401 394

昆明市经济社会发展主要指标（表四）

地 区	地方财政收入（万元）		地方财政支出（万元）		人均地方财政收入（元）		社会消费品零售总额（万元）	
	2005 年	2006 年	2005 年	2006 年	2005 年	2006 年	2005 年	2006 年
昆明市	906 655	1 037 160	1 148 259	1 336 765	1 500	1 695	4 154 883	4 842 035
五华区	71 813	87 519	83 147	101 263	823	990	1 385 858	1 636 180
盘龙区	58 258	64 597	68 263	77 760	925	1 010	810 358	942 446
官渡区	55 273	699	73 190	83 683	743	949	678 358	794 102
西山区	51 772	66 090	58 689	77 103	767	977	662 020	764 318
东川区	9 006	23 195	50 247	70 180	320	811	33 975	39 021
呈贡县	19 280	25 144	28 060	36 112	957	1 156	73 841	81 449
晋宁县	13 238	18 775	7 658	41 170	478	667	52 805	60 371
富民县	4 422	6 092	19 103	24 222	306	414	31 436	35 132
宜良县	19 311	21 918	29 148	41 038	472	531	77 520	88 428
石林县	11 427	12 611	27 788	33 557	490	532	64 792	75 805
嵩明县	11 165	13 458	29 580	42 398	329	394	76 993	86 293
禄劝县	8 908	10 537	37 993	46 681	207	242	33 671	36 887
寻甸县	9 445	11 931	42 433	53 210	191	238	48 465	59 396
安宁市	60 911	69 322	87 712	98 487	1 944	2 207	124 791	142 207

昆明市经济社会发展主要指标（表五）

地 区	农民人均纯收入（元）		农村人均住房面积（平方米）		在岗职工年平均工资（元）		人均储蓄存款余额（元）	
	2005 年	2006 年	2005 年	2006 年	2005 年	2006 年	2005 年	2006 年
昆明市	3 258	3 520	35.60		19 121	20 811	16 330	18 792
五华区	4 254	4 595	40.33		14 328	19 686	42 109	44 936
盘龙区	4 269	4 570	42.74		13 827	19 426		
官渡区	4 949	5 376	58.30		11 750	19 828	13 300	15 972
西山区	4 978	5 288	49.00		11 957	16 232	10 363	11 115
东川区	1 388	1 529			12 580	13 927	5 209	7 356
呈贡县	4 568	4 774	57.00		21 609	23 958	12 636	17 449
晋宁县	229	3 391	34.00		13 569	16 934	6 106	7 269
富民县	3 091	3 317	35.00		13 362	13 890	5 844	6 736
宜良县	3 308	3 539			14 021	15 916	7 012	7 833
石林县	3 089	3 339	31.00		11 571	12 886	4 451	5 197
嵩明县	3 006	3 222			12 898	14 480	5 052	5 716
禄劝县	1 632	1 779			15 250	16 485	1 894	2 238
寻甸县	1 890	2 096	21.99		13 060	13 231	2 109	4 339
安宁市	3 759	4 058	35.00		24 525	23 176	13 003	28 534

昆明市经济社会发展主要指标（表六）

地 区	初中学龄人口入学率（%）		广播覆盖率（%）		电视覆盖率（%）		每千人拥有医院、卫生院床位数（张）	
	2005 年	2006 年	2005 年	2006 年	2005 年	2006 年	2005 年	2006 年
昆明市	88.03	90.32	98.74		97.63		4.07	
五华区	81.49	99.94					5.72	5.97
盘龙区	86.20	99.49					5.51	5.66
官渡区	84.18	85.35	100.0		100.0		4.57	3.61
西山区	86.18	90.43	97.8		96.2		6.59	7.13
东川区	94.78	89.89	98.0		98.0		3.01	2.98
呈贡县	96.69	89.27	100.0		100.0		1.81	1.85
晋宁县	83.76	86.20	100.0		100.0		3.18	3.21
富民县	92.96	92.46	100.0		95.0		2.39	2.20
宜良县	89.46	85.89	99.5		100.0		2.81	2.80
石林县	93.57	95.09	98.0		98.0		2.38	2.44
嵩明县	95.02	91.70	98.0		95.0		3.37	3.18
禄劝县	81.66	83.63	91.7		92.0		1.76	1.85
寻甸县	86.87	87.26	96.0		86.0		1.01	1.06
安宁市	98.82	99.54	100.0		98.0		5.19	5.68

（省统计局）

曲靖市

主　　编　杨光彦　姜定忠
责任编辑　宣　勤　侯焕媛

【概述】　曲靖市位于云贵高原中部，东经 103°03′～104°50′，北纬 24°19′～27°03′之间。曲靖市政府驻麒麟区，西距省会昆明 135 千米，东接贵州省六盘水市、兴义市和广西西林县，西南与昆明市、文山州、红河州相连，北与昭通市及贵州省威宁县毗邻，是进出云南的陆上要塞，素有“入滇锁钥”之称，珠江发源于马雄山麓。全市国土总面积 2.89 万平方千米。最高点在会泽县大海梁子牯牛寨，海拔4 017.3米，系乌蒙山脉主峰；最低点在会泽县娜姑镇王家山象鼻岭小江与金沙江汇合处，海拔 695 米，相对高差3 322.3米。市政府所在地海拔1 881米。市境地貌以高原山地为主，间有高原盆地，高山、中山、低山、河槽和湖盆多种地貌并存，陆良坝子和曲沾坝子分别为全省第一、第四大坝子。流域面积 100 平方千米以上的河流有 80 多条，以南盘江、北盘江、牛栏江、黄泥河、以礼河、块择河、小江等为主要干流，分属长江和珠江两大水系。具有南亚热带到北温带 6 种气候类型，主要为亚热带高原季风气候。一般具有冬春光照条件较好，春温不稳，风高物燥，降水不均；夏无酷暑，降水集中，涝旱兼有，风和日丽；秋季降温快，阴雨多；冬暖冬干，寒潮降温的气候特点，具有“一山分四季，十里不同天”的立体气候。2006 年年平均气温 14.9℃，平均降水量为 980.5 毫米，罗平最多（1 461.9毫米），会泽最少(774.0 毫米)。2006 年主要气候灾害为高温、倒春寒、干旱、五月低温霜冻、秋季连阴雨。2006 年末，曲靖市辖麒麟区和沾益、马龙、富源、罗平、师宗、陆良、会泽 7 县，代管宣威市，共 115 个乡（镇、街道办事处），其中镇 59 个、乡 47 个、街道办事处 9 个。2006 年末全市总人口 594.9 万人，其中非农业人口 73.3 万人，占总人口的 12.3%；少数民族人口 40.9 万人，占总人口的 7%。人口密度每平方千米 203 人。2006 年人口自然增长率 7.86‰。

2006 年，全市实现生产总值 536.8 亿元，其中：第一产业实现增加值 97.8 亿元，增 7%；第二产业实现增加值 289.5 亿元，增 21.9%；第三产业实现增加值 149.6 亿元，增 10.2%。三次产业结构由上年的 20:50:30 调整为 2006 年的 18:54:28。财政总收入 116.8 亿元；地方一般预算收入完成 36.5 亿元。全社会固定资产投资 284 亿元。年末全市金融机构本外币各项存款余额 473 亿元，各项贷款余额 338 亿元。社会消费品零售总额 105.2 亿元。

2006 年，全市工业总产值 633.4 亿元，比上年增 24.4%，其中 500 万元以上工业企业完成产值 494.4 亿元，增 26.8%。五大工业总产值 514.3 亿元。500 万元以上独立核算 300 户企业，实现产品销售收入 480.5 亿元，利税总额 118.4 亿元，增 21.4%。

2006 年，全市农林牧渔业总产值 163 亿元。粮食总产量 206.5 万吨。全市造林面积 1.72 万公顷，森林覆盖率 35.5%。

2006 年，全市交通运输邮电仓储业实现增加值 25.1 亿元。年末公路里程 2.62 万千米，拥有各种机动车 41.76 万辆。全市公路运输客运量5 236.8万人，旅客周转量 37.58 亿人/千米，货运量 1.07 亿吨，货物周转量 92.29 亿吨/千米。

全年全市完成邮电业务总量 10.2 亿元。年末，全市拥有固定电话户数 45.46 万户，增 5.7%。拥有移动电话用户 102.01 万户，增 11.7%。每百人拥有固定电话 8 部、移动电话 18 部。全年接待国内旅游 507.5 万人次，增 16%，接待海外游客 1.5 万人次，增 7%。旅游业总收入达 19.4 亿元，增 38%。

全年全市财政教育支出达 16.3 亿元。全市共有各级各类全日制学校2 514所，其中师范学院 1 所、高等医学专科学校 1 所、职业技术学院 1 所、中等职业学校 19 所、教师进修学校 9 所、普通高（完）中 57 所、初级中学 196 所、小学1 802所、特殊教育学校 4 所、幼儿园 424 所。另有小学教学点2 472个，成人文化技术学校1 593所。共有全日制在校学生 127.82 万人，教职工 6.28 万人。学龄儿童入学率 99.66%，高中阶段毛入学率 60.64%。年底，全市有各种艺术表演团体 7 个；文化馆 10 个；公共图书馆 11 个，总藏书量 99.2 万册。广播电台 1 座，电视台 1 座，电视发射台和转播台 2 座。全市广播人口覆盖率 96.66%，电视人口覆盖率 95.73%。

全市有卫生机构 207 个，其中医院 61 所，拥有农村卫生院 112 所，共有病床 1.19 万张，每千人拥有医院床位数 2 张；卫生人员数 1.18 万人，其中卫生技术人员 0.99 万人。

全年全市举办综合运动会 25 次，举办单项比赛 150 次，举办全民健身活动 630 次，参加活动 48 万人。青少年达到国家体育锻炼标准人数为 110 万人。全市获省级以上奖牌 137 个，其中获世界比赛 4 个，获全国比赛 13 个，获全省比赛 110 个。

2006 年，全市单位从业人员 23.6 万人，在岗职工年平均工资 18 411元，增 13.2%。曲靖市城镇居民人均可支配收入9 497元，比上年增 7%；农民人均纯收入2 296元，增 10.5%。年末，全市全社会从业人员345万人。城镇登记失业率3.1%。年末全市企业在岗职工参加养老保险人数17.38万人，企业参加失业保险人数19.84万人，城镇基本医疗保险和大病统筹职工人数32.8万人。全市有6.14万人享受城市低保，共发放低保金5 670万元，基本上实现“应保尽保”的目标。

中共市委书记　米东生

市人大常委会主任　黄有能

市人民政府市长　李　培（~2006.12.27.）

市政协主席　王　敏

【安居工程】　2006年是曲靖市实施特困农户破烂茅草房改造工程的扫尾之年。全年全市投入资金1 119.65万元，其中省级补助959.7万元（户均3 000元），市级补助159.95万元（户均500元），实施3 199户安居工程，项目覆盖4个县（市）区39个乡镇326个村委会1 293个村民小组3 199户贫困户，其中残疾户649户。所有特贫农户春节前迁入新居，全市基本消除茅草房。

【希望工程】　2006年，团市委正式启动曲靖市希望工程“爱心圆梦大学”助学行动。全市累计筹款173.55万元，共资助贫困大学生342名；至年底，全市累计筹资2 123.12万元，援建希望小学132所，建希望书库81个，建希望体育室5个，救助学生3.18万名（其中救助小学生2.62万名，资助中学生5 146名和大学生444名）。

【西部开发助学工程】　2006年，市委宣传部、市文明办和市教育局把符合条件、品学兼优、家庭贫困、考入重点大学的7个县的7名贫困生推荐为“西部开发助学工程”资助对象。至此，“西部开发助学工程”实施7年来，全市共有49名大学生得到资助。年内，全市又有10名品学兼优、家庭特别困难的初中生被推荐到高中“宏志班”——昭通一中学习。

【劳动力培训转移】　2006年，全市投入补助资金230万元，开展劳动力转移培训。全市共建有1个国家级、4个省级劳动力转移培训示范基地，共培训转移农村劳动力4 000余人，年均实现劳务收入2 755万元。投入资金190万元，在富源、会泽两个国家扶贫开发重点县组织引导性培训，转移输出农村富余劳动力2万余人，年均实现劳务收入1.3亿元，打工经济成为农民增收新亮点。

【残疾人康复】　2006年，全市残疾人“人人享有康复服务”目标纳入卫生及有关部门和残疾人事业“十一五”发展纲要。市级财政预算补助经费22万元，完成白内障复明手术2 209例。投入聋儿语训设备购置补助经费26.6万元，在曲靖特教学校开办聋儿语训班，市、县两级各补助每名聋儿1 000元，收训聋儿9人，训练效果明显。市级配套到位经费15万余元，宣威市、马龙县精神病康复防治工作按要求开展，监护病人6 149人，接受治疗精神病人1 231人，接受康复训练病人560人，解除关锁病人12人，接受医疗救助病人206人。市假肢站工作到位，假肢装配者自筹与县级残联补助相结合，装配小腿假肢76例。配合协调劳动与社会保障、卫生、民政等部门，将城镇残疾职工纳入“城镇职工基本医疗保险”，将农村残疾人纳入“新型农村合作医疗”制度。确定麒麟区等县、区为残疾人社区康复工作单位。

【司法为民】　2006年，全市两级人民法院建立诉讼“绿色通道”，对弱势群体诉讼提供便利。基层法院进一步完善立案双轨制，当事人到院机关和中心法庭均可办理立案手续。全市法院因地制宜推出假日法庭、电话预约办案、巡回办案，试行远程电子签章等司法便民措施，提高办案效率，方便群众诉讼。进行诉讼指导，让当事人充分、正确地行使自己的合法权益。加大司法救助力度，保障经济困难的当事人打得起官司。全年为弱势群体缓、减、免收诉讼费66.45万元，其中市中级人民法院为弱势群体缓、减、免收诉讼费15.37万元。为经济确有困难没有委托辩护人的293名被告人依法指定辩护人。继续推行司法文书专递措施，仅市中院就邮寄送达1 380件。

【畜牧养殖小区建设】　2006年，全市各县（市）区围绕“三村四化”新农村建设和畜牧产业化建设要求，把养殖小区建设作为转变畜牧业生产方式的一项重要措施来抓，小区数量在全省排名第一。全年全市共建成各类养殖小区157个，其中：生猪养殖小区81个，生猪存栏5.38万头（母猪1.28万头），出栏肉猪4.3万头，出售仔猪13.2万头；肉牛养殖小区16个，肉牛存栏8 640头，出栏肉牛6 578头；奶牛养殖小区5个，奶牛存栏699头；肉羊养殖小区44个，肉羊存栏3.94万只，出栏肉羊2.45万只；禽、兔养殖小区11个，禽、兔存栏72.86万只，出栏15.3万只。

【廉租住房建设】　2006年，市房管处在宣威、会泽、富源分别建设5 000平方米，马龙建设2 000平方米，合计1.7万平方米的廉租住房建设。目前中心城建设的1.5万平方米廉租住房全部完工，具备基本居住条件。罗平建设的5 000平方米廉租住房建设工作开始入住前申请、审批。

【城市公交】　2006年，市公共汽车公司完成营运里程1 501万千米，客运量5 579万人次。投入16台车辆，开通21路公交新线，公交线路增至17条，整体运营能力进一步提高。成立四分公司，于7月26日正式启动沾益公交营运。沾益片区共有3条公交线路，43台公交营运车辆。加强安全服务管理，扭转由于个体经营造成的运营不规范、服务质量差的问题，树立安全、正点的公交服务形象。按照优化线网结构的要求，通过对各条线路各个时期和时段营运情况调查，对部分线路的运力布局和班次结构做适当调整，使各条线路的运力配置逐步趋向饱和，满足大多数乘客的出行需求。

【云南煤化工（曲靖）基地】 2006年，云南煤化工（曲靖）基地管理委员会认真推进园区建设进程，使煤化工园区逐步呈现项目启动快、投资力度大、发展后劲足、社会和经济效益双赢的良好局面，成为全省走在前列的重点园区之一。年内，园区已有入驻企业6户。园区企业共有在岗员工5 600余人。至年末，完成工业总产值33亿元，比上年增51.09%；工业增加值7.74亿元，增51.17%；销售收入28.3亿元，增39.23%；利润1.66亿元，增28.68%；上缴税金1.27亿元，增7.64%；固定资产投资完成27亿元。年内，曲靖煤化工工业园区被列为省级循环经济示范园区，云维集团列为全省循环经济试点企业。

【自然保护区】 2006年3月，会泽县黑颈鹤自然保护区被国务院批准晋升为国家级自然保护区，争取到国家自然保护区管护项目建设资金1 000万元。截至年底，全市共建各类自然保护区20个，总面积41.65万公顷，占国土面积的14.4%；共有管理机构20个，管理人员425人。其中国家级1个，面积1.29万公顷；省级4个，面积26.78万公顷；市级2个，面积10.78万公顷；县级13个，面积27.79万公顷。

【职业介绍】 年内，全市累计提供就业岗位3.47万个，完成目标任务的175%，失业人员实现再就业2.33万人，完成目标任务的111%。其中：持《再就业优惠证》人员就业1.52万人，完成目标任务的105%，特殊困难群体再就业1 390人，完成目标任务的174%，城镇登记失业率为3.1%，控制在4%的年度宏观调控指标之内。输出农村富余劳动力9.12万人，完成目标任务的166%。其中：有序输出3.13万人，完成目标任务的156%。

【农民工子女入学】 2006年，全市义务教育阶段共接收进城就业务工农民子女2.58万人，其中：省外5 241人，其他州（市）3 038人，县（市、区）3 456人，农村进城1.41万人。在接收的小学阶段学生中，省外4 346人，其他州（市）2 500人，县（市）区2 904人，农村进城的1.16万人；初中阶段4 501人，其中，省外895人，其他州（市）538人，县（市）区552人，农村进城的2 516人。

【特殊教育】 2006年，全市有特殊教育学校1所，培智学校3所。共有特殊教育教学班32个，毕业学生316人，招生753人，在校生2 976人，其中：小学随班就读毕业201人，招生404人，在校生2 003人；初中随班就读毕业80人，招生294人，在校生520人。残疾儿童入学率93.73%。有教职工93人，其中专任教师81人，专任教师学历合格率100.00%。特殊教育校舍建筑面积1.31万平方米。

【农村电影“2131”工程放映】 2006年，曲靖市农村电影“2131工程”探索电影放映新模式，开拓农村电影放映新路子，采用“影企联姻”电影放映新方式，让企业和社会关心、参与农村电影放映工作。全年全市54支放映队在全市520个放映点放映故事片1 521部（次），科教片1 385部（次），共放映电影1.27万场，超额完成1 253场，观众达530万人次。

【卫生下乡医疗队】 2006年，市卫生局组织市直医疗卫生单位共13支卫生下乡医疗队，到9个县（市、区）开展以艾滋病、禽流感等重点传染病为主的防治知识宣传；开展巡回医疗、义诊服务、送医送药；培训农村各级各类医疗卫生人员；援赠医疗设备，建立双向转诊制度等活动。每支医疗队不少于8人，由单位领导担任队长，队员由中青年骨干组成。

【新型农村合作医疗制度】 2006年，全市9个县（市、区）87个乡（镇）1 157个村委会建立新型农村合作医疗制度，占全市乡镇数、村委会数的70.2%和72.3%；覆盖农业人口338.94万人，占全市农业人口数的67.2%。308.88万人参加合作医疗，占应参加合作医疗农民人数的91.1%，全年全市5个国家试点县共有468.91万人次得到合作医疗门诊和住院的医药费用减免补偿1.12亿元，平均每人次减免补偿24.03元，其中：门诊455.49万人次，减免2 418.33万元，平均每人次减免5.31元；住院13.42万人次，补偿8 849.897万元，平均每人次补偿659.41元，最高8 000元。

【城市居民最低生活保障】 2006年，城市低保工作全面实现动态管理、应保尽保。年内，市县两级配套低保资金635万元，按人均12元提高城市最低生活保障标准，全市符合条件的3.01万户、6.14万人全部纳入低保范围，全年新增7 799人，停发4 742人。累计支出保障金5 670.23万元，人均补差88元。城市医疗救助试点工作稳步推进。

【农村五保对象基本生活保障】 2006年，全市有敬老院85所，其中乡镇办68所，村办17所，敬老院占地2 086亩，建筑面积6.56万平方米，生产用地409亩，实有床位数1 669个。全市有五保对象2.15万人，已保1.6万人。其中：集中供养1 110人，分散供养1.49万人，未保5 360人。供养标准提高至720～3 600元，人均月供标准65元。全年支出供养资金1 319.85万元。

【农村特困群众生活救助制度】 2006年7月，将全市范围内常住的农业人口，因病、因残丧失主要劳动力，生活常年贫困的15.69万人纳入救助范围，并初步建立稳定的资金筹措机制，争取省级财政补助799万元，市级财政配套214万元，按每人每年120元的标准实施救助。全市共发放农村特困户生活救助

900.63万元。同时，探索建立农村低保制度，师宗县率先开展农村低保试点工作。年内，使用医疗救助资金258.02万元，救助农村困难群众14.13万人。其中：资助新型农村合作医疗13.97万人，按人均10元标准，支出139.2万元，新型农村合作医疗二次救助812人，支出71.84万元。未开展新型农村合作医疗的大病救助784人，支出46.98万元。

【敬老奉献典型】 2006年，全市涌现出一批敬老奉献先进典型，个人捐资50万元以上建盖老年活动中心（室）的有10人。师宗县王老贵等6人被评为敬老奉献先进个人，受到省政府的表彰，师宗县陈永明、毛绍聪、孙聪明、殷福荣等4人受到省老龄委表彰。在云南省"第十九届敬老节"表彰会上，富源县竹园镇久安煤矿矿长张路国被评为第二届"云岭十大孝星"；陆良县华侨农场孟国云等10人被评为全国"敬老孝亲之星"称号。在2006年"创建"活动中，马龙县纳章镇方郎村委会代乌村铁矿老板唐乔所捐资81万元建盖老年活动室和村小。师宗县丹凤镇文笔社区恩荣村梁永辉捐资400多万元建盖村完小，把原村完小投资18万元装修后作为文笔社区恩荣村老年活动中心。

（张鑫）

麒麟区

【概述】 麒麟区位于滇东高原中部，东与富源、罗平两县毗邻，南接陆良县，西连昆明市马龙、寻甸两县，北与沾益县接壤，总面积1 552.83平方千米。是曲靖市政治、经济、文化中心。区委、区政府驻城区南宁办事处，海拔1 850千米。距省会昆明135千米。全区辖5个街道办事处、3镇3乡，80个村民委员会，29个社区居委会。年末总人口66.57万人，其中非农业人口24.31万人，占总人口36.52%；少数民族人口2.65万人，占总人口3.98%。人口自然增长率8.35‰，人口密度每平方千米429人。

2006年实现地区生产总值172.58亿元，按可比价计算，增长15.3%，人均GDP2.62万元。一、二、三产业比重由上年的5.5:59.7:34.8调整为4.9:62.5:32.6，其中第一产业增加值84.66亿元，增长3.8%；第二产业增加值107.89亿元，增长19.3%；第三产业增加值56.22亿元，增长10.4%。工业总产值完成237.46亿元，增长26%。其中区属工业总产值35.5亿元，增长19.2%。主要工业产品产量：焦煤238.8万吨，增16.9%；水泥29.1万吨，增40.5%；发电5.39亿千瓦小时，增25.2%；化肥3.02万吨，减26.8%；汽车3.56万辆，减23.6%；卷烟327.3亿支，增2.1%。年内，固定资产完成投资63.76亿元，增长36.82%。农村经济总收入46.68亿元，增长10%；农业总产值14.71亿元，增长9.59%。粮食总产量1.65亿千克，减232.1万千克；烤烟移栽11.7万亩、收购1 592万千克，收购金额1.79亿元。粮经结构比调整为42.5:57.5。森林覆盖率30.86%。2006年，辖区内公路通车里程1 305千米。营运性客运量513.45万人，营运性旅客周转量5.45亿人/千米；完成货运量1 394.9万吨，货物周转量10.64亿吨/千米。年内完成邮电业务总量4.14亿元，程控电话交换机总容量28.51万门，年末固定电话机总数10.98万部，市话交换程控化比重达100%，移动电话用户39万户。计算机互联网用户3.4万户。全年社会消费品零售总额28.25亿元，增长14.02%。财政总收入8.71亿元，增长43%；地方财政支出7.27亿元。金融机构各项存款余额205.75亿元，增长17.06%，其中居民储蓄存款余额94.68亿元，增长16.94%；各项贷款余额141.62亿元，比上年增长4.94%。城镇居民人均可支配收入9 795元，比上年增加679元，增长7.4%。农民人均纯收入3 528元，增加321元，增长10%。在岗职工年平均工资18 441元，增加1484元，增长8.5%。

有各类学校278所，在校学生19.4万人。小学入学率99.76%，初中毛入学率99.99%。小学在校学生辍学率和初中在校生辍学率分别控制在0.01%和0.34%以下。有公共图书馆3个，文化馆（站、中心）14个，艺术表演团体2个。共组队参加省运动会和比赛三次。夺得团体第二名1个、第三名1个、第五名1个、第六名1个；共夺取金牌8枚、银牌7枚、铜牌9枚。有卫生机构38个，床位3 411张。

中共区委书记　许玉才（～2006.9.）、贺国飞（2006.9.～）

区人大常委会主任　李祥栩

区人民政府区长　贺国飞（～2006.10.）、傅学宾（2006.10.代理～）

区政协主席　顾晓富

【落实十件民心工程】 20个"三村四化"建设点建设工作顺利推进，金秀生态园建设全面完成；超额完成特困群众脱贫和安居工程任务，返贫率控制在5%以内；培训农村劳动力11.34万人次，新增转移劳力1.58万人；建设沼气池7 295口、节能改灶2 000户；石恩公路于4月底建成通车，完成乡村公路大修和改扩建42千米；中小学排危和校舍新建工程分别超额完成200平方米和5 000平方米；开发就业岗位5 327个，实现就业再就业4 564人；全面免除农村九年义务教育段学生杂费；建设基本烟（农）田12万亩；为全区9.66万农户购买了保额2 000元的民房火灾保险。

【麻黄工业基地建设】 麒麟区麻黄工业基地规划面积7.27平方千米，规划区内现已建成一定规模的企业7家，已建成的企业总占地面积1.2平方千米，资产总值6.3亿元，主要工业产品有卷烟原料、水松纸、卷烟用乳胶、复合肥、建材机械和生铁等。2006年规划区域内完成固定资产投资1.35亿元，工业总产值9.14亿元，实现销售收入8.44亿元，上交税金5 290万元，实现利润4 451万元，安排就业人员1 069人。

【魔芋产业化生产加工】 曲靖富力魔芋国家级重点产业化开发项目。该项目总投资2 768万元，其中：中央财政资金850万元，省级财政资金383万元，市级财政资金51万元，区级财政资金34万元，自筹资金702万元，银行贷款748万元。新建脱病毒魔芋良种繁育基地30亩、优质商品魔芋基地1.5万亩，厂房5 100平方米，购建魔芋干片加工线1条、魔芋精粉生产线2条、魔芋胶生产线1条、魔芋食品生产线1条、冷库制冷设备1套。项目建设任务完成后，年新增魔芋385万千克，新增总产值3 930万元，实现利税1 230.5万元，净利润638.1万元，新增固定资产1 694.8万元，直接受益农户1.5万户，新增农村劳动力就业1 000人，极大地促进了农业产业化调整进程和农业增效、农民增收的进程。

【扶持养殖龙头企业】 2006年，围绕"肉、奶、蛋、禽、兔"五大产业，按照"龙头+基地+协会+农户"的组织形式，重点扶持一批龙头企业，打造仔猪、牛奶、禽蛋、獭兔知名品牌。一是扶持肉食龙头，引入神农集团对区肉食开发公司控股，组建滇东食品联合开发有限公司，上马分割肉流水生产线，开发肉品精深加工，变原料优势为经济优势。全年开展定点屠宰猪、牛、羊19.9万头（只），着手在茨营规划新建瘦肉型良种猪场和肉猪养殖基地。二是培植乳品龙头企业，加大对珠江源乳业公司和三牛乳业公司的扶持力度。2006年6月曲靖三牛乳业公司正式投入生产，全区乳制品加工能力达110吨/天。同时，加大优质奶源基地建设，建有奶牛专业村1个、奶牛专业养殖小区4个，在建奶牛专业养殖小区1个，外引高产奶牛116头，经产奶牛存栏达700多头。三是依托腾飞禽蛋公司和大明公司，牵引禽蛋产业发展。"腾飞"和"大明"两公司禽蛋产品分别通过了国家农业部和省农业厅无公害产品认证，具有较好的品牌效应。四是依托利民獭兔公司，做大獭兔产业。共扶持獭兔规模养殖户40户，年出栏獭兔15万只，比2005年翻了一番，在五大产业中发展势头强劲。

【万人品尝烧烤长街宴】 10月22日，由曲靖市政府、省旅游局主办，麒麟区政府、云南省餐饮美食协会承办的"百味料、千米街、万人尝"烧烤长街宴，让大家过足了烧烤瘾。100个烧烤炉、400多张烧烤桌连排成片，每天晚上可容纳万余人共同品尝烧烤，如此规模大的烧烤长街宴，在日常生活中难得一见。经过现场公证，创下大世界基尼斯之最，载入上海大世界基尼斯记录。

【麒麟生态旅游文化城】 位于沿江乡大龙村委会马房村，总投资650万元，占地150余亩，是集根雕、奇石和盆景观赏，餐饮、休闲、垂钓、蔬菜瓜果欣赏、热带植物观赏、会议厅等游乐项目为一体的生态旅游观光园。生态文化城风格为具有文化特色的砖木结构，巧妙地融合在园林山水之中，力求原始、简洁。青山、翠竹、小桥、流水、田园，园中有园，景中藏景，整个建筑呈现恬静优雅的自然情趣，于2006年底正式开放。

【就业再就业工作有新成效】 2006年全区共开发就业岗位5 327个，完成指标的133%，实现就业再就业4 564人，完成任务的103%。其中城镇新增劳动力就业940人，完成任务的124%。下岗失业人员再就业2 661人，完成指标任务的102%。开发公益性岗位665人，完成指标任务的443%。"4050"人员再就业298人，完成任务的271%。实现新增劳务输出5 257人，新增劳动力转移1万人，共实现农村劳动力转移输出1.53万人，完成任务的152%。城镇登记失业率控制在2%，低于3.5%的控制线。

【医疗保险进一步完善】 截至年末，全区共有参保单位456家，认真按照《社会保险费征缴暂行条例》制定切实可行的征缴计划和措施，加强基金征缴，做到应收尽收，全年实收医疗保险基金2 310万元，基金收缴率达99%。在确保基金收缴到位的前提下，切实加强对各项医疗费用的审核、结算工作，杜绝不合理的医疗费用支出，千方百计确保基金收支平衡。截止11月底，为1 609名本地住院患者支付医疗费670万元，为145名异地住院患者支付医疗费100万元，500余名特殊慢性病患者支付医疗费45万元，共计支付统筹基金820万元；为11名工伤患者支付工伤保险基金8.5元万，为20名生育患者支付生育费3万元，支付离休、二等乙级人员医疗费170万元。

（邓永平）

宣威市

【概述】 宣威市位于云南省东北部，东与贵州省盘县接壤，南与富源、沾益两县相连，西与会泽县隔牛栏江相望，北与贵州省威宁、水城山水相依，总面积6 069.88平方千米，市区距曲靖市府驻地102千米，距省会昆明204千米。2006年年平均气温14.2℃，较历年平均值偏高0.8℃，总降水量804.9毫米，较历年平均值偏少17%。2006年，辖26个乡（镇）、街道社区，331个村委会，25个居委会。2006年末，总人口142.06万人，其中非农业人口13.85万人，少数民族9.42万人。人口自然增长率为7.98‰。

2006年，全市生产总值79.02亿元，按可比价格计算，比上年增长14.2%，其中，第一产业增加值17.31亿元，增长4.6%；第二产业增加值37.6亿元，增长19.1%；第三产业增加值24.11亿元，增长14.5%。三次产业结构由上年的23.9∶45.3∶30.8调整为21.9∶47.6∶30.5。2006年，农、林、牧、渔及其服务业实现现价总产值30.97亿元，比上年同期增长9.78%。粮食总产量4.9亿千克，比上年减2.02%，畜牧业总产值19.35亿元，比上年增23.72%。年末，宣威市生猪存栏140万头，比上年同期增加10万头，增长7.59%；肥猪出栏175.01万头，肉类总产2.10亿千克。烤烟种植1.81万公顷，烤烟收购量为73.5万担，收购金额为4.29亿元。辖区工业实现总产值77.92亿元，现价比上年同期增长23.43%。2006年通车里程7 361.3千米，全年公路客运量1 163万人，旅客周转量9.41亿人/千米，货运量134.7亿千克，货运周转量6.19亿千米；铁路客运量47.39万人，旅客周转量3 246.5万人/千米，货运量22.50亿千克，货运周转量为5.97亿吨/千米。邮政电信业务总额实现2.11亿元。有固定电话用户5.57万部，移动电话用户26.44万部，每百人有电话24部。因特网用户8 270户，其中宽带用户7 653户。年内共接待国内游客38.86万人次，接待海外游客12人，实现旅游业总收入1.64亿元。财政总收入11.96亿元，比上年同期增长21.54%。农民人均纯收入达2 170元，比上年增8%；在岗职工年平均工资19 631元。居民储蓄存款41.09亿元，比上年同期增长19.07%。居民消费价格总指数102.07。1.27万名城镇居民领取最低生活保障金，有7.01万户次、14.88万人次得到城镇居民最低生活保障救济，保障金额1 089.95万元。年末，有各类学校1 118所，教职工1.33万人，在校生28.97万人。有医疗卫生机构94个，卫生专业技术人员1 295人。

中共市委书记　李正阳（～2006.9.）、朱兴友（2006.9.～）

市人大常委会主任　缪多菊(女)

市人民政府市长　朱兴友（～2006.9.），代理市长夏新建（2006.9.～）

市政协主席　沈庆美

【商贸流通】　2006年，宣威市社会消费品零售总额完成26.27亿元，比上年同期增长16.8%，其中：批发零售贸易业完成23.11亿元，比上年同期增长15.1%；住宿餐饮业完成3.16亿元，比上年同期增长31.1%。个体私营经济完成22.01亿元，比上年同期增长18%，占宣威市社会消费品零售总额的83.78%。全年外贸进出口总额实现2 885万美元，比上年增长13.2%；其中：进口1 195万美元，比上年减29.6%；出口1 690万美元，比上年增长98.6%。

【城市化水平提高】　2006年底，宣威市城市道路总长达137.5千米，人均城市道路11.63平方米；城市建成区面积达20.49平方千米；市域总人口142.5万人，城镇总人口40.6万人，城区人口19.6万人，城镇化水平达28.5%；城市建成区绿化覆盖面积104.3公顷，绿化覆盖率8.39%，人均拥有公共绿地4.23平方米；有城市出租汽车495辆，公交车6路，营运线路86千米；城市年供水总量380万立方米，年产值570万元；有城市路灯1.2万盏，灯亮率98%；集镇规划区面积达57平方千米，建成区面积35.5平方千米；新建集镇道路8.93千米，面积23.15万平方米。

【获奖文艺作品】　2006年，宣威市各艺术门类共创作各类文艺作品1 190件，比上年增43.7%，其中文学作品186件，省级及省级以上报刊发表10件，地、市级报刊发表176件，云南民族出版社出版了管仕斌的小说集《浮出人海》、作家出版社出版了杨光永诗集《杨光永诗选》；艺术类作品1 084件，增48.9%，其中省级获奖2件，樊同伟创作的剧本《唐伯虎落第·画誓》获云南省花灯调演创作二等奖，热水镇吉科村苗族表演队表演的舞蹈《芦笙情》获云南省社会文化最高奖——彩云奖铜奖。宣威市文化馆被省文化厅、省人事厅授予“文化工作先进集体”称号。

【农村合作医疗】　2006年，有110.24万人参加农村合作医疗，参合率为92.34%，筹集合作医疗基金5 512.19万元，年内门诊减免217.64万人（次），减免金额1 038.86万元，平均每人（次）减免4.77元；住院补偿3.96万人（次），补偿金额3 913.24万元，平均每人（次）补偿988.46元，大病住院补偿金额占资金总支出的79%。

（耿文江）

陆良县

【概述】　陆良县位于云南省东部，曲靖市南部，东临罗平县，西靠昆明市宜良县，南连师宗县和昆明市石林县，北接麒麟区、马龙县。总面积2 019平方千米，境内陆良坝子为云南省第一大坝，总面积达772平方千米，占全县总面积的38.2%。辖11个乡镇、农场，138个村委会。县城距曲靖市府驻地60千米，海拔1 045米。年均气温14.7℃，年降雨量979.6毫米。2006年末全县总人口61.99万人，其中非农业人口6.87万人，人口自然增长率5.53‰。

2006年，全县实现生产总值47.79亿元，增长15.1%；一、二、三产业比重由上年的37:35:28调整到35:37:28，其中，第一产业增加值16.92亿元，比上年增长9%；第二产业增加值17.84亿元，增长24.3%；第三产业增加值13.02亿元，增长12%。农村经济总收入28.41亿元，增长14.53%。粮食总产量25.31万吨，增长5.81%；烤烟产量2.45万吨，比上年减少1.66%。工业总产值（现价）完成46.5亿元，比上年增长32.33%。全年完成货运量833万吨，比上年增6.08%；货物周转量3.37亿吨/千米，比上年增长15.20%；客运量757万人，比上年增长1.70%；旅客周转量3.26亿人/千米，比上年增长4.30%。全年完成邮电业务收入9 943万元，增长19.05%。年内发展固定电话用户3.27万户、宽带网数据用户3 435户、电信通信用户4 616户；移动通信业务收入7 540万元。财政总收入4.32亿元，增长15.90%。农民人均纯收入3 057元，比上年增加251元，增长8.95%。全部职工平均工资17 002元。电视覆盖率 92.7%，广播覆盖率 97.4%。全县共有各类学校 164 所，在校学生 12.23 万人，教师6 076人。小学入学率达 100%，巩固率 99.8%；初中入学率达 99.5%，巩固率 99%。年末，图书馆接待读者 8.5 万人次，图书流通达 9.3 万册。医疗卫生院、所 15 个，各类卫生技术人员1 162人，床位 862 个。

中共县委书记　张向前（～2006.6）、尹耀春（2006.6～）

县人大常委会主任　孙建国

县人民政府县长　唐宝友（2006.3～）

县政协主席　郑学荣(2006.6～)

【陆良师范下放县级管理】　6 月 9 日，陆良师范学校正式移交陆良县管理。陆良师范创办于 1988 年，初期实行“地县共管、以县为主”，1994 年收交曲靖市管理。建校 18 年来，为全市基础教育输送了7 000多名毕业生，其中绝大多数已成为中小学校教学骨干，有数百人担任了县乡党政领导干部和中小学校长。1993 年被国家教委中南西南师范教育考评组评定为“高速高效，治校有方”学校，1994 年达二级甲等办学水平，1999 年获云南省文明学校称号，2000 年被定为云南省一级三等中师学校，2003 年被评为云南省“校务公开，民主管理”先进单位。

【山乡小学来央视客人】　核桃村小学地处山区，有 20 多个教学班，500 多名学生。学校教育教学设施简陋，教学设备严重不足，校舍年久失修，学生学习条件极为艰苦。去年 8 月，中央电视台到陆良县挂职干部、县委副书记吴克宇到核桃村小学了解情况后，为该校学生捐赠了价值2 500多元的学习用品，并长期资助该校 5 年级一名贫困学生。中央电视台知道此事后，借每年都要组织的“十优青年”进行社会实践的机会，6 月 12 日，由机关党委书记张海鸽带队来到核桃村小学，为该小学捐赠电脑 2 台和价值5 000元的各种学习用品。当天，中央电视台的“十优青年”还为该校每个班级的学生们上了一堂生动有趣的课：央视新闻中心的播音员宝晓峰教会学前班小朋友汉语拼音，《走进科学》的记者陈晓夏让同学们了解了有关南极的知识；总公司法律事务所律师王颖喆为同学们作了一些法律知识的启蒙，央视财务所财务人员韩艳丽让小朋友们了解了祖国首都北京……一堂堂生动的课，让孩子们增长了见识，开阔了视野，插上了理想的翅膀。

【技校生可“订单”就业】　2006 年，陆良县读技校的学生可实行“订单教育”，即到陆良县招生的大多数技校按“订单招生、定向就业”的教育模式，对学生实行入学、就业一条龙服务。技校与企业签订定向招生、委托培训。协议普遍约定招生，技校在严格执行劳动保障部门的总体教学培训要求的前提下，根据企业的生产工艺特点，调整增加教学培训内容，加强实际操作训练；新生用 1 年左右时间完成文化基础课和专业理论课学习后，到企业进行教学实习和生产实习，并在生产实习期间享受一定的补贴；学生毕业考试合格后，月工资普遍达 700 元以上，并办理国家规定的社会保险。

【培训农村经纪人】　6 月 14 日，陆良县工商局、农广校联合举办的全县首届农村经纪人培训班在县工商局开课。参加培训的对象主要是各乡镇经纪人、各农村协会负责人以及各工商所所长等 130 余人。

【彝族大三弦舞入省文化遗产保护名录】　在云南省政府公布的省第一批非物质文化遗产保护名录中，陆良县彝族大三弦舞名列其中。

（吴文）

会泽县

【概述】　会泽县位于云南省东北部，东临宣威市和贵州省威宁县，南与麒麟区和昆明市寻甸县交界，西连昆明市东川区和昭通市巧家县，北与昭通市鲁甸县毗邻。总面积5 854 平方千米，山区面积占 95%，坝区占 5%。县城海拔2 126米，距省会昆明 274 千米，距市政府驻地 254 千米。2006 年均气温 14℃，年均降雨量 774 毫米。2006 年末辖 21 个乡镇，15 个社区居委会，361 个村民委员会。总人口 94.22 万人，其中：非农业人口 7.15 万人，占总人口的 13.18%；少数民族人口 4.88 万人，占总人口的 5.18%。人口密度 161 人/平方千米，人口自然增长率 7.68‰。

2006 年，全县生产总值 53.56 亿元，比上年增 13.1%。其中：第一产业增加值 8.22 亿元，增 6.3%；第二产业增加值 34.04 亿元，增 16.2%；第三产业增加值 11.29 亿元，增 9.51%。一、二、三产业增加值占 GDP 比重由上年的 16:22:62 调整到 15:64:21。工业总产值 54.16 亿元，增 18.55%。农林牧渔业产值 18.02 亿元，增 20.95%，其中农业产值 7.05 亿元，增 19.73%。粮食总产量 2.89 亿千克，增 4.22%；烤烟1 000万千克，增 0.47%。畜牧业产值 10.15 亿元，增 20.66%。地方财政一般预算收入 3.64 亿元，增 10.25%。农民人均纯收入1 550元，增 9.59%，人均有粮 333 千克；城市人均可支配收入 9 567 元，增 6.08%。城市人均居住面积 23.99 平方米，农村人均居住面积 24.59 平方米。全部职工年平均工资 21 400元，增 15.56%。城乡居民储蓄存款 21.89 亿元，增 15.26%。城镇居民人均消费支出 5 942 元，增 3.26%。城镇每百户拥有固定电话 84 部，每百户拥有移动电话 136 部；农村每百户拥有固定电话 14 部，每百户拥有移动电话 27 部。全年客运量 319.26 万人，增 9.35%；客运周转量 1.6 亿人/千米，增 2.84%；货运量 468 万吨，增 29.95%；货运周转量 3.92 亿吨/千米，增 50.93%。全县有各类学校 577 所，在校学生 15.98 万人，专任教师7 454人。年末，全县有卫生医疗机构 428 个，其中乡镇卫生院 21

个，村级卫生所376个，个体诊所31个，拥有床位1 526张，专业卫生技术人员1 174人，其中医生853人。

中共县委书记　罗志明

县人大常委会主任　陈发文

县人民政府县长　尹耀春（~2006.6.），代理县长陈国宝（2006.6.~）

县政协主席　何禹清

【集镇建设】　全县村庄集镇建设工作有序推进，县域范围内已初步形成以县城为中心，者海、娜姑、迤车、待补镇为次中心，以集镇为纽带联系广大农村的城镇体系格局。2006年，全县21个乡镇新增住房面积26.42万平方米，新增公共建筑面积8 400平方米，人居环境逐步改善。

【人民生活】　农村人民生活：全年农民人均纯收入1 550元，人均比上年增加135元增长9.59%，人均有粮333千克，人均肉产量119千克。基础设施建设力度加大，农村私人固定资产投资完成投资额9 069万元，增长15.9%。农民居住环境继续改善，人均住房面积24.59平方米。城镇人民生活：城镇居民人均可支配收入9 567元，比上年增6.08%；人均消费支出5 942元，比上年增3.26%；人均居住面积23.99平方米；每百户拥有汽车4辆，摩托车28辆，电冰箱56台，家用电脑12台，固定电话84部，移动电话136部。

【农村合作医疗】　全县农村合作医疗工作运行良好，参加合作医疗率在2005年的基础上又有新提高，达95.5%。全年累计减免报销费用2 693万元，减免45.86万人（次）。

【农村劳动力转移输出】　2006年，会泽县委、政府出台《关于加强培育发展农村劳务产业的意见》，确定劳务输出的重点对象是失地少地的农民。一是建立农村劳动力转移就业培训基地。坚持先培训后输出，先培训后就业。二是本县就近就地转移与省外输出相结合。确定山东魏桥创业集团有限公司和广东韶山关市为劳务输出基地。年内输出农村富余劳动力59批1.88万人，其中：输出省外1 431人，省内1.08万人，县内6 541人。年末，全县累计转移和输出农村富余劳动力15.5万人，年创造劳务收入7亿余元。

【“万村千乡”市场工程】　2006年5月4日，会泽县被国家商务部列为“万村千乡”市场工程试点县。年末，在全县21个乡镇、106个自然村建设和改造农家店120个，成立配送中心2个，初步形成以城区为龙头、乡镇店为骨干、村级店为基础的农村消费流通网络，农村消费环境得到改善。

【扶贫】　全年共投入扶贫资金8 738.7万元。重点抓好七个方面工作：一是整村推进。实施省、市、县重点村86个（省70个、市6个、县10个），投入资金1 210万元，完成建设项目570件。二是劳务输出。投入输出经费90万元，输出1.88万人。三是产业扶贫。投入科技产业扶贫资金100万元，投放小额信贷扶贫款6 056万元。四是易地扶贫。易地搬迁127户500人，建安居房127套1.52万平方米，建基本农田320亩，修路12.7千米。五是库区移民扶贫。在金钟等8个库区移民乡镇实施扶贫，投入资金782.7万元，实施项目111件。六是挂钩结对扶贫。全县4 731名各级领导和干部职工与6 800户2.18万人结对，捐款捐物276万元，救助贫困学生3 937名。七是解决1.8万贫困人口温饱和巩固3.5万人的温饱问题。

【国家级黑颈鹤自然保护区】　黑颈鹤被称为世界珍禽，为中国三大国宝（黑颈鹤、大熊猫、金丝猴）之一，全世界仅4 000多只，到会泽越冬的就达2 000多只。2006年2月23日，会泽县大桥黑颈鹤自然保护区被国务院命名为国家级自然保护区。

（张德荣）

富源县

【概述】　富源县位于云南省东部，东接贵州省盘县、兴义，西连沾益县和麒麟区，南抵罗平县，北依宣威市，总面积3 251平方千米。县城中安镇，海拔1 880千米。距曲靖市政府驻地63千米，距省府昆明198千米。2006年年均气温13.8℃，年均降雨量1 100毫米。全县辖8镇3乡，160个村（居）民委员会，1 770个村（居）民小组，1 725个自然村。2006年末总人口73.76万人，比上年增长1.62%，其中非农业人口5.64万人，增长0.07%。少数民族人口6.03万人，占总人口的8.2%。人口自然增长率6.8‰。

2006年，全县实现生产总值58.57亿元，按可比价格计算比上年增长16.9%，人均GDP达到8 357元。一、二、三产业比重由24.9∶48.4∶26.7调整到21.9∶53.6∶24.5，其中第一产业实现增加值12.81亿元，增长3.3%；第二产业实现增加值31.37亿元，增长28.5%；第三产业实现增加值14.38亿元，增长8.4%。农村经济总收入45.65亿元，增长8.2%。粮食总产量2.62亿千克，增长2.71%；种植烤烟8 056公顷，产量1 643.5万千克，产值2亿元；畜牧业总产值（现价）7.4亿元，增长12.32%。工业总产值（现价）完成73.53亿元，比上年增长69.8%。全年客运量551万人次，比上年增长0.55%，客运周转量3.31亿人/千米，增长2.35%；货运量1 550万吨，增长19.96%，货运周转量7.12亿万吨/千米，增长4.99%。全县完成电信营业收入2 022万元，增长14.0%；完成邮政业务总量566万元，增长64.8%。每百户固定电话普及率为17.93部，每百人拥有移动电话16.86部。财政收入3.81亿元，增长42.4%。农民人均纯收入2 308元，比上年增长9.6%，粮食人均354.6千克。居民消费价格上涨2.1%。城乡居民储蓄存款21.87亿元，增长14.4%。职工年平均工资17 700元。有3.78

万户共7.71万人次享受城市低保。全县广播和电视人口覆盖率92.99%。年末，有线电视用户3.2万户，年内开通并新增数字电视用户800户。全县共有各类学校276所，在校学生15.87万人。年末，有县级文化馆1个，乡镇文化站11个，医疗卫生院、所19个，床位987个。

中共县委书记　梁志敏（～2006.9.）、宁德刚（2006.9.～）

县人大常委会主任　罗世雄

县人民政府县长　彭志能

县政协主席　陇聪明（彝）

【“珠治”块择河治理】　富源县是水利部公告的珠江上游南北盘江石灰岩地区水土保持重点治理县。2006年富源县被列入水土保持“珠治”项目县，批准富源块择河项目区治理水土流失面积96平方千米，建设起止年限2006～2010年。该项目区规划总面积226.01平方千米，工程总投资1 857万元。富源县“珠治”块择河项目区治理是利民工程，富源县人民政府高度重视，加强资金管理、加强项目按计划实施，加强工程建后管理，确保了各项目建设按质按量有序进行。本着标准打造典型示范工程建设精品小流域要求，以改善生态环境、恢复生态平衡、控制水土流失、合理开发利用土地资源为目标，实施立体连片开发，建立层层设防、节节拦蓄的综合防治体系，对山、水、林、田、路实施综合治理。2006年，中央下达水土保持项目块择河项目区综合治理资金135万元，其中国债资金80万元，中央预算内专项资金55万元，该工程于2006年7月24日正式启动，年内共完成治理面积12.61平方千米，其中完成水保林建设5 800亩，封禁治理8 940亩，经果林建设1 264亩，坡改梯建设346亩，建成管引工程4.2千米。

【矿主捐款新农村建设】　富源县老厂乡充分利用当地煤矿企业多、工业经济效益明显的优势，在全县率先走出“工业反哺农业、煤矿支持乡村”的新农村建设路子，该乡35家企业共捐资3 000余万元用于“三村四化”新农村建设，占全县101个矿企自愿捐资的50.34%，形成“政府搭台，企业唱戏，农民受益”的氛围。2006年，老厂乡坚持实施环境工程，搞好矿村共建，改善农民生产生活条件、提高村庄环境质量、夯实农民发展后劲，从源头上解决了农民行路难等生存环境。

【加强食品安全监管】　2006年，县质量技术监督局与全县84家食品加工企业签定食品质量安全承诺书，明确11个食品质量安全监督员和182名协管员，充分发挥11名食品质量安全监督员、182名协管员和群众力量，夯实监管基础，加大监管力度，完善举报奖励制度，形成群防群治的食品安全工作机制，建立健全群众参与、全程监督、依法维权的食品安全监督体系。县工商局与全县359户食品经营单位签定《食品安全责任书》，并在经营店内张贴《食品经营者自律制度》。县卫生局进一步加强食品生产经营单位安全责任意识，继续深入推进实施“食品安全保证金制度”，与全县食品生产经营户签定《富源县食品卫生安全监督管理目标责任书》。

【富源魔芋产业】　2006年，全县种植魔芋7.75万亩，实现产量12.6万吨，产值2.3亿元，魔芋种植面积占全市的73.6%，占全省的40%，老厂乡和富村镇分别被中国魔芋协会誉为“魔芋种植第一乡”和“中国魔芋第一镇”。全县以实施国家农业（魔芋）标准化示范县建设为契机，以有机魔芋基地建设和出口基地建设为重点，加大科技推广力度，通过示范带动全县魔芋生产发展，县财政安排150万元扶持资金设立魔芋生产资金专户，由县魔芋产业领导小组监督使用。

【大河乌猪】　大河乌猪是在原地方良种大河猪（乌金猪）的基础上引进杜洛克良种猪进行杂交选育而成，2002年经过国家畜禽品种审定委员会审定，确定为全国仅有的两个国家级地方品种之一，在全国推广。全县有规模饲养优质母猪技术示范户1 878户，规模肉猪养殖户5 926户，加工销售体系正在形成。2006年生产仔猪60万头，肥猪50万头，畜牧业总收入3.3亿元，占农业经济总收入的44.85%。在大河乌猪产业发展方面，突出抓好大河乌猪核心群、扩繁群、生产群、改良网点和动物防疫体系、市场体系、加工体系建设。在原产地的大河镇及邻近的营上、竹园镇重点发展仔猪生产，在其余的8个乡镇重点发展肥猪生产，在县城及大河、营上、黄泥河、富村等区位、交通条件较好的乡镇建立生产批发交易市场和屠宰加工场点，发展科技示范户、规模养殖户和运销、加工户，并着手建立大河乌猪无公害食品生产基地和大河乌猪鲜肉专卖市场。

（樊联奎）

罗平县

【概述】　罗平县位于云南省东部，滇、桂、黔三省（区）结合处。东与贵州兴义接壤，东南与广西壮族自治区西林县隔河相望，西南与师宗县为邻，西至北界分别与陆良、麒麟、富源三县（区）交接。总面积3 018平方千米，山区面积占78%，坝区面积占22%，西经石林至昆明207千米，北距曲靖市府驻地132千米，324国道及南昆铁路横贯县境。年均气温15.6℃，年降雨量1 461.9毫米。全县辖6乡，7个居民委员会，147个村民委员会，1 244个自然村，1 771个村民小组。2006年末总人口56.97万人，其中非农业人口4.76万人，占8.36%；少数民族人口7.31万人，占12.82%；人口自然增长率6.08‰。

2006年，实现生产总值45.467亿元，增15.3%，人均GDP 7 980元。一、二、三产业比例由上年的25.0:42.5:32.5调整为24.16:42.97:32.87，其中第一产业完成增加值10.98亿元，增7.3%；第二产业完成增加值19.54亿元，增19.4%；

第三产业完成增加值14.94亿元，增16.1%。2006年，完成农、林、牧、渔业总产值19.1亿元，增15.61%，粮食总产量1.95亿千克，增5.57%，其中畜牧业总产值5.57亿元，增长9.98%。完成工业总产值30.18亿元，增20.3%，年末，全县公路通车总里程2 459.5千米。全年各种运输方式完成客运量279.29万人，客运周转量1.67亿人/千米；货运量180.42万吨，货运周转量1.32亿吨/千米。全年地方一般预算收入1.83亿元，比上年增13.4%；地方一般预算支出4.91亿元，比上年增23.8%。年末，金融机构各项存款余额23.81万元，增15.78%；各项贷款余额18.42亿元，增13%。在职职工年平均工资20 933元，农民人均纯收入2 439元，城镇居民可支配收入1.03万元，分别比上年增长12.5%、9.1%。全县有各类学校252所，在校学生10.97万人。适龄儿童入学率99.08%。全县有各种艺术表演团体180个，文化馆1个，文化站13个，公共图书馆1个。全县有线电视用户2.5万余户，覆盖11个乡镇72个自然村；数字电视用户2 000余户。全县有卫生机构18个，卫生技术人员1 353人，病床790张。

中共县委书记　朱德光

县人大常会主任　杨黎晖

县人民政府县长　高　阳

县政协主席　王琼芬

【第八届油菜花文化旅游节】　2月18日，2006年中国·云南·罗平第八届油菜花文化旅游节大型文艺演出《享受自然，走进罗平》在罗平县城菜花节主会场隆重举行。

【布依神话舞剧《太阳三姑娘》】　4月，反映布依族历史文化的文化产业项目大型神话舞剧《太阳三姑娘》成功上演。

【菜花节跻身“2005中国节庆50强”】　4月，罗平油菜花旅游节跻身“2005中国节庆50强”。

【被评为“中国旅游名县”和“2006年中国最令人向往的50大旅游胜地”】　8月26日，在“首届中国旅游精品推广峰会”上，罗平县被评选为全国18个“中国优秀旅游名县”之一。同月，在首届“2006年中国最令人向往的地方展播评选”活动中，九龙瀑布群风景区被授予“2006年中国最令人向往的50大旅游胜地”荣誉称号。12月，罗平县成功入选66个“中国文化旅游大县”之列。

【荣获国家卫生县城称号】　10月30～31日，全国爱卫办专家组对罗平县创建国家卫生县城工作进行了全面深入、认真细致的考核，全国爱卫办向全国爱国卫生运动委员会推荐，命名罗平县县城为“国家卫生县城”，这是继蒙自县创建“国家卫生县城”后西南三省第二家命名的“国家卫生县城”。

【“金色花海杯”山地自行车赛】　2006年3月，为丰富2006年中国云南罗平油菜花文化旅游节活动内容，在罗平县多依河风景区举办“金色花海杯”山地自行车赛，来自广西、会泽和罗平的70名自行车爱好者参加比赛，通过紧张激烈的角逐，李鹏飞、查丽仙分获男、女组第一名。

【纳税企业享受减免、退税政策】　2006年，全县受理审批生产经营农业生产资料企业、国有粮食购销企业申请减免增值税52户，减免增值税424.99万元；受理民政福利企业增值税申请退税4户，退增值税396.79万元；受理资源综合利用生产企业申请退税1户，退增值税53.45万元。合计减免退增值税875.23万元。全年受理减免企业所得税申请18户，累计减免企业所得税394.01万元，减免外商投资企业所得税295.01万元。

【帮助失业人员再就业】　2006年，罗平县建立劳动力市场“一站式”服务场所，为失业人员提供求职登记、职业介绍、《失业证》和《再就业优惠证》办理、培训申请等服务。同时，在鲁布革库区开发公司建立劳务市场，改善了城区临时务工人员寻业环境，免费为求职人员提供职业介绍；为下岗失业人员开展送政策、送技能、送服务、送岗位及落实社会保险补贴和岗位补贴的再就业援助活动；向城区务工人员宣传政策，提供岗位信息，帮助农村劳动力就业；积极开展创业和职业技能培训。全年培训656人，其中：失业职工536人（驾驶66人、电脑38人、创业培训432人）、城镇新增劳动力培训98人、退伍军人安置培训22人。开展民营企业招聘周活动，共组织11家民营企业，提供300余个就业岗位，动员下岗失业职工、农村富余劳动力和大中专毕业生等600余人参加应聘，达成招聘协议232人。发放《再就业优惠证》1 481本。为29名失业职工发放小额担保贷款29万元，认定商贸服务型企业23户，吸纳安置失业职工299人，享受社会保险补贴180.8万元。

【罗平县获“双拥模范县”称号】　12月，罗平县被省委、省政府、省军区命名为云南省第七届双拥模范县。

【农民上网卖农货】　2006年1月，罗平县马街镇建成农业信息网站，为农民增收致富有效提供信息平台，有效解决了农副产品销售难问题。全镇共在信息网上发布各种农产品供求信息30条，有广西、贵州、昆明等地客商到镇内购买生猪500余头，实现销售额30万元，油菜籽200余吨，实现销售额45万元，马铃薯50吨，实现销售额3万元。

【“美国牛角椒”落脚罗平】　2006年，罗平县充分发挥当地资源优势，采取“公司＋基地＋农户”的运作模式，由云南慷葆食品有限公司引进“美国牛角椒”定单种植1万亩获得成功，亩产3.6万吨，共计实现产值4 800余万元。

【全民爱卫清扫日】 为创建全国卫生城市，从2006年7月开始，罗平县将每月第一周的星期五确定为“全民爱卫清扫日”。

【爱心圆梦】 2006年，为解决贫困大学生“入学难”问题，在全县开展希望工程“爱心圆梦”活动，全县共捐资200余万元，对考取省外重点大学而家庭特别困难者，每个学生救助1 500元；考取省外一般大学和省内重点大学的学生，每人救助1 000元；考取省内一般大学，救助800元；对救助还难以维持学业者，帮助和指导其向银行申请助学贷款和实行自助以完成学业。全年全县共救助特困大学生105名，救助金额10.6万元。

【蜂产品综合开发】 罗平县蜂业基地项目中心充分利用自身技术优势，开发蜂产品系列获得成功，全年生产浓缩蜜168吨，礼品盒4 700盒，蜂王浆980瓶，花粉及各种瓶装蜜5.39万瓶，蜂胶片1 130瓶，销售礼品盒4 100盒，蜂王浆590瓶，花粉及各种瓶装蜜4.8万瓶，蜂胶650瓶，供给玉溪红塔物资有限公司脱水浓缩散蜜40吨，实现销售收入138万元。

【“小黄姜”地域商标注册】 2006年，“罗平小黄姜”地域商标在国家注册成功，标志着罗平县文化品牌向多元化、宽领域的方向推进。

【农村富余劳动力培训转移】 2006年，罗平县将劳务产业发展经费纳入县级财政预算。全年培训农民工2.14万人，经培训转移输出6 178人，全年新增转移输出农村富余劳动力1.05万人，新增转移就业收入9 921.1万元，农民人均工资性月收入457.8元，同比增加103.18元。

【油菜、生姜研究所】 油菜、生姜既是罗平的特色，也是罗平的特产。为建立与油菜、生姜两大产业相匹配的龙头企业及科研服务机构，罗平县于2006年11月22日正式组建“云南省农科院罗平油菜研究所”、“云南省农科院罗平生姜研究所”，采取政府+企业+科研机构的运作模式。

【“万村千乡市场工程”】 2006年，罗平县创建“万村千乡工程”获得成功，结合创办“两社一会”，构建农业生产资料、日用工业品连锁经营服务网络，以农资公司、批发公司为龙头，为农民提供货真价实的服务，逐步形成县、乡、村三级连锁经营网络。全年创办15个专业合作社、67个村级综合服务社，建立大型连锁配送（货）中心2个，发展乡级农家店12个，村级农家店28个，总营业面积1.5万平方米，经营品种1 200个。

（庞亚萍）

马龙县

【概述】 马龙县地处乌蒙山西南麓，位于云南省东部，东与麒麟区接壤，南与陆良县相连，西南与宜良县毗邻，西及西北与昆明市嵩明、寻甸两县交界，东北与沾益县相依。全县总面积1 614平方千米。2006年年均气温14.3℃，年降雨量893.5毫米。县城（沿昆曲高速公路）距省会昆明113千米，距曲靖市府驻地22千米。2006年，全县辖3乡5镇，2个社区、1个居委会，64个村委会，431个自然村，521个村民小组。年末总人口19.58万人，其中非农业人口2.13万人，占总人口的10.89%；少数民族人口1.41万人，占总人口的7.18%；人口自然增长率5.7‰。

2006年，全县生产总值11.4亿元，增13.2%。其中第一产业增加值3.26亿元，增6.2%；第二产业增加值4.2亿元，增19.8%；第三产业增加值3.94亿元，增12.7%。第一、二、三产业的比重由上年的30.6∶34.8∶34.6调整为28.6∶36.9∶34.5。实现农业总产值5.71亿元，增7%。粮食总产量7 426.7万千克，增1.7%；农民人均有粮425.7千克；烤烟种植6 740公顷，总产量1 351万千克，收购总值1.68亿元；畜牧业现价总产值1.86亿元，增8.5%。工业总产值20亿元，增23.3%。财政总收入1.9亿元，地方财政一般预算收入1.01亿元，首次突破亿元大关。农民人均经济纯收入1 960元，增10.1%；城乡居民储蓄存款7.35亿元，增16%；在岗职工人均年工资20 179元，增28.2%。居民消费价格指数101.4%。农村家庭恩格尔系数54.8%。有2.61万人享受最低生活保障。电视综合覆盖率91%，广播综合覆盖率94%。全年货运量115.39万吨，货物周转量4 941.6万吨/千米；客运量230.1万人，旅客周转量5 292.3万人/千米。全年邮电业务总量2 405万元。全县有各类学校93所，在校学生4.08万人，教师2 098人。小学入学率99.03%，辍学率1.19%；初中入学率99.48%，辍学率1.93%，升学率60.8%。年末，有文化馆、图书馆各1个，有各类卫生机构14个，医疗单位118户，有病床307张。

中共县委书记　聂祖良

县人大常委会主任　鲁天龙

县人民政府县长　孟端平（～2006.1）、李　微（女，2006.2～）

县人民政府代理县长　李　微（女，2006.1～2006.2）

县政协主席　刘文开

【实施“万村千乡”市场工程】 3月，马龙县启动“万村千乡”市场工程，建设农村百货超市，提高农村商品流通，改善农村消费环境，力争实现城乡消费环境一体化。计划在2年内，在乡村建设日用消费品配送中心1个、农资配送中心1个、日用消费品农家店110个、农资农家店114个，形成以城区店为龙头、乡镇店为骨干、村级店为基础的农村消费经营网络，逐步减小城乡差距。年内，分别在4个乡镇各选择1户基础条件好、业主素质高、资金实力强、铺面宽、信誉度好、受当地群众好评的企业进行试点，到10月底，在4户试点企业的带动和影响下，有20个农家（农资）店进行改建、扩建。

【领导视察】 4月16日，全国党建研究会会长、原中央组织部部长张全景在省委组织部部长李江等领导陪同下到马龙视察新农村建设情况。

【建立医疗救助制度和医疗保障制度】 4月，出台《马龙县农村特困户医疗救助实施办法（试行）》、《马龙县城市特困居民医疗救助实施办法（试行）》，建立和完善农村、城市医疗救助制度，缓解农村患大病五保户和特困户家庭、城市特困户居民的困难。至年末，救助农村患大病五保户和特困户28人，救助金额2.73万元；救助城市特困居民9户，救助金额1.35万元。县保健院救助产妇83人，救助金额1.21万元。

【“四进村、常下乡”活动】 5月23日，云南省专家协会到马龙县纳章镇开展“科技下乡”暨马龙县“四进村、常下乡”活动。省专家协会组织的卫生医学、农业植保、畜牧等方面的20余位专家为当地群众开展义诊和咨询服务，现场发放价值3 000多元的药品；县直相关单位组织发放各类科普、实用技术等宣传资料5万余份；昆明市女知识分子联谊会文艺演出队和纳章镇业余文艺演出队联合演出文艺节目。全镇5 000余名干部群众参加了活动。全年，开展送科技下乡30余次，送科技图书4万余册；到农村举办各类文化培训班10期；组织医疗卫生单位到农村开展医疗服务6次，免费为群众健康体检3 000余人，诊疗病人1 200人，为基层培训医务人员100余人（次）；入户开展法律服务50余次，举办法律培训20余场（次）。

【“深沟鸡”注册商标通过批复】 5月，马龙“深沟鸡”注册商标通过国家工商总局批复。

【“绿满马龙”义务植树绿化行动】 7月，马龙县启动实施“绿满马龙”义务植树绿化行动，将全县现有的宜林荒山荒地、林中空地、疏林地共2 865公顷分配到全县101个责任单位及驻马龙部队进行绿化。该行动计划用3年时间，预计总投资1 000万元，人均绿化任务17.8亩，使全县境内的城镇面山、交通干线、主要河流水系以及生态脆弱区宜林地段全部绿化达标，新增林地面积4 600公顷，森林覆盖率达到52.4%，实现山川秀美、环境优美、生态良好的目标。年内，开挖预整塘1 333.33公顷，植树1 226.93公顷295.93万株，完成植树任务的42.82%；参加植树造林人数11.71万人，占全县义务植树适龄人口12.27万人的95.4%。

【扶持发展黑山羊产业】 7月，出台《黑山羊产业发展意见》、《黑山羊产业实施细则》等扶持政策。对新增养殖户，经验收合格，分别给予一次性现金扶持。即规模达50～100只的给予一次性扶持资金5 000元；100～200只的扶持1万元；200～300只的扶持2万元；300～400只的扶持6万元；400～500只的扶持8万元；500只以上的扶持10万元。对现有养殖大户，改厩每平方米补助100元，农田种草每亩补助180元。年底共投入扶持资金400余万元，新建养殖小区5个，扶持发展养殖300只以上15户，50～100只322户，100只以上专业户60户；改卫生高床漏厩2.5万平方米。

【王海燕荣获“FAO世界粮食安全突出贡献奖”银奖】 10月，马龙县通泉镇大龙井村民委员会老角寨村农民王海燕在联合国粮食及农业组织（简称FAO）在泰国曼谷举办的“世界粮食日”纪念活动大会上，荣获“FAO世界粮食安全突出贡献奖”银奖。

【新型农村合作医疗试点】 年内，继续在通泉镇实施新型农村合作医疗制度，有2.1万人参合，占全镇总人口的95%，参合农户覆盖7个村委会，覆盖率100%。全镇累计门诊1.27万人（次），共报销医疗费用28.18万元（补偿医疗费用6.72万元，报销医疗费用21.47万元）；镇卫生院人均门诊收费由原来的47.15元降至35.75元。年内，马龙县被列为新型农村合作医疗制度中央补助试点县，11月21日正式启动，至12月31日，全县农民集资全面结束，参合率达90%以上。

【创建“文明公民学校”】 年内，马龙县在精神文明建设中，结合“三村四化”新农村建设，在农村小学、农村文化户、党员活动中心、村委会等建立“文明公民学校”。主要开展民族精神、思想道德、科学知识、文明礼貌、精神文明、“三村四化”新农村知识等教育，培育“四有”新型农民。年末已在纳章、通泉、月望、马鸣四个乡镇建立“文明公民学校”。

【扶贫】 年内，总投资535.17万元，实施扶贫工程104件，建成省级重点村10个、市级重点村5个，完成2个村54户207人的易地搬迁工作，解决了830人的温饱问题，巩固已解决温饱人口4 500人。为3 113贫困户提供创业资金小额扶贫贷款200万元，完成低收入人口扶贫4 500人，发放低保专项资金184.5万元，保障了1.25万户2.62万人（次）城镇贫困人口的基本生活需求。

（柳石英）

师宗县

【概述】 师宗县位于云南省东部、曲靖市东南部，东与罗平县接壤，东南与广西壮族自治区西林县隔江相望，南连文山州丘北县，西南与红河州泸西县毗邻，北接陆良县。总面积2 740.81平方千米，山区面积占90%。属典型的山区农业县。县城驻丹凤镇，海拔1 850米。南昆铁路过师宗境内52.7千米，距曲靖市府驻地127千米，距省会昆明186千米。2006年均气温14.9℃，年均降雨量1 152.2毫米。辖4镇4乡，

104个村民委员会，5个社区，792个村（居）民小组。2006年末总人口38.78万人，有壮、彝、苗、回、瑶等世居少数民族，人口占16.8%。人口自然增长率8.45‰。

2006年，全县国内生产总值26.79亿元，比上年增长13%。三次产业结构由上年的32.6∶35.7∶31.7调整为30.7∶41∶28.3。其中，第一产业完成增加值8.22亿元，比上年增长9.3%；第二产业完成增加值10.98亿元，比上年增长12.6%；第三产业完成增加值7.59亿元，比上年增长17.97%。实现农业总产值12.1亿元，增长15.39%。粮食总产量14.7万吨，增长7.6%；烤烟产量1.95万吨，增长2.2%；畜牧业总产值（现价）4.33亿元，增长8.66%。工业总产值（现价）完成18.51亿元，比上年增长12.71%。地方财政一般预算收入1.5亿元，比上年增长24.1%。农民人均纯收入2 061元，比上年增长10.6%。城乡居民储蓄存款余额11.39亿元，比上年增长13.82%。职工年平均工资14 509元，比上年增长4.47%。居民消费价格总指数102.07。有3 329人享受最低生活保障。电视覆盖率87.5%，广播覆盖率93%。全县公路通车里程2 210.6千米，全年完成客运量474.28万人次，客运周转量2.76亿人/千米，完成货运量4 266.5万吨，货运周转量4.27亿吨/千米。全县共有各类学校197所，在校学生8.24万人，教师3 884人。全县有电影放映单位1个，专业文艺演出队1支，业余演出队160支，文化馆1个，公共图书馆1个。医疗卫生机构16个，病床763张，每千人拥有卫生专业技术人员1.81人。

中共县委书记　孙　燕（女）

县人大常委会主任　刘怀忠（壮）

县人民政府县长　刘绍安（～2006.6），代理县长王建忠（2006.6～）

县政协主席　何平华（回）

【干部入村解难题】　师宗县抽调300名干部蹲点119个村委会与群众同吃、同住、同劳动，进村入户指导“万元增收计划”工作，积极为广大群众解决困难和问题450余件。

【能人带动促发展】　师宗县把实施“能人带动工程”、“能人经济”作为实施“万元增收计划”的切入点和突破口，为1万余名各类致富能人建档立卡，制作、印发《致能人朋友的一封信》4.12万多份，在县电视台连播《“能人带动工程”倡议书》，调动广大能人的积极性。通过宣传发动，“能人们”共捐资2 370.9万元投入新农村建设，其中，种植蔬菜5 533公顷，实现产值1.3亿元；发展黑山羊16.2万只，其中养殖规模1 000只以上的14户；种植花卉667公顷，实现产值900多万元。

【农村旧貌变新颜】　全县共整合资金5 936万元投入新农村建设，重点投在农村经济发展和村庄环境整治方面，精心打造10个重点建设村，形成了村看村、户比户的格局。全县共硬化村庄道路140余千米，改厕4 087个，美化房屋50万平方米，新建沼气池3 859口，改造危旧房1 626间，改水5 875户，绿化村庄30余万平方米。

【培育新型农民】　在新农村建设中，师宗县丰富了农民实用技术学校、村党校、文明公民学校的培训内容，采用课堂讲授、现身说法、实地参观等形式教学，在县电视台开设《“三村四化”大家谈》专栏，在市级以上媒体播（发）文章（图像）700余篇（条）。年内，全县共组织培训600余场次，参训农民达4.4万人。

【农村养老保险】　年内，做好参加农村养老保险人员的个人帐户储存额、支付、继承等环节的微机管理工作，规范参保人员档案和个人帐户的管理，加大农村养老保险政策的宣传，扩大农保覆盖面，完成农村养老保险扩面802人，对192名到期领保人员共发放养老金2.26万元，领取农村养老金人员可在当地信用社领到养老金。

【就业和再就业】　全面落实就业和再就业各项优惠政策，积极探索建立市场经济条件下的就业长效机制。年内，共提供就业岗位2 353个，其中，开发公益性岗位56个，失业人员实现再就业706名，持《再就业优惠证》人员实现再就业609人。同时，对特殊困难群体人员的再就业实施援助和帮助，全县城镇登记失业率控制在2.6%，比上年降低0.4%。

【劳务输出】　积极推行“培训—就业—维权”三位一体的工作模式，年内，完成转移输出农村富余劳动力8 708人，其中，有序输出1 420人。对农村富余劳动力进行职业技术培训186人，组织创业培训106人，组织农民工输出前技能培训656人。在县城和乡镇开展“春风行动”，提供就业岗位信息，为找岗位就业人员提供便捷服务；创建农村劳动力跨地区输出就业运作服务体系和滇粤劳务合作长效机制；与广东鹤山市建立了长期劳务合作关系，为外出务工人员提供全方位的后续管理服务。

【帮扶农村独生子女家庭】　至2006年底，全县办理农业人口独生子女父母光荣证3 333户，发放各种奖励金300余万元。对农村独生子女家庭拓宽帮扶范围，开展献上一片爱心、送上一包化肥、一斤种子、一份农药、一条信息、一个思路、帮助解决一个困难的“七个一”帮扶活动；选择农业人口独生子女户、双女户各10户，每户补助1 000～1 500元，帮助修建人畜饮水地窖或家庭生活沼气池；开展计划生育好、子女教育好、家庭和睦好、邻里关系好、勤劳致富好的“五好五星级计划生育模范户”评选活动，每个村委会评选一户，每户奖励200元。

【残疾人康复】　年内，对0～14岁儿童免费药物防疫，共发放药丸3

万套；发放《社区康复知识卡片》、《康复普及读物》、《脑瘫儿童康复训练图解》近300份；完成白内障复明手术100例，人工晶体植入率100%，脱残率98%以上；假肢装配3例，肢体残疾康复训练6例，听力残疾语言训练5例，智残儿童康复训练3例，脑瘫儿童康复训练2例，低视力康复训练6例；用具用品供应100件。

【举办农村文艺汇演】 师宗县农村文艺汇演以“构建和谐师宗，共创美好家园”为主题，汇集全县8个乡镇260名农民演员，表演舞蹈、歌曲、小品、器乐、花灯小戏、快板、模仿秀等45个节目。节目形式多样，自创类占80%，少数民族题材的占60%，充分反映了改革开放以来师宗农村发生的新变化、新风尚和新面貌。

【救灾救济】 年内，师宗县遭受霜冻、干旱、洪涝、滑坡等自然灾害侵袭，受灾群众11.4万人次，因灾死亡2人，农作物受灾面积5 590公顷，绝收1 589公顷，灾区民房倒损166间，直接经济损失3 478万元。县政府一方面做好灾民安抚工作，一方面及时开展救济，划拨救灾款70万元，救灾粮食20万千克，发放棉被400床、毛毯400床，解决3 250户2.2万人生活困难。

【最低生活保障】 师宗县认真做好城镇居民最低生活保障工作，做到阳光化、制度化、规范化，对保障对象实行三个月一申请、入户调查、民主评议、张榜公示、年底调查等制度，做到应保尽保。年内，低保标准由153元提高到165元，全年纳入低保对象1 707户3 329人，发放最低生活保障金263万元。

【救助贫困学生】 成立师宗县扶贫助学基金会，建立“政府主导，社会参与，勤工俭学”的贫困生救助制度，年内共筹资112.82万元，发放救助资金101.35万元，救助贫困学生6 100名，救助率达17%。认真落实“两免一补”政策，落实国家提供免费教科书1.38万套，占义务教育段贫困生的43.65%。享受寄宿制经费学校43校，5 000余名小学生享受生活补助。开展希望工程“爱心圆梦”助学活动，对受资助的贫困大学生发放救助资金9.8万元。

（董定有）

沾益县

【概述】 沾益县位于云南省东北部，曲靖市中部，东邻富源县，南连麒麟区、马龙县，西接会泽县、昆明市寻甸县，北与宣威市毗邻。县政府驻西平镇，县城海拔1 884米。距省会昆明151千米，距市政驻地13千米。总面积2 801.1平方千米，地势北高南低，低山、缓丘、湖盆交错，山地面积占84.03%，平地占15.97%。2006年均气温15.1℃，降水量912.0毫米。辖3镇5乡，村（居）委会122个，村（居）民小组859个，自然村1 208个。2006年末总人口40.56万人，其中非农业人口4.83万人，有汉、彝、回、苗4个世居民族。人口自然增长率6.4‰。

2006年，全县实现生产总值42.25亿元，增15.7%。一、二、三产业结构从上年的27:54:19调整为25:57:18。其中，第一产业增加值10.81亿元，增7.7%；第二产业增加值24.01亿元，增22.3%；第三产业增加值7.43亿元，增8.5%。农村经济总收入18.55亿元，增3.69%，其中农业总产值16.2亿元，增15.6%。粮食总产量1.91亿千克，增1.63%。全县辖区内现价工业总产值73.14亿元，增32.40%。财政总收入完成6.05亿元，增21%；年末城乡居民储蓄14.9亿元，增11.9%。农民人均纯收入2 884元，增8.4%。社会消费品零售总额7.12亿元，增15.58%。全县单位从业人员年平均工资17 376元，增12.74%。广播电视“村村通”工程主干网顺利建成，广播电视综合覆盖率98.5%，收看有线电视节目新增1.22万名农村群众。全年完成客运量285.6万人，旅客周转量1.43亿人/千米；货运量229.76万吨，货运周转量2.52亿吨/千米。共有各类学校178所。共有教职工4 277人，其中教师4 027人；在园幼儿8 816人，适龄儿童在校学生3.82万人，初中生2.07万人。累计发展农村文化活动户96户、文化产业经营户506户。

中共县委书记　饶　卫

县人大常委会主任　卢佳明（～2006.5.）

县人民政府县长　何汝利（2006.1.～），代理县长何汝利（～2006.1.）

县政协主席　李家云

【珠江源风景区】 在祖国的三大江河中，唯有位于云南省沾益县境内马雄山麓的珠江源是游人可随时探寻的大江源头。这里有“一水滴三江，一脉隔双盘”的独特景致。每逢春花烂漫的季节，漫山遍野的马缨花竞相怒放，姹紫嫣红，令人流连忘返。这里不仅有千姿百态的自然景观，还有天下第一罗盘、天下第一棋盘、霞客草堂等人文景观相得益彰。因其独具魅力的景致，1988年5月4日被云南省人民政府批准为省级风景名胜区，1993年5月9日，被国家林业部批准为国家级森林公园，2002年9月15日，被国家水利部评为国家级水利风景名胜区。2005年12月22日，被全国旅游景区质量等级评定委员会评定为国家4A级旅游景区。

【第三届泛珠三角区域合作与发展论坛在珠江源开幕】 2006年6月5日，以“合作发展、共创未来”为主题的第三届泛珠三角区域合作与发展论坛开幕式在珠江源风景区隆重举行。云南省委书记、省人大常委会主任白恩培，福建省省长黄小晶，江西省省长黄智权，湖南省省长周伯华，广东省省长黄华华，广西壮族自治区主席陆兵，海南省省长卫留成，四川省省长张中伟，贵州省省长石秀诗，香港特别行政区行政长官曾荫权，澳门特别行政区行政长官何厚铧以及国家发改委、科技部、商务部、农业部、铁道部、交通部、环保总局、质检总局、海关总署、国家旅游局、国务院港澳办、国务院西开办、国务院发展研究中心、中国贸促会等国家部委的领导共500余人出席。开幕式由云南省省长徐荣凯主持，省委书记、省人大常委会主任白恩培致欢迎词，中共中央政治局委员、国务院副总理曾培炎专门发来贺信。6月6日，泛珠三角区域行政首长与东盟商务部级官员对话会、高层论坛及珠洽会、昆交会在昆明举行。

【保家乡旧貌换新颜】 西平镇龙泉村委会保家乡村民小组居住着回、汉两个民族，共334户、1 435人，其中回族226户，占68%，1071人，占75%。长期以来，该村村庄道路建设滞后，村容村貌差，给群众的生产生活和经济发展带来极大的制约。2006年，该村在“三村四化”建设中，按照“道路硬化、房屋整洁、庭院绿化、以人为本、人与自然和谐统一”的发展思路，在资金筹措上本着“社会捐一点、单位出一点、财政安排一点、向上级争取一点”的方式，集思广益，多方位、多渠道共筹集资金45万元，同时向省民委申报立项，协调专项资金15万元。全年共投工投劳400余个，对土木结构房屋进行统一模式粉刷，美化、绿化庭院。共粉刷墙面4万平方米，美化墙面100余块；拆除影响村庄道路和环境卫生的房屋、小厕所及两个对环境卫生影响较大的垃圾场，新建公厕、支砌花台；硬化村庄道路1.9千米、2万余平方米；修建群众娱乐活动小广场，建起了村民小组宣传活动室和全民健身体育活动场地。通过以上工程的实施，保家乡村脏、乱、差现象得到彻底改变。

【农村特困户救助】 2006年11月，沾益县组织开展了3次农村特困人口核查工作，对全县2 443户、6 948名农村特困群众进行核查，对2 443户农村特困户实现定期定量救助，自下半年开始，每人每月按10元标准给予救助，共发放困难补助金41.7万元。按照低标准起步、小范围实施、逐步扩展的原则，县人民政府制定出台《沾益县农村特困户救助实施办法》，为在全县实施农村推行最低生活保障制度奠定了基础，并以农村特困户救助与临时救济、医疗救助相结合，逐步完善和提高全县农村困难群众救助体系建设水平。

【提升畜牧科技水平】 2006年，沾益县加强畜牧科技培训力度，提升农民科学养畜水平。全县共开展畜牧兽医科技和执法培训178期，培训人员1.46万人（次），加大生猪熟改生喂及牛羊舍饲技术推广力度。全县在114个村民委员会、803个自然村的3.48万户农户中推广熟改生喂技术，推广户占农户总数的66.01%。推广熟改生喂生猪18.81万头，占存栏数的57.05%。推广青贮饲料7.91万吨，秸秆氨化2.29万吨，工业饲料9 845.65吨、配合饲料2.96万吨、浓缩饲料0.35万吨、添加剂339吨。推广牛羊舍饲养殖159户，厩舍面积8万平方米，出栏肉羊（牛）5.9万头（只）。通过狠抓畜牧科技培训工作，畜牧科技的推广普及和生产水平有了明显提高。猪、大牲畜、羊受胎率、产仔成活率和个体产肉率显著提高，死亡率下降。为畜牧业生产持续发展注入新的生机与活力。

【新型农村合作医疗试点】 2006年，沾益县共有7.96万户、29.89万人参加新型农村合作医疗，参合率为86.25%，共筹集合作医疗基金1 345.26万元，其中农民个人筹资298.95万元（含民政医疗救助补助5.6万元），省、市、县三级补助资金共计597.89万元，中央补助资金448.42万元。全年累计减免补偿44.97万人次，减免金额762.8万元，平均每人次减免补偿16.96元。其中门诊患者减免44.07万人次，减免医疗费273万元，占减免补偿总金额的36%，平均每人次减免6.2元；住院患者减免8 987人次，减免医疗费489.8万元，占减免补偿总金额的64%，平均每人次补偿544.97元。在圆满完成2006年筹资和补偿的基础上，2007年全县共有7.43万户、28.98万人参加合作医疗，参合率为82%，个人累计筹集资金289.76万元，杜绝了贷款缴费、集体垫资行为。新型农村合作医疗的实施，缓解了农村群众“因病致贫、因病返贫”现象，在一定程度上减轻了农村群众的医疗负担，是一项真正的惠民政策。

【开展农民工状况调查】 2006年4~5月，沾益县开展了大规模的农民工状况调查，为相关决策提供了参考依据。经调查，沾益县有农民工5 401人，占农业人口总数的1.51%，其中女农民工992人，占农民工数的18%。农民工的平均年龄为33岁，主要分布在加工制造、建筑施工等劳动密集型企业、商贸、餐馆酒店等服务行业，其中制造业2 576人，占47.7%，建设业1 934人，占35.8%，餐饮服务业178人，占3.3%，批发零售业73人，占1.4%，采矿业107人，占1.9%，其他行业533人，占9.9%。文化程度以初中居多，具体为小学1 092人，占20.2%，初中2 911人，占53.9%，高中职高中专1 214人，占22.5%，大专137人，占2.54%，大学47人，占0.87%。月平均工资为700元，1 000元以上的仅有252人，占4.7%。日工作时间平均为8小时。加入工会组织的农民工1 715人，占31.7%，签订劳动合同的3 911人，占72.4%，购买各项社会保险的915人，占16.9%。

（管晓方）

曲靖市经济社会发展主要指标（表一）

地　区	年末总人口（万人）		城镇人口占总人口比重（%）		全社会就业人员（万人）		城镇登记失业率（%）	
	2005 年	2006 年	2005 年	2006 年	2005 年	2006 年	2005 年	2006 年
曲靖市	565.76	570.0	27.00	28.98	325.98		2.51	3.10
麒麟区	67.74	68.2		55.80	35.78		2.50	3.00
马龙县	18.52	18.9		20.44	11.43		2.80	2.80
陆良县	61.15	60.9		28.61	35.91		2.50	3.10
师宗县	36.59	37.5		22.91	21.51		1.70	2.70
罗平县	52.71	53.9		29.01	32.97		1.50	2.80
富源县	70.09	70.2		21.92	41.06		1.00	3.20
会泽县	89.35	87.3		20.89	55.94		3.10	3.20
沾益县	39.86	39.7		25.89	23.62		3.20	3.30
宣威市	129.75	133.6		27.50	81.30		4.70	3.20

曲靖市经济社会发展主要指标（表二）

地　区	地区生产总值（万元）		第一产业（万元）		第二产业（万元）		第三产业（万元）	
	2005 年	2006 年	2005 年	2006 年	2005 年	2006 年	2005 年	2006 年
曲靖市	4 409 662	5 368 252	875 899	977 512	2 223 371	2 894 613	1 310 392	1 496 127
麒麟区	1 292 059	1 725 786	78 173	84 661	722 398	1 078 920	491 488	562 205
马龙县	99 350	113 996	30 436	32 580	34 538	42 036	34 376	39 380
陆良县	398 004	477 881	148 827	169 205	137 085	178 442	112 092	130 234
师宗县	228 043	267 898	72 122	82 222	93 904	109 789	62 017	75 887
罗平县	385 368	454 646	96 506	109 848	163 534	195 372	125 328	149 426
富源县	483 971	585 653	120 281	128 120	234 430	313 707	129 260	143 826
会泽县	457 000	535 578	74 100	82 155	280 859	340 429	102 041	112 994
沾益县	351 263	422 514	96 271	108 101	188 537	240 087	66 455	74 326
宣威市	663 389	790 212	158 647	173 100	300 286	376 027	204 456	241 085

曲靖市经济社会发展主要指标（表三）

地　区	地区生产总值指数（上年＝100）		第三产业增加值比重（%）		人均地区生产总值（元）		全社会固定资产投资（万元）	
	2005 年	2006 年	2005 年	2006 年	2005 年	2006 年	2005 年	2006 年
曲靖市	112.9	115.5	29.72	27.87	7 842	9 453	2 269 952	2 624 499
麒麟区	112.1	115.3	38.04	32.58	19 339	25 402	465 991	637 576
马龙县	115.3	113.2	34.60	34.55	5 373	6 099	28 600	37 392
陆良县	116.1	115.1	28.16	27.25	6 514	7 843	158 114	210 100
师宗县	115.0	113.0	27.20	28.33	6 315	7 240	162 423	163 028
罗平县	112.7	115.3	32.52	32.87	7 549	8 538	152 279	198 648
富源县	120.5	116.9	26.71	24.56	6 996	8 357	522 667	603 341
会泽县	108.3	113.1	22.33	21.10	5 239	6 065	181 200	236 117
沾益县	113.0	115.7	18.92	17.59	8 841	10 627	255 811	321 599
宣威市	113.6	114.2	30.82	30.51	5 158	5 989	340 467	432 342

曲靖市经济社会发展主要指标（表四）

地　区	地方财政收入（万元）		地方财政支出（万元）		人均地方财政收入（元）		社会消费品零售总额（万元）	
	2005 年	2006 年	2005 年	2006 年	2005 年	2006 年	2005 年	2006 年
曲靖市	294 506	365 162	532 277	690 667	524	643	914 934	1 051 663
麒麟区	34 162	42 705	57 532	71 961	507	628	247 802	282 543
马龙县	8 315	10 084	22 062	26 427	446	539	24 100	27 060
陆良县	16 482	21 000	41 017	54 934	268	344	82 870	96 203
师宗县	12 092	15 009	30 500	42 020	332	405	46 050	51 208
罗平县	16 106	18 266	39 661	49 096	313	343	81 358	93 887
富源县	26 373	37 700	50 808	72 276	378	538	78 510	89 286
会泽县	32 986	36 366	72 268	91 491	375	412	67 788	77 626
沾益县	23 367	29 492	34 261	46 118	584	741	61 559	71 150
宣威市	42 679	52 968	86 737	118 843	330	402	224 897	262 700

曲靖市经济社会发展主要指标（表五）

地　区	农民人均纯收入（元）		农村人均住房面积（平方米）		在岗职工年平均工资（元）		人均储蓄存款余额（元）	
	2005 年	2006 年	2005 年	2006 年	2005 年	2006 年	2005 年	2006 年
曲靖市	2 078	2 296	24.85		16 265	20 274	3 762	4 370
麒麟区	3 207	3 528	33.00		17 357	20 701	11 952	13 877
马龙县	1 780	1 960	28.20		15 872	20 366	3 421	3 888
陆良县	2 805	3 059	28.40		13 453	20 014	2 786	3 405
师宗县	1 864	2 061	33.42		13 889	16 976	2 734	3 039
罗平县	2 168	2 475	29.61		18 480	20 993	2 405	2 818
富源县	2 106	2 309	21.40		14 321	18 207	2 728	3 118
会泽县	1 415	1 500	23.10		18 532	23 328	2 119	2 509
沾益县	2 660	2 884			15 996	19 365	3 330	3 745
宣威市	2 004	2 170	20.98		15 529	19 631	2 660	30 77

曲靖市经济社会发展主要指标（表六）

地　区	初中学龄人口入学率（%）		广播覆盖率（%）		电视覆盖率（%）		每千人拥有医院、卫生院床位数（张）	
	2005 年	2006 年	2005 年	2006 年	2005 年	2006 年	2005 年	2006 年
曲靖市	93.62	92.66	95.4		94.3		1.86	
麒麟区	98.46	99.98	100.0		100.0		4.31	4.62
马龙县	92.64	98.30	94.0		91.0		1.39	1.43
陆良县	94.60	83.66	100.0		98.0		1.30	1.53
师宗县	95.67	95.61	93.0		87.0		1.90	2.01
罗平县	98.17	95.76	95.0		92.0		1.41	1.39
富源县	94.81	88.24	98.0		94.0		1.22	1.36
会泽县	89.31	94.89	91.0		95.8		1.69	1.82
沾益县	97.48	91.92	100.0		98.0		1.29	1.34
宣威市	89.08	92.69	100.0		35.0		1.71	1.86

（省统计局）

玉溪市

主　　编　李亚平　温益群
责任编辑　许旭光　方爱琴

【概述】　玉溪市位于云南省中部，介于北纬23°19′~24°53′，东经101°16′~103°9′之间。东北和北接昆明市，东南和南与红河州相邻，西南和西连思茅市，西北靠楚雄州。市府驻地红塔区州城，距省会昆明88千米。辖区总面积1.53万平方千米。境内哀牢山脉主峰大磨岩山海拔3 165.9米，为市内最高点；小河底河与元江汇合处海拔327米，是市内最低点。南盘江和红河流经市内，主要湖泊有抚仙湖、星云湖、杞麓湖，辖阳宗海三分之一的湖面。2006年，全市各地年平均气温除元江县为24.3℃外，其余各县区为16.4~17.8℃，与历年同期相比，各县区分别偏高0.5~1.6℃。全年各地降水量与历年同期相比，除元江、新平两县分别偏多72.1~88.7毫米外，其余各地分别偏少9.1~174.3毫米。2006年的主要气候灾害有干旱、雷电、冰雹、大风、暴雨、洪涝，境内元江、华宁、峨山、新平等县均发生不同程度的暴雨洪涝灾害，造成山体滑坡、房屋倒塌和农作物受灾等。2006年，全市辖红塔区和江川、澄江、通海、华宁、易门、峨山、新平、元江8县1区，设75个乡镇（街道办事处）和一个风景区管委会（即禄充风景区管委会），其中45个镇（1个民族镇），3个城区办事处，27个乡（其中10个民族乡）。2006年底，全市总人口210.62万人，总人口中，非农业人口37.39万人，农业人口173.23万人，少数民族人口68.42万人，占人口总数的32.49%。与上年相比，人口增加1.45万人，增长0.69%，增速上升0.4个百分点。人口自然增长率为6.26‰。

2006年，全市完成现价生产总值（GDP）415.9亿元，按可比价格计算比上年增长11.2%。是1997年以来增长速度最快的一年。其中：第一产业完成增加值45.3亿元，增长5.3%；第二产业完成增加值245.9亿元，增长12.8%；第三产业完成增加值124.6亿元，增长10.2%。一、二、三产业结构由上年的11.7:58.4:29.9调整为10.9:59.1:30。全市人均生产总值1.87万元，达到人均2 400美元的预期目标。

全市财政总收入完成162.1亿元（超过历史最高水平1999年的161.7亿元），比上年增长13.3%。地方财政收入35.7亿元，地方财政支出50.9亿元。全社会固定资产投资121.6亿元。全市金融机构存款余额达458.3亿元，贷款余额为214.0亿元，比上年增加39.6亿元。

2006年，全市完成工业增加值232.3亿元，按可比价格计算比上年增长13.6%。实现工业总产值538.8亿元，增长17.0%。限额以上工业实现产品销售收入、利税总额、利润分别为455.8亿元、166.2亿元和40.1亿元，分别增长18.6%、10.1%和下降8.9%。

2006年，全市实现农林牧渔业总产值69.1亿元，增长6.1%。全市粮食与非粮食作物种植面积比为41.2:58.8，与2005年的40.7:59.3相比，粮食作物比例提高了0.5个百分点。全市烤烟总产量9 935万千克，其中实际收购烤烟186万担（9 300万千克），上等烟比例达50.7%，平均收购单价为10.68元，收购金额为9.9亿元，实现烤烟产值10.6亿元。至2006年末，全市已累计建成水库549座，总库容6.88亿立方米。2006年，全市林业实现产值2.2亿元，比上年增长7.9%，森林覆盖率达到48.2%。

2006年，全市接待国内游客640.5万人次，比上年增长12.4%；海外旅游者2 235人，下降1.6%。实现旅游业总收入20.8亿元，增长35.1%；旅游外汇收入53.0万美元，增长5.7%。

2006年，交通运输、仓储及邮政业实现增加值13.2亿元，比上年增长13.5%。年底，全市公路通车总里程达到1.63万千米。其中：高速公路232.7千米、一级公路76.1千米。高级、次高级路面占全市公路总里程的18.2%。全市公路运输客运量1 093万人，旅客周转量8.8亿人/千米，完成货运量2 299万吨，货物周转量33.1亿吨/千米。

年底，全市固定电话交换机总容量59.8万门，固定电话40.0万部；移动电话用户77.2万户，比上年增加25.0万户；电话普及率每百人55.6部，比上年增加11.2部。互联网宽带网用户4.93万户，增长40.8%。

2006年，参加机关事业养老保险在职职工5.9万人；企业养老保险参保人员8.4万人；参加基本医疗保险职工18.5万人；企业事业单位失业保险参保职工9.9万人。全市享受城镇居民最低生活保障1.94万户3.2万人，保障资金3 063万元。

2006年底全市共有各类学校941所，专任教师2.22万人。其中：大专院校2所、中专3所、普通高中22所、初中104所、小学630所、职业中学9所、特殊教育学校1所。全市招收各类学生12.9万人，毕业学生10.8万人，在校学生40.7万人。全市学龄儿童入学率95.7%；普通初中升学率74.8%。2006年，全市19.3万小学生全部实现免费上学，94%的初中生享受“三免一补”政策优惠，救助贫困初中生1.5万人，扩建了玉溪一中等6所高中，职校与普通高中招生比例达0.9:1。

全面启动新型农村合作医疗试

点，实现“低标准、广覆盖”的目标，广大农民提前享受到新型农村合作医疗带来的实惠，覆盖农业人口174.6万人，参合农民160.6万人，参合率为92.0%。

2006年底全市有艺术表演团体7个，公共图书馆10个，群艺馆、文化馆10个。全市广播、电视综合覆盖率分别达到97.8%和97.5%。数字电视用户发展到3.9万户。完成264个村广播电视“村村通”工程建设，解决8 000多户农村贫困家庭看电视难的问题。

在云南省第十二届运动会上，玉溪运动员共获得金牌89枚、银牌80.5枚、铜牌55枚，竞技体育连续四届省运会保持全省第二位。

全市在岗职工平均工资21 396元，比上年增加3 155元，增长17.3%；全市城镇居民人均可支配收入9 526元，比上年增加684元，增长7.7%。农民人均纯收入3 534元，比上年增加220元，增长6.6%。

中共市委书记　孔祥庚

市人大常委会主任　普朝和

市人民政府市长　董诗强

市政协主席　孟祖永

【生态城市建设】　2006年，市发改委认真做好生态城市建设项目的立项审批以及建设资金的筹措调度，会同有关部门，加大项目推进力度，生态城市建设进展顺利。玉溪大河防洪水系综合整治一期工程、聂耳文化广场主体工程、出水口生态公园、红塔大道延长线、环山北路等项目相继竣工，红塔工业旅游区正式对外开放，主城区供水管网改造等项目正抓紧实施，中心城区人居环境显著改善。江川、澄江、通海等县生态县建设基础工作扎实推进，“三湖”生态城市群雏形基本形成。

【启动农村饮水安全工程项目】2006年，国家在玉溪市实施农村饮水安全工程项目，项目总投资2 088万元，解决5.32万人农村饮水安全问题。通过多年的努力建设，全市农村饮水困难已基本解决，但通过饮水安全现状摸底调查，全市饮水不安全人口有50.23万人，占农村总人口的28.9%。其中：氟超标0.18万人，未经处理的Ⅳ类及超Ⅳ类地表水11.25万人，细菌学超标严重未经处理地表水16.45万人，污染严重未经处理的地下水2.45万人；铁锰超标2.74万人；水量不达标14.17万人，水源保证率不达标2.99万人。群众为解决饮水问题，每年要花费大量的人力、物力来找水、担水、运水，既增加了群众的劳动强度，又影响了当地群众的生产生活，为让广大群众喝上“放心水”、“洁净水”，党中央、国务院高度重视农村饮水安全问题，加大投资力度。该项目实施，将改善农村饮水现状，提高引水水质，对保障群众的身心健康起到重要作用。

【重点退耕还林地区基本口粮田建设项目启动】　2006年，为巩固和发展退耕还林工程建设成果，切实搞好“五结合”配套保障措施，国家决定在重点退耕还林地区实施基本口粮田建设，优先安排钱粮补助年限已经到期或即将到期，面临缺钱缺粮困难的退耕农户，实行已退先建，以建固退。新平老厂腊嘎底村实施重点退耕还林区基本口粮田建设项目，投资216万元，整治坡耕地3 600亩、新修“三面光”灌溉主干渠5 100米，种植绿肥3 600亩。该项目的实施可实现退耕农户粮食基本自给，同时可提高区域粮食生产能力，可巩固项目区4 258亩的退耕还林工程造林成果，实现重点退耕还林地区的生态安全和粮食安全，妥善解决退耕农户无基本口粮田建设地块或建设地块不足的问题。

【完成疾控和医疗救治两个体系建设】　截至2006年，完成市及8县区疾控中心、市紧急救援中心、市及8县人民医院传染病区（科）建设，总建筑面积2.5万多平方米，总投资4 820万元，争取到国家、省资金3 123万元。

【农村卫生服务体系建设】　到2006年，共争取到国债资金910万元，加强红塔区和江川、华宁、元江、澄江、新平、峨山7县（区）县妇幼保健院、乡镇卫生院建设，改扩建面积2.37万平方米。项目建成后，将进一步改变农村医疗卫生机构房屋陈旧、设备短缺的状况。

【农村经济总收入持续增长】　2006年，全市实现农村经济总收入478.66亿元，比上年增长9.8%，但增长速度比上年的16.6%减少了6.8个百分点。全市农村经济总费用404.15亿元，比上年增长8.7%。全市农村经济可分配净收入总额78.96亿元，扣除上交国家税金9.51亿元、上交国家有关部门2 690万元等，农民所得总额为59.87亿元，农民人均纯收入3 401元，比2005年增211元，增长6.6%。

【农村财务公开】　2006年末，全市有646个村民委员会、5 865个村民小组成立民主理财小组并开展活动，分别占村、组总数的98.6%和74.7%。全市有76个乡镇、655个村民委员会、6 171个村民小组开展了财务公开工作，乡、村、组公开面分别达到100%、100%、99.6%，其中，除3个村委会、195个村民小组进行一般公开外，其余各乡、村、组的财务公开工作均实现了规范化公开。

【农民负担大幅度减轻】　2006年，全市农民上交集体各种款项1 602万元，比上年减少143万元，减8.2%；开展“一事一议”筹资筹劳的村有176个，筹集资金212万元，比上年增加46万元，筹劳50.8万个，比上年下降59.6万个；农业生产性收费1 437万元，比上年减少172万元；行政事业性收费3 964万元，比上年增加942万元；教育收费大幅减轻，全年农村义务教育收费1 089万元，比上年减少2 260万元，减67.5%；各种集资摊派19万元，比上年减少17万元，减47.2%。

【启动“户户看”工程】　市广电

局将扶贫攻坚村新平县扬武镇丕且莫村确定为市级“村村通、户户看”试点。2006年6月7日，丕且莫村“村村通、户户看”工程启动。市广电局领导和工程技术人员在实地察看后明确数字广播电视中频卫星信号分配的技术方案，确定施工方案、天线选址和电视机筹集方案，提出建设标准和质量标准，安排市局技术人员参与建设，并对全市“村村通、户户看”工作做出具体安排部署。6月17日，丕且莫试点已施工建设完毕，7月初实现“户户看”。10月底，全市8县1区完成每个县两个“村村通、户户看”工程的试点任务。为全市“村村通、户户看”工作的实施打下基础。

【实施新型农村合作医疗制度】 首批新型农村合作医疗国家试点县在江川试点取得初步经验后，2006年1月澄江、峨山县又列为国家试点县。全市筹资构成情况为：江川、澄江、峨山县中央补助20元/人；峨山县省财政补助10元/人；江川、澄江县由市、县财政各补助10元/人，峨山县市、县财政各补助5元/人；农民自筹10元/人。2006年，由市、县区两级自筹资金，在全市所有县区全面推行新型农村合作医疗制度。未列入国家试点的红塔区、通海县、华宁县、新平县、易门县、元江县2006年年底前分3批启动实施新型农村合作医疗制度，每年每1个参合农民的筹资标准为50元，由市、县区财政各补助20元/人，农民自筹10元/人。

【推进整村扶贫】 2006年，全市实施整村推进扶贫198个村，比2005年增加42个，其中，省级70个，市级128个。投入整村推进项目资金2 970万元，其中，省级1 050万元，市级1 920万元。整村推进建成人畜饮水工程72件，铺设水管120.7千米，开挖水池1 701立方米，新修灌溉沟渠32件、31千米；通电工程1件，架输电线0.2千米，安装变压器1台；新修村组公路4件、长4.9千米，村内道路硬化工程147件、25.63万平方米；新建安居住房50户、4 000平方米；卫生室1间、180平方米，党团科技活动室115间、1.43万平方米；广播电视接收站1座；推广农作物优良品种2.3万亩；改造畜厩280间，引进种畜110头，发展优良品种生猪和大牲畜2 034头；组织科技实用技术培训400期、3.44万人次。整村推进扶贫受益贫困人口达4.1万人。

【获省级园林城市称号】 2006年，全市建城区绿地总面积达到610.33万平方米，公共绿地面积126.26万平方米，城市绿化覆盖总面积645.63万平方米，城市绿地率34.19%，绿化覆盖率35.91%，人均公共绿地面积12.59平方米，街道绿化普及率98%。形成了“以大环境为基础，以城市公共绿地为重点，以道路绿化为网络，以小区庭院为依托，以街头绿地为点缀”的绿化体系，各项基本指标均达到省级园林城市标准。2006年12月12日以93.5的高分通过了省建设厅组织的省级园林城市专家组的现场考评。12月25日，省政府正式授予玉溪市省级园林城市荣誉称号。

【农村公路建设投资突破亿元关】 2006年，玉溪农村公路建设按照交通部明确的“政府主导、分层负责、统筹规划、因地制宜、修建并重、协调发展”的原则，紧密结合新农村规划、小城镇建设，修实用、安全之路，群众积极性高，开工建设62项，完成11项交工验收，投资突破亿元关，达到1.37亿元，其中县乡公路计划投资1.14亿元，实际完成9 193万元，比上年3 989万元翻了一番多；通达工程计划投资4 491万元，实际完成4 050万元，比上年2 886万元增长40.3%；新增村组公路建设239.5万元和新农村道路建设188.5万元。

（刘仕荣）

红塔区

【概述】 红塔区地处滇中，东与江川县相连，东南与通海县毗邻，西南与峨山县交界，北与昆明市晋宁县接壤。总面积1 004平方千米。境内四面环山，玉溪河横贯其间，中部为狭长的高原盆地。市区中心州城海拔1 630米。距省会昆明88千米。2006年年平均气温16.6℃，年降水量804.1毫米。辖3个街道办事处和6镇2乡，81个村（居）民委员会，628个村（居）民小组，437个自然村。年末，全区总人口40.68万人，其中，非农业人口13.58万人，占总人口的13.9%，有汉、彝、回、白、哈尼5个世居民族。人口密度405人/平方千米。人口自然增长率4.53‰。

2006年，全区实现生产总值（现价）242.33亿元，按可比价计算，比上年增长11.9%。人均生产总值实现5.99万元。一、二、三产业比重由上年的2.3:72.5:25.2调整为2.1:73.1:24.8。其中：第一产业增加值5.09亿元，与上年持平；第二产业增加值177.24亿元，比上年增10.07%；第三产业增加值60.00亿元，比上年增7.1%。完成工农业总产值（现价，下同）335.4亿元。其中：工业总产值325.96亿元，比上年增长15.3%；农业总产值9.44亿元，比上年增1.0%。农村经济总收入261.22亿元，比上年增长12.99%。农民人均收入5 088元，比上年增长4.95%。粮食总产量7 534.75万千克，比上年增618.17万千克；烤烟总产814.39万千克，比上年减17.1%。全区财政总收入8.18亿元，比上年增长19.6%。其中上划中央“两税”收入2.7亿元，比上年同期增长14.9%。地方财政支出7.50亿元，比上年增长16.6%。年末，全区金融机构各项存款余额269.57亿元，比年初增长11.2%；各项贷款余额130.85亿元，比年初增23%。2006年，区属在岗职工年平均工资15 907元，比上年增8.8%。农村居民家庭人均纯收入4 687元，比上年增5.8%。自然村通车率100%，本地电话交换机总容量达到20.83万门，计算机宽带网用户达到2.44万户，窄带网用户达到2 474户。广播人口覆盖率100%，电视人口覆盖率99%，数字电视用户3.13万户。泷水塘社区和右所社区获“云南省体育特色先进社区”，泷水塘社区被评为“全国体育先进单位”，向市级输送队员85名参加全省第十二届运动会，获金牌28枚。全区经常参加锻炼的体育人口达到44.1%，中小学生体育达标率稳定在98.5%以上。

全区有各类学校111所，学生8.16万人，专任教师4 574人。有文化馆、公共图书馆各2个，有各级医疗卫生机构338个，床位2 738张。

中共区委书记　黄宪庭

区人大常委会主任　徐家德

区人民政府区长　解仕清（~2006.2）、杨兴荣（2006.2代理，2006.4~）

区政协主席　杨运德

【发展壮大集体经济】　2006年，红塔区以发展村级集体经济为重点，多渠道、多途径地加快发展，实现农村集体经济总量增长、效益提高、实力增强，逐步形成多元化、特色化的良好发展格局。截至2006年11月30日，全区76个村级集体经济组织实现总收入1.13亿元，与上年的9 212万元相比，增加2 116万元，增22.97%。其中：发包经营收入2 526万元，占总收入的22%；直接经营收入702万元，占总收入的6%；投资收益2 678万元，占总收入的3%；上级补助收入3 772万元，占总收入的33%；存款利息收入40万元；其他收入4 020万元，占总收入的36%。

全区76个村（居）委会按总收入归类：10万~20万元的有1个村；20万~50万元的有28个村；50万~100万元的有19个村；100万~200万元的有15个村；200万元以上的有13个村。红塔区年可支配收入超过3万元的村达到100%。

【农民生活消费结构调查】　2006年，红塔区农经站对2个调查点、6户农户的典型户生活费调查表明：调查点农户全年人均纯收入9 644.23元，全年生活消费支出人均3 926.81元，占人均收入的40.72%，其中：食品支出1 224.15元，比上年增26.4%；穿着消费204.04元，比上年增4.6%；燃料消费112.54元，比上年增41.6%；住房消费31.5元，比上年增100%；各种生活用品170.35元，比上年减16.5%；文教卫生及用品1 529.35元，比上年增67.9%；在外人口赡养费19.23元，比上年减64.5%；赠送亲友支出299.88元，比上年增50.6%；婚丧嫁娶支出335.77元，比上年增228.69元。从消费结构看，用于食品、穿着、燃料、住房及各种生活用品等基本生活支出人均1 742.58元，占总支出的44.4%；用于文教卫生及其他支出1 529.35元，占总支出的38.9%；用于婚丧嫁娶、赠送亲友、赡养费等非借贷性支出人均654.88元，占总支出的16.7%。

【引种雪莲果获得成功】　雪莲果是从南美洲引进的菊科块根作物，块根水多、味甜、可口，具有通气、通便、降压、降脂等保健作用。2006年，红塔区科技局和区农技站合作引进该作物在洛河乡和小石桥乡试种获得成功，亩产达3~4吨。农户种植按50%商品率计，每亩产值可达2 500元以上。

【调查保护古树】　红塔区园林绿化管理处针对中心城区及周边许多古树资源进行调查，进一步摸清了红塔区的古树现状，对研究红塔区民族宗教、文化和民俗等提供活文物、活资料和活标本；对制定切实有效的保护措施，开发利用乡土树种，丰富生态城市建设树种，提供第一手资料和科学依据。调查组采取“踏查、走访、实地测量、专家鉴定、张贴标签、图片收集、地理定位、档案建立、制定保护措施”等一整套可行方案，历经3年，探明了红塔区截至2006年存古树树种品种及其数量、树龄、保护级别和分布现状。其中，树龄在500年以上的国家一级古树14棵，树龄在300~499年的国家二级古树95棵，树龄在100~299年的国家三级古树913棵，分属于31个科50个属60个种。

【矿电业成为红塔区支柱产业】　2006年，红塔区有67户规模以上（指营业收入在500万元以上）矿电工业企业完成总产值91.56亿元，比上年同期增长28.56%，占全区规模以上工业的73.9%；完成工业增加值15.77亿元，增长47.27%，占68.7%；实现销售收入91.57亿元，增长34.39%，占74.1%；实现利润3.36亿元，增长2.5倍，占58.4%。从主要经济指标的增速看，矿电产业均快于全区规模以上工业的增速；从主要经济指标所占的比重来看，矿电产业均占全区规模以上工业的2/3左右。

【外经外贸多元化经营】　2006年，红塔区商务局在强化对现有进出口企业服务的同时，积极培植新的进出口贸易企业，全区共有自营进出口权企业31户，其中年内新增自营进出口权企业5户。31户有自营进出口权的企业，其中生产型企业24户，经营型企业7户。年内有17户外贸进出口企业有进出口实绩，同比增加5户。外贸出口产品有猪肉、纯棉纱、钢材、皮革、蔬菜、鲜切花等8大类近20个品种，产品分别出口泰国等地。

【农村合作医疗】　2006年7月1日，红塔区正式启动新型农村合作医疗工作，全区参加户数8.15万户，28.08万人，参合率96.4%。市级财政投人经费225万元，区级投入140.40万元，乡镇投入140.40万元，农民个人筹资421.19万元。合计新型农村合作医疗筹集资金926.99万元。年内，参合人员住院7 000人次，发生医疗费1 898.74万元，人均住院费2 678元；报销医药费268.56万元，人均报销医药费378.79元，报销比例14.14%。

【玉溪花灯入选非物质文化遗产保护名录】　玉溪花灯源远流长，人清代开始至民国年间，逐渐发展成较为完整的戏剧形式。辛亥革命后，随着社会经济的发展，玉溪花灯从剧本、音乐、表演等方面强化了花灯的戏剧性，进入划时代的“新灯”时期，玉溪花灯也因此确立“灯坛盟主”地位，成为云南花灯艺术中独放异彩的一枝奇葩。抗战时期，熊介臣花灯艺人组织了“农民救亡灯剧团”，创作演出的《张小二从军》、《抗战十二花》等花灯剧，对宣传抗战起了积极的作用。中华人民共和国建立后，玉溪花灯进入繁荣兴盛时期，之后创作演出了花灯歌舞《玉约瓶》、《卖货郎》，大型现代花灯剧《军营小院》、《情与爱》，大型舞剧《白龙泉》等，分别参加全省、全国文艺调演比赛获奖。2006年6月，在国务院批准文化部确定的第一批国家级非物质文化遗产保护名录中，玉溪花灯榜上有名。

【政府资助山区学生上职中】 2006年，红塔区政府决定出资，帮助17个山区民族村委会初中毕业生免费就读职中（免学费1 000元/年、住宿费350元/年）。同时，研和镇决定，本镇初中毕业生可由镇政府买单免费读二职中。同年9月，玉溪二职中招生1 560人，其中：17个山区民族村委会有221名学生到二职中就读，免费金额29.84万元，由区政府补给学校。研和镇有207名学生上二职中，免费27.95万元，由研和镇政府交付。同时，玉溪二职中分别为新入学的贫困生155人免除500元/人、99名学生免除1 500元/人的费用，共22.60万元。

【红塔工业旅游园区对外开放】 2006年3月1日，红塔工业旅游园区正式对外开放。园区位于红塔集团，占地面积5.84万平方米，集烟草文化、烟草生产观光为一体的现代化烟草工业园区。旅游业务由红塔大酒店管理。红塔工业旅游开创了云南工业旅游的先河，不仅让更多的人了解了红塔，也让许多钟爱红塔品牌的消费者来红塔续缘。

6月22日，红塔烟草工业园通过“全国工业旅游示范点”省级初审验收，并向国家旅游局推荐。9月21日，园区通过“全国工业旅游示范点”终审验收。截至5月，红塔工业园区共接待游客4 256人，其中旅行社组团占35%。观光服务收入8.8万元，工业旅游纪念品销售收入8.1万元。推动了工业旅游的发展。

（邹瑾）

华宁县

【概述】 华宁县地处滇中偏东南，位于玉溪市东部，以东南西北为序，分别与红河州弥勒、建水两县，通海、江川、澄江及昆明市宜良县接壤，总面积1 313平方千米，其中山区占89%，坝区占11%。县城宁州镇，距省会昆明148千米，距玉溪市府所在地53千米。2006年年内平均气温17.3℃、降雨量837.9毫米。2006年辖4镇1乡，77个村民委员会（社区居民委员会）和1个居民委员会，670个村民（居民）小组。2006年末，全县总人口20.6万人，其中非农业人口2.12万人，少数民族人口占27.54%，有汉、彝、回、苗等世居民族，人口自然增长率为2.93‰。

2006年，全县实现现价生产总值（GDP）18.06亿元，比上年增长12.9%；人均8 786元，增12.3%。第一、二、三产业增加值分别完成5.56亿元、5.25亿元、7.25亿元，比重由上年的31.7∶28.1∶40.2调整为30.8∶29.1∶40.1。粮食总产6 792万千克，下降1.5%；种植烤烟10.28万亩，总产1 651万千克，增长0.2%；实现畜牧业总产值2.96亿元，比上年增长7.6%。工业总产值15.2亿元，比上年增长30%。实现地方财政预算收入1.17亿元，地方财政预算支出2.81亿元。农民人均纯收入3 275元，比上年增加219元，增长7.2%；城乡居民储蓄存款余额10.56亿元，比上年增9.7%。职工年平均工资19 159元。居民消费价格总指数103.7。全县纳入低保5 467人。电视覆盖率99%，广播覆盖率达96%。全年客运量43.43万人次，旅客周转量3 039.97万人/千米。

全县共有各类学校109所，在校学生3.49万人，教职工2 247人。小学适龄儿童入学率100%、辍学率0.2%，初中毛入学率105.08%、辍学率2.15%。年末全县有卫生机构11个，个体办机构35个，病床数477张，卫生专业技术人员521人。

中共县委书记　宋东华（～2006.2）、解仕清（2006.2～）

县人大常委会主任　徐树成

县人民政府县长　吴伯平

县政协主席　马安吉（回族）

【三佳水电站实现大江截流】 1月23日，经过3个多月紧张施工的华宁县重点建设项目之一——三佳水电站成功实现大江截流。三佳水电站位于华溪镇三家村地界内，于2005年9月初正式开展前期准备工作。电站采用引水式开发，拦河坝高55.6米，引水渠道长867.85米，装机容量1.20万千瓦，年发电量3 974万千瓦时，项目总投资5 732.58万元。

【荣获云南省文化先进性荣誉称号】 3月1日，华宁县获云南省文化先进性荣誉称号。2002年以来，华宁县开展了云南省创建省级文化先进性活动。县委、政府按照创建文化先进性量化考核细则11个方面、75条标准的要求，认真研究创建方案，并成立创建省级文化先进性领导小组，组织实施。

【首家农民用水协会成立】 4月3日，华宁县首家农民用水协会——华溪村委会华溪街农业灌溉用水协会正式挂牌成立。

【“春蕾小学”落户华宁】 4月12日，香港玛格丽特·斯图特基金会刘玉珍主任到华宁县青龙镇矣马白小学和宁州镇马鞍山小学考察，选建“春蕾小学”。经过实地考察，决定在矣马白小学投资15万元援建

"春蕾小学"。

【华宁企业参加昆交会】 6月6~10日，云南振雄水产开发有限责任公司、云南省玉溪华宁宁州香食品有限责任公司、云南华宁矣甫火腿有限责任公司、华宁县舒氏陶艺有限公司、云南省华宁县阿贝楚农艺有限公司参加了为期5天的第十四届中国昆明进出口商品交易会。企业与国内外客商签订供货合同3份，金额160万元。

【华溪柑桔批发市场投入使用】 7月底，全省第一家柑桔专业批发市场在华宁县华溪镇投入使用。华溪柑桔批发市场由玉溪市华冠蔬果有限公司出资60%（资金）、华溪村委会第四村民小组出资40%（土地）。工程于2005年2月破土动工。

【第五届柑桔节举行开幕式】 9月9日，云南·华宁第五届柑桔节举行开幕式。上午在华溪镇主会场举行了以"桔子红了"为主题的文艺演出，共演出舞蹈《桔子红了》、音乐快板《华宁柑桔美名扬》、女声独唱《茶马古道》和《抚仙湖水清汪汪》、歌伴舞《六百六十六个潭泉》5个节目；晚上在县城体育场举行了大型文艺晚会"中国泉乡柑桔红"。

【华宁教师小区开工建设】 9月30日，华宁县举行教师小区建设开工仪式。华宁县教师小区位于华宁县城南部，南临河滨路、西临东凤路、北临宁荣街。小区占地面积112.08亩，建筑面积13.03万平方米。小区分两期建设，共建住房1 000套，一期建设666套，分100平方米、120平方米、140平方米、150平方米4种户型。小区于2006年10月1日开工建设，计划2007年8月31日主体工程完工，2007年12月31日附属工程完工。

【宁州舒氏陶艺作品获金奖】 10月，在四川省成都市举行的2006年（中国）西部国际工艺品礼品博览会评选活动中，华宁县宁州舒氏陶艺有限责任公司选送的土陶作品《原始人·背箩》获得金奖。

【华宁"蓑衣油杉"入选《中华古树名木》画册】 12月13日，由国家绿化委员会、林业总局精选编辑的《中华古树名木》大型画册在北京人民大会堂正式发行。华宁境内的"蓑衣油杉"（即"蓑衣龙树"）册上有名。"蓑衣油杉"主侧枝像垂柳一样，由顶端向下悬垂，极具观赏价值。

【与英茂集团水泥项目转让】 12月22日，县人民政府与云南英茂集团有限公司举行珠山水泥项目资产转让合同签字仪式。

（雷银凤　向仕学）

澄江县

【概述】 澄江县地处云南中部，玉溪市东北部。南隔南盘江与昆明市石林县相望，西连昆明市晋宁、呈贡两县，南跨抚仙湖与江川、华宁两县为邻，北衔阳宗海与昆明市宜良县毗邻。总面积773平方千米，其中，山区占总面积的73.43%，水面占18.6%，坝区占7.97%。形成"七山二水一平坝"的天然格局。境内有淡水湖泊抚仙湖、阳宗海，"滇中第一山"梁王山。县城位于舞凤山下，海拔1 775米。县城距省会昆明52千米，距玉溪市府驻地93千米。2006年年平均气温17.1℃，降雨量806.5毫米。2006年，全县辖6镇和1个风景区管理委员会，下辖35个村民委员会，4个社区居民委员会，366个村民小组，35个居民小组。2006年末，总人口15.95万人，其中非农业人口1.97万人，占总人口的12.4%。少数民族人口9 261人，占总人口的5.8%，有回族、彝族、苗族。人口自然增长率6.1‰。

2006年，全县完成现价生产总值（GDP）16.81亿元，按可比价计算比上年增长10.7%。人均GDP为1.06万元，增长9.14%。第一产业（农业）增加值3.71亿元，增长1.82%；第二产业增加值7.0亿元，增长17.22%；第三产业增加值6.09亿元，增长8.97%。全县三次产业结构由上年的20.9∶40.8∶36.2调整为22.1∶41.7∶36.2。全县非公有制经济增加值7.65亿元，增长12.1%，占GDP的比重为45.5%，比上年提高2.4个百分点。工农业总产值（现价）达26.57亿元，增长6.34%。其中工业总产值21.34亿元，增长7.39%；农业总产值5.22亿元，增长2.26%。粮食总产量3 415万千克，增长3.64%；烤烟产量988万千克，收购960万千克，油料产量35万千克，蔬菜产量9 483万千克，水果产量83.1万千克。畜牧业产值1.04亿元。实现现价工业增加值6.03亿元，按可比价计算比上年增长17.7%。2006年，全县境内公路通车里程为880.2千米。全县邮电业务总量6 543万元，电话交换机总容量3.37万门，固定电话机用户2.71万户，移动电话用户2.99万户，移动联通电话8 633户。

全县共有各类学校62所，在校学生2.55万人，教师1 531人。有医疗卫生院、所35个，床位412个。县城居民人均家庭总收入10 501元，人均可支配收入9 633元；在岗职工年平均工资21 036元，全县农民人均总收入5 435元，农民人均生活消费支出2 512元。城乡居民人均储蓄存款余额8 667元。全年商品零售价格总水平上涨3.6%。

中共县委书记　葛　平（~2006.6）、崔　明（2006.6~）

县人大常委会主任　许绍锦

县人民政府县长　陈兴隆

县政协主席　李云兆

【农业生产条件改善】 2006年，澄江县在社会主义新农村建设中不断改善农民和农村的生产生活条件，农业设施进一步完善。全县完成各类水利工程2 824件，水利建设投入资金3 052万元，建成人畜饮水工程3件、小水窖2 700口、小水库1座、小水坝5座、沼气池504口，实施改梯2 978亩。年末，全县已建成稳产高产农田7.75万亩，占年末实有耕地总面积10.05万亩的77.11%。年末，全县拥有水库、坝塘77座，其中：中型水库2座、小型水库33座、坝塘42座，总库容4 358万立方米，蓄水工程设计供水能力4 218万立方米，水利化程度达92.2%。全县农业机械总动力1.02亿瓦特，比上年增加5.45%，拥有农用拖拉机3 229辆，农用运输汽车255辆。全年农用塑料薄膜使用量32.5万千克，农村用电量1 323万千瓦小时。

【“世界环境日”保护母亲河系列宣传活动】 6月5日是第35个世界环境日。在澄江县禄充风景区波息湾广场，举行了保护母亲河——“构建和谐彩云南，2006环保行”大型系列宣传活动的启动仪式。云南省政府、省政协、省环保局和玉溪市主要负责人及该市各企事业单位人员，澄江抚仙湖沿岸及江川、华宁各界群众，大中小学生环保志愿者和NGO组织近3 000人参加了宣传活动。云南省副省长高峰出席启动仪式并讲话，仪式上举行的议程有：《抚仙湖环境保护手册》首发式，向生态监护队员和环保志愿者授缎带，向第三批省级绿色学校代表授牌，展示16个州（市）“百家企业、千所学校、万户家庭”环保宣言签名接力长卷，全体人员集体进行环保宣誓，领导和参会人员在环保宣言长卷上签名等。启动仪式后，还举行了体现环保主题、内容丰富的文艺演出。2000余名志愿者对景区沿岸的垃圾进行了清理。

【新农村建设】 2006年，澄江县右所镇围绕“生产发展、生活富裕、乡风文明、村容整洁、管理民主”社会主义新农村建设目标，推进社会主义新农村建设，全年完成矣旧戴村新农村建设人畜饮水工程一件，受益群众240户800余人，凤兴村（响水河）整村推进扶贫工程建设顺利实施，投资51万元，修建毛营和兜底寺进村道路桥梁，投资60万元，对补益乡村公路1.8千米进行扩建和硬化。

【新型农村合作医疗】 2006年，澄江县九村镇全镇新型农村合作医疗共减免参合农民门诊969人次，补偿资金2.02万元，减免住院79人次，达到封顶线5 000元的3人，补偿资金5.44万元，两项合计共减免1 048人次的7.46万元，补偿资金全部兑现到参合农民的手中。新型农村合作医疗保险制度让参合农民手中有一本参合证，心中有一本透明帐，看病明明白白消费，高高兴兴签字。新型农村合作医疗的实施减轻了群众医疗费用负担，农民生病后住院治疗的意识明显增强，缓解了广大农民“看病难，看病贵”的问题。群众踊跃参与，积极为2007年医合筹资交款，2006年10月10～20日，完成2007年筹资缴费的参合农民3 172户1.08万人，参合率达98.95%，比去年提高10.58个百分点，筹资总额10.77万元。

【基础设施建设】 2006年，澄江县阳宗镇结合新农村建设，把改善农民、农村的生产生活放在突出位置，加强基础设施建设投入。投资45.6万元完成马庄河基本烟田灌溉沟主要工程；投资126万元，完成阳宗至北斗七星公路硬化；投资14万元完成大山寺村整村推进扶贫项目；安装烟区输水管道6 260米，新建烟区水池5个；修复排灌沟渠600余米，投工投劳39万次清理沟渠60余千米，确保度汛安全；在桃李村委会水盆村、核桃村等村组新建小水窖150口，缓解部分村组人畜饮水困难问题；投资55.3万元完成阳宗农副产品交易市场硬化；投资110余万元，历时4个月，把阳宗电影院改建为阳宗客运站，于2006年12月1日正式投入运营，改建后的客运站能容纳约15辆客车；投入80万元，建设阳宗至脚步哨通达公路一期工程，建设里程3.5千米，于2006年12月15日顺利通车。

（鲁自雄）

易门县

【概述】 易门县位于玉溪市西北部，东接昆明市安宁市、晋宁县，南连峨山县，西邻楚雄州双柏县，北与昆明市安宁市、楚雄州禄丰县接壤。总面积1 571平方千米，山区面积占97%，坝区及河谷面积占3%。县城龙泉镇，海拔1 570米，距省会昆明86千米，距市府驻地146千米。2006年县城全年降水量758.1毫米，平均气温17.3℃。辖3镇4乡，56个村（社区）村（居）民委员会，746个村（居）民小组。2006年末总人口17.18万人，其中非农业人口3.59万人，少数民族人口占30.9%，有彝族、汉族、哈尼族、回族、苗族5个世居民族，人口自然增长率为1.42‰。

2006年，现价生产总值（GDP）17.65亿元，增长12.2%，其中，第一产业增加值3.85亿元，增长5.0%；第二产业增加值7.51亿元，增长17.3%；第三产业增加值6.30亿元，增长12.4%。一、二、三产业比重由上年的26:35:39调整为22:42:36。县属现价生产总值完成15.48亿元，增长9.6%。全县人均生产总值1.03万元，比上年增2 155元，增26.6%。工农业总产值21.05亿元，同比增20.3%，其中县属19.17亿元，同比增19%。固定资产投资总额4.8亿元，增长22.5%。地方财政收入1.31亿元，增长24.1%。农业总产值5.90亿元，增长5.3%，其中烤烟产值1.42亿元，下降2.6%，粮食总产5 246万千克。畜牧业产值2.51亿元，增长9.7%，占农业总产值的42.5%。客运量95万人次，客运周转量6 854万人/千米；货运量70万吨，货运周转量7 007万吨/千米。移动电话用户4.08万部，固定电话用户2.60万部，电话普及率39部/百人。

全县有各类学校103所，学生2.82万人，教师1 756人。小学入学率96.8%，辍学率0.06%，初中入学率98.93%，辍学率1.94%，非文盲率99.93%。图书馆接待读者7.14万人次，书籍流通总量15万册次，共有藏书7.04万册。新华书店销售图书3.62万册，销售额543万元。投资207.78万元实施广播电视“村村通”工程，电视覆盖率98.8%，广播覆盖率96%。享受城镇低保5748人，农村低保1.10万人。医疗卫生院所122个，病床520张。有13.15万人参加新型农村合作医疗，参合率为96.18%。农村新型合作医疗共减免医疗费105万元。农民人均纯收入3 053元，增长7.7%，城镇居民人均可支配收入9 268元，增长6.6%，职工年平均工资15 319元，增长7.0%。居民消费价格指数为100.8%，同比上升0.4个百分点。各项存款余额20.95亿元，增长17.4%。

中共县委书记　李富昌

县人大常委会主任　杨怀明

县人民政府县长　李长金

县政协主席　马军有

【优质早板栗示范项目通过验收】 易门县优质早板栗种植农业标准化示范区项目，于2006年9月10日经国家标准化管理委员会委托云南省质量技术监督局考核验收通过。2003～2006年，易门县实施优质早板栗种植农业标准化示范项目，在龙泉、浦贝、六街、小街、铜厂、绿汁和十街等7个乡镇重点推广种植5万余亩优质早板栗，销售累计收入1 000万余元。示范区板栗产量和产值比项目实施前分别增加23.76万千克、166.32万元，每亩新增纯收入100余元，示范区内农民人均增收180余元。

【县一中跨入云南省优质高中行列】 11月30日至12月2日，省教育厅专家组按照《云南省普通高完中办学水平的综合评价方案》，从办学条件、学校管理、质量体系、办学效益4个系统和发展规划、学校管理等11个层面及以人为本、发展趋势等36个指标和121个评价要素，以听课、巡视校园、查看资料、召开座谈会、问卷调查等方式，对易门一中的办学水平进行综合评审，同意易门一中晋升为省一级三等高级中学，标志着易门一中跨入云南省优质高中行列。

【再次获“云南省甲级卫生县城”称号】 经省政府批准，易门县再次获“云南省甲级卫生县城”称号，全省获此殊荣的县城有37个，其中玉溪市有3个。

易门县城自2004年首次被命名为“云南省甲级卫生县城”称号以来，紧紧围绕建设生态县和打造“滇中水城”为目标，以县城水资源综合利用为突破口，进一步深化甲级卫生县城创建工作。经努力，广大市民的卫生和环保意识明显增强，易门县城的建设、秩序、卫生、交通发生明显变化，县城更绿，更整洁，更靓丽，更适宜人们居住、生活和工作。

（矣德忠）

通海县

【概述】 云南省历史文化名城——通海，地处云南省中部偏南，属坝区县，四周分别与华宁县、峨山县、红河州建水县、江川县、红塔区相邻。总面积721平方千米．县城秀山镇距省会昆明125千米，距玉溪市府所在地47千米，县境以中山、平坝、河谷3种地貌组成，中山占77.07%，平坝占21.63%，河谷占1.3%。2006年年平均气温为16.4℃，年总降水量为818.5毫米。全县辖6镇3乡，65个村民委员会、4个社区，499个自然村，34个居民小组。2006年末，全县总人口27.45万人，其中非农业人口3.67万人，占13.4%；少数民族人口4.06万人，占总人口的14.8%，彝、回、蒙古、傣、哈尼为世居少数民族。人口密度每平方千米381人，人口自然增长率3.88‰。

2006年，全县实现地区生产总值29.0亿元，比上年增长10.3%，一、二、三产业增加值分别为6.35亿元、12.25亿元、10.41亿元，分别比上年增长3.7%、15.7%、8.6%；一、二、三产业增加值占全县生产总值的比重帛上年的23.7∶39.8∶36.5调整为21.9∶42.2∶35.9，形成二、三、一经济结构；人均生产总值（按户籍人口计算）1.06万元，比上年增加1 157元。实现工业总产值57.24亿元，按可比口径（下同）比上年增长23.7%。完成工业增加值10.98亿元，比上年增长17.1%，拉动GDP增长6.0个百分点。固定资产投资8.65亿元，增25.5%。完成农业总产值9.3亿元，比上年增长4.4%。粮食总产量2 645.84万千克。2006年，全县财政总收入（含基金收入）2.53亿元，比上年增长17.8%，地方财政收入（含基金收入）1.35亿元，增10.4%，占总收入的53.2%。2006年，全部从业人员年平均劳动报酬18 096元，增加3 982元，增28.2%。农民人均纯收入4 074元，增220元，增5.7%；城镇居民人均可支配收入9 280元，增加703元，增8.2%；城乡居民人均储蓄存款9 321元。2006年，全县公路通车总里程952.3千米，实现公路运输货物周转量1.51亿吨/千米，旅客周转量9 808万人/千米，分别比上年增13.4%和增3.1%。全县有有线广播电视站1座，乡广播电视站9个，通广播电视的村69个，通播率100%，广播覆盖率100%；有卫星电视地面接收站69座，电视覆盖率99.2%。

全县有各类学校77所，在校学生4.6万人，专任教师2 558人，九年义务教育：学龄儿童入学率97.84%，小学升学率99.62%，初中升学率49.79%。有文化馆、图书馆各1个。有医疗卫生机构202个，病床726张。

中共县委书记　夏立洪

县人大常委会主任　刘广聪

县人民政府县长　杨金莹

县政协主席　周艳芬（女）

【玉蒙铁路建设】 玉蒙铁路通海段全长3 327千米。铁路沿线涉及境内4个乡镇、13个村委会、41个村民小组，计划占用土地约800多亩。

玉蒙铁路的建成将对通海县的经济发展和小康社会起到巨大促进作用。自2005年9月1日开工建设以来，玉蒙铁路通海段建设共完成投资2.4亿元，征地700亩，隧道工程累计完成2 300米。

【民心工程深得民意】 近年来，通海县将“畜厩、厕所、沼气”三结合池子的建设作为民心工程来抓，列为农村初级卫生保健考核内容，此项工作的开展对解决农村能源紧缺的问题，抑制乱砍滥伐的发生起到了积极作用，有效改进了农村环境卫生条件，节约了大量人力、物力。2006年12月5日，河西镇国土所认真配合落实“三结合”池子的建设工作，结合实际，多次深入实地进行调查研究，充分利用山地、劣地，先后批建“三结合”池子39口，面积823平方米。

【三大优势产业快速发展】 2006年，五金机电、彩印包装、食品加工三大优势产业快速发展，完成工业总产值45.53亿元，比上年增长22.9%，占全县工业总产值的79.56%；实现销售收入47.21亿元，比上年增长20.85%；实现利润总额1.78亿元，增长34.45%，实现税金6 357.9万元，比上年同期增长17.76%。其中：五金机电业实现总产值35.9亿元，比上年增长21.04%，占工业总产值的62.72%，实现销售收入37.68亿元，比上年增长18.58%；实现利润总额1.18亿元，增长30.23%，实现税金3 336.1万元，比上年增长16.09%。

【企业管理人才培训】 2006年，加大对通海县企业老总、高层管理人员的培训力度。邀请省节能中心专家对全县范围内74户企业负责人进行培训；先后组织15家造纸企业和28户纳古镇传统五金企业负责人分赴江川恒昌造纸有限公司和河北唐山考察学习；组织企业老总和高管人员52人参加了玉溪市首届高级职业经理人培训班，全体学员通过了国家职业经理人认证；组织10户优秀中小企业参加“2006年国家银河培训工程云南班”培训。

【节能降耗】 10月，对通海杨广综合厂和通海树脂砂铸造厂清洁生产进行初审验收，等待省、市批复，可实现年初重点工作承诺验收清洁生产企业2户，实现万元GDP能耗降低25%的目标，资源节约与资源综合利用有新进展，推动循环经济发展。

【“数字通海”网站面世】 11月25日，“数字通海”网站面世。网址：http://th.yx169.com，亦可直接搜索“数字通海”。这是云南省第一个把全县各类商铺、企业搬上互联网的网站，是一座“数字通海”商城。“数字通海”有“走进通海”和“视频通海”两大板块，它通过静态、动态的视觉把通海的悠久历史、灿烂文化、民风民俗以及衣、食、住、行、玩等信息从互联网上传递给大众。网上有图文并茂的商铺信息2 300多户，企业信息100多户，内容涵盖全县6镇3乡的餐饮、住宿、购物、娱乐等信息。

【丽都花卉公司跻身农产品加工“国家队”行列】 2006年1月，通海丽都花卉有限公司经国家农业部认定为第一批全国农产品加工示范企业之一，跻身到农产品加工“国家队”行列。此次农业部认定的全国农产品加工示范企业共297家，丽都花卉是全国花卉行业惟一入选的企业。

【高原牌电力变压器被评为云南名牌】 2006年9月，根据《云南省名牌产品管理办法》的规定，经云南省名牌战略推进委员会评价确认，云南通变电器有限公司生产的高原牌电力变压器S11－30－16000/10被评定为云南省名牌产品。

【秀山公园为第六批全国重点文物保护单位】 2006年5月25日，国务院发出《关于核定并公布第六批全国重点文物保护单位的通知》，通海秀山公园被公布为“第六批全国重点文物保护单位”。

【纳古回族镇国税收入形势喜人】 通海县纳古回族镇2006年全年累计入库增值税720.03万元，比上年全年入库的352.94万元，增加367.09万元，增长104%。

【招商引资】 2006年，实施县外国内引资项目11项，项目总投资3.39亿元，实际到位县外资金2.06亿元，比去年同期的5 095万元增303.6%，完成与县政府承诺资金6 000万元任务数的342.7%。

【外贸进出口稳中有升】 全年围绕县政府下达的800万美元目标任务，主要以农产品、蔬菜、花卉及五金产品等不断拓宽国际市场，做大做强龙头企业，主打东南亚市场，实现进出口总额966万美元，比去年同期的741.5万美元增长30.0%，占年计划任务的120.7%，其中出口874.4万美元，同比增23.4%，进口91万美元，同比增175.8%。

【社会消费稳步发展】 全县完成社会消费品零售总额6.03亿元，同比增长12.3%；按行业划分，批发零售贸易业完成总额4.19亿元，比去年同期增长13.34%；餐饮业零售额完成1.65亿元，比去年同期增长9.28%。从商品类别来看，用的商品类销售加速增长；吃、穿、住的商品类销售增长稳定；家庭汽车高档消费品购销两旺。

【3家企业荣获国家“中华老字号”认证】 2006年国家商务部在全国实施了“振兴老字号工程”。通海县积极开展普查调研工作，并向商务部上报了5家企业参与认定，其中：通海宏斌公司、通海银饰制品有限公司和云南老拨云堂3家企业的“调鼎斋”酱油、“孔雀”牌银饰和“老拨云堂”被认定为“中华老字号”。

【“万村千乡”市场工程整体推进】 自2005年通海县被列为全国“万村千乡”市场工程试点县以来，2006年继续在全县开展。全年共改造“农家店”23个，其中“农资农家店”有18个，“农家店”有5个。

（张亚伟）

江川县

【概述】 江川县位于云南省中部。东南与华宁、通海两县交界，西南与红塔区接壤，西北与澄江县和昆明市晋宁县相邻。全县总面积850平方千米，山区、半山区占总面积的71.67%，平坝占总面积的15.96%，水域面积占总面积的12.37%。县城大街镇，距省会昆明102千米，距玉溪市府驻地35千米，县城海拔1 730米，属中亚热带半干燥高原季风气候。2006年年平均气温16.6℃，全年降水量694.8毫米。2006年，全县总人口26.82万人，其中非农业人口3.09万人，少数民族人口1.59万人，占总人口的5.95%。人口自然增长率5.75‰。

2006年，完成地方生产总值25.65亿元，比上年增长10.8%。一、二、三产业的比重由上年的29.8:34.4:35.8调整为27.7:36.5:35.8，其中第一产业增加值7.1亿元，增长4.4%；第二产业增加值9.36亿元，增长18.0%；第三产业增加值9.19亿元，增长9.1%。全县人均地方生产总值9 597元，增长10.74%。全社会固定资产投资总额完成7.18亿元，增长3.6%。全县完成工业总产值27.13亿元，增长21.1%。实现农业总产值10.09亿元，增长3.4%。其中种植业总产值6.37亿元，增长3.9%；林业总产值2 568万元，增长6.1%；畜牧业总产值2.59亿元，增长2.8%；渔业总产值5 513万元，下降2.6%。全县蔬菜种植面积8.89万亩，总产值2.78亿元，增长12.2%；烤烟种植面积9.4万亩，产量1 560万千克，烟农总收入1.8亿元，实现烤烟总产值1.89亿元，下降8.2%。全年完成财政总收入2.12亿元，比上年增长15.2%；地方财政收入1.37亿元，增长10.5%；全县财政支出3.5亿元，比上年增长14.8%。全县消费品零售总额达到5.14亿元，比上年增长12.5%；2006年商品零售价格总指数为101.2%。2006年，公路总里程831.977千米，实现村村通公路。全年完成客运量92.57万人，客运周转量4 165.65万人/千米，完成货运量134.75万吨，货运周转量9 687.34万吨/千米。全年完成邮政业务总量692.68万元，增长21.7%。年底电话用户7.54万户，电话普及率27.05部/百人。

2006年末全县共有学校90所，在校学生5.49万人，初中毛入学率113.57%，辍学率0.88%，巩固率99.56%，17周岁初级中等教育完成率98.22%。全县共有公办教职工2 307人。全县有文艺队264个，年底全县拥有文化室87个，图书馆1个。共有乡及乡以上卫生机构12个，村级卫生医疗点72个，病床685张；卫生技术人员517人，新型农村合作医疗参合率97.66%，比上年提高4.42个百分点。全县区域内在岗职工年平均工资19 947元，增长27.3%；2006年农民人均总收入5 251.08元，增长5.8%；农民人均总支出达5 089.76元，增长11.1%；农民人均纯收入3469.39元，增长6.5%。农民人均可支配收入3 345.44元，增长7.4%。年末城乡居民储蓄存款余额17.44亿元，人均储蓄存款6 550元，增长10.9%。年末全县共有城镇最低生活保障对象1 875户3 031人次，农村最低生活保障对象1 219户3 146人。

中共县委书记　范汝坤（~2006.6）、李　宏（2006.6~）

县人大常委会主任　黄文柱

县人民政府县长　张延明（2006.3~）

县政协主席　赵少春

【李家山古墓群保护与利用规划通过专家组评审】 江川李家山古墓群是国家级重点文物保护单位，也是国家大遗址保护项目。为有效保护和利用江川李家山古墓群，玉溪市政府和江川县政府于2005年7月邀请清华大学文化遗产保护研究所编制江川李家山古墓群保护与利用规划。

2006年8月31日，江川李家山古墓群保护与利用规划评审会在玉溪红塔大酒店举行。参加评审会的有北京大学李伯谦教授、国家文物局专家黄克忠以及省、市、县有关部门的领导和专家。评审会原则通过该规划的评审，规划单位将根据评审会上所提出的意见，对最终提交的文本进行修改和补充。

【整村推进扶贫民心工程建设】 江川县10个整村推进建设扶持总投资209.4万元，其中：国家、省级投资45万元，市级91.8万元，县级10万元，自筹62.6万元。10个整村推进项目实施建设的内容：铺筑村庄水泥路7.96千米，架设人畜饮水管路500米，修建沟渠0.9千米，建设砖混或砖木结构的科技室9所1 259平方米，建设卫生公厕11座及垃圾池2个，建河边人行桥3座，支砌挡墙1 348米，进行养殖和种植科技培训26期2 794人次；加大10个自然村产业结构的调整力度，发展种植蔬菜等经济作物1 387亩，引进养殖优良母猪940头，养羊300头，科技示范65亩。

10个整村推进村民小组，按照开发式扶贫和政府主导，全社会共同参与的扶贫方针，以整村推进为切入点，以巩固温饱和改善基本生产生活条件为重点，到2006年底项目完成后，10个村民小组生产生活条件得到较大改善，人均纯收入达到1 535元，比2005年增加44%；人均产粮336千克，使10个重点扶持的贫困村成为山区整村推进建设的示范村、文明村。

【开展土地开发整理】 投资67.86万元，对路居镇干塘荒草地进行开发，开发面积550.05亩，于2006年7月经市国土局验收，新增耕地416.55亩，折抵占补平衡指标208.28亩。争取省市支持，组织对江川县江城镇三百亩村土地开发整理项目进行可行性研究论证，纳入省级补助项目，该项目建设设计规模123.67公顷，其中旱地113.70公顷，果园3.32公顷，农村道路1.87公顷，农田水利20.70公顷，荒草地4.58公顷。项目实施后可新增耕地12.64公顷，新增耕地率达10.2%。

【柏池古弹石路达到国内领先水平】 2006年5月，由云南省交通厅组织，邀请国内专家对江川县前卫镇柏池古1.6千米的弹石路进行验收。验收结果：该弹石路达到国内领先水平。

【新型农村合作医疗试点】 2006年，江川县进一步完善新型农村合作医疗试点，出台《2006年江川县新型农村合作医疗补偿办法》。全县参加新型农村合作医疗人数达23.04万人，参合率为96.7%，比上年增1.09万人。筹集收入1 001万元，比上年增394万元；全年支出641万元，保证参合农民门诊及住院医疗费得到及时补偿，一定程度缓解了农民“因病致贫，因病返贫”的问题。在试点中，认真研究新型农村合作医疗筹资、运行、管理、服务的特点和规律，在农民筹资、医疗卫生服务管理、医疗费用报销、医疗基金管理、政府投入保障、农村药品流通管理等方面进行整改和提高。2006年9月，重新修定《江川县新型农村合作医疗实施方案》，使“新农合”运行和管理更加完善，“新农合”参合率居全市第一。

【医院院长实行年薪制】 江川县在首家聘任院长实行年薪制的路居中心卫生院经济效益和社会效益日渐呈现的基础上，进一步深化改革，对中医院和雄关卫生院实行院长聘任年薪制，加大医疗卫生机构院所长的选拔任用力度，完善法定代表人任期目标责任制和量化考核标准。并同步推进分配制度改革与人事制度改革，积极推行劳动、资本、技术和管理等要素参与分配，完善效率优先、兼顾公平的分配政策，坚决革除分配上的平均主义，广泛调动干部职工卫生技术人员的积极性。

【创建省级民族团结示范村】 白龙潭村是江川县大街镇上头营村委会的一个彝族村民小组，2006年，江川县委统战部（民宗局）围绕新农村建设的二十字方针及白龙潭村资源、地理等优势，积极与省市民委协调，被省民委列为“省级民族团结示范村”。主要做好以下6个方面的工作：一是召开民族团结示范村创建座谈会，组织全村全体党员、市县人大代表、村民代表及部分户主80多人参加座谈，进一步统一思想，完善建设规划。二是积极与农业局、国土局协商协调，争取支持。协调农业局在该村建沼气池75口，协调国土资源局对沼气池建设及奶牛养殖场的用地进行规划，并按照规定和程序给予办理相关手续。三是按照生产发展的方针，大力普及科学技术知识，做好村内的粮烟生产、蔬菜栽培、奶牛养殖等经济发展工作，增加农民收入。四是争取多方支持，完成由县水利局投资43万元的白龙潭河河道拓宽工程、由县环保局投资的污水净化池工程。五是利用广播、黑板报、会议等方式开展宣传教育，深入贯彻党的路线方针和政策，对群众进行精神文明及民族团结教育，引导群众树立“三个离不开”思想，养成文明、科学、健康的生活方式。六是利用省民委下拨的“民族团结示范村”创建经费25万元，硬化村道72米；建盖民族文化活动中心以及集党团文化活动室、科技培训室、老年活动室为一体的娱乐活动场所；建盖村民喜事用房130平方米；改造公厕2个；修建垃圾池2个，水池1个，修缮自来水管道，对村庄进行绿化；建盖牛厩50间1 000平方米。民族团结示范村的创建，加强了基层组织建设。

（余立言）

元江哈尼族彝族傣族自治县

【概述】 元江县位于云南省中南部，东北与红河州石屏县相连，东南与红河州红河县接壤，西南与思茅市墨江县分界，西北与新平县紧邻。总面积2 858平方千米，山区面积占96.8%，坝区面积占3.2%。县城澧江镇距省会昆明220千米，距市府所在地132千米。2006年年平均气温24℃，年均降水量770毫米。辖10个乡镇、3个农场，75个村（居）民委员会、644个自然村。2006年末总人口19.87万人，其中非农业人口2.67万人；少数民族以哈尼族、彝族、傣族、白族为主，占总人口的80%。人口自然增长率为2.98‰。

2006年，生产总值（现价）为16.20亿元，比上年增14.86%；人均国内生产总值7 626元，比上年增13.67%。在生产总值中：第一产业5.59亿元，增长13.16%；第二产业4.59亿元，增长18.30%；第三产业6.02亿元，增长13.80%。一、二、三产业在全县生产总值中的比重由上年的35.02:27.48:37.50调整为34.50:28.36:37.14，非公有制经济所占比重为37.9%。全县工农业总产值（现价）为18.67亿元，比上年增长22.53%，其中：工业总产值10.63亿元，增长30.29%；农业总产值8.04亿元，增长13.60%。全年完成固定资产投资4.27亿元，增长13.43%。全县地方财政收入1.03亿元，增长3.07%；地方财政支出3.50亿元，增长19.05%。全县在岗职工年平均工资19 609元，增27.78%。农民人均总收入4 022元，增8.23%；农民人均纯收入2 785元，增7.49%；农民人均可支配收入2 703元，增5.34%；城镇居民人均可支配收入9 238元，增7.19%。农民人均占有粮食278.70千克，增8.34%。城乡居民人均储蓄余额4 129元，增15.23%。居民消费价格总指数为102.79；商品零售价格总指数为101.65。全县享受城市最低生活保障金的有4 190人，享受农村最低生活保障金的有1.1万人。县乡公路通车率达100%，乡村公路通车率达90%，自然村通车率达98.87%；全年共完成客运量57.80万人次，旅客周转量6 936万人/千米。

全县共有各类学校100所，在校学生3.78万人，教师2 169人；学龄儿童入学率达99.52%，辍学率为0.96%。有文化馆、图书馆、歌舞团等文化单位15个。电视覆盖率达95%，广播覆盖率达100%。年末共有各种卫生机构59个（含个体）；有卫生技术人员651人，病床344张；共有14.06万人参加新型农村合作医疗，参合率达82.85%。

中共县委书记　法玉宾（彝族，~2006.10）、贺光明（2006.10~）

县人大常委会主任　车德才（哈尼族）

县人民政府县长　杨忠武(傣族)

县政协主席　谢光亚（傣族）

【国家农业综合开发项目建设完成】 2006年1月10日，国家农业综合开发项目——“西北灌区土地治理”项目工程在东峨镇正式启动；2006年4月，项目建设工程基本完工；2006年6月，经2个月的试运行及维护，项目工程正式投入使用。该项目总投资704万元。项目建设完成三面光灌溉沟渠28条，总长60.85千米，机耕路6条，总长6.45千米；改造中低产田1.35万亩；科技培训1 500人次。通过实施该项目，使项目区农民增加收入303万元，新增种植业总产值1 060万元；为加快项目区建设小康社会的步伐打下了良好基础。

【“省级整村推进扶贫工程”验收】 2006年5月中旬，东峨镇红旗村委会黄豆地村民小组的“省级整村推进扶贫工程”建设项目通过了由县扶贫办等有关部门验收。该工程于2005年12月开始启动建设，至2006年4月底全面竣工。工程项目包括扶持黑山羊发展、经济林果发展、农业科技培训、农田水利建设、修建公厕、修建文明巷道及入村公路建设共6个方面；共投入资金25万元，群众投入义务工768个。

【都贵村标准化综合扶贫试点项目】 元江县都贵村通过实施标准化综合扶贫试点项目，取得良好成效：一是水、电、路、通讯、村容整治等基础设施得到改善；二是农业生产条件得到改善；三是新、老产业得到培植开发和巩固提升；四是农民稳定增收问题得到解决；五是各项社会事业得到较快发展。

【热区无公害栽培示范项目通过验收】 2006年9月7日，云南省第一批林业产业发展项目之一的“元江县热区优良森林蔬菜山地无公害栽培示范”项目竣工验收。该项目自2004年正式实施以来，历时2年多，完成项目总投资25万元，培育出一批热区优良森林山地无公害蔬菜苗，建立科技示范村1个；技术培训60人；为3个示范基地和1个示范村悬挂了宣传牌，涉及农户84户。对加强林区资源综合开发利用、调整和优化林业经济结构、改善生态环境具有重要的意义。

【东峨镇创建“信用村（组）”初见成效】 自2003年11月在农场田村委会开展“信用村”创建试点工作以来，东峨信用社对农场田村累计发放贷款340.5万元，截止2006年10月底，全村贷款余额达181.8万元，户均贷款3 430元；社员（农户）入股387户，入股额为35.6万元。真正发挥了农村信用社服务于基层、服务于农民、服务于地方经济的作用。通过“信用村（组）”的创建活动，切实解决了农民“贷款难”的问题。2006年11月，元江县农村信用联社在东峨镇农场田村委会举行“一级信用村”授牌仪式，并奖励村委会活动经费3 000元。农场田村委会是元江县第一个获得“一级信用村”称号的村委会。

【启动“万村千乡”市场工程建设】 从2006年3月1日开始，元江县全面启动实施“万村千乡”市场建设工作。建设规划涉及全县4镇6乡3农场，70个行政村、5个居委会、705个村民小组，644个自然村。主要采取积极引导各类有实力、信誉好的县内外流通企业，直接到各乡镇、行政村投资建立网点或利用现有网点改造、连锁“农家店”；鼓励各类连锁企业，通过吸引小型企业加盟的方式，到乡镇、村建立或改造“农家店”；支持各类中小企业通过自愿连锁（即企业自愿结合，统一采购，统一建立销售网络）的方式建设“农家店”。

【完成贫困人口建档立卡】 至2006年4月，全县贫困人口建档立卡工作圆满结束。对全县10个乡镇75个村（社区）委员会644个自然村705个村民小组的绝对贫困户（2004年底农民人均纯收入低于668元）和低收入贫困户（农民人均纯收入668~924元）进行全面摸底调查，建立健全贫困户档案，做到户有卡、村有册、乡有簿、县设微机档案，并进行动态监测管理。调查结果表明，元江县的贫困程度依然很深，贫富差距依然很大，贫困现象将长期存在，扶贫工作任务非常艰巨。

（张正新）

新平彝族傣族自治县

【概述】 新平县位于云南省中部偏西南，玉溪市西部。东连峨山县，东南接元江县和红河州石屏县，西南接思茅市墨江县，西连思茅市镇沅县，北接楚雄州双柏县。总面积4 223平方千米，山区面积占总面积的98%，坝区占2%。县城桂山镇海拔1 480米，距省会昆明180千米，距市政府驻地90千米。2006年年均气温17.8℃，降雨量1 005毫米。辖6镇6乡，120个村民（社区）委员会，1 460个村民小组。总人口27.01万人，其中非农业人口3.65万人。少数民族人口占总人口的71.18%，有彝、傣、汉、哈尼、拉祜、回、苗、白8个世居民族，其中彝族、傣族人口17.36万人，占全县总人口的64.3%。人口自然增长率6.18‰。

2006年，全县生产总值（现价）24.57亿元，比上年增长25%。一、二、三产业的比重由上年的23.1∶47.2∶29.7调整为19.8∶54.3∶25.9。其中，第一产业4.87亿元，比上年增7.5%；第二产业13.35亿元，在生产总值中的比重首次过半，增43.8%；第三产业6.35亿元，增8.7%。农村社会总产值（现价）24.64亿元，增3.5%。粮食总产量8 174万千克，增15.2%；烤烟1 108万千克，增2.4%；甘蔗52.99万吨，增6.3%。畜牧业总产值（现价）2.73亿元，增10.8%。工业总产值（现价）33.7亿元，增20.6%。财政总收入3.89亿元，增23.2%，地方财政收入1.88亿元，增16.1%。全社会完成固定资产投资13.8亿元，增43%。全县年末职工年平均工资20 800元，增15.5%；农民人均总收入4 116元，增7.2%，纯收入2 886元，增7.4%；城镇居民人均家庭总收入1.06万元，增18.1%；城乡居民储蓄存款11.79亿元，增17.2%。居民消费价格总水平上涨0.9%。有3万人享受最低生活保障补助。电视、广播覆盖率分别为98.9%、98.7%。全年客运量93.68万人次，客运周转量7 710.7万人/千米。

全县有各类学校164所，在校学生3.5万人，专任教师2 655人；学龄儿童入学率99.58%，小学升学率99.36%。年末有文化馆（站）、图书馆14个；医疗卫生院、所136个，床位608个。

中共县委书记　周继武

县人大常委会主任　矣瑞华（彝族）

县人民政府县长　曹仕祥(彝族)

县政协主席　罗永祥（彝族）

【《红河流域新平境内三江口水电站投资开发协议》签约】　2006年4月2日，由新平县人民政府与中国水电顾问集团昆明勘察设计研究院签订。设计水库最大坝高135米、总库容量9.58亿立方米、总装机容量14万千瓦、年发电量6.47亿千瓦时，总投资19亿元。功能以发电为主，兼防洪防汛、改善生态、旅游观光。协议2012年底前全部机组并网发电。该项目的兴建将产生社会、经济、生态等综合效益。

【实施新型农村合作医疗项目】　2006年9月启动，由个人、集体、政府多方筹资，缓解农民“看病难、看病贵”问题。全年有5.62万户21.8万人参加，筹资582万元。11月1日起，开始审核报销。截止12月20日，全县各定点医疗机构门诊减免补偿门诊病人1 365人次，发生总费用3.86万元，新型农村合作医疗基金共补助3.25万元；各乡合管办审核参合农民住院治疗病历共2 050人次，共发生住院总费用306.09万元，新型农村合作医疗基金补助63.16万元。门诊、住院共计补偿66.41万元。

【采取8项措施做好农民工工作】　建立农民工工作联席会议制度，健全协调机制；把清理拖欠工程款和农民工工资作为维权重点，安排150万元兑付农民工工资；加快劳务输出步伐，组织劳务输出4 249人，劳务收入1.14亿元；加强农民工职业技能培训；放宽户口准入条件；保障农民工子女平等接受义务教育；加强劳动监察执法等。全年监察510户，涉及职工4 659人；追发劳动者工资待遇1.66万元；处理劳动争议案件7件，来信42件，接待来访451人；按《工伤保险条例》为170名农民工支付医疗费用和伤残补助金。

【建设教师经济适用房】　为解决教育系统特别是乡村教职员工无住房、住房难的问题，2006年6月，在县城南区启动经济适用房阿秀住宅小区建设项目。规划建设总用地8.23万平方米（123.5亩），84个单元，居住总户数1 008户，总建筑面积13.1万平方米。工程包括小区外围市政道路、小区内道路、照明、给水排水、绿化、电力电讯等，概算总投资1.16亿元。预计2007年6月底竣工交付使用。

【启动戛洒镇花腰傣民居示范点建设】　2006年10月底启动建设，占地总面积8.3亩，房屋占地面积2.5亩，建筑面积3 333.35平方米，容积率0.6，建筑密度30%，绿化率29%，可居住游客125人。项目概算投资450万元。预计2007年4月底竣工投入使用。

【被省命名为“平安县”】　2006年12月，经省委、省人民政府创建“平安县（区）”考核验收组的考核验收，新平县被省委、省人民政府命名为“平安县”并受到表彰奖励。

【桂山镇猪肉首次销往香港】　2006年1月，桂山镇亚尼河顺热谷生物科技开发有限责任公司生猪基地生产的110头DLY瘦肉型生猪，以其饲养方法科学卫生、环保生态，其肉质鲜嫩细腻、口感松软适度，经百信集团凤凰生态食品有限公司屠宰加工，符合各项出口标准而销往香港等地，实现玉溪市生猪肉出口零的突破。猪肉销往香港，在玉溪市乃至全省尚属首家。

【日本黛民族舞蹈团到新平文化交流】　2006年4月25日，应云南省舞蹈家协会的邀请，日本黛民族舞蹈团一行11人到新平县腰街镇南碱村与南碱花腰傣群众举行民间歌舞表演交流活动。黛民族舞蹈团表演了《津轻啊伊亚节》等日本民间舞蹈；花腰傣群众演员表演了《傣乡韵》等民间歌舞。黛民族舞蹈团作为日本友好协会的民间文艺团体，与云南省舞蹈家协会已有10多年的交往历史，这是第九次访问云南，新平是回访交流的第一站。

【联合国副秘书长考察SLM项目】

2006年9月6日，汉斯·范金克尔博士等到腰街镇南碱村民小组实地考察。SLM项目全称“东南亚山区可持续土地管理试验示范项目”，由联合国大学向全球环境基金会、联合国环境规划署申请，以日本京都大学为技术支持，联合国大学、泰国、老挝及中国云南省三国四方共同实施。项目主要为泰国、老挝及中国云南7个项目点组织多种培训与交流，通过示范，在地方、国家及次区域开展项目合作，实现恢复退化山地，流域生态系统整合，提高山地居民生计水平的总体目标。南碱是云南省2个SLM项目点之一。

【王晓福获首届“兴滇人才奖”】 2006年7月4日，云南省首届“兴滇人才奖”表彰大会在昆明举行。新平籍国家残疾人游泳运动员王晓福，以其身残志坚、勇攀体育运动高峰的精神和在世界、全国举办的赛事上获得30余个冠军，10余次打破世界纪录的成绩，成为首届“兴滇人才奖”获奖者之一，得到省委、省政府30万元的嘉奖。

【人口较少民族和特困民族（支系）调查】 2006年11月开始，主要调查彝族山苏、仆拉及拉祜族和苗族居住的93个村民小组，涉及2 665户1.06万人。调查结果显示，由于自然条件恶劣、基础设施脆弱、种植结构单一、信息闭塞等各种因素的影响，人口较少民族和特困民族（支系）的生产生活与全县的发展水平差距较大，人均纯收入1 288元，人均产粮230千克。其中，特困户1 534户6 041人。人口较少民族和特困民族（支系）的发展需要各级政府加大投入，在基础设施、异地搬迁、产业发展、科技培训等方面进行扶持。

【295名贫困大学生得到资助】 为解决贫困大学生入学难的问题，在增加政府资助的同时，拓宽筹集渠道，发挥“困难学生救助会”的作用，动员社会各方力量捐资助学。2006年，全县共筹集并发放助学资金54万元，资助贫困大学生295名，人均资助1 830元。其中，市政协资助9 000元，资助3名；各级政府筹集资金22.4万元，资助148名；“困难学生救助会”筹集并发放救助金13.8万元，资助69名；企业和个体户捐助资金16.95万元，资助75名。

（刘凤琼）

峨山彝族自治县

【概述】 峨山彝族自治县地处滇中，东接红塔区，东南与通海县交界，南与红河州石屏县接壤，西南与新平县山水相连，西北与楚雄州双柏县隔江相望，北与易门县相通，东北与昆明市晋宁县毗邻。总面积1 972平方千米，山区面积占96%。县城双江镇，海拔1 538米，距省会昆明118千米，距玉溪市府驻地24千米。2006年，全县辖5镇3乡，76个村（居）民委员会，568个村（居）民小组。2006年年均气温16.7℃，年均降雨量926.5毫米。年末，全县总人口15.03万人，其中非农业人口3.05万人，占总人口的20.29%；少数民族人口10.06万人，占总人口的66.93%。人口自然增长率3.58‰。

2006年全县生产总值（GDP）18.15亿元，比上年增长15.9%。其中第一产业增加值3.4亿元，第二产业增加值7.8亿元，第三产业增加值6.9亿元，分别比上年增长6.2%、31.2%和7.8%。一、二、三产业比重由上年的22∶36.11∶41.89调整为18.9∶43.1∶38。完成农业总产值4.88亿元，比上年增长5.2%。其中，种植业产值2.48亿元，增长5.6%；林业产值2 703万元，减7.8%；牧业产值1.86亿元，增长8.5%；渔业产值634万元，比上年减16%。农作物总播种面积1.88万公顷，其中：粮食播种面积8 308公顷，经济作物面积8 586公顷。生产粮食4 432万千克，烤烟907万千克，甘蔗2.99万吨。全年完成工业总产值27.87亿元，比上年增长28.4%。年财政收入2.85亿元，比上年增长24%；财政支出3.43亿元，比上年增长19.2%。全年完成社会消费品零售总额3.46亿元，比上年增长9.2%。全县公路通车里程为2 160.5千米，558个自然村中还有4个自然村未通公路。完成货运量159.33万吨，货运周转量8 303万吨/千米，客运量78.47万人，客运周转量3 715.41万人/千米。固定电话用户3.1万户，移动电话用户4.6万户，互联网用户1 593户。全县电话普及率达51.2%。在岗职工年平均工资18 825元，农民人均纯收入3 137元，比上年增加209元，增长10.9%。城乡居民人均储蓄存款7 972元，比上年增加914元，增长12.9%。电视覆盖率97.4%，无线广播覆盖率96.9%。

全县共有各类学校105所，在校学生2.41万人，教师1 990人。九年义务教育普及率为98.54%，入学率99.5%。年末，有文化馆、图书馆2个，医疗卫生院、所91个，床位341个。

中共县委书记　叶本功

县人大常委会主任　普桂芬（女，彝族）

县人民政府县长　李　宏(彝族)

县政协主席　马穆生（回族）

【投资打造彝文化品牌】 从2006年起，峨山县每年安排不少于100万元的文化发展经费，打造彝文化品牌，推进彝文化的发掘、整理、传承和弘扬，努力把峨山建设成为中国彝族传统文化的重要中心之一。3月，出台《关于繁荣文化事业、发展文化产业的意见》，提出建设“中国第一个生态彝族自治县”、打造“峨山·中国彝族花鼓舞之乡”区域文化品牌的发展战略和“政府主导、企业参与、重点推动、体现特色、打造品牌”的思路。5月24日，县政府与云南艺术学院举行文化项目合作签字仪式。合作项目包括音像产品开发、舞台演出开发、民间工艺品开发和教学实践基地4个项目。

【制定彝文化产业发展规划】 2006年8月31日，峨山县与中央民族大学举行县校合作签字仪式，双方将共同建立中央民族大学“985工程”

中国民族地区经济社会发展研究峨山基地。峨山县与中央民族大学经济学院共同成立课题组，正在抓紧制定《峨山彝族自治县彝文化产业发展规划》。

【自治县成立55周年庆祝大会暨首届彝族花鼓舞艺术节】 2006年12月10日，峨山县委、县政府在县城举行纪念峨山彝族自治县成立55周年庆祝大会暨首届中国彝族花鼓舞艺术节。省人大常委会原主任李桂英，省委宣传部常务副部长尹欣，玉溪市党政领导，省内100多州、市、县有关领导以及在中央、省、市工作过的峨山籍老领导应邀参加庆祝大会。大会由县委书记叶本功主持，县长李宏致欢迎辞，并向来宾介绍峨山55年来经济社会发展取得的成就。市民宗局局长马良昌代表市委、市政府致贺辞。全国100多个单位和部门发来贺电贺信。庆祝大会结束后，举行2 000多人参加的首届中国彝族花鼓舞艺术节活动，广场文艺表演《花鼓之源·峨山》把庆祝活动推向了高潮。活动期间，还举行迎宾文艺晚会《恋水欢歌》、民族民间文艺展演、2006中国·峨山彝族花鼓舞研讨会和中国彝族花鼓舞大赛。

【开展补办换办辐射安全许可证】 峨山县于2006年12月组织全县厂矿企业、医疗单位开展补办换办辐射安全许可证。至年底，县环保局组织有关专业技术人员对全县13家放射源或射线装置使用单位进行现场监测，并及时填写使用放射性同位素和射线装置的单位申请领取许可证现场检查报告，编制补办环评手续。对放射源和射线装置的使用、申请报废及收贮情况一一进行填报、登记、汇总。通过现场监测，较全面地了解和掌握了县属13家单位的辐射防护设施情况及防护效果，为今后对各个单位进行管理、规范放射源或射线装置及在全县范围内开展补办换办辐射安全许可证工作打下了基础。

【环境保护】 2006年，峨山县以建设“中国第一个生态彝族自治县”为目标，加大环境保护工作力度，积极推进生态县建设。全面整顿和规范矿产资源秩序，21户未达标企业被责令停业整顿，43个勘察不规范矿山及无证开采矿山被关闭。环境污染治理得到加强，全县环境质量总体保持在良好水平。12户重点工业企业重复用水率为92.97%，同比提高2.2个百分点；废水排放达标率达100%，同比提高4.6个百分点；二氧化硫排放、粉尘排放达标率分别达93%和100%；工业固体废物综合利用率达70.13%。

【扶贫攻坚成绩斐然】 2006年，全县共投入扶贫资金605.8万元，其中：财政扶贫资金437.3万元，整合部门资金24万元，群众投工投劳折资144.5万元。财政扶贫资金按来源分：省级财政资金65万元、市级财政资金372.3万元；按项目建设类别分：7个乡镇22个自然村整村推进扶贫项目资金290.7万元；谢札村委会整村推进标准化综合扶贫项目资金81.6万元。整村推进扶贫项目覆盖7个乡镇28个自然村，受益1 840户6 893人。共建项目共106件，其中：①基础设施，人畜饮水19件，架管28.5千米，水池650立方米；沟渠12件17.7千米；村组公路1件0.2千米；村容村貌整治31件29.32千米、4.98万平方米；②产业发展9件，引种畜21头；③社会公益事业，卫生室建设2件，砖混结构1所96平方米，砖木结构1所180平方米；新建党、团员科技文化室20处3 854平方米，其中砖木结构17所3 407平方米，砖混结构3所447平方米；广播电视建设5件，新建接收站2座，安装74户有线电视光缆；新建卫生公厕3件；球场及配套设施3件2 036平方米；④科技培训与推广1件，举办农村实用科技推广培训112期1.03万人次。

（方起勇）

玉溪市经济社会发展主要指标（表一）

地 区	年末总人口（万人）		城镇人口占总人口比重（%）		全社会就业人员（万人）		城镇登记失业率（%）	
	2005年	2006年	2005年	2006年	2005年	2006年	2005年	2006年
玉溪市	221.35	224.6	32.20	33.97	135.13		2.63	2.65
红塔区	46.01	46.7		51.21	30.81		2.40	3.00
江川县	27.08	27.5		29.43	16.32		2.70	2.13
澄江县	15.90	16.2		29.95	9.51		2.47	2.80
通海县	29.60	30.0		35.19	17.18		3.30	3.00
华宁县	20.72	21.1		29.41	12.20		2.90	2.90
易门县	17.58	17.8		27.90	10.02		2.90	2.80
峨山县	15.79	16.0		32.44	8.79		3.50	2.20
新平县	27.58	28.0		24.55	16.59		2.20	2.10
元江县	21.09	21.4		23.68	12.17		1.80	2.10

玉溪市经济社会发展主要指标（表二）

地　区	地区生产总值（万元）		第一产业（万元）		第二产业（万元）		第三产业（万元）	
	2005 年	2006 年	2005 年	2006 年	2005 年	2006 年	2005 年	2006 年
玉溪市	3 682 253	4 148 740	429 834	453 579	2 150 272	2 458 641	1 102 147	1 236 520
红塔区	2 226 517	2 423 316	50 887	50 859	1 652 352	1 772 375	523 278	600 082
江川县	230 239	256 493	68 625	70 958	79 109	93 596	82 505	91 939
澄江县	152 463	168 055	34 929	37 094	62 381	70 029	55 153	60 932
通海县	256 468	290 028	60 788	63 463	102 127	122 429	93 553	104 136
华宁县	160 018	180 636	50 684	55 616	44 913	52 541	64 421	72 479
易门县	139 922	176 535	36 234	38 465	49 707	75 082	53 981	62 988
峨山县	148 574	181 545	32 690	34 325	53 648	78 267	62 236	68 953
新平县	196 576	245 729	45 310	48 690	92 867	133 538	58 399	63 501
元江县	141 017	161 979	49 388	55 878	38 752	45 946	52 877	60 155

玉溪市经济社会发展主要指标（表三）

地　区	地区生产总值指数（上年 = 100）		第三产业增加值比重（%）		人均地区生产总值（元）		全社会固定资产投资（万元）	
	2005 年	2006 年	2005 年	2006 年	2005 年	2006 年	2005 年	2006 年
玉溪市	107.6	111.0	29.93	29.80	16 728	18 606	1 049 567	1 006 765
红塔区	104.0	109.7	23.50	24.76	55 510	52 272	557 051	557 613
江川县	110.1	110.8	35.83	35.84	8 665	9 395	69 266	71 751
澄江县	112.7	110.7	36.17	36.26	9 742	10 536	45 362	46 904
通海县	112.0	110.3	36.48	35.91	9 453	9 736	68 870	86 460
华宁县	114.4	110.4	40.26	40.12	7 806	8 647	56 780	75 230
易门县	112.7	112.2	38.58	35.68	8 107	9 985	48 011	70 192
峨山县	115.9	115.9	41.89	37.98	9 892	11 432	52 496	77 262
新平县	115.0	113.5	29.71	25.84	7 310	8 767	96 479	137 968
元江县	114.3	106.0	37.50	37.14	7 129	7 626	37 665	42 724

玉溪市经济社会发展主要指标（表四）

地　区	地方财政收入（万元）		地方财政支出（万元）		人均地方财政收入（元）		社会消费品零售总额（万元）	
	2005 年	2006 年	2005 年	2006 年	2005 年	2006 年	2005 年	2006 年
玉溪市	312 286	330 526	408 743	489 381	1 419	1 482	609 518	685 333
红塔区	31 927	37 491	60 968	70 345	701	809	280 046	316 301
江川县	11 934	13 508	29 567	34 454	443	495	45 692	51 410
澄江县	9 389	10 310	20 723	29 087	595	643	34 012	39 170
通海县	11 652	13 380	26 171	33 504	396	449	56 186	63 209
华宁县	9 680	9 989	23 773	26 296	470	478	35 093	39 585
易门县	10 095	11 949	25 403	32 726	575	676	39 432	42 261
峨山县	11 286	13 928	28 383	33 844	716	877	31 709	34 626
新平县	14 943	17 827	40 427	50 348	543	641	40 347	45 562
元江县	8 852	8 215	28 226	32 665	421	387	47 001	53 209

玉溪市经济社会发展主要指标（表五）

地 区	农民人均纯收入（元）		农村人均住房面积（平方米）		在岗职工年平均工资（元）		人均储蓄存款余额（元）	
	2005 年	2006 年	2005 年	2006 年	2005 年	2006 年	2005 年	2006 年
玉溪市	3 314	3 534	42.00		18 241	21 396	8 532	9 487
红塔区	4 431	4 687	70.40		22 924	24 696	19 547	21 758
江川县	3 258	3 469	36.97		15 663	19 947	5 779	6 338
澄江县	3 497	3 714	27.00		15 899	20 968	7 781	8 552
通海县	3 854	4 074	42.16		14 430	18 577	7 816	8 460
华宁县	3 056	3 275	37.60		14 859	19 159	4 645	5 016
易门县	2 834	3 054	36.70		14 333	18 456	5 909	6 922
峨山县	2 928	3 137	39.84		1 5512	18 825	6 708	7 506
新平县	2 688	2 886	33.50		17 974	20 752	3 648	4 206
元江县	2 591	2 785	24.77		15 346	19 609	3 360	3 824

玉溪市经济社会发展主要指标（表六）

地 区	初中学龄人口入学率（%）		广播覆盖率（%）		电视覆盖率（%）		每千人拥有医院、卫生院床位数（张）	
	2005 年	2006 年	2005 年	2006 年	2005 年	2006 年	2005 年	2006 年
玉溪市	90.56	88.87	98.2		99.0		3.02	
红塔区	94.30	94.32	100.0		99.0		5.78	5.73
江川县	92.57	92.48	100.0		99.0		2.13	2.06
澄江县	90.84	87.71	100.0		98.1		2.44	2.43
通海县	95.19	89.73	96.2		99.6		2.30	2.32
华宁县	88.38	87.35	92.0		98.7		1.93	2.18
易门县	94.96	95.32	96.0		98.8		3.54	2.82
峨山县	85.84	87.02	96.7		97.2		2.90	3.49
新平县	86.61	80.94	98.5		98.9		2.09	2.10
元江县	82.36	82.22	100.0		68.8		1.52	1.55

（省统计局）

保山市

主　　编　蒋国安　赵　芳
责任编辑　杨　静　代燕春

【概述】　保山市位于云南省西部，东经90°25′～100°02′、北纬28°08′～25°51′之间。东与大理州、临沧市接壤，北与怒江州、西与德宏州毗邻，西北、正南同缅甸交界，国境线长167.78千米。国土面积1.96万平方千米，其中坝区占8.21%。山区占91.79%。市政府所在地隆阳区，距省会昆明市492千米，是历代郡、府、司、署所在地。2006年，市辖隆阳区和施甸、腾冲、龙陵、昌宁4县72乡（镇）。总人口244.30万人，其中非农业人口26.27万人，占10.75%；少数民族人口33.84万人，占总人口的9.76%，其中彝族7.67万人，白族3.99万人，傣族4.2万人，傈僳族2.9万人，回族1.3万人，苗族0.93万人。人口自然增长率6‰。

2006年全市完成生产总值135亿元，按可比口径计算，增长13.4%，是1985年以来的最快增速。其中：第一产业增加值45亿元，增长8%；第二产业增加值36亿元，增长20.5%；第三产业增加值53.7亿元，增长13.9%。三次产业比重由上年的36:24.5:39.5调整优化为33.4:27.4:39.2。第一、第三产业比重下降，第二产业比重上升。全市财政总收入15.86亿元，增长28.8%，其中：地方一般预算收入8.35亿元，增长27.9%；完成财政支出29.86亿元，增长20.6%。年末金融机构各项存款余额144.5亿元，比年初增长19.2%，各项贷款余额118.3亿元，增长14.1%。全年完成全社会固定资产投资总额79.39亿元（含保龙路投资18.54亿元），增长31.8%，全年社会消费品零售总额41.23亿元，增长14.4%。其中城镇27.73亿元，增长15.4%；农村13.5亿元，增长12.3%。完成农业总产值（现价）67.6亿元，增长8.3%。粮食总产量达96.7万吨，增长4.07%；油料产量3.5万吨，增长5.2%；甘蔗总产202万吨，增长21.5%；烤烟产量3.88万吨，香料烟产量0.84万吨，增长60.5%；肉类总产18.65万吨，增长10%。粮经作物播种面积比例为66:34。全年新增有效灌溉面积3.45万亩，拥有各种水库271座，库容近4亿立方米。各种水利设施新增蓄水能力87.2万立方米，解决了4.2万人的饮水问题。农村小型拖拉机达2.23万台，比上年末增长6%；农用载重汽车1 858台，增长2%；排灌动力机械2 575台，增长4.5%。乡镇企业营业总收入82.49亿元，增长18.6%；总产值74.16亿元，增长25.7%；利税总额5.58亿元，增长13.2%。

全市完成工业（现价）总产值59亿元，增长20.1%。综合经济效益指数180点，比上年提高33.3点，利税总额增长80%。亏损企业30户，比上年减少3户。全市完成工业增加值占生产总值的比重达19.8%，比上年提高2.3个百分点。实现建筑业总产值18.3亿元，增长42.4%。

2006年，全市共接待国内外游客422万人次，比上年增长10.18%；实现旅游业总收入15亿元，增长18.11%。其中：旅游外汇收入1 290万美元，增长11.7%；国内旅游收入13.93亿元，增长18.05%。旅游业已成为推动全市第三产业快速发展的关键行业。

全市公路总里程1.15万千米，比上年增长13.7%。各种汽车（含低速汽车）达4.12万辆，其中载货载客（含轿车）汽车3.75万辆，增长4.7%。完成货运量1 255万吨，增长4.1%，货物周转量19.98亿吨千米，增长7.9%。完成客运量948万人次，增长8.3%，旅客周转量9.38亿人千米，增长4.1%。

年末，全市电话用户22.98万户，比上年增长11.73%。电话普及率达31部/100人。完成邮电通信业务总量4.99亿元，增长11.1%。

2006年，保山市有全日制学校2 172所，小学教学点608个，在校学生46.28万人，比上年增加4 048人；全市小学适龄儿童入学率94.33%，初中入学率85.4%，高中入学率41.73%，残疾儿童少年入学率90.89%，幼儿园入园率47.15%；全市各级各类学校教职工2.44万人，其中专任教师2.32万人，高级职称673人，中级职称7 042人；全市校舍建筑面积313.89万平方米，比上年增加5.4万平方米；全年教育经费投入8.54亿元，其中财政性投入7.38亿元。“普九”成果得到巩固，“两基”水平进一步提高；高中招生规模继续扩大；云南大学与保山联合创办职业技术学院开始招生，保山卫校成功升格为高等中医药专科学校，保山高等师范专科学校“升本”工作继续推进；教育系统排除以中小学为主的危房面积7.3万平方米，新建校舍面积15.8万平方米，办学条件不断改善。

2006年，保山市科技部门以龙头企业和个私企业为重点，拓展项目申报领域和范围，加大了科技项目培植和遴选申报工作力度，共上报国家级、省级各类别的科技项目31项，其中国家级2项、省级29项。到年底，隆阳区和腾冲县科技富民强县工程、施甸县科技进村入户工程、龙陵县古茶树保护与开发等项目已经分别被科技部和科技厅列项支持。组织实施国家级和省级科技计划项目7项，其中国家级科技项目2项，安排科技经费182万元；省级科技项目5项，安排科技经费197万元。市级安排科技项目18项，安排项目经费60万元，其中新开展科技计划项目14项，上年延续项目4项，涵盖了工业、农业、信息、个体私营经济和农村实用技术推广等领域，彻底改变了市级科技项目小而多的现状。年末，保山市人才总量17.3万人，其中党政人才9 175人，专业技术人才34 898人，企业经营管理人才40 983人，技能人才6 087人，农村实用人才82 370人。人才队伍中，具有大学本科以上学历的5 834人，占总数的3.4%；大学专科18 265人，占总数的10.5%。有高级职称74人，中级职称9 887人。

2006年，保山市有各级各类卫生机构（不含村卫生室和计划生育服务站）419个，实有病床4 802张，人员6 001人，其中卫生技术人员5 118人。全市每千人口拥有病床1.97张，拥有卫生技术人员2.1人，与全省平均数相比，分别少0.31张和0.6人。各级财政对卫生投入1.35亿元（含中医605.31万元），疫情信息网络和卫生执法监督体系建设进一步完善，艾滋病防治力度进一步加强。

2006年，保山市有文化市场经营单位1 701家，注册资金1.78亿元，经营收入1.55亿元，上缴税收1 747.6万元，实现利润3 494.78万元，从业人员4 186人。保山市的民营资本进入文化产业领域，正在逐步发展成为保山市文化领域的龙头企业。年内，保山市文化局成功举办了"保山市首届民族民间工艺品展评会"，共有25个种类、1 300多件展品参加展评，共评出"金奖"6个、"银奖"8个、"铜奖"12个、"特别奖"1个。展评会上，零星销售黄龙玉饰品、竹腾编日用品、手工刺绣品、彩嵌画、银器、树雕、甲马雕版等货品数百件，货值3万多元。

2006年2月，保山市体育局召开由各县（区）文体局分管领导、市直相关部门负责人20多人参加的保山体育事业"十一五"规划工作会议，制定《保山体育事业"十一五"规划工作方案》。参加云南省第十二届运动会，获金牌11枚、银牌12枚、铜牌65枚；共有34人在12个大项中获取名次，取得了团体总分367分，金牌数和团体总分在参赛的16个州（市）中排列第十位和第十一位，还获得"体育道德风尚奖"。在云南省第八届少数民族运动会上，获得金牌2枚、银牌4枚、铜牌5枚，全省总分第十一名、奖牌数第十三名的成绩。腾冲县猴桥镇东村、隆阳区河图镇河图村、龙陵县龙新乡蚌渺村、昌宁县漭水镇老厂村、施甸县甸阳镇团树村被申报为全国农民体育健身工程试点；腾冲县荷花傣族佤族乡被表彰为全国第八批"亿万农民健身活动"先进乡（镇）。隆阳区瓦窑镇、潞江镇、河图镇、芒宽乡被命名为云南省第二批体育特色乡（镇）。建立了18个分管体育的"社区文体科教协会"；全市32个社区全部举办了200人以上的运动会35次，吸引人数7万多人；全市社区晨晚练点常年活动的人数达到8万人。

全年城镇居民人均可支配收入9 768元，增长8.05%；农民人均纯收入2 052元，增长7.2%。全市城市居民消费价格总水平比上年上涨3.4%。年末从业人员140.95万人，比上年增长0.93%。其中，城镇单位从业人员9.93万人，城镇个体私营从业人员3.66万人，乡村从业人员127.36万人，年末城镇登记失业率为3.8%。

中共市委书记　熊清华

市人大常委会主任　杨建红

市人民政府市长　段跃庆

市政协主席　张静

【对外经济贸易】 在进口形势严峻的情况下，全市外贸进出口总额仍然保持总体增长。全年外贸进出口总额突破上亿美元大关，达1.06亿美元，比上年增长7.9%。其中：进口1 977万美元，增长48.3%；出口8 624万美元，增长43.7%。对外贸易中，边境小额贸易7 286万美元，增长9.5%。其中：进口1 940万美元，增长45.5%；出口5 346万美元，增长73.2%。全年引进的市外资金实际到位19亿元，比上年增长1.86倍；新签约项目84个，协议总投资66亿元；年末全市正常运转的"三资"企业共有24户。全年实际利用外资393.45万美元，比上年增长2.1倍。

【推进新农村建设】 新农村建设100个试点进展顺利。投入财政专项资金1 600多万元，整合支农资金2亿多元，全面推进新农村建设。投入扶贫资金2亿多元，实施整村推进、易地扶贫和以工代赈等扶贫工程，解决3万绝对贫困人口的温饱问题，巩固5.1万低收入贫困人口的温饱成果。

【基本建设投资力度加大】 投资需求对经济增长的贡献率达到52%，拉动经济增长7个百分点。按类别分，城镇项目投资63.22亿元，增长38.4%；农村非农户项目投资6.94亿元；房地产开发4.92亿元，下降29.8%。按经济类型分，国有及国有控股单位投资54.8亿元，增长34.8%；其他经济类型投资24.59亿元，增长25.6%。在建项目中，腾板路建成通车，龙陵10万吨硅铁项目试车投产，苏帕河朝阳电站建设及三江口电站扩容、公养河二级电站建设投产发电，保山师专新校区一期工程基本完工，腾冲火山热海国债建设项目顺利验收；昌宁大城水库、芒宽中型灌区、保龙高速公路、腾密公路、施甸年产120万吨水泥厂建设、隆阳区金场河铜铁矿选厂、腾冲驼峰机场进场公路、昌宁县更戛河三级电站、保山物流中心和客运中心等40项重点续建项目进展顺利。槟榔江、龙川江流域多级电站开发建设进展较快；隆阳区北城春天彩蝶家园、腾冲工业硅冶炼厂、保山完善西部地区农网改造工程等40项计划新开工重点项目多数实现开工建设。城镇基础设施进一步加强，功能进一步完善。“443”重大项目完成投资53亿元，占全市完成投资总额67%。

重大项目前期的工作，腾冲驼峰机场顺利奠基，大瑞铁路已具备开工条件，保腾高速公路可研已通过省发改委审查进入审批阶段，中印铁路建设列入国家议事日程，师专二期可研通过审查。77273部队搬迁、2008年全省城运会场馆建设、怒江流域开发及赛格电站等前期工作有序推进。中缅输油输气管道和天然气化工基地项目取得新进展。

全年争取到国家和省发改系统补助资金2.06亿元，其中国债资金0.7亿元、中央预算内资金0.76亿元、省预算内资金0.6亿元。国家开发银行贷款累计到位资金13.6亿元，其中政府信用贷款8.42亿元、非政府信用贷款5.18亿元。

【非公经济比重加大】 全市非公经济完成增加值45.7亿元，按可比口径计算，比上年增长16%，占全市生产总值的34%。上缴税金4.85亿元，比上年增长53.2%，占全市财政收入的30.6%。个体工商户、私营企业和“三资”企业达4.09万户（私营企业1 422户，比上年增加142户，个体工商户3.94万户，比上年增加2 704户）。从业人员达8.48万人。非公经济增加值、上缴税金、从业人员三项指标均超过省对保山的考核目标，分别完成省下达任务的103%、121.3%和100.3%。

【深化体制改革】 五县（区）免除了农业税，建立了对农民的直接补贴制度，腾冲县集体林权制度改革试点工作启动，部门预算、“乡财县管乡用”、国库管理制度等改革试点有序实施。新一轮深化国有企业改革中，列入后三年深化改革的20户国企已完成改革改制7户，正在实施5户。教育综合改革取得阶段性成果，文化、卫生改革继续推进，以水、电为主的资源性价格改革有新进展。市级预算内投资管理工作取得实质性进展。

【科技项目实施成果显著】 2006年，昌宁德康生物科技公司实施“茄呢醇精品的研究开发”项目，全年共生产茄呢醇精品1.5吨、粗品41吨，氨甲基生物有机肥700吨，硫酸烟碱1吨，创产值400多万元，获得保山首家“云南省高新技术企业”的称号。保山茧丝绸公司实施的“引进捻线丝生产技术”，引进10套挂捻丝生产线，对生产工艺进行了技术创新，年生产挂捻丝200吨。按IS09002建立质量体系并确保达到出口标准的占99.8%，增加就业26人，公司实现销售收入5 800万元，利税800万元。云南省大山合农业科技发展有限实施的“反季香菇、优质花菇示范推广”，成立了上海食用菌研究所中试推广基地、中华供销总社昆明食用菌研究所施甸分所和云南施甸食用菌研究所，种植香菇1 500万袋，实现农业产值4 500万元，创建中心示范样板50亩，建立示范户50户。龙陵县宏兴公司为龙陵县科技局实施的“中草药白花蛇舌草保健茶系列产品开发”企业，2006年完成了2 500平方米的产品研发中心及配套工程建设，建立人工种植示范基地15亩，开发出新产品4个，实现年加工白花蛇舌草保健茶81吨，产值126.4万元，利税21.5万元，解决了20人的就业问题。腾冲县科技局实施的“腾冲县科技富民强县专项行动计划（省配套项目）”，推广示范以75～35、天杂57、58为主的无公害饵丝厂、合丰食品公司的技术创新，研发新产品3个，合计产量达1 550吨，实现销售收入1 560万元，利税234万元。基保合丰公司开发的腾冲干饵丝、干饵块片、方便饵丝的生产工艺获得了国家发明专利。保山市同心食品公司实施的保山透心绿豆新产品，参考云南农大食品科技学院提供的参数，形成自己的配方，实现透心绿奶油五香蚕豆年产100吨，销售收入150万元，拉动农民增收30万元，并编制透心绿奶油五香蚕豆工艺标准，质量达到有关国际标准。

【生态环境保护建设】 继续实施防护林、退耕还林等林业重点工程。全年完成造林面积19.47万亩，完成治理水土流失面积12.56平方千米。以集中式饮用水源为重点，加大对城镇及农村饮用水源保护和径流区生态环境保护，进一步对未完成限期治理任务的企业加强监管。全面启动了全市发展循环经济第一批试点企业，2006年万元生产综合能耗比上年下降1.5%。

【完善社会保障体系】 城镇新增就业和再就业0.93万人，比上年增长13.1%。城镇登记失业率为3.6%，在年度控制目标以内。医疗、养老、失业、生育、工伤保险工作稳步推进。全市有4.62万名城镇职工和1.73万名离退休人员参加了基本养老保险，分别比上年增长6.22%和2.38%；有7.13万名职工和2.47万名离退休人员参加了基本医疗保险，分别比上年增长16.74%和18.03%。

（杨国梁）

隆阳区

【概述】 隆阳区位于云南省西部，保山市中偏北部，东接永平县，南连施甸、昌宁县，西邻腾冲、龙陵县，北倚泸水、云龙县。国土总面积5 011平方千米，山区、半山区占总面积的92.4%，坝区占7.6%。区政府所在地位于太保山脚，海拔1 670米。距省会昆明492千米。平均气温15.50℃，年降雨量966.4毫米。2006年，辖18个乡镇（街道办事处）。年末总人口86.34万人，其中农业人口73.94万人，占总人口的85.64%，城镇化水平达26.18%；森林覆盖率为41.2%。全区有彝、白、傣、傈僳、苗、回、德昂、佤、满、纳西等10个世居少数民族。少数民族人口11.78万人，占总人口的13.64%。人口自然增长率为5.37‰。

2006年，全区生产总值58.07

亿元，比上年增长14.1%。其中，第一产业增加值18.17亿元，增长8.2%；第二产业增加值16.76亿元，增长22.94%，其中工业增加值11.66亿元，增长27.1%，建筑业增加值5.10亿元，增长14.3%；第三产业增加值23.14亿元，增长13.1%。三次产业结构比重为31.3∶28.9∶39.8，第二产业逐步得到提升。人均GDP达到6690元，比上年增长15.4%。全年实现农林牧渔业（现价）总产值26.39亿元，按可比价格计算（下同）比上年增长8.73%。其中，农业产值14.29亿元，增长4.73%；林业产值3.32亿元，增长15.29%；牧业产值7.49亿元，增长14.12%；渔业产值0.67亿元，增长8.55%；农林牧渔服务业产值0.62亿元，增长8.30%。全年粮食总产量3.26亿千克，增长6.25%，亩产水平创历史新高，总产量是历史第三个高产年。油料总产量536.3万千克，增长20.47%；甘蔗68.2万吨，增长15.78%；烤烟17.9万担，减13.67%；香料烟8.4万担，增长32.23%；蚕茧116.7万千克，增长96.13%；肉类总产量6064万千克，增长10.17%。全社会固定资产投资35.10亿元，比上年增长31.54%。工业经济实现历史性突破，总产值首次超过农业总产值，全年全部工业完成（现价）总产值29.4亿元，增长25.36%。社会消费品零售总额2.10亿元，增长14.50%。城市消费品零售额16.02亿元，增长15.14%。年末固定移动电话用户总数达40.47万户，比上年末增加8.47万户，电话普及率每百人47部。全年接待海内外游客106.1万人次，实现旅游收入3.73亿元，分别增长13.2%和17.3%。金融机构人民币各项存款余额66.46亿元，增长17.5%，各项贷款余额62.93亿元，增长17.5%。全年保险公司保费收入1.39亿元，增长4.7%。

年末共有各级各类学校501所，其中，完全中学10所，高级中学1所，初级中学28所。高中毛入学率40.03%；初中毛入学率达103.51%；小学、初中巩固率分别达99.89%和98.9%，青壮年非文盲率99.7%。有文化馆、站19个，图书馆、室19个。共有医疗机构182个，病床1064张，卫生技术人员954人；村卫生室306个，乡村医生1007人。年内完成先天性残疾（唇腭裂和白内障）救治100例、开展眼科流动手术白内障复明150例。有70.28万农民参加新型农村合作医疗，参合率达91.89%。全区广播人口覆盖率74.07%。电视人口覆盖率75.11%。

中共区委书记　刘一丹

区人大常委会主任　李贵荣

区人民政府区长　杨耀程(彝族)

区政协主席　陈学范（女）

【少数民族发展进步示范工程】 隆阳区结合少数民族和民族地区的具体实际，决定在民族地区实施少数发展进步示范工程。在全区26个少数民族的每个民族中选定一个自然村，整村推进，进行示范建设。2月下旬，选定瓦马乡牛弯丹（彝族）、瓦窑镇的阿石寨（白族）、潞江镇的赛林（傈僳族）、芒颜（德昂族）四个点作为示范进行建设。

【“千百万”工程行动见成效】 区农业部门在“千百万”工程行动中，不断增加农业生产投入，从提高农民科技知识入手，抽派180名农业科技人员进住山区、坝区和热区的60个村，以西山片为重点突破，大力举办高产包谷样板，对帮扶村的农户采用群众会、户长会、现场会、技术资料宣传等多种形式进行培训，“千百万”工程行动成效明显。截止5月底，共完成帮扶村农户培训6.5万人次，发放农业科技资料3.6万份，投入帮扶村农户种子、肥料补助资金125万元，帮扶村共完成规范化、规模化、杂交化包谷种植6.27万亩。建立包谷高产样板2.91万亩。

【扶贫贷款扶持山葵产业】 8月，新增扶贫贷款1000万元，由保山市山葵公司按照“公司+基地+农户”的方式，按每为3000元的标准，通过垫付种苗、化肥、农药和生产性流动资金等形式，扶持瓦窑、水寨、杨柳、瓦房、瓦马等乡镇贫困农户种植山葵3万亩。

【农民享受医疗救助】 2006年，新型农村合作医疗试点工作运转正常，群众参合率达91.55%。截止11月30日，参合群众就医总支出4984万元，新型农村合作医疗资金补偿1833.32万元，受益25.59万人次。

【推进新农村建设】 一是发展产业。抓好粮油、烟草、蔗糖等支柱产业培植，加快畜禽、林果、蚕桑、蔬菜、咖啡等产业的发展，培育壮大山葵、中药材、花卉等新兴产业。二是夯实基础。做好农村饮水安全、芒宽中型灌区节水配套、烟水配套等续建工程，做好红岩水库、梨树岭岗水库除险加固等项目前期工作。三是推广科技。进一步实施农业科技进村入户、科技富民强区、“千百万”行动工程，实施好“3+2”扶贫战略。四是发展经济。组织抓好劳务输出、农村剩余劳动力转移等工作。

【人民生活改善】 全年农村居民人均纯收入2341元，比上年增长10.34%；城镇居民人均可支配收入9768元，增长8.1%。农村居民家庭恩格尔系数为51.87%，城镇居民家庭恩格尔系数为42.2%。按年人均纯收入低于668元的标准，年末农村贫困人口7.42万人，比上年末减少1.21万人；按年人均纯收入668~924元的标准，年末农村低收入人口为14.70万人，比上年末减少3430人。年末全区共有124户企业1.27万人参加养老保险统筹，全年共发放养老金4285万元，有260户1.37万人参加失业保险统筹，发放失业救济金240万元；有2.10万人参加医疗保险统筹，为2460人参保住院职工支付医疗保险金971万元；全区参加农村养老保险9176

人，支付农村养老保险金 8 万元：参加工伤保险统筹企业 126 户5 009人；参加生育保险统筹企业 79 户4 302人。全区低保受益8 570户 1.59万人，全年发放低保金1 428万元。全年对农村特困户3 325户9 232人发放定期生活救助 86.7 万元：对农村五保户1 057户1 200人发放定期生活救助 54 万元；全年共安排下拨灾区生活救济款 323.2 万元，棉被3 000床，衣服 2.5 万件。年末共有优抚对象 3.38 万人，全年共对2 439人发放各类补助金 525.4 万元；兑现义务兵家属优待金 216 人 20.4 万元。

【依托整村推进奔小康的牛弯丹村】 瓦马乡是隆阳区的一个贫困乡，瓦马乡瓦马村的牛弯丹村位于隆阳区西北部，距保山城 123 千米，是一个彝族聚居的村民小组，全村 54户 216 人，劳动力 109 人，耕地面积 389.8 亩，其中：田 22.2 亩，地367.6 亩。过去，牛弯丹村由于村民意识封闭保守，“等、靠、要”的思想严重，全村的基础设施建设也很薄弱，连基本的温饱问题都无法解决，整个寨子到处是牲畜粪便，晴天尘灰遍布，雨天泥泞路滑，“脏、乱、差”现象突出，赌博、打架、盗窃等现象也是常见，2003 年，人均纯收入仅 560 元，人均生产粮食 420 千克。2004 年以来，牛弯丹村结合区委、区政府在西山实施的“3＋2”扶贫战略，积极培育支柱产业。两年来，以发展种养植业为主，着力打造高产包谷，生猪养殖，泡核桃种植及庭院经济等产业，2006 年，包谷种植面积 367亩，全部实行规范化种植，杂交良种覆盖率达 100%，引进优良种猪151 头，良种率达 85% 以上，种植泡核桃 585 亩，甜柿 103 亩，人均纯收入达1 445元，人均生产粮食992 千克，成为了全区山区少数民族村新农村建设的一个亮点和瓦马乡率先奔小康的典型。

（吴美菊）

施甸县

【概述】 施甸县位于云南省西部，怒江东岸，保山市南部。东接昌宁县，南界临沧永德县，西邻龙陵县，北靠隆阳区。总面积2 009平方千米。县城海拔1 470米，距保山市政府驻地 62 千米，距省会昆明市570 千米。县城常年平均气温17.8℃，年均降雨量为1 008毫米。辖 15 个乡镇，137 个村民（居民）委员会，1 627个村民小组。年末总户数 8.00 万户，总人口 33.12 万人，其中非农业人口 2.8 万人，占8.4%；少数民族人口 2.55 万人，占 7.7%。人口密度每平方千米 165人，人均占有耕地 1.1 亩，人口自然增长率 3.19‰。

2006 年，全县完成工业总产值3 亿元，比上年增长 18.15%；完成农业总产值 8.32 亿元（现价），增长 7.45%。粮食总产量 1.28 亿千克；种植烟草 7.2 万亩，收购烟叶979.35 万千克；油料产量2 580.6吨；茶叶产量 846.0 吨；种植糖料 10.87万亩，产量 30.66 万吨，发电量1.15 亿千瓦时；自来水 143.3 万吨；大理石板材 1.31 万平方米；服装4 500件；水泥 1.59 万吨；农业运输机械1 042辆；金属2 242吨。全年完成财政收入9 851万元，比上年增收37.26%，年末金融机构存款余额9.56 亿元，城乡居民储蓄存款 6.90亿元；各项贷款余额 6.20 亿元。社会消费品零售总额完成 3.74 万元，增长 12%。年末在岗职工人数8 610人，人均工资 1.39 万元，比上年增长 14.71%。农民人均纯收入为1 846元，增长 7.5%。无线广播、电视覆盖率 95%。全年客运量146.44 万人，客运周转量 1.0 亿人/千米，货运量 103 万吨，货运周转量 1.86 亿吨/千米。

全县有各类学校 353 所，在校学生 5.75 万人，教职工2 993人。医院、卫生院所 29 个，病床 425 张，医护人员 486 人。

中共县委书记　张　勇

县人大常委会主任　杨启发（2006.4.～）、陈绍坤（～2006.4.）

县人民政府县长　徐鹏声（2006.11.～）、祁腾武（～2006.11.）

县政协主席　蒋汉雄（2006.4.～）、杨启发（～2006.4.）

【造林增绿】 坚持走可持续发展之路，保护好生态环境，建设绿色家园。一方面加强护林防火，防虫治害，护好原有森林，另一方面大搞植树造林，四旁植树。全年新植70 万株树木，造林 4 万亩，全县森林面积达到 135.09 万亩，森林覆盖率达 44.5%。

【科技畜牧】 由于气候、环境等条件优越，施甸县被列为全省商品猪基地。为了大力发展特色养殖，进一步扩大养殖规模，狠抓良种繁育体系建设。同时，认真做好疫病防治，实施畜牧扶贫工程，依靠科技促进发展，把传统养殖业改造成科技畜牧产业。2006 年肉类总产量达 2.90 万吨，比上年增长 7.2%，年末生猪存栏率达 35.37 万头。

【非公经济创税】 个私经济是市场经济中最活跃的因素，施甸抓住这个因素，从集市建设、产品生产与营销、市场管理、政策扶持等做了大量工作，从宏观到微观上促进个私经济迅速发展壮大。2006 年个私企业户数达到4 391户，比上年增加437 户，其中有私营企业 60 户，个体工商户4 331户。个私从业人员达 1.54 万人，比上年增加1 475人，其中私营企业人员3 038人，个体工商户 1.23 万人。注册资金达 2.46亿元，比上年增长 16.2%。个私企业总产值达到 3.95 亿元，增长83.1%。个体私营总收入 4.94 亿元，增长 83.1%，上缴税金2 961万元，增加1 344万元。个私税收占年度财政总收入的 30.05%。

【切实关注民生】 启动了职工医疗保险，及时兑现了公务员补发工资及艰苦边远地区补贴。进一步加大扶贫工作力度，28 个重点村建设、694 户茅草房改造等项目进展顺利，解决了6 000人温饱问题。努力扩大再就业，有序输出劳务人员3 289人。不断完善社会保障体系，困难群众生活得到有效保障。城乡困难群体、特殊困难群体、重点优抚对象的基本生活保障得到进一步改善，全年共争取各类民政经费1 700多万元，社会救助保障面达到总人口的10%。

【创建平安社会】 把维护社会稳定放在突出重要的位置，严格落实维护稳定各项措施。一是始终保持对各类犯罪的严打高压态势，及时有效地打击各种犯罪。二是以平安创建为载体，抓好基层基础工作。积极整合各种资源，建立健全警民联动的治安防范网络，加强农村三级联防。全县共有人民调解委员会、治安保卫委员会、护村队、义务消防队各137支，活跃在民间，为农村社会治安提供了组织保障。安全有序的社会环境，为人民群众的生命财产安全和全县经济发展提供了有力的保障。

（詹应泽）

腾冲县

【概述】 腾冲县位于云南省西部边陲，保山市西北部，东以高黎贡山山脊与隆阳区为界，南以龙川江和龙陵县相隔，西南与梁河、盈江两县相连，东北与泸水县接壤，北、西北与缅甸毗邻，总面积5 845平方千米，国境线长148.07千米。县城海拔1 638米，距保山市府驻地隆阳区143千米，距省会昆明649千米。常年平均气温20.1℃，年均降雨量1 739.9毫米。辖18个乡镇213个村（居）委会，268个村民小组。2006年末，全县总人口62.97万人，其中城镇人口5.48万人，占总人口的8.70%，乡村人口57.49万人，占91.30%，少数民族人口4.48万人，占7%，人口自然增长率7.5‰。

2006年，全县国民生产总值完成35.2亿元，增长14.2%。一、二、三产业实现增加值10.8亿元、8.7亿元、15.7亿元，分别增长7.7%、24.3%和13.8%。三次产业结构由32.3∶23.3∶44.4调整为30.6∶24.8∶44.6。农村经济总收入完成14.8亿元，增长9.1%。粮食总产2.76亿千克，增长7.4%，油菜总产2 169万千克，增长4.6%，烤烟完成市下达收购计划，交售烟叶930万千克，烟农收入9 903万元，增长41.2%，畜牧业实现产值4.32亿元，增长13%。工业总产值（现价）完成14.3亿元，增长31%。全社会固定资产投资完成16.5亿元，增长32.7%。财政收入完成4.03亿元，增收9 353万元，农民人均总收入2 241元，增长10.1%，城镇居民人均可支配收入9 272元，增长8%。全县在岗职工工资总额4.04亿元，增长1.3%，城乡居民储蓄存款余额29.29亿元，增长7.1%。居民消费价格总水平比上年上涨3%。9 280名参加养老保险，1.23万人参加失业保险，参加生育、工伤、农村养老保险人数1.59万人，新型农村合作医疗参合人数49.96万人，达89.45%。有5 003人享受最低生活保障。电视覆盖率达90%，无线广播覆盖率达90%，全年客运量231万人次，客运周转量2.44亿人千米，完成货运量776万吨，货物周转量8.20亿吨千米。

全县有各类学校540校，在校学生12.67万人，教师6 360人。九年义务教育普及率99.95%，入学率99.97%。年末，有图书馆、文化馆和群艺馆19个，医疗卫生院、所334个，床位1 352张。

中共县委书记　王彩春

县人大常委会主任　董自昌

县人民政府县长　张惟建

县政协主席　张饶良（女）

【开发再就业岗位】 2006年全县共开发就业岗位3 762个，完成年计划目标3 400个的111%；开发公益性岗位200个，完成年计划目标180人的111%；全县共实现就业再就业2 807人，完成年计划目标2 600人的108%；推进下岗失业人员再就业1 317人，完成计划目标1 250人的105%；实现困难群体再就业165人，其中4 050人员再就业86人；城镇登记失业人员1 581人，城镇总就业人员4.10万人，登记失业率为3.7%，严格控制在计划目标4%以内。

【就业创业培训】 坚持以就业为导向，广泛开展就业培训和创业培训。年内共组织社会化培训21期，培训各类人员3 930人，其中免费培训下岗失业职工412人，完成年计划目标400人的103%，培训后就业率达85%。职业技能鉴定所开展职业技能培训和鉴定12期共1 094人。劳动部门审批招用工计划16期，招用各类人员854人，8家公共职业介绍机构共介绍用工2 832人次。

【落实再就业优惠政策】 年内发放《再就业优惠证》791本，累计发放4 894本。劳保局对符合享受社保补贴的1 056人发放补贴116.8万元，对符合享受公益性岗位的108人发放补贴35.8万元；再就业培训补贴821人，补贴金额44万元，职业介绍补贴144人，补贴金额1.4万元。国税局对71人减免工本费合计1 730元；地税局对5户持有《再就业优惠证》的下岗失业人员减免税费2.4万元，对355名下岗失业人员减免税费161万元；工商部门为158名下岗，失业人员减免工本费和工商管理费16.1万元；城建、卫生、教育等部门为下岗失业人员1 205人减免各类费用3.8万元。

【劳务输出】 为确保劳务输出工作任务完成，一是调整充实腾冲县农村富余劳动力转移及劳务输出领导小组，成立输出办公室，配备5名工作人员。二是建立县、乡、村三级劳务输出网络。三是开展引导性培训，职业技能培训和法律知识培训。四是加大“阳光工程”实施力度。五是积极做好跟踪管理服务。六是明确各部门工作职责，将劳务输出招标进行分解下达，列为政府年终考核指标。年内劳务输出9.27万人次（其中：境外输出4 414人次，省外输出3 886人次，省内输出1.91万人次，县内劳务输出6.53万人次）；常年在外务工人数2.71万人，政府有序输出2 628人，完成任务数1 600人的164%。

【滇缅抗战博物馆】 2005年7月7日建成开馆，馆址设在和顺镇当年中国远征军20集团军司令部旧址。博物馆收藏了腾冲民间收藏家段生馗先生20多年来收集和保存的3 500多件二战文物。博物馆分为5个部分，山河破碎、悲壮远征、沦陷岁月、剑扫烽烟、日月重光。整个博物馆通过大量老照片、纪录片、史实资料、油画、连环画等，与馆藏文物一起再现了那段历史。

【北海湿地】 北海湿地是云南惟一高原火山堰塞湖沼泽湿地，1994年12月10日首批被列入全国33处重点保护湿地之一，也是生物物种保护地及自然历史遗迹保护地，同时还是地理学、地质学、生物学等的重要研究基地。海拔高度1 731米，年平均湿度14.7摄氏度，保护区面积2.44万亩，目前湿地面积为一千多亩。北海湿地（漂浮状苔草沼泽湿地）的海排厚度和湖水深度为全国罕见，其独特的高原湿地自然生态系统具有非常重要的科考研究价值和富有特色的生态旅游价值。

【云峰山】 腾冲云峰山是滇西著名的全真派道观，因其有三座锐利的山峰直刺苍穹故名“云峰山”。云峰山距县城58千米，海拔2 449米，相对高度700米，古腾越十二景中被誉为“三折云梯”。云峰山陡峭险峻，拔地披云，怪石擎天，山上建有观音殿、玉皇阁、老君殿；下有斗母阁，山门，山半腰有接引殿，山脚有万佛寺，构成一组和谐的佳景被誉为“仙山”。

（朱红久）

龙陵县

【概述】 龙陵县位于云南省西部边陲保山市西南，介于龙川江和怒江之间，东与施甸县相连，西与德宏州潞西市接壤，北倚腾冲县，南毗连临沧市，西南与缅甸相邻，国境线长19.71千米。国土面积2 884平方千米，其中山地面积2 826.32平方千米，占总面积的98%。县城海拔1 540米。距省会昆明631千米，距保山市府133千米。森林覆盖率54.6%。平均气温14.9℃，年降雨量2 132.7毫米。辖10个乡镇。2006年末总人口27.59万人，其中：农业人口25.12万人，非农业人口2.47人；少数民族人口1.41万人，占5.54%。人口自然增长率为7.17‰。

2006年全县生产总值13.84亿元，增长13.3%。其中：第一产业4.78亿元，增长7.1%；第二产业4.82亿元，增长22.2%；第三产业4.24亿元，增长11.6%。三次产业比重由上年的36.9:31.9:31.2调整为34.6:34.8:30.6。人均生产总值5 042元。完成农林牧渔业（现价）总产值6.62亿元，比上年增长7.44%。其中农业总产值3.78亿元，林业总产值9 463万元，牧业总产值1.76亿元，渔业总产值276万元。粮食总产量10.01万吨，甘蔗33.69万吨，油料1 464吨，干茶3 259吨，烤烟1 611吨。工业总产值10.05亿元，增长40.95%。全年肉类总产量1.57万吨，其中：猪肉1.32万吨、牛肉937吨、羊肉627吨。出栏肥猪15.97万头，大牲畜年末存栏8.12万头，生猪年末存栏23.78万头，羊年末存栏5.72万只。主要工业产品产量：电锌1.8万吨、粗铅1 389吨、原煤3万吨。财政收入2.01亿元，增长34.7%，财政支出3.57亿元。全年城镇居民人均可支配收入8 000元，增长9.6%；农民人均纯收入1 890元，增长8%；城乡居民储蓄存款余额8.85亿元，增20.3%；人均存款3 256元。社会消费品零售总额3.21亿元，商品零售物价总指数102.94%，居民消费价格指数103.72%。从业人员劳动报酬1.87亿元，人均劳动报酬1.81万元。广播覆盖率85.5%，电视覆盖率87%。客运量64万人次，客运周转量6 538万人千米，货运量82万吨，货运周转量2 646万吨千米。

全县有各类学校188所（中学17所，小学171所），在校生2.54万人，教师2 711人，小学学龄儿童入学率99.7%。全县有文化馆（站）11个。有卫生机构16个，卫生专业技术人员501人，每万人拥有床位15.7张。

中共县委书记　丁昌吉（～2006.6.）、王多邦（2006.6.～）

县人大常委会主任　杨德算

县人民政府县长　钟　磊（～2006.5.）、左光虎（代理县长，2006.6.～）

县政协主席　陈自达

【碧寨奇石获多项大奖】 5月7日下午，第七届中国赏石展暨国际赏石展颁奖典礼在昆明国际会展中心举行，共有80多个参展团600多个展区4 000多件观赏石参展。碧寨乡精心组织61件奇石参展。其中，6件奇石获奖，“小云南”获金奖，“编钟之八卦遗风”获银奖，“郑和下西洋”和“花果山”获铜奖，“秋风扫落叶”和“一帆风顺”获优秀奖。碧寨奇石参展团是保山惟一获得金奖的参展团。

【首家核桃专业合作社成立】 碧寨乡种植核桃两万多亩，是龙陵县核桃第一大乡。乡党委、政府按照“农民自愿、自发、自管、自足”的原则，引导20户核桃种植大户、加工大户于6月16日成立了龙陵县首家核桃专业合作社。核桃专业合作社将为农户提供产前、产中、产后的贴身服务，积极配合农业科技部门开展“科技到户”活动，带动农民闯市场，成为核桃产业化、农民增收的重要力量。

【农村医疗救助】 年内，全县1.53万人不同程度得到了医疗救助，共支付农村医疗救助金33.8万元，其中，为15万人代缴农村新型合作医疗参合费15万元；336人得到大病医疗救助，共支付救助金18.8万元。使全县10个乡镇的农村五保户、特困户、优抚对象等贫困人口如期参加了农村新型合作医疗保险，因患大病、重病造成家庭困难的农村贫困户也得到不同程度的救助。

【松山战役旧址被列为“近现代重要历史遗迹”】 6月，在国务院核定的第六批全国重点文物保护单位名单中，龙陵县松山战役旧址榜上有名，被列为“近现代重要的历史遗迹”。松山战役遗址的保护、开发被列入全省文物事业建设“十一五”规划。

【启动千万元扶贫贴息贷款工程】 6月，针对贫困农户贷款难这一实际，由政府扶贫办、财政局、农村信用社分工协作，采取连带责任保证或抵押方式发放小额贷款，启动1 000万元扶贫贴息贷款工程。在龙山、龙江、镇安等7个乡镇的21个村（社区）开展扶贫到户贴息贷款工程。

【启动县城交通信号控制系统工程】 年初，县人民政府把在县城十字路口设置交通信号灯控制系统工程列为2006年的八件实事之一。经多方努力，9月15日举行了招投标，云南交安工贸有限公司中标承建，工程于9月25日开工，工期45天。该工程的建设，结束了县城十字路口无交通信号控制系统的历史。

【榨季产糖率创新高】 几年来，云南保山康丰糖业集团公司依托国家糖料基地、吨糖田等建设项目，实施了良种工程、综合技改工程和保鲜工程。使甘蔗良种覆盖率达90%以上。2005/2006榨季，公司收榨面积23.88万亩，入榨60.9万吨，综合产糖率达13.58%，比上个榨季提高0.62个百分点。其中，龙陵榨区产糖率达13.83%，创历史最好水平，龙塘分公司产糖率达14.37%，居全国同行业产糖率之首位。

【农民集资建设文化大院】 10月3日，龙陵县首家由农民集资建设的农民文化大院在龙新乡勐冒村廖家寨破土动工，这个文化大院总投资30万元，其中旅缅华侨捐资20万元，设文体活动室、图书室、阅览室、美术摄影作品展室、运动场和抗战遗址室等。

【龙陵黄龙玉】 产于滇西边城——龙陵县龙新、象达、碧寨3乡交界的小黑山自然保护区内。黄龙玉又名玉髓，色呈鸡血红、黄、白、绿等，质晶莹剔透。因这种龙陵县独有的宝石大多为黄色，取名为“黄龙玉”。在2006年中国云南国际民间工艺高层论坛暨民族民间工艺品博览中，“黄龙玉”得到了海内外有识之士的认可，一举成名，得到众多国际艺术大师、专家的钟爱。

【新农村乡风文明】 2006年龙陵县共建设12个新农村试点，其中市级1个、县级1个、乡镇10个，共涉及农产1 221户，4 800人。完成总投资996万元，占计划总投资1 057万元的94.2%，通过试点建设的实施，在基础条件改善的同时，乡风文明方面呈现出五种可喜变化：一是群众建家园走致富路的多了，得过且过的人少了；二是讲孝道、礼义的人多了，讲脏话的人少了；三是家庭团结、夫妻和睦的多了，打架斗殴、赌博的人少了；四是群众收入比以前多了，困难户少了；五是电视、电话、庭园绿化多了，破旧房屋、茅厕少了。

（廖立）

昌宁县

【概述】 昌宁位于云南省西部，保山市东面，东、南与临沧市相连，北界大理州，西与隆阳区、施甸县接壤。国土面积3 888平方千米。人口密度每平方千米88人。耕地面积280平方千米。农业人口人均占有耕地面积900平方米。森林覆盖率45.2%。县城距省会昆明679千米，距保山市政府驻地隆阳区114千米。辖田园、勐统、卡斯、柯街、漭水5个镇和温泉、更戛、鸡飞、大田坝、翁堵、苟街、珠街、湾甸8个乡，125个村民委员会（社区），1 990个村（居）民小组。总人口34.28万人，其中农业人口占90.90%，少数民族人口占10.54%。人口自然增长率3.81‰。

2006年，全县生产总值17.95亿元，其中：第一产业占43.2%，第二产业占24.7%，第三产业占32.1%。农业总产值（现价）11.75亿元，固定资产投资8.68亿元，增长29.94%。农林牧渔业总产值（现价）11.75亿元，增长9.1%。主要农产品产量：粮食14.5万吨、甘蔗58.85万吨、烟叶1.28万吨。主要林产品产量：泡核桃5 991吨、油桐籽63.7吨、板栗153吨、紫胶77.4吨。主要畜禽产品产量：猪肉2.71万吨、牛肉3 480吨、羊肉1 444吨、禽蛋911吨、禽肉1 988吨。肥猪出栏35.85万头、生猪存栏43.98万头、大牲畜存栏15.08万头、羊存栏11.53万只。全县有乡镇企业9 090个，从业人员2.35万人，总产值5.25亿元，营业收入6.33亿元，实现利润5 759万元，上交税金2 769万元。工业完成总产值（现价）7.3亿元，主要工业产品产量：原煤34.31万吨、发电量7 397万千瓦小时、水泥12.3万吨。消费品零售总额4.25亿元，增长15.18%，商品零售价格指数102.1%。居民消费品价格指数102.1%。全年财政总收入1.43亿元，比上年增加15.7%，全县有金融机构6个，年末各项存款余额11.71亿元，各项贷款余额10.75亿元。农民人均纯收入2 001元。全部从业人员年均工资1.59万元。农村居民平均每人居住面积30平方米，平均每万人拥有电话机2 783部。县内公路通车里程1 740千米，货运量171万吨、货物周转量8 037万吨千米；客运量49万人次，旅客周转量2 499万人千米。邮政业务总量282.65万元，业务收入293.66万元。电信电话用户3.16万户，其中：固定电话用户2.3万户，PHS用户（小灵通）6 941户，公用电话1 600户，数据宽带用户2 100户，全年业务收入1 700万元。移动电话6.38万户。邮路6条，邮路总长度399千米，农村投递线路57条。报纸累计订阅224.7万份，杂志16.6万份。

全县有各类学校（含教学点）312所，在校学生5.11万人，幼儿园11所，在园儿童6 616人；学龄儿童入学率99.93%。有中小学教职工3 411人。2006年，全县各类学校占地面积138.27万平方米，建筑面积41.45万平方米，全县有专业技术人员4 631人。有公共图书馆、文化馆、文物管理所各1个，卫星电视地面接收站160座，全县电视用户3.7万户，电视人口覆盖率90%；广播站（室）52个，广播人口覆盖率85%。全县有图书、音像、娱乐、印刷、文化艺术培训、互联网、电子游戏7大市场，经营户260户，从业人员900多人。有文工队1个。卫生机构有县医院、中医院、妇幼保健院、防疫站、药品管理局、麻风病院、天和医院（私立医院）各1所。乡级卫生院13所，村级卫生所125个。有卫生技术人员503人，村级卫生技术人员275人，其中乡村医生258人，有病床603张（不含乡村卫生室）。平均每万人拥有卫生技术人员15人。

中共县委书记　苏正平

县人大常委会主任　杨树然

县人民政府县长　耿梅

县政协主席　刘文允

【扶贫攻坚】　全年落实信贷扶贫及其他资金4 070万元，为计划的104.9%。其中：扶贫专项贴息贷款1 900万元，小额信贷1 500万元，世行项目600万元，劳务输出70万元，完成固定资产投资720.95万元，为计划的144.4%，完成储备项目4个，为计划的100%。完成具体的储备项目为：整村推进、劳务输出、易地开发、信贷扶贫，民心工程实际已争取到资金390万元，实施整村推进项目26个，为计划的130%。全年共解决0.51万人绝对贫困人口的温饱问题，为计划的102%，同时巩固了0.76万人低收入人口的温饱问题。

【城镇建设】　城镇建成区面积11.75平方千米，其中县城区面积规模达6平方千米，比上年增加0.14平方千米，新增城镇人口3 900人，达7.69万人，城镇化水平22.2%。年内完成大会堂修缮、达丙街提升改造、环西路油路铺筑和县城道路修复等工程，宝丰商贸城、恒裕酒店、城市生活垃圾处理场等工程开工建设，阳光、金叶、康乐、康馨等小区建设和客运站搬迁工程进入扫尾阶段。

【苗族服饰列入国家首批物质文化遗产保护名录】　6月2日，昌宁县苗族服饰列入国家首批物质文化遗产保护名录。此次被列入名录的苗族服饰出自苟街乡打平和土皮太两村，由包头、上衣、披肩、围腰、腰带和短褶裙等大小18件套组成，被形象地称为“十八一朵花”。套装上的色彩、饰物、线条和图案等，记录了苗族几千年迁徙历史演变过程，被有关专家称为“活的史记”。

【澜沧江特大桥开工建设】　6月24日，昌宁县澜沧江特大桥正式开工建设。工程既是昌宁县城至永平四季利河三级公路建设项目的控制性工程，同时也是小湾电站恢复重建的重点工程之一。新建的澜沧江大桥属大型公路桥梁，主跨为124+220+124米预应力连续钢架桥，全长535.84米，200米的主孔跨径在全省同类桥梁中位居第一。桥面全宽12米，净宽9米，标高1 265米，距原江桥面161.4米，距水面186米；主墩为钢筋混凝土薄壁空心墩，分别高115米和110米，是亚洲第二高桥，初步设计概算总投资6 983.2万元。

【移民安置】　年内，小湾水电站水库淹没影响区移民安置涉及建设内容为搬迁岔河、珠街两个乡级集镇，安置移民7 000人，概算总投资6.1亿元。移民工作从2002年开始启动，移民安置点建设6月27日在湾甸大城移民安置区开工，年末已完成投资1.00亿元。

【农业综合开发项目通过省级验收】　7月30～31日，省农业综合开发办常务副主任赵晓静率省审计厅、省农科院粮作所、德宏州农业综合开发办等部门领导和专家对昌宁2005年农业综合开发建设项目进行检查验收。检查组通过实地踏看项目建设完成情况，走访项目受益群众，审核项目资金管理使用情况，听取项目建设情况介绍，一致同意，昌宁县2005年农业综合开发建设项目通过省级验收。2005年农业综合开发项目总投资721万元，开发治理面积1.27万亩，于2006年4月底完成。

【茶乡农特产品展洽会】　9月28日至10月4日，2006·中国·昌宁千年茶乡农特产品展洽会在县城举行。“千年茶乡·昌宁”大型系列活动，从2006年5月份的专家权威鉴定开始，到2006·中国·昌宁千年茶乡农特产品展洽会结束，历时6个月，先后组团参加了泛珠江三角区域合作展洽会、昆交会、首届中国昆明茶博会、农博会等重要展洽活动，并于8月份分别在昆明和广州召开了两次新闻发布会。展洽会期间，15家中央、省、市新闻媒体齐聚昌宁，为这次活动宣传造势，再掀千年茶乡·昌宁大型系列活动高潮，进一步宣传和推介昌宁。全县共与县内外客商签订招商引资项目30个，签约资金达13.62亿元，全年招商引资实际到位资金2亿多元，增长26.5%。

【农村合作医疗试点】　11月15日，昌宁县被省人民政府正式批准为全省新型农村合作医疗试点县。年底全县共收取农民参合资金282.66万元，参合农户6.93万户，28.27万人，参合率达91%，2007年1月1日正式实施运行。

（赵杨斌）

保山市经济社会发展主要指标（表一）

地　区	年末总人口（万人）		城镇人口占总人口比重（%）		全社会就业人员（万人）		城镇登记失业率（%）	
	2005 年	2006 年	2005 年	2006 年	2005 年	2006 年	2005 年	2006 年
保山市	244.24	244.8	21.50	22.51	139.65		3.94	3.60
隆阳区	87.68	87.9		24.75	48.96		3.40	3.74
施甸县	32.39	32.4		13.40	19.59		3.00	3.70
腾冲县	62.66	62.8		24.40	36.73		4.00	3.51
龙陵县	27.16	27.2		14.37	16.28		1.00	3.17
昌宁县	34.35	34.4		22.18	19.97		3.97	3.40

保山市经济社会发展主要指标（表二）

地　区	地区生产总值（万元）		第一产业（万元）		第二产业（万元）		第三产业（万元）	
	2005 年	2006 年	2005 年	2006 年	2005 年	2006 年	2005 年	2006 年
保山市	1 174 226	1 354 865	422 650	457 300	287 601	360 292	463 975	537 273
隆阳区	496 490	580 697	161 329	181 648	137 549	167 635	197 612	231 414
施甸县	113 853	127 139	50 738	55 018	15 455	17 278	47 660	54 843
腾冲县	303 349	352 017	98 036	107 702	70 606	87 275	134 707	157 040
龙陵县	119 690	138 440	44 180	47 830	38 180	48 220	37 330	42 390
昌宁县	155 805	179 490	69 973	77 480	37 025	44 423	48 807	57 587

保山市经济社会发展主要指标（表三）

地　区	地区生产总值指数（上年 = 100）		第三产业增加值比重（%）		人均地区生产总值（元）		全社会固定资产投资（万元）	
	2005 年	2006 年	2005 年	2006 年	2005 年	2006 年	2005 年	2006 年
保山市	113.1	113.4	39.51	39.66	4 826	5 541	602 329	76 3715
隆阳区	115.1	114.1	39.80	39.85	5 799	6 745	266 870	351 042
施甸县	109.0	111.1	41.86	43.14	3 450	3 922	31 930	41 800
腾冲县	112.2	114.2	44.41	44.61	4 905	5 611	124 023	164 579
龙陵县	113.6	113.4	31.19	30.62	4 394	5 090	68 462	90 266
昌宁县	112.0	113.0	31.33	32.08	4 570	5 219	66 795	86 848

保山市经济社会发展主要指标（表四）

地　区	地方财政收入（万元）		地方财政支出（万元）		人均地方财政收入（元）		社会消费品零售总额（万元）	
	2005 年	2006 年	2005 年	2006 年	2005 年	2006 年	2005 年	2006 年
保山市	65 291	83 477	226 922	282 110	268	341	360 344	412 267
隆阳区	22 113	26 141	59 626	72 172	253	298	183 671	210 303
施甸县	4 201	5 533	24 714	30 349	130	171	33 400	37 409
腾冲县	15 270	20 690	54 162	68 410	245	330	78 256	89 963
龙陵县	6 809	8 834	27 976	34 811	252	325	28 169	32 118
昌宁县	6 679	8 021	28 296	34 340	195	233	36 848	42 473

保山市经济社会发展主要指标（表五）

地　区	农民人均纯收入（元）		农村人均住房面积（平方米）		在岗职工年平均工资（元）		人均储蓄存款余额（元）	
	2005 年	2006 年	2005 年	2006 年	2005 年	2006 年	2005 年	2006 年
保山市	1 879	2 052	25.00	13 015	16 185	3 199	3 736	
隆阳区	2 121	2 341	20.81		13 174	16 927	3 806	4 445
施甸县	1 717	1 846	15.87		12 186	15 817	1 875	2 124
腾冲县	2 035	2 241	35.00		12 485	14 589	3 974	4 663
龙陵县	1 750	1 890	22.79		15 226	18 190	2 710	3 251
昌宁县	1 853	2 001	29.00		16 473	15 854	1 876	2 138

保山市经济社会发展主要指标（表六）

地　区	初中学龄人口入学率（%）		广播覆盖率（%）		电视覆盖率（%）		每千人拥有医院、卫生院床位数（张）	
	2005 年	2006 年	2005 年	2006 年	2005 年	2006 年	2005 年	2006 年
保山市	85.47	85.40	94.0		92.0		1.84	
隆阳区	83.25	83.50	91.1		90.9		2.21	2.14
施甸县	84.71	84.14	95.0		95.0		1.13	1.16
腾冲县	94.30	94.38	96.0		96.0		1.90	2.10
龙陵县	80.38	81.29	85.5		87.0		1.60	1.58
昌宁县	78.98	79.97	84.0		89.0		1.67	1.71

（省统计局）

昭通市

主　　编　王文福　杨　洪
责任编辑　代燕春　蒲建生

【概述】　昭通市位于云南省东北部，东经102°52′～105°19′、北纬26°34′～28°40′之间，是云岭高原向四川盆地的过渡地带，东与贵州毕节接壤，南邻云南曲靖、昆明，西毗邻四川凉山州，北连四川宜宾、庐州，是“鸡鸣三省”之地，总面积2.24万平方千米。自古就有“锁钥南滇，咽喉西蜀”之称，是云南北大门。古有秦修五尺道逆横江而上，今有GZ40国道主干线、内昆铁路并行，纵贯市境。境内山脉属乌蒙山脉和五莲峰山脉，水系为金沙江水系。金沙江沿市境西缘由南向北流入水富后出境，境内有将要修建和正在修建的白鹤滩、溪洛渡、向家坝3座巨型水电站，在水富有正在修建的长江第一港。地势南高北低，受金沙江水系及其支流横江水系切割，沟壑纵横，高差悬殊，海拔最低点水富县滚坎坝中嘴267米，最高点巧家县药山4 041.6米。气候属低纬高原大陆季风气候，具有暖温带为主的亚热带、暖温带、温带、寒温带等多种气候类型。2006年，年平均气温14.5℃，最高气温41.0℃（9月1日出现在盐津），最低气温－7.2℃（1月9日出现在昭阳区）；年平均日照时数1 539小时，最多为巧家县2 350.2小时，最少为盐津县1 023.2小时；年平均降雨量928.6毫米，最多为威信县1 221.0毫米，最少为昭阳区668.1毫米。2006年主要气候灾害为雪灾、温冷害、倒春寒、干旱、高温等。市府所在地昭阳区，距省会昆明381千米，距成都679千米，距贵阳462千米。辖昭阳区、鲁甸、巧家、盐津、大关、永善、绥江、镇雄、彝良、威信、水富县1区10县，86个乡、54个镇、3个办事处。年末户籍人口536.56万人，其中非农业人口43.06万人，农业人口493.5万人；少数民族53.6万人，占总人口的9.99%。人口密度每平方千米240人，人口自然增长率9.5‰。城镇化率17.2%。

2006年，全市完成生产总值194.47亿元，比上年增长13.2%。其中：第一产业49.83亿元，增长3.3%；第二产业81.19亿元，增长25.3%；第三产业63.45亿元，增长8.1%。三次产业结构由上年的28.2∶37.7∶34.1调整为25.6∶41.7∶32.6。财政地方一般预算收入10.3亿元，一般预算支出48.59亿元。全社会固定资产投资123.49亿元，社会消费品零售总额50.75亿元。年末金融机构各项存款余额202.7亿元，其中城乡居民储蓄存款余额106.4亿元；各项贷款余额121.35亿元。居民消费价格指数102.3%。

全市完成农林牧副渔现价总产值66.15亿元，比上年增长7.1%；粮食产量134.86万吨，增长6.4%；完成4 749.5万千克烤烟收购任务；畜牧业发展继续保持良好态势，畜牧业总产值增长6.7%，肉蛋奶总产量达27万吨，增长5.5%。新增农田有效灌溉面积3 630公顷，新增节水灌溉面积1 490公顷，年末有效灌溉保证率27%，机械总动力7.34亿瓦特。森林覆盖率39.84%（含灌木林）。

完成现价工业总产值122.89亿元，实现工业增加值60.58亿元，分别增长25.1%、20.4%。规模以上工业企业实现增加值48.55亿元、利润12.75亿元、利税33.15亿元。

2006年，接待海内外游客205.68万人次，旅游业综合收入5.42亿元，其中外汇收入7.27万美元。

年末，全市公路通车里程1.39万千米，其中省管公路1 765.79千米，占总里程的12.74%。全市汽车拥有量4.82万辆，比上年增长7.3%。公路客运量1 232万人次，旅客周转量7.53亿人/千米：货运量1 380万吨，货运周转量10.24亿吨/千米。实现邮电业务总量6.56亿元。年末固定电话24.07万部，比上年增加1.18万部，移动电话60.77万部，增加7.71万部，电话普及率15.81部/百人（含固定电话和移动电话），增加1.44部。互联网（宽带肉）用户1.71万户，增加1.11万户。

年末，全市有6.28万人参加养老保险，失业保险9.50万人，基本医疗保险12.93万人。7.59万人享受城镇居民最低生活保障，发放保障金6 714万元。

年末，全市有各级各类学校2 638所，专任教师4.09万人。其中：大专1所、中专5所、普通高中35所、初中161所、小学2 420所、职业中学14所、特殊教育学校2所、成人中等专业学校11所、幼儿园62所。中小学及职中招收学生25.36万人，毕业学生19.13万人，在校学生109.33万人。小学学龄儿童入学率97.52%，小学毕业生升学率83.8%。大学本专科录取率43.38%。九年义务教育免杂费学生102.01万人，免教课书费学生52.28万人，补助生活费学生25.40万人。

2006年底，全市有医疗卫生机构227个，其中医院37个，床位0.59万张。公共图书馆12个，文化馆12个，艺术表演团体6个。体育场馆4个，年内承办云南省第八届少数民族传统体育运动会。

年末，全市卫星地面接收站46.42万座，电视发射台及转播台2 852部。广播、电视综合人口覆盖率分别为83.3%、86.36%。

2006年，全市从业人员276.3万人，其中城镇单位从业人员

15.58万人，比上年增长5.7%。年末全市城镇登记失业率4.9%，转移农村劳动力93.1万人。全市在岗职工年平均工资1.62万元，增长11.3%。城镇居民年人均可支配收入8 122元，增长7.29%；人均生活消费支出6 237元，增长4.8%。农民人均纯收入1 456元，增长12.0%；农民人均生活消费支出1 377元，增长11.0%。城乡居民居住条件继续改善。城镇竣工住宅面积71.26万平方米，农村竣工住宅面积6.65万平方米；城镇人均住房使用面积24.68平方米，农村人均住房居住面积20平方米。城镇居民家庭恩格尔系数36.9%，比上年下降1.8个百分点；农村居民家庭恩格尔系数55.8%，降低1.5个百分点。

中共市委书记　邓先培

市人大常委会主任　陈林章

市人民政府市长　罗应光（拉祜族）

市政协主席　熊启怀（苗族）

【两省三地四景区结为战略联盟】 2月26日，川滇两省三地（宜宾、水富、自贡）四景区（世界最大的原始绿竹公园蜀南竹海、三绝共生的世界地质公园兴文石海、亚洲最大的室外露天温泉西部大峡谷温泉、世界三大恐龙遗址自贡恐龙博物馆），在宜宾大酒店正式签约并召开新闻发布会，结为战略联盟。

【百万亩竹基地建设】 3月11～12日，市政府在绥江县召开全市竹产业发展工作座谈会，并与绥江、水富、盐津、彝良、大关、镇雄等北部片区6个县政府签订2006年竹产业发展责任书。2006年全市计划发展1万公顷竹基地，其中新造竹林7 733.3公顷，封山育竹2 226.7公顷，正式启动百万亩竹基地建设计划。以绥江、水富、盐津、大关、永善、彝良6县32个乡镇为重点建立竹纸浆原料基地6.67万公顷，在现有1.2万公顷的基础上新建设5.47万公顷。

【药山国家级自然保护区建设】 5月19日，国家林业局正式批复同意建设药山国家级自然保护区基础设施工程项目。项目包括保护工程、科研宣教工程、基础设施工程、其他费用、预备费5项，核定总投资982万元，其中国家投资785万元，地方配套197万元。

【实施“百千万帮扶工程”】 8月18日，市委、市政府决定，在全市实施“百千万帮扶工程”，即县区向100个以上最贫困的村派出工作组，长期驻村帮扶，不脱贫不出村；发动市县乡1 000个以上单位挂钩帮扶贫困村，帮助发展，不脱贫不脱钩；动员10 000名以上干部职工结对包扶，帮助贫困户解决温饱，提高生产生活水平。年内，全市派出129个驻村帮扶工作队，帮扶4.71万户贫困户。干部职工捐献扶贫帮困基金1 088万元，单位投入资金1 600多万元，帮助协调落实资金3 600余万元，实施扶贫项目900余个。

【天麻航空种子交付种植】 11月3日，在昭通市人民政府召开的昭通天麻航空种子返回交接仪式上，市长罗应光将昭通天麻航空种子分发给昭通市天麻研究所等7家单位。11月5日，昭通市天麻协会组织开展规范种植技术现场培训会，7家单位的管理和技术人员30余人参加，昭通市天麻航空种子课题组组长陈顺方就地面育种工作进行培训。

【周益群获省“十佳农民工”称号】 12月26日，省总工会召开2006年度云南省“十佳农民工”表彰电视电话会议。永善县华英购物广场营运主管周益群榜上有名，并到昆明主会场参加表彰会。据悉，在全省表彰的“十佳农民工”中，由昆明市和西双版纳州推荐的秦明和卢国顺均为昭通籍农民工。

【农村扶贫措施落实】 年末，农村饮水安全、农村沼气等国债建设项目进展顺利。以工代赈、易地安置、整村推进、“百千万帮扶工程”等扶贫政策、措施落到实处，全年有4.72万绝对贫困人口解决温饱，9.53万低收入人口稳定脱贫。全年转移农村劳动力93.1万人，新增8.1万人。

【公路建设成效显著】 年末，水麻高速公路完成投资70.76亿元，占设计概算的77.04%；昭待公路完成投资34.38亿元，占设计概算的69.4%。全市地方公路建设共完成投资2.49亿元，其中重点经干线共完成投资7 186万元，县际油路8 066万元，一般经干线5 022万元，县乡公路562万元，农村公路2 737万元。永善、彝良、鲁甸等县城：二级客运站及一大批农村乡镇客运站共完成投资1 327万元。

【金沙江水电开发】 溪洛渡电站，设计装机容量1 260万千瓦，年发电量640亿千瓦时，2005年12月26日开工建设，2006年完成工程投资39.25亿元，完成年度计划的96%。向家坝电站，设计装机容量600万千瓦，年发电量307.47亿千瓦时，2006年11月26日开工建设，年内完成工程投资23.87亿元，完成年度计划的83.2%。白鹤滩电站，5月29日至6月1日国家发改委委托水电水利规划设计总院会同四川、云南两省发改委在北京召开《金沙江白鹤滩水电站预可行性研究报告》审查会，华东院编制的报告通过评审验收。

【广播电视村村通工程通过验收】 年末，昭通市圆满完成2004～2005年省广电局下达的1 778座已通电50户以上自然村“村村通”工程，其中光缆就近接入496座；卫星中频分配网络1 249座；有线小片网点11座；无线发射22座。6月，“村村通”工程通过省广电局验收专家组的验收，全市新增覆盖人口31.21万人。

【合作医疗参合率提高】 年内，昭阳区、鲁甸县、巧家县、彝良县4个新型农村合作医疗试点县区参加新型农村合作医疗151.79万人，参合率 74.60%；人均筹资标准为 50 元/年（其中，农民自筹 10 元、省财政补助 20 元、中央财政补助 20 元），共筹集资金7 589.73万元。4 个试点县区共减免 195.17 万人（次），减免金额3 520.94万元。截至 12 月 31 日，全市 11 县区参加新型农村合作医疗 381.01 万人，参合率 78.17%。

【赤水河珍稀、特有鱼类国家级自然保护区】 长江上游赤水河珍稀、特有鱼类国家级自然保护区于 2005 年启动建设，是云南省和昭通市涉及鱼类资源保护的首个国家级自然保护区。位于赤水河源头段，涉及镇雄、威信 2 县，保护区东南面与乌江流域和横江流域相连，西北面与贵州毕节、四川叙永相邻。流域内最高海拔1 700米，最低海拔 730 米。赤水河主干流发源于镇雄县板桥镇银厂村豆戛寨，流经镇雄 7 个乡镇及威信 2 个乡镇，经镇雄坡头德隆村岔河进入四川与贵州。赤水河云南段干流总长 74.24 千米。水面宽 50～100 米，最大水深处簸笠 7.8 米，主要支流 4 条，其中镇雄 2 条（妥泥河、铜车河），威信 2 条（扎西河、倒流河）。赤水河（云南段）自然分布 67 种鱼类，占赤水河水系鱼类的 61.4%，特有鱼类 15 种，占长江上游特有鱼类的 22.3%，占赤水河特有鱼类的 51.7%。特有鱼类分布有岩原鲤、齐口裂腹鱼、长薄鳅、黑尾近红鲌、青石爬鲱等，重要经济鱼类分布有鲶、白甲鱼、翘嘴红鲌、蒙古红鲌、黄颡鱼、细鳞斜颌鲴等。其河流总长度 285.03 千米（核心区 40.74 千米，缓冲区 244.29 千米），保护区（云南）涉及昭通市镇雄、威信 2 县，共 21 个乡镇，总人口 162.7 万人，核心区面积 136.16 公顷。

【实施农村饮水安全项目】 年内投资实施的《昭通市农村饮水安全项目实施方案》，由中央国债资金等解决 6.58 万人饮用水氟超标问题，项目涉及 16 乡（镇）、26 村、256 个村民小组。共新建管道自流引水和集雨水窖工程 345 件，其中新建管道自流引水工程 111 件，安装管道1 291.25千米，配套水池蓄水4 435立方米，水处理设备 34 台，日处理水 8 610 立方米，解决了农村 6.39 万人的饮水安全问题。新建集雨水窖 234 件，蓄水 8 730 立方米，解决1 506人的饮水安全问题。工程共投资2 710.25万元，其中中央补助资金1 305万元，年末完成投资1 234万元。

【万户贫困群众喜迁新居】 2006 年是省安排实施专项安居工程的最后一年，省下达昭通市专项安居工程1.11 万户，此外，在整村推进、易地开发等项目中安排部分安居工程建设。到 12 月底，全市实施安居工程 1.91 万户（其中安排残疾人 940 户，少数民族3 210户），完成投资5 516.85万元。

【一批文化遗产列入保护名录】 年内，昭通市汉孟孝琚碑（含东晋霍承嗣壁画墓）被国务院公布为第六批全国重点文物保护单位。昭通市端公戏、昭阳区四筒鼓舞、大关苗族芦笙制作技艺、永善马楠苗族芦笙舞之乡等 4 项被省政府列入全省非物质文化遗产保护名录。其中大关芦笙制作技艺被国务院公布为第一批国家级非物质文化遗产项目。

【龙氏宗祠维修一期工程完工】 省级文物保护单位龙氏宗祠第一期维修工程于 5 月开工，至 11 月底结束。维修内容为祠堂建筑群瓦屋面和木构架维修及宅院正屋维修，完成投资 223 万元。龙氏宗祠的全面维修将会成为昭通市旅游业的一大景观，在吸引外来游客方面形成独特的优势。

（马才国）

昭阳区

【概述】 昭阳区位于云南省东北端，昭通市中偏南部，东邻贵州省威宁，南接鲁甸，西界四川省，东北、北依彝良和大关。面积2 167平方千米，坝区占 33.6%，山区占 64.3%，江边河谷地带占 2.1%。是昭通市委、市政府所在地。距省会昆明市 381 千米，海拔 1 920 米。2006 年，年均气温 11.6℃，降水量 735 毫米，无霜期 220 天左右，日照时数 1902.02 小时。辖 3 个街道办事处、3 镇、14 乡，49 个社区居委会，558 个居民小组，129 个村民委员会，2 891个村民小组。年末总人口 78.80 万人，其中非农业人口 11.85 万人，少数民族人口 12.63 万人，占总人口的 16.03%，人口自然增长率 10.08‰。

2006 年区属生产总值完成 26.62 亿元，同比增长 12.09%，其中：一、二、三产业分别增长 1.25%、24.81% 和 14.63%，三次产业结构由上年的 31.52∶15.61∶62.87 调整为 28.95∶17.05∶54.00。实现农林牧渔业总产值 11.36 亿元，同比增长 2.87%。完成粮食种植 71.2 万亩，总产量达 20.18 万吨，同比增长 25.56%。区属工业总产值完成 5.96 亿元，同比增长 28.88%。招商引资累计签订并实施项目 7 个，协议总投资 8.5 亿元，履约率达 100%。非公经济在 GDP 中的比重已达 55.4%。地方财政一般预算收入完成 1.82 亿元，同比增长 21.21%。地方财政一般预算支出完成 6.53 亿元，同比增长 28.4%。金融机构各项存款余额为 77.31 亿元，同比增长 17.03%；贷款余额为 44.43 亿元，同比增长 6.12%。城镇居民人均可支配收入达8 614元，同比增长 4.1%。农民人均纯收入达1 668元，同比增长 11.27%。全社会固定资产投资完成 10.12 亿元，同比增长 25.35%。社会消费品零售总额完成 11.37 亿元，同比增长 15.1%。昭阳区 2006 年进入中国特色魅力城市 200 强，在中国避暑旅游城市排行榜上位列第 20 位。

2006 年全区有各类学校 185 所，在校学生 14.87 万人，教职工5 678人。有 12.85 万名中小学生享受减免杂费、6.17万名享受免费教科书、7 600名享受半寄宿生活补助，高中入学率36.7%，初中入学率95.1%，小学入学率99.03%。年末有文化馆、图书馆和群艺馆3个，完成142个广播电视“村村通”工程，有医疗卫生单位26个，床位799张，医护人员702人。被省确定为“甲级卫生城市”。

中共区委书记　张纪华（~2006.6.）、张绍雄（2006.6.~）

区人民政府区长　张绍雄（~2006.6.）

代区长　曹阜忠（2006.6~）

区人大常委会主任　马维应（回族）

区政协主席　吴兴武（彝族）

【新“三办一镇”正式成立】　1月25日，昭阳区四套班子领导分别为新成立的“三办一镇”党委、政府、人大和纪委揭牌。即将原来的4城办事处、蒙泉乡、太平乡和凤凰镇撤销，经合并，成立太平、龙泉和凤凰3个城区街道办事处，将原来的土城乡与旧圃镇合并成立旧圃镇，昭阳区原来的25个乡镇（办事处）撤并为20个乡镇（办事处）。

【美国妈妈联谊会捐资助学】　3月22日，美国妈妈联谊会会长张春华女士在云南省侨联副主席李巨涛、市委统战部副部长刘昌华、市侨联副主席王莉等一行人的陪同下，来到炎山，捐资12万元扶持该乡教育事业，重建炎山乡庙湾村完小教学楼。

【“黑颈鹤之乡”落户昭阳】　8月25日，中国野生动物保护协会在省图书馆将“黑颈鹤之乡”的牌匾授予昭阳区，前来祝贺的省委常委、省委宣传部部长晏友琼，省委常委、省委秘书长杨应楠，省人大常委会副主任、省文联主席梁公卿，省军区原政委陶昌廉以及省林业厅，省广电厅，昭通市等领导参加了授牌仪式。

【昭通天麻种子遨游太空】　9月24日，昭通天麻种子在四川遂宁成功回收。昭通天麻种子在“实践八号”上于2006年9月9日在中国甘肃酒泉卫星发射升空，9月24日在四川遂宁成功回收，运行15天共355个小时，在天空飞行了900多万千米，圆满完成了诱变育种实验和机理研究等空间运行试验任务。

【黑颈鹤保护协会再次荣获美国“福特汽车环保奖”】　10月26日，以“创新发展，人境和谐”为主题的2006年“福特汽车环保奖”在北京人民大会堂举行颁奖典礼，昭通黑颈鹤保护志愿者协会再次荣获“福特汽车环保奖”环境教育类三等奖，并获奖金4万元，为全国8个环境教育类项目中中国西部惟一正式获奖者，经过原国家林业部副部长沈茂成等对中国环保事业贡献卓著的领导、专家、活动家、NGO组织及新闻传媒代表等5名评委组成的中国项目评审委员会专家答辩产生。

【被评为全省农田水利基本建设先进区】　11月底，在全省农田水利基本建设工作会议上，昭阳区被云南省水利厅、云南省财政厅授予“全省农田水利基本建设先进县（市、区）”光荣称号。

【月中桂喜获“中华老字号”金牌】　12月19日，商务部“中华老字号”授牌仪式暨老字号创新与发展研讨会在北京饭店隆重召开。商务部部长薄熙来亲自为“中华老字号”揭牌，商务部副部长姜增伟宣读了首批“中华老字号”的认定决定。昭通月中桂糕点获“中华老字号”金牌。

（王常海）

鲁甸县

【概述】　鲁甸县位于云南省东北部，昭通市西南部，牛栏江北岸。东北与昭阳区相连，东南与贵州省威宁县毗邻，南、西和会泽、巧家县隔牛栏江相望，属金沙江水系。国土面积1 487平方千米，东西横距50千米，南北纵长60千米。县政府驻文屏镇，距省会昆明市366千米，距市政府驻地昭阳区27千米，距昭通机场和火车站35千米，处于昆明、成都、贵阳、重庆经济区腹心地带，属滇、川、黔、渝四省市经济文化交汇区域。区位优势和地理优势明显。2006年全年总降水量870毫米，年平均气温12.5℃。辖文屏、龙头山、水磨3镇，桃源、茨院、小寨、江底、火德红、龙树、新街、梭山、乐红9乡，84个村（居）民委员会，1 637个村民小组。年末有10.22万户40.39万人，其中非农业人口2.52万人；农村劳动力20.66万人；少数民族人口8.28万人，占总人口的20.52%；其中回族6.94万人；人口自然增长率20.66‰。

2006年，完成国内生产总值12.89亿元，比上年增长32.0%，其中第一产业3.76亿元，占29.1%；第二产业5.87亿元，占45.6%；第三产业3.26亿元，占25.3%；人均国内生产总值3 328元，比上年增加977元。工农业总产值15.84亿元，增长67.9%。其中农业总产值4.83亿元，增长12.1%；农村经济总收入6.12亿，农民人均1 415元，人均有粮287千克。农作物总播种面积4.38万公顷，其中粮食作物3.07万公顷，总产11.00万吨；烤烟5 730公顷，总产1.29万吨，收购烟叶9 600吨，全年产水果6 476.7吨。工业总产值11.02亿元，增长120.2%。生产铅锌精粉5.46万吨，发电4 520万千瓦小时，自来水98.87万吨，42个村通自来水。完成固定资产投资7.97亿元，增长30.4%；完成建筑面积20.68万平方米，乡镇企业营业收入7.47亿元，现价总值完成8亿元，实现利润2.19亿元，实缴税金7 822万元。完成社会消费品零售总额2.6亿元，增长15.83%。接待游客10万余人次。完成地方财政收入5 121万元，增收33.8%；地方财政支出3.58亿元，增支47.6%。年末全县金融机构各项存款余额7.38亿元，增长

12.4%，其中城乡居民储蓄存款余额3.83亿元，增长22.1%；各项贷款余额5.12亿元，增长24.07%。城镇居民人均可支配收入7 769元。全县有机关、事业单位职工8 216人，年人均工资14 308元。城镇登记失业率在4.8%以内。全县境内有公路1 261千米，实现村村通公路。全年完成货运量149万吨，货物周转量7 286万吨千米；客运量188万人，客运周转量7 258万人千米；邮电业务总量2 550万元，有市话4 200户，农话2 250户，数据通信1 400户，流动市话2 057部，致富通280户，公用电话1 149户。中国移动和联通移动电话2.60万户，72个村通电话。

年末，有事业单位人员5 696人，其中专业技术人员4 479人，每万人有科技人员111人。全县普通中学13所（完中2所），小学151所，校点72处；各类在校学生8.65万人；有教职工3 425人，代课教师680人，共计4 105人。全年图书馆总接待15 995人次、19 795册次，开展“四下乡”演出7场，广播、电视覆盖率分别91.4%、76.19%。全县有医疗机构18个，卫生技术人员411人，每千人拥有卫生技术人员1.02人，有病床418张，每千人拥有病床1.03张。新型农村合作医疗参合人数达30.74万人，参合率达82.16%。

中共县委书记　马吉林

县人大常委会主任　雷选忠

县人民政府县长　尹贵友

县政协主席　朱志文

【首次启动大学生救助活动】 2月，鲁甸首次开展大学生救助活动，成立大学生救助基金会，拟定章程，积极筹资。共接收捐款132.48万元，其中县政府拨给资金20万元，74个单位职工捐资112.11万元，个人捐资2 000元。年内共资助261名，救助资金110.94万元，其中一类本科59人42.48万元，二类本科107人51.36万元，一类专科95人17.10万元。

【首家纯净水生产企业建成投产】

4月20日，鲁甸县三龙有限责任公司投入60多万元，从深圳购进水处理设备，采用日本先进生产工艺对龙头山水资源进行加工处理，生产的“龙头山泉”纯净水经省、市技监部门检测，各项指标均达到国家标准，日生产纯净水30吨。

【首届樱桃文化旅游节】 4月23～27日，鲁甸举办首届樱桃文化旅游节。23日，在县城文化广场举行隆重的开幕式和“春天的盛宴”大型文艺演出活动，省政协副主席苏正国宣布开幕，县委书记马吉林致欢迎词，县长尹贵友主持开幕式。央视著名节目主持人毕铭鑫与昭通市电视台节目主持人罗雪梅主持演出，著名歌唱家杨洪基、蒋大为、歌星李丹阳、亚东等到场演唱，来宾及观众1万余人观看演出。23～25日，在县城临河街西段设立“四月芳菲樱桃红”樱桃一条街展销。三八林场举办彝族、苗族风情游，内容为民族婚俗、喝大碗酒、喝羊角酒、化妆舞会、射弩等；在小寨月亮岛举办“欢乐小寨、情满春山”民族民间文艺展演活动。22～26日，在崇文阁举办“赏山水神韵，品文化品位”摄影、书法、美术、根雕、盆景、奇石、工艺、历史文物精品展览，省市著名作家、书法家及文学爱好者近1 000人参观展出。23～27日，在桃源拖姑清真寺、龙头山清真寺举办伊斯兰风情游活动，25日下午，在小寨月亮岛举办文学笔会。23～27日，在县城新区步行街举办招商暨经贸洽谈会。

【扫盲工作通过省级评估验收】 6月13日，省扫盲评估验收组对鲁甸扫盲工作进行评估验收，检查组分成6个小组到文屏、桃源、茨院等6个乡镇，对扫盲工作进行实地检查。15日召开反馈会，同意验收，并报请省政府审核批准。

【小寨新农村安居工程示范点】 6月16日，小寨新农村安居工程示范点投入使用，项目包括安居工程、基本农田建设、人畜饮水、通路、通电、通卫星电视、生态能源建设及科技培训7个项目，总投资119.5万元，共转移安置贫困人口56户215人。

【第二军医大博士团开展诊疗活动】

7月23日至8月13日，上海第二军医大第四批医疗博士团一行8人到鲁甸开展诊疗活动。博士团由眼科、肝胆外科、普外科、血管外科、妇产科、神经外科、消化内科博士组成，博士团一行共义诊患者1 150人次，接受咨询3 000余人次，开展手术示范带教85例，学术讲座9场、听课人数1 000余人，先后到水磨、小寨、桃源等乡镇和县文化广场开展义诊活动。

【荣获全国农田水利建设先进县称号】 9月，鲁甸县被国家水利部、财政部授予“全国农田水利建设先进县”荣誉称号，中央财政在2007年度通过增加小型农田水利建设专项补助资金的方式奖励100万元。

【伊斯兰城堡奠基仪式】 12月28日，鲁甸伊斯兰城堡建设举行奠基仪式。城堡距县城7.5千米，规划占地21公顷，总建筑面积20.9万平方米，预计投资3 000万元。一期工程将于2008年完成。

【人力资源开发新突破】 年末，鲁甸人力资源开发实现5个方面的突破：一是劳务收入有新突破。全年累计在外务工7.1万人，总收入5.01亿元，务工工资性纯收入2.62亿元。二是回族劳动力输出有新突破。回族出外地打工由于生活不便，人力资源办积极与用工企业协商，解决好生活上的后顾之忧。年内有序输出2 058人，月工资在700元以上。三是办学模式有新突破。四是能人带动有新突破。20多个能人带着家乡1 200多人外出务工。五是跟踪管理取得新突破。乡村干部、培训基地教师和人力资源办指派专人，跟踪到务工企业了解生活及工作情况，做到民工踏实、家人放心。

【新农村建设创佳绩】 年末，按照省、市要求，分层次建设“三型”示范点，即：辐射带动能力强的小康型示范点，拓展示范效果好的富裕型示范点，夯实发展基础的温饱型示范点，全县建立示范点20个，涉及5 154户2.19万人。新建、改造和硬化道路49.76千米，硬化室内外地面7.9万平方米，新改建住房37.44万平方米，改建厨房7 970平方米，改建厩、厕5 708平方米，新建沼气池201口，抹糊墙体37.44万平方米，农民生产生活环境明显改善。

【城乡社会救助体系逐步建立】 年末，全县纳入五保供养对象1 980人，发放五保供养资金142.56万元。全县低保对象2 167户4 450人，全年发放低保资金369.04万元。参加养老保险企业9户，参统职工2 330人。同时启动农村社会养老保险，全县参加医疗保险人数达8 181人。城乡社会救助体系逐步建立。

【扶贫工程成绩喜人】 年末，切实抓好整村推进、易地开发扶贫、劳务输出、产业扶贫项目、小额信贷、挂钩帮扶等扶贫措施，实现项目总投资1 475万元，有9.70万人走出低收入群体，7.60万人越过温饱线。

（晏权）

巧家县

【概述】 巧家县位于云南省东北部、昭通市西南部。西北隔金沙江与四川省凉山州金阳、布拖、宁南、会东县，东隔牛栏江与昭通市昭阳区、鲁甸县毗邻；南与昆明市东川区、曲靖市会泽县接壤。国土面积3 245平方千米，山区面积占98.9%以上，其余为坝区，属典型的山区县。“一山两江”是巧家的地理概貌，滇东北最高峰药山主峰金顶山海拔4 041.6米，最低海拔两江交汇处517米，相对高度3 524米。药山国家级自然保护区与拟建装机容量1 305万千瓦的白鹤滩世界级巨型电站座落境内；出滇入川的巧蒙公路通过县城。县城驻地白鹤滩镇海拔850米。距省会昆明280千米，距昭通市230千米，距四川省西昌市159千米。年均气温21.5℃，年均降雨量898.7毫米。县辖6镇10个乡，179个村民委员会，4个社区，3 557个村民委员小组。2006年末总人口53.97万人，其中非农业人口2.65万人，少数民族人口2.64万人，占4.89%。人口自然增长率为8.28‰。

2006年，全县生产总值由“十五”末的11.91亿元上升为13.47亿元，增长11.1%；其中第一产业实现增加值6.27亿元，比上年增长5.4%；第二产业实现增加值2.91亿元，增长25%；第三产业4.29亿元，增长11.2%。一、二、三产业比重由48.9∶19.3∶31.8，调整到46.0∶22.9∶31.1。农村经济总收入7.23亿元，增长12.65%。粮食总产量14.71万吨，增长2.1%；种植烤烟1 904公顷，年产量3 730吨；畜牧业总产值（现价）2.65亿元，增长11.2%。工业总产值（现价）3.79亿元，增长22.7%。财政收入由“十五”末的3 103万元上升为3 481万元，增长12.18%。农民人均纯收入520元，比上年增加104元。粮食人均287千克。城乡居民储蓄存款余额6.03亿元，增长25.1%。职工年平均工资1.60万元。有6 649人享受最低生活保障，人均70.19元。电视覆盖率达88.84%，无线广播覆盖率达78.14%。全年客运量共556.55万人次，完成货运量462.6万吨。

全县共有各类学校450所，在校学生8.85万人，教师4 341人。入学率99.08%，辍学率0.70%。年末，图书馆、文化馆、群艺馆、老干中心各1个。卫生院19个，卫生所184个。

中共县委书记　余扬举

县人大常委会主任　朱进帼（女）

县人民政府县长　晋方鼎

县政协主席　陈堂洲

【行政区划调整】 1月20日，根据云南省人民政府云政复［2006］7号文件批复，撤巧家县属原新华镇和巧家营乡，设白鹤滩镇；撤铅厂乡和老店乡，设老店镇；撤六合乡，所辖六合、坝统、木厂、马店4个村委会划归小河镇管辖，水井、碉楼2个村委会划归新店乡管辖。

【白鹤滩电站预可行性研究报告通过国家评审验收】 5月29日至6月1日，国家发改委委托水电水利规划设计总院会同四川、云南两省发改委在北京召开《金沙江白鹤滩水电站预可行性研究报告》审查会。国家发改委副主任张国宝、四川省副省长王怀臣、云南省省长助理邹纲仁出席会议并讲话。国家发改委、国土资源部、水利部等有关部门领导及专家300余人参加了会议。会议特别邀请了潘家铮、谭靖夷等14位中国科学院院士、52位中国工程院士组成专家组分别就电站建设的必要性、水文、工程地质、工程规划、建设征地和移民安置、环境保护、工程布置及建筑物、机电及金属结构、施工组织设计、劳动安全与工业卫生、投资概算、经济评价等12个专题进行论证。华东院编制的《金沙江白鹤滩水电站预可行性研究报告》通过评审验收。

【长篇小说《神史》获奖】 巧家已故青年作家孙世祥长篇小说《神史》2003年由云南美术出版社出版。2006年1月，清华大学学者杨汝清主持，清华大学、北京大学、北京师范大学等高校及首都新闻、出版界的学者发起的《神史》学术研讨会在清华大学举行，从文学、哲学、社会学、伦理学、传播学等不同角度对《神史》作了深度分析。7月，《神史》荣获北京当代汉语研究所2006年度“当代汉语贡献奖”。

【农民歌手张黎】 5月11～12日，

昭通市电视台到巧家拍摄民间山歌“歌后”张黎专题片。张黎系巧家县东坪乡新街村民，2001年3月11日在“阳宗海第五届民间山歌节”比赛中获“歌后”称号。其后，又多次在省、市、县举行的山歌比赛中获奖十余次，曾发行取材于大药山下金沙江畔的山区乡村生活、自创并主唱、主演的云南山歌剧VCD50碟（集），销量达数千万张，倍受省内外山区群众喜爱。唱片在泰国、马来西亚、新加坡、缅甸等东南亚华侨华人中也较流行。

【《先驱》出版发行】 巧家编辑出版了《先驱》一书纪念李国柱烈士诞辰100周年。该书分为忠贞英灵、先驱足迹、丰碑永驻、魂系金沙、碧血儿女五篇，还收录了李国柱烈士的手迹、信件、诗作等。

【植物引种】 超级杂稻三围立体强化栽培技术于2005年在白鹤滩镇试种成功，每亩增产250千克，增幅59%。2006年，该项栽培技术进一步在白鹤滩镇莲塘、七里、黎明等村示范推广达70.6亩。尔后白鹤滩镇又引种日本甜柿喜获丰收。甜柿果实甜脆爽口，风味独特，管理粗放，易种易活，适宜在二半山区栽种。白鹤滩镇库着村引进甜叶菊试种成功。甜叶菊产量高，收入高。目前，全镇已成片推广种植，且与云南苏格农业科技开发有限公司签订种植销售合同。

【招商引资】 3月，美国金海投资集团公司总监张玉夫等三人经红山乡政府招商，到天星村进行实地考察并达成投资70万美元合作开发花椒、蜡虫、核桃、油桐、木漆等400亩经济林果协议。12月25日，县政府与大唐国际发电股份有限公司签订了引资11亿元，规划建设两个或两个以上风能发电厂，总装机容量达10万千瓦以上的风能资源开发项目投资协议。

（张孝和）

盐津县

【概述】 盐津县位于云南省东北云南四川两省交界处，昭通市东部，东北与四川筠连、高县、宜宾三县接壤，南连云南彝良，西与大关、永善、绥江三县毗邻，北与水富县接界，素有“滇川门户”之称。全县总面积2 091.5平方千米。县委、政府所在地黄葛槽新区海拔420米，距昭通市政府驻地145千米，距省会昆明市565千米。县境内最低海拔330米，最高2 263米。全县高山区占总面积的23.5%，二半山区占45.5%，矮山河谷区占31%。2006年，平均气温18.7℃，年降雨量1 165.6毫米，日照时数1 022小时，无霜期355天，平均相对湿度79%。全年县境内发生158次地震，其中有3次属中强地震。2006年，乡镇撤并后，县辖乡镇由原来的3镇9乡变为4镇6乡即盐井、普洱、豆沙、中和镇和兴隆、落雁、滩头、牛寨、庙坝、柿子乡，有78个村委会，8个社区居委会，2 619个（村）居民小组。年末，全县人口9.58万户38.89万人。其中，农业户7.63万户34.90万人，占总人口的90.9%，少数民族2 900户1.31万人，占总人口3.4%。人口自然增长率9.8‰。

2006年，全县生产总值完成12.13亿元，按可比价计算（下同）比上年增长17.2%，剔除“水—麻”公路投资（县级）实现生产总值10.71亿元，增长14.8%。其中：第一产业增加值3.40亿元，增长2.3%；第二产业增加值4.78亿元，增长31.5%，其中：县级3.36亿元，增长28.8%；第三产业增加值3.95亿元，增长16.2%。一、二、三产业比重由上年的35.2∶27.9∶36.9调整为31.7∶31.4∶36.9。全年实现农业总产值4.49亿元（现价），增长6.6%。其中：种植业2.08亿元，增长7.3%；林业3 388万元，增长34.9%；畜牧业1.95亿元，增长1.7%。粮食产量10.03万吨，增长2.11%，蔬菜产量7.41万吨，降1.73%。全县财政收入6 803万元，同比增长18.2%。据县城50户居民和农村100户农户调查监测资料显示：全年县城居民人均可支配收入8 217元，比上年增长7.2%，农民人均纯收入1 404元，同比增长12.5%，职工年平均工资1.72万元，比上年增加5 313元。城镇居民储蓄存款余额6.60亿元。有3 720人享受城镇居民最低生活保障。11月，启动了新型农村合作医疗制度试点，全县共有26.74万人参加新型农村合作医疗，参合率77.8%。年内完成省市下达的130座广播电视“村村通”工程任务，3 351户受益；全县共有有线电视地面卫星接收站145个，县城有线电视开通38套节目。电视人口覆盖率达96%，广播覆盖率95.5%。全年公路客运量90.5万人次，客运周转量3 946万人千米；货运量41.9万吨，货运周转量1 493万吨千米。县境铁路通车里程65.6千米。铁路客运量21.2万人次，货运量5.4万吨。

全县共有幼儿园、普通中小学408所（含小学教学点225个），在校学生7.78万名，专任教师2 481名。小学阶段学生入学率99.1%、初中阶段96.1%；年内，小学生辍学率1%、中学生辍学率2.7%。年末，有文化馆、图书馆各1个。有县级医疗卫生机构5个、乡（镇）卫生院10个、村卫生室78个。县乡医疗机构有床位342个。

中共县委书记　成联远

县人大常委会主任　刘天华

县人民政府县长　冯学兰（～2006.5.）、李　疆（女，2006.5.～）

县政协主席　熊洪贵（苗族）

【盐电二级公路全线通车】 2月18日上午，县委、县政府举行庆典庆祝连接滇川的交通要道盐电二级公路顺利通车。盐电公路起于盐井镇，止于四川省筠连县电流坡，全长46千米，始建于1958年，是云南通往四川的重要干线公路。因其坡陡路窄、弯道较多、车流量大，交通事故时有发生。2000年10月，省交通厅将该路列入改造计划。

2003年1月，盐津与重庆江津鹏程交通产业有限公司签订合同，共同投资改造盐电路。2006年4月30日，耗资1.86亿元的新公路竣工验收，5月10日，省政府批准对盐津路段收取车辆通行费。

【昆交会签下4.8亿元大单】 6月5～10日，县参展团在昆交会上签约合作项目5个，协议引资4.8亿元。其中，省签项目3个（占全市省签项目的50%），分别是：四川宜宾伊力集团投资年产10万吨甲醇项目，协议投资2亿元；浙江中大三川水电发展有限公司年产20万吨电石项目，协议投资2亿元：盐津中大公司与在毛里求斯国注册的中国清洁能源有限公司进行白水江梯级电站开发，融资5 000万元。市签项目2个，即：盐津中寨房地产经营开发有限责任公司集贸中心建设开发项目，协议投资2 500万元；泸州野植珍食品有限公司年产2 000吨竹笋系列产品加工项目，协议投资500万元。

【生基民族村开通移动电话】 滩头乡生基村属少数民族聚居村，山高坡陡，土地贫瘠，群众较为贫困。为帮助少数民族地区谋发展，滩头乡党委、政府积极争取移动通信公司支持，将移动基站建在生基村，项目于2006年8月动工修建。12月25日，滩头乡生基村举行移动电话开通庆典。县移动通信公司、滩头乡相关领导在庆典上鼓励少数民族同胞以基站开通为动力，用自己的实际行动来改变家乡的落后面貌。

【油坊沟水库大坝完工】 油坊沟水库位于盐井镇水田村委会的水田河上段，距县城6千米，是以灌溉为主、兼顾人畜饮水及防洪等功能的小（一）型水库。水库坝址以上控制径流面积10.6平方千米，多年平均径流量779.4立方米，水库流域平均年降雨量1 386.3毫米。1999～2002年完成水库的勘测、规划和可行性研究。2003年2月，省计委批复工程可行性研究报告，批准投资1 384万元。2003年10月，由昆明理工大学水利电力勘测设计研究所完成技术施工设计，设计坝高34.6米，库容124.2万立方米，可灌溉面积258.93公顷，解决1.8万人的饮水困难。工程由省建筑机械化公司承建，于2004年2月10日动工。12月底，油坊沟水库主体工程基本完工，累计完成工程量12.82万立方米，占设计工程总量的87.8%，完成投资1 200万元，占批准投资额的86.7%。

【新农村建设】 年内，启动新农村建设试点8个，即盐井镇陈家坪（含孙家坪）、柿子乡两河口、豆沙镇新桥、庙坝乡牌坊、牛寨乡胡家湾和烂田坝、兴隆乡底坪、中和镇王关。累计整合建设资金542万元，其中：省、市两级投入85万元，县财政投入120万元，扶贫、水利、林业、科技等相关部门投入337万元。在试点区重点抓好“五通十建”工程，遵循“一村一品”要求，分别以蔬菜、柑桔、甘蔗培植和黄瓜、红薯粉等农产品加工作为支撑产业。至年末，在试点区完成通水529户、通电628户，新修、改造公路14.75千米，建成移动通信基站2个，使257户用上固定电话、341户用上手机，电视人口覆盖率达67%；新建住房67户7 120平方米，维修386户3.82万平方米；硬化户间道路1.52万米、院坝214户8 230平方米；修建客厅239间、浴室215间、沼气池290口、花台129个；改厨300户，改厕226户，改厩215户；绿化、美化环境7 200平方米。

【乌骨鸡产业走出低谷】 盐津乌骨鸡是地道的纯土鸡品种，省内外科研机构曾多次检测其营养成分，并冠以“肉之首、药之冠”美誉。多年来，发展缓慢。2003年，一度衰退。2004年，县委、政府把乌鸡养殖业定为帮助农民增收的重点产业加以发展。2005年2月，县成立乌骨鸡农村专业协会，下设6个专业合作社，并自办市场1个。协会成立后，大力发展会员，协会不仅对会员进行理论培训，还让他们到养鸡场实践。同时，以当地的市场保底价与农民签订收购合同，形成“公司+基地+农户”的运作模式，在公司、基地、农户之间建立起信任和依存关系，不仅保护了农民利益，还较大程度地为其抵御了市场风险，越来越多的农户提出入会申请，会员覆盖10个乡镇，共3 000多户。为保证盐津乌骨鸡的原生态品质，协会提倡充分利用退耕还林后的林地、山坡作为养殖场进行自然放养，以本地出产的玉米、稻谷、豆类、薯类为饲料，尽量不用或少用人工饲料。2006年春节，协会在盐津、昭通、昆明市场上推出由便携式纸箱包装的活乌骨鸡，便于携带，立即成为抢手货。全年，协会实现产品销售收入400余万元，会员户均年纯收入达5 100元。

【面貌焕然一新的两河口村民小组】 柿子乡太平村两河口村民小组距柿子集镇2千米，2006年末有农户29户140人。原是典型的传统农业村组，“养牛为耕田，养猪为过年，养鸡为买盐”是当时的真实写照，人均纯收入仅处于全县中下水平。2003年，两河口小组被确定为县首批“三村”建设示范点，2006年市、县将其定为新农村建设示范点。建设期间，政府投资36万元，农户投工、投劳、投资折合45万元，于2005年末完成了“五通十建”。为增加农民收入，乡、村领导班子积极引导农民种植反季蔬菜，发展仔猪和乌骨鸡养殖业，成立户林果和养猪专业协会，以“协会+农户”为运作模式，引导村民改良6.7公顷柑桔和科学管理3.3公顷枇杷，积极组织村民外出务工，鼓励发展旅游服务业。2005年，小组人均纯收入1 403元，跃居全县前列。2006年，已实现“七有四化”。建成一个仔猪基地，有二元杂交种猪31头，年内生猪出栏146头；养殖纯种乌骨鸡2 100只；兴办“农家乐”4户，户均创收入2

万元；农民外出务工收入达8万元。全组人均纯收入2 539元，人均有粮280千克，家家户户喝上了自来水，全组有手机、电话各25部、电视机26台、影碟机23台。围绕“乡风文明”要求，村两委提出“人口降、素质上、保生态、节能源、讲卫生、倡文明、用科学”的文明理念。兴办“农民之家”、“妇女之家”、“科技之家”等公共交流活动室，家家建起沼气池，建成统一的垃圾场，做到家居美化、庭院净化、村庄绿化，提倡科学，破除封建迷信和陋习，树立社会主义新风尚。为规范村民行为，打造平安和谐家园，小组制定《村规民约》和《村民自治章程》，并进行法律法规宣传，群众自发组织了义务联防队开展巡逻。近年来小组从未发生过治安案件和刑事案件。

（吴珊）

大关县

【概述】　大关县位于云南省东北部云贵高原向四川盆地过渡的边缘缓冲部，地处昭通市腹心地带。东北与盐津县接壤，东南和彝良县毗邻，南连昭阳区，西与北面和永善县相连。东西横距43.7千米，南北纵距73.2千米。总面积1 692平方千米，山地占97%，自然坡度25°以上，全境除罗汉坝、大寨、火地、干顶4处共12千米平地，其余全系“V”形坡地，属山地地貌。境内呈北亚热带、暖温带、温带、寒温带共存的立体气候分布，为典型山区农业县。县城驻地翠华镇，海拔1 120米，南距昭通市府昭阳区50多千米，省会昆明440多千米，平均气温15℃左右。2006年末，全县辖翠华、玉碗、天星、吉利、木杆、悦乐6个镇和上高桥、寿山、高桥3个乡，76个村民委员会、2个社区办事处，1 706个村民小组、10个街道居民小组。总人口26.74万人，其中非农业人口1.93万人、女性12.61万人、少数民族人口1.99万人，占7.47%。人口自然增长率8.9‰，较2005年上升4.99个千分点。人口密度每平方千米158.03人。

2006年，全县完成生产总值7.43亿，比上年增长7.24%，扣除水麻公路建设8 779万元，县内实现生产总值6.54亿元，同比增长15.35%。其中，第一产业2.99亿元，第二产业1.13亿元，第三产业2.43亿元，分别增长11.58%、34.08%和12.72%。农业总产值完成3.41亿元，增长4.21%，其中种植业1.36亿元（烤烟种植900公顷，完成收购950吨），畜牧业1.75亿元，增长4.42%。林业1 876万元，增26.67%，农林牧渔服务业1 130万元，增长13.91%。粮食总产量6.57万吨，降8%。工业总产值实现2.43亿元，增长78.45%，工业对全县经济增长贡献率30%。社会消费品零售总额完成1.60亿元，增长12.35%。固定资产投资2.83亿元，增长21.71%。全县非公有制经济实现销售收入3.67亿元，增长68.3%。地方财政完成总收入3 340万元，增长16.91%。年末全县存款余额8.76亿元，其中城乡居民储蓄存款余额4.57亿元，各项贷款余额4.14亿元。年内，解决绝对贫困人口温饱1 800多人，实现4 200多名低收入人口稳定脱贫，改善贫困人口住房3 000多户，3 264名城镇困难居民享受最低生活保障，新增城镇就业1 487人。职工人均年工资1.57万元，同比增长26.66%；农民人均年纯收入1 324元，增长14.6%，人均有粮265千克。城镇居民人均年可支配收入7 063元，人均年消费水平5 300元，分别增长17.72%和17.8%。全县电视覆盖率90%，广播覆盖率85%，电视机普及率每百人7台。全社会货运量35.62万吨，货运周转量2 600.26万吨/千米；客运量65.88万人次，客运周转量5 270.4万人/千米；邮电通信业务总量完成2 628万元，增长35.67%。

年内，全县各级各类学校322所，在校生5.49万人，教职工2 764人（专任教师2 201人）。“两基”工作通过教育部年审，青壮年文盲率降至1.94%，九年义务教育入学率、巩固率达标，高考上线率67.97%，创历史新高。有专职文体机构28个，医疗卫生机构94个。

中共县委书记　郑　艺

县人大常委会主任　陈元章

县人民政府县长　赵海仙(女)

县政协主席　马卫东（回族，～2006.6.）

【小河电站竣工投产】　2月22日，总投资4 920万元、装机容量2×5 000千瓦、年发电1千万度的小河电站（含年产10 000吨硅铁配套硅铁厂）竣工典礼在关河有限责任公司举行，标志小河电站正式投产运营。

【“爱心之旅”白内障复明手术活动】　3月4～12日，经县委、县政府及有关人士多方协调，由香港爱心慈善基金会捐助，昆明医学院第二附属医院提供无偿医疗服务的“爱心之旅”白内障复明手术活动在县城广场举行。按手术最低费用标准，对每例受助对象补助830元药费、2.5千克菜油、10千克大米和40元往返车费。经医学筛查和经济审查后，共161名受助患者和36名自费患者成功施行了手术。

【首期农民田间学校培训班开学】　4月中旬，以培养有文化、懂技术、会经营、善管理、讲文明新型农民为宗旨，以农业科学技术、法律法规为主要内容的全县首期农民田间学校培训班，在天星镇祥云村海马村民小组开班，参学农民187人。

【昆交会签约1.8亿元】　6月6～10日，昆交会上大关展团签约招商引资项目6个，协议金额1.8亿元。其中，矿业开发项目5个，协议资金1.6亿元；食品加工项目1个，协议金额2 000万元。

【新型农村合作医疗启动】　9月，全县新型农村合作医疗工作正式启动。按照每个农业人口自交10元，国家补助50元标准整合新农合资金。经广泛动员和乡（镇）村、社干部及有关部门的共同努力，到年末全县农业人口参合率87%，为2007年1月1日正式实施新农合奠定了基础。

【打造旅游精品县城工程启动】 11月中旬，总投资4 282万元的大关县旅游精品县城五大工程全面启动。具体为：北门街与翠屏佳园连接线工程，已完成投资530万元；县城主要街道改造工程，总投资1 000余万元；市政广场改造工程，计划投资250万元；县城供水管网改造工程，总投资1 102万元；农贸市场建设工程，引资1 400余万元，已完成投资投入运营。

【村级组织活动场所建设】 11月中旬，县委、县政府整合资金277.5万元，建设村级组织活动场所。其中：县财政投资96万元，林业站项目投资62万元，企业、挂钩扶贫部门支持资金32.5万元，各乡镇共配资87万元。

【震灾后民房恢复重建】 7月22日9时10分21.8秒、8月25日13时51分41秒、8月28日9时14分14.3秒，大关相继发生以吉利镇和盐津豆沙为震中的三次破坏性地震，震级分别为5.1、5.1、4.7级，全县均有震感，其中吉利、高桥、木杆、天星、寿山、翠华、悦乐7个乡镇受灾严重。造成10万人受灾，38人伤亡，585户房屋倒塌，2 687户房屋严重受损，生命线工程、市政基础设施遭到重创，直接经济损失3亿多元。12月16日，遵照胡锦涛总书记、省委书记白恩培、代省长秦光荣和省政府、市政府关于地震灾后重建紧急会议要求，县委、县政府在10月初抽调500余名干部分赴地震灾区开展灾情核查、抗震救灾的基础上，再次抽派319名县、乡干部，组成61个工作组深入地震灾区（61个村），进村入户开展为期50多天的地震灾后民房恢复重建工作，确保灾民安全过冬，幸福过年。

（刘仁健）

永善县

【概述】 永善县位于云南东北角，昭通市北端，乌蒙山脉西北面的金沙江南岸，东邻大关，南接昭通市，北倚绥江县，西隔金沙江与四川雷波、金阳县相望，东西横距46.6千米，南北纵距121.2千米。总面积2 789平方千米。县城溪洛渡镇，海拔820米，距昭通市政府驻地180千米，距省会昆明580千米。2006年，全年平均气温16.3℃，降水量670毫米，日照时数为1 172.8小时。辖溪洛渡、黄华、大兴、莲峰、茂林、桧溪6镇和团结、细沙、青胜、务基、马楠、水竹、伍寨、墨翰、码口9乡，其中马楠、伍寨两乡分别为苗族彝族乡、彝族苗族乡。共有133个村和4个社区，2 739个村民小组，其中自来水受益村86个，通电话村126个，通汽车村131个。2006年年末总人口43.44万人，其中苗族、彝族、回族等少数民族3.22万人，占总人口的7.46%。农业人口40.65万人，非农业人口2.49万人。人口自然增长率11‰以内。

2006年，全县实现生产总值14.93亿元，同比增长12.8%，三次产业分别增长3.0%、30.1%、7.8%。在农业总产值5.98亿元中，农业产值3.22亿元，林业产值4 637万元，渔业产值185万元，畜牧业产值2.16亿元，服务业产值1 219万元。全县粮食产量12.46万吨，同比增长1.06%。人均占有口粮306.5千克。种植经济作物19.28万亩，同比增长7.6%。全年投入农、林、水等财政资金3 708万元，烤烟完成549.7吨，药材产量441.4吨。主要经济作物产量：花椒1 752.2吨，绵羊毛176吨，燕麦925吨，荞麦2 808吨，甘蔗4.76万吨，柑橘2 905吨，核桃1 255吨。大牲畜出栏1.11万头，存栏6.92头；生猪出栏23.00万头，存栏29.56万头；羊出栏5.35万只，存栏13.09万只。完成工业现价总产值1.78亿元，增长35.9%。国有及规模以上工业企业实现销售收入5 432万元，增长44%，实现利税总额1 106万元，增长2.5倍。工业产品产量：纯铅锌886吨，铁矿石2 850吨，发电量6 420万度。森林覆盖率达到40.2%。社会消费品零售总额3.2亿元，增长12.23%。房地产开发7.54万平方米，销售商品房3.33万平方米，非公有制经济上缴税金3 295万元，同比增长74%。全县财政总收入突破1亿元，同比增长65.8%，其中地方一般预算收入完成4 324万元，增长37.4%，一般预算支出3.36亿元，增长21.9%；完成全社会固定资产投资25.18亿元，增长22.8%。人均纯收入1 372元。年末，金融机构各项存款余额15.75亿元，各项贷款余额9.33亿元，分别比上年初增长22.95%和50.47%。电视覆盖率83%，广播覆盖率65%。邮电通讯业务总量5 925万元。全年交通运输客运量44.7万人次，客运周转量8 967万人/千米，货运量19.9万吨，货物周转量5 038万吨/千米。

全县有各类学校612所，在校学生7.41万人，教职工3 613人。适龄儿童入学率99.6%，辍学率0.36%。“两免一补”政策落实，取消了农村义务教育阶段各项行政事业性收费，“扫盲”成果进一步巩固，“普九”工作有序开展。启动了14所农村寄制学校工程建设，新建小学4所，改造危房12所。医院、卫生所23个，病床379张，医护人员452人。

中共县委书记　孔荣华（回族，~2006.7.）、肖本敏（2006.7.~）

县人大常委会主任　吴启林（彝族）

县人民政府县长　肖本敏（~2006.7.）、田　渊（2006.7.~）

县政协主席　吴文富

【城市化进程加快】 强力推进荷花、校园、盛家湾、玉泉建材市场、溪洛渡时代广场五大片区开发。完成城镇建设总投资1.82亿元（其中县级筹融资5 641万元），城镇化率达到20.2%。实施了新华健身广场、水井湾花鸟古玩市场、城区供水管网改造和部分防洪排污沟治理等工程。改造硬化了县城至施工区出口公路。落实“门前三包”责任制，“脏乱差”整治初见成效。规范户外广告，推进亮化、绿化、美化工程，市容市貌明显改善，城市品位逐渐提升。

【新农村建设试点】　制定工作规划，明确“村五强”、“户五有”的新农村建设目标。建立和落实县处级领导挂钩制、县直部门挂钩帮建制、乡镇蹲点负责制，县财政投入180万元，在江边河谷、二半山区、高寒山区建设示范点18个，惠及农户1 200多户，4 500多人。目前，大部分乡镇已完成规划建设任务，产业培植初见成效。务基乡捏池村、桧溪镇强胜村、黄华镇青杠村等一批新农村示范点建设受到省市肯定，得到群众拥护，为全县新农村建设积累了经验。

【落实对农补贴】　年内，兑现良种补贴70万元，粮食综合补贴334万元。兑现退耕还林补助资金104万元。减轻农民负担2 617万元，农民人均减负62元。

【完善社会保障】　实现再就业人员291人，企业退休人员已全部纳入社会化服务管理，国企改革全面完成。新增就业1 742人。全年完成劳动力转移8.46万人，实现务工净收入2.57亿元。城镇登记失业率控制在5%以内。各项社会保险覆盖面进一步扩大。按时足额发放下岗职工基本生活费、企业退休人员养老金和离退休人员的生活补助费。提高了最低工资标准和“五保”、“低保”、失业保险以及失业人员医疗补助标准。“低保”对象实现了应保尽保。筹措发放救灾资金200余万元。1.1万名农村受灾、特困群众得到生活救助，3 224人次享受到农村特困群众医疗救助。

【脱贫解困力度加大】　以“百千万帮扶工程”为重点，组建11个工作组开展驻村帮扶，实施“211帮扶工程”和“一对一”结对帮扶。投入扶贫资金2 535.9万元，以工代赈、安居温饱、易地开发、劳务输出等项目顺利实施，群众生产生活条件有效改善。农民人均纯收入达到1 372元，净增145元，同比增长11.82%。城镇居民人均可支配收入达8 705元，同比增长6%。解决了3.34万人的用电和0.55万人的饮水问题。解决了1.24万人的温饱问题。村村通广播电视新增覆盖65个村3 024户1.33万人。

【溪洛渡电站移民工作结束】　8月15日，溪洛渡电站施工区移民安置工作总结会在溪洛渡镇召开，标志着电站施工区移民安置工作全面结束。溪洛渡电站施工区移民安置工作自2003年4月启动通过三年的艰辛努力，共安置施工区移民1 096户4 416人，其中外迁集中安置477户2 080人、外迁自行安置73户214人，内迁安置537户2 082人，圆满完成移民安置任务，为溪洛渡电站建设和永善“山城、水电、湖滨、旅游城市”建设规划的发展奠定坚实的基础。

（刘万品）

绥江县

【概述】　绥江县位于云南省东北角金沙江下游南岸，昭通市北端，东连水富县，南靠盐津县，西与永善县接壤，北隔金沙江与四川省屏山县和雷波县相望。全县国土面积746.27平方千米。境内地势南高北低，海拔悬殊，罗汉坪大堡顶最高海拔2 054米，和平三湾沟最低海拔280米。县城驻地中城镇海拔330米，距昭通市府驻地昭阳区254千米，距省会昆明市635千米。2006年，年平均气温18.7℃，年降水量1 063.8毫米，年日照时数1 169.3小时。2006年末，辖中城、南岸、新滩、会仪、板栗4镇1乡，32个村，3个社区，145个村民小组，107个居民小组。全县总户数4.35万户，总人口16.11万人，其中农业人口3.31万户13.93万人，分别占总户数和总人口的76.03%和86.48%。少数民族人口574人，占总人口的0.36%。人口自然增长率7.87‰。人口密度每平方千米215.9人。

2006年，全县国内生产总值为5.12亿元，比上年增长20.32%。其中第一产业增加值1.34亿元，增长10.76%；第二产业增加值1.28亿元，增长43.82%；第三产业增加值2.51亿元，增长16.01%。一、二、三产业比重由上年的28:21:51调整为26:25:49。农业总产值2.02亿元，增长14%。粮食总产量3.32万吨，下降3.2%。小麦6 914吨，水稻9 428吨，玉米1.31吨，油菜籽1 087吨，甘蔗2 354吨；全年出栏大牲畜2 912头，生猪10.699万头，羊1.03万只，家禽19.63万只，兔2.10万只；年末存栏大牲畜1.07万头，生猪7.83万头，羊1.03万只，家禽19.63万只，兔1.19万只。全年内类产量1.06万吨。年内全县林业工程造林3.69万亩。完成工业增加值1.06亿元，增长35.63%。地方固定资产投资完成9 177万元。全社会建筑业完成总产值809万元，增长86%。房屋建筑竣工面积5 015平方米，施工面积5 015平方米，实现利润总额488万元。完成工业总产值2.05亿元，增长21.6%。其中，规模以上工业企业完成产值5 474万元，比上年下降0.36%。主要工业产品产量：原煤65万吨，比上年增长38.30%；水泥8.75万吨，增长6.71%；发电1 850万千瓦小时，下降10.76%；售电量4 294万千瓦小时，增长9.65%；砖2 938万块，下降9.60%；机制纸3 996吨，增长3.26%。地方财政总收入1 876万元，增长14%。财政支出1.74亿万元，增长20.58%。全县金融机构存款余额达6.84亿元，增长20.05%。贷款余额达2.75亿元，比年初减少374万元，下降1.34%。年末全县职工总数6 349人，年工资总额达9 256万元，增长20.1%。农村经济总收入2.91亿元，纯收入2.07亿元；人均农村经济总收入2 132元，纯收入1 512元，比上年增加151元。农民人均生活消费支出1 526元，增长32%。城镇居民人均可支配收入8 406元。全社会消费品零售总额12 107万元，增长17.6%。年底全县拥有各类汽车522辆，新增211辆。完成货运量95万吨，货运周转量8 335万吨千米。完成客运量140万人，旅客周转量3 720万人千米。固定电话达8 700部，比上年多3 200部，移动电话用户达到2.66万户，新增7 376户，电话普及率为22部/百人。

年末共有普通高中班24个，学生1 258人；职业高中班15个，在校生878人；初中教学班136个，在校学生7 940人，入学率98.15%，辍学率控制在2.66%以内。有完全小学56所，初级小学和教学点38个，教学班542个，在校学生1.88万人，入学率99.18%，辍学率控制在0.63%以内。有公办幼儿园、学前班26所，民办幼儿园9所，在园（班）幼儿1 661人。全县有高中专任教师75人，初中专任教师341人，小学专任教师869人。全县共有青壮年人口81 625人，非文盲率99.85%。年内有广播电视台1个，乡镇广电站5个。共完成“村村通”工程52座，受益6 000余户。全县有图书馆、档案馆、新华书店、文化馆、电影公司各1个，乡镇文体站5个。年末，全县有县、乡、村医疗卫生机构66个，其中有营利性医疗机构21个。非营利性卫生机构中有县直5个医疗卫生单位，保健院、乡镇卫生院5个，村卫生所35个。全县共有卫生工作人员278人。

中共县委书记　卢云峰

县人大常委会主任　刘明清

县人民政府县长　张先华

县政协主席　王惠银

【建设社会主义新农村试点】 5月18日，县委发出《关于推进社会主义新农村建设的实施意见》，确定具有经济基础，自然条件优越，村级组织战斗力强，群众基础条件好等特点的12个村、组、片区作为2006年度市、县、乡社会主义新农村建设示范点，并形成了各示范点的实施方案。实施方案经审定，原则通过并付诸实施。2个市级示范点，4个县级示范点，6个乡镇级示范点。县政府整合有关部门支农资金268.7万元，集中用于示范建设，其中县委、政府从煤炭统征费中拨出50万元用于村容整洁。市、县6个示范点分别由6个县直部门挂牵挂钩建设，县委宣传部负责协调督促指导。年底，12个市、县、乡镇级示范点的各项既定目标任务基本完成。

【完善农村社会保障】 全县有农村敬老院6个，县福利院1个，全县6个乡镇敬老院集中供养的五保户74人实行民政补助，全年参加失业保险的职工3 742人，参加基本养老保险的3 191人，参加基本医疗保险的5 711人，共收医保金697万元，支付医疗保险金581万元。全年发放农村社会救济金240万元，发放定期抚恤补助48.9万元。全县共有低保对象2 072户4 431人，占非农业人口的21%，人均补差83.6元，共发放保障金368.23万元。年内，全县2 295名绝对贫困人口解决温饱，3 017名低收入贫困人口稳定脱贫。

【水果增收】 年内，为促进水果产业的后续发展，先后在新滩石龙村、南岸村真武山和大沙村五坝片区建成3个千亩优质水果基地，以柑桔、油桃、李子等为主的水果生产种植面积达到2.4万亩，其中投产面积1.01万亩，总产量4 536.1吨，比上年增加453.2吨，农民人均增收1.8元。

【非公经济持续发展】 年末，全县个体工商户2 384户，注册资金2 140万元，从业人员4 989人，非公企业131户，注册资金1.07亿元，从业人员3 288人。与2005年相比个体工商户增加441户，非公有制企业增加31户。2006年全县完成税收2 981万元，非公有制经济完成1 867万元（上缴国税955万元，地税912万元。）占总税收的62.6%。非公有制经济提供的税收，在全县国民生产总值中实现了“半壁江山”的目标。

【金沙绣艺文化产业见成效】 “金沙绣艺”作为绥江文化品牌，是广大妇女开展物质文明和精神文明建设的有效载体，2006年被评为“云南省巾帼社区优秀文化项目”。为加快发展步伐，县委八次全会明确要求把“金沙绣艺”作为绥江文化产业列入绥江国民经济和社会发展十一五规划中。县妇联加大培训力度，在会仪镇大河村新培训绣工90余名，并加大绣图的创新设计，创作出贴近生活、反映地方文化的作品，为省民族运动会设计出有浓郁地方特色的《欢乐民族颂》，200余名绣工已绣出少数民族成品画近500幅。绣工创收4万余元，创利4万元。

【整村推进项目】 年内，全县20个整村推进项目分三大类实施，总投资444.87万元，其中国家补助325万元、群众自筹119.87万元。一是基础类设施项目总投资249.74万元（国家补助161万元、群众自筹88.74万元）；二是经济类项目总投资162.63万元（国家补助131.5万元、群众自筹31.13万元）；三是科技类项目总投资32.5万元（全部为国家补助）。

【五好文明家庭创建活动】 年内，围绕“家”字做文章，以创建“五好文明家庭”为载体，开展家家学、家家议、家家做、家家乐、家家评活动。通过妇女之家建设和成立农村文艺宣传队，开展丰富多采的文体活动，如：举办“我说我家”家庭演唱会，家庭整洁比赛、妇女的绣艺比赛、家庭烹饪比赛。使广大妇女在“生产发展”中创佳绩、在“生活宽裕”中建新业、在“乡风文明”中作贡献、在“村容整洁”中显身手、在“管理民主”中有作为。把自己的家园建设成为“生产发展、生活宽裕、乡风文明、村容整洁、管理民主”的社会主义新农村。

（杨坤）

镇雄县

【概述】 镇雄县位于云南省东北部，昭通市东部，云、贵、川三省结合部，面积3 696平方千米。县城所在地乌峰镇距市政府所在地昭阳区265千米，距省城昆明598千米，海拔1 640千米。2006年，年平均气温12.5℃，日照1 297.4小时。2006年撤乡并镇后辖乌峰、泼机、黑树、母享、坡头、大湾、以勒、塘房、赤水源、芒部、雨河、罗坎、牛场、五德、以古、场坝等16个镇和中屯、渔洞、花朗、林口、果珠、尖山、木卓、盐源、碗厂、杉树、花山、坪上等12个乡，234个村民委员会，10个城市社区居民委员会和15 143个村民小组。年末全县人口135.58万人，其中，非农业人口6.73万人，少数民族12.54万人。占全县人口的9.25%。人口自然增长率为10.6‰。

2006年，国内生产总值24.29亿元，比上年增长10.3%。全面完成了年初确定增长10.0%的奋斗目标。实现了“十一五”期间国民经济发展的开门红。第一、二、三产业分别实现增加值10.60亿元，4.33亿元、9.35亿元，分别比上年增长4.6%、24.4%、11.3%。产业结构比由上年的46.2∶15.7∶38.1调整为43.7∶17.8∶38.5。全县农林牧渔业总产值完成14.09亿元，增长5.6%。粮食总产量29.02万吨，增长1.6%。烤烟产量1 518.68万千克，下降14.4%；油菜籽产量156.99万千克，下降12.2%。年末大牲畜存栏15.40万头，出栏5.65万头；猪存栏44.19万头，出栏42.94万头；羊存栏43.9万只，出栏2.54万只；家禽存栏173.48万只，出栏136.74万只；肉类总产量4.86万吨，增长2.0%。年末全县实有森林面积138.55万亩，森林覆盖率达24.98%。工业总产值完成7.27亿元，增长19.6%。工业增加值完成2.86亿元，增长11.2%。建筑业总产值完成5.27亿元，增长59.4%。全县社会固定资产投资完成7.69亿元，增长30.8%。社会消费品零售总额完成7.14亿元，增长14.9%。居民消费价格总指数为101.9%，全年财政总收入9 313万元，增长23.2%，财政支出7.28亿元，增长24.5%。全县城镇居民人均可支配收入7 046元，增长8.8%；农民人均纯收入1 351元，增长9.8%，农民人均可支配收入1 301元，增长9.8%；职工年平均工资1.2万元，增长17.9%。年末，全县城乡居民储蓄存款余额达11.23亿元，增长14.2%。农民人均住房面积15平方米，与上年持平；城镇人均住房面积33.8平方米，比上年增加1平方米，增长3.0%。年末，全县公路通车里程达2 939千米，全县车辆1.68万辆，增长23.8%。233村通车，公路通车率99.6%。全县货运量完成96.3万吨，增长0.2%，货运周转量完成10 623万吨千米，增长1.9%；客运量完成412.8万人次，增长0.1%，客运周转量完成43 785万人千米，增长0.6%。邮电业务总量完成8 321万元，报纸累计份数310.35万份，杂志累计份数11.01万份，邮政储蓄余额为1.02亿元。2006年末，全县共有固定电话3.52万部，移动电话用户达9.50万户，比上年增加8 000户，每万人拥有移动电话701部，比上年增加52部。实现村村通电话。

全县有各级各类学校906所，在校学生32.37万人，有中小学教职工9 279人（民办252人），代课教师1 514人（民办50人）。儿童入园率8.57%。小学学龄人口入学率97.99%，小学毕业生升学率为73.36%。全县有艺术表演团体1个，文化馆1个，文化站28个，电视人口覆盖率达87.1%，广播人口覆盖率82%。县直医疗卫生单位5个，乡（镇）卫生院29个，村卫生室244个，个体诊所20个，卫生机构床位702张；卫生人员1 600人。每千人拥有医院床位0.5张、拥有专业卫生技术员人员0.5人。

中共县委书记　田　勇

县人大常委会主任　石明聪（彝族）

县人民政府县长　马晓红

县政协主席　吴道文

【美国汇华银行行长捐资建校】 5月2日，市、县教育局相关人员和美国汇华银行行长季可渝的委托人黄平以及黑树镇领导等在黑树镇协商讨论季可渝捐资建设黑树镇中寨汇华学校的相关事宜。中寨汇华学校由季可渝捐款12万美元（折合人民币96.7万元），市政府配套30万元，总共126.7万元建设，12月底完成。

【省政府调研组到县调研】 6月3～4日，省政府阳光工程和贫困地区劳动力转移工作调研组与市直相关单位领导到镇雄调研农村劳动力培训转移就业工作。县委副书记李升翔、副县长雷贤会与县直相关负责人陪同调研组一行到乌峰镇毡帽营村河边村民小组、县职业中学、县人力资源开发办公室检查指导工作。调研组听取镇雄专题汇报后，认为全县劳动力培训转移就业工作在各级党委，政府重视下，取得了明显成效，要求镇雄进一步整合教育资源，创新教育机制，提高外出务工人员综合素质，让培训和转移在规范的运作程序下，提高培训质量，以就业为目的，促农增收。

【昆交会签约3.5亿元】 6月6日，第三届泛珠三角区域经贸洽谈会及2006年中国进出口商品交易会在昆明国际会展中心开幕，镇雄代表团参加了开幕式和集体签约仪式，此次洽谈会镇雄与四川龙腾集团签订了城市建设开发项目3.5亿元。

【4个项目列入省“双百”重点项目】 7月，镇雄县共有4个项目被列入省级2006年度“双百”项目。分别是：镇雄矿区长岭二号塘房矿井建设项目、镇雄矿区朱家湾煤矿建设项目、镇雄矿区长岭煤矿建设项目、镇雄电厂一期工程建设项目。

【“龙腾锦程”举行开盘仪式】 7

月16日，由四川龙腾集团开发的镇雄县首座大型花园新城“龙腾锦程”开盘仪式在县城九棵树开发区举行。“龙腾锦程”共投资3亿余元、占地470亩、小区集会所、广场、超市、康体设施、运动场地、农贸市场为一体，是一座承载自然、绿色的花园新城。

【“爱心圆梦大学”助学工程启动】 8月28日，镇雄县在赤水源广场启动希望工程“爱心圆梦大学”助学行动。县四套班子领导、县直各部门、单位主要负责人和部分私营企业主以及1 000余名各学校师生参加了启动仪式。启动仪式现场共收到捐款26.45万元。6名贫困大学新生代表得到了每人4 000元人民币的救助。

【香港苗圃行动援建3所小学】 9月25日，在县委三楼会议室举行香港苗圃援建镇雄3所小学签字仪式。副县长付茂林、县教育局、团县委和牛场镇、林口乡、鱼洞乡的领导与香港苗圃行动工作组组长签定《资助建校协议书》。香港苗圃援建3所学校分别是：牛场镇大寨小学、林口乡纸厂小学、鱼洞乡银厂小学。

【扫盲工作通过省验收】 11月18~22日，省教育督导团组织评估验收组对镇雄县扫盲工作进行评估验收。检查验收组按照“听、看、查、访、考、议、反馈”等7个评估检查工程序分6个组分别对28个乡镇检查。经过实地查证和广泛调查，检查评估验收组认为：镇雄县的扫除青壮年文盲工作达到了国家和省的评估验收标准，同意验收。

（王俊）

彝良县

【概述】 彝良县位于云南省东北部、昭通市中部，地处云贵川三省结合部的乌蒙山区。东邻镇雄、威信县，南接贵州威宁、赫章县，西连昭阳区、大关县，北与盐津县、四川筠连县毗邻。国土面积2 804平方千米。全县最高海拔2 780米，最低520米，县城驻地角奎海拔800米。距市府驻地昭阳区71千米，距省会昆明471千米。2006年，年平均气温17.9℃，年降雨量765毫米。辖角奎、牛街、洛泽河3个镇和龙街、奎香、树林、柳溪、洛旺、海子、荞山、龙安、两河、钟鸣、龙海12个乡，137个村（居）委会，2 921个村民小组。年末全县总人口14.05万户55.09万人，其中女性26.04万人；非农业人口2.95万人。有汉、苗、彝、回等6种民族，其中少数民族人口7.52万人，占总人口的13.65%。人口自然增长率8.15‰；人口密度197.06人/平方千米。

2006年，全县实现国民生产总值13.07亿元，比上年增长13.8%；耕地总面积4.04万公顷，减少0.1%。人均耕地面积0.07公顷，减少0.90%。粮食总产量1 337.2万千克，增长1.83%；工业总产值9.65亿元，增长90.69%。全年接待游客8.12万人次，比上年增长10.63%，实现旅游业收入3 030.95万元，增长89.08%。2006年，全县财政收入1.38亿元，增长76.54%，其中中央财政收入7 709万元，增长124.75%；地方财政收入6 047万元，增长38.63%。财政支出3.68亿元，增长36.70%。各项存款余额17.13亿元，增长61.84%；贷款余额5.50亿元，增长7.07%。城乡居民储蓄存款余额10.63亿元，增长58.82%，人均储蓄存款余额1 935元，增长57.47%。全县广播覆盖率73.2%，电视覆盖率85%；乡镇企业2 885个，减少7.18%；固定资产投资总额3.61亿元（不含电网改造投资），增长16.48%；社会销售零售总额42 035万元，增长11.19%。公路通车里程1 839千米，增长5.15%。有营运车辆1 435辆，增长0.56%；货运量39.40万千克，增长2.52%；货运周转量2 814.1万千克/千米，增长2.63%；客运量132.7万人次，增长2.57%；客运周转量8 914.8万人/千米，增长2.70%。

全县适龄儿童入学率98.2%，小学年巩固率99.1%，投资新建希望小学6所，总面积3 075平方米；年末，全县有图书馆1个，文化馆1个、文物管理所1个；有医疗机构（院、所）292个，病床381张；自然保护区2个（朝天马和海子坪），属省级三级规划区，总面积9 075公顷。

中共县委书记　皮永宏（~2006.5.）、冯学兰（2006.6.~）

县人大常委会主任　吴仁斌

县人民政府县长　杜崇宗（~2006.5.）、江先奎（2006.6.~）

县政协主席　颜永庆

【城乡人民收入抽样调查】 2006年，对城镇30户人口抽样调查，人均住房面积22.14平方米，减5.06%。人均家庭总收入8 169元，增长8.62%，人均可支配收入7 730元，增长8.46%；人均家庭总支出6 994元，增长10.82%。人均消费支出5 689元，增长17.93%。对农村100户人口的贫困监测调查，人均总收入1 733元，增长14.71%。基本收入为：劳动报酬收入519元，增长22.75%，其中外出打工收入89元，增长150.70%；家庭经营收入1 158元，增长15.42%，其中种植收入473元，增长6.72%；林业收入68元，增长29.67%；畜牧业收入362元，增长13.84%；二、三产业收入156元，减少17.68%。转移性收入50元，减少31.51%。财产性收入7元，减少40.14%。农民人均纯收入1 390元，增长10.32%，其中实物收入535元，减少3.60%；现金收入855元，增长21.28%。农民人均可支配收入1 331元，增长9.64%，人均生活消费支出1 145元，增长18.16%，其中人均消费食品739元，增长10.74%；衣着52元，增长30.00%；居住33元，减少51.74%；其他206元，增长6.30%；人均居住面积23平方米，增长9.52%；消费粮食143.5千克，增长18.84%；消费食油4.4千克；肉类25千克，减少9.65%；酒5千克，增长44.51%；食糖11千克，减少 5.17%；香烟 35.2 包，增长 16.33%。百人拥有电视机 20 台，增长 25.00%，其中采电 20 台；洗衣机 10 台，增长 2.33 倍；电冰箱 1.1 台，增长 10.00%；大型家具 1.3 件。

【贫困面减小】 2006 年，政府投入财政补助金 647.6 万元，改建住房 601 户 10.40 万平方米，改造住房 25 户1 940平方米。整村推进共实施 41 个，投入财政补助金 645 万元。市级扶贫整村推进 3 个，投资 30 万元。全县机关、事业单位领导干部职工共到挂钩扶贫村工作5 132天2 532人次，共解决 1.25 万人极端贫困人口的温饱，贫困人口由 2005 年的 29.48 万人减少到 24.8 万人，救助贫困学生2 865人，救助金额 12.65 万元。

【梁公卿一行到彝良考察】 9 月 15 日，省人大常委会副主任梁公卿在市人大常委会副主任罗会安、市人民政府副市长杨家华和云冶集团驰宏公司有关领导陪同下，深入驰宏公司彝良铅锌矿、县彝良一中视察。听取了县委、人大常委会、县人民政府和彝良一中的工作汇报。

【首期煤矿专业技术人员培训班】 3 月 13 日，彝良首期煤矿专业技术地质测量培训班在职业高级中学举行。60 余人参加培训。具体的教学工作由云南明仁煤矿检测技术有限公司组织教学，按中国煤矿安全技术培训中心（华北科技学院）审定的《教学大纲》执行，共开设采煤通风、机电、地测三个专业，分三期进行，每期 3 个月。

【彝良政府网正式改版开通】 5 月，彝良县政府网站正式改版开通，网址 HTTP：//WWW. CNY. GOV. CN（中文网址为“天麻故乡”），改版后的政府网增设了“视影直播”、“文艺奇芭”等栏目。

【昆明星耀集团捐赠仪式在彝良举行】 8 月 2 日，昆明星耀集团向云南省光彩事业促进会捐赠的用于彝良县 18 所“星语光彩学校”建设的 360 万元捐赠仪式在彝良县政府大楼举行。省委常委、省委统战部部长罗正富，省工商联，市委统战部，市人大常委会、市政府、市政协有关领导出席捐赠仪式。捐赠仪式结束后，罗正富一行前往发界村参加奠基仪式，并为发界村的“星语光彩小学”工程铲土奠基。

【签订“煤电化一体”项目协议】 9 月 18 日，在昭通名特商品交易会招商项目签订仪式上，彝良县与四川省宜宾天原股份公司签订了“煤电化一体”三个项目协议书。一是煤炭项目，天原公司投资 2 亿元，在洛泽河镇锅圈岩、巴爪片区范围内的空白矿权区域内申请设置约 13 平方千米的探矿、采矿权，进行每年 60 万吨的原煤开发。二是电石项目上，投资 5 亿元，在角奎镇石丫村建设每年 60 万吨的电石项目，项目采用分期分批开发方式，首期项目将于 2007 年动工，后续项目根据电力和煤炭供应情况分期进行，预计 3 至 5 年完成建设。三是水电项目，投资 4.5 亿元，在白水江彝良段建设装机 7 万千瓦的梯级电站开发项目，2007 年动工建设，预计工期 3 年。

【水能资源开发】 11 月 3 日，彝良县组织代表团赴贵州省威宁县与其签订云贵桥河段水能资源开发协议。协议规划总装机为 11.7 万千瓦，其中在彝良县注册的为红军桥电站、洛泽河电站，总装机 6 万千瓦。

【龙街“108”走进央视新闻联播】 12 月 19 日，中央电视台新闻联播报道了彝良县龙街乡设立“108”便民服务大厅的做法和经验。“108”即龙街乡乡政府所在地集镇全年有 108 个赶集天。群众习惯逢赶集天到乡政府找有关部门办事，而乡上工作千头万绪，经常找不到干部，干部逢赶集天下基层工作也难找到群众。为解决这一矛盾，2 月 18 日龙街乡党委、政府成立便民服务大厅，计生、民政、农技等部门均抽出专人在大厅里集中办公，共设 8 个岗位，并由乡纪委书记或一名副科级领导带班，对群众申请办的事情实行全程代理、优质服务。

（付状明）

威信县

【概述】 威信县位于云南省东北角，昭通市东部，地处云贵川三省结合部。总面积1 394.64平方千米。县城扎西距昭通市政府所在地昭阳区 275 千米，距省会昆明市 680 千米。海拔1 172.5米，2006 年年均气温 14.4℃，年降雨量1 220.7毫米。辖 8 乡 2 镇，83 个村民委员会，4 个城市社区，1 621个村民小组。年末总人口 40.09 万人。其中，非农业人口 3.12 万人，占总人口 7.79%；少数民族人口 4.38 万人，占总人口 10.93%。人口自然增长率 9.39‰。

2006 年，全县生产总值完成 9.56 亿元，比上年增长 13.7%，增幅创历史新高，与 2001 年相比，增长 88.9%。粮食生产 12.3 万吨，增长 1.4%。畜牧业健康发展，大牲畜、生猪、家禽的存栏、出栏率进一步提高，畜牧业产值同比增长 6.9%。完成烟叶收购 600 万斤，均价、产值同步提高。完成现价工业总产值 4.70 亿元，工业增加值 2.10 亿元，分别增长 35.3% 和 42.7%。主要工业产品产量：发电量 1.14 亿度，原煤 253.4 万吨，电石 0.29 万吨，饮料酒 0.43 万吨。主要农产品产量：粮食 12.3 万吨，烤烟3 000吨，生猪出栏 15.8 万头，家禽出栏 51 万只，大牲畜出栏 1.15 万头。全社会固定资产投资完成 2.52 亿元，增长 51.5%，创历史最好水平，与 2001 年相比，增长 227%。完成地方财政一般预算收入3 589万元，增长 30%，比 2001 年增长 94%。完成社会消费品零售总额 2.63 亿元，增长 10.2%。城镇居民人均可支配收入7 364元，农民人均纯收入1 489元，分别增长 10.2% 和 11.6%。城镇登记失业率为 3.8%。广播人口覆盖率 80%，电视人口覆盖率 92%。全年完成旅客运输周转量 5 120万人千米；完成货物运输周转量5 650万吨千米。邮电业务总量完成3 288万元。

全县有各类学校 362 所，在校学生 8.80 万人，适龄儿童入学率 99.22%，辍学率 0.6%，初中入学率 95.19%，辍学率 0.79%，非文盲率 99.93%；留守儿童（父母外出打工）在校生 3.85 万人。有文化馆、图书馆和纪念馆各 1 个。有卫生医疗机构 15 个，病床 438 张，医护人员 424 人；村级卫生室 82 个，医护人员 252 人。

中共县委书记　龙　进

县人大常委会主任　陶玉高（苗族）

县人民政府县长　张顺民

县政协主席　吴必田

【救灾济困】　全年投入社会保障资金3 146.43万元，确保受灾、困难群众的基本生产生活需要。抗灾救灾措施有力，受损的交通、水电、通讯和民房得到及时抢修，灾区疫病防控切实加强，灾民生产生活得到妥善安排。4 542户 1.04 万名农村特困人员得到救助，491 户受灾、困难农户迁入新居，为 1.30 万名农村特困人员缴纳新农合参合资金。

【完善社会保障】　扎实做好城市居民最低生活保障工作，2 256户 4 868人享受低保。新增城镇就业人员1 820人，培训城镇下岗失业人员 598 人，实现城镇下岗失业人员再就业 468 人。3 216人参加养老保险，8 647人参加基本医疗保险，303 人参加工伤和生育保险，7 251人参加失业保险。156 座广播电视“村村通”工程完工投用，解决了3 980户 1.60 万余人看电视难的问题。实施“电视进万家”工程，750 户贫困群众受益。整村推进、安居工程、易地搬迁等扶贫项目稳步实施，产业扶贫力度加大，新一轮挂钩结对扶贫扎实开展，6 000名绝对贫困人口解决温饱，1.50 万名低收入人口稳定脱贫。全年转移农村劳动力 74 500人，实现劳务收入 2.11 亿元，同比增长 35.5%，外出务工成为农民增收的重要途径。

【昆交会签约第一大单】　6 月 6 日，在“第三届泛珠三角区域经贸合作洽谈会”暨“2006 中国昆明进出口商品交易会”开幕的第一天，作为省级 6 个签约项目之一、总投资 120 亿元、装机 4 × 60 万千瓦的威信煤电联营项目作为此次商品洽谈及交易的第一大单正式签约。按照协议规定，根据前期煤炭资源详实勘探情况，拟在威信建设 4 × 60 万千瓦的火力发电机组和配套采煤系统。根据审批进展情况，工程可望在 2007 年开工建设。

【输变电站工程建成投入运行】　8 月 3 日，110KV 威信输变电工程举行建成投运剪彩仪式。110KV 威信输变电工程的正式建成投运，标志着威信电网正式并入云南电网运行，真正融入南方电网，从根本上解决了威信县电力供应不足、供电可靠性差的问题，有力缓解了电力“瓶颈”制约，对推动全县经济社会又好又快发展具有深远的意义。

【万村千乡市场工程试点县】　9 月，威信县被国家商务部批准为“万村千乡”市场工程试点县。拟于 2007 年启动实施。该试点工程的实施将初步建立起以城区店为龙头、乡镇店为骨干、村级店为基础的农村消费经营网络，农村流通与消费的矛盾将得到缓解。

【新型农民科技培训试点】　10 月，威信县被国家财政部、农业部列入 2006 年新型农民科技培训试点县，成为全省九个部级项目实施县之一，全市惟一一个部级项目实施县。

（古仕林）

水富县

【概述】　水富县位于云南省东北部昭通市最北端。东、东南和北面与四川宜宾市为邻，南接大关县，西接绥江县，面积 439.97 平方千米。县城坐落在金沙江与横江汇合处的向家坝镇，南距市政府驻地昭阳区 250 千米，距省会昆明 680 千米，东北距四川省宜宾市 28 千米，成都市 360 千米，东距重庆 310 千米。属亚热带季风气候，最高海拔太平乡轿顶山1 986.4米，最低海拔云富镇中嘴 267 米。2006 年，年降雨量1 077.7毫米左右，年平均气温 19.4℃。辖向家坝镇和太平乡、两碗乡 2 乡 1 镇，21 个村民委员会和 4 个社区居民委员会，481 个村民小组和 4 个居民小组。全县户籍人口 9.79 万人，其中，农业人口 7.23 万人，非农业人口 2.55 万人。少数民族人口3 601人，占 3.67%。人口自然增长率为 6.0‰。

2006 年，全县实现生产总值（以下简称 GDP）18.64 亿元，比上年增长 21.5%，其中，第一产业增加值 1.08 亿元，增长 1.2%；第二产业增加值 13.76 亿元，增长 26.3%；第三产业增加值 3.79 亿元，增长 12.1%。按常住人口计算，人均 GDP 达到 1.98 万元，比上年增加3 368元，增长 20.5%。三次产业结构由上年的 6.5:73.7:19.8 调整为 5.8:73.8:20.4。完成农林牧渔业总产值 1.37 亿元，增长 4.0%。粮食总产量 1.86 万吨，比上年减少 11.2%。油料产量 697 吨，增长 17.1%。肉类总产量7 322吨，下降 0.3%。渔产品产量 313 吨，增长 39.1%。乡镇企业营业收入 3.98 亿元，增长 1.8%，利润总额2 460万元，增长 8.6%。全年工业总产值完成 21.87 亿元，增长 32.2%。7 个建筑业企业完成总产值 1.26 亿元。房屋竣工面积 10.88 万平方米，竣工产值6 298万元。全年共完成固定资产投资 29.24 亿元，增长 36.4%。商品房建筑面积 19.96 万平方米。全年社会消费品零售总额 3.23 亿元，增长 3.2%。批发零售业零售额 2.67 亿元，增长 2.8%；住宿和餐饮业零售额 5 167 万元，下降 0.9%。在社会消费品零售总额中，非公有制经济实现 3.14 亿元，增长 4.5%。全年实现财政总收入达到

2.42亿元，增长27.0%。实现地方财政收入9 770万元，增长26.5%。年末各项存款余额18.18亿元，增长9.3%，各项贷款余额23.87亿元，增长45.5%。年末，全社会从业人员4.82万人，增长0.4%；城镇登记失业率4.8%。参加养老保险、医疗保险和失业保险的职工人数分别达到2 192人、9 417人和5 080人。2006年在岗职工年平均工资收入2.12万元，与上年相比基本持平。企业单位年平均工资收入下降，全年2.39万元，比上年减少792元，减3.2%。城镇居民人均可支配收入10 016元，比上年增加947元，增长10.4%。农民人均纯收入2 119元，比上年增加199元，增长10.4%。农村居民家庭恩格尔系数为49.2%，下降1.8个百分点；城镇居民家庭恩格尔系数为38.8%，上升1.8个百分点。农村居民家庭每百户拥有彩电78台、手机66部、固定电话10部；人均住房面积26平方米。城镇居民家庭每百户平均拥有电脑17台、电话247部、摩托车40辆、空调23台、彩电113台；人均住房建筑面积27平方米。2006年交通运输邮政通信业完成增加值2 267万元，增长15.7%。完成营运性客运量184万人次，营运性旅客周转量1.11亿人千米；完成货运量102万吨，货物周转量6 705万吨千米。全县完成邮电业务总量4 261万元，年末固定电话机总数2.51万部，移动电话用户4.08万户。计算机互联网蓬勃发展，年末计算机互联网用户达到3 813户。

全县各类学校在校学生1.73万人。小学入学率99.8%，初中学龄人口净入学率96.8%，青壮年文盲率0.6%。年末共有卫生机构8个，床位223张；有卫生技术人员241人。

中共县委书记　张朝德

县人大常委会主任　陈仲蓉(女)

县人民政府县长　韩　梅（女，苗族，～2006.5.）

代县长　安治强（彝族，2006.5.～）

县政协主席　朱家才

【雷智麟、邱启坤在特奥会上获奖】　7月29日至8月7日，水富县智残运动员雷智麟、邱启坤参加在黑龙江省哈尔滨市举办的全国第四届特殊奥林匹克运动会，他们参加了游泳项目中的100米自由泳，50米自由泳、50米蝶泳、4×50自由泳、4×50米接力和4×100米混合泳比赛，并分别获得2金3银和4银1铜的好成绩。雷智麟被中国残联和国家体育总局授予全国优秀特奥运动员称号。

【云天化集团拟投资再造一个“云天化”】　8月8日下午，市委、市政府在画苑宾馆举行云天化股份有限公司新建项目座谈会。座谈会由罗应光主持。市、县和公司领导就共同发展和进一步加强合作进行了广泛交流，并达成了共识。根据省委、省政府对云天化3年翻番的倍增计划，即在2007年实现销售收入150亿元，2010年实现300亿元的目标要求，云天化集团有限公司决定利用昭通丰富的煤炭资源，在水富投资30亿元新建一条年产30万至50万吨合成氨、80万吨尿素的生产装置，再造一个“云天化”，并同时规划发展煤化工产业。

【遭受建县以来最严重旱灾】　1～8月，水富县降雨量仅为640.8毫米，比上年同期减少298毫米，而蒸发量则高达1155.3毫米，比上年同期增加312毫米，是建县以来最严重的一次旱灾。灾情涉及20个村委会、288个村民小组，受灾人口达5.48万人。7月下旬至8月，出现持续30多天的高温干旱（日均温度达35度，最高温度39.9度，超过历史最高温度0.6度），造成全县农作物大面积受灾，溪水断流，渠道无水可引，水稻受灾面积2 488公顷，玉米成灾面积2 466公顷，粮食减产550万千克，干死蔬菜53公顷。旱灾直接造成全县农业经济损失1 200万元，1.92万人、1.58万头大牲畜饮水困难。

【省级农业综合开发项目取得阶段性成果】　9月底，自2004年10月，在太平乡太平村启动的总投资791万元的水富县省级农业综合开发土地治理项目一、二期工程顺利实施完毕。累计改造中低产田7 700亩，改善灌溉面积3 000亩，新增灌溉面积4 100亩，新增蓄水0.61万立方米，新增引水320.58万立方米，有效治理水土流失面积6.63平方千米，水利化程度由58%提高到78%；新增绿色蔬菜产量600万千克、粮食产量103万千克，人均纯收入增加220元，项目区内18个村民小组、690户农户3 123名群众直接受益。

【宜水高速公路建成通车】　11月17日，水富至四川宜宾高速公路建成通车。从水富出发，只需3个多小时就能到达成都。宜水高速是国道主干线GZ40内蒙古二连浩特至云南河口公路在四川境内的最后一段，与在建的水富至麻柳湾公路相连。公路全长28.88千米，四车道，设计行驶速度80千米/小时，投资13.74亿元。

【《铜锣坝森林生态旅游区总体规划》通过评审】　11月18日，《铜锣坝森林生态旅游区总体规划》评审会在昆明召开。会议由省旅游局组织、市旅游局主持召开。来自旅游管理、旅游规划、发展改革、环境保护、开发投资和民族文化等方面的12名专家对规划进行评审。听取课题组汇报和审阅规划文本、说明书和配套图件，一致同意该规划方案通过评审。认为《铜锣坝森林生态旅游区总体规划》符合国家和省的有关规定与要求。

【新农村建设示范点】　2006年，向家坝镇田园新村等6个村民小组被纳入全县新农村建设示范点。示范点总户数613户，人口2 609人，有耕地1 860.95亩。按照“生产发展、生活宽裕、乡风文明、村容整洁、管理民主”的20字方针，从“五个一”（制定一个合理规划、发展一个特色产业、推进一批改造工程、营造一个整洁、卫生的环境、推行一事一议制度）入手，扎实推进社会主义新农村建设。全县累计投入建设资金700万元。6个示范点完成蔬菜种植680亩，经济林果1 550亩，新建住房68户，改建住房138户；实施水库加高加固2件，新修囤水池33个，实施人饮工程5件，管引1.37万米；实施公路改造4千米，新修乡村公路1.7千米，实施道路硬化1.10万米，对3个示范点的街道实施了路面硬化，2个示范点安装了路灯，建卫生厕所206个，垃圾池9个，卫生所1个。

【向家坝水电站正式开工建设】 11月26日上午，向家坝水电站工程开工典礼在左岸施工区一期围堰基坑隆重举行。中共中央政治局委员、国务院副总理曾培炎宣布向家坝水电站开工并为开工纪念石揭幕。向家坝水电站是金沙江下游梯级开发中最末一个梯级电站，是实施“西电东送”战略的骨干工程，具有发电、防洪、灌溉、拦沙、改善航运条件等综合效益。电站总装机600万千瓦，平均年发电量307.47亿千瓦时。电站预计2008年11月工程截流；2010年1月二期工程大坝混凝土开始浇筑；2012年坝体具备挡水条件，水库蓄水，地下厂房首批机组发电；2013年底，地下厂房机组全部（4台）投产；2015年6月工程全部竣工。

【新型农村合作医疗启动】 12月1日上午，召开新型农村合作医疗试点工作动员大会，全面启动新型农村合作医疗试点工作。县辖区内的农村户籍人口均可参加新型农村合作医疗，原则上以户为单位参加。新型农村合作医疗的资金筹集采取农民个人自愿出资与政府资助相结合的方式。农民每年度个人出资10元，省、市、县财政每年人均各补助资金10元，每人每年共计40元。五保户、特困户、贫困残疾人、独生子女及其父母由县政府解决人均每年10元的个人缴纳部分资金。

【扶贫开发】 抓住“两站”建设机遇，进一步加大扶贫开发力度，全年投入扶贫资金395万元，实现极端贫困人口解决温饱500人，低收入贫困人口稳定解决温饱2 100人。投资220万元，完成15个整村推进点建设。其中安居工程完成97户，院坝硬化40户1 955平方米，人行便道9条14.43千米，马车道4条8.76千米，堰沟8条4.25千米，塘库维修19口8.98万立方米，水窖33口530立方米，管引6件8.44千米、水池4口48立方米，种植李子200亩，砂仁200亩，蔬菜275亩，脱毒洋芋850亩，花椒管护450亩，梨子56亩，枇杷200亩，板栗464亩。养鸭完成3.5万只，养兔完成90组360只，科技培训10 340人次。启动太平乡二溪村铜麻林、两碗乡成凤村关田、向家坝镇水河村大坪3个易地插花安置点建设。各级挂钩帮扶部门和单位职工累计捐化肥7吨、大米3吨、籽种3吨、电视2台、电脑2台、办公桌凳17套、电脑桌4张、课桌18套、档案柜14个，捐资31.28万元、协调资金46.92万元，共办实事项目40个。

（何承荣）

昭通市经济社会发展主要指标（表一）

地　区	年末总人口（万人）		城镇人口占总人口比重（%）		全社会就业人员（万人）		城镇登记失业率（%）	
	2005年	2006年	2005年	2006年	2005年	2006年	2005年	2006年
昭通市	507.50	511.8	17.10	17.19	270.05	4.77	4.90	
昭阳区	74.87	75.5		25.01	41.62		5.20	4.80
鲁甸县	38.57	38.9		13.61	21.28		4.90	5.00
巧家县	51.13	51.6		11.34	30.05		4.90	5.00
盐津县	36.46	36.8		12.22	19.47		4.60	5.00
大关县	25.02	25.2		19.05	12.70		4.60	5.00
永善县	40.22	40.6		20.22	21.98		5.00	5.00
绥江县	15.44	15.6		25.36	7.30		4.80	4.90
镇雄县	126.18	127.3		17.85	62.80		4.60	4.60
彝良县	53.24	53.7		10.90	28.83		4.10	4.90
威信县	36.98	37.3		14.36	19.29		4.00	5.00
水富县	9.38	9.5		27.91	4.82		4.90	4.80

昭通市经济社会发展主要指标（表二）

地　区	地区生产总值（万元）		第一产业（万元）		第二产业（万元）		第三产业（万元）	
	2005 年	2006 年	2005 年	2006 年	2005 年	2006 年	2005 年	2006 年
昭通市	1 671 974	1 956 234	470 707	5 01 326	630 497	818 921	570 770	635 987
昭阳区	566 341	636 869	81 762	86 482	277 186	306 904	207 393	243 483
鲁甸县	89 704	128 922	32 666	37 566	27 694	58 746	29 344	32 610
巧家县	119 069	138 359	58 233	63 680	23 031	31 711	37 805	42 968
盐津县	100 602	120 571	31 867	33 993	35 395	47 010	33 340	39 568
大关县	64 416	74 262	26 849	27 903	15 645	22 051	21 922	24 308
永善县	128 706	149 314	45 508	48 898	38 711	51 204	44 487	49 212
绥江县	42 593	51 249	12 085	13 385	8 886	12 780	21 622	25 084
镇雄县	214 190	242 866	98 916	106 019	33 676	43 348	81 598	93 499
彝良县	115 570	136 338	49 166	51 353	27 714	42 950	38 690	42 035
威信县	80 998	95 640	26 000	27 302	17 621	25 232	37 377	43 106
水富县	153 505	186 519	10 657	10 790	108 973	137 563	33 875	38 166

昭通市经济社会发展主要指标（表三）

地　区	地区生产总值指数（上年 = 100）		第三产业增加值比重（%）		人均地区生产总值（元）		全社会固定资产投资（万元）	
	2005 年	2006 年	2005 年	2006 年	2005 年	2006 年	2005 年	2006 年
昭通市	110.4	113.2	34.14	32.51	3 327	3 838	934 354	1 022 260
昭阳区	110.7	110.6	36.62	38.23	7 561	8 470	94 667	128 296
鲁甸县	110.2	132.0	32.71	25.29	2 351	3 328	61 129	82 753
巧家县	110.6	111.1	31.75	31.06	2 329	2 695	37 713	48 405
盐津县	115.6	116.5	33.14	32.82	2 759	3 292	40 146	165 300
大关县	110.2	112.2	34.03	32.73	2 575	2 955	23 257	110 639
永善县	106.1	112.8	34.56	32.96	3 231	3 697	204 699	245 309
绥江县	110.3	115.2	50.76	48.95	2 780	3 306	6 926	12 213
镇雄县	110.2	110.3	38.10	38.50	1 721	1 917	58 770	80 139
彝良县	111.0	114.1	33.48	30.83	2 193	2 550	30 966	39 105
威信县	112.1	113.7	46.15	45.07	2 191	2 565	16 630	28 233
水富县	113.9	117.6	22.07	20.46	16 418	19 800	214 443	294 472

昭通市经济社会发展主要指标（表四）

地　区	地方财政收入（万元）		地方财政支出（万元）		人均地方财政收入（元）		社会消费品零售总额（万元）	
	2005 年	2006 年	2005 年	2006 年	2005 年	2006 年	2005 年	2006 年
昭通市	85 216	103 000	371 777	486 176	170	202	446 914	507 532
昭阳区	15 038	18 231	50 928	65 384	201	242	167 571	195 934
鲁甸县	3 828	5 121	24 239	35 766	100	132	19 475	22 367
巧家县	3 034	3 437	28 546	37 634	60	67	31 446	34 718
盐津县	2 721	3 586	23 364	39 032	76	98	20 210	22 300
大关县	1 441	1 777	18 381	29 191	58	71	14 254	16 014
永善县	3 146	4 324	27 552	33 598	79	107	28 518	32 005
绥江县	1 596	1 845	14 223	17 170	104	119	10 298	12 107
镇雄县	7 557	9 313	58 506	72 816	61	73	62 140	71 418
彝良县	4 362	6 047	26 934	36 818	83	113	37 804	42 035
威信县	2 760	3 589	25 037	31 558	76	97	23 866	26 300
水富县	7 564	9 519	17 231	22 395	810	1 011	31 332	32 334

昭通市经济社会发展主要指标（表五）

地　区	农民人均纯收入（元）		农村人均住房面积（平方米）		在岗职工年平均工资（元）		人均储蓄存款余额（元）	
	2005 年	2006 年	2005 年	2006 年	2005 年	2006 年	2005 年	2006 年
昭通市	1 300	1 456	19.50		14 670	16 240	1 683	2 077
昭阳区	1 499	1 668	15.01		12 312	13 050	3 867	4 488
鲁甸县	1 286	1 464	16.33		11 202	13 153	813	984
巧家县	1 222	1 367	25.00		14 033	16 027	942	1 169
盐津县	1 248	1 404			11 912	17 120	1 408	1 796
大关县	1 155	1 324			12 457	15 661	1 358	1 855
永善县	1 227	1 372	22.00		13 250	14 130	1 739	2 150
绥江县	1 361	1 512			13 287	14 734	2 533	3 201
镇雄县	1 207	1 351	15.00		12 882	14 605	772	874
彝良县	1 260	1 390	21.01		11 580	12 372	1 257	1 979
威信县	1 334	1 489			15 595	16 904	1 277	1 640
水富县	1 920	2 119			20 322	21 009	8 453	10 279

昭通市经济社会发展主要指标（表六）

地　区	初中学龄人口入学率（%）		广播覆盖率（%）		电视覆盖率（%）		每千人拥有医院、卫生院床位数（张）	
	2005 年	2006 年	2005 年	2006 年	2005 年	2006 年	2005 年	2006 年
昭通市	60.40	69.39	80.2		82.5		1.10	
昭阳区	87.33	88.12	96.0		83.8		2.66	2.16
鲁甸县	34.89	45.66	94.4		79.1		0.97	1.16
巧家县	58.17	71.47	74.0		84.7		0.62	0.67
盐津县	62.99	61.18	95.0		95.5		0.94	0.88
大关县	58.38	64.78			90.0		0.68	0.85
永善县	42.03	51.15	65.0		83.0		1.30	1.16
绥江县	74.32	76.29	90.0		90.0		1.61	1.80
镇雄县	56.95	61.52			87.0		0.54	0.53
彝良县	51.02	70.21	72.5		83.6		0.61	0.68
威信县	72.52	95.19			90.0		1.10	1.14
水富县	80.30	97.28	100.0		100.0		2.26	2.29

（省统计局）

丽江市

主　　编　杨树高　袁丽萍
责任编辑　侯焕媛　许旭光

【概述】　丽江市位于云南省西北部，金沙江中游，东经99°23′～101°31′，北纬25°59′～27°56′之间。市府驻古城区，海拔2 300米，距省会昆明580千米。东接四川省凉山彝族自治州和攀枝花市，南连大理白族自治州，西、北分别与怒江傈僳族自治州和迪庆藏族自治州毗邻。面积2.05万平方千米，其中：坝区河谷区1 685平方千米，山区1.89万平方千米。山峦重叠，江河纵横，群山环抱，盆地、湖泊点缀其间，素有“一山有四季、十里不同天”的立体气候特征。2006年年均气温12.6℃～19.9℃，年降雨量910～1 040毫米。辖古城区、玉龙纳西族自治县、永胜县、华坪县、宁蒗彝族自治县，共72个乡（镇、街道办事处），其中：4个街道办事处、13个镇、33个乡、22个民族乡。年末全市总人口为115.41万人，其中少数民族人口67.3万人，占总人口的58.3%。人口自然增长率5.02‰。

2006年，全市完成生产总值70.12亿元，其中：第一产业15.42亿元，增长6.3%；第二产业22.99亿元，增长22.3%；第三产业32.76亿元，增长10.6%。财政总收入8.48亿元，地方一般预算收入5.08亿元。全社会固定资产投资70.78亿元，社会消费品零售总额18亿元。年末金融机构各项存款余额116.28亿元，各项贷款余额94.78亿元。居民消费价格指数102.7%。

2006年，农业总产值24.8亿元，粮食总产量409.08万吨，比上年增长2.1%。林业产值1.17亿元，增长5.2%，全年造林1 462公顷。畜牧业产值9.34亿元，渔业产值1.24亿元。全社会固定资产投资中农村投资2.15亿元。全市完成工业总产值（现价）30亿元，实现工业增加值12.35亿元，分别增长23.3%和21.2%。规模以上工业企业实现主营业务收入19.88亿元，比上年同期增长25.4%，实现利税总额2.90亿元。

全市全社会建筑业增加值9.46亿元，同比增长27.6%，对全市经济增长贡献率达到25.9%，拉动GDP增长3.4个百分点。

旅游行业接待国内外游客460.09万人次，同比增长13.8%，实现旅游总收入46.29亿元，同比增长15.3%。全年国内游客达429.22万人次，增长11.2%，国内旅游收入38.94亿元，增长8.0%，接待国际旅游人数30.87万人次，增长68.9%。国际旅游收入8 821万美元，增长78.9%。

全年交通运输完成货运量962.77万吨，下降9.8%，其中公路货运量96.94万吨，民航货邮运输量0.83万吨，公路货物周转量11.90亿吨千米，完成客运量767.48万人次，公路旅客周转量6.91亿人千米，增长1.1%。

2006年，完成邮电业务总量1.29亿元，增长3.1%。完成邮政业务总量2 759万元，同比增长11.2%。订销报刊累计982.2万份，增长19.3%；特快专递16.45万件，增长185.6%。完成电信业务总量1.02亿元，增长0.2%。年末固定电话用户19.98万户，增长5.5%，普及率17.31部/百人，每百人净增0.67部。移动电话用户35.1万户，增长43.3%，普及率30.41部/百人，每百人净增8.87部。固定移动电话普及率47.72部/百人，每百人净增9.54部。

年末城镇参加基本养老保险4.97万人，征缴保费1.01亿元；参加基本医疗保险7.86万人，征缴保费7 231万元；参加失业保险2.18万人，征缴保费500万元，下降21.9%；参加工伤保险1.96万人，征缴保费264万元；参加生育保险1.78万人，征缴保费233万元；农村社会养老保险参保3.03万人。全市纳入城镇“低保”范围的人员3.89万人，比上年增加2 813人，共支出“低保”资金3 425万元，增长21.2%。

年末，有学校636所，其中中学95所，小学541所，在校学生2.90万人，教职工1.4万人，年内，全面实施农村义务教育阶段和部分家庭困难学生“两免一补”政策，落实“两免一补”资金2 376万元。职业教育加快发展，普通高中教育规模稳步扩大。职业高中在校学生达到2 274人，普通高中在校学生达到2.04万人，小学学龄儿童入学率达到95.42%，比上年提高0.03个百分点。初中毛入学率达到102.38%，提高1.83个百分点，初中毕业升高中段的比例为51.7%，提高1.5个百分点。普通高考录取率达到59.11%，提高2.67个百分点。

年末，全市共有艺术表演团体1个，文化馆、群艺馆6个，乡镇文化站63个，公共图书馆6个，博物馆1个。广播综合人口覆盖率66.91%，比上年提高2.46个百分点；电视综合人口覆盖率87.65%，提高0.11个百分点。全市共有卫生机构100个，其中医院、卫生院78个，妇幼保健院（所、站）6个，专科疾病防治院（所、站）1个，疾病预防控制中心（防疫站）6个。共有床位2 860张，卫生技术人员2 877人。全市共举办市级综合性运动会2次、县（区）级综合性运动会39次、乡镇（办事处）级综合性运动会145次、行业系统综合性运动会53次。全市体育人口占人口总数的35.2%。在省第十二届运动会上，取得了金牌翻番、总分超过上一届的好成绩。省第八届少数民族传统体育运动会，获得金牌2块、银牌4块、铜牌4块的好成绩。

年末全市全社会从业人员66.86万人，其中城镇从业人员9.6万人，比上年增加0.95万人。城镇登记失业人数3 074人，比上年增加63人；城镇登记失业率3.1%，下降0.4个百分点。全市累计转移农村劳动力15.12万人。全市城镇居民人均可支配收入10 460元。比上年增加1 170元。农民人均纯收入1 610元，比上年增加151元，增长10.3%。

中共市委书记　和自兴(纳西族)

市人大常委会主任　杨国清(纳西族)

市　长　张祖林

市政协主席　杨文彬（彝族）

【财政总收入突破8亿元】 2006年，财政收入首创新纪录，实现了‘十一五’开局之年开门红。全市财政总收入突破8亿元，完成8.48亿元，比上年增收1.56亿元，增长22.5%；其中地方一般预算收入完成5.08亿元，增收1.02亿元，增长25.2%。财税增收迈上新台阶，有力地促进了经济社会协调发展。支出重点向“三农”、义务教育、公共卫生事业等事关人民群众利益的领域倾斜——全市支农支出达到2.83亿元，比上年增长17.5%，确保了各项惠农政策的落实；教育支出达到4.03亿元，增长27.4%；卫生支出1.27亿元，增长21.1%；社会保障支出5 912万元，增长28.1%；及时下达了省缓解县、乡财政困难资金1.65亿元，缓解了县、乡财政困难。财税管理水平不断提高，推行了省级专款切块到县改革试点；在市级20个部门、32个单位推行了部门预算的编制试点，继而将在市级所有预算单位都推行编制部门预算；有序推进了国库管理改革，财政管理水平明显提高，市级、一区四县的财政供养统发工资人员实现了工资由财政直接支付，并将在市级部门全部推行财政国库管理改革。加强了重点税源监控、强化税务登记管理、发票管理等基础工作，税收管理科学化和精细化水平不断提高。

【对外贸易进展良好】 对外贸易工作实施优化出口商品结构和市场多元化战略，增强企业出口创汇的能力，调整、优化了全市的出口商品结构，使出口产品的结构趋向多元化。2006年全市外贸进出口共完成1 806万美元，比上年同期增长14%，其中出口1 490万美元，进口316万美元。

【非公经济呈现良好发展势头】 一年来，市工商系统严把市场主体准入关，积极开辟“绿色通道”，提高服务水平和工作效率，促进全市个体私营经济健康、快速发展。截至年底，全市登记注册个体工商户2.41万户，从业人员3.51万人，注册资金4.27亿元。总户数与去年同期相比，增加3 356户，增长17.3%，从业人员增加5 690人，增长19.3%，资金数额增加6 976万元，增长19.6%。主要分布在批发和零售、住宿和餐饮服务和其他服务业。全市登记注册港澳居民个体工商户4户，从业人员10人，资金数额15万元。登记注册私营企业1 394户，投资者4 451人，雇工2.39万人，注册资金45.91亿元。行业主要分布在批发和零售、制造、采矿、租赁和商务服务、农林牧渔业等。

【丽江获得“中国青年喜爱的旅游目的地”殊荣】 2006年，经过全国青年历时半年的两轮投票，丽江以其独特的民俗和瑰丽、壮美的景色，从全国463个城市和1 187个提名的景区景点中脱颖而出，最终成为“中国青年喜爱的旅游目的地”。

【开通丽江—香港直航航线】 1月15日晚21点30分，一架机型为A319空客飞机缓缓的降落在丽江机场，从机舱里走出的20多位香港乘客搭乘本次航班顺利到达丽江。川航丽江—香港—丽江直航航线航行成功。副市长陈志国到机场祝贺，并为乘客代表送上丽江金钥匙。

【第二届欧亚世界遗产城市国际会议】 10月15日下午，第二届欧亚世界遗产城市国际会议在丽江国际民族文化交流中心开幕。会议围绕“成功利用世界遗产，促进欧亚城市发展”这一主题，就“文化遗产保护和有效利用的策略”、“遗产地旅游开发的利与弊”、“有形和无形文化遗产资源的兼顾保护与正确使用”、“文化旅游与城市特色”、“青年人参与文化遗产保护和传承”等一系列欧亚遗产城市在自身发展过程中依然迫切的重要课题进行探讨与研究。

【长江渔业资源增殖放流活动】 为实现长江流域渔业的可持续发展，2006年9月14日上午，国家农业部、长江渔业资源管理委员会、云南省农业厅、丽江市人民政府联合在玉龙县石鼓镇长江第一湾开展2006年云南省长江渔业资源增殖放流活动。将100万尾濒危鱼种与金沙江经济鱼苗鱼种放归金沙江。中央电视台、光明日报、云南省电视台等新闻媒体参加报道。

【世界屋脊水稻走向市场】 2006年春，“世界屋脊”水稻由宁蒗县永宁摩梭红软米产业技术经济合作协会注册商标后推向市场，受到了消费者的青睐。“世界屋脊”水稻摩梭红软米，生长于宁蒗县北部泸沽湖畔平均海拔2 700米的永宁坝，因其生长期长，无污染、品质口感好、富含维生素等特点备受当地群众和游客的喜爱。宁蒗县永宁红软米产业技术经济技术合作协会购进自动辗米生产线，日生产红软米1万千克，产品申请注册商标后正式投入市场，销售情况看好。

【第二批农业产业化龙头企业授牌】

10月9日，第二批农业产业化经

营市级重点龙头企业授牌仪式在市农业局举行。10家龙头企业为：丽江百汇商贸有限公司、丽江老君山食品有限公司、丽江钰滇菊苣农业开发有限公司、华坪县恒华养殖有限责任公司、宁蒗彝族自治县泸沽湖酒业有限公司、宁蒗县高原绿色食品开发公司、云南广大种业有限责任公司、永胜县红野畜牧良种养殖有限责任公司、永胜县亚兴中药材开发有限公司、丽江市安盛外贸有限责任公司。

【羊肚菌林下扩繁成功】 珍稀野生羊肚菌在鲁甸乡扩种繁殖成功。在70亩试验林地里，多的每平方米长出40到50朵。羊肚菌是丽江市换取外汇的重要出口商品，其价格在国际国内市场一直走俏。林下大面积种植羊肚菌成功，有两个特别重要的意义：一是可以进一步推进天然林保护工程；二是在社会主义新农村建设中为山区农民开辟了一项脱贫致富的好产业。

【入选“CCTV2006年度中国魅力城市”】 9月20日，中央电视台《2006年度中国魅力城市展示》活动组委会在北京组织了投票会，经中国十三位涵盖文化、环境、建筑、民俗、考古等多个领域的著名专家评委评定，丽江市入选“CCTV2006年度中国魅力城市”。

（张雪英）

古城区

【概述】 古城区位于云南省西北部，丽江市中部，是市政府驻地。东隔金沙江与宁蒗彝族自治县相望，南连大理州鹤庆县，西与北面接玉龙纳西族自治县，面积1 255.4平方千米，区政府驻市区福慧路，海拔2 400米，距省会昆明502千米。2006年平均气温14.2℃，年降雨量859.4毫米。辖金山（白族乡）、七河、金江（白族乡）、龙山、大东5个乡及大研、西安、祥和、束河4个街道办事处，53个村（居）民委员会。年末总人口14.93万人，其中非农业人口6.74万人，女性7.42万人。少数民族人口11.54万人，占总人口的77.3%。人口自然增长率为2.1‰。

2006年，全区地方生产总值（现价）完成24.4亿元，比上年增长13.8%，其中：第一产业完成1.83亿元，增长5.7%；第二产业完成7.47亿元，增长29.4%；第三产业完成15.1亿元，增长8.3%。农业总产值1.32亿元，粮食作物播种面积17.93万亩，粮食总产量3.67万吨，油料1 309吨，烤烟768吨，蔬菜2.70万吨；年末大牲畜存栏2.36万头，肉类产量1.15万吨。全区共有工业企业508个，其中个体经营423个。水电发电量1.35亿千瓦小时，生产水泥30.75万吨。2006年，地方财政一般预算收入完成1.72亿元，一般预算支出3.35亿元。金融机构各项存款余额74.71亿元，各项贷款余额76.12亿元。全社会固定资产投资总额完成32.39亿元。社会消费品零售总额8.51亿元。农民人均纯收入2 766元，农民人均可支配收入2 665.6元，城镇居民人均可支配收入1.04万元，全区社会消费品零售总额8.51亿元，居民消费价格指数102.7（抽样），消费品价格指数102.3。全年旅游总人数370.2万人次，增长12.1%，其中海外旅游者21.9万人次，增长66.1%，旅游总收入38.2亿元，旅游外汇收入7 124万美元。年末，全区拥有公共小汽车108辆，出租车776辆，公路通车616.8千米，全年公路货运量256万吨，公路客运量211万人次，民航航班起降1.54万架（次），旅客吞吐154.3万人（次），货邮吞吐8 300吨。城市绿化覆盖面积497.2公顷，公共绿地面积50.2公顷，公园面积693.4公顷，人均公共绿地9.5平方米，城市人口密度为3 480人/平方千米。广播人口覆盖率96.3%，电视人口覆盖率93.0%。

全区共有普通中学7所，初中8所，普通小学128所，职业中学1所，在校学生2.14万人，专任教师1 745人，学龄儿童入学率99.66%，小学巩固率101.86%，初中巩固率97.65%。全区拥有卫生机构9个，150张床位，338名卫生技术人员。

中共区委书记　和良辉（纳西族，～2006.7.）、周　鸿（纳西族，2006.7.～）

区人大常委会主任　陈先富

区人民政府区长　周　鸿（纳西族）

区政协主席　和念古（纳西族，～2006.2.）、和志华（纳西族，2006.2.～）

【百名老人展太极迎新春】 1月12日上午，古城区老体协在古城区玉河广场组织开展老人太极拳剑展演活动，来自象山、西安、林业工程公司、裕康苑社区的600余名老人身着太极服装，进行太极拳、太极剑、太极扇、太极球等各式太极功夫展演。

【建立市容市貌整治和爱国卫生工作长效机制】 2月6日，古城区人民政府发出通知，决定建立市容市貌整治和爱国卫生工作长效机制，明确每月最后一周为活动时间，重点对城郊主次干道、单位卫生责任区域，城郊结合部卫生、四害、白色污染、城市“牛皮癣”、违章停放等进行治理。

【第五届纳西乐舞大赛】 2月9日，由纳西文化传习中心主办的第五届纳西乐舞大赛在古城四方街举行。来自古城区、玉龙县的64支城乡代表队约500多人参加了比赛。

【社会主义新农村建设试点】 古城区委、政府结合古城区农村实际，因地制宜，在对全区419个村（居）民小组进行全面摸底调查的基础上，确定37个村委会作为试点，初步形成项目带动、产业驱动、协会联动、能人带动、壮大集体经济五种形式。

【优秀护林员获奖】 金安乡光乐村农民党员和学智被国家林业局办公室与中国水利工会全国委员会授

予“全国优秀护林员称号”。和学智自1984年以来营林造林6 000多亩，30余万株，管护森林面积10万多亩。

【丽江原创音乐文化艺术节】 8月19日，“自由丽江2006”原创音乐会在白沙驼峰飞机场户外休闲公园举行，来自丽江、昆明等地的11支摇滚乐队参加了演出。

【文林村示范建设初见成效】 大研街道办事处义尚文林村为古城区社会主义新农村建设示范村。2006年5月，文林村开工建设村文化活动中心——酿泉居和饮水工程。工程属古城区国债人饮安全（血防改水）项目，建设完成一个20立方米滤水池，一个350立方米蓄水池，安装引水管路1.28万米，消防栓11个，完成水源地保护工程投资45.86万元，9月，工程投入运行，解决了义尚文林村350户1 786人及学校、武警支队360人的饮水安全问题。

【三家村综合商贸市场合作开发项目】 10月29日，祥和街道义和社区忠义西村居民小组与重庆市金庚物业有限公司签署合作开发“三家村综合商贸市场”的协议。项目总投资5 000万元，分两期实施，建设面积近35亩。

【免费安装灭火器工程通过验收】 11月7日，丽江古城“平安古城倡导全民治火”千户免费发放、安装灭火器和宣传教育工程顺利通过验收。年内8月22日始，消防大队与丽江古城保护管理局联合对大研古城新义、新华、光义、七一、五一、义和、光尚7个社区居民居住用房及位于狮子山的金甲社区居民户用房和公房进行了“平安古城倡导全民治火”千户免费发放、安装灭火器和培训工程，工程总投资60万元，共对2 596户安装灭火器4 160具，培训人员5 000余人。

（张永香）

永胜县

【概述】 永胜县位于云南省西北部、丽江市中部，东与华坪县、南与大理州宾川县、楚雄州大姚县接壤，西与古城区及大理州鹤庆县隔金沙江相望，北接宁蒗县。全县幅员面积4 950平方千米，最高海拔3 953.3米，最低海拔1 056米，总耕地面积40.24万亩，乡村人口人均耕地1.11亩。县城距丽江市人民政府所在地大研镇102千米，距省城昆明514千米。年平均气温14.1℃，年降雨量827.8毫米。全县辖5镇10乡（其中有7个民族乡），147个村（居）民委员会。2006年底，总人口39.29万人，有农业人口36万人，占总人口的91.6%，非农业人口3.31万人，占总人口的8.4%；全县有23种少数民族，少数民族人口12.67万人，占总人口的32.24%；人口密度79.39人/平方千米。人口自然增长率3.18‰。

2006年，实现生产总值14.63亿元，比上年增长11.08%，其中，第一产业完成5.32亿元，增长6.14%；第二产业完成4.04亿元，增长27.74%；第三产业完成5.27亿元，增长5.95%。一、二、三产业比例为36.44∶27.55∶36.01。粮食总播种面积54.69万亩，粮食总产量14.47万吨，农民人均有粮402千克。实现农村经济总收入7.80亿元，增长8.20%；农业总产值8.13亿元，增长8.54%；农民人均纯收入1 458元，比上年增加121元，增长8.49%。全县有个体私营经济1.43万户，从业人员3.88万人。乡镇企业实现营业收入10.69亿元，增长0.36%；完成现价总产值11.26亿元，增长4.8%；实现增加值3.7亿元，增长2.3%；实现利税总额1.55亿元，增长2.7%。2006年，首次完成工业倍增计划的工业总产值指标，实现工业总产值7.14亿元，比上年增加2.42亿元，增长42.90%。全社会固定资产投资完成5.72亿元，增长18.70%。完成地方财政一般预算收入4 337万元，比上年增加619万元，增长16.65%；完成地方财政预算支出4.13亿元，增长29.30%。实现社会消费品零售总额2.92亿元，增长14.06%。全县金融机构人民币存款余额达16.70亿元，与年初相比净增3.10亿元，增长22.80%；贷款余额为9.98亿元，与年初相比净增0.42亿元，增长4.35%。现金收入37.40亿元，支出37.20亿元，收支相抵累计投放现金量为1 665万元。2006年底，全县有线电视用户2.5万户，广播电视覆盖率达到90%；完成邮政业务总量68.41万元；有固定电话用户3.84万户，小灵通用户4 974户，互联网上网户数2 237户，移动电话3.55万部。

全县有各类学校267所，在校学生6.86万人，教职工3 790人。永胜县列入了国家农村中小学现代化远程教育项目县，项目总投资1 200万元；积极筹措资金2 000万元，推进永胜县第四中学建设；投资913万元，排除中小学危房8 169平方米；争取资金1 423.40万元的农村中小学教育阶段“两免一补”资金，使5.84万名农村小学生受益；“两基”工作顺利通过省政府的复查和市政府的年审；“科技富民富县”计划项目得到国家科技部、财政部和省科技厅的联合扶持，科技入户示范工作获得成功；涛源乡超级稻“协优107”亩产达1 287千克，再创水稻单产世界记录。县有医院、卫生院、所20个，村卫生室147个，病床708张，医护人员643人，乡村医生707人，文化馆1个，图书馆4个，农民参合率达到80%。

中共县委书记　陈星元

县人大常委会主任　郭廷明

县人民政府代县长　木崇根（纳西族）

县政协主席　和耀福(纳西族)

【优化种植业产业结构】 以建设社会主义新农村为目标，强化农业基础设施建设，调整优化产业结构，着力增加农民收入。全县种植优质稻面积7.50万亩，占水稻总播种面积的47%。经济作物种植面积达16.89万亩，实现产值2.20亿元，粮经比例调整为75∶25。冬早蔬菜产业实现新突破，种植面积达3.61万亩，产值达5 030万元，同比增加1 050万元，增长26.38%。烤烟产业迈上新台阶，完成种植面积3.77万亩，收购中上等烟叶9.90万担，出口备货0.80万担，烟农收入5 687万元，比上年增加645万元，增长12.80%。甘蔗种植面积2.06万亩，实现产值2 478万元。中药材种植面积9 200亩，实现产值1 210万元。

【畜牧业稳步发展】 始终把发展畜牧业作为实现农民增收的重要途径，加大畜禽病预防力度；大力引进推广新品种；推广科学养殖方法；推广青贮饲料和培育草场，使畜牧业得到了稳步发展。至2006年底，全县大小牲畜存栏85.5万头（匹、只），比上年增加4.8万头（匹、只），增长5%。出栏猪21.3万头，增加0.1万头；出栏牛3万头，增加0.1万头；出栏羊15.2万只。肉类总产量24 056吨，同比增加114吨；蛋产量755吨。畜牧业生产总值25 250万元，比上年增加559万元，增长2.2%。

【林业生态和产业建设】 2006年，共完成天保工程公益林建设6.35万亩，封山育林6万亩；实施森林管护503万亩，超计划管护140.7万亩。兑现2005年国家政策补助资金1 133.92万元，完成营林造林2万亩，育苗68亩，贮备籽种18吨。新建沼气池2 806口，推广山区节柴改灶600户，太阳能500平方米。采取“公司+农户”的发展模式大力发展林果业。全年新种植核桃1万亩，嫁接低产核桃林1500亩，种桉树1.05万亩，膏桐1.1万亩，蓖麻925亩。

【水利基本设施建设】 年内，水利建设取得了新的业绩。5月中旬，全县旱情严重，农作物受旱面积9 638公顷，饮水困难人口5.56万人、牲畜7.98万头。县委、政府举全县之力投入抗旱。共投入抗旱资金251.42万元，投入抗旱劳力1.74万人，启用泵站19座，抗旱浇灌面积1 018亩，解决8.07万人、8.2万头牲畜的饮水困难。在抓好防汛工作的同时，认真做好蓄水工作。至年底，共完成库塘蓄水6 827万立方米。完成修复水毁工程923件，投入劳动积累工230.31万个，投入资金78.6万元，累计完成土石方272.91万立方米；加固加高河道堤坊20.3千米，疏通河道61.4千米，清淤渠道67.8千米，处理小型病险水库3座；治理水土流失面积10.21平方千米，解决人饮困难1.32万人。新增蓄水能力32.98万立方米，新增节水面积0.703万亩，新增灌溉面积0.81万亩，改善8.27万亩，新增除涝面积2.38万亩，改造低中产田0.536万亩。重点水利建设取得实效。羊坪水库除险加固工程通过省级竣工验收；小坪水库除险加固工程进入结算、财务结算和审计验收阶段；崀峨水库除险加固工程已完成投资1 350万元，已进行大坝加固后坝坡处理工程的施工；小坪水库南干渠工程已完成土石方开挖10.2万立方米，完成渠道混泥土浇筑27千米，共投资650万元；水利血防项目完成投资450万元；农村人饮安全项目完成工程30件，投工4万个工日，投资202.24万元，解决饮水安全人数7 780人，牲畜1.38万头。

【交通基础设施建设】 2006年，县委政府抢抓机遇，努力搞好交通基础设施建设。千方百计筹集资金，使中断的重点工程祥宁路永胜段二级路建设顺利复工，到年底，累计完成投资2.93亿元，2007年5月通车。完成了里程49.20千米，总投资1 938万元的板山河至宋官沥青公路改造立项审批工作。加大县、乡、村公路建设力度。投资20万元建成金官客运站；完成东风路改造工程的施工设计，争取资金240万元；完成鲁地拉电站40.2千米公路的勘探设计；太极至龙开口电站建设公路的建设改造已正在实施；落实仁和客运站建设投资20万元；落实金官翠湖弹石公路建设项目资金60万元；争取到金安桥至大安公路改造经费55万元。全县建成县乡公路16条385.2千米，乡村公路107条1 609千米。

【贫困人口减少】 全年投入财政扶贫资金1 400万元、信贷扶贫资金2 500万元，开展整村推进、安居温饱、产业信贷、易地扶贫、劳务输出、社会帮扶6项重点工作，完成49个整村推进、5个温饱村、2 000户安居工程等重点项目。实施农村人饮安全工程，投入资金477万元，解决1.45万人和1.67万头牲畜的饮水困难。加强与世界宣明会、谭兆集团等民间组织的协作，动员社会力量参与扶贫工作。通过努力，全县贫困人口下降到14.30万人，比上年减少近2万人。

（吴国春）

华坪县

【概述】 华坪县位于云南省西北部，丽江市东南部，金沙江中段北岸。东至东北面与四川省攀枝花市接壤，南面与楚雄州隔江相望，西面与永胜县相连，北面与宁蒗县交界。总面积2 200平方千米，山区半山区占97%，最高海拔3 198米，最低海拔1 015米。县城距省会昆明420千米，距丽江市府所在地220千米，是滇西入川的必经之地。县城所在地海拔1 160米，年平均气温19.8℃，全县无霜期303天，年均降雨1 060.7毫米，呈立体气候，光热资源、矿产资源丰富，属亚热带季风气候。辖3镇5个少数民族乡，55个村民委员会，5个社区居民委员会，904个村（居）民小组。2006年末，全县常驻人口15.50万人，其中户籍人口15.25万人，农业人口12.34万人，占80.92%，非农业人口2.91万人，占19.08%。少数民族4.87万人，占总人口的32%。人口自然增长率为1.65‰。

2006年全县完成生产总值13.22亿元，比上年增长11.1%，其中：第一产业增加值2.38亿元，增长8.2%；第二产业增加值6.48亿元，增长16.2%；第三产业增加值4.37亿元，增长8.2%。一、二、三产业的增加值占生产总值的比重分别为18%、49%、33%。按户籍人口计算人均地方生产总值为8 729元，比上年增加1 098元，增长10.0%；按常驻人口计算人均地方生产总值为8 579元，比上年增加1 073元，增长10.1%。粮食总产量6.34万吨，比上年增长3.6%；油料863吨，增长26.05%；甘蔗2 330吨，增长33.96%；烤烟710吨，下降16.08%。农林牧渔业总产值4.46亿元，增长7.4%，其中：农业产值1.93亿元；林业产值4 753万元；畜牧业产值1.73亿元。完成工业总产值16.25亿元，增长13.7%，占丽江市工业总产值的46.5%；税金1.79亿元，占全县财政总收入的70.9%。建筑业总产值7 503万元，增长8.2%。生产原煤402.36万吨，增长42.5%；氮肥（折纯氮）65 496吨，增长42.3%；尿素（折纯量）6.13万吨，增长53.9%；水泥18.07万吨，增长39.0%；发电3.63亿千瓦时，增长26.7%。非公经济完成增加值7.27亿元，增长10.9%，占全县生产总值的55%。地方财政收入1.24亿元，增长53.3%。农民人均纯收入1 970元，增长15.5%；人均有粮412千克；城镇居民人均可支配收入7 739元，增长8.3%。电视覆盖率达86.2%。全年完成货运量381万吨，货运周转量47 297万吨/千米；旅客运量156万人，旅客周转量4 368万人/千米。完成邮电业务总量4 444万元，年增长58.54%。

全县有各类学校123所，教师1 679人，在校学生2.25万人。适龄儿童入学率99.8%。文化馆、站9个，图书馆9个。医疗卫生机构12个，医院、卫生院床位605床，在职卫生专业技术人员495人，其中医生252人。新型农村合作医疗共有2.76万户9.24万名群众参合，兑付医疗补偿费240.24万元。

中共县委书记　刘廷兴（~2006.6.）、李旭东（2006.6.~）

县人大常委会主任　李吉兴（彝族）

县人民政府县长　李旭东（~2006.6.）

代县长　曹金明（摩梭人，2006.6.~）

县政协主席　林天宏

【招商引资】　1~12月，共与外商洽谈项目108个，新签约项目39个，协议总投资3.96亿元，在建项目51个，实际到位资金3.29亿元。其中市外资金3.22亿元，省外资金2.69亿元，全面完成市人民政府下达招商引资目标任务。新签约重点招商引资项目有：投资2 000万元的华盛公司安全环保整改项目、投资1亿元的河滨花园项目二期工程、投资4 000万元华盛公司第二套1.5万千瓦热电机组建设项目等。截至2006年底，共引进大小项目148个，协议总投资61.84亿元（未含观音岩水电站170亿元），实际到位资金总计13.16亿元。

【新型农村合作医疗启动】　2006年1月1日，正式实施新型农村合作医疗工作。9月，被省政府确定为云南省第二批新型农村合作医疗扩大试点县之一。到2006年12月31日，全县参加“新农合”的农民2.76万户，9.24万人，参合率75.71%，农民个人筹资92.42万元。年内，有1.41万名参合农民得到“新农合”费用补偿，兑现补偿经费240.24万元，其中门诊补偿9 393人次，补偿金额4.17万元，住院补偿4 748人次，补偿金额236.06万元。

【农村劳动力转移】　通过电视台播放劳动力转移专题新闻、张贴劳务输出通告、拉挂横幅、发放劳务输出宣传资料、走村串户召开群众会议等方式，使农村劳动力转移工作家喻户晓，农民用工咨询和报名人数增多。共举办岗前培训28期，1 683人次，组织跨国劳务输出1批，输出2人，跨省劳务输出6批，输出人员201人，省、市、县内转移2 697人，全县累计转移输出农村富余劳动力1.49万人，新增转移2 898人，新增农民务工收入5 388.61万元。

【整村推进初见成效】　2006年，全县共实施22个整村推进项目，总投资330万元。完成三面光沟渠19件41千米，小水坝4件，小水窖26口520立方米；人畜饮水工程12件，铺设直径32毫米胶管54.5千米，直径20毫米胶管40千米，建配套水池33个；公路建设11件31.1千米；通电工程架设220伏线路1件6千米；中低产田地改造种植绿肥880亩；新建沼气池60口；产业发展种植魔芋20亩，脱毒洋芋520亩，核桃990亩，牧草150亩，反季蔬菜50亩，冬桃160亩，花椒100亩，楠桉100亩，蚕桑300亩，芒果改良1 000亩，建小蚕供育室6户120平方米，引进黑山羊4只；科技培训2 150人次。

【天然林保护】　2006年，全县完成造林1.21万亩（其中天保工程完成1.0万亩，膏桐示范基地完成0.15万亩，地方工程造林0.06万亩），完成计划的110%（县计划1.1万亩）；封山育林4.0万亩；全民义务植树44.5万株；育苗0.0214万亩（可供生产性用苗636.12万株）。

【广播电视“村村通”工程】　2006年，争取到广播电视“村村通”工程建设经费21万元，全面完成329座广播电视“村村通”工程建设任务，解决了县境内8个乡镇中372个村民小组9 341户3.86万人看电视难的问题。

【新农村示范点建设】　自2003年至2006年底，按照“合理布局、典型示范、以点带面”的原则，先后于2003年7月、2004年3月、2005年5月、2006年6月分别启动建设中心镇河东九村、荣将镇三马箐村、新庄乡古树湾村、石龙坝乡麻栗树村4个新农村示范点。4村均适宜种植芒果，共种植优质中、晚熟芒果3 260亩，户均16.8亩，芒果套袋示范近10万个，提高了芒果品质和产量，种植芒果已成为示范村农民增收的主要来源。2006年末，河东九村、三马箐村、古树湾村农民人均纯收入分别达到5 442元、5 519元、3 560元。呈现出社会稳定、团结和睦、安居乐业、欣欣向荣的景象。

（刘朝兰）

玉龙纳西族自治县

【概述】 玉龙纳西族自治县位于云南省西北部，丽江市西部，东与宁蒗县、永胜县隔江相望，南与大理州鹤庆县、剑川县相连，西与迪庆州维西县、怒江州兰坪县接壤，北隔金沙江与迪庆州香格里拉县、四川省木里县毗邻。县境地势西北高，东南低，有山地、盆地、河谷三类地形。幅员面积6 392.6平方千米。金沙江流经县境364千米，国道214线过县境67千米。县城黄山镇，海拔2 400米，距丽江市政府7千米，距省会昆明509千米。县境地处低纬度高原，南北两端纬度仅差1°12′，热量分布受纬度影响较小。大部分地区年内温度变化不甚明显，冬无严寒，夏无酷暑，气候宜人，部分区域因地势垂直高差大，具有典型的立体气候特征。2006年平均气温14.2℃，降雨量8 594毫米。全县辖黄山、石鼓、巨甸3个镇和白沙、大具、拉市、太安、龙蟠、鲁甸、塔城、黎明、宝山、奉科、鸣音、石头、九河13个乡，100个村民委员会，1 162个村民小组。境内居住有纳西、汉、白、彝、傈僳、苗、普米、藏、回等11种民族。年末全县总人口21.12万人，其中，少数民族人口17.92万人，占总人口的84.9%；农业人口19.61万人，占总人口的92.8%。人口自然增长率2.54‰。

2006年，全县生产总值完成10.26亿元，比上年增长13.1%。其中，第一产业3.64亿元，增长6.5%；第二产业2.59亿元，增长29.7%；第三产业4.02亿元，增长10.2%。三次产业结构比重为36.6:25.3:39.1。农业生产总值完成5.90亿元，增长8.3%，农村经济总收入4.70亿元，增长3.9%。全年粮食作物种植45.45万亩，粮食产量9.65万吨。其中白芸豆5.70万亩，总产7 724吨。经济作物种植7.22万亩，其中油料2.84万亩，产量3 139吨；烤烟4.37亩，产量5 651吨。畜牧业总产值2.37亿元（当年价），增长10.3%。工业总产值完成2.24亿元，增长59.8%，全年原煤产出2.8万吨，发电量6 319万度。全县共实施招商项目50个，到位资金8.37亿元，固定资产投资11.82亿元，增长31.6%。社会消费品零售总额2.18亿元，增长14.3%。全年接待海内外游客239.24万人次，其中海外游客16.05万人次，国内游客223.19万人次，实现旅游总收入20.29亿元。地方财政收入6 787万元，增长29%。农民人均纯收入1 728元，比上年同期增长10.1%。城镇居民可支配收入9 816元，增长5.7%。城镇居民参加最低医疗保障4 200人。全县广播人口覆盖率39.99%，电视人口覆盖率90.98%。全年社会旅客运输量318万人次，周转量3.01亿人/千米；货物运输量311万吨，周转量3.02亿吨/千米。邮电业务总量500万元。移动电话用户1万户，固定电话年末用户1万户，长途电话交换机容量3 000路端，局用电话交换机容量5万门，长途光缆线路总长300千米，数字微波线路100千米。全县有邮政所16个，邮路总长度574千米，农村投递路线总长210千米。

全县共有各级各类学校307所（点），其中完全中学3所，初级中学16所，普通小学103所，小学教学点185个，其中1师1校点127个，九年一贯制私立学校1所，幼儿园12所。各级各类学校在校生3.27万人，其中小学在校生2.04万人，巩固率97.80%；初中在校生8 316人，巩固率98.68%。全县拥有卫生机构床位461张，卫生技术人员564人，有9 799人参加基本医疗保险，农村合作医疗参合率达97.12%。

中共县委书记　孙文忠

县人大常委会主任　孙文忠（～2006.2.）、和家伟（纳西族，2006.2.～）

县人民政府县长　和承勇（纳西族）

县政协主席　和家伟（纳西族，～2006.2.）、和秀琼（女，纳西族，2006.2.～）

【芸豆种植实现规范化】 7月，对作为“科技富民强县”之一的五万亩芸豆规范化种植项目分片区进行核实抽查验收。经核实，全县年内所种植的芸豆规范化程度较去往年有了明显提高，实现规范化种植的芸豆已达5.16万亩，预计全年将实现总产值3 400万元。

【社会主义新农村建设全面启动】 8月12日，县召开社会主义新农村建设动员大会，推进社会主义新农村建设工作全面启动。县委、政府出台了《关于推进社会主义新农村建设的实施意见》。在全县选定黄山、拉市、鲁甸、白沙4个新农村建设试点乡镇和20个试点村，县财政安排资金300万元。县委、政府还决定实行县处级领导干部联系和县直部门帮包社会主义新农村试点村制度。

【法律进乡村活动在全县开展】 2006年是“五五”普法的开局之年，县委宣传部和县司法局9月初至10月底，在全县开展“法律进乡村”活动。把全国普法办编制的“五五”普法统一读本《农民法律知识读本》600册及时发放到全县各乡镇、各村民委员会和部分村民小组，由全县各农村基层组织通过采取不同宣传形式向农民群众宣传法律知识。到10月底，全县共开展农民群众集中学习法律知识活动620多场次，共有5.60万多名农民群众和村干部参加了学习活动。

【新县城主体工程竣工典礼】 12月29日，玉龙新县城主体工程竣工典礼活动在玉龙县行政办公区隆重举行。省委书记、省人大常委会主任白恩培，省委副书记、代省长秦光荣，省委常委、省委秘书长杨应楠，副省长刘平等领导参加庆典活动。玉龙新县城建设总投资约15.1亿元。工程于2003年9月21日开工建设，共征用土地1.09万亩，征地涉及34个村社3 591个农户。目前已完成投资7.8亿元。

【丽江翔鹭国际大酒店开工】 12月29日，由台商投资的丽江翔鹭国际大酒店在玉龙县城奠基，省、市、县有关领导参加。丽江翔鹭国际大酒店项目是云南省政府2005年八大招商引资重点项目之一，由厦门翔鹭集团投资。项目计划总投资14.75亿元。自2005年6月29日签约到本年末，已完成有关手续办理工作，到位资金人民币1.02亿元、美金500万元。

【小水电开发】 玉龙县有中小河流19条，流域面积在50平方千米以上，水能资源丰富，中小水电理论蕴藏量达47.1万千瓦时，可开发9.38万千瓦。玉龙县通过多渠道招商，全方位引资，2006年已初步完成小水电开发的招商工作。同时，制定优惠政策，积极优化投资环境，出台了《中共玉龙县委、县人民政府关于加快小水电开发的决定》，有力地促进了小水电产业的发展。到3月份，全县共有石头电站、金庄河四级电站、五级站、仁和电站、塔城电站、大具电站、巨甸电站、三股水电站等八个电站正常发电。到3月底，共发电1 091万度，实现收入207万元。新建的新主河三家村电站、陇巴河电站正在抓紧施工，金庄河三级电站、龙蟠星明电站、格子电站等一批项目正在开展前期准备工作。

【推进新型农村合作医疗试点】 年内，继续推进新型农村合作医疗试点工作。新型农村合作医疗筹资水平由过去的人均30元增加到50元，并根据新型农村合作医疗实施4年来的经验，制定出台《玉龙县新型农村合作医疗大病医疗救助实施方案》，重新调整救助比例，对贫困人口给予倾斜照顾。全年新型农村合作医疗基金总收入达1 164.97万元，以户为单位的参合率达98.18%，以人为单位的参合率为97.12%。对农民补偿金额718.11万元，对57位贫困农民实施大病医疗救助，救助资金达2.74万元，真正做到了“大病有保障、小病有优惠”。

【农产业带动新农村经济发展】 2006年，重点抓住五大农产业，促进农村经济发展。一是做大做强烤烟产业。全县完成烟叶收购10.80万担，完成计划的108%，经济效益6 198.9万元。二是大力扶持药材产业。全县共种植药材2.1万亩，采挖7 000亩，实现经济效益2 000万元左右。三是科技提升芸豆产业。全县规范化种植芸豆5.06万亩，良种繁育8 000亩。芸豆最高亩产达200千克，平均亩产为120千克，总产6 072吨，实现产值1 821万元。四是稳步发展青梅产业。年内新增青梅面积1.02万亩，种植成活率达95%以上。青梅产量达3.75万吨，产值3 000万元左右。五是加快发展魔芋、山嵛菜、林果、蔬菜、油菜、种子、马铃薯、摸摸香等优质特色经济产业。玉龙县以公司加基地加专业大户的模式，加快五大特色经济产业的发展，全年实现产值9 935万元。年内玉龙县已发展涉农龙头企业7家（国家级1家、省级3家和市级3家），3个市级特色优势农产品生产基地，5家农村专业合作经济组织，并确定了7家县内优先扶持的私营企业。

（张炳志）

宁蒗彝族自治县

【概述】 宁蒗彝族自治县位于云南省西北部，丽江市东北部小凉山，东、北与四川省盐边、盐源、木里县毗邻，南接永胜、华坪县，西与丽江市隔江相望，东西横距90千米，南北纵距250千米。总面积6 025平方千米。县城大兴镇距丽江市政府驻地大研镇129千米，距省会昆明市628千米。海拔2 255米，年均气温10.8℃，年降雨量60.3毫米。撤乡并镇后，全县1个镇15个乡更为1镇14个乡，91个村委会。2006年全县总人口24.82万人，其中男性12.78万人，占总人口的51.5%，女性12.04万人，占总人口的48.5%。全县有26种民族，少数民族有25种，20.08万人，占全县总人口的80.92%。人口自然增长率4.68‰。

2006年，全县生产总值7.69亿元，增长12%，一、二、三产业比为33.1∶26.6∶40.3。完成农业总产值3.20亿元，增长11%。粮食总产量6 840万千克，增长3.7%；畜牧业总产值1.15亿元，增长14%；经济作物总产值6 061万元，苹果产值743万元，花椒产值201万元，工业总产值2.79亿元，增长26.1%；完成矿产品生产30.4万吨，增长79%；实现矿产资源税费收入1 650元，增长158.6%；个体私营经济实现产值1.06亿元，增长36.7%；第三产业增加值3.08亿元，增长12.6%。完成地方财政一般预算收入2 260万元，增长24.2%；全社会固定资产投资3.77亿元，增长30%；全社会消费品零售总额1.79亿元，增长20.2%；城镇居民人均可支配收入达8 732元，增长8%；农民人均纯收入净增118元达900元，增长15.2%；城镇登记失业率控制在3.5%以内。城乡居民存款达3.98亿元，增长29.49%，享受城镇低保8 147人，发放低保金467万元。无线广播覆盖率56%，电视覆盖率84%；全年客运量12.15万人次，客运周转量1 993.4万人千米。

全县共有各类学校378所，在校学生4.83万人，适龄儿童入学率99.1%，辍学率0.9%；初中毛入学率99.8%，辍学率1.94%。普通高中招生人数1 669人，比上年增加426人，辍学率2.28%。在园幼儿

2 361人，入园率 18.93%。全县有教职工2 526人，专任教师2 305人。中小学校舍建筑面积26.8万平方米，小学生均校舍建筑面积5.12平方米，生均藏书7.51册；中学生均校舍建筑面积7.49平方米，初中生均藏书8.14册，高中生均藏书15.4册。年末，有文化馆、图书馆2个，医院、卫生院、所18个，床位370张。

中共县委书记　沙万祥（彝族）

县人大常委会主任　苏海荣（彝族）

县人民政府县长　杨光银(彝族)

县政协主席　和建华(摩梭人)

【台湾社团捐资助学】　从2006年9月开始由台湾中华至善社会服务协会为100名家庭贫困、品学兼优的少数民族初、高中女童提供每人每月50元的奖助学金，为贫困地区培养有文化的女性劳动者。

【县庆50华诞】　9月20日是宁蒗彝族自治县成立50周年，县庆活动主要由10大民心工程组成，即投资4 354.63万元兴建县城南片供水工程；投资2 800万元新建民族文化体育中心；投资1 600万元建设集贸市场、木底箐水库大坝浇筑工程；投资3.2亿元的泸沽湖银湖岛五星级旅游度假村建设项目；编写出版《宁蒗彝族自治县县志》续志，修订审议通过《宁蒗彝族自治县自治条例》；投资400万元新建县人民法院办公大楼；卫生系统公共基础设施建设工程；县城主街道建筑物民族文化装饰和三线入地工程及宣传文化工程。

【万村书库工程进宁蒗】　2006年，在纪念红军长征胜利70周年之际，中宣部、中央文明办重点在长征沿线和中西部部分农村贫困地区，实施“万村书库”工程，向每个村赠送包括电视机、DVD播放机、光盘、书籍、书架、电视柜在内的价值7.50万元的物品，宁蒗“万村书库”工程涉及66个村，4.12万户，16.6万人，获赠物品总价值500万元。

（李莹）

丽江市经济社会发展主要指标（表一）

地　区	年末总人口（万人）		城镇人口占总人口比重（%）		全社会就业人员（万人）		城镇登记失业率（%）	
	2005年	2006年	2005年	2006年	2005年	2006年	2005年	2006年
丽江市	120.26	121.30	27.00	27.12	65.80		3.52	3.10
古城区	16.89	17.04		61.88	8.17		3.60	3.14
玉龙县	22.73	22.92		7.49	12.87		2.90	2.40
永胜县	39.27	39.61		22.89	23.37		3.60	3.08
华坪县	16.20	16.34		35.58	7.93		3.60	3.12
宁蒗县	25.18	25.39		12.44	13.42		3.60	3.47

丽江市经济社会发展主要指标（表二）

地　区	地区生产总值（万元）		第一产业（万元）		第二产业（万元）		第三产业（万元）	
	2005年	2006年	2005年	2006年	2005年	2006年	2005年	2006年
丽江市	603 328	701 749	143 819	154 256	172 008	221 520	287 501	325 973
古城区	210 522	243 744	17 164	18 305	52 851	74 754	140 507	150 685
玉龙县	88 799	102 558	33 958	36 488	19 604	25 952	35 237	40 118
永胜县	126 290	146 326	49 792	53 327	28 146	40 319	48 352	52 680
华坪县	114 517	132 211	21 895	23 761	53 739	64 763	38 883	43 687
宁蒗县	67 787	76 293	23 894	25 242	17 366	20 288	26 527	30 763

丽江市经济社会发展主要指标（表三）

地　区	地区生产总值指数（上年＝100）		第三产业增加值比重（%）		人均地区生产总值（元）		全社会固定资产投资（万元）	
	2005 年	2006 年	2005 年	2006 年	2005 年	2006 年	2005 年	2006 年
丽江市	110.8	112.9	47.65	46.45	5 048	5 810	552 504	659 347
古城区	114.2	113.8	66.74	61.82	14 529	14 372	333 545	323 901
玉龙县	111.7	113.1	39.68	39.12	4 231	4 492	88 546	118 232
永胜县	108.5	111.1	38.29	36.00	3 268	3 710	48 160	158 160
华坪县	110.8	111.1	33.95	33.04	7 629	8 126	53 323	69 800
宁蒗县	112.3	111.0	39.13	40.32	2 812	3 018	28 930	37 706

丽江市经济社会发展主要指标（表四）

地　区	地方财政收入（万元）		地方财政支出（万元）		人均地方财政收入（元）		社会消费品零售总额（万元）	
	2005 年	2006 年	2005 年	2006 年	2005 年	2006 年	2005 年	2006 年
丽江市	40 595	50 829	175 712	223 486	340	420	158 072	183 396
古城区	14 173	17 152	29 172	33 526	850	1 011	72 832	85 067
玉龙县	4 942	6 664	27 992	36 150	218	292	19 084	21 809
永胜县	3 718	4 337	31 988	41 361	95	110	25 599	29 183
华坪县	7 997	12 299	30 645	40 731	496	756	25 707	29 486
宁蒗县	1 819	2 260	25 216	32 951	73	89	14 850	17 850

丽江市经济社会发展主要指标（表五）

地　区	农民人均纯收入（元）		农村人均住房面积（平方米）		在岗职工年平均工资（元）		人均储蓄存款余额（元）	
	2005 年	2006 年	2005 年	2006 年	2005 年	2006 年	2005 年	2006 年
丽江市	1 459	1 610			15 183	17 974	4 462	5 368
古城区	2 463	2 766			17 071	18 332	18 431	22 092
玉龙县	1 570	1 729			15 127	16 753		
永胜县	1 427	1 548			14 174	19 707	2 575	3 009
华坪县	1 705	1 970			14 610	17 803	5 760	7 080
宁蒗县	895	1 001			13 076	16 389	1 222	1 569

丽江市经济社会发展主要指标（表六）

地　区	初中学龄人口入学率（%）		广播覆盖率（%）		电视覆盖率（%）		每千人拥有医院、卫生院床位数（张）	
	2005 年	2006 年	2005 年	2006 年	2005 年	2006 年	2005 年	2006 年
丽江市	79.87	78.27	64.5		87.5		2.03	
古城区	96.96	96.38	97.56		100.0		3.83	4.37
玉龙县	82.94	83.52	32.3		90.6		1.90	1.88
永胜县	82.32	81.47	83.74		94.6		1.33	1.70
华坪县	77.13	77.38	78.5		85.3		3.08	3.31
宁蒗县	68.60	63.87	32.8		67.3		1.37	1.37

（省统计局）

思茅市

主　　编　付旭东　姜定忠
责任编辑　宣　勤　侯焕媛

【概述】　思茅市位于云南省西南部，地处东经 99°09′～102°19′，北纬 22°02′～24°50′之间。东临玉溪市、红河州，南连西双版纳州，西北沿澜沧江与临沧市分界，北接大理州；东南与越南、老挝接壤；西南与缅甸毗邻。国境线全长 486.29 千米。国土总面积 4.54 万平方千米，是全省土地面积最大的市，也是最大的边疆多民族市。山区面积占总面积的 98.3%。地势北高南低，哀牢山、无量山山脉与澜沧江、红河、怒江水系相间排列，自西北向东南逶迤而下，构成全市帚状地形，北回归线横贯景谷、普洱、墨江三县。沿国境线有江城、澜沧、孟连、西盟 4 个民族自治县。全市以亚热带山地湿润季风气候为主体，兼有北热带和南亚热带、中亚热带、北亚热带和南温带等多种气候类型，立体气候特点突出，雨量充沛。2006 年，年平均气温 19.6℃，最高气温 32.4～36.4℃，发生在普洱、景谷县，最低气温 2.4～7.1℃，发生在景东、西盟县。平均降雨量 1 516.9毫米，其中江城县最多，2 274毫米，景东县最少，1 093毫米。2006 年主要气候灾害是冬春干旱，5 月低温冷害，春季局部地区大风、冰雹灾害，汛期大雨、暴雨和单点性大暴雨造成洪涝、山体滑坡、泥石流等地质灾害，局部强对流云团引发雷击灾害。

2006 年，思茅市辖翠云区、普洱哈尼族彝族自治县、墨江哈尼族自治县、景东彝族自治县、景谷傣族彝族自治县、镇沅彝族哈尼族拉祜族自治县、江城哈尼族彝族自治县、孟连傣族拉祜族佤族自治县、澜沧拉祜族自治县、西盟佤族自治县，共 9 县 1 区。年末总人口 257.30 万人，其中少数民族人口 152.84 万人，占总人口的 59.40%，非农业人口 64.33 万人。全市世居少数民族有哈尼、彝、拉祜、佤、傣、布朗、回、瑶、苗、傈僳、景颇、蒙古等 14 个。2006 年人口自然增长率 6.01‰。

2006 年全市完成生产总值（GDP）124.43 亿元，按可比价格计算，比上年增长 12.3%。人均生产总值 4 843 元，比上年增加 676 元，增长 11.8%。产业结构进一步调整，第一产业完成增加值 40.69 亿元，比上年增长 7.9%；第二产业完成增加值 35.36 亿元，比上年增长 14.8%；第三产业完成增加值 48.38 亿元，比上年增长 14.3%。全市三次产业比例由上年的 33.5∶28.0∶38.5 调整为 32.7∶28.4∶38.9。全市完成固定资产投资总额 81.82 亿元，比上年增长 32.1%。财政地方一般预算收入 13.72 亿元。社会消费品零售总额 37.21 亿元。年末金融机构各项存款余额 161.96 亿元，各项贷款余额 110.4 亿元。

全市实现农业总产值 57.32 亿元，按可比价计算，比上年增长 7.9%。全年粮食总产量达 83.15 万吨，比上年增加 1.38 万吨，增长 1.6%。粮经比例调整为 33.5∶28.0。全年投入农田水利建设资金 2.68 亿元，比上年增长 19.1%；新增有效灌溉面积 2 680公顷，有效灌溉面积累计达 11.01 万公顷。2006 年全市完成造林面积 2.08 万公顷，迹地更新面积 8 969公顷，零星（四旁）植树 331 万株，实施天然林保护工程 2 400 公顷，年末实有封山育林面积达 3.26 万公顷，森林覆盖率为 64.9%。

全年完成工业总产值 57.80 亿元（按可比价格计算），比上年增长 17.4%。纳入统计监测的 87 户规模以上工业企业经济效益综合指数达 170.5%，同比提高 38.9 个百分点；实现产值 41.91 亿元，增长 14.3%；工业产品销售率为 98.7%，比上年提高 0.5 个百分点；产品销售收入 41.67 亿元，增长 18.5%；实现利税总额 6.79 亿元，增长 72.1%，其中实现利润 3.36 亿元，增长 2.6 倍。全员劳动生产率为 7.81 万元/人，增加 1.61 万元。

全年观光旅游的国内游客 214.46 万人次，比上年增长 15.0%，国内旅游收入 9.80 亿元，增长 19.9%。全年接待海外游客 2.22 万人次，旅游外汇收入 464.43 万美元，分别比上年下降 4.3% 和 19.8%；全年旅游业总收入 10.56 亿元，增长 15.9%。

年末公路通车里程为 1.89 万千米。全年旅客运输量 1 464万人，增长 8.6%，旅客周转量 17.3 亿人/千米，增长 4.4%。货物运输量 1 707 万吨，增长 5.4%；货物周转量 17.53 亿吨/千米，增长 6.0%。

全市实现邮电业务总量 6.57 亿元，增长 14.3%。年末全市固定电话用户（不含网通）28.52 万户，固定电话普及率 11 部/百人，其中：城市电话用户 9.41 万户，乡村电话用户 11.17 万户，公用电话 3 万部；无线市话用户 4.94 万户；移动电话用户 49.80 万户。

年底，全市共有各类学校 1 593 所（含民办学校 50 所），专任教师 2.38 万人。其中：大专 1 所、中专 4 所、普通高中 141 所、初中 119 所、小学 1 166所、职业中学 11 所、特殊教育学校 1 所，在校学生 35.68 万人。学龄儿童入学率 99.82%。普通初中升学率 93%。2005 年底，全市九年义务教育享受“三免一补”政策的学生 13.51 万人。

有艺术表演团体 4 个，公共图书馆 16 个，群艺馆、文化馆 11 个。

全市举办综合运动会 19 次，单

项运动会90次，开展全民健身活动82次，参与全民健身活动11.38万人。举办首届少数民族传统体育运动会。参加省第十二届运动会获得金牌13.5枚、银牌14枚、铜牌8.5枚；参加省第八届少数民族传统体育运动会获得金牌3枚、银牌4枚、铜牌3枚。

电视覆盖率为94.48%，广播覆盖率为92.53%，《思茅日报》年发行602万份。

年末，全部在岗职工人数11.66万人。全年城镇新增就业人数7 031人，其中下岗失业人员再就业5 800人。城镇登记失业率为4.45%。

城镇居民最低生活保障水平有所提高，年末共有2.63万户、4.33万名城镇居民享受最低生活保障，累计发放低保金4 167万元，比上年增长19.8%。企业离退休人员基本养老金和国企下岗职工基本生活费按时足额发放，清理拖欠工程款和农民工工资力度加大。全市在岗职工年平均工资13 976元，比上年增长12.7%；城镇居民年人均可支配收入8 200元，比上年增加760元，增长10.2%；农民人均纯收入1 753元，比上年增加201元，实际增长9.5%。

中共市委书记　高旭升

市人大常委会主任　魏　红（女，佤族）

市人民政府市长　沈培平

市政协主席　王正昌（彝族）

【墨江地震】　1月12日09时05分29.3秒，墨江县通关镇牛库村一带发生5.0级地震。13日，副省长孔垂柱，市长沈培平、副市长罗德忠等省市有关领导深入地震灾区了解震灾受损情况。14日，省政府召开墨江“1·12”地震抗震救灾现场工作会。副省长孔垂柱到会讲话，市领导及有关部门负责人参加会议。

【思（茅）小（勐养）高速公路通车】　4月6日，昆曼国际大通道中国云南思茅—小勐养高速公路通车典礼在思茅刀官寨举行。云南省政协主席杨崇汇，省人大常委会常务副主任牛绍尧、副主任戴光禄，省人民政府副省长李新华，老挝、缅甸、泰国、马来西亚、柬埔寨、越南等国驻昆明总领事，中共思茅市委书记高旭升，市委副书记、市长沈培平，中共西双版纳州委书记江普生，州长刀林荫，省各有关部门领导，驻滇部队领导及思茅、西双版纳两州市各有关部门负责人和当地各族群众上千人参加庆典活动。思小高速公路长97.7千米，其中思茅市境内25.1千米，西双版纳州境内72.6千米，按山岭区四车道高速公路标准建设，概算总投资39.95亿元。

【苦聪人扶贫开发项目】　2006年，温家宝总理作出重要批示后，在国务院相关部委的大力支持下，省、市、县和社会帮扶部门对苦聪人扶贫开发形成了上下联动，齐抓共管。目前已落实苦聪人扶贫资金近1.18亿元，其中扶贫资金3 202.35万元，包括：中央财政资金1 000万元，省级财政扶贫资金1 050万元，国家民委160万元，市政府860万元，县级132.35万元；社会帮扶资金1 137.8万元，其中：上海市1 027.8万元，宝钢集团110万元；部门整合资金7 425.3万元。以整村推进和易地搬迁扶贫为龙头，配套实施农田水利、交通电力等基础设施建设，发展蚕桑、核桃、茶叶、畜牧等产业，完善发展教育、卫生、文化等社会事业。一是基础设施建设。2006年苦聪人扶贫开发项目实施涉及2 488户1.08万人受益。到年底，54个苦聪人整村推进项目全部完工，9个苦聪人易地搬迁点已全部启动，除勐大文折安置点外，其余8个安置点的410户2 000人苦聪群众可在春节前全部迁入新居。二是产业发展。共培育种植蚕桑3 000亩，户均1.2亩；新植、改造茶园1 600亩，户均0.64亩；种植烤烟5 000亩，户均2亩；贷款贴息370万元用于发展养殖业，引进优良猪种75头，黑山羊126只，短角黄牛36头，年内可望增加人均收入54元。共举办苦聪人科技培训、素质培训班136期，受培训人数达1.04万人次。社会各界积极为苦聪人捐资捐物，红十字总会捐赠救护车1辆、注射器8万支，棉被1 000条，价值20余万元。

【旅游景点建设】　2006年为把思茅建设成“绿色思茅、生态思茅、文化思茅”，按照“大打造、快打造、精打造”的工作思路，一是结合社会主义新农村建设，根据潜在的旅游资源，找准定位，高起点、高标准，仅用了200多天的时间承建了“中华普洱茶博览苑”。茶博苑于9月28日进行了试营业开业仪式，仅“十一”黄金周期间到茶博苑的游客超过了2万人，通过打造中华普洱茶博览苑品牌，向世界展示浓郁的普洱茶文化，做强做大茶文化旅游产业。二是指导、督促莱阳河国家森林公园二期工程的开发建设，完成投资2 000余万元。

【完善旅游产品】　2006年，思茅市在抓旅游大项目建设的同时，各县（区）都及时调整思路，将旅游业发展摆在了经济、社会发展的重要位置，发展旅游业的积极性很高。市旅游局采取扎实有效的措施，多方面整合资金，加大旅游产品和基础设施建设力度，实现了以大项目建设带动全市旅游业的快速发展。一是进一步完善建设旅游景区（点），年内，思茅A级景区（点）已经有8家，同时将积极开展推广申报农家乐旅游示范点的活动。二是通过抓景区（点）建设，抓宣传促销工作，初步形成了以中华普洱茶博览苑、莱阳河国家森林公园、北回归线标志园、茶马古道为主要景点的翠云、普洱、墨江茶文化旅游线路；以翠云南本，澜沧拉祜风情谷、蜜蜂岩、澜沧云海，孟连娜允古镇、勐外土司避暑山庄，西盟龙摩爷、木依吉神、里坎瀑布、佤文化保护区等十个景区（点）联合组成的澜沧、西盟、孟连原生态绿色金三角旅游线路；以景东、镇沅、景谷的景点组成的滇东南亚热带民族风情旅游线路等三条黄金旅游线路，并逐渐成为广大游客关注的“亮点”，具备了推向市场的条件。三是积极申请利用亚行对GMS旅游合作项目的资金支持，2006年下半年，为了更好地加快思茅发展旅游业不足的矛盾，市旅游局积极向上争取支持，经过努力，上级同意利用亚行对GMS旅游合作项目支持思茅旅游扶贫和旅游交通2个项目贷款，资金总额为1 257万美元。

【烤烟生产】 2006年，思茅市共有2.27万户烟农种植烤烟，合同约定种植面积11.43万亩，户均5.03亩，约定收购计划户均13.65担。全市共收购烟叶31万担，完成计划的100%，其中：上等烟叶13.3万担，占收购量的42.90%，比上年提高10.14个百分点；中等烟叶13.6万担，占收购量的43.87%，比上年下降3.67个百分点；下等烟叶4.1万担，占收购量的13.23%，比上年下降6.51个百分点。烟农收入1.59亿元，同比增加4 697.24万元；实现烟叶税3 498.64万元，同比增加1 033.4万元；烟农户均收入7 002元，同比增加1 866元；均价10.26元/千克，同比增加0.95元/千克。2006年烤烟实现税利6 694万元，比去年同期5 699万元增加995万元，增长17.46%。其中：实现利润2 095万元，比上年同期1 116万元增加979万元，增长87.72%；实现税金4 599万元，比上年同期4 583万元增加16万元，增长0.35%。

2006年，思茅烟草坚持以质量为中心，突出“双控”核心工作，加强烟叶工作的组织领导，工作重心下移，基层烟站的管理得到加强，供种、育苗、备耕、移栽、中耕等关键环节社会化、专业化服务体系进一步完善，为广大烟农提供了更加方便、优质的服务。择优布局的力度进一步加大，以村为单位，建立相对稳定的轮作制度，100%实行轮作。统一技术规范，以提高烟叶品质为中心的各项科技措施和关键技术的推广力度进一步加大，提高了科技措施到位率。继续抓好省优烟和部分替代进口烟叶项目，与国际联一公司合作开发国际型烟叶，先进适用技术普及和推广力度得到加强。稳步推进烟叶生产基础设施建设工作，通过控制规模、有所侧重、统一标准、理顺环节等措施加强了烟叶基础设施建设。烟区水利项目坚持统筹规划、合理布局、注重实效、分步实施的原则，主要是围绕沟渠、管网配套建设，列入国家局补贴资金烟水建设项目共1 313件，项目总投资2 046万元，其中烟草补助资金1 620.29万元，受益农户1.02万户，受益面积4.61万亩，得到广大烟农和社会各界的好评。新建烤房5 700座，其中10座以上集中建盖96群1 655座，5座以上集中建盖38群230座，YQⅢ型智能化密集型烤房5群98座，烤房群共1 983座，占新建烤房的34%；对2006年新建烤房进行自动控温控湿小烤房改造510座；新建烟叶收购站4个，扩建烟叶收购站（点）7个。开展以“管理前移、入户预检、统一包装、集中运输、密码收购、追踪管理、承诺服务”为主要内容的“聚约式”收购模式的推广应用，提高了烟叶收购质量和等级合格率，实现了国家、烟农、企业、政府“四满意”。

（熊云川）

翠云区

【概述】 思茅市翠云区位于云南省南部，东沿与江城县毗邻，南与西双版纳州景洪市相连，西与澜沧县和西双版纳州勐海县相望，西北与景谷县分界，北与普洱县接壤。思茅镇是思茅市政府及翠云区政府所在地，海拔1 302米，距省会昆明410千米。全区总面积3 928平方千米，山地占98.34%，平坝占1.66%。拥有河流136条，年均产水量58.7亿立方米，水资源总量23亿立方米。具有东方多瑙河美誉的澜沧江——湄公河流经区境64千米，是通往东南亚六国的黄金水道。2006年，年均气温18.3℃，年均降雨量1 524.4毫米，无霜期318天。全区辖3乡4镇，60个村民委员会、10个社区居民委员会、705个村民小组。年末总人口25.55万人，其中非农业人口占总人口的42.8%；有彝、哈尼、傣、苗、傈僳、拉祜、佤、白、回少数民族，少数民族占总人口的34.8%。人口密度每平方千米65人。人口自然增长率6.02‰。

2006年全区完成生产总值26.08亿元，比上年增长16.3%，三次产业增加值占GDP的比例由上年的14.2:33.0:52.8调整为13.1:35.3:51.6。其中，第一产业增加值3.39亿元，增长10.8%；第二产业增加值9.28亿元，增长30.1%；第三产业增加值13.39亿元，增长17.3%。农业总产值5.14亿元，同比增长8.6%；粮食总产量5.08万吨，增长1.3%。林业产值1.03亿元，增长12.6%。工业总产值15.72亿元，增长16.8%。全社会固定资产投资总额24.68亿元，增长21.5%。完成地方财政总收入1.91亿元，同比增长22.0%。农民人均纯收入2 180元，增长13.4%。农村人均粮食422千克。城乡居民存款余额29.58亿元，增长18.3%。职工年平均工资12 386元，居民消费价格总指数100.3%。有4 451户、7 235人享受城镇最低生活保障。电视覆盖率98.2%，无线广播覆盖率100%。完成货运量431万吨，增长6.9%，货物周转量9.54亿吨/千米，增长7.3%，客运量725万人，增长4.2%，客运周转量7.98亿人/千米，增长3.8%。邮电业务总量2.29亿元，增长19%；年末固定电话用户7.94万户，移动电话用户18.08万户。全区有各类学校82所，在校学生3.87万人，教师2 453人。适龄儿童入学率100%，高考上线率比上年提高10.37%。“两基”和“普实”工作通过省政府复查验收。有文化馆、图书馆各1个。有卫生医疗机构21个，床位1 022张，专业技术人员1 199人。

中共区委书记（中共思茅市委常委） 柳 彬（～2006.8.）、张

善强（2006.9.～）

区人大常委会主任　吴应崇

区人民政府区长（代区长）张善强（～2006.11.），毛保祥（代区长，2006.11.～）

区政协主席　蔡元庆(2003.3.～)

【胡锦涛视察翠云区营盘山茶园】　5月13日，中共中央总书记胡锦涛视察营盘山万亩茶园。

【创建和谐大新寨】　翠云区龙潭乡龙潭村大新寨村民小组共有151户697人。2005年实有耕地1 384亩（含水田220亩）；存栏大牲畜288头，生猪2 133头，黑山羊260只；粮豆总产33.37万千克，人均有粮503千克，经济总收入90.84万元，人均纯收入1 291元；种植柑桔613.6亩。

加大基础设施建设，打牢致富基础。乡党政带领群众投资32万元（含上级投入15万元，群众自筹17万元）修建进寨水泥路1.2千米；投资25万元（含群众自筹19万元），修建村寨内文明路3.7千米；小组干道和宅间道路硬化率达100%。

稳定粮食生产，大力发展特色产业。改良农田，推广良种良法，农民人均高稳产田达1.2亩，种水稻814亩，单产320千克，总产34万千克；种杂交玉米710亩，单产280千克，总产19万千克。

全年新种柑桔、咖啡、思茅松432亩，改良经济林果160亩，人均拥有1.5亩，农民人均增收123元。

组织农科人员举办养殖培训班，为群众科学养殖猪牛羊送上“金钥匙”；协调信用社给予养殖大户贴息贷款。全组出栏肥猪1 830头、肉牛320头、黑山羊250只，农民人均增收108元。

村“两委”组织村民种植蔬菜30.6亩，甜竹56亩，农民人均增收60元；鼓励12户农民从事饮食、屠宰、运输、木材加工等第三产业，户均年收入10万元以上，人均增收120元。

2006年全组农民人均纯收入1 714元，比上年增收423元，增长32.76%。全组农户实现砖混或砖木住房结构，人均住房面积达36平方米，院场硬化率100%；103户拥有太阳能洗澡室，138户有拖拉机，83户新买摩托车，4户买私家车，4户买大车；全组覆盖手机、市话和电视服务网络，安装电话72户、移动用户115户，家家看上电视，成为龙潭乡的“现代信息组”；村组干部建立健全农村社会保障制度，农民新型合作医疗参合率100%。

加大精神文明建设投入，先后建成一幢100平方米文化活动室、图书室，420平方米篮球场和600平方米陀螺场。抓好“十星级文明户”建设，在全村开展敬老爱幼活动和举办培训会、晚会，宣传党的方针政策、法律法规和科学技术，抓好平安创建，构建和谐农村，破除封建迷信，移风易俗，倡导勤俭文明生活方式，杜绝“黄、赌、毒”产生。邻里间互敬互助，和睦相处，勤俭持家。

改善生产生活条件和居住环境，群众出资3 000元，政府补助1 000元，共151户户均建成50平方米水泥地板、6立方米沼气池1口、32平方米卫生猪厩1间、3平方米厕所1间。农户改厩、改厕率达100%，庭院绿化率90%以上。同时建成22平方米公厕1间，64立方米垃圾池4个；安装路灯10盏，建成250平方米草坪1块和植树60棵。

村党支部和村委会民主管理是维护农村和谐稳定的关键。“两委”做到了“三个强化”：尊重民意，强化民主决策；建章立制，强化规范管理；公开村务，强化民主监督，尊重村民知情权和监督权。

【农村人畜饮水工程】　翠云区云仙乡、龙潭乡、六顺乡和思茅港镇大部分地区属石灰岩地带，饮水困难突出，解决山区人畜饮水难是脱贫致富最根本的条件，有利于提高农民生活质量和健康水平，有利于解放生产力和群众奔小康。翠云区委、区政府坚持“因地制宜，小型多样，有利于可持续发展”的原则建设农村人畜饮水工程。2006年，全区完成人畜饮水工程106件，建成大小水池87个，蓄水量1 722立方米，架设引水管道265.3千米，解决了35个村、109个村民小组、4 059户、1.75万人、9 500头大牲畜饮水困难；项目总投资188.85万元，其中国家补助149.61万元，群众自筹39.24万元。同时，建成人畜饮水小水窖559口，蓄水量7 346立方米，总投资69.98万元，其中国家补助55万元，群众自筹14.98万元。全区累计解决人饮困难11.37万人，人饮安全3.32万人，农村自来水供水8.75万人。

【农村养老保险覆盖面】　2006年翠云区养老保险覆盖7乡镇60个村。新增农村养老保险参保102人，保险费3.09万元；享受养老保险待遇15人，发放养老金1.89万元；累计参保3 680人，享受养老保险金39人。随着城市建设发展，失地农民增多，区劳动和社会保障局积极动员农民参加城镇职工基本养老保险，全年共有128人参保，新增保费2.06万元。

【旅游业建设】　2006年，围绕“中国茶城”建设，把普洱茶文化培育贯穿于城市规划建设和管理工作中，配合市委、市政府开发和提升了倚象镇营盘山“中华普洱茶博览苑”和“菜阳河国家级森林公园”。增加建设市政基础设施项目，道路改扩建，城市雕塑，中国茶城观景台，中国茶文化名人园和世界茶文化名人园两个精品园。全区共有各类宾馆酒店170家，标准房间5 612间、床位1万个；星级酒店7家，其中四星级酒店1家、三星级1家、二星级3家、一星级2家；旅行社5家，其中国际旅行社1家、国内旅行社4家。使“吃、住、行、游、购、娱”旅游六要素逐步完善。

【农村五保户实行财政供养】　遵循2006年3月1日国务院颁布实施的《农村五保供养工作条例》，五保供养资金列入地方财政预算，把农村最困难群体纳入公共财政保障范围。区民政局将原由农村集体供养的五保户重新调查核实，全区有五保户593户634人，从6月份起，每人每月给予60元生活补助，6～12月共发放生活补助金22.824万元。

【创制“普洱茶”技术领军人王霞】 2002年11月24日举行的广州茶叶博览会上，传出一个令人震惊的喜讯：经中国最高品茶师张天福等评委从18个送评样茶中评出五个茶王，云南省思茅古普洱茶业有限公司出品的“宫廷普洱茶”位居五王之首，经当场拍卖以100克16万元的天价被93号梁姓买主拍得，比上年“铁观音”茶所拍100克12万元高出4万元。此举一发牵千钧，普洱茶价快速攀升，2006年全市茶产值超15亿元。

创制“普洱茶”人间奇迹的技术领军人是一位昆明姑娘王霞，她从18岁进入一个边疆茶厂，摸爬滚打20多年，练就一身识茶、制茶、品茶的过硬本领，多次参与省内外的茶道品评茶事活动。1999年来思茅，以15%的技术股参与当地人建立“云南思茅古普洱茶业有限公司”。2002年接到广州茶博会的征展启事后，因800元参展费公司犹豫不决，王霞则下决心日夜研制，距展期仅五天做好样品茶用快件送展，成就了“普洱茶”的新历史里程碑。2004年9月，她另行注册了“中国云南思茅王霞普洱茶业有限公司”商标。2006年，王霞已建成一个年产1 000吨，集生产、科研、储藏、销售、品饮于一体的标准化茶业公司。研制了“王霞牌”、“传统普洱茶”、“宫廷普洱茶”等系列产品100多个品牌，销往北京、上海及日本、韩国、台湾、香港、澳门。2005年获第二届中国国际茶业博览会金奖。又被国家科技部、农业部、卫生部、工商行政管理总局、食品药品监督管理局、中国企业联合会授予“食品安全全国百佳先进单位”。同年11月，中国茶叶流通协会授予“王霞牌”茶叶“中国三绿工程放心茶”称号，成为“中茶协”推荐品牌。2006年，“王霞牌”普洱茶被人民大会堂、钓鱼台国宾馆选定为国礼，作为赠送和接待外宾用茶。中央电视台将“王霞牌”普洱茶作为国礼馈赠东盟六国电视台台长。

王霞对社会贡献的最大受益者是思茅市的几十茶农，仅2006年他们人均茶业收入比上年增加300元。原云南省人大常委会副主任、云南省普洱茶业协会会长张宝三诗云：“黄金昂贵不如茶，欲知奥秘问王霞。二两卖得十六万，应是天下第一家”。

（柳式骞）

普洱哈尼族彝族自治县

【概述】 普洱哈尼族彝族自治县位于云南省南部，思茅地区中部，东连墨江，南接思茅、江城，西邻景谷，北接镇沅，总面积3 670平方千米。县城宁洱镇海拔1 320米，距离市政府所在地41千米，距省会昆明379千米。2006年，年平均气温18.2℃，年均降雨量1 414.9毫米。全县辖2镇7乡，85个村民委员会，4个街道居民委员会。全县总人口18.86万人。其中：少数民族人口9.74万人，占51.67%；非农业人口3.45万人，占18.28%。人口自然增长率1.73‰。

2006年，全县完成生产总值12.54亿元，同比增长15%。其中，第一产业完成增加值3.9亿元，同比增长11%；第二产业完成增加值3.44亿元，同比增长24%；第三产业完成增加值5.2亿元，同比增长16%。一、二、三产业比重调整为34.49∶25.05∶40.46。完成农业总产值5.7亿元，同比增长5.1%。农作物种植面积44.7万亩，粮食产量6.9万吨，同比增长1.3%。完成冬农开发12万亩，产值3 664万元，同比增长5.1%；新植茶园9 003亩，茶园总面积7.7万亩，毛茶产量3 730吨，同比增加1 907吨，产值8 195万元；松脂产量1.4万吨，同比增长74.3%；种植烤烟11 460亩，生产烟叶2.75万担，同比增长50.2%，产值1 345万元，同比增长61%；实现畜牧业总产值1.3亿元，同比增长8.5%。完成工业总产值6.9亿元，同比增长36%。全年客运量309万人，旅客周转量2.13亿人/千米，货运量118万吨，货物周转量2.2亿吨/千米。完成财政总收入1.02亿元，同比增长54.1%。农民人纯收入2 008元，同比增长11%。职工年平均工资17 504元。城乡居民储蓄存款余额8.52亿元。居民消费价格总指数100.3%。电视覆盖率94.5%，无线广播覆盖率93.5%。

全县共有各类学校97所，在校学生2.4万人，专任教师2 019人。小学学龄儿童入学率99.9%，初中学龄人口毛入学率104.5%。新建校舍1.4万平方米，高考上线率达87.4%，居全市榜首。年末，有文化馆、图书馆各1个，有医疗卫生院14所，床位345张。

中共县委书记　杨亚林

县人大常委会主任　黄　健

县人民政府县长　李大超（哈尼族，～2006.5.）、饶明勇（彝族，2006.5.～）

县政协主席　杨发春

【弘扬普洱茶文化】 继2005年“马帮古道”瑞贡京城等普洱茶文化系列活动之后，普洱县委、政府紧紧围绕打造“文化普洱、风情茶乡、普洱茶都”的战略目标，开展一系列弘扬普洱茶文化活动。3月16日，成立普洱茶文化研究会，使普洱茶文化研究进入了一个全面、深入、系统的发展阶段。3月22日，邀请《北京周报》、《今日中国》、《人民画报》、《人民中国》等到普洱采访。4月7日，成立普洱茶叶协会，吸收全省各州、市的会员691人，召开第一次普洱茶协会代表大会，联合全省城市电视台协会，发起有16个州市参加的普洱茶文化“异地采访”评选活动，邀请全国各地38家电视台对茶叶协会成立进行跟踪报道。建立普洱茶街，举行普洱茶街开街仪式。建立“茶之源，道之始”碑。香港亚洲电视台拍摄《深度行者：茶马古道》纪录片。5月，邀请全国文联副主席谭谈、著名作家舒婷等到普洱采风。7月，拍摄纪录片《天下普洱》。8月，举办首届普洱茶百年经鉴赏会。树立“天下普洱”、“茶味人生”理念，弘扬品饮普洱，就是品饮一种历史，一种文化的思想，取得明显成效。2006年，普洱茶叶产量3 730吨，比2005年增加1.05倍，精制茶产量达3 100吨，比2005年增长97.33%。打造茶文化同时，带动了旅游业的发展，在2006年春节“黄金周”，普洱接待游客2.1万人，实现旅游收入23.4万元，接待昆明海外旅行社组织的“普洱茶文化探源”旅游团，实现以普洱为目的地的团队旅游的“零”突破。茶马古道之源的普洱茶马古道旅游区升级为国家AA级旅游区，全县旅游业产值突破千万元。

【烤烟——普洱支柱产业】 2006年，普洱实行领导干部挂钩联系制度，科学规划，合理布局，对种植烤烟优秀技术员、村组干部、种烟大户进行表彰，积极发展烤烟生产。全县烤烟面积超过万亩，烟叶产量达到1 377吨，比上年增50.02%。在普洱县德化乡窝拖村扎低寨，13户烤烟种植户烤烟产值均超过1万元。

【民族团结誓词碑】 6月10日，被誉为“新中国民族第一碑”和“民族团结工作第一碑”的普洱“民族团结誓词碑”被国务院公布为“全国重点文物保护单位”。9月，命名为“全国民族团结进步教育基地”。

【古茶树普查】 历经一年，完成普洱县古茶树资源普查，查明普洱县古茶树分布面积为1.26万亩，栽培型古茶树3 160亩。正本清源，为普洱是普洱茶原产地、集散地，打造“普洱茶都”提供了事实依据。

【小雀辣引种】 小雀辣是普洱县黎明乡把边江、勐野江两岸的野生辣椒品种，香味浓、辣味足，深得当地人喜爱。黎明乡窑房村进行了人工驯化，成功种植200亩，亩产值达2 500元，并对辣椒进行深加工，使辣椒亩产值增到4 500元，产品远销周边市县和昆明。

【摩托车拥有量快速上升】 由于普洱支柱产业林产业、茶叶、咖啡生产的顺利发展，农户通过采摘茶叶、咖啡、收割松脂发家致富，农户一天的采割收入达到五六十元，即使在偏僻山区，日付40元尚无法请到临时工。由于载重摩托车运输的灵活便利和农户生活水平的提高，农户拥有摩托车数量迅速增加，一批拥有多辆摩托车的农户出现。在普洱县勐先乡，摩托车拥有量从2005年的500余辆增加到2006年的1 000余辆，翻了一番。

【沼气建设】 普洱县委、政府坚持因地制宜，多能互补，开源节流并重方针，积极发展沼气建设。至2006年，全县沼气建设达到1.99万口，受益人口6.95万人，取得经济发展、环境改善、保护生态的良好效益。

（王尊）

景东彝族自治县

【概述】 景东彝族自治县位于云南省西南中部，思茅市北端，地处哀牢山西坡与无量山之间。东与楚雄州南华县、楚雄市、双柏县毗邻，西与临沧市云县、临翔区以澜沧江为界，南与镇沅县接壤，北与大理州南涧、弥渡两县山水相连。全县总面积4 532平方千米，其中山区占95%以上，河谷坝区不足5%；森林面积455万亩，活立木总蓄积量2 766.6立方米，森林覆盖率66.82%。县城所在地锦屏镇，海拔1 171.3米，距省会昆明480千米，距思茅市政府所在地270千米。2006年，年均气温18.5℃，年降雨量1 086.7毫米。2006年末，辖9乡4镇，166个村民委员会，3个社区，2 344个村民小组。全县总人口35.62万人，其中：非农业人口2.89万人，占总人口的8.1%；少数民族人口17.03万人，占总人口的47.8%，其中，彝族人口14.49万人，占总人口的40.7%。人口自然增长率为6.15‰。

2006年，县内生产总值15.56亿元，同比增长11.1%，一、二、三产业比重由上年的43.4∶23∶33.6调整为42.7∶22.8∶34.5。其中，第一产业实现增加值6.64亿元，增长11.8%；第二产业实现增加值3.55亿元，增长6.2%；第三产业实现增加值5.37亿元，增长13.5%。全年实现农村经济总收入9.79亿元，同比增长18.6%。粮食总产量13万吨；甘蔗产量23.3万吨；茶叶产量5 036吨；核桃产量2 515吨；烤烟产量4 080吨；蚕茧（鲜茧）产量1 603吨。肉类总产量2.04万吨；水产品1 028吨。全年完成工业现价产值3.51亿元，同比增长21.7%。地方财政一般预算收入完成1.1亿元，首次突破亿元大关，同比增长16.3%；固定资产投资3.76亿元，同比增长15.5%。农民人均纯收入1 736元，同比增长15.5%，增长绝对额居全市第一；城镇居民人均可支配收入7 203元，同比增长6.5%；职工年平均工资18 754元。居民消费价格总指数103.1%。全县城镇人口共有2 937户、3 900人纳入低保，做到应保尽保。农村特困户救助全面开展，4 364户、1.04万人得到救助。金融机构各项存款余额11.83亿元，同比增长18.2%。全年完成货运量97万吨，货运周转量9 630万吨/千米；客运量72万人次，客运周转量6 408万人/千米。广播电视覆盖率分别为92.2%和94.1%。全县共有各类学校209所，在校学生4.53万人，教师2 813人。初中入学率95.8%，完学率92%；小学适龄儿童入学率99.8%，完学率98.7%；青壮年文盲率控制在0.5%以内。年末，有文化馆、图书馆、博物馆和体育馆各1个，文化站13个，医疗卫生院（所）21个，床位523张。

中共县委书记　杨寒松（～2006.6.）、张世清（2006.6.～）

县人大常委会主任　陈维进

县人民政府县长　毕廷村（彝族，～2006.6.），代县长白兆林（彝族，2006.6.～）

县政协主席　杨学进（彝族）

【蔗糖】　抓住市场糖价回升的时机，宣传发动群众，扩大甘蔗种植面积，强化企业改革和蔗农生产管理，全面提升蔗糖产业。甘蔗种植面积5.25万亩，产量23.3万吨，同比增长36.5%。

【茶叶】　依托全力打造普洱茶的优势，大力宣传“茶出银生”，抓好无性系良种推广、低产茶园改造、无公害茶园建设，鼓励、支持龙头企业提高生产、加工技术，开拓市场，打造生态普洱茶和绿茶品牌，提高行业整体竞争力和经济效益，把茶叶培育成支柱产业。完成古茶资源调查，全县野生型古茶树群落分布面积28.63万亩，居全市第一，其中栽培时间在50年以上的古茶树（园）面积3.71万亩。2006年全县种植茶叶12.66万亩，产量5 036吨，总产值8 792万元，茶农收入7 340万元。

【林业】　2006年，开展深化林权制度改革试点，进一步加强林木采伐和松脂采割管理，加强以泡核桃种植为主的林果业管护，全年实现林业产值3.4亿元，林业收入1.18亿元。

【蚕桑】　2006年，种植桑园面积10.3万亩，蚕茧产量1 603吨，比去年同期增长76.9%，蚕农收入4 057万元，比去年增长1.8倍。

【招商引资】　2006年，非公经济增加值5.1亿元，同比增长14.7%。成功引进滇东矿业、立华腾矿业、云南无量山茶业有限公司，年内新签订合作项目4个，协议资金1.04亿元，同比增长164%，实际到位资金9 293万元，同比增长43%，共实施各类经济技术合作项目25项，与外界的交流合作进一步扩大。

【文艺获奖节目】　民族舞蹈《扁担舞》、《丰年耕田》，参加市首届民族运动会文艺汇演分别获一等奖、二等奖。在参加市首届民族文化艺术节活动中，《吉祥如意》、《朋友莫客气》获酒歌、茶歌比赛三等奖；民俗表演《押饭·打黑脸》获文艺节目编导一等奖；彝族舞蹈《三弦情》、《跳菜》、《石龙鼓舞》和《平安吉祥》获文艺节目编导三等奖；彝族舞蹈《跳菜》获文艺节目表演二等奖，男声独唱《银生吟》、彝族大帮腔《朋友今天来相聚》获文艺节目音乐创作二等奖；竹器打击乐《蜜蜂朝王》、民俗表演《押饭.打黑脸》获文艺节目音乐创作三等奖。

【扶贫】　扶贫工作取得实效，全年投入扶贫资金2 444万元，争取扶贫开发重点村28个，实现安居工程2 615户，实现上海对口帮扶建设重点村5个，卫生室3个，学校2所。解决了1.1万人农村特困人口的温饱问题，巩固了2.01万人不稳定低收入人口的温饱。完善转移安置7个移民组525户2 580人的扫尾工作。启动实施了35户安居房建设。

【拍摄到黑冠长臂猿】　2月，景东广播电视局记者首次在无量山国家级自然保护区近距离拍摄到黑冠长臂猿。据多年跟踪调查研究，无量山保护区内生活着约100群500只黑冠长臂猿。因此，景东被誉为“世界黑冠长臂猿之乡”。

（陶明贵）

镇沅彝族哈尼族拉祜族自治县

【概述】　镇沅彝族哈尼族拉祜族自治县位于云南省西南部，思茅市东北部，东靠玉溪市新平县，北接景东县和楚雄州双柏县，东南与墨江、普洱两县毗邻。总面积4 137平方千米，山区面积占97.7%。县城恩乐镇海拔1 080米，距省会昆明448千米，距思茅市政府驻地189千米。全县辖4镇5乡，109个村民委员会，2个城镇居民委员会，1 623个村民小组。2006年末，全县总人口20.69万人，其中非农业人口2.23万人，占总人口的10.8%；少数民族人口10.95万人，占总人口的52.93%。人口自然增长率6.9‰。

2006年，全县完成生产总值7.65亿元，比上年增长13.6%。一、二、三产业比重由上年42:21.5:36.5调整为42:20.9:36.9，其中第一产业增加值3.23亿元，比上年增长13.2%；第二产业增加值1.6亿元，增长8.5%；第三产业增加值2.82亿元，增长17.2%。2006年完成工业总产值3.23亿元，比上年增长27.7%。完成农业总产值5.02亿元，增长13.6%。粮食总产量7 816.1万千克，增长1.2%。种植烤烟2.76万亩，收购烟叶380.79万千克。全年完成客运量56.46万人次，货运量73.49万吨，货物周转量1.18亿吨/千米，客运周转量7 189万人/千米。2006年财政收入3 927万元，比上年增长33.94%。农民人均经济纯收入1 468元，职工年平均工资14 905元，增长15.6%。城乡居民储蓄存款余额6.43亿元，比上年增1.3亿元，居民消费价格总指数100.3%，有3 763人享受最低生活保障。电视覆盖率93.16%%，无线广播覆盖率86%。

全县有各类学校135所，在校学生2.54万人，专任教师2 136人，全县小学适龄儿童入学率为99.8%，小学六年完学率为96.6%，初中阶段毛入学率为100.2%。年末，有文化事业单位14个。有医疗卫生院、所13个，床位209张，有卫生技术人员375人。

中共县委书记　李盛富（彝族，～2006.6.）、郑颖松（2006.6.～）

县人大常委会主任　朱图荣

县人民政府县长　李向华(彝族)

县政协主席　张启义（傣族）

【帮扶苦聪人】 2006年，县人民政府以温家宝总理对苦聪人贫困问题的重要批示为契机，举全县之力抓好扶贫工作。全面完成73个整村推进项目、8个安置点410户2 000名苦聪人易地安置项目和1 624户安居工程（茅草房改造），已有360户1 737名苦聪群众入住新居，勐大文哲200户1 000人苦聪人易地安置项目正抓紧实施；完成社会帮扶项目希望小学4所、乡卫生院1所、村卫生室3个，实施“1+1”助学500人；发放扶贫贷款2 100万元。扶贫开发向纵深推进，使贫困山区特别是苦聪山寨面貌焕然一新，苦聪群众的生活有了新变化，产业培植取得了新进展，人民生活水平不断提高。

【彝族芦笙舞】 芦笙舞是按板镇文立彝族群众普遍喜爱并广为流传的传统文化娱乐形式。产生于清乾隆年间，经过一代代人的不断改进，至今已经具有较高的艺术价值和观赏价值，其跳法多达四五十种，且花样多，形式独特，是彝家人最为喜爱的一种文艺娱乐形式。“听见芦竹响，脚跟就发痒”便是文立彝族对芦笙舞喜爱的真实写照，上到七八十岁的老人，下到五六岁的孩子，出来都能跳两脚、唱几句。可谓“会讲话就会唱歌，会走路就会跳舞”。

【蜂筒鼓舞】 蜂筒鼓舞是哀牢山中部苦聪人的一种民间舞蹈，流传于镇沅者东一带，有着悠久的历史。据传，蜂筒鼓舞起源于明末清初，当时，苦聪人为了抵御外敌入侵和反抗民族歧视，用蜂筒鼓敲出不同的响声以传递信息，后逐步演变为一种风格独特的舞蹈形式。新中国成立后，随着经济社会的发展，苦聪人蜂筒鼓舞不再是传递信息的工具，而是用于庆贺节日、喜庆场合的器材，其演奏方法上也有了较大的改变，从单人击鼓演变为双人、三人击鼓，多人随鼓声起舞等不同形式，同时还有吹绿叶伴奏。蜂筒鼓舞因长年封闭在哀牢山腹地表演，故保持了它特有的传统模式，成为苦聪人传统文化中的一朵奇葩。

【音乐艺术】 镇沅是多民族聚居地，境内21个民族在漫长的社会生活中，创造了许多内容丰富、形式多样、句子精炼、脍炙人口的民歌，也称“山歌”。中华人民共和国成立以来，县文化部门整理、创作出版了《阿表哥折转来》、《茶王树》、《美丽的树茶王之乡》、《茶园深处我的家》、《畲葩情祭》、《烟锅·山韵·苦聪女》、《阿哥阿妹对歌来》、《哈尼敬酒歌》、《苦聪敬您冷水茶》等歌曲和舞蹈音乐。其中《阿表哥折转来》录音带中的《我的家乡》被定为县歌。

【畲巴节】 畲巴节是苦聪人的重要节日，一般在农历正月的第一个属牛日举行，其主要活动分为3个部分：一是选畲比木，二是祭畲勒戛，三是跳畲葩舞。畲葩节活动以其独特的民族文化形式，长期以来一直在苦聪山寨传承、沿袭，并成为苦聪人最崇拜的神圣节日，是不可多得的一种文化现象。

【篾笆宴】 篾笆宴是居住在镇沅恩乐、古城一带哈尼族卡多人创造的独特的饮食文化。起源于祭奠为除掉抢人掠财的恶魔而壮烈牺牲的呀咪呀哟。每年农历六月二十四日，卡多人以村寨为单位筹办丰盛的宴席，宴席以竹子编织的篾笆为桌子，所有村民都围坐在篾笆旁就餐。宴席开始时，寨主要念祝辞，结束后唱歌跳舞娱乐。卡多人篾笆宴历史悠久，沿袭时间长，是一种颇具特色的民族饮食文化，把其发扬光大，对于开发哈尼族卡多人的民族习俗，发展文化旅游产业具有较好的前景和价值。

【起龙船】 起龙船源于一种祭祀活动，约产生于清朝乾隆年间，以按板镇文立彝族为代表。每年春耕栽插完毕后，彝族人选一个属龙的日子，挨家挨户祭龙，目的是驱邪避灾，祈求幸福平安。

（毛锐锋）

景谷傣族彝族自治县

【概述】 景谷傣族彝族自治县位于云南省西南部，思茅市中部偏西，东与普洱县接壤，南与翠云区隔小黑江相连，西与澜沧及临沧市双江、临翔区隔澜沧江相望。全县总面积7 550平方千米。县人民政府驻地威远镇，距思茅市130千米，距昆明485千米。2006年，年平均气温20.8℃，极端最高气温36.4℃，年降雨量1 331.7毫米。2006年末，全县辖4镇6乡，132个村民委员会、3个社区居民委员会，1 938个村民小组。年内，撤销钟山乡并入威远镇，撤销边江乡并入永平镇。年末，全县总人口29.66万人，其中：非农业人口3.21万人，占总人口的11.5%；少数民族人口13.77万人，占总人口的46.43%，其中，傣族人口5.77万人，占总人口的19.44%，彝族人口5.97万人，占总人口的20.12%。人口自然增长率为3.85‰。人口密度每平方千米39.29人。

2006年，全县实现生产总值18.55亿元，比上年增长10.2%。其中：第一产业增加值6.85亿元，增长19.6%，第二产业增加值6.7亿元，下降0.1%，第三产业增加值5亿元，增长13.8%。一、二、三产业比重由上年的33.8∶39.8∶26.4调整为36.3∶37.3∶26.4。农业总产值8.22亿元，增长40.74%，粮食总产量11.24万吨，增长8.52%；全年甘蔗种植11.16万亩；茶树林种植2.65万亩，新植茶叶2.17万亩，累计种植8.9万亩；烤烟种植1.17万亩，收购烤烟2.65万担，产值1 198.16万元；桑树新植0.8万亩，累计面积1.2万亩，鲜茧产量20吨；冬农开发19.81万亩；新植橡胶2.07万亩，累计种植面积达5.19万亩；全县粮经种植比例由2005年的56∶44调整为55∶45。畜牧业产值1.59亿元。完成工业产值12.99亿元，比上年下降6.82%。

完成客运量127万人次，旅客周转量1.31亿人/千米，货运量381万吨，货物周转量4.45亿吨/千米。地方财政一般预算收入1.02亿元，比上年增长18.44%，地方财政支出3.47亿元，比上年增长25.44%；全社会固定资产投资8.31亿元，比上年增长36.78%；社会消费品零售总额4.62亿元，比上年增14.1%。农民人均纯收入达1 960元，比上年增12.26%；粮食人均产粮440千克。职工年均工资14 369元。城乡居民储蓄存款余额达9.39亿元，同比增长16%。全县低保对象1 689户2 455人，共发放生活救济金324万元。电视覆盖率96.1%，无线广播覆盖率90.7%。全县有各类学校146所，学生3.95万人，教职工3 848人，九年制义务教育普及率100%，入学率98.6%，辍学率0.2%。年末，有文化馆12个，全民所有制医疗卫生单位13个，床位445个。

中共县委书记　查定明（彝族，～2006.12.）、李忠明（2006.12.～）

县人大常委会主任　罗承强（傣族，～2006.5.）

县人民政府县长　刘新成（傣族，～2006.6.）

代理县长　岩　罗（傣族，2006.6.～）

县政协主席　王　诚

【交通建设速度加快】　2006年，以县城为中心的县乡公路路基改造和路面硬化工程全面启动。景（谷）永（平）二级公路全线贯通；完成弥宁线沥青路面景谷县城至凤山段铺设工程；完成民乐三级公路、钟益公路、景振公路、正兴公路路基改造工程；完成8个乡镇客运站建设工程；开工建设永碧公路路基改造；启动碧安至翠云区云仙乡公路建设项目前期准备工作。年内，全县交通基础设施建设完成1.13亿元。年末，各类公路里程4 301千米。

【捐资助学】　2006年，捐助贫困大学生资金42.95万元，受助学生293人。制定《景谷傣族彝族自治县捐资救助贫困学生实施方案》，年内，共101个单位5 891人参与捐资，收到捐款131.94万元。

【启动新型农村合作医疗制度】　2006年，全县开展各种传染病、地方病防治工作，建立卫生突发事件应急机制，加快县乡村三级保健服务网络建设，启动新型农村合作医疗制度。年末，全县农村参加新型农村合作医疗保险人数达21.06万人，参保率80.16%。

【扶贫】　2006年，全县共投入各类扶贫资金7 478.94万元，其中，财政扶贫资金902.8万元，实施扶贫安居工程1 257户，投入财政资金502.8万元，整村推进项目20个，投入资金300万元，易地扶贫项目转移安置53户200人，投入财政资金100万元；发放信贷扶贫资金5 035万元，其中小额信贷1 435万元，贴息贷款3 600万元；单位定点帮扶投入扶持资金、物资47万元；群众投工投劳1 395.34万元；其他扶贫资金98.8万元。各类扶贫资金的投入和项目的实施，使5.18万人农村人口受益，其中绝对贫困人口脱贫6 682人，巩固低收入人口1.07万人。项目区贫困人口的人均纯收入比上年增加306元。

【集体林权制度改革】　截止年末，全县参加集体林权制度改革的县、乡、村、组共9 000人。已申请林权登记和换证面积268万亩，占应申请林权登记面积337万亩的80%；已明晰集体商品林产权150.65万亩，占应明晰产权面积200.3万亩的74%；填写林权登记申请表2.8万份，已录入微机2.5万份，录入88%，核发林权证1.82万本，共12.5万宗地。

【首届国际陀螺节】　2006年12月21～26日，景谷举办首届国际陀螺节暨陀螺邀请赛和思茅市首届陀螺锦标赛。湖北、重庆、贵州，云南省等4省12市（区）28个单位477支男女代表队、260名运动员应邀参加比赛。湖北队、景谷队分别获女队、男队团体邀请赛冠军；翠云区男女队夺得男女队锦标赛桂冠。陀螺节期间，还举办民族传统陀螺文化展、民间手工制作陀螺比赛、陀螺猜谜、陀螺游园、百名城区独生子女和百名农村独生子女小学生绘画及彩泥塑“我心中的陀螺”。采用本地芒果树制作两个巨型陀螺，每个重220千克。

【汽车越野赛】　12月21～24日，景谷举办首届穿越景谷雨林之旅汽车越野邀请赛。来自全国11个省（市）58辆赛车、116名车手参加比赛，应邀参加活动的来宾有欧、美等12个国家37名外宾。赛车途经县境9个乡镇、329个村（组）、行程464千米。沿途三江八河、茫茫林海、崇山峻岭、山路崎岖。林海明珠、芒果之乡、茶祖之源、秀丽风光尽收眼底。

（胡光健）

墨江县哈尼族自治县

【概述】　墨江哈尼族自治县位于云南省南部、思茅市东部，东与玉溪市元江、红河州红河及绿春三县接壤，南邻江城县，西与普洱县隔把边江相望，北与镇沅、玉溪市新平两县相连。总面积5 312平方千米，山区面积占99.98%。北回归线穿县城而过，被誉为“太阳转身的地方”，有“哈尼之乡、回归之城、双胞之家”的美称。县城联珠镇，海拔1 300米，距省会昆明273千米，距思茅市府驻地176千米。国道213线即：元（江）—磨（黑）高速公路经过县城，省道楚江公路由城西过境，对外交通便利。2006年，年平均降水量1 338毫米，年平均气温17.8℃，属典型亚热带山地季风立体气候。2006年末，全县辖2镇13乡，164个村民委员会，4个社区居民委员会，2 339个村（居）民小组。全县总人口35.61万人，其中非农业人口3.40万人，占

9.6%；少数民族人口25.99万人，占73%；哈尼族人口21.24万人，占60%；是一个以哈尼族为主体，汉族、彝族、拉祜族、布朗族等民族杂居的全国惟一的哈尼族自治县。人口自然增长率2.43‰。

2006年，全县完成地方生产总值12.6亿元，比上年增长11.7%，一、二、三产业比重由上年的32.2:28.5:39.3调整到31.7:29.4:38.9。其中，第一产业增加值4亿元，增长9.9%；第二产业增加值3.7亿元，增长15%；第三产业增加值4.9亿元，增长10.7%。粮食总产量1.14亿千克，实现农业总产值6.2亿元，增长16.4%；烤烟种植2.84万亩，总产7.5万担，增长25.1%，实现产值3 950万元，增长28%，烟农户均收入7 144元，实现烟叶税869万元；畜牧业总产值（现价）1.44亿元，增长2.6%。实现工业总产值3.3亿元，增长16.9%。完成地方财政收入6 188万元，增长15.6%；完成地方财政支出3.56亿元，增长7.4%。农民人均纯收入1 191元，比上年增加121元，增长9.9%；农民人均有粮376千克，比上年增加11千克，增长3%。城乡居民储蓄存款余额8 176.3万元，增长24.4%。职工年平均工资17 543元。全县有6.21万人享受最低生活保障，全年共发放低保救济金570.5万元。全县拥有有线电视用户1.21万户，城乡电视覆盖率93%，无线广播覆盖率93%。全县拥有固定电话用户1.43万户，多媒体上网用户1 400户，移动电话用户5.48万户。全年客运量58.8万人次，客运周转量4 998万人/千米，完成货运量40万吨，货物周转量达3 000万吨/千米。全县共有各类学校121所，在校学生4.37万人，教师2 475人。九年义务教育普及率为100%，入学率99.49%，辍学率0.38%。年末，有文化馆、图书馆和群艺馆各1个；医疗卫生院、所21个，床位504个。

中共县委书记　刘　钊

县人大常委会主任　杞乔华（彝族）

县人民政府县长　李洪武（哈尼族，～2006.11.）、曹卫东（哈尼族，2006.11.～）

县政协主席　薛光海

【群众帮扶捐赠】　2005年，墨江县境内发生干旱、洪涝、山体滑坡、泥石流、风灾等自然灾害，给灾区群众的生产生活带来较大困难和影响，全县18个乡镇168个村（居）委会均不同程度受灾，受灾人口26万人。1月6日，墨江县各单位启动为困难群众帮扶捐赠活动。共收到各单位捐款22万余元，收到过冬用的棉被、衣物8 478件和部分折合人民币6万多元的物资。

【雅邑乡的护街使者——八斤夫妇】　八斤夫妇是墨江县雅邑乡一对义务扫街人。对于雅邑人来讲不卫生行为和街上堆积如山的垃圾已司空见惯。多年前，张八斤夫妇义无返顾地挑起清扫街道的重担。无论是烈日当空，还是阴雨绵绵；无论是酷暑炎炎，还是寒风凛冽，每天都有一位中年男子手执竹制扫把，从街头到街尾把各种杂物扫拢，他身后是一个身材中等的妇女，一手执铲一手推车，把清扫出来的垃圾装入车中运走。日复一日，年复一年，八斤夫妇一丝不苟，每天一扫把、一铁铲地清扫着街面，人们不再为垃圾而烦心、苦恼。八斤夫妇总是说："我们是共产党员，能为大家清扫垃圾，创建一个干净清洁的生活环境，是该做的份内事。建设社会主义新农村，要从点滴实事做起。"

【抗震救灾】　2006年1月12日上午9时05分29.3秒，墨江县发生震级为5.0级的破坏性地震。全县9个乡镇、67个村民委员会、994个村民小组、9.95万人受灾，民房、学校、卫生院（室）等建筑物普遍受损，水利交通、电力通讯、人蓄饮水、灌溉沟渠等设施受到不同程度破坏，造成经济损失9 000万元。国务院总理温家宝作了重要批示。省委书记白恩培，省委副书记、常务副省长秦光荣、副省长孔垂柱等也做出重要批示。省民政厅紧急调拨1 500床棉被、600顶帐篷，省红十字会也及时支援灾区500床棉被。省政府从预备费中为墨江县安排200万元抗震救灾资金和省属相关部门的对口资金。县财政紧急筹集50万元专项抗震救灾应急资金，调拨80吨救济粮及时发放到灾区群众手中。

【苦聪人告别"三不通"】　1月7日，墨江县孟弄乡丙曼村大楼满小组到克细小组公路开通，结束了克细小组苦聪族村民群众"三不通"的历史。克细小组距乡政府驻地20千米，与玉溪市新平县平掌乡相接壤。小组共有18户人家99人，全部是拉祜族苦聪人。几年来，由于路途遥远、海拔偏高、村民居住分散等自然条件的限制，通路、通水、通电一直与克细小组无缘，加之村民文化落后，经济发展缓慢，曾被形象的称为"隐蔽的苦聪人"。2005年，在孟弄乡乡党委、政府的鼓励、支持下，克细小组群众树立"要致富、先修路"的意识，开挖公路。通过群众集资、乡党委政府和林业部门的共同扶持，克细人齐心协力，投工投劳600多个，挖通大楼满小组棠梨树丫口到克细小组全长1.7千米、宽2.8米的公路。

【第二届中国·墨江哈尼太阳节】　4月10日，数千群众汇集太阳广场，拉开第二届中国墨江哈尼太阳节的序幕，参加追寻"诺玛阿美"活动。距今一千多年前，一支从西北高原南下的羌氏群族的后裔，在一个叫诺玛阿美的地方，建立了直莫、摩匹、工匠"三大能人"领导的政教合一的民族集团，形成一个独立的"和夷"的民族体，即后来的哈尼族。墨江成为哈尼族最集中的聚居区和哈尼文化的中心区之一。在太阳广场，当年率领哈尼族寻找新诺玛阿美的"三大能人"之一的摩匹的后代装扮成当年摩匹的模样，回顾民族的迁徙，对生活在福地墨江的哈尼族及各兄弟民族给予了殷切的祝福。十二名哈尼号手则一次一次地吹响长号，表达哈尼族经过漫长的迁徙后寻找到的哈尼民族新的诺玛阿美——墨江的喜悦之情。

【昆明龙凤胎溯源回归城】 在第二届中国·墨江北回归线国际双胞胎节活动中，出生于昆明市的龙凤胎郑阳马晨（男）和郑阳马云（女）怀着无比感恩之情再次到墨江参加第二届中国·墨江北回归线国际双胞胎节。这对龙凤胎是昆明市郑永宁、马艳华夫妇结婚6年未曾生育，一个偶然的机会，喝下了墨江河西村双胞井井水后生下的一对龙凤双胞胎。

【产业发展推进组】 为贯彻落实墨江县“十一五”规划中确定的“着力打造水电、林产、矿产、烤烟、畜牧五个重点产业，努力培育橡胶、茶叶、蔗糖、紫胶、文化旅游五个优势产业”的产业发展指导思想，墨江县成立由县领导组成的产业发展领导小组。领导小组下设10个产业发展推进组，即水电产业、林产业、矿产业、烤烟产业、畜牧业、橡胶产业、茶产业、蔗糖产业、紫胶产业、文化旅游产业。推进组主要负责制定产业发展总体规划和产业发展扶持政策，积极做好招商引资工作，协调解决产业发展过程中出现的各种矛盾和问题，总结典型，推广成功经验。

（周自慧　胡梦雄）

澜沧拉祜族自治县

【概述】 澜沧拉祜族自治县是全国惟一的拉祜族自治县，东依澜沧江而得名，位于云南省西南部、思茅市西部，东隔澜沧江与景谷县、翠云区相望，南与西双版纳州勐海县为邻，西与西盟、孟连县相接，北靠临沧市沧源和双江县，西部的雪林乡、南部的糯福乡与缅甸接壤，国境线长80.563千米。总面积8 807平方千米，山区半山区占98.8%，是个典型的山区农业县。县城驻勐朗镇，省道思芒线从城穿过，距思茅市政府驻地173千米，距省会昆明594千米，海拔1 054米。2006年，年平均气温19.9℃，年均降雨量1 595.8毫米。年末辖17乡3镇，155个村民委员会，3个社区居民委员会，1 943个自然村，2 699个村民小组，总人口49.82万人，其中非农业人口4.06万人，少数民族人口38.39万人，居有拉祜、汉、佤、哈尼、彝、傣、布朗、回、景颇等世居民族，自治民族拉祜族人口21.04万人。人口自然增长率为6.52‰。

2006年，全县实现生产总值15.44亿元，其中第一、二、三产业增加值为5.61亿元、5.01亿元、4.83亿元，扣除价格因素，分别比上年增长14.4%和4.8%、32.9%、10.8%，一、二、三产业比重由上年的40.05∶27.03∶32.92调整为36.34∶32.41∶31.25。全年农业总产值8.23亿元，比上年增长8.5%。粮食总产量16.32万吨，增长1.6%；畜牧业产值1.99亿元，增长8.2%；林业产值1.57亿元。工业总产值6.88亿元，增长24.2%。地方财政收入6 369万元，增长32.6%。农民人均纯收入1 006元，农民人均占有口粮323千克，分别增加94元、3千克；城镇居民储蓄存款余额7.37亿元；人均可支配收入7 400元，增加2 574元；在岗职工年平均工资17 329元。居民消费价格总指数100.58%。城镇居民9 916人和农村特困群众2.54万人享受最低生活保障。广播、电视综合人口覆盖率分别达91%、92%，有线电视入户率为12.7%。全社会客运量87万人次，旅客周转量1.29亿人/千米；货运量167万吨，货物周转量9 296万吨/千米。全县有各级各类学校330所，在校学生6万人，教师3 445人。全县小学适龄儿童入学率达99.1%，初中入学率达71.5%，小学和初中的完学率为79.4%和76.1%。年末，有艺术表演团、文化馆、图书馆各1个。各种卫生机构24个，病床622张；各种村卫生室158个，村医359人。

中共县委书记　赵　云（壮族）

县人大常委会主任　魏安裕（佤族）

县人民政府县长　石春云（拉祜族，2006.1.～）

县政协主席　杨家亮（拉祜族，2006.6）

【扶贫】 年内，以“增加贫困农户收入，减少贫困人口”为中心，强化扶贫开发措施，有效整合资金和资源，共投资1.1亿多元进行了茅草房改造、重点扶持村、对口帮扶、小额信贷等项目开发，年末投资8 474万元的2.12万户茅草房改造工程已完成投资4 406.4万元，建成民房3 672户；投资1 808万元的34个重点扶持村项目已完成投资1 091万元，完成茅草房改造505户、饮水工程建设12件、村内道路修建及其硬化13条38千米、经济林果种植129.8公顷、养猪示范579户1 737头以及沼气池、节能灶和科技文化活动室建设各114口、403口和4个；投资407.5万元的2005年度上海对口帮扶续建项目已全部完成投资建设，投资350万元的2006年度上海对口帮扶项目已完成投资246万元；投资879万元的以工代赈项目已全部完成投资建设；新增农村小额信贷资金1 200万元，实际放贷580万元。全年共输出劳务4 250人，解决了2万绝对贫困人口的温饱问题和1.35万人、1 478头大牲畜饮水困难。

【广播电视覆盖率提高】 2006年5月15日，始建于2005年11月并以“中频接入”发展为主、“小片网点”和开路发射为辅的307座广播电视“村村通”工程建设完工，投资337.7万元，其中中频277座，覆盖人口2.43万人；“4＋2”开路发射13座，覆盖人口7 153人；“9＋2”有线小片网点17座，覆盖人口1.12万人。同年更换接收机111台，修复发射机34台、接收机38台，共恢复转播123座。全年《拉祜山乡》广播制作播出新闻1 324件，《学习园地》、《科技信箱》、拉祜语

《学科学》节目各136组，《一周要闻》33组。《澜沧新闻》电视播出新闻1 292件，《科技天地》栏目41期，《一周要闻》节目33期，并开办了《贯彻落实“三个代表”重要思想永远保持共产党员先进性》、《禁绝毒品远离艾滋》、《创建卫生县城建设魅力澜沧》等专栏节目。全县广播、电视综合人口覆盖率分别达91%、92%，有线电视入户率为12.7%。

【缓解群众看病难问题】 2006年，澜沧进行了投资950万元的乡镇卫生院、投资30万元的10个村级卫生室、投资311万元的县第一人民医院门诊楼和县传染病专科楼等项目建设，全面启动新型农村合作医疗工作，使公共卫生体系和农村卫生服务能力得以进一步增强，仅参合群众就达30.55万人，占农业人口的70.16%，筹集参合资金305.5万元，共补偿参合农民医疗费497万元，进一步缓解了群众看病难的问题。

【省级文明村城子村】 勐朗镇勐滨村城子村民小组位于澜孟公路边，距县城10千米，居住着汉、傣、拉祜、哈尼等7个民族，共有农户84户324人，总耕地474.5亩。多年来，城子村民小组各族群众通过各种途径调整产业结构，增加粮食产量、经济收入，提高生活水平；学科学，用科学，每个人都掌握1～2门科技实用技术，运用科技搞种植和养殖，其中对家禽、生猪、大牲畜进行科学喂养、圈养，户与户之间形成了比、赶、帮、超的风气，看谁种的庄稼更丰收，谁养的猪更肥，谁的生活水平更高，增强了群众健康向上的信心和信念；遵守国家法律法规和村规民约，互相监督，共同维护，未出现聚众斗殴、重大刑事案件，无吸毒、贩毒人员；组里铺设了3 600多平方米的水泥路，建起了灯光球场、文化室、老年活动室、老年门球场等，使过去坑坑洼洼的通道变成了笔直、宽敞的水泥路，并实现了通电、通自来水、通电话、通闭路电视，普及九年制义务教育，适龄儿童入学率、巩固率达100%，无计划生育超生、抢生户。2006年实现粮食总产151吨，经济总收入101.1万元，农民人均经济收入达3 120元，大牲畜存栏397头，生猪存栏682头，84户全盖起了砖瓦房，建有“十星级”文明户8户，“九星级”10户，“八星级”7户，“七星级”19户，“六星级”13户，“五星级”13户。该小组曾于2004年被省妇女联合会授于“巾帼科技致富示范村”、2005年被省老龄工作委员会授于“敬老先进村”、被市委、市政府命名为“市级文明村”、被省妇女联合会授于“省级优秀妇女之家（学校）”，2007年4月被省委、省政府命名为“省级文明村”。

【完善社会保障体系】 2006年，全面启动事业单位参加失业保险，加强了社会保险费管理工作，使全县参加基本养老保险和医疗保险的分别增至7 401人和18 209人；核发农村特困户《救助证》1.08万户，发放救济粮790吨；把4 719户9 916人纳入城镇居民低保对象，共向10.26万人次发放最低生活保障资金818万元；把2.54万名农村特困群众纳入低保。

【节庆联办展示拉祜文化】 2006年起，把“葫芦节”和4月7日县庆联办，即把拉祜族过“阿朋阿龙尼”即葫芦节的时间由原定农历十月十五、十六、十七日调为阳历4月8、9、10日。2006年4月8日，在县城九四操场举行2006年拉祜族“阿朋阿龙尼”即葫芦节开幕式，并进行了“山水天地情”大型民族文体竞技表演。其间，还举办了“美丽的拉祜山乡”民族民间歌舞迎宾晚会、首届民歌大赛、“歌海舞潮”民族民间歌舞巡游表演、书法美术摄影展、农特产品商贸展销会、300多人的云南省民族学会拉祜族研究委员会会员代表大会以及组织参观游览千年万亩古茶园和民族民居等活动，充分展示了澜沧独具特色的拉祜文化的神奇魅力，进一步扩大了澜沧对外影响力。

【教育教学新发展】 2006年，稳步实施为改善办学条件而投资4 333万元，涉及20个乡镇28所学校52个单体项目的农村寄宿制、投资242万元对13所中小学危房改造、134所农村中小学现代远程教育工程的安装调试等项目建设，以及集中办学、“两基”攻坚、“两免一补”政策。仅发放农村义务教育阶段贫困家庭学生“两免一补”资金就达806万元，共补助7.38万人次，促进了教育教学的发展。年末，糯福、拉巴、安康3个乡的“普九”工作已通过市评估验收；全县小学适龄儿童入学率达99.1%，初中入学率达71.5%，小学和初中的完学率为79.4%和76.1%，分别提高4.2个百分点和2.5个百分点；高考成绩创历史新高，上线率为62.8%，比上年提高11.5个百分点。

（张晓孜）

西盟佤族自治县

【概述】 西盟佤族自治县位于云南省西南部，思茅市西部，东北、东、东南与澜沧县相连，南与孟连县接壤，西、西北与缅甸毗邻。总面积1 353.57平方千米，100%为山区，是靠天吃饭的农业县，是典型的“直过区”。县城勐梭镇，海拔1 150米（气象观测点），距思茅市府驻地260千米，距省会昆明675千米。2006年，年均气温19.9℃，年降雨量1 756.7毫米。辖2镇5乡，38个村（居）民委员会，362个村（居）民小组，334个自然村。2006年末总人口8.742万人，其中非农业人口1.49万人，少数民族人口占总人口的92.9%，有佤族、拉祜族、汉族、傣族4个世居民族，人口自然增长率4.2‰。

2006年，全县生产总值2.61亿元，增长12.1%，一、二、三产业比重由上年的28.2∶17.9∶53.9调整为28∶18∶54，其中第一产业增加值7 350万元，增长11.3%；第二产业增加值4 680万元，增长11.1%；第三产业增加值1.41亿元，增长12.9%。农村经济总收入8 503万元，增长3.4%；粮食总产量3 220.7万千克，增长1.3%。工业总产值1.76亿元，增长19.9%。财政收入首次突破千万元大关，达1 085万元，增长46%。农民人均经济纯收入886元，增长10%；职工年平均工资19 218元。城乡居民储蓄存款余额1.51亿元，增长25.6%。社会消费品零售总额7 229万元，增长12.7%，居民消费品平均价格指数101.8%。有1.6万户2.94万人享受最低生活保障。电视覆盖率94%，无线广播覆盖率95%。全年客运量32万人次，旅客周转量1 510万人/千米，完成货运量70万吨，货物周转量1 585万吨/千米。全县共有各类学校78所，在校学生1.61万人，教师922人；九年义务教育普及率为59%，小学入学率98.18%、中学入学率89.1%，小学辍学率1.6%，中学辍学率2.2%。年末，有文化馆、图书馆和群娱馆9个，医疗卫生院（所）9个，床位161个。

中共县委书记　杨卫东（～2006.4.）、高建林（2006.5.～）

县人大常委会主任　苏永跃（～2006.8.）

县人民政府县长　岩　再(佤族)

县政协主席　魏岩本（佤族）

【扶贫攻坚】　西盟县在2006年的扶贫攻坚中通过“三争取”达到“六完成”和“三解决”的目标。“三争取”：争取“兴边富民”工程到位资金3 142.3万元，争取上海对口帮扶资金330万元和香港乐施会项目资金27.7万元，争取扶贫贴息贷款1 000万元。“六完成”：完成外资项目总投资810万元，完成13件人畜饮水工程，完成20个重点扶持村建设，完成2005年度下达的1 726户专项安居工程、4个巩固温饱示范村、14个上海对口帮扶、石斛种源基地建设项目的检查验收，完成347户民族文化生态村民房建设，完成1.67万户6.34万人贫困户的建档立卡。“三解决”：解决1 564户6 256人的用电，解决1 536户4 719人和1 946头大牲畜的饮水，解决4 100人的温饱。

【调整农业产业结构】　新植甘蔗种植面积9 055亩，累计甘蔗面积2.07万亩，2005～2006年榨季完成甘蔗入榨9.33万吨；完成橡胶种植2.36万亩，累计橡胶种植面积15.66万亩，开割面积3.91万亩，产量1 747吨，同比增长15.1%；完成1 188亩台地茶和1万亩的茶树林开发种植，累计台地茶面积2.53万亩，采摘面积1.12万亩，产量267吨，同比增加39吨，增长16.6%；完成西盟米荞种植1.73万亩，产量156.2万千克，总产值468.6万元；加强3 410亩组培香蕉的管理，完成销售2 046吨，实现销售收入143.2万元；在2005年试种700亩桑树、试养119.5张蚕（实现收入10.48万元）获得成功的基础上，2006年新植桑树5 002亩；完成澜沧江防护林建设9 000亩，实施低产林改造8 000亩。加强动物疫病防治，加大畜牧品种改良力度。全县生猪存栏3.87万头，同比增长5.4%，出栏2.12万头，同比增长5.2%。大牲畜存栏2.27万头，同比增长0.9%，出栏3 999头，同比增长1.7%。禽类存栏12.54万只，同比增长10.4%，出栏10.78万只，同比增长25.1%。肉类总产量1 597吨，同比增长5.9%。

【财税金融取得历史性突破】　按照公共财政、统筹兼顾和以人为本、“保工资、保运转、保稳定、保重点”的要求，坚持“量入为出，增收节支”的原则，强化财政收支管理，地方财政收入跨上新台阶，突破千万元大关，达1 085万元，其中地方财政一般预算收入919万元，同比增长46%，完成计划任务和市级下达任务749万元的122.7%。地方财政支出1.73亿元，同比增长17.6%；进一步加强税费征管，健全征管体系，推进依法治税，国税收入首次超过500万元，完成地税收入851万元；加强金融信贷工作，金融机构实现扭亏为盈，各项存款余额3.82亿元，同比增长26%，其中：储蓄存款余额1.51亿元，同比增长25.6%，各项贷款余额2.04亿元，同比增长12.2%，现金收入6.85亿元，现金支出6.93亿元，累计净投放资金766万元；保险业完成业务收入429.8万元，同比增长3.3%，理赔支出249.8万元，同比增长12.8%。

【招商引资新突破】　坚定不移实施招商引资战略，强化措施，狠抓落实，招商引资取得新突破。全年共引进各类项目9个，达成协议资金8 810万元，实际到位资金4 140万元，同比增长103%，完成市级下达任务1 000万元的414%和计划任务3 060万元的135%。充分发挥非公经济对经济增长、扩大就业、活跃市场、增加财政收入的重要作用，大力鼓励、支持发展非公经济。全县非公经济户数1 156户，从业人员4 783人，同比增长56%；注册资金5 811万元，同比增长9.6%；非公经济增加值6 400万元，同比增长25%；上缴税金660万元，同比增长37%。

【精神文明建设】　认真贯彻落实《公民道德建设实施纲要》，精神文明创建活动扎实推进，人民群众的精神文化生活更加丰富。共创建省级文明单位8个，市级文明单位13个，县级文明单位69个，省级文明村2个，市级文明村5个，十星级文明户295户，“安全文明社区”131个，“无毒乡”2个。勐梭镇成功申报为省级文明小城镇。

（蒋学平）

江城哈尼族彝族自治县

【概述】　江城哈尼族彝族自治县位于云南省南部、思茅市东南部，内连红河州和西双版纳州，外与越南、老挝两个国家接壤，国境线长183千米（其中：中越段长67千米，中老段长116千米)。总面积3 544平方千米，县城距市府驻地145千米，距省会昆明422千米，海拔1 120米，2006年年平均气温19.4℃，年均降雨量2 171.6毫米。2006年末县辖5乡2镇，50个村（居）民委员会、520个村民小组。年末总人口11.85万人，其中非农业人口2.17万人；少数民族人口9.63万人，占人口总数的81.3%；世居少数民族有哈尼族、彝族、傣族、瑶族和拉祜族。人口自然增长率5‰。

2006年，全县实现生产总值6.8亿元，比上年增长13%；一、二、三产业比重调为41.8∶23.1∶35.1。其中，第一产业增加值0.27亿元，增长8%；第二产业增加值0.18亿元，增长21.8%；第三产业增加值0.23亿元，增长13.2%。全年实现农林牧渔业总产值3.69亿元，比上年增长7.6%。其中农业总产值2.28亿元，同比增长5.4%；林业总产值6 565万元，同比增长21%；畜牧业产值6 000万元，同比增长4%；渔业产值564万元，同比增长6%。粮食总产量3.39万吨，同比下降0.9%。工农业总产值5.62亿元，比上年增长19.2%。全年客运量24.5万人次，客运周转量2 400万人/千米；货运量24万吨，货运周转量4 011万吨/千米。县级财政收入3 006万元，比上年增长20%；社会消费品零售总额1.63亿元，增长14.1%；城镇居民人均可支配收入5 419元，增长6.5%；农民人均纯收入1 116元，增长8.6%；年末城乡居民储蓄存款余额达6.54亿元，增24.3%。职工年平均工资17 310元。社会零售物价指数100.3%。电视覆盖率92%；无线广播覆盖率95%。全县共有各类学校74所，在校生1.78万人，专职教师956人。初中毛入学率为102.6%，巩固率为98.5%，毕业率为97.5%。全县人均受教育年限为7.56年。有县级文化馆1个、图书馆1个、老年活动中心1个。有医疗卫生院、所12个，村级卫生室47个，床位185个。

中共县委书记　阿　昊(哈尼族)

县人大常委会主任　方艾学(彝族)

县人民政府县长　杨俊华（哈尼族）

县政协主席　李开连(哈尼族)

【朵把水产养殖协会引领农民致富】 勐烈镇朵把村水产养殖协会成立之初，有会员19户101人，范围涉及全村五个村民小组，鱼塘养殖面积80多亩，年亩产鲜鱼300千克，人均年收入不足1 000元。为进一步扩大经营规模，增强农民收入，协会积极探索发展路子，多方筹集资金，采取以会员入股，分户承包管理，统一联系销售和统一分配收益的方式，组建商品蔬菜生产合作社、水产养殖合作社、饲料加工合作社、产品营销合作社等股份合作社，使协会从单一的水产养殖向多元化经营方向发展。到2006年底，协会已形成一定规模，会员发展到80多户369人，占全村总人口的43%，鱼塘养殖面积达240亩，亩产鲜鱼800多千克，年人均收入达1 600元。

【宝藏乡获“全国婚育新风进万家”先进乡殊荣】 2000年4月，宝藏乡在板河村开始启动“婚育新风进万家”活动试点以来，不断建立健全基层组织机构和宣传网络，把开展活动与创建文明村、十星级文明户、脱贫致富奔小康结合起来，充分调动宣传、妇联、共青团、卫生、文化教育等部门积极参与，齐抓共管。不断加强文化室建设和电教设施建设，采取电教、巡回演出等多种形式，进行宣传动员。通过几年的努力，使群众普遍树立了“晚婚、晚育、少生优生”、“男女平等”等新型的婚育观念，得到社会好评。2006年荣获由中共中央宣传部、中央文明委办公室、国家人口与计生委、教育部、民政部、文化部、国家广电总局、中华全国总工会、共青团中央、中华全国妇女联合会联合颁发的“全国婚育新风进万家”先进乡殊荣。

【森林防火工作实现20战20捷】 江城县在2006年度森林防火中，认真落实各项防火措施，年内没有发生重大、特大森林火灾及人员伤亡事故，实现了年初提出的森林防火工作20战20捷目标。在防火期，共接到国家和省森林防火指挥部通报的卫星火点54个，发生森林火警12次；森林受灾面积0.441公顷，受灾率0.002‰。火灾案件查处率为84%，与去年同期相比，火灾次数上升6次，森林受灾面积减少0.259公顷。

【县图书馆“送书下乡”】 县图书馆年内出动车辆6辆次、人员25人次，把价值8 000多元的450多册文化教育、政治、历史等图书赠送给边防大队某边防站，把价值1.2万元的800多册书送到康平乡岩脚村民小组、太平村民小组和国庆乡田房村民小组，深受官兵和群众欢迎。

【被命名为云南省小康体育特色县】 江城于2003年成立创建云南省小康体育特色县领导小组，先后成立象棋协会、老年体协、体育总工会等11个协会，各乡镇、城市社区居委会建立了体育指导站。并于2003年建成标准灯光篮球场、灯光网球场和900个座位的田径场。至2006年末全县有30%的乡镇已被命名为体育特色乡镇，2006年3月10日江城县被命名云南省小康体育特色县。

【偏远山村有了无线电话】 曲水和嘉禾是江城县乡镇中最偏远的两个乡，大部分村寨交通不便、信息闭塞，有的村寨至今还不通水、不通电、不通公路，就连乡政府驻地至村委会的乡村公路大多是处于“晴通雨阻”状况。村民打电话十分困难，为打个电话要走3～4小时的山路。春节前，江城电信公司在曲水、嘉禾分别建起两座450兆的无线电话机站，信号基本覆盖全县村寨，先富起来的村民纷纷装上“致富通”无线电话。

【首家乡镇客运站在整董建成】 4月7日，江城县整董客运站建成。该客运站占地面积3 042平方米，设有主体站房、候车室、停车场、修理场和清洗部。候车室可容纳80人，发车位3个。按照云南省汽车客运四级站标准建设，集客运、停车、汽车修理、清洗、集贸于一体，是江城县第一个乡镇综合服务客运站。

【江城代表团参加老挝全国少数民族运动会】 为了加强与老挝文化交流，相互增进了解、加深友谊。12月，江城代表团到老挝参加老挝全国少数民族运动会，江城代表团参加了陀螺和射弩两个比赛项目。

【小康示范村——岩脚】 岩脚是康平乡勐康村的一个村民小组，该村民小组共有36户160人。岩脚村民抓住西部大开发和社会主义新农村建设的机遇，在各级党委政府的指导下，依托资源优势，积极发展甘蔗、茶业和养殖业，经济收入迅速增长，年人均纯收入达1 500元。岩脚村民还在上海金山区援助的基础上，自筹资金190万元，对全组的居住区进行整体规划，统一安排，至年底有32户盖起砖混结构的二层小楼，并配套安装了太阳能、卫生间，完成了村内道路、饮水、电网改造、科技文化室、公共厕所等设施，统一规划和改造了猪圈，成为全县社会主义新农村建设的典范。

【开通“十层大山”通道】 十层大山位于中国、老挝、越南三国交界点，可谓“一眼望三国”，由十座大小不同的山峰重叠而成，主峰海拔1 864米，是旅游观光和发展边境贸易的理想之地。过去，由于交通不便，要登上十层大山很不容易。2006年11月，建成长24千米的车行巡逻道和一条通往峰顶的1.9千米的步行水泥台阶。可登上十层大山峰顶，领略“一脚踏三国”的风光。

【勐康口岸列入国家“十一五”口岸发展规划】 勐康口岸位于江城县康平乡勐康村，是云南省列入国家“十一五”口岸规划的三个口岸之一。2006年已修通从勐康出入老挝的江本公路144千米，四季通车，可直达老挝万象，直至泰国、缅甸、越南，是云南省通往东南亚、南亚各国最便捷的陆路通道之一。

（杨文蔼）

孟连傣族拉祜族佤族自治县

【概述】 孟连傣族拉祜族佤族自治县位于云南省西南部，东和东北与澜沧县接壤，西北与西盟县毗邻，西和南与缅甸交界，国境线长133.399千米。总面积1 894平方千米，山区面积占80%。县城海拔高960米，距省会昆明650千米，距思茅市府驻地230千米。2006年，年平均气温20.3℃，年降雨量1265.6毫米。全县辖3乡3镇，3个社区居民委员会、39个村民委员会、410个村民小组。年末，全县总人口12.09万人，非农业人口1.76万人，占总人口的14.54%；少数民族人口10.3万人，占总人口的90%，有傣族、拉祜族、佤族、哈尼族4个世居少数民族。人口自然增长率为4.6‰。

2006年，全县生产总值6.14亿元，比上年增长12.6%，其中，第一产业增加值2.3亿万元，增长10.8%；第二产业增加值1.63万元，增长19.1%；第三产业增加值2.2万元，增长10.4%。一、二、三产业结构由上年的40:23:37调整为38:26:36。完成社会固定资产投资2.7亿元，增长6.8%。实现农业总产值3.81亿元，增长10.8%，粮食播种面积达23.72万亩，增长3.06%，粮食总产量4 675万千克，增长0.73%。橡胶种植面积23.78万亩，产干胶8 873吨；茶叶4.8万亩，产干茶1 208吨。工业总产值2.44亿元，增长18.74%。完成地方财政收入3 060万元，增长20.66%；金融机构各项存款余额11.22亿元，增长33.8%。职工年平均工资19 132元；城镇居民可支配收入6 665元，增长6%；农民人均纯收入1 369元，增长8.2%；人均有粮食449千克。广播覆盖率95%，电视覆盖率94.8%。全县有中小学校、幼儿园76所（含民办学校、园3所），在校学生2.19万人，校舍面积14.33万平方米。有1.41万名中小学生享受免费教育，小学入学率99.2%，初中入学率96%。共有医疗卫生机构83个，职工286人，其中专业技术人员244人，占职工总数的85.3%。

中共县委书记　胡文彬

县人大常委会主任　岩薛端（佤族）

县人民政府县长　魏　荣（佤族，~2006.5.）、罗承强（傣族，2006.6.~）

县政协主席　岩　平（佤族）

【孟连宣抚司署公布为第六批全国文物保护单位】 5月，孟连宣抚司署被国务院公布为第六批全国文物保护单位。国务院确定为第六批全国文物保护单位1 081处，孟连宣抚司署为古建筑类。此次重点文物保护单位的公布，使孟连县乃至全市辖区内的全国重点文物保护单位从无到有，标志着全县的文物和文化遗产保护工作取得显著成绩。

【娜允镇荣获“云南十大名镇”称号】 8月，孟连县娜允镇荣获“云南十大名镇”称号。娜允拥有目前中国保存最完好的傣族古城，也是傣族四大支系的惟一文化交汇点；有神奇美丽的自然景观，有着“边地绿宝石”的美誉。娜允镇被命名为“云南十大名镇”，将有利于进一步提高孟连的知名度，有利于促进全县文化旅游产业的快速发展。

【孟连傣族特色食品】 1. 撒哄：又名牛撒别，即牛肉生，可算是傣族菜肴中最名贵的一种。做法：把牛肉剔出后剁细，把切细的韭菜、马蹄菜、野芫荽、生姜、大蒜、青辣椒、香腊柳叶等佐料搅拌均匀，盛上煮沸过滤的牛粉肠水，加上泡皮、米线，用炸脆或烤脆的牛肚子、牛脾蘸着吃。还有吃熟的，即把牛肉剁细，拌上各种佐料，做成肉圆子，用牛粉肠水煮吃。2. 酸蚂蚁：酸蚂蚁是昆虫类的傣家生态菜肴之一，生长于热带湿热气候雨林中，每年四、五月份是吃酸蚂蚁的旺季。砍下蚁巢，扒去巢壳，取出酸蚂蚁卵和少许工蚁，倒入锅内，加水煮沸，冷却捞出，即可食用。食用时放上芫荽、大蒜、香葱头，加盐、辣椒少许，一道纯天然绿色食品就呈现在眼前。3. 酸扒菜：是用青菜的菜头制作而成的。青菜是傣族人最喜欢绿菜，更离不开酸扒菜。将菜弄成小节，透洗后煮酸木瓜或渣子果，煮扒后将青菜头放入合煮，到菜煮扒为止，然后放上少许红糖，用芫荽、大蒜、青辣椒和酸扒菜本身的汁作蘸水，用酸扒菜蘸吃。

【新型农村合作医疗】 2006年全县应参合农业人口9.79万人，参合率100%，居全省首位。全县共成立7个新型农村合作医疗管理委员会及办公室，其中：县级1个，乡镇级6个；确定57个新型农村合作医疗定点医疗单位，其中：县级3个，乡镇级6个，村级47个，农场医院1个。全县新型农村合作医疗基金到位440.57万元，其中：中央财政补助146.86万元，省级财政补助195.81万元，个人缴费97.9万元。

【小康村景冒大寨】 景信乡景冒大寨位于南垒河西岸，距孟连县城31千米，海拔1 050米，是一个傣族聚居的村寨，现有52户248人，其中妇女124人，劳动力171人；耕地面积929亩，其中水田445亩。2006年粮食总产量13.23万千克，人均有粮534千克，人均纯收入2 600元，有大型车辆6辆，小型车辆24辆，摩托车52辆，电视机52台，电话24部，手机159部，家家户户看上了互联网电视，47户安装了太阳能，50户用上沼气灶。2000年共青团孟连县委授予“文明村寨”称号，2001年被县委、政府确定为小康示范点，2002年思茅地委、行署命名为“地级文明村”，2006年被确定为省级社会主义新农村建设示范点。一座座青山，一片片竹林，一幢幢傣族民居，反映出边疆傣族人民的生产生活正呈现出一幅欣欣向荣的社会主义新农村景象。

（侯佳艳）

思茅市经济社会发展主要指标（表一）

地　区	年末总人口（万人）		城镇人口占总人口比重（%）		全社会就业人员（万人）		城镇登记失业率（%）	
	2005年	2006年	2005年	2006年	2005年	2006年	2005年	2006年
普洱市	256.56	257.3	24.50	26.99	136.91		4.20	4.45
思茅区	25.45	25.6		56.42	15.31		3.90	4.43
宁洱县	19.37	19.4		20.50	10.40		4.20	4.42
墨江县	37.78	37.9		13.10	19.06		4.50	4.46
景东县	37.77	37.9		25.60	21.08		4.20	4.40
景谷县	30.88	30.9		26.74	18.55		4.50	4.46
镇源县	21.36	21.4		18.40	11.74		4.50	4.44
江城县	11.76	11.9		26.00	6.42		4.50	4.50
孟连县	13.29	13.3		34.10	7.08		4.00	4.42
澜沧县	49.72	49.8		13.52	25.45		4.50	4.46
西盟县	9.18	9.2		18.78	4.80		3.40	4.45

思茅市经济社会发展主要指标（表二）

地　区	地区生产总值（万元）		第一产业（万元）		第二产业（万元）		第三产业（万元）	
	2005 年	2006 年	2005 年	2006 年	2005 年	2006 年	2005 年	2006 年
普洱市	1 065 609	1 246 806	357 396	415 798	298 118	359 291	410 095	471 717
思茅区	216 161	260 762	30 643	33 949	71 334	92 839	114 184	133 974
宁洱县	103 610	125 690	35 041	43 349	25 143	31 483	43 426	50 858
墨江县	112 832	126 991	36 388	41 219	32 162	36 644	44 282	49 128
景东县	135 552	155 918	58 813	65 431	31 134	36 788	45 605	53 699
景谷县	161 826	189 247	54 723	68 711	64 479	70 520	42 624	50 016
镇源县	64 325	76 487	27 013	32 882	13 816	15 400	23 496	28 205
江城县	58 720	68 106	24 537	27 025	13 558	17 667	20 625	23 414
孟连县	53 076	61 754	21 137	23 257	12 374	15 900	19 565	22 597
澜沧县	129 193	154 435	51 741	56 127	34 927	50 051	42 525	48 257
西盟县	23 274	26 580	6 602	7 420	4 215	4 799	12 457	14 361

思茅市经济社会发展主要指标（表三）

地　区	地区生产总值指数（上年＝100）		第三产业增加值比重（%）		人均地区生产总值（元）		全社会固定资产投资（万元）	
	2005 年	2006 年	2005 年	2006 年	2005 年	2006 年	2005 年	2006 年
普洱市	111.8	112.4	38.48	37.83	4 167	4 853	619 203	793 638
思茅区	111.8	116.2	52.82	51.38	8 595	10 226	203 064	246 813
宁洱县	116.4	114.9	41.91	40.46	5 558	6 476	41 987	45 472
墨江县	107.3	106.0	39.25	38.69	3 186	3 357	100 850	127 352
景东县	113.5	112.2	33.64	34.44	3 768	4 123	32 507	37 560
景谷县	118.3	112.4	26.34	26.43	5 497	6 123	60 724	83 060
镇源县	110.5	113.6	36.53	36.88	3 130	3 576	17 084	22 644
江城县	112.0	113.1	35.12	34.38	5 115	5 767	67 490	80 109
孟连县	107.5	111.7	36.86	36.59	4 498	4 643	25 558	27 406
澜沧县	105.9	114.4	32.92	31.25	2 724	3 103	90 713	123 865
西盟县	107.4	112.1	53.52	54.03	2 784	2 889	11 223	14 685

思茅市经济社会发展主要指标（表四）

地　区	地方财政收入（万元）		地方财政支出（万元）		人均地方财政收入（元）		社会消费品零售总额（万元）	
	2005 年	2006 年	2005 年	2006 年	2005 年	2006 年	2005 年	2006 年
普洱市	62 326	77 926	290 364	374 445	244	303	329 978	372 050
思茅区	15 136	18 606	30 409	38 790	602	730	103 105	118 578
宁洱县	4 324	5 929	21 182	28 486	226	306	26 641	28 932
墨江县	5 245	5 988	27 425	35 198	139	158	29 692	31 590
景东县	9 468	11 008	30 219	37 949	252	291	31 650	34 957
景谷县	8 610	10 198	26 835	32 434	280	330	40 501	46 200
镇源县	2 594	3 382	21 647	26 846	122	158	21 170	24 516
江城县	2 424	2 906	14 169	18 331	210	246	14 258	16 268
孟连县	2 536	3 060	14 688	19 131	193	230	19 226	21 883
澜沧县	4 526	5 868	37 669	47 620	92	118	37 322	41 897
西盟县	629	919	13 917	16 885	69	100	6 413	7 229

思茅市经济社会发展主要指标（表五）

地　区	农民人均纯收入（元）		农村人均住房面积（平方米）		在岗职工年平均工资（元）		人均储蓄存款余额（元）	
	2005 年	2006 年	2005 年	2006 年	2005 年	2006 年	2005 年	2006 年
普洱市	1 553	1 753	19.73		12 407	15 924	2 896	3 490
思茅区	1 922	2 180	20.57		10 560	12 386	9 935	11 722
宁洱县	1 803	1 998	21.62		13 854	17 539	3 687	43 83
墨江县	1 084	1 191	23.25		13 742	17 543	1 739	21 59
景东县	1 503	1 736			12 447	18 754	1 673	2 108
景谷县	1 746	1 960			12 677	16 461	2 620	3 033
镇源县	1 334	1 468	20.00		12 899	18 074	2 419	3 001
江城县	1 028	1 116	17.00		12 375	17 310	2 277	2 856
孟连县	1 265	1 369	15.45		13 689	19 104	4 419	5 334
澜沧县	912	1 006			14 202	17 328	1 201	1 479
西盟县	806	886	15.00		14 199	19 218	1 306	1 634

思茅市经济社会发展主要指标（表六）

地　区	初中学龄人口入学率（%）		广播覆盖率（%）		电视覆盖率（%）		每千人拥有医院、卫生院床位数（张）	
	2005 年	2006 年	2005 年	2006 年	2005 年	2006 年	2005 年	2006 年
普洱市	72.10	76.60	91.7		93.8		1.54	
思茅区	90.85	84.90	100.0		97.8		4.19	4.13
宁洱县	79.66	89.07	91.5		92.5		1.84	1.57
墨江县	88.29	89.86	90.5		90.5		1.25	1.30
景东县	79.46	86.96	91.6		93.5		1.25	1.23
景谷县	90.36	83.37	90.2		95.6		1.18	1.26
镇源县	81.51	88.15	85.0		92.2		0.91	0.93
江城县	85.30	85.57	91.0		94.0		1.53	1.52
孟连县	83.09	83.51	95.0		93.3		1.17	1.27
澜沧县	39.28	47.28	90.0		91.0		1.09	1.07
西盟县	62.38	59.25	89.0		93.0		1.54	1.46

（省统计局）

临沧市

主　　编　庞　云　姜定忠
责任编辑　许旭光　方爱琴

【概述】　临沧市位于云南省西南部，东经98°40′～100°32′，北纬23°05′～25°03′之间，北回归线横穿辖区南部。市委、市政府驻临翔区凤翔街道，距省会昆明598千米。东南与思茅市相连，北与保山市、大理州接壤，西与缅甸交界。总面积24 469平方千米。境内山脉属横断山系怒山、云岭两大山脉。主干山脉为怒山山脉的南延部分，是横断山脉纵谷区。最高点永德大雪山，海拔3 504米，最低点南汀河出境处，海拔450米，相对高差3 054米。境内河流分属澜沧江水系和怒江水系。两大水系在境内流程5千米以上的大小支流共368条。气候属典型的季风气候。主要特征是小区气候复杂多变，四季区分不甚明显，但干湿季分明，雨量较充沛。2006年平均气温16.9℃～23.0℃，较历年平均值偏高0.2℃～1.3℃，日照时数为1 829～2 603小时。全市年降水量875～1 896毫米，降水日数122～161天。2006年主要气候灾害是冬春干旱，汛期降雨量极不均匀，单点暴雨突出，主要河流水势变化大，洪涝、滑坡、泥石流等频繁发生。全市辖临翔区、凤庆县、云县、永德县、镇康县、双江拉祜族佤族布朗族傣族自治县、耿马傣族佤族自治县、沧源佤族自治县1区7县，77个乡镇，其中乡45个、镇32个。2006年末，全市常住人口236.6万人，其中非农业人口23.49万人，农业人口197.12万人；少数民族人口88.24万人，占总人口的37.30%。主要少数民族为彝、佤、傣、拉祜和布朗族。人口自然增长率7.01‰。

2006年，全市完成生产总值114.18亿元，其中第一产业增加值41.07亿元，增长8.3%；第二产业增加值37.83亿元，增长16.9%；第三产业增加值35.28亿元，增长12.3%。三次产业比重由上年的37.3∶30.8∶31.9调整为36∶33.1∶30.9。财政总收入9.17亿元，其中地方财政收入5.55亿元。全社会固定资产投资58.86亿元，社会消费品零售总额32.13亿元。年末金融机构人民币各项存款余额93.4亿元，各项贷款余额92.3亿元。居民消费价格总指数100.8%。

完成农业总产值61.1亿元，粮食总产72.51万吨。年末森林覆盖率46.63%。完成工业总产值（按当年价格计算）49.8亿元，实现工业增加值25.61亿元，分别增长16.1%和16.2%。全部国有及500万元以上非国有独立核算工业企业64户，增加6户，实现工业总产值（现行价格）40.28亿元，利税总额11.36亿元。

旅游行业接待国内外旅游人数169.71万人次，增长27.7%，其中接待海外旅游人数3.71万人次，增长16.9%；实现旅游业总收入6.93亿元，增长22.2%。创外汇收入2 246万美元，增长17.5%。

2006年，全市通公路里程1.35万千米。公路运输客运量632万人，旅客周转量7.73亿人千米，货运量1 734万吨，货物周转量10.84亿吨千米。航空客运量完成11.86万人次。

全年邮电业务收入3.68亿元，增长7.2%，固定电话发展到22.58万部（含小灵通），增长17.6%，移动电话用户34.03万户，增长25.1%，固定电话普及率9.5部/百人，移动电话普及率14.4部/百人，互联网入户数达2.58万户。

全市养老保险参保人员4.74万人；农村养老保险参保人数达1.79万人，企业工伤保险参保人数达3.36万人、生育保险2.77万人；失业保险5.46万人；基本医疗保险参保人数达11.15万人。全市享受城镇居民最低生活保障2.23万户4.42万人，累计发放低保资金4 023.87万元。

年末，全市共有各级各类学校3 095所，专任教师1.99万人。其中：大专1所，中等职业学校20所，普通中学129所，职业初中2所，小学（含教学点）2 884所，特殊学校1所，幼儿园58所。在校学生人数37.41万人，8个县（区）已全部实现“普六”，有7个县（区）基本实现“普九”，覆盖人口218.56万人，以县（区）为单位“普九”地区人口覆盖率达到92.5%。学龄儿童入学率99.24%，残疾儿童入学率74.76%。全市普通高考共录取2 766人，比上年增加86人：中考录取8 494人：共有3 526人报名参加成人高考，全年共报考自学考试1.14万科次。2006年，全市义务教育阶段有30.38万名学生享受免杂费补助，有17.07万名学生享受免费发放教科书补助，享受“一补”学生人数7.39万人。

年末，全市有卫生机构142个，病床3 586张。拥有综合档案馆、文化馆、图书馆各9个，馆藏图书54万册：艺术表演团队7个，表演场所1个，电影队60个，印发《临沧日报》302万份。有15个乡镇通过云南省体育特色先进乡镇检查验收：选派61名运动员参加云南省第12届运动会，参加7个项目比赛，共获金牌5.5枚、银牌3枚、铜牌6枚。

全市拥有电视转播发射台10座；卫星收转站10 269座；广播覆盖率达84.49%；电视覆盖率93.11%。

2006年，全市开发就业岗位

1.42万个，比上年增加1 434个，新增就业1.09万人；全市转移农村富余劳动力5.1万人，增加农民收入2.9亿元。全市城镇居民人均可支配收入8 116元，比上年增长8.9%，农民人均可支配收入1 458元，增长9.7%。单位在岗职工年均工资1.62万元；农民人均纯收入1 488元，比上年增加142元，增长10.5%。

中共市委书记　李国伟

市人大常委会主任　杨廷义

市人民政府市长　刘　明

市政协主席　刘世胤

【“三村”工程经验受关注】　2003年底，在100个建制村实施以“生态村为发展基础，文明村为发展动力，小康村为发展目标”的“三村”工程建设。2006年初，在继续巩固和总结首批“三村”建设成果的基础上，又选择100个村实施以“三村”工程为载体的社会主义新农村建设。2月10～12日，中央党校经济理论部主任王东京一行4人，就社会主义新农村建设到临沧进行调研。他们认为，临沧把社会主义新农村建设归纳为“三村”建设，并具体化为“14个1”的指标，很有新意。这将是中国农村改革一次大的尝试、一次大的突破：它从体制层面、政策层面、实践层面，对中国范围内实现社会主义新农村都将赋予指导意义。并把临沧的“三村”建设经验作为中央党校的教学案例。5月，在省社科专家临沧行活动中，临沧的“三村”建设也成为社科专家们关注的焦点。经过实地考察，专家们认为，临沧“三村”工程建设的成效有“七个新”：一是农民经济收入上新台阶；二是农村建设资金投入达到了新水平；三是特色产业迈出了新步伐；四是基础设施建设实现了新突破；五是群众生活条件得到了新改善；六是生态环境保护和建设取得了新进展；七是群众的文明与法制素质得到了新提高。临沧有六个可借鉴的经验：第一、把发展经济、增加农民收入放在首位；第二、以调整产业结构，培植特色产业为“三村”建设的重点；第三、以统筹、整合和捆绑使用的方式解决建设资金难点；第四、以保护和建设良好的生态环境为“三村”建设的前提；第五、全面规划，统一要求，因地制宜，分步实施，既从大处着眼，又从细部入手，用科学方法推进“三村”建设；第六、各级领导、广大干部和各单位挂钩建设“三村”这是整个“三村”建设成功的保证。

【组建新农村理事会】　临翔区凤翔街道新村四组，183户农户于2006年3月成立由11名成员担任理事的理事会。理事会成立不久，全村就办成了几件大事：敲定了7条村庄道路的规划，并修建完成一条命名为一号路的3.5米宽、近1千米长的水泥硬板路；统一规划出了新开发502.5亩新茶园，并在5月27日正式开工。2006年，又启动第二批“三村”建设时，市委市政府把建立“新农村理事会”作为新农村建设的举措之一。6月14～15日，中共云南省委书记、省人大常委会主任白恩培等领导在临沧就社会主义新农村建设工作进行深入调研。白恩培强调，临沧在农村建立“新农村建设理事会”的做法很好，要认真总结，提供全省借鉴。截止11月30日，全市共组建理事会545个，有理事会成员3 829人，聘请顾问327人。新农村建设理事会的民主管理形式，受到农村群众的认可和欢迎。

【村合作医疗惠及农民】　2003年5月，临沧市首先在云县开展新型农村合作医疗试点工作，当年，云县应参加新型农村合作医疗的农民为37.35万人，实际参加31.78万人，参合率为85.1%。2006年，临翔区和凤庆县开始新型农村合作医疗试点，临翔区、凤庆县、云县3个试点共有88.87万农民参合，占全市农业人口总数的45.19%。截止到2006年10月31日，3个试点县（区）共有76.81万人次获得医疗报销，报销总金额为3 516.82万元。新型农村合作医疗给农民的生活带来了真正的实惠，受到了广大农民群众的欢迎。

【茶价上扬农民得实惠】　临沧市茶叶产业化建设通过“科技提高品质、文化提升价值、品牌开拓市场”三大发展战略，成效初步显现。2006年，全市实现茶叶农业产值4.92亿元，比“十五”末增1.51亿元，增幅44%，茶叶产业受益的山区人口达160万，占农村总人口的82.1%，茶农人均来自茶叶的收入达307.5元，较上年213元增加94.5元。全市茶叶龙头企业共收购加工精制茶2.43万吨，较“十五”末增加5 689吨，增幅30.54%；精制茶销售平均价达24.41元/千克，实现茶叶工业总产值6.09亿元，较“十五”末增加2.16亿元，增幅55%。“勐库”、“凤牌”、“王子冠”、“澜沧江原生茶”、“回味”、“嘉茗”、“银毫”、“临毫”等品牌已成为知名品牌。市级建立了茶叶检测中心，已有64户茶叶企业通过国家QS认证，获得市场准入资格。确保了茶叶产品在市场上的质量信誉，增强了市场核心竞争力。同时澜沧江啤酒集团原生茶饮料的正式投产，标志着临沧茶产业的科技创新步入了世界先进水平。

【核桃产业大发展】　2006年9月，中共临沧市委、市政府在“中国核桃之乡”——凤庆县召开全市核桃基地建设现场会。提出用3年时间建成300万亩泡核桃基地，在此基础上，再经过几年的努力，到2015年，力争使全市核桃面积达600万亩，使全市农民人均泡核桃达30棵以上，农民人均从核桃上得到9 000元左右的收入，成为临沧继糖、茶“生命产业”之后的“朝阳产业”，为全市农民人均可支配纯收入达到1万元，高标准、高质量进入小康奠定基础。

【新型民居成为一大亮点】　2006年，在第二批100个重点建制村以“三村”工程为载体的社会主义新农村建设中，农民群众热情高涨，自愿投工、投劳建设整洁的村庄，建盖美丽的家园，改善自身的居住环境，提高生活质量。永德县永康镇送吐村的岳卫兵看着自己的新别墅自豪地介绍说："我家这房子盖的时候是从新农村民族民居设计的样板房中选择的户型，因为我想让每层楼都有卫生间，主卧室也有一卫生间，所以在盖的时候把13、14两种户型结合起来，感觉很满意，住着舒适、比较卫生，建房用了12万元多一点，还是值得的。"在全市广大农村可以看到一幢幢新民居房耸立于美丽的乡村，老百姓高高兴兴地住进了新别墅。截止到2006年11月30日，全市100个建设村完成安居房建设2 746户，完成投资6 003.6万元。

【园林化城市建设工程成绩显著】 2006年，共实施项目139个，完成建设投资8.52亿元，新增城镇建成区面积1平方千米，建成区面积达65.4平方千米；绿化覆盖率提高1%，达17%；城镇化水平提高1.23个百分点，达26.4%。

【靓丽的鲜花大道】 临沧城的沧江路是一条六车道的城市道路，作为进入临沧城的"迎宾路"之一，与其他城市道路不同的是，沧江路两旁和隔离带上都种满了临沧市花三角梅和树木，是名副其实的"鲜花大道"，沧江路的"前花后树"在美化环境的同时，也使临沧城更加充满绿意。经常往返于沧江路的司机陈师傅感慨地说，在这样充满绿树红花的路上驾驶，心情很舒畅，很轻松，能享受到人与自然的和谐之美。2006年末，全市境内的450千米通县、县际油路都建成了绿色生态大道。

【临沧最高楼动工】 昔日，建设银行的钟楼可算是临沧城里最高的建筑，每天整点报时，楼顶大钟发出的洪亮钟声响彻全城。可如今，临沧的高层建筑如雨后春笋般地拔地而起，不仅扮靓了临沧的城市面貌，更提升了临沧的城市品位，每一位临沧人都深刻地感受到临沧越来越浓厚的城市氛围。2006年，位于人民路口的恒达广场正式开盘，这座共12层的商住楼（含地下室）占地面积为3 894平方米的"钢筋混凝土巨人"，将作为临沧第一高楼屹立在临沧市民的眼前，它也将为临沧市民提供又一个居住、休闲、购物的好去处。

【第6868辆私家车】 20世纪70年代，临沧人谁也不敢相信能拥有自己的摩托车、电视机等奢侈品，但随着改革开放、经济社会的发展，这些曾经梦想拥有的东西已经变成自己生活中一件普通的用品。而当人们进一步追求和梦想能拥有一辆私家车时，短短几年时间，在临沧这块不大的地方已经出现了一大批私家车群体。据有关部门统计，2006年，临沧共有私家车6 868辆。刚为爱车落了户的孔师傅说，现在生活好了，手头宽裕了，买辆车一来作为代步工具方便自己上下班，二来方便节假日出游。

【沧江园里的打歌队】 打歌是临沧人业余时间的一项既省钱、又愉悦身心的娱乐、体育锻炼活动，加之临沧独具特色的人文资源和浓郁的民族文化，更为打歌这一丰富群众业余文化的活动提供了广阔的发展空间。沧江园2005年12月28日开园后，就成了临沧城最大、人气最旺的打歌场。李师傅所在的打歌队2006年10月"进驻"沧江园，可以算是第一批进入沧江园打歌的队伍，他说，以前的业余活动就是和朋友打打牌、打打麻将，很单调、很乏味，时间长了也不利于身体健康。可自从参加打歌后，大家在打歌中锻炼身体、收获快乐的同时，还结识了不少朋友，现在沧江园里的打歌队有四五支，大家参与的积极性也越来越高。在沧江园里，除了打歌活动外，还设有棋牌室、书画走廊等各种丰富的娱乐活动场所，为颐养天年的老人、活泼可爱的少年儿童提供了收获健康、收获快乐的平台，也成为上班族放松休闲之所。同时，也构成了临沧城的一道靓丽风景线。

【健身运动成时尚】 在临沧，城市的气息越来越浓，这不仅是市容市貌的改变，而且是人们生活水平、思想观念的悄然改变。"掏钱买出汗"成为一种时尚，很多人开始热衷参加健身操锻炼等有氧运动，让自己在紧张的工作之余，享受到更多的生活乐趣，提高生活质量。华旭健身俱乐部负责人林文红介绍说，2005年到俱乐部锻炼的人只有200来人，2006年下半年就有300多人加入到健身这一行列，有更多的人在健身中增强了体质，找到了美丽与自信，健康是最大的幸福，出钱买健康也是拥有了幸福。

（王邱华）

临翔区

【概述】 临翔区位于云南省西南部，临沧市中东部，东与思茅市景东、镇沅、景谷县相邻，南与双江县接壤，西连耿马县，北接云县。总面积2 652平方千米，区政府驻地临沧城距昆明公路里程598千米，海拔1 460米，2006年，年平均气温17.2℃，年降水量1 161.8毫米，年平均日照2 123.5小时，全年多偏北风。辖凤翔街道、忙畔街道、博尚镇、蚂蚁堆乡、章驮乡、圈内乡、马台乡、邦东乡、南美拉祜族乡、平村彝族傣族乡等2个街道1个镇7个乡，93个村民委员会，9个社区。年末总人口28.39万人，其中非农业人口5.32万人，人口自然增长率6.93‰。

全年完成生产总值16.48亿元，同比增长12.6%，其中，第一产业实现增加值4.49亿元，同比增长8.1%；第二产业实现增加值3.85亿元，增长22.7%；第三产业实现增加值8.14亿元，增长10.8%。三次产业比重由28:22:50进一步调整优化为27:24:49。实现农业总产值6.82亿元，同比增长10.7%。粮食产量8.06万吨，同比增长0.1%。产业培育取得新成效，种植结构进一步优化。新建高优茶园9 859亩、高优蔗园4 959亩，种植核桃10.63万亩、油菜4.48万亩、烤烟1.43万亩、紫胶寄生树1.9万亩。畜牧业稳步发展，实现畜牧业产值1.89亿元，同比增长7.3%。全年完成工业总产值4.54亿元，同比增长20.75%；实现企业增加值1.84亿元，增长26%；完成工业销售产值4.29亿元，增长24.93%；工业产品产销率达94.6%，增长2.71%。固定资产投资持续增长。累计向上争取各类项目资金9 000多万元。全年完成区域内固定资产投资9.35亿元，同比增长15.2%。全年完成财政收入1.01亿元，同比增长21.21%，首次跃上亿元台阶，其中，完成地方一般预算收入6 079万元，增长13.25%。财政支出3.28亿元，增长35.96%。城镇居民人均可支配收入8 220元，增长8.07%；农民人均纯收入1687元，增长10.12%；全年各项存款余额32.96亿元，比年初增长23.08%；各项贷款余额37.59亿元，比年初增长13.42%。社会消费品零售总额8.77亿元，同比增长15.75%；居民消费价格总指数为100.8%，涨幅为0.8%。无线广播覆盖率86%，电视覆盖率95%。2006年，临沧城被评为省级卫生城。当前，临沧城建成区面积达11.58平方千米，城市化水平达36.46%，城市供水普及率达97.3%，城市绿化覆盖率达32.7%。

年末有各类学校307所，在校学生3.34万人，教职工2 610人，九年义务教育普及率100%，适龄儿童入学率99.76%，辍学率1.51%；文化馆、图书馆各1个，医院、卫生院所13个，床位323张，医护人员525人。

中共区委书记　张　涛

区人大常委会主任　何继才

区人民政府区长　杨光雄

区政协主席　黄　丽（女）

【农业农村发展条件不断改善】 解放大沟改扩建等一批骨干农田水利工程全面实施，完成人畜饮水工程31件，解决了3 263户、1.43万人的饮水困难。退耕还林工程继续实施，完成人工造林16.01万亩，补植补造0.45万亩。扶贫开发力度加大，启动实施了20个整村推进和2个易地扶贫搬迁项目，贫困地区生产生活条件不断改善。按时完成贫困人口建档立卡工作。

【新农村试点建设取得新成效】 按照中央提出的“生产发展、生活宽裕、乡风文明、村容整洁、管理民主”二十字方针要求和市委、市政府提出以“三村”工程建设为载体的14项新农村建设指标，启动实施12个村“三村”工程建设，共投入建设资金4 768万元，12个村经济总收入达7 512万元，农民人均纯收入增长比例达13.86%，高于全区3.74个百分点。

临翔区圈内乡新农村建设　（李嘉贞　摄）

【非公经济发展加速】 2006年，实现非公经济增加值6.01亿元，同比增长21.4%；缴纳税收4 410万元，同比增长22.8%；非公经济从业人员达1.68万人。非公经济增加值占全区生产总值的比重达36.5%，非公经济已成为促进全区经济增长和扩大就业的一支重要推动力量。

【招商引资】 全年共实施招商引资项目27个，其中，接转2005年在建项目20个，新签约项目7个。招商引资实际到位资金3.94亿元，同比增长20.29%。

（胡荣莉）

凤庆县

【概述】 凤庆县位于云南西南部，临沧市北部，东与南涧、云县相连，南与云县、永德县毗邻，西与昌宁县交界，北与昌宁、巍山县接壤。总面积3 451平方千米。山区面积占90%以上，属山区农业县。县城海拔1 570米，距临沧市110千米，距省会昆明市605千米。境内群山连绵，山川相间，仅营盘镇有局部丘陵台地，其余皆为高山峡谷。河流分属澜沧江、怒江两大水系。澜沧江从西北向东穿境而过，支流黑惠江、迎春河、顺甸河纵横切割，形成四大峡谷。境内最高海拔3 098.7米，为大雪山黄竹林，最低海拔919米，在勐统河出境处。年均日照1 876.5小时，全县属中亚热带季风气候带，有雨热同季和干凉同季的特点，气候温和，日照充足，雨量集中，干湿分明，素有“山有多高，水有多高，四季如春”之称。2006年，年平均气温

16.9℃，年平均无霜期290天，年降雨量1 154.9毫米。全县辖8个镇，5个乡，169个村民委员会，4个社区居委会。2006年末总人口45.12万人，比上年增长5.6%，其中非农业人口3.26万人，占总人口的7.2%，少数民族人口13.78万人，占32.31%，有布朗、佤、傣、彝、白、苗、回、拉祜、傈僳族。人口自然增长率为4.41‰。

2006年，全县生产总值14.9亿元，占年计划的106.6%，增长12.3%，其中第一产业增加值完成6.5亿元，增长10.8%，第二产业增加值完成3.6亿元，增16.1%，第三产业增加值完成4.8亿元，增11.5%。三次产业比重由“十五”末的44:23:33调整为44:24:32。农村经济总收入7.78亿元，增长13.5%。粮食总产量13.89万吨，增长2%，茶叶1.05万吨，增长38.25%；泡核桃8 611吨，增长141.75%；甘蔗25.3万吨，烤烟3 620吨。畜牧业总产值（现价）2.46亿元，增长6.03%。工业总产值（现价）完成5.7亿元，增长12.9%。财政收入8 575万元，增长8.8%。农民人均经济纯收入1 470元，比上年增加144元。人均粮食332千克。城乡居民储蓄存款余额7.79亿元，增长19.1%。职工年平均工资15 604元。居民消费价格总指数100。有6 296人享受最低生活保障。电视覆盖率达95%。无线广播覆盖率92%。全年客运量30.81万人次，完成货运量165万吨，货物周转量达5 475万吨/千米。

全县共有各类学校540所，在校学生6.32万人，教师3 377人。九年义务教育普及率为100%，入学率99.43%，辍学率0.48%。受教育年限6.58年。农业科技人员总数达8 000多人。年末有文化馆（站）13个，图书馆1个，县级茶文化艺术团1个，老年体协和茶乡老年艺术团各1个。有医疗卫生院、所46个，床位462张。

中共县委书记　龚国富（～2006.4）、李华松（2006.4～）

县人大常委会主任　杨　昭

县人民政府县长　李华松（～2006.4）、段春旭（2006.4任代县长）

县政协主席　郭惠庆

【农民收入增加】　2006年为增加农民收入，提高群众生活水平。各村把拓展农民增收渠道，千方百计增加农民收入作为各项工作的重中之重来抓，使农民收入来源由以种植业为主转变为种、养、加工和劳务经济多业并举，促进了农民收入的快速增长。全县社会主义新农村建设共涉及18个建制村，321个自然村，371个村民小组，1.33万户农户，5.60万人。农民人均纯收入由1 270元，增加到2006年的1 477元，比上年增长16.3%。最高为凤山镇平村2006年农民4 285人，总收入989.9万元，纯收入707万元，人均纯收入达1 650元，最低为勐佑镇河东村，人口3 531人，总收入645.33万元，纯收入428.32万元，人均纯收入1 213元。

【农村合作医疗试点】　2005年9月县被列为全省2006年32个新增新型农村合作医疗试点县之一。县人民政府于10月28日，召开全县新型农村合作医疗试点工作动员会。截止11月21日，全县共召开各种形式的宣传会议2 578场次，参会人数15.55万人次，发放宣传单9.32万份。成立新型农村合作医疗管理委员会和新型农村合作医疗监督委员会，负责全县合作医疗的组织发动及管理工作。制定《新型农村合作医疗实施方案》、《凤庆县新型农村合作医疗实施细则（试行)》、《凤庆县新型农村合作医疗管理办法》、《凤庆县新型农村合作医疗定点医疗机构管理暂行办法》、《凤庆县新型农村合作医疗基金财务管理暂行办法》和《凤庆县新型农村合作医疗基金核算暂行办法》，进一步明确了县、乡、村合作医疗管理工作职责。2006年1月，确认了5个县直医疗机构，12个乡镇（中心）卫生院，183个行政村卫生室，4个社区卫生室为新型农村合作医疗定点医疗机构，并与县、乡两级17个定点医疗机构逐一签订《服务协议书》。2006年末全县应参加新型农村合作医疗人数39.19万人，实际参合人数达35.27万人，占总农业人口的90%，收缴参合费达352.8万元。全年共支出农村特困户医疗救助经费25.7万元。农村合作医疗覆盖率达100%。

【农村生活信息化建设】　“村村通”广播电视工程是全县2006年十大工程之一，根据上级广电部门的安排，应完成光纤接入模式65个，“4+2”模式10座，卫星中频分配47座，共122座，截至6月底，实际完成132座，超额完成10座，有效解决了3.19万人收听收看广播电视难的问题，使凤庆县广播电视“村村通”工程普及率达95%。到2006年末，农村每百户拥有的彩色电视机60台，电话普及率达100%；每百户农户计算机普及率为3%。

【农村养老保险】　全县有10个乡镇共计2 736人，参加农村养老保险，农村养老保险的覆盖率达70%以上。2006年支付216人养老保险金1.27万元；有19人因死亡退保，退保险金额2.26万元。将符合农村五保供养对象全部纳入保障。通过个人申请、村（社区）民主评议，乡镇审核，县民政局申报，全县纳入农村五保供养对象1 621人。

【居住质量提高】　2006年，按照安全方便、经济适用、美观大方的要求，参照《临沧市社会主义新农村建设民居通用图册》所提供户型设计效果图，重点向农户推荐民居样式。全年新建安居房1 653户，其中琉璃瓦房户190户，建筑面积13.22万平方米，户均80平方米。覆盖全县12个乡镇70个村；校舍改造1.38万平方米；建成党员电教室（文化活动室）18个，农村卫生室、农村兽医室各19个；新建沼气池7 277口，洁净能源率达85%；改造基本农田地9 900亩；完成农村电网改造284千米，农户通电率达99%；新建和修建沟渠76条93.75

千米；建成人畜饮水工程52件，架设引水管道232千米，群众饮用洁净卫生水率达97%。建成进村入户硬板路162条，其中水泥路110条，弹石路7条，沙石路45条。农村水、电、路等基础设施有了较大改善。全县农村建有沼气池占18%，用电户达99%以上。农村使用厕所从原来的简易茅坑发展到使用沼气池式或水冲式厕所，全县所占的比例为水冲厕所占8%，沼气式厕所占18%，普通厕所占60%，简易茅坑占14%。农民的居住环境显著改善。

（王丽萍）

云　县

【概述】　云县位于云南省西南部，临沧市东北部。东邻思茅市景东县，南与临沧市耿马县相接，西南毗连永德县，西界凤庆县，北连大理州南涧县。国土面积3 760平方千米。国道214线由北向南纵贯全境，与省道云（县）保（山）线交汇于县城爱华镇。是临沧市北往大理，西进保山，东上昆明，南下勐定、南伞边贸口岸乃至缅甸的中心点。县政府驻地爱华镇，海拔1 107.6米。距省会昆明514千米，距临沧市人民政府所在地74千米，2006年，年均气温20.4℃，年均降雨量875毫米。2006年，辖爱华、茂兰、漫湾、大寨、大朝山西、涌宝、幸福7镇及忙怀彝族布朗族乡、晓街乡、茶房乡、栗树彝族傣族乡、后箐彝族乡等5个乡，共190个村委会，2个社区，2 229个村民小组。年末总人口41.13万人，其中非农业人口3.19万人；少数民族20.58万人，占总人口的50%，千人以上民族人口有汉、彝、白、傣、拉祜、布朗、回、傈僳族。人口自然增长率6.96‰。

2006年，全县实现生产总值28.29亿元，增长12.8%。其中：第一产业5亿元，增长13.1%；第二产业13.22亿元，增长11%；第三产业6.81亿元，增长16.1%。一、二、三产业比，由上年的29.1:47.8:23.1调整为29.2:46.7:24.1。人均生产总值按常住人口计算为6 413元，比上年增长12.6%。全县粮食播种面积72.61万亩，粮食总产量14.25万吨，农民人均生产粮食371千克。肉类总产量2.37万吨，畜牧业总产值3.05亿元，增长14.38%。全县森林覆盖率34.1%。实现工业总产值17.78亿元。财政收入3.13亿元（不含上缴中央、省级所得税84%部分），增长0.56%，金融机构人民币存款余额13.27亿元，增长9.3%。社会消费品零售总额5.10亿元，增长15.6%。全县农民人均纯收入1 759元。城乡居民储蓄存款余额8.65亿元，增长14.4%。有5 660人享受最低生活保障。拥有营运民用汽车1 194辆，轮式拖拉机（方向式）1 323辆，出租车（T牌）81辆。电视覆盖率达93.8%，无线广播覆盖率达91%。电话普及率达6.8部/百人。

云县社会主义新农村茶房乡大河边村　　（云县志办　提供）

全县有各类学校277所，在校学生5.80万人。公共图书馆1个，藏书4.7万册；文化馆（站）13个。有卫生机构16个，乡镇卫生院12个，床位数434张：有卫生技术人员459人。

中共县委书记　郭惠云（～2006.9.）、余炳武（2006.9.～）

县人大常委会主任　刘　灿

县人民政府县长　宋红临

县政协主席　刘银良（彝，～2006.6.）、何春华（2006.6.～）

【发展核桃产业】　围绕全市2008年实现核桃基地建设300万亩的目标。年内全面启动实施泡核桃基地建设。通过制定《云县核桃产业发展规划》，提出从2006年开始至2008年，确保新植核桃88万亩，力争种植90万亩以上，使全县核桃总面积达105万亩以上，要求抓好技术培训、种苗质量、科学规范种植等措施，全年共完成核桃基地建设31万亩，占计划数20万亩的155%。其中嫁接定植5万亩，实现生苗定植18万亩，铁核桃籽直播24.2万亩。

【集体林权制度改革启动】　8月底在12乡镇190个村民委员会（2个社区暂不纳入改革），2 195个村民小组中开展深化集体林权制度改革试点工作，涉及农户9.19万户。云县是全省9个林改工作试点县之一。通过抓组织领导、方案制定、宣传发动、业务培训、纠纷调解、产业建设、经费保障、督促检查、档案管理、配套改革等措施，基本完成了外业勘查、确权登记、林权申报等方面的工作，共计完成组宗地外业勘查1万多宗，户宗地勘查13.9万宗。全县应明晰产权面积217.4万亩，已明晰产权183.9万亩，占84.6%，其中自留山面积126.3万亩，承包山面积40万亩，集体统一经营面积13.5万亩，其他经营方式4.1万亩。全县应登记发（换）证的林地面积217.4万亩，其中公益林50.1万亩，商品林167.3万亩，已申请登记面积183.9万亩，登记率达84.6%。

【政府承诺兑现】 2006年，县政府年初确定为民所办的十件实事好事全面完成。一是完成1 681户扶贫安居房建设；二是新建农村沼气池1 940口，解决0.97万人的能源短缺问题；三是解决0.82万人的农村饮水困难和饮水安全问题；四是排除中小学危房改造1万平方米；五是完成21个村卫生室建设；六是完成56自然村“村村通”广播电视工程；七是新增有组织输出农村劳动力0.28万人；八是筹集资金，使城镇低收入人群全部纳入最低生活保障；九是新开发就业岗位2 411个；十是后箐、茶房两个农村客运站建设启动实施。

【澜沧江啤酒企业集团工业园区】 2004年，云南澜沧江啤酒企业集团投资2亿元在云县老鹳窝新建大型现代化工业园区。工业园区规划设计科学周到，园区内植有各种名木、名花，鸟语花香，环境优美。现代工业与自然和谐统一、完美交融是它的一大特色。在临沧市乃至省内属于为数不多的“花园式企业”。基地拥有3条现代化白酒灌装生产线和年产10万吨的全国第一条无菌冷罐装茶饮料生产线，生产线技术主要引进日本、美国、印度、德国、意大利等国外知名品牌成套先进设备，属于世界先进水平，特别是原生茶饮料生产线被中国工程院院士、中国茶叶学会名誉理事长陈宗懋评价为“世界领先、中国唯一”。工业园内还设有产品陈列室、古茶坊等参观游览的附属设施。游客可以通过该基地的观光游览，学习到一些现代化先进工业生产知识，在普及科学知识的同时，达到身心愉悦的目的。2006年12月27日，云南澜沧江啤酒企业集团工业园观光旅游项目被国家旅游局，全国工农业示范点评定委员会公布为第三批“全国工农业旅游示范点”，是云南省三个全国工业旅游示范点之一。

【兴泽园茶庄一条街】 兴泽园小区按照“生态住宅小区”标准进行规划建设，于2005年9月工程全面竣工后住户逐渐入住小区。10月，泽园茶苑在小区挂牌营业。之后渐有永德银竹茶行、双江勐库戎氏普洱茶直销点、澜沧江原生茶兴泽茶庄、云县森野古茶堂、耿马乾峰茶叶公司云县经营部等茶庄、茶室进驻兴泽园小区经营，茶叶除了泽园茶苑属综合性经营茶叶外，其余5家茶庄、茶室都在专营各自品牌。这些品牌在临沧市乃至全省、全国属知名品牌。几家茶庄、茶室紧紧相连，在小区内形成了茶庄一条街，特别是每天晚饭后，当夜幕降临，茶庄、茶室内华灯初放，茶客们熙熙攘攘，有会朋友的、谈生意的，休闲、品茶、说茶、卖茶的……。兴泽园茶庄一条街的形成，把小区装扮得更加恬静、美妙。

（钟履山）

云县膏桐苗圃　　（云县志办　提供）

永德县

【概述】 永德县位于云南省西部、临沧市西部，东毗邻云县，东南涉南汀河与耿马县山水相依，东北与凤庆有一步之遥，南邻耿马县，西南与镇康县衣袂相牵，西交镇康，西北隔怒江和勐波罗河与龙陵、施甸县共饮一江水，北接昌宁县。东西宽71.5千米，南北长75.8千米。面积3 208平方千米，天生地成三山四水六面坡、十四小坝嵌其间的多元性立体地盘。地势东、南、西高，向北倾斜，椭圆北缺，形如桑叶。县城所在地德党，海拔1 580米，以水土、气候优良宜人而著称，距省会昆明787千米，离临沧市府226千米，2006年，年平均气温17.5℃。2006年，全县辖3个镇、7个乡，共116个村委会1 633个村民小组2个社区，国营勐底农场驻永康镇境内。年末总人口33.15万人，其中农业人口30.52万人，居住着22个民族。少数民族7.22万人，占总人口的21.78%。人口自然增长率6.37‰。

全年完成生产总值（现价）10.96亿元，其中第一产业4.65亿元、第二产业3.09亿元、第三产业

3.22亿元。完成工农业总产值11.49亿元，其中工业总产值3.98亿元、农业总产值7.51亿元。粮食总产量11.59万吨，农民人均占有粮食375千克。肉类产量1.7万吨，畜牧产值1.9亿元。财政收入6 166万元，财政支出3.02亿元。金融机构贷款余额6.71亿元，存款余额7.1亿元。社会消费品零售总额3.29亿元，非公经济增加值4.11亿元。城镇居民人均可支配收入8 756.35元，农民人均纯收入1 430元。全县纳入城市低保7.5万人次，下拨抚恤和社会福利救济金1 369万元。广播电视覆盖率分别为90%和91.2%。全年客运量23.28万人次，客运周转量3 110.71万人千米，货运量16.86万吨，货运周转量9 671.51万吨千米。

全县有各类学校233所，在校学生5.27万人，教职工2 575人。适龄儿童入学率99.85%，辍学率0.82%。农村义务教育经费保障政策全面落实，有4.5万学生免交学杂费、2.78万贫困生享受全套免费教科书，1.2万贫困生得到生活补助。有文化馆站11个，图书馆1个，卫生机构17个，床位351张，医护人员399人。

中共县委书记　周洪胜（～2006.6.）、丁华云（2006.6.～）

县人大常委会主任　罗秀香（女，～2006.6.）

人大党组书记　杨建荣（2006.6.～，主持工作）

县人民政府县长　丁华云（～2006.6.）

副县长　杨世吉（2006.6.～，主持工作）

县政协主席　胡应华

【经济作物扩种】　2006年，建成高优蔗园13.18万亩，甘蔗累计种植面积达26.29万亩，甘蔗农业产量66.89万吨。新建高优生态茶园4 510亩，茶园面积达12.82万亩，茶叶产量4 218吨。新植核桃16.3万亩，累计面积达38.3万亩，产量2 685吨，产值2 363万元。

【基础设施建设力度加大】　完成人畜饮水工程97件，建成经济林果基地2.64万亩，改造基本农田地3 416.8亩，累计完成新农村建设投资7 173万元。新建蔗区、烟区公路248.45千米，完成总投资522.45万元。完成水利建设投资6 301.2万元，建成“七少”民族人饮工程7件，解决1.03万人的饮水困难。完成城镇基础设施建设投资1.47亿元。完成社会事业建设项目投资5 599万元。完成小湾电站移民搬迁点（大寨坝、大红山）土地流转1 247.57亩，兑付土地流转金2 144.58万元。成功引进临沧胜彤生物开发公司投资建设红花籽油、泡核桃油、茶籽油深加工生产线。招商引资实际到位资金2.92亿元。

【社会保障】　全县参加城镇职工养老、医疗、失业、工伤、生育和农村社会养老保险2.77万人次，按时足额发放869名企业退休人员养老金657万元、228名下岗失业人员失业金46.77万元。社会保险基金收入1 736.92万元，支出1 586.82万元。新增就业岗位1 608个、再就业人员1 170人。完成农村劳动力培训1.16万人，转移就业1万人，实现劳务创收7 000万元。完成扶贫项目投资1 486.64万元，外资扶贫1 686.94万元，小额信贷1 100万元。

【农村养老保险工作重新启动】　县内农村养老保险工作，2002年7月以前，归属县民政局管理。2002年7月18日起，由县劳动和社会保障局管理，并接受移交参保人数1 719人，其中享受待遇49人，月享受农保金计582元，月人均享受11.88元。2006年10月，县农村养老保险工作重新启动，县政府对该项工作作出优惠：给予参保人所选缴费档次标准5%的补助，其中县级4%、市级1%；残疾人参保者，除政府补助、集体补助外，另由县残联用残疾人就业保障金，给参保者所选缴费档次标准10%补助；参保人年满50周岁以上者，积累年限可适当放宽，并按10年积累年限计算其待遇。当年，新参保121人，其中享受待遇7人，月享受保金计1 630元，月人均享受233元。

【农村合作医疗试点工作有起色】　2006年9月，永德县被定为国家级新型农村合作医疗试点县，县内按照参合人每人中央补助20元、省补助20元、个人交纳10元的筹资模式，开展工作。县政府相继制定出台《永德县新型农村合作医疗管理实施方案（试行）》等8个政策，全县10个乡镇118个行政村1 565个自然村、组计25.24万人，参加合作医疗，其中五保户、特困户7 357人，在民政救助下全部参合。全县共筹集新农合基金1 262.16万元，其中到位基金239.81万元。确定县级定点医疗机构3个（县人民医院、县中医院、县妇幼保健院），乡级定点医疗机构12个，村级定点医疗机构188个。当年，全县参合患者共发生医药费用227.89万元，共有3.65万人次享受新合医药费用补偿，补偿金额达78.56万元。

【永康镇建设】　永康，是全县粮作、热作主产区，也是全县经济发展的主要枢纽。1998年被县政府列为全县个体私营经济开发试验区。1999年被省政府批准为全省第一批100个小城镇建设试点之一，同年被列为临沧市3个示范镇建设之一。2004年被列为云南省19个省级重点镇之一。2005年被国家发展改革委员会列为全国第一批118个发展改革试点小城镇之一。集镇建设，2001年扩建“丁”字形交叉道路，总长864米，平均宽20米，其中东西向长360米，南北向长500米；建成中心集贸市场1个，占地28亩；建成日供水4 000吨的自来水厂1座；2002年，新建勐底村集贸市场1个，占地22亩；2003年，新建永盛路1条，总长354米，宽35米；2004年，新建永通商城1个，占地30.68亩，并在忙捞村开辟水果开发市场1个，占地5.5亩；2005年，建成永康农用物资配送中心1个，占地2.1亩。截止2006年，共建有城市道路10条，总长6 550米；建排水沟总长1.31万米；建有35KV变电站1个；绿化覆盖面积127.5亩；建有液化气站1个。

（金文明）

镇康县

【概述】 镇康县位于云南省西南部，临沧市西部，地处南汀河下游和怒江下游南北两水之间。县境东与永德县接壤，南与耿马县毗邻，西与缅甸果敢县相连，北与保山市龙陵县隔怒江相望。县域周长318.7千米，国境线长96.36千米。总面积2 642平方千米，其中山区面积占98%，坝区面积占2%。新县城南伞镇，海拔890米。距省会昆明891千米，距临沧市331千米，距缅甸果敢县城老街9千米，距缅甸腊戌87千米，距缅甸首都仰光927千米。2006年，年均气温20.0℃，年降雨量1 349.5毫米。县辖凤尾、南伞、勐捧三镇和忙丙、木场、军赛（少数民族乡）、勐堆四乡，73个村（居）民委员会，885个村民小组，农户3.13万户。年末总人口17.00万人，其中农业人口15.59万人，劳动力8.08万人，有汉、佤、傣、德昂、傈僳、布朗、苗、拉祜等23个民族，少数民族人口5.39万人，占总人口的31.4%。人口自然增长率7.42‰。

2006年，全县完成生产总值8.69亿元，比上年增长12.8%，其中，第一产业2.92亿元，增长6.7%；第二产业3.01亿元，增长20.4%；第三产业2.76亿元，增长12.2%。一、二、三产业比重由36.5∶31.6∶31.9调整为33.5∶34.6∶31.8。农村经济总收入2.91亿元，增长26.49%。粮食总产量5.17万吨，增长5.77%；种植甘蔗12.78万亩，产量38.57万吨，增长13.43%；核桃种植面积5.25万亩，产量835.6吨，增长63.97%；茶园面积5.51万亩（高优茶园1.57万亩），产量1 758.2吨，增长9.67%；橡胶种植面积4.24万亩，产量1 162吨，增长12.6%；畜牧业总产值（现价）1.37亿元，增长3.83%。工业总产值（现价）完成4.11亿元，增长84.04%。完成进出口总额8 049万元（含边民互市），增长13.52%。引进外资180万美元。接待国内外旅客11.49万人次，增长65.56%，旅游业总收入7 971万元，同比增长46.37%。财政收入7 008万元，增长64.31%。农民粮食人均482千克。城乡居民储蓄存款余额4.44亿元，比上年末增长24.29%。职工年平均工资1.84万元。有2 074人享受最低生活保障。电视覆盖率达91.37%，无线广播覆盖率达86.95%。全年客运量106万人次，客运周转量3 222万人/千米，完成货运量62万吨，货物周转量达1 860万吨/千米。

全县共有各类学校351所，在校学生3.09万人，教师1 525人。九年义务教育普及率为100%，小学适龄儿童入学率99.75%，辍学率1.73%，初中毛入学率97.31%，巩固率98.65%。年末，有文化馆、图书馆2个，艺术表演团队1个，表演场所1个，电影队4个，医疗卫生机构12个，床位268个，卫生技术人员225人。建立农村卫生室71个，有乡村医生142人，卫生员18人。

中共县委书记　郑建奇
县人大常委会主任　李自彬
县人民政府代县长　尚东红
县政协主席　李加兴

镇康县城搬迁庆典暨首届中缅边境民间民俗文化节开幕式

（杨煜在　摄）

【农民人均可支配收入】 全县农民人均可支配收入1 249元。其中，农民人均可支配收入最高的为凤尾镇小水井村委会白沙沟村民小组1 479元，最低为勐捧镇半个山村委会1 007元。

【农村劳动力转移】 镇康县第一产业劳动力所占比重为94%，农业劳动力主要通过劳务输出进行转移。县人民政府出台《镇康县劳务输出实施意见》，成立县劳务输出办公室，建立政府引导、部门服务、市场运作、管理规范的劳务输出机制。年内，全县共培训务工人员108期，培训5 926人（男3 848人，女2 078人），转移劳动力4 690人（男3 101人，女1 589人），其中，国外转移571人，省外转移2 549人，市外转移373人，县外转移398人，县内转移799人，主要从事家政服务、建筑施工、园艺苗圃、通讯技术、物业管理、服务加工、饮食服务等行业。实现劳务创收1 300万元。

【农村合作医疗启动】 2006年12月6日，县新型农村合作医疗试点工作正式启动。12月30日，县人民政府制定出台《镇康县2007年新型农村合作医疗制度实施方案（试行）》，同时，成立县乡（镇）两级新型农村合作医疗办公室，核定编制21人。安排专项经费4.6万元。全县确定为新型农村合作医疗定点医疗机构有：县级2个（县人民医院、县妇幼保健院），乡（镇）7个，村级71个。

【万人农业科技人员数】 年末，全县有农业科技人员227人，每万人中农业科技人员数1.5人。其中典型代表有县农业技术推广中心农艺师鲁国伟，他23年来一直活跃在农村基层，由他主持的科研课题《白玉米群体改良育种》及其玉米改良品种"临改白"在全县农村大面积的推广种植后，经济效益明显，群众口碑好，为农村经济的发展、农民增收作出了一定贡献。并获云南省人民政府科技进步三等奖。

【民心工程】 年内，县政府向全县人民承诺的8件实事进展顺利，人民群众得到实惠：一是1 500口沼气池建设任务完成589口，能源问题得到逐步解决；二是4 500人农村人畜饮水任务，解决了4 889人和4 497头大牲畜饮水困难；三是木场至孟定（镇康段）34千米弹石路建设顺利推进；四是5所乡（镇）卫生院改造和6个贫困村卫生室建设任务全部完成；五是7个乡（镇）110个自然村2 410户农户"村村通"广播电视工程建设任务全部结束并通过验收；六是2 800平方米中小学危房改造任务实际完成4 938平方米；七是13所农村寄宿制学校教室及宿舍涉及的15个项目工程建设完成，并全部投入使用；八是计划开发就业岗位1 100个，新增就业人员900人，实际开发就业岗位1 199个，新增就业人员981人。

【龙镇大桥重建开工】 4月12日，由核工业西南建设总公司中标承建的龙镇大桥正式开工重建。龙镇大桥原建于1988年5月，是镇康县北出保山、德宏的咽喉要道，也是镇康县境惟一的钢索柔性特大桥。重建的龙镇大桥设计为一孔130米钢筋混泥土箱型拱桥，全长172米，设计荷载为汽—20级，挂—100，桥面宽8.5米，设计洪水频率1/100，地震烈度8度。计划工程建设总投资917万元，工期为18个月。

【四楞坝水库拦河坝封顶】 2002年8月28日正式开工建设的四楞坝水库，是镇康县有史以来国家投资最多、规模最大的水源工程，总投资1.35亿元。通过40个月的建设，四楞坝水库拦河坝工程填筑高程已达1 115.9米，坝体填筑高度66米，达到设计高程及填筑高度，2006年5月15日顺利实现封顶。封顶后，库蓄水能力由1 316万立方米增至3 281万立方米。四楞坝水库属纯公益性水利建设项目，以灌溉勐捧坝区为主，建成后，可灌溉农田3.40万亩（其中，新增灌溉2.70万亩，改善灌溉0.7万亩）。

【引进首批国家购机补贴农机具】 7月，县引进38台机型以上海纽荷兰拖拉机、东方红推土机和全喂入式联合收割机为主的农机具装备，首批10户农民享受到国家购机补贴农机具政策。共实施国补农机具项目资金20万元，拉动全县农户投入74万元资金购买先进农业机械。

【推进援外工作】 镇康县援外工作始于20世纪90年代中期，援助方式主要是依托镇康县龙头制糖企业，为缅甸提供大量的甘蔗良种及甘蔗种植技术资料，利用缅甸果敢县宽阔的土地开发甘蔗种植，开展罂粟替代种植。2006年4月，中国政府委托国家商务部、公安部禁毒委，在缅甸掸邦第一特区与特区政府举行替代经济种植项目签字仪式，直接向缅甸掸邦第一特区提供500万元无偿援助资金，用于帮助实施罂粟替代种植项目。项目为：1万亩粮食作物种植，提供籽种、化肥、农药及技术指导；8千米沟渠农田水利建设项目；甘蔗和茶叶等经济作物种植技术、良种扩繁项目；农机具援助项目；地方常见疾病药品援助项目。整个项目由中方负责实施，其中，镇康县实施200万元的项目，临沧南大进出口公司实施150万元的项目，云南吉立经贸发展有限责任公司实施100万元的项目，云南物产进出口股份有限公司实施50万元的项目。5月3日，镇康县将甘蔗、粮食、化肥、农药等价值10余万元的首批援助物资送到缅甸掸邦第一特区政府，双方在缅甸果敢县举行交接仪式。9月19日，中国商务部援外司司长王润生及省、市、县有关部门领导一行60余人代表中国政府向缅甸政府无偿提供大米和援助缅北果敢地区罂粟替代种植项目部分物资，移交仪式在缅甸掸邦第一特区首府老街举行，中方与缅方签订了1万吨大米的援助协议，并将首批500吨大米及价值50万元人民币的抗疟药品交给缅方。

（尹华峰）

双江拉祜族佤族布朗族傣族自治县

【概述】 双江拉祜族佤族布朗族傣族自治县位于云南省西南部，临沧市南部，东与景谷县隔江相望，南邻澜沧、沧源县，西靠耿马县，北接临翔区。北回归线横穿县境，全县国土面积2 165.3平方千米，其中山区面积占96.2%。最高海拔3 233米，最低海拔670米。被称为"太阳转身的地方"。县城勐勐距离临沧市104千米，离省会昆明市755千米。气候属典型的南亚热带暖湿季风气候。多样的气候资源造就了丰富的自然资源，适宜多种粮食作物和甘蔗、茶叶、紫胶、核桃、南药、亚热带水果等多种经济作物生长，境内森林、矿产、水能等自然资源充裕，森林覆盖率达52.3%。2006年，年平均气温20.2℃，年均降雨量954.1毫米。辖4乡2镇72

个村委会、3个居委会，另驻有国营双江农场和勐库华侨农场。2006年末，总人口16.5万人，其中非农业人口1.58万人，少数民族人口7.34万人，占44.47%。人口自然增长率3.21‰。双江是全国惟一由拉祜族佤族布朗族傣族四个民族共同组成的民族自治县。县境内居住着23种少数民族，多元民族文化同生共荣，是布朗族的主要聚居地和文化发祥地之一，是驰名中外的勐库大叶茶的故乡。勐库大雪山万亩古茶树群落是目前世界已发现的面积最广、海拔最高、密度最大的古茶树群落，经中科院专家考证，双江是世界茶树起源中心之一，是中国勐库大叶茶原生地。

2006年全县生产总值7.31亿元，同比增长11.1%，其中：第一产业完成3.05亿元，增长6.9%，第二产业完成1.80亿元，增长20.5%；第三产业完成2.46亿元，增长10.3%。一、二、三产业比重由41:24:35调整到42:25:33。农村经济总收入2.09亿元，农民人均纯收入1 106元，畜牧业产值1.24亿元，水产品产值1 827万元。工业总产值4.29亿元，比上年增长33.15%。生产原煤5.10万吨，增长3%；饮料酒816千升，增长15.09%；白糖3.18万吨，减少19.78%；精制茶4 385吨，增长71.49%；酒精2 062千升，减少18.72%；发电量8 354万度，增长28.8%。粮食总产量5 762.1万千克，比上年减2%，农民人均粮食382千克，种植甘蔗2.58万亩，产量26.66万吨，产值5 012.08万元，种植茶园8.37万亩，总产量446.14万千克、泡核桃4.78万亩、纸竹13.3万丛，紫胶1.3万亩、种植三叶豆1.17万亩、膏桐0.2万亩、木瓜0.73万亩。财政收入5 021万元，同比增长18.7%；财政支出2.21亿元，增长29%。社会消费品零售总额完成1.94亿元，增长13.7%。城乡居民储蓄存款余额3.13亿元，拥有民用汽车1 380辆。居民消费价格总指数控制在103%以内。有5 382人享受最低生活保障，发放保障金464.3万元。广播覆盖率87.0%，电视覆盖率91.1%。全年货运量3万吨，货物周转量1 671万吨千米；客运量67万人，旅客周转量1 930万人千米。

全县有学校及教学点246所，在校学生2.75万人，教师1 603人，九年义务教育普及率100%，入学率97.6%；实施农村中小学生“两免一补”政策，有2.44万名中小学生享受免杂费，1.33万名中小学生享受免费教科书，9 919名中小学生享受省市寄宿制生活补助，总金额达336.31万元；高考升学率达86.66%，中考平均分连续3年居全市8县（区）第一。有综合档案馆、文化馆、图书馆、艺术表演团队各1个。医疗卫生机构12个，床位329张。

中共县委书记　张　荣（~2006.9.）、张玲芳（女，白族，2006.9.~）

县人大常委会主任　叶自平（布朗族）

县人民政府县长　陈　新（~2006.4.）

代理县长　赵贵祥（佤族，2006.6.~）

县政协主席　赵文光

【新农村建设呈现新特点】　社会主义新农村建设，以“三村”建设为载体，组织完成第二批9个村“三村”工程建设，共69个自然村，111个村民小组，4 690户2.07万人，耕地面积2.79万亩，经济作物1 841亩，经济林果2.26万亩，人均占有粮331.17千克，农民人均纯收入936元。2006年9个点农村经济总收入3 496.79万元，比上年同期增加94.9万元，农民人均纯收入达1 088元，比上年同期加152元。年内新农村建设完成资金投入4 508.35万元，其中，上级补助1 589.82万元（含整合资金），群众自筹2 483.97万元（贷款434.56万元）。县新农村建设呈现出以下几个特点：一是农民收入快速增长，生活质量明显提高；二是农民群众更加积极，投入势头强劲；三是产业发展更加稳步，增收基础进一步夯实；四是村容村貌整洁，基础设施更加完善；五是建立健全新农村理事会，管理更加民主科学；六是党支部建设得到加强，党员素质明显提高。

【勐库古茶谷神农祠】　位于勐库镇北部南勐河上游，勐库大雪山万亩野生古茶树群落山脚的古茶谷中心地带，占地面积22.75亩，神农祠距勐库镇10千米，距双江自治县城29千米。2005年10月奠基新建，2006年4月竣工，总投资350万元（含弹石路）。祠内塑有雪花白石雕的炎帝神农塑像，高9.5米，基座9米，宽4米。对称建有两间传统民族风格房屋，左为茶展馆，以茶之源、茶之魂、茶之歌三个方面用54张图片展示双江勐库大叶茶原生地形象和茶叶产业发展情况，右为茶艺馆，在墙体上制作一幅反映双江拉祜族、佤族、布朗族、傣族饮茶习俗为主的壁画，高2米，宽13.8米。塑像基座四周及中心共铺贴青石板530.9平方米，从神农祠牌坊至炎帝神农塑像共有69级台阶。勐库古茶谷神农祠，依山傍水，绿树成荫，环境优美，是休闲度假、朝拜茶祖神农之圣地。

【重点工程建设顺利】　年内重点工程建设情况：南等水库枢纽工程完成投资2 644万元，累计完成投资8 686万元；回努水库除险加固工程完成621万元；西地公司金属硅厂完成2号炉建设和1号炉环保设施建设，包谷地电站建设完成投资900万元。西部电网建设工程完工：农村电网改造工程共完成投资357万元，天鹅湖酒店建设工程完成投资918万元；农村寄宿制学校建设完成投资726万元，茅草房改造完成投资700万元，易地搬迁完成640万元，农业综合片区开发527万元，湾河铁矿石开采投资1 000万元。

（邱开乾）

耿马傣族佤族自治县

【概述】　耿马傣族佤族自治县位

于云南省西南，临沧市西部，东与临翔区、双江县交界，南与沧源县接壤，北与云县、永德县、镇康县毗邻，西与缅甸联邦果敢县山水相依。县境南北宽42千米，东西长90千米，周长410.4千米，国境线长47.35千米。国土面积3 837平方千米。县城距临沧市146千米，距省会昆明719千米。海拔高度1 120米，2006年，年平均气温19.8℃，年降雨量916.6毫米，最高气温36.5℃，最低气温2.3℃。辖耿马、孟定、勐撒、勐永4镇和大兴、芒洪、四排山、贺派、勐简5个乡，83个村委会、3个社区、955个村民小组。年末总人口人26.15万人，其中，少数民族人口13.67万人，占总人口的53.3%。人口自然增长率为5.57‰。

2006年，完成生产总值16.36亿元，其中：第一产业完成7.17亿元；第二产业完成4.07亿元；第三产业完成5.12亿元。农业农村经济快速增长，实现农业总产值11.1亿元。同比增长18%。主要农产品产量增加，粮食产量8.53万吨；肉类产量0.77万吨；甘蔗农业产量130万吨；茶叶产量3.27万吨。完成工业产值4.77亿元，实现工业增加值2.1亿元，实现利税1.23亿元，工业企业上缴税金5 100万元。固定资产投资完成7.93亿元，财政收入完成9 168万元，地方一般预算收入完成4 802万元；财政支出3.08亿元；边贸进出口总额完成1.2亿元。招商引资完成2.21亿元。新增就业1 132人。转移农村富余劳动力2 775人。城镇职工年人均工资1.58万元。城镇居民人均可支配收入达到8 574元。农民人均纯收入达到1 697元。城镇登记失业率为3.98%。全县拥有民用汽车869辆；完成货运量64.8万吨；货物周转量9 536万吨千米；客运量54.7万人；旅客周转量5 708万人千米。全年完成邮电业务收入4 400万元，固定电话发展到2.3万部（含小灵通），移动电话用户达3.5万户，固定电话普及率8.7部/100人，移动电话普及率13.4部/100人，互联网用户达2 500户。

全县有各类学校154所，在校学生4.28万人，教职工2 692人，九年义务教育普及率100%，适龄儿童入学率95.7%。中小学中层干部和教职工实现公开竞聘，24所学校的校长实现公开选聘。县职教中心和四排山成人文化技术学校被评为省级示范性成人文化技术学校。全县高考、中考上线人数创历史新高，高考本（专）科上线289人，比上年增139人，上线率达75%；中专600分以上人数10人。有文化馆、站、图书馆11个，医院、卫生院所19个，病床502张，医护人员665人。新型农村合作医疗试点工作全面启动，参保农民达17.96万人，参合率81.13%。

中共县委书记　郭志德(彝族)

县人大常委会主任　李　林(佤族)

县人民政府县长　俸春林(傣族)

县政协主席　赵运平

【边贸恢复性增长】　孟定口岸功能建设顺利通过省级验收，边贸进出口实现恢复性增长，进出口总额达1.2亿元，其中：进口4 495万元，同比增长80.5%；出口7 495万元，同比增长25.6%。

【旅游业发展迅速】　旅游宣传推介成果丰硕，成功举办“临沧市首届水文化旅游节暨傣历1368年泼水节”大型活动，“孟定农业生态旅游示范点”通过国家旅游局验收。旅游业发展迅速，全年累计接待国内外游客16.5万人次，同比增长15.95%，旅游总收入达1.5亿元，同比增长10.29%。

【扶贫开发】　坚持扶贫开发与农村产业结构调整相结合，与生态环境保护相结合，与治穷、治愚、治山、治水相结合。全县计划实施4 914户（其中：残疾人240户，琉璃瓦屋面1 245户，普通瓦屋面3 669户），计划总投资6 403.25万元。2006年，完成扶贫安居工程建设3 931户，占总计划数的80%，完成投资5 122.6万元。全县共实施整村推进项目20个，项目覆盖9个乡（镇）20个村委会20个村民小组1 794户8 599人，完成总投资668.8万元。安居工程的实施，切实解决了贫困群众急需解决的居住条件，进一步夯实了农村基础设施。

【“三村”建设】　“三村”建设坚持以特色产业建设为中心，大力发展高优蔗园，狠抓泡核桃基地，扩大香蕉、茶叶、蚕桑、橡胶、苹果、亚麻种植；饲草面积迅速发展，畜

耿马县芒抗村石板路　　（段寿伟　摄）

牧业提值增效，15个试点村正朝着“一村一品一村一业”的方向发展。15个村“三村”重点建设共发展经济林果8.16万亩，人均2.7亩，大牲畜存栏1.86万头，出栏3 843头；生猪存栏4.48万头，出栏2.26万头。政府贴息贷款养牛10头以上，养猪5头以上，一批种猪核心企业、母猪扩繁企业和仔猪专业村正在形成，多数村围绕特色产业建立专业技术协会组织，共建成各类协会组织17个，发展会员3 263人。结合农村安居工程、茅草房改造工程和“青山绿水”工程的实施，道路绿化、房前屋后绿树成林，绿化庭院明显增多，15个村民房改造完成1 315户，建成进村入户硬板路84条133千米。

【农业综合开发示范园区】 撒马坝农业科技示范园区是全省22个“现代农业示范园”之一。园区建设的总体规划：一是结合临沧农业发展的主导产业及今后农业发展对农业结构调整的要求，围绕农业增产，农民增收，科技示范，带动周边农村；二是因地制宜，在园区地理气候，土壤资源允许的条件下。把园区7 000亩地划分为8个区域建设（八大功能地区），1. 高优生态茶园示范区2 000亩，建设内容有生态茶园建设，精品茶制作加工，茶树良种培养，茶艺表演等，实现茶叶生产规模化经营，农产品加工增值，优良茶叶品种展示；2. 优质林业示范区1 600亩，建设内容有中低海拔地区水果，干果，特色竹类种植，以温带水果为主探索规模化经营路子；3. 特色养殖示范区1 200亩，建设内容有草山，牧场建设、观赏动物、食用动物养殖，注重野生动物的收容，训养，繁殖，放生以及产品销售，并探索野生动物与家养畜禽杂交，改良发展其后代供应市场；4. 优质粮食作物及配套栽培技术展示区500亩，建设内容有展示粮食作物新品种，优质栽培技术，机械化生产、高效、立体栽培；5. 绿化苗木基地区300亩，建设内容开发中海拔地区珍稀树种，观赏树种。经济林果苗，绿化月苗；6. 速生丰产林示范区1 000亩，建设内容，结合荒山造林，林纸产业，引进速生丰产树种种植示范；7. 设施农业示范区100亩，建设内容有花卉、蔬菜、保护地瓜果种植；8. 科技培训基地300亩。

科技园区共投入资金3 221万元。大多数是用于科技园区的农业基础设施建设：修建了全长5.8千米、流量为每秒0.3立方米的芒枕大沟；全长3.08千米的丙令水库至撒马坝输水管道；全长3.68千米流量每秒0.3立方米的“三面光”园区主干渠以及园区内的用水调节中心及地下水管网；并在园区内修建了近60亩的畜水池塘，可蓄集水量近3万立方米。架设了4.98千米的10千伏高压输变电线和园区内低压输电线路，通讯电缆。修建了全长2.78千米的进园专线公路，同时修建园区主大道及部分机耕道路的铺筑及渠系配套。推筑规模化适于机耕作业稻田176亩，完成土地平整，并进行土壤改良1 500亩。修建了特色养殖场钢板网围栏5.12千米和圈舍600平方米。修建农业区2万平方米的钢架塑料大棚及其配套的道路，侧沟，喷、滴灌设施。购置农业机械9台套。修建办公楼500平方米，维修住房400平方米，维修仓库650平方米，修建晒场500平方米。建设1 500亩高优生态茶园示范区。引进临沧市水土流失治理有限公司、云南茅粮白酒集团有限公司、昆明银分健茶叶有限公司、临沧华旭绿化经营公司及个体经营户10余户企业进园经营绿化苗木、水产养殖、餐饮业、娱乐业等。截止2005年12月30日，园区引进不同经济形式的企业14家。

（金跃前）

沧源佤族自治县

【概述】 沧源佤族自治县位于云南省西南部，临沧市西南部，东南与澜沧县毗邻，东北与双江县隔江相望，西南与缅甸接壤，北与耿马县相邻，国境线长147.083千米，全县总面积2 445平方米，县城驻勐董镇，距省会昆明市886千米，距临沧市政府所在地222千米。县城海拔1 240米，2006年，年平均气温17.8℃。辖4镇6乡，共有93个村委会，含3个社区居民委员会，806个村民小组，596个自然村。2006年末全县总人口17.01万人，其中非农业人口2.14万人，占总人口的12.6%；少数民族占总人口的94.0%，其中佤族13.88万人，占总人口的81.6%；人口密度每平方千米70人，森林覆盖率24.4%，人口自然增长率2.58‰。

2006年，全县实现生产总值7.53亿元，按可比价计算同比增12.5%。其中：第一产业2.59亿元；第二产业2.08亿元；第三产业2.86亿元，三次产业比重为34.4:27.7:37.9。农业总产值达5亿元，比去年增长12.0%。粮食总产量5.25万吨，增长2.4%。农民人均口粮337千克；农民人均纯收入1 192元，同比增160元。实现工业总产值4.53亿元，同比增长108.2%。全年蔗糖产量2.7万吨，总产值1.02亿元；生产水泥17万吨，产值4 758万元；产煤7万吨，产值996万元；电解锌产量8 406吨，产值2.09亿元；年内其他主要产品产量：白糖2.70万吨，增长14.5%；硫酸1.24万吨，增长4.4倍；酒精1 926千升，增长6.9%；精制茶叶795吨，增长55.3%；发电量4 220万度，增长35.8%；青红砖1 886万块，减59.4%。财政总收入5 283万元；财政支出2.36亿元。边贸进出口总额1.57亿元，同比增长38.4%。社会消费品零售总额2.51亿元，同比增长10.1%。城镇居民人均可支配收入7 307元，同比增长2.4%。金融机构各项存款余额5.04亿元，比年初增加8 179万元。各项贷款余额4.22亿元，比年初减少16万元。居民消费品价格指数控制在103.5%以内。广播和电视覆盖率分别达93%和92%。全县电话机拥有量3.13万部（含移动电话2.3万部）。邮电业务总量163.6万元。全县通公路里程1 190千米，客运量10.9万人次。

全县有各类学校259所，在校学生2.91万人，教职工1 956人。九年义务教育普及率84.76%，适龄儿童入学率98.12%，辍学率2.39%；初中入学率84.79%，辍学率6.68%。有文化馆、图书馆各1个，医院、卫生院所14个，床位250张，医护人员237人。

中共县委书记　余炳武（彝族，~2006.8）、祁腾武（2006.11~）

县人大常委会主任　魏学先（佤族）

县人民政府县长　洪斌(佤族)

县政协主席　肖国才（佤族）

【打造佤文化旅游品牌】　全力打造佤文化品牌，佤文化旅游业稳步发展。翁丁佤族民俗村落被列为云南省非物质文化遗产保护单位，被评为临沧十大优美村寨之一。以"中国佤族司岗里狂欢节"为契机，努力打造佤文化品牌，增强佤文化品牌效应。在佤文化品牌效应的带动下，全县的民族旅游业获得了较快发展，年内全县共接待国内外游客18.79万人次，同比增长16.3%，实现旅游总收入9 287万元，同比增长28.8%。

【司岗里狂欢节】　5月1~4日，举办2006年中国佤族司岗里狂欢节。活动以"摸你黑"为主题，民俗文化活动、民族竞技体育、佤族斗牛、商贸展洽、翁丁佤族拉木鼓、篝火狂欢等活动。同时开展景点游览。

【优化农业产业结构】　围绕增收调结构，在确保粮食生产安全的同时，以市场为导向，巩固做强糖、茶、胶骨干产业。全年实现新建高优蔗园3.16万亩，累计建成8.94万亩；建成高优生态茶园5 346亩，累计建成茶园9.51万亩，引进茶叶龙头加工企业1户，茶叶产业实现产值2 845.5万元；新植橡胶1.82万亩，累计8.26万亩。新植核桃2.65万亩，累计5.4万亩；种植薯类1.36万亩。

【扶贫开发】　以"三村"建设为契机，通过整合各类资源，上下合力攻坚，完成茅草房改造4 372户，改善农村1.97万人的住房条件；建成人畜饮水工程5件，解决3 097人、2 170头大牲畜饮水困难的问题；"兴边富民行动"、"世行贷款项目"、"爱德项目"等项目实施顺利，完成67户300人的易地扶贫开发任务。第二批9个"三村"建设点累计投入资金4 194万元，建设沼气池1 262口，建成农村卫生室4个，群众文化室5个，修建硬板路25千米，修缮校舍560平方米，建成安居房1 180户，完成人畜饮水工程2件，修建灌溉沟渠5条8.05千米，"三村"项目点群众生产生活条件得到明显改善。

【市政基础设施】　采取以地筹资、招商引资、盘活国资、信贷融资、吸纳民资等方式，拓宽资金筹措渠道，加大基础设施建设力度，基础设施得到逐步改善。新建138套经济适用住房，完成勐董综合商贸城、加林路、希望路、市政1号路、财富新城一期等一批市政基础设施建设，县城建成区面积达4.5平方千米，城镇化水平达23%。

【农田水利建设】　全年完成冬春修水利工程2 960件，新增灌溉面积3 800亩，改善灌溉面积3.86万亩，改造中低产田1 800亩，实施"青山绿水"工程，年内完成退耕还林、荒山造林1.5万亩，治理水土流失面积12.48平方千米，全县水利化程度达21.47%。

【招商引资】　随着佤山沧源知名度的提高，到沧源投资开发的商家逐年增多。年内完成了富公河梯级电站、南令河流域水电资源开发、崖画谷永安河出水洞电站投资开发等9个项目的招商引资工作，累计协议引资4.3亿元，实际到位1.51亿元。

（刀云丽）

临沧市经济社会发展主要指标（表一）

地　区	年末总人口（万人）		城镇人口占总人口比重（%）		全社会就业人员（万人）		城镇登记失业率（%）	
	2005年	2006年	2005年	2006年	2005年	2006年	2005年	2006年
临沧市	236.12	236.60	27.30	26.42	120.64		3.97	3.99
临翔区	30.09	30.30		39.50	16.42		4.10	3.97
凤庆县	44.92	45.10		26.16	22.05		3.90	4.15
云　县	43.95	44.30		24.72	21.36		3.91	3.95
永德县	36.10	36.40		21.43	19.06		4.00	3.89
镇康县	17.31	17.00		19.41	8.44		3.80	4.20
双江县	17.65	17.80		20.79	7.73		4.00	3.80
耿马县	28.54	28.30		30.49	12.84		3.97	3.98
沧源县	17.56	17.30		24.91	8.20		3.90	3.93

临沧市经济社会发展主要指标（表二）

地　区	地区生产总值（万元）		第一产业（万元）		第二产业（万元）		第三产业（万元）	
	2005 年	2006 年	2005 年	2006 年	2005 年	2006 年	2005 年	2006 年
临沧市	965 139	1 141 738	360 580	410 701	296 952	378 435	307 607	352 602
临翔区	142 185	164 782	39 803	44 877	30 549	38 543	71 833	81 362
凤庆县	127 753	149 185	56 459	65 238	29 258	35 674	42 036	48 273
云　县	246 628	283 250	71 730	82 469	117 705	132 647	57 193	68 134
永德县	94 316	109 651	40 377	46 558	25 580	30 937	28 359	32 156
镇康县	71 865	86 999	26 206	29 165	22 747	30 138	22 912	27 696
双江县	62 917	73 119	27 388	30 537	13 763	18 029	21 766	24 553
耿马县	139 674	163 640	60 837	71 768	33 904	40 749	44 933	51 123
沧源县	64 610	75 320	23 811	25 906	15 562	20 852	25 237	28 562

临沧市经济社会发展主要指标（表三）

地　区	地区生产总值指数（上年＝100）		第三产业增加值比重（%）		人均地区生产总值（元）		全社会固定资产投资（万元）	
	2005 年	2006 年	2005 年	2006 年	2005 年	2006 年	2005 年	2006 年
临沧市	108.8	112.2	31.87	30.88	4 103	4 831	524 674	555 517
临翔区	106.1	112.6	50.52	49.38	4 744	5 458	107 100	93 546
凤庆县	110.3	112.3	32.90	32.36	2 855	3 314	78 516	91 108
云　县	111.1	111.3	23.19	24.05	5 633	6 419	82 519	103 384
永德县	108.0	112.4	30.07	29.33	2 623	3 025	67 129	78 086
镇康县	109.6	112.8	31.88	31.83	4 166	4 190	58 284	67 202
双江县	106.3	111.1	34.59	33.58	3 565	4 108	34 135	39 363
耿马县	106.7	111.7	32.17	31.24	4 913	5 758	69 011	79 395
沧源县	106.7	112.5	39.06	37.92	3 679	4 356	53 889	33 137

临沧市经济社会发展主要指标（表四）

地　区	地方财政收入（万元）		地方财政支出（万元）		人均地方财政收入（元）		社会消费品零售总额（万元）	
	2005 年	2006 年	2005 年	2006 年	2005 年	2006 年	2005 年	2006 年
临沧市	46 000	55 530	226 874	291 561	196	235	277 584	321 262
临翔区	5 368	6 079	24 109	32 778	179	201	75 670	87 684
凤庆县	6 280	6 765	25 079	36 500	140	150	40 380	46 798
云　县	13 044	14 080	29 593	37 022	298	319	43 023	50 993
永德县	3 171	3 640	24 220	30 248	88	100	28 059	32 869
镇康县	2 221	3 421	18 679	23 154	129	199	17 231	18 101
双江县	1 968	2 474	17 105	22 107	112	140	16 975	19 425
耿马县	3 575	4 802	22 617	30 789	126	169	33 635	40 260
沧源县	1 622	2 438	18 080	23 588	93	140	22 611	25 132

临沧市经济社会发展主要指标（表五）

地 区	农民人均纯收入（元）		农村人均住房面积（平方米）		在岗职工年平均工资（元）		人均储蓄存款余额（元）	
	2005 年	2006 年	2005 年	2006 年	2005 年	2006 年	2005 年	2006 年
临沧市	1 346	1 488			13 352	16 224	2 049	2 389
临翔区	1 532	1 687	18.74		13 945	17 154	4 729	5 219
凤庆县	1 326	1 470	18.85		12 624	16 566	1 456	1 726
云 县	1 565	1 759			12 600	15 905	1 720	1 953
永德县	1 281	1 430	13.40		14 475	14 343	1 085	1 345
镇康县	1 158	1 260			14 399	17 784	2 067	2 616
双江县	1 011	1 106	13.90		12 917	15 667	1 427	1 759
耿马县	1 525	1 680			14 119	17 004	2 504	2 945
沧源县	1 159	1 260	14.8		11 458	14 813	1 647	2 008

临沧市经济社会发展主要指标（表六）

地 区	初中学龄人口入学率（%）		广播覆盖率（%）		电视覆盖率（%）		每千人拥有医院、卫生院床位数（张）	
	2005 年	2006 年	2005 年	2006 年	2005 年	2006 年	2005 年	2006 年
临沧市	74.11	77.91	89.1		92.9		1.37	
临翔区	80.53	82.57	86.0		95.2		2.77	3.04
凤庆县	85.10	95.04	90.0		95.0		0.77	0.92
云 县	72.02	76.90	91.0		94.0		1.01	1.00
永德县	66.65	69.61	90.0		91.0		0.93	0.93
镇康县	71.46	75.88	87.0		90.5		1.37	1.55
双江县	73.79	80.36	89.0		91.0		1.41	1.35
耿马县	74.81	74.52	90.5		90.5		1.89	1.71
沧源县	60.57	63.91	91.5		90.5		1.47	1.46

（省统计局）

楚雄彝族自治州

主　　编　李发登　郭　刚
责任编辑　方爱琴　宣　勤

【概述】　楚雄彝族自治州位于云贵高原西部，云南省中部偏北，东经100°43′~102°30′，北纬24°13′~26°30′之间。州府驻楚雄市鹿城，东邻省会昆明市，西接大理白族自治州，南连思茅市和玉溪市，北靠四川省凉山彝族自治州和攀枝花市，西北与丽江市隔金沙江相望。辖区总面积2.9万平方千米。境内多高山和峡谷，有“九分山水一分坝”之称。地势中部高、北部低，南部最低。有乌蒙山（又称三台山）虎踞东部，哀牢山盘亘西南，百草岭雄峙西北，构成三山鼎立之势。西北部的大姚百草岭主峰帽台山顶是州境海拔最高点，海拔3 657米；最低点是最南端的双柏县三江口，海拔556米。金沙江、元江（红河上游）两大水系的河流在州境各奔南北，成为二水分流之形。在群山众水环抱中，有面积超过1平方千米的盆地104个，形成各具特色的经济、文化区域。气候宜人，属亚热带季风气候，冬夏季短、春秋季长；日温差大，年温差小；冬无严寒，夏无酷暑；干湿分明，雨热同季；日照充足，霜期较短；降水偏少，春夏旱偏重。由于州境山高谷深，也有局部明显的立体气候表现，呈“一山分四季，谷坡两重天”的特点。2006年平均气温16.7℃，比历年年平均气温偏高0.4℃，比上年平均气温偏低0.2℃；年日照时数在2 073~2 445小时之间。年平均降雨量802.7毫米，比历年平均降雨量偏少47.3毫米，比上年平均降雨量偏少50.6毫米。年平均降雨量比历年稍偏少，严重的春旱使部分地区小春作物产量和质量受到影响，伴随雨季开始期出现的强低温，对烤烟生长产生一定负面影响，雨季于10月12日结束。2006年初，冬春干旱突出，气温偏高，出现23年一遇的严重春旱；雨季开始期偏早，伴随着雨季到来，全州出现一次近年来最严重的强降温天气。

2006年，全州辖楚雄市和双柏、牟定、南华、姚安、大姚、永仁、元谋、武定、禄丰9县；103个乡镇，其中镇46个、乡53个、民族乡4个。2006年末，全州总人口258.48万人，其中非农业人口36.85万人，占总人口的14.26%；少数民族人口85.00万人，占总人口的32.9%，其中彝族人口69.03万人，占总人口的26.7%，占少数民族人口的81.2%。人口密度每平方千米88.3人，人口自然增长率6.35‰。

2006年，全州实现生产总值（GDP）217.4亿元，其中，第一产业增加值56.6亿元，增长7.1%；第二产业增加值86.3亿元，增长10.6%；第三产业增加值74.5亿元，增长13.3%。三次产业结构由上年的26.3:40.6:33.1调整为26.0:39.7:34.3。财政总收入39.44亿元，地方财政收入14.87亿元，地方财政支出44.5亿元。全社会固定资产投资93.3亿元，社会消费品零售总额63.6亿元。年末金融机构各项存款余额220.1亿元，各项贷款余额121.8亿元。居民消费价格指数102.2%。

2006年，全州实现农业总产值85.1亿元，粮食总产量96.4万吨，比上年增长2.2%，粮经比66.6:33.4。经济作物种植比重比上年提高0.1个百分点。有效灌溉面积172.5万亩，节水灌溉面积53万亩。年末森林覆盖率60.7%。

2006年，全州完成现价工业总产值206.5亿元，比上年增长16.4%。规模以上工业企业实现产值141.7亿元，增长19.3%；实现增加值56.9亿元，增长11.5%；实现利税37.31亿元，增长6.80%。

全州旅游行业接待国内游客335万人次、国外游客1 196人次，分别比上年增长19.9%、下降67.0%。实现旅游总收入10.7亿元，下降21.3%，其中国内旅游收入10.7亿元，下降21.0%，旅游外汇收入20.8万元，下降66.0%。

全州交通运输、仓储及邮政业实现生产总值9.59亿元，比上年增长11.2%。年末，全州公路通车里程1.62万千米（包含村道），其中高速公路156千米，一级公路13千米，二级公路203.6千米。全州民用机动车拥有量17.69万辆，比上年增长23.6%。其中汽车4.19万辆，增长11.0%；拖拉机2.30万台，增长28.1%；摩托车11.20万辆，增长29.5%。机动车驾驶员19.43万人。全年完成客运量1 313万人，增长1.5%；旅客周转量10.50亿人/千米，增长20.3%；货运量1 268万吨，下降4.8%；货运周转量14.35亿吨/千米，增长70.9%。完成邮电业务总量5.67亿元，比上年增长5.4%。其中邮政业务总量0.43亿元，增长13.2%；电信业务总量5.24亿元，增长4.8%。

年末，全州有固定电话和移动电话86.9万部，增加18.7万部，增长27.4%。其中新增固定电话用户5.6万户，年末达到34.1万户；新增移动电话用户13.1万户，年末达到52.8万户。电话普及率33.6部/百人（按公安户籍人口计算），比上年增加7.0部/百人。新增互联网用户2.99万户，年末达12.29万户，增长32.2%。

年末，全州参加基本养老保险9.91万人，失业保险11.51万人，基本医疗保险19.11万人，工伤保险4.23万人，生育保险3.91万人，农村社会养老保险28.14万人，新型农村合作医疗194.20万人。有5.7万城镇居民领到最低生活保障金。民政优扶革命伤残军人1 110人、在乡复员军人5 628人。有养老院115个，收养1 468人；有福利院4个，收养60人。

年末，全州有国民教育系列学校1 306所，比上年减少14所，有专任教师2.30万人。其中，普通高校3所、普通中专学校27所、高中24所、初中139所、小学1 112所、特殊教育学校1所。招收各类学生9.16万人，毕业学生8.59万人。学龄儿童入学率94.14%，小学毕业生升学率99.48%，初中毕业生升学率58.75%。初中阶段学龄人口入学率87.38%，高中阶段学龄人口毛入学率48.0%。教育部门主管录取的大学生6 133人，比上年下降1.1%。年内，全州免除30.89万名义务教育阶段学生的杂费，免除10.95万名农村义务教育阶段贫困家庭学生和特殊教育学校250名残疾学生的教科书费，为7.60万名民族贫困地区半寄宿制中小学学生发放生活费补助1 519.92万元。

年末，全州有各类卫生机构、门诊部、诊所598个，其中医院41所，农村卫生院117所，卫生防疫站11所，妇幼保健站11所，诊所404个。有卫生技术人员7 433人，其中执业医师2 766人，执业助理医师656人，注册护士2 485人。医院和卫生院床位7 018张，其中医院床位5 053张。有专业艺术表演团体10个，图书馆11个，文化馆11个（含群艺馆1个），博物馆4个，文管所9个，乡镇文化站103个，有档案馆11个。体育健儿参加省级及以上体育竞技比赛获得奖牌108.5枚，其中金牌28.5枚、银牌32.5枚、铜牌47.5枚。

全州有电视台1座，广播电台1座，电视覆盖率96%，广播覆盖率95.5%。出版报纸312期、842.4万份。

年末，全州从业人员155.73万人，其中从事农业产业113.55万人，占72.91%，比上年下降1.13个百分点；从事非农产业42.18万人，比上年提高1.13个百分点。年末城镇登记失业率3%。实现劳动力转移就业11.2万人次，实现劳务收入5.5亿元。在岗职工人均年工资18 178元。农民人均纯收入2 385元，增长7.3%；城镇居民人均可支配收入10 611元，增长15.4%。农村居民家庭恩格尔系数57.2%，城镇居民家庭恩格尔系数41.9%。城镇居民人均住房使用面积26.0平方米，农村人均住房使用面积33.8平方米。全州1 048个村委会，有1 031个通固定电话，1 041个通公路，1 048个通电，1 009个通自来水。

中共州委书记　丁绍祥（～2006.11.）、曹建方（2006.11.～）

州人大常委会主任　李应科（彝族）

州人民政府州长　杨红卫(彝族)

州政协主席　杨成彪（～2006.2.）、张怀德（彝族，2006.2.～）

【曾培炎到楚雄考察】　8月11日，中共中央政治局委员、国务院副总理曾培炎到楚雄市考察，深入楚雄卷烟厂、太阳药业公司生产车间，了解企业生产情况。

【南华“咪依噜风情谷”喜迎八方客】　南华县根据岔河彝村交通便利、民风淳朴、自然生态环境好、民族风情浓郁、群众建设新农村的积极性较高的实际，提出“用两年左右的时间，把岔河一线建设成为民族风情浓郁、彝族文化荟萃、生态环境良好、人与自然和谐发展、具有较强产业支撑的融生态游、乡村游、民族刺绣购物为一体的咪依噜风景区”，并列入县新农村示范带重点建设。在坚持“群众自愿、政府主导”的前提下，采取“政府补一点、集体拿一点、群众投一点、部门整合一点”的投入方式，实行示范带每村由“一名县处级领导挂点联系，一个责任部门驻点，一个部门负责人负责，一套工作班子抓落实”的工作机制，完成“咪依噜风情谷”各村的民居改造与美化、村庄道路硬化、畜厩搬迁和改造、产业发展规划、农民素质培训等工作，新建和完善部分公益设施，林产业发展、养殖业培植、民族刺绣、手工业提升和乡村休闲旅游业设施建设开始起步。“咪依噜风情谷”以“进入‘咪依噜’，相聚姑娘房，体验彝家情”的发展理念，让到这里的客人既可尝到彝家饲养的纯正绿色无污染黑山羊、乌骨鸡、土鸡蛋、新鲜山猪肉和当地

南华县咪依噜风情谷马鞍山示范点　　　　（南华县志办　提供）

林中采摘的野生菌及山茅野菜美味，畅饮纯粮酿造彝家小锅酒，体验彝族姑娘房的浪漫情趣，欣赏斑斓灿烂的彝族刺绣，融入激情奔放的民族歌舞，参与爬青山、穿莽林、找菌子、采野花、摘林果等娱乐活动，体验山里人古朴典雅、豁达闲适、宽容平和、热情快乐的“世外桃源”生活。“咪依噜风情谷”隶属于南华县龙川镇岔河村委会，位于县城北部，从距南华县城13千米的马鞍山村，到离姚安县城24千米的新村白土坡的彝族聚居区。这一彝族聚居区与姚安县太平乡接壤，西北与牟定县凤屯乡毗邻，地处南华与姚安、牟定三县交界处，南（华）永（仁）二级公路两侧，为马鞍山、新房子、三家、大岔河、小岔河、新村6个村民小组200多户人家的彝族聚居区形成，是一个风景秀丽、民族风情浓郁、彝族文化底蕴深厚、民俗保存完好的少数民族聚居区。

【整村扶贫推进楚雄州农村小康建设】 2006年，楚雄州以解决和巩固5万贫困人口温饱为目标，本着亲民、爱民、利民、为民的扶贫理念，狠抓扶贫整村推进楚雄农村小康建设，在10县（市）133个乡（镇）227个村委会实施整村推进扶贫项目村251个，其中省级扶持201个，投入资金3 015万元，州级扶持50个，投入资金750万元，群众参与筹资投劳折算1 982.8万元，共投入资金5 747.8万元。完成扩修乡村公路180件416.68千米，村间道路硬化156件143.61千米；建设高、低压输电线路7条15.5千米；基本农田建设修机耕路4条5.05千米，旱地水浇管道架设2条11.5千米，扩建小坝塘86件，新增蓄水168万立方米，建设田间三面光沟渠168条151.63千米，建设抽水站拦河闸、支U型槽等小件工程32件，建成小水池（窖）1 229个，容水量达1.59万立方米；建设人饮工程144条456.64千米，安居房改造20户3 990平方米，村民房屋亮化1 093户；建成及改造嫁接蚕桑1 488亩，建大棚11个1 425平方米，种植大蒜、花椒、核桃、樱桃、石榴、冬桃等共3 343亩；购种猪养殖456头，购种羊养殖1 697只，购种牛养殖167头，改厩749户1.38万平方米；建设沼气池2 269口，节能改灶1 703眼，改厕137座；示范种植优质农作物洋芋、萝卜、油菜、玉米等1 559亩；建成村（组）文化卫生室17间925平方米，公厕14座350平方米。

【多轮驱动扶持农民奔小康】 2006年，楚雄州紧紧瞄准贫困群体，以贫困村为主战场，狠抓各项农村扶贫开发措施的落实，扶持农民奔小康。以多种方式投入各种扶贫资金1.79亿元（其中有偿资金1.16亿元、无偿资金6 370万元），扶持农民发展生产。建成6家省级贫困地区劳动力培训转移示范基地，投入劳动力转移资金430万元，组织贫困地区劳动力培训4.55万人，有4 028人接受专业技能培训，转移就业4.31万人，转移就业率95%，实现打工经济收入1.2亿元。获得中央和省科技产业扶贫资金250万元，扶持贫困地区科技产业示范项目建设。获得省级扶贫贴息贷款570万元，扶持建成州种猪场、禄丰康源农产品加工发展有限公司等一批“龙头企业”发展。发放贴息到户，小额扶贫贷款1.1亿元，扶持农户5.64万户。投资600万元，实施搬迁1 208人的易地扶贫开发项目。120家州级挂钩单位干部职工1 725人（次），深入扶贫点开展扶贫工作；7 435名州级挂钩扶贫单位干部职工结对帮扶3 255户贫困农户，干部职工向贫困村、贫困户捐款、捐物折币187.42万元，为贫困地区争取和引进资金1 011.64万元；州级财政投入挂钩单位扶贫资金119万元，州级挂钩单位共投入120个贫困村扶贫资金325万元，发展种、养、加工等项目51项。

（周能汉）

楚雄市

【概述】 楚雄市位于云南省中北部，楚雄州中偏西南部，红河水系与金沙江水系分水岭地带。楚雄市政府驻地鹿城，地处昆（明）畹（町）公路线上，东距省会昆明162千米，古有“省垣门户，迤西咽喉”之称。总面积4 433平方千米，鹿城中心海拔1 773米。年平均气温16.5℃，年均降雨量790.1毫米。辖11镇4乡，152个村（居）民委员会，2 849个村（居）民小组。2006年末，全市总人口49.94万人，其中非农业人口14.64万人，占总人口的29.3%；少数民族人口11.44万人，占总人口的22.9%，其中彝族人口9.78万人，占总人口的19.6%。人口自然增长率为5.93‰。

2006年，全市辖区完成工业总产值89.17亿元，比上年增长11.7%。一、二、三产业比重由上年的12.2∶56.2∶31.6调整为11.7∶55.3∶33；一、二、三产业分别完成增加值10亿元、47.1亿元和28.05亿元，分别比上年增长6.5%、9.2%、16%。实现农林牧渔业总产值14.37亿元，按可比口径增长7.6%。粮食总产量1.77亿千克，烟叶收购1 384.8万千克（含出口备货）。市及市以下工业完成现价总产值39.98亿元，比上年增长7.6%。财政收入6.13亿元，增长27.2%。城镇居民可支配收入1.15万元；农民人均纯收入2 668元。城乡居民存款余额45.7亿元，增长12.8%。职工年平均工资19 304元。全年商品零售价格总指数为102%。年末，市辖区公路通车里程2 203千米，安（宁）楚（雄）高等级公路，广（通）大（理）铁路穿境而过，交通十分便利。全年完成客运量906万人（包括铁路，下同），旅客周转量5.59亿人/千米；完成货运量592万吨，货运周转量4.79亿吨/千米。

辖区内有各级各类学校199所，在校学生6.73万人，教师4 968人，小学入学率 99.84%，辍学率为 0；实现适龄少年入学率 99.84%，辍学率 0.39%。辖区有图书馆 2 个，文化馆 2 个，博物馆 1 个；市辖区有电视台 2 个，广播电台 2 个，电视覆盖率达 97%，广播覆盖率达 96%。有营业执照医疗卫生机构 377 个，比上年增长 2.4%，其中：医院 33 所；拥有床位2 698张，有卫生技术人员3 189人。

中共市委书记　张之政(彝族)

市人大常委会主任　李丕良(彝族)

市人民政府市长　邓斯云

市政协主席　段　云（彝族）

【农村经济持续发展】　2006 年，楚雄市以建设社会主义新农村为契机，扎实有效地抓好“三农”工作，全年实现农、林、牧、渔业总产值 14.37 亿元（现价），比上年增长 7.6%；粮食总产量 1.77 亿千克；收购烟叶1 384.8万千克，指令性烟叶收购均价 12.5 元。在市辖 8 个乡镇内建设畜禽养殖示范村，全年实现畜牧业总产值 4.36 亿元，比上年增长 10%。结合区域内自然条件优势，完成优质核桃基地建设 2.3 万亩、种植人工食用菌 45.9 万平方米、优质稻 1.1 万亩、优质梨1 500亩、商品蔬菜 1.25 万亩、桑园和制繁种基地分别达9 300亩和 1.13 万亩。中药材种植结合楚雄资源特色逐步形成山区、半山区和坝区特色鲜明的种植结构，全市种植中药材3 631.5亩，中药材产量 336 吨；全年野生菌类产量 964 吨；野菜产量 156 吨。全面取消了农业税，制定指导性较强的新农村建设实施意见。投资 705.58 万元，完成 15 个新农村示范村规划建设，组织 300 名村组干部和代表到上海、红河等地参观学习；集中培训市、乡、村组干部和“乡土人才”3 000余人。

【整村推进扶贫开发】　2006 年，楚雄市投入各类扶贫资金2 306.4万元，认真实施扶贫整村推进、产业开发、劳动力转移“一体两翼”战略，解决1 263名绝对贫困人口的温饱问题，帮助5 990名低收入人口增加了收入，扶贫开发取得明显成效。全面完成 23 个贫困自然村整村推进扶贫开发任务，解决1 224户5 145人的交通困难，新增蓄水 8.2 万立方米，新增灌溉面积 755 亩，改善1 911亩耕地灌溉条件，1 026亩耕地实现旱地水浇，使2 043户8 109人直接受益。解决了2 370人、1 157头大牲畜的饮水困难，贫困地区公共基础设施、生态环境和生产生活条件得到明显改善。发放小额信贷扶贫资金1 550万元，扶持农户7 936户发展特色种养和加工业，创建了 24 个辐射带动作用明显的扶贫产业示范村，使贷款农户户均增收 625 元。

【社会帮扶】　年内，州、市、乡镇 90 个单位 1.45 万名党员干部积极参与挂钩结对扶贫，共计捐款 105 万元，派出2 752名干部下村指导春耕生产，赠送农用物资近 200 吨，捐赠衣被3 500件、桌椅 299 套、学习文具1 402件、图书1 880册，有效地解决了贫困农户生产生活中的实际困难。11 家州级单位投资 11 万元对 8 个乡镇的 11 个贫困村委会进行扶持，改善了 410 亩农田地灌溉条件，解决了 4 个村 84 户 346 人行路难问题，解决了 155 户 888 人、278 头大牲畜饮水困难，使 4 户农户结束无生产生活用电的历史。

【农村富余劳动力转移输出】　2006 年，楚雄市把农村富余劳动力转移输出作为农民增收致富的好途径。全年通过组织大规模转移培训和创业培训共计 1.06 万人。全市年内农村富余劳动力向非农产业转移 3.74 万人，其中：向缅甸、新加坡、毛里求斯等国转移农村富余劳动力 265 人；向广东、福建、浙江、广西等省转移4 296人；向昆明等各地州转移 3.25 万人。实现农民增收 1.57 亿元。

【山区市级医疗急救站】　为不断改善山区群众就医条件，楚雄市委、市政府决定在中山镇组建云南省第一个山区医疗急救站。2 月份以来，先后投入 50 多万元资金，购置救护车、多功能麻醉机、电脑高频刀、呼吸机等医疗急救设备，选派市级医疗机构全科业务技术骨干到急救站工作，经过近一年的筹备和试运行，楚雄市山区医疗急救站于 12 月 26 日在中山镇正式挂牌成立。目前，急救站设有院前通信指挥部、院前急救部、运输部，确保在最短时间到达现场实施救治。

【重点产业建设】　2006 年，楚雄市积极支持配合红塔集团楚雄烟厂做好搬迁技改工作，该项目已经国家烟草专卖局批准，并已完成征地拆迁；组建成立华丽卷烟辅料集团和宏鑫印刷集团，烟草及配套业实现产值 39.15 亿元。完成龙发制药固体制剂生产线技改和太阳药业茄尼醇生产线技改扩建项目，启动实施盘龙云海、云中制药二期 GMP 技改项目，天然药业实现产值 3.14 亿元。依玛同佳公司时鲜蔬菜加工和明宏公司 2 万头无公害猪养殖基地、5 万吨饲料加工厂续建项目进展顺利，畜牧及绿色食品加工业实现产值 8.84 亿元。完成燃二公司 2.5 万吨玻璃瓶、弘邦林化工年产5 000吨松香系列产品生产线改扩建、华力公司 4 万台拖拉机生产线技改搬迁建设，宏源化工 6 万吨氨醇项目主体工程已完工，楚雄泥堵拉沙三级电站和滇中冶炼厂 10 万吨粗铜、30 万吨硫酸生产线技改有序推进，能源冶金化工、机械制造及建筑建材业实现产值 42.29 亿元。

【市政设施建设】　2006 年，楚雄市围绕烟厂搬迁技改、州职教园区建设等重点项目，继续实施东南片区基础设施配套建设，启动实施北浦路延长线及支线、鹿城东路延长线、阳光大道东延长线及支线、鹿城东路延长线、阳光大道东延长线、跨青龙河 50 米大桥等建设工程；推进西北片区路网建设，完成安楚高速路上章村出口至三家塘联络线和龙川江 7 号桥等建设工程；实施完成青龙河泵站建设，城市电网改造、部分城市供水管网改造续建及威楚小区、邱家园、东新路、新市街等道路改造和市法院审判大楼等建设项目；城市燃气管道续建、西山公园一期提升改造进展顺利。完成市改基础设施建设投资1.07亿元，比上年增长43.7%。年末楚雄市有城市街道123条；城市居民人均拥有道路面积14.12平方米；人均公共绿地面积达8.54平方米，建成区绿化覆盖率25.7%；建成区面积达20平方千米。

【改善城乡交通】 2006年，楚雄市投入46.3万元资金，建设完成了13.8千米320国道楚雄市过境线一级公路；投资2 472万元，完成东大线、白宜线、多西线、南八线等总里程为157千米的农村公路建设的后续工作；投资35万元，完成石涧至大海波4.6千米弹石路建设工程；计划总投资2 300万元，完成大田丫口至大过口和中山46千米油路建设工程；同时，继续完善城市交通基础设施建设，加快完成高速公路、320国道、新市街等部分路段、道路的改建工程，全市交通状况明显改善。

【民族和睦共建新农村】 楚雄市苍岭镇下辖的李家村委会马石铺村民小组距州府鹿城10千米，是一个回、彝杂居的民族村，全村有耕地340.32亩，85户351人，其中：回族75户301人，彝族10户50人。安楚高速公路、320国道、广大铁路穿境而过，交通便利。村民勤劳朴实、诚实守信、团结和睦，自然风景优美。2005年，人均纯收入达2 886元，居全镇第一，被市委、市政府命名为“三个文明”建设示范村。年初，楚雄州市委、政府把马石铺村定为全州新农村建设试点、示范村。全村共有肉牛养殖户64户，年均出栏肉牛2 400多头，促农增收24万余元；奶牛养殖初具规模，共有奶牛饲养户12户，饲养奶牛276头，每天可向市场输送鲜奶1 500多千克；并有28户从事交通运输业，25户从事特色餐饮业。马石铺村根据村民的生产生活习俗，结合村组的布局特点，建成3层以上小洋楼15幢，砖混结构住户30户，房屋设计合理，设施齐全，外观漂亮。村小组积极筹集资金，组织修建水泥道路，实现主干道道路硬化，并在道路两旁栽种绿化树，达到了“既要金山银山，又要绿树蓝天”的目标。建成高质量沼气池72口，卫生厕所72个，村中共有摩托车32辆，农用车（含拖拉机）10辆，中巴客车7辆，客货两用车13辆，人们的生产生活逐步向电气化、沼气化和机械化迈进。实现了家家户户吃水不出门，乘车不出村的目标，逐步走上了人与自然和谐发展，生态与经济共进的绿色生产生活道路。架通光缆闭路电视，实现了闭路电视“家家通”，修建了篮球场，修缮了文化室，丰富了村民的文化生活。全村有固定电话60多部，移动电话250多部，使各种信息方便快捷地传入村中，村民的生活多姿多彩。

（海成强）

元谋县

【概述】 元谋县位于楚雄州北部，东倚武定，南接禄丰、牟定，西邻大姚，北交永仁和四川省会理县，总面积2 021.69平方千米。县城马街，海拔1 078米，成昆铁路、108国道纵贯全境，距州府楚雄168千米，距省会昆明180千米。元谋东山雄峻，西岗低迤，南嶂叠耸，北屏高拔，四周皆山，镶嵌着小盆地，地势东高西低，南高北低，盆地占17.93%，山区面积、河流、水库占82.07%，属农业县。海拔差大，立体气候，峡谷、平坝干燥干热，光热足，罕霜雪；俗称“温室”、“热坝”；半山区温热；山区冷寒。年均气温21.5℃，年日照2 433.9小时，年降雨量578.5毫米，年蒸发量1 547.1毫米。乡镇撤并后辖3镇7乡，78个村民委员会（社区），637个村（居）民小组，624个自然村。年末总人口21.07万人，其中：非农业人口2.32万人，占总人口11.01%；少数民族人口7.73万人，占36.70%；有彝族、傈僳族、回族、苗族、傣族5个世居少数民族。人口自然增长率3.16‰。

2006年，全县生产总值（GDP）10.94亿元，比上年增加1.34亿元，按可比价计算（下同）增长10.5%。其中：第一产业增加值4.73亿元，比上年增长6.8%；第二产业增加值2.05亿元，同比增长15%；第三产业增加值4.15亿元，同比增长12.7%；一、二、三产业增加值占生产总值的比重为43.3∶18.7∶38.0。农村经济总收入7.85亿元，增长93.73%。粮食总产量6.88万吨，比上年增长0.4%；种植烤烟1.12万亩，产量1 547吨，产值1 710万元；畜牧业总产值（现价）1.61亿元，增长5.9%。工业总产值（现价）完成8.54亿元，比上年增长17.3%。乡镇企业实现营业总收入30.28亿元，同比增长16.2%；实交税金3 950万元，同比增长16.4%。非公经济完成增加值5.15亿元，按可比价格计算，比上年增长13.4%；上缴税金2 699万元，增长35.8万元。财政收入6 559万元，比上年增加872万元，增长15.33%；地方财政支出2.59亿元，增长6.8%。农民人均纯收入3 044元，比上年增加206元，粮食人均327.78千克。城乡居民储蓄存款余额7.58亿元，比年初增长13.6%。在岗职工年平均工资16 921元。居民消费价格总指数103.0%。有5 755人享受最低生活保障。电视覆盖率96.5%，广播覆盖率96.5%。有线电视用户数2.1万户。全年客运量663万人次，客运周转量9 292万人/千米，完成货运量56万吨，货物周转量达6 882万吨/千米。

全县有各类学校288所，在校学生3.26万人，教师1 881人。九年义务教育普及率为100%，小学入学率99.9%，辍学率0.1%；初中毛入学率100.1%，辍学率0.4%。年末，有文化馆、图书馆和群娱馆14个，医疗卫生院、所131个，床位580个。

中共县委书记　李国林（彝族）

县人大常委会主任　吴孝庆
县人民政府县长　袁丽娟
县政协主席　兰　松

【绿色产业】　建成亩产值4 000元以上的优质高效农业基地2.62万亩、设施农业基地5 100亩，2005年冬至2006年春（菜季），全县外销蔬菜17.14万吨，销售收入3.03亿元，实现产值2.9亿元，外销林果产品1.56万吨，实现产值4 237万元。年内新获无公害认证2个，累计27个；绿色食品认证5个，累计10个。夏秋季节推广种植德国米葱、脱毒红薯、葡萄、青枣等经济作物，农民收入持续增长。同时抓住被国家农业部评为“第二批全国农产品加工业示范基地”、被省政府列为“云南省四十个重点工业强县”的机遇，建成加工型原料基地1.16万亩，3个公司完成技改扩建。元谋蔬菜批发交易市场第一期改扩建工程按期完工，“双百市场工程”顺利实施，出现农产品市场开拓创新的局面。

【旅游产业】　投资754万元实施了4条旅游环线公路建设。云南元谋旅游经营有限公司投资2 000万元开发国家AAA级土林风景区。成功举办“中国元谋首届红军节”、策划并推出东方人类祭祖坛文化工程项目，以及申报2008年北京奥运会圣火采集元谋传递点方案。全年接待中外游客49.53万人次，接待海内外游客数居全州第一位，旅游总收入2.21亿元，比上年增6.3%。

【双百市场工程】　通过项目申报和积极争取，元谋县蔬菜批发交易市场列入国家商务部“双百市场工程”建设范围，核准新建废弃物处理中心、安全监控中心，项目总投资321万元。县委、政府成立领导小组，下设办公室于县开发投资有限公司，负责项目的协调、督促、检查，并开展具体工作。工程于10月启动，年底竣工，完成投资325.37万元。

【中国元谋首届红军节】　为打造金沙江红色旅游，4月23日，团省委、州旅游局和元谋县在当年红军长征渡过的金沙江龙街渡联合主办“中国元谋首届红军节”活动，中央电视台等媒体在第一时间作了全方位宣传和报道。

【中国元谋首届蔬菜节】　为全力打造元谋冬早蔬菜之乡，塑造“绿色元谋”形象，12月27～31日成功举办“中国元谋首届蔬菜节”。通过开幕式演唱会、果蔬烹饪大赛、项目洽谈会、绿色产业发展论坛共十项系列活动的开展和中央电视台《乡村大世界》的宣传，全方位、多角度、深层次推介无公害、绿色农产品，为农产品销售创造了更有利的条件。

【“元谋人”名片】　8月，“元谋人”被评选为云南十大名片之首。

【城镇建设】　投资40余万元改造县城休闲小广场；投资3 400万元建成第一期专项普通商品住房投入使用；投资79.83万元完成省级重点小集镇黄瓜园镇5 353平方米的综合广场建设；投资44万元在县城安装警示信号灯。县城荣获“云南省甲级卫生县城”称号，人居环境有新改善。

【生态环境】　投资1 149.4万元实施“长治”第七期工程，治理水土流失面积23.64平方千米；督促永武高速公路元谋境内路段完成生态保护工程69.39万立方米；查处违法矿山企业8个，关闭整改不合格矿山1个；实施天保工程公益林建设7.5万亩、森林管护34.75万亩；完成沼气池建设2 000口；实施天保工程公益林建设7.5万亩、森林管护34.75万亩、造林1.6万亩；森林综合覆盖率38.3%。

【招商引资】　小水电站建设、矿产资源开发等19个招商引资项目成功实施，协议总投资4.03亿元，实际到位资金1.30亿元，完成州政府考核目标的130%。

【新型农村合作医疗】　政府出台《元谋县新型农村合作医疗管理办法〈试行〉及实施方案〈试行〉》、《元谋县新型农村合作医疗管理实施细则（试行）》，成立元谋县新型农村合作医疗管理委员会和新型农村合作医疗监督委员会，于1月1日正式运转。运行模式实行“门诊统筹＋住院补偿模式”。选择全县共95家门诊作为定点医疗机构，有医务人员632人。群众参合率达87.15%，就诊参合患者24.3万人次，发生医疗费用共计1 977.12万元，实现减免620.26万元。

（张红梅）

南华县

【概述】　南华县地处云贵高原西南部，滇中高原西部，楚雄彝族自治州西部，东接楚雄市、牟定县，南连楚雄市、思茅市景东县，西邻大理州弥渡县、祥云县，北邻姚安县。总面积2 343平方千米，其中，坝区占4%，山区占96%。国道320线、省道430线和滇西铁路、楚大高速公路通过县城。县城龙川镇海拔1 857米，距州府楚雄37千米，距省会昆明197千米。全县辖6镇4乡，128个村（居）民委员会，1 488个村（居）民小组。年平均气温14.8℃，年均降雨量827.5毫米。年末全县总人口23.47万人，其中非农业人口2.02万人，占总人口的8.61%；少数民族人口9.07万人，占总人口的38.65%，有彝、白、回等少数民族居住。人口自然增长率4.17‰。

2006年，全县实现地区生产总值（GDP）10.70亿元（现价，下同），比上年增长11.9%。其中，第一产业增加值4.75亿元，比上年增长4.7%；第二产业增加值2.57亿元，增长28.8%；第三产业增加值3.38亿元，增长11.6%。一、二、三产业增加值占地区生产总值的比重由上年的35.3∶32.7∶32调整为44.4∶24.0∶31.6。全县实现农村经济总收入10.05亿元，比上年增长10.1%。粮食总产量9.67万吨，比上年增长1.95%。收购烟叶9 055.5吨，实现产值1.02亿元，实现税收2 256万元，实施封山育菌18.32万亩，实现野生菌产量3 000多吨，产值突破1亿元。畜牧业产值达2.51亿元，比上年增长4.8%。全年完成工业总产值6.42亿元，比上年增长11.99%；完成财政总收入9 007万元，比上年增长24.8%。地方财政收入6 545万元，增长17.6%。完成地方财政支出2.7亿元，增长27.1%。农民人均纯收入2 246.6元，比上年增166元，增长7.9%，人均有粮412千克。城乡居民储蓄存款余额6.62亿元，比年初增长18.04%；在岗职工人年均工资19 300元，增长28.6%。全年商品零售价格总水平比上年上涨1.6%，居民消费价格涨幅有效控制在3%以内，全年共有3.99万户、6.06万人次得到最低生活保障救济，发放城市居民最低生活保障金543万元。广播综合人口覆盖率97.5%，电视综合人口覆盖率97.0%。全年完成客运量68万人，客运周转量5 855万人/千米；货运量54万吨，货运周转量4 992万吨/千米。

全县共有各类学校177所，在校学生3.37万人，有教职工2 043人，其中，专任教师1 882人。适龄儿童入学率、初中阶段毛入学率和高中阶段毛入学率分别为99.93%、99.15%和49.52%。小学生年辍学率0.06%，初中生年辍学率0.58%。年末有图书馆1个，文工队1个，青少年校外活动中心1个，乡镇文化室12个。全县共有卫生机构18个（不含个体、私营诊所），床位457张，专业卫生技术人员385人。

中共县委书记　纳云德(傈僳族)

县人大常委会主任　朱玉庭（~2006.3）、叶忠华（2006.3~）

县人民政府县长　李　能（~2006.3）、周兴国（2006.3~）

县政协主席　何兆芹（~2006.3）、阿明仙（女，彝族，2006.3~）

【劳务输出】　2002年11月18日成立南华县境外劳务输出培训中心，县政府发出《南华县境外劳务输出人员享受相关优惠政策暂行规定》，12月5日楚雄州第一个境外劳务输出工作机构——云南省国际公司境外劳务输出培训基地南华工作处在南华县职业高级中学挂牌成立，并承担楚雄州境外劳务输出人员培训任务。年内，向毛里球斯输出劳务32人，选送日本研修生20人到云南省国际经济技术合作公司培训中心接受输出前的培训，培训3个月后将派往日本研修，劳务输出人数逐年上升。2006年，南华县共转移农村富余劳动力2.01万人次，其中，境外181人，省外3 784人，省内转移4 800人，县内转移1.13万人。全年共实现劳务收入7 161.5万元，比上年增长6%。

【“野生菌王国”建设】　《南华县松茸等食用菌规范化管理暂行办法》对野生菌管护、采集、包装、运输、交易、出口等各个环节作出明确规定，群众采取承包管护，封山育菌等措施，全县实施封山育苗1 832万亩，实施封山育菌2万亩，在五街、沙桥、龙川界定30万亩的松茸保育基地，在雨露、沙桥、龙川界定40万亩的牛肝菌保育基地。培育云华绿色食品开发有限责任公司、佳雄商贸有限责任公司、宏怡野生菌开发有限公司等13家野生菌加工企业及收购、销售松茸经营户100多户，推广大球盖菇、黑木耳、香菇等珍稀食用菌种植，弥补了野生菌的季节性时间差。全县松茸产量达220吨，产值6 600多万元；牛肝菌等野生菌产量达2 600多吨，产值3 200多万元；人工食用菌产量143吨，产值167万元。食用菌产值超过1亿元。

【丫口生态村】　“丫口生态村”是一个村民联合体，有5户人家，这个示范点于4月26日开办至11月底，共接待省内外游客和各地参观考察人员5.4万人，营业收入79.5万元，户均纯收入5.1万元。别样的民居、美丽的服饰、纯天然的食品、古老的文化形成鲜明的“生态”特征。身着艳丽服装的彝家女孩们忙出忙进地为客人上菜敬酒，用彝家人特有的食品和礼仪招待客人，而古树下的“大餐厅”经常座无虚席。由于丫口生态旅游业的发展，带动了绿色食品、畜牧业的发展，一个由政府投入、群众集资的村民联合体，不到一年的时间，房

南华县毛板桥中型水库　　（南华县志办　提供）

屋鲜亮了，道路平整干净了，民俗旅游发展起来了，出外打工的青年人回乡了。群众说："过去我们出外给别人打工，现在别人进山来给我们打工"。丫口村步入了生态旅游的快车道。

【马铃薯"五选2号"】 9月12日，由南华县农业局、南华农技站、楚雄州植保站、南华县五街镇农业推广中心经过多年共同选育的马铃薯新品系"五选2号"通过了省内有关专家的田间鉴评，并推荐上报省种子管理站进行品种审定；12月通过审定，使之成为楚雄州第一个拥有自主产权的马铃薯新品种。五选2号（当地农民称为新马驮），年内种植面积4457.8亩。区域试验结果：2003～2005年参加云南省马铃薯冬作区域试验。7个试验点平均单产2 190千克/亩，比中甸红增0.5%，增产显著，8个参试品种居第一位。品种种性标准。结薯集中，薯块椭圆形，表皮粗糙、黄色，薯肉黄色，芽眼中等数、较深；薯块耐贮性好，食味品质上（微沙、香）；淀粉含量17.9%左右，适应性较广，产量表现稳定。田间调查、综合鉴定结果：五选2号为早中熟品种，生育期105天，出苗整齐度好，幼苗长势强，株高70厘米，茎粗1.1厘米，大、中薯率分别为65%和30%；生产试验最高亩产2 880千克，平均亩产2 038千克，比合作88增长1.6%，较耐晚疫病、青枯病、病毒病等。

【县一中扩建】 2006年，对始建于1937年，占地47亩的南华县惟一一所普通高中南华县第一中学进行扩建。为加快全县高中教育的快速发展，原有的教学资源已不能满足目前高中教育发展的需求，成为制约全县高中教育发展的瓶颈。南华县委、政府积极向上争取支持，实施南华一中改扩建项目，着力改善一中教育基础设施条件，并把其列为全县重点工作之一。该项目计划投资1 300万元，新征地62.83亩，进行教学楼、学生宿舍、学生餐厅和运动场建设。工程自2004年11月开工，至2006年年内到位资金1 100万元，累计完成投资1 050万元。投资500万元的教学实验楼已于8月30日竣工投入使用。投资200万元的新建教学楼工程和投资250万元的男生宿舍楼工程分别于年内7月和8月动工建设，预计2007年3月1日前可以投入使用。计划投资138万元的学生餐厅于12月动工。田径运动场建设项目争取到位资金60万元（到位南华一中财务账户30万元），第一阶段工程完成围墙支砌、场地清理和土方回填，完成投资40万元。大牲畜市场迁出工作正在协调当中。项目完工时学校占地可达109.83亩，规模达60个教学班，可容纳学生3 000多人。

南华县岔河新农村示范点丫口村　　（南华县志办　提供）

【县城供水改扩建工程】 2006年，南华县城供水改扩建工程概算总投资2 532.89万元，于2005年2～4月在原水厂旁（龙川镇斗阁山）完成土地征用、划拨10多亩，10月21～25日在中国招标与采购网站上发布招标公告，工程分两个标段一次公开招投标，第一标段为净水厂土建，设备采购和安装；第二标段为水源地至净水厂输水管线、城区供水管网改造。2005年11月24日第一标段由昆明三蒲市政工程有限公司以775.1万元中标；第二标段由昆明市自来水设备安装公司以1 498.5万元中标。年内2月22日第一标段开工建设，已开工的第一标段概算总投资775万元，建设周期6个月。年底，完成办公楼、加药间建筑面积约1 100平方米，320立方米/日穿孔旋流反应池1座、240立方米/日无阀滤池1座、1 000立方米清水池1座（日处理能力为5 000立方米）的浇筑和室内外粉刷，完成投资697万元。下达中央预算内资金430万元，实拨360万元，完成投资697万元。

（窦正旺）

牟定县

【概述】 牟定县位于云南省中北部，楚雄州中部，东连禄丰县、元谋县，南邻楚雄市，西与南华县和姚安县接壤，北与大姚县、元谋县毗连。总面积1 464平方千米，山区面积占91%，县城所在地共和镇平均海拔1 758米；县城距州府楚雄市鹿城镇56千米，离省会昆明221千米。成昆铁路从县境边界穿过。2006年，年平均气温17℃，比上年偏高0.8℃；年均降雨量800.1毫米，比上年偏少4.3毫米。辖4镇3

乡，89个村（居）民委员会，777个自然村，1 205个村（居）民小组。2006年末总人口20.37万人，其中非农业人口1.59万人，占总人口的7.8%。人口以彝族为主，少数民族有20个，占总人口的20.9%。人口密度每平方千米139.2人，人口自然增长率7.7‰。

2006年，全县生产总值（GDP）10.02亿元，增长11.4%；其中，第一产业增加值3.98亿元，增长4.8%；第二产业增加值2.77亿元，增长20.4%；第三产业增加值3.27亿元，增长13.4%。一、二、三产业增加值占GDP比重由上年的43.1∶24.6∶32.3调整为39.8∶27.6∶32.6。农村经济总收入16.59亿元，增长1.4%；粮食总产量8 009.2万千克，增长3.1%；种植烤烟面积3 448公顷，产值7 376.08万元；畜牧业总产值1 939万元，下降0.9%。工业增加值2.26亿元，比上年增长18.8%。地方财政收入由上年的4 111万元增加到5 268万元，增长28.8%。农民人均纯收入2 136元，比上年增加122元，居民消费价格总指数为101.9%，下降0.7%，职工年平均工资17 677元。城乡居民储蓄存款余额6.01亿元，增长14.2%。享受最低生活保障2 810人，发放低保金337.2万元。全县有2.18万人参加农村养老保险，累计保险基金积累总额891万元，发放养老金48万元，保障覆盖率达77.95%。电视覆盖率97%。公路通车总里程852千米，完成客运量200万人次，完成货运量187万吨，货运周转量1.21亿吨/千米，客运周转量6 477万人/千米。

全县有各类学校113所，在校学生2.53万人，教师1 656人，九年义务教育入学率达100%。年末，全县有艺术表演团体2个，图书馆1个，文化馆（站）8个，电影放映单位1个。医疗卫生机构14个，有病床351张。

中共县委书记　杨树荣

县人大常委会主任　曹庆智（～2006.3.）、周　雷（2006.3.～）

县人民政府代理县长　任学全（～2006.3.）

县人民政府县长　任学全（2006.3.～）

县政协主协　高荣兴

【整村推进项目成效明显】 2006年，牟定县全县投入资金540.79万元组织实施完成了凤屯镇张合屯村等22个整村推进项目，共完成通村公路建设58.04千米，村间道路硬化15条10.98千米，架桥、涵21座92米；新安装100KVA变压器4台，架设10KV输电线18.69千米，低压线1.73千米；人畜饮水工程中新建小水池（窖）26个1 784立方米，架设输水管道13条43.89千米；新建小水窖254个，维修扩建小坝塘14个，修三面光沟渠18条14.70千米，增加灌溉面积445亩，改善灌溉面积1 533.8亩；新建沼气池382口；种植药薯等经济作物107.70亩，核桃等经济林果230亩，发展大牲畜876头。

【农村药品“两网建设”】 2006年，牟定县指导检查供应网点78户次，培训药品专柜从业人员81人。新增设药品专柜18家，新开办药店5家，农村药品供应网络建设布点率95.5%，覆盖率159.6%，在全县7个乡镇、85个村委会均建立了药品供应网络。重新核定了乡镇药品监督协管员31人，共有药品三级监督网络人员420人，接到药品监督员举报6人次，查处案件6件，占全部案件比例的21.42%。制定《牟定县奖励举报制售假劣药品、医疗器械有功人员实施细则》，明确对举报人员根据其提供线索情况给予不同标准的奖励。

【狂犬病疫情】 5～8月，牟定县境内5个乡镇12个村（居）委会17个自然村，连续出现被狗咬伤人、畜造成死亡的情况，后经卫生行业主管部门鉴定为“狂犬病”。全县共发生狂犬病病例5例，经医治无效死亡。疫情发生后，县委、县政府高度重视疫情的防控工作，启动了《楚雄州狂犬病应急处理预案》Ⅲ级应急反应和《牟定县突发重大动物疫情应急预案》，采取切实有效的防治措施，及时控制疫情的蔓延和扩散。

【左脚舞民族文化节】 农历三月二十七至二十九日，牟定县第三届左脚舞民族文化节在县城举行。节日期间，来自省内外的客商、游人数万人云集县城，共同感受百人唱一调，千人弹一弦，万人跳一舞的壮观景象，“以歌会友，以舞传情，以会招商”贯彻始终。整个左脚舞民族文化节活动内容丰富、异彩纷呈，来自县内7个乡镇的少数民族民间艺人组成文艺表演队，上街巡回演出独具地域特色的精彩文艺节目，还举办书画展、耍龙耍狮、民族民间工艺品展销，老年人业余文艺演出等。

【山区小康水利】 2006年，牟定县江坡镇和平村委会“山区小康水利”建设试点启动，工程总投资65万元。工程包括人畜饮水工程：架设管道22.31千米，新建水池8个，解决饮水困难群众1 615人；农田灌溉工程：除险加固小坝塘1座，衬砌渠道1.28千米，新建拦河闸5座，解决旱地水浇1 557亩。

【区域小流域治理】 2006年，牟定县完成治理水土流失面积28.16平方千米，其中：坡改梯1 804亩，水土保持林2 007亩，经果林1 277亩，封禁治理31 931亩，塘堰15座，拦沙坝8座，谷坊20座，蓄水池9 480立方米，浇筑三面光沟渠1.68千米，作业便道9.09千米，保土耕作5 783亩，完成土石方92.01万立方米，累计投工49.37万个，完成总投资963.2万元。其中高平小流域综合治理顺利通过国家珠江水利委员会验收，得到专家组好评。

【农村养老保险】 2006年，全年共新参加投保510人，投保金额11万元，完成今年扩面任务的46%；发放领保894人，支付领保金4.68万元，全年新增领保162人；发生退保65例，退保金4.93万元；支付一次性继承养老金4人，金额3 187元。

【人民调解】 2006年，牟定县乡村两级调解组织共排查社会矛盾纠纷42件，调处42件，成功17件。乡村两级调解组织共受理民间纠纷2 300件，调解2 300件，成功2 219件，调解率和成功率分别为100%、96.47%；防止民间纠纷转化为刑事案件53件53人；防止民间纠纷引起自杀53件53人；制止群体性械斗5件；防止群体性上访21件。有效地维护了社会稳定。

【新型农村合作医疗】 11月30日牟定县召开推行新型农村合作医疗试点动员大会，正式启动新型农村合作医疗工作。全县共登记参合16.12万人，已筹集到参合资金161.18万元，参合率86.46%。

【就业和再就业】 2006年，全县城镇新增就业1 087人，办理《再就业优惠证》243本，争取就业和再就业资金249万元。举办供需见面会6场，667人参加供需见面会，228名下岗失业人员实现了再就业；为724名符合领取养老保险补贴的下岗失业人员兑现补贴102万元，年检《再就业优惠证》1 690本，提供政策咨询2 235人次；发放小额担保贷款三批89户金额175万元。组织再就业培训二期227人，占任务数的57%，培训后实现就业165人；组织创业培训六期318人，培训后创业179人；再就业创业培训545人，培训后就业344人，完成农村富余劳动力培训1 000人，全年完成扶贫劳务输出4 072人，农民外出打工4 362人，国际劳务输出4人。

【烤烟经济收入】 2006年，牟定县种植烤烟4.78万亩，收购烟叶13.06万担（含2.19万担出口备货烟叶），上等烟比例51.83%，收购均价10.96元/千克，比去年增加0.15元/千克，实现收购总值7 154.32万元，兑现给烟农烘烤补贴261.22万元，烟农实际收入7 415.54万元（较去年增加63.4万元），全县1.92万户种烟农户，户均收入3 872元，比2005年户均增加415.54元，上缴烟叶税1 573.95万元。实现了财政增长，企业增效，烟农增收的目标。

【救灾救济】 2006年，牟定县遭受干旱、风雹、低温冷冻、病虫害，直接经济损失2 410.06万元。争取上级救灾资金107万元下拨到重灾区。以春、夏荒群众生活安排为主线，做好困难群众生活救助，解决临时困难救济资金15.6万元，救济人口5 700人；解决救灾粮食150吨（折价32.7万元），救济人口9 300人。

（段绍友）

武定县

【概述】 武定县位于云南省中部，楚雄州东北部，东邻昆明市禄劝县，南接禄丰县和昆明市富民县，西与元谋县接壤，北隔金沙江与四川省会理县相望。全县总面积3 322平方千米。县政府驻狮山镇，海拔1740米，东距省会昆明78千米，西南距自治州首府鹿城160千米。国道108线贯穿县境。年平均气温15.4℃，年均降雨量991.5毫米。辖3镇8乡，130个村（居）委会，1 569个村（居）民小组。2006年末，全县总人口26.75万人，其中非农业人口2.03万人，占总人口的7.59%；少数民族13.88万人，占总人口的51.88%，有彝族、傈僳族、苗族、傣族居住。人口自然增长率7.49‰。

2006年实现地区生产总值12.69亿元，增长10.8%。其中：第一产业增加值5.26亿元，同比增长5.9%；第二产业增加值3.14亿元，同比增长19.9%；第三产业增加值4.29亿元，同比增长11%。一、二、三产业比重由上年的40.5:25.7:33.8调整为41.5:24.7:33.8。全县实现农村经济总收入6.57亿元，比上年同期增长7.03%。工业总产值8.78亿元，同比增长13.86%。全年共接待游客60.67万人（次），比上年增长7.61%，实现旅游收入2.19亿元，比上年增长10.12%。实现财政总收入8 807万元，比上年增长21.8%，其中地方财政自收5 732万元，比上年增长16.24%，实现财政总支出3.05亿元，比上年增长29.%；金融机构各项存款余额13.95亿元，比年初增长22.08%；各项贷款余额6.44亿元，比年初增长9.96%。农民人均纯收入1 890元，比上年增加99元，增长5.53%。城乡居民存款余额8.65亿元，比年初增长22.41%。职工年平均工资19 414元，全年商品零售价格总指数为102%。给1 920户3 828人发放城镇居民最低生活保障金共386.4万元。实现社会消费品零售总额2.91亿元，同比增长13.6%；居民消费价格总指数103.3%。

全县有各类学校336所，在校学生3.8万人，教职工2 655人。适龄儿童入学率97.17%。广播电视覆盖率96.5%。共有卫生单位18个，住院病床数498张，卫生技术人员465人。

中共县委书记　马国雄（回族，～2006.3.）、李　怡（女，2006.3.～）

县人大常委会主任　宋文权

县人民政府县长　卢显亮

县政协主席　刘绍明

【伊尔格水电站竣工】 1月22日，由云南滇能楚雄水电开发有限公司投资在武定县境内勐果河新建的伊尔格水电站，经过10个月运行，成功并网发电，举行竣工典礼。伊尔格水电站共安装两组发电机，总装机容量为1 260千瓦，年平均发电量6 440万千瓦小时。电站投产后，年均可实现发电收入1 200万元，为武定县提供税收200万元。

【狮山村委会荣获荣誉称号】 10月25日，县委在狮山村委会召开会议，代省、州党委对狮山村党支部在2006年荣获“全省先进基层党组织”和“全国先进基层党组织”荣誉称号颁发奖牌，表示祝贺，进行表彰。

【县一中70周年校庆】 11月3~5日，武定县举办武定一中70周年校庆暨民族文化周活动。此次校庆活动多渠道融资1 300万元，捐资助学资金208万元，校庆捐资56万元。

【《武定酒歌》获金奖】 11月29日，《武定酒歌》在首届云南酒歌大赛中获得金奖。

【矿产资源整合】 根据州人民政府与云冶集团总公司签订的《关于建设钛产业基地的协议》，引进云南冶金集团到武定整合优化配置钛资源。为云冶合作建设年产8万吨高钛渣建设项目征地工作，已完成征地295.03亩。8月16日举行项目奠基仪式，标志着武定县矿产资源开发进入一个全新的发展进程。

【钛资源开发】 2006年武定县与云南冶金集团签订《关于建设钛产业基地的协议》，8月16日举行合作建设年产8万吨高钛渣建设项目奠基仪式。

【客运市场整顿】 全年共上路上户检查186天、1 302人次，查处各类违章案件964件，收缴罚款41.47万元。全县营运在册车辆1 346辆，已审1 032辆，审验率77%。

【下岗失业人员小额担保贷款】 截至10月31日止，全县累计发放下岗失业人员小额担保贷款49笔，金额102万元，超额完成州中支行下达发放15万元的下岗失业人员小额担保贷款指导性指标。

【城市居民最低生活保障】 2006年全县享受低保对象2.35万户次，4.18万人次。发放低保金386.4万元，其中：社会救济对象5 772人次，优抚对象1 248人次，在职职工3 289人次，下岗职工1.06万人次，离退休人员1 586人次，失业人员1.35万人次，其他人员5 877人次。

【残疾人生活保障】 通过政府统筹和部门协作，切实抓好残疾人生活保障问题，重点从残疾人的生活医疗、住房等方面入手，通过多方努力，全县已有609户680人贫困残疾人纳入最低生活保障，所享受低保金在同等条件下上浮20%。4 112名残疾人由政府出资参加了农村合作医疗，20户无房户得到民政、扶贫资助改造金，并已喜迁新居。

【老年人体育】 10月25~30日举办武定县老年人体育运动会，共有来自城区50多名老年人参加篮球、羽毛球、下棋三个项目的比赛。

【就业和再就业】 全县开发就业岗位1 181个，完成任务的102.7%；城镇新增就业人员772人，完成任务的103%；其中下岗失业人员再就业565人，完成任务的100.7%。特殊困难群体再就业98人，完成任务的102%。持证的“4050”人员再就业55人，完成任务的102%；累计发放《再就业优惠证》1 649册，其中1~12月新增发放241册。

【劳务输出】 共组织向国际国内劳务输出91批次4 818人，完成任务的112.3%，其中国内输出4 720人，完成任务的112.4%；国际输出98人，完成任务的109%，外出务工创收1 204万元。组织农村富余劳动力转移就业9 181人，完成任务的122.4%，实现转移收入651.8万元。农民工转移培训8 751人，完成任务的102.9%，其中引导性培训7 496人，完成任务的102.7%，农民工技能培训1 255人，完成任务的104.6%。

【自然生态保护】 2006年武定县环境保护局组织14所中小学参与州级“绿色学校”评选；北街社区被评为州级“绿色社区”，正进行省级“绿色社区”申报工作；发窝乡创建云南省生态乡镇，已通过省级专家评审；武定县国家级生态示范区建设试点规划编制已初步完成，投入编制经费3.5万元，争取2007年开始按规划进行实施。

【牡丹花会】 3月15日至5月10日举办牡丹花会，同时狮子山风景名胜区管理处还与云南欧亚国际旅行社、禄丰五台山旅游有限责任公司合作，推出“温馨情缘在狮山——牡丹花开寻情缘”活动，借牡丹花开之际，让单身朋友们到狮子山缔结牡丹情缘，寻找爱的归宿。

【建立县级生物资源开发创新网站】 2006年武定县率先在全州建立县级生物资源开发创新网站——武定县生物资源开发创新产业信息网，发布资料120多篇，点击人数5 000多人次。

（唐建梅）

大姚县

【概述】 大姚县位于云南省西部，楚雄州西北部，东邻永仁县、元谋县，南与牟定县、姚安县毗邻，西接大理州祥云县、宾川县，北与丽江市永胜县、华坪县隔江相望。全县总面积4 146平方千米，山区面积占81.7%，境内属金沙江水系，主要河流有16条，总长510千米，年均径流量13亿立方米；年均气温16.2℃，年降雨量706.7毫米，比多年平均值少111.4毫米。县政府驻金碧镇，海拔1 860米，距州府鹿城107千米，距省会昆明276千米。全县辖3镇9乡，129个村（居）民委员会，1 534个村（居）民小组。年末总人口28.07万人，其中非农业人口2.47万人。有彝、傣、傈僳、白、回、苗、壮、哈尼等少数民族。2006年人口自然增长率2.0‰。

2006年全县实现生产总值（GDP）18.33亿元，增长13.3%，增幅居全州第一位。一、二、三产业比重由上年的31:39:30调整为28:44:28，其中，第一产业增加值5.06亿元，增长4.8%；第二产业增加值8.14亿元，增长22.9%；第三产业增加值5.13亿元，增长9.8%。工业总产值17.75亿元，增长28.2%；农村经济总收入13.58亿元，增长9.6%，粮食总产量10.72万吨，增长1.4%；种植烤烟5.6万亩，产量653.5万千克，产值6 956.26万元。全年客运量69.7万人次，客运周转量6 032.7万人/千米，完成货运量57.89万吨，货物周转量4 167.3万吨/千米。财政总收入突破亿元大关，达1.16亿元，增长29.1%。全社会固定资产投资5.09亿元，增长14.8%；社会消费品零售总额4亿元，比上年增长15.3%；城乡居民储蓄存款余额9.3亿元，比年初增加1.14亿元，增长14%。农民人均纯收入2 298元，职工年平均工资18 076元，城镇居民可支配收入1.05万元，居民消费价格总指数102.4%，有4 601人享受最低生活保障。

有各类学校364所，在校生4.12万人，教师2 658人，九年义务教育普及率99%，入学率99.9%，辍学率0.1%。文化馆、图书馆和群娱馆3个；广播、电视覆盖率分别达95%、96%。全县卫生医疗机构14所170个，卫生技术人员852人，床位564张。

中共县委书记　商小云

县人大常委会主任　文碧坤（～2006.3.）、杨继周（彝，2006.3.～）

县人民政府代理县长　盛高举（～2006.3.）

县人民政府县长　盛高举（2006.3.～）

县政协主席　赵乐军（～2006.3.）、温连勇（2006.3.～）

【畜牧业加大科技推广】　围绕农户增收致富目标，广泛开展品种改良，建立养殖示范村，培育各类规模以上养殖户212户，全县肉猪出栏19.35万头，增长1.6%，肉牛出栏2.47万头，增长2.9%，山绵羊出栏12.03万只，增长0.9%，肉类总产量2.36万吨，增长1.7%，禽蛋产量644吨，增长6.3%，牛奶产量83吨，增长7.8%。畜牧业产值2.66亿元，增长3.8%，占全县农业产值的比重达29.4%。

【蚕桑取得新突破】　年内新植桑园1.14万亩，全县桑园面积3万亩，社会产量530吨，产值1240万元，分别比上年增长37.3%和76.4%，收入1万元以上的农户达189户，蚕桑成为农民增收致富奔小康的又一后续产业。

【天然药业发展势头良好】　以农户种植中药材为龙头的金碧制药有限公司，完成年加工炮制中药饮片2 250吨、提取浸膏100吨的中药炮制中心，完成新药“鼻安舒”的研发，市场营销体系进一步完善，“复方仙鹤草肠炎胶囊”等产品市场占有率扩大，实现销售收入5 382.8万元，利润90万元，税金85.2万元。

【非公经济】　2006年，广泛在城乡发展个体私营经济，全县个体私营企业总户数达7 768户，从业人员1.12万人，注册资金2.12亿元，上缴税金1 749.1万元，完成增加值占全县生产总值的43%。

【扶贫整村推进】　2006年，紧紧围绕农民奔小康目标，积极向上级争取项目资金，在石羊镇乐此箐、铁锁乡瓦窑、湾碧乡碧拉乍、县华乡石的乍等28个村实施扶贫整村推进项目28个，共完成投资613.11万元，其中国家补助资金420万元，群众自筹及投劳折资193.11万元。新建村庄道路水泥路16条8.83千米，新修村组公路12条39.61千米；新建桥24座，涵洞54个，挡墙909米；架设高压线7千米，低压线3.5千米，安装变压器4台；复修坝塘8个，蓄水17万立方米；新建小水池（窖）150个，蓄水3 702.8立方米；新建水泥沟渠14条11.06千米；架设管道15条53.44千米；发展经济作物276亩，核桃、板栗等经济林果1 299亩；建沼气池300口，节能灶118眼。项目覆盖全县12个乡镇27个村委会28个村民小组2 571户9 854人。

【核桃产值创历史新高】　多年来，县委政府把培植核桃产业作为山区农民脱贫致富奔小康的主导产业抓紧抓好抓实。年内新植核桃3万亩，全县核桃种植面积达35万亩，社会产量达5 378吨，平均价格提高3.5元，产值达1.13亿元，增长49.6%，农民人均核桃产值达442元；以核桃为主的绿色食品加工业取得突破，鑫盛达5 000吨核桃系列饮料及400吨核桃精粉生产线投入生产，亿利丰、广益等一批核桃加工业效益较好。

【合作医疗试点稳步开展】　2006年，全县共有22.23万人参加新型农村合作医疗，占全县农业人口的87.30%，筹集到位基金1 001万元。农民就医率有所提高，“就医难”状况有一定缓解。

【农村医疗救助】　采取“一年摸底，二年推开，三年完善”的方式，全面实施农村医疗救助制度，先后对2004～2006年患大病、重病的534名农村贫困群众实施救助，发放农村大病医疗救助金33.93万元，最高救助2 000元，其中，2006年救助220人12.2万元，资助4 761户8 167人8.17万元。对因患癌症等重大疾病借贷无门、看不起病的农村特困户、五保户，视其情况给予临时医疗救助，共救助119人，救助资金1.9万元。

【计划生育呈现三增三降】　年内办理“独生子女父母光荣证”的农户比例大幅度提高，全县办证914户，累计办证4 735户，占全县农业人口一孩家庭的47.6%；综合节育率和计划生育率提高，综合节育率从2003年的88.26%提高到90.65%，提高2.39个百分点；计划生育率99.92%，上升了0.34个百分点；人口与计划生育工作经费增加，全年投入专项经费30.95万元，按时、足额落实县级“奖优免补”配套奖金9.8万元，确保了计生各项工作所需经费，促进了“奖优免补”政策的落实；同时违法生育人数逐年下降，计划外生育人数从2003年的13人减少到2006年的2人。人口出生率逐年下降，全县人口出生率从2003年的10.94‰下降到2006年的9.47‰，下降了1.47个千分点；人口自然增长率逐年下降，自然增长率由2003年的3.23‰下降到2006年的2‰，下降了1.23个千分点。

【就业再就业】 全年共开发就业岗位1 639个，城镇新增就业1 259人，下岗失业人员再就业945人，特殊困难群体再就业126人，城镇登记失业率为2%，控制在全州4.5%的预期目标内。为64名下岗失业人员办理小额担保贷款128万元；为下岗失业人员协调减免工商、卫生、税务等各项税费合计47.2万元，为1 655名下岗失业人员发放社会保险补贴272.13万元；办理大中专毕业生报到登记251人，通过开展公务员考录、事业单位考聘以及召开“供需见面、双向选择洽谈会”等方式，解决大中专毕业生就业224人；新开发公益性岗位9个，使26人通过公益性岗位实现就业。

【劳务输出】 全年共组织农村富余劳动力转移就业1.26万人。其中，劳务输出4 200人，外出务工8 320人，国际劳务输出40人，开展农村富余劳动力培训8 500人。

【三台核桃成为小康之路】 经过多年的不懈努力，全国著名的“三台核桃”已成为三台乡农民致富奔小康的必由之路。2006年该乡核桃面积12.28万亩107.6万株，98%以上的村民小组均有核桃种植，核桃产量达1 421吨，产值3 410万元，人均核桃收入2 919元。

（李祥）

双柏县

【概述】 双柏县位于云南中部、楚雄州南部。东与玉溪市易门县、峨山县接壤，南与玉溪市新平县毗邻，西与思茅市镇沅县、景东县相接，北与楚雄市、禄丰县相连。总面积4 045平方千米。县城妥甸镇，海拔1 964米，距省府昆明225千米，距州府60千米。年平均气温为15.6℃，降雨量1 052.5毫米。辖5镇3乡，2个居民委员会、82个村民委员会，1 542个村（居）民小组。2006年末，总人口15.56万人，其中非农业人口1.61万人，占总人口的10.3%；少数民族人口7.47万人，占总人口的48%，其中彝族6.94万人，占总人口的44.6%，占少数民族人口的93%。人口自然增长率6.52‰。

2006年，全县实现生产总值6.74亿元，按可比价格计算，比上年增长10%，其中第一产业实现增加值3.22亿元，增长7%；第二产业实现增加值1.21亿元，增长8.8%；第三产业实现增加值2.31亿元，增长15.2%。三次产业结构由上年的49.4∶17.8∶32.8调整为47.8∶17.9∶34.3。人均生产总值4 344元，比上年增长11.6%。实现农业总产值5.41亿元，增长5.69%。农村经济总收入3.08亿元。粮食总产量5 478万千克，增长3.8%。其中稻谷2 478.7万千克，增长8.9%；玉米1 729.9万千克，减少2.5%。工业总产值2.6亿元，增长6.2%。财政收入5 079万元，增长16.3%，其中地方财政收入4 013万元，增长14.3%。农村居民人均总收入3 022元，增长8.8%。农村居民人均纯收入1 978元，增长7.1%。在岗职工年均工资15 913元，增长14%。有3.1万人（次）领取城镇居民最低生活保障金。全年城镇居民人均可支配收入9 361元，增长12.4%。实现社会消费品零售总额1.46亿元，比上年增长12.8%，居民消费价格总指数102.7。年末公路通车里程4 974.8千米，全年客运量38万人次，客运周转量240万人/千米。年末固定电话、移动电话用户2.8万部，电话普及率18部/百人。年末金融机构各项存款余额6.83亿元，比上年末增长16.1%，其中居民储蓄存款余额4.53亿元，增长18.5%。广播、电视人口覆盖率分别达到97.6%和97%。

全县有各类学校137所，在校学生1.94万人。适龄儿童入学率99.9%，初中入学率99%，初中3年巩固率92.9%。有艺术表演团体1个，公共图书馆1个。有卫生机构12个，床位290张，卫生技术人员265人。

中共县委书记　商雁鸿

县人大常委会主任　李维龙

县人民政府县长　李家龙

县政协主席　杞光明

【城镇居民生活】 2006年，城镇居民人均可支配收入9 361元，比上年增长12.4%，其中工薪收入7 447元，增长20.7%；财产性收入121元，增长0.6%。城镇居民人均消费支出5 917元，下降7.6%，其中食品支出2 714元，增长3.9%；衣着支出605元，增长6.7%。年末人均住房使用面积24.3平方米。

【改善农村生产生活条件】 2006年，农村居民人均总收入3 022元，比上年增长8.8%，其中家庭经营收入2 817元，增长9.6%；工资性收入138元，增长24.4%。人均总支出2 878元，增长10%，其中家庭经营费用支出924元，增长13.4%。切实加大农业和农村基础设施投入，抓好通路、通电、通电话、通广播电视的“四通”工程，积极开展山、水、林、田、路、电综合治理，群众“出行难”、“饮水难”问题得到有效解决。全县84个村（居）委会，全部通电、通自来水、通公路，年末农田有效灌溉面积7 940公顷，农业机械总动力1.2亿瓦特，全年化肥施用量（折纯）5 155吨；农村用电量811万千瓦小时。

【社会消费】 全年实现社会消费品零售总额1.46亿元，比上年增长12.8%，其中：批发零售贸易业零售额1.05亿元，增长16%；餐饮业零售额1 980万元，增长 18.3%；其他行业零售额2 113 万元，下降 4.2%。批发零售业实现商品销售总额 3.04 亿元，增长 7.2%，限额以上批发零售贸易业实现销售额 1.68 亿元。居民消费价格总指数比上年上涨 2.7%。其中：食品类上涨 3.0%；烟酒及用品类下降 0.5%；衣着类下降 0.6%；家庭设备用品及维修服务类下降 2.2%；医疗保健和个人用品类上涨 8.3%；交通和通信类上涨 1.5%，娱乐教育文化用品及服务类下降 0.4%，居住类上涨 5.9%。全年商品零售价格总指数上涨 0.7%，农业生产资料价格总指数上涨 2.2%。

【水电产业】 界牌河一级电站即将建成，麻嘎河电站建设进展顺利，空龙河零级、纳嫩河一三级、班果河、红山河、榨房河、麻旺河电站开工建设，礼舍江流域规划有序开展。实现发电量 2.08 亿度，实现产值4 754万元，上缴税金 637.47 万元。

【烤烟产业总体提升】 烤烟生产坚持"双控"政策，着力抓好良种推广、移栽节令、集中移栽、规模种植、田间管理、成熟采摘、科学烘烤、等级合格率等各个环节的工作，完成收购任务 744.65 万千克（其中指令性计划 605 万千克），收购金额 8 106.10 万元，实现均价 12.50 元，增长 1.05%；农民人均售烟收入 583 元，增长 3.51%；实现烟叶税1 784.41万元，增长 2%。

【基础设施建设】 实施"投资拉动"战略，积极向上争取项目和资金，全力改善交通、城镇、水利等基础设施。实现固定资产投资 2.97 亿元，增长 18.66%。里海至大麦地、大岔路至独田公路弹石路、县城振兴路改造、一中信用合作项目一期工程、狮子口水库西干渠防渗处理及配套、小庙河水库治理保护、"山区小康水利"、安龙堡变电站、移动通讯光缆、易地搬迁、整村推进和省级土地整理项目全面完工；多功能风雨体育馆、民族文化中心即将投入使用；专项普通商品住房一期续建工程即将完工；县城星级宾馆、大麦地及独田客运站、一中信用合作项目二期、专项普通商品住房二期等工程开工建设；县城总体规划调整、东南片区、西北片区控制性详细规划和乡镇集镇规划编制基本完成，城镇化水平提高到 20.05%；7 个乡镇卫生院、14 个村级组织活动场所建设项目进展顺利；烟田建设、病险水库除险加固、国债人畜饮水、小黑箐水库灌溉沟渠等重点建设工程稳步推进；妥甸至鸡冠山油路、河门口至普龙公路改扩建、晋云线（雨龙至大岔路段）油路、县城垃圾处理厂、大麦地镇整体搬迁、西北片区开发项目通过省州评审。

【新农村建设试点初步验收】 认真组织实施妥甸下王家、大庄格拉街、嘉新田山、法丫干母、大麦地田房、安龙堡说全、爱尼山戈孟田、独田依自堵 8 个州级试点村和妥甸上村、嘉阳太 2 个县级试点村建设，以点带面，发挥了典型示范作用。

（张存浥）

禄丰县

【概述】 禄丰县位于云南省中部，楚雄州东部，东邻昆明市富民、安宁和西山区，南接双柏、玉溪市易门县，西依牟定、楚雄，北连武定、元谋。总面积3 536平方千米，山区面积占 91.9%，坝区占 8.1%。境内地势东高西低，山脉多为南北走向。县城金山镇海拔1 566米。成昆铁路、昆畹公路横贯境内。距州府所在地鹿城 83 千米，距省会昆明 104 千米。2006 年，年均气温 16.5℃，年降水量 944.3 毫米。辖 10 镇 4 乡，158 个村民委员会，1 个居委会，4 个社区，2 156个自然村，2 095个村民小组。2006 年末总人口 42.08 万人，其中非农业人口 7.18 万人，少数民族人口占 23.94%，有汉族、傈僳族、苗族、回族、白族。人口自然增长率为 6.35‰。

2006 年，全县生产总值 23.28 亿元（按可比价计算），增长 88.8%；一、二、三产业的比重由上年的 23.6:35.5:40.9 调整为 23.5:36.1:40.4。其中第一产业增加值 10.9 亿元，增长 5%；第二产业增加值 16.76 亿元，增长 19.1%；第三产业增加值 18.77 亿元，增长 11%。实现农业总产值 14.67 亿元，增长 7.4%。粮食总产量 1.71 亿千克，增长 4.5%；烤烟产量1 235万千克，减少 11.6%；畜牧存栏 14.05 万头（匹），比上年增长 2.6%，生猪存栏 34.37 万头，比上年增长 2.6%，羊存栏 15.2 万只，下降 2.2%。工业总产值 54.56 亿元，比上年增长 20.7%。财政自收 2.3 亿元。农民人均纯收入2 695元，比上年增长 3.6%；人均有粮 407 千克，城乡居民储蓄存款余额 22.75 亿元，增长 7.3%。职工年平均工资16 721元。居民消费价格总指数 102.8%。有 13.07 万人享受最低生活保障。电视覆盖率 96%，广播覆盖率 100%。全年客运量 277.32 万人，客运周转量 1.97 亿人/千米，货运周转量 6.13 亿吨/千米。

全县有各类学校 300 所，在校学生5 353人，教师3 615人。九年义务教育普及率为 95.31%，入学率 100.1%，辍学率 0.75%。年末有文化馆 1 个，体育馆 1 个，广场 1 个，医疗卫生院、所 29 个，床位1 214 个。

中共县委书记　吕琳麟

县人大常委会主任　鲁加仁（彝，～2006.3.）、杨　军（2006.3.～）

县人民政府县长　陆积峰（彝）

县政协主席　杨天贵

【全国龙狮精英赛、中国禄丰侏罗纪公园开工新闻发布会】 9 月 19 日，第八届禄丰恐龙文化旅游节暨 2006 年全国龙狮精英赛、中国禄丰侏罗纪公园开工新闻发布会在昆明楚雄大厦举行。云南日报、楚雄电视台、香港文汇报及泰国世界日报等27 家新闻媒体应邀参加新闻发布会。

【中国禄丰侏罗纪世界公园正式奠基】 9月25日，禄丰侏罗纪世界公园一期项目工程在川街阿纳恐龙山奠基。项目计划于2008年4月正式对外开放，在10年内将累计投资16亿元，力争打造成为国内一流、国际知名的世界恐龙主题公园。

【云南至广东正负800千伏直流输电工程开工】 12月19日，世界上第一个特高压直流输电工程——云南至广东正负800千伏直流输电工程在禄丰县和平镇三湾开工，线路全长1 438千米，额定输电容量500万千瓦，电力经云南、广西输送至广东，预计2010年全部投产。

【新农村建设试点】 4月，禄丰县启动新农村建设试点，列入首批试点的14个自然村，共有1 346户5 150人，总投资达1 228万元。其中省级专项资金40万元；州级补助专项资金210万元；县级投入“以奖代补”项目资金170万元；乡镇级投入87.48万元；涉农部门整合省州级项目资金169.71万元；县属相关部门6.7万元；群众投工投劳投料折资（含村集体资金）528.25万元；企业支持资金16万元。共实施基础设施建设和村容村貌整治工程项目164个，修建、硬化村间道路14.5千米，架设桥涵2座；架设自来水管道20.5千米，建水池12个、沟渠1 821米，坝塘加固改造2个；建文化活动室1 345平方米，运动场9块；改厨370户、改厩206户、改厕257户，建公厕19个、垃圾池34个、太阳能48户、沼气池322个；拆除违章建筑1 419平方米，新建房屋1 303平方米，墙面装饰5.89万平方米，安装路灯45盏。通过山、水、林、田、路的综合治理，村容村貌的整治，14个试点村村间道路硬化率和自来水通水率达100%，有5个试点村变成烤烟种植示范村，6个成了特色种植（养殖）示范村，3个初步形成了生态特色旅游村，基本实现了每个村都有1～2个主导产业，每个农户都有1～2条增收门路。

（王芬）

永仁县

【概述】 永仁县位于云南省北部，楚雄州北部，东临金沙江与四川省会理县隔江相望，东南与元谋县毗邻，西南和大姚县接壤，北连四川省攀枝花市，西北界华坪县。总面积2 189平方千米，山区面积占97%，坝区占3%。县城永定镇，海拔1 536米，108国省道穿境而过，东南距省会昆明262千米，南距楚雄州府180千米。年均气温17.5℃，年均降雨量868.4毫米。辖3镇4乡，63个村民委员会（社区），652个村民小组，754个自然村。2006年末总人口10.5万人，其中非农业人口1.34万人，少数民族人口占60.8%，有彝、傣、回、傈僳5个世居少数民族。人口自然增长率1.79‰。

2006年，全县国民生产总值5.88亿元，比上年增长10%。一、二、三产业的比重由上年的42.7∶26.4∶30.9调整为37∶26.7∶36.3。其中，第一产业增加值2.18亿元，比上年增长5%；第二产业增加值1.57亿元，增长13.1%；第三产业增加值2.14亿元，增长14.2%。农村经济总收入4.18亿元，增长8.8%。粮食总产量4.12万吨，比上年下降3%；种植烤烟2.49万亩，产量3 285吨，产值2 244万元；畜牧业总产值（现价）1.44亿元，增长6.1%。工业总产值（现价）完成3.24亿元，比上年增长11.6%。财政总收入4 001万元，比上年增长35.8%，农民人均纯收入1 967元，比上年增长165元，粮食人均451千克。城市居民储蓄存款余额6.35亿元，比年初增长14.13%。职工年平均工资16 760元。居民消费价格总指数102.6%。有2 493人享受最低生活保障。电视覆盖率92.5%，无线广播覆盖率96.5%。全年客运量99万人次，客运周转量6 775万人/千米，完成货运量33万吨，货运周转量3 232万吨/千米。

全县有各类学校53所，在校学生1.48万人，教师1 004人，九年义务教育普及率为100%，小学入学率达99.9%，辍学率0.27%，初中入学率99.76%，辍学率0.54%。年末有文化馆、图书馆各1个，医院、卫生院、所86个，床位277个。

中共县委书记　李志勇

县人大常委会主任　梁子和

县人民政府县长　刘　平（～2006.12）

县政协主席　殷加林（2006.3～）

【维护农民工合法权益】 2006年，永仁县劳动社会保障局监察大队采取以下措施维护民工合法权益：一、加大维护农民工合法权益的宣传工作，做到宣传进企业、进乡镇、进社区，采取普遍宣传与集中现场咨询活动相结合，执法检查与重点案件查处相结合，形成宣传、查处促进用人单位遵纪守法贯彻落实，从源头上预防劳动争议发生；二、畅通劳动保障投诉、举报服务渠道，向社会公布便民电话，为社会提供劳动保障法律、法规、政策解答，咨询、投诉、举报便民公益服务；三、进一步开展农民工工资专项检查、整治，以案说法，扩大声势，震慑用人单位的违法行为，使社会都关心维护农民工的合法权益；四、认真处理举报、投诉，做到落实到位，一抓到底，直至问题解决到位。思想疏导到位，对要求过高，不合理请求，进行政策、法律、法规宣传，晓之以理，不留余地。通过这些措施的贯彻落实，到目前为止，全县共清理查处用人单位283户次，查出有拖欠行为84户次，涉及农民工590人，拖欠金额达103.4万元，经过相关部门配合，清兑84户，清兑人员590人，清兑金额100.4万元，清付率97%，较好地维护了民工的合地权益。

【迤资水电站开工建设】 11月28日，永仁县万源水电开发有限责任公司成立暨迤资水电站开工庆典仪式分别在公司驻地和电站建设现场举行。迤资水电站是永仁县建设投资最大的水电站，是近年来全县最大的招商引资项目，同时也是全县第一次利用外资建设的项目。项目设计装机容量1.6万千瓦，设计水头133米，年平均发电量6 986万度，总投资7 788万元，预计工期为2年，电站建成后，每年可实现销售收入1 537万元，利润1 130万元，税收200多万元。项目的正式开工，充分体现了县委、县人民政府对招商引资的高度重视和为营造良好的投资环境所做出的努力，不仅使全县丰富的水利资源得到充分的开发利用，缓解地方供电紧张局面，而且将极大地促进全县经济社会的全面发展。

【500台机械上阵修水利】 2006年，永仁县农田水利建设上阵劳动力13.02万个，出动机械498台，完成农田水利建设总投资138.21万元，新增节水灌溉面积243亩，治理水土流失13平方千米，完成三面光田间沟渠5.66千米，建水池（窖）151个，完成库塘蓄水3 850万立方米，比上年同期增加3 766立方米，确保了第二年春耕生产用水。

【店子交通希望小学正式落成】 11月29日，由永武高速公路建设指挥部筹资兴建的永仁县永定镇店子交通希望小学建成竣工，并正式投入使用。永武高速公路建设指挥部于2005年3月进驻永仁县开展公路建设以来，针对公路沿线永定镇店子小学校舍简陋、学校基础设施较差的实际，决定帮助店子小学建盖一所希望小学。筹集资金31.5万元，建设店子交通希望小学。小学于6月破土动工，历时5个月，建成了主体为框架结构两层四格总建筑面积达353平方米的新教学楼。

【农村公路建设登上新台阶】 自2001年以来，新建莲池万亩葡萄园基地公路等4条57.5千米；完成了他普里至四川攀枝花市仁和区中坝乡两省交界处回头弯、他普里至中和、维的至的鲁、羊厩房至猛虎等13条225.5千米的弹石路铺筑工程；新建中和乡杨寺庙桥、万马乡昔丙桥两座，共投入交通建设资金3 385万元；续建农村公路重点工程建设项目3项，改建乡村公路路基和弹石路59千米，计划投资555万元。至年底，全县有弹石路287.36千米，实现全县7个乡镇通弹石路目标，63个村委会已通公路，乡村通公路率达100%，其中有35个村委会已通弹石路；全县有高级、次高级路面78.8千米，中级路面235.8千米。

【建成25个温饱示范村】 2001年以来，省、州投资438.86万元，群众自筹（含以劳折资）126.86万元，完成中和镇直苴新村组等8个乡镇25个温饱示范村工程的山、水、林、田、路、电、通信和农村公共事业综合治理建设项目，完成水库病险处理5件，建水池水窖156件，配套管道2.5千米，建设三面光沟渠20条31.87千米，架设人饮管道10条16.2千米，完成坡改梯400亩，修建村组公路23条48.7千米、村巷混凝土路面建设1.14千米、道路涵洞17个、排水沟1.9千米，发展经济林果755亩，改造河堤11件5.5千米，建抽水站4个，配套抽水机3台，建沼气池192口、节能灶80口，改厕2个村48户，新建农村学校65平方米、文化室194.4平方米、球场1个。同时在小康示范村项目建设中，上年争取资金27.82万元，完成维的乡夜可腊村大奋田维、永定镇乍石村麦拉山组2个小康示范村建设项目，新建村间水泥路面1条1 000多米，修建弹石路面1条600多米，解决95户393人行路难问题；安居房改造4户；建农村文化室140平方米；加坝1座，水库增容达2万立方米，改善灌溉面积183亩，夯实了发展现代农业的基础。至2006年底，全县已建成25个温饱示范村。

【加强乡、村两级卫生网络建设】 2006年永仁县采取有力措施加强乡、村两级卫生网络建设：一是根据《楚雄州人民政府关于加强乡村卫生事业发展与改革的意见》及县相关文件精神，对全县乡镇卫生院的设置进行了新的定位和规划。全县设置3个中心卫生院：宜就镇、中和镇、永兴乡中心卫生院；设置4个一般卫生院：莲池乡、猛虎乡、维的乡、永定镇卫生院。并根据乡镇的服务人口、服务功能、交通条件等因素，核定人员编制87人，对在职人员达不到执业要求的，要求进行学历培训和参加执业资格考试。二是加强乡镇卫生院建设项目评审和初设工作。认真组织实施宜就镇中心卫生院住院综合楼、维的乡卫生院门诊综合楼、猛虎乡卫生院住院部、中和镇中心卫生院住院综合楼、永兴中心卫生院门诊综合楼5个农村卫生体系国债建设项目工作，总投资145万元，项目建设工作正在抓紧实施中，年底将竣工投入使用。三是加强设备投入，提高医疗救治能力。年内各乡镇卫生院配备了常规检验设备、X光机、心电图、超声诊断仪和产科治疗等设备。四是对全县村级卫生所（室）设置进行了重新规划，新增57名乡村医生，目前乡村医生达到125名。五是落实乡村医生的补助，经费由卫生局下拨到卫生院，由卫生院考核发放。六是下发了《关于解决乡村卫生所药品垫本的实施方案》，规定每个乡村医生可向信用社贷款5 000元用于药品垫本，由政府贴息，贴息期为三年，切实解决了村卫生所（室）药品垫本不足的问题，保证了村卫生所诊疗活动的正常开展。

（高邦云）

姚安县

【概述】 姚安县位于云南省中部偏北，楚雄州西北部。东邻牟定，南接南华，北枕大姚，西与大理州祥云县隔一泡江相望。总面积1 803平方千米，中部坝区面积占6.6%。县城栋川镇，海拔1 870米，南距州府楚雄78千米，距省会昆明243千米。辖5镇4乡77个村（居）委会，1 205个村民小组，802个自然村。2006年末总人口20.67万人，其中非农业人口1.66万人，少数民族人口5.39万人，占总人口的26.06%。人口自然增长率5.33‰。

2006年全年全县生产总值（GDP）11.87亿元，按可比价计算（下同），比上年增长10.7%，其中：第一产业增加值4.49亿元，增长6.6%；第二产业增加值3.24亿元，增长14.2%；第三产业增加值4.14亿元，增长12.7%。一、二、三产业增加值占生产总值的比重由上年的36.4:29.5:34.1调整为37.8:27.3:34.9。全年完成农林牧渔业总产值7.43亿元，比上年增长8.73%。全年粮食总产量7.87万吨，比上年增长3.09%。全年完成工业总产值8.18亿元，比上年增长18.5%。全年完成财政总收入2.46亿元，比上年增长28.21%。农民人均纯收入2 305元，比上年增加180元，增长8.48%；城镇居民人均可支配收入9 974元，比上年增长12.3%。城乡居民储蓄存款7.02亿元，增长19.48%。有2 278户3 407人领到了最低生活保障金，全年发放低保金356.55万元。全县公路通车里程1 171千米，全年完成客运量202万人次，旅客周转量5 243万人/千米；货运量26万吨，货运周转量4 078万吨/千米。有电视台1座，广播电台1座，广播、电视覆盖率分别为100%和98.5%。

年末全县有各类学校97所，在校生2.94万人，专任教师1 684人。年末共有文化事业机构12个，从业人员48人；有艺术表演团体1个，图书馆1个，博物馆1个，乡镇文化站9个。年末全县共有各类卫生机构34个，有卫生技术人员401人，病床404张。

中共县委书记　李自云

县人大常委会主任　毕永华

县人民政府县长　何锡英

县政协主席　王炳昌

【“五大产业”重点建设】　粮、烟、畜、蔬、菌是姚安县重点发展的五大产业。2006年，全县建成7万亩优质水稻基地，粮食产量达7 875万千克，增长3.08%。收购烟叶672.8万千克，实现收购总产值7 299万元，均价达12.15万元，比2005年提高0.14元，农民增收156.6万元，烟叶税增长32万元。新栽桑3 500亩，产鲜茧576.5吨，实现产值1 373.9万元，成功引进山东新泰天硕丝绸有限公司投资1 500万元发展蚕桑产业。抓好良种繁育、科技推广、畜产品基地建设、疫病防治和质量检测工作，实现畜牧业产值2.13亿元，增长8.87%。做好优质蔬菜品种的引进、实验、示范和推广，种植蔬菜4.63万亩，实现产值1.04万元，增长8.92%。引进农哈哈食用菌开发有限公司等龙头企业，发展特色新兴产业，种植人工食用菌22.92万平方米，实现产值990万元。

【发展工业经济】　2006年全县加快推进新型工业化进程，按照建立现代产权制度的要求，完成楚雄医用器具有限责任公司和荞酒厂改制，县麻纺厂和县蛉腾丝业有限责任公司分别实现产值1 305万元和1 687万元，上缴税金104.1万元和76.5万元，以丝、麻纺、医用器具为主的轻工业稳步发展。引进农哈哈食用菌开发有限公司、四川射洪玉簰实业有限公司发展农产品精深加工，食品加工业发展步伐加快。引进吉林延边金泰矿业有限公司投资2 868万元开发地索铜矿，姚安飞龙矿业有限公司、源泰矿业有限公司姚安分厂初见效益，分别上缴税金50.2万元和40万元。2006年实现工业总产值8.18亿元，实现工业增加值2.89亿元，分别比2005年增长18.5%和12.4%；实现乡镇企业及非公有制经济营业总收入19.5亿元，比2005年增长18%；非公有制经济完成工业产值7.57亿元，比2005年增长16.7%。

【招商引资】　引进温州客商投资建设梅葛文化园、四川射洪玉簰实业有限公司投资发展农产品精深加工、吉林延边金泰矿业有限公司开发地索铜矿等项目，中国科学院紫金山天文台姚安观测站建设项目选定洋派水库西湖岭为台址最佳候选点。全年签约项目15项，增长66.7%；项目协议总投资1.43亿元，增长392.404；实际引进县外资金项目19项，引进县外资金6 055万元，增长22.5%，其中：州外项目实际到位资金4 227万元，增长7.9%。

【“人才立县”战略】　坚持“两基”重中之重地位不动摇，认真落实“两免一补”政策，大力救助贫困学生，高中阶段毛入学率49.1%，高于全州1.1个百分点，高考上线率达90.7%，名列全州前茅；中考荣获全州2006年度十县（市）总平均分第一名。加大对人才资源开发和各类人才培训力度，招考公务员23人、专业技术人员33人、教师22人，加强人才队伍建设。对发展有突出贡献的专业人才、种养殖能手和带领群众增收致富的带头人、乡土人才及在文化艺术领域有突出贡献的文艺工作者、民间艺人进行表彰、奖励和扶持。

【建设“文化姚安”】　姚安县梅葛、姚安花灯、官屯乡马游坪村彝族传统文化保护区被云南省人民政府列为第一批非物质文化遗产；光禄古镇被列为省级历史文化名镇和全省重点旅游开发型小镇；成功注册“梅葛文化”商标；成功举办姚安一中建校90周年庆典暨“文化姚安”论坛、招商项目推介活动，以及体彩杯篮球赛；承办了历史文化名人高奣映学术研究会及书画作品展、云南省报纸副刊研究会2006年度年会、楚雄州第九届财政杯篮球运动会；组建梅葛女子管乐团，举办首届梅葛女选拔赛。

【拍摄电视纪录片】　年初，中央电视台7套“搜寻天下”栏目组到姚安县开机拍摄《年关里的彝家日子》、《坝子上的福禄之地》两集电视纪录片。上集《年关里的彝家日子》展示了“梅葛文化”发祥地姚安县马游坪彝寨的生产劳动和多姿多彩的社会生活，再现马游梅葛演唱艺人郭有珍老年梅葛的演唱，姑娘房青年梅葛的风俗、彝族的芦笙舞蹈、民族服饰、民族风情等人文传统文化。下集《坝子上的福禄之地》展现姚安悠久的历史、历史名人李贽在姚安的政绩、姚安高氏在云南的辉煌历史，重点展现姚安县珍贵馆藏文物青铜器铜鼓、编钟，古字画高氏族谱一宗枝图，高量成画像，精品文物高奣映铜像，文化遗址龙华寺、高氏土衙、光禄古镇等物质文化遗产。

【龙华寺被公布为国家级文物保护单位】 5月25日国务院公布第六批全国重点文物保护单位1 080处，第750项为姚安县龙华寺，姚安县有了第一项全国重点文物保护单位。龙华寺属独具地方特色的明清优秀建筑群，位于姚安县城北10千米的光禄山，是姚安境内建筑规模最大，保存较为完整的古建筑群。该寺始建于唐朝天佑年间（904～907年），迄今已1 000余年。寺院境地清幽，建筑庄严宏伟，为楚雄州名刹。寺院为古代宫殿式建筑，占地面积4 372平方米，建筑面积2 797平方米，分前后四院、两厢，共有房屋110余间。寺内景观幽静宏伟，寺外背倚青山碧水，形成了景因寺而秀，寺因景更幽的独特景观，放眼四望，远山隐约，姚安平坝尽收眼底，阡陌交错，溪水萦回，不啻一幅山水画卷。明崇祯十一年（1638年）十二月，著名旅行家徐霞客曾游历龙华寺，并记入《徐霞客游记》中。1993年11月，龙华寺被云南省政府公布为省级重点文物保护单位。

【历史文化名人高奣映书画作品展】 “历史文化名人高奣映学术研究活动”之“纪念云南姚安历史文化名人高奣映书画作品展”于2006年7月27日至8月2日在高奣映的家乡姚安举行。高奣映（1647～1707年），是南诏国、大理国豪门后裔，云南清初有作为的土同知、著名学者、教育家、乡贤。一生著述达80余种，内容涉及史学、文学、儒家、佛家、教育等领域。作为边疆地区有贤声的土司及著名的彝族学者，在其人生和著述中，集中地体现了他为促进各民族文化交流与融合，为提升华夏文化对各兄弟民族文化的凝聚力所作出的努力和历史文化贡献。研究活动分四个部分，其中的“纪念高奣映书画作品展”在高奣映的家乡姚安首次展出。通过精心筹备，征集到了大量既有地方特色，又有时代气息的高质量书画作品，筛选展出的作品主要包括：高奣映4幅碑刻拓片、高映厚1幅碑刻拓片、高厚德1幅碑刻拓片；姚安县博物馆馆藏姚安籍历史文化名人及乡贤的古书画作品25幅（68件）；国内、省、州、县书画家新创作的作品148幅（210件）以及姚安县博物馆部分馆藏文物。

【发现高奣映赵鹤清镌刻于同碑书法手迹】 12月8日，州县文化部门对南方丝绸古道——姚安段灵关道沿线的历史文化进行考察，在旧城村何家祠堂发现了一块同时镌刻有清初著名土官历史名人及民国时期云南著名画家赵鹤清的珍贵石刻书法手迹。其碑具有较高的历史价值、文化艺术价值和科学研究价值。该碑的发现填补了家乡无石刻书法手迹的历史空白，是研究哲学思想及其书法技艺的珍贵历史实物资料。这块石碑被镶嵌在旧城何家祠堂正殿与南耳房相连的墒墙上，碑质为青砂方块石，碑面呈青灰色，碑长1.08米，宽0.7米，四周为同心圆纹饰的雕花飞砖镶边，古朴精美，与碑文的书法相得益彰。石刻碑文全为阴刻，碑文的正文为结磷主人书写镌刻，刻于清康熙三十三年（1695年），计16行186字，字体为行草，极具王羲之书法风格，飘逸潇洒，俊秀劲美，蕴藏着深厚的书法功底。碑的左下角镌刻有民国著名画家赵鹤清的珍贵隶书题跋，同为竖排，字体较小但镌刻劲美，共9行127字，为赵鹤清1940年书镌，碑文叙述了结磷主人著书70余种，以文章著，亦重书法于世。民国二十九年（1940年）赵鹤清到旧城百老庵，见此石碑被用做百老庵的顶门石，乡人无知将石碑弄为两块，赵鹤清深感遗憾，便购大理石一块换以乡人，把石刻粘合后镶嵌在何家祠堂，并叮嘱乡人珍惜保护之。据有关专家鉴定，该碑所书镌的文字均为高奣映、赵鹤清的亲笔手迹，一块石碑上同时镌刻有这两位不同时代名人的书法手迹，实为难得，为罕见之文物，具有较高的历史价值、文化艺术价值和科学研究价值。

【熊汝霖回乡欢迎会举行】 2006年“十一”黄金周期间，姚安县第一中学迎来CCTV2006年《梦想中国》冠军得主熊汝霖。姚安是熊汝霖的衣胞之地。20多年前，熊汝霖出生于云南省楚雄州姚安县，与当时在姚安的父母和在姚安一中工作的爷爷、奶奶度过了快乐的童年时光。出生那年，正遇姚安干旱，爷爷给他取名：“就叫汝霖吧，希望他能多带点水。”坐在台上，熊汝霖环顾校园，找寻着多年前的记忆，并与歌迷同台合唱《童年》，并表示在更远的音乐之路上将怀揣故地，为生养自己的故乡做应有的贡献。

（班路元）

楚雄州经济社会发展主要指标（表一）

地　区	年末总人口（万人）		城镇人口占总人口比重（%）		全社会就业人员（万人）		城镇登记失业率（%）	
	2005 年	2006 年	2005 年	2006 年	2005 年	2006 年	2005 年	2006 年
楚雄州	265.69	267.2	26.00	26.98	154.29		3.14	3.00
楚雄市	54.23	54.6		42.63	30.27		2.40	3.40
双柏县	15.84	15.9		20.05	9.36		2.42	3.00
牟定县	20.28	20.4		19.53	13.17		3.40	3.40
南华县	23.69	23.8		22.80	14.09		1.00	1.80
姚安县	20.48	20.7		20.60	12.61		3.00	3.00
大姚县	28.65	28.8		21.98	17.59		2.50	2.00
永仁县	10.79	10.8		20.96	6.44		2.96	2.95
元谋县	21.07	21.2		26.70	12.93		2.90	2.82
武定县	27.30	27.5		16.70	17.44		3.44	3.25
禄丰县	43.35	43.6		31.00	27.12		3.19	3.17

楚雄州经济社会发展主要指标（表二）

地　区	地区生产总值（万元）		第一产业（万元）		第二产业（万元）		第三产业（万元）	
	2005 年	2006 年	2005 年	2006 年	2005 年	2006 年	2005 年	2006 年
楚雄州	1 932 848	2 174 240	507 195	566 564	785 466	862 719	640 187	744 957
楚雄市	751 635	851 543	92 033	99 975	422 056	471 039	237 546	280 529
双柏县	59 842	67 410	29 582	32 190	10 659	12 082	19 601	23 138
牟定县	86 237	100 209	37 116	39 835	21 249	27 681	27 872	32 693
南华县	93 440	106 978	44 374	47 530	19 461	25 648	29 605	33 800
姚安县	104 462	118 655	40 853	44 878	27 768	32 355	35 841	41 422
大姚县	153 047	183 251	48 235	50 555	59 236	81 425	45 576	51 271
永仁县	52 070	60 668	22 947	23 611	8 329	15 690	20 794	21 367
元谋县	95 937	109 361	43 030	47 335	17 066	20 505	35 841	41 521
武定县	111 499	126 870	48 465	52 596	25 607	31 359	37 427	42 915
禄丰县	402 628	464 455	95 027	109 000	143 030	167 684	164 571	187 771

楚雄州经济社会发展主要指标（表三）

地　区	地区生产总值指数（上年＝100）		第三产业增加值比重（%）		人均地区生产总值（元）		全社会固定资产投资（万元）	
	2005 年	2006 年	2005 年	2006 年	2005 年	2006 年	2005 年	2006 年
楚雄州	111.9	110.6	33.12	34.26	7 296	8 160	724 734	891 416
楚雄市	111.3	111.0	31.60	32.94	15 203	15 653	218 911	288 996
双柏县	109.4	110.0	32.75	34.32	3 868	4 343	24 997	29 662
牟定县	110.3	111.4	32.32	32.62	4 290	4 944	36 500	47 001
南华县	110.8	111.9	31.68	31.60	3 998	4 564	34 171	42 963
姚安县	110.6	110.7	34.31	34.91	5 076	5 743	31 954	41 059
大姚县	110.6	113.3	29.78	27.98	5 472	6 381	44 300	54 135
永仁县	109.0	110.2	39.93	35.22	5 002	5 718	21 846	28 997
元谋县	109.5	110.5	37.36	37.97	4 601	5 176	45 942	61 774
武定县	112.1	110.8	33.57	33.83	4 201	4 766	31 000	42 110
禄丰县	113.6	112.5	40.87	40.43	9 658	11 037	86 729	11 3457

楚雄州经济社会发展主要指标（表四）

地　区	地方财政收入（万元）		地方财政支出（万元）		人均地方财政收入（元）		社会消费品零售总额（万元）	
	2005 年	2006 年	2005 年	2006 年	2005 年	2006 年	2005 年	2006 年
楚雄州	122 935	143 191	356 140	434 625	464	538	553 103	635 913
楚雄市	32 915	40 823	55 147	72 704	609	750	249 434	28 9751
双柏县	3 278	3 860	18 349	20 141	208	244	12 973	14 638
牟定县	3 906	4 905	20 156	23 099	193	241	23 948	27 937
南华县	5 278	6 468	21 085	26 265	223	272	38 812	43 896
姚安县	3 103	3 921	18 212	22 958	152	190	26 152	29 876
大姚县	5 208	6 761	25 057	31 844	182	235	34 706	40 020
永仁县	2 151	2 979	14 575	18 873	200	276	10 418	11 504
元谋县	4 427	4 966	23 355	25 328	211	235	23 209	26 854
武定县	4 750	5 717	22 955	29 675	174	209	25 632	29 118
禄丰县	18 644	22 709	45 517	52 404	432	522	107 819	122 319

楚雄州经济社会发展主要指标（表五）

地　区	农民人均纯收入（元）		农村人均住房面积（平方米）		在岗职工年平均工资（元）		人均储蓄存款余额（元）	
	2005 年	2006 年	2005 年	2006 年	2005 年	2006 年	2005 年	2006 年
楚雄州	2 223	2 385	32.87		14 940	18 178	4 032	4 547
楚雄市	2 484	2 668	36.00		16 092	19 304	7 417	8 320
双柏县	1 847	1 978	39.00		13 956	15 913	2 413	2 856
牟定县	2 014	2 066	28.60		13 787	17 677	2 593	2 946
南华县	2 081	2 247	33.90		14 991	19 325	2 372	2 780
姚安县	2 125	2 305	30.30		13 437	17 071	2 867	3 385
大姚县	2 160	2 299	38.00		14 971	18 076	2 845	3 227
永仁县	1 802	1 967	18.79		15 071	16 761	2 991	3 374
元谋县	2 838	3 044	28.59		13 868	16 919	3 168	3 580
武定县	1 791	1 890	31.00		14 612	19 414	2 588	3 149
禄丰县	2 530	2 695	31.98		13 993	16 724	4 893	5 218

楚雄州经济社会发展主要指标（表六）

地　区	初中学龄人口入学率（%）		广播覆盖率（%）		电视覆盖率（%）		每千人拥有医院、卫生院床位数（张）	
	2005 年	2006 年	2005 年	2006 年	2005 年	2006 年	2005 年	2006 年
楚雄州	87.77	87.38	95.5		95.6		2.47	
楚雄市	97.34	97.57	96.0		97.0		4.12	4.61
双柏县	81.58	81.49	97.6		97.0		1.60	1.67
牟定县	93.03	84.12	92.5		96.5		1.77	1.77
南华县	92.30	90.12	97.0		96.5		1.83	1.83
姚安县	84.66	83.96	100.0		98.5		1.84	1.85
大姚县	79.85	78.30	95.0		96.0		1.75	1.85
永仁县	80.62	92.20	96.5		92.5		2.51	2.53
元谋县	72.98	77.58	96.0		96.0		2.54	2.74
武定县	84.71	80.95	95.6		95.6		1.80	1.73
禄丰县	94.43	95.61	100.0		97.0		2.57	2.75

（省统计局）

红河哈尼族彝族自治州

主　　编　马子凡　杨　洪
责任编辑　刘建军　方爱琴

【概述】 红河哈尼族彝族自治州位于云南省南部，东经101°47′～104°16′，北纬22°26′～24°45′之间。州政府驻地蒙自县，距省会昆明289千米，北与昆明市相连，南与越南毗邻，东与文山州相接，西与玉溪、思茅两市相邻，国境线长848千米。总面积3.29万平方千米。境内地形复杂，高差悬殊，最高处为金平县西南部的西隆山，海拔3 074米；最低处在河口县南溪河口，海拔76.4米，为云南省海拔最低点。河流分属红河、南盘江水系，主要支流有李仙江、藤条江、南溪河、曲江、甸溪河等。湖泊有异龙湖、赤瑞湖、大屯海和长桥海。年平均气温19.0℃（元阳除外），比常年偏高0.8℃，比上年高0.2℃，为历年第二高年份，2006年平均气温最高为元阳24.5℃，最低为泸西15.7℃。年均降雨量1 061毫米，比常年偏少13%，比上年偏少14%。降雨最多为金平县，为2 005毫米，最少为开远市，为603毫米。主要气候灾害：旱、涝、风、冰雹、泥石流等自然灾害。

全州辖个旧、开远、屏边、金平、河口、元阳、红河、绿春、石屏、建水、蒙自、弥勒、泸西13个县（市），134个乡镇，1 180个村民委员会。2006年末，总人口412.11万人，其中非农业人口73.05万人，占总人口的17.73%。州内有哈尼、彝、苗、傣、壮、瑶、回、布依、拉祜等9个世居少数民族，少数民族人口235.34万人，占总人口的57.11%。主体民族哈尼族70.59万人、彝族99.9万人，分别占总人口的17.13%和24.24%。人口密度每平方千米125.14人，人口自然增长率6.38‰。

2006年，全州实现生产总值360.33亿元，比上年增长12.3%。其中：第一产业63.22亿元，增长5.6%；第二产业199.35亿元，增长17.2%；第三产业97.76亿元，增长7.7%。一、二、三产业结构比例由上年的18.6:52.9:28.5调整为17.6：55.3：27.1。财政总收入90.69亿元，比上年增长13.2%，其中地方财政收入31.04亿元，增长16.1%。全社会固定资产投资209.13亿元，增长30.9%。社会消费品零售总额73.85亿元。年末金融机构各项存款余额为404.3亿元，各项贷款余额为263.98亿元。居民消费价格指数101.71%。

全州实现农业总产值97亿元，粮食总产129.23万吨，粮经比由上年的63:37调整为62:38。新增水利工程供水能力13.94亿立方米，有效灌溉面积16.7万公顷，2006年末森林覆盖率36.3%。

全州工业产值474.16亿元，实现工业增加值174.36亿元，分别增长24.5%、15.7%。规模以上工业实现产值388.7亿元，实现增加值147.83亿元，实现利税总额93.86亿元。

全州旅游业接待国内游客583.58万人次，海外游客4.87万人次，分别比上年增长28%、60.7%。实现旅游总收入24.44亿元，旅游外汇收入4 535.58万美元，分别比上年增长20.7%、39.4%。

全州公路通车总里程1.86万千米，其中：高速公路146.06千米，全州公路运输客运量5 111万人，旅客周转22.51亿人/千米；货运量5 374万吨，货物周转量62.26亿吨/千米。

年底，全州有固定电话61.12万户，增6.24万户，移动电话用户104.24万户，增33.83万户；电话普及率14.07部/百人，移动电话普及率23.99部/百人，互联网用户8.13万户，增长24.8%。

年底，全州参加养老保险职工12.07万人，参加农村养老保险10.97万人，生育保险5.39万人，医疗保险32.3万人，失业保险17.52万人，工伤保险5.97万人（其中农民工1.18万人）。全州享受城镇居民最低生活保障10.26万人，保障金9 114.44万元。

全州有各类学校2 207所，专任教师3.82万人。其中：大专1所、中专5所、普通中学198所、小学1 792所、职业中学16所、特殊教育学校1所。在校学生76.41万人。学龄儿童入学率99.7%，普通初中升学率19.13%，大学本专科上线率67%，各普通高校录取率57.87%（不含后续录取人数）。全州义务教育享受“二免一补”政策的学生57万人。

全州有医疗卫生院、所250个，床位1.12万个。艺术表演团体11个，公共图书馆15个，群众艺术馆14个。全年文化产业总产值30.1亿元，增加9.23亿元，文化产业增加值占全州地区生产总值比重2.56%。

全州广播、电视综合覆盖率分别为96.02%和95.03%，有卫星电视地面接收站4 572座、电视发射台2 844座。

全州从业人员241.99万人，其中城镇单位从业人员21.35万人，城镇登记失业率3.5%，转移农村劳动力47.6万人。在岗职工平均工资17 101元，增长15.4%。农村人均纯收2 210元，增长11%。

中共州委书记　罗崇敏
州人大常委会主任　白保兴（彝族）
州人民政府州长　杨福生（哈尼族）
州政协主席　段登陆

【云南省“两基”攻坚现场会】 3月1日，省政府在金平县召开全省“两基”攻坚工作现场会。副省长高峰要求，各级政府和有关部门要进一步抓好农村寄宿制学校工程的建设，把农村寄宿制学校建设工程建成“精品工程”和“放心工程”；要认真落实农村义务教育经费保障机制；要加强教师队伍建设，提高教学质量；要认真实施好农村中小学现代远程教育工作；要继续做好资助贫困学生工作；要切实做好“普六”的巩固提高。

【中越五省市共商合作】 6月13～15日，中越五省市经济协商会第二次会议在蒙自召开。中国云南省与越南河内市、老街省、海防市、广宁省五省市领导人和工商界人士，就进一步加强合作，共建昆河经济走廊进行商讨。中越五省市签署了《会议纪要》，云南省旅游局分别与越南海防市旅游厅和广宁省旅游厅签署《旅游合作备忘录》，红河州河口县与越南老街省签署结为友好城市协议书。

【中越经贸合作专家组第二次会议】 7月5日，中越经贸合作专家组第二次会议在蒙自举行。双方就中越两国“两廊一圈”经贸合作进行会谈。以商务部亚洲司副司长吴政平为组长的中方专家组和越南计划投资部对外经济司司长胡光明为组长的越方专家组就《中越经贸合作专家组关于“两廊一圈”合作的研究报告》（草案）交换意见，在合作原则、目标、领域和相关政策建议等方面达成共识，并签署会议纪要。

【云南红河国家农业科技园区协调领导小组会议】 8月21日，省政府在蒙自召开云南红河国家农业科技园区协调领导小组会议。副省长高峰主持会议。省科技厅副厅长洪世奇、副州长洪丹平汇报云南红河国家农业科技园区工作情况，科技厅、国土资源厅、水利厅、省政府办公厅等部门领导对园区建设提出建议和意见。高峰要求，要进一步明确农业科技园区定位，做好园区规划；突出重点，抓好示范；加强领导和研究，解决发展中的难题；建立园区的运行管理机制，提高园区对农业、农村、农民的辐射带动作用。

【省第十二届运动会在红河州举办】 8月17～25日，云南省第十二届运动会在蒙自县举行。本届运动会设25个比赛项目，新增设部分非奥运项目和成年人赛事，有23个代表队参赛，设蒙自、个旧、开远、建水4个赛区。在本届运动会上，有1人次超1项世界纪录、平1项世界纪录，41人次超30项省纪录，11人次超9项省青年纪录，3人次超2项省少年纪录；昆明、玉溪、曲靖、红河、大理和文山代表团分列奖牌榜前六位，红河队金牌总数排名第四名。

【中越（河口）边交会】 11月8日，“2006年中越（河口）边境贸易交易会”在河口举行，来自上海、浙江、四川、广东、内蒙、山东等省（市、区）的诸多企业及越南中北部省的企业参展，贸易成交总额8 830万美元。中越双方签署了越南北安水电站工程投资项目、橡胶贸易项目等8个项目的合作协议，其中：投资项目1个，贸易项目7个，项目协议合同总金额8 286.5万美元。

【“红河州十大杰出青年”表彰会】 8月10日，首届“红河州十大杰出青年”座谈会在蒙自召开，并举行颁奖晚会。授予王黎成、李攀文、李鹏、李跃标、肖国华、林焘、欧华强、郭应辉、楚永红、薛玲芳10人“红河州十大杰出青年”称号。

【陈小娅到红河州调研】 3月29～30日，教育部副部长陈小娅深入到红河州金平县八一中学、金水河中学和金水河口岸小学，个旧市沙甸区新沙甸小学，蒙自县新安所中、小学及文澜镇余家寨小学进行调研。要求红河州要继续抓好寄宿制工程项目建设，把边疆5个县55所学校的93个项目建成“民心工程”、“精品工程”和“放心工程”。

【中越红河公路大桥举行施工仪式】 6月16日，中越红河公路大桥施工进场仪式分别在中国河口、越南老街举行。省长徐荣凯出席仪式并宣布红河公路大桥施工进场，副省长刘平和越南老街省人民委员会主席阮友万代表中越双方致词。

【文化改革三大成果】 2006年，根据中央和省文化体制改革的要求，红河州对文化事业单位进行改革。将红河日报社、红河电视台、红河人民广播电台等事业单位合并组建红河新闻传媒集团，转制为国有文化企业，于7月28日挂牌成立。将红河州歌舞团、州艺术剧院、州演出公司、州红河影剧院等事业单位合并组建红河演艺（集团）有限责任公司，于8月29日挂牌营运。12月31日，将云南红河影业有限公司、云南昆明良黎影视文化传播公司、云南红河数码影视动画有限公司进行整合，组建红河影视（集团）有限公司，为民营性质的文化企业。

【与越南老街开通三条国际客货运输线】 11月1日，中国红河、越南老街开通3条国际道路客货运输线路。新开通的3条线路是：云南省红河州个旧市—蔓耗镇—河口口岸至越南老街市—保安县—文盘县往返线路；云南省红河州个旧市—蔓耗镇—河口口岸至越南老街市—沙巴往返线路；云南省红河州蒙自县—屏边县—河口口岸至越南老街市—保安县—文盘县往返线路。

【启动农村饮水安全项目建设】 分别在个旧、开远、屏边、泸西、石屏、元阳、绿春、金平、河口9个县（市）启动实施，涉及27个乡镇257个自然村7.98万农村人口的饮水不安全问题，计划投资2 901

万元。

【城镇化水平提高】 2006年，随着成市经济建设的发展，全州城镇建成区面积102.26平方千米，城镇化水平超过30%。全州形成超过10万人的城镇单元3个，5万~10万人的城镇单元4个，2.55~5万人的城镇单元2个，15~2.5万人的城镇单元15个，小于万人的城镇单元23个的城镇体系结构，呈现出核心城市—中心城市—中心集镇——一般集镇全面推进的格局。

【4个项目入选首批国家级非物质文化遗产】 2006年，在全国开展第一批非物质文化遗产申报和评审工作中，红河州有4个入选，分别为民间文学1项：《四季生产调》（哈尼族）；音乐2项：彝族海菜腔、哈尼族多声部民歌；舞蹈1项：石屏彝族烟盒舞。

【对越送电工程运行】 9月16日，220千伏红河对越送电工程投产运行。该工程总投资2.86亿元，主要向越南北部6省供电，年送电负荷25万~30万千瓦，年送电量11亿~13亿千瓦。

【农村客运站点建设】 2006年，州委、州政府为解决农民群众“出行难”、“乘车难”，提出“每个乡镇建设一个五级以上农村客运站点”的目标。对蒙自、个旧、开远、建水、石屏、弥勒、泸西、河口8个县（市）每建设一个农村客运站点补助5万元，对屏边、绿春、金平、红河、元阳5个县每建设一个补助8万元。全年建设农村客运站点31个，完成总投资2 700多万元，运营15个，完工10个，在建6个。全州有农村客运班线192条，运营客车1 517辆，乡镇客运班车通达率100%。

【农技协会助农闯市场】 红河州农业专业技术协会兴起于20世纪80年代初期，随着社会主义市场经济体系的建立，一大批以市场为导向，以产业为依托，以致富能人为主体，以党员为骨干的各类农村专业技术协会在红河州应运而生，在发展农村经济、增加农民收入、带领农民建设新农村等发挥了积极作用。农业协会涉及种植业、养殖业、林果业、乡镇企业等，有“协会+农户”、“市场+农户”、“公司+基地+农户”、“农户联农户”等经营模式。2006年，全州有农技协会700余个，会员10多万人（户）。

【集体林权制度改革】 2006年，为贯彻《中共中央国务院关于加快林业发展的决定》和《中共云南省委云南省人民政府关于深化集体林权制度改革的决定》精神，红河州集体林权制度改革试点定在屏边县，全县有80个村（居）委会697个自然村参加集体林权制度改革，完成改革确权7万宗106.5万亩，由于明晰了林业产权，出现了群众抢购苗木植树造林的景象。

【医疗卫生改革】 2006年，红河州采取多种模式，对23所县级医院进行改革，初步形成了公立医院、股份公司医院、私立医院平等竞争的新体制和公共卫生、基本医疗、非基本医疗共同发展的新格局。即医疗改革的6种类型：国有独资的“惠民医院”有3所；国有独资实行所有权与经营权分离的1所；国有控股，职工参股改革的10所；非国有控股改革的（以医院管理层持大股、职工参股的形式改革）8所；医疗卫生资源整合，把2所三级医院整合组建红河州滇南中心医院，将4所县级中医院并入县人民医院，1所传染病院并入公共卫生的疾控中心，公开出售和转让1所。

【老年人乘坐公交车等免费】 为贯彻落实《中国老年人权益保障法》和《云南省老年人权益保障条例》，红河州九届人民政府第30次常务会议决定：从12月25日起，对60周岁以上的老年人乘坐公交车、进入公园、文化站馆、就医普通挂号实行免费。

【红河青年歌手获金奖】 7月27日，红河州歌舞团彝族歌手李怀秀、李怀福在2006年中央电视台CCTV全国青年歌手大奖赛上荣获原生态组民歌比赛金奖。李怀秀和李怀福姐弟曾在2000年南宁“中华民歌大赛”上获“最佳歌手奖”；2004年，在中央电视台“西部民歌电视大赛”上获对唱金奖；在2004年第十一届青年歌手电视大奖赛上，以一曲原汁原味、地道纯正的《海菜腔》，引发中国音乐界的一场争论。

（常娅玲）

个旧市

【概述】 中国锡都——个旧市，为云南省国民经济和社会发展计划单列市。位于云南省东南部，红河州中部，东、西、北与蒙自县、建水县、开远市相邻，南与金平、元阳两县隔红河相望。总面积1 557.02平方千米，距省会昆明280千米，距国家级口岸——河口县244千米。全境山区占总面积的86%，海拔在150~2 740米之间。2006年平均气温17.0℃，降水量977.1毫米。辖6镇2乡1区1个办事处，共79个行政村、34个城镇社区。有汉、彝、回、壮、苗、傣6个世居民族，2006年末有户籍人口38.81万人，其中非农业人口占55.83%，少数民族人口占36.83%，户籍人口自然增长率4.14‰。

2006年，实现地区生产总值66.89亿元，增长12.2%。其中，第一产业3.94亿元，增长4.9%；第二产业46.78亿元，增长14.1%；第三产业16.16亿元，增长8.9%。一、二、三产业的比重由上年的6.28:68.34:25.38调整为5.90:69.94:24.16。财政总收入10.8亿元，增长21.8%，其中地方财政收入4.35亿元，增长17%。完成社会消费品零售总额14.97亿元，增长8.9%。全市旅游业总收入2.12亿元，增长21.7%。全年完成货物周转量3.44亿吨/千米，增长5.0%。旅客周转量2.94亿人/千米，增长5.2%。完成邮政电信业务总量7 779万元，增长4.8%。自2004年实施“工业强市”发展战略后，2006年实现工业总产值突破200亿元、财政收入突破10.8亿元、有色金属总产量突破40万吨的“三个突破”，经济基本竞争力在西部百强县（市）中名列第28位，比2005年提升6位。城镇居民人均可支配收入为8 583元，增长8.0%。全市在岗职工年平均工资17 372元，比上年增长20.7%。农民人均纯收入3 498元，增长7.2%。居民家庭恩格尔系数城镇43.2%、农村37%。年末城乡居民储蓄存款余额62.37亿元，增长17.3%。全市有4.29万人享受城镇居民最低生活保障，共发放保障金3 904万元。同年荣获“全国残疾人工作先进市县”称号。有歌舞团、图书馆、群艺馆、博物馆、个碧石铁路陈列馆各1个，广播、电视覆盖率分别为99.8%、98.6%。有高级中学2所、完全中学4所、初中14所、九年一贯制学校2所、职业中学3所、小学216所、幼儿园38所，有专任教师3 680人、在校生6.49万人。小学适龄人口入学率99.94%，巩固率99.91%；初中入学率101.01%，巩固率98.65%，升学率59.59%。高考上线1 039人，上线率61.96%。有卫生机构30个，有病床2 481张、卫生技术人员1 795人。新型农村合作医疗参加率90%以上。

中共市委书记　赵　刚

市人大常委会主任　卢雨能

市人民政府市长　王　忠

市政协主席　杨树文

【工业强市成效显著】　2006年，继续实施“工业强市”战略。在加快矿产资源保障体系建设，注重资源高效利用和节能降耗的同时，稳步推进资源外向战略，外地资源利用率显著提高。运用高新技术和先进适用技术改造传统产业，锡、铅精深加工技术不断提升，BGA锡球、丁基锡、辛基锡、铅酸蓄电池生产线建成投产，生物资源开发、液体乳、药品、建材业等非金属产业不断发展。积极支持云锡集团公司、红河供电局等大型企业和骨干企业的发展，全力打造优势、特色产业群，全市非公有制经济增至9 941户，注册资金12.3亿元，从业人员3.5万人，全年实现增加值19.2亿元，占全市生产总值的28.7%。全年生产10种有色金属46.83万吨，同比增长62.5%。其中，锡8.61万吨、铅30.29万吨、锌2.18万吨、铝5.52万吨，同比分别增长25.2%、81.8%、34.6%、64.6%。红河供电局日供电量首次超过2 000万千瓦时，并提前完成我国目前最大的跨国送电工程——220KV线路对越送电。云锡集团公司销售收入提前1年实现倍增目标。全市有销售收入上亿元的企业20家，规模以上工业企业实现主营业务收入178.03亿元、利税15.3亿元，同比分别增长44.4%和93%，经济效益综合指数达166.2%，比上年提高41.9个百分点。全市完成工业总产值205.94亿元，工业增加值44.1亿元，同比分别增长37%和14.4%，工业对全市经济增长的贡献率达75.9%。完成《个旧霞石正长岩综合利用工程概略性研究报告》，顺利启动10万吨铅、10万吨铝、10万吨铜项目前期工作。

【特色农业优势明显】　2006年，市财政加大对农业的投入，共支出4 274万元，农业贷款在上年的基础上增加4 338万元。完成水利投资4 292万元，新增灌溉面积5 400亩，改善灌溉面积1.74万亩，完成“五小”水利工程2 196件，蓄水4 693万立方米，解决9 100人、1 700头大牲畜饮水。年末全市农业机械总动力2.12亿瓦特，比上年增长0.6%。为增加农民收入大力发展杂交玉米制种、烤烟、生物药材、畜牧、蔬果、花卉“六大产业”，建成千亩无公害蔬菜基地，发展花卉、杂交玉米和杂交水稻制种、生物药材、特色果蔬等特色农产品4.1万多亩，牛奶加工业、人工草场种植、牛产品加工、科学养猪居红河州第一，基本形成粮油、果品、蔬菜、畜牧、水产等优势产业。全年种植粮豆18.83万亩、经济作物19.81万亩，粮经比例为49∶51，产粮5.05万吨，同比增长13.8%。花卉种植169亩，产鲜切花442万枝。“两杂”制种1万多亩，其中冬季玉米制种继续保持全国第一。种植生物药材5 260亩、果蔬1.28万亩，产蔬菜10.37万吨、水果3.44万吨、烤烟2 848吨。出栏生猪23万头、肉牛1.09万头、肉羊1.02万头，产肉类2.2万吨、蛋1 075吨、奶类1.26万吨、水产品4 110吨，繁殖鱼苗11.02亿尾。林业以生态建设为中心，全年造林1.98万亩、义务植树65万株，农村沼气池推广率达40%。全市连续12年无重特大森林火灾，森林防火工作连续8年保持全州第一。当年，全市实现农业总产值6.6亿元，同比增长4.9%，其中畜牧业产值2.8亿元，占农业总产值的42.4%。年内，出台社会主义新农村的相关政策，以经济发达、交通便利的大屯镇、鸡街镇和沙甸区为重点，建成一批标准高、示范作用强的新农村示范点。加大农村富余劳动力培训工作力度，有效转移农村劳动力4 100人，荣获云南省农村劳动力转移就业成效奖。

【成功创建“国家卫生城市”】
2006年，继续开展创建“国家卫生城市”活动。在加强对市民健康教育和卫生知识的培训的同时，按创建“国家卫生城市”的标准大力开展群众性爱国卫生运动，市政府与各乡镇、各部门签订责任书，全市“创卫”工作有序开展。5月，个旧市创建“国家卫生城市”工作通过全国爱卫会国家卫生城市考核鉴定组的严格考核鉴定后。全国爱卫会于6月份在卫生部网站对个旧市进行为期一个月公示，7月13日命名个旧市为“国家卫生城市”，个旧市在全省率先获此殊荣。省爱卫会在第七次云南省甲级卫生城市的检查评比中，予以个旧免检资格。11月30日，市委、市政府在个旧召开“国家卫生城市”授牌仪式既“创卫”表彰大会。全国爱卫会官员宣读了《关于命名云南省个旧市为国家卫生城市的决定》，并向个旧市授予“国家卫生城市”匾牌。

（李绍贤）

开远市

【概述】　开远市位于云南省东南部，红河州中东部，东接文山州丘北、砚山两县，南靠蒙自县、个旧市，西邻建水县，北界弥勒县。总面积1 948.2平方千米，城区海拔1 051.8米。经昆河铁路北上248千米抵省会昆明，沿开蒙公路南行48千米达州府蒙自。年平均气温20.7℃，年降雨量606.8毫米。全市辖3个办事处、5个乡，21个社区居委会，52个村委会，444个自然村。2006年末，全市户籍人口26.3万人，其中非农业人口10.5万人，占总人口的39.92%；少数民族人口占总人口的54.6%。人口自然增长率6‰。

2006年，全市生产总值（GDP）44.6亿元，按可比价格计算，比上年增长10.2%。人均生产总值1.7万元，增长14.4%。其中，第一产业增加5.8亿元，增长1.7%；第二产业增加23.6亿元，增长13.8%；第三产业增加15.2亿元，增长8.4%。一、二、三次产业结构由上年的14:51:35调整为13:53:34。全社会完成固定资产投资30亿元，增长44.6%。工业总产值53.9亿元，增长15.7%。实现工业增加值20.3亿元，增长12.8%。产原煤882.07万吨，增长18.2%；发电量63.31亿千瓦时，增长35.2%；化肥（折纯）41.76万吨，增长12.8%；水泥183.73万吨，增长38.8%；成品糖1.3万吨，下降28.4%。农业总产值7.9亿元，增长2.2%。粮食总产8.65万吨，比上年增长2.5%。甘蔗产量9.16万吨，烤烟产量4 450吨，莴头产量7 622吨，蔬菜总产量10.59万吨。水果总产量1.33万吨。畜牧业完成总产值2.47亿元，增长6.3%。财政总收入5.9亿元，增长14.3%，其中地方财政收入2.98亿元，增长10.3%；地方政财总支出4.77亿元，增长4.7%。在岗职工年平均工资20 589元，比上年增长19.7%；农民人均纯收入3 157元，增长7%；全市金融机构各项存款余额58.52亿元，比年初增长18.0%；城乡居民储蓄存款余额34.65亿元，比年初增长13.4%。全年实现商品销售总额29.2亿元，增长19.9%，实现社会消费品零售总额9亿元，增长13.4%。全市通车里程1 534千米，客运量1 520万人次；各种运输方式完成货运量932万吨，货物周转量21.79亿吨/千米。年末，全市固定电话用户5.78万户，移动电话用户14.82万户，宽带网用户9 473户。邮电业务总量1.43亿元，增长34.0%。每百人拥有固定电话22部、移动电话56部。广播、电视综合人口覆盖率分别为96.8%、96.4%。

全市有各类学校145所，在校学生4.17万人。适龄儿童入学率99.97%，毛入学率100.07%，小学毕业生升学率95.57%；初中学龄人口入学率99.89%，毛入学率100.34%，初中毕业生升学率70.53%。高考上线率比上年提高10个百分点，5名考生获“红烟桃李奖”，在红河州名列前茅。有文化事业机构15个，公共图书馆藏书量12.3万册。有医疗卫生院、所56个。森林覆盖率32.4%。

中共市委书记　李　涛（～2006.7.）、陈米杰（2006.7.～）

市人大常委会主任　刘建宝

市人民政府市长　李存贵

市政协主席　付华萍

【徐荣凯到开远调研】　6月13日，省长徐荣凯、副省长刘平、省政府秘书长黄毅等到开远市调研，视察正在建设的大唐红河开远发电厂和泸江河综合治理及景观工程。徐荣凯一行深入大唐红河开远电厂车间看望生产岗位上的工人，对大唐红河发电公司建成全国第一台国产化30万千瓦循环硫化床，并满负荷运行成功投产发电给予充分肯定。在察看泸江河综合治理及景观工程进展情况后，徐荣凯称赞开远市有创新精神，城市建设有力度，并要求在建设河堤和绿化工程的同时，要解决好泸江河水体治理的问题。

【社会主义新农村建设】　2006年，投入资金近5 000万元，在省内首家系统完成市、乡、村新农村建设规划并启动实施。茅草房、土掌房等旧房改造，村内道路硬化、街道亮化、庭院洁化、村庄绿化工程，使村容村貌大为改观，随着“四清”及整治“五乱”活动的开展，村庄卫生保洁制度得到初步建立。以云恢290、滇屯502优质米，蜜桃、柑桔等优质水果和“农家乐”生态旅游为主的产业及冬早蔬菜开发，为农民带来实惠。“优质米村”、“甜椒村”、“茄子村”、“蜜桃村”、“油桃村”如雨后春笋。

【整村推进扶持重点村建设项目】　1.道路建设。兴修弹石路4.7千米、C20粉乡村道路2.2千米，完成村内道路硬化11.46千米，铺筑砂石道路2.5千米；2.水利建设。完成人畜饮水管道设施7.3千米，修建450立方米的集水池1个、水窖57口，建成700米长的沟渠1条；3.能源建设。修建沼气池160口、节能灶449口；4.修缮房屋87户共5 220平方米；5.新建文化活动室4个；6.建盖卫生厕所8间共160平方米，新建垃圾池6个；7.种植经济林果1 487亩；8.种植优质稻300亩；9.兴建云岭黑山羊示范基地，引进良种种羊100只；10.累计举办各种科技培训50期1.1万人次。

【小额信贷】　2006年，共投入小额信贷资金1 050万元，主要用于扶持贫困地区贫困户发展产业及扶持小龙头企业发展特色优势产业。如：卧龙谷优质米加工厂的扩建、西山葫芦梨的加工、灵泉办事处红旗村肉牛养殖示范基地、红疆饮食公司养猪业的发展、赛康养鸡业的扩建等，由于市场竞争力持续激励，科技示范基地已成为带动贫困群众增收致富的主要渠道。

【招商引资成果显著】 2006年，引进外资10万美元，引进项目累计到位资金10.57亿元。其中，州外到位资金10.14亿元，省外到位资金7.98亿元，新签项目14个，协议总投资18.24亿元。全年开发储备招商引资项目16个。其中，农业项目8项，工业项目5项，文化体育项目3项。全年共接待投资者近90人次。

【红河工业园区开远化工区初具规模】 红河工业园区开远化工区园区占地16.6平方千米。园区内已有企业14户，从业人员6321人。建成项目云南云天化国际化工股份有限公司红磷分公司2号磷酸产能提升工程总投资2300万元，年可新增产值1.27亿元；年产30万吨NPK复合（混）肥生产线工程，总投资1.3亿元，年可新增产值5.04亿元，利润2206万元，税金589.63万元。

【建材工业实现新跨越】 2006年，云南国资水泥红河有限公司以科技进步、技术改造为重点，充分发挥5个粉磨站的辐射优势，不断扩大市场占有，以大窑为中心，着力提高5号窑的运转率和台时产量，全年生产各型号水泥172.33万吨，销售173.28万吨，同比分别增长31.42%和31.47%；实现工业总产值5亿元，同比增长45.15%；实现利润4071万元，同比增长74.20%；上缴税金5988万元，同比增长78.53%，实现了公司新的跨越。

【电力工业快速发展】 年末，全市有水力发电厂2座，火力发电厂2座、余热发电厂3座、总装机容量123.65万千瓦。2006年总发电量63.3亿千瓦时，同比增长35%。

【开远市“小康杯”足球赛】 首届“小康杯”于2003年举行，至今已历4届。比赛分甲、乙两组，采用混合制方式在周末进行，历届均有包括周边市（县）足球队在内的数十支球队参赛。经过几年发展，“小康杯”规模不断扩大、水平日益提高、影响持续上升，成为开远市一大品牌和亮点。

（马智　郭耀华）

蒙自县

【概述】 蒙自县位于云南省东南部，红河州东部。东邻文山州文山县，南接屏边县，西连个旧市，北与开远市接壤。总面积2228平方千米，其中山区占总面积的75.6%。县城海拔1307米。2006年年平均气温19.6℃，年降水量724毫米。红河州州府驻地，距省会昆明289千米。全县辖7镇4乡，86个村民委员会。2006年末总人口33.69万人，其中非农业人口占总人口的20.67%；有彝、苗、壮、回等4个世居少数民族，少数民族人口19.49万人，占总人口的57.84%。人口自然增长率5.3‰。

2006年，实现地区生产总值（GDP）30.48亿元，比上年增长18.7%（按可比价格计算）。其中，第一产业增长5%；第二产业增长42.3%；第三产业增长9.6%。人均生产总值7795元，比上年增长16.6%。一、二、三产业增加值占GDP比重由上年的24.1∶34.5∶41.4调整为21.4∶41.1∶37.5，为“二、三、一”型产业结构。固定资产投资27.82亿元（不含跨地区项目），比上年增长14.7%。全县区域财政总收入4.28亿元，增长30%，其中，地方财政收入2.9亿元，增长31.1%；地方财政支出5.42亿元，增长21.1%。全年实现农林牧渔总产值10.73亿元，粮食总产12.17万吨。2006年，全县公路通车里程1640.08千米，公路货运量174万吨，货物周转量1.7亿吨/千米；客运量549万人次，客运周转量2.42亿人/千米。全年全县完成邮电业务收入1.42亿元，电话普及率14.1部/百人。2006年，社会消费品零售总额9.56亿元，比上年增长15.4%。年末，金融机构各项存款余额55.36亿元，各项贷款余额42.4亿元，城乡居民储蓄存款余额25.03亿元，人均储蓄存款7501元。在岗职工年人均工资收入17291元，农民人均纯收入2262元。有1843户，3597人享受最低生活保障。电视覆盖率96.5%，广播覆盖率98%。

全县有各类学校135所，在学生6.18万人，教师2906人。九年制义务教育完成率、入学率、辍学率分别为：中学98.36%、101.58%、1.86%；小学98.93%、99.95%、0.14%。2006年末，蒙自县有文化馆1个、图书馆1个。有卫生院14个、卫生所130个，有床位510张。

中共县委书记　范华平

县人大常委会主任　陆继高（彝族）

县人民政府县长　陈　强（哈尼族）

县政协主席　钟　麟

【“村村通”中型客车开通】 8月13日，蒙自县协调红河州交通运输集团有限公司率先在全州开通赶集客货两用客车，共有抵达10个乡镇的72条营运线路，切实解决群众出行难、物资交流难的问题。赶集车辆为客、货分置功能的“村村通”中型客车，票价低于班线客运车2～3元，使沿线村寨5万余群众受益。

【房地产业完成投资突破4亿元】 2006年，蒙自县住宅供应市场化进程加快，住房消费持续增长，对全县经济产生拉动作用。年内，新开工房地产项目10个，全县有房地产开发企业40家，20家房地产开发企业实施房地产开发，开发面积56万平方米，竣工面积20.8万平方米，完成投资4.42亿元。

【大棚辣椒产值达8000万元】 2006年，草坝镇利用当地独特的天然温室资源，按照市场需求，积极引导农民栽培大棚辣椒。针对辣椒成熟过于集中的情况，调整辣椒播种期，分早、中、晚三个阶段栽培种植，延长了上市时间，使价格稳中有升。年内，种植面积1.73万亩，总产量4.33万吨，引进客商

230户。产品远销20个省、48个市，实现产值8 000万元，为农民增收4 440万元。

【红河大道竣工】 12月28日，红河大道竣工，总投资10亿元，工程质量经验收评定为合格。红河大道由鸡蒙公路开发经营有限公司以BOT方式于2004年10月29日开工建设，鸡（街）蒙（自）一级公路（红河大道）起于个旧市鸡街，途经大屯、官家山，止于蒙自县新安所镇，全长30.25千米，路宽60米，双向8车道，路间设8米宽绿化带，路两侧设有机动车、非机动车隔离带及带有市政功能的人行道，全线设有照明系统。

【“省级卫生村”居全省之冠】 2006年，分别在草坝镇富民村委会的湾沟村、卷槽寨村和新沟村委会的车站村开展创建“省级卫生村”活动。7月28日，省爱卫办考核验收组对蒙自县创建活动进行考核验收。以上三个村已达到云南省卫生村标准。至此，蒙自县“省级卫生村”增至9个（2005年文澜镇创建6个），占全省“省级卫生村”的四分之三。

【畜牧业“十百千”工程】 在总结2004～2005年实施畜牧业“十百千”工程成功经验的基础上，进一步完善扶持奖励政策和验收兑现办法。2006年度达标的养殖龙头企业2户（其中养猪户1户、养牛户1户）、养殖专业大户14户（其中养猪大户9户、养禽户4户、养牛户1户）、养殖示范户40户（其中养猪户27户、养牛户4户、养羊户8户、养禽户1户），兑现符合条件的达标户扶持补助金18.3万元。

【农村能源建设】 2006年，积极推进以沼气建设为主的农村能源建设。采取整村推进方式，每口沼气池补助由原来的500元提高到600元，不具备整村推进零星建设的每口补助由原来的300元提高到500元，全县每年以2 000口的速度推进。年内，沼气建设计划2 000口，完成2 004口，完成率100.2%；改灶计划200户，完成202户，完成率101%；太阳能计划500平方米，完成516平方米，完成率103%。

【高中分设办学解民需】 2006年，实现原蒙自一中新老校区分设办学，蒙自一中新校区命名为蒙自高级中学；蒙自一中老校区更名为文澜高级中学。年内普通高中招生1 472人，比2005年增加672人；有普通高中在校生3 338人，比2005年增加811人。高考上线率达82.7%，比上年提高10.6个百分点，名列全州第一。制约高中教育的“瓶颈”问题基本得到解决，缓解了初中毕业生读高中难的“顽疾”，基本满足了群众对高中教育的需求。

【郑春花杨沅润再度摘金夺银】 2006年，蒙自县残疾运动员郑春花和杨沅润再度在各级重大比赛中摘金夺银。2月，在“香港轮椅击剑世界杯”中，郑春花获团体重剑金奖，个人花剑银奖、重剑铜奖；9月30日至10月7日，参加“意大利轮椅击剑世界锦标赛”，获团体重剑银奖、花剑银奖，个人花剑铜奖、重剑第六名。9月14～18日，在“全国残疾人锦标赛”中，杨沅润获金牌一枚、铜牌一枚、一个第四名；11月25日至12月1日，参加“第九届远东及南太平洋地区伤残人运动会”，获100米自由泳金牌一枚、100米仰泳金牌一枚、200米个人混合泳金牌一枚、4×100米混合泳接力（34分）金牌一枚、银牌一枚。

【举办大型文学笔会】 9月15～19日，县文联携手民族文学杂志社举办“中国作家蒙自行——矿冶之约”文学笔会。全国著名作家赵大年、叶梅、吴泰昌，《人民日报》文艺部副主任王必胜，《十月》杂志社副主编陈东捷，《民族文学》编辑李霄明、齐丹，《文艺报》理论部主任王山，《中华文学选刊》主编王干等莅会。笔会通过参观、考察、采访、座谈等活动，组织著名作家广泛深入了解蒙自县情，挖掘和提炼蒙自县深厚的文化历史底蕴，展示改革开放以来取得的巨大成就，创作出一批有较高质量和影响力的新闻稿件和文学作品。笔会期间，蒙自县作协会员和文学爱好者400余人聆听了著名作家的发言和讲座。为扩大影响力，此次笔会成果采用两种方式发表：与会邀请作家创作作品在《人民日报》、《文艺报》、《十月》发表；国家级重点

蒙自县“省级卫生村”卷槽寨村一角　　（蒙自县志办　提供）

文学期刊《民族文学》则以专辑的形式刊载蒙自本地作家的文学稿件，旨在鼓励和扶持本土作家队伍。

【离休干部汪风获“书画艺术金奖”】 为纪念中国人民抗日战争胜利60周年，蒙自县百货公司离休干部汪风写下“中华儿女壮志豪，八年奋勇抗倭娇；血染沙场丹心在，英烈气冲九重霄；最恨南京大屠杀，三十万人头颅抛；惨绝人寰惊天地，铭刻表史永记牢”的书法作品。2006年，该作品参加由中国国际文艺家联合会、《中外精英》杂志、中国国际（亚洲）新闻社及中国文艺杰出成就奖组委会等单位联合主办的首届“中国文艺杰出成就奖”书画艺术展评活动，经组委会评定获金奖，授予汪风“首届中国文艺杰出成就奖‘书画艺术金奖’”，同时授予其“中国文艺终身成就艺术家”荣誉称号。

【首家纯民营资本担保公司成立】 11月30日，蒙自银鑫担保投资有限公司在蒙自县挂牌成立。该公司是红河州第一家纯民营资本出资的担保投资有限公司，标志着一种新型的融资服务模式正式落户蒙自。目前，该公司设有审保委员会、财务部、担保业务部、资信评审部、市场风险监督部等5个部门。公司经营范围以再担保及融资担保为核心业务，提供符合法律规定及政府、金融机构、担保机构要求的担保和再担保服务。

（缪琨　杨云伟）

弥勒县

【概述】 弥勒县地处云南省东南部，东与泸西、文山州丘北毗连，西与玉溪市华宁、建水隔江相望，南与开远相邻，北与昆明市石林、宜良接壤，是红河州的北大门。总面积4 004平方千米。东西多山，南北中部低凹形成平坝。山区、半山区面积3 403.5平方千米，占全县总面积的85%。全县最高海拔2 315米，最低海拔870米。年内天气、气候较异常，降水时空分布不均，旱涝突出。全年平均气温18.5℃，年降雨量860.3毫米。县城弥阳镇，北距省城昆明138千米，南距州府蒙自126千米。全县辖10镇2乡，11个社区居民委员会，129个村民委员会，1 101个村（居）民小组。年末人口总数50.5万人，其中非农业人口占12.09%。人口密度每平方千米125.45人。居住着汉、彝、傣、苗、回、壮等民族，少数民族人口21.28万人，占全县总人口的42.1%。2006年人口自然增长率5.06‰。

2006年，弥勒县实现地区生产总值（GDP）87.51亿元，比上年增长6.2%，其中，第一产业增加值6.81亿元，增长8%；第二产业增加值70.43亿元，增长5.5%；第三产业增加值10.28亿元，增长10%。一、二、三产业比重由上年的7.3∶82.2∶10.5调整为7.8∶80.5∶11.7。农业总产值12.85亿元（现价），增长13%。粮食产量达1.78亿千克，被评为“全国粮食生产先进县”。全年烤烟收购40万担，中上等烟比例达92.5%，兑付烟农烤烟收购款2.31亿元。葡萄产业恢复性增长，产销两旺，实现效益5 983万元。畜牧产业健康发展，实现产值4.33亿元，增长13.6%。全年完成县域工业总产值104.44亿元，增长3.5%，工业对地区生产总值增长的贡献率达73.1%。全年客运量159万人次，客运周转量1.1亿人/千米，完成货运量469万吨，货物周转量5.19亿吨/千米。完成财政总收入5.61亿元，增长15.1%。2006年，农民人均纯收入2350元，增长11.3%；县域在岗职工年平均工资20 713元，增长5.3%；城乡居民存款余额24.98亿元，比年初增长20.1%；金融机构存款余额59.71亿元。为3 408户6 360名城镇低保对象发放最低生活保障金530万元，发放率达100%。城镇居民基本医疗保险范围不断扩大，全县参保单位301户，参保人数2.35万人，参保率达98.44%。广播电视“村村通”工程累计安装完成288座，覆盖率达95.31%和95.49%。

全县办有普通中学20所，职业中学3所，普通小学345所（个），幼儿园34所。全县在校生8.98万人，各级各类中小学、幼儿园教职工5 099人，全县小学占地面积111.27万平方米，校舍面积32.75万平方米；全县共有文化站13个，文化馆1个，公共图书馆1个，艺术表演团体1个，电影放映单位1个。有医疗卫生院、所370个，有床位1 973个。

中共县委书记　聂　明
县人大常委会主任　杨忠林
县人民政府县长　王家林
县政协主席　周树华

【城市建设】 2006年，全县城镇化水平为37.1%，县城建成区面积15.2平方千米，县城道路总面积111万平方米，建成区绿地面积达到577公顷，绿化覆盖率达到42.96%，建成区绿化率达35.99%，2006年被国家建设部授予全国园林绿化先进集体称号。

【程映萱慰问烟草企业干部职工】 1月12日，副省长程映萱率云南中烟工业公司巡视员李有义及省有关部门领导，代表省委、省政府专程赴弥勒县亲切慰问州烟草公司和红河卷烟厂职工，并向州烟草公司和红河卷烟厂职工致以新春的祝福和亲切的问候。州县领导陪同慰问。

【翁孟勇到弥勒考察】 2月14日，交通部副部长翁孟勇在省交通厅和州领导的陪同下到弥勒考察。翁孟勇一行考察了红河卷烟厂现代化物流中心、制丝车间、卷包车间、配送中心，并在演示厅观看了红烟的整个发展历程。

【央视《正大综艺》拍摄专题节目】 3月2～3日，中央电视台《正大综艺》摄制组到弥勒拍摄以阿细祭火为代表的专题节目。

【省艺术创作工作会召开】 4月12～13日，全省艺术创作工作会在弥勒召开。会议回顾了2005年全省艺术创作工作，明确了“十一五”期间全省文艺创作工作发展目标，安排部署了2006年艺术创作工作。

【“全国著名作家写云南”采风团采风】 5月11日，“全国著名作家写云南”采风团一行10余人，在以中国作协主席团委员、著名作家张笑天为团长的率领下，到弥勒县开展采风活动。

【徐荣凯到弥勒视察】 6月12～13日，前往蒙自参加中国·越南五省市经济协商会议及河口中越公路大桥通关庆典剪彩仪式的省委副书记、省长徐荣凯偕副省长刘平、省政府秘书长黄毅途经弥勒期间，先后就弥勒县的招商引资、工业园区建设和城市基础设施建设等工作进行视察指导。

【中央党校中青班课题研究组考察调研】 7月18～19日，由国务院发展研究中心农村经济研究部部长韩俊等领导组成的中央党校第二十二期中青班课题研究组到弥勒考察调研。在州、县领导的陪同下，研究组一行先后参观考察了湖泉生态园、庆来学校、红河卷烟总厂。

【全国门球精英赛举行】 8月8～13日，全国门球精英赛在弥勒县城举行。这次运动会由全国门协即《门球之苑》杂志社、云南省门协主办，弥勒县人民政府承办，红河州老年人协会协办。

【越南行政管理售货员培训班学员到弥勒参观】 10月24～25日，根据《中越五省市第二次经济合作协商会议纪要》的精神，由云南省委组织部主办，云南行政学院、云南省社会科学院、云南省外事办协办的越南行政管理售货员培训班学员一行30多人，到弥勒县参观考察。参观考察了红河卷烟总厂、云南红酒厂及葡萄种植园、湖泉生态园、锦屏山风景区。

【葡萄产业】 云南红、神泉酒厂是带动弥勒葡萄产业发展壮大的龙头企业，生产规模分别为1万余吨、3 000余吨。弥勒县以两个红酒企业为依托，走“公司＋基地＋农户”的路子，进行规模化种植，种植面积2.2万亩。酿酒葡萄品种有赤霞珠、品丽珠、玫瑰蜜等，鲜食葡萄品种有京秀、无核白鸡心、红提等。分布在新哨、弥阳、虹溪、西一等4个乡镇，建成千亩示范园区3个，百亩示范园区30个，葡萄产业成为弥勒的特色产业，产品远销全国各地和东南亚一带，并形成了稳定的销售关系。2006年，全县销售葡萄2.88万吨，实现销售收入5 983.33万元，比上年同期增加1 128.7万元。

【烟草产业】 2006年，红河州烟草公司弥勒经营部完成烤烟指导性种植面积14万亩，烤烟生产完成指令性任务36万担，出口备货4万担，上等烟比例达64.41%，均价11.67元/千克，付给烟农收购金额2.31亿元，亩产值达1 652.6元，与上年相比，上等烟比例提高10.29个百分点，均价增加0.81元/千克。年内，弥勒县被列为“省优质烟示范县”，承担了“省优质烟”示范面积2 500亩，完成卷烟销售任务1.4万箱，实现销售收入（含税）1.67亿元，毛利额2 987.11万元，毛利率20.97%，单箱销售额1.19万元。

【旅游业】 2006年，加强景区基础设施建设和旅游资源开发力度。全县共接待海外游客1 022人次，同比增长9%，外汇收入51.36万美元，同比增长40%，国内游客63.89万人次，同比增长16%，国内旅游收入1.79亿元，同比增长58%，实现旅游总收入1.83亿元，同比增长58%。

【工业园区】 弥勒县被列为云南省人民政府拟重点建设的30个省级工业园区之一，园区采用“一园两区”格局，分别由弥阳工业园区和朋普工业园区组成。工业园区总用地规模为1 529.4公顷。产业定位：弥阳工业园区布局为烟草配套及烟叶深加工产业、生物化工产业、无公害绿色食品加工业、葡萄系列深加工产业、新材料产业。朋普工业园区为竹浆纸一体化产业、矿业及深加工产业、环保产业。年内，园区企业26家，固定资产投资达3.01亿元，计划至2020年，完成园区建设规划15.59平方千米。

（胡劲松）

红河县

【概述】 红河县位于云南省南部，红河州西部，东接元阳县，南连绿春县，西和西南与思茅市墨江县接壤，北和西北与玉溪市元江县毗邻，东北与石屏、建水两县隔红河相望。以北部边沿的红河命名，故称。总面积2 011平方千米，山区面积占98%，河谷盆地面积占2%，属省内典型的山区农业县。县城迤萨镇，海拔1 034米（大水池至高点）。北距省会昆明318千米，东距州府150千米。2006年年平均气温20.3℃（县城），年均降雨量1 340毫米。辖1镇12乡，3个社区，88个行政村，822个自然村。2006年末总人口28.46万人，其中非农业人口1.72万人。世居少数民族有哈尼、彝、傣、瑶4种，少数民族人口占95%，其中哈尼族人口22.12万，占总人口的77.6%。人口自然增长率为6.8%。

2006年，全县生产总值7.53亿元，增长79.3%，一、二、三产业比重由上年的50.7:14.3:28调整为40.7:22.4:36.9。其中第一产业3.06亿元，增长6.4%；第二产业1.69亿元，增长21.5%；第三产业2.78亿元，增长7.8%。非公经济增加值2.61亿元，占全县GDP的34.6%，较上年提高3个百分点。农村经济总收入4.67亿元，增长19.6%。粮食总产量8.65万吨，增长1.4%。种植甘蔗4 387公顷，增长3.3%。财政收入3 169万元。农民人均经济纯收入1 235元，增加12.6%；粮食人均300千克。城乡居民储蓄存款余额3.67亿元，增长21.7%。职工年平均工资15 407元。农村6 950特困人口得到救助，4 897人享受养老保险。城镇有3 263人享受最低生活保障。电视覆盖率94%，无线广播覆盖率91%。全年客运量45.25万人次，客运周转量4 344万人/千米，完成货运量28.8万吨，货物周转量达1 756.8万吨/千米。

全县共有各类学校295所，在校学生5.15万人，教师2 258人。九年义务教育普及率为100%，入学率98.3%，小学辍学率0.4%，中学辍学率1.5%。年末有图书馆、文化馆（站）18个。有医疗卫生院、所18个，病床248张，专业卫技人员189人。

中共县委书记　邹　进

县人大常委会主任　李校全

县人民政府县长　王洪兴

县政协主席　李勒然

【人民的好警察张龙发】 张龙发，男，1968年12月生，哈尼族，红河县甲寅乡人，中共党员，大专文化。生前系红河县公安局交通警察大队民警。在整顿公路交通安全秩序工作中，4月4日，张与两名协管员在勐龙街岔路口执勤。13时30分，犯罪嫌疑人白海荣在田坝寨饮酒后，驾驶二轮摩托车载两人返回勐龙街村，行至勐龙街岔路口执勤点时，经张龙发询问，白无驾驶证，且超载载人，又不戴安全帽，严重违反交通法规，遂对其进行警告教育并依法处以罚款。白当场认错并在罚款决定书上签字，表示回家取款交纳处罚金。稍后，白来到执勤警车旁，突然举起尖刀向坐在驾驶位上的协管员陈永东面部、腹部乱刺，坐在副驾驶位上的张龙发见状，及时警告制止，并奋力与罪犯英勇搏斗，夺下凶器。搏斗中张身中数刀，因伤势过重抢救无效壮烈牺牲，协管员陈永东受重伤。罪犯白海荣施暴后逃离现场，后被抓捕依法受到严惩。

张龙发用自己的实际行动实践了全心全意为人民服务的宗旨，用鲜血履行了随时准备为党和人民牺牲一切的庄重誓言，用临危不惧的气势震慑了歹徒的嚣张气焰，维护了法律的尊严。张龙发牺牲后中共中央政治局委员、公安部长周永康等国家和省州领导作出重要批示，号召向张龙发同志学习并转达他们的悼念慰问。9月13日，省公安厅给张龙发追记一等功。

【试种龙胆草成功】 2006年，红河县科协从云南生物药材开发公司引进龙胆草种植项目技术，组织甲寅乡他撒村12户农民在海拔2 000米的后山水库高寒山区试验种植，320亩龙胆草长势十分喜人，示范试种获得成功。龙胆草属多年生草本药材，有野生，可人工种植。晒干后每千克价值30余元，亩产价值达4 000～5 000元。县科协正积极引导，推广种植，为山区农民开辟增收渠道，作为培植产业的一个新亮点。

【农村合作医疗取得阶段性成效】 2006年，全县参加合作医疗农民达21.46万人，住院152人，报销金额4.39万元。门诊看病5 957人，报销金额4.39万元。农民群众看病难的问题有所改善并得到很大实惠。

【垤玛乡实施“村村通”】 近几年，垤玛乡按照“以民为本、创新机制、多元筹资、全程监管”的方针和“少投入、重实效”的原则，把实施“村村（自然村）通”工程作为解决“三农”问题的切入点，千方百计加快农村公路建设进程。2006年，全乡73个自然村，已有71个自然村通公路，通车里程165千米。

【三村乡茶叶产业成促农增收新亮点】 近几年，三村乡茶叶种植面积1.1万余亩，2006年已有4 500亩进入初产期。按初产期亩产鲜茶120千克计算，茶叶总产值可达846万元（当地市价16元1千克），仅此一项农民人均增收584元。

【创建“平安县”取得明显成效】 2006年，红河县为创建省州两级平安县取得明显成效。一是抓好矛盾纠纷排查调处。当年共调解纠纷685件，调解成功率98.3%。开展矛盾纠纷排查12次。专项治理2件，防止群众性上访2件10人。制止群众性械斗64件。二是加强社会治安治理。全县全年立案刑事案件105起，破案81起，破积案3起，破案率为77.1%。与上年相比，受理案件下降49%，受理案件全破。三是加强禁毒工作。2006年共查处毒品案件5起，缴获鸦片26.06千克、吗啡937克、海洛因4克，抓获犯罪嫌疑人6名。自2003年以来，派驻29批400人，对大龙瑶寨贩毒开展综合治理，群众化贩毒得到有效遏制，至今该村未再发现新的贩毒人员。四是积极开展普法工作。“四五”普法和“二五”普法获全省先进县称号。

【农民工面临七大难题】 一是专业技能缺乏，受过各类专业技能培训的仅占劳动力总数的3.5%左右，难以获得较高层次的岗位；二是农村以山区、半山区为主，农民居住分散，劳动力输出信息传递难度大；三是市场发育滞缓，缺乏有效组织与疏导，劳务输出仍以群众自发输出形式为主，农民工被坑、蒙、拐、骗的现象时有发生；四是外出务工成本过高，手续繁杂；五是农民工在供大于求的劳动力市场中始终处于弱势地位，用工单位拖欠工资相当普遍，劳动合同不对称现象突出；六是留守家庭保障不到位，非主动返乡现象增加；七是劳动培训基础薄弱，资源开发不足。

（邵泽祖）

绿春县

【概述】 绿春县地处云南省南部，红河州西南角，东与元阳、金平两县接壤，北与红河县相连，西北倚思茅市墨江县境，西南隔李仙江与思茅市江城县相望，东南与越南社会主义共和国毗邻，国境线长153千米。总面积3 096.86平方千米，境内山谷深切，沟壑纵横。是国家重点扶持的边境山区农业县。2006年年平均气温17.3℃，年降雨量2 140.7毫米。县城大兴镇海拔1 640米，距省会昆明446千米，距州府所在地252千米。全县辖8乡1镇，81个村民委员会，2个社区，720个村民小组。2006年末总人口21.36万人，其中非农业人口1.75万人；少数民族人口21.05万人，占总人口的98.5%，哈尼族人口占88.01%，是国内乃至世界哈尼族最大的聚居地之一。人口自然增长率4.22‰。

2006年，全县生产总值5.16亿元，增长20%。其中，第一产业1.98亿元，增长5.98%；第二产业1.31亿元，增长69.87%；第三产业1.87亿元，增长12.66%。一、二、三产业产值比由43.4∶17.9∶38.7调整到38.5∶25.3∶36.2。农业总产值4.05亿元，增长38.11%；农村经济总收入2.76亿元，增长20.14%；粮食播种面积33万亩，比上年减少2.08%（退耕还林）；粮食总产量7 472万千克，增长1.63%。畜牧业总产值（现价）1.13亿元，增长19.87%。工业总产值1.09亿元（现价），增长146.86%。地方财政收入3 467万元，增长15%。农民人均纯收入1 200元，增长12.15%，人均有粮310千克，人均居住面积12.7平方米；村委会、自然村通电率分别提高到93.9%和89.5%，农村每百户拥有电视机68台，拥有电话（含手机）43部。在岗职工年平均工资11 303元。城乡居民储蓄存款余额2.4亿元，增长19.1%。农村养老保险覆盖率1.5%。电视覆盖率85.50%，广播覆盖率86.8%。全年客运量18万人次，客运周转量4 000万人/千米；货运量7.1万吨，货物周转量1 256万吨/千米。

全县有各类学校158所，在校学生3.84万人，教师1 719人，适龄少儿入学率98.02%以上，辍学率1.37%以下，义务教育阶段农村学生100%已免除杂费，另有部分农村中小学学生享受免课本费的待遇。年末，有文化馆、图书馆、电影院、老干部活动中心各一个，医疗卫生院、所10个，专业卫生技术人员254名，床位320个。

中共县委书记　张　涛

县人大常委会主任　李优核（哈尼族，～2006.6.）

县人民政府县长　马智铁（哈尼族，～2006.6.）

代理县长　张明良（哈尼族，2006.6.～）

县政协主席　杨玉沙(哈尼族)

【绿色产业培植初见成效】 2006年完成生物产业培植16.3万亩，其中八角1.9万亩，产量1.6万千克（郁闭面积正在逐年增加），增长520%；草果2.98万亩，产量160万千克，增长33.3%；茶叶4.4万亩，产量285.8万千克，增长42.9%；紫胶寄主树4.73万亩，紫胶产量86万千克，增长7.5%；橡胶2.3万亩，产量420万千克，增长35.48%。天然珍稀药材种植、紫胶虫种胶培育、无公害茶园建设正在积极实施中。

【水电开发进展迅速】 2006年，以李仙江戈兰滩、土卡河电站为主的水电产业开发进展顺利，李仙江戈兰滩水电站年内完成投资4.2亿元，累计完成投资9.7亿元，“四通一平”工程已全面完工，并成功实现截流；土卡河水电站年内完成投资3.33亿元，累计完成投资8.2亿元，“四通一平”工程和一期、二期截流顺利完工，第一台机组有望于2007年年底开始发电。

【矿业开采稳步推进】 2006年按照科学规划、规范管理、依法探采矿的原则，探明境内金、铜、砷、铅锌等资源储量，建成日处理200吨矿石的铜砷矿选厂和日处理150吨矿石的铅锌矿选厂，年内矿产业产值突破2 000万元。

【小集镇建设有特色】 2006年结合热区开发、拓展边民互市、建设新农村和加强县际间的流通工作，小集镇建设“一个中心、四个支点”的格局基本形成（即以县城驻地为中心，县境东、西、南、北四个乡镇驻地为支点），搭建起人流、物流、资金流、信息流的载体和平台，带动了乡村经济发展。

【扶贫工作成绩斐然】 2006年解决8 000人的温饱问题，提高1万名不稳定温饱人口的收入，实现自然村通水57个、通电41个、通路7条，新建五小水利工程653件，新建基本农田2 250亩，实施安居工程1 138户解决5 121人无房或危房的特困户住房，异地转移安置108户500人，小额信贷指标完成300万元，小额信贷到期还款率96%，科技培训350期2.6万人，新建沼气池1 970口，节能灶和沼气池300口，县级帮扶资金与物资折价99.8万元。

【新农村建设有序推进】 2006年按照“生产发展、生活宽裕、乡风文明、村容整洁、管理民主”的社会主义新农村建设目标要求，着力实施39个示范村建设项目，完成大春粮豆播种面积30.4万亩，各类蔬菜种植面积达4.3万亩，完成冬季农业开发5.8万亩，实施沃土工程2 000亩，发展10户养兔示范户、112户养猪示范户、15户山地养鸡示范户，稻田养鱼1.5万亩；完成进村公路48千米，改建进村公路50余千米；新建10千伏线路24.52千米，400伏线路6.82千米，改造400伏线路3.66千米，新增配变26台860千伏安，完成33个自然村一户一表839户；新建小型水利58件，解决了24个村民小组1 312户7 967人、2 603头大牲畜的饮水困难；安装广播电视“村村通”82座，受益82个自然村；安居房建设工程664户；有32家农村卫生室实行乡村一体化管理；15个村级活动场所修缮工程已全面启动；村内卫生道路硬化6.75万平方米；公厕建设47间；完成新建猪厩550间；29个村庄完成户户通水泥路。

【创建“平安绿春”】 坚持“四禁并举”方针，加强治安行政管理，严厉打击各类刑事犯罪活动，维护社会治安稳定。按照“条块结合、上下联动、突出基层、稳步推进”的原则，实行工作重心下移，全面开展创建平安乡镇、平安村寨、平安社区、平安厂矿、平安校园等基层创建活动，形成全面发展、各方参与、齐抓共管的格局，创安面达100%。不断开创平安建设工作模式，着力构建平安社区、平安乡镇、平安道路、平安单位、平安村寨、平安边境、平安林区、平安市场八大平安模式。2006年，绿春县被省委、省政府命名为“平安县”。

（陈永建）

泸西县

【概述】 泸西县位于云南省东部，红河州北部，东南隔南盘江与文山州丘北县相望，东与曲靖市师宗县交界，北与曲靖市陆良县接壤，西与昆明市石林县相连，南与弥勒县毗邻。总面积1 674平方千米，其中：坝区面积占17%，山区面积占48.3%，丘陵面积占34.7%。县城海拔1 710米，距省会昆明160千米，距州府蒙自186千米。2006年县境平均气温15.5℃，年均降雨量970.1毫米。全县辖5镇3乡，81个村民委员会，5个居民委员会，486个村民小组。年末，全县总人口39万人，其中非农业人口3.9万人，占总人口的10%；少数民族人口5.03万人，占总人口的12.9%，人口密度每平方千米224人，人口自然增长率7.9‰。

2006年，全县实现生产总值18.65亿元，比上年增长11.5%。其中：第一产业增加值5.38亿元，增长3.2%；第二产业增加值5.76亿元，增长15.7%；第三产业增加值7.51亿元，增长14.9%；人均生产总值4 814元，增长14%。一、二、三产业比重由上年的31.0:29.8:39.2调整为28.8:30.9:40.3。农村经济总收入14.11亿元，增长20.7%；粮食总产量1.29亿千克，增长3.3%，种植烤烟12万亩，收购烟叶1 850万千克。畜牧业产值2.69亿元。实现工业总产值15.4亿元，同比增长17.5%。旅游业共接待国内外游客58.97万人次，总收入1.64亿元，旅游直接经济收入2 521.5万元，分别比上年增长14.3%、25%、10%。年末公路通车里程1 377千米、客运量122万人、旅客周转量4 068万人/千米，货运量204万吨、货物周转量9 190万吨/千米。实现财政总收入2.45亿元，增长15.47%，其中，地方财政一般预算收入1.33亿元，增长12.1%；地方财政一般预算支出3.61亿元，增长26%；全社会固定资产投资12.05亿元，增长20.5%；社会消费品零售总额6.46亿元，增长22%；各项存款余额19.93亿元，增长22.9%；各项贷款余额11.89亿元，增长13.3%。农民人均纯收入2 036元，增长8%；职工年平均工资15 341元。有4.73万人享受最低生活保障。电视覆盖率96.7%，有线广播覆盖率96.2%。

全县共有406所学校，在校学生7.59万人，教师3 342人，九年义务教育普及率93%，小学入学率99.81%，小学辍学率0.09%；中学入学率101.75%，中学辍学率1.59%。有文化馆、图书馆2个。有医疗卫生院、所18个，床位859个。

中共县委书记　黄兆坤
县人大常委会主任　杨庆元
县人民政府县长　刀　剑(傣族)
县政协主席　马曙光（回族）

【科技示范园建设】 2006年，泸西县州级示范园种植特色蔬菜150亩，优质水果100亩，马铃薯原种繁殖15亩，观光园3亩，花卉30亩，猪场65亩，开展西瓜大棚栽培、礼品西瓜、哈密瓜、洋芋原种繁殖试验，实现销售纯种猪274头、二元母猪458头、商品猪3 690头，养殖业收入281万元，种植业收入32.4万元，总收入313.4万元。示范园养猪场纯种猪、二元母猪在首届昆明国际农业博览会上获银奖，彩椒、豌豆苗被中国绿色食品发展中心认定为绿色食品。示范园2006年4月被省政府评定为云南省优秀龙头企业。县级示范园在继续做好优质水果、梅花鹿、鸵鸟养殖技术示范的同时，加大了半夏的推广种植，全县共推广种植半夏示范面积1 000亩，总产500吨，总产值500万元。

【科技型民营企业】 2006年，全县科技型民营企业3家，从业人员182人，其中高级职称4人，中级职称11人，初级职称71人，实现总产值5 744万元。红河千山生物工程有限公司实施的“5万亩灯盏花GAP基地建设及产品加工”项目荣获第三届中国—东盟博览会先进适用技术及中国星火计划20周年成果展“优秀参展项目”，公司经理杨建文被评选为红河州“十大科技创新人才”，年内实现生产灯盏花素11吨，销售收入3 218万元；泸西盈达鹿业药材开发有限公司2006年1月17日被省林业厅认定为林业产业省级龙头企业；红河森菊生物有限责任公司加强了和华中农业大学等院校的技术合作，生产的“森菊牌5%除虫菊乳油”被中国绿色食品发展中心批准使用“有机农业生产资料”标志，打破了红河州使用“有机农业生产资料”标志零的记录，森菊Ⅰ号和森菊Ⅱ号搭载种子卫星于10月成功返回地面，现已进入驯化培育阶段。

【阿庐文化中心奠基】 12月31日，泸西县阿庐文化中心举行隆重的开业奠基仪式。阿庐文化中心是泸西县“十一五”规划的重点建设项目，位于泸发大街旁，北靠阿庐古洞景区，南接城市建成区，东为九华山北沿山脉，西为瓦窑后山梁子，以阿庐大街、泸发大街和40米宽的在建街道围合成片区，规划总用地339亩，总建筑面积11.63万平方米，估算总投资4.1亿元。工程主要包括“一心一轴一带两区”，即：阿庐文化中心区（文化广场、会展中心、体育馆、博物馆、图书馆、文体活动中心，其中包括老干部活动中心和青少年校外活动中心等）；一条南北景观轴线（阿庐文化景观带）；城市功能区（高档别墅区、商贸区、公寓区、步行商业街）；旅游休闲区（饮食中心、文化一条街、分时度假区、特色旅游商品展示区）。道路、给水、排水、水体、照明、停车场、阿庐广场等公共性项目正在建设中。

【阿庐古洞现洞府奇观】 11月18日8时18分，国家重点风景名胜区、国家AAAA级旅游区阿庐古洞入口洞中观音菩萨圣像周围骤然幻化出一个赤、橙、黄、绿、青、蓝、紫的七彩光环，直径约6～8米，佛光由光环、光芒和镜像组成。开始时，是一朵祥和的莲花，之后逐渐变成佛手，后来变成佛脚，光环闪耀着七彩光芒，由一道逐渐变成八道，持续约30分钟，此奇特现象一直持续10余天，古往今来尚属第一次。中国佛教协会释崇化大师称此“祥光瑞气”为“洞府奇观”。奇景一时轰动四方，观者如潮，来自佛教文化国家的游客无不顶礼膜拜。至今，阿庐古洞真正拥有了四大自然奇观——古洞佛光、阿庐云海、地河幻景、天造神物，与600年来“洞天福地”的美誉名符其实。

【发展优质梨】 2006年高原梨品种结构以雪花、早酥为主，金花产量不稳，开始被改换为丰水、黄冠、早白蜜和美人酥等早熟梨系列。全县优质梨挂果面积2.8万亩，产量6 500吨，比上年同期增8%，创产值2 000万元，同比增11%。2006年引进自动选果体系。优质梨基地通过国际质量管理体系GB/T19001－2000idtISO9001：2000标准认证。

【启动观光果树长廊建设】 2006年省级财政支农资金整合试点优质水果基地项目，投资100万元，在泸师公路距白水镇15千米两侧50米范围，以发展早熟梨为主，种植观光果树长廊1 006亩，形成“规模生产、连片生产、产业化经营”的模式。

【农产品质量认证】 2006年，加快农产品质量认证步伐，3.5万亩无公害蔬菜基地产地环境评价顺利通过省绿色食品发展中心认证；4 000亩优质梨生产基地2个品种（雪花梨、金花梨）获准使用绿色食品标志。1.1万亩荞麦生产基地2个产品（阿庐牌苦荞米和阿庐牌荞自发粉）获准使用绿色食品标志。

【培植无公害蔬菜】 2006年，是泸西县实施“云南省无公害蔬菜行动计划”第二年。围绕无公害蔬菜生产、百亩示范基地建设、示范村建设的总体目标和要求，共种植无公害蔬菜3.3万亩次，蔬菜产量6.5万吨，实现产值3 267万元。开展无公害蔬菜培训52期，培训菜农5 300余户，1.5万余人次；修正完善《泸西县无公害蔬菜技术手册》，由原来的7个栽培品种增加到11个栽培品种，并印制5 000册下发给相关技术人员和广大农户；引进秋王高抗、初秋甘蓝、江配一号甘蓝、法莲草菠菜、丝瓜、豇豆、菜豆蔬菜新品种进行试验示范和试种繁种；抓小龙甸蔬菜示范村建设，2006年小龙甸村仅番茄收入达万元以上的农户就有50户，靠种植蔬菜收入上万元的农户达95户。

【规模化养殖生产】 2006年，全县常年猪存栏50～100头有14户，100～200头有6户，200头以上有4户；存栏牛15～50头有7户，50～100头有2户，100头以上有2户；肉羊存栏50～100只有214户，100只以上有7户；蛋禽存笼1 000羽以上有12户，5 000～1万羽有5户，1万～5万羽有2户，5万羽以上的有2户。野猪、鸵鸟、梅花鹿等特种养殖场有3户。全县有火腿加工企业2户，其中东山火腿厂2006年生产和销售精制火腿218吨，实现销售1 000余万元，计划日屠宰量300头的生猪定点屠宰厂目前正在紧张有序建设，投资500万元计划年出栏肉羊5 000只集标准化养殖、防疫、种草、育肥、营销为一体的羚清养殖厂正热火朝天建设。

【全省农村户用沼气建池技能大比武】 5月10～19日，省能源站在泸西县午街铺杨柳坝村举办全省农村户用沼气建池技能大比武，昆明市、思茅市等16支地级市代表队140多人参加比赛，共建26户沼气池。省、县相关部门370余人参加活动总结会。

【公路基础设施建设】 2006年，全县完成投资2 812万元，完成州下达计划的140.6%，其中：州重点项目建设完成投资50万元（征迁费），经济干线建设完成投资582万元，县乡公路建设完成投资389万元，农村公路建设完成投资1 575万元，农村客运站建设完成投资216万元。

【弥泸公路建成通车】 2006年12月18日弥泸公路通过交工验收，12月28日举行通车典礼。弥泸公路（泸西段）是云南首个采用BOT方式进行建设的高等级公路，全长50千米，于2003年6月开工建设。

（赖俊芬　刘晓苹）

建水县

【概述】 建水县位于云南省南部，红河中游北岸，滇东高原南缘。北回归线横穿县境南部。东与弥勒县、开远市和个旧市相接，南隔红河与元阳县相望，西与石屏县毗邻，北靠玉溪市通海县和华宁县。鸡石、通建两条高速公路贯穿县境。全县总面积3 759平方千米，山区面积占89%，坝区面积占11%。森林面积7.48万公顷，森林覆盖率35%。县城临安镇为云南省2006年“年度最具活力旅游城市”和“中国最令人向往的50大旅游胜地”之一，海拔1 313米（县城东门朝阳楼）。县城北距省会昆明200千米，东距州府蒙自78千米。2006年平均气温19.7℃，降水总量为776.3毫米。辖14乡镇141个村委会，1 569个村民小组，1 472个自然村。2006年末总人口50.65万人，少数民族人口占全县总人口的37.4%，人口自然增长率6.2‰。

2006年，建水县国内生产总值33.79亿元，比上年增长12.9%。其中，第一产业生产总值8.35亿元，第二产业12.03亿元，第三产业13.41亿元。一、二、三产业增加值占GDP比重由上年的27.2∶31.5∶41.3调整为24.7∶35.6∶39.7。人均生产总值6 717元。县域工农业总产值41.1亿元，其中，工业总产值27.41亿元，农业总产值13.69亿元。规模以上工业总产值16.38亿元，增长8.9%。固定资产投资12.79亿元，增长34.4%。社会消费品零售额7.97亿元，增长15.4%。农村经济总收入32.95亿元，农民人均纯收入2 473元。粮食产量16.24万吨。甘蔗产量19.45万吨；烤烟产量1.33万吨，蔬菜产量21.74万吨，水果产量3.98万吨。畜牧业产值6.35亿元。乡镇企业总收入36.1亿元。财政收入（不含基金）3.16亿元，财政一般支出5.12亿元。金融机构各项贷款余额16.47亿元，各项存款余额41.76亿元，其中，城乡储蓄存款余额33.53亿元，人均6 665元。全县在岗职工年平均工资14 787元，农民人均纯收入2 473元。全年接待国内外游客104.58万人次，旅游业总收入3.34亿元。年末公路通车里程2 546千米，其中，高速公路96千米。完成公路客运量223.8万人，旅客周转量1.57亿人/千米，公路货运量834.1万吨，货物周转量1.83亿吨/千米。

有普通中小学校210所，在校学生7.85万人，教职工5 222人，小学学龄儿童入学率99.82%，初中生入学率100.87%。有卫生机构27个，床位1 691张，卫生人员1 640人，另有乡村医生243人。有文化馆1个，乡镇文化站14个，艺术表演团体1个，公共图书馆1个，电影放映单位8个。开通JSTV－1（综合频道）和JSTV－2（影视剧频道），全县广播覆盖率99.02%，电视覆盖率96.3%。

中共县委书记　卢文祥
县人大常委会主任　卢应光
县人民政府县长　王发利
县政协主席　赵晓凌（女）

【坡头乡出台优惠政策奖励养牛大户】 2006年，坡头乡以防疫促发展，出台饲养肉牛30头以上、建盖规范化牛厩的农户，乡政府一次性奖励2万元的优惠政策。对饲养肉牛达30头的村民车洪元和饲养肉牛80余头的刘永明分别奖励了1万元和2万元。进一步推广科学养猪、养牛技术。2006年全乡已发展“西门塔尔”肉牛饲养571头，牛出栏1 310头，生猪出栏1.2万头。

【被评为云南“2005年度最具活力旅游城市”】 4月，在云南报业集团、云南省旅游局主办的“2005盘点云南旅游”活动颁奖晚会上，建水县与昆明、大理、香格里拉被评为“年度最具活力旅游城市”。晚会还向获奖城市颁发了获奖证书及奖杯，建水旅游艺术团表演了建水小调《说建水》，向广大观众展示了建水独特的民族民间艺术魅力。

【临安镇入选云南十大名镇】 8月27日由云南报业集团、红云烟草（集团）有限责任公司主办，春城晚报承办的“云南十大名片”、“云南十大名镇”评选活动揭晓，建水县临安镇入选“云南十大名镇”。评选活动以群众投票，省内文化、旅游、规划等行业的专家、相关政府部门组成的专家顾问团负责点评和监督的方式，集中反映了民意，得到了各界的支持，为名镇的继往开来搭建了平台。此次评选活动不仅注重名镇的自然条件、规划建设、民族文化、历史文化，还注重经济活力、居民活力和旅游价值，充分体现出了云南小镇文化的异彩纷呈和韵味悠长的独特人文精神。通过评选活动，进一步提升了建水的特色文化，对促进城镇建设、新农村建设有着非常重要的意义，更是对建水旅游发展一次大的推动。

【发生洪涝灾害】 10月6～11日，由于受滇中南强降雨影响，出现连续阴雨天气，6天内降雨130毫米，导致曲江大河、红河、竹鸡河等河流水位上涨，红河干流流量高达2 500立方米/秒，造成南沙电站围堰溃堤（注：导流洞泄洪量为1 200立方米/秒），其他小河流出现坍塌、决堤并形成洪涝灾害。根据不完全统计，建水县共损毁民房246间（其中损坏102间，倒塌144间）；农作物受灾面积1.08万亩（其中成灾7 137亩，绝收3 709亩）；损坏道路21处386米，沟堤倒塌9处982米，损毁河堤1 871米，地质灾害（山体滑坡）1处，直接经济损失818.57万元。灾情发生后，县委、县政府立即启动防汛减灾应急预案，组成防汛减灾工作组，由县委、县政府领导带队分赴各受灾点进行抗洪抢险工作。

【首届石榴鉴评会】 9月11～12日，建水县举办首届石榴鉴评会。金秋公司、和源公司、百仔丰公司等7家县级农业龙头企业和南庄、西庄、临安等乡镇的28名种植大户选送的35个优质石榴样品（其中，红玛瑙19个、红珍珠16个）参加评选。鉴评会采取分散编号、按序评定的方法，从单果重、果皮色泽、出汁率、可溶性固形物、百粒重、光洁度、籽粒颜色等11个方面进行严格细致的评选，南庄镇邹伍村邹兴明选送的红马瑙摘取桂冠，获“石榴王”金奖；金秋公司选送的红玛瑙获一等奖。

（孙向阳）

元阳县

【概述】 元阳县位于云南省南部、红河州南部，东接金平县，南邻绿春县，西与红河县接壤，北隔红河与建水县、个旧市相望。地形层峦叠嶂，沟壑纵横，无一平川，是典型的山地雨养农业县，总面积2 189.88平方千米。县城南沙镇，海拔232米（气象局观测站），距州府蒙自91千米，距省会昆明284千米。南沙地区年均气温24.5℃，年均降雨量778毫米。辖2镇13乡，133个村委会，4个社区居委会，976个自然村。2006年末总人口38.06万人，其中非农业人口1.96万人，占总人口5.08%；少数民族人口33.57万人，占总人口88.31%，世居少数民族有哈尼、彝、傣、苗、瑶、壮6种，其中哈尼族20.19万人，占总人口的53.04%。2006年人口自然增长率6.07‰。

2006年，全县实现地区生产总值10.72亿元，按可比价格计算，比上年增长8.9%，其中第一产业完成3.99亿元，增长6.2%；第二产业完成2.05亿元，增长17.2%；第三产业完成4.69亿元，增长7.9%。一、二、三产业的比重由上年的37.96∶17.87∶44.17调整为37.18∶19.08∶43.74。农村经济总收入5.94亿元，增长11.31%。实现农业总产值4.99亿元，增长15%。粮食总产12.6万吨，增长1.29%。实现畜牧业总产值1.73亿元，比上年增长36.6%。生猪存栏23.1万头，增长17.42%，肥猪出栏16.67万头，增长14.35%；大牲畜存栏8.8万头，出栏1.3万头，分别增长3.38%和16.42%。稻田养鱼5.8万亩，比上年增加8 000亩，增长16%。实现工业总产值2.53亿元，增长0.53%。全县实现社会消费品零售总额2.94亿元，增长13.43%。乡镇企业完成总收入2.91亿元，增长5%。固定资产投资完成4.07亿元，比上年增长27.3%。2006年财政总收入5 088万元，增长20.08%，增收851万元，其中地方财政收入3 466万元，增长23.74%，增收665万元。地方财政支出2.96亿元，增长17.53%，增支4 418万元。年末，金融机构各项存款余额8.85亿元，增长30.17%；各项贷款余额3.81亿元，增长3.28%；城乡居民储蓄存款余额5.79亿元，增长26.64%，人均存款余额1 530元。全县通车里程1 953千米，完成客运量173万人次，客运周转量1 909万人/千米；完成货运量54万吨，货运周转量6 129万吨/千米。邮政完成业务收入182.74万元，增长11.39%。电信完成业务收入1 052.4万元。移动公司完成业务收入2 440万元，增长101.67%；联通公司完成总收入420万元，增长48%。

全县有学校及幼儿园共408所，教职工2 713人，在校生6.42万人，小学适龄儿童入学率99.05%，初中毛入学率98.55%。无线广播覆盖率89.03%，电视覆盖率94.3%。共有县乡医疗卫生单位20个，职工396人，病床455张。

中共县委书记　李成武(彝族)

县人大常委会主任　吴建勋(哈尼族)

县人民政府县长　张　宏（哈尼族)

县政协主席　车高学(哈尼族)

【发展膏桐产业】 2006年膏桐具有适应性强、耐干旱、天然更新能力和萌发力强、生长周期长、结实早、结实多、含油率高等优点。境内红河流域乡镇均有零星种植，且长势较好。经专家测定，元阳产膏桐原油的十六烷值达62，闪点、凝点、灰分、硫含量等多项指标均优于0号柴油，是极具开发潜力的能源和工业用木本油。县委、县政府加大膏桐产业的培植力度，引进英国阳光科技集团公司，在红河干热河谷地区种植膏桐4万亩，建成母本园350亩，展示林1 500亩。计划“十一五”期间，在红河干热河谷地区发展膏桐10万亩，使膏桐产业成为农民致富的新亮点。

【易地扶贫搬迁】 2006年，在黄茅岭乡实施迁富村易地扶贫开发项目。按照“就地、就近、集中和插花安置为主”的原则，采取“定居定耕并举”的方式，把居住在高寒山区、环境恶劣、资源条件差、自然灾害频繁、耕地严重不足、农民人均纯收入低于667元的芭蕉寨、土地寨和大石门3个自然村易地转移到热量充足、土地资源丰富、交通便利的迁富村。项目总投资189.3万元，其中扶贫发展资金89.3万元，以工代赈资金100万元，完成了迁富村的通电、安居、人畜饮水、基本农田水利建设等工程，共搬迁安置83户400人到迁富村定居。

【试种脱毒红薯成功】 2006年，元阳县从云南农业大学引进“绿色能源”脱毒红薯种苗67.5吨，投入种苗经费42万元，在南沙、新街、沙拉托、胜村等乡镇建立脱毒红薯种苗培育基地500亩，红薯种苗长势喜人，年底预计产种苗750吨，推广种植面积5 000亩。脱毒红薯具有抗病强、易栽种、产量高、好推广的优点，是生产酒精的原料之一，红薯的蔓、叶是发展畜牧业的青饲料。

【创新冬季农业开发】 2006年元阳县采取公司+农户的经营模式，引进建水县鸿地蔬菜开发公司、通海满好农产品开发有限责任公司，在南沙镇菱角塘、新街镇者那村规范化地膜栽培“韩国朝天辣椒”425亩，从育苗、理墒、盖膜、栽培等方面进行技术指导，并与两家外商签订销售协议，7.5元/千克，由企业收购。实现了农业从粗放型栽培向规范化栽培的历史跨越。

【县城南沙发生洪涝灾害】 10月8～11日，由于红河上游持续强降雨，南沙水电站遭遇当年最大洪水，本次洪水过程流量大，历时长，南沙电站上游水位达到238米(上游围堰顶高程236.96米)，从而发生漫堰过水，致使南沙电站上游围堰坡面钢筋混凝土笼围堰全部坍塌，经对洪痕进行实测得最高水位为225.718米，垮堰洪峰流量为6 100立方米/秒，洪峰流量对应洪水频率为3.33%。围堰全部坍塌后，产生的垮堰洪峰冲毁县城防洪堤的防浪墙，漫入城区的低洼地区，城区海拔233米以下的区域被洪水淹没，造成槟榔园回填片区、常青路交警队办公区、元阳大酒店、人民银行部分进水，淹没城区面积0.96平方千米，占城区面积的48%，最大水深约1.6米，造成24个单位4 600余人受灾，造成直接经济损失近5 397.25万元。

【元阳高级中学建设】 2006年，元阳高级中学共投入资金3 560万元，完成建筑面积5 623平方米，设有36个教室的教学楼一幢，完成建筑面积2 260平方米的学生宿舍2幢，建筑面积1 030平方米的学生食堂和建筑面积306平方米厕所。同时完成篮球场及校内绿化等附属工程建设，建成理、化、生实验室配置6个，完成首届高中招生200人。该项目于2005年被州委、州政府列为“1650”工程建设项目。

【肥香村水库建设完工】 肥香村水库是迄今元阳县最大水库，它以农业灌溉为主，兼顾发电和农村人畜生活供水等综合效益的新建小（一）型水库，是元阳县开发热区资源，缓解高寒山区人多地少的矛盾，进行易地脱贫，开发呼山的希望工程。水库设计总库容为430万立方米，坝顶长度179米，坝顶宽度7米，坝底宽度59米，最大坝高62.7米。控制灌溉面积4.3万亩。工程于2002年9月30日开工，2006年11月6日竣工，工程概算总投资为6 772.48万元。

【经济作物种植】 2006年，在高山新植草果1.68万亩，累计草果种植面积6.27万亩，其中挂果2.37万亩，产量718吨，产值2 000万元；改造低产茶园2 600亩，全县茶园面积2.38万亩，茶叶产量1 148吨，产值573万元；累计甘蔗种植面积4.91万亩，产量11.2万吨，农民增收1 960万元；累计木薯种植6.79万亩，产量3.12万吨，产值3 500万元；新植橡胶272亩，累计种植面积9 150亩，产量360吨，产值525万元。

【特色旅游】 2006年，共接待游客31.03万人次，同比增长29%；实现旅游收入1.65亿元，同比增长32%，其中国外游客8 674人次，同比增长14%；旅游外汇收入195.9万美元，同比增长16%。

【扶贫】 2006年，通过科技扶贫、产业扶贫、基础设施建设扶贫、劳务输出扶贫等，共投入扶贫资金4 287.09万元，解决3.2万贫困人口的温饱问题。实施整村推进项目55个，共有4 914户、2.23万人受益。实施安居工程建设3 651户。组织劳务输出1.81万人，其中一次性组织843人到浙江省台升公司务工。通过扶贫，帮扶对象人均纯收入达1 564元，比上年增长11.95%；人均有粮333千克，比上年增长0.6%。

【教育投资】 2006年投资521.29万元，落实“两免一补”，兑现寰宇希望救助金35.54万元，中信奖学金及助学金21万元，使5.18万人次贫困学生得到救助。投资348万元，排除农村中小学危房4 410平方米。争取社会和民间资金220.7万元，援建校舍建筑面积2 319平方米。投资378万元，实施“1150”工程，发展学前和幼儿教育。投资577万元，发展信息技术教育，配备教学光盘播放点272个，卫星教学收视点83个（全县累计187个），计算机教室23个（全县累计37个），电脑1 207台，全县中小学有教学机、远程教育接收机1 394台。

（周智荣）

石屏县

【概述】 石屏县地处云南省南部、红河州西北部，东临建水县，南接红河县，西北分别与玉溪市元江、新平、峨山、通海县相连。总面积3 037平方千米。其中，山地面积2 875平方千米，占总面积的94.65%；坝子面积162平方千米，占总面积的5.35%。县城所在地异龙镇海拔1 420米，距州府蒙自公路里程144千米，距省府昆明公路里程237千米，铁路里程413千米。年均气温18.3℃，年降雨量829.2毫米。辖7镇2乡，112个村民委员会，3个社区居委会，1 425个村民小组。2006年末总人口29.63万人，其中非农业人口3.46万人，占总人口的11.68%，少数民族人口17.28万人，占58.33%，世居少数民族有彝、傣、哈尼、回族。人口自然增长率5.09‰。

2006年，全县国内生产总值16.01亿元，增长10.2%。其中，第一产业6.97亿元，增长18.10%；第二产业4.13亿元，增长24.36%；第三产业4.91亿元，增长20.97%。一、二、三产业的比重由上年的44.2∶24.9∶30.9调整为2006年的43.5∶25.8∶30.7。工农业总产值21.91亿元，比去年增长11.97%。其中农林牧渔业总产值11.96亿元，增长8.1%；工业总产值9.95亿元，增长17%。完成全社会固定资产投资7.3亿元，增长30.7%。农村经济总收入15.0亿元。粮食总产量9.2万吨，增长2.4%。财政收入1.74亿元。农民人均纯收入1 595元，比上年增加10.53%，农民粮食产量人均352千克。城乡居民储蓄存款余额16.64亿元，比年初增加1.86亿元，增长12.6%。职工年平均工资15 195元。社会消费品零售总额5.1亿元，增长10.6%。电视人口覆盖率98.7%，广播人口覆盖率98.3%。全年客运量325万人，客运周转量6 269万人/千米，完成货运量1 098万吨，公路货物周转量达16.12亿吨/千米，铁路货物周转量3 705万吨/千米。

全县有各类学校399所，在校学生4.26万人，教师2 824人。学龄儿童入学率99.8%，升学率96.3%，巩固率100.5%；初中入学率97.4%，升学率51.9%，巩固率80.0%。年末，有艺术表演团体1个、图书馆1个，有卫生机构16个，床位622个，拥有卫生技术人员528人，每千人拥有床位2.2张，拥有技术人员1.8个。

中共县委书记　张碧伟

县人大常委会主任　许福启

县人民政府县长　祁金华
县政协主席　张朝平（傣族）

【环境保护】　2006年，石屏县在加大异龙湖管理宣传力度的同时，通过实施生物治理、封湖养鱼，整治周边环境，规范湖面荷花种植等方法保护水资源。全年工业废水排放108万吨，排放达标量104.76万吨，排放达标率97%；工业废气排放总量1.55亿标立方米，治理1.33亿标立方米，治理达标率85.3%；工业固废产生量5.3万吨，综合利用量5.3万吨，综合利用率100%。全年征收排污费45.3万元。

【老县城改造】　2006年，为恢复古城风貌，融资100万元重建西城门；筹资318.47万元完成总长1.5千米古城东正街、西正街、南正街、北正街、文化街等主街道青石板路面恢复建设；投资约80万元全面完成玉屏书院尊金阁修复。

【社会主义新农村建设】　4月29日，县委、县人民政府联合发出《关于推进社会主义新农村建设的实施意见》。《意见》主要包括八个方面的内容：一是建设社会主义新农村的目标和任务。二是推进现代农业建设，强化产业支撑（一要积极推进农业结构调整；二要积极推进农业产业化经营；三要加强农业科技应用能力建设；四要培育农村新型社会化服务组织）。三是增加农民收入，促进生活水平新提高（一要拓宽农民增收渠道；二要加强扶贫开发工作）。四是发展农村社会事业，培育塑造新型农民（一要加快农村教育、文化、卫生、计划生育等事业发展；二要加强农村劳动技能培训，大力培养新型农民；三要努力推进乡风文明和村容整洁）。五是加强农村基础设施建设，形成乡村新面貌。六是加强农村民主政治建设，构建平安和谐新农村。七是深化农村改革，加强体制机制建设。八是切实加强领导，动员全党全社会关心，支持和参与新农村建设。

【实施六家山白玉兰重点村建设】　上海援建石屏县异龙镇六家山村委会白玉兰重点村建设项目，于2005年6月30日启动，2006年11月30日竣工。该项目集中上海市、奉贤区两级财政资金390万元，易地扶贫搬迁项目资金130万元，省、州整村推进扶贫开发资金45万元，县、镇、村及群众自筹资金727万元，共投入资金1 292万元。项目涉及基础设施、经济发展、生态建设和社会公益4个方面，覆盖7个自然村，296户1 169人。

【救灾救济】　2006年，全县农作物受灾7 193.93公顷，绝收1 255.2公顷，造成农业直接经济损失3 910.7万元；受灾人口15.03万人，饮水困难5.35万人；灾害造成倒塌房屋219间（其中民房175间），损坏房屋417间，直接经济损失3 910.7万元，其中农业直接经济损失2 802.45万元。全县到位救灾款128.6万元，已投入救灾资金78万元，下拨救济粮12.1万千克。

【实施五乡镇广电光缆联网工程】　2006年，实施县城至新城、龙朋、哨冲、龙武和牛街五乡镇广电光缆网络建设。投资约130万元，架光缆100多杆千米，使北部山区4个乡镇光缆全线贯通，500多户用户与县城联网。

【送电影下乡】　2006年针对农村看电影难的实际，县文体局组织农村电影放映队深入全县9个乡镇，87个社区、村委会，放映适合农村观众观看的科技片和故事片；组织放映党性教育片《信天游》、《黑白记忆》、《生死牛玉儒》等。全年共放映电影713场，放映故事片470场，科教片160场，有偿放映83场，观众人数达27.65万人次。

【加大教育经费投入】　2006年，全县教育经费总支出1.19亿元。其中，个人部分支出9 077.9万元，占总支出的75.99%；公用部分支出2 867.5万元，占总支出的24%。在总支出中，13类教育事业费支出9 290.6万元。其中，个人部分支出6 961.1万元，占13类支出的74.9%；公用部分支出2 329.5万元，占13类支出的25.1%。

【民间歌手李怀秀、李怀福获金奖】　5月，由云南电视台选送的石屏民间歌手李怀秀、李怀福姐弟，在参加中央电视台“隆力奇”杯全国青年歌手大奖赛中，获原生态组金奖。

【海菜腔、烟盒舞申报非物质文化遗产】　6月，彝族海菜腔、烟盒舞被列入国家级非物质文化遗产名录。

【改造农村水利基础设施】　2006年，增加蓄水能力25.48万立方米，新增灌溉面积3 200亩，改善灌溉面积3.5万亩，新增除涝面积1 000亩，改造中低产田5 000亩，新增节水灌溉面积5 150亩，年新增节水能力29.1万立方米，建设高稳产田（地）5 000亩，治理水土流失面积16平方千米，新增供水受益人口0.32万人。

（张纯）

金平苗族瑶族傣族自治县

【概述】　金平县位于云南省南部边陲。东隔红河与河口县相望，北连接元阳县隔红河与个旧市、蒙自县为邻，西与绿春县毗连，南同越南社会主义共和国老街省、莱州省的坝洒、封土、清河、勐德4县山水相连，有502千米边境线。总面积3 685.69平方千米，山区面积占99.72%，平坝面积占0.28%。县城金河镇，距省会昆明477千米，距州府所在地（经蛮耗、水田）137千米。省道212线自北向南穿境而过，迄金水河国家级那发口岸，从“中越友谊桥”出境入越南。2006年县城平均温度18.6℃，降水量2 013.7毫米。辖2镇11乡，92个村委会，1 013个自然村。2006年全县总人口33.39万人，其中非农业人口2.44万人，占7.3%。世居少数民族有苗、瑶、傣、哈尼、彝、壮、拉祜、汉和莽人。少数民族人口28.65万人，占85.8%。人口自然增长率8.5‰。

2006年，实现地区生产总值（现行价）10.76亿元，比上年增长33.51%，其中第一产业完成3.21亿元，比增5.5%；第二产业完成4.94亿元，比增84.2%；第三产业完成2.62亿元，比增11.8%。三次产业比重由上年的37.7:33.2:29.1调整为29.8:45.9:24.3。农村经济总收入3.76亿元，增长7.8%。粮食总产量10.9万吨，比上年增长0.9%，种植橡胶10.55万亩，产量4 710吨，香蕉5.7万亩，总产量5.79万吨；畜牧业产值1.51亿元，增长4.2%。工业实现总产值9.53亿元，增长63.9%。财政总收入1.43亿元，比增50.9%。农民人均经济纯收入887元，比上年增加83元，农民人均有粮323千克。城乡居民储蓄存款余额5.19亿元，增长26.6%。职工人均年工资总额13 760元。有城市居民、难民5 525人享受最低生活保障。无线广播覆盖率93.4%，电视覆盖率93.2%。全年客运量40万人次，货运量42万吨；客运周转量3 796万人/千米，货运周转量5 040万吨/千米。完成邮电业务总量1 476万元。

全县有各类学校346所，在校学生5.02万人，专任教师2 360人。九年义务教育普及率100%，适龄儿童入学率98.2%，辍学率0.6%，初中毛入学率95.1%，辍学率1.5%。有县级文化馆、图书馆2个。全面完成医疗卫生体制改革工作，16个医疗机构顺利改制，医疗服务质量明显提高。全县有卫生医疗机构17个，其中县级卫生医疗机构4个，乡级卫生院13个，全县拥有病床358张，每千人拥有病床1.07张。

中共县委书记　罗家祥（壮族，～ 2006.11.）、牛兴发（2006.11.～）

县人大常委会主任　张建明（哈尼族）

县人民政府县长　吴自云（苗族）

县政协主席　苦自昌（彝族）

【县城建设重点工程稳步推进】 金平是一个边疆山区县，县城建设较为滞后。近年，以提高人居环境质量为目标，以环境基础设施建设为重点，多渠道筹集资金，推进重点项目建设，加快城市建设步伐。年内启动下环路改造工程，拆除挡墙200余平方米、围墙300平方米，完成路沿石安装2 700平方米，人行道铺砖3 000平方米；改造排水沟2 010平方米；下环路改造投入资金110万元；金河环境治理工程顺利进行，全年投入资金300万元；金福路、金福苑小区合并施工，投资1 600万元；公务员小区建设已完成土石方8万余平方米，支砌挡土墙1.1万立方米，完成1 800万元投资；东过境路河东段人行道940米建设等。

与此同时，加强城市管理，城市绿化步伐加快。进一步加大县城规划区特别是东过境两侧违规建筑的清理整顿和政策法规宣传力度。积极查处干部职工参与非法买卖土地的行为，有力地推进城市管理工作。城市绿化工作有新进展，全年完成东过境路隔离带绿化1 580平方米、城区及道路路口绿化500平方米，金河景观绿化480平方米，补种行道树110株及城区绿化苗木的日常管护工作。

【金水河流域水电站开工】 6月28日，金水河流域水电站开工仪式在金水河镇举行，从此拉开金水河流域水电站建设序幕。金水河流域水电站由5个梯级站组成，由金平金江水电开发有限公司投资开发，总装机容量8.9万千瓦，年发电量40 954万度，总投资4.1亿元人民币。

【繁荣文艺创作】 2006年紧紧把握时代脉搏，坚持先进文化前进方向，把文艺创作作为繁荣文艺的中心任务，创作一批健康向上，弘扬民族文化，振奋精神的文艺作品。县民族歌舞团编创民族舞蹈脚本有：瑶族舞蹈《脚步》，莽人舞蹈《摆弄声声》等12件；文化馆创作的《法庭内外》参加红河州法院系统文艺汇演获鼓励奖，摄影作品《红尖尖、花裤裤》参加美国举办的“七彩云南”宣传周作品展；美术作品《吹口哨的少女》、《炊》、《街头》等5幅作品在《星云》杂志上发表。

【文化下乡】 2006年县民族歌舞团到铜厂、营盘、老勐、者米、老集寨、金水河等10余个边远乡镇开展“文化下乡”文艺演出51场次，其中农村40场次，城镇11场次，观众5.8万人次；文化馆辅导文艺队17支、节目32个辅导学员357人，组织各种演出20场。农村放映每年安排资金经费10万元，为实施农村电影“2131”工程奠定监视基础，放映1 638场次，其中故事片810场次、科教片828场次，观众人数56.33万人次，农村放映覆盖率为100%。

【接待游客有新突破】 2006年与上年同期相比，接待国内外游客增加7 713人次，创收增加390.8万元，其中国内游客增7 684人次，海外游客增209人次。国内旅游收入增386.83万元，外汇收入增4 981美元。

【扶贫工作】 2006年紧紧围绕解决1.2万绝对贫困人口温饱和巩固1万低收入人口温饱目标，抓好财政扶贫和社会帮扶两大工程。一是继续抓好扶贫安居工程建设工作，投资2 193万元，完成茅草房、杈杈房改造4 941户。二是实施整村推进工程投资1 193万元，完成25个行政村建设，改善群众的生产生活条件。农村教育、卫生、交通等基础设施进一步改善。三是继续抓好社会帮扶工作，积极争取国家外交部、上海长宁区等对口帮扶单位的支持和帮助，共争取帮扶资金904.6万元，实施了24个项目，进一步加大对农村教育、卫生、温饱项目的扶持力度。四是重视开展小额信贷扶贫。回收贷款102万元，新增贷款400万元，受益52个村民小组608户。五是始终把农村富余劳动力转移作为实现农民增收的一项重点工作，积极作好劳务输出，完成农村富余劳动力培训8 633人，劳务输出6 064人，实现转移收入1 212.8万元。绝对贫困人口从2005年的7.87万人，降至6.65万人。

【金平职业中学挂牌云南省贫困地区劳动力转移培训示范基地】 为切实搞好职业技能培训和就业管理，提高贫困地区劳动力素质和就业能力，经省扶贫开发领导小组同意，4月10日金平职业中学被定为“云南省第一批云南省贫困地区劳动力转移培训示范基地”正式举行挂牌仪式。

（罗文福）

河口瑶族自治县

【概述】 河口县位于云南省东南端，东北与文山州马关县接壤，隔红河与金平县相望，北靠屏边县，南与越南社会主义共和国老街省相邻，国境线长193千米。全县总面积1 332平方千米。山区占总面积的97.76%，河谷平坝占2.24%。属热带亚热带边疆民族县。县城河口镇，海拔76.4米，距省会昆明469千米，距州府蒙自160千米，距越南首都河内295千米。年均气温24.0℃，降雨量1 472.4毫米。辖2镇4乡，27个村民委员会，282个自然村，3个社区。2006年末总人口8.58万人，其中非农业人口3.69万人，占总人口的43%。全县居住着瑶、苗、壮、彝、汉等民族。人口自然增长率4.9‰。

2006年，全县生产总值8.54亿元，比上年增长14.3%。其中：第一产业1.97亿元，增长6.8%；第二产业2.08亿元，增长45.52%；第三产业4.49亿元，增长7.22%，人均生产总值1.03万元。一、二、三产业结构比例由上年的24.5:18.8:56.7调整为23.1:24.3:52.6。农村经济总收入7 399万元，增长10.5%。轻工业增长缓慢，全县轻工业总产值4 155.4万元，增长38.3%，重工业总产值4.94亿元，增长260.9%。轻重工业所占比重分别为7.1%和92.9%。财政总收入1.21亿元，增长18.5%。其中：地方财政收入8 214万元，增长14.2%；地方一般预算收入7 883万元，增长12%。农民人均纯收入1 950元，增长10.8%。县属在岗职工人均年工资16 429元，增长7.7%。城乡居民储蓄存款余额9.63亿元，增长23%。电视人口覆盖率93.44%；广播人口覆盖率95.00%。拥有地方公路114.88千米。

全县有普通中学6所，普通小学84所，幼儿园5所。各类学校在校生1.3万人，教职工1 233人。小学适龄儿童入学率99.72%；辍学率0.03%。年末，有文化站6个、图书馆1个、青少年文化宫1个，有卫生院6所，县级医院3个，有卫生专业技术人员225人。全县设27个卫生室，有乡村医生53人。农村合作医疗覆盖率78%。

中共县委书记　叶翠萍

县人大常委会主任　李绍唐

县人民政府县长　邓永和(瑶族)

县政协主席　王家明（彝族）

【云南第一漂】 2006年，河口国际旅行社推出独具特色的旅游项目——南溪河漂流。由河口县城乘车出发，逆南溪河而上，到南溪农场的牛郎滩起漂点，乘橡皮艇沿南溪河风景区而下，到河口县城中越大桥上岸，约需2个多小时，全程32千米，其中末端有8千米的中越界河。在国内独此一项。南溪河漂流中，要经过40多个急滩，6个险滩，河水落差53米。但有惊无险，情趣盎然。河道两岸有亚热带丛林风光，岸边竹林婆娑，橡胶林、香蕉林相映成趣。沿河怪石林立，古林遮天蔽日，古藤攀岸附壁。远山连绵起伏，一片黛绿。河水忽急忽缓，游客可下河游泳击流，可在艇上泼水嬉乐，还可靠岸到沙滩岩石上玩耍拍照。行程中还有一段为中越界河，可见越南异国自然风景和群众劳作。南溪河漂流集惊险有趣、热带风光、民族风情、异国采风于一体，可称为“全国第一漂”。

（黄同英）

屏边苗族自治县

【概述】 屏边县地处云南省南部、红河州东南部，东与文山州文山、马关两县相连，西南与个旧市相望，南与河口县接壤，北与蒙自县毗邻，全县总面积1 906平方千米，山地面积广阔，属典型的山区县。辖6乡1镇，76个村民委员会，4个社区居民委员会，694个自然村，895个村民小组。屏边县城驻玉屏镇，距红河州府驻地72千米，距省会昆明339千米。滇越铁路、昆河公路穿境而过，是通往东南亚各国的陆上交通要道。年平均气温16.5℃，年平均降雨量1 650毫米。县内居住着苗、彝、壮、瑶等5个世居少数民族，2006年末，全县总人口14.91万人，其中非农业人口1.81万人，占总人口的12.14%；少数民族人口9.42万人，占总人口的63%。人口自然增长率1.99‰。

2006年，完成地区生产总值5.82亿元，比上年增长12.42%。其中第一产业完成1.8亿元，增长5.21%；第二产业完成2.1亿元，增长11.15%；第三产业完成1.92亿元，增长21.77%，三次产业比重由上年的33:36:31调整为31:36:33。完成全社会固定资产投资2.35亿元，增长12%。实现农村经济总收入2.79亿元、农业总产值3.11亿元，分别增长9.5%和5.94%。粮食总产量5 965万千克，增长0.93%。实现乡镇企业总收入4.6亿元，增长1.8%。完成工业总产值4.8亿元，增长17.81%。完成财政总收入5 822万元，增长16.58%，完成财政总支出1.96亿元，增长19.09%。金融机构各项存款余额6.26亿元、贷款余额2.51亿元，分别增长13.09%和4.31%。城乡居民储蓄存款3.58亿元，增长16.24%。实现农民人均纯收入1 332元，增长6.05%，农民人均粮食364千克，与上年持平。在岗职工年人均工资收入14 880元，增长11.08%。全县有2 993人享受低保。完成社会消费品零售总额2.32亿元，增长11.4%。全年接待国内外游客17.09万人次，实现旅游总收入7 016万元，分别增长22.3%和25.15%。全县通车里程1 623千米，自然村通路率达61.8%。公路货运量27.5万吨，货物周转量610万吨/千米；客运量43.9万人次，客运周转量2 700万人/千米。邮政业务收入210.43万元，邮政业务总量98.43万元。开通了7个乡镇宽带网，新建小灵通基站2座、移动基站13座、联通基站18座，全县宽带网用户1 372户，小灵通用户2 534户，联通用户5 200户，移动用户4 567户。电视覆盖率93%，无线广播覆盖率92.11%。

全县有各类学校87所，教职工1 492人，在校生2.15万人，适龄儿童入学率99.6%，初中毛入学率98%。年末有图书馆、文化馆（站）8个。有医疗卫生院、所14个，病床223张。

中共县委书记　马跃光(回族)

县人大常委会主任　汪应林(苗族)

县人民政府县长　杨国椿(苗族)

县政协主席　邱　晨（彝族）

【《屏边苗族自治县自治条例（修订草案）》通过批准实施】　2006年3月1日县第十三届人民代表大会第四次会议审议通过了《屏边苗族自治县自治条例（修订草案）》。7月28日，云南省第十届人民代表大会常务委员会第23次会议批准实施。2003年5月20日，县第十三届人民代表大会常务委员会第二次会议作出《修改〈云南省屏边苗族自治县自治条例〉的决定》，并制定修改工作方案，组建修改领导小组和工作班子。通过反复调查研究，多次修改论证，历时三年。

【“滇越铁路五家寨人字桥”列为国家级重点文物保护单位】　2006年6月10日，被国务院列为国家级重点文物保护单位。“滇越铁路五家寨人字桥”（以下简称人字桥），位于滇越铁路353千米处的两座悬崖峭壁之间。据史料记载，该桥由法国工程师鲍尔·波丁于清代光绪三十年（1904年）设计建造图纸，光绪三十三年（1907年）三月十日施工，1908年12月6日竣工。人字桥长71.7米，宽4.2米，高100米，是滇越铁路上的重要桥梁。修桥过程中，死亡中国劳工800多名。抗日战争时期，日军曾派飞机轰炸未得逞，至今完好无损。

【在人民大会堂举行“九大连湖”新闻发布会】　9月24日，屏边“九大连湖休闲体验文化旅游”项目新闻发布会在北京人民大会堂隆重举行。县委书记马跃光现场发布屏边“九大连湖休闲体验文化旅游”项目，县长杨国椿介绍屏边“九大连湖休闲体验文化旅游”项目相关情况。新闻发布会当天，世界华人组织联盟电视现场直播，将新闻发布会的实况同步传向世界各地。此次新闻发布会，引起了中外权威媒体的极大关注，《人民日报》、新华社、中新社、中央电视台、《云南日报》、香港凤凰卫视等400多家国内外媒体近500名记者参加了新闻发布会。

【集体林权制度改革试点】　2005年9月，屏边县被列为云南省集体林权制度改革试点县，2006年8月4日至11月27日，州、县、乡400余名干部职工组成77个驻村林改工作组，进驻屏边县各村委会（社区）开展集体林权制度改革试点。此次林改，共确权林地面积106.5万亩，确权率92%，并出台相关林改配套政策，基本实现“还山于民、还权于民、还利于民”的改革目标。

【扶贫开发成绩喜人】　2006年屏边县在上海徐汇区、中信公司等单位的帮扶下，投资637.58万元启动24个整村推进项目工程，完成了公路、文明卫生路、人畜饮水及沼气、厕所、猪圈“三配套”等工程建设。上海徐汇区援助资金257万元，在新华乡戈儿街村委会援建希望小学2所、乡卫生院1所、“白玉兰”重点村3个。中信公司投入帮扶资金49.8万元，对全县沼气建设、整村推进、劳务输出、教育等进行帮扶。投入易地开发资金200万元，建成大龙潭、湾河、桥头三个安置点，安置贫困户143户477人。发放小额信贷899.7万元，对全县种植业、养殖业进行扶持，受益农户1 138户4 900人。通过采取一系列行之有效的工作措施，解决了6 000人绝对贫困人口的温饱问题，巩固了6 500人低收入人口温饱，全县贫困人口下降到6.69万人。

【与越南老街市加强经贸交流】　3月20~22日，以中共屏边县委书记马跃光为团长的屏边党政代表团应邀前往越南社会主义共和国老街省老街市、沙巴县进行友好访问，并举行经贸会谈，分别就经贸、旅游、文化、农业等领域的交流与合作交换意见，达成共识，签署了会谈纪要。年内，屏边县与越南老街市的经贸交流共4次。

【大围山民族歌舞团艺彩出众】　2006年，屏边县大围山民族歌舞团在滇中南艺术节中获得歌舞类综合评比第一名和编导一等奖、表演一等奖等12个单项奖。《瑶山秋》、《扇鼓舞》两个节目在全国第四届四进社区文艺展演活动中获铜奖，受到中央文明办、国家文化部的表彰。当年，屏边县大围山民族歌舞团开展各类演出100余场，观众近60万人次。

【大围山生态旅游】　2006年屏边县大围山素有“北回归线上的绿色明珠”、“动植物王国的基因库”、“天然大氧吧”之称。大围山自然景观异彩纷呈，融大自然古、奇、幽、野、雄、秀于一炉，集旅游、避暑、科考、休闲于一体，是“云南省省级风景名胜区”。1990年，中央电视台动物世界摄制组专程到大围山摄制电视片《雾海绿洲》。节目播出后，大围山引起广泛关注。“十五”时期，屏边县委、政府提出了“生态旅游富县”的战略构想，并引进昆明耀兴实业有限公司投资开发大围山生态旅游资源，吸引了大批游客前来观光旅游。2006年，屏边县接待国内外游客17.09万人次，实现旅游总收入7 016万元。

（陆永奎　牛永德）

红河州经济社会发展主要指标（表一）

地　区	年末总人口（万人）		城镇人口占总人口比重（%）		全社会就业人员（万人）		城镇登记失业率（%）	
	2005 年	2006 年	2005 年	2006 年	2005 年	2006 年	2005 年	2006 年
红河州	431.15	434.5	29.50	31.00	238.11		3.32	4.50
个旧市	45.23	45.5		69.00	18.63		4.10	3.4
开远市	31.59	31.1		54.20	14.70		3.20	4.10
蒙自县	38.79	39.5		52.47	22.20		3.30	3.80
屏边县	14.77	14.9		9.50	8.13		4.30	3.90
建水县	51.70	52.1		28.60	31.04		3.60	3.20
石屏县	28.99	29.2		30.38	19.00		3.60	3.60
弥勒县	51.41	52.0		37.10	32.19		1.80	4.10
泸西县	38.41	38.7		22.98	22.17		2.60	3.00
元阳县	37.76	38.1		5.67	21.56		3.40	2.50
红河县	28.24	28.5		7.80	15.47		3.21	3.20
金平县	32.94	33.3		14.50	18.14		1.03	2.70
绿春县	21.11	21.3		8.90	12.34		3.40	3.50
河口县	10.21	10.3		26.40	4.83		2.05	1.80

红河州经济社会发展主要指标（表二）

地　区	地区生产总值（万元）		第一产业（万元）		第二产业（万元）		第三产业（万元）	
	2005 年	2006 年	2005 年	2006 年	2005 年	2006 年	2005 年	2006 年
红河州	3 085 320	3 603 262	573 971	632 196	1 633 106	1 993 465	878 243	977 601
个旧市	575 130	668 895	36 118	39 434	393 058	467 848	145 954	161 613
开远市	391 410	446 453	55 101	58 436	199 082	235 944	137 227	152 073
蒙自县	247 979	306 337	59 826	65 518	85 584	126 019	102 569	114 800
屏边县	63 503	66 149	20 129	21 078	22 888	21 802	20 486	23 269
建水县	284 629	337 867	77 443	83 504	89 599	120 298	117 587	134 065
石屏县	142 827	160 063	65 017	69 692	34 728	41 289	43 082	49 082
弥勒县	818 445	875 147	62 900	68 058	662 667	704 282	92 878	102 807
泸西县	161 293	186 505	49 956	53 775	48 105	57 592	63 232	75 138
元阳县	94 826	107 244	35 994	39 876	16 943	20 463	41 889	46 905
红河县	68 528	75 300	34 393	37 666	9 249	9 857	24 886	27 777
金平县	80 615	107 632	30 425	32 093	26 805	49 387	23 385	26 152
绿春县	43 000	51 600	18 682	19 799	7 697	13 075	16 621	18 726
河口县	72 651	85 419	17 800	19 713	13 622	20 774	41 229	44 932

红河州经济社会发展主要指标（表三）

地　区	地区生产总值指数（上年＝100）		第三产业增加值比重（%）		人均地区生产总值（元）		全社会固定资产投资（万元）	
	2005 年	2006 年	2005 年	2006 年	2005 年	2006 年	2005 年	2006 年
红河州	109.0	112.3	28.47	27.13	7 185	8 325	1 597 709	1 949 535
个旧市	112.4	112.2	25.38	24.16	13 012	14 746	177 388	210 673
开远市	109.8	110.2	35.06	34.06	12 854	14 379	207 879	300 622
蒙自县	118.5	119.8	41.36	37.48	6 485	7 795	308 418	417 627
屏边县	102.9	102.7	32.26	35.18	4 311	4 443	21 106	23 485
建水县	112.5	112.9	41.31	39.68	5 526	6 510	95 212	127 931
石屏县	109.1	110.2	30.16	30.66	4 946	5 502	55 868	73 011
弥勒县	106.0	106.2	11.35	11.75	15 960	16 885	187 904	244 788
泸西县	113.9	111.5	39.20	40.29	4 222	4 858	100 050	120 528
元阳县	109.2	108.9	44.17	43.74	2 522	2 830	31 947	40 668
红河县	109.1	109.1	36.32	36.89	2 444	2 656	33 046	22 414
金平县	112.5	119.5	29.01	24.30	2 459	3 247	96 642	75 427
绿春县	112.2	116.8	38.65	36.29	2 049	2 425	85 000	122 185
河口县	113.1	114.3	56.75	52.60	7 316	8 334	29 163	37 555

红河州经济社会发展主要指标（表四）

地　区	地方财政收入（万元）		地方财政支出（万元）		人均地方财政收入（元）		社会消费品零售总额（万元）	
	2005 年	2006 年	2005 年	2006 年	2005 年	2006 年	2005 年	2006 年
红河州	249 959	294 903	524 183	635 457	582	681	647 750	738 477
个旧市	36 805	43 068	67 792	75 419	828	950	137 541	149 612
开远市	25 853	29 334	44 590	46 862	836	936	79 580	90 283
蒙自县	21 544	28 571	39 822	52 672	562	730	81 950	95 547
屏边县	2 533	3 068	16 015	19 220	171	207	20 835	23 210
建水县	17 322	21 110	39 496	51 175	334	407	69 067	79 688
石屏县	8 180	10 018	28 203	33 230	282	344	46 108	51 004
弥勒县	28 164	31 930	45 254	57 799	547	617	70 050	81 067
泸西县	11 892	13 328	28 727	36 060	310	346	51 420	64 570
元阳县	2 737	3 157	24 041	29 444	72	83	25 881	29 358
红河县	1 579	1 858	20 704	26 191	56	66	16 462	18 936
金平县	5 094	6 336	25 414	31 425	155	191	21 485	24 564
绿春县	2 944	3 454	19 441	22 626	139	163	17 180	19 258
河口县	7 038	7 883	18 737	24 336	705	769	10 191	11 380

红河州经济社会发展主要指标（表五）

地　区	农民人均纯收入（元）		农村人均住房面积（平方米）		在岗职工年平均工资（元）		人均储蓄存款余额（元）	
	2005 年	2006 年	2005 年	2006 年	2005 年	2006 年	2005 年	2006 年
红河州	1 991	2 210	22.81		14 819	17 215	4 704	5 565
个旧市	3 264	3 498	31.50		14 392	17 372	11 749	13 713
开远市	2 951	3 269	31.80		17 196	20 589	9 677	11 136
蒙自县	2 029	2 262	23.10		14 282	17 292	5 443	6 334
屏边县	1 256	1 332	20.38		13 201	15 730	2 173	2 526
建水县	2 215	2 473	28.00		13 004	14 787	5 046	6 436
石屏县	2 147	2 276	34.00		13 423	15 195	5 097	5 702
弥勒县	2 112	2 350	24.00		19 674	20 713	4 047	4 800
泸西县	1 885	2 036	25.00		13 362	15 341	3 012	3 653
元阳县	1 397	1 564	17.00		12 565	15 504	1 211	1 519
红河县	1 344	1 462	22.01		13 458	15 448	1 067	1 288
金平县	988	1 096	9.00		13 211	15 203	1 245	1 561
绿春县	1 070	1 200	11.50		10 415	11 303	955	1 127
河口县	1 760	1 950	14.12		15 266	16 868	7 669	9 372

红河州经济社会发展主要指标（表六）

地　区	初中学龄人口入学率（%）		广播覆盖率（%）		电视覆盖率（%）		每千人拥有医院、卫生院床位数（张）	
	2005 年	2006 年	2005 年	2006 年	2005 年	2006 年	2005 年	2006 年
红河州	86.86	87.28	95.0		95.0		2.35	
个旧市	90.47	88.83	98.5		97.5		5.39	5.37
开远市	99.75	99.75	96.7		96.4		5.00	5.28
蒙自县	89.57	87.28	94.0		93.0		2.44	2.88
屏边县	76.03	81.71	93.0		92.1		1.52	1.24
建水县	97.75	93.38	99.0		96.3		2.29	2.88
石屏县	94.66	97.35	98.7		98.9		1.80	1.79
弥勒县	91.00	90.95	94.2		95.5		1.91	1.80
泸西县	93.54	96.78	96.0		96.0		1.60	1.62
元阳县	70.78	70.69	87.0		92.0		1.06	0.95
红河县	71.42	72.66	90.5		91.0		0.83	0.73
金平县	88.08	89.42	93.4		93.2		0.97	0.94
绿春县	70.02	78.87	86.5		85.2		0.92	0.90
河口县	72.44	76.97	94.6		93.4		5.02	5.57

（省统计局）

文山壮族苗族自治州

主　　编　龚金科　杨　洪
责任编辑　刘建军

【概述】　文山壮族苗族自治州位于云南省东南部。地处东经103°35′～106°12′，北纬22°40′～24°48′之间。东、东北与广西百色市接壤，南与越南交界，西、西北与红河州相邻，北连曲靖市。州府驻地文山县城海拔1 260米，距省会昆明346千米，距广西首府南宁676千米，距越南首都河内463千米，距贵州省兴义市363千米。境内山脉属云岭山系余脉，六诏山脉呈东西走向，横亘中部地区，支脉纵横全州各地。主要河流分属珠江、红河水系。最高海拔2 991.2米，最低海拔107米。2006年全州各月雨量、气温变化为1～2月气温偏高到特高，降雨偏少到特少，冬旱明显。主要气候灾害是干旱和暴雨。辖文山、砚山、西畴、麻栗坡、马关、丘北、广南、富宁8个县，102个乡(镇)，其中镇42个，乡44个，少数民族乡16个，有47个社区，900个村委会，718个居民小组，14 854个村小组。麻栗坡、马关、富宁3县与越南社会主义共和国相接壤，国境线438千米。全州年末常住人口339.11万人，其中农业人口306.88万人，少数民族人口129.09万人，占总人口的56.6%，人口自然增长率为7.78‰。

2006年，全州完成地区生产总值173亿元，增长13.50%，三次产业结构由上年的32:29:39调整为29:33:38，第二产业增加值首次超过第一产业；第三产业增加值65.72亿元，增长11.30%。按常住人口计算，全州人均生产总值5 121元，比上年增加717元，增长16.30%。财政总收入15.31亿元，增长23.60%，财政支出39.24亿元，增长28.30%。全社会固定资产投资104亿元，增长26.40%，社会消费品零售总额63.36亿元，增长18.60%。年末金融机构各项存款余额169.54亿元，增长28.30%。各项贷款余额135.43亿元，居民消费价格指数102.40%。商品零售价格指数102.80%，农业生产资料价格指数100.60%。

实现农业总产值（现价）71.59亿元，比上年增长7.10%。全年畜牧业总产值（现价）27.08亿元，增长7%。粮食总产量111.25万吨，增长3.60%。全州有效灌溉面积143.04万亩，增长2.60%。建成“五小”水利工程2.2万件，改造中低产田2.3万亩，解决9.5万人、4万头大牲畜饮水困难。全年完成造林面积29.94万亩，森林覆盖率达37.58%，比上年提高0.47个百分点。

完成工业总产值（现价）111.8亿元，实现增加值42亿元，分别比上年增长20.70%和22.30%。完成非公经济增加值80亿元，增长17.30%，占全州GDP的46.50%。

旅游行业全年接待国内外游客310.0万人次，增长15.50%。旅游总收入22.70亿元，增长35.50%。

公路通车里程达1.18万千米，增长6.80%。全年货运周转量11.75亿吨千米，增长8.70%。旅客周转量25.90亿人千米，增长13.80%。全州邮电通信业务总量2.96亿元，增长18.90%。全州城乡固定电话用户29.7万户，移动和联通通信用户51.3万户。城镇居民每百人拥有手机52.2部。

保险费收入2.18亿元，增长14.10%，其中：人寿险保费收入1.02亿元，增长0.30%；财产险保费收入1.15亿元，增长30.00%。人寿保险赔付率22.60%，财产保险赔付率51.70%。全州企业和个体工商户有4.26万名员工参加了基本养老保险，1.45万名离退休人员参加离退休费社会统筹。

全州有普通高等学校1所，在校生3 646人，专任教师221人；普通中等专业学校5所，在校生5 343人，专任教师439人；普通中学155所，在校生19.05万人，专任教师1.11万人；小学1 940所，在校生37.12万人，专任教师1.92万人；职业中学10所，在校生8 971人，专任教师579人。学龄儿童入学率94.68%，初中入学率79.25%。全州农技协发展到243个，会员1.58万人，分别比上年增加7个和6 157人。有乡镇科普协会102个，会员550人；全年共开展各种实用技术培训1.37万期68.45万人（次），科技进步对全州工业、农业和国民经济的贡献率分别达34.2%、45.3%和37.5%。全州有卫生机构338个，其中：医院16个，卫生院111个，共有病床4 950张，卫生技术人员5 290人。全年改扩建乡（镇）卫生院48个，新建55个村卫生室；有各种艺术表演团体9个，文化馆（站）104个，公共图书馆9个，藏书量55.6万册；出版《文山日报》（包括晚刊、周末）1 213万份。出版杂志3.8万份。2006年，全州经常参加体育锻炼的人数占全州7～70岁人口总数的36.2%，达104万人。参加云南省第八届少数民族传统体育运动会，获15枚金牌、14枚银牌、7枚铜牌，金牌总数名列全省第三，奖牌位居全省8个少数民族自治州第一位；参加全省十二届运动会，获金牌23枚、银牌21枚、铜牌25枚，获得金牌总数第六名。2006年“生态杯”全国男子举重冠军赛暨北京奥运会选拔赛在文山州民族体育馆正式开赛，云南红河队文山籍队员张崇喜获得两金1银、陆金毕获得1银。

年末全州单位从业人员11.92万人，增长3.90%。其中：在岗职工11.27万人，增长3.80%。城镇居民人均可支配收入9 268元，增长6.30%；在岗职工年平均工资1.69万元，比上年增加2 028元，增长13.60%。农民人均纯收入1 487元，增长8.90%。

中共州委书记　张田欣（2006.1～11.）　李　培（2006.11.起）

州人大常委会主任　付加兴

州人民政府州长　王承才（壮族）

州政协主席　王云凌

【农村劳动力转移】 年内，开展农村劳动力适应性培训或技能培训5.49万人，全州9个省级劳动力转移培训示范基地以文山白玉兰技能培训中心为龙头，以贫困人口富余劳动力为对象，落实农村劳动力转移培训。开拓省内外用工市场，坚持"实际、实用、实效"的原则，开展1～4个月的短、中期职业技能培训，以培训促就业，以就业促增收。不断加大劳动力转移培训工作力度，加强宣传引导，总结培训经验，组织生源，及时收集企业用工信息，采取"订单式"、"订岗式"和"校企联合"招生等多种招生培训方式，较好地解决劳动力转移培训工作中招生和就业安置的难点问题。2006年，全州累计新增转移农村劳动力12.7万人，其中：国外转移16人，省外转移7.78万人，县外转移2.75万人，县内转移2.17万人。实现转移收入6.28亿元。其中向广东、上海、福建、昆明等省内外地区转移输出2.92万人。

【落实就业再就业政策】 州人民政府制定下发《文山州关于进一步加强就业再就业工作实施意见》，以非公有制经济组织为重点，开发就业岗位，同时把机关后勤服务、社区劳动保障服务、城市交通协管、市政维护作为公益性岗位开发，安排下岗失业人员中的再就业困难群体。全年共发放《再就业优惠证》1 236本，发放社会保险补贴154万元，岗位补贴237万元，其他各项补贴429万元，减免工商登记费、管理费113万元，税费243万元，教育部门减免30.5万元，发放小额贷款296.4万元，为下岗失业人员再就业创造良好的就业条件。全年免费培训下岗失业人员1 344人，就业率达71%。通过努力，全州共开发就业岗位8 586个，城镇新增就业人员6 614人，下岗失业人员实现再就业3 058人，失业率为3.48%，控制在4%的目标以内。

【三七工业园区建设】 至年底，共有特安呐公司药品、保健食品、日用化工品和七星化妆品4条生产线和文山三七国际交易中心5个项目入园投资建设，总投资3.34亿元，设计生产能力达50亿元以上。2006年实现产值4.33亿元，销售收入8.16亿元，工业增加值2.03亿元，税利7 275.49万元，比上年分别增长51.56%、107.49%、45.19%和69.6%。其中生产性项目实现产值4.33亿元，销售收入4.33亿元，税利3 175.49万元；文山三七国际交易中心实现交易总额3.83亿元，税利4 195万元。

【城镇建设】 2006年，实施"城镇富州"战略，加快推进小城镇化建设，把小城镇建设与发展县域经济、农村人口转移、移民安置结合起来，与发展现代物流业、房地产业、旅游业、中介服务及金融服务等现代服务业结合起来，培育支撑城镇发展的经济和产业基础。年内，完成第三轮城市规划修编工作，文山县城卧龙片区、城南片区开发取得新进展，体育城、民族村等一批重点项目开工建设，其他各县县城和重点乡（镇）市政基础设施、房地产开发取得新成绩。全年共实现城镇建设投资总额19.1亿元，同比增长40.1%。引进外地资金及带动本地社会资金投入城镇建设14.7亿元，同比增长155.5%。经过多方努力，全年还争取到各类补助资金914万元投入城镇建设。年底，全州城镇建成区面积达122平方千米，同比增加21平方千米；全州城镇化率21.7%，城镇化水平达到23.5%，同比增加1.5个百分点。

【旅游小镇和重点集镇建设】 贯彻"小城镇大战略"方针，加强旅游小镇和重点集镇的建设。丘北普者黑村完成修建性详细规划编制；八宝镇完成总体规划的修编并通过评审，两个小镇已制定旅游小镇项目建设计划；2004年12月开始富宁剥隘集镇迁建基础设施建设，投资增加到9 129.99万元。按照集镇建设规划和建设壮乡特色集镇的要求，完成市政基础设施建设工程，集镇各项设施功能建设已基本恢复，并于2006年4月中旬通过县级组织的初验。砚山平远镇正在申报国家级示范镇。

【扶贫开发】 2006年，全州扶贫开发工作围绕"生产发展、生活宽裕、乡风文明、村容整洁、管理民主"的社会主义新农村的要求，科学规划，扎实推进，各项扶贫开发措施得到落实，项目建设全面完成，取得了显著成效。全年累计投入各项扶贫资金5.06亿元，其中，无偿资金1.76亿元，有偿资金2.02亿元，群众自筹和投劳折资1.28亿元，共解决10.02万人绝对贫困人口的温饱问题，巩固20万人低收入人口生活；解决了6.97万人、2.02万头大牲畜饮水困难问题。

【推进扶贫开发"五位一体"工程】 年内，以温饱村、生态村、文明村、小康村"四村"建设为载体，实施建设沼气池、小水窖、民房改造、乡村公路、适用科技培训"五位一体"工程。共建设小康及温饱示范村339个，共完成投资1.63亿元。改造危房3 282户，建成小水窖776口，沼气池7 854口，架设人畜饮水管道118条215.73千米、输电线路40千米，修建进村及村内道路226条288.99千米，灌溉沟渠48条56.09千米，改造厩舍1.33万户，建成卫生厕所1.14万间，建成卫生厨房8 358间，修建科技活动室256间，种植经济作物3.91万亩、经济林果1.83万亩，发展养牛8 462头、养猪5.63万头，家禽饲养8.51万只。完成劳务输出培训314期1.24万人，修建卫生公厕245间，修建广播电视接收站132座，完成科技培训1 408期9.56万人次，粉刷墙体1.25万户，美化屋面175户，修建休闲场地94个，封山育林5.19万亩，制作标志牌276块，制作展板355块。

【州级新农村建设试点工程】 年内，州委、州人民政府确定文山县姑娘寨和砚山县土锅寨为新农村建设州级试点工程。文山县按照“以行政村为半径，自然村为单元，农户为重点”的要求，完成了姑娘寨村新农村发展总体规划和经济、水利、交通、农业、林业、畜牧业、农户经济、社会事业等8个单项规划，还将设计方案和图纸细化到一家一户。组织发动群众，开展建设工程。共完成投资820万元，改造危房171户，建成沼气池186口，修建村内水泥道路4.02千米，建设小水窖150口，铺设输水管道5.8千米，改造厩舍100户，建成卫生厕所100户，建成卫生厨房100户，种植经济作物375亩，建科技活动室1间完成科技培训1 100人，建通信机站1个，安装无线电话100多户，建篮球场、演出舞台、卫生室、卫生公厕各1个、垃圾池4个，组建苗族业余文艺队1支。砚山县盘龙乡土锅寨共完成投资293.29万元，种植蔬菜460亩、经济林果183亩，完成科技培训4 000人，屋面美化28户，建成休闲场地1个，封山育林6 760亩。

【24个县级新农村试点工程】 年内，全州8县在实施的339个示范村中，每县选择3个村开展试点工程。各县按照“两图两规”（现状图、规划图，项目村总体规划、单项规划）要求开展规划工作，抓好建设工程。共完成投资3 337.44万元。改造危房1 151户，建成小水窖185口，沼气池1 278口，架设人畜饮水管道33.12千米，输电线路3.36千米，修建进村及村内道路73.02千米，修建灌溉沟渠7.37千米，改造厩舍1 885户，建成卫生厕所1 566间，卫生厨房1 198间，科技活动室29间。种植经济作物6 591亩，经济林果1 549亩，修建卫星电视中频分配网站20座，完成科技培训1.82万人，粉刷墙体474户，美化屋面87户，亮化堂屋193户，建公共垃圾池6个，打造池塘5个，修建休闲场地2个，封山育林1.47万亩。

把科学技术送到田间地头　　（文山州志办　提供）

【“万村千乡市场工程”建设】 年内，文山州向省商务厅申报争取增加3个“万村千乡市场工程”试点县和6个试点企业名额，农家店建设补贴指标150个。全州按国家商务部关于“万村千乡市场工程”建设规范的要求，建设配送中心项目4个，采取加盟、连锁、直营等形式规范建设农家店180个，城乡市场网络进一步完善。国家和省对文山州28个农家店建设及砚山县农资配送中心下达补贴资金25.61万元。

【新型农村合作医疗试点】 2006年，全州在广南县和西畴、富宁两个新增试点县开展试点工作。全年3县合作医疗筹资总额为3 178.63万元，参合农民92.09万人，参合率分别为60.16%、83.12%、86.29%；3县共实现补偿兑现37.09万人次，总补偿资金1884.28万元，参合农民受益率和资金补偿率分别达到了40.28%和36.44%。

【完善社会保障制度】 全年征收养老保险费1.23亿元。按时足额发放全州1.45万名企业离退休人员养老金和3 749名失业人员养老金和生活救济金1.19亿元、失业救济金780万元，社会化发放率为100%。为1.42万名符合条件的企业退休人员补发养老金1 639.3万元，全州企业退休人员平均养老金水平从537元增加到697元。组织实施《文山州农民工工伤保险“平安计划”实施方案》，全年扩面新增参加养老保险3 754人，参加工伤保险3 431人，参加生育保险2 082人，参加医疗保险3 135人，参加失业保险7 811人。年末全州参加各项保险的人员达30.67万人次。以文山县为试点的农村养老保险正稳步推开。覆盖全州城乡的社会保险体系逐步建立。全州累计投入社会保障事业经费7 338万元，建立农村特困群众救助体系，争取省救助补助831万元；

开展农村医疗救助，争取省资金补助416万元；全州筹集再就业资金1 124.88万元，启动州级下岗职工小额贷款工程，发放小额贷款93万元；全州农村符合五保户和优抚对象按照应保尽保的原则已全部纳入农村低保范围，争取得到上级补助的五保户、优抚资金1 515万元已安排到位。

【弱势群体生活保障】 全州共纳入低保对象2.42万户4.20万人，占全州非农业人口的11.0%。从7月1日起在原来的补助标准的基础上每人每月提高12元。全年全州累计发放保障金3 928.35万元，累计保障人数54.24万人，人均月补差77.10元。全州共有符合五保供养条件的人数为1.60万人，已保人数1.40万人。2006年执行《云南省实施农村医疗救助暂行办法》。在文山县、富宁县推行城市医疗救助试点，累计救助人数234人次，发放医疗救助金20.59万元。全州累计救助农村困难群众5.96万人次，发放医疗救助金178.85万元。全州农村特困家庭共有20.74万户89.38万人，占全州农业人口的31.59%。省级补助文山州农村特困群众生活救助资金831万元。目前，全州共救助农村特困户1.83万户6.09万人。救助标准：文山县按照人均每月15元补助，其余各县均按照人均每月10元的标准实施定期定量补助。

【落实两免一补政策】 年内，2005年（跨年度实施）中央下达文山州免费教科书专款2 342.86万元，解决27.33万名贫困学生的书费问题；省级下达免费教科书专款1 280.4万元，共补助初中学生9.34万名、小学生17.99万名；省级半寄宿制学生生活补助费373.2万元，4.66万名小学生得到补助。落实农村义务教育经费保障机制，争取中央、省补助资金8 346万元，53.6万名学生享受免杂费补助，27.3万名学生享受国家免费教科书资助，11万名学生享受寄宿制、半寄宿制学生生活补助。投入资金4 200万元，启动农村寄宿制学校建设和中学危房改造工程。州级财政每年筹措300万资金用于救助州级学校贫困生和资助考取大学的贫困生。

【启动民族语电影进村寨活动】 年初，州电影事业管理中心启动“文山州民族语电影进村寨”活动，把活动的开展与农村党员电教宣传、计生政策宣传很好地结合，让广大少数民族群众看上本民族语言的影片，宣传党的方针政策，活跃农村文化生活。各级电影部门组织47支农村放映队长期坚持深入农村、社区放映。州民族语电影译制中心、富宁县民族语电影译制中心开展民族语电影译制工作，将少数民族群众喜爱的优秀影片、科教片译制成壮、苗民族语电影，全年共译制故事片、科教片43部，共深入269个民族村寨放映民族语电影420场。

【农民生活信息化建设】 年内，全州实施“西新工程、村村通工程、数字化工程、精品工程、人才工程”五大工程。年末建成广播电视“村村通”4 562座，有88个乡镇、927个自然村开通光缆，广播电视综合覆盖率分别到达88.3%和88.9%，比上年提高0.7和0.6个百分点。2006年数字电视在文山州部分县开通，已发展数字电视用户2.6万余户。年内，砚山县电信、移动公司投资2 160万元，新建30个无线基站，开通平远、铳卡、八嘎、岔路4个“农村致富通”无线基站，使全县所有行政村开通电话。砚山县江那镇农技站依靠县农业信息网，采取“信息快餐制”，来完善农业信息服务，引导农民调整农业结构，主要菜单是农产品销售信息，优特农业的种植技术、优良品种购买渠道等，与外界农副产品销售窗口建立热线联系，利用农技骨干担任“快餐特派员”负责送餐到村组，年内，江那镇已向农民发布农业信息120余条，帮助农民查询信息近2 000余次，在砚山农业网的指导下，村民周康喜家比去年多赚3 000多元。

【文山普者黑机场首航】 8月30日，文山州委、州人民政府在文山普者黑机场举行首航庆典活动。省人大常委会副主任戴光禄宣布文山普者黑机场通航，副省长刘平讲话，戴光禄、刘平、和占钧、刘岚、张田欣、王承才、何宗凯、张智勇、刘明等领导为通航剪彩。州委书记张田欣致欢迎词。张智勇向文

农民生活信息化建设　　（文山州志办　提供）

山机场颁发机场使用许可证。普者黑机场为4C级支线机场，可起降波音737客机，由南方航空公司负责飞行营运。该机场的通航，填补了滇东南民用航空的空白。

（李万辉）

文山县

【概述】 文山县位于云南省东南部，文山壮族苗族自治州西部偏南，东和北与砚山县相连，南邻马关县，东南接西畴县，西与红河州蒙自县相接，与屏边县隔河相望。县境东西最宽63千米，南北最长66千米，全县总面积2 977平方千米，县境最高峰薄竹山海拔2 991.2米，最低那么果峡谷海拔618米。2006年平均气温19.0℃，属偏高年份。总降水量779.0毫米，属偏少年份。县辖8镇，7乡（其中有5个民族乡），121个村民委员会，16个社区，310个居民小组，1 286个村民小组。县城开化镇为州府驻地，距省会昆明310千米。年末全县总人口44.33万人，其中农业人口33.92万人，非农业人口10.41万人，少数民族24.0万人，占54.15%。人口自然增长率为6.4‰。

2006年完成地区生产总值51.8亿元，比上年增长14.9%。其中：第一产业增加值完成7.5亿元，增长5.6%；第二产业增加值完成21.9亿元，增长24.2%；第三产业增加值完成22.4亿元，增长10.3%。财政总收入完成4.73亿元，增长22.2%；财政一般预算收入2.91亿元，增长20.7%。全年完成农业总产值10.32亿元，增长6.2%。全社会固定资产投资完成20.46亿元，增长24%；全社会消费品零售总额完成20.73亿元，增长17.8%；全年完成工业总产值40亿元，比上年增长26.3%；规模以上工业企业增加值15.8亿元，销售收入26.07亿元，工业占地区生产总值比重达到30.4%。非公经济累计上缴税金1.29亿元，实现增加值23.27亿元，从业人员达3.15万人，分别同比增长30.75%、35.3%、30.9%。乡镇企业累计完成增加值8.2亿元，工业增加值3.79亿元，实现总产值3.55亿元，总收入37.7亿元，上交税金1.25亿元，分别同比增长24.1%、29.4%、65.6%、28.6%、34.8%，从业人员达5万人。科技进步对全县工业、农业、国民经济的贡献率分别达到32.5%、46.5%和37.6%。

全县有幼儿园29所，在园（班）幼儿10 580人；小学30所，其中完全小学153所，在校学生4.55万人；普通中学30所，在校学生3.17万人。共有教职工2 326人。全县开办寄宿制小学75所，享受生活补助的住校生7 133人，每生每月补助生活费15元。全县共有三类适龄残疾儿童少年273人，已入学222人，入学率达81.32%。有民办学校23所，在校学生5 499人，教职工493人。适龄儿童入学率99.84%，青壮年文盲率控制在0.22%，比上年降低0.04个百分点。人均受教育年限6.55年。组织了数十场广场群众文化活动，参加演出队伍达数十支，观众达数万人次。对县内包括娱乐、互联网、新闻出版、印刷、演出等门类的经营单位近300余个，从业人员2 000多人的文化市场加强管理。电影公司深入开展“2131”工程，组织科教片、历史片等深入开化、古木、追栗街、德厚等乡（镇）边远农村放映电影230场，观众6.2万人次。在城区阳光外滩、泰康小区等地放映电影200余场。全年放映电影500余场，观众16.8万人次。有文化馆站17个，图书、博物馆1个。医院、卫生疫所18个，病床787张，医护人员874人。县医院完成门诊12.67万人次，增长1.6%，住院1.24万人次，增长0.11%；乡镇卫生院完成门诊11.09万人次，下降8.9%；住院6 313人次，下降13%。

中共县委书记　姚堂文

县人大常委会主任　许应洪

县人民政府县长　陈国忠

县政协主席　黄龙才

【工业园区建设】 马塘工业园区以招商引资为突破口，狠抓基础设施建设，完善园区规划，提升服务质量，以大项目带动大发展。至年底，共引进云南文山铝业有限公司、云南文冶有色金属有限公司等13户企业落户园区。园区拉动总投资4.64亿元，其中水、电、路等基础设施项目建设投资1.6亿元，入园企业投资3.04亿元。园区企业完成工业总产值6.48亿元、工业增加值2.51亿元；销售收入6.18亿元，上缴税金3 808.5万元，解决就业1 214人，同比增长29.6%、17.9%、37.4%、1.3%和13%。

【农村医疗卫生改革】 出台《中共文山县委、文山县人民政府关于进一步加强和改进农村卫生工作的意见》。县卫生局制定《贯彻落实〈意见〉工作方案》，对涉及到的主要卫生改革工作进行分解细化，明确任务，分步实施，分项完成。年内，完成公卫站与卫生院合并工作。撤销全县所有乡镇公卫站15个，并将公卫站并入对应乡镇卫生院；完成对公卫站、卫生院清产核资工作；县级财力投入3 320万元，同比增长26.86%，落实降消项目、结核病项目、艾滋病项目配套经费及基础设施配套经费；考察任命县皮防站站长、副站长，各乡镇卫生院院长、副院长人选36名；组织实施开化镇、东山乡卫生院招聘职工工作，面向全县卫生院招考15名工作人员；恢复成立文山县皮肤病防治站；加强村卫生室管理，清退富余乡医113人。

【新型农村合作医疗试点】 县、乡成立新型农村合作医疗试点工作领导小组、管理委员会和监督委员会及经办机构。制定新型农村合作医疗试点工作启动方案。采取乡镇主要领导挂钩，分管领导具体抓，层层签订责任目标书、组建工作队深入村寨的办法开展工作。11月15日召开全县新农合试点工作动员会，并对各乡镇分管领导和卫生院院长进行相关业务培训。教育系统每个中心学校上街宣传均达3次以上，学生知晓率达90%以上。县广电局开展新闻报道、邀请县卫生局领导解答新农合知识，对新农合工作进行全方位宣传。全县累计发放宣传册子7.6万份、“致农民朋友的公开信”7.6万份，在公路沿线，乡村寨头，制作各种宣传标语860条。坚持“自愿、互助、公开、服务”四项原则，按年人均30元的标准筹集资金（其中农民个人缴费10元、省财政补助20元），按户参保。全县参合农民30.08万人，筹集资金300.85万元，参合率为89.51%。

（王开林）

砚山县

【概述】 砚山县位于云南省东南部，文山壮族苗族自治州中西北部，东连广南县，南邻西畴县、文山县，北与丘北县交界，西与红河哈尼族彝族自治州开远市、蒙自县接壤，总面积3 826平方千米。地貌类型多为山地、丘陵、盆地，有3 000亩以上的坝子35个，其中平远坝子27.5万亩，是云南省八大坝子之一，属山区农业县，盛产名贵中药材三七，是“中国三七之乡”。县城江那镇海拔1 540米，国道323线越境而过，距州府文山35千米，距省会昆明326千米。2006年全县年均气温16.7℃，年均降雨量917.7毫米。县辖4镇8乡，93个村（居）民委员会，7个社区，1 249个村（居）民小组，1 014个自然村。年末总人口45.07万人，其中非农业人口3.74万人，占8.3%，有汉、彝、苗、回、瑶、白、仡佬等10余个民族。少数民族人口28.92万人，占64.2%。人口自然增长率控制在5.6‰以内，人口密度每平方千米117人。

2006年，全县地区生产总值实现26.1亿元，一、二、三产业分别实现增加值7亿元、10.4亿元和8亿元，分别比上年增长4.5%、22.3%和14.1%，三次产业比重由上年的29∶37∶34调整至26.7∶40∶33.3。全县有耕地48.32万亩，人均耕地1.07亩，粮食总产16.95万吨，农民人均有粮357千克，增加12千克，工业总产值达21亿元，增长18.9%，工业增加值8.5亿元，增长18.6%；工业对全县经济增长的贡献率达40.7%。社会消费品零售总额8.9亿元，增长16.8%。地方财政一般预算收入1.15亿元，首次突破亿元大关，增长20.96%，增收2 000万元。农民人均纯收入1 630元，增10%。城镇居民人均可支配收入8 850元，增长9%。金融机构各项存、贷款余额分别达18.97亿元和14.94亿元，分别比年初增长19.2%和63.6%，金融机构贷款余额首次突破10亿元；有6 387人享受最低生活保障。建成村村通工程38座，新增电视用户3 052户，有广播电视地面卫星接收站553座，电视人口覆盖率达96.2%，广播人口覆盖率达97.3%。全县公路通车里程达2 385千米，村（居）民委员会通路率100%。旅客周转量2.27亿人/千米，完成货运周转量2.21亿吨/千米。

全县有各类学校359所，在校学生8.83万人，专任教师4 585人。有文艺表演团体1个，文化站12个，图书馆1个。有医疗卫生机构20个，社区卫生服务站4个，有专业技术人员615人，每千人口拥有卫生技术人员1.31人，开放病床488张，每千人口拥有病床1.09张；有90个村卫生所，乡村医生和卫生员305名。

中共县委书记　马志山（回族）

县人大常委会主任　赵应华（壮族，～2006.3）　赵砚生（2006.3～）

县人民政府县长　李云龙

县政协主席　赵砚生（～2006.3）　陈光祥（2006.3～）

【“两基”巩固提高】 全县减免义务教育阶段的中小学生杂费628.99万元；为3.45万名学生减免书费285.84万元，同时各中小学为3 654名贫困学生减免书费、教辅资料费等费用13.6万元；为895名进城务工子女减免借读费27.18万元，发放“1+1”助学金3.96万元，救助初中贫困学生210人，小学贫困学生93人；发放残疾学生公益助学金2.48万元，救助贫困残疾人子女和残疾学生57人。全县投入校改经费1 078.8万元，其中，投资497.3万元，先后组织实施16所中小学的危改项目工程，完成危改面积8 715平方米；投入捐赠资金133.8万元，建设6所希望小学。完成排危项目申报147个，其他项目申报18个。年内，“两基”工作得到巩固提高，适龄儿童入学率达99.2%，小学辍学率控制在0.15%，初中年辍学率控制在2.06%；3～6周岁儿童入园（班）率56.54%；青壮年文盲率下降到0.01%，全县人均受教育年限提高到6.06年。

【百岁老人】 2006年，砚山县有百岁老人15名，其中，女性14名，最高年龄106岁。

【新型农村合作医疗试点】 成立新农合工作领导小组，研究制定配套文件，并于11月13日召开实施新农合工作动员大会。建立逐级责任制，确保新农合筹资工作落实。各乡镇分别逐级召开新农合宣传动员会。全县召开群众动员会1 033次，确保参合率达90%以上。印制并发放宣传资料12万余份，分发到每一农户家中。发放宣传画，张贴宣传标语。充分利用广播电视进行宣传。开通新农合咨询热线，随时接受农民群众对新农合有关问题的咨询。12月5日，成立砚山县新型农村合作医疗管理委员会办公室和各乡镇新型农村合作医疗管理办公室，核定人员编制50名。至年底，全县有37.19万人自愿参加新型农村合作医疗，已收取个人参合资金371.94万元，参合率达90.77%。

【小康及温饱示范村建设】 年内，全县实施小康及温饱示范村30个，其中：省级财政投入26个，上海对口帮扶4个。截止11月底，各建设项目基本完成，共完成各类投资1 791.42万元，完成进村路18.65千米、村中路22.3千米，建成小水窖141口、沼气池478口，改造厩舍828间、卫生厕所828间、危房330间，种植经济作物2 678亩、经济林果647亩，养殖商品猪6 887头、牛1 763头，建成科技活动室19间、广播电视接收站11座，新建灶台638座、配套灶具440套，开展科技培训7 250人次。

【土锅寨新农村建设试点】 盘龙乡土锅寨是中共文山壮族苗族自治州州委、州人民政府2006年确定的2个社会主义新农村建设试点村之一。从2006年至2010年止，预计投资1 576.28万元，建设项目为民俗广场，分阶段完善道路、给排水等基础设施，沿广场周围发展休闲度假山庄等。2006年投入850万元，重点实施民俗广场、57户彝族风格民居建设和改造以及道路修缮，引资建设休闲度假山庄，发展15户民族工艺经营户和6个特色餐饮经营户，建设观光农业基地1个。

【贫困户建档立卡】 根据国家和省、州扶贫办要求，砚山县从2005年11月开始开展贫困人口建档立卡工作，到2006年3月20日圆满结束。到2005年末，县内尚有贫困户5.61万户，占农村总户数的61.2%；贫困人口25.13万人，占农村总人口的60.7%；其中：人均纯收入在668元以下的绝对贫困人口15.06万人，占农村总人口的36.4%；人均纯收入在668～924元的低收入人口10.08万人，占农村总人口的24.4%。

【小额信贷扶贫】 全年发放小额信贷3 106.38万元。资金覆盖6个乡(镇)、39个村民委、143个村小组，1.55万农户得到扶持。资金投向种植业项目2 093.08万元，养殖业项目1 000万元，其他项目13.3万元。

【易地搬迁】 2006年砚山县在者腊乡岜拷、八嘎乡么矿两个村小组实施易地扶贫搬迁项目，项目惠及54户239人。规划总投资167.3万元，截止11月29日，建成麻栗树和太阳坪两个安置点。共建成安居房57套，建成基本农田地280亩，兴修三面光沟渠1 468米，实现人均占有基本农田地超过1亩；新建蓄水池2个，架设引水管道8 060米；改扩建乡村公路9.3千米，修通涵洞13个；架设10kV输电线路2千米，低压线1.5千米；新建小学(校点)2所，建沼气池25口。

【劳务输出】 劳动保障部门组织开展改善农民进城务工就业服务环境的“春风行动2006”，将县劳动力市场、职业介绍所等公共服务机构作为专门服务窗口，实行求职登记、职业介绍全免费服务；同时清理、整顿和取缔非法职介、中介机构，营造平等的就业服务环境。加强与经济发达地区职介机构和用人单位的联系与合作，广泛收集用工信息，解决好有地方去的问题，已建立起部分稳定的劳务输出基地，如珠江三角洲地区的广州、东莞、深圳等地。深入村寨，开展宣传发动工作，解决好有人去的问题。加强外出务工人员的上岗前培训，年内确定县民族职业中学为县贫困地区劳动力转移培训示范基地，并完成培训1期，培训餐厅服务和计算机业务等方面人才41人，引进外地企业到县内开展技能培训，使劳务输出逐渐由“劳动型”输出向“劳动技能型”输出转变。搞好资源管理，建立劳动资源信息库。加强跟踪服务，做好维权工作，做到“输得出、稳得住、能致富”。全年全县完成劳务输出1.09万人，其中有组织输出5 025人，引导自发输出5 897人。外出务工人员主要从事制造业、加工业，月平均收入约900元，累计在外务工人数5万余人，务工收入近2亿元。

【五保供养】 根据国家五保供养条例和省、州文件精神，对全县五保户进行一次全面调查，全县有五保户和孤儿1 484户1 908人，其中，已享受定期救助五保户和孤儿987户1 216人，月支付救助金7.29万元。从2006年10月起，全县纳入农村特困救助的特困户2 812户8 434人，支出救助金25.3万元。年度救助农村大病医疗特困户218人，支付医疗费18.95万元。

【农村沼气建设国债项目】 年内，县纳入国家2005年农村沼气国债项目的2 000户实施以“一池三改”(1口沼气池、改畜厩、改厕所、改厨房)为主要内容的建设改造。3月1日开始实施，截止12月30日，全县11个乡镇及各小康示范村先后组织实施建设1 564户，已完工1 564户；畜厩、厕所动工1 232户，占计划的61.6%，已完工1 193户；厨房改造完成1 564户。

(张敏)

西畴县

【概述】 西畴县位于云南省东南部、文山壮族苗族自治州中部偏南，北回归线过县城横贯全境。县境沿东北至西南呈长方形，东西长53.6千米，南北宽59千米，东南接麻栗坡县，西南隔盘龙河与马关县相望，西靠文山、砚山两县，东北以达马河为界与广南县毗邻，全县总面积1 506平方千米。山区占75.4%。县城驻地西洒，距省会昆明420千米，距自治州首府开化镇82千米。2006年均气温15.9℃，降雨量1 294毫米。辖2镇6乡，72村(居)民委会，村民小组1 178。2006年末全县总人口25.04万人，其中非农业人口2.43万人，占9.7%，少数民族4.66万人，占18.61%，人口密度为每平方千米166.27人。人口自然增长率为6.2‰。

2006年，全县生产总值由7.31亿元增加到8.26亿元，增长12.93%，一、二、三产业比重由42.1∶11.7∶46.3调整到39.6∶12.8∶47.6，其中，第一产业3.27亿元，比上年增长6.16%；第二产业1.06亿元，增长0.25%；第三产业3.99亿元，增长16.57%。农村经济总收入4.52亿元，种植烤烟1 375.2公顷，产量248.21万千克。畜牧业总产值（现价）2.69亿元，增长6.1%。工业总产值（现价）完成3.11亿元，增长16.2%。财政收入2 463万元，增长3.01%。农民人均纯收入1 265元，比上年增加94元，粮食人均368千克，城乡居民储蓄存款余额4.61亿元，增长14.47%，职工年平均工资15 032元。居民消费价格总指数100.1。全年客运量7.49万人次，客运周转量10 575万人/千米。新建电信、移动和联通通讯基站21座，电信信号村民小组覆盖率达90%以上，移动通讯信号行政村覆盖率达80%。建成有线电视小网23个，收看点38座，有线广播29座，完成“村村通”广播电视工程153座，接通9个乡镇广播电视光缆，县城和兴街开通了数字电视，全县广播电视人口覆盖率分别达89%、90.2%。

全县各类学校281所，在校学生3.81万人，教师871人，入学率100.3%，文化馆、图书馆和群艺馆1个，医疗卫生院所14个，床位363张。

中共县委书记　张秀兰（女，苗族，～2006.6.）　马忠俊（苗族，2006.6.～）

县人大常委会主任　何廷宽

县人民政府县长　杨秀文

县政协主席　何开端（壮族，～2006.3.）　王　俊（壮族，2006.3.～）

【社会保障体系日趋完善】　全县参加医疗、工伤、生育、失业和社会养老保险的人数达2.53万人，支付各项保险基金817.6万元；7 011名职工参加职工医疗互助活动，有444人获得补助24万元；累计发放保障金364万元，为4 819名失业人员和城镇困难居民提供最低生活保障；筹集救济口粮款117.4万元，发放救济口粮73.45万千克，救助农村困难群众4 350户4 500人。切实加强劳动保障监察执法，认真开展“双拖”清欠工作，共清欠农民工工资68万元，劳动者合法权益得到有效保障。

【基础设施建设】　2006年，农田水利、交通、能源、小城镇、社会事业等基础设施项目开工33个，续建项目36个，完成各类水利工程2 394件，改造中低产田2 100亩，改善灌溉面积4 530亩，新增节水灌溉面积2 100亩，解决5 400人、1 420头大牲畜饮水困难。改造漂富油路、西洒至铁厂弹石路、坪寨至柏林、蚌谷至烂桥等公路路面11条（段）180千米，维修乡村公路26条（段）185.9千米。头道河水库、黄龙坡电站等续建项目进展顺利。完成了县城休闲供水管网、金玉路和北塔路改造、垃圾处理场建设等工程。全县城镇化水平为12.8%。

【合作医疗参合率提高】　2006年，全县新型农村合作医疗参合人数18.56万人，参合率达81.9%；共有14.01万人次获得医疗补偿440.3万元，有效缓解农村群众看病难、看病贵的问题。

【小康及温饱示范村建设】　年内，组织实施社会主义新农村试点村3个（鸡街那柏、兴街薄竹箐和新发寨）、小康及温饱示范村42个。至年底，27个省重点扶持村（含博竹箐新农村试点）和6个白玉兰扶贫重点村（含新发寨和那柏两个新农村试点村）完成总投资2 234.29万元。圆满完成规划的各项任务，3个新农村建设试点和30个小康及温饱示范村顺利通过州级的考核验收。省财政厅扶持的龙坪片区11个村和国家高检院帮助的鸡街乡么所村正在组织实施，计划2007年4月底以前实施结束。省财政厅整合投入的360万元支农资金，其中投入100万元在龙坪片区的农田水利工程已全面开工建设，投入260万元在26个省重点扶持村发展的经济林果和养殖业项目已全部落实到农户，共种植花椒1 853亩、八角547亩，扶持农户饲养黄牛1 298头。

（邱廷清）

麻栗坡县

【概述】　麻栗坡县位于云南省东南部。文山壮族苗族自治州南部。东与富宁县隔河相连，南与越南社会主义共和国河江省同文、安明、官坝、渭川、黄树皮5县接壤，西与马关县为邻，北与西畴、广南两县毗连。县境东西最大横距100千米，南北最大纵距40千米。全县总面积2 334平方千米，国境线长277千米。县境内最高海拔2 579.3米，最低海拔107米，县城海拔1 094米。距省会昆明450千米，距州府文山80千米，距越南首都河内380千米。2006年辖麻栗镇、大坪镇、董干镇、天保乡、猛硐瑶族乡、下金厂乡、八布乡、六河乡、杨万乡、铁厂乡、马街乡共96个村民委员会，1 920个自然村和县城3个居民委员会。世居汉、壮、苗、瑶、彝、傣、仡佬、蒙古等民族。年末全县总人口27.43万人，其中少数民族人口10.98万人，占总人口的40.05%，农业人口25.18万人，占总人口的91.8%；人口自然增长率7‰。年末全县城镇人口达3.78万人，城镇化率13.8%。

2006年，县GDP达13.41亿元，按2005年可比价计算，比上年增长13.3%。其中：第一产业增加值4.24亿元，增长6.9%，拉动GDP增长2.3个百分点；第二产业增加值4.89亿元，增长22.7%，拉动GDP增长7.7个百分点；第三产业增加值4.28亿元，增长10.1%，拉动GDP增长3.3个百分点。2006年第三产业首次赶超第一产业。第一、二、三产业比例由上年的33.5:33.7:32.8调整为31.6:36.5:31.9，经济结构由上年的“二一三”调整为“二三一”。全县人均生产总值达4 902元，比上年增加668元，增长15.8%。完成工业总产值7.79亿元，增长16.5%。非公经济增加值占全县生产总值的比重达48.5%，比上年提高2.4个百分点。乡镇企业总产值10.15亿元，增长25.8%；乡镇企业总收入13.07亿元，增长

20.7%。实现农村经济总收入5.61亿元，增长11.2%。农民人均纯收入1 436元，比上年增加116元，增长8.8%。城镇居民人均可支配收入达7 278元。完成固定资产投资8.23亿元，增长45.4%。实现社会消费品零售总额4.23亿元，增长16.9%。财政总收入完成1.08亿元，增长14.9%。地方财政一般预算收入5 519万元，增长17.2%。地方财政支出3.37亿元，增长27.4%。全县金融机构各项存款余额达14.38亿元，增长37.2%。保险费收入1 493万元，增长27.6%。支付赔款354万元，下降28.6%。全年人工造林面积1.91万亩，全县森林覆盖率达34.75%。全年货运周转量1.32亿吨千米，增长4.5%。旅客周转量7 783万人千米，增长8.1%。年末全县固定和移动电话用户总数达5.65万户，比上年末增加1.52万户，增长36.6%。电话普及率达20部/百人，每百人拥有电话机数比上年增加8部。有乡镇广播电视站11个，船头边境广播电视站1个。全县广播、电视人口覆盖率分别达到75.2%和71.4%，分别比上年提高0.2和2.7个百分点。有线电视入户率达19.7%，比上年提高1.1个百分点。全县接待国内外游客65万人次，增长44.4%。实现旅游综合收入2.39亿元，增长32.2%。

全县有各级各类学校327所(含私立幼儿园4所)，在校学生4.53万人，有教职工3 327人，学龄儿童入学率99.78%，15周岁人口初等教育完学率99.31%，初中毛入学率96.89%。全县人口平均受教育年限达6.17年，比上年提高0.59年。全县有艺术表演团体1个，文化馆1个，乡镇文化站12个，公共图书馆1个，藏书4.3万余册。有医疗机构19个，病床331张。

中共县委书记　赵仕永

县人大常委会主任　张美荣(彝族)

县人民政府县长　彭　辉（回族）

县政协主席　陶金昌（苗族）

【边境贸易快速成长】 2006年全县完成边贸进出口总额15.70亿元，比上年增长27.5%，其中进口额7.50亿元，增长28.3%；出口额8.20亿元，增长26.9%。

【帮扶救助弱势群体】 年末，共下拨救济款117万元，其中粮食款48.5万元、临时救济补助款50万元、医疗救助款18.5万元，发放衣物2.21万件、棉被583床。全县享受城市最低生活保障的居民为1 153户2 512人，全年共发放最低生活保障金304.5万元。共供养五保户2 452户2 590人，助养孤儿30名。

【新型农村合作医疗】 全县新型农村合作医疗收取22.73万人的参合资金227.26万元，占应收基金的90.5%。

【军民共建瑶族风情小康示范村】 猛硐乡小坪寨于2004年被列为“民族团结示范村”和实施云岭先锋工程的“军民共建瑶族风情小康示范村”以来，先后争取到50余万资金用于示范村建设，至2006年底，共完成12户伤残人员安居房建设任务，新建100立方米的蓄水池1个，架设人畜饮水管道3 800余米，建成三面光灌溉沟渠600米，铺设进村水泥路850余米和入户道路2 000多米，修建军民文化活动广场300平方米，架通了闭路电视，建成公厕2间45平方米，建“老山第一村”门坊一道。建成了农家乐饮食服务、民族度假、观光购物为一体的瑶族风情园。同时打造“老山小种鸡”品牌，改造老茶园，发展竹笋等产业，把小坪寨建设成为山绿、水清、村美、人富的“老山第一村”。

（刘光权）

马关县

【概述】 马关县位于云南省东南部，是文山壮族苗族自治州南部的边境县，东与麻栗坡县相连，南与越南社会主义共和国接壤，西南连接红河州的河口、屏边两县、北与文山县毗邻，东北与西畴县隔盘龙河相望，县境东西横距79千米，南北纵距61千米，总面积2 676平方千米。县城马白镇距省会昆明442千米，距州府驻地文山县城73千米，距中越边境线20余千米。辖4乡9镇，120个行政村和4个社区。与越南接壤的国境线长138千米，有3个镇11个行政村与越南相连。2006年末总人口35.94万人，其中农业人口32.31万人，主要居住有汉、壮、苗、彝、傣、布依，少数民族占总人口的49.17%。人口自然增长率6.5‰。

2006年，全县生产总值18.32亿元，增长19.8%；一、二、三产业比重调整为29.4∶37.5∶33.6。其中，第一产业5.39亿元，比上年增长4.1%；第二产业6.87亿元，增长52.5%；第三产业6.05亿元，增长8.0%。农村经济总收入7.22亿元，增长9.1%。粮食总产1.27亿千克，增长1%；收购烤烟6.18万担，烟农收入3 252万元；畜牧业总产值（现价）2.96亿元，增长5.6%。工业总产值（现价）16.55亿元，增长54.8%。财政总收入1.78亿元，增长36.7%。城镇居民人均住房面积达40.2平方米，城镇化率达21.3%；自然村通路率达90.3%，通电率达99.9%；广播、电视人口覆盖率分别达98%和96%；农民人均纯收入1 566元，人均有粮349千克。城乡居民存款余额12.95亿元，增长36.8%，职工年平均工资1.72万元，增长10.31%。共有城镇低保对象2 716户5 221人，年累计发放低保金410.64万元。森林覆盖率为40.17%，与1999年相比，增加了6.57个百分点，城镇绿化面积达24.1万平方米，人民生活环境进一步改善。农村固定电话、移动电话不断得到推广发展，人民生活质量不断提高。全年货运量291万吨，货物周转量达2.34亿吨/千米。

全县有各类学校303所，在校学生5.12万人，教职工3 858人。小学适龄儿童入学率达99.32%，初中阶段入学率达107.9%。辍学率为2.26%。全县人均受教育年限达6.25年。年末，有文化馆、图书馆2个，医疗卫生院、所20个，床位544个。

中共县委书记　黎家松（壮族）

县人大常委会主任　王树祥

县人民政府代理县长　兰朝明（彝族）

县政协主席　沈章华（壮族）

【“矿电”产业互动发展】 全县实现矿业产值13.94亿元，同比增长84.1%，创税7498万元（未含5户福利企业所退增值税4886万元），同比增长69.8%；实现电力销售收入1.73亿元，同比增长23.8%，创税2161万元，同比增长23.6%。

【边境贸易】 2006年，全县取得进出口经营权的企业已达14户，与越南双方边民往来互市人员达6.54万人次，实现边境贸易进出口总额1.95亿元，比上年增长17.89%，其中：进口完成7840万元，增长23.64%；出口完成1.16亿元，增长14.31%。

【特色产业增收】 草果种植8.9万亩，其中新植面积0.25万亩，产量达573.8吨，实现产值1377.12万元；三七3.1万亩，采挖1.32万亩，产量130.5万千克，实现产值1.21亿元；八角种植面积突破10万亩，产量1074.8吨，实现产值1289.76万元；塘房桔8614亩，投产1497亩，产量570吨，实现销售收入285万元；香蕉4.30万亩，投产4.26万亩，产量5.77万吨，实现销售收入6000余万元；茶叶1.6万亩，产量367吨，实现销售收入425.1万元；黄柏2.9万亩，花椒5000亩，亚麻种植面积1.24万亩。

【探索畜牧业发展新路】 狠抓家畜品种改良、动物疫病防治、种草养畜项目管理、科技示范和科技培训等六项重点工作，贯彻落实县《关于加快畜牧业发展的决定》和一系列扶持政策，探索畜牧业发展新路，抓科技、提质量，扶龙头、兴加工，强服务、促流通，促进全县畜牧业生产健康持续发展。2006年实现畜牧业产值2.96亿元，比上年增长5.6%，占农业总产值的37.46%，实现农民人均畜牧业纯收入468.5元，同比增长9.35%。

【加大固定资产投资】 坚持以项目为载体，不断拓宽投融资渠道，改善投资环境，加大基础设施建设力度，发展“瓶颈”逐步缓解。全年完成固定资产投资7.15亿元，同比增长29.4%。建成各类农田水利工程1718件，新增有效灌溉面积3235亩，水利化程度达33.8%，城镇化水平达21.3%。

【扶贫开发】 年内，全县共投入扶贫资金6040.17万元，其中：财政扶贫资金1305.10万元、信贷资金3059万元、群众自筹和投劳折资1178.27万元、其他资金497.80万元。共建成3个新农村试点、33个小康示范村、2个易地搬迁点和1个省级劳务输出培训示范基地等项目。有效解决0.73万贫困人口和1.64万低收入人口的温饱问题，解决0.65万人、0.35万头（匹）大牲畜的饮水困难。

【落实“两免一补”】 全年为2849名中小学生免除书费305.75万元，为4.37万名中小学生免除杂费352.68万元，给予1.84万名中小学生补助生活费74.3万元，为6717名小学生提供半寄宿制补助经费180.26万元。

【新型农村合作医疗试点】 9月，马关县被省政府列为云南省2007年新增扩大新型农村合作医疗试点县之一，从9月底始，顺利完成基线调查、数据录入上报等工作。制定《马关县新型农村合作医疗实施方案》、《马关县新型农村合作医疗管理实施办法》、《马关县新型农村合作医疗医疗费用报销办法》。完成《马关县新型农村合作医疗证》、处方、病历等有关证件、文书、表格的制定和印制等工作。县人民政府下拨30万元的新型农村合作医疗启动经费，截至12月31日止，全县共筹集农民参合资金289.97万元，其中：农民个人筹资288.10万元，占总资金的99.35%，民政救助1.87万元。全县参合人数共28万人，占全县农民人口总数的90.01%。省补助参合农民每人20元，全县共补助579.95万元。

【第三届滇桂五边境县文化交流活动】 11月19日至22日，以“构建和谐社会，弘扬民族文化”为主题，为期4天的第二轮第三届滇桂五边境县（云南马关、麻栗坡、富宁，广西靖西、那坡五县）文化交流活动在马关举办。活动由马关县承办，来自滇桂五边境县的150余名演员为来宾和近万名观众表演了热烈欢快、具有浓郁地方民族特色的民族民间歌舞节目。

（资云华）

丘北县

【概述】 丘北县位于云南省东南部，文山壮族苗族自治州西北部。东邻广南县，南接砚山县，西与红河州泸西、弥勒县毗邻，北靠曲靖市师宗县，面积4997平方千米。县人民政府驻地锦屏镇，海拔1450米，距省会昆明市280千米，距州府文山114千米。著名的国家AAA级风景区普者黑距县城仅10余千米。2006年年平均气温17.1℃，年降水量1274.5毫米，年日照量1943.5小时。县辖3镇9乡（5个彝族乡），99个村民委（办事处）。年末总人口45.73万人，其中少数民族人口28.54万人，占总人口的62.41%；农业人口42.75万人，占总人口的93.49%。人口自然增长率8.4‰。

2006年全县完成生产总值14.12亿元，增长12.0%。其中：第一产业6.74亿元，增长9.9%；

第二产业1.99亿元，增长17.4%；第三产业5.39亿元，增长9.5%。人均生产总值3 090元，增长14.2%。全年农业总产值10.42亿元，增长14.4%。粮食播种面积72.94万亩，增长7.3%；经济作物播种面积30.73万亩，增长10%；粮经比例由上年的7.1:2.9调为7.0:3.0，全年实现总产值5.97亿元，增长21.5%。畜牧业总产值4.07亿元，增长6.6%；水产品总产值759万元，增长1.9%；造林总产值962万元，下降3.1%；农业机械总动力1.39亿瓦特，增长13.8%；农村用电量2 963万度，增长3.7%。全年工业总产值4.51亿元，增长21.7%。社会固定资产投资完成4.5亿元，增长21.5%。社会消费品零售总额4.17亿元，增长15%。接待国内外游客84万人次，增长14.5%，直接经济收入1 117.95万元，增长19.6%。完成地方财政收入6 009万元，增长16.5%，支出4.02亿元，增长39.3%。年末有在岗职工1.24万人，职工工资总额1.72亿元，职工年人均工资1.4万元，比上年增长10.6%。年农民人均纯收入1 425元，农民人均有粮342千克，比上年增长4.6%。年末各项存款余额10.26亿元，比年初增长33.7%；各项贷款余额7.41亿元，比年初增长14.8%。全年保费收入1 119万元，增长11.9%。公路通车里程1 321.2千米，与上年持平；货运周转量2.67亿吨千米，增长1.9%；旅客周转量1.23亿人千米，增长7.7%。邮政业务总量443万元，增长26.6%；固定电话总数2.2万户，下降23.6%；移动电话总数4.73万部，增长28.5%；电话普及率15.16部/百人。

年末有各类学校714所，在校生9.12万人，教职工4 457人，增长3.5%。小学适龄儿童入学率95.7%，提高3个百分点。有文化馆站12个，图书博物馆各1个，广播电台1个，广播节目3套；乡（镇）广播站11个，广播覆盖率87.9%，增长3.5个百分点；电视“村村通”工程396座，小片有线电视网126个，有线电视用户1.7万户，电视覆盖率89.5%，并开通县城数字电视，首期发展用户3 100户。年末有卫生机构21个，病床508张，卫技人员603人，农村医疗网点95个，乡村医生和卫生人员294人。

中共县委书记　唐文祥（瑶族）
县人大常委会主任　朱建春
县人民政府代理县长　李华富
县政协主席　戚守存

【多渠道多样化发展经济】　县八道哨乡采取“支部+协会+农户”的发展模式，把“支部建在协会上，协会联在农户上”，抽调乡机关、站、所党员加入协会党支部，指导会员及农户，为协会开展各项服务工作。同时采用“公司+协会+会员群众”的发展模式，依托省立商品猪基地和牛羊综合示范区优势，由已成立的畜牧业开发有限责任公司、牧业购销公司、宏科养殖公司和普者黑渔业有限责任公司与协会会员共同经营，为协会会员提供资金扶持和品种改良等技术指导。2006年，全乡共出栏大牲畜5 293头、肥猪4.57万头、山羊2.27万只，比协会成立前分别增加2 118头，3 248头和6 340只，农民获利2 100万元。用“项目+协会+农户”的发展模式，抓住建设红豆杉种植的机遇，引导一批有经验实力的农户种植红豆杉，增加农村经济收入。用“市场+协会+基地”的发展模式，引进广东等地老板投资建无公害蔬菜种植基地，由投资商与会员直接签订技术和收购合同，按照“市场缺什么，群众种什么”的原则，帮助农民订单生产和销售，既解决了农民剩余劳动力，又使农民学到了新技术，更使农民投资少、见效快、收益高。2006年，全乡共种植各类蔬菜4 320亩，农民增收210万元。当地农民真正尝到了“建协会，会员农民得实惠”的甜头。

【农村群众出行安全试点】　年内，为管住非法营运，保障农村群众安全出行，从交通、安监、农业、养征、工商等部门抽调人员，由公安交警牵头、合署办公，加大对路面的监控，对非法客运车辆进行清理，共取缔无牌无证的拖拉机低速车辆1 155辆。规范农村集市贸易点，取缔以路为市、占道经营行为，规范和增加各类道路交通设施。其次，确立堵疏结合、标本兼治的试点工作方针。以“1·26”特大交通安全事故血的教训为例子，以《中华人民共和国道路交通安全法》的实施为契机，把宣传教育发动作为一项社会化、公益性的活动，把交通法律法规普及到每一个角落。先后出台《试点工作宣传方案》、《丘北县工会、共青团、妇联组织联合开展农村道路交通安全管理系列宣传教育活动实施方案》等，做到报刊有文章、电视有画面、广播有声音、街头有戏、墙上有图、村里有村规民约。对机动车辆和驾驶人实行“一盯一”的管理方式，把全县低速车、拖拉机按属地分配到各乡镇干部和工作人员，实行“一帮一”监管办法，并规定时间对挂钩对象进行教育，与车主、驾驶人签定交通安全责任书，监督其规范使用并及时进行登记、检验。

【规范建设农村客运网络】　年内，在县城石缸坝新城区规划建设1个二级客运站，将现有的客运站改为县城公交车站；分别在腻脚、平寨、曰者三个乡镇建立四级客运站。依托乡镇客运站，组建农村客运公司，本着“车头向下，纵横有序”的客运网络建设原则，辐射周边乡镇，并根据区域性和集市贸易的布局，划定公司经营的片区。在其他未设四级客运站的乡镇，建立简易客运站，形成以县城客运站为中心，各乡镇站、场为外延的农村客运网络。为有效整合全县各类运力资源，让农民坐上安全车，丘北县按统一农村客运线路；统一农村客运票价；统一车身颜色；统一农村客运站、场、点的要求，及时在县城投入110辆轿车型出租车，将车身统一喷色，解决了城区客运问题。调整增加县乡主干道和部分通村公路客运车辆，新开通16个村民委的客运线路，增加84辆大中型客车，使全县的大中型客车达到140辆，基本解决了县、乡主干道和部分县至村道路群众的出行。另外，开通城郊公交车，在与县城距离较近的普者黑景区、八道哨、双龙营、曰者、树皮、平寨、新寨等乡（镇）村民委开通了公交车，公交车数量达33辆，解决城乡沿途群众的乘车难和乘车贵的问题。规范长期从事非法营运的100余辆面包车的管理，整合运力资源，共增加了客车260余辆。

【"路、站、运"一体化试点】 7月，省交通厅把丘北确定为"路、站、运"一体化试点县。在不断新建农村客运站，新修改造农村道路的同时，在县乡公路两侧、"七江线"、"以马线"村寨及车流物流较为集中的村寨深入开展创建安全文明示范村行动，在村内成立道路交通安全工作小组，全面负责本村的交通安全责任的组织实施。农民群众交通安全意识明显增强，涌现了一大批懂交通管理的干部；城乡道路交通秩序明显好转。拖拉机、低速车非法载人和无牌无证行驶、非法经营客运等现象基本杜绝；道路交通事故明显减少。全年全县道路交通事故起数、死亡人数、受伤人数分别比上年下降37.3%、53%、79.9%。

（陈兴年）

广南县

【概述】 广南县位于云南省东南部，文山壮族苗族自治州东北部，东与富宁县接壤，南与西畴、麻栗坡县毗邻，西邻丘北、砚山县，北接广西壮族自治区西林县。总面积7 810平方千米，山区半山区面积占94.7%，坝区占5.3%，属山区农业县。县城莲城镇，海拔1 240米。323国道通过县境5个乡（镇）131千米，距州府文山县城167千米，距省会昆明471千米。年均气温16.7℃，年均降雨量1 056.5毫米。辖7镇11乡，174个村（居）民委员会，3 210个村（居）民小组，2 749个自然村。2006年末总人口76.21万人，其中非农业人口4.08万人，占5.36%。少数民族人口47.28万人，占总人口的62.04%，有壮、汉、苗、彝、瑶、回、蒙古、仡佬等8个世居民族。人口自然增长率5.9‰。

2006年，全县生产总值完成22.39亿元，同比增长11.52%，其中，第一产业增加值完成10.81亿元，增长6.2%；第二产业增加值完成3.98亿元，增长20.8%；第三产业增加值完成7.60亿元，增长15.4%。第一、二、三产业比重由上年的51∶16∶33调整为48∶18∶34。农村经济总收入1.16亿元，同比增长13.0%。粮食总产量2.28亿千克，同比增长5.1%；种植烤烟3 963公顷，产量7 630吨，产值7 197万元；畜牧业总产值（现价）4.40亿元，同比增长1.14%。全县林业用地面积51.38万公顷，占66.35%；非林业用地26.72万公顷，占33.65%。全县森林覆盖率45.07%，活立木蓄积量1 088.5万立方米。工业总产值（现价）完成9.36亿元，同比增长13.9%。地方财政收入7 688万元，同比增长20.1%。农民人均经济纯收入1 300元，同比增加100元，粮食人均300千克。城乡居民储蓄存款余额9.79亿元，同比增加2.17亿元，增长28.5%。职工年平均工资1.66万元。居民消费价格总指数101.9%。有7 384人享受最低生活保障。广播电视覆盖率达87.0%。全年客运量187万人次，客运周转量7 514万人/千米，完成货运量332万吨，货运周转量达10 825万吨/千米。

全县共有各类学校1 465所（含教学点），在校学生12.99万人，教师5 883人；小学入学率99.11%；初中辍学率3.43%，小学辍学率0.71%。农村人口平均受教育年限为5.92年。年末，有农业科技人员237人，每万人农业人口中农业科技人员数量为3.29人。有文化馆、图书馆、博物馆各1个，医院卫生院、所28个，床位476张。

中共县委书记　陆永耀（壮族，～2006.6.）　任　安（2006.6.～）

县人大常委会主任　柏朝良（彝族，～2006.3.）　王荣昌（壮族，2006.3.～）

县人民政府县长　牛兴发

县政协主席　韦忠良（壮族，～2006.3.）　赵世翔（彝族，2006.3.～）

【农村劳动力转移】 广南是国家首批确定贫困县和新一轮扶贫开发重点县，第一劳动力所占比重36.92%，农村新成长劳动力正以年均5 000人速度增长，劳动力资源十分丰富。全县初步建立县、乡、村三级联动劳务输出运作体系，形成"政府推动，部门联动，乡镇行动"农村劳动力转移长效机制。出台《广南县2005～2010年农村贫困劳动力转移就业培训规划》相关配套文件，公安、计生、劳动和社会保障、财政、妇联、金融等部门密切配合，做好服务，不断推进劳务输出产业化进程。扩大宣传，加强引导，营造劳务输出良好氛围。强化培训，注重实效，打造广南特色劳务品牌。搭建网络，构筑平台，大胆探索市场运作方式。跟踪问效，强化服务，维护务工人员合法权益。树立典型，造就榜样，充分发挥能人带动效应。农村劳动力转移有较多的乡（镇）：旧莫、黑支果、南屏、杨柳井、八宝、篆角、者兔等，大都分布在福建、浙江、上海、广东、广西、北京及省内昆明等大中城市，其余遍布全国各大中小城市。从事行业：有工业生产、建筑施工、农业生产、汽车驾驶、服务业、保安、养殖、搬运等。平均月收入：750～2 000元。

【西牛冲村劳务输出致富】 那洒镇董德村委会西牛冲村小组居住着29户112人（苗族），人均耕地0.58亩。由于人多地少，日子过得很艰难。在党员、村小组长吴安华带领下，有组织地到砚山县芦柴冲、马关县都聋等矿山依法采矿，带动全村群众共同致富。西牛冲今非昔比，全村29户中，有23户建有2～3层新房，投资多则17万元，少则11万元，多数人家配齐彩电、音响、VCD、电扇、组合柜等，少数人家购买摩托车、大卡车；存款多的人家40万元，少的人家6万元。并自筹资金修水泥路、架高压线、拉自来水、装有线电视。

【打工致富能人蒙宇森】 八宝镇坝龙村委会底昂村小组蒙宇森，凭借外出打工所学技术，在深圳一家具厂担任部门经理，月薪8 000元，在广东购买价值40余万元住房，先后安排家乡130余人进厂工作。杨柳井乡阿用村杨金益，现在广东阳江农垦集团红十月农场十七队担任队长，他从杨柳井、南屏、篆角、旧莫等乡（镇）介绍或帮带苗族同胞全家搬迁到农场1000余人，成为远近闻名的"广南村"。在橡胶生产旺季，每户每天割胶10～60千克，每千克6～7元，一个成年劳力割胶收入8 000元，加上种养殖收入，年人均突破1万元。杨金益年收入高达4万多元，并在农场加入中国共产党组织，多次获红十月农场颁发荣誉证书。八宝镇甘蔗园村民小组长李文祥，自己务工富裕后，2004年组织100余人到北京务工，2005年被县委表彰为"五带头"共产党员。

【农村小城镇建设】 全县20个小城镇均于2004年以前进行小城镇总体规划修编，各小城镇均按规划逐步建设。最具地方特色的是八宝镇，按壮族特色，建设民族商贸街。莲城镇，围绕省级历史文化名城建设，建成南街、北街、北坛路等具有壮乡风格街区。2006年底，全县城镇人口达13.7万人，占总人口的比重为17.8%。

【新型农村合作医疗】 广南县于2003年被列为省级新型农村合作医疗试点县以来，先后出台《关于合作医疗补偿资金划拨程序及相关注意事项的通知》等12个文件，推动新型农村合作医疗试点工作向纵深发展。每年核拨5万元工作经费。年内，参加新型农村合作医疗57.43万人，"参合"率80.10%，加大宣传力度，营造良好氛围。采取会议、媒体、信息、公示等宣传方式，宣传合作医疗补偿政策、贫困孕产妇补助标准，公示农民补偿费用，全年出宣传栏250期（次）、会议宣传1 000余次，发放宣传资料5.05万份、县电视台播放合作医疗专题电视新闻10期（次）、公示补偿300期（次）。调整实施方案，合理提高报销比例。县、乡住院封顶线由2 000元调整到3 000元，州级定点医疗机构报销比例由35%提高到50%。至年底，全县合作医疗报销17.43万次，报销总额1 070.58万元。

【农村社会养老保险】 年内，早在1995年11月，在杨柳井乡茶厂开展试点，经宣传发动，当天有30人投保，收取保金6 000元。试点成功后，重点在莲城镇机关、学校进行宣传，动员干部职工为家属、子女投保，仅1个月时间，收取保金10万余元。此外，从发放义务兵家属优待金中动员投保，结婚登记中动员新婚夫妇投保，补助办事处干部投保，动员个体户投保。各乡（镇）从农村经济发展状况和农民实际生活水平出发，坚持积极引导与农民自愿相结合原则，因地制宜，分类指导，由点到面，逐步推开。到2006年底，全县18个乡（镇）、80个村、2 501人参加投保，收取保金61.96万元；领取养老金101人。

【巩固扫盲成果】 广南县扫盲工作于2002年12月通过省验收。通过省验收后，广南县继续扫除剩余文盲，至2006年9月30日止，全县1949年10月1日以后出生年满15周岁以上青壮年人口46.46万人，其中农业人口44.47万人，尚有剩余文盲3 718人，其中具有学习能力2 909人，全县举办扫盲班148个，全县非文盲率达99.15%，比验收年提高1.77个百分点。

【乡村政务公开】 广南县18个乡（镇）中，实行政务公开的16个；174个村（居）委会中，实行政务公开的118个（其中：按月公开的18个，按季公开的11个，半年公开的54个）；3 210个村民小组中，实行政务公开的1 987个（其中：按月公开的111个，按季公开的80个，半年公开的796个）。同时，篆角、者兔两乡推行农村财务规范化管理。

【耕地保护】 根据土地详查资料数据显示，广南县农用耕地总面积186.9万亩，人均2.45亩。为确保有限耕地资源总体面积稳定，杜绝和防止乱批、乱占、滥用、毁坏基本农田行为，广南县严格执行土地利用总体规划和年度工作计划，严把土地"闸门"关，切实控制耕地总量不减少；实行耕地占补平衡，扎实开展土地开发整理项目建设，确保耕地总量动态平衡，保障粮食生产安全；建立健全基本农田保护责任，全面落实严格保护基本农田各项制度；建立国土资源执法监察动态巡查领导和执法人员分片包干动态巡查责任制；全面推进进一步从严土地管理工作全面开展，严明法纪，严格执法，从严从快查处土地违法案件。

（新锡祥）

富宁县

【概述】 富宁县位于云南省东南部，文山壮族苗族自治州东部，东临广西壮族自治区百色市、靖西县，西连广南、麻栗坡县，南接广西壮族自治区那坡县，并与越南社会主义共和国河江省苗旺、同文县接壤，北靠广西壮族自治区田林、西林县。总面积5 352平方千米，山区面积占96%，河谷区面积占4%，县城新华镇，海拔684米。国道323线和正在建设中的衡昆高速公路贯穿县境。县城至州府驻地文山县城公路里程234千米，距省会昆明565

千米。2006年年均气温19.4℃，年均降雨量1 200毫米。辖7乡6镇145个村（居）民委员会2 568个村小组。2006年末总人口39.36万人，其中农业人口36.66万人，占93.13%，有汉、壮、瑶、苗、彝等民族，少数民族人口30.1万人，占总人口的76.4%。人口自然增长率为5.48‰。

2006年，全县实现地区生产总值20亿元，比上年增长15%；一、二、三产业结构比例由“十五”期末的30.4∶34.2∶35.4调整到30∶35∶35。实现农业总产值8.34亿元，增长4%。完成农作物种植面积86.8万亩，粮食总产量11.86万吨，农民人均产粮323.6千克。畜牧业实现总产值2.96亿元，增长4.3%，畜牧业增加值占农业增加值比重达34%。工业总产值10.33亿元，增长11.3%。财政总收入14.56亿元，增长21.6%，农民人均纯收入1 509元，增长8.7%。城乡居民储蓄存款余额5.8亿元，增长20.2%，城镇居民人均可支配收入8 803元，增长11.9%，实施农村和城镇特困人员医疗救助，发放救助金31.48万元，救助特困人员1 070人，发放城市最低生活保障金326万元，救助低保户4 090户1.45万人。全年货运周转量1.06亿吨千米，增长3.9%，客运周转量8.55亿人千米，增长3.8%。

全县共有各类学校536所，在校中小学生5.69万人，教职工3 561人。九年义务教育覆盖率100%，小学入学率99.51%，辍学率0.62,%，初中入学率96.8%，辍学率2.45%。年末，县级有文化馆、图书馆、革命纪念馆、青少年校外活动中心各1个。有医疗卫生机构20个，病床286张。

中共县委书记　熊荣元（苗族，~2006.11.）　罗家祥（壮族，2006.11.~）

人人大常委会主任　梁贤文（壮族）

县人民政府县长　王　毅（2006.6.~）

县政协主席　苏建达（壮族，~2006.3.）　何代文（壮族，2006.3.~）

【“小超市”激活农村现代流通业】　为解决乡村农民“购物难”问题，激活农村经济，下大力气发展农村现代流通业。加快“百村千寨市场工程”进度，鼓励设置农村小超市、便利店、专业店、食杂店、生鲜食品店，全县共设有各类大小农村超市2528个，集中分布在村委会所在地和购买力较强的自然村；加快农业综合批发市场、建材市场、边贸市场的规划建设，已建综合市场9个，在建3个，推动了现代农村流通业的发展。对于农民群众来说，农村小超市、便利店的出现，大大地方便了群众的生产生活。正如归朝镇百油村民李贵禄所说：“以前没有商店，日常生活用品要等到赶集日才能买到，有时候为了一包盐巴要走30多千米的路，现在各村都设有大小商店，一般日用品都有，想什么时候买就什么时候买，有时忙不过来，还叫他们送过来就行了，方便得很。”

【“劳务兵团”沿海淘金】　县乡政府把劳务输出作为发展农村经济的重要项目抓好抓实，通过健全劳动保障机制，构筑劳动力市场信息网络，出台和完善政策，建立劳务输出长期协作关系，强化培训，政府引导，能人带动等形式，有序输出农村剩余劳动力，靠外出务工富裕起来的农民日渐多了起来，归朝镇龙跃村蔡晓敏一家5口长年在外打工，现已经成了上海青浦区“永和”豆浆店的店长，年收入10万元。2006年富宁新增输出农村劳动力1.6万人，累计在外务工人员6.2万人（次），形成了沿海淘金的“劳务兵团”，实现劳务纯收入1.6亿元。

【因地制宜发展畜牧业】　因地制宜，积极推广牛冻精改良技术，利用冬闲农田大力实施种草养畜，扶持养牛场建设“种草养牛+冻精改良+犊牛培育+肉牛育肥+奶牛养殖”的综合养牛示范基地，全县畜牧发展成了“产、供、销”一体化的产业链，促农增收成效显著。年内，共完成牛冻精改良配种1.38万头，产下杂交犊牛8 238头，推广优质牧草1.4万亩，项目村商品猪出栏1.5万头，肉牛外销6.3万头，畜牧项目促农增收3 200万元。

【“致富通”实现村村通电话】　为解决农村信息不畅、通信不通的问题，今年来，富宁县免费为各村委会、村完小安装“致富通”电话，由政府一次性补贴1年话费50万元，在村一级设立“致富通”代办点。截至12月，在全县范围内建设“致富通”基站7个，信号覆盖全县85%以上地区，发展“致富通”用户5961户，解决了57个行政村电话不通问题，实现了145个行政村村村通电话目标，使全县农村告别了通信不通不畅、信息闭息的历史，为加快新农村建设提供了信息支持。

【减轻农民负担】　年内，全面贯彻落实中央农村工作政策，解决“三农”问题，共减轻农民负担1 688.1万元。其中“三补贴”政策减轻农民负担268万元，教育“两免一补”减免学生教科书、杂费731.3万元；农村合作医疗补偿金额360.53万元，清理取消收费项目15项，降低收费标准3项，减免收费342.7万元，清理不合理负担5件，减免收费13.4万元。

【贫困生救助管理办法出台】　针对农村贫困学生无钱上学的实际困难，县研究制定了贫困学生救助管理办法，为贫困学生上学读书提供了政策保障。经县委、县政府审批的《富宁县贫困生救助办法》规定：每年县政府筹资100万元作为贫困生上学的救助资金，其中50万元纳入财政预算，另外的50万元由县委、县政府通过其他渠道向社会各界筹集。2006年，县政府决定首先拿出200万元资金救助贫困生，其中50万元由财政安排，150万元由县政府牵头向社会各界筹措，确保贫困生能按时顺利入学。

【库区 1618 户移民入住永久房】

剥隘库区应建移民永久房1 851户，为加快建设进度，富宁县出台“以奖代补”优惠政策，规定凡在5月31日前完成永久房建设，拆除临时房并迁入永久房居住的移民户，每户奖励3000元；6月1日至15日搬迁入住并拆除临时房的奖励2 000元；6月16日至30日搬迁入住并拆除临时住房的奖励1 000元。至年底，永久房建设已启动1 716户，占应建设数的92.71%，搬迁入住1 618户，已有95%的移民群众搬入永久房居住。

【百色水利枢纽工程初显效益】

百色水利枢纽工程以防洪为主兼有发电、灌溉、航运、供水等综合利用效益，自7月18日第一台机组调试并网发电成功后，开始发挥良好的经济效益。截止年底，百色水利枢纽工程为文山州实现增值税 392万元，其中，12月份入库 87 万元，占12月份富宁县国税入库税款 499万元的 17.43%，为广西右江地区实现增值税1 426.62万元，百色水利枢纽工程成为广西、云南库区财政收入新亮点。

【麻风村告别煤油灯】　富宁麻风村地处中越边境，是全县专门和惟一集中收治麻风病人的一个小村庄。位于木央镇大坪村委会小寨村小组西南面一个十分偏僻的荒山上，距县城 95 千米。自 1958 年以来，先后集中治疗麻风病人 90 例，现大部分已治愈出村，回家生产，但有9位手脚畸残、眼鼻下塌的麻风病康复者已无家可归，长期住在不通自来水、不通公路、不通电的麻风村里，靠领取低保金过着与世隔绝的日子，除了医务工作者和管理人员，很少有人愿与他们交往。4月，县委县政府领导到该村调研，当即决定解决“三通”问题，之后，相关部门抓好落实，首先修通了2千米的进村道路，接着架电、引水。年底，随着电灯泡亮起，麻风村永远告别了煤油灯。

（王强）

文山州经济社会发展主要指标（表一）

地　区	年末总人口（万人）		城镇人口占总人口比重（%）		全社会就业人员（万人）		城镇登记失业率（%）	
	2005 年	2006 年	2005 年	2006 年	2005 年	2006 年	2005 年	2006 年
文山州	337.12	339.1	21.20	22.00	195.59		3.10	3.48
文山县	43.88	44.3		44.30	28.19		2.90	1.98
砚山县	44.79	45.1		28.30	25.80		3.20	5.72
西畴县	24.98	25.1		12.60	14.76		1.00	2.90
麻栗坡县	27.30	27.4		13.80	17.43		2.55	2.62
马关县	35.70	35.9		21.30	22.12		3.60	3.78
邱北县	45.55	45.8		12.70	24.32		2.80	4.47
广南县	75.72	76.2		16.90	46.90		3.00	2.75
富宁县	39.20	39.4		20.00	25.21		3.00	2.73

文山州经济社会发展主要指标（表二）

地　区	地区生产总值（万元）		第一产业（万元）		第二产业（万元）		第三产业（万元）	
	2005 年	2006 年	2005 年	2006 年	2005 年	2006 年	2005 年	2006 年
文山州	1 482 404	1 731 505	475 320	509 543	435 646	564 774	571 438	657 188
文山县	436 923	518 186	70 886	75 245	169 163	218 344	196 874	224 597
砚山县	219 613	260 996	64 164	69 785	81 198	104 324	74 251	86 887
西畴县	73 140	82 596	30 767	32 675	8 526	10 569	33 847	39 352
麻栗坡县	115 559	134 007	38 721	41 586	38 984	48 909	37 854	43 512
马关县	152 898	195 299	51 769	54 772	45 066	77 886	56 063	62 641
邱北县	122 874	141 228	60 027	67 385	14 999	19 881	47 848	53 962
广南县	194 744	223 812	100 266	107 986	31 041	39 808	63 437	76 018
富宁县	170 450	203 981	58 013	60 293	53 148	72 698	59 289	70 990

文山州经济社会发展主要指标（表三）

地　区	地区生产总值指数（上年＝100）		第三产业增加值比重（%）		人均地区生产总值（元）		全社会固定资产投资（万元）	
	2005 年	2006 年	2005 年	2006 年	2005 年	2006 年	2005 年	2006 年
文山州	113.3	113.5	38.55	37.95	4 404	5 121	822 839	1 949 535
文山县	114.0	114.9	45.06	43.34	9 985	11 753	164 973	204 625
砚山县	115.3	114.3	33.81	33.29	4 916	5 808	131 054	152 637
西畴县	103.0	109.5	46.28	47.64	2 926	3 301	17 257	18 629
麻栗坡县	113.5	113.3	32.76	32.47	4 234	4 898	56 581	82 271
马关县	114.6	119.8	36.67	32.07	4 300	5 452	55 278	71 519
邱北县	110.1	112.0	38.94	38.21	2 705	3 090	36 873	44 803
广南县	113.2	111.3	32.57	33.97	2 576	2 939	135 803	170 237
富宁县	116.1	115.2	34.78	34.80	4 354	5 190	213 128	270 123

文山州经济社会发展主要指标（表四）

地　区	地方财政收入（万元）		地方财政支出（万元）		人均地方财政收入（元）		社会消费品零售总额（万元）	
	2005 年	2006 年	2005 年	2006 年	2005 年	2006 年	2005 年	2006 年
文山州	70 917	89 368	307 800	392 603	211	264	534 173	633 589
文山县	24 129	29 139	50 530	60 582	551	661	176 518	207 317
砚山县	9 539	11 539	30 490	39 758	213	257	76 105	88 900
西畴县	2 389	2 463	25 208	29 637	96	98	22 512	24 472
麻栗坡县	4 708	5 519	26 466	33 704	173	202	36 198	42 325
马关县	6 678	8 519	30 764	39 594	188	238	58 227	67 288
邱北县	5 158	6 009	28 180	39 277	114	132	36 213	41 663
广南县	6 399	7 688	40 933	53 018	85	101	56 071	75 696
富宁县	7 513	9 018	32 076	41 040	192	229	72 329	85 928

文山州经济社会发展主要指标（表五）

地　区	农民人均纯收入（元）		农村人均住房面积（平方米）		在岗职工年平均工资（元）		人均储蓄存款余额（元）	
	2005 年	2006 年	2005 年	2006 年	2005 年	2006 年	2005 年	2006 年
文山州	1 365	1 487	22.65		14 922	16 950	2 319	2 852
文山县	1 610	1 764	21.01		16 956	18 982	6 683	7 846
砚山县	1 484	1 630	24.00		13 390	15 733	2 137	2 602
西畴县	1 171	1 265	19.13		13 551	14 878	1 533	1 837
麻栗坡县	1 320	1 436	26.65		15 085	17 922	2 271	3 036
马关县	1 442	1 566			15 586	16 887	2 652	3 609
邱北县	1 314	1 425	26.00		12 741	14 306	1 111	1 317
广南县	1 200	1 299	17.41		13 985	16 627	1 007	1 286
富宁县	1 388	1 509	22.60		15 474	19 657	1 808	2 164

文山州经济社会发展主要指标（表六）

地　区	初中学龄人口入学率（%）		广播覆盖率（%）		电视覆盖率（%）		每千人拥有医院、卫生院床位数（张）	
	2005 年	2006 年	2005 年	2006 年	2005 年	2006 年	2005 年	2006 年
文山州	75.93	79.25	87.6		88.3		1.36	
文山县	88.82	85.81	94.9		91.0		4.11	4.04
砚山县	73.49	85.50	97.0		96.0		1.03	1.01
西畴县	77.84	76.44	88.5		89.5		1.04	1.32
麻栗坡县	73.57	72.15	75.0		68.7		1.00	0.96
马关县	79.75	85.30	98.0		95.0		1.50	1.49
邱北县	75.12	79.94	87.6		88.8		1.04	1.07
广南县	68.24	70.97	87.0		85.6		0.65	0.64
富宁县	79.12	83.19	87.0		89.0		0.70	0.78

（省统计局）

西双版纳傣族自治州

主　　编　何志伟　温益群
责任编辑　方爱琴　张　春

【概述】　西双版纳傣族自治州位于云南省南部边陲，东经99°55′~101°50′，北纬21°08′~22°36′之间。州府驻地景洪市，距省会昆明730千米。东、东南与老挝接壤，南、西南与缅甸交界，西北、北、东北与思茅市相邻。国境线长966.3千米。辖区总面积1.91万平方千米。东、北、西三面分别为无量山及怒山山地余脉，两大山系中，孔明山最高，主峰为2 300米。中部为澜沧江及其支流侵蚀形成的宽谷盆地。全州最高点在勐海县勐宋乡境内的滑竹梁子，峰顶海拔2 429米；最低点勐腊县南腊河与澜沧江交汇处，海拔480米。澜沧江纵贯州境，州内河流均系澜沧江水系，主要支流有罗梭江、南腊河、流沙河、南果河、南阿河、南览河等。气候属热带边缘，干湿两季分明的热带季风气候和亚热带季风气候。2006年年平均气温23℃，最高气温39.8℃（4月12日），最低气温7℃（12月23日），年日照时数2 464.5小时。2006年年降雨量景洪市为1 179.1毫米，勐腊县为1 748.1毫米，勐海县为1 324.3毫米。主要气候灾害是：干旱、大风冰雹、雷电和洪涝。

2006年全州辖景洪市、勐海县、勐腊县1市2县，31个乡镇，其中乡13个、镇18个。2006年末，全州总人口88.99万人，其中非农业人口27.17万人，占总人口的30.53%；少数民族人口68.17万人，占总人口的76.6%，其中傣族人口30.45万人，占总人口的34.22%，占少数民族人口的44.67%。人口密度每平方千米47人，人口自然增长率7.27‰。

2006年，全州完成生产总值90.4亿元，其中：第一产业增加值31.06亿元，增长6.6%；第二产业增加值23.36亿元，增26.8%；第三产业增加值35.97亿元，增8.6%。三次产业结构由上年末的35.8∶22.9∶41.3调整为34.4∶25.8∶39.8。财政总收入7.42亿元，地方一般预算收入4.82亿元。全社会固定资产投资63.41亿元，社会消费品零售总额24.91亿元。年末金融机构各项存款余额125.5亿元，各项贷款余额55.23亿元。居民消费价格指数100.9%。

2006年，农村经济总收入49亿元，粮食总产34.47万吨。全年干胶产量20.49万吨，茶叶总产2.2万吨，分别增7.4%和13.8%。甘蔗产量96.72万吨，较上年下降3.1%。新增水利工程供水能力0.44亿立方米，有效灌溉面积0.38万亩。年末森林覆盖率63.68%。

2006年，全州完成现价工业总产值26.21亿元，实现增加值13.14亿元，分别增41.4%和60.8%。规模以上工业企业45户，增加1户，实现产值22.32亿元。

2006年，全州旅游行业接待国内游客346.66万人次、海外旅游者2.87万人次，分别增28.4%和－7.5%；实现旅游社会总收入27.28亿元，旅游外汇收入872万美元，分别增11.8%和－6.0%。

2006年，交通运输、仓储及邮电业实现增加值10.75亿元，年底全州公路通车总里程6 080万千米。其中：高等级公路（二级及以上）182.4千米，三、四级公路2 991千米。高级、次高级路面占全州公路总里程的3%。全州公路运输客运量1 697万人，旅客周转量10.92亿人/千米，货运量1 091万吨，货物周转量6.6亿吨/千米。民航航班1.56万架次，增36.6%，接送旅客159.42万人次，增30.6%。

年底全州固定电话机总数30.9万部，比上年增3.1万部；移动电话用户38.41万户，增15.46万户；电话普及率40.44部/百人。

年底全州3.81万人参加养老保险，3.1万人参加失业保险，13.84万人参加医疗保险。全州享受城镇居民最低生活保障2.16万人、1.09万户，保障资金1 361万元。

年底，全州共有各类学校732所，专任教师0.86万人。其中：大专1所、中专6所、普通高中15所、初中46所、小学359所、职业中学4所。招收各类学生3.56万人，毕业学生3.45万人，在校学生15.21万人。学龄儿童入学率93.81%。普通初中升学率30.77%。大学本专科录取率28.6%；高考录取人数比上年减少380人。2006年底，全州九年义务教育享受“三免一补”政策的学生19.9万人。

2006年底，全州有医疗卫生院、所66个，床位3 426个。全州文化事业机构47个，从业人员357人，艺术表演团体4个，公共图书馆4个，群艺馆、文化馆4个。

全州广播、电视综合覆盖率分别达到87.8%和95.22%，分别比上年提高0.07和0.32个百分点。卫星电视地面接收站发展到3座，电视发射台及转播台3部。

2006年全州从业人员51.10万人。年末实有登记失业人数4 071人，下降2.9%；城镇登记失业率4.0%，比上年上升0.4个百分点。

全州城镇居民人均可支配收入8 425元，比上年增7.0%。在岗职工年平均工资15 737元，增9.9%。农村居民人均纯收入2 412元，增11%。

中共州委书记　江普生

州人大常委会主任　李　勇（哈尼族）

州人民政府州长　刀林荫

（女，傣族）

州政协主席　杨志祥（拉祜族）

【国内首个布朗族生态博物馆落成】　1月23日，国内首个布朗族生态博物馆在勐海县西定乡章朗村落成。省委副书记丹增，省委常委、省委宣传部部长晏友琼，国家民委经济发展司、省委政研室、省民委、云南大学人类学博物馆等发来贺电。国家文物局专家组成员、中国国家博物馆研究员、中国生态博物馆创造人苏东海，中国文物报副总编曹兵武，云南省科学社会主义学会会长赵绍敏，云南省社会科学院副院长、民族学专家杨福泉，泰国布朗族协会副会长岩坎懂，西双版纳国际村德国专家马优博士等专家学者，以及州党政军领导参加落成典礼。

【征地拆迁安置】　西双版纳州努力做好全州征地拆迁安置工作。到2006年2月，共征地2.42万亩，兑现拆迁补偿费5.42亿元。其中：思小公路征地6 470.85亩，兑现拆迁补偿费1.52亿元；景大公路征地2 138亩，兑现拆迁补偿费3 500万元；景洪电站库区征地6 358.1亩，兑现拆迁补偿费1.86亿元。仅小磨公路征地拆迁就涉及8个乡镇、19个村民委员会、89个村民小组、6个国营农场，需搬迁405户；景洪电站需搬迁3 158人，其中景洪2 563人，勐海593人。

【5.7万亩土地整理项目】　2006年2月，西双版纳州继10万亩坡改梯后又启动5.7万亩土地整理项目，以更好扶持“三农”，加快社会主义新农村建设。5万余亩耕地整理项目共争取到国家和省补助资金7 502万元。其中：景洪市景讷乡9 153亩1 415万元；勐海县勐遮镇2.9万亩3 524万元，勐混镇1.31万亩1 825万元，勐阿镇6 150亩738万元。完成这批土地整理项目后不仅可以使5.7万亩耕地连片便于机耕，增加产出，提高农业经济效益，而且还可以新增耕地4 516亩，解决2 200余人的生计问题，也为全州耕地占补平衡奠定了基础。

【“两免一补”惠及傣乡】　2006年春季学期开学，全州有12.64万名（其中初中生3.78万人、小学生8.58万人、职业初中生2 738人）农村中小学生从“两免一补”政策中得实惠，免除缴纳学杂费。至此，全州有7.24万名（初中2.31万人、小学4.93万人）农村义务教育阶段学生领到国家免费提供的教科书。

【热带花卉园被评为国家4A级旅游景区】　素有“版纳世博园”之称的热带花卉园位于景洪市宣慰大道西端的云南省热带作物科学研究所内，占地80公顷，园内保存热带花卉100多个种300多个品种，以及其他热带经济植物600多个种近7 000份种质。该景区继2001年被评为国家3A级旅游景区后，不断加大景区环境治理，强化品牌宣传，树立生态、人文、诚信三大品牌意识，努力打造旅游精品。2003年花卉园分别通过IS09001：2000与IS014001：2004管理体系认证。2005年12月，经国家旅游景区质量等级评定委员会评定为国家4A级旅游景区。至此，西双版纳州已开发利用的13个风景区（点）中，有5个景区（点）荣获国家4A级旅游景区，它们分别是勐仑植物园、傣族园、森林公园、野象谷和花卉园。

【野象谷景区荣获“中国最值得外国人去的50个地方”评选活动金奖】　4月8日，“中国最值得外国人去的50个地方”评选结果在北京人民大会堂揭晓，西双版纳野象谷景区荣获金奖。此次评选活动由环球时报与全国31家都市媒体联合主办，经过两个多月的全国“海选”和一个多月的短信、报刊和网络投票的决选，野象谷景区一路过关斩将，荣获评选活动金奖，这也是野象谷继2005年入围“中国最美的十大森林”后参加的规模最大、范围最广、影响力最强的一次评选活动。

【“马帮贡茶万里行”启程北上】　4月2日，由西双版纳州人民政府、中国电视艺术家协会、北京亚视星空国际文化交流中心联合主办的大型文化工程——“马帮贡茶万里行”启程仪式在千年茶马古道源头——勐腊县易武古镇举行。99匹滇马组成的大马帮将驮载优质普洱茶途经九省三市，历时236天，行程12 000华里，最终抵达北京，完成普洱茶在运输中特殊的发酵过程，再现古代普洱茶独具风韵的茶叶品质。4月10日、12日，“马帮贡茶万里行”分别在勐海和景洪举行了马帮出征大典和穿城大游演。16日，马帮北上进发。

【思小高速公路通车典礼】　4月6日，思小高速公路通车典礼在公路起点——刀官寨举行。省政协主席杨崇汇，省人大常委会常务副主任牛绍尧、副主任戴光禄，副省长李新华，西双版纳州、思茅市党政领导及省交通厅、施工和监理单位负责人出席通车典礼。杨崇汇宣布公路正式通车。

【《中国贝叶经全集》1～10卷发行】　4月12日，《中国贝叶经全集》1～10卷发行仪式在西双版纳总佛寺举行。省人大常委会原副主席刀国栋，省政协原副主任刀世勋，云南人民出版社原社长、《中国贝叶经全集》编委会常务副主任胡廷武，及西双版纳州党政领导出席发行仪式。发行仪式前，总佛寺还举行了迎接仪式。佛寺高僧为《中国贝叶经全集》1～10卷举行开光仪式。

【徐荣凯在西双版纳州调研】　4月13～15日，省委副书记、省长徐荣凯在西双版纳州调研。徐荣凯一行先后到思小公路、景洪市嘎洒镇曼养广村、勐海县南糯山哈尼山寨、勐海县云麻工业示范园、勐海茶场、云南省茶科所等地考察调研。徐荣凯对保护生态环境，加快云麻产业和茶产业发展，促进农村经济发展、农民增收提出要求。

【胡锦涛在西双版纳州视察】 5月11～13日，中共中央总书记胡锦涛在中央书记处书记、中央办公厅主任王刚，云南省委书记白恩培，省长徐荣凯等陪同下到西双版纳州调研。胡锦涛先后到景洪市基诺山乡札吕村和嘎洒镇曼嘎村了解群众生产生活情况。从一年有多少收入，能不能用上电、喝上干净水，到孩子能不能上学，两免一补政策落实没有，村里有没有卫生室，群众看病难不难，总书记都询问得很仔细。得知傣族同胞已过上比较宽裕的生活，基诺族群众已解决了温饱问题，孩子有学上，两免一补政策已落实，乡镇有卫生院、村有卫生室，已实行了新型农村合作医疗，群众看病能报销部分医药费，总书记感到很欣慰。胡锦涛还与嘎洒镇曼嘎村小学的师生们亲切交谈。5月12日国际护士节，胡锦涛先后到基诺乡巴亚村卫生室和嘎洒镇卫生院看望医护人员并表示节日祝贺。胡锦涛还先后到勐海县工业园区云麻实业有限公司、省热带作物研究所了解生产经营，自主创新等情况；到思小公路野象谷观景台了解云南省大通道建设和环境保护等情况。

【“兴边富民示范点”创建】 从2001年起，省民委在边境经济较落后地区开展“兴边富民示范点”创建工作，决定以整村推进方式进行综合扶持，以起到示范推动作用。2002～2003年，省民委先后批准西双版纳州在勐腊县勐满镇曼烈村、勐腊县关累镇芒果树村、勐海县打洛镇曼打火村、勐海县勐海镇曼恩囡村建设4个示范点。曼打火村民小组示范点（129户584人）从2002年12月开始建设，到2005年4月竣工，共完成投资175万元（省民委补助28万元）。至2006年底，该村先后建盖小洋楼6户、购买汽车6辆、拖拉机39台、摩托车170辆、手机207部。人均纯收入3 120元；曼烈村民小组（78户355人）至2005年底共完成投资43.94万元（省民委补助25万元）。2006年末，村民人均纯收入2 032元。全村有农用车74辆、摩托车165辆、电视机78台、VCD51台；芒果树村民小组（71户326人）到2005年底共完成投资45万元（省民委补助39万元）；曼恩囡村民小组（147户720人）由勐海镇的傣族村寨曼恩囡村、格朗和乡的哈尼族村大巴拉村和拉祜族村小巴拉村三个村寨组成。该示范点2003年创建，2004年4月开工建设。至2006年11月完工。共完成投资111.37万元（省民委补助85万元）。至2006年底，3个村寨有15户新建住房、80户建盖卫生间、70户安装太阳能、14户开办茶庄、2户开办食馆、4户卖烧烤、4户开办小卖部。全村购买汽车1辆、拖拉机88台、手机126部、电话130部、电视机150台、大型打米机1台、摩托车100辆。示范点村寨通过实施通水、修路、建文化活动场所、修公厕以及扶持发展种植业、开展实用技术和法律知识培训等建设，群众生产生活条件得到极大改善，适应了新农村建设要求，进一步巩固和发展了平等、团结、互助、和谐的社会主义民族关系，并在周边国家引起了良好反响。

（管霏）

景洪市

【概述】 景洪市位于云南省南部、西双版纳州中部，是西双版纳州州府所在地。东邻勐腊县和思茅市江城县，西接勐海县和思茅市澜沧县，北连思茅市翠云区，南与缅甸接壤，国境线长112.39千米。全市总面积6 958平方千米，其中山区面积占95%。昆洛公路和澜沧江从市境穿过。市府驻地距昆明733千米，2006年年平均气温22℃～25℃，年降雨量1 200～1 700毫米。全市辖5乡5镇和1个街道办事处，97个村（居）民委员会，753个村民小组，辖区内驻有5个县级国营农场和4个中央、省属科研单位，有景洪港、西双版纳机场、旅游度假区、“240”边境贸易区。年末，全市总人口37.9万人，其中非农业人口占40.71%；少数民族人口26.2万人，占总人口的69.13%。居住着傣、哈尼、彝、拉祜、布朗等少数民族。2006年人口自然增长率4.38‰。

2006年，全市完成生产总值48.8亿元，增长9%。其中第一产业增加值14.82亿元，增长6.6%；第二产业增加值12.63亿元，增长14.1%；第三产业增加值21.3亿元，增长10.3%。一、二、三产业结构由上年的30:25:45调整为30:26:44。完成农业总产值22.8亿元，增长7.2%。粮食总产量12.6万吨，比上年下降3.2%；甘蔗产量0.6万吨，下降79%；干胶11.14万吨，增长6.9%；水果3.51万吨，增长43.6%；茶叶8 528吨，增长19.4%。完成工业总产值8.2亿元，增长17.8%；规模以上工业实现增加值4亿元，增长5.3%。全年社会固定资产投资完成39亿元，增长5.3%。接待国内外游客304.7万人次，旅游总收入22亿元，分别增长30%和16%。社会消费品零售总额完成14.5亿元，增长14.4%。进出口贸易总额完成4.01亿元，增长10.7%。年客运量1 374万人，客运周转量11.2亿人/千米；货运量990.4万吨，货运周转量72.6亿吨/千米。地方财政收入2.2亿元，增长19.2%。城乡居民存款余额47.6亿元。城镇居民人均可支配收入9 128元。在岗职工年平均工资16 343元，农民人均纯收入2 864元。电视覆盖率95.5%，有线广播覆盖率91%。有各类学校214所，教职工4 116人，其中专任教师3 454人，少数民族教职工1 999人，在校学生6.17万人。年末有各类医疗机构18个，床位493个。

中共市委书记　罗红江（傣族）

市人大常委会主任　杨　沙（哈尼族）

市人民政府市长　召亚平（傣族）

市政协主席　谢永兴

【民主政治建设】 全年办理人大代表、政协委员的议案、意见、建议和提案共162件，办案率100%。农场与地方联席会议制度逐渐完善，场地团结与合作进一步巩固和发展。坚持实施依法以德治市战略，“四五”普法顺利完成，“五五”普法稳步推进。认真贯彻实施《全国推进依法行政实施纲要》、《行政许可法》和《公务员法》。多渠道筹集资金偿还政府债务5 976万元，政府公信力和执行力显著提高。

【制止毁林开垦】 贯彻州政府颁布的《关于制止毁林开垦，加强森林资源保护的通知》和《关于暂停集体林地和有林轮歇地开发流转的通知》精神，严厉打击破坏森林资源的行为，大张旗鼓开展针对非法占有国有林地和集体林地种植橡胶的“强制铲除”行为，毁林开垦行为得到有效遏制，农村山林土地纠纷调处工作进一步加强。生态环境保护成效明显，思小公路沿线植被得到进一步恢复和保护。完成人工造林1万元，封山育林5万亩，绿化造林5.2万亩，退耕还林1.3万亩，完成土地治理2.06万亩。

【对外经济合作】 2006年，景洪市抓住有利的区位优势，实施“引进来”和“走出去”战略，努力扩大对外交往。积极参与中国东盟自由贸易区建设和澜沧江·湄公河次区域合作，对外贸易、利用国外资金和对外经济技术合作取得新进展，对外经济合作逐步向经济作物种植、资源开发、农产品加工等领域拓展。以“泼水节”、“边交会”等六国艺术节节庆活动为契机，积极开展拓商引资工作，全年累计到位资金9.23亿元，完成州下达考核目标任务的307.6%；引进外资企业2家，协议资金442.18万美元，实现利用引资58.04万美元，完成州下达考核目标任务的145.1%。对外开放工作形成全方位、多层次、宽领域的良好格局。

【民心工程】 认真实施民心工程，建设力度进一步加大。一是完成50个30户以上自然村开通广播电视；二是完成2 000名农村劳动力转移培训和1 500名农村劳动力输出工作；三是解决农村9 000人的饮水困难，完成800口沼气池、1 000户节柴灶的建设；四是完成景讷乡土地开发整理项目和坡改梯工程1 000余亩；五是完成景哈至勐龙小街四级乡村公路、新建普文曼飞龙大桥，普文至勐旺公路改造基本完成；六是完成宣慰大道江北段，机场路绿化、美化、亮化工程，基本完成勐海路（首段和中段）绿化、美化、亮化工程；七是市残疾人综合服务中心工程基本完成；八是超额完成1 000平方米学生宿舍建设，新建2 729平方米教学楼；九是完成3所乡镇卫生院的改造、8所村卫生室的建设；十是完成10个村寨、1 739户农户的一户一表改造。

【招商引资“八个一”工程】 一是建设一个规划展示厅；二是建立一个招商引资宣传网站；三是建设一个招商引资项目库；四是制定一套招商引资宣传手册；五是刻制一套宣传光碟；六是建设一条户外广告大道；七是组织一支强有力的招商引资队伍。

【景洪工业园区规划建设前期准备】 中泰合作于2005年6月12月开发建设的景洪工业园区，经过了《谅解备忘录》签署、合作开发协议签订和奠基典礼三个阶段，目前，园区基本完成可研、总规、控规、矿产压覆、地质灾害评估、环评、1:2 000和1:500地质测绘、地质勘探、水文和气象资料收集以及“十一五”发展规划等前期准备工作；建立了中泰双方对应的管理机构和工作机构；明确了产业定位、洽谈了首批入园项目；启动了基础设施建设；举行了奠基典礼。工业园区规划建设前期准备工作基本结束，已整体转入大规模基础建设和全面招商入园的新阶段。景洪工业园区的主导产业选择注重产业关联效益，紧密结合自身的资源优势和区位优势来定位，即以发展纺织服装业、绿色食品加工业、生物产业、旅游产品加工业、天然橡胶加工业、林浆纸一体化、现代制造业和现代物流业生产业为重点，建设一个国际化、现代化、生态化、可持续发展的工业园区，既搭建一个西双版纳州景洪市工业发展的平台，也建设一片充满“热、傣、水、边”特色的新城。

基诺山巴飘新村 （许永杰 摄）

"思小高速公路"　　（许永杰　摄）

【开展城市"五创"】　根据州委、州人民政府关于景洪市创建"文明城市、中国最佳旅游城市、全国卫生城市、国家园林城市、国家环境保护模范城市"决定，2006年8月18日，景洪市召开"五创"动员会。主要任务是进一步认真学习"五创"工作的实施意见，对景洪市开展城市"五创"工作进行全面部署，统一思想，明确任务，动员各方力量和广大市民，扎扎实实推进"五创"工作，进一步提升景洪城市建设，推进景洪市跨越式发展。从此，景洪市开展城市"五创"工作全面展开。

【扶贫】　2006年，景洪市农业结构进一步优化，农业产业化迈出新步伐。"山区人均一亩良种茶"、"百万元畜牧业生产发展扶持"项目取得明显成效，新增茶叶面积1.5万亩，全市茶叶总面积达15.5万亩，总产值占种植业的26.7%；实现畜牧业产值1.33亿元，增长122.9%；冬季农业开发产值1.2亿元，增长10.5%。深入实施"新型农民培训工程"、"绿色证书工程"、"重大农业科技项目培训"等农业农村科技培训工程，完成农村劳动力转移培训3 535人，输出2 603人。农民人均纯收入首次净增300元以上，创农民增收历史最高水平。同时，以整村推进、打牢基础、产业开发、社会扶贫、易地扶贫为重点，加快实施"兴边富民"、人口较少民族扶贫开发性工程，完成10个重点扶贫村的扶贫任务，提高2 739低收入人口的经济收入。

（郭志明）

勐海县

【概述】　勐海县地处云南省西南部、西双版纳州西部，东连景洪市，东北邻思茅市翠云区，西北接思茅市澜沧县，西和南与缅甸接壤，总面积5 511平方千米，国境线长146.556千米。县城海拔1 168米，距省会昆明583千米，距州政府驻地景洪45千米。2006年年平均气温19.3℃，年降雨量1 324.3毫米。全县辖6镇5乡（其中有3个民族乡）4个社区居民委员会，85个村民委员会，937个村民小组、888个自然村。2006年末，全县总人口29.82万人，其中非农业人口4.44万人，占总人口的14.89%；少数民族人口26.18万人，占总人口的87.37%，有傣、哈尼、拉祜、布朗、回、佤等少数民族。自然增长率3.6‰。

2006年，全县完成生产总值（GDP）18.7亿元，按可比价计算，增长20%，为历年之最。人均CDP为6 241元，比上年增长23%。第一、二、三产业增加值的比例由上年的32:20:48调整为27:32:41。其中：第一产业完成增加值5.1亿元，增长4.1%；第二产业完成增加值5.9亿元，增长84.6%；第三产业完成增加值7.7亿元，增长3%。全县实现农业总产值现价8.6亿元，增长5%。粮食总产量1.41亿千克，减少2.44%。甘蔗种植面积21万亩，增长4.1%。茶园种植面积24.5万亩，增长8.6%。橡胶种植面积14.9万亩，增长23.6%。全年实现工业总产值现价11.4亿元，增长69.7%；工业增加值完成5.3亿元，增长1.02倍，首次超过农业总产值和增加值。制茶工业总产值达5.7亿元，普洱茶产量居全国第一。2006年，全县公路里程为1 567.97千米。全年完成旅客运输931万人，旅客周转量1.21亿人/千米。年末，全市固定电话用户2.8万户，移动电话用户8.73万户，宽带网用户2 726户。邮电业务总量643.98万元。每百人拥有固定电话9.6部、移动电话30.11部。全年社会消费品零售总额5.05亿元。全年财政收入5 281.5万元，全年财政支出3.7亿元。全年城镇居民年人均可支配收入8 224元，人均消费性支出6 441元；农民人均纯收入2 175元。在职职工年均工资16 242元，增长16.94%。全市有各类学校239所，在校学生5.1万人。九年义务教育普及率98.68%。适龄儿童入学率98%。有文化事业机构16个，公共图书馆藏书量3.17万册。广播、电视综合人口覆盖率分别为87%、95.14%。有医疗卫生院、所16个。森林覆盖率63%。

中共县委书记　曹孟良（～2006.5）、张　兴（2006.5～）

县人大常委会主任　杨仕兴

县人民政府县长　岩　温（傣族）

县政协主席　岩　比（傣族）

【中国首座布朗族生态博物馆】
1月23日，在勐海县西定乡章朗村

举行中国首座（也是世界首座）布朗族生态博物馆落成典礼。布朗族生态博物馆于2004年8月立项建设，遵循“保护生态环境、弘扬生态文化、发展生态经济、建设生态文明”的理念和思路，包括章朗古寨、龙山森林、古佛寺、布朗族文化交流展示中心、象顶塔等主体内容。还有象滑石、仙人洞、景桑古城遗址、白水河瀑布、仙女井等自然与人文结合的景观。总投资50多万元。

【曼短佛寺列入全国重点文物保护单位】 5月25日，曼短佛寺被国务院列为第六批全国重点文物保护单位。曼短佛寺位于勐遮镇曼恩村委会曼短村民小组，距勐海县城11千米，现存佛寺重建于1 742年（傣历1104年），佛寺面积696平方米，建筑大殿宽10米，长约18米。大殿是抬木梁、穿斗结合的梁架结构，重檐歇山式屋顶，上下两檐都是五坡面。平面布局不用檐柱，四面偏厦是墙抬木梁，墙体与檐口间设有斜撑。殿内外的构件上均有龙凤、花卉等图案，形象逼真，原始古朴。曼短佛寺的建筑造型和装饰艺术，集中体现了傣族古代建筑技术和历史文化精华，是西双版纳州境内保存较完整的古代佛寺建筑。

【勐海茶厂参与中央电视台《我的长征》大型电视行动】 5月，勐海茶厂参与中央电视台《我的长征》大型电视行动，限量制作“红色大益长征英雄纪念茶”1 000套，每套青熟茶各一饼，每套5 000克，沿途拍买，筹集善款成立“我的长征红色大益爱心基金”。在整个活动中，“红色大益爱心基金”成功举办3次大型义拍义卖活动，筹集善款1 022.58万元。分别在江西、湖南、广西、贵州、甘肃、四川援建20所“大益希望小学”；在云南省内保山、普洱、西双版纳、临沧援建6所希望小学；在兰州大学设助学金、奖学金，激励一批经济困难的大学生奋发向上，顺利完成学业；沿途修建红军烈士墓8座，救灾3次，看望老红军373人；拍卖四渡赤水纪念饼30套，价值60万元，用于修建四渡赤水纪念馆。

【勐海哈尼老人确康进京献茶】 9月27日，勐海茶厂退休工人——71岁的哈尼族确康老人在州茶办主任和勐海茶厂负责人的陪同下，乘飞机抵达北京，在51年前他住过的远东饭店入住，饭店专门派人到机场向老人献花，圆了51年再献茶梦。1955年8月，家住西双版纳州勐海县南糯山哈尼族村寨的哈尼族青年确康被民族工作队选中，参加云南少数民族国庆观礼团到北京出席中华人民共和国成立六周年庆典。为表达边疆人民的感激之情，在确康临行前，他妈妈用布缝制2个袋子，装上采自老茶树上的茶叶，敬献给党中央、毛主席。在天安门广场上的阅兵式上，确康见到了毛主席，还受到了周恩来总理的接见，总理还和确康亲切握手。

【勐海县工业园区】 位于勐海县城东北方向，流沙河左岸，国道214线旁，距勐海县城8千米，距州府景洪市区37千米，规划面积4.68平方千米，预计总投资2.97亿元。工业园区依托勐海资源和区位优势，因地制宜，突出特色，坚持以特色产业引领园区的全面发展，工业园区产业的发展定位以农林产品加工为主。至2006年，工业园区完成第一期建设用地900亩的土地征用工作，投资1 172万元；员工公寓施工图纸审核完毕；勐宋分厂厂房土建基础已经开挖；布朗山吉良分厂招收12名员工；园区自来水供水高位水池进行水池的封顶施工；工业取水拦河坝工程完工。园区投资425万元，日供工业用水4万立方米以上；完成勐海县城至园区的自来水供水工程，全长9千米，企业投资240万元，日供水5 000立方米；完成连接新老214线国道的道路建设，该道路是214国道进入园区的主干大道，按二级公路标准修建，全长416米，园区投资290万元；委托玉溪电力设计院完成园区3.5万KY变电站建设项目可行性报告，估算投资550万元；与投资商达成第一期规划日处理2万吨的污水处理厂建设项目投资意向，估算投资6 908万元。

【普洱茶香飘万家】 2006年，全县茶叶面积达24万亩，茶叶精制厂83家，比上年的61户增加22户，均首次突破万吨大关；实现工业产值5.7亿元，比上年增长139.5%；实现销售产值4亿元，增长101%。茶叶企业创税2 500万元，增长275.38%。仅勐海茶厂实现销售收入3.7亿元，实现利润总额2.27亿元，企业获得较好的经济效益。2004年，改制前工人月平均工资800元左右，2006年12月的平均工资是1 900多元，最高达3 200多元。福海茶厂茶叶出口创汇位居全省茶叶企业第一，共出口茶叶261吨，比上年的232吨增加29吨；出口创汇388万美元（全省茶叶出口创汇500多万美元），比2005年的198万美元增加190万美元，产品主要出口韩国。

普洱茶市场红火，最大的受益者是勐海的广大农民。2006年农民人均纯收入2 175元，比上年增长13.5%，比2004年的1 809元增长20.23%元。仅茶叶一项，农民人均增收560元。勐海县布朗山乡班章村交通闭塞，生产落后，曾经是勐海最贫穷的村寨之一，2003年，每千克古乔木毛茶才卖到12元，人均收入不到800元。至2006年，古毛茶收购价由2004年的每千克60余元上升为每千克300余元，全村117户农民人均收入已经超过4 000元。

（李林骏）

勐腊县

【概述】 勐腊县位于云南省最南端，西双版纳州东部。东、南与老挝山水相连，西与缅甸隔澜沧江相望，西北与景洪市连接，北与思茅市江城县毗邻。有着独特的区位优势，是背靠祖国大西南，面向东南亚重要的陆路和水路口岸，国境线长740.8千米。县城驻勐腊镇，海拔640米，国际大通道昆曼公路穿境而过。县城距州府景洪171千米，距省会昆明725千米。全县总面积7 081.2千米，山原山地占95.63%，山间盆地（坝子）占4.37%，属高寒山区农业县。2006年年均气温22.2℃，年降雨量1748.1毫米。森林覆盖率86.24%。全县辖7镇3乡，52个村委会，529个村民小组，503个自然村。2006年末总人口20.75万人，其中非农业人口7.2万人，占总人口的34.7%；少数民族人口15.34万人，占总人口的73.9%，有傣、哈尼、彝、瑶、苗、壮、拉祜和克木人等少数民族。人口自然增长率5.73‰。

2006年，全县实现生产总值（当年价）24.47亿元，比上年增长16.8%；一、二、三产业增加值占CDP比重由上年的48:17:35调整为44:24:32。其中，第一产业增加值11.02亿元、第二产业增加值5.68亿元、第三产业增加值7.77亿元，分别增长7.8%、57.7%和9.4%。农业总产值完成（现行价）17.54亿万元，增长21.07%，农业增加值首次突破10亿元大关，达到10.5亿元。粮食总产量7 869万千克，增长0.51%；工业总产值（现行价）6.4亿元，增长131.89%。完成财政总收入1.71亿元，其中：中央、省、州级拨入7 041万元，地方财政收入1.01亿元，首次突破亿元大关，增长71.54%，创历史最高水平，增速居全州第一。边境经济贸易总额17.81亿元，增长42.53%，其中：边境小额贸易15.95亿元，增51.89%；边民互市8 600万元，下降14.23%。经济技术合作9 990万元，增长0.81%。旅游综合收入1.44亿元，增7.34%。乡镇企业营业收入12.86亿元，增长79.06%。种植橡胶154.35万亩，产量8.81万吨，比上年增7.87%。种植茶叶7.5万亩，产量（干毛茶）2 800吨，比上年增9.85%。农民人均纯收入2 251元，增长11.38%。粮食人均379千克。城乡居民储蓄存款余额19.39亿元，增长35.42%。职工年人均工资14 116元，增长4.85%。居民消费价格平均指数为101.9。有2 350人享受最低生活保障。电视覆盖率92.84%，无线广播覆盖率88.74%。全年客运量553万人次，客运周转量4.68亿人/千米，完成货运量418万吨，货运周转量2.94亿吨/千米。邮电业务总量4 919万元。全县共有各类学校117所，在校学生4.17万人，专任教师2 326人。九年义务教育小学入学率99.41%，辍学率0.35%；中学毛入学率98.96%，辍学率1.4%。年末，有文化馆、图书馆和群众娱乐馆13个。医疗卫生机构19个，床位630张。

中共县委书记　陈启忠（彝族，~2006.11）、李洪武（哈尼族，2006.11~）

县人大常委会主任　黄春发（彝族）

县人民政府县长　吕永和（傣族）

县政协主席　罗长生（彝族）

【“马帮贡茶万里行”活动启程】 4月2日上午，由99匹滇马组成的以“摇响马帮铃声，传承古茶风韵，支持健康扶贫，共襄茶为国饮”为宗旨的“马帮贡茶万里行”活动，在勐腊县易武乡举行启程仪式。通过这次活动，将茶马古道的历史文化与现代经济相融合，以茶为媒，以茶会友，通过活动自身的品牌效应和新闻媒体的宣传，把深藏在云岭大山中的普洱茶展现给中国和世界，让人们充分领略普洱茶的无穷魅力和文化内涵，为做大做强普洱茶产业作出贡献。

【边境线上新农村】 勐腊县勐满镇位于勐腊县西南端中老边境线上。勐满村委会曼洪村小组是一个傣族聚居的坝区村寨。走进村里，村口耸立着一道华丽而具有民族特色的村寨大门，门后是一条平整而干净的水泥道路；路两侧建有花池，池里盛开着艳丽的小花；干栏式竹楼鳞次节比，庭院中栽种着各种奇花异草，呈现出一派生机勃勃的景象。

曼洪村全村有82户412人，有水田844亩，集体和农户橡胶2 800亩。2005年，村民总收入138.1万元，人均3 000元，集体收入14.5万元。2001年以来，曼洪村从未中断开展“十星级”文明户评选活动，有“十星级”72户，占全村民小组的87.8%；九星级”8户，占9.7%；“八星级”2户，占2.5%。村民小组的文化娱乐活动也开展得红红火火，先后成立了业余文艺队和青年篮球队，2006年成立了由30多名老人组成的老年体协分会，开展打门球、打气排球、扭秧歌舞等运动，经常参加一些州、县活动并获奖。

而今，曼洪村民小组的村容村貌得到了较大改观，村民文明生活的意识得到进一步增强，广大群众树立了奔小康的意识，精神文明建设不断取得新成绩：1998年被勐腊县委、县人民政府命名为县级文明村寨；1999年被命名为州级文明村寨；2001年被命名为省级文明村寨，成为勐满镇第一个被命名的省级文明村寨。

【遭受洪水袭击】 7月12日，由于受孟加拉湾低压切变影响，勐腊县持续出现强降雨天气，在经过连续近10个小时的大雨后，辖区内尚勇、勐腊、勐捧、易武等4个乡镇遭到洪水袭击。其中，勐腊县城区、尚勇镇的降雨量分别达到110.1毫米、111毫米。洪水淹没了农田、鱼塘、菜园，冲毁了公路、房屋、桥梁，在小磨公路5标段路面有5名民工被洪水围困，其中1人死亡，2人下落不明。勐捧镇2人被洪水冲走，下落不明；在勐腊县城区一名6岁的小孩被洪水冲进下水道死亡；县教育局、县计生局、县新华书店和部分商店及仓库被洪水浸泡。据初步统计，此次洪灾造成直接经济损失1 660.25万元，其中：房屋冲毁58间，农田受灾7 041亩，成灾3 368亩，绝收2 114亩，经济作物受灾1 082亩，公路坍方0.9千米，桥梁涵洞被毁28座，水沟被毁48条，水坝被毁128座，鱼塘被毁245亩，冲走粮食520吨、化肥3吨，冲走摩托车4辆，手扶拖拉机1辆、本田轿车1辆，受灾人口达1.87万人。灾情发生后，该县立即启动了抗洪救灾应急预案，党政领导在第一时间赶到受灾第一线，了解灾情，指挥抗洪救灾，组织群众开展抗灾自救，派出农科技术员指导群众恢复受灾的农作物和经济作物，使受灾损失降到最低程度。

【首届农村文艺调演】 11月25日晚，勐腊县举办以“建设社会主义新农村”为主题的首届农村文艺调演，由此揭开了城乡文化和谐发展、共同繁荣的序幕。参演的24个文艺节目，全部由各村委会、各社区居委会推荐。节目大多由群众演员自创、自编、自导、自演，以农民群众的生产、生活为原型，以歌曲、舞蹈、快板等文艺形式，展现农家情、农家事，突出浓郁的民族和地方特色。调演节目中，《芦笙吹响新农村》唱出了乡村新貌；《彝家乐》、《快乐的日子》、《红红火火》展现了农民群众喜庆丰收、幸福祥和的生动场面；《走进新时代》、《希望》展示了人民群众对未来美好生活的向往与憧憬；《月光下的凤尾竹》、《纺车风情》、《南腊河畔》等充满乡土气息的精彩节目，赢得观众喝彩和阵阵掌声。

【国有企业分离办社会职能】 1月，为加快推进勐腊县国有农垦企业分离办学职能工作，县委、县政府提高认识，精心组织，严格遵循有利国有农垦企业减负，有利于社会稳定的原则，结合勐腊县实际，积极稳妥地完成企业办社会职能人员分离和资产移交，共接收四大农场派出所和学校教职工697人，完成29所学校、4个派出所的分离，切实减轻了企业办社会的负担。移交人员工资及相关经费从1月开始纳入勐腊县地方财政预算。

【易武关帝庙修缮竣工】 易武关帝庙，原称易武石屏会馆，建于清乾隆五十年（1785年），竣工于光绪四年（1878年），至今已有128年历史。有大门、大殿、中殿、陪房、厢房、厅房等建筑18幢，占地5亩多，重修后的易武关帝庙充分展现了易武丰厚的历史文化内涵。易武关帝庙是全州百年前的木建筑中保存最完整的一座古庙。后因战乱和“文化大革命”，大庙屡遭破坏，至今仅存中殿和观音殿。为保护易武关帝庙，反映易武历史文化名镇底蕴，重现古庙昔日光彩，经过7个月紧张施工，投资48万元的易武关帝庙修缮工程竣工，并正式向游客开放。修缮后的关帝庙工程坚持修旧如旧、只修不建原则进行规划设计，对其残缺损坏的部分进行修补。为保证恢复大庙的原有风貌，还对周围的建筑和学校进行了搬迁，修缮后的关帝庙主体建筑保持原有的布局、体量和大木结构。

（王晓静）

西双版纳州经济社会发展主要指标（表一）

地区	年末总人口（万人）		城镇人口占总人口比重（%）		全社会就业人员（万人）		城镇登记失业率（%）	
	2005年	2006年	2005年	2006年	2005年	2006年	2005年	2006年
西双版纳州	104.96	105.7	32.20	33.11	47.46		3.63	3.60
景洪市	47.09	47.4		37.84	22.32		3.00	3.40
勐海县	32.73	32.9		27.98	17.35		2.90	3.00
勐腊县	25.14	25.5		34.70	10.50		3.10	3.00

西双版纳州经济社会发展主要指标（表二）

地区	地区生产总值（万元）		第一产业（万元）		第二产业（万元）		第三产业（万元）	
	2005年	2006年	2005年	2006年	2005年	2006年	2005年	2006年
西双版纳州	779 513	914 971	279 031	314 068	178 824	237 100	321 658	363 803
景洪市	431 176	487 601	130 747	148 246	108 163	126 310	192 266	213 045
勐海县	150 815	188 854	47 593	51 228	30 774	60 185	72 448	77 441
勐腊县	195 107	244 687	93 422	110 227	32 926	56 789	68 759	77 671

西双版纳州经济社会发展主要指标（表三）

地　区	地区生产总值指数（上年 = 100）		第三产业增加值比重（%）		人均地区生产总值（元）		全社会固定资产投资（万元）	
	2005 年	2006 年	2005 年	2006 年	2005 年	2006 年	2005 年	2006 年
西双版纳州	112.3	112.4	41.26	39.76	7 459	8 687	566 935	462 564
景洪市	110.0	110.1	44.59	43.69	9 199	10 324	370 448	390 072
勐海县	109.2	119.9	48.04	41.01	4 623	5 768	50 873	56 031
勐腊县	116.8	116.8	35.24	31.74	7 801	9 671	145 574	188 013

西双版纳州经济社会发展主要指标（表四）

地　区	地方财政收入（万元）		地方财政支出（万元）		人均地方财政收入（元）		社会消费品零售总额（万元）	
	2005 年	2006 年	2005 年	2006 年	2005 年	2006 年	2005 年	2006 年
西双版纳州	36 430	48 185	128 223	165 703	349	459	215 195	249 068
景洪市	17 428	21 054	38 608	51 808	372	446	127 041	145 288
勐海县	4 315	5 249	27 157	34 253	132	160	41 260	50 465
勐腊县	5 793	9 646	25 423	35 421	232	381	46 894	53 315

西双版纳州经济社会发展主要指标（表五）

地　区	农民人均纯收入（元）		农村人均住房面积（平方米）		在岗职工年平均工资（元）		人均储蓄存款余额（元）	
	2005 年	2006 年	2005 年	2006 年	2005 年	2006 年	2005 年	2006 年
西双版纳州	2 172	2 413	26.40		14 313	15 737	6 035	7 316
景洪市	2 468	2 774	33.29		14 848	16 343	8 535	10 040
勐海县	1 916	2 175	23.64		13 888	16 242	2 699	3 160
勐腊县	2 021	2 251	19.73		13 463	14 207	5 696	7 616

西双版纳州经济社会发展主要指标（表六）

地　区	初中学龄人口入学率（%）		广播覆盖率（%）		电视覆盖率（%）		每千人拥有医院、卫生院床位数（张）	
	2005 年	2006 年	2005 年	2006 年	2005 年	2006 年	2005 年	2006 年
西双版纳州	73.14	75.89	87.5		95.2		3.00	
景洪市	83.32	80.60	91.0		94.0		4.19	4.27
勐海县	69.74	71.66	91.8		93.4		1.68	1.71
勐腊县	63.50	75.04	75.3		93.8		2.47	2.36

（省统计局）

大理白族自治州

主　　编　赵秀元　赵　芳
责任编辑　方爱琴

【概述】　大理白族自治州位于云南省西部，东经 98°52′～101°03′，北纬 24°41′～26°42′之间。州府驻地大理市下关，距省会昆明 338 千米。东邻楚雄州，南与思茅、临沧两市相连，西北毗邻保山市和怒江州，北靠丽江市。辖区总面积29 459平方千米。境内的山脉主要属云岭山脉及怒山山脉，点苍山位于州境中部，如拱似屏，巍峨挺拔。北部剑川县雪斑山是州境内群山的最高峰，海拔4 295米；最低点是云龙县怒江边，海拔 730 米。金沙江、澜沧江、怒江流经州境，红河发源于州属巍山县境。主要湖泊有洱海、剑湖、海西海、茈碧湖等，气候属亚热带、暖温带，冬干夏湿的高原季风气候。州域常年平均气温 15℃左右，年均降雨量 850 毫米左右。2006 年，辖大理市、永平、云龙、弥渡、祥云、宾川、鹤庆、剑川、洱源、巍山彝族回族自治县、南涧彝族自治县、漾濞彝族自治县等 12 县市，110 个乡镇，其中乡 44 个、镇66 个。大理州有良好的区位优势，州府所在地大理市位于 320 国道和 214 国道的交汇点，广（通）大（理）铁路通车，大理机场通航，大理形成了便捷的交通网。2006 年末，全州总人口 343.97 万人，其中非农业人口 44 万人，农业人口 299.97 万人；少数民族 172.27 万人，占总人口的 50.08%；白族 115.55 万人，彝族 43.58 万人，回族 6.9 万人。人口密度每平方千米 117 人，人口自然增长率控制在 5.4‰以内。

2006 年，全州完成生产总值 275.28 亿元，（按可比价计算）增长 13.3%，三次产业比例由 29.0:33.3:37.7 调整为 27.9:35.6:36.5。实现财政总收入 39.36 亿元，增长 18%；完成地方一般预算收入 18.75 亿元，增长 19.1%。完成固定资产投资 107.73 亿元，增长 30.1%。实现社会消费品零售总额 71.84 亿元，增长 15.1%。实现外贸进出口4 663万美元，增长 15.8%。金融机构存款余额 290.33 亿元，贷款余额 181.87 亿元，分别增长 18.8% 和 14.6%。

2006 年，农林牧渔业总产值完成 118.9 亿元，增长 11.7%，粮食总产量 127.9 万吨，增长 5.4%，粮经比例由 2005 年的 70.2:29.8 调整为 71.4:28.6；新增水利工程供水能力总库容 67.27 万立方米，有效灌溉面积 14.34 万公顷。年末森林覆盖率 51.95%。

完成工业总产值（现价）211.78 亿元，实现工业增加值 80.09 亿元，规模以上工业企业累计实现销售收入 131.1 亿元、利税总额 28.24 亿元。

全年，接待国内游客 765.63 万人次，海外游客 20.93 万人次，分别增长 12.9% 和 20.4%；实现旅游社会总收入 57.2 亿元，旅游创汇 5 705.76万美元，分别增长 15.6% 和 31.8%。

交通运输、仓储及邮电业实现增加值 12.84 亿元，到年底全州公路通车里程 1.62 万千米。其中：高速公路 222.4 千米，一级公路6 938千米。公路运输客运量7 577万人，旅客周转量 63.71 亿人/千米。货运量5 083万吨，货物周转量 52.43 亿吨/千米。固定电话用户 54.53 万户，比上年增加 18.6%；移动电话用户 75.86 万户，增长 40%；电话普及率为 37.9 部/百人，互联网用户 4.87 万户，增长 19.7%，其中宽带网用户 4.87 万户，增长 30.6%。

2006 年，城镇职工参加基本养老保险 12.12 万人，参加基本医疗保险 19.72 万人、失业保险 8.85 万人、工伤保险 4.5 万人、生育保险 4.5 万人；为 3.25 万名企业退休人员调整养老保险待遇，月人均增加养老金 159.95 元。进一步完善企业退休人员社会化管理服务工作，社

大理州 2006 年度千村扶贫百村整体推进总结表彰大会

（赵秀元　摄）

2006年11月22日大理白族自治州建州50周年庆典在大理全民健身中心隆重举行　（赵秀元　摄）

区管理率达96%。12县市均建立了农村社会保险制度，农村养老保险参保人数达3.9万人，新增6 360人。社保资金安全完整，城镇低保实现应保尽保和分类施保，在全省率先建立了农村最低生活保障制度，全州纳入低保9 197户、2.15万人，城乡社会救助体系初步建立。

年末，全州有各类学校1 798所，专任教师2.82万人，其中：大学1所，中专5所，普通高中34所，初中179所，小学1 157所，职业中学17所，特殊教育学校1所。招收各类学生12.28万人，毕业生15.35万人，在校生57.85万人，学龄儿童入学率96.71%，普通初中升学率55.14%，高考上线率85.64%。农村中小学“两免一补”政策得到落实，对农村41.4万名义务教育学生免除学杂费，为17.1万名农村义务教育贫困学生提供免费教科书，为5.8万名寄宿制贫困学生提供了生活补助；总投资5 552万元，建成覆盖全州的现代远程教育体系；全州有医疗卫生院所231个，床位9 005张。公共图书馆13个，群众艺术馆文化馆13个。全州文化产业实现总产值39.15亿元，增加值23亿元。完成广播电视村村通481座，广播、电视综合覆盖率分别达91.6%和96.7%，有线电视数字化转换试点进展顺利。

2006年，全州单位在岗职工16.46万人，年平均工资1.81万元。城镇新增就业1.89万人，完成任务数的105.1%；下岗失业人员再就业9 180人，完成任务数的108%；特殊困难群体就业2 549人，完成任务数的115.9%；城镇登记失业率3.2%，低于预定目标0.6个百分点。向州外输出劳务5.27万人，实现劳务纯收入3.16亿元。农民人均纯收入2 431元，城镇居民人均可支配收入1.02万元，分别增长8%和13.4%。

中共州委书记　顾伯平
州人大常委会主任　赵　波（女）
州人民政府州长　赵立雄（白族）
州政协主席　赵有生

【农业产业化初见成效】　2006年，农业产业化经营取得新成效，全年新植桑园2.01万亩，达23.03万亩；新植核桃55.8万亩，达305.8万亩；种植甘蔗3.97万亩、蒜葱20.2万亩、啤饲大麦57.9万亩。奶牛存栏10.2万头，净增0.8万头；肉牛存栏71.5万头，净增6.5万头；奶类总产19.04万吨，肉类总产34.11万吨，同比分别增长7.7%和5.2%。先后有下关沱茶集团、大理欧亚乳业等4家企业列入国家重点农业产业化骨干企业，祥云银龙茧丝公司、大理瑞鹤药业、云南远益园林有限公司等22户企业列入省级农业产业化龙头企业。同时，认真落实中央和省的农村税费改革、粮食直补、良种补贴、农机补贴、农业生产资料综合补贴等扶持政策；投资1 746万元，实施土地复垦、土地整理项目1.44万亩，新增耕地7 134亩。新增转移农村劳动力5万人，农村劳动力工资性收入达6.85亿元，增长9.1%。

【小康示范村建设加强】　2006年，确定大理市喜州镇周城村、漾濞县苍山西镇马厂村、祥云县祥城镇芮家营村、宾川县金牛镇大新村、弥渡县新街镇新胜村、南涧县公郎镇回营村、云龙县旧州镇旧州村、永平县龙门乡石家村、洱源县右所镇右所村、巍山县大仓镇大仓村、剑川县沙溪镇寺登村、鹤庆县云鹤镇新生邑村等12个交通便利、经济社会发展水平和农民科技文化素质较高的行政村创建“小康示范村”。12个小康示范村共涉及168个村民小组，1.28万户农户，5.21万人，规划总投资4 602.17万元。建设内容主要包括村容村貌整治、道路硬化、绿化美化、住宅改造、产业开发、社会事业建设、社会保障等7个方面。每村规划投入资金共250万元，其中，州、县财政资金100万元，整合相关部门资金50万元，信贷资金50万元，群众投工投劳、自筹投入50万元。州、县市财政每个示范村扶持100万元，主要扶持基础性、公益性项目。相关部门资金，每个示范村50万元，主要扶持基础设施项目。信贷资金主要扶持产业发展项目。群众投工投劳、自筹资金主要用于住宅改造工程。资金管理上实行设立专户、专帐管理，保证资金专款专用。到年底，全州小康示范村建设共完成投资4 708.89万元，占计划总投资额的102.3%，其中：村容村貌整治完成投资244.14万元，道路硬化完成714.95万元，绿化美化完成297.25万元，住宅改造完成1 582.72万元，产业开发完成1 034.65万元，社会事业建设完成627.97万元，社会保障完成121.61万元，其他投入84.6万元。

【国务院扶贫检查组到州检查】2006年5月26～29日，以陕西省扶贫办助理巡视员谢祝奇为组长的省际扶贫交叉检查组一行5人到州检查扶贫开发整村推进、产业扶贫和劳动力培训转移等工作。检查组一行先后深入到南涧县无量乡新政村小比舍组、木搬箐组和碧溪乡龙山村白马箐组，到南涧县职业中学、洱源县新希望云南邓川蝶泉乳业有限公司、牛街乡福田村等地实地检查扶贫开发整村推进建设项目，走访部分贫困农户。并查看了两个县扶贫项目资金管理的相关痕迹管理资料。听取州扶贫办主任杨占文和南涧县县长阿怀聪的工作情况汇报。通过“听、看、查、访、议”，检查组认为，大理州贫困地区的基本现状是“山高、坡陡、沟深、民穷”，扶贫开发任务艰巨，任重道远。全州各级高度重视扶贫开发，能够准确把握州情，紧紧围绕整村推进、产业扶贫和劳动力培训转移“一体两翼”开展扶贫工作，取得明显实效。

【首批千村扶贫百村推进成效显著】

自2005年9月开始全面实施扶贫开发千村推进工程以来，以农户实现“八有”，自然村和行政村总体实现“六有”为目标，以整合各类扶贫资源为突破口，各项工作进展顺利，2006年度实施的100个村“866”目标已基本实现。其主要成效：一是群众生活条件明显改善。年内完成安居工程新建和改造6 390幢、65.8万平方米，增长17%；完成沼气池和节能灶3.15万口，建成卫生厕2万户，建成卫生厩2.03万户，不少地方告别了无卫生厕、无卫生厩的历史；新建和改造村“两委”办公房1.09万平方米。二是坚持基础设施建设先行，农村生产条件得到改善。以人畜饮水解困、中小型灌溉、基本口粮田地建设工程为重点，年内建成水窖1.39万个、小水池2 784个，户均达1.07个；沟渠243千米、人饮管道113.75千米，完成坡改梯1.11万亩、中低产田地改造1 620亩，累计有高稳农田地21.8万亩，人均达到1.7亩；2006年，100个村农民人均占有粮达到443千克，比上年增长16.6%，净增63千克；年内新建和改造乡村公路251条、1 129千米，新植村道绿化树9.72万株，行政村通车里程达2171.1千米，50户以上自然村通简易公路415个村，占自然村总数的94.5%，建成村内硬化弹石路44条、56千米，水泥路108条、70千米，结合农村电网改造，完成高压线路改造37条、94千米，完成低压线路改造52条、98千米，新置变压器49台、电杆2 405根，通电农户达4.36万户，农户通电率达97.1%。三是坚持以增加农民收入为目标，大力扶持发展林果、烤烟、蚕桑、茶业、养殖等产业发展项目。全年累计完成经济林果种植14.49万亩，人均纯收入达1 500元以上的6.06万人，占总人口的32.7%。四是坚持以农民为主体，提高农民素质工程取得新成效。全年完成实用技术培训1.39万人次、劳动力转移培训1.90万人，输出农村富余劳动力1.8万人，据不完全统计，外出务工农民年人均净收入6 000～8 000元。完成村完小危房改造36所、5 910平方米，新建村完小7所、2 620平方米，新建和改造文化室5 543平方米、卫生室6 670平方米，在加快电话村村通进程的同时，建成卫星电视地面接收站77座，行政村电视信号覆盖率达到95%以上。五是坚持创新资金筹集机制，资金投入力度不断加大。2006年全州千村扶贫开发百村整体推进整合、筹集到位各类扶贫资金近2.76亿元，人均1 504元。

2006年9月21日祥云飞龙公司年产8万吨电铅项目投产庆典

（赵秀元　摄）

【城镇化水平稳步提高】　2006年，基本完成滇西中心城市规划和11个县城总体规划修编、调整，编制了12县市城市绿地系统规划和56个乡镇总体规划，启动了社会主义新农村建设规划。投资68亿元，实施113项基础性、公益性市政基础设施建设工程，新增城镇建成区面积6平方千米，城镇化率提高1.5个百分点，达26.5%；新增城市供水能力1万吨/日；完成投资1.6亿元，新增城市绿地面积54.76万平方米；投资1.47亿元，加强6个旅游小镇建设。培植壮大地方特色产业、房地产业和旅游业等城镇支撑产业。全州完成房地产开发投资14.62亿元，增长34.2%，商品房

人民生活不断改善肉食品市场充裕　　（赵秀元　摄）

施工面积176.3万平方米；建成大理市10万平方米的“太和苑”经济适用住房小区；实施祥云、弥渡、南涧、巍山4县10万平方米的廉租房建设工程。加大公积金管理和归集力度，累计归集公积金余额近10亿元。

【公路设施建设取得新成就】　2006年，大丽铁路和祥临公路、关巍公路及大理机场改扩建工程进展顺利，宾祥公路建成投入使用，大凤公路基本建成。

【能源建设全面推进】　小湾电站建设顺利推进；完成县城电网建设与改造工程；剑川县龙底电站、漾濞平坡电站、宾川清水河电站完工并投入运行；漾濞漾洱电站、云龙永安电站等项目正抓紧施工；加强了功果桥、苗尾、鲁地拉、龙开口等国家和省大型水电站以及风力发电项目前期工作。

【农田水利建设成效显著】　洱源此碧湖水库、大理三哨水库和祥云新兴苴水库除险加固工程已基本完工；引洱入宾北干渠工程、南涧母子垦水库、云龙天池水库和水利血防、安全饮水、水土流失治理等项目正抓紧实施；中型以上水库除险加固工程全面完成。

【公共设施建设力度加大】　2006年，大理全民健身中心、州医院门诊综合楼、州中医院综合楼、州民族中学教学楼、云南建设学校、大理卫生学校、大理财贸学校、州体育场馆、州博物馆、图书馆建设及改造工程等项目竣工投入使用，大理农业学校扩建、各县市重点中学改扩建、中小学危房改造工程等项目顺利推进。完成第一批366个无房、危房的村委会办公用房建设任务。

【培育壮大支柱产业】　2006年，坚持培育壮大支柱产业，经济结构进一步改善。烟草产业：坚持计划种植、连片轮作、合同收购烟叶141.9万担，烟农收入8.37亿元。生产卷烟40万箱，单箱税利比上年增加474元。烟草产业完成现价工业产值29亿元，增长2.6%。旅游产业：改造提升和新建了一批精品景点，加强宣传促销，规范行业管理，努力提质增效，“二次创业”全面启动。建筑建材业：实现建筑业增加值17.83亿元，增长13.6%；优势农畜产品生产和深加工业：突出特色，围绕龙头建基地，建好基地促龙头，初步培育了一批农产品加工、保鲜、储运、流通企业和生物制药企业，全年实现产值（现价）30.4亿元，增长7%。矿冶业：建成投产祥云飞龙年产8万吨铅等一批冶金项目，全年实现工业产值（现价）31亿元，增长82.4%。电力工业：在积极配合国家和省做好大型水电站前期工作的同时，新开工建设了一批中小水电站，新增水电装机容量6.94万千瓦。全年电力工业实现工业产值（现价）15亿元，增长21%；社会用电量22.72亿千瓦时，同比增长19.2%。

【招商引资成效显著】　2006年，共签订国内经济技术合作项目72项，协议总投资47.47亿元人民币；外资项目17项，协议总投资5.74亿美元。全年引进州外实际到位资金23.78亿元，增长49.5%。新批利用外资项目10户，实际利用外资1 528万美元，增长165%。先后成功引进云南铜业集团投资2亿元开发弥渡铜钼矿，云南国资水泥公司投资6亿元新建剑川、云龙各年产100万吨水泥生产线，新加坡三德集团投资3亿元建设鹤庆100万吨水泥生产线，云南省旅游投资公司投资近3亿元参股重组大理旅游集团等一批重大项目。

【旅游业三个效益同步提高】　2006年，全年共接待国内旅游者765.63万人次，同比增长12.9%；国内旅游收入52.45亿元，同比增长14.4%；接待海外旅游者20.93万人次，同比增长20.3%；旅游创汇5 705.76万美元，同比增长31.8%；旅游社会总收入57.20亿元，同比增长15.63%。全州主要景区（点）的接待人数和收入同步提高。全州旅游产业发展的经济效益、社会效益和环境生态效益同步提高。

【洱海环境保护进一步加强】　2006年，完成《洱海水污染综合防治“十一五”规划（2006～2010年）》的编制，组建了“中国大理洱海湖泊研究中心”。洱海保护治理“六大工程”稳步推进，洱海全湖水质总体保持在Ⅲ类，在全省目标责任考评中获一等奖。认真执行建设项目环境管理制度，严把项目准入关，从源头上控制污染。进一步加大环保监察执法力度，加强工业污染监管、防治工作。稳步推进排污许可证核发和排污费征收制度。

（赵秀元）

大理市

【概述】 大理市位于滇西中部，大理白族自治州中部，东与宾川、祥云县相连，南与巍山、弥渡县毗邻，以点苍山为界西接漾濞县，北与洱源县接壤。面积1 815平方千米。地处金沙江、元江和澜沧江三大水系分水岭地段，地形复杂，境内高山、湖泊、河流、丘陵、盆地相间。点苍山属横断山脉云岭余脉，由19座南北走向的山峰组成，海拔3 500～4 122米，是本市的主要山脉，点苍山马龙峰为最高峰，海拔4122米。洱海是全国著名的七大淡水湖泊之一，南北长40.5千米，东西宽3～9千米，蓄水量30亿立方米，西洱河是洱海的惟一天然出口。太邑乡坦底摩村海拔仅1 340米，是市内最低点。下关是大理白族自治州和大理市人民政府所在地，海拔1 976米，为全州政治经济文化中心，风能资源丰富，有“风城”之称，距省会昆明398千米。全市辖11镇1乡两区，109个村民委员会，20个社区居民委员会。2006年平均气温15.7℃，降雨量695.3毫米。年末总人口60.32万人，其中非农业人口21.23万人，占35.19%。大理市是以白族为主的多民族聚居地区，白、汉、彝、回等为世居民族，少数民族44.24万人，占73.35%。人口自然增长率为4.58‰。

2006年，全市生产总值完成110.35亿元，同比增长11.1%，第一产业增加值（现价，下同）10.16亿元，增长5%（可比价，下同），第二产业增加值50.58亿元，增长13.9%，第三产业增加值49.61亿元，增长9.6%。辖区内工业总产值完成102.03亿元，增长25.39%，财政总收入首次突破10亿元大关，完成11.53亿元，社会固定资产投资完成42.4亿元。城乡居民人均可支配收入首次突破万元，达10 716元，增长13.39%，农民人均纯收入达3 675元，增长6.31%，居民消费价格总指数比去年同期上涨2.4%，城乡居民储蓄存款余额85.59亿元。年末耕地面积1.29万公顷，粮食总产量14.78万吨，农业总产值58.81亿元，全市人均占有肉、奶、蛋242千克。城市恩格尔系数35.8%，城市消费基尼系数0.33。2006年全年客运周转量为41.09亿人/千米，货运周转量32.72亿吨/千米。至年底，百户城镇居民家庭拥有摩托车34辆，家用汽车5辆，洗衣机102台，电冰箱89台，彩电132台，家用电脑40台，摄像机4台，钢琴1架，移动电话175部；每百户农村住户拥有大型家具1 089件，自行车134辆，洗衣机64台，彩电113台，摩托车30辆，电冰箱43台，移动电话75部，家用电脑2台。

年末，辖区内共有各级各类学校252所，在校（园）生10.08万人，文化馆、站13个，图书、博物馆各1个。有各类医疗机构771家，职工1 870人。全年接待国内外游客520.2万人次，旅游社会总收入完成28.89亿元。

中共市委书记　段　玠
市人大常委会主任　张志寿（白族）
市人民政府市长　段　力（代）
市政协主席　忻德昆

【大理全民健身中心竣工】 大理全民健身中心位于大理市下关北区万花路东段，景观大道以南，洱海以西，项目总投资2.2亿元，占地137亩，建筑面积3.8万平方米。项目由室内馆和室外广场两大部分组成，主体建筑为高次曲钢结构壳体建筑形式，室内馆有综合馆、竞技馆和游泳馆，室外广场分为西广场、中心广场和东广场，室外运动场地设有网球、篮球、排球、地掷球场、门球场、羽毛球和棒球场，整个项目按国际化标准规划建设，可承办国际、国内单项体育赛事，力争创建国家一流的高原体育训练基地，又能为大理市民及游客提供一个高品质的健身、休闲、娱乐场所。

【“十里花廊”展现西洱河畔】 2006年，对西洱河两岸长达5千米的区域进行绿化，改造建设2.5万平方米绿地，营造城市绿色，“十里花廊”。整个绿化工程以大理州博物馆至黑龙桥和泰安桥至滨河园为重点，按照生态环保，同时融入园林造景及历史文化的原则，以叶子花、桂花、红花油茶、马樱花、杜鹃、紫薇、云樱、冬樱、黄槐等地方乡土树种为主，体现大理地方特色，并通过置石景观和种植大树体现大理文化。

【城市供排水能力增强】 年内，市供排水公司完成对下关镇龙泉自来水厂和感通自来水厂的租赁和收购，新增7个供水区域，全市供水能力达到11万立方米/日，供水普及率达到98%，城市污水处理能力5.4万立方米/日，市供排水公司全年生产水量2 300万立方米，销售水量1 700万立方米，实现销售收入3 700万元。

【智能交通指挥系统启动】 大理市智能交通指挥系统工程，历时3年，2006年2月底主体工程竣工，4月8日完成市区道路30个电视监控点，8个闯红灯自动记录系统，9个联网信号控制点，10套出入城卡口，3套高清智能超速违法查处系统，无线集群调度台的建设，24小时记录下关大理两城区的道路，重要场所的动态交通信息，治安状况，实现对各路口违法车辆进行抓拍及录制，有效地查处车辆的违法行为。系统于4月9日下午7时正式启动。

【白族非物质文化遗产列入国家文化遗产名录】 非物质文化遗产是我国历史的见证和中华文化的重要

载体，2006年，国务院在我国第一个文化遗产日前，批准并公布了第一批国家级非物质文化遗产名录，大理“白族绕三灵”、和“白族扎染技艺”列入其中。

【合作医疗农民得实惠】 2006年，大理市列入全省新型农村合作医疗试点县（市），全市有32.45万农民以户为单位参加新型农村合作医疗。参合率按户计算为91.2%，共筹集资金1 784.78万元。累计发生医疗费用4 908.97万元，总共为参合群众报销医疗费用1 285.89万元，参合农民得到799.13万元的实惠，同时把符合条件的困难群众1.09万人纳入救助范围，为农村困难群众缴纳2006年7月1日至2007年12月31日时段新型农村合作医疗自筹金16.35万元，2006年共救助大病困难户54户，支出大病医疗救助经费2.84万元。

【优待老人新举措】 2006年8月1日起，年满65周岁（含65周岁）以上的大理市户籍的老年人，凭《大理市老年人优待证》在大理市范围内享受各项社会优待。1. 免票优先进入体育场馆、公园等场所；2. 免交医院普通挂号费优先就诊；3. 公交车设老年人专座，免费乘车；4. 农村老年人不承担义务工、劳动积累工，免除公益性摊派及各种形式的社会性集资；5. 创办各类敬老院等提供的育养服务免交营业税金；6. 免费使用公共厕所；7. 各级部门对老年人及其组织来信来访优先接待处理；8. 合法权益受侵害，提起诉讼，交纳诉讼费有困难可以缓、减、免交，无力支付律师费可获得司法部门的法律援助；9. 百岁以上老人除以上优待外，由市人民政府给予每人每年120元营养补助，每年免费体检1～2次。

【“双学双比”女能手吴艳珠】 吴艳珠是上关镇河尾村一名普通农民，她在家庭困难，缺少资金的情况下，辛勤劳作，做粉丝、豆腐、养猪、喂牛，开展多种经营，取得较好的经济效益，生活富裕后她热心公益事业，多次捐钱捐物，出资为本村修建公路，为乡亲提供信息，解决技术、资金困难，帮助乡亲脱贫致富，多次被评为省州“三八”红旗手，2006年被评为全国“双学双比”女能手。

【周城村里风尚新】 2006年，大理市喜洲镇周城村委会的干部带领村民围绕乡风文明建设，讨论修改了《周城村村规民约》，删除了有名无实的“罚款”内容，更加突出以人为本，形成了《村民20要》，即：祖国要热爱，法规要遵守，集体要关心，科技要学习，致富要勤劳，尊老要尽心，爱幼要育才，家邻要和睦，言行要文明，邪教要远离，赌毒要拒绝，婚丧要简办，畜禽要圈养，猫狗要管好，饮酒要适量，生活要节俭，治安要联防等。村民按照20条基本要求，初步实现了自我教育，自我管理，自我促进，讲诚信，懂礼貌，遵纪守法的意识越来越强。

【崇圣寺开光大典】 崇圣寺恢复重建工程，总投资1.82亿元人民币，占地388亩，主体建筑面积2万平方米。铸铜佛像578尊，法器39件，用铜近千吨。整体布局为主次三轴线，分八台、九进、十一层次，以钢混结构为主，斗拱门窗及细部装饰全用上好红椿木精雕细刻，墙、地面和台阶均采用福建细白麻石和福建莆田青草石，柱础，佛台均采用大理石汉白玉。整个建筑群落起伏跌宕，错落有致，金碧辉煌，大气磅礴。它是中国中轴线布局最长的寺院；大雄宝殿面阔51.7米，高26米，在全国佛教寺院中体积最大；木雕长卷《张胜温画卷》高1.8米，长117米，堪称世界之最；也是各种雕龙、彩画龙最多的寺院；最大的金刚杵长6米，直径1米，可称为金刚杵之王；599尊（件）贴金佛像是全国贴金佛像最多的佛教寺院；鼓楼台内大鼓直径达3.1米，是全国佛教寺院中最大的鼓。2006年7月12日，崇圣寺三塔开光大典系列文化活动在大理举行，为期4天的活动由中国佛教协会和大理崇圣寺管理委员会主办。来自国内、港澳台地区和11个国家的108位高僧齐集大理，2万余名嘉宾信众参加这一世纪盛典，“开光法会”，方丈升座庆典、崇圣寺三塔文物展，“海内外高僧大德共品云南普洱茶”、“书画笔会”、“百名摄影家走进魅力大理”等一系列丰富多彩的文化活动，充分展示大理独具特色的文化魅力，体现崇圣寺在东南亚地区佛教界重要地位，宣传了大理，也促进大理旅游文化事业的发展。

【白族“酸辣鱼”、“活水鱼”】 洱海素有“高原明珠”之称，风光秀丽且鱼种资源丰富。白族人民在烹制鱼的方法上独具特色，酸辣鱼和活水煮活鱼是白族人喜爱的吃法。酸辣鱼的制作方法是把活鱼去鳃和内脏，放入已烧沸的油锅中，加入水、放上葱、姜、干辣椒面、食盐，加上适量的酸梅或木瓜片或适量醋，加进嫩豆腐，猛火煮沸，文火慢煮。酸辣鱼的特点是，佐料放得特别重，鱼汤味浓鲜咸，又酸又辣而无腥味，是白族人待客的美味佳肴。活水煮活鱼指的是用流动着的活水煮活养的鱼，将锅里的油烧沸后，氽入活水（洱海水、河水或井水）烧沸，将去除鱼鳃、鳞、肚杂的鲜鱼放入锅中，加上酸木瓜片、辣椒面、食盐、豆腐、葱、姜片、大火煮沸、小火慢煮，鱼肉滋嫩细腻，汤味鲜辣香醇。现在外地游客在大理、喜洲、周城、蝴蝶泉、洱海公园旁的食馆中，都能尝到大理白族人的这两道美味佳肴。

（杨艳）

祥云县

【概述】 祥云县位于云南省中部偏西北，大理白族自治州东部边缘，东与楚雄彝族自治州的大姚、姚安、南华3县接壤，南和弥渡县相连，西与大理市毗邻，北和宾川县交界。总面积2 425平方千米，山区占 81.75%，盆地占 13.67%，河谷占 4.50%。县城东距省府昆明298千米，西距州府大理 45 千米。县境属北亚热带偏北气候，冬无严寒、夏不酷热，2006 年，平均气温 15.4℃，高于历年平均 0.8℃；年降雨量 728.6 毫米，少于历年平均 69.3 毫米；日照时数2 648.6小时，高于历年平均 175.8 小时。县辖 8 镇 2 乡，136 个村居民委员会，969 个自然村。2006 年，全县总人口 45.58 万人，非农业人口 3.62 万人，占 7.94%，人口密度每平方千米 188 人；有汉、白、彝、傈僳、苗、回 6 个世居民族，少数民族 7.93 万人，占 17.41%。人口自然增长率 5.09‰。

2006 年，全县生产总值 30.71 亿元，比上年增长 14.94%，其中第一产业 10.36 亿元，占 33.74%，增长 6.41%；第二产业 12.40 亿元，占 40.36%，增长 25.15%；第三产业 7.96 亿元，占 25.90%，增长 12.50%；人均国民生产总值6 700元。三次产业的结构比重由上年的 36:37:27 调整为 34:40:26，进一步确立了二、一、三的经济发展格局。财政总收入 3 亿元，比上年增长 21.48%；全社会固定资产投资 7.21 亿元，增长 20.11%；社会消费品零售总额 7.99 万元，增长 15.20%；全县粮食总产量 15.68 万吨，种植烤烟 8.42 万亩，收购烟叶 1.16 万吨，烟农售烟收入 1.27 亿元；蚕茧产量3 813吨，产值突破亿元大关达 1.04 亿元，比上年增长 70%；农林牧渔业总产值 15.33 亿元，比上年增长 11.11%，其中农业总产值 7.67 亿元，增长 4.56%；畜牧业产值 5.69 万元，增长 23.11%。；农村经济总收入 24.75 亿元，增长 6.97%。兑现粮补和农业综合补贴资金 318 万元，受益农民 39.85 万人；完成外居苴、大营等 8 个扶贫开发整村推进工程和芮家小康示范村建设工程，农业农村生产生活条件进一步改善。工业总产值 38.28 亿元，增长 39.99%。生产总值、工业总产值、社会消费品零售总额、财政总收入、地方财政收入 5 项指标在全州 12 县市中排名第 2 位；固定资金投资总额、农民人均纯收入、农业总产值 3 项指标排名第 3 位。

公路运输完成货运量 102.7 万吨，客运量 125.2 万人次，增长 30.21%；铁路运输到发货运量 124.6 万吨，客运发送 2.2 万人次。全县固定电话 4.58 万户，固定电话普及率达 12.78%；移动电话用户 8.88 万户，全年开发就业岗位1 586个，转移输出农村劳动力8 117人，劳务收入8 340万元；实施农民工工伤保险"平安计划"，为2 357名高风险行业农民工办理工伤保险。全年参保农民 37.63 万人，占农业人口的 90.11%。

年末有各类学校 178 所，教学班1 874个，在校学生 6.49 万人，专任教师2 808人；小学适龄儿童入学率达 99.8%，辍学率为 0.02%；初中毛入学率为 99.98%，高考上线1 448人，上线率 95.26%。有文化馆 1 个，乡镇文化站 12 个。有各类卫生机构 200 个，各类卫生人员1 417人，病床1 199张。

中共县委书记　王瑞瑜（～2006.4）　马永福（回族，2006.2.～）

县人大常委会主任　普新中

县人民政府县长　杨建华（白族）

县政协主席　张美仁

【"千村推进"扶贫开发建设工程】 2006 年，县人民政府把马街乡大坡，鹿鸣乡罗溪、普淜镇石门、东山乡新民、外居苴，米甸镇香么所、大松坪，禾甸镇大营共 8 个村列入全州 2006 年度 100 个"千村推进"扶贫开发建设项目，规划投入资金2 455.18万元，年内，完成投资1 954.47万元，实施农村"866"工程建设项目。其中农户八个有项目：完成安居工程改造 557 户 5.48 万平方米，新建农户住房 108 户计 1.08 万平方米，粉刷墙体3 085户计 34.88 万平方米，建沼气池 494 口、节能灶2 544口、小水窖1 345个、建卫生厕1 572户、建公厕 25 座、卫生厩 3.13 万平方米。种植核桃7 300亩、蚕桑1 000亩、柑桔 300 亩，其他品种1 880亩。完成肉牛改良1 006头，养殖牛 623 头、猪1 623头、羊1 490只。完成农田坡改梯1 166亩。以上各项完成计划数的 100% ~ 105.95%；自然村六个有项目：新建乡村公路 30 条 78.5 千米，硬化村内弹石路 15 条 13.6 千米，铺筑水泥混凝土路面 5 条 5.4 千米，建设桥涵 35 座，种植村间道路行道树 1.49 万株，铺设饮水管道 10.66 万米，建饮用水池 46 个，改造照明线路 300 米，实用技术培训 1.77 万人次，劳动力转移培训1 928人。行政村六个有项目：新建卫生室 658 平方米，7 个村建村委会办公用房共1 903平方米、工作用房 60 平方米、电教室 151 平方米。自然村、行政村建设项目均完成计划数的 100% ~183%。10 月，又编制了《祥云县 2007 年百村推进扶贫实施方案》，云南驿镇石婆坡、普淜镇子乍苴、云里厂，禾甸镇新兴底、温水，米甸镇自羌朗，刘厂镇青坡 8 个行政村列入方案规划，计划总投资2 608.71万元。

【清华洞林场评为全国绿化先进集体】 2006 年 3 月，清华洞林场被全国绿化委员会、人事部、国家林业局评为全国绿化先进集体。

【集体林权制度改革】 4 月，县成立农村集体林权改革工作领导小组，在全县 10 个乡镇各 1 个村委会中开展林改试点工作。8 月林权制度改革工作在全县 10 个乡镇、127 个村委会、1 071 个村民小组、84 719户农户中全面铺开，县、乡、村、组四级成立林权制度改革工作机构改革小组1 209个；县组建林改工作指导组 10 个，153 人，进驻 10 个乡镇，派出林改工作队 117 个进驻村委会；全县投入林改工作人员5 248人。至年底，全县明晰林业户权面积 236.99 万亩，占集体山林面积的 98.08%。整个林改工作预计 2007 年 6 月全面结束。

【重点农产品加工企业认定】 2006 年，祥云县银龙茧丝绸公司、祥云县辰宇经贸有限责任公司分别被省乡镇企业局确认为全省第一批100户重点农产品加工企业。

【全国农产品加工业示范基地】 2006年2月15日，以祥云县刘厂镇为核心的大理州野生食用菌加工基地被国家农业部确定为“第二批全国农产品加工业示范基地”。

【新兴苴水库除险加固工程完工】 新兴苴水库除险加固工程总投资2747.18万元，2005年4月15日开工建设，2006年9月15日工程完工，实现了投资节约、工期提前、质量优良、建蓄兼顾的目标。

【花园村被评为全省民主法治示范村】 沙龙镇花园村通过坚持把村民自治与农民发家致富、改善村民生活质量、维护全村稳定相结合，全面推进基层民主法治建设，取得了明显成效。2006年6月被云南省司法厅、云南省民政厅授予“民主法治示范村”荣誉称号。

【获全国“平安家庭”创建活动先进县称号】 2006年8月，祥云县获全国“平安家庭”创建活动领导小组授予“‘平安家庭’创建活动先进（市、区）县”荣誉称号。

【农村低保启动】 2006年7月1日，祥云启动农村低保工作，对全县1006户、2702人低保对象每月发最低生活保障金8.11万元，半年发48.64万元，人均补助30元。

【下岗失业人员就业再就业】 2006年，全县开发就业岗位1586个，安排城镇就业人员649人，下岗失业人员再就业708人，特殊困难群体人员就业229人。发放再就业优惠证357本，开展下岗失业人员再就业培训10期，免费培训798人，443人取得培训合格证书；工商、税务部门减免下岗失业人员自谋职业的各种税费117.9万元；劳动保障部门减免再就业培训费、职业介绍费、合同签证费1.97万元；开发公益性岗位146个，发放公益性岗位补贴46万元、社会保险补贴71万元、创业培训补贴35万元、发放失业救济1196万元；出台《下岗失业人员小额担保办法》为下岗失业担保贷款40万元。全县城镇人口失业登记率2.4%，低于州控标准。

【“万村千乡”市场建设】 2006年，全县开展“万村千乡”市场建设工作，共建成高质量的2个县级商业贸易配送中心、110个乡村农家购物店。

【职工农民收入普遍提高】 2006年，祥云县农民人均纯收入2171元，比上年增长8.44%，农民人均占有粮食374千克，增长2.19%；年末城乡居民人均储蓄存款余额3038元；国有单位职工年均工资2.25万元，比上年增长28.78%，集体单位职工年均工资1.65万元，增长22.15%。

（廖严）

宾川县

【概述】 宾川县位于云南省西部、大理白族自治州东部。东接大姚县，北交永胜、鹤庆县，西连大理市、洱源县，南邻祥云县。总面积2562.67平方千米，其中，山区面积2135.63平方千米，坝区面积427.04平方千米。属金沙江南岸干热河谷地区农业县。县城金牛镇，海拔1430米，距大理州府56千米，距省会昆明367千米。祥宁公路、凤太公路从县城穿过。2006年年均气温18.6℃，年均日照时数2694.4小时，年均降雨量477毫米，比上年减21.03%。全年蓄水量4560万立方米，比上年减40.29%。气候极适合农作生长。全县辖8镇2乡3个华侨农场，85个村（居）委会，841个自然村1267个村民小组。年末总人口33.19万人，其中男16.85万人，女16.34万人；农业人口30.85万人，非农业人口2.34万人；少数民族人口7.23万人，占总人口的21.79%。有汉、白、彝、回、傈僳、苗、纳西、藏、哈尼、壮、傣、拉祜、佤、景颇、瑶、布朗、怒、独龙、布依、侗、水、羌、京、普米24个民族。太和、宾居、彩凤三个华侨农场共有缅甸、印度、印尼、越南、加拿大归侨归眷3850人，外籍25人。人口自然增长率4.87‰，人口密度每平方千米130人。

2006年，全县国内生产总值（现价）实现26.37亿元，比上年增长10.51%。其中，第一产业13.83亿元，增长6.34%；第二产业4.71亿元，增长19.72%；第三产业7.84亿元，增长12.96%；其结构比为52∶18∶30。农村经济总收入16.16亿元，增长8.64%。粮食总产量13.34万吨，增长5.89%。种植烟叶5207.26公顷，总产1.32万吨，总产值1.98亿元。其中烤烟4323.2公顷，总产10605.1吨，总产值1.64亿元；白肋烟884.06吨，总产2618吨，总产值3334万元；水果10.89万吨，产值3.63亿元，增长33.56%；畜牧业总产值（现价）5.01万元，增长5.63%，工业总产量（现价）完成7.05亿元，增长32.89%。全县社会固定资产投资总额5.24亿元，比上年增长15.54%，其中，基本建设投资2.6亿元，增长2.45%；更新改造投资3975万元，增长7.2%；房地产开发投资7908万元，比上年减3.34%；其他投资1.45亿元，增长79.91%。财政总收入1.22亿元，增长13.37%。财政支出3.87亿元，增长22.01%。农民人均经济纯收入2530元，增长8.21%。粮食人均316千克，增长14.08%。城乡居民储蓄存款余额9.45亿元，职工年平均工资1.79万元。全县社会消费品零售总额完成5.16亿元，增长13.26%；其中，批发零售贸易业完成3.55亿元，饮食业零售额完成4440万元；工业零售业完成3205万元；其他行业零售业完成8435万元。商品购进总额2.97亿元，增长2.66%，商品销售总额7.75亿元，增长2.08%。居民消费价格总指数103.97%。城镇登记失业人数819人，增长15.84%；

失业率2.1%；新型农村合作医疗参合26.82万人，增长2.12%。有6 469人享受最低生活保障。电视人口覆盖率达98%，广播人口覆盖率达96%。全县有固定电话3.76万户，其中，城市1.89万户，农村1.87万户；移动电话5.65万户。全年客运量269万人次，客运周转量1.45亿人/千米，完成货运量348万吨，货运周转量5.29亿吨/千米。全县拥有车辆3.38万辆，其中摩托车2.88万辆。

全县有各类学校445所，在校学生5.66万人，教师3 246人。年末，有文化馆、站11个，图书馆、室51个，文化俱乐部13个，文化户337户，群众业余演出团队210人。医疗卫生院（所）182个、病床位1 495个。

中共县委书记　张松（～2006.2.）陈继谷（2006.2.～）

县人大常委会主任　周建国

县人民政府县长　朱建斌（2006.2.～）

县政协主席　陈家旺

【林木面积扩大】　全年完成造林面积3 326.67公顷，其中人工造林2 660公顷、飞播造林666.67公顷，当年封山育林3 333.3公顷，累计封山育林37 140公顷。按用途分，经济林2 333.3公顷，防护林993.3公顷。四旁植树103万株，育苗面积5.83公顷。主要林产品产量：油桐籽147.4吨，棕片31.6吨，核桃1 627.6吨，板栗49.1吨，花椒96.2吨，松籽309.6吨，其他林产品34.8吨，竹材2 044万根。

【农田水利建设】　2006年，全县农田水利基本建设累计完成土石方工程198.23万立方米，完成投资3 392.71万元，其中，各级政府投资2 132.6万元，群众自筹1 260.11万元。修复水毁工程61处，清淤渠道568.36千米，建设村镇供水工程24处，解决1.02万人，牲畜1.08万头的饮水困难问题。新建小水池（窖）5 536个，新增蓄水能力9.68万立方米，新增灌溉面积293公顷，改善灌溉面积2 680公顷，治理水土流失面积9.97平方千米。新增防渗渠道60.44千米，其中干支渠9.54千米，田间渠道50.9千米。全年水库总蓄水4 560万立方米，比上年减少3 077万立方米，全年供水8 717万立方米，其中农业供水4 565万立方米，工业供水9万立方米，城镇供水177万立方米，发电供水532万立方米。

【非公经济比重加大】　2006年末，全县有个体工商户9 291户，注册资金1.68亿元，从业人员9 654人；私营企业222户，注册资金2.94亿元，从业人员3 522人；上缴税金2 980万元。非公有制经济占国内生产总值的50.6%。

【旅游业增效】　2006年，全县接待游客80.74万人次，比上年增长10.30%；旅游社会总收入5.05亿元，比上年增长12.52%，其中鸡足山门票收入600.0万元，减少11.5%；索道收入421万元，减少12.7%。

【鸡足山金顶寺金殿恢复重建】　2006年，投资1 200万元，在鸡足山金顶寺金殿原址上重铸一座面阔4.4米、进深3.9米、高5.6米的重檐式铜殿，于2～3月完成基础工作，4～7月完成铸造，8～10月中旬安装焊接，11月1日正式投入使用。此座铜殿的建成，具有较高的艺术价值和观赏价值，丰富了鸡足山的人文景观。

【维修金顶寺楞严塔】　鉴于鸡足山金顶寺楞严塔一层汉白玉栏杆局部破损，塔身青石局部风化剥落，粉刷层局部变色、落下；二层以上粉刷层变色、局部落下，石材部位局部风化剥落；二层平座（走廊）铁栏杆局部生锈，塔顶有泥土、草叶落物，铁质塔生锈；各层腰檐粉刷层部分颜色不匀，局部落下。2006年12月1日动工，对楞严塔进行维修，县委、政府要求修旧如旧，动表不动筋，最大程度地维护古迹原貌。工程延续到2007年3月2日完工，总投资100万元。

【百岁老人了夙愿】　宾川县拉乌乡大厂村委会地处拉乌乡南部，与祥云县米甸镇毗邻，距县城牛井120千米，距乡政府所在地碧鸡20千米，是宾川县内非常偏僻贫困山村之一。居住在那里的214户农户交通运输全靠人背马驮，生产、生活条件非常艰苦，全村群众的穷根是无路，苦根也是无路，盼望通公路成了全村世世代代、祖祖辈辈的企盼。2006年，大厂村委会被列为全州首批千村扶贫开发百村整体推进的100个行政村之一，村组通公路被列入了自然村实现“六个有”的项目之一。在一年多的时间里，克服困难修通了村组简易公路17千米。长期卧病在床的大坟山阴山组已达96岁高龄的余贵香老人，闻听通路的消息一直不肯相信，但她深深知道，修公路毕竟需要很多的钱，大坟山阴山组的群众哪来这么多的钱修路？她的孙子，时任大厂村党总支副书记的杜家权告诉老人，公路确实已修到村里了。余贵香老人虽然激动不已，却仍半信半疑。她为了验证是真还是假，提出让孙子开辆车回去让她亲眼看一看。为了却余贵香老人百年夙愿，2006年11月上旬的一天，驻村工作组将车开进了余贵香老人居住的院子。老人在儿孙的搀扶下在院子里静静地端详了停放在自家院子里的汽车一会，又颤巍巍地走到车子跟前轻轻地抚摸着车身，嘴里喃喃地说：“路修通了，我这一辈子终于能看到汽车开到我家里来了，党和政府还真没忘记我们这些山里人啊！”之后第三天，老人带着了却的百年夙愿神情欣慰地离开人世。

（罗朝良）

弥渡县

【概述】　弥渡县位于云南省西部，大理白族自治州东南部，东至水目山顶与祥云县交界；西至隆庆关（乌道雄关）丫口与巍山彝族回族自治县分疆；北至九顶山巅与大理市、祥云县相接；南至牛街乡太平顶与景东彝族自治县毗邻，东西宽26千米，南北长82千米。国土总面积1 523.43平方千米，其中山区占91.34%；坝区占8.66%。地势西北高，东南低，自西北向东南呈狭长地形。最高点为西北部的九顶山山峰，海拔3 117.9米，最低点为东南部金宝山东麓的礼社江心，海拔1 223米，国道214线、320线及广大铁路穿境而过，交通便利。县城弥城镇海拔1 672米，距省会昆明332千米，距州府下关61千米。属中亚热带季风气候，冬无严寒，夏无酷暑，气候温和，没有明显的四季之分，只有干季、雨季之别，年内平均气温17.3℃，降雨量566.1毫米。2006年，全县辖5镇3乡，即弥城、红岩、新街、寅街、苴力镇、密祉、德苴、牛街彝族乡，共有89个行政村（社区），986个自然村，1 229个村民小组。年末，全县总人口32.06万人，农业人口29.79万人，非农业人口2.27万人；人口密度210人/平方千米。少数民族人口3.11万人，占总人口的9.69%。人口自然增长率4.64‰。

2006年，全县完成生产总值12.9亿元，同比增长12.4%，其中，第一产业完成4.7亿元，增长5.5%；第二产业完成3.4亿元，增长26.5%；第三产业完成4.8亿元，增长10.6%；完成固定资产投资8.5亿元，增长31%，扣除祥临公路投资外，本级固定资产投资2.99亿元，增长101.87%。全年农业总产值达9.53亿元，农村经济总收入19亿元，增长8%。农民人均纯收入1 950元，增长6.13%，烤烟优势继续提升，全县种植烤烟6万亩，收购烟叶755万千克，实现烟叶税2 097万元、烟农收入1.1亿元；核桃、蚕桑基地不断壮大，分别达到11.7万亩和3.3万亩，成为继烤烟之后山区半山区农民增收的一大亮点。全年完成工业总产值（现价）4.5亿元，增长16.16%，规模以上工业总产值（现价）0.94亿元，比上年减少2.29%。其中主要产品产量原煤32.6万吨，增长33.06%；水泥14.66万吨，下降21.24%；发电量289.4万千瓦时，减少8.13%；自来水生产115.2万吨，增长5.79%。全县有乡镇企业1 015个，从业人员5 419人，增加值3.19亿元，总产值10.87亿元，营业收入18.65亿元，利润总额5 859万元。全县社会消费品零售总额4.73亿元，比上年增长10.53%。2006年，全县完成财政总收入8 467万元，增长18.6%，其中完成地方一般预算收入5 438万元，增长22.5%；财政总支出3.17亿元，增长13.8%，为近十年来最好水平。金融机构各项存款余额达13.04亿元，增长18.05%；城乡居民储蓄存款达7.48亿元，各项贷余额5.84亿元，共征缴各类社会保险费1 821.2万元，发放养老金856.7万元、失业保险金58.5万元，发放率均达100%；农村五保供养1 496人，每人月享受补助60元，农村最低生活保障771户2 277人。全年全县完成客运量13.77万人，减少12.57%，旅客周转量2 140万人千米，减少4.8%。通信业务收入达1 487.24万元，增长7%，移动电话用户4.3万户，增长8.67%。

全县有中小学174所，在校学生4.23万人，义务教育阶段学生全部免除学杂费，近1.6万名中小学生享受免费教科书，全县学龄儿童入学率为99%，小学辍学率降至0.5%以内，幼儿园65所，在园幼儿9 253人。文化馆、站9个，图书、博物馆各1个。全县有卫生机构15个，床位345张，减少4.17%，卫生技术人员403人，比上年增加1%；全县农村合作医疗参合人数达25.81万人，增长2.86%。

中共县委书记　段　林（白族）
县人大常委会主任　李光美
县人民政府县长　邹子卿
县政协主席　杨义昌

【青云、青丰两村走上致富路】 2006年，德苴乡青云、青丰两个村委会实施“千村推进”工程项目。按照要求，完成总投资415.28万元，实现新建安居房90户、改造26户、墙体粉刷1 128户，新建节能灶1006件，水窖711件，开挖引水沟4.5千米，架设人饮管道10千米，新建人饮池9个，小库塘改扩建18件，新建卫生厕104座、公厕16座，新建或改造卫生厩共695户，种植核桃5 060亩，开展实用技术培训8 500人次；新建机耕路5条、改扩建5条，长11.7千米；新建弹石路300米、水泥路614.67米；完成坡改梯233亩；新建教学点3个，新建文化室2个、兽医室2个、卫生室1个。通过项目的实施，两个项目村委会基本实现了农户“八个有”、自然村“六个有”、行政村“六个有”的新建目标。

【扶贫工作加强】 2006年，圆满完成8个行政村推进、1个小康示范村建设和5个试点村建设任务。年末，共投入扶贫资金2 181.60万元，其中：省州补助投资661.26万元；县财政投资237.99万元；部门整合投资542.39万元；群众自筹投资658.31万元；信贷资金28.85万元；其他资金52.80万元，极大地改善了贫困地区人民群众的生产生活条件。

【林业发展取得新突破】 2006年，围绕林业生态体系和产业体系建设，加快森林资源培育，强化管理和维护。年内，完成天保工程公益林建设封山育林666.67公顷；退耕还林补植补造1 730.35公顷；完成城乡造林绿化库区绿化7.3千米，道路路网绿化60.57千米，河渠绿化3.75千米，校园绿化9.4公顷；完成沼气池建设804口，节柴改灶1 880户；摸清了全县森林资源家底，完成森林资源二类调查工作；在试点的基础上，全面启动实施了集体林权制度改革；领取和发放木材运输许可证1.65万立方米，森林病虫害防治2 786.67公顷，防治率达88%，检疫中药材8吨，松脂42.6吨，木材19 037立方米，产地检疫苗木20万株，茶叶77.14吨；查处林改案件135件，刑事案件2件，有力打击破坏森林资源违法犯罪行为，加强了森林资源保护。

【政府门户网站列全省县市第一】 2006年，信息化建设迈出新步伐。成立了云南广播电视信息传输网络股份有限公司弥渡支公司，在全州率先实现全县乡镇光缆联网，基本实现光缆进村目标；县人民政府门户网站正式开通，在中国政府网站绩效评估中荣获全国县（市）级政府门户网站第31名，全省县（市）级政府网站第一名。广播、电视覆盖率分别为95%和97%。

【科技兴县取得新成绩】 2006年，全面实施“科教兴县”和“可持续发展”战略，突出科技管理工作“综合、协调、超前、服务”作用，促进全县经济社会发展。做好科技项目选题列项工作，以新科技引进、新品种选育及重点产业的试验、示范、选题为重点，共筛选确定科研及试验项目48项（县级单列40个，省州列项目8个），其中上报的《弥渡县粉粒绿色食品加工项目》、《弥渡县扶贫千村推进肉牛养殖科技综合示范》、《脱臭大蒜油及其稳定性研究》被省州列项。二是通过开展“科技三下乡”、科技活动周、“9－27”科普活动日等宣传活动，开展实用技术培训17期，受益人员达10万余人（次），提高了全民的科技素质。三是加强农村科技培训，共开办农函大养牛、兽医、烤烟等7个专业教育班20个，招生1 040人，结业率达100%；开展各种形式的科普讲座70场（次），培训6 704人，使农村农民技术人员成为当地科技致富带头人。

【旅游产业发展加快】 县委政府将旅游工作列入全县十六项重点工作之一抓紧抓实。一是为全方位多视角宣传推荐弥渡旅游业，专请省电视台到弥渡就县境的旅游资源、花灯文化、风土人情、土特产品等拍摄专题片，并在省电视台民族旅游频道《旅游采风》播出；同时，由县广播电视局到县内各景区（点）拍摄制作《弥渡之旅》专题宣传片在县电视台长期滚动播出，提升弥渡旅游知名度。二是先后投入50余万元资金对天生桥、香山公园、王母阁等景区景（点）道路、设施进行改、扩修缮。三是太极山风景名胜区被列为省级风景名胜区，密祉文盛街成功申报为省级历史文化名村。全年共接待国内旅游人数13.47万人次，比上年增长7.76%，实现旅游社会总收入9 104万元，比上年增长8.38%。

【太极山列为省级风景名胜区】 太极风景名胜区位于弥渡县弥祉坝子西部，地处弥渡、巍山、南涧三县交界处，距县城20余千米。太极山为哀牢山系起点，最高峰海拔3 061.4米。太极山以森林植被、溪流清泉、高山天气等自然景观和南诏时期修建的宗教石构寺观群、文盛古街驿道、密祉大寺及“灵山盛会”、“密祉花灯”等人文景观为主，享誉海内外名曲“小河淌水”作曲家尹宜公先生故居、创作点等。4月，云南省人民政府公布太极山风景名胜区为省级风景名胜区。

【芭蕾舞剧《小河淌水》在京首演】 2006年12月5日，由中俄两国艺术家联袂奉献的原创芭蕾舞剧《小河淌水》在北京人民大会堂首演。《小河淌水》是一首云南弥渡民歌，半个世纪以来以钢琴曲、花灯乃至散文等不同形式四处传播，被誉为“东方小夜曲”，成为中国民歌的一个标志。《小河淌水》全剧共分为《云水之畔》、《风声水起》、《上水动容》、《上善若水》四幕，属俄罗斯和中国云南共同推出的第一台原创芭蕾舞剧，该剧汇聚了当今世界上最优秀的作曲家、舞蹈家以及来自云南本土的艺术家，使得音乐上更融合了云南民族特色。

（丁良）

永平县

【概述】 永平县位于云南省西部、大理白族自治州西部，东邻漾濞彝族自治县和巍山彝族回族自治县，南接昌宁县，西隔澜沧江与保山市分治，北与云龙县相连。全县土地总面积2 884平方千米。属典型的山区农业贫困县。县城所在地博南镇，东距省会昆明430千米，距州府驻地大理90千米，地处昆畹公路和大保高速公路的中间地段，海拔1 620米。年平均气温15.8℃，年均降雨量1 033毫米。县辖3镇4乡（有3个民族乡），即博南、杉阳、龙街镇、厂街彝族乡、水泄彝族乡、北斗彝族乡，73个村民（社区居民）委员会、1 230个村民小组、1 543个自然村。2006年底，全县总人口17.89万人，其中农业人口16.04万人，非农业人口1.85万人。拥有22个民族成分，其中汉、彝、回、白、苗、傈僳6个民族为世居民族。少数民族人口7.54万人，占全县总人口的40.2%。人口密度每平方千米62人。人口自然增长率2.89‰。

2006年，全县完成生产总值10.29亿元，同比增长10%。其中第一产业完成4.53亿元，增长3.2%；第二产业完成1.95亿元，增长28.3%；第三产业完成3.81亿元，增长10.8%。全县财政总收入完成6 816万元，增长32.89%；地方财政收入4 864万元，增长34.11%；财政总支出首次突破2亿元，达2.34亿元，增长31.46%。年末，金融机构各项存款余额7.04亿元，增长25.95%；各项贷款余额3.38亿元，增长9.04%；全年社会消费品零售总额完成2.24亿元，增长10.2%；粮食总产量6.99万吨，增长2%。种植蚕桑751公顷，养蚕3 002张，收购蚕茧70吨，产值230.3万元；种植亚麻206.67公顷，产值136万元，；新发展生态茶100公顷，发展冬桃220公顷。收购烟叶10.6万担，烟农收入6 080万元，实现烟叶税收1 337万元。当年完成天然林管护11万公顷，人工造林5 600公顷、封山育林1 000公顷，发展泡核桃5 207公顷，全县核桃面积发展到3.33万公顷，泡核桃产量达4 500吨，产值及加工收入超过亿元。年末大牲畜存栏 11.32 万头（匹），羊存栏 15.38 万只，生猪存栏 23.9 万头，禽蛋产量 548 吨，全年肉类总产量 1.86 万吨，增长 2.8%。新建标准化小水窖 4 125口，治理水土流失面积 442 公顷，新增灌溉面积 393.8 公顷。当年农村经济总收入 6.21 亿元，增长 9.1%；农民人均纯收入1 555元，增长 8.1%。全县扶贫开发千村推进和小康示范村建设成效显著，村容村貌和基础设施建设明显改善。全年共发放城镇低保金 268.88 万元，有 2 253户 3 572人享受城镇低保；有 2 万多名中小学生享受到“两免一补”政策，共免除学杂费 306 万元；有 14.15 万人参加新型农村合作医疗。全年招商引资项目到位资金9 916万元，同比增长 44.1%。年内，全县有个体工商户2 773户，从业人员 3 755人，注册资金4 884万元；有私营企业 81 户，从业人员1 967人，注册资金 2.42 亿元。全年客运量 14.69 万人，货运量 155.3 吨，客运周转量 2 221万人/千米，货运周转量24 037 万吨/千米；邮政业务总量 296.64 万元。居民消费价格总指数 101.94%。

全县各类学校在校学生 2.28 万人，专任教师1 700人，儿童入学率 99.95%。医院、卫生院所 12 个，床位 379 张，医护人员 307 人。

中共县委书记　谢　群（女）

县人大常委会主任　罗加文（彝族）

县人民政府县长　程永标

县政协主席　艾连钦

【县政府门户网站开通】　2006 年 7 月 1 日，永平县人民政府门户网站正式开通。

【孔垂柱到县调研】　2006 年 9 月 27 日，云南省人民政府副省长孔垂柱一行在州委书记顾伯平、州长赵立雄、省州相关部门负责人及永平县委书记、县长等县领导的陪同下，深入龙门乡石家村、大碱塘水库、建达曼地亚红豆杉科技示范园、银江河流域、曲硐泡核桃加工交易市场等地调研。在认真听取汇报、实地查看、调查了解情况后，孔垂柱就永平开展新农村建设、大碱塘水库扩容、银江河治理等水利基础设施建设以及加快农业产业化发展等工作作了重要指示。

【永昌公路县际柏油路竣工使用】　永平至昌宁（苟街）县际公路永平段建设于 2004 年 10 月 25 日动工，2006 年 10 月竣工，工程总预算核定为5 864.7万元。2006 年 12 月，经大理州交通局组织交工验收委员会验收合格，并于 20 日正式投入运营。永昌公路永平段柏油路建设北起永平县城银江大桥，南止永平与昌宁交界地四季利河，全长 73.1 千米，是连接永平县南部 5 乡镇的主要经济干线。

【荣获“中国优质核桃基地重点县”称号】　永平泡核桃因果大、壳薄、仁白、质优而深受国内外商家和消费者青睐。经多年发展，泡核桃产业已成为县内财政经济的重要来源及山区农民脱贫致富奔小康的重要途径。2006 年，全县核桃种植户达 1.81 万户，种植面积 3.33 万公顷，核桃干果产量5 004吨，产值及加工收入超过亿元。12 月，被国家林业局列为 2007～2009 年云南省惟一的“全国核桃产业标准化示范区”，被中国果品基地暨果品产业先进典型评选组委会评定为“中国优质核桃基地重点县”。

（张焕明）

云龙县

【概述】　云龙县位于云南省西部，大理白族自治州西部、地处滇西澜沧江纵谷区，是大理市、保山市、怒江州的结合部。东接洱源、漾濞县，南邻永平县和保山市，西靠泸水县，北交剑川、兰坪县。总面积 4 400.95平方千米。县城石门距州府下关 158 千米，距省会昆明市 518 千米。县城海拔1 640米。2006 年年平均气温 16.9℃，年均降雨量 596.1 毫米。辖诺邓、漕涧、旧州、白石 4 镇和团结、关坪、检槽、长新、宝丰、表村、民建 7 乡，共 86 个村（含社区）。2006 年末总人口 20.35 万人，其中非农业人口 1.82 万人，占 8.96%；少数民族人口 17.73 万人，占 87.17%；人口自然增长率 3.12‰。

2006 年，全县生产总值（GDP）完成 9.27 亿元，比上年增长 13.1%，其中第一产业 3.58 亿元，第二产业 2.76 亿元，第三产业 2.93 亿元，人均生产总值4 570元。财政总收入 7 836万元，其中地方财政收入4 397 万元。全社会固定资产投资 3.7 亿元。社会消费品零售总额 2.6 亿元。全年农作物播种面积 3.16 万公顷，粮食总产量 9.1 万吨，农民人均产粮 492 千克。农业总产值 6.5 亿元，农村经济总收入 4.5 亿元，农民人均纯收入1 405元，全县大小牲畜存栏 52.6 万头，出栏 41.6 万头。全年签定经济合作项目 7 项，协议资金 9.8 亿元，到位资金 2.3 亿元。全县工业总产值 5.8 亿元，工业税收4 690.3万元。功果桥电站建设完成可研和环境影响报告，苗尾电站完成预可研；新增小水电装机 1.8 万千瓦，在建永安、龙子塘等 6 座电站装机 6.9 万千瓦。投资2 000万元的云龙非龙公司锌废渣回收萃取综合利用项目建成投产，投资4 500万元的云龙县银铜矿电积铜生产线进入试运行。年末，境内有公路 185 条1 322千米。全年客运量 30 万人次，客运周转量3 000 万人/千米，货运量 84.1 万吨，货运周转量 1.46 亿吨/千米。年内，电信业务收入1 068.29万元，全县有固定电话9 652户、IP 电话1 811户、致富通电话4 245户、小灵通用户 3263 户、宽带用户1 446户。全县森林覆盖率为 64.8%。

全县有各类学校 199 所，在校学生 2.82 万人，教职工2 227人，九年义务教育普及率 98.87%，适龄儿童入学率 99.98%，辍学率 0.09%。有文化馆、站 12 个，图书馆 1 个，医院 14 所，卫生院、所 86 个，每千人拥有病床 1.8 张，医护人员 326 人。

中共县委书记　李文才

县人大常委会主任　杨立章（白族）

县人民政府县长　刘卫东（白族）

县政协主席　吕森（傣族）

【全面推进扶贫开发】　年内投资1 786万元，完成9个村整村推进农户“八有”和行政村、自然村“六有”项目。建安居房574户、卫生厕和卫生厩1 424户、节能灶和生物灶2 071口、小水池（窖）975个、沟渠17.5千米，新建和改造高低压线21.8千米、自然村公路12条91千米，完成坡改梯87公顷，建成村卫生室、文化室、兽医室665平方米。投资468万元建设旧州小康示范村。投资348万元建设29个村委会办公用房。劳务输出4 612人，其中有组织输出1 436人。全县参加医疗、养老、失业和工伤、生育保险1.5万人。城镇低保对象2 770户4 753人，基本实现应保尽保。共救助特困群众4 173人。实施农村特困居民最低生活保障制度，首批1 250名特困群众受益。

【新型农村合作医疗正式运行】　2006年1月1日，云龙县新型农村合作医疗正式运行，年内筹集资金611万元，报销27万人次，报销补助资金420万元。

【县城城网改造工程通过州级验收】　2006年2月20日，县城城网改造工程通过州级验收。

【农网改造项目启动】　2006年4月3日，启动涉及3 465户的完善西部地区农村电网改造项目。

【荣获“中国优质核桃基地重点县”称号】　2006年11月19日，中国果品流通协会授予云龙“中国优质核桃基地重点县”称号。

【新型干法水泥熟料生产线项目开工】　2006年12月21日，举行云南三江水泥有限公司第一期投资1.9亿元，日产2 000吨新型干法水泥熟料生产线项目开工典礼。

（王文松）

洱源县

【概述】　洱源县位于云南省西北部，大理白族自治州北部，东与鹤庆县相连，南与大理市、漾濞县接壤，西与云龙县分疆，北与剑川县毗邻。总面积2 533平方千米，山区、半山区面积占88.4%，坝区面积占11.6%。以农业生产为主，是滇西稻谷主产区。境内最高海拔3 958.4米，最低海拔1 645米。县城驻茈碧湖镇（原名玉湖镇），海拔2 060米。滇藏公路从洱周路口穿过，距州府下关69千米，距省会昆明389千米。2006年，洱源地区总降雨量547.8毫米，比历年平均偏少171.4毫米，比上年偏少25.6毫米。辖6镇3乡，88个村委会、2个社区居委会，1 251个村（居）民小组，884个自然村。2006年末总人口27.58万人，其中非农业人口2.01万人，占总人口的7.3%；少数民族人口18.73万人，占总人口的67.9%；白族人口16.98万人，占总人口的61.5%。有白、汉、彝、回、傈僳、纳西、藏、傣8个世居民族。人口自然增长率4.85‰。

2006年，全县完成生产总值14.68亿元，同比增长12.1%；一、二、三次产业结构比例由上年末的43.6∶20∶36.4调整为40.8∶23.8∶35.4。其中，第一产业完成5.9亿元，增长8.5%，第二产业完成3.53亿元，增长16.7%；第三产业完成5.17亿元，增长13.5%。农村经济总收入10.50亿元，增长10.7%。粮食总产量13.23万吨，增长2.95%。种植大蒜2 866.67公顷，产量7 933.30万千克，产值2.7亿元；种植烤烟2 333公顷，烟叶总收购量8.9万担，烟农种烟收入5 138万元，实现烟叶税1 090万元。畜牧业总产值（现价）4.65亿元，增长7.0%。工业总产值14.6亿元，增长20.4%。财政总收入完成1.2亿元，增收1 940万元，增长19.2%。农民人均纯收入2 126元，比上年增加230元，增长12.1%；人均占有粮479千克。城乡居民储蓄存款余额7.64亿元，增长17.80%。在岗职工年均工资1.74亿元，比上年净增2 115元。社会消费品零售总额3.69亿元，增长14.0%。有8 113人享受最低生活保障。有线电视覆盖率97.3%，广播覆盖率73.6%。全年完成客运量402.3万人，旅客周转量1.53亿人/千米；货运量656.5万吨，货物周转量1.83亿吨/千米。年内，全县共接待国内外游客43万人次，比上年增长10%；实现旅游收入2 990万元，增长12.1%；实现旅游社会总收入2.93亿元，增长11.43%。

全县有各类学校121所，在校学生4.15万人。教职工238人，小学适龄儿童入学率99.2%，辍学率0.03%；初中阶段毛入学率95.85%，辍学率1.90%。年末，有文化馆（站）10个，县图书馆藏书5万册。卫生医疗机构16个（不含诊所），床位511张，拥有各类卫生技术人员436人，每千人拥有卫生医技人员1.6人、床位1.9张。

中共县委书记　许云川

县人大常委会主任　李万宣（白族）

县人民政府代理县长　杨作云（白族）

县政协主席　汤必春

【邓川工业园区】　邓川工业园区已初步发展为以机械装配为支撑、乳品加工为主导、矿产和绿色食品加工为补充的新型工业园区。年内，工业园区投资环境不断优化。投入20万元完成园区主干道防滑工程，投资26万元改造40米大道绿化带，投资160万元完成农贸市场的搬迁等。年末，园区共有各类企业38家，其中乳品加工、机械装配、矿产加工、生物制品企业各1家，梅果、大蒜等食品加工企业14家，其他企业20家。年平均从业人员3 250多人，吸纳邓川镇及周边乡镇的季节性临时工1万多人。2006年完成工业总产值12.6亿元，同比增长48%；实现工业增加值3亿元，增长30%；销售收入实现8.57

亿元，增长25%；上缴税金2 527多万元，实现利润3 801.1万元，增长28%。

【早熟大蒜富了一方百姓】 洱源县自1991年起先后从四川温江引入紫皮蒜种“红七星”、“温二早”，经冷库以3℃～5℃低温45～60天处理后种植，所产蒜果70%以上为独头蒜，因其产量高、熟期早、大蒜素含量高、食用香辣味俱佳，深受客商和消费者青睐。十多年来，种植早熟大蒜已成洱源农业增收农民增效的支柱产业。2006年大蒜收购期间，洱源县大蒜集散地——右所一片繁忙。辽宁、山东、广东、四川等10多个省市和从韩国、日本和欧美远道而来的蒜商云集右所收购大蒜，昆明、丽江、楚雄等省内各地的蒜产品也运往右所镇销售。右所的场地被租用一空，每天蒜商请1 500多名当地农民对大蒜进行筛选、打包、装车和做精品蒜，数百辆大小车辆往来国省县乡村道繁忙运输，把数万吨大蒜源源不断地运送到外地。据调查，年内独蒜平均价格约为每千克3.8元，丫蒜每千克约3.3元，蒜苔每千克约2.5元，蒜农种植1亩独蒜总产值达1万元、利润为6 000元左右。2006年，洱源县种植大蒜4.72万亩（其中独蒜4.3万亩），比上年增长21.3%；总产量7 933.3万千克，增长39.7%。大蒜产业共实现总产值2.7亿多元，比上年增加1.39亿元，农民增收1.3亿元。种植大蒜成为洱源县保农增收效果最为显著、富一方百姓的产业。

【首批扶贫千村推进计划完成】 年内，洱源县扶贫开发千村推进项目有8个村：右所镇起胜村，三营镇石岩村，炼铁乡纸厂村，西山乡建设村、胜利村，乔后镇文开村、黄花村，新坪村。投资2 633.046万元，圆满完成首批千村推进计划的8个村建设任务。农户“八个有”建设，完成安居工程758户7.48万平方米，粉刷墙体2 343户；完成沼气池73口，节能灶2 111口；完成水窖780口，人饮工程20件，铺设管道8.75万米；完成卫生厕1 450户，公厕44座，卫生厩1 543户3.04万平方米；种植泡核桃1.70万亩、灯盏花100亩、大白芸豆5 300亩、洋芋2 970亩；新购种羊911只、母猪37头，肉牛改良182头；完成坡改梯1 220亩，科技培训1.46万人次，劳动力转移培训1 425人次。自然村“六个有”建设，实施项目的8个村新修乡村公路11条58.4千米，桥涵7座，水泥路面1条1.1千米；新架设高压线路7条25.2千米，低压线4条14.39千米。行政村“六个有”建设，新建村委会办公用房5所1 326平方米，远程教育教室1间60平方米，安装广播电视接收设备2套，新配置农用车1辆。

【最低生活保障延伸农村】 2006年，落实城市居民最低生活保障分类施保政策。对下岗职工因重病、残疾、单亲、子女就学有困难的低保对象给予适当倾斜，对下岗职工中基本生活水平低于保障线的181人，全部纳入保障范围，并从7月份起提高低保对象补助标准，人均月增12元。年底，全县有城市低保对象4 632户5 693人，共发放保障金348.1万元。2006年是执行农村居民最低生活保障和五保户供养新政策的第一年，5月24日，出台《洱源县农村特困居民最低生活保障制度的实施意见》。从7月1日起，对全县五保户625人每人每月给予60月定期定量补助，年内共支付五保户供养经费22.5万元；对批准农村特困居民最低生活保障的883户2 420人，每人每月给予30元定期定量补助，年内共支付43.6万元。由于最低生活保障工作延伸到农村工作扎实有效，9月，大理州农村低保工作经验交流会在洱源县召开，与会人员参观学习了洱源县农村低保和五保户供养情况和经验。

【“平安洱源”创建结硕果】 2006年，洱源县被列为大理州创建省级“平安县市”的3个重点县之一。3月14日，全面启动“平安洱源”创建工作。纵向上以创建“平安家庭”为基点，开展“平安村民小组”、“平安村（社区）”、“平安镇乡”创建活动；横向上以7个行业的平安创建工作为主线，通过创建“平安机关（单位）”、“平安校园”、“平安企业”、“平安医院”、“平安景区”、“平安大道”和“平安市场”活动，以行业、系统的小平安，促进和推动全县的大平安。县委、县人民政府与9个镇乡党委、政府签订了平安创建责任书，县级72个机关与内设股室、股室与职工逐级签订平安责任书，各行业、各系统与下属单位签订平安责任书，各镇乡党委、政府与90个村委会（社区）、764个自然村、1226个村民（居民）小组、6.49万户逐级签订平安责任书。全县投入“平安洱源”创建活动经费100.4万元，保证了全县平安创建工作正常开展。年底平安创建工作顺利通过到省、州验收，被中共云南省委、云南省人民政府命名为“云南省平安县”称号。

【温泉度假休疗旅游持续升温】 县境各镇乡均有温泉，自然出露点80多处，故有“十里一汤，五里一泉”的“温泉之乡”美誉，为云南省地热资源最为富集的两个县（洱源、腾冲）之一。县城是闻名遐迩的“热水城”，建有“大理地热国”温泉度假区；下山口乡村民间温泉小镇。2006年，云南九气台旅游风景区二期工程建设顺利完成，截止年底，已投入资金2.2亿元，完成土地征用、回填、园内管网、房屋建筑、温泉沐浴景区、园区道路、河流、停车场、桥梁、地下排水管网、绿化工程等建设。以大理地热国温泉度假休疗为主的旅游业持续升温，以西湖、茈碧湖梨园村为主的乡村生态旅游不断受游客青睐，旅游业稳步发展。

【县城绿化覆盖率提高】 截止2006年底，县城建成区面积达3.64平方千米，较上年增加0.24平方千米。加强县城区绿化工作，重点完成滨河路南段、县城安居小区等道路绿化、亮化工作。年底，县城五类绿地面积总计91.62万平方米，其中：公园绿地1.67万平方米，人均公共绿地1.13平方米；生产绿地1万平方米；附属绿地7.65万平方米，比上年净增2 094.4平方米；其他绿地81.30万平方米。县城绿化覆盖率达18.6%，绿地率达12.2%。

（李志诚　张一洪　杨国培　杨树星）

剑川县

【概述】　剑川县位于云南省西北部、大理白族自治州北部。东邻鹤庆县，南邻洱源县，西与云龙县和怒江州的兰坪县毗连，北和丽江市玉龙县接壤。地势西北高东南低，东西相距58千米，南北纵横55千米。总面积2 250平方千米，山区面积占90%以上，盆地占7%，其余为湖泊、河流，属高寒山区农业县。县城金华镇，海拔2195米（十字街口），滇藏公路从这里穿过。距大理州政府驻地下关126千米，省会昆明460千米。气候属北温带季风型气候，年温差小，日温差大，干湿两季分明。常年平均气温12.3度，年降雨量678.5毫米，年均日照2 368.6小时，年均霜期165天，为云南省霜期长，有霜日较多的地区之一。辖5镇3乡93个村（社区）委员会、532个村（居）民小组、391个自然村。年末总人口17.09万人，其中非农业人口1.63万人，农业人口15.46万人。主要民族有：白、汉、彝、傈僳、回、纳西6个世居民族。少数民族人口16.54万人，占96.49%，其中白族15.674万人，占91.7%。人口自然增长率为5.81‰。

2006年，全县地区生产总值完成8.4亿元，同比增长21.77%，其中：第一产业2.31亿元，增长6.22%；第二产业3.76亿元，增长45.42%；第三产业2.3亿元，增长9%。三个产业比例由2005年的31.5∶37.5∶31调整到27.5∶44.7∶27.8，完成工业总产值（现价）11.04亿元，增长69.88%。完成全社会固定资产总投资2.56亿元，财政收入首次突破亿元大关，总收入达1.01亿元，增长62.2%。金融机构各项存款余额8.4亿元，增长21.77%；各项贷款余额5.3亿元，增长8.1%，实现社会消费品零售总额2.1亿元，增长9.59%。农民人均纯收入1 359元，增长6.42%。居民消费价总指数101.72，商品零售价格总指数103.5%。粮食总产6 663.4万千克，增长2%。粮食生产人均占有432千克，比上年增长1.89%。种植烤烟831.7公顷，收购烟叶4万担，增长19.5%，均价11.21元，烟农收入2 322万元，增长32.7%。生猪出栏14.13万头，肉牛出栏2.08万头，肉羊出栏6.22万只，分别增长6.72%、8.67%和20.64%，畜牧业总产值达2.08亿元，增长10.6%。全年客运量58万人次，客运周转量6 326万人/千米，货运量9 263万吨，周转量78.74亿吨/千米。全县广播电视覆盖率96.5%。

全县共有各类学校96所，在校学生3.12万人，教师1 575人。小学入学率99.75%，辍学率0.12%；初中入学率103.5%，辍学率0.8%。全县有文化馆、图书馆各1个；医疗卫生院（所）109个，床位307张。

中共县委书记　张　学　王以志（2006年2～10月）　刘　平（2006年11月～）

县人大常委主任　陈耀全（白族）

县人民政府县长　王以志（至2006年1月）　李立钧（白族2006年1月～）

县政协主席　高嘉德（白族）

【新农村建设新进展】　2006年，通过整合资金、整合项目、增加投入，新农村建设又有新进展。年内全县共投入新农村建设资金3 410万元，其中小康示范村1 093万元、扶贫村2 317万元。分别完成新建安居房118户1.24万平方米，改造安居房603户6.41万平方米，墙体粉刷2 571户49万平方米，新建卫生厕2 477座，改造卫生厩2 493座，新建沼气池684口、节能灶2 060口、小水池501个、新建乡村公路6条29千米，改造8条34.5千米，架设高压线路15.7千米，低压线路127.6千米。使受益的9个行政村和1个小康示范村面貌发生了新的变化。

【农村劳力转移输出逐年增加】　2006年，剑川县农村劳力培训和转移输出有新增加。年内全县共培训农村劳动力6 533人，转移输出5 452人（男3 810人、女1 642人，占下达任务5 000人的109%），其中：县外州内输出1 144人，州外省内输出1 920人，省外国内输出1 867人，国外3人，共创经济收入2 617万元。有效缓解了本县就业压力。

【旅游效益稳中有升】　2006年，旅游部门加大导游人员培训力度，不断改进各类接待、迎宾、讲解工作，确保了全年各景区景点游客人数和效益趋于稳中有升。仅1～11月，游客人数就达33.45万人次，增长18.8%，旅游社会总收入3 345万元，增长32%，国外旅游者4 322人次，增长14%，旅游创汇17.2万美元，增长15.8%。

【老君山、马登两镇“水改旱”稳步推进】　为优化西部山区种植结构，切实解决西部山区水作单产低、不稳定的问题，经历届县委、政府和广大群众的努力，在反复试验示范的基础上，已成功走出了以种植杂交地膜包谷和脱毒马铃薯代替低产水稻的“水改旱”路子。2006年，组织、宣传、科技措施有力，良种、农用物服务到位，此项工作得到稳定推进。两镇完成水改旱面积5 114亩，占计划数6 000亩的85%，其中马登镇完成3 690亩，占计划数3 500亩的105%。

【土地复垦开发】　在贯彻国家关于从严土地管理，巩固土地市场治理整顿成果的同时，加大土地开发复垦整理力度，以确保耕地总量动态平衡。2006年，马登镇省级土地开发整理项目已顺利通过验收。项目总投资510万元，新增有效耕地2 536.8亩，紧接着在年内6月、9月相继启动甸南镇大青坪和老君山镇两个土地开发整理项目。已分别完成项目工程建设的80%和20%，预计在2007年内全面完成任务。两个项目共投资1 866万元，计划完成开发879.14公顷，新增有效耕地245.08公顷。沙溪镇的塔坪、北龙、石龙以及金华镇的螳螂河和大庆等一批开发复垦项目正处于评审立项阶段。

【农村公路通达工程调查】 2006年，根据新农村建设的总体要求和配合大丽高速路段建设的即将开工，组织专门力量，对全县范围内的所有镇街及建制村的农村公路通达情况和技术状况进行了调查。专项调查统一采用GPS技术手段，对农村公路里程、线位、线形，主要控制点、公路通达点、建设控制点及人口、所属地形、桥梁、隧道、渡口等附属设施情况进行测量确定。全县有公路1 227.647千米（县道271.541千米，乡道502.408千米，专用公路10.767千米，村道442.931千米），农村公路通达情况基础数据库和电子地图已形成，为完成“十一五”期间的公路建设任务打下了基础。

【农民参与新农村建设调研】 2006年，一个名叫尹铁山的农民，热心新农村建设，义务到农村入户调研，用“典型调查”的事实说明问题，给县决策机关提出中肯建议，引起了重视。后来还受县委政研室委托，要他写一份带全县性的“农业产业结构调整的综合情况调查”，供决策参考，他欣然接受了这个任务。7月，他义务对县内蔬菜种植重点村大桥头农业社进行入户调查，该村紧靠县城东面不足1千米处，全村113户，常年跑运输的11户除外，其余从事农业的102户他都入户作了全面调查。调查结果：该村实际从事农业102户419人，其中初中文化以上280人，粮作面积274.46亩，年粮食总产量18.69万千克，总产值26.17万元，种植蔬菜莴笋57.4亩，收入20.66万元，户均收入2 055.5元；生猪、鸭收入21.31万元，户均收入2 088.7元。其他精制蔬菜，如安宁弯葱、芫荽、大蒜、香葱等，则效益更佳，亩产值超万元。由此，他给政府建议：及时扶持该村申报争取国家农产品无公害认证，以便扩大生产经营；坚持以点带面，因地制宜的工作方法，引导群众围绕效益，合理开展农村产业结构调整。

【“白族八大碗”登上舞台】 “八大碗”即用八个大碗盛八个不相同的菜，这是白族人民在喜庆节日里，邀请亲朋好友或大宴宾客的宴席规格。用“八大碗”待客是白族人民好客、爱客、诚信待客的隆重礼仪；也含有“家发”、“人发”、“主发”、“客发”的隐喻义。这种习俗在白族人民中流传千百年而不衰，而且随着人们生活的提高越办越好。

一席八大碗色味俱佳，令人心旷神怡。从色彩上看，它具有万紫千红的丰富多彩，你只要在摆好八大碗的饭桌旁一看，就使你产生心情舒畅、愉快的美好感觉；从味道上讲，它具有肥瘦相间、晕素相配、煮煎协调、冷暖适宜等诸多特点，既不腻，又不淡，适用可口，细细品尝，回味无穷。

更重要的是每一碗都象征或寄托一种美好的愿望，而且上菜有序，菜类有一定之规。第一碗，粉丝：福寿绵长；第二碗，鱼：喜庆有余；第三碗，红曲肉：吉祥如意；第四碗，排骨茨姑：家庭幸福；第五碗，五色腊味：春满家园；第六碗，荷包豆：心心相印；第七碗，木耳豆腐：黑白分明；第八碗，油炸圆子：圆圆满满；由县内张文渤、杨润喜两位退休老人，将它编创成《白族歌舞剧》。在县文化部门的精心组织和指导下，新仁村业余文艺队相继在大理“三月街”民族节、剑川“石宝山歌会”以及白族节日期间演出，受到广大群众和中外游客的赞誉。

（李玉生）

鹤庆县

【概述】 鹤庆县位于云南省西北部，大理白族自治州北端。东有金沙江与永胜县分津，南与宾川县接界，西与剑川、洱源两县接壤，北与丽江市毗连。国土面积2 395平方千米。其中山区、半山区和峡谷区面积占89.7%。县城云鹤镇距省会昆明市476千米，距州府下关市136千米，距丽江市39千米、丽江机场12千米。县城海拔2 196米，年平均气温13.5℃，年降雨量959.5毫米。设6镇3乡，114个村（居）民委员会。2006年末，全县总人口27.02万人，其中非农业人口2.24万人，占总人口的8.3%；少数民族人口18.12万人，占总人口的67.07%。人口自然增长率5.39‰。

2006年，全县完成地区生产总值12亿元，比上年增长12.1%。其中，第一产业增加值3.77亿元，增长5.0%；第二产业增加值4.64亿元，增长22.8%；第三产业增加值3.59亿元，增长7.7%。全县财政总收入1.36亿元，增长30.09%。其中一般预算收入完成7 945万元，增长31.26%；一般预算支出完成3.14亿元，增长32.72%。社会消费品零售总额3.08亿元，增长12%；金融机构各项存款余额16.46亿元，增长19.33%。全县农业总产值7.02亿元，增长9.55%。粮食总产量10.54万吨，甘蔗入榨量11.1万吨，烤烟产量5万担，鲜茧生产1 841吨，蔬菜产量2.89万吨。种植业产值为3.07亿元，增长9.78%。肉牛出栏1.67万头，肉猪出栏33.55万头，肉羊出栏8.90万只，肉类总产量达3.25万吨。畜牧业总产值3.14亿元，占农林牧渔业总产值的44.7%。全县工业总产值11亿元，增长42.84%。主要工业产品：原煤18.39万吨，发电量3.28亿千瓦时，锰矿石9.33万吨，矿山成品金428.97千克，白糖1.3万吨，白酒1 889千升，铁合金2.38万吨。全年共签订招商引资项目5个，协议资金1.99亿元，实际到位资金9 632万元。接待海内外游客73万人次，旅游总收入8 100万元。境内地方公路通车里程总计980.37千米，全年货运周转量为1.07亿吨/千米，客运周转量为9 191万人/千米；全年邮电业务总量1 775万元。全年共投入3 498.26万元，完成9个千村扶贫开发村“8有”项目和行政村、自然村“6有”项目到户工程。另投资536.43万元，完成新生邑小康示范村建设。实施了9个乡镇，66个村委会的“万村书库工程”。全县广播覆盖率100%，电视覆盖率96%，有线电视用户2.7万户，每百人拥有电话30部。2006年，城镇居民人均可支配收入为8 100元，农民人均纯收入1 745元，城乡居民储蓄存款人均4 099元。

全县有中小学156所，在校学生4.02万人，占全县人口的13.25%。教职工1 872人，小学适龄儿童入学率为99.8%，巩固率为99.9%；初中毛入学率达99%，巩固率为99.8%；初中毕业生升入普通高中阶段受教育的比例为55.12%，高考上线率为91.05%。有文化馆、站10个，图书馆、室10个，医院卫生所21个，床位516张，医护人员425人。

中共县委书记　李红卫（彝族，～2006.9.）　单进园（女，白族，2006.11.～）

县人大常委会主任　段茂仁（白族）

县人民政府县长　段智深（白族）

县政协主席　李福海（白族）

【药品“两网”建设】　抓住实施新型农村合作医疗的有利时机，县食品药品监督管理局和县卫生局在年初联合制定下发了《鹤庆县农村药品“两网”建设实施意见》和《关于规范乡村医疗机构药品供应的通知》，采取切实有力的措施，一方面使食品药品监督网络覆盖全县所有乡、村，另一方面还联合三家药材公司参与全县的农村药品供应网络建设，对全县111个集体办医的村卫生所实行“直配式”供应。这次医疗改革不仅使药品的质量得到了保障，还使全县药品供应价总体下降了15%，广大农民得到了许多实惠。

【万村千乡市场工程】　2006年，鹤庆县被国家商务部核准为万村千乡市场工程试点县，经过半年多的努力，全县共建成90个农家店和2个县级配送中心，并于2006年12月5日顺利通过了州级初验。至此全县初步形成了以商品配送中心为龙头，乡镇店为骨干，村级店为基础的农村市场流通网络。万村千乡市场工程改善了农村消费环境，活跃了农村市场。

万村书库工程实施后极大地丰富了人民群众的文化生活

（鹤庆县志办　提供）

【新型农村合作医疗】　鹤庆县被列为2006年国家新型农村合作医疗试点县后，政府精心组织，广泛宣传，截止年底，全县参加新型农村合作医疗的农民达5.52万户，22.47万人，参合率达92.72%。筹集合作医疗基金1 123.34万元，补偿35.89万人次，补偿金额643.10万元。还投入412万元对9个乡镇卫生院和7个村卫生所进行改建。农民群众“就医难、看病难、看病贵”的问题有所缓解。

【集体林权制度改革进展顺利】　全县成立89个工作组，借鉴年初8个试点村的成功经验，于9月1日全面推开集体林权制度改革工作。截止年底，全县完成分山到户面积89.92万亩，股权到户50.11万亩，调处林权纠纷320起，基本完成产权明晰工作，初步实现山有其主，责、权、利相统一的改革目标。

【夯实农村基础设施】　2006年，全县累计投入农田水利建设资金3 971万元，硬化三面光沟道121.04千米，新增灌溉面积4 873亩，改善灌溉面积3.47万亩，治理水土流失面积17.25平方千米，新建水窖（池）1 208个，改善人畜饮水1.55万人。完成209户946人的扶贫易地搬迁安置。

【社保范围不断扩大】　2006年，城镇新增就业人员1 290人。其中：实现失业人员再就业610人；帮助特殊困难群体就业186人；安置“4050”人员公益性岗位200个。城镇登记失业率控制在2.86%以内。“五险”统征收入2 175万元，建立了农村最低生活保障制度，572户，1 649人纳入了农村低保。全县城乡社会救助体系初步建立。

【新生邑村小康示范建设】 2006年年初，县委、县政府决定在云鹤镇新生邑村实施小康示范村建设，3月上旬新生邑小康示范村建设工程正式开始实施。通过5个多月的努力，完成了9项工程：1 048米老邓丽路改扩建；1 870米弹石硬化；230米混泥土路面浇筑；540米村内主干道绿化；696户庭院绿化；745户庭院硬化；458米排污；718户住房达标，583户厨房达标，626户厕所达标，583户厩房达标；2 085米自来水供水主管改造。截止年底，政府已投资536.43万元，严格按照"七个好"的标准，完成新生邑小康示范村建设。

【大理州第十届兰花博览会】 旨在推动兰花文化发展的大理州第十届兰花博览会于2006年2月4～7日在鹤庆一中举办。本届兰花博览会参展兰花共268个品种，600余盆，精品兰花300余盆，吸引了省内外，港、澳、台甚至韩国、日本等地的兰花爱好者5.3万余人次前来参观，交易金额达4 642万元，居历届兰博会之首。

【个人购置农机】 5月中旬，县人民政府出台一项在年内补贴农户购置农业机械的新举措：农户购置农业机械政府给予不超过农机具价格30%的补助款，单机最高补贴不超过3万元。这项政策出台后，全县农户共购置了大中型拖拉机12台，全喂入式联合收割机8台，有效地促进了全县农业机械作业的发展。

【新华村获"云南十大名镇"殊荣】 8月27日，在"云南十大名片"、"云南十大名镇"评选活动颁奖典礼上，鹤庆县新华村经过几轮的投票竞选，以其独特的魅力，取得"名镇"称号，获"云南十大名镇新华村"匾牌。

【全省万村书库工程启动】 中宣部资助云南省万村书库工程实施协调会于9月5日在鹤庆县召开。省委宣传部宣教处处长刘荣作动员讲话，标志着全省万村书库工程建设率先在鹤庆县启动。从10月16日开始，相关部门陆续对全县受助的66个村发放图书、音像制品等物资。该项工程对每个受助村资助价值7.5万元的物资，资助总金额495万元，是鹤庆县农村文化建设中最大的建设项目。

（夏光柱）

南涧彝族自治县

【概述】 南涧彝族自治县位于云南省西部，大理州南端。东、东北、西北与弥渡、巍山县接壤，南界景东、云县，西与凤庆县毗连。总面积1 731.63平方千米，山区占99.3%，坝区占0.7%。县境内海拔最高点3 061米，最低点994米，平均海拔1 988米。县人民政府驻地南涧镇，距省会昆明356千米，距州府下关103千米。年平均气温19.7℃，比上年增加0.1℃；降水量597.0毫米，比上年减少173.3毫米。县辖4镇4乡，80个村（居）民委员会，1 181个自然村，1 593个村居民小组。2006年，全县总人口21.89万人，其中农业人口20.45万人，少数民族人口10.94万人，分别占总人口数的93.42%、49.98%；人口密度126人/平方千米，人口自然增长率4.06‰。

2006年，完成地方生产总值9.62亿元，同比增长12.56%，其中：第一产业4.19亿元，增长8.91%；第二产业1.06亿元，增长17.76%；第三产业4.37亿元，增长14.96%。一二三产业比重由上年的44.6∶10.6∶44.8调整到43.5∶11.0∶45.5。工农业总产值8.79亿元，增长18.66%，其中：工业总产值1.71亿元，增长25.99%；农业总产值7.08亿元，增长17.01%；工农结构由上年的18.3∶81.7调整到19.5∶80.5。完成全社会固定资产投资2.42亿元，增长20.68%。社会消费品零售总额3.13亿元，增长16.50%。实现财政总收入1.16亿元，同比增长10.03%，其中：地方财政收入8 189万元，增长7.65%；财政支出2.45亿元，增长11.84%。金融机构各项存款余额8.67亿元，增长16.24%；各项贷款余额11.83亿元，增长47.80%。实现农村经济总收入6.94亿元，增长10.42%；农民人均纯收入1 685元，增长6.18%。全年货物运输周转量22 545万吨/千米；旅客运输周转量5 731万人/千米；邮电业务总量3 258万元。

全县共有各类学校105所，在校学生2.84万人，教职工1 926人。适龄儿童入学率99.78%，辍学率10%，小学0.09%，中学1.06%。年末有文化馆、图书馆2个，医疗卫生院、所117个，床位255张。

中共县委书记　沈锡清（白族）
县人大常委会主任　石含铭
县人民政府县长　阿怀聪（彝族）
县政协主席　董德海

【基础设施进一步加强】 2006年，启动和实施重点建设项目25个。完成公民公路三期弹石路和杨免庄弹石路建设工程；新修村组公路234条313.8千米；小湾东镇、乐秋乡客运站建设主体工程基本完成。投资1 978万元，新建"五小"水利工程4 796件，建成小水窖4 762口，改善灌溉面积3.9万亩，新增灌溉面积1.28万亩，建成村镇供水工程18件、受益人口7 460人，治理水土流失面积16.95平方千米；母子垦水库扩建，发达水库除险加固工，两项工程累计完成投资5 507万元。完成天保公益林建设1.1万亩，实施天保天然林管护124.8万亩；建成沼气池2 100口，节柴改灶3 588户；完成无量山国家级自然保护区一期工程建设，启动中荷合作云南省森林保护与社区发展二期项目建设；云南省多部门协作与地方参与山地生态系统生物多样性保护示范项目稳步推进；县城电网改造工程竣工验收，完善西部地区农网改造工程正抓紧实施。排除中小学危房5 970平方米；完成民族中学搬迁扩建一期工程；建成覆盖全县中小学的现代远程教育网络；县文化馆二期主体工程基本完成；7个乡镇卫生院、

13个村卫生室改扩建工程即将完工；41个自然村的广播电视“村村通”工程；武警中队营房建设；第一批27个村委会办公用房建设全面完成；看守所改造工程即将完成。

【扶贫开发新成绩】 2006年，在全县9个行政村实施首批扶贫开发整村推进工程，共整合投入各级各类资金1868万元，全面完成农户、自然村、行政村的“866”项目。新建和改造农户安居房519户，建成沼气池705口、节能灶3 363口、小水窖2 195个、卫生厕3 712间、卫生厩3 477间，项目区群众人均纯收入达1 758元，同比增加171元，生产生活条件得到明显改善。完成无量乡三节田易地扶贫搬迁项目，发放小额信贷资金1 200万元，1 567户1.16万人受益。全县农村粮食总产量7 867万千克；农民人均产粮385千克；农民所得粮人均228千克；全县农民家庭经营收入6.88亿元；农民家庭经营所得3.39亿元；全县种植业收入3.28亿元。

【小城镇建设取得新突破】 2006年，通过置换建设用地和公开招投标等办法，全面启动了概算投资3 277万元的南涧河县城段治理工程。完成振兴南路与富民街交叉口至祥临路的扩宽规划修订，县城绿化规划、县城1∶500数字化地形图通过验收。启动实施振兴南路延长线一期工程和3 000平方米廉租房建设工程。完成县城绿化亮化美化工程。宝华镇、公郎镇、小湾东镇等乡镇的小城镇建设有了进一步发展。县城绿化面积发展到3.78万平方米，绿化率达18.68%。全县城镇总建成面积3.25平方千米，城镇总人口3.7万人，城镇化率达19.22%，同比增长2%。

【茶叶产业发展加快】 2006年，狠抓生态茶园基地建设，加强低产茶园改造和生态茶园转化，高标准高质量发展无性系良种生态茶园，积极推行茶园无公害管理，加速无公害茶、绿色食品茶和有机茶等各优质产品开发认证。立足南涧山区实际，加大科技在茶叶生产中的推广应用，不断开发有机茶产品，坚定不移的走好“公司加基地连农户的路子。”茶叶产业的效益得到明显提升。到2006年底，全县茶园总面积巩固发展到7.43万亩；茶叶采摘面积6.50万亩，全年茶叶总产量354万千克，实现茶叶总产值1.55亿元；完成低产茶园改造6 800.8亩；当年发展新茶园4 022亩，其中无性系良种茶园2 022亩；改造扩建茶叶初精制加工厂5个。有1个企业的4个茶叶产品通过国家“绿色食品A级”认证，有10个茶叶企业通过了“QS”认证。无公害茶、绿色食品茶、有机茶等名优茶产品产量达70万千克，占年计划任务的107%。

【泡核桃变成摇钱树】 南涧县由于海拔高差大，立体气候明显，光热资源丰富，适宜发展多种温凉林果。泡核桃具有树大根深、寿命长，既有保持水土、防风固沙功能，又有果实贮存方便、营养丰富和价格稳定等特点被山区农民零星栽种。近年来，县出台一系列泡核桃栽种的相关扶持政策，原来栽植泡核桃尝到甜头的农户放开手脚大胆干，那些没有培植泡核桃技术经验的农户也纷纷行动起来，按照“合理化布局、规模化推进、标准化种植、科学化管理”的部署和要求积极发展泡核桃。泡核桃种植实现了三个转变：即由过去在田边地角、干沟箐边和荒山种植向适宜地种植转变；把发展泡核桃作为家庭副业向培植支柱产业、实现规模化转变；从注重面积数量型向早产优质的效益型转变，涌现出一批种植泡核桃大户。到2006年底，全县发展泡核桃累计达39.2万亩，有2.3万亩已进入盛果期，核桃总产量200万千克，产值达3 000万元。泡核桃种植遍及全县4乡4镇80个村委会、1 533个村民小组、4.55万户种植户，占总农户的88.3%。农民人均拥有泡核桃近20株，农民人均泡核桃收入达147元，占农民人均收入的9.3%。

【农科人员为脱贫致富作努力】 2006年，县农业技术人员共有253人。平均每万农业人口有农业科技人员12.39人。广大农业科技人员长期工作在基层，为群众脱贫致富，振兴县域经济贡献力量。共产党员、原县茶叶站长、高级农艺师陈朝进自1988年云南农业大学茶叶系毕业，参加工作以来，积极投入茶叶的科研和生产中去，带领他的团队，对茶树无性繁殖和茶茸毒蛾的研究防治等重大课题，做出了重大贡献。2006年，主动承包县茶树良种场。“茶树无性繁殖”课题荣获1995年大理州科技进步三等奖。“茶茸毒蛾生物学特性和综合防治技术的研究”课题荣获2000年云南省科技进步三等奖。上述课题成果在全县茶叶产业中发挥着重大的示范和推广作用。县畜牧局畜牧师刘家福，在农业科技入户工作中，担任科技特派员，经常深入公郎镇回营、风岭等5个村委会，传授科技知识，发动群众，因地制宜饲养大牲畜，取得较大效益。示范区内养殖收入万元以上的有38户，最高农户凤岭村委会岔河社杨应齐，长年雇工2人，仅养殖一项收入就达6万元。农民喜在眉头笑在脸上。

【布朗人民过上好日子】 布朗族是南涧县的世居民族，全县共有布朗族群众540多人，占居住在大理州的布朗族人口700人的77%。落龙寨坐落在澜沧江畔，是一个布朗族聚居的小村庄，全村有居民20户，95名布朗族同胞。多年来，因交通不便，无支柱产业，群众生产生活条件艰苦。在党的惠民政策指引下，布朗群众通过种植烤烟、经济林果和发展养殖业，告别了刀耕火种、人背马驮、一贫如洗的历史，生产生活发生了翻天覆地的变化。2006年，农民人均收入达1 600多元。

（潘建祥　李嘉龙）

巍山彝族回族自治县

【概述】 巍山彝族回族自治县位

于云南省西部，大理白族自治州南部，北与大理市相连，东与弥渡县毗邻，南面与南涧、凤庆县相邻，西与漾濞、昌宁县以漾濞江为界。总面积2 200平方千米，境内河谷、盆地、山地相间分布，地势由西北向东南倾斜和降低，西部为高山峡谷，东部为高山，中间为盆地，属高寒山区农业县。县城驻南诏镇，海拔1 725米。东距省会昆明市453千米，北距州政府驻地下关53千米。2006年，全年平均气温16.1℃，年降雨量723.1毫米。辖4镇6乡，79个村民委员会，4个社区居民委员会，1 368个村（居）民小组。2006年末，全县总人口30.50万人，其中：非农业人口2.25万人，占总人口的7.38%；少数民族人口13.32万人，占全县总人口的43.68%（其中彝族10.27万人、回族2.16万人）人口自然增长率为2.90‰。

2006年，全县实现生产总值13.67亿元，按可比价计算（下同），比上年增长12.23%，其中：第一产业增加值5.86亿元，增长5.26%；第二产业增加值2.92亿元，增长31.83%；第三产业增加值4.88亿元，增长11.06%。人均（现价）国内生产总值4 481元，比上年增加599元。三次产业结构比为43∶21∶36。非公经济增加值完成6.70亿元，占巍山县生产总值的49.0%，比上年提高2.5个百分点。全县农村经济总收入8.78亿元，增长10.26%；农林牧渔业总产值9.08亿元，增长10.21%。全年粮食播种面积38.43万亩，增长2.20%；粮食总产量12.06万吨，增长3.74%；经济作物播种面积14.71亩，经济作物总产值达2.1亿元。种植烤烟6.06万亩，产量8 536吨，产值9 480万元，烟叶税2 085.7万元。完成畜牧业总产值（现价）3.99亿元，增长7.59%。全年肉类总产量3.25万吨，增长2.06%。完成工业总产值6.10亿元，增长44.30%。完成工业增加值2.07亿元，增长38.73%。全县财政总收入9 106万元，增长22.13%。全县农民人均纯收入1 632元，比上年增加94元，粮食人均395千克。城乡居民储蓄存款余额13.2亿元，比年初增长25.45%。全县单位从业人员年人均工资1.37万元，增长32.43%。全年商品零售物价指数为103.71。最低生活保障对象6 315人，共享受保障金410万元。全县电视覆盖率96.1%，无线广播覆盖率达86.39%。全年完成客运量252万人次，客运周转量9 535万人/千米，完成货运量97万吨，货运周转量1.03亿吨/千米。

全县拥有普通中学17所，职业高级中学1所，小学92所、教学点238个，幼儿园71所，在校学生5.35万人，教师2 342人。小学适龄儿童入学率99.77%，辍学率0.05%；初中入学率97.24%；初中辍学率1.59%。2006年全县高考上线率84.14%，比上年提高2.69个百分点。年末，全县有文化馆（站）、图书馆14个，卫生机构16个，病床实有数532张，专业卫生技术人员403人，其中医生201人。

中共县委书记　杨化宇（白族　任至2月）　张继霖（2月起任）

县人大常委会主任　罗永根（彝族）

县人民政府县长　茶崇亮（彝族）

县政协主席　孙　云

【国家级历史文化名城保护】　巍山为国家级历史文化名城之一，是唐代西南边疆由彝族先民建立的地方少数民族政权——南诏国的发祥地，是清末回民杜文秀反清起义的策源地，是红河的发源地。境内有全国十四座道教名山之一的巍宝山、南诏古城、鸟道雄关、昽玗图城遗址、五印小鸡足山等众多人文和自然景观，有道观104座、佛寺85院、清真寺22座、民间寺庙78座；文物2 000多件，其中国家珍贵文物36件、不可移动文物200多处，省、州、县三级文物保护单位28处。2006年，国家级历史文化名城保护与建设，巍宝山旅游景区建设初见成效。基本完成了巍宝山4A级景区申报的前期工作；古城保护工作进一步加强，完成了巍城东路部分路段、报国街的路面改造工程和巍南公路北延长线6.8千米的道路绿化工程；实施了东新街、大水沟街的临街建筑风格整治和城区部分街道路灯改造工程。完成《云南省巍山彝族回族自治县历史文化名城保护管理条例》的修订并颁布实施。开展县城道路、广场、空地、机关单位的绿化美化，县城面貌有了较大改善。众多的文物古迹、独特美丽的自然景观、古朴的民风、独具风味的各种名特食品，形成了巍山丰富的旅游文化资源，吸引了中外游客纷至沓来。全年共接待游客31.28万人次，同比增长10.53%。其中海外游客约609人次，旅游社会总收入1.72亿元。

【实现村村通电目标】　县城电网建设与改造工程全面完成，西部农网第三期改造工程基本结束，完成27个无电自然村的通电工程，实现了所有自然村村村通电。

【招商引资成效明显】　巍山县招商引资，先后成功引进6个项目（含上年结转项目2个），项目协议总投资2.27亿元，实际到位资金8 340万元，比上年增长一倍。其中：省外到位资金2 290万元，同比增长2.7%，省内州外到位资金4 250万元，同比增长1.3倍，州内到位资金1 800万元，项目涉及冷食品制造、麦芽加工、房地产开发及酒店建设、蔬菜深加工、金矿开采、精锑冶炼等项目。

【扶贫开发获国家奖励】　2006年，突出抓好扶贫重点村、巩固温饱奔小康示范村、扶贫安居温饱工程、劳务输出、小额信贷等项目的实施。项目建设累计完成投资1 235.29万元，完成重点村12个、巩固温饱奔小康示范村2个、安居工程1 198户。开展农村富余劳动力转移培训8 529人次，实现转移6 134人，其中县外转移1 456人、县内转移4 678人，全年劳务经济收入5 069万元。通过努力，全县贫困地区的交通、水利等基础设施建设进一步得到加强，项目区人民群众生产生活环境明显改善。由于扶贫开发工作成效显著，年末，巍山被国务院授予“国家‘十五’期间扶贫开发工作先进集体”荣誉称号。

【社会保障得到加强】 年内，全县医保参保1万人，养老保险参保数8 153人，其中农村养老保险参保3 361人；失业保险参保5 160人；医疗保险参保1.01万人；工伤、生育保险参保职工1 229人。共有3 563户3 925人纳入城镇低保救助，发放低保资金369万元；共救助城乡贫困患者566人，支付医疗救助金59.4万元；启动农村低保工作，共有2 390人纳入救助，发放低保资金41万元。1 022名失业人员实现就业和再就业，城镇登记失业率2.3%，控制在年初确定的2.5%以内。年内参加缴存住房公积金单位212个6 089人，当年公积金额达1 281.03万元，缴存余额3 758.11万元。全年发放住房公积金个人贷款1 214万元，贷款余额2 136.05万元，办理职工支取住房公积金174万元。

【关巍公路开工建设】 2006年1月20日，下关至巍山的新公路开工建设。公路起于大理市环城南路老关巍公路岔口，止于巍山县城西北大后厂，与巍南公路相接。路线全长51.68千米，大理市境内13千米，巍山县境内37.27千米。技术等级为一、二级，其中二级公路26.67千米，一级公路25千米。二级公路路基宽12米，一级公路路基宽有22.5米、36米、40米三种，其中起点段路基宽40米，永建镇、大仓镇、庙街镇三段路宽36米，其余一级公路宽22.5米。至年末，工程进展顺利，完成投资1.8亿元，其中征地拆迁完成1亿元，大理市和巍山县各完成5 000万元，路基工程完成8 000万元。

【“工业倍增计划”提前完成】 2006年，县坚持走新型工业化道路，工业经济增长出现新亮点，提前一年完成“工业倍增计划”。红大锑业有限公司4 000吨精锑生产线、华晶安厦有限责任公司3万吨玻璃瓶生产技改等项目相继投产，以玻璃制品、中药制药、冶炼、民族扎染、农副产品加工、建材为主的特色工业日益发展壮大，在传统工业企业发展减缓的情况下，新兴工业企业呈现出较好的发展势头，工业生产快速增长。到年底，全县完成工业生产总值6.10亿元，其中：个体私营企业1.39亿元，国有企业2 567万元，集体企业3 683万元，股份制企业4 013万元，股份合作制企业6 803万元。

（侯建华）

漾濞彝族自治县

【概述】 漾濞彝族自治县位于云南省西部、大理白族自治州中部、点苍山之西，东与大理市、巍山彝族回族自治县毗邻，南交保山市昌宁县，西与永平、云龙二县接壤，北连洱源县。总面积1 957平方千米，山区占98.4%，属典型的山区农业县。漾濞是著名的中国核桃之乡，境内拥有省级历史文化名城漾濞县城和省级风景名胜区石门关风景区，老滇缅公路、320国道、大保高速公路横穿县境。县城所在地苍山西镇（原称上街镇）海拔1 600米，距省会昆明市356千米，距州府驻地下关29千米。年均气温15.9℃，年均降雨量1 050毫米。辖3镇6乡，66个村（居）民委员会，637个村（居）民小组。2006年末总人口10.1万人，其中非农业人口1.12万人，占11.1%；少数民族人口6.4万人，占63.5%；彝族分别占总人口的44.6%和少数民族人口的70.3%。人口密度每平方千米51人。人口自然增长率为4.97‰。

2006年，全县地区生产总值（现价）5.3亿元，比上年增长17.9%，三次产业结构比例为37:39:24，工业主导型经济发展格局初步显现。财政总收入6 718万元，增长18.9%；地方财政收入4 335万元，增长22.1%。工业总产值（现价）6.6亿元，增长106.8%。主要工业产品产量：发电量5.9亿千瓦小时、钢材7 015.7万千克、硫酸6 741.7万千克、核桃乳54.5万千克、白酒51.9万千克。农业总产值（现价）2.7亿元，增长10.1%，主要农产品产量：粮食4 659.8万千克、核桃干果611.8万千克、肉类1 100.2万千克、烟叶175万千克。财政收入主要来源为：水电、矿冶、化工及烤烟产业；农民收入主要来源为：核桃、畜牧、烤烟。金融机构各项存款余额5.9亿元，各项贷款余额4亿元；居民消费价格指数102.8%。农村人均总收入4 903元，农民人均纯收入1 771元，农民人均产粮519千克。人均居住面积城镇居民24平方米、农民35平方米。全县公路里程2 188千米，其中：国道55.5千米，省道24.4千米，滇缅公路（原貌）37公里，县道168千米。全年完成货运量78万吨，客运量67万人次。固定电话普及率12部/百人，移动电话普及率16部/百人。

全县有各类学校60所，在校学生1.31万人，教职工1 060人，小学入学率99.9%，初中入学率97.9%，高中入学率54%。有文化馆、图书馆各1个，医院卫生院所15个，床位221张，医护人员238人，每百人拥有卫生床位0.25张。

中共县委书记　茶忠旺（彝族）
县人大常委会主任　梅汉光
县人民政府县长　张郭宏（彝族）
县政协主席　祁焕然（彝族）

【公推直选试点工作取得成功】 2006年1月初，县委决定并报州委批准，确定顺濞乡为大理州乡镇党委换届公推直选的试点工作单位。经过发布公告、报名和资格审查、成立选举委员会、产生候选人初步人选、实地调研、产生候选人、组织考察七个步骤之后，3月2日，进入第八个步骤：正式选举。顺濞乡326名中共党员首次直接选出新一届党委和纪委班子。这一扩大基层党内民主的探索和实践，赢得了广大党员群众和社会各界的肯定和好评。

【林权制度改革全面展开】 2006年8月，在每个乡镇选择1个村进行试点的基础上，按照“山有其主、主有其权、权有其责、责有其利”的目标，全县集体林权制度改革工作全面展开，涉及2.16万户9万人。至年底，成功调处纠纷832起，完成应列入深化改革面积的全部宗地区划，完成大部分宗地勾图和公示，完成部分宗地林权登记，极大地调动了林农发展林果的积极性，当年全县造林面积达8万亩。

【基本普及新型农村合作医疗制度】 由于大幅度提高财政补助标准，年内医保参合农业人口达8.22万人，占农村总人口的91.4%，逐步建立健全了农村三级医疗卫生服务和医疗救助体系，农民就医状况有所改善，医药费用负担有所减轻，“因病致贫、因病返贫”状况有所缓解。

【实施扶贫整村推进工程】 按照农户“八个有”、自然村和行政村“六个有”的总体目标，以贫困人口为基本对象，集中财力、物力、人力，整体推进，连片开发，帮助群众解决长期想办而办不了、办不好的大事、实事。当年，累计整合筹集资金2 366万元，实施了9个村委会81个村民小组2 500名贫困人口的4大类项目19类子项目的扶贫整村推进工程，人均受益近万元。项目村农户的房、厕、灶、厩、院、山、水、田、林、路、电等有了巨大变化，当年人均纯收入增长12%以上。

【社会保障工作全面加强】 2006年末，全县社会保障8 439人，占总人口的8.4%，社会保障支出3 653万元，占财政总支出的19.9%，“两个确保”率达100%，其中城镇居民2 106人，农民1 083人。城镇增加就业713人，其中失业职工再就业320人。劳务输出3 386人，其中输出省外239人。民政救灾、救济支出近300万元，救济人口2.71万人次。482名残疾人接受实用技术培训，享受扶助金13万元。

【森林资源持续增长】 2006年5～8月，全县森林资源调查工作成果数显示，全县森林资源主要指标数据持续增长，良好的自然生态环境逐步得到恢复。林地面积占全县总面积的87.8%，森林覆盖率达78.8%，绿化率达83.1%，上述三项指标均比“九五”末增长了10个百分点以上。活立木总蓄积量569万立方米，比“九五”末增长了4个百分点，净增22万立方米。

【核桃助农脱贫致富】 2006年，全县泡核桃种植总面积45.5万亩，占国土总面积的15.5%；总产值1.2亿元，占农村经济总收入的28.3%、农业总产值的46.2%，全县农户户均收入5 642元，人均收入1 235元。其中，年出售核桃干果收入20万元以上的1户；10～20万元的47户；5～10万元的687户，占总户数的（下同）2.7%；1～5万元的3 739户，占16.9%；0.5～1万元的7 102户，占32.1%；0.5万元以下的1.05万户，占47.7%。

【残疾人田径选手李春梅破世界纪录】 李春梅，女，30岁，中共党员，白族，县残联职工，云南省著名残疾人田径选手。2006年11月27～30日在马来西亚吉隆坡举行第九届远东及南太平洋地区残疾人运动会上，李春梅一人包揽女子T46级200米、400米、800米、1 500米4项冠军，并以4分50秒成绩刷新了1500米跑世界纪录，为中国残疾人运动写下了光辉一页。

【农民总体实现小康】 2006年，用农村奔小康15项指标衡量，全县农民基尼系数、人均住房面积、电视机普及率、用电户比重、通公路村比重、通电话村比重和万人刑事案件立案控制实现程度已达100%，人均纯收入、人均每天蛋白质摄入量实现程度已超过90%，恩格尔系数、人均衣着年消费支出、劳动力平均受教育实现程度超过80%。文教娱乐支出、安全卫生水普及率实现程度超过75%。贫困人口比重实现程度超过60%。全县农民生活水平总体上已进入小康。

（朱应旭）

大理州经济社会发展主要指标（表一）

地　区	年末总人口（万人）		城镇人口占总人口比重（%）		全社会就业人员（万人）		城镇登记失业率（%）	
	2005 年	2006 年	2005 年	2006 年	2005 年	2006 年	2005 年	2006 年
大理州	347.11	348.6	25.00	26.51	195.62		3.05	3.04
大理市	61.40	62.4		52.50	34.87		3.40	3.50
漾濞县	10.59	10.6		25.00	5.65		2.88	3.00
祥云县	46.56	46.0		28.00	26.85		2.40	2.40
宾川县	34.06	34.1		29.00	20.69		2.50	2.10
弥渡县	31.46	31.6		18.00	19.30		1.00	1.00
南涧县	21.93	22.2		19.00	13.35		1.10	1.10
巍山县	30.96	31.1		20.50	18.42		2.43	2.30
永平县	18.47	18.4		21.00	8.39		0.60	0.50
云龙县	20.58	20.7		17.00	10.90		2.10	2.10
洱源县	27.47	27.6		18.50	15.73		2.59	2.09
剑川县	17.46	17.6		23.50	9.20		1.66	1.66
鹤庆县	26.17	26.5		16.50	14.58		2.80	2.86

大理州经济社会发展主要指标（表二）

地　区	地区生产总值（万元）		第一产业（万元）		第二产业（万元）		第三产业（万元）	
	2005 年	2006 年	2005 年	2006 年	2005 年	2006 年	2005 年	2006 年
大理州	235 0732	2 751 702	681 896	763 950	782 764	979 204	886 072	1 008 548
大理市	955 254	1 103 510	92 785	101 600	427 384	505 754	435 085	49 6156
漾濞县	44 886	52 922	18 710	19 510	14 713	20 410	11 463	13 002
祥云县	258 950	307 127	93 950	103 621	95 157	123 968	69 843	79 538
宾川县	231 250	263 745	125 038	138 284	38 306	47 084	67 906	78 377
弥渡县	111 499	129 440	42 330	46 757	26 286	34 182	42 883	48 501
南涧县	82 740	96 183	36 870	41 880	8 740	10 583	37 130	43 720
巍山县	117 861	136 661	53 156	58 583	21 489	29 247	43 216	48 831
永平县	91 550	102 900	42 700	45 300	14 896	19 500	33 954	38 100
云龙县	79 903	92 685	32 786	35 773	23 003	27 604	24 114	29 308
洱源县	127 236	144 840	54 207	59 430	28 933	35 484	44 096	49 926
剑川县	68 987	84 008	21 714	23 064	25 856	37 600	21 417	23 344
鹤庆县	103 600	120 000	34 655	37 775	36 459	46 245	32 486	35 980

大理州经济社会发展主要指标（表三）

地　区	地区生产总值指数（上年 = 100）		第三产业增加值比重（%）		人均地区生产总值（元）		全社会固定资产投资（万元）	
	2005 年	2006 年	2005 年	2006 年	2005 年	2006 年	2005 年	2006 年
大理州	112.3	113.0	37.69	36.65	6 803	8 011	828 329	1 040 757
大理市	112.5	111.1	45.55	44.96	16 112	18 404	351 662	428 124
漾濞县	112.8	113.6	25.54	24.57	4 462	5 250	28 886	37 558
祥云县	112.3	114.9	26.97	25.90	5 734	6 757	60 000	72 063
宾川县	110.2	110.5	29.36	29.72	7 016	7 963	45 337	52 384
弥渡县	110.2	112.4	38.46	37.47	3 523	4 046	65 067	85 444
南涧县	112.1	112.6	44.88	45.46	3 799	4 398	24 362	24 220
巍山县	108.1	112.2	36.67	35.73	3 882	4 488	35 060	42 247
永平县	108.6	110.1	37.09	37.03	5 271	5 586	25 806	31 096
云龙县	112.3	113.1	30.18	31.62	3 965	4 570	28 328	36 996
洱源县	112.6	112.1	34.66	34.47	4 640	5 259	48 047	53 000
剑川县	112.1	112.8	31.04	27.79	4 056	4 913	27 340	25 885
鹤庆县	112.0	112.1	31.36	29.98	3 892	4 556	47 842	60 075

大理州经济社会发展主要指标（表四）

地区	地方财政收入（万元）		地方财政支出（万元）		人均地方财政收入（元）		社会消费品零售总额（万元）	
	2005 年	2006 年	2005 年	2006 年	2005 年	2006 年	2005 年	2006 年
大理州	157 487	187 490	396 589	501 487	456	539	624 074	718 386
大理市	55 977	74 625	83 134	111 389	917	1 206	265 739	301 865
漾濞县	3 551	4 335	16 185	18 214	335	408	13 795	15 450
祥云县	13 362	16 342	30 976	40 034	288	353	69 333	79 874
宾川县	7 787	9 124	30 106	38 047	230	268	46 120	51 550
弥渡县	4 438	5 438	21 813	27 882	142	172	42 877	47 387
南涧县	7 607	8 189	21 868	24 458	348	371	26 901	31 338
巍山县	4 866	5 847	22 715	27 332	158	189	37 265	40 957
永平县	3 627	4 864	17 810	22 397	197	264	20 559	22 420
云龙县	3 121	4 397	20 288	28 041	152	213	22 431	25 837
洱源县	6 166	7 298	26 364	30 882	225	265	32 409	36 944
剑川县	3 609	5 018	19 543	24 847	208	287	19 181	21 019
鹤庆县	6 053	7 945	23 633	31 365	232	302	27 465	30 760

大理州经济社会发展主要指标（表五）

地区	农民人均纯收入（元）		农村人均住房面积（平方米）		在岗职工年平均工资（元）		人均储蓄存款余额（元）	
	2005 年	2006 年	2005 年	2006 年	2005 年	2006 年	2005 年	2006 年
大理州	2 251	2 431	26.30		15 155	18 076	4 122	4 858
大理市	3 457	3 675	33.72		15 675	18 008	11 990	13 728
漾濞县	1 581	1 771			16 657	20 010	2 744	3 263
祥云县	2 077	2 253			14 460	18 269	2 957	3 579
宾川县	2 307	2 504	21.60		14 668	17 932	2 452	2 771
弥渡县	1 839	1 950			13 203	17 510	2 380	2 820
南涧县	1 533	1 660	18.00		16 936	20 576	1 872	2 133
巍山县	1 538	1 632			14 577	18 291	2 157	2 693
永平县	1438	1 555	29.07		14 359	18 092	1 912	2 308
云龙县	1 341	1 418	13.00		13 255	18 701	1 577	1 956
洱源县	1 896	2 130	29.00		15 309	16 662	2 362	2 774
剑川县	1 296	1 383	32.00		13 896	15 678	2 501	3 101
鹤庆县	1 525	1 734	28.00		15 107	19 176	3 244	4 149

大理州经济社会发展主要指标（表六）

地区	初中学龄人口入学率（%）		广播覆盖率（%）		电视覆盖率（%）		每千人拥有医院、卫生院床位数（张）	
	2005 年	2006 年	2005 年	2006 年	2005 年	2006 年	2005 年	2006 年
大理州	88.79	89.41	91.1		96.2		2.20	
大理市	98.11	98.39	100.0		100.0		5.12	5.17
漾濞县	87.86	84.35	89.1		94.9		2.06	1.89
祥云县	84.79	83.28	100.0		95.0		1.76	2.44
宾川县	90.24	92.02	95.0		98.0		1.60	2.00
弥渡县	90.00	89.48	95.0		97.0		1.03	1.00
南涧县	75.33	73.22	78.0		98.0		1.16	1.14
巍山县	95.47	97.24	85.0		95.0		1.44	1.49
永平县	83.23	88.19	95.0		96.0		1.57	1.84
云龙县	77.76	78.72	90.5		89.4		1.73	1.72
洱源县	91.25	89.87	73.6		97.3		1.77	1.87
剑川县	88.20	91.19	94.7		96.4		1.68	1.64
鹤庆县	85.52	86.36	100.0		98.0		1.68	1.66

（省统计局）

德宏傣族景颇族自治州

主　　编　张方元　赵　芳
责任编辑　刘建军　李海荣

【概述】 德宏傣族景颇族自治州位于云南省西部，高黎贡山南麓，地处东经 97°31′~98°43′，北纬 23°50′~25°20′之间。东和东北与保山市的龙陵、腾冲县毗邻，南、西和西北与缅甸接壤。东西最大横距 122 千米，南北最大纵距 170 千米，总面积11 526平方千米。全州除梁河县外均有国境线，国境线长达 503.8 千米，有 24 个乡镇、600 多个村寨与缅甸村寨毗邻。州府驻地潞西市芒市镇，海拔 920 米，陆距省会昆明 649 千米，空距 427 千米。德宏是横断山脉西南部、高黎贡山以西的一块自东北向南西倾斜的切割山原；地势的基本特点是东北高而陡峻，西南低而宽缓；峻岭峡谷相间排列，高山大河平行急下；最高点是盈江县北部的大娘山（大雪山），海拔3 404.6米，最低点是盈江县西部的羯羊河谷，海拔 210 米，一般海拔 800~2 100米。其地表景观主要由高黎贡山山脉南延的三山（大娘山、打鹰山和高黎贡山尾部主脉），三江（怒江、大盈江和瑞丽江），四河（芒市河、南畹河、户撒河与芒东河）构成。气候属南亚热带季风气候，其特点是：冬无严寒，夏无酷暑；雨量充沛，干湿分明；气温年差较小，日差较大；日照充足，霜期短、霜日少；2006 年年降雨量1 400~1 700毫米，5~10 月降雨量占全年总降雨量的 86%~92%；年平均气温 18.4℃~20℃，最高气温 38.8℃，最低气温 -2.1℃；无霜期年平均 280 天左右；年日照2 281~2 453小时。2006 年辖瑞丽、潞西市、梁河、盈江、陇川县 2 市 3 县，50 个乡镇、其中乡 27 个（民族乡 5 个）、镇 23 个，364 个村（居）委员会、3 732 个村民小组。2006 年末，总人口 116.50 万人，其中城镇人口 34.32 万人，占 29.46%，农村人口 82.18 万人占 70.54%；少数民族人口 57.95 万人（其中傣族 35.22 万人、景颇族 13.45 万人、德昂族 1.38 万人、阿昌族 2.94 万人、傈僳族 2.93 万人），占总人口的 49.74%。人口密度每平方千米 103.61 人，人口自然增长率 7.97‰。

2006 年，全州完成生产总值 70.35 亿元，按可比价计算（下同），比上年增长 12.5%，其中：第一产业增加值 22.05 亿元，增长 9.5%；第二产业增加值 18.70 亿元，增长 25.8%；第三产业增加值 29.6 亿元，增长 8.4%。三次产业结构比重由上年的 33.1:21.6:45.3，调整为 31.3:26.6:42.1。财政总收入 9.13 亿元，地方一般预算收入 5.36 亿元。全社会固定资产投资 41.02 亿元，社会消费品零售总额 25.39 亿元。年末金融机构各项存款余额 127.50 亿元，各项贷款余额 73.23 亿元。全年居民消费价格总水平比上年上涨 1.5%。

实现农林牧渔业总产值 31.81 亿元，增长 10.9%；全年植树造林面积 7.63 万亩，森林覆盖率 62.79%。年末全州城市公共绿化面积达到 1.62 万亩，建立自然保护区 3 个，保护区面积 46.93 万亩。国家森林公园 2 个，国家等级旅游景点 6 个，即：4A 级旅游景区 3 个、2A 级景区 2 个、1A 级景区 1 个，园、景区面积 827.8 万平方米。

完成工业总产值 36.96 亿元，增长 15.9%，实现增加值 14.89 亿元，增长 35.1%。全年工业企业综合效益指数为 191.9%，比上年提高 76.5 个百分点。规模以上工业企业实现利润 3.61 亿元，比上年的 1.03 亿元，增加 2.59 亿元，增长 2.5 倍；实现利税 5.93 亿元，增长 1.4 倍。

全州对外贸易进出口总额 4.26 亿美元，增长 9.2%；其中：出口总额 3.35 亿美元、增长 23.7%，进口额9 101万美元、下降 23.6%；实现贸易顺差 2.44 亿美元，增加9 222万美元；全年直接引进外资项目 3 项，实际到位资金 830.51 万美元。全年接待国内外游客 299.6 万人次，增长 2.6%，其中：海外游客 5.51 万人次，增长 15.0%；实现旅游业总收入 27.86 亿元，增长 3.9%。

全年，交通和邮电通信业实现增加值 4.65 亿元，增长 11.3%。拥有民用车辆 20.39 万辆，增长 10.3%，全年完成货运量1 790万吨，增长 17.5%，完成客运量 954 万人，增长 25.0%；完成货物周转量 13.43 亿吨千米，增长 18.9%，旅客周转量 8.68 亿人千米，增长 17.3%。全年邮电业务总量为 12.41 亿元，年末用户交换机总容量 29.8 万门；固定电话 15.89 万户，增长 20.5%，其中：城市固定电话 8.03 万户；移动电话用户 38.61 万户，增长 18.3%；互联网户 2.41 万户。

全年全州保险费收入 2.43 亿元，增长 18.9%。年底，全州参加养老保险人数 3.67 万人，医疗保险 9.02 万人，失业保险 4.56 万人；有 1.42 万户，3.40 万人领取城镇居民最低生活保障费，比上年增长 6.6%。

全州有各类学校 803 所，教职工13 546人。年内在园幼儿 2.35 万人；小学在校生 11.03 万人，小学升学率 96.9%；学龄儿童入学率 96.6%；普通中学在校生 6.03 万人；德宏师专在校生3 241人。全年扫除青壮年文盲 486 人。2006 年全州实施省州级科技项目 52 项，实际完成 42 项，投入资金 467 万元；获省州科技奖 32 项，其中：一等奖 2

项、二等奖7项、三等奖23项。

年底，全州有医疗卫生机构91个，病床3 458张，其中：医院2 482张、卫生院852张。有卫生技术人员3 184人，全年诊疗158.97万人次。年末，全州有艺术表演团体6个，艺术研究所1个，文化馆1个，公共图书馆7个，50个乡镇实现了乡乡有文化站。州歌舞团、州傣剧团深入乡镇10次，演出29场次，观众9.4万余人次；州文化馆深入乡镇21次，辅导人员600人次；州图书馆展出图书1 000册，接待读者900人次，州电影公司放映科教、故事片10场，观众3 500余人次。全年举办各类形式的体育运动活动27次，参加省级以上运动会2次，获得金牌17枚，银牌20枚，铜牌9枚；全年参加体育锻炼人员50.1万人，占总人员的43.0%。

年末，全州有广播电台1座，中、短波广播发射台和转播台5座，广播人口覆盖率92.9%；电视台1座，电视转播发射台25座，有线电视用户7.11万户，电视人口覆盖率93.0%；全年出版各类报纸225.6万份，各类书籍73种，共29.85万册。

2006年全州社会从业人员63.95万人，比上年增长3.0%。其中：第一产业从业人员45.66万人，第二产业从业人员4.48万人，第三产业从业人员13.81万人。年末，城镇登记失业率为3.46%，下降0.14个百分点，全年转移农村富余劳动力2.21万人。年末，全州城镇居民人均可支配收入9 163元，增长9.1%；农村居民人均纯收入1 687元，增长12.1%。城镇居民人均消费支出6 900元，增长5.5%；农村居民人均消费支出1 486元，增长7.3%。城镇居民人均房屋使用面积31.1平方米，增长2.9%；农村居民人均住房面积22.04平方米，增长7.3%。年末，城镇居民每百户拥有轿车4.3辆，摩托车95.7辆；农村居民每百户拥有摩托车35.3辆。城乡居民人均存款7 364元，增长9.1%。

中共州委书记　刘一平（白族）

州人大常委会主任　麻端（景颇族）

州人民政府州长　孟必光（傣族）

州政协主席　杨文忠（白族）

【旅游业持续健康发展】　2006年，德宏州全年旅游接待总人数299.59万人次，比上年增长2.6%，其中，接待海外旅游者5.5万人次，增长15%，接待国内旅游者294.08万人次，增长2.4%；实现旅游外汇收入5 592.99万美元，下降12%；实现旅游总收入27.9亿元，增长3.9%；口岸入境一日游人数74.38万人次，下降12.9%。至年底，德宏州成功创建了瑞丽、潞西两个中国优秀旅游城市；一个中国首批农业旅游示范点——瑞丽市大等喊傣寨；6个国家等级旅游景区（点），其中梁河南甸宣抚司署、瑞丽莫里热带雨林景区、潞西勐巴娜西珍奇园为国家4A级旅游景区。目前，德宏州共有旅行社21家，其中国际旅行社3家，国内旅行社18家，共有在册导游人员214人，星级宾馆酒店36家，其中：四星级1家，3星级2家，2星级32家，1星级1家，星级饭店房间数2 336间、床位4 395张。

【世居民族民风民俗】　全州世居民族主要有5个，各地民风民俗不尽相同。傣族：德宏傣族多居杆栏式竹楼，主食大米，好酸辣。常以“撒苤”、“巴撒”、“酸帕菜”、“撒达鲁”等传统佳肴待客。实行一夫一妻制，恋爱自由，盛行“猎少”，男子有纹身习俗，年长者尚保留嚼槟榔习俗。其民族节日多与佛教有关，主要有泼水节、进洼、出洼、干朵、烧白柴等。“泼水节”，节期是傣历十二月三十一日至一月二日，约在清明后7至10天后举行，一般欢庆3至7天。

景颇族　景颇族信仰原始宗教，实行一夫一妻制，男女青年社交自由，通行单向姑舅表优先婚模式，形成独特的“姑爷种”和“丈人种”的婚姻关系。保留幼子继承制。主食大米，嗜酒。举行葬礼时有集体跳丧葬舞，主要节日是目瑙纵歌，节期是每年正月十五、十六日，为期3至7天。

阿昌族　对歌是他们最喜爱的文化娱乐活动，盛行“山歌恋”，结婚由父母决定，如女方父母不同意，就进行“抢婚”，实行一夫一妻制。本民族衣着特点以腊撒地区保留得多，其妇女戴的黑包头高达一尺，为国内外罕见。主食大米，好饮酒，喜酸辣，常以“过手米线”待客，主要节日是阿露窝罗节，于农历正月初四举行，每年3月20日举行，节期2天。

傈僳族　傈僳族多信仰原始宗教，喜佩腰刀，弓弩和反箭袋，实行一夫一妻制，青年男女恋爱自由，实行幼子继承制，以大米、包谷、荞为主食。好饮酒，并以水酒为主。傈僳族是能歌善舞的民族，他们采用唱调子的形式，把本民族的历史和重要生活经验（即叙事长诗）一代一代地传下来。历史上习惯用自然历法，借助自然景物的变化，将一年划为花开月、鸟口斗月、烧火山月、饥饿月、采集月、收获月、煮酒月、狩猎月、过年月、盖房月10个季节月。主要节日有“阔时节”，亦称“拉歌”节，意即新年歌舞节，每年正月初九举行，节期2天。

德昂族　是德宏最古老的世居民族之一。以农耕为主，擅长种茶，是最古老的茶农之一。青年男女实行一夫一妻制，盛行姑舅表婚，很少与外族联姻。男子有纹身习俗，中年以上男女多嚼槟榔，以大米为主食，饮食清淡，好饮茶喝酒，常以烤茶煨水招待客人。由于宗教信仰与傣族相同，故许多风俗都与傣族相同。

【扶贫开发又有新举措】　2006年，实施135个整村推进，投入财政扶贫资金1 680万元，通过整村推进的实施，夯实了贫困村经济发展基础，为稳定解决温饱、巩固温饱实现小康创造条件；两个省级贫困地区劳动力转移培训示范基地开展培训3 030人，转移安置3 010人，投入财政扶贫资金60万元。劳务输出基本实现了由无序流动向有序流动转变，分散型就业向集中型就业转变，逐渐成为贫困地区增收的新亮点；投入财政扶贫资金1 605万元，完成5 350户茅草房、叉叉房安居工程建设任务，圆满完成了州委、州2006政府年度向社会承诺的10件民心工程任务；安排60%左右的重点村财政扶贫资金，认定瑞丽市岭瑞农业开发有限公司为州级扶贫龙头企业，直接覆盖4个贫困村、30个村民小组，直接覆盖贫困房1 680户，直接覆盖贫困人口7 262人。

【城乡建设取得新进展】 2006年，继续抓好瑞丽市、盈江县、梁河县城市总体规划修编，完成潞西市、瑞丽市、梁河县5项专业规划的编制和盈江县南部新区控制性详细规划编制工作。完成建设领域总投资8.60亿元，其中建筑业投资7.09亿元，市政公用基础设施建设投资1.51亿元。加强对芒市广场（中缅友谊纪念馆）、芒市会堂、芒市宾馆、华丰国际商城、芒市体育运动中心、翡翠园等重点建设工程督查、管理和服务工作，保证重点工程高标准、高质量的快速推进。为迎接中缅友谊联欢50周年庆典活动，根据州政府实施芒市城区沿街单位和住户“开墙透绿”和“穿衣戴帽”改造工程工作要求，严格监查城区内进行开墙透绿和“穿衣戴帽”改造工程的各单位，使此项工程取得较好成绩。年内新增审批房地产开发资质15家，完成住宅产权3 098登记户，72.54万平方米；完成非住宅权263登记户，14.63万平方米；完成商品房交易301户，5.8万平方米，8 598.95万元；完成自建房交易432户，19.92万平方米，1.56亿元；完成二级市场交易359户，3.75万平方米，2 590.83万元；完成的抵押3 825登记户，126.69万平方米，14.3亿元；完成房地产评估2 628户，115.53万平方米，14.65亿元，完成危房鉴定69户，5.42万平方米。瑞丽江—大盈江风景名胜区综合整治。

【龙江水电站枢纽工程开工】 11月28日，龙江水电站枢纽工程开工，国家水利部副部长翟浩辉、云南省副省长刘平等领导及新华公司董事长王文珂等参加了隆重的开工典礼。该工程是德宏州“十一五”期间电力产业建设的重点工程，以防洪、发电为主，兼顾供水、灌溉和旅游，工程总库容12.17亿立方米，电站装机240兆瓦，年发电量10.25亿度，主要投资分为水利部综合事业局新华公司，工程总投资为22.7亿元，施工期为44个月。

【汪光焘到州检查指导小城镇建设】 5月27日，国家建设部部长汪光焘一行在云南省委副书记、常务副省长秦光荣陪同下，到德宏州检查指导小城镇建设。州委书记刘一平、州长孟必光向汪部长介绍了潞西市小城镇建设情况，并观看了芒市会堂、芒市体育馆、勐巴娜西珍奇园总体规划。汪部长指示：城市建筑设计要力图新颖，融入地方特色；勐巴娜西珍奇园要突出其在城市中心的文化休闲地位，不要以旅游角度考虑经济收入。

【口岸出入境】 年内，全州各口岸出入境人员717.54万人次，同比下降4.05%，其中出境365.98万人次，入境351.56万人次；出入境交通工具113.96万辆次，同比增长5.35%，其中出境57.92万辆次，入境56.04万辆次；进出口货运量109.64万吨，同比增长3.04%，其中出口48.36万吨，进口61.28万吨；口岸进出口额45.78亿元，同比增长5.14%，其中出口38.47亿元，进口7.31亿元。

【退耕还林工程】 年内，云南省下达退耕还林工程计划任务5.7万亩，其中退耕还林1.2万亩，荒山荒地造林4.5万亩，安排在潞西、盈江、陇川3个县市。2006年兑现了2005年退耕还林工程补助资金4 675万元，兑现率96.67%，其中种苗补助费780万元，生活补助费298万元，粮食补助折现3 149万元，省级粮食调运费448万元。各县市抓住造林季节，对不合格的造林地块进行全面补植补造，全州已补植补造2.54万亩，主要树种为西南桦、秃杉、云南皂荚、八角、竹子、三叶豆、柠檬等。

【造林绿化】 年内，全州完成人工造林7.63万亩，完成省林业厅下达计划的103%。完成低产用材林改造项目造林1.61万亩，林下资源开发石斛种植项目0.04万亩。在完成7.63万亩的人工造林中，集体造林0.4万亩，非公有制造林7.23万亩。树种主要有：西南桦3.29万亩，竹子1.73万亩，澳洲坚果1.19万亩，云南皂荚0.4万亩，秃杉0.06万亩，桤木0.1万亩，橡胶0.23万亩，茶0.63万亩，桉树0.05万亩。带动农户种植100户。

【农村人畜饮水工程】 2006年解决3.16万人的饮水安全问题，农村饮水安全达标人口累计达61.67万人。未达标人口28万人，其中：因水质原因饮水不安全人口16.02万人。“十一五”期间计划解决16万人的饮水安全问题，争取在2015年前全部解决全州饮水安全问题。

【贫困状况缓解】 年末，德宏州实现生产总值70.35亿元，比上年提高5.5个百分点；实现财政总收入9.13亿元，比上年增1.83亿元。全州农民人均纯收入达1 687元，比上年增加182元，增12.1%；贫困人口由上年的47.9万人减少到45.4万人，减少2.5万人，贫困面不断缩小，贫困程度进一步得到缓解。

（李泰清　吴志存）

潞西市

【概述】 潞西市位于云南省西部，是德宏州州府所在地。东界保山市龙陵县，南与缅甸毗邻，西南接瑞丽市，西与陇川县接壤，北与梁河县相连。东西长约71千米，南北宽约62千米。国土总面积2 987平方千米，国境线长68.23千米，320国道贯穿市境。市政府芒市陆距昆明679千米，空距427千米，市区海拔920米。2006年平均降雨量1 654.6毫米，平均气温19.6℃。地貌属横断山系南段中切割中山盆地类型，山地面积占全市总面积的85%，森林覆盖率为52.2%。有229条大小河流流于高山盆地之间，分属怒江和伊洛瓦底江两大水系。有丰富的矿藏资源，贵金属金、硅、铁开采量大。全市辖5镇6乡，8个居委会，80个村民委员会，800个村民小组。年末总人口37.07万人，其中城镇人口12.21万人，占32.94%；少数民族人口17.55万人，占47.34%。世居少数民族有傣、景颇、傈僳、德昂、阿昌族5种。人口自然增长率8.07‰。

2006年，实现生产总值22.8亿元，同比增长9.5%，其中第一产业7.4亿元，增长7.9%；第二产业5.6亿元，增长12.4%；第三产业9.8亿元，增长9.2%。工业总产值10.94亿元，增长5.46%；农业总产值10.09亿元，增长9.27%。财政总收入2.03亿元，增长22.3%。全年农作物播种面积81.79万亩，同比增加5.47万亩，全市农村经济总收入8.62亿元，增长15.7%。2006年，全市有个体工商户7 486户，从业人员1.3万人，注册资金1.91亿元；私营企业416户，从业人员8 988人，注册资金4.85亿元，非公经济税收完成1.37亿元，同比增长19%，占全市税收入库的74.95%。市重点招商项目39个，签约项目8个，项目总投资39.2亿元，年内到位资金5.6亿元，占总投资的14.5%。到位外资911万美元，全年接待客商470人次。拥有营运线路48条，其中：省际班线2条，跨地区11条、跨县4条，区乡班线31条；日发班次425班次，日发送旅客2 322人次；完成客运量413.91万人次，旅客周转量3 518.23万人千米。2006年，潞西市城镇居民人均可支配收入9 290元，同比增长8.5%。农村居民人均纯收入1 806元，同比增加152元，增长9.1%，增幅快于城市居民0.6个百分点。

年末，有各级各类学校217所，在校学生5.54万人。小学学龄儿童入学率99.53%；初中毛入学率78.68%；教职工3 254人（专任教师2 895人），全年享受“两免一补”学生有4.07万人，向社会筹措资金31.19万元，救助贫困中小学生1 912人。有文化馆站12个，图书馆1个，医疗卫生机构15个，病床430张，医护人员397人。全市已参加新型农村合作医疗24.82万人，参合率达92.16%；有7.29万人享受新型农村合作医疗补偿。

中共市委书记　赵镇康（回族2006年11月任）

市人大常委会主任　包孔道（景颇族）

市人民政府市长　克明亮（傣族）

市政协主席　杨跃先

【对外贸易】　全年，潞西市有进口经营权的外经企业41户，完成进出口总额4.86亿元，同比增长17.98%，其中：进口3 920.41万元，同比下降9.46%；出口4.47亿元，同比增长21.22%。完成各项税费805万元。境外投资项目11个，合同金额12万美元，对外承包工程项目1个，合同金额120万美元。招商引资项目1个，合同金额1 000万元。

【房地产开发】　全年，房地产开发成绩突出。华丰国际商城、芒市花园、中缅友谊馆、芒市会堂已交付使用。华丰国际商城占地面积203亩，建筑面积10万平方米，完成土地开发量12万平方米，建成商铺8万多平方米，建筑密度41.2%，容积率1∶1.2，绿化率35%，总投资2.5亿元。芒市花园占地249.94亩，建筑占地221亩，市政工程占地28.94亩。建别墅129套，多层370套，车库74个，累计投资1.72亿元。中缅友谊馆占地0.73万平方米，建筑面积1.35万平方米，总投资2 400万元，芒市会堂占地25亩，总投资7 000万元，建筑面积1.18万平方米，于11月竣工。

【淹没区移民安置】　年内，潞西市接收龙江水电开发有限公司拨付弄另电站移民资金4 654.85万元；接收芒里电站业主拨入实施管理费用6.78万元。完成弄另电站水淹没区水田1 620.25亩、旱地169.25亩、轮歇地5.72亩、荒地3.94亩的土地征收手续；落实搬迁安置人口57户233人；支付移民资金2 700.91万元。芒里电站建设征地和移民安置补偿投资包干费用2 485.76万元。

【减少贫困人口】　全年，完成重点村整村推进32个，扶持资金395万元。完成安居工程1 658户，投入补助资金497.4万元。搬迁41户200人，扶持100万元。完成贫困人口技能培训5期239人，科技培训116期9 120人。发放财政小额信贷资金521.26万元，回收457.22万元，回收率88%；新增农村信用社小额信贷400万元，主要投放在种植、养殖、加工等行业。基本解决贫困人口温饱5 000人，全市贫困人口减少到12.27万人，占总人口的34.5%，下降3.7个百分点。

【扩大就业再就业面】　年末，全市登记失业人口2 252人，开发就业岗位678个，实现就业669人，完成目标任务650人的102%。就业总人数3.96万人，失业率3.8%，发放各种再就业补贴7 650人190.6万元。新办《再就业优惠证》262本，年审1 817本。享受税务部门减免税费284人194.5万元；小额贷款29人，贷款51万元。培训下岗失业人员288人，培训农村富余劳动力2 002人，组织有序输出1 875人，阳光工程办输出1 513人，介绍市内就业5 549人。

【完善社会保障制度】　2006年底，全市城镇职工基本养老保险参保人数1.59万人，养老基金总收入4 447万元。医疗保险参保人数1.49万人，医疗保险基金收入1 557.12万元。参加大病保险人数1.49万人，收缴基金149.19万元，参加失业保险1.88万人，收缴失业金759.28万元，接收登记失业职工410人，发放失业保险金和补助9 386人340万元。参加农村养老保险1 958人，收缴保险基金120万元，发放养老金25人1.4万元。

【生态环境保护】 全年，潞西市建设项目环境影响评价执行率100%，污染治理设施正常运转率90%，“三同时”执行率80%，环境污染得到有效控制。完成勐板河饮用水源保护区、风平镇生态乡镇建设、遮放镇南见村小康环保行动、弄坎湿地生态保护4个项目申报，已争取到省补资金20万元，完成遮放镇南见村小康环保生态示范村建设。

【信息产业初具规模】 信息产业已初具规模，邮政、电信、移动、联通、网通竞相发展，为广大人民群众提供了便捷服务。年内，邮政实现业务收入1 247.04万元，完成邮政业务总量1 430.49万元，同比增长14.85%。电信实现业务收入1.48亿元，同比增长9.94%，预算完成率和收入增长率均排名全省第3位，通电话率100%。移动实现业务收入2.42亿元，同比增长21%，圆满完成当年各项经营指标，超省下达收入计划的4.6个百分点，神州大众卡净增客户居全省第一。联通实现业务收入6 441.55万元，同期增长率为12.91%，累计实现净利润659.64万元，网上用户数达到6.09万户。

【芒市镇强化社区服务】 芒市镇有8个社区居委会，447个居民小组，总户数2.49万户10.23万人。有48名社区干部，8个党支部，336名党员。社区内设5个警务室，3个医疗服务站。有2个市级文明村寨，129个星级户。2006年社区居委会紧紧围绕创建平安社区，做好社区管理服务，努力为民办实事开展工作。先后为社区居民办理小额信贷50人；办理外来人员就业手续550多人，劳务输出40多人；办理失业人员保险补贴539人；有2 328名企业退休人员移交社区管理，830名已正式办理移交手续；发放5 000张社区联系卡，接受8次退管人员死亡报告，6次生病住院报告；每个社区配备2名工作人员；健全劳动保障机制，依法订立劳动协议1 561人，追查清理拖欠农民工工资2户172人19.31万元，劝退非法使用童工2人，农村养老保险投保47.08万元；社区居民大门挂牌448块，小门挂牌1.80万块，单元楼挂牌384块；发放扶贫救助金10余万元，医疗救助3.36万元，救济大米11吨，救助294户1 183人，供养救助五保户、残疾人、孤儿299人。积极引导社区失地农民依托城市区位优势，大力扶持发展饮食服务业和手工加工业，现有539户每月户均收入600余元。通过招商引资、合股建市场等方式，壮大集体经济，年收入10余万元。

（蒋育科）

瑞丽市

【概述】 瑞丽市位于云南省西部，德宏傣族景颇族自治州西南。东连潞西市，北邻陇川县，西南、西北、东南三面与缅甸毗邻。全市总面积1 020平方千米，山区面积占80%，坝区面积占20%，地处北回归线北侧，属南亚热带湿润性季风气候。城区海拔770米，陆路距省会昆明752千米，距州府103千米，为东起上海西达瑞丽的320国道终点，是昆（明）瑞（丽）公路与中印公路（史迪威公路）的交汇处，是中缅贸易最大的陆路口岸。年均气温21.2℃，年降雨量1 335.2毫米。辖3区、3乡、3镇，29个村委会，212个自然村，274个村民小组，11个社区居民委员会。国营瑞丽农场辖6个分场，国营畹町农场辖9个生产队。2006年末全市总人口16.53万人（含在瑞居住半年以上中国籍人口），户籍人口11.86万人。其中农业人口7.29万人，非农业人口4.57万人，少数民族人口7.62万人，占总人口的46.1%，傣、景颇、德昂、傈僳族为其世居民族。人口自然增长率7.99‰。

2006年全市完成生产总值（现价）15亿元，同比增长9.5%，其中：第一产业3.5亿元，增长7.6%；第二产业2.8亿元，增长15%；第三产业8.7亿元，增长8.8%。农村经济总收入3.18亿元，增长11.9%。粮食总产量4.6万千克，增长12.4%；甘蔗种植面积9.3万亩，产量43.5万千克，增长12.4%；全年肉蛋奶总产量8 693千克，增长26%，畜牧业实现总产值1.04亿元，增长6.9%。工业总产值（现价）6.06亿元，增长16.9%；财政收入4亿元，增长30.2%；社会消费品零售总额5.88亿元，增长9.4%。全市共有个体工商户、私营企业9 283户，从业人员1.78万人，注册资金11.22亿元；非公经济实现增加值6.7亿元，占全市生产总值的44.7%。全年乡镇企业实现总产值2.75亿元，增长11%，实现增加值9 424万元，增长11%，实现利润1 631万元。全年共接待国内外游客115.96万人次，增长0.6%，实现旅游总收入8亿元。全年共完成珠宝税费484万元，同比增长113%。年末金融机构各项存款余额44.04亿元，增长17.4%；贷款余额16.61亿元，比年初增长31.9%。农民人均纯收入2 366元，增长11.1%；城镇居民人均可支配收入1万元，增长12.7%。居民消费价格指数为100.7%，城乡居民储蓄存款34.6亿元。职工年平均工资1.49万元，有8 443人享受最低生活保障。电视覆盖率达86%，广播覆盖率达99%。全年客运量220万人次，增长18.9%，客运周转量1.84亿人/千米，增长6.2%。完成货运量247万千克，增长8.3%，货物周转量达14.33万吨/千米。

全市有各类学校94所，在校学生2.59万人，教师1 129人，九年义务教育普及率为97.3%，初中毛入学率113.3%，辍学率初中1.49%、小学0.09%。有文化馆、站2个，医院、卫生院所6个，病床508张，医护人员573人。

中共市委书记　李春华（2006年4月止）　柳五三（白族　2006年4月任）

市人大常委会主任　排　生（景颇族）

市人民政府市长　龚能政（傣族）

市政协主席　杨治祥

【新农村建设成效显著】　2006年是全面推进社会主义新农村建设的开局之年。全年共投入资金5 708.84万元，以“三农”工作为突破口，全面推进社会主义新农村建设。按照“生产发展、生活宽裕、乡风文明、村容整洁、管理民主”的新农村建设目标，结合实际，编制完成《瑞丽市社会主义新农村建设五年规划及实施意见》，并在各个乡镇开展试点工作。全年完成水利工程1 260件，新增有效灌溉面积2 900亩，解决4 649人、413头大牲畜的饮水问题，完成弄岛镇、姐相乡土地整理工程，净增耕地面积1 152.74亩，完成7条农村公路的改扩建工程，开通5条农村客运专线。在稳定粮食产量，巩固提升甘蔗、橡胶、茶叶等传统产业的同时，发挥热区优势，推进冬季农业开发，全市柠檬、麻竹、柚子、毛叶枣等特色产业基地建设在规模、效益等方面有了新的发展。实施新型农民培训和绿色证书培训工程。《云南省瑞丽市2006年新型农民科技培训实施方案》获省农业厅审核通过。年内，对全市500名农民进行了种植业养殖业方面的绿色证书培训，其中有400名经考试合格获得《绿色证书》。不断提高农民的组织化程度，建立农村专业技术协会6个，发展会员400余人。不断改善农村生活环境。新建沼气池205口，节能灶415个，“养、沼、种”一体化的农村建设模式逐步被广大农民接受。加大农村劳动力向非农产业转移力度，全年实现劳务输出4 555人次，年创劳务收入2 277.5万元。

【口岸贸易】　瑞丽市具有得天独厚的口岸优势，其三面与缅甸邻邦接壤，有瑞丽、畹町2个国家级口岸。2006年，瑞丽市多渠道、多方式、多层次地加强与缅方的联系、磋商，带动了各个领域的合作和口岸经济的发展。全年完成口岸贸易进出口总额34.88亿元，较上年增长7.5%。

据统计，2006年瑞丽口岸累计进出口货运量47.69万千克，同比减少3%，其中进口8.17万千克，同比减少46%；出口39.52万千克，同比增长17%。累计进出口货值32.40亿元，增长9%，其中进口2.16亿元，同比减少48%；出口30.23亿元，增长18%。累计出入境人员555.86万人次，同比减少8%，其中出境276.89万人次，减少9%；入境278.97人次，减少8%。累计出入境车辆90.24万辆次，增长7%，其中出境45.22万辆次，增长9%；入境45.02万辆次，增长6%。

同年畹町口岸累计进出口货运量5.80万千克，同比增长6%，其中进口2.63万千克，同比增长29.4%；出口3.17万千克，同比减少7.8%。累计进出口货值2.48亿元，同比减少7%，其中进口2 822.8万元，同比增长26.4%；出口2.20亿元，同比减少10%。累计出入境人员42.52万人次，同比减少7.6%，其中出境20.88万人次，同比减少8.3%；入境21.63万人次，同比减少7%。累计出入境车辆6.18万辆次，减少16.5%；其中出境3.05万辆次，减少17.5%；入境3.13万辆次，减少15.6%。

【珠宝产业喜获桂冠】　2006年，瑞丽市被国土资源部授予“中国珠宝玉石首饰特色产业基地”。全市有瑞丽市珠宝街、瑞丽新东方珠宝城、瑞丽华丰珠宝城、姐告玉城、姐告中缅街五大珠宝市场，共有大小珠宝加工厂（作坊）800余家，珠宝店铺4 000多家，从业人员1.50万余人。全年共完成珠宝税费484万元，较上年增长113%，其中国税410万元，地税74万元。

【第六届中缅边境贸易交易会】　12月18日，中缅第六届边境贸易交易会在与瑞丽一江之隔的缅甸邻邦木姐市105码贸易区隆重举行。云南省副省长刘平，缅甸商务部部长丁乃登准将出席开幕仪式并分别致辞。本届边境贸易交易会是缅方首次在木姐105码贸易区举行，规模较大，共设238个展销厅，其中缅甸110个、中国122个、泰国2个、印度2个、孟加拉2个，展销的商品琳琅满目、种类繁多。中国企业参加边交会参展商品共18大类、160多个品种。经过三天的展示、洽谈，中方交易团贸易成交总额9 254万美元，与2004年木姐边交会相比，增长32.17%。其中，贸易签约项目35个，协议成交金额8 852万美元，现货成交402万美元。边交会首次邀请印度、孟加拉、泰国、老挝组团参加，反映了加强区域合作，实现互利双赢的发展趋势。

【全国“年度十大法制人物”排南向】　在全国2006“年度十大法制人物”颁奖晚会上，来自边城瑞丽的排南向从中央领导手中接过红彤彤的荣誉证书，成为2006全国年度十大法制人物之一。排南向居住的卡南村是瑞丽市勐卯镇芒林村委会一个偏僻的小山村，位于中缅边境，特殊的地理位置，使这个昔日民风淳朴的村寨受尽毒品的危害，村里的许多男子陷入毒品的泥潭而不能自拔，农业生产停滞不前，治安状况混乱。为保卫美好的家园，景颇族妇女排南向把村里7位家庭饱受毒品戕害的妇女组织起来，成立女子护村队，义务承担起村里的治安和禁毒防艾工作。女子护村队成立后，队员们经常在村寨巡逻，使昔日偷鸡摸狗换取毒资的瘾君子无从下手，也使附近村寨的毒贩不敢轻易到卡南村兜售毒品，使小村恢复了往日的平静。为了让村民们进一步了解毒品对家庭和社会的危害，动员全村的力量打击吸毒行为，护村队利用各种机会宣传禁毒知识，使禁毒意识深入人心，营造了一个老幼妇孺全民皆兵的禁毒环境。在对待吸毒人员方面，女子护村队用女人耐性和有韧劲的优势，在“帮”字上下功夫。她们采取以村干、护村队、吸毒人员家庭为一体的“三帮一”帮教措施，做好吸毒人员的劝戒工作；对戒断回来的人员，通过政府和村社推荐他们外出打工，有工作干，有事情做，有经济收入，从而巩固戒毒成果；对无劳动力的吸毒家庭，护村队从生产生活上给予悉心照料，力所能及地为他们解决基本困难。通过护村队员们4年的努力，卡南村的村容村貌有了很大变化，民风进一步好转，年内全村无一例新增吸毒人员，也没有一例刑事案件发生。在队员们的帮助下，该村6名吸毒人员成功戒除毒隐，12名戒断人员被组织外出务工。如今，卡南村正在向无毒村寨目标迈进。

【构建农村客运网络】 2006年，加快全市“路、站、运”一体化建设步伐，全面构建农村道路客运网络。全年共投资180万元，完成了勐秀乡、弄岛镇、户育乡和勐秀乡小街村委会4个农村客运站的建设，开通了勐秀、户育、弄岛、班岭等6条农村客运专线，投入55辆中巴车从事农村客运线路运营，平均日发班客运40余班（次），日均运送旅客600多人次，大大方便了山区农村各族群众出行。

（何文忠　朱溪江）

梁河县

【概述】 梁河县位于云南省西部，德宏州东北部。东、北与保山市腾冲县接壤，东南与潞西市相连，西南邻陇川县，西与盈江县毗邻，总面积1159平方千米，县城遮岛镇海拔1020米，距省会昆明市713千米，距德宏州首府芒市114千米。常年平均气温18.4℃，年均降雨量1046.3毫米。全县共辖6乡（含2个阿昌族乡）3镇，62个村民委员会，4个社区居委会。年末全县总人口15.94万人，其中：非农业人口1.78万人，占总人口的11.2%，少数民族人口5.39万人，占33.8%。人口密度每平方千米137.54人，人口自然增长率为6.1‰。

2006年，全县完成生产总产值5.44亿元，比上年增长11%。其中：第一产业1.6亿元，增长8.8%，第二产业1.43亿元，增长27.9%，第三产业2.39亿元，增长5.9%。全县财政收入完成5543万元，增长18.9%，首次突破5000万元大关。全年商品零售物价指数为101.1%。大牲畜存栏2.53万头，生猪存栏9.22万头，羊存栏6929只，家禽存栏24.12万只。支柱产业为：粮食、甘蔗、茶叶、畜牧。年内主要工业产品产量：食糖2.64万吨，酒精2265吨，中成药138吨，金属硅1424吨，精制茶71吨，锡金属875吨，增长20%；原煤6279吨，增加13倍；农产品及产量：粮食4万吨，油料1855吨，甘蔗37.27万吨，水产品2003吨，禽蛋176吨，肉类5621吨，当地知名土特产为：滇皂荚、魔芋、精制茶、胶股蓝、松脂等。2006年全年完成客运量123万人次，旅客周转量3501万人千米，货运量134万吨，货物周转量1.23亿吨千米。年末城镇居民人均收入8354元，比上年增长6.7%。农民人均纯收入1173元，比上年增长7%。

全县共有中小学校163所，在校学生2.19万人，教师1672人。九年义务教育巩固率96.9%，入学率106.8%，辍学率2.9%。年末有文化馆、图书阅览室10个，医疗卫生机构12个，床位250张。

中共县委书记　板岩过（傣族）
县人大常委会主任　杨天明（傣族）
县人民政府县长　俄　吞（傣族2006年5月止）
代理县长　杨晓平（2006年5月～）
县政协主席　杨牙友（景颇族）

【省政府命名“创建无毒乡镇先进县”】 梁河县在创建无毒乡镇工作中，确定创建目标，落实帮教措施，成效显著。1月26日，被云南省政府授予“创建无毒乡镇先进县”，成为全省17个受表彰的先进县之一。

【瑞泉村科技示范项目通过省级验收】 2月18日，受省科技厅委托，由州科技局组织有关专家，对省科技厅2001年下达的民族贫困地区科技试验示范项目《瑞泉村科技综合开发示范》进行验收。验收组在实地查看种植示范基地，听取项目实施情况汇报并查阅相关资料、图表和项目资金使用情况后，一致认为：在实施项目的过程中，组织管理得当，措施得力，发展思路清晰，能结合当地实际，组织实施“三高”甘蔗、套种脱毒马铃薯，科学养牛，优质稻田养虾、养蟹、大棚蔬菜，沼气，葡萄规范化栽培，姬松茸栽培等技术示范。在项目管理上实行“三选”，即根据劳动者素质和对项目实施的积极性，重点做到先选人，后选地，再选项目，最终实现以科技为支撑，以项目促发展，把资源优势转化为经济优势，通过着力培养农村能人群体，引导农民依靠科技脱贫致富，促进农业农村经济的发展，提高了农民的科技水平，增强了科技意识，实现了农民依靠科技增产增收，完成和超额完成了合同下达的各项指标任务，起到了良好的科技综合示范作用，经济、社会、生态效益突出。一致同意通过验收，并评定为优秀，获2006年州政府科技进步三等奖。

【何忠亮被评为“全国见义勇为先进个人”】 3月15日，中午，河西乡芒杏村委会上芒杏第三村民小组何忠晓家发生火灾，何忠晓4岁的儿子和60多岁的父亲被困在火场中。当时火势较大，在场的人谁也不敢贸然冲进火场救人。正在朋友家做客的何忠亮闻讯赶来后，没有一丝犹豫，顾不上采取任何防范措施，毅然只身冲进火海救出了4岁的小孩，准备再次冲进去救老人时，由于火势太大无法施救。何忠亮的英雄壮举经州见义勇为协会和省见义勇为基金会推荐后，中华见义勇为基金会和中央电视台对他的事迹进行专题拍摄，并在中央电视台“百姓英雄”专题栏目中播出，经过群众投票推选，何忠亮被评为第十届“全国见义勇为先进个人”，11月18至23日前往北京参加表彰会，受到中央领导罗干、周永康等同志的接见。

【一批非物质文化遗产成为国家和省级保护项目】 5月20日，在国务院公布的第一批518项国家级非物质文化遗产名录中，阿昌族口述文学神话史诗《遮帕麻和遮咪麻》成功申报为全州第一个国家级非物质文化遗产保护项目。此外。阿昌民歌、阿昌族舞蹈“蹬窝罗”、民族民间传统文化之乡——葫芦丝之乡等项目成为云南省第一批非物质文化保护项目。

【人口较少民族整村推进扶贫项目成效显著】 2005年九保阿昌族乡丙盖村委会，曩宋阿昌族乡关璋村委会被列为全省首批扶持人口较少民族整村推进项目示范村。项目自2005年11月实施以来，截止2006年11月，完成项目总投资279.9万元，其中：国家投资207万元，群众自筹投工投劳折资72.9万元。共完成18个大项目39个子项目建设。通过项目的实施，两个人口较少民族聚居村委会基础设施得到加强，村容村貌发生了根本变化，群众的生产生活条件得到了明显改善，产业开发有了起色，群众科技意识、商品意识明显增强，极大地振奋了人口较少民族群众的精神，为人口较少民族群众脱贫致富奠定了坚实的基础。

【《葫芦丝之乡——梁河》宣传画册出版发行】 11月28日，县委、县政府召开《葫芦丝之乡——梁河》宣传画册出版发行会。为进一步宣传梁河，提高梁河的知名度，打造“梁河—葫芦丝之乡”文化品牌，通过精心策划，共向社会各界人士广泛征集、拍摄照片1 000多幅，投入制作经费10余万元，采用邮品形式出版发行《葫芦丝之乡——梁河》宣传画册。画册由“寻梦梁河、品味梁河、风情梁河、情系梁河”四个部分组成，整个画册以梁河独特的葫芦丝民间艺术、阿昌族风情文化和国家级重点保护单位、4A级旅游景区南甸宣抚司署为主线，把梁河的人文地理、自然环境、历史文化、民族风情以及经济建设等方面内容，以图文并茂的形式生动展现出来。

【平安创建工作通过省级验收】 12月17至18日，省平安创建考核验收组在州委政法委领导陪同下，对梁河县平安创建工作进行验收。验收组首先听取了梁河县平安创建工作情况汇报，然后实地检查考核了县人民银行“平安”小区、县国税局“平安”单位、勐养镇芒轩村“平安”村寨的创建情况。通过检查考核，验收组一致认为，梁河县平安创建工作领导重视，措施得力，拟定了具体的实施方案，制定了平安创建工作目标、创建标准、工作制度，平安创建工作成效显著，主要表现在：有针对性地开展了城镇社区、农村和单位的创建，责任明确，成员单位的作用得到充分发挥；开展禁毒防艾工作有特色，刑事案件和治安案件大幅下降，群众安全感和满意度持续增强，社会稳定，有力地促进了全县社会经济发展，达到创建要求，同意通过验收。成为全州惟一通过省级平安创建验收的县。

【启动新型农村合作医疗】 2006年全县应参合人数14.13万人，实际参合12.12万人，参合率达85.76%。全县有贫困户、五保户1.86万人，实行救助参合1.49万人，占贫困户的81%。截至12月31日，全县共收缴参合资金121.22万元，其中个人缴费114.44万元，民政救助补助1.34万元、残联、红十字会救助补助5.43万元。

（孙稚泳　张艳华）

盈江县

【概述】 盈江县位于云南省西部、德宏州西北部，东北接腾冲县，东南连梁河县，南面同陇川县毗邻，西、西南和西北与缅甸联邦为邻。总面积4 429平方千米，山区面积占85.2%，水域面积34.52平方千米。县城平原镇，海拔826米。距州府芒市153千米，距省会昆明735千米。年均气温20.2℃，年降雨量1 055.1毫米。辖8镇7乡，100个村（居）民委员会，1 148个村民小组，1个地方国营农场，下辖4个分场。2006年末全县总人口27.30万人，其中农业人口占86.98%；少数民族人口占59.77%。有汉、傣、景颇、傈僳、阿昌、德昂族6个世居民族。人口自然增长率为9.3‰。

2006年，全县生产总值16.20亿元，比上年增长15.8%，其中，第一产业5.46亿元，增长14.2%；第二产业5.11亿元，增长27.8%；第三产业5.63亿元，增长8.9%。一、二、三产业比重由33.7:28.4:37.9，调整为33.7:31.5:34.8。农村经济总收入2.24亿元，粮食总产量11 393.30万千克，甘蔗总产量8.65亿千克。农林牧渔业总产值（现价）8.08亿元，增长16.6%；工业总产值（现价）10.08亿元，增长18.4%。财政收入1.07亿元，增长27.0%。城镇居民人均可支配收入9 387元，农民人均纯收入1 816元。城乡居民储蓄存款余额14.07亿元，同比增长20.4%。居民消费价格总指数102。有6.16万人享受最低生活保障。全年共投入扶贫资金1 386万元，发放小额信贷200万元，受益贫困群众1.87万人。广播覆盖率达94%，电视覆盖率达93.5%。全年客运量228万人次，客运周转量1.76亿人/千米，完成货运量543万吨，货物周转量5.16万吨/千米。

全县共有各类学校266所，在校学生4.29万人，教职工3 091人。小学适龄儿童入学率99.68%，巩固率94%，辍学率6%；初中入学率61.3%，巩固率85%，辍学率

15%。年末有文化馆、图书馆、群艺馆各1个，医疗卫生院、所22个，床位594个。

中共县委书记　杨跃国（2006年5月止）　杨赛光（2006年5月任）

县人大常委会主任　番跃平（景颇族）

县人民政府县长　王二软（傣族　2006年5月止）

县人民政府代理县长　俄　吞（傣族　2006年5月任）

县政协主席　王振泽

【农民收入水平总体较低】　盈江是一个典型的农业县，87%的人口在农村，2006年，全县农民人均纯收入1 816元。15个乡镇发展也不平衡，坝区5个乡镇自然条件相对好一些，平均人均纯收入1 886元，最高的新城乡为2 101元；山区10个乡镇自然条件相对较差，平均人均纯收入1 100元，最低的苏典傈僳族乡仅为635元。

【扶贫工作见成效】　2006年，全县共投入扶贫资金1 386万元，发放小额信贷200万元。实施项目共167件，项目覆盖全县15个乡镇，99个村委会，1.87万人。实施整村推进的32个村项目完成后，村村实现了解决温饱；农民人均纯收入由项目实施前的600元增加到956元，人均产粮由180千克增到300千克以上；项目村电视、手机普及率分别达到30%和5%；8 164人贫困农户的住房条件和卫生条件有了显著的变化；227人迁移户实现迁得进、稳得住、能脱贫的目标。

【完成财政部批准立项重点项目】　3月，完成支那、姐冒灾毁土地复垦项目工程，该工程是国家财政部批准立项的重点项目。2004年12月，财政部拨出专款2 770万元对两地灾毁耕地进行复垦。两个项目的实施，恢复灾区耕地面积845.4公顷，改善了农业生产条件，提高了耕地质量，完善了各种基础设施配套。

【全面启动新型农村合作医疗】　6月19日第十四届人民政府第十八次常务会议研究，同意申报2007年新型农村合作医疗实施县，并向州政府上报了《盈江县人民政府关于申报2007年推行新型农村合作医疗的请示》。同时成立县新型农村合作医疗管理委员会和监督委员会，各乡镇也成立了相应的管理监督机构；制定了《盈江县新型农村合作医疗实施方案》；完成了相关表、卡、册、证的印制。于11月3日召开了全县新型农村合作医疗动员大会，印发《盈江县2007年新型农村合作医疗宣传筹资实施意见》，与各乡镇签订《盈江县新型农村合作医疗宣传筹资工作目标责任书》。截至2006年11月30日，全县以户为单位农民参合率为63.1%。

【广播电视“村村通”工程】　2006年，全县15个乡镇及边远偏僻村寨，完成4种模式，其中：光纤联网4 000余户，开路网4座，小片网11座，中频网33座，共计完成入户5 000余户，投入资金28.8万元。广播人口覆盖率94%，电视人口覆盖率93.5%。

【推进劳务输出】　全县农村人口占总人口的86.98%，18岁至35岁之间的青壮年有9.08万人，绝大部分是农村富余劳动力。县委、县政府高度重视劳务输出工作，与全县各乡镇签订目标责任书，加强组织领导，拓展信息资源，强化输出前培训，注重服务管理，强化措施，积极构筑“横到边，纵到底”的劳务输出网络。2006年，通过县、乡、村三级联动，组织输出9批1 017名劳务人员到广东省深圳、惠州和浙江省宁波等沿海地区就业，为农民增收致富找到了一条捷径。

【生态建设进展顺利】　2006年，全县共完成造林面积3 081公顷，其中，退耕荒山造林面积1 333公顷，义务植树33万株。全县城市公共绿化面积达68公顷，城市人均公共地面积7.65平方米。工业废气处理率达85%，工业废水排放达标率79%，工业固体废物综合利用率100%。农村建设沼气池804口。全县森林覆盖率达64.2%。

【帮助缅甸昔董县开展罂粟替代种植】　昔董县是缅甸克钦邦靠近盈江县的罂粟主产区，罂粟种植是当地农民的主要经济来源，缅方在当地开展罂粟禁种工作不见成效，向盈江县提出帮助开展替代种植的请求。盈江县向昔董县无偿提供种籽，派出农业技术人员，指导帮助推广种植杂交包谷1 000亩。该项目的实施，对当地群众减少罂粟种植、遏制毒品向盈江境内侵入起到积极作用。

【电力开发再传喜报】　县境有大小河流43条，水资源充沛，总量达104.35亿立方米，海拔落差为3 404.6米～210米，水能理论蕴藏总量214.83万千瓦，开发水电站的潜力极大。2006年末全县共有在建水电站26座，总装机84.78万千瓦，总投资32.14亿元。年内新开工电站4座，即狮子山电站、勐乃电站、勐弄河三级电站和南朗河二级电站。

（许元国）

陇川县

【概述】　中国目瑙纵歌之乡——陇川，傣语称勐宛，意为太阳照耀的地方。位于云南省西部，德宏傣族景颇族自治州西南部。东、南、北三面分别与潞西市、梁河县及盈江县接壤，西与缅甸毗邻。国境线长50.89千米，全县东西横距42千米，南北最大纵距51千米，总面积为1 931平方千米，其中山区面积1 538平方千米，占79.6%。县城章凤海拔930.50米。隔南宛河与缅甸雷基相望，距缅北重镇八莫92千米，距昆明925千米，距德宏州府芒市141千米。县域常年平均气温19℃，年平均降雨量1 508.9毫米。2006年县境年平均气温19.4℃，年降雨量1 287.2毫米。全县辖4镇5乡及一个农场。即：章凤、城子、景罕、陇把镇和王子树、清平、户撒、护国、勐约乡及陇川农场。全县总人口17.52万人。其中：非农业人口3.40万人，占全县人口总数的19.4%；少数民族人口9.69万人，占全县总人口的55.3%。人口密度90人/平方千米。景颇、傣、阿昌、德昂、傈僳五个世居民族。人口自然增长率8.65‰。

2006年，全县实现生产总值11.03亿元，比上年增长19.9%，其中：第一产业增长9.4%，第二产业增长62.6%，第三产业增长8%。工业总产值7.59亿元，增长35.6%。主要工业产品食糖15.56万吨，增长52.28%；酒精11 674千升，增长35.48%；发电量4 216.49万千瓦小时，增长58.07%；工业硅9 371吨，增长5.19%；电池301.68万只，增长118.07%。全县规模以上工业企业实现利润1亿元。农业和农村经济发展加速，全年实现农业总产值5.92亿元，比上年增长10.92%。粮食总产量达7.06万吨，比上年增长3.05%。甘蔗收获总面积达27.54万亩，农业产量147.16万吨，增长21.22%，实现农业产值2.89亿元，增长28.86%；畜牧业总产值8 539.4万元，年均增长12.35%；林竹产业开发力度加大，种植西南桦10.7万亩，麻竹10.1万亩，其中有3万亩麻竹已经投产见效，实现产值751.5万元；名特优新产业发展步伐加快。2006年全县枇杷种植面积已达3 600亩，其中挂果面积500亩，产量43.4吨，实现产值78万元。现有柠檬面积4 602亩。农民人均经济纯收入1 408元，比上年增加133元，粮食人均403千克。城乡居民储蓄存款余额6.89亿元，增长26.54%。职工年平均工资1.37万元。有6 631人享受最低生活保障。电视覆盖率达86%，无线广播覆盖率达82%。全年客运量113万人次，客运周转量8 530万人/千米，完成货运量184万吨，货物周转量达1.80亿吨/千米。

全县有各类学校127所，在校学生3.08万人，教师2 025人。九年义务教育普及率为100%，入学率100%，辍学率2%。年末有文化馆1个，图书馆1个，医院、卫生院、所13个，床位424个。

中共县委书记　杨世庄

县人大常委会主任　许贵荣（傣族）

县人民政府县长　孔勒干（景颇族）

县政协主席　尹以稳

【帮傲村迈步小康】　帮傲村位于陇川县的户撒坝下段，距乡政府11千米，距省道章盈路2千米，是一个全村共21户108人的阿昌村寨。有水田185亩，板栗300亩，草果30亩，人均耕地2.2亩。2006年人均纯收入3 000元，高出全县人均纯收入1 592元。全村有农用车7辆，拖拉机20辆，摩托车18辆，每家每户都建起了沼气池，2002年被乡里列为沼气、仔猪养殖示范村，2004年被州列为“兴边富民”示范村，被县委、县人民政府评为“县级安全文明村”。近年来，通过全村群众的努力，围绕社会主义新农村建设，全村面貌换然一新，告别了雨水天的“水泥路”干冬时“尘飞路”，如今走进村寨是整齐干净的石板路，自来水（山泉水）从村头流淌到村尾，村中的每一条路都是干干净净的，犹如清洗过一样，村民跟在牛屁股后面用畚箕接牛粪，大人小孩都形成把垃圾倒往垃圾坑里的习惯。村里听不到喝酒划拳行令的声音，无论谁家都找不到可以做为赌博用的工具，全村无一吸毒人员，这里民风淳朴，农业生产及各方面发展较快，生活水平明显提高，实现了经济和社会发展“双丰收”。

【扪帕橘子】　芒果虽被誉为水果之王，在陇川则不然。民谣有“扪帕橘熟，百果无味”之说，橘在陇川分布很广，东之曼打、弄炳，南之勐约，西之拉允、拉线，北之户撒曼门，中部广等、姐乌，都栽有好橘子。陇川水果金橘王，王中之王扪帕柑（橘）。扪帕的橘应该就是和女作家冰心终身不忘的“大红的橘子”（《小橘灯》）。朱自清先生的眼里它是“朱红的“《背影》，其特点为皮薄且光、肉嫩且肥、汁多且醇，味甜且清。“扪帕橘子熟，老缅黄果（广甜柑）哭。扪帕橘上街，百果卖不开”。龙江热谷橘子好只好在半坡，半坡又数陇川这片当阳坡，当阳坡又在接近江雾处。据专家分析，龙江热谷西片当阳坡，质地气候条件独特，原始森林演变的偏酸黄褐沃壤细腻酥松厚实肥足，日照长又江风习习不嫌燥；雨量足又坡不攒水根不坏；隆冬无寒流冷霜，树幼林连岁无恙。天成地就一方乐土，不仅橘，同样是其他热带经济作物的理想选择。歌曰：“扪帕橘在口，不识天下馐。”

【麻竹全席】　自2001年发展竹节林产业以来，陇川的麻竹已经种植10.1万亩，其中有3万亩麻竹已经投产见效，实现产值751.5万元。到了陇川，就可品尝到比较特殊的席宴——麻竹宴。

陇川10万亩的麻竹林，蔚为大观。走进竹林，一风姿绰约的竹树，跟凤尾竹相比也不逊色，坐在小竹楼里，喝一口茶，那茶非同一般，嫩嫩的叶芽儿，掐用刚烧开的水慢慢浇在上面，透亮的玻璃杯里便满怀轻绿，阵阵淡淡的竹香沁人心脾，喝下一口，真是神清气爽，特别是盛夏，一切犹如置身于绿色中。

菜上来了，鲜笋煮鸡。一块一块切得精致的鸡肉盛在一个土坛子里，待鸡肉的浓纯融进汤汁的时候，放入新鲜笋片，用小火慢慢熬，直到鸡肉酥烂的时候起锅，开坛盖的一刻，满屋都是一股子甜香，不觉有些醺醺然了。肉嫩而不腻，笋脆而不烂，汤鲜而不淡。再吃别的物件之前，定要先喝这汤，让鲜美的汤先润了肠才好。

凉拌笋丝，一股脑的酸，还有一股脑的辣，和在一起是一股脑的鲜，不觉掉进酸辣香中欲罢不能。

最奇妙的是那一盘饺。乍一看，这饺子挺漂亮的，菱形，四个小巧的角争着往一块儿挤，柔柔的黄色，都不忍心用筷子拈，心想这师傅可真厉害，面皮都做得那么精彩。拈起一个才发现，原来这饺皮就是笋，是鲜笋上最嫩的一层笋衣，竟被用来包上了馅……咬一口，满口的汁，顺着嘴角流了下来……

还有，油干笋，味道有点像油鸡枞，但更有嚼头。它们都是大山的瑰宝，只是油鸡枞多了一分妩媚，而油干笋却多了一分野劲儿。

还有用竹衣包上鲜香菇肉末做成的麻竹春卷，辣爽的酸笋炒牛肉，甘甜如怡的素炒鲜笋片，滑口的黄笋粉蒸肉……总之，所有你能想到的东西都能跟麻竹扯上关系。

一棵小小的竹，竹材能压成板，竹叶能做食品包装，仅小小的笋，就能承担起照料一桌子人好胃口的责任。不信，你就到陇川县品一品麻竹全席，这里面可不仅仅包含陇川人民的智慧哦！

（张洪芬）

德宏州经济社会发展主要指标（表一）

地区	年末总人口（万人）		城镇人口占总人口比重（%）		全社会就业人员（万人）		城镇登记失业率（%）	
	2005年	2006年	2005年	2006年	2005年	2006年	2005年	2006年
德宏州	115.08	116.5	28.50	29.53	62.09		3.55	3.46
瑞丽市	16.33	16.5		45.20	7.47		2.24	3.20
潞西市	36.61	37.1		32.95	20.91		4.00	3.80
梁河县	15.85	15.9		20.66	9.52		4.20	4.00
盈江县	28.90	29.3		25.00	15.39		3.50	3.50
陇川县	17.39	17.7		22.75	9.80		3.90	3.14

德宏州经济社会发展主要指标（表二）

地区	地区生产总值（万元）		第一产业（万元）		第二产业（万元）		第三产业（万元）	
	2005年	2006年	2005年	2006年	2005年	2006年	2005年	2006年
德宏州	588 468	703 607	194 592	219 673	127 146	188 039	266 730	295 895
瑞丽市	131 679	150 458	31 682	34 536	21 565	28 725	78 432	87 197
潞西市	198 631	227 931	66 304	73 410	44 727	56 963	87 600	97 558
梁河县	45 128	54 497	14 363	16 158	8 766	13 606	21 999	24 733
盈江县	132 461	163 205	46 237	55 227	35 624	51 418	50 600	56 560
陇川县	81 923	110 440	36 006	40 753	16 885	37 327	29 032	32 360

德宏州经济社会发展主要指标（表三）

地区	地区生产总值指数（上年=100）		第三产业增加值比重（%）		人均地区生产总值（元）		全社会固定资产投资（万元）	
	2005年	2006年	2005年	2006年	2005年	2006年	2005年	2006年
德宏州	107.0	112.5	45.33	42.05	5 149	6 077	346 830	402 094
瑞丽市	108.7	109.4	59.56	57.95	8 164	9 158	49 135	50 787
潞西市	106.2	109.5	44.10	42.80	5 467	6 187	94 725	106 418
梁河县	100.7	111.8	48.75	45.38	2 860	3 427	25 153	43 283
盈江县	110.9	116.3	38.20	34.66	4 615	5 608	145 799	164 612
陇川县	105.6	120.1	35.44	29.30	4 722	6 304	32 018	45 121

德宏州经济社会发展主要指标（表四）

地 区	地方财政收入（万元）		地方财政支出（万元）		人均地方财政收入（元）		社会消费品零售总额（万元）	
	2005 年	2006 年	2005 年	2006 年	2005 年	2006 年	2005 年	2006 年
德宏州	40 585	53 621	168 212	221 121	355	462	226 714	253 965
瑞丽市	10 307	12 920	23 965	32 673	639	786	53 754	58 825
潞西市	8 867	11 412	30 962	40 349	244	310	78 239	90 644
梁河县	2 529	3 195	17 165	21 788	160	201	19 701	20 963
盈江县	8 466	10 750	29 865	37 774	295	369	56 475	62 799
陇川县	3 032	4 551	19 689	27 147	175	260	18 545	20 735

德宏州经济社会发展主要指标（表五）

地 区	农民人均纯收入（元）		农村人均住房面积（平方米）		在岗职工年平均工资（元）		人均储蓄存款余额（元）	
	2005 年	2006 年	2005 年	2006 年	2005 年	2006 年	2005 年	2006 年
德宏州	1 504	1 687	20.60		12 608	15 892	6 238	7 319
瑞丽市	2 130	2 366	26.40		12 093	14 928	17 856	20 957
潞西市	1 654	1 806	20.60		13 638	16 876	5 886	6 720
梁河县	1 096	1 173	20.10		13 438	17 060	2 488	2 980
盈江县	1 516	1 816	20.50		13 146	16 454	4 043	4 803
陇川县	1 275	1 408	17.85		9 981	13 683	3 134	3 903

德宏州经济社会发展主要指标（表六）

地 区	初中学龄人口入学率（%）		广播覆盖率（%）		电视覆盖率（%）		每千人拥有医院、卫生院床位数（张）	
	2005 年	2006 年	2005 年	2006 年	2005 年	2006 年	2005 年	2006 年
德宏州	78.30	79.57	90.2		92.3		2.80	
瑞丽市	92.33	89.44	99.8		94.8		3.55	3.69
潞西市	75.68	77.02	91.0		95.0		3.87	4.01
梁河县	85.90	89.84	78.4		79.9		1.51	1.51
盈江县	74.30	70.79	89.5		93.3		2.03	2.06
陇川县	76.51	86.70	94.1		95.1		2.32	2.19

（省统计局）

怒江傈僳族自治州

主　　编　司忠诚　袁丽萍
责任编辑　侯焕媛

【概述】　怒江傈僳族自治州位于云南西北部，地处东经98°39′～99°39′，北纬25°33′～28°23′之间。北靠西藏自治区察隅县，东连迪庆藏族自治州、大理白族自治州、丽江市、南连保山市，西与缅甸接壤，国境线长449.47千米。南北最大纵距320.4千米，东西最大横距153千米，总面积14 703平方千米。全州除兰坪县的通甸、金顶有较为开阔的山间槽地和独龙江、怒江，澜沧江河谷一些冲积扇、冲积滩外，多为高山陡坡地，可耕地面积少，垦殖系数不足4%，耕地呈垂直分布，可耕中高山地占28.91%，山区半山区占63.47%，河谷地占7.62%，76.6%的耕地坡度均在25°以上。

担当力卡山、高黎贡山、碧罗雪山与由北向南奔腾倾泻的独龙江、怒江、澜沧江相间纵列，形成闻名于世的高山峡谷地貌景观。独龙江、怒江、澜沧江三江谷底海拔720～1 600米，碧罗雪山、高黎贡山、担当力卡山三山脊线海拔3 500～5 128米。最高点为高黎贡山戛啊戛盖峰，海拔5 128米；最低点为泸水县蛮云村冷水沟，海拔738米，相对高差达4 368米。怒江州在地理上属于低纬高原，由于受大气环境和地理地形的影响，形成了特有的河谷亚热带、半山温暖带、高山中寒暖带、高山草原地带等气候特点。2006年平均气温16.5℃，较多年平均气候偏高0.5℃～1.0℃，平均日照时数南部、东部1 905.4～1 928.5小时之间，北部在1 429.3～1 442.6小时之间，与多年平均相比，贡山偏多，其余3个县正常。2006年全州降水量偏少，年降水量在707.9～1 460.5毫米之间，其中福贡1 209.5毫米，贡山1 460.5毫米，泸水为历史降水最少年，兰坪为历史次少年，仅比最少年（1972年）多6.4毫米。2006年主要气候灾害是冬旱突出，泥石流、雷电、大风、冰雹灾害相间发生。

全州辖泸水县、福贡县、贡山独龙族怒族自治县和兰坪白族普米族自治县，29个乡镇，260个村民委员会，居住着傈僳、白、怒、普米、独龙、彝、汉、藏、纳西、景颇等22个民族。2006年末，全州户籍人口48.54万人，其中非农业人口7.12万人，少数民族人口45.05万人，占总人口的92.6%。位居全国30个自治州之首。人口密度每平方千米33人。是傈僳、怒、普米、独龙族的主要聚居地。其中，怒、独龙、普米族为全国的特少民族。人口自然增长率9‰。

2006年，全州生产总值43.1亿元，增长47.7%，其中，第一产业4.9亿元，增长3.1%，第二产业25.7亿元，增长129.4%，第三产业12.5亿元，增长7.2%。固定资产投资19亿元，增长5.7%；财政总收入7.4亿元，增长94.3%，地方一般预算收入3.4亿元，增长67.7%；金融机构存贷款余额46.7亿元和24.7亿元，分别增长34%和11.3%；社会消费品零售总额8.1亿元，增长11%。农作物播种面积126万亩，农业总产值6.7亿元，增长5.8%，粮食总产16.6万吨，增长1.6%，全州转移输出农村劳动力1.54万人。解决了1.5万贫困人口的温饱问题。全州实现农村经济总收入7.40亿元，增加5 240万元，增长7.6%。水产品总量达425吨，比上年增产12吨，同比增长2.9%。大小牲畜存栏150.21万头（只），增长2.52%；出栏47.71万头（只），增长4.01%，实现商品畜30.38万头（只），增长18.75%；肉类总产量2.48万吨，增长3.75%，禽蛋产量690吨，下降27.97%，奶类产量46吨，下降14.81%。畜牧业产值2.23亿元，增长5.69%，畜牧业经济收入1.97亿元，增长11%，占农村经济总收入的26%。林业产值1.1亿元，增长22.1%。

2006年，全州工业总产值完成51.17亿元，同比增长185.1%，限额以上工业总产值完成47.35亿元，增长231.3%，规模以上工业企业业务收入完成25.73亿元，增长203%；实现利润总额18.28亿元，增长3.5倍；完成铅精矿8 494万吨，增长88.6%；锌精矿19.18万吨，增长16.4%；锌12.12万吨，增长109.1%，发电量7.27亿千瓦小时，增长87.8%；乡镇企业增加值完成6.17亿元，增长7.54%，利润总额完成3.24亿元，增长11.44%，实交税金9 071万元，增长10.62%；非公经济增加值完成9.11亿元，增长15%，上缴税金4.33亿元，增长120%；社会消费品零售总额6.26亿元，增长16%。

2006年，加快金六二级公路建设，完成投资1.68亿元。建设省交通厅安排的农村公路4个项目，改造和新建公路1 215千米，总投资9 040万元。截止年底，全州公路里程通达4 073千米。

年内全州参加城镇基本养老保险1.24万人，参加工伤保险6 989人，参加生育保险6 209人，参加失业保险1.58万人，参加医疗保险3.47万人。全年应征收社会保险基金9 974.6万元，实际征收8 581.22万元。全年共支出社会保险基金6 131.89万元，累计结余1.34亿元。

2006年，全州各级各类学校共1 130所。其中小学校（点）1 076个，普通中学8所，九年一贯制学校2所，中等专业学校1所，教师进修学校2所，职业中学2所，幼儿园18所，特殊学校1所。小学在校生4.87万人，小学适龄儿童入学率94.47%，辍学率1.97%。在校初中生2.14万人，高中生5 468人，初中毛入学率87.49%、辍学率2.55%，普通高中毛入学率18.98%。中专在校生1 312人，职业中学在校生331人。在园儿童5 976人（学前班2 600人），特殊学校在校生70人。全州全日制在校学生8.33万人。各级各类全日制学校教职工6 722人，其中专职教师6 082人。全州各级学校占地面积26.15万平方米，校舍建筑面积70.48万平方米。学校共有体育运动场面积24.01万平方米，计算机1 525台，图书77.12万册，电子图书3 195册。全州实现“两基”地区覆盖人口占总人口的78%。继续开展民族文字脱盲和傈僳文脱盲汉文脱盲工作，开办了253个扫盲教学班（点），脱盲4 557人，其中傈僳文脱盲589人，汉文脱盲3 968人，全州青壮年文盲率控制在5%以下。

年内完成1个县级宣传文化中心、2个图书馆、2个乡文化站和19个村级文化室建设。大力开展群众性广场文艺活动，为农村免费放映电影3 263场。组织本州民族民间艺术团队参加省内外民族民间歌舞乐展演活动。其中参赛的《怒苏酒歌》、《独龙酒歌》分别获得云南省首届民族酒歌大赛金奖和银奖，舞蹈《傈僳欢歌》、《独龙织女》获“歌、舞、乐展演银奖”，其他参赛的6个舞蹈节目获铜奖。州文化局荣获“云南省首届酒歌大赛”组织奖。普米族青年歌手茸巴莘娜获得第十二届全国青年歌手电视大奖赛民族唱法组铜奖，获得中央电视台“星光大道”年度总冠军。新建农村广播电视“村村通”306座，广播电视人口综合覆盖率分别达87.1%、91.5%。

2006年，全州共有政府办医疗卫生机构56个，病床1 254张，每千人口拥有2.6张病床。辖区内注册的医疗机构有118个，其中非营利性医疗机构83个，营利性医疗机构35个。有263个村卫生室。全州卫生系统干部职工1 972人，其中卫生技术人员1 707人，每千人口拥有3.6名卫生技术人员，每千人口拥有1.3名医师（含助理执业医师）。城镇登记失业率3.9%；单位生产总值能耗下降2%；居民消费价格平均涨幅3.3%；边境贸易受外部环境影响，完成2亿元，下降47.6%。农民人均纯收入1 096元，增长6%；城镇居民人均可支配收入5 500元，增长8%。

中共州委书记　解毅（纳西族）

州人大常委会主任　侯新华（傈僳族）

州人民政府州长　和六中

州政协主席　李四明（傈僳族）

【百家企业进怒江开发扶贫】 2006年4月28日，由云南省政府扶贫办、怒江州委、州政府与云南日报报业集团共同举办的“云南首届知名品牌诚信企业创新企业家评选”活动颁奖典礼暨“百家企业进怒江扶贫开发行动”启动仪式在昆明电视台演播大厅举行。州委、州政府借此次活动所搭建的平台，代表全州各族人民向获奖企业、企业家及省内外企业家发出诚挚邀请，希望他们走进怒江州采取开发式、参与式，救济式扶贫等方式参与怒江开发，帮助怒江脱贫，与怒江人民共谋发展，共创辉煌。“百家企业进怒江开发扶贫行动”启动以后，得到了社会各界的大力支持，许多企业家积极响应。6月23～27日，近90名企业家到怒江实地考察、洽谈。截止年底，各有关企业已向怒江州捐赠资金540.3万元，其中420万元用于支持农村合作医疗建设。

【国家“怒江发展”课题组到州调研】 2006年4月25日至29日，“怒江州经济社会协调发展”课题组在国务院西部开发办综合规划组组长杜平的率领下到怒江州，就“怒江发展”进行专题调研。课题组一行在省西部开发办，州委政府领导和有关部门负责人的陪同下，先后到兰坪、泸水、福贡、贡山4县，深入机关、农村、厂矿、学校及电站坝址、旅游景点等，就怒江经济社会发展状态、存在的问题、发展思路、发展重点及重大项目、政策措施等方面进行实地调研，并与当地干部群众进行座谈。同时，听取了州委、州政府的工作汇报。

课题组充分肯定了怒江州经济社会发展和各项建设所取得的成绩，高度评价了怒江各族人民长期以来在非常艰苦的环境中，为改变怒江的贫困面貌、巩固国家边防、维护民族团结、保护生态环境所作出的努力和重要贡献。同时，就如何加快怒江经济社会发展提出了具体的意见和建议。

【新农村建设步伐加快】 新农村建设顺利起步，“三农”工作成效明显。按照“生产发展、生活宽裕、村容整洁、乡风文明、管理民主”的要求，结合怒江州实际，制定了“十二大目标任务”，筹集资金2 482万元，开展了14个村的新农村建设试点。社会主义新农村小沙坝试点工程，于3月26日动工，投资的2 970万元，涉及124户526人，建设用地规划为68.5亩，年底已完成124套，共1 660多平方米的建设。实施了96个整村推进扶贫重点、9 969户扶贫安居工程、1 600个易地开展项目建设。

【农田水利建设】 2006年，全州累计完成投资2 220.76万元。完成重点新建、扩建、加固和水毁修复引水工程24件，维修、岁修、清淤1 843件，修复水毁工程929处，群众累计投工投劳743.86万个工日，出动机械380台，开挖土石方724.06万立方米，清淤渠道2 661.31千米，新增防渗干支渠道123.27千米，田间渠道41.14千米，兴建小水池401个，新增年供水量0.17万立方米，新增有效灌溉面积1.58万亩，改善有效灌溉面积4.66万亩，改造中低产田2.07万亩，解决了1.65万人，1.61万头牲畜的饮水困难。

【灾害】 2006年全州灾情与去年相比，相对平稳，上半年主要发生干旱、风雹、病虫等灾害，进入雨季后，部分地区发生单点性暴雨、滑坡泥石流、洪涝等自然灾害，致使灾区群众生产生活造成了严重的影响和困难。7月17日至19日，泸水县境内连降暴雨，导致严重的风暴、泥石流、洪涝等灾害发生。泸水县上江、老窝两个乡镇受灾尤为严重，受灾2 385户1.07万人；农作物受灾1 168公顷，民房倒损728间，造成直接经济损失708.5万元，8月16日凌晨1点15分，贡山县茨开镇嘎拉博村委会齐朗当二组发生特大泥石流灾害，受灾农民82户284人，死亡5人，受伤6人；民房受损30户120间，急需搬迁安置农户30户102人；死亡大小牲畜155头(只)；农作物受灾835亩，全县通讯、交通全部中断，因灾造成直接经济损失424.8万元。兰坪、福贡两县亦遭受了严重的雹、病虫、干旱等自然灾害。据统计：2006年全州农作物受灾面积1.51万公顷，绝收面积2 309公顷；受灾人口16.92万，因灾死亡7人，因灾伤病34人，紧急转移安置219人；死亡大小牲畜615头（只）；倒损民房7 850间，其中倒塌112间，因各种自然灾害造成直接经济损失4 062万元，其中农业直接经济损失2 666万元。

【救灾】 2006年共下拨各县救灾救济资金951.3万元，其中泸水县277.97万元，福贡县192.6万元，贡山县213.7万元，兰坪县247万元。分往各县的上海捐赠物资5个火车皮15卡车，其中，贡山县、福贡县每县3车，泸水县、兰坪县每县4车，州民政局应急1车，省厅下拨贡山县被子2 000床，衣服500套；福贡县被子1 000床，州民政局应急待分被1 000床。救济灾民9.7万人，发放救灾衣被20多万床(套)，救济灾民8.3万人，修复倒损民房7 850间，其中，倒塌民房446间，投入民房恢复重建资金70万元，通过采取各项救灾措施，确保了灾民和贫困户的生活，稳定了民心。

【城乡社会救助】 2006年全州共纳入城市低保对象4 603户，9 834人，共发放城市低保金1 009.8万元，年人均补助1 027元。从7月1日起，全面提高低保补助标准，每人每月提高12元，月发放提标资金11.3万元。全州有五保户2 545户2 684人，有敬老院，社会综合福利院各1所，原享受五保供养的对象1 713人，从2006年1月起提高生活补助标准，每人每月生活补助提高到60元，全州共发放五保生活补助费184.6万元。经调查全州共有农村特困对象8 113户1.77万人，对农村特困群众进行认真审核、审批，并进行张榜公布，造册组织发放。省民政厅共补助农村特困户救助资金158万元。2006年1月开始发放救助资金，每人每月救助10元，发放救助资金211.92万元。对全州60年代精简退职职工人员进行认真清理，全州共有60年代精简退职职工147人。从7月1日起，提高生活补助标准，每人每月增加60元。全年支出11.66万元，确保了60年代精简职工的生活。截止2006年底，省级下拨农村医疗救助补助资金286.1万元，州财政配套8万元，泸水县配套5万元。全州农村特困群众医疗救助1.27万人，支出救助资金97.48万元。2006年泸水、兰坪两县被确定为城市医疗救助试点县。为了城市医救工作顺利开展，省补助医救资金49.4万元，年底城市医疗大病救助99人次，支出救助资金18.42万元，其中住院救助18万元。通过开展城市医疗救助工作，有效保障了城乡困难群众的医疗困难。

【特色产业建设】 2006年，按照“生态建设产业化、产业发展生态化”的林果经济发展思路，把种养产业作为生物经济富州的重点产业进行培植。全面实施“三个百万工程”：一是种植以核桃、花椒、漆树为主的100万亩经济林果，已完成工程的50%；二是以“稳步发展生猪，重点发展牛羊”的100万头（只）畜牧基地工程，优化猪群结构，加快发展节粮型畜牧业，抓住商品猪、牛、羊、土鸡的四个重点，突出对地方特色畜禽品种独龙牛、乌骨羊的保护与开发，全州畜牧产业产值达到2.23亿元，占农村经济总收入的26%；三是100万亩特色种植基地工程，充分利用怒江独特的地理环境，大力发展特色中药材种植、特色农产品种植。据统计，泸水县2006年泡核桃总产量700吨，平均售价13元（鲜果），直接为群众增收910万元；草果产量700吨，平均售价30元/千克（干果），为群众增收2 100万元。两项收入占全年农村经济总收入的15%左右，为农民人均创收150元。

【无公害农产品生产】 怒江州自然生态良好，州委、州政府在调整农业产业结构时，重点抓四大支柱产业（豆、药、薯、菜）和五大生产基地建设（10万亩优质食用豆生产基地，10万亩药材生产基地，4万亩马铃薯生产基地，3万亩高山优质杂粮生产基地、1万亩蔬菜生产基地），在实施过程中，采取“边发展边规范”的原则。全州种植杂粮重点品种50多万亩，其中被国家绿色食品委员会认定为“AA”级园区的兰坪县连片种植的大白芸豆、大正金时豆绿色食品就达2.2万亩，产量达350万千克。2006年，全州完成订单农业面积9.83万亩，较上年增加1.73万亩，涉及品种有13个。

（马义民）

泸水县

【概述】 泸水县位于云南省西部偏北，怒江傈僳族自治州南部，东靠碧罗雪山与兰坪县、云龙县接壤，西依高黎贡山同缅甸毗邻，南连保山市，北与福贡县交界，县域最大横距58千米，最大纵距108千米，国土面积3 203.04平方千米，其中山区面积占99.96%。国境线长136.24千米，是我国西南边陲的重要边防屏障。县城及州府驻地六库海拔885米，距昆明569千米。地形大势以一江两山为主体，西为高黎贡山、东为碧罗雪山，怒江由北向南纵贯全境，江水湍急，河谷深切，境内最高海拔4 161.6米，最低海拔738米，相对高差达3 423.6米，形成了典型的“V”字型高山峡谷地貌景观。境内雄奇险秀的峡谷山川，是“三江并流”世界自然遗产、中国香格里拉生态旅游区的重要组成部分。2006年，县域年平均气温20.6摄氏度，较常年偏高0.5摄氏度，年降水量707.9毫米，较常年偏少295.2毫米。全县辖3镇6乡、71个村民委员会、4个居民委员会、833个自然村。年末全县总人口15.69万人，其中非农业人口2.89万人，占总人口的18.4%，少数民族13.57万人，占87%，人口自然增长率为5.17‰。

2006年全县生产总值（GDP）完成10.38亿元，比上年增长12.01%，第一产业完成1.60亿元，增长0.96%，第二产业完成2.50亿元，增长19.5%，第三产业完成6.28亿元，增长12.31%。工业总产值完成4.22亿元，比上年增加1.39亿元，增长49.09%。农业总产值完成2.54亿元，增长9.86%，农民人均纯收入1 243元，同比净增91元，增长7.9%。粮食总产量5.24万吨，增长0.21%，农民人均有粮410千克。畜牧业产值6 862万元，年末大牲畜存栏6.05万头，生猪存栏17.69万头，肉类总产量达9 360吨，增长6.76%。主要工业产品产量：年发电量7.15亿千瓦时，钨精矿3吨，水泥2.59万吨，水泥熟料2.33万吨，自来水283万吨，白酒310吨，饮料酒310吨，砖1 401万块。主要农产品产量：稻谷1.53万吨，玉米2.62万吨，小麦1 677吨，大豆914吨，甘蔗7.58万吨，水果1 140.2吨，咖啡316吨，草果16吨，花椒16吨，核桃869.7吨。全县财政总收入3.49亿元，增长16%，地方一般财政收入6 267万元，增长11.9%，财政支出3.35亿元，增长16.5%。各类存款余额19.08亿元，增长10.92%，人均储蓄余额1.22万元，贷款余额11.58亿元，增长33.61%。广播覆盖率85.6%，电视覆盖率88.8%。年末全县公路里程1 003.75千米，其中省道268千米，县乡公路145.65千米，村公路590.1千米。全年完成客运量74万人，货运量20万吨，旅客周转量1.93亿人千米，货运周转量7 200万吨千米。

全县有各类学校354所，在校学生2.57万人，教职工2 550人。九年义务教育普及率97.5%，适龄儿童入学率98.53%，辍学率1.93%；有文化馆、站9个，图书、博物馆3个；医院、卫生院所98个（含村卫生室74个），病床300张，医护人员410人，乡村医生157人。

中共县委书记　刘　泉（白族）

县人大常委会主任　欧杨才（白族）

县人民政府县长　迪友堆（傈僳族～2006.5）

代县长　王秀文（傈僳族2006.6～）

县政府主席　罗福盛（白族）

【启动新农村建设试点】　2006年选定六库镇的小沙坝村、丙腮坝、上江乡政府所在地、老窝乡政府所在地、大兴地乡政府所在地、片马镇下片马村等6个点，作为新农村建设试点。按中央、省、州关于社会主义新农村建设的要求，科学制定具体规划，发展目标、实施步骤及方案，要求各相关部门按“做好一个规划，选好一个点，建好一个基础建设，选好一个发展路子，健全一个管理制度”的要求，扎扎实实开展好新农村建设工作，使新农村建设实现“生产发展新农村、文明整洁新农村、生活富裕新农村、管理民主新农村；道路硬化、街道亮化、庭院美化、村庄绿化和提高农民群众整体素质”的四新四化一提高的社会主义新农村的目标。全县共整合、筹集新农村试点建设资金1 887.9万元，启动六库小沙坝苗干田等4个新农村试点建设工程。小沙坝新农村124套安置房屋全面竣工，搬迁安置工作有序进行。下半年在9个乡镇确定了100个自然村进行新农村建设的新试点，逐步扩大试点范围，加快了新农村建设步伐。

【新县城建设】　2004年1月5日，国务院批准泸水县城从鲁掌搬迁至六库，这是新中国成立以来泸水县争取到的最大基本建设项目，在中央、省州的支持下，新县城建设各项工作扎实有效进行。六库是州府、县城所在地，是全州政治、经济、文化、物流、信息中心，要采取科学规划、合理布局、自然和谐的方式，把六库这个“峡谷明珠”建成集“山、水、林、城、路”为一体，具有亚热带风光和少数民族风情浓郁的生态旅游城市。把六库由2.3平方千米扩展到6～8平方千米，人口由2.4万人扩容到6～8万人以上。2004年6～9月，昆明鼎业集团先后与县政府签订泸水县新县城开发的《合作框架协议》、《泸水县政府驻地搬迁合作合同》，新县城建设项目于2005年12月开工建设，至2006年末，新县城建设共筹集资金3.01亿元，完成投资3.01亿元。怒江大道全线贯通，正抓紧实施绿化、亮化、美化工程；新县城路网工程全面动工，2、4号路已完成路基土方工程；三期江堤赖茂应急段防洪工程已完成518米防洪堤身支砌；丙腮坝搬迁安置区规划和丙腮坝拆迁安置区修建性详细规划全面完成；怒江山水蓝岸住宅小区一期工程动工，部分主体工程已完工；泸水一中搬迁项目“三通一平”工程和教学楼工程已开工；县级行政中心进入场地平整阶段；其他新县城建设项目正按程序抓紧开展各项前期工作。

【中小水电开发】　泸水县位于滇西横断山脉南部纵谷区，山高谷深，相对高差达3423.6米，水能资源十分丰富，境内共有大小河流54条，其中有开发价值的38条，自2003年10月启动小水电开发工作以来，首座腊门嘎电站已于2005年11月试机投产。2006年，县委、政府将中小水电开发作为“十一五”的工作重点，培植成泸水县新兴的支柱产业，年内先后制定了强硬措施，不断强化服务职能，狠抓各项工作的落实，不断加大招商引资力度，中小水电开发工作取得了突破性进展。年末与12家中小水电开发商签订了12条河流上的23座电站的投资开发协议，拟装机38.99万千瓦，概算投资15.6亿元。巴蕉河二级电站、隔界河二级电站、老窝河四级电站、苦木当电站、古炭河生态电站、计堵河二级电站、金满河电站、马俄电站、堵堵洛河二级电站、自基河电站已完成项目报批工作，相继开工建设。

【老窝河谷工业区】 2005年7月，县委、县政府作出在老窝河谷建立集有色金属矿产品仓储、调运、初加工、水泥生产为主的建筑建材产品生产，农特产品加工生产销售为一体的工业园区的决定。通过工业园区的建设，使工业向园区聚集，加快产业的提升，以及产业链的形成和发展，带动相关产业和第三产业发展，实现科、工、贸互动，加快泸水城市建设速度。2006年8月8日，老窝河谷工业基地规划实施领导小组在老窝乡政府就老窝河谷工业园区建设召开现场办公会。9月13日，10万吨硅冶炼项目一期工程在分水岭破土动工，老窝河谷工业园区建设启动，项目由首批入驻工业园区的云南宏盛锦盟实业（集团）有限公司投资，是工业园区第一个入园项目和龙头项目。

【“普九”工作通过验收】 10月11~14日，省政府教育督导团“两基”检查评估组到泸水进行“两基”检查评估验收，“两基”工作各项指标基本达到省级验收标准。11月3日，“普九”工作通过了国家教育部的审核验收，泸水县全面实现“两基”目标，成为全国第十三批基本普及九年义务教育、基本扫除青壮年文盲县。

【2006“阔时”旅游文化节】 “野樱花开，傈僳过年”。当野樱花在怒江峡谷盛开之时，傈僳族人民又迎来了传统节日——“阔时节”。年年“阔时”年年乐，岁岁歌舞岁岁新，2006年“阔时”节格外隆重，热闹。12月20日晚，由中共怒江州委、州政府主办，中共泸水县委、县政府承办，中央电视台7频道“乡村大世界”栏目现场录制的大型文艺演出“相约怒江”，在六库江西体育场拉开文化节帷幕。由央视7频道节目主持人安宁、李威与怒江普米族歌星——2006年“星光大道”年度总冠军茸芭莘娜搭档主持了精彩的文艺节目。除傈僳族的《笛里图舞》、《生产舞》、怒族的《达比亚舞》、《种豆子舞》、普米族的《龙头琴舞》、独龙族的《织花毡舞》外，北京的B.O.K和平组合、高原红组合、刘春梅、徐靖博、谢军、黑龙、黄安、茸芭莘娜等内地、港台和本土歌手联袂演唱，晚会高潮迭起，掌声、欢笑声响彻峡谷夜空。演出结束后，篝火大联欢开始，整个会场乐曲悠扬、杵酒飘香，踏着民族八套舞的节拍，又是一个“阔时”不眠夜。“阔时”节期间，还举办了怒江州首届奇石兰花展和登埂澡塘会、经贸洽谈活动。20日的奇石兰花展共展出235件奇石精品和258盆兰花，为广大石友、兰友提供了一个交流和借鉴平台，充分展现了怒江神秘风姿；21日的登埂澡塘会开展了漂流怒江、生态洗浴、荡秋千、民间歌舞等活动，充分展示了泸水丰富多彩的民族民间歌舞和独特的地域文化；按资源优势与经济优势和技术优势相结合的原则，泸水县与各位客商友好协商，就分水岭10万吨硅冶炼工业基地建设等11个项目，分别与云南宏盛锦盟实业有限公司、怒江永利房地产开发有限责任公司等11家企业签订投资协议书，项目总投资达6.04亿元。2006“阔时”旅游文化节通过文艺搭台、经济唱戏，达到了广交朋友，提高怒江知名度、宣传泸水、扩大对外开放的目的。

（何春城　董绍才）

福贡县

【概述】 福贡县位于云南省西北横断山脉中段碧罗雪山和高黎贡山之间的怒江峡谷，怒江傈僳族自治州中部，属“三江并流”风景名胜核心区。东与兰坪白族普米族自治县、维西傈僳族自治县交界，南与泸水县毗连，北与贡山独龙族怒族自治县相邻，西与缅甸联邦共和国接壤，东西最大横距23千米，南北最大纵距112千米，依南北向呈长条状，国土面积2 756.44平方千米，人口密度每平方千米35.5人。辖上帕镇、马吉、石月亮，鹿马登，架科底、子里甲、匹河怒族乡共1镇6乡，57个村民委员会（其中29个为边境村委会）和1个居民委员会，有628个自然村，612个村民小组。2006年，全县总人口2.48万户9.50万人，其中农业人口8.59万人，占总人口的90.9%。有傈僳、怒、白、纳西等20个少数民族，占总人口的98.8%，其中傈僳族7.04万人，占总人口的75.1%，怒族有1.90万人，占总人口的19.63%，有5.6万群众信仰基督教，占总人口的65%。人口自然增长率4.12‰。

2006年，全县完成生产总值3.29亿元，比上年增长13.6%。固定资产投资累计完成4.15亿元，增长24.1%。其中，电站建设投资完成3.71亿元，占全年固定资产投资的89.4%，增长8.9%。全县非公有制企业达1 231户，注册资金2.05亿元，比上年增长57.9%，从业人员2 480人，增长18.8%，上缴税金1 070万元，增长31.1%。生产大理石板材1.37万平方米，增长83.6%，锯材4 463立方米，增长37.3%，生产白酒392吨，增长26.8%。完成边贸进出口总额3 870.5万元，增长50.2%，上缴税费185万元．续签招商引资项目1项，协议引资1.1亿元，招商引资项目到位资金3.7亿元。全年接待游客6.14万人次，实现旅游总收入4 465万元。财政总收入2.01亿元，地方一般预算收入1 222万元，分别增长 40.6% 和 41.1%，财政支出 2.01 亿元，增长 38.6%。金融机构各项存款余额 3.44 亿元，增长 11.8%，各项贷款余额 1.52 亿元，下降 2.4%。社会消费品零售总额完成 1.09 亿元，增长 11.7%。广播覆盖率 75%，电视覆盖率 86%，客运量 15.33 万人次，客运周转量 1 640.31万人/千米，货运量 17 万吨，货运周转量1 902万吨/千米。

全县有各类学校 233 所，在校学生 15.25 万人，教职工 1 029 人。九年义务教育普及率 72.8%。适龄儿童入学率 96.8%，中小学辍学率分别为 4.14% 和 1.4%。有文化馆、站 7 个，图书馆 1 个。医院、卫生院所 12 个，病床 224 张，医护人员 236 人。

中共县委书记　乔国新（傈僳族）

县人大常委会主任　王勇德（怒族）

县人民政府县长　密秀芳（女傈僳族）

县政协主席　牛裔光（纳西族）

【电力经济发展迅速】　年内竣工投产电站 1 座，新增装机 0.864 万千瓦，全县总装机达 6.58 万千瓦。全年累计发电 2.60 亿千瓦时，比上年增长 242.8%，电力产值占全部工业总产值的 85.3%。

【十件民心工程完成】　年内，在县九届人大四次会议上，县人民政府向全县人民郑重承诺的十件实事已基本完成。一是安居房建设、整村推进、易地开发等各项扶贫项目顺利完成；二是 6 个乡卫生院基础设施改造项目全面完成；三是组织实施农村能源建设和安全饮水工程，解决了 21 个自然村 1 448 户 6 385人的饮水困难；四是农村寄宿制学校校舍改扩建工程正式启动；五是县民族文化广场已竣工并投入使用，由于县影剧院被省设计院鉴定为危房，不能按原计划改造使用，兴建福贡会堂已纳入 2007 年县人民政府的民心工程；六是布勒至知子罗弹石路改造项目和县城至木古甲公路改造工程已进入招投标阶段；七是完成 44 座“兴边富民”云南广播电视“村村通’工程，项目覆盖 44 个自然村，受益 1 450 户 4 856人；八是组织实施马吉，上帕和架科底 3 个乡镇的边境特困乡项目；九是上帕镇木古甲村和匹河乡老姆登村的人口较少民族发展项目顺利完成；十是认真组织实施新型农村合作医疗试点工作．截至 2006 年 12 月 31 日，全县共计减免医药费 95.6 万元，受益农村群众 64.1 万人次，有效缓解了群众看病难，看病贵的问题。

【生物资源】　福贡的峡谷立体气候环境为多种生物的生长繁衍提供了良好的条件。全县森林面积 330.9 万亩，其中公益林地 204.3 万亩，商品林地 126.6 万亩，森林覆盖率 77.5%，活立水蓄积量3 500万立方米。全县境内有种子植物1 000 种以上，主要树种有壳斗科、木兰科、木全科，山茶种及箭竹、铁杉、冷杉等。珍贵树种秃杉以其树种古老，树形美观，板材有天然色彩花纹，防腐等特点而闻名，桫椤（树蕨）是恐龙时代的孑遗植物，被誉为“活化石”，属国家一类保护植物，在县内众多河谷均有分布。秃杉、水青树、红椿、楠木等 25 种被列为国家重点保护植物。厚朴、木耳、香菌、油桐是福贡大宗的林副产品，有着广阔的发展前景。经济林木种类繁多，如核桃，油茶、乌桕、漆树、花椒、板栗、柿子、杜仲、李子、柑桔等。药用植物种类丰富，有黄连、贝母、虫草、天麻等 170 余种。各种香料植物、观赏植物均有分布．碧罗雪山和高黎贡山上有丰富的兰花、杜鹃花资源，兰花有 70 多个品种，杜鹃花有 30 多个品种。有豹、羚羊、小熊猫、猕猴、鹿、麂、黑熊、飞鼠、水獭、尾梢红雉、灰角雉、环颈雉等国家Ⅰ级、Ⅱ级、Ⅲ级保护动物 39 种。

（胡四开）

贡山独龙族怒族自治县

【概述】　贡山独龙族怒族自治县位于云南省西北部、怒江傈僳自治州北端，东与迪庆藏族自治州的维西、德钦两县相连，南与福贡县相接，北与西藏自治区的察隅县接壤，西与缅甸联邦毗邻。东西最大横面跨度 60 千米，南北最大纵距 160 千米。全县总面积4 506平方千米，国境张长 172.08 千米，贡山地处滇西横断山脉纵谷地带。喜马拉雅山的余脉分三大山岭由北向南，逶迤伸入，深邃磅礴的怒江、独龙江也由北向南纵贯而过，构成了“三山并耸挺立，两江纵贯切割”的典型的高山峡谷地貌，自然形成了怒江、独龙江两大纵谷区。境内最高海拔 5 128 米，最低海拔 1 200 米，海拔高差3 928米。县城距州府六库 248 千米。距省会昆明 807 千米。气候属亚热带季风气候。全县四季分明，雨量充沛，空气温度大，是全省惟一没有春旱的地区。辖丙中洛、捧当、普拉底、独龙江乡、茨开镇，26 个村民委员会，2 个社区居委会，242 个村民小组。居住着独龙、怒、傈僳、藏、纳西、白和汉族等 15 个民族。2006 年末总人口为 3.48 万人，其中农业人口为 2.9 万人，少数民族人口 3.71 万人，占总人口的 96.4%，人口密度每平方千米 7.7 人。人口自然增长率 5.31‰。

2006 年，全县完成生产总值 1.99 亿元，同比增长 19.7%；三次产业结构由 31:20:49 调整为 26:27:47。完成农作物总播种面积 9.84 万亩，同比减少 1.2%，粮食作物播种面积 8.13 万亩，同比减少 0.5%，粮食总产量 9 470 吨，同比增长 2.4%；农民人均占有粮食 339 千克，增长 1.8%。全县农村经济总收入3 380万元，增长 4.7%。完成工程造林 1.8 万亩，义务植树完成 6 万株，封山育林完成 1.58 万亩，补植补造4 037亩，完成 4.7 万亩林果基地建设。年末全县大（小）牲畜存栏 5.63 万头（只），增长

10.9%。出栏3.17万头（只），增长26%，其中：肉牛出栏1 306头，增长17.7%；肉猪出栏2.32万头，增长28.8%，肉羊出栏7 250只。全县肉类总产量1 674吨，增长34%。畜牧业产值达2 210万元，占农业总产值的29.8%。地方财政一般预算收入1 170万元，增长2.1%。地方财政支出1.18亿元，增长11%，实现社会消费品零售总额7 083万元，增长11.9%。农民人均经济纯收入859元，同比增长5.5%。26个村委会中有24个通公路，公路通村率92%。邮政通讯服务机构遍及4乡1镇，覆盖全县各乡镇和村委会，固定电话和移动用户达8 100余户。

全县有各类学校12所（校点37个），在校学生5 000余人，教育工作再上新台阶。在完成茨开镇"普九"试点县级验收基础上，其他四乡"普九"工作全面铺开；"农村寄宿制学校"工程建设顺利推进；文化基础设施进一步改善，相继完成县图书馆以及普拉底、丙中洛、茨开3个乡级文化站，丙中洛乡2个村级文化室建设，14所农村基层组织活动场所。全县有医疗卫生机构13个，医护人员196人，4乡1镇26个村委会都建立卫生室，配备专兼职卫生员。参合率达95.2%。

中共县委书记　祝玉华

县人大常委会主任　包家顺

县人民政府县长　高德荣（独龙族　2006年3月止）　李尚荣（怒族　6～8月代，8月起任）

县政协主席　赵学煌

【扶贫攻坚】　2006年，完成扶贫重点村建设19个，共投入资金335万元，其中：第一批5个村，每个村投入资金25万元，受益农户189户698人；第二批14个村，每个村投入15万元，受益农户433户1 477人。积极开展60万元的小额信贷扶贫资金项目。启动了2005年度第二批整村推进项目，共投入资金75万元，项目涉及3个自然村，受益农户131户438人，投入资金71.万元，实施了易地开发项目，项目涉及农户56户200人。共举办了12期农村剩余劳动力培训班，受训1 037人，转移和输出农村剩余劳动力1 034人（其中：县内务工918人，转出县外务工116人），完成了打拉底、捧当和培朵3个安置点建设。解决了2000人的温饱问题。

【农田水利】　2006年，完成防渗加固及新建重点农田水利工程11件，一般岁修清理110件，岁修长度17.5千米。完成防渗加固三面光3.12千米，两面光0.55千米；完成土石方2 768.89立方米，支砌2 075.82立方米，砼218.42立方米，改善灌溉面积达1 500亩。完成国债人畜饮水工程41件，架设管线46.68千米，修建饮水池152个，总蓄水容量210立方米。改善灌溉面积1 500亩，解决及改善了807户3 510人、5 879头牲畜饮水困难。

【旅游活县显成效】　贡山县是"三江并流世界自然遗产保护区"十大景区之一，是国家生态旅游区连接滇西北、滇西和藏东南三大旅游热点地区的关键区域，又是滇西北旅游圈的"黄金走廊"和"怒江大峡谷"旅游区的"龙头"。具有自然景观和人文景观两大旅游资源优势。自然景观方面：是世界自然遗产"三江并流"的核心区、国家级自然保护区，是全球生物多样性的关键地区之一，被誉为"物种基因库"。人文景观方面：贡山是中国独龙族惟一聚居地，是中国独龙族文化的发祥地和荟萃地。境内居住着15个民族、4个世居少数民族，原始宗教、天主教、基督教、藏传佛教"四教"共存共处、共融共生，构成了多种民族文化、神秘为特色的自然和从文景观，为发展旅游业奠定了丰厚的资源优势。省政府首批批准的景点有49个，其中特级景点3个：怒江第一湾、丙中洛田园村庄、石门关，一级景点8个：贡山神山、秋那桶峡谷、览峰坪、珙桐林、最后的马帮等，二级景点18个：普化喇嘛寺、五里村、迪麻洛河谷、怒江溜索等，三级景点20个：仙女洞、桃花园村、江心松、石门摩石刻、秋那桶教堂等。2006年，接待国内外旅游人数达11万人次，同比增长10%，门票收入40万元。

【怒族学会成立】　10月5日，在县城丹当召开怒族学会成立大会，结束了贡山怒族自己没有研究本民族文化的历史。怒族学会特邀的单位有：云南省民族学会、云南省民委、云南民族大学、云南省委党校、云南财经大学、云南省民族委、云南省社科院文学研究所、云南省统计局、中国社科院人类学与民族研究所、云南民族出版社、怒江州人大常委会、怒江州民委、怒江州政协、怒江州文化局、怒江州农行、怒江州人民医院、怒江州歌舞团、福贡县统战部、泸水县人民政府、兰坪县法院等20个单位，32人。贡山县副处以上领导及离退休干部16人，特邀兄弟民族学会：布朗族学会、傣族学会、蒙古族学会、拉祜族学会、纳西族学会、白族学会。首届贡山县怒族学会会员代表101人。选举产生会长1人，副会长5人，秘书长1人，副秘书长7人，理事30人。

【50周年县庆】　10月1日，是贡山独龙族怒族自治县成立50周年纪念日，来自全县各族各界的1万多人各族群众聚集在中国·贡山"三江明珠"广场，庆祝贡山独龙族怒族自治县成立50周年。全国人大民族委员会、国家民族事务委员会、中共云南省委、云南省人大常委会、云南省人民政府、政协云南省委员会、云南省交通厅、人事厅、财政厅、林业厅、邮政局、云南省高级人民法院、云南艺术学院、云南师范大学、云南省民族学会蒙古族研究委员会、中共左贡县委员会、左贡县人民政府、中国信达资产管理公司昆明办事处、中共怒江州委、怒江州人大常委会、怒江州人民政府、政协怒江州委员会、中国联通怒江分公司、怒江州六库中学、中共玉龙县委员会、玉龙县人

大常委会、玉龙县人民政府、政协玉龙县委员会、西藏林芝地区交通局等29个单位和友邻县的领导出席庆祝大会，与贡山各族人民欢庆这个盛大节日。庆祝会上举行了大型文艺表演。省内外歌手，宗庸卓玛、亚东、曹新华、刘冬寒等参加了演出。

（叶泽峰）

兰坪白族普米族自治县

【概述】 兰坪白族普米族自治县位于云南省西北部，怒江傈僳族自治州东南部。东北与丽江市玉龙县为邻，东部与大理州剑川县接壤，南接云龙县，西部由南向北分别与泸水县、福贡县接壤，北面紧接迪庆州维西县，总面积4 386.3平方千米，山地面积占95%以上，盆地占2%，属高寒山区农业县。县城金顶镇（江头河），海拔2 400米，距州府六库207千米，距省会昆明589千米。年平均气温12℃，年降雨量719.5毫米。全县辖4镇4乡、102个村民委员会、5个社区、914个村民小组。2006年末总人口19.87万人，其中非农业人口2.65万人，占总人口的13.34%；少数民族18.52万人，占总人口的93.19%。有白、普米、傈僳、彝、汉、怒6个世居民族。人口自然增长率（抽样调查）7.30‰。

2006年，全县完成地区生产总值26.92亿元，同比增长125.3%，人均国内生产总值1.36万元。其中，第一产业增加值1.76亿元，完成年计划的109.9%，增长4.8%；第二产业增加值21.23亿元，完成年计划333.3%，增长226.4%；第三产业增加值3.92亿元，完成计划的157.7%，增长15%。农村经济总收入4.37亿元，较上年净增5 000万元，增幅13%。全年粮食总产7 467万千克，农民人均产粮427千克，比上年增加5千克；畜牧业总产值（当年价）6 185万元，增长1%；工业总产值（当年价）完成48.93亿元，增长134.1%；完成财政收入5.14亿元，增长154.2%；农民人均纯收入1 431元，同比增加112元，增长8.5%；城乡居民储蓄存款余额9.90万元，增长43.8%；全社会消费品零售总额2.89亿元，增长10.4%。新型农村合作医疗制度试点进展顺利，共有16.04万农业人口参加新型农村合作医疗，参合率达93.8%；社会保障体系建立，稳步推进农村特困户救助，就业和再就业问题不断得到解决；全年城镇居民享受低保人数达4 099人，农村居民特困户救助4 729人。有1 099人享受最低生活保障。完成74座广播电视“村村通”工程，电视覆盖率较上年提高4个百分点，电视覆盖率93%，无线广播覆盖率86.5%。社会货运量384万吨，货运周转量3.22亿吨千米；客运量76.7万人次，客运周转量3 251万人千米。

全县共有各类学校489所，在校学好生3.51万人，教师2 701人。九年义务教育普及率96.1%，入学率98.1%，辍学率3.6%。年末，有文化馆1个、图书馆1个、文化站8个、农村文化室23个，151个农村电影放映点，医院、卫生院、所13个，床位348床。

中共县委书记　李四明（傈僳族　～3月）乔国新（傈僳族　6月～）

县人大常委会主任　杨菊昌（白族　～3月）

县人民政府县长　羊　明（白族）

县政协主席　和正荣（傈僳族）

【改善办学条件】 以社会公共建设为突破口，教育继续以加强“两基”工作为重点，年内共开办提高班40个，扫盲800人，全面推行了“两免一补”政策，惠及9 487名中学生和1.95万名小学生，巩固提高了“普九”成果。继续实施农村寄宿制学校建设项目和中学小学危房改造工程，全年完成危房改造6 599平方米，新建校舍3 962平方米。2006年，高考上线率达61.55%。

【扶贫攻坚】 农田水利基础设施建设投资3 500多万元，完成国土整治1 330公顷，土壤改良607公顷，完成水毁修复工程579处，建成防渗干渠96千米、田间沟渠64千米，改善灌溉面积1 027公顷，新增灌溉面积913公顷。完成1.34万公顷林果基地、667公顷药材基地建设。完成公益林建设1 133公顷，其中人工造林133公顷，封山育林1 000公顷。发放财政扶贫贴息贷款740万元，完成28个点整村推进扶贫开发项目和两个人口较少民族聚居村发展项目。茅草房改造4 495户，实施易地搬迁177户750人，输出劳务4 400人，解决了7 194人的饮水困难，新建沼气池360口、节柴灶200眼。新建万村千乡市场工程农家店30个、农村“两社一会”58个。

【新农村建设试点工作启动】 按照“生产发展、生活宽裕、乡风文明、村容整洁、管理民主”的整体要求，2006年，全县重点实施十大工程，强化八大措施，协调推进农村政治、经济、文化建设并以产业化发展为主线，努力实现农民生活提高，构建公共服务新体系，建设乡村新面貌，塑造文明新风尚，健全管理民主新体制的目标。结合实际，分别在金顶镇杏花村、通甸镇黄松村以及兔峨乡果力村3个村开展试点工作。年内，一是种植庭院经济林果4.6万株，种植秦艽67公顷，建成钢架蔬菜大棚80个，面积6.7公顷，种植水稻33公顷；投放种羊150只，发展养猪重点户100户；二是在试点村中大力开展以“三清四改一美化”活动（即清垃圾、清路障、清废旧房屋、改水、改路、改厕、改栏、美化村容）修建公厕3个，改厩50户，整治道路3千米，在实施人畜饮水入户工程中建水池8个40立方米，架设水管4.5千米，建设田间沟渠2.15千米，修建沼气池40口，三是创建文明村，树立新风尚，在农村广泛开展以“八荣八耻”为主要内容的社会主义荣辱观教育活动，引导农民破除封建迷信，革除陈规陋习；成立了红白二事理事会。同时，加大了各试点村文化室、卫生室、球场等文体设施建设，大力开展积极健康向上的群众文体活动。“讲文明话、做文明事、当文明户、建文明村”活动蔚然成风；四是以提高农民素质为本，培养新型农民，结合产业建设抓技能培训，结合劳动力转移抓就业培训，先后在各试点村开展了各类实用技术培训1 450人次，使大部分农民素质有了很大提高，并涌现出一批懂技术、会经营、善管理的发展农村经济带头人。

【工业园区建设】 全省重点扶持的30个工业园区之一的兰坪县工业园区基础设施建设步伐加快。初步建成3.2平方千米，完成投资1.6亿元，园区内水、电、路、管网等基础设施日趋完善。以园区为平台的招商引资工作加快，产值上千万的金鼎锌业公司、兰坪康华电解锌厂、兰坪永泰冶炼厂等一批企业入驻园区。入园企业全年实现工业总产值29.05亿元，同比增长194%，工业增加值完成14.16亿元，同比增长197%，销售收入完成25.71亿元，增长158%，实现税收2.39亿元，增长140%，实现利润总额13.28亿元，增长385%。

（李松发）

怒江州经济社会发展主要指标（表一）

地　区	年末总人口（万人）		城镇人口占总人口比重（%）		全社会就业人员（万人）		城镇登记失业率（%）	
	2005年	2006年	2005年	2006年	2005年	2006年	2005年	2006年
怒江州	52.04	52.6	16.80	21.24	27.88		6.09	3.93
泸水县	18.23	18.4		16.15	9.01		4.30	4.20
福贡县	9.30	9.4		9.74	5.30		5.54	4.70
贡山县	3.65	3.7		11.30	1.76		6.10	2.70
兰坪县	20.86	21.1		13.33	11.73		3.20	3.70

怒江州经济社会发展主要指标（表二）

地　区	地区生产总值（万元）		第一产业（万元）		第二产业（万元）		第三产业（万元）	
	2005年	2006年	2005年	2006年	2005年	2006年	2005年	2006年
怒江州	239 449	431 578	45 826	49 000	80 935	257 348	112 688	125 230
泸水县	90 304	103 800	15 227	15 988	20 233	24 984	54 844	62 828
福贡县	28 805	32 924	8 325	8 645	8 651	11 177	11 829	13 102
贡山县	16 182	19 867	4 959	5 331	3 306	5 369	7 917	9 167
兰坪县	107 659	270 765	16 756	17 605	56 983	212 300	33 920	40 860

怒江州经济社会发展主要指标（表三）

地　区	地区生产总值指数（上年=100）		第三产业增加值比重（%）		人均地区生产总值（元）		全社会固定资产投资（万元）	
	2005年	2006年	2005年	2006年	2005年	2006年	2005年	2006年
怒江州	114.0	147.9	47.06	29.02	4 643	8 249	161 828	18 8714
泸水县	109.4	112.1	60.73	60.53	5 767	6 641	65 592	74 480
福贡县	121.5	113.6	41.07	39.79	3 131	3 503	33 466	41 540
贡山县	108.0	118.5	48.92	46.14	4 690	5 413	18 253	33 634
兰坪县	119.0	225.3	31.51	15.09	5 470	13 675	67 726	39 392

怒江州经济社会发展主要指标（表四）

地 区	地方财政收入（万元）		地方财政支出（万元）		人均地方财政收入（元）		社会消费品零售总额（万元）	
	2005 年	2006 年	2005 年	2006 年	2005 年	2006 年	2005 年	2006 年
怒江州	20 088	33 688	102 507	140 780	390	648	73 065	81 121
泸水县	5 600	6 267	28 780	33 528	308	342	30 713	34 155
福贡县	866	1 222	14 490	19 947	94	131	9 810	10 953
贡山县	1 146	1 170	10 656	11 815	321	319	6 294	7 038
兰坪县	8 518	18 268	27 184	43 849	413	871	26 248	28 975

怒江州经济社会发展主要指标（表五）

地 区	农民人均纯收入（元）		农村人均住房面积（平方米）		在岗职工年平均工资（元）		人均储蓄存款余额（元）	
	2005 年	2006 年	2005 年	2006 年	2005 年	2006 年	2005 年	2006 年
怒江州	1 034	1 097			17 510	19 901	3 058	3 898
泸水县	1 282	1 348			15 883	18 334	4 173	4 902
福贡县	750	783			15 278	16 171	1 342	1 522
贡山县	754	789			15 549	18 472	2 014	2 563
兰坪县	1 332	1 406			20 703	23 416	3 031	4 313

怒江州经济社会发展主要指标（表六）

地 区	初中学龄人口入学率（%）		广播覆盖率（%）		电视覆盖率（%）		每千人拥有医院、卫生院床位数（张）	
	2005 年	2006 年	2005 年	2006 年	2005 年	2006 年	2005 年	2006 年
怒江州	59.51	62.68					2.17	
泸水县	59.91	59.60					2.59	3.56
福贡县	41.31	46.42					2.13	2.11
贡山县	47.18	61.07					3.64	3.33
兰坪县	69.91	73.37					1.55	1.56

（省统计局）

迪庆藏族自治州

主　　编　周国星　温益群
责任编辑　宣　勤　侯焕媛

【概述】　迪庆藏族自治州位于云南省滇西北，滇、川、藏三省（区）交界处，东经98°20′~100°19′，北纬26°52′~29°16′之间。州府驻香格里拉县城建塘镇，距省会昆明640千米。东与四川稻城县、木里藏族自治县接壤；南界丽江市玉龙县及怒江傈僳族自治州的兰坪、福贡县；西与西藏自治区的左贡、察隅县以及云南省怒江州的贡山独龙族自治县毗邻；北与西藏自治区昌都芒康县及四川省甘孜藏族自治州的巴塘、得荣、乡城县交错接壤。迪庆地质构造复杂，地势北高南低，地貌形态以山地、古高原面和岭峰为主，境内地理为“三山挟两江”。三山为梅里雪山、云岭雪山山脉、中甸雪山山脉，自西向东依次排列。境内最高海拔为德钦县卡瓦格博峰，海拔6 740米，也是云南省海拔最高点。南部最低海拔为维西县碧玉河入江口处，海拔1 486米；东部最低点为香格里拉县之东金沙江出境口的洛吉乡吉函，海拔1 503米；平均海拔3 380米。迪庆属温带和寒温带季风气候，但具有明显的低纬度高原季风气候特征：太阳辐射强，紫外线强；季风气候，干湿分明；立体气候，差异显著；区域性，坡向性，旱涝交错。迪庆州平均日照时数为1 743~2 187小时。最大值为2 187~2 111小时，海拔为3 276~3 760米，出现在云岭山脉以东的香格里拉、德钦的书松及白茫雪山东侧122道班。最小值出现在州境内的金沙江河谷及澜沧江河谷，分别为香格里拉县的吾竹1 768小时，德钦的日照1 742小时。年平均气温4.7~16.50℃，最热月平均气温11.7~24.10℃，最冷月平均气温-3.8~7.70℃，≥100℃活动积温为899.3~5 312.7度。金沙江从德钦县羊拉归吾流入迪庆境内，由北向南至石鼓再转为由南至北，绕香格里拉北上至洛吉吉函再转向东出境，流经迪庆州430千米，金沙江在迪庆境内的流域面积是1.68万平方千米，入迪庆境内海拔2 296米，出境海拔1 503米，落差793米。澜沧江从德钦县佛山乡德美桥入境。境内全长250千米，流域面积6 780平方千米。全州国土面积2.39万平方千米。2006年，迪庆州辖香格里拉县、德钦县、维西傈僳族自治县3个县，1个经济开发区，20乡9镇，188个村（居）民委员会。年末户籍总人口34.40万人，其中非农业人口4.2万人，占总人口的12.21%。少数民族人口30.25万人，占总人口的87.92%。其中藏族人口12.08万人，占总人口的35.13%；傈僳族10.61人，占总人口的30.84%。2006年底全州人口密度为每平方千米14.21人，人口自然增长率4.82‰。

2006年全州实现生产总值（GDP）34.89亿元，其中第一产业完成增加值5.81亿元，增长4.3%；第二产业完成增加值12.18亿元，增长15.4%；第三产业完成增加值16.9亿元，增长30.1%。一、二、三产业增加值占生产总值的比例由上年的16.65:34.91:48.44调整为19.09:38.27:42.06。人均生产总值9 422元，比上年增长23.53%。全年地方财政一般预算收入完成1.82亿元，地方财政一般预算支出13.85亿元，当年财政自给率为13.11%。全州全社会固定资产投资总额完成42.01亿元。年末金融机构本外币各项存款余额41.79亿元，金融机构本外币各项贷款余额39.46亿元。全州实现社会消费品零售总额9.95亿，居民消费价格指数102.2%。

全年全州实现农林牧渔业总产值8.08亿元，粮食总产13.08万吨。投入小型水利建设资金3 275万元，农田有效灌溉面积1.71万公顷。年末全州拥有农业机械总动力2.26亿瓦特，大中型拖拉机1 552台。年末森林覆盖率73.95%。

全年全州工业总产值完成14.1亿元，其中全部独立核算国有企业及年产品销售收入500万元以上非国有独立核算工业企业（以下简称规模以上工业）完成产值8.46亿元；年产品销售收入500万元以下非国有工业企业（简称规模以下工业）完成产值5.64亿元。全州规模以上工业企业18户，实现产品销售产值8.2亿元。

全年全州接待国内外游客330.85万人次，比上年增长25.11%，其中海外游客30.80万人次，增长48.29%，国内游客300.05万人次，增长23.14%；旅游业总收入26.6亿元，比上年增长32.45%。其中，外汇收入1.36亿美元，增长44.79%，国内旅游收入15.26亿元，增长24.56%。

年末全州公路通车里程3 893千米，其中等级公路2 837千米，年末全州拥有民用车辆2.16万辆，全州旅客运输量428万人，旅客周转量8.38亿人/千米，其中民航旅客运输量30万人，民航旅客周转量1.46亿人千米；货物运输量279万吨，货物周转量16.21亿吨/千米。全州邮电业务总量完成1.26亿元。固定电话用户达到4.3万户，移动电话用户总数达12.31万户，比上年末增加3.41万部，电话普及率达到每百人44.6部，比上年提高9.2部。

年内州级安排科技发展项目22项，项目资金安排100万元。全州拥有幼儿园7所，在园幼儿2 660人；小学926所，其中一师一校教学点597个，小学在校学生3.56万人，小学适龄儿童入学率94.21%，小学辍学率1.92%。中学23所，其中完全中学5所，初高中在校学生2.01万人，其中高中在校生3 859人，初中在校生1.62万人，初中辍学率3.18%。职业中学2所，在校学生542人。中等专业学校1所，在校学生1 404人。教师进修学校3所。

年末，全州拥有卫生机构45个，卫生机构床位数681张，其中医院床位数358张；专业卫生技术人员1 119人，其中医生627人。全州共有文化、文物事业机构共46个，其中艺术表演团体3个，艺术表演场馆3个，文化馆4个，公共图书馆3个，乡镇文化站29个，文物保护管理机构2个，博物馆1个，州属文化馆与香巴拉印象联合演出团体1个。全州广播人口覆盖率81%，电视人口覆盖率89%。年内参加省及省以上运动会运动员70人，获得省及省以上运动会奖牌25枚，其中金牌6枚、银牌10枚、铜牌9枚。

年末全州单位从业人员2.36万人，比上年增长8.32%，其中在岗职工2.11万人，增长5.86%。在岗职工年平均工资24 289元，增加3 517元，增长16.93%；农民人均纯收入1 614元，增加189元，增长13.26%。城镇居民人均可支配收入首破万元，达1.08万元，比上年增加993元，增长10.14%，城乡居民人均储蓄存款4 041元，增加581元，增长16.79%。年末全州参加基本养老保险职工人数7 444人，比上年增长6.97%；参加失业保险人数1.38万人，增长1.88%；参加基本医疗保险人数2.55万人，增长5.35%。年内实行城镇最低生活保障人数达6 215人，增长8.63%。共支付保障金691万元，增长21.87%。

中共州委书记　卯稳国

州人大常委会主任　唐世华（傈僳族）

州人民政府州长　齐扎拉（藏族）

州政协主席　马向东（藏族）

【全省第一个完成"村村通"广播电视工程建设的州市】　2006年末，迪庆州广电部门圆满完成182座新通电行政村和50户以上已通电自然村"村村通"广播电视工程站点建设任务，州广播电视局、州发展和改革委员会专门成立"村村通"广播电视工程验收委员会和验收小组，在全州三县一区提交竣工报告和工作总结的基础上，对全州17个小片网点、34个中频分配网点进行了认真严格的交叉抽检验收，交叉抽检验收站点比例达全州站点建设总数的28%。经工程验收小组综合评定，"村村通"广播电视工程建设质量为优良，成为全省第一个完成"村村通"广播电视工程建设任务的州市。

【四川、云南联手打造"香格里拉之旅"】　2006年四川、云南两省决定将进一步对各自的旅游资源和产品线路进行整合，共同打造"香格里拉之旅"。在2006年中国国内旅游交易会上，四川、云南两省签订了《旅游交流与合作协议书》，双方确定以云南大理、丽江、迪庆和四川阿坝、甘孜等为始末端的数条跨省旅游线路，统一使用"香格里拉之旅"的名称。双方互为推介的跨省区精品线路主要是：丽江—攀枝花—西昌—成都；香格里拉—稻城—理塘—雅安—成都；丽江—泸沽湖—盐源—西昌—成都。

【"婚育新风进万家"活动】　从4月中旬开始，在州计生委领导的带队下，计生服务站工作人员对香格里拉县小中甸镇、上江乡和德钦县升平镇"婚育新风进万家"活动开展工作检查。在检查中，州计生委及时总结了项目开展情况，安排部署了后期工作。在项目实施点，两县都设立了婚育新风宣传室，配套了电视、VCD和书柜、桌椅板凳等设备，开展了计划生育、优生优育、生殖健康及有关法律法规知识的面对面宣传活动。计生部门还开展了计划生育送知识、送温暖、送服务的"三送"活动。

【《香巴拉映象》首演成功】　10月2日，原生情景歌舞《云南映象》的姊妹篇《香巴拉映象》在州群艺馆举行首演。省人大常委会副主任、省总工会主席江巴吉才，省委宣传部常务副部长尹欣及迪庆州领导观看演出。《香巴拉映象》舞蹈以藏民生活场景为主线，辅以纳西族、傈僳族、彝族以及汉族的原生态歌舞元素，以情景歌舞的舞台艺术形式，以"人神合一、天人合一、万物合一"为主题思想，充分展示了大香格里拉的概念、文化内涵和迪庆香格里拉原汁原味的少数民族风情。《香巴拉映象》由著名舞蹈艺术家杨丽萍担任总编导，由《云南映象》原班主创人员创作编排，演员大多是迪庆州各族青年。它的正式公演，标志着迪庆州文化产业发展又迈出可喜的一步，将对打造香格里拉品牌，进一步推动全州旅游文化产业的发展起到积极作用。

【首批七个无公害农产品地通过省级认证】　由州农牧局绿色食品发展中心组织推荐，经省绿色食品发展中心审核、评价，迪庆州首批七个无公害农产品地通过产地认定，获省农业厅颁发的产地认定证书。

【虎跳峡镇发生森林火灾】　1月6～10日，虎跳峡镇宝山村发生一起森林火灾，宝山村上官社官房村民小组4户居民的住房受到不同程度的毁坏，大片森林被毁。火灾发生后，州委州政府高度重视，立即启动了火灾应急预案，及时组织专业扑火队伍和驻军部队赶赴现场进行扑救。省委、省政府高度重视，省委副书记、常务副省长秦光荣，副省长孔垂柱等领导及时作出批示，并派出由省林业厅副厅长带队的工作组抵达火灾现场指导扑救工作，同时，紧急调拨了一批扑火物资。武警云南省森林总队也派出100多官兵赴火场增援。10日下午5时，经过广大军警民组成的强大扑火队的连续几昼夜的奋战，森林火灾被完全扑灭。

【锅庄舞等列入第一批国家级非物质文化遗产名录】 12月，国务院公布了第一批国家级非物质文化遗产名录共计518项。迪庆州阿尺目刮、纳西东巴造纸术、迪庆锅庄舞名列其中。迪庆州将根据国务院通知要求，认真贯彻“保护为主、抢救第一、合理利用、传承发展”的工作方针，切实做好非物质文化遗产的保护、管理和合理利用工作。

【新农村建设实施方案敲定】 年底，中共迪庆州委、州政府出台《关于推进社会主义新农村建设的实施方案》，规定迪庆州要紧紧围绕《迪庆州全面建设小康社会规划纲要》和“十一五”规划纲要，以提高农业综合生产能力、增加农民收入为中心任务，建设150个示范村，实施“四通”“五改”“六进村”工程，通过农民辛勤劳动和国家政策扶持，全面推进迪庆州新农村建设步伐，力争到2010年实现全州40%的村镇达标，2015年实现其余60%的村镇达标。150个示范村（村指村民小组，以下同），即50个旅游文化村、50个生态文明村、50个安居温饱示范村（统称“三村”）；“四通”即通路、通电、通水、通广播电视；“五改”即改房、改灶、改圈、改厕、改路；“六进村”即科技进村、文化进村、医疗服务进村、金融服务进村、各种农民经济合作组织进村、旅游进村。

【纳帕草原候鸟数量回升】 香格里拉纳帕海高原湿地保护得到当地群众的广泛支持，湿地范围面积近一步扩大，当地的候鸟数量得到大幅度上升。从10月13日第一批越冬的黑颈鹤飞临香格里拉纳帕海至12月底，先后已有343只黑颈鹤来到这片草原开始越冬生活。

（周国星）

香格里拉县

【概述】 香格里拉县位于云南省西北部、迪庆藏族自治州东部，地处滇、川、藏大三角交汇地带，是“茶马古道”要冲。东与四川省稻城县相连，东南与维西县、德钦县及江丽江市玉龙县隔江相望，西北与四川省德荣县、乡城县为邻。国道214线贯穿全县。县城驻地建塘镇，为迪庆藏族自治州州府所在地，海拔3 300米，距省会昆明706千米。全县国土总面积1.16万平方千米，是云南省县域面积最大的县。县境地形西北高、东南低，最高点巴拉格宗海拔5 545米，最低点洛吉乡吉函海拔1 503米，海拔高差4 042米。香格里拉县气候独特，“一山有四季，十里不同天”的立体气候格外明显。高原地区年平均气温7.1℃，年降水量509.8毫米，由于气候及地形影响，香格里拉县的植被、土壤、植物、农作物、畜禽品种均呈垂直分布。全县辖7乡4镇，61个村（居）民委员会（办事处），688个村民小组，818个自然村。年末全县总人口15.6万人，其中户籍人口13.69万人，人口自然增长率6.18‰。

2006年，全县实现县域生产总值21.52亿元，其中第一产业实现增加值2.58亿元，第二产业实现增加值9.7亿元，第三产业实现增加值9.25亿元。县域的一、二、三产业增加值占全县生产总值的比例由上年的14.2:43.9:41.9调整为12:45:43；全县农林牧渔业总产值3.51亿元，按可比价计算，比上年增长6.5%，粮食总产量5.68万吨，比上年增长5.4%。全年完成县域工业总产值10.93亿元，比上年增长20.0%；完成县级工业总产值5.24亿元，比上年增长20.0%。全年完成县域固定资产投资25.4亿元，比上年增长36.9%；完成县级固定资产投资15.3亿元，比上年增长50%。全县公路里程1 100千米，其中县道285千米，乡道815千米。全年邮政业务量597万元，电信业务总量3 156万元，固定电话用户2.79万户，其中普通电话用户1.49万户。全年实现县域社会消费品零售总额7.07亿元。县级地方财政收入完成7 668万元，地方财政支出3.7亿元。年末存款余额31.3亿元，贷款余额33.7亿元，县级社会消费品零售总额3.96亿元。居民消费价格总水平上涨1.3个百分点。职工年平均工资24 925元，比上年增长18.1%；农民人均纯收入1 765元，增长13.3%。

中共县委书记　彭耀文（纳西族）

县人大常委会主任　杨学明（纳西族）

县人民政府县长　马文龙（藏族）

县政协主席　马建国（藏族）

香格里拉县城　　（仲志刚　摄）

【实施10项民心工程】 2006年，香格里拉县继续把落实“民心工程”作为改进作风的具体措施抓好抓实，并将全部“民心工程”放在农村。一是筹资80万元，推进社会主义新农村建设试点；二是继续解决农村“两委”办公经费，并增加到每年3 000元；三是继续解决农村村民小组长每年200元的补助；四是继续为全县农村民房实行统一保险；五是筹资30万元开展农村富余劳动力培训；六是继续推进新型农村合作医疗试点工作；七是解决乡镇卫生院所工作人员浮动工资；八是筹资30万元改善乡村卫生室条件；九是继续做好教育“两免一补”和“54321”捐资助学活动；十是实施乡村学校教师特别补助，鼓励乡村教师安心教学。

【推进旅游产业“二次创业”】 2006年香格里拉县建立了全国第一个国家公园——普达措国家公园，成功推出香格里拉滑雪场，石卡雪山、巴拉格宗、虎跳峡等旅游建设项目加快进度，省级历史文化名城——独克宗古城保护、修复、提升的各项工作顺利展开，全年完成旅游建设项目投资2.9亿元。香格里拉县旅游业正逐步由单一观光旅游向观光、探险、商务、会展、体育赛事、文化交流、生态休闲等复合型旅游转变。全年共接待国内外游客231万人次，较上年增长58%，实现旅游社会总收入20.3亿元。

【水电产业稳步推进】 2006年，在县内的13条河流上同时进行15座水电站施工建设，全年累计完成水电产业项目总投资5.29亿元（县级2.89亿元）。

【生态环境不断改善】 2006年，全县共完成森林管护任务1 255万亩，完成公益林建设4.6万亩，完成红豆杉产业项目造林1 625亩，完成退牧还草45万亩。进一步加强野生动物保护、湿地保护、自然保护区建设和“三江并流”世界自然遗产保护。巩固“禁白”成果，全面开展城市周边生态环境整治，生态建设和环境保护工作成效显著。

【种桑养蚕】 2006年香格里拉在金沙江河谷地区的金江镇、上江乡及虎跳峡镇实施桑蚕产业化开发。年内县政府投入100万元资金用于种苗补贴、养蚕设施建设，大力扶持桑蚕产业。全年种桑农户4 663户，桑园面积已达1.21万亩，其中新植1 200亩，养蚕户746户，年养蚕3 600张，生产鲜茧28万斤，农户收入280万元，户均收入3 664元，人均收入1 647元。

【社会主义新农村建设】 2006年全县确定11个新农村建设试点村（村民小组），其中生态文明示范村6个、安居温饱村2个、旅游文化村3个，同时还将滇沪合作整村推进项目和扶贫开发项目列入新农村建设内容。按照“四通、五改、六进村”的要求分步实施，进行11个示范村及整村推进项目的建设，共完成投资295万元。

【整村推进】 2006年香格里拉县新农村建设“整村推进”项目点为尼西、五境、上江、金江、虎跳峡、东旺、格咱、三坝等9个乡镇28个村民小组（点），1 027户，5 340人，总投资480万元，项目包括基础设施、经济发展、生态建设、社会公益、技能培训及其他建设项目六大类。完成道路29.62千米（卫生路2 722米），桥涵7座；购置50KVA变压器1台及配套设施，架设输电线路1 500米；建设三面光沟渠26.05千米，田间渠系1千米，小水利4千米；建设人畜饮水管道79.4千米，74个水池共408立方米；农田土壤改良100亩，农田围栏3 500米；安居建设387户；推广种植秦艽159亩，独蒜种植56亩；畜种改良、引进优良种牛10头；购磨面机3台；建太阳能201户；举办实用技术培训班6期635人次。

【农村能源建设】 2006年配合美国大自然保护协会，在尼西、东旺、格咱等乡镇建设太阳能、沼气等生态能源。全年完成农村能源沼气池投资82万元，建设沼气400口；完成节柴灶投资6万元，建设节柴灶200眼；投资50万元，解决182户高原坝区农户的太阳能热水器，以降低薪柴消耗。配合州科委组织230名农民参加为期3天的农村沼气使用技术培训，使沼气户对沼气池的管理、使用、常见故障排除及维修常识有所了解和提高，以提高农民对沼气、沼液、沼渣等的

桑叶种植 （仲志刚 摄）

综合利用率，提高沼气经济效益，提高农户生活质量。

【科技三下乡】 积极开展“科技三下乡”、“科技宣传周”活动，科学技术普及逐步深入，全县拥有科技事业人员5 000人，举办科普宣传14次，建立科普示范社区1个、科普示范村3个、科普示范户429户。年内组织科技下乡20次，科技下乡活动工作人员总计38人，受益乡镇11个，受益农户2.2万户；举办科普讲座4次，听讲人数720人次；举办实用技术培训58次，参加人数9 821人次；放映科普影视节目3部，观看人数470人次；发放宣传资料16种7 000份。通过项目的实施，并对100户示范户进行挂牌管理，辐射带动养殖户2 000多户。其中，尼西鸡种鸡孵化8万只，受精率达到80%，孵化率达80%，育雏成活率达85%，全年实际出笼6.4万只，实现经济效益90万元；并建立了一套完整的无公害尼西鸡养殖技术及防疫操作规程。

（仲志刚）

德钦县

【概述】 德钦县位于云南省西北部横断山脉，青藏高原南缘滇、川、藏三省（区）结合部，著名的三江并流世界自然遗产核心地区。北与西藏芒康县山水相连，西与西藏左贡县、察隅县和怒江州贡山县接壤，南与维西县犬牙交错，东临香格里拉县。全县总面积7 273平方千米，位于境内的梅里雪山卡瓦格博峰，海拔6 740米，是云南省海拔最高点。县辖6乡2镇，42个村委会（社区），县府所在地升平镇海拔3 400米，距州府香格里拉建塘镇182千米，距省会昆明889千米。县城年平均气温6.6℃，年降雨（雪）量468.8毫米。年末总人口5.9万人，其中，非农业人口6483人，占总人口的11%；少数民族人口占98%。人口自然增长率2.98‰。

2006年，全县生产总值完成4.43亿元，比上年增长24.9%，其中第一产业完成增加值8 395万元，比上年增长20%，第二产业完成增加值1.73亿元，比上年增长43.6%，第三产业完成增加值1.87亿元，比上年增长17.7%。第一、二、三产业增加值比重由上年的20.10∶34.40∶45.50调整为18.94∶38.92∶42.14。人均CDP由2005年的5 618元，上升到2006年的7 060元；粮食总产量1.95万吨，比上年增长6%；葡萄产量679吨，比上年增长120.5%；大小牲畜存栏数16.24万头（只），比上年减少0.04%；大小牲畜出栏数2.99万头（只），比上年增长2.7%。地方财政收入2 262万元，比上年增长36.8%；农民人均纯收入1 606元，比上年增长12.8%；农民人均有粮311千克，比上年增6千克；城乡居民储蓄存款余额1.77亿元，比上年增长18.8%；年末城镇居民人均可支配收入1.08万元，比上年增长11.2%；职工年平均工资24 925元。全县民用车辆拥有量1 200辆，全年旅客运输量完成21.5万元人次，比上年增长14.36%。移动电话业务总量950万元，增长38.28%；电信业务总量376万元；邮政业务总量62万元；有移动电话用户1万户，固定电话用户5 163户，两项比上年增加4 763户，增长45.8%。全县广播人口覆盖率为65%，电视人口覆盖率67%；小学适龄儿童入学率97.4%，初中入学率81%，全县青壮年文盲率下降到3.8%。2006年农村合作医疗农民参合人员达4.18万人。

中共县委书记　普鲁华（藏族，～2006.9.）　齐建新（藏族，2006.9.～）

县人大常委会主任　吾金（藏族）

县人民政府县长　扎西顿珠（藏族）

县政协主席　培楚（藏族）

【加大农业基础设施建设】 投入农田建设资金242.84万元，完成农田改造8 105.6亩，加快水利基础设施建设，全年总投资958.62万元，完成引水、滑坡治理及排水、人畜饮水等水利工程77件，改善农田灌溉面积3 300亩，新增灌溉73亩，解决和改善3 227人和8 188头（只）牲畜的饮水条件。

【推进社会主义新农村建设】 实施2个旅游文化示范村、3个生态文明村、2个安居温饱示范村的建设项目，共投入建设资金264万元。

【调整农业产业结构】 玉米、青稞、小麦良种推广面积占总种植面积的90%以上，继续优化种植结构，扩大葡萄、干果、蔬菜等经济作物种植，粮经比例调整为93:7。

【加大科技推广和劳务输出】 开展蜜蜂活框养殖，推广牦牛繁殖力提升，示范名特优新项目。坚持培育“一村一品”优势产业。若拖顶乡、燕门乡种植秦艽2 000亩，霞若乡、佛山乡、白马雪山等地人工促繁20亩，霞若乡综合养殖场重楼、秦艽、珠子参种植142亩，燕门乡拖拉村养猪示范20户，科技培训3 655人，科技对农业增长的贡献率达38%。劳动技能培训781人，劳务输出和外出务工5 286人。

【电矿产业稳步发展】 继续推进水电开发，完成城网“一户一表”改造项目，完成奔子栏镇至羊拉里乡农村110KV输变电工程，阿东河至佛山乡政府输电线路改造工程。全县通电率达95%，全年完成发电量6 524万度，比上年增长1 345万度，增长26%；矿业开发取得突破性进展，羊拉里农铜矿生产铜精矿650吨，江坡铁矿生产铁原矿15.6万吨，南佐铅锌矿生产铅锌精矿2 500吨。

【旅游产业快速发展】 2006年全县接待海内外游客总人数达41.62万人次，比上年增长9%。其中海外游客1.6万人次，比上年增长40%，国内游客40.02万人次；旅游业总收入2.46亿元，比上年增长15.7%，国内旅游收入1.94亿元，比上年增长14%，旅游外汇收入

5 216万元，比上年增长20%。旅游带动农村经济，增加农民收入十分明显，梅里雪山景区农民马队服务收入489万元，户均近6万元；景区门票收入267.23万元，比上年增长44%。2006年仅县城和飞来寺各类宾馆和客栈出租租赁收入480万元，其中农户出租出让户18户，收入304万元，国营企业和集体出租9户，收入176万元。

【科学养蜂农民增收】　德钦县科技局对霞若乡、拖顶乡共有5 490个养蜂圆桶改为活框饲养，对两乡养蜂农户进行了养蜂培训，制作松木活动蜂箱975套，实际蜜蜂过箱到活框内为512个，2006年霞若乡产蜜15吨，户出售蜂蜜收入最高达1.2万多元。

【推进就业再就业】　2006年德钦县新开发就业岗位885个，通过各种渠道下岗失业人员实现就业82人，困难对象“4050”人员实现再就业15人，全县劳务输出228人。按照公平、公正、公开的原则，吸收137名大中专毕业生到事业单位工作，招收99名合同制工人分配到羊拉乡里农铜矿。

（取品）

维西傈僳族自治县

【概述】　维西傈僳族自治县位于云南省西北部，迪庆藏族自治州西南端，地处世界自然遗产“三江并流”的腹心地带，是世外桃源“香格里拉”的重要组成部分。东邻香格里拉县，东南连丽江市玉龙县，南接怒江州兰坪县，西与怒江州贡山县、福贡县接壤，北与德钦县山水相连。国土面积4 661平方千米，县城保和镇海拔2 320米，年平均气温12.7℃，平均降雨（雪）量733.1毫米。县城距省府昆明737千米，距州府香格里拉219千米。全国惟一的傈僳族自治县。辖7乡3镇，79个村民委员会，3个居民委员会，1 024个村民小组。年末总人口14.82万人，其中非农业人口1.24万人，占总人口的8.37%；少数民族人口12.66万人，占总人口的85.45%；有傈僳族8.33万人，占少数民族人口的65.81%。境内有傈僳、纳西、白、藏、彝、普米等世居少数民族。人口自然增长率4.12‰。

2006年，全县生产总值8.41亿元，比上年增17.83%，人均GDP由上年的4 955元，上升到5 727元。一、二、三产业增加值的比例由上年的30.39∶26.64∶42.97调整为27.41∶25.29∶44.92，其中：第一产业增加值2.3亿元，增长6.20%；第二产业增加值2.13亿元，增长23.37%；第三产业增加值3.98亿元，增长22.47%。农村经济总收入3.48亿元，增长5.08%。粮豆总产量5.45万吨，增长3.6%；畜牧业产值1亿元，增长6.64%。工业总产值1.19亿元，增长32.23%。地方财政收入1 774万元，比上年增21.11%。城镇居民人均可支配收入9 774元，比上年增6.95%。在岗职工年平均工资23 775元，比上年增加2 655元。农民人均纯收入1 461元，比上年增13.70%。城乡居民储蓄存款余额2.86亿元，比上年增18.48%。年内固定资产投资总额9.16亿元，增长20.02%，招商引资实际到位资金2.56亿元，比上年增51.26%。全年货物周转量1.42亿吨/千米，旅客运输周转量6 936万人/千米；邮政业务总量178万元，通信业业务总量900万元。全县社会消费品零售总额1.66亿元，增长22.66%。国内外旅游人次24.64万人/千米，旅游业总收入2.11亿元，增长10%。广播人口覆盖率84%，电视人口覆盖率88.50%。全县有各类学校409所，在校学生2.38万人，专任教师1 390人，九年制义务教育普及率97.7%，小学入学率98.95%，辍学率1.05%；初中毛入学率96.2%，辍学率1.97%。有图书馆1个、乡镇文化馆10个。有医疗卫生院、所13个，床175个，医护人员384人。

中共县委书记　泽仁农布（藏族）

县人大常委会主任　古文华（傈僳族）

县人民政府县长　蔡武成（傈僳族）

县政协主席　金丽香（傈僳族）

【药材基地获新生】　维西独特的气候和土壤适宜种植中药材生长，历史上是有名的药材集散地，有“药材之乡”的美称。大宗药材为当归、木香、秦艽，当地拥有一大批有实践经验的药农，药材是维西各族人民的主要经济来源之一。2006年末，全县种植中药材2.99万亩。其中：秦艽种植1.64万亩，按平均亩产200千克，每千克18元计算，药农收入5 917万元；当归种植1 156亩，按平均亩产170千克，每千克8元计算，药农收入1 572万元；木香种植9 084亩按平均亩产350千克，每千克6元计算，药农收入1 908万元，三项合计种植药农经济收入可达9 397万元。

【培育优势生物资源红豆杉】　维西自然气候最能适宜红豆杉生长。紫杉醇是从红豆杉中提炼出来的国际公认的新抗癌药，林业专家测算，种植1万亩红豆杉，采收枝叶进行加工，预计年产紫杉醇7千克，同系副产物10千克，紫杉醇冻干粉针剂16万支，年产值可达4 000万元。年末，红豆杉种植1.24万亩，最佳采收期为5年，按平均亩产1 000千克，每千克5元计算，种植农户可收入6 187万元。

【稻田养鱼增加农民经济收入】　维西在部分江边河谷地带实施稻田养鱼，稻田养鱼能起到除草、除害虫、增肥、保水、松土的作用，是一项对农民经济增收、粮食增产的惠民工程。2006年末，全县稻田养鱼531亩，按平均亩产20千克，每千克20元计算，农户收入21万元；每亩新增稻谷20千克，每千克2元计算，农民新增收入2万元。

【种植糯山药致富快】　县科技局在全县范围内推广种植糯山药技术，在永春乡的拉河柱村成片推广种植糯山药，成为全县的糯山药种植示范基地。2006年末，全县种植糯山药410亩，按平均亩产500千克，每千克3元计算，农户收入62万元。

【兰花成为农民增收致富的通道】 维西被誉为“兰花之乡”，维西兰花一枝独秀，其树形优雅、花香幽久，奇花、名花辈出，深得爱兰者赞誉。每年三月都要举办兰花节，2006年兰花节期间兰花交易额达标1 100万元。兰花遍及全县，家养兰花有112万盆。

【扶贫攻坚取得新成效】 2006年末，全县组织实施4个安居温饱工程，完成50户306人的易地搬迁，完成34个整村推进项目。继续开展产业开发、劳动力培训转移等工作。全年开发就业岗位1 860个，年内新增就业883人，下岗人员再就业113人，城镇登记失业率控制在4.3%。举办各类就业培训班，培训人数1 307人，劳动力转移输出3 170人，按每人每月汇款给输出农户100元计，年内外来收入380万元。年内共投入扶贫资金1 800万元，比上年增长4.83%，解决1万个贫困人口的温饱问题。

（蜂志明）

迪庆州经济社会发展主要指标（表一）

地　区	年末总人口（万人）		城镇人口占总人口比重（%）		全社会就业人员（万人）		城镇登记失业率（%）	
	2005年	2006年	2005年	2006年	2005年	2006年	2005年	2006年
迪庆州	36.87	37.2	21.10	21.24	20.70		4.53	4.00
香格里拉县	15.41	15.6		25.90	10.91		3.00	3.40
德钦县	6.24	6.3		21.10	3.93		4.00	4.10
维西县	15.22	15.3		18.07	10.14		4.00	4.50

迪庆州经济社会发展主要指标（表二）

地　区	地区生产总值（万元）		第一产业（万元）		第二产业（万元）		第三产业（万元）	
	2005年	2006年	2005年	2006年	2005年	2006年	2005年	2006年
迪庆州	279 781	348 933	53 417	56 860	100 851	128 706	125 513	163 367
香格里拉县	172 876	215 231	24 531	25 817	75 856	96 960	72 489	92 454
德钦县	34 887	44 335	6 998	7 995	12 014	17 253	15 875	19 087
维西县	72 018	84 087	21 888	23 048	19 186	21 269	30 944	39 770

迪庆州经济社会发展主要指标（表三）

地　区	地区生产总值指数（上年=100）		第三产业增加值比重（%）		人均地区生产总值（元）		全社会固定资产投资（万元）	
	2005年	2006年	2005年	2006年	2005年	2006年	2005年	2006年
迪庆州	111.5	120.0	44.86	46.82	7 627	9 423	316 151	382 285
香格里拉县	110.8	120.5	41.93	42.96	11 277	13 886	185 550	254 047
德钦县	129.5	124.9	45.50	43.05	5 618	7 082	54 301	74 451
维西县	112.2	117.8	42.97	47.30	4 754	5 507	76 300	91 580

迪庆州经济社会发展主要指标（表四）

地　区	地方财政收入（万元）		地方财政支出（万元）		人均地方财政收入（元）		社会消费品零售总额（万元）	
	2005 年	2006 年	2005 年	2006 年	2005 年	2006 年	2005 年	2006 年
迪庆州	13 905	18 156	107 095	138 760	379	491	67 523	99 462
香格里拉县	5 723	7 668	32 023	36 984	373	495	43 746	70 725
德钦县	1 178	1 529	16 185	22 620	190	244	10 213	12 100
维西县	1 440	1 744	24 994	29 016	95	114	13 564	16 637

迪庆州经济社会发展主要指标（表五）

地　区	农民人均纯收入（元）		农村人均住房面积（平方米）		在岗职工年平均工资（元）		人均储蓄存款余额（元）	
	2005 年	2006 年	2005 年	2006 年	2005 年	2006 年	2005 年	2006 年
迪庆州	1 425	1 614	22.00		20 772	24 289	3 428	4 019
香格里拉县	1 558	1 765	25.78		19 095	24 925	5 671	6 618
德钦县	1 424	1 607	20.42		21 137	24 470	2 381	2 811
维西县	1 285	1 461	19.80		18 141	23 775	1 588	1 869

迪庆州经济社会发展主要指标（表六）

地　区	初中学龄人口入学率（%）		广播覆盖率（%）		电视覆盖率（%）		每千人拥有医院、卫生院床位数（张）	
	2005 年	2006 年	2005 年	2006 年	2005 年	2006 年	2005 年	2006 年
迪庆州	57.92	60.93	75.78		82.11		2.00	
香格里拉县	66.62	62.21	76.81		80.54		2.45	2.02
德钦县	45.32	50.19	61.56		72.28		2.90	2.83
维西县	54.33	63.46	80.58		87.53		1.16	1.06

（省统计局）

附　录

云南省社会保险费征缴条例

（2006年9月28日云南省第十届人民代表大会常务委员会第二十四次会议通过）

第一章　总　则

第一条　为了加强和规范社会保险费征缴工作，保障社会保险金按时、足额发放，维护缴费单位和个人的合法权益，根据国务院《社会保险费征缴暂行条例》等有关法律、法规，结合本省实际，制定本条例。

第二条　本省行政区域内基本养老保险费、基本医疗保险费、失业保险费、工伤保险费、生育保险费（以下统称社会保险费）的征缴，适用本条例。本条例所称缴费单位、缴费个人，是指依照有关法律、行政法规和国务院的规定，应当缴纳社会保险费的单位和个人。

第三条　征收和缴纳的范围：（一）基本养老保险费：城镇各类企业及其职工，实行企业化管理的事业单位及其职工，社会团体、基金会及其专职人员，民办非企业单位及其职工，城镇个体工商户及其从业人员，灵活就业人员。（二）基本医疗保险费：城镇各类企业及其职工，国家机关及其工作人员（含事业编制人员和劳动合同制工人），事业单位及其职工，社会团体、基金会及其专职人员，民办非企业单位及其职工，城镇个体工商户及其从业人员，灵活就业人员。（三）失业保险费：各类企业及其职工，事业单位及其职工，社会团体、基金会及其专职人员，民办非企业单位及其职工，国家机关中与之建立劳动合同关系的工人，有雇工的城镇个体工商户及其雇工。（四）工伤保险费：城镇各类企业，有雇工的个体工商户。（五）生育保险费：城镇各类企业。省人民政府可以根据经济社会发展情况，依法调整社会保险费的征缴范围和费率。

第四条　符合本条例第三条规定的缴费单位和缴费个人应当依法参加社会保险，按时足额缴纳社会保险费。缴费单位和缴费个人缴纳的社会保险费在所得税前扣除，社会保险费不得减免。

第五条　各级人民政府应当加强对社会保险费征缴工作的领导，协调解决社会保险费征缴工作中的问题。社会保险费由地方税务机关统一征收。征收的社会保险费应当及时缴入财政部门依法开设的社会保险基金财政专户。社会保险基金不计征税、费。缴费单位、缴费个人有权按照规定查询缴费记录。有关部门应当为缴费单位、缴费个人做好服务工作。

第六条　社会保险基金实行收支两条线管理。任何单位和个人不得滞留、截留、挪用、私分、变相私分和违规使用社会保险基金。

第二章　部门职责

第七条　劳动保障行政部门负责制定社会保险制度建设的发展规划和年度实施计划；负责社会保险扩面工作；负责指导经办机构编制社会保险基金预算、决算，并对其预、决算进行复核；负责协调有关部门建立和完善社会保险信息网络；负责统一社会保险代码、统一登记、统一核定、统一缴费工资总额工作；加强对社会保险费征收和社会保险基金支付、管理、运营情况的监督，对基金支出户及财政专户中的社会保险基金进行监督检查。

劳动保障行政部门所属的社会保险经办机构负责编制社会保险基金预算、决算草案，并按规定严格执行预、决算；负责社会保险登记、缴费申报受理、征收基数核定和稽核工作；负责社会保险基金核算、个人账户管理和社会保险金发放工作；负责及时将社会保险费征收计划和清欠计划提交地方税务机关；协助地方税务机关开展社会保险费征缴的执法检查和清欠工作。

第八条　地方税务机关按照征收计划和清欠计划征收社会保险费；按时足额将社会保险费缴入财政专户，定期与有关部门对账；及时向社会保险经办机构、财政部门反馈社会保险费征收情况；参与社会保险费征收计划和清欠计划的研究制定，负责社会保险费清欠工作；协助劳动保障行政部门及其社会保险经办机构开展社会保险扩面工作。

第九条 财政部门参与编制并负责审核社会保险基金预算、决算；负责社会保险基金财政专户收支核算管理工作，定期与有关部门进行对账，确保基金安全运行；协调有关部门及时研究提出征收和发放中资金缺口的补助建议和方案；对社会保险基金管理情况实施监督。

第十条 审计机关依法对社会保险费的征缴和收支管理情况进行审计，审计结果应当向社会公告。

第十一条 行政监察机关对社会保险费征缴和社会保险基金监督管理部门的履职情况依法实施监察。

第三章 征缴管理

第十二条 社会保险费征收计划，由社会保险经办机构会同地方税务机关，依据政府批准的社会保险收支预算研究制定，并抄送财政部门。

第十三条 缴费单位应当自登记成立或者变更之日起30日内，到社会保险经办机构办理社会保险登记手续，由社会保险经办机构审核发放社会保险登记证。

缴费单位和缴费个人在领取社会保险登记证之日起30日内，到主管地方税务机关办理缴费手续。

缴费单位和缴费个人依法终止缴费的，应当先向社会保险经办机构审核结果，然后到主管地方税务机关结清应缴纳或者欠缴的社会保险费后，再到社会保险登记机构办理注销手续。

第十四条 缴费单位应当根据本单位职工人数、职工工资总额等，定期向社会保险经办机构如实申报社会保险费数额；按照社会保险经办机构核定的数额，在规定的期限内向主管地方税务机关足额缴纳社会保险费，并依法履行对缴费个人应当缴纳的社会保险费的代扣代缴义务。

无代扣代缴单位的缴费个人向社会保险经办机构申报核定全年的缴费数额并确定缴费方式后，向主管地方税务机关办理一次性或者定期缴费手续。

第十五条 缴费单位有下列情形之一的，由社会保险经办机构暂按该单位上月缴费数额的110%确定应缴数额；没有上月缴费数额的，由社会保险经办机构暂按该单位的经营状况、职工人数等有关情况确定应缴数额：（一）不按照规定申报应缴纳的社会保险费数额的；（二）不设置账簿或者销毁账簿、凭证的；（三）账目混乱，原始凭证残缺不全，难以计算的；（四）拒不提供用工人数、工资总额等有关缴费资料的。缴费单位补办申报手续并按核定数缴纳社会保险费后，由社会保险经办机构按照规定结算。

第十六条 社会保险经办机构应当在规定期限内向地方税务机关提供征收计划和清欠计划。地方税务机关应当在规定期限内向社会保险经办机构提供实际缴纳数据。地方税务机关在征缴过程中发现缴费单位申报不实的，应当将情况及时告知劳动保障行政部门，劳动保障行政部门应当依法予以处理并通知社会保险经办机构重新核定，同时将处理情况反馈给地方税务机关。在社会保险经办机构未重新核定前，缴费单位按照原核定数额缴纳当月的社会保险费，在社会保险经办机构重新核定数额后，补足应缴纳或者退回多缴的社会保险费。

第十七条 缴费单位因解散、终止、破产、撤销等进行资产变现、土地处置和净资产分配时，应当依法清偿所欠的社会保险费。缴费单位在分立、合并时，应当到地方税务机关结清应当缴纳的社会保险费，明确继续缴纳的单位及其责任，并按照本条例第十三条的规定办理社会保险变更登记手续。

第十八条 缴费单位和缴费个人未按时足额缴纳、代扣代缴社会保险费的，由地方税务机关责令15日内缴纳。逾期不缴纳的，经县级以上地方税务局（分局）局长批准，地方税务机关可以依法采取下列措施，直至申请人民法院强制征缴。（一）书面通知其开户银行或者其他金融机构冻结缴费单位的相当于应缴社会保险费和滞纳金的存款，冻结期满，缴费单位仍未缴纳的，从其存款中扣缴数额相当的款项；（二）扣押、查封其价值相当于应缴社会保险费和滞纳金的财产，扣押、查封期满，缴费单位仍未缴纳的，依法予以拍卖或者变卖，以拍卖或者变卖所得抵缴所欠费款和滞纳金。冻结、扣押、查封的期限最长不得超过3个月。缴费单位足额缴纳社会保险费和滞纳金后，应当立即解除以上措施。

第十九条 征收社会保险费及滞纳金统一使用省财政部门监制的缴款书或者完费证。

第二十条 地方税务机关在征收税费过程中发现应当参加社会保险而未参加的缴费单位和缴费个人，应当督促其依法办理相关手续。

第二十一条 需退户的缴费单位或者缴费个人，应当提交申请书及缴费凭据复印件，经同级劳动保障行政部门指定的机构和地方税务机关审核后，送同级财政部门复核，办理退户手续。需调户的，地方税务机关应当提交申请书及缴费凭据复印件，经同级劳动保障行政部门和财政部门审核后，办理调户手续。需办理更正事项的，比照前两款的规定执行。

第二十二条 社会保险经办机构应当按规定建立单位缴费档案和个人账户，为缴费单位和缴费个人查询缴费记录或者个人账户提供免费服务。当事人提出查询记录清单与实际情况不符的，社会保险经办机构应当及时复核，并在10个工作日内将复核结果告知当事人。

第二十三条 劳动保障行政部门及其社会保险经办机构、地方税务机关和财政部门应当加强社会保险费征缴管理信息系统的建设，建立征缴信息互联网络和信息共享制度，为缴费单位和缴费个人提供信息服务。

第四章 监督检查

第二十四条 劳动保障行政部门、地方税务机关、财政部门、审计机关、监察机关应当按照各自的职责分工，相互配合和支持，共同做好社会保险费征缴监督检查工作。社会保险经办机构受劳动保障行政部门的委托，可以进行与社会保险费征缴有关的检查、调查工作。

第二十五条 缴费单位应当每年向本单位职工公布本单位及职工个人全年社会保险费缴纳情况，接受工会和职工的监督。社会保险经办机构和工会应当督促缴费单位向本单位职工公布全年社会保险费缴纳情况。劳动保障行政部门和地方税务机关应当每年向社会公告社会保险费缴纳、使用和欠费情况，接受社会监督。

第二十六条 劳动保障行政部门、地方税务机关、财政部门、审计机关依法对社会保险费征缴情况进行监督检查时，可以记录、录音、录像、照相和复印有关资料，并应当依法为被检查单位或者个人保守商业秘密。被检查单位及其有关人员应当如实提供与缴纳社会保险费有关的用人情况、工资表、财务报表、申报表等资料，不得拒绝检查，不得谎报、瞒报和隐匿有关资料。

第二十七条 劳动保障行政部门、地方税务机关、财政部门在进行监督检查时，对同一对象的同一事实不得重复检查、交叉检查；可以采取书面检查或者联合检查的，应当书面检查或者联合检查。劳动保障行政部门、地方税务机关、财政部门的工作人员在履行监督检查职责时，应当出示执法证件；未出示的，被检查单位或个人有权拒绝检查。

第二十八条 财政部门应当加强社会保险基金管理，对各项社会保险基金收支情况以及财政专户基金管理情况进行监督检查。审计机关在审计中，发现征收、缴纳和管理使用社会保险费的违规违纪问题，应当依法处理。

第五章 法律责任

第二十九条 违反本条例第十三条规定的，由劳动保障行政部门或者地方税务机关依照法定职权责令限期改正；情节严重的，对直接负责的主管人员和其他直接责任人员处1 000元以上5 000元以下的罚款；情节特别严重的，对直接负责的主管人员和其他直接责任人员处5 000元以上10 000元以下的罚款。

第三十条 违反本条例第十四条第一款规定，瞒报工资总额或者职工人数的，由劳动保障行政部门责令改正，并处瞒报工资数额1倍以上3倍以下的罚款。

第三十一条 在责令限期缴纳期满后仍不缴纳社会保险费的，由地方税务机关从欠缴之日起按日加收欠缴费额万分之五的滞纳金，并对直接负责的主管人员和其他直接责任人员处5000元以上2万元以下的罚款。

第三十二条 违反本条例第二十六条第二款规定的，由有关部门依法责令限期改正，对缴费单位处以2 000元以上2万元以下的罚款，并可以对直接负责的主管人员和其他直接责任人员处以1 000元以上5 000元以下的罚款。

第三十三条 国家工作人员滥用职权、徇私舞弊、玩忽职守，致使社会保险费流失的，由劳动保障行政部门或者地方税务机关追回流失的社会保险费；并依法给予行政处分；构成犯罪的，依法追究刑事责任；截留、挪用、私分社会保险资金的，追回被截留、挪用私分的社会保险资金；有违法所得的，没收违法所得，并入社会保险基金，对直接负责的主管人员和其他直接责任人员依法给予行政处分；构成犯罪的，依法追究刑事责任。

第三十四条 劳动保障行政部门及其社会保险经办机构、地方税务机关及其工作人员违法行政，造成缴费单位经济损失的，应当依法赔偿并追究有关人员的法律责任。赔偿费用不得在社会保险基金中列支。

第六章 附则

第三十五条 本条例施行前欠缴社会保险费的单位和个人，应当向地方税务机关缴纳所欠的社会保险费和滞纳金；地方税务机关、劳动保障行政部门及其社会保险经办机构有权依照本条例的有关规定追缴所欠的社会保险费和滞纳金并给予相应的处罚。

第三十六条 地方税务机关和社会保险经办机构在征缴社会保险费工作中所需经费，列入财政预算予以保障，不得从社会保险基金中提取。

第三十七条 本条例自2007年1月1日起施行。

云南省失业保险条例

（2006年3月31日云南省第十届人民代表大会常务委员会第二十一次会议通过）

第一章 总 则

第一条 为了保障失业人员失业期间的基本生活，促进失业人员再就业，根据《中华人民共和国劳动法》和国务院《失业保险条例》等有关法律、法规，结合本省实际，制定本条例。

第二条 本省行政区域内的企业事业单位及其职工，社会团体及其专职人员，民办非企业单位及其职工，有雇工的城镇个体工商户及其雇工，国家机关和与之建立劳动合同关系的工人（以下统称用人单位和职工）应当参加失业保险，缴纳失业保险费。公务员和经批准参照公务员管理的人员的失业保险按照国家有关规定执行。

第三条 参加失业保险的职工失业后，依法享受失业保险待遇。

第四条 县级以上人民政府应当加强对失业保险工作的领导，将失业保险工作纳入国民经济和社会发展规划，控制失业率，安排失业保险财政补贴资金，加强失业保险机构建设。

第五条 省劳动保障行政部门主管全省失业保险工作。州（市）、县级劳动保障行政部门主管本行政区域内的失业保险工作。劳动保障行政部门所属的失业保险机构具体承办失业保险工作。地方税务、财政、审计、工商、人事、民政、监察等部门按照各自职责，做好失业保险的相关工作。工会组织依法督促用人单位参加失业保险，维护职工合法权益。

第六条 失业保险基金实行州（市）统筹（以下称统筹地），省人民政府可以根据经济社会发展的实际情况决定实行省级统筹。省人民政府建立失业保险调剂金。

第二章 失业保险基金

第七条 失业保险基金由下列各项构成：（一）用人单位和职工缴纳的失业保险费；（二）失业保险基金的利息；（三）按规定收取的失业保险费滞纳金；（四）财政补贴；（五）依法纳入失业保险基金的其他资金。

第八条 用人单位按照当年本单位应当参加失业保险职工的工资总额的2%缴纳失业保险费，职工按照当年本人工资的1%缴纳失业保险费。用人单位招用的农民合同制工人本人不缴纳失业保险费。企业和有雇工的个体工商户所缴纳的失业保险费在所得税前列支；国家机关、事业单位、社会团体、民办非企业单位所缴纳的失业保险费在行政事业费或者单位自有资金中列支。职工个人用于缴纳失业保险费的收入部份不计入个人所得税征收范围。

第九条 用人单位应当及时向所在地的县（市、区）失业保险机构提供缴纳失业保险费的相关资料，由失业保险机构核定应缴纳的失业保险费并会同同级财政部门、地方税务机关制定年度失业保险费征收计划。用人单位应当按月到指定的地方税务机关缴纳失业保险费。职工个人缴纳的失业保险费由用人单位按月代为扣缴。

第十条 用人单位依法破产的，应当书面通知所在地的县（市、区）失业保险机构和地方税务机关，其欠缴的失业保险费应当依法缴纳。用人单位变更或者终止的，应当依法缴清失业保险费。

第十一条 统筹地应当按照省人民政府的规定上缴省级失业保险调剂金。省级失业保险调剂金用于统筹地之间失业保险基金的余缺调剂。省级失业保险调剂金的筹集和管理使用办法，由省人民政府制定。统筹地失业保险基金当年收不抵支，在使用历年结存基金仍不能保证支付时，可以申请使用省级失业保险调剂金；经调剂后仍不敷使用的，由统筹地财政予以补贴；省级失业保险调剂金不够调剂时，由省级财政予以补贴。

第十二条 失业保险基金用于下列支出：（一）失业保险金；（二）领取失业保险金期间的医疗补助金；（三）领取失业保险金期间死亡的失业人员的丧葬补助金和其供养的配偶、直系亲属抚恤金；（四）领取失业保险金的失业人员的职业培训、职业介绍补贴；（五）领取失业保险金期间自谋职业人员的创业补助；（六）为实施失业调控的就业补助；（七）国务院规定或者批准的与失业保险有关的其他支出。

第十三条 失业保险基金应当存入社会保障基金财政专户，实行收支两条线管理，专款专用。失业保险基金不得用于平衡财政收支。

第十四条 失业保险基金收支的预算、决算草案，由统筹地失业保险机构组织编制，经同级劳动保障行政部门复核和财政部门审核，报同级人民政府审批，并送省失业保险机构备案。经批准的失业保险基金收支决算应当向社会公布。

第三章 失业保险待遇

第十五条 失业人员同时具备下列条件可以领取失业保险金：（一）按照规定参加失业保险，所在用人单位和本人已履行缴费义务累计满1年的；（二）非因本人意愿中断就业的；（三）已办理失业登记，并有求职要求的。失业人员在领取失业保险金期间，按照规定同时享受其他失业保险待遇。

第十六条 失业人员在领取失业保险金期间出现下列情形之一的，停止发放失业保险金，并同时停止享受其他失业保险待遇：（一）重新就业的；（二）应征服兵役的；（三）移居境外的；（四）享受基本养老保险待遇的；（五）被判刑收监执行或者被劳动教养的；（六）无正当理由拒不接受劳动就业服务机构介绍工作的；（七）有法律、法规规定的其他情形的。

第十七条 用人单位应当及时为失业人员出具终止或者解除劳动、人事关系的证明，告知其按照规定享有失业保险待遇的权利，并将失业人员的名单等资料自终止或者解除劳动、人事关系之日起7日内，报所在地的县（市、区）失业保险机构备案。失业人员应当持用人单位为其出具的终止或者解除劳动、人事关系的证明，自终止或者解除劳动、人事关系之日起60日内，到用人单位所在地的县（市、区）失业保险机构办理失业登记和申领失业保险金手续。失业人员在前款规定期限内，无正当理由不办理失业登记和申领失业保险金手续的，视为自动放弃延误期间的失业保险金。

第十八条 失业保险机构自受理失业登记10日内，对符合本条例第十五条规定条件的，从办理失业登记之日起按月计发失业保险金；对不符合规定条件的，应当书面告知。

第十九条 失业保险金发放标准，由省人民政府按照高于当地城市居民最低生活保障标准、低于当地最低工资标准以及失业人员的缴费时间、缴费数额确定。

第二十条 领取失业保险金的期限，依据失业人员失业前累计足额缴费时间计算。累计足额缴费时间满1年的，领取2个月的失业保险金；满2年的，领取4个月的失业保险金；满3年的，领取7个月的失业保险金；满4年的，领取10个月的失业保险金；满5年的，领取13个月的失业保险金；满6年的，领取15个月的失业保险金；以后每满1年的，增加领取1个月的失业保险金，但领取期限最长不得超过24个月。

第二十一条 失业人员重新就业后再次失业的，按其重新就业后的缴费时间计算本次失业应当领取失业保险金的期限，并与前次失业应领取而未领的失业保险金剩余期限合并，但合并后的领取期限最长不得超过24个月。失业人员重新就业后不满1年再次失业的，可以继续申领其前次失业未领完的失业保险金。

第二十二条 失业人员失业前所在的用人单位与本人户籍不在同一县（市、区）的，本人可以在用人单位所在县（市、区）或者户籍所在县（市、区）之间任选一地领取失业保险金。失业保险机构应当为其办理失业保险关系转移手续。

第二十三条 领取失业保险金期间，继续参加医疗保险的失业人员，按其缴纳医疗保险费的一定比例给予医疗保险缴费补助；未参加医疗保险的失业人员，按其领取失业保险金的一定比例给予医疗补助。女性失业人员在领取失业保险金期间生育并符合国家和我省计划生育规定的，从医疗补助金中给予生育补助。前两款规定的医疗补助标准由省人民政府制定。

第二十四条 失业人员在领取失业保险金期间死亡的，参照我省对在职职工的规定，一次性发给其家属丧葬补助金和抚恤金，其标准按照失业人员失业前的月缴费基数计算。

第二十五条 失业人员应当按月到失业保险机构报告失业情况，积极求职，接受就业指导，参加职业培训。劳动就业服务机构应当为失业人员提供职业培训或者职业介绍服务。失业人员被招用后，劳动就业服务机构应当书面通知失业保险机构。失业人员在领取失业保险金期间参加职业培训合格和接受职业介绍的，由失业保险机构审核后发给职业培训补贴和职业介绍补贴。按时足额缴纳失业保险费的用人单位，采取转岗等方式安置富余人员的，统筹地政府可以根据失业保险基金支付能力给予培训补助。

第二十六条 失业人员在领取失业保险金期间办理工商营业执照自谋职业，经失业保险机构调查确认开业已满3个月且又参加失业保险的，可以给予创业补助。失业保险缴费年限从新参保之日计算。

第二十七条 参加失业保险已履行缴费义务的企业，符合法定裁员条件但按照统筹地政府失业调控要求未向社会裁减人员，且企业在规定期间内不能按当地最低工资标准发放工资，经失业保险机构确认，报统筹地人民政府批准，可以按不足当地最低工资标准的差额从失业保险基金中给予补助。但补助时间不得超过6个月。用人单位录用正在领取失业保险金的失业人员，签订2年以上的劳动合同并履行劳动合同责任的，可以比照失业人员本人应当领取失业保险金的数额，由失业保险机构从失业保险基金中给予用人单位补助。

第二十八条 用人单位和职工跨统筹地或者跨省转迁的，凭有关证明到失业保险机构办理失业保险转迁手续。

第四章　管理和监督

第二十九条 劳动保障行政部门履行下列职责：（一）组织宣传和实施失业保险法律、法规；（二）负责失业保险基金风险预测预报工作；（三）指导监督失业保险机构开展失业保险工作；（四）监督检查失业保险费的申报、核定、征收和失业保险基金的支付、管理；（五）法律、法规规定的其他职责。

第三十条 失业保险机构履行下列职责：（一）负责失业人员的登记、调查和统计工作；（二）核定用人单位及其职工应当缴纳的失业保险费；（三）审核失业人员申领失业保险待遇资格，落实失业人员应当享受的失业保险待遇；（四）管理失业保险基金，编制失业保险基金预算、决算草案；（五）建立用人单位和职工个人缴纳失业保险费以及失业人员享受失业保险待遇的数据库；（六）为用人单位和失业人员提供失业保险免费咨询服务；（七）法律、法规规定的其他职责。

第三十一条 相关部门分别履行下列职责：（一）地方税务机关统一依法征收失业保险费，及时将征收的失业保险费足额缴入财政社会保障基金专户，向财政部门和劳动保障行政部门提供失业保险费的征收情况；（二）财政部门依法做好社会保障基金专户内的失业保险基金管理工作，办理失业保险金的拨付和监督失业保险金的使用；（三）审计部门依法做好失业保险费征收、基金使用和管理的审计工作；（四）工商行政管理部门依法协助做好企业和有雇工的个体工商户参加失业保险的工作；（五）人事部门依法协助做好国家机关、事业单位参加失业保险的工作；（六）民政部门依法协助做好社会团体、民办非企业单位参加失业保险的工作；（七）监察部门依法对失业保险基金的征收、管理、使用单位的履职情况进行监察。

第三十二条 用人单位应当建立失业保险个人缴费台账，并接受政府有关部门对其缴费情况的监督检查，如实提供与缴纳失业保险费有关的用工情况、工资发放表、财务账簿等资料，不得谎报、瞒报、拒报。用人单位应当每年向本单位职工公布缴纳失业保险费的情况，接受职工监督。

第三十三条 用人单位裁员应当按照国家有关规定向劳动保障行政部门报告。

第三十四条 失业保险机构和失业保险基金征管工作所需经费应当列入同级财政预算。

第五章 法律责任

第三十五条 州（市）、县级人民政府使用失业保险基金平衡财政预算的，由上一级人民政府责令改正，并依法追究有关人员的责任。

第三十六条 统筹地不按规定缴纳失业保险调剂金的，由省劳动保障行政部门督促其限期足额缴纳；逾期仍不缴纳的，由省监察部门责令改正，并对直接负责的主管人员和其他直接责任人员依法给予行政处分。

第三十七条 劳动保障行政部门和财政部门、地方税务机关、失业保险机构及其工作人员，有下列行为之一的，由同级人民政府或者有关部门责令改正，对直接负责的主管人员和其他直接责任人员给予行政处分；造成失业保险基金损失的，责令追回；构成犯罪的，依法追究刑事责任：（一）未按规定核定、征收、使用和管理失业保险基金的；（二）挪用、截留、侵占失业保险基金和省级失业保险调剂金的；（三）擅自拖欠、减发或者增发失业保险金及其他失业保险待遇的；（四）不按规定期限核发失业保险待遇的；（五）有其他违反失业保险法律、法规规定行为的。

第三十八条 用人单位不依法参加失业保险、不按规定出具解除或者终止劳动、人事关系证明、不向职工公布失业保险费缴纳情况的，由劳动保障行政部门责令限期改正；逾期不改正的，对直接负责的主管人员和其他直接责任人员处以1 000元以上5 000元以下的罚款，对单位处以2 000元以上 2 万元以下的罚款。用人单位向失业保险机构瞒报工资额或者职工人数的，由劳动保障行政部门责令改正，并对单位处瞒报工资总额 1 倍以上 3 倍以下的罚款。用人单位因前款规定情形，造成失业人员未能享受失业保险待遇的，由劳动保障行政部门责令用人单位按照失业人员应当领取的失业保险金给予其一次性经济赔偿。

第三十九条 用人单位不代扣代缴或者迟延缴纳失业保险费的，由地方税务机关责令限期缴纳，逾期拒不缴纳的，除补缴欠缴数额外，从欠缴之日起按日加收欠缴费额万分之五的滞纳金，并对直接负责的主管人员和其他直接责任人员处 5000 元以上 2 万元以下的罚款。

第六章 附则

第四十条 法定劳动年龄内的城镇未雇工个体工商户及城镇其他从业劳动者，自愿参加失业保险，缴纳的失业保险费和在失业后享受的失业保险待遇，参照本条例规定执行。

第四十一条 本条例自 2006 年 7 月 1 日起施行。1997 年 12 月 3 日云南省第八届人民代表大会常务委员会第三十一次会议通过的《云南省企业职工失业保险条例》同时废止。

云南省药品管理条例

（2006年3月31日云南省第十届人民代表大会常务委员会第二十一次会议通过）

第一章　总　则

第一条　为了加强药品监督管理，保证药品质量，保障人体用药安全，维护人民身体健康和用药的合法权益，促进医药产业健康发展，根据《中华人民共和国药品管理法》（以下简称《药品管理法》）和《中华人民共和国药品管理法实施条例》等法律、法规，结合本省实际，制定本条例。

第二条　本省行政区域内从事药品研制、生产、配制、经营、使用及监督管理的单位和个人，必须遵守本条例。

第三条　省人民政府应当加强对药品监督管理工作的领导，组织制定全省药品行业发展规划，并纳人国民经济和社会发展规划。

州（市）、县（市、区）人民政府应当根据本地实际，组织实施药品行业发展规划，协调和支持药品监督管理工作。

第四条　县级以上药品监督管理部门依法对药品的研制、生产、配制、经营和使用进行监督管理。

县级以上工商、公安、卫生、商务、价格、劳动和社会保障、质量技术监督等有关部门按照各自的职责，做好与药品有关的监督管理工作。

第五条　省人民政府药品监督管理部门应当配合省发展和改革、工业经济行政部门组织实施药品行业发展规划，促进云南药业的发展。

第六条　县级以上药品监督管理部门应当建立药品监督举报制度，鼓励单位和个人对药品质量、药品市场秩序、药品监督管理等进行监督。

第七条　县级以上人民政府鼓励研究发展现代药、传统药和民族、民间习用药物；鼓励规范化生产中药材。

县级以上人民政府及有关部门应当依照有关法律、法规的规定，加强对野生动物、野生植物药材资源的保护和管理，合理利用野生药材资源。

县级以上人民政府对在药物研究、创制新药、保护野生药材资源工作中作出显著成绩的单位和个人，应当给予表彰奖励。

第二章　药品生产管理

第八条　药品生产企业应当具备《药品管理法》、《药品生产质量管理规范》规定的条件。

药品生产企业的生产管理部门负责人、质量管理部门负责人不得相互兼职。

前款规定的负责人的任命、变更，应当报省人民政府药品监督管理部门备案。

第九条　省人民政府药品监督管理部门按照国家规定对药品生产企业是否符合《药品生产质量管理规范》的要求进行认证。认证合格的，发给认证证书。

第十条　经国务院药品监督管理部门或者省人民政府药品监督管理部门批准，药品生产企业可以委托或者接受委托生产药品。

第十一条　经省人民政府药品监督管理部门批准，中药生产企业可以委托其他具备相应条件的药品生产企业进行中药前处理和提取。

第十二条　鼓励按照有关法律、法规的规定和《中药材生产质量管理规范》进行中药材种植、养殖。达到《中药材生产质量管理规范》要求的企业，由省人民政府药品监督管理部门按照国家规定进行初审或者认证。

第三章　药品经营管理

第十三条　药品批发和零售企业，应当具备《药品管理法》、《药品经营质量管理规范》规定的条件。

药品批发企业应当配备执业药师，药品零售企业应当配备执业药师或者经资格认定的药学技术人员。

第十四条　经省人民政府药品监督管理部门批准，药品生产企业可以在本省行政区域内设立销售自己产品的机构或者设置药品中转库。

药品生产企业可以参加药品采购的招投标活动，向医疗机构直接销售自己的药品。

第十五条　省人民政府药品监督管理部门按照国家规定对药品经营企业是否符合《药品经营质量管理规范》的要求进行认证。认证合格的，发给认证证书。

第十六条　药品生产、批发企业不得将药品销售给无资质的企业和医疗机构。

第十七条　药品零售企业经所在地药品监督管理部门批准，可以在城乡集市贸易市场出售非处方药品。

第四章　医疗机构药品和制剂管理

第十八条　医疗机构应当建立本单位药品质量管理制度、临床合理用药制度、药品不良反应监测报告制度。

第十九条　医疗机构购进药品应当建立和执行进货检查验收制度。医疗机构不得购进和使用国家禁止使用的和不符合规定的药品，不得向个人和无《药品生产许可证》或者《药品经营许可证》的企业购进药品，但未实施批准文号管理的中药材除外。

第二十条 医疗机构应当按照《药品经营质量管理规范》设置与药品储存相适应的仓储设施，并按规定条件储存药品。

医疗机构应当加强对所使用的麻醉药品、精神药品、医疗用毒性药品、放射性药品和易制毒化学物品的管理。

第二十一条 医疗机构应当凭处方调配药品，不得以邮寄、开放式柜台自选、试用等方式销售或者变相销售药品。

第二十二条 个人设置的门诊部、诊所等医疗机构不得配备常用药品和急救药品以外的其他药品。

城市范围内个人设置的门诊部、诊所等医疗机构配备的常用药品和急救药品的范围和品种，由省卫生行政部门会同省人民政府药品监督管理部门制定并公布。

乡（镇）、村范围内个人设置的门诊部、诊所等医疗机构配备的常用药品和急救药品的范围和品种，由州（市）卫生行政部门会同同级药品监督管理部门拟定，报省卫生行政部门、省人民政府药品监督管理部门批准后公布。

第二十三条 医疗机构设置制剂室应当依法取得《医疗机构制剂许可证》。医疗机构申请配制制剂的具体品种，应当经省人民政府药品监督管理部门审核批准，取得制剂批准文号。

医疗机构委托药品生产企业或者其他医疗机构制剂室配制制剂，应当经省人民政府药品监督管理部门批准。

第二十四条 医疗机构配制的制剂应当按照规定进行质量检验。经检验合格的，凭医师处方在本医疗机构或者委托配制制剂的医疗机构使用。

医疗机构配制的制剂不得在市场上销售或者变相销售，不得发布广告。

第二十五条 经省人民政府药品监督管理部门批准，医疗机构配制的制剂可以在指定的医疗机构之间调剂使用。

第五章　药品边境贸易管理

第二十六条 依法取得资质的药品生产、经营企业可以从事药品边境贸易。

第二十七条 进口药材、出口药品应当在国家规定的口岸进行。

进口药材、出口药品的检验由国务院药品监督管理部门确定的药品检验机构承担，并按国家规定标准收取检验费。

第二十八条 药品生产、经营企业不得进口不符合法定标准的药材或者出口不符合国家标准的药品。

国家规定实施管制的进口药材、出口药品，海关凭相关许可证件办理通关手续。

第二十九条 药品生产、经营企业进口药材，按照规定取得《进口药材批件》后，应当向允许药材进口的边境口岸所在地药品监督管理部门登记备案，填写《进口药材报验单》，并报送有关资料。

第三十条 允许药材进口的边境口岸药品监督管理部门应当对登记备案资料进行审查，并当日作出审查决定。对符合要求的，发出《进口药品通关单》，同时向国务院药品监督机构确定的药品检验机构发出《进口药材口岸检验通知书》。对不符合要求的，发给《进口药材不予登记备案通知书》，并说明理由。

对不予办理登记备案的进口药材，不得进口、销售和使用。

第三十一条 国务院药品监督机构确定的药品检验机构应当按照国家规定的程序和时限，对进口药材进行检验，并出具《进口药材检验报告书》。

第三十二条 药品生产、经营企业出口药品，应当向口岸所在地的州（市）药品监督管理部门提出申请，经审核合格的，由药品检验机构进行检验，经检验合格后核发《药品检验报告》。

第六章　药品监督

第三十三条 药品监督管理部门应当按照法律、法规的规定，对药品的研制、生产、经营以及医疗机构使用药品和配制、使用制剂的事项进行监督检查，有关单位和个人不得拒绝和隐瞒。

第三十四条 药品监督管理部门应当按照规定，依据《药品生产质量管理规范》、《药品经营质量管理规范》，对认证合格的药品生产、经营企业进行认证后的跟踪检查。

第三十五条 从事药物临床前研究的机构，应当按照国家规定向省人民政府药品监督管理部门备案。

从事药物非临床安全性评价的研究机构，必须通过国家《药物非临床研究质量管理规范》认证。开展药品非临床安全性评价研究，应当执行《药物非临床研究质量管理规范》。

从事药物临床试验的医疗机构，必须通过国家药物临床试验机构资格认定。开展药物临床试验应当执行《药物临床试验质量管理规范》。

第三十六条 利用国家实施保护的野生动物、野生植物进行新药研究或者生产药品的，应当依照有关法律、法规的规定，报经野生动物、野生植物保护行政主管部门批准。

第三十七条 药品检验机构应当配备相应的技术装备和专业技术人员。

药品监督管理部门应当对药品进行抽查检验，并由省人民政府药品监督管理部门定期发布药品质量抽查检验结果公告。

第三十八条 县级以上药品监督管理部门主管药品不良反应监测管理工作。

县级以上卫生行政部门应当加强对医疗机构药品不良反应监测工作的管理。

药品生产、经营企业和医疗机构应当配备专职或者兼职人员开展药品不良反应监测工作，执行国家药品不良反应报告制度，按照规定向药品监督管理部门报送药品不良反应监测报告。

第三十九条 药品生产、经营企业和医疗机构对直接接触药品的工作人员，应当定期组织健康检查；患法定传染病和其他可能污染药品疾病的人员不得从事直接接触药品的工作。

第四十条 药品价格应当依照《药品管理法》的规定，实行政府定价、政府指导价或者市场调节价。

第四十一条 药品生产、经营企业和医疗机构应当遵守价格主管部门关于药品价格管理的规定，如实向价格主管部门提供药品的生产经营成本，实行药品零售价格标注和明码标价，禁止暴利和损害用药者利益的价格欺诈行为。

医疗机构应当向患者提供所用药品的价格清单。

第四十二条 县级以上价格、药品监督管理、卫生、工商等行政部门应当按照各自职责，做好药品价格监督管理工作，维护用药者的合法利益。

第四十三条 禁止药品生产企业、经营企业和医疗机构在药品购销中账外暗中给予、收受回扣或者其他利益。

禁止药品生产企业、经营企业或者其代理人以任何名义给予使用其药品的医疗机构的负责人、药品采购人员、医师等有关人员财物或者其他利益。禁止医疗机构的负责人、药品采购人员、医师等有关人员以任何名义收受药品生产企业、经营企业或者代理人给予的财物或者其他利益。

第四十四条 禁止发布下列情形的药品广告：

（一）未取得药品批准文号、药品广告批准文号的；

（二）内容与药品说明书不符的；

（三）药品功效含有不科学的断言或者保证的；

（四）以国家机关、医药科研单位、学术机构或者专家、学者、医师、患者的名义和形象作证明的；

（五）以大众传播媒介发布处方药的；

（六）法律、法规禁止发布的其他情形。

第四十五条 经批准的药品广告，有下列情形之一的；不得继续发布：

（一）药品生产企业被吊销许可证、营业执照或者被药品监督管理部门责令停产、停业整顿的；

（二）广告内容超出批准范围的；

（三）广告批准文号已被撤消或者已过有效期的；

（四）临床发现药品有新的不良反应的；

（五）药品质量抽验结果不符合国家药品质量标准的。

第四十六条 发布虚假药品广告和其他违法药品广告的，由广告监督管理部门和药品监督管理部门自确定其违法行为之日起15日内，分别按照各自职责依法作出行政处理决定。

第四十七条 县级药品监督管理部门可以聘任乡(镇)、村药品协管员和信息员，协助进行药品质量监督。

药品协管员和信息员应当经县级药品监督管理部门培训合格后方可聘用，并报州（市）药品监督管理部门备案。

第四十八条 医疗保险定点药店的设置，由所在地劳动和社会保障部门会同同级药品监督管理部门确定。

第四十九条 从事易制毒化学物品生产、销售、使用、运输和进出口活动的单位或者个人，应当遵守国家及本省有关易制毒化学物品管理的法律、法规的规定。

禁止非法生产、销售、使用、运输或者进出口易制毒化学物品。

公安、药品监督管理、卫生、海关等部门应当按照各自职责加强监督检查，对非法生产、销售、使用、运输或者进出口易制毒化学物品的行为依法予以查处。

第七章 法律责任

第五十条 有下列情形之一的，由药品监督管理部门没收违法生产、销售、配制的药品和违法所得，责令停产、停业整顿；情节严重的，由发证机关吊销《药品生产许可证》、《药品经营许可证》或者《医疗机构制剂许可证》；直接负责的主管人员和其他直接责任人员10年内不得从事药品生产、经营活动；构成犯罪的，依法追究刑事责任：

（一）知道或者应当知道是假药、劣药仍进行生产、销售、配制的；

（二）生产、销售、配制以孕产妇、婴幼儿、儿童和老年人为主要使用对象的假药、劣药的；

（三）伪造或者变造许可证、药品标准、批准文号、检验报告进行生产、销售、配制药品的；

（四）擅自启封、藏匿、转移已查封的假药、劣药的。

有前款规定行为之一，涉及假药的由药品监督管理部门并处违法生产、销售、配制药品货值金额3倍以上5倍以下罚款；涉及劣药的由药品监督管理部门并处药品货值金额2倍以上3倍以下罚款。

无法确定违法主体或者货主的假药、劣药由药品监督管理部门予以没收。

第五十一条 药品生产、经营企业违反本条例第八条第二款、第三款和第十一条、第十三条第二款、第十六条规定的，由药品监督管理部门给予警告，责令限期改正；逾期不改正的，责令停产、停业整顿，并处5000元以上2万元以下罚款。

第五十二条 违反本条例第十九条第一款规定的，由药品监督管理部门责令限期改正，并处1 000元以上5 000元以下罚款；逾期不改正的，处5 000元以上1万元以下罚款；情节严重的，由发证机关吊销《医疗机构执业许可证》，或者由卫生行政部门追究医疗机构负责人的责任。

违反本条例第十九条第二款规定的，由药品监督管理部门责令改正，没收违法购进、使用的药品和违法所得，并处药品货值金额2倍以上5倍以下罚款；情节严重的，由卫生行政部门追究医疗机构负责人的责任，并由发证机关吊销《医疗机构执业许可证》。

第五十三条 违反本条例第二十一条规定的，由药品监督管理部门责令限期改正，并处500元以上1 000元以下罚款。

第五十四条 违反本条例第二十三条、第二十四条第一款和第二十五条规定的，由药品监督管理部门责令改正，没收违法配制、销售、使用的药品和违法所得，并处药品货值金额2倍以上5倍以下罚款；情节严重的，由省人民政府药品监督管理部门吊销《医疗机构制剂许可证》。

第五十五条 进出口假药、劣药的，由药品监督管理部门没收假药、劣药和违法所得，并处药品货值金额2倍以上5倍以下罚款；情节严重的，由发证机关吊销《药品经营许可证》，直接负责的主管人员和其他直接责任人员10年内不得从事药品生产、经营活动。

第五十六条 违反本条例第二十八条第一款规定的，由药品监督管理部门没收违法所得，并处违法销售的药品货值金额2倍以上5倍以下罚款。

第五十七条 药品生产、经营企业违反本条例第三十八条第三款规定，有下列情形之一的，由药品监督管理部门予以警告，责令改正，并处2 000元以上1万元以下罚款：

（一）未配备专职或者兼职人员负责本单位药品不良反应监测工作的；

（二）未按规定报告药品不良反应的；

（三）发现药品不良反应隐瞒不报的；

（四）隐瞒药品不良反应真实情况的；

医疗机构有前款行为之一的，由卫生行政部门按前款规定予以处罚。

第五十八条 违反本条例第三十九条规定的，由药品监督管理部门责令限期改正；逾期不改的，责令停产、停业整顿，对单位并处应检查人数每人500元以上1000元以下罚款。

第五十九条 违反本条例第四十条、第四十一条、第四十二条规定的，依照国家有关法律、法规和《云南省价格管理条例》的有关规定处罚。

第六十条 药品生产企业、经营企业、医疗机构在药品购销中暗中给予、收受回扣或者其他利益的，药品生产企业、经营企业或者其代理人给予使用其药品的医疗机构的负责人、药品采购人员、医师等有关人员财物或者其他利益的，由工商行政管理部门处1万元以上20万元以下罚款，有违法所得的，予以没收；情节严重的，由工商行政管理部门吊销药品生产企业、药品经营企业的营业执照，并通知药品监督管理门，由药品监督管理部门吊销其《药品生产许可证》、《药品经营许可证》；构成犯罪的，依法追究刑事责任。

第六十一条 违反本条例第四十四条、第四十五条第（三）项规定的，由广告监督管理部门按照虚假广告对广告主、广告经营者、广告发布者进行查处。

违反本条例第四十五条第（一）、（二）、（四）、（五）项规定的，由药品监督管理部门撤销药品广告批准文号，交由同级广告监督管理部门处罚；药品广告在我省备案的，交由原审批的药品监督管理部门依法处理。

构成犯罪的，依法追究刑事责任。

第六十二条 违反本条例第四十九条规定的，依照国家有关法律、法规和《云南省易制毒特殊化学物品管理条例》的有关规定处罚。

第六十三条 药品监督管理部门工作人员或者药品检验机构工作人员滥用职权、玩忽职守、索贿受贿、徇私舞弊的，依法给予行政处分；造成损失的，依法承担赔偿责任；构成犯罪的，依法追究刑事责任。

第八章 附则

第六十四条 本条例自2006年5月1日起施行。

索 引

A

B

C

D

E

F

G

H

L

M

T

W

Z